Christoph Schwarze

Grammatik
der italienischen
Sprache

CHRISTOPH SCHWARZE

Grammatik der italienischen Sprache

2., verbesserte Auflage

MAX NIEMEYER VERLAG TÜBINGEN
1995

Die Deutsche Bibliothek – CIP-Einheitsaufnahme

Schwarze, Christoph: Grammatik der italienischen Sprache / Christoph Schwarze. – 2., verb. Aufl. – Tübingen : Niemeyer, 1995

ISBN 3-484-50260-6 kart.
ISBN 3-484-50248-7 Gewebe

© Max Niemeyer Verlag GmbH & Co. KG, Tübingen 1995
Das Werk einschließlich aller seiner Teile ist urheberrechtlich geschützt. Jede Verwertung außerhalb der engen Grenzen des Urheberrechtsgesetzes ist ohne Zustimmung des Verlages unzulässig und strafbar. Das gilt insbesondere für Vervielfältigungen, Übersetzungen, Mikroverfilmungen und die Einspeicherung und Verarbeitung in elektronischen Systemen.
Printed in Germany
Druck u. Einband: Weihert-Druck GmbH, Darmstadt

INHALTSVERZEICHNIS

Vorwort　　　　　　　　　　　　　　　　　　　　　　　　　　　XVII

Einleitung　　　　　　　　　　　　　　　　　　　　　　　　　　　1

KAPITEL I - DER EINFACHE SATZ

0. Vorbemerkung　　　　　　　　　　　　　　　　　　　　　　　6

1. Nomen und Nominalphrase　　　　　　　　　　　　　　　　　　8

1.1.	Formen, Klassen und Valenz des Nomens	9
1.1.1.	Die Formen des Nomens	9
1.1.2.	Das Genus	14
1.1.3.	Der Numerus	16
1.1.4.	Die Valenz der Nomina	17
1.1.4.1.	Übersicht über die komplementierbaren Nomina	22
1.2.	Die Artikelwörter	23
1.3.	Die Spezifikatoren	31
1.4.	Die Präartikel	34
1.5.	Die Postartikel	35
1.5.1.	Inventar und Formen	35
1.5.1.1.	Die Possessiva	36
1.5.1.2.	Die determinierenden Formen	40
1.5.1.3.	Die unbestimmten Quantoren	43
1.5.1.4.	Die Bezeichnungen der Kardinalzahlen	45
1.5.1.5.	Die Bezeichnungen der Ordinalzahlen	49
1.5.2.	Die Distribution der Postartikel gegenüber den Artikelwörtern und dem Nomen	51
1.5.3.	Die Distribution der Postartikel untereinander	57
1.6.	Die innere Struktur der Nominalphrase	61
1.6.1.	Das Nomen als Nominalphrase	61
1.6.1.1.	Das Fehlen des Artikels bei Eigennamen	61
1.6.1.2.	Das Fehlen des Artikels bei Appellativen	64
1.6.2.	Erweiterungen der Nominalphrase durch Quantifikation und Determination	66
1.6.3.	Qualifizierende Erweiterungen der Nominalphrase	67
1.6.4.	Nominalphrasen mit pronominalem Kopf	71
1.7.	Die Funktionen der Nominalphrase im Satz	75

2. Verb und Verbalphrase　　　　　　　　　　　　　　　　　　　82

2.0.	Die zentrale Stellung des Verbs	82
2.1.	Die Formen des Verbs	83

2.1.1.	Das maximale Grundschema des Verbs und seine Reduktionen	83
2.1.2.	Die Stämme: Typen und Variation	89
2.1.2.1.	Der Themavokal	89
2.1.2.2.	Die Betonung	90
2.1.2.3.	Die konsonantischen Erweiterungen des Themas	90
2.1.2.4.	Die Veränderungen der Wurzel	90
2.1.2.5.	Die Verteilung der Stämme im Paradigma	91
2.1.3.	Die Endungen: Inventar und Variation	103
2.1.3.1.	Die Infixe für Tempus und Modus	103
2.1.3.2.	Die Suffixe für Person und Numerus	106
2.1.4.	Die Akzentverhältnisse	107
2.1.5.	Die hauptsächlichen Paradigmen des Verbs	109
2.2.	Die Valenztypen des Verbs	116
2.2.0.	Der Valenzbegriff	116
2.2.0.1.	Die Prädikat-Argument-Struktur	116
2.2.0.2.	Die grammatischen Funktionen	117
2.2.0.3.	Die Konstituenz	119
2.2.1.	Intransitive Verben	120
2.2.2.	Transitive Verben	122
2.2.2.1.	Der Funktionsrahmen <Subjekt, Objekt>	127
2.2.2.2.	Der Funktionsrahmen <Subjekt, Objekt, Obliquus>	129
2.2.2.3.	Der Funktionsrahmen <Subjekt, Obliquus>	134
2.2.3.	Kopulaverben	138
2.2.3.1.	Der Funktionsrahmen <Subjekt, N-Komplement>	140
2.2.3.2.	Der Funktionsrahmen <Subjekt, A-Komplement>	144
2.2.3.3.	Der Funktionsrahmen <Subjekt, P-Komplement>	150
2.2.4.	Verben mit Infinitivkomplementen	152
2.2.4.1.	Der Funktionsrahmen <Subjekt, Infinitivkomplement ohne Präposition>	156
2.2.4.2.	Der Funktionsrahmen <Subjekt, Infinitivkomplement mit Präposition>	158
2.2.4.3.	Der Funktionsrahmen <Subjekt, Objekt, Infinitivkomplement ohne Präposition>	162
2.2.4.4.	Der Funktionsrahmen <Subjekt, Objekt, Infinitivkomplement mit Präposition>	163
2.2.4.5.	Der Funktionsrahmen <a-Obliquus, Infinitivkomplement ohne Präposition>	166
2.2.4.6.	Der Funktionsrahmen <Subjekt, a-Obliquus, Infinitivkomplement mit Präposition>	168
2.3.	Valenzänderungen	170
2.3.1.	Die einfache Veränderung der Valenz	170
2.3.1.1	Die einfache Reduktion der Valenz	170
2.3.1.2.	Die Erhöhung der Valenz	176
2.3.2.	Die Passivierung	178
2.3.2.1.	Die Hilfsverben des Passivs	180

2.3.3.	Die Reflexivierung	182
2.3.3.1.	Reduktion des a-Obliquus durch Reflexivierung	183
2.3.3.2.	Reduktion des Objekts durch Reflexivierung	184
2.3.3.3.	Reduktion des Subjekts durch Reflexivierung	185
2.3.3.3.1.	Bei transitiven Verben	185
2.3.3.3.2.	Bei intransitiven Verben	188
2.3.3.4.	Reflexivierung ohne Reduktion	190
2.4.	Operatorverben	190
2.5.	Auxiliarität	194
2.5.1.	Die zusammengesetzten Tempusformen	194
2.5.1.1.	Die Kongruenz des Partizips	195
2.5.1.2.	Die Selektion zwischen *essere* und *avere*	197
2.5.2.	Auxiliarität in Aspektformen	201
2.6.	Die Syntax der infiniten Formen des Verbs	202
2.6.0.	Vorbemerkungen	202
2.6.0.1.	Bemerkungen zum Partizip Präsens	203
2.6.1.	Der Infinitiv	204
2.6.1.1.	Die Rollen des Infinitivs im Satz	207
2.6.2.	Das Partizip Perfekt	211
2.6.3.	Das Gerundium	217

3. Adjektiv und Adjektivphrase 221

3.1.	Die Formen des Adjektivs	223
3.2.	Die innere Struktur der Adjektivphrase	227
3.2.1.	Erweiterung der Adjektivphrase durch Adverbien	228
3.2.1.1.	Gradadverbien	228
3.2.1.2.	Andere Adverbien	230
3.2.2.	Die Erweiterung der Adjektivphrase durch Obliquen und Komplemente	232
3.2.2.1.	Funktionsrahmen ohne Subjekt	232
3.2.2.2.	Funktionsrahmen mit Subjekt	233
3.2.3.	Die Erweiterung der Adjektivphrase durch Adjunkte	240
3.3.	Die Rollen der Adjektivphrase im Satz	243
3.3.1.	Attributiver Gebrauch	243
3.3.1.1.	Die Stellung des attributiven Adjektivs	244
3.3.2.	Prädikativer Gebrauch	246
3.3.3.	Adjektivphrasen als Adjunkte und "adverbiale" Adjektivphrasen	246
3.3.4.	Adjektive in nominaler Verwendung	248
3.3.5.	Adjektive als selbständige Äußerungen	249

4. Adverb und Adverbphrase 251

4.1.	Die Erweiterungen der Adverbphrase	251
4.2.	Die Rollen von Adverbphrase und Adverb im Satz	254

4.2.1.	Die Adverbphrase als Teil der Verbalphrase	254
4.2.1.1.	Grade der Kohäsion	254
4.2.1.2.	Die grammatischen Funktionen der Adverbphrase innerhalb der Verbalphrase	258
4.2.2.	Adverbien als Teil der Präpositionalphrase	260
4.2.3.	Adverbien und Adverbialphrasen als unmittelbare Konstituenten des Satzes und als Einschübe	263
4.2.4.	Die Adverbphrase als Teil einer Adjektivphrase oder einer anderen Adverbphrase	268
4.2.5.	Die Adverboide	268
4.2.6.	Die Kookkurenz von Adverbphrasen im Satz	270
4.3.	Die semantischen Rollen der Adverbphrase im Satz	274
4.3.1.	Adverbien als höhere Prädikate	274
4.3.1.1.	Adverbien in komplexen Prädikaten	275
4.3.1.2.	Adverbphrasen als Prädikate über Propositionen	279
4.3.1.3.	Adverbien und Adverboide als Konnektive	284
4.3.1.3.1.	Rein sachverhaltsbezogene Konnektive	285
4.3.1.3.2.	Erwartungsbezogene Konnektive	287
4.3.2.	Adverbien als Kommentare	289
4.3.3.	Adverbien als Argumente des Verbs	291

5. Präposition und Präpositionalphrase 292

5.1.	Die Formen	292
5.1.1.	Die einfachen Präpositionen	293
5.1.2.	Die sekundären Präpositionen	293
5.1.2.1.	Präpositionen aus Präpositionen	293
5.1.2.2.	Präpositionen aus Adverbien	294
5.1.2.3.	Komplexe Präpositionen der Struktur "Präpositionalphrase plus Präposition"	297
5.1.2.4.	Sonstige sekundäre Präpositionen	298
5.2.	Die Rektion der Präpositionen	299
5.2.1.	Synopse der Rektion der Präpositionen	301
5.3.	Semantische Klassen von Präpositionen	301
5.3.1.	Grammatische vs. lexikalische Präpositionen	301
5.3.2.	Klassen von lexikalischen Präpositionen	303
5.3.2.1.	Lokalisierende Präpositionen	303
5.3.2.1.1.	Die orientierten, lokalisierenden Präpositionen	306
5.3.2.1.2.	Die nicht-orientierten, lokalisierenden Präpositionen	306
5.4.	Die Rollen der Präpositionalphrase im Satz	308
5.4.1.	Die Präpositionalphrase als Teil der Nominalphrase	309
5.4.1.1.	Semantische Typen von modifizierenden Präpositionalphrasen	312

6. Die Pronomina — 317

6.1.	Die Formen und Klassen der Pronomina	317
6.1.1.	Die Formen der Personalpronomina	317
6.1.2.	Das Reflexivpronomen	323
6.1.3.	Die Demonstrativpronomina	324
6.1.4.	Die Relativpronomina	325
6.1.5.	Die Interrogativpronomina	325
6.1.6.	Die Indefinitpronomina	326
6.1.7.	Die Possessivpronomina	328
6.1.8.	Die Pronominaladverbien	329
6.1.9.	Die pronominalen Höflichkeitsformen	330
6.2.	Die Rollen der Pronomina im Satz	332
6.2.1.	Nominal verwendete Pronomina	333
6.2.2.	Die "Joker"	338
6.2.3.	Die klitischen Pronomina	340
6.2.3.1.	Die Stellung der klitischen Pronomina in bezug auf das Verb	341
6.2.3.2.	Die Anordnung der klitischen Pronomina untereinander	344
6.2.3.3.	Die grammatischen Funktionen der klitischen Pronomina	348
6.2.3.4.	Die Kookkurenz der klitischen Pronomina mit angebundenen Syntagmen gleicher Funktion	354

7. Die Negation — 357

7.1.	Syntaktische Klassen von Negationsausdrücken	357
7.2.	Negative Sätze	358
7.2.1.	Negation durch bloßes *non*	358
7.2.2.	Negation durch *non ... più*	361
7.2.3.	Einschränkende Negation durch *non ... che*	362
7.2.4.	Negation durch Indefinitpronomina und durch *mica*	363
7.2.4.1.	*Niente* als Prädikat	364
7.2.5.	Negation mit *neanche, nemmeno, neppure*	365
7.3.	Negationen als selbständige, nicht satzhafte Äußerungen	366
7.4.	Die negative Konjunktion *né*	368

8. Globale Satzstruktur und lineare Abfolge — 370

8.0.	Konstituenten und Satzstruktur	370
8.1.	Die lineare Anordnung der Elemente des Satzes	370
8.1.1.	Die unmarkierten Grundmuster	371
8.1.1.1.	Subjekt und Verb	371

8.1.1.2.	Das Verb und seine Objekte, Obliquen und Komplemente	374
8.1.1.3.	Direktes Objekt und andere Ergänzungen	375
8.1.2.	Abweichungen von den unmarkierten Anordnungen	376
8.1.3.	Die Stellung der Adjunkte	377
8.2.	Die Anbindung	378
8.2.1.	Die enge Anbindung	380
8.2.2.	Die lose Anbindung	382
8.3.	Gespaltene Sätze	383
8.3.1.	Gespaltene Sätze mit *che*	384
8.3.2.	Gespaltene Sätze mit *a*	386

9. Die nicht deklarativen Satzarten 387

9.1.	Der Fragesatz	387
9.1.1.	Die totale Interrogation	387
9.1.2.	Die partielle Interrogation	388
9.1.2.1.	Nominale Interrogativpronomina	390
9.1.2.2.	Adverbiale Interrogativpronomina	391
9.1.2.3.	Adnominale Interrogativpronomina	393
9.2.	Der Aufforderungssatz	395
9.3.	Ausrufesätze	397

10. Selbständige Ausdrücke ohne Satzcharakter 399

10.1.	Ellipsen	399
10.2.	Nicht satzhafte Ausdrücke mit unmittelbarem prädikativen Bezug in der Situation	399
10.3.	Routineformeln	401
10.3.1.	Expressive Routineformeln	403
10.3.2.	Appellative Routineformeln	404
10.3.3.	Phatische Routineformeln	406

KAPITEL II - DER KOMPLEXE SATZ

0. Einführung 409

1. Nebensätze 412

1.1.	Komplementsätze	412
1.1.1	Deklarative Komplementsätze	412
1.1.2.	Lexikalische Bedingungen für das Auftreten der deklarativen Komplementsätze	414
1.1.2.1.	Deklarative Komplementsätze als Argumente von Verben	414

1.1.2.2.	Deklarative Komplementsätze als Argumente von Adjektiven	417
1.1.2.3.	Deklarative Komplementsätze als Argumente von Nomina	419
1.1.2.4.	Deklarative Komplementsätze als Argumente von Adverbien	421
1.1.2.5.	Lexeme, die Komplementsätze regieren	421
1.1.3.	Interrogative Komplementsätze	426
1.1.3.1.	Lexikalische Bedingungen für das Auftreten von interrogativen Komplementsätzen	431
1.1.4.	Angebundene Komplementsätze	433
1.2.	Adjunktsätze	438
1.2.1.	Die Junktoren für Adjunktsätze	438
1.2.2.	Der Modus im Adjunktsatz	444
1.2.3.	Die lineare Anordnung der Adjunktsätze	445
1.2.4.	Angebundene Adjunktsätze	446
1.2.5.	Bemerkungen zu einzelnen Typen von Adjunktsätzen	447
1.3.	Relativsätze	448
1.3.1.	Das Inventar der Junktoren	451
1.3.1.1.	Die Bedeutung der Junktoren	452
1.3.1.2.	Die Flektierbarkeit der Junktoren	453
1.3.1.3.	Die Distribution der Junktoren	455
1.3.1.4.	Die durch die Junktoren realisierbaren grammatischen Funktionen	456
1.4.	Freie Pronominalsätze	459
1.4.1.	Die Junktoren der freien Pronominalsätze	462
1.4.1.1.	Das Inventar der Formen	462
1.4.1.2.	Die Distribution und die grammatischen Funktionen der Junktoren innerhalb des Nebensatzes	463
1.4.1.3.	Zur Bedeutung einzelner Junktoren	464
1.5.	Relativischer Anschluß	465
1.6.	Relative Infinitivkonstruktionen	467

2. Die Koordination 469

2.1.	Inventar und Anordnung der Koordinatoren	472
2.2.	Kategorien koordinierter Konstituenten	474
2.2.1	Koordinierte nicht eingebettete Sätze	474
2.2.2.	Koordinierte eingebettete Sätze	476
2.2.3.	Koordinierte Konstituenten	478
2.2.4.	Koordination von Elementen, die keine Konstituenten sind	483

KAPITEL III - DIE WORTBILDUNG

0. Einleitung   485

1. Die Derivation   494

1.1.	Die Bildung von Nomina aus Nomina	494
1.1.1.	Derivation durch Präfixe	494
1.1.2.	Derivation durch Suffixe	499
1.1.2.1.	Das Tätigkeitsmodell	500
1.1.2.2.	Das Modell der Gegenstandskonstitution	506
1.1.2.3.	Das Modell der Gegenstandseigenschaften	509
1.2.	Die Bildung von Nomina aus Verben	519
1.2.1.	Reine Nominalisierungen	519
1.2.1.1.	Derivation mit Suffix	522
1.2.1.2.	Reine Nominalisierungen ohne Derivationssuffix	527
1.2.2.	Umkategorisierende Derivation nach dem Tätigkeitsmodell	529
1.3.	Die Bildung von Nomina aus Adjektiven	535
1.3.1.	Suffigierung	537
1.3.2.	Nominalisierung ohne Derivationssuffix	543
1.4.	Die Bildung von Nomina aus sonstigen Basen	545
1.4.1.	Nomina aus Zahlwörtern	546
1.4.2.	Nomina aus Adverbien	549
1.4.3.	Nomina aus Syntagmen	549
1.5.	Die Bildung von Verben aus Verben	549
1.5.1.	Präfigierung	550
1.5.1.1.	Das Modell der Ereignisabfolge	550
1.5.1.2.	Das Modell der Zustandsveränderung	551
1.5.1.3.	Das Modell der gerichteten Bewegung	554
1.5.2.	Suffigierung	557
1.6.	Die Bildung von Verben aus Nomina	558
1.6.1.	Derivation ohne Derivationssuffix	559
1.6.1.1.	Ohne Präfigierung	559
1.6.1.2.	Mit Präfigierung	561
1.6.2.	Derivation mit Derivationssuffix	564
1.6.2.1.	Ohne Präfigierung	564
1.6.2.2.	Mit Präfigierung	566
1.7.	Die Bildung von Verben aus Adjektiven	566
1.7.1.	Verben aus Adjektiven ohne Derivationssuffix	567
1.7.1.1.	Ohne Präfigierung	568
1.7.1.2.	Mit Präfigierung	568
1.7.2.	Derivation mit Derivationssuffix	569
1.8.	Die Bildung von Adjektiven aus Adjektiven	572
1.8.1.	Präfigierung	573
1.8.1.1.	Modifizierende Präfigierung	574

1.8.1.2.	Relationale Präfigierung	576
1.8.2.	Suffigierung	578
1.8.2.1.	Diminutive Adjektive	578
1.8.2.2.	Elative Adjektive	579
1.8.2.3.	Pejorative Adjektive	579
1.9.	Die Bildung von Adjektiven aus Nomina	580
1.9.1.	Echte Adjektive	581
1.9.1.1.	Das Inhärenzmodell	581
1.9.1.2.	Das Körperteilmodell	583
1.9.1.3.	Das Ereignismodell	583
1.9.1.4.	Das Verursachungsmodell	584
1.9.2.	Relationsadjektive	584
1.9.2.1.	Relationsadjektive ohne Derivationssuffix	592
1.10.	Die Bildung von Adjektiven aus Verben	592
1.10.1.	Dispositionsadjektive	593
1.10.2.	Die übrigen deverbalen Adjektive	598
1.11.	Adjektive aus anderen Basen	599
1.12.	Die Ableitung von Adverbien aus Adjektiven	600
1.13.	Die Interaktion der Derivationsregeln	601

2. Die Komposition   605

2.1.	Nomina des Typs N-N$_{MODIFIKATOR}$	607
2.2.	Nomina des Typs N$_{MODIFIKATOR}$-N	608
2.3.	Nomina des Typs N-A	610
2.4.	Nomina des Typs V-N	612
2.5.	Adjektive des Typs A-A	614

3. Die terminologische Kombinatorik   615

4. Abkürzungen als Wörter   618

KAPITEL IV - DER GRAMMATISCHE AUSDRUCK KOGNITIVER UND KOMMUNIKATIVER KATEGORIEN

0. Einleitung   620

1. Referieren auf Gegenstände   622

1.1.	Die Verfahren des Benennens	623
1.1.1	Die Benennungen für einfache Individuen	625
1.1.2	Die Benennungen für Stoffe	626
1.1.3.	Die Benennungen für Gattungen	626
1.1.4.	Die Benennungen für Kollektive	627
1.1.5.	Die Benennungen für Portionen	629

1.1.6.	Die Benennungen für Sorten	630
1.2.	Die Verfahren des Zeigens	632
1.2.1.	Die Funktion der grammatischen Kategorien	634
1.2.2.	Deixis vs. Anapher	635
1.3.	Die Kontrolle der Diskurswelt	638
1.3.1.	Definite Nominalphrasen	641
1.3.1.1.	Definitheit zum Ausdruck latenter Präsenz	642
1.3.1.2.	Definitheit zum Ausdruck des Enthaltenseins in der Diskurswelt	645
1.3.2.	Indefinite Nominalphrasen	647

2. Referieren auf Quantitäten und Grade 651

2.1.	Referieren auf Quantitäten	652
2.1.1.	Verbales Zählen und Rechnen	652
2.1.2.	Die Angabe der Mächtigkeit von Mengen	655
2.1.2.1.	Zahlwörter	655
2.1.2.2.	Der Numerus	657
2.1.2.3.	Quantifikation von Sachverhaltsmengen	659
2.1.3.	Mengen und Teilmengen	660
2.1.4.	Quantifikation von Portionen	664
2.1.4.1.	Quantifizierende Adjektive	664
2.1.4.2.	Quantifizierende Nomina	665
2.1.4.3.	Maßangaben	666
2.1.4.4.	Portionen und Teilportionen	667
2.2.	Referieren auf Grade	668
2.2.1.	Grade des Bestehens von Eigenschaften	668
2.2.1.1.	Skalen mit telischer Struktur	669
2.2.1.2.	Skalen mit prototypischer Struktur	670
2.2.1.3.	Skalen mit komparativer Struktur	671
2.2.2.	Grade des Zutreffens von Prädikaten	673

3. Vergleiche 675

3.1.	Der Komparator	675
3.2.	Der Vergleichsparameter	677
3.2.1.	Art und Weise von Vorgängen oder Verhaltensarten	677
3.2.2.	Telische und prototypische Eigenschaften von Gegenständen	678
3.2.3.	Maßangaben und komparative Eigenschaften von Gegenständen	678
3.2.4.	Mächtigkeiten von Mengen und Quantitäten von Portionen	681
3.2.5.	Das Ausmaß, in dem Prädikate zutreffen	682
3.3.	Der Vergleichsterm	683
3.3.1.	Die Allquantifikation des Vergleichsterms	684

3.3.2.	Die Junktoren des Vergleichsterms	685
3.3.2.1.	Die Junktoren der Gleichheit	686
3.3.2.2.	Die Junktoren der Ungleichheit	687
3.4.	Die Außenstruktur der Vergleichskonstruktionen	690
3.5.	Die Pragmatik der Vergleichskonstruktionen	697

4. Referieren auf zeitliche Verhältnisse 699

4.1.	Zeitreferenz	701
4.1.1.	Zeitreferenz durch Tempora ohne sekundäre Bezugszeit	703
4.1.1.1.	Fiktionale Festsetzung der Sprechzeit	705
4.1.2.	Zeitreferenz durch Tempora mit sekundärer Bezugszeit	707
4.1.3.	Die Zeitenfolge	711
4.1.4.	Die Präzisierung der Zeitreferenz durch Adjunkte und Nebensätze	714
4.2.	Aspektuelle Werte der Tempora	718
4.2.1.	Das Zusammenspiel der aspektuellen Tempuswerte mit der Aktionsart	720
4.2.2.	Aspektinformation im komplexen Satz und im Text	722
4.3.	Argumentative Werte der Tempora	724
4.4.	Tempusgebrauch als Mittel der Reliefgebung	725
4.5.	Zusammenfassung	726

5. Der Ausdruck von Modalitäten 729

5.0.	Einführung	729
5.1.	Die Modalitäten der Einstellung	735
5.1.1.	Die Modalitäten der Einstellung im Komplementsatz	735
5.1.2.	Die Modalitäten der Einstellung im Relativsatz	736
5.1.3.	Eine Modalität der Einstellung im Adversativsatz	737
5.2.	Die Modalitäten der Verankerung in Willen oder Notwendigkeit	738
5.2.1.	Die Modalität des Willens und der Notwendigkeit in Hauptsätzen	739
5.2.2.	Die Modalitäten des Willens und der Notwendigkeit in Komplementsätzen	741
5.2.3.	Die Modalitäten des Willens in Relativsätzen	742
5.2.4.	Die Modalitäten des Willens in Finalsätzen	743
5.2.5.	Die Modalitäten des Willens oder der Notwendigkeit in Temporalsätzen	744
5.3.	Die Modalitäten der Virtualität	745
5.3.1.	Die Modalität des Kontrafaktischen	746
5.3.1.1.	Die kontrafaktische Modalität im Hauptsatz	746
5.3.1.2.	Die kontrafaktische Modalität im Nebensatz	747

5.3.2.	Die Modalität der einfachen Annahme	750
5.3.3.	Die Modalität der Ungewißheit	753
5.3.3.1.	Die Modalität der Ungewißheit im Hauptsatz	753
5.3.3.2.	Die Modalität der Ungewißheit im Nebensatz	754

6. Bestätigen und Zustimmen, Verneinen und Widersprechen 756

6.0.	Positive und negative Bezugnahme	756
6.1.	Der Ausdruck der positiven Bezugnahme	756
6.2.	Der Ausdruck der negativen Bezugnahme	758
6.2.1.	Pragmatische Funktionen der Negation	759
6.2.2.	Semantische Funktionen der Negation	760
6.2.2.1.	Spezielle Präsuppositionen einzelner Negationen	764
6.2.3.	Abschwächungen der Negation	770
6.2.4.	Verstärkung der Negation	772

7. Der Ausdruck der kommunikativen Gewichtung 775

7.1.	Das einfache Rhema	778
7.1.1.	Die lineare Abfolge	779
7.1.1.1.	Die Stellung des attributiven Adjektivs	780
7.1.2.	Konkurrierende Stellungsprinzipien	782
7.1.3.	Der Akzent	784
7.2.	Der kontrastive Fokus	786
7.2.1.	Die syntaktischen Signale	786
7.2.2.	Der Akzent	787
7.3.	Die Signale des thematischen Bezuges	789
7.3.1.	Die Signale der thematischen Entwicklung	790
7.3.2.	Die Signale der argumentativen Verankerung in der Diskurswelt	792
7.3.3.	Die Signale der thematischen Abgrenzung	793

Wort- und Sachindex 796

Vorwort zur zweiten Auflage

In den Jahren seit dem Erscheinen dieser *Grammatik der italienischen Sprache* haben Rezensenten und Benutzer Fehler und Schwächen entdeckt, so daß es an der Zeit war, eine verbesserte Auflage in Angriff zunehmen. Ich habe die mir bekannt gewordenen Druckfehler korrigiert, offensichtliche Irrtümer beseitigt und an einigen Stellen versucht, auch die äußere Form zu verbessern. Die zweite Auflage enthält nun auch einen Wort- und Sachindex, für dessen Erstellung ich Tiziana Turchi danke.

Auch viele andere Personen haben mich wieder wirksam unterstützt. Ausdrücklich danken möchte ich Pier Marco Bertinetto, GianLuigi Borgato, Lorenzo Renzi und Giovanni Rovere, die mich in Fragen der sprachlichen Norm und der linguistischen Analyse beraten haben, sowie Ingrid Horkheimer, die das elektronische Manuskript betreut und die Druckvorlage erstellt hat.

Einleitung

Diese Grammatik beruht auf der Überzeugung, daß in jeder natürlichen Sprache zwei Prinzipien wirksam sind. Das erste dieser Prinzipien ist das der autonomen Form. Jede Sprache hat eine, in ihren Grundzügen auf den natürlichen Gegebenheiten der menschlichen Sprachfähigkeit beruhende, typologisch geprägte, im einzelnen aber oft arbiträre Struktur. Das zweite Prinzip ist das der Funktionalität. Jede Sprache stellt Ausdrucksmittel für die Erfüllung von Bedürfnissen menschlicher Kommunikation und Kognition bereit.

Daher kann man bei der Beschreibung einer Sprache grundsätzlich sowohl von ihrer Form als auch von ihren Funktionen ausgehen. Die Tradition hat immer den ersten dieser Wege gewählt. Dies hat gute Gründe. Die Paradigmen und Regeln einer Sprache sind leichter überschaubar als die Funktionen, für die sie Ausdrucksmittel bereithält. Für die Darstellung der Form gibt es Vorstellungen von Vollständigkeit, während es (jedenfalls mir) ganz unklar ist, wann die Aufstellung der in einer gegebenen Sprache mit grammatischen Mitteln realisierbaren Funktionen abgeschlossen ist. Vor allem aber kann man die Ausdrucksmittel gar nicht in befriedigender Weise angeben, ohne auch ihre Form zu beschreiben.

Daraus folgt, daß eine Grammatik, die beiden Prinzipien gerecht werden will, die Sprache in erster Linie als Form und erst in zweiter Linie als ein System von Ausdrucksmitteln darstellen muß. Eben dies ist hier angestrebt. Die Kapitel I und II (Syntax und Morphologie) behandeln grammatische Strukturen des Italienischen; Kapitel IV geht von bestimmten kommunikativen und kognitiven Funktionen aus und ordnet ihnen die spezifischen Ausdrucksmittel zu. Kapitel III (Wortbildung) stellt eine Kompromißlösung dar: Das übergeordnete Darstellungsprinzip ist formal; die Untergliederungen beruhen auf funktionalen Kriterien. Vollständigkeit wurde nur für den auf die Form bezogenen Teil angestrebt. Die Inhalte der funktionalen Darstellung hingegen sind ausgewählt, und zwar nach dem Gesichtspunkt ihrer Relevanz für deutschsprachige Benutzer.

Die Entscheidung für einen solchen Aufbau der Darstellung war ein Wagnis. Es gibt kaum Vorbilder (das einzige mir bekannte Beispiel einer ähnlich konzipierten Grammatik ist Leech & Svartvik 1975), und die für die funktionale Darstellung erforderliche Begrifflichkeit kann nur in geringem Maße vorausgesetzt werden; z.T. mußte sie erst geschaffen werden.

Die Darstellung der grammatischen Struktur der Sprache sollte oberflächennah sein und erkennen lassen, welch großer Anteil der grammatischen Information im Lexikon gespeichert ist. (Aus diesem Grunde wurde z.B. der Darstellung der Valenz breiter Raum eingeräumt; die spezielle Ausprägung der Valenztheorie und z.T. auch die Terminologie sind orientiert am Modell der lexikalisch-funktionalen Grammatik; s. Bresnan 1982.)

Trotz dieser theoretisch nicht neutralen Entscheidungen sollte die Grammatik im wesentlichen deskriptiv sein, d.h., sie sollte weder eine bestimmte Theorie illustrieren, noch erhebt sie den Anspruch, die dargestellten Phänomene aus allgemeineren Prinzipien abzuleiten.

In einem Punkte ist diese Grammatik jedoch bewußt nicht deskriptiv: Die italienische Sprache hat bekanntlich zum Lateinischen eine enge Beziehung, sowohl genetisch als auch kulturell. Dies hat Folgen für die sprachlichen Strukturen, ganz besonders im Bereich der Wortbildung, und es hat sich für die Einschätzung der Produktivität von Wortbildungsverfahren als sinnvoll erwiesen, den diachronischen Gesichtspunkt einzubeziehen. Auch die Tatsache, daß das Italienische eine bedeutende, im Lande noch sehr gegenwärtige Geschichte als Literatursprache hat, mußte zumindest in dem Sinne berücksichtigt werden, daß bestimmte, heute nicht mehr gebräuchliche Ausdrucksweisen, die in älteren, zum literarischen Kanon gehörenden Texten auftreten, als veraltet erwähnt werden.

Bei einer Sprache, die wie das Italienische eine große Vielfalt von Varietäten hat, steht der Grammatiker immer vor der Frage, wie er sich gegenüber den Varietäten verhalten soll. Ich habe weder beabsichtigt, eine Varietätengrammatik zu schreiben, noch habe ich versucht, mich auf eine einzige Varietät zu beschränken. Ich habe vielmehr eine pragmatische Lösung gewählt. Ich bin zunächst davon ausgegangen, daß es einen weiten Bereich von grammatischen Erscheinungen gibt, die im Rahmen der nicht dialektalen Alltagssprache und der stilistisch nicht experimentellen Prosa nicht variieren. (Hierzu gehört z.B. die gesamte Flexionsmorphologie oder das System der Zahlwörter.) Die einzelnen Varietäten werden nur in Kommentaren berücksichtigt, die darauf hinweisen, daß bestimmte Ausdrucksweisen auf eine bestimmte Varietät beschränkt oder für sie typisch sind. Ich habe ferner eine stark vereinfachende Systematik der Varietäten zugrundegelegt. Es werden nur regionale und situationsbezogene Varietäten berücksichtigt. Hinsichtlich der regionalen Unterschiede wird nur unterschieden zwischen dem Italienisch des Nordens und dem der Mitte und des Südens. Hinsichtlich der situationsbezogenen Varietäten werden nur die informelle Umgangssprache, der typische schriftliche Sprachgebrauch von Recht und Verwaltung sowie die traditionelle Prosa berücksichtigt.

Die Daten, die der Grammatik zugrundeliegen, sind zu einem kleinen Teil Zitate aus authentischen Texten und Beispiele von anderen Grammatikern. Zum größten Teil jedoch sind es erfundene Beispiele, die von Informanten überprüft wurden. Ich habe mich für diese Lösung entschieden, weil erfundene Beispiele den jeweils zu behandelnden Punkt viel klarer illustrieren können als authentische Zitate, die ja zu ganz anderen Zwecken formuliert worden sind. Außerdem bietet bereits Brunet (1978ff.) eine umfangreiche und differenzierte Dokumentation schriftlicher Belege für den heutigen Sprachgebrauch.

In allen Phasen des Entstehens dieser Grammatik standen mir Informanten zur Verfügung, auf deren Urteile (und oft auch auf deren Ideen) ich mich stützen konnte. Sie waren sämtlich Kollegen oder Studenten, und sie stammten aus den Regionen Lombardei (mit Tessin), Veneto, Marche, Emilia, Abruzzo, Sardinien, Apulien und Sizilien. Fast alle beherrschen neben dem Italienischen auch ihren Herkunftsdialekt. Viele konnten gut Deutsch, so daß auch die Übersetzungen der Beispiele kontrolliert werden konnten.

Diese Grammatik ist in erster Linie für Deutschsprachige bestimmt. Die Ausführlichkeit, mit der die verschiedenen Phänomene dargestellt werden, hängt u.a. davon ab, in welchem Maße sie der Leserin oder dem Leser von der eigenen Sprache her vertraut sind, und es wird öfters auf Kontraste hingewiesen, die deutschsprachigen Lernern Schwierigkeiten bereiten können. (So sind auch die gelegentlichen Hinweise auf die Schulsprachen Französisch und Englisch zu verstehen; diese gehören ja auch zum sprachlichen "Hintergrund" vieler der potentiellen Benutzer.) Für deutschsprachige Leser sind natürlich auch die Übersetzungen der Beispiele gedacht. Diese wurden in der Absicht hinzugefügt, die Darstellung auch solchen Benutzern zugänglich zu machen, die das Italienische nur unvollkommen oder gar nicht beherrschen. (Ich habe hierbei sowohl an Lerner gedacht als auch an Linguisten, die sich über die Grammatik des Italienischen informieren möchten.) Die Übersetzungen sollen also nur Lesehilfen sein; selbstverständlich sind in den meisten Fällen auch andere Übersetzungen als die angegebene möglich.

Ursprünglich hatte ich beabsichtigt, der Grammatik eine ausführliche Bibliographie beizufügen und mich im Text stets explizit auf die publizierte Literatur zu beziehen. Auf beides habe ich schließlich verzichten müssen: Ich habe gemerkt, daß ich vor der Wahl stand, entweder gründlich die Literatur zu studieren oder die Grammatik zu schreiben. Ich erwähne deshalb nur diejenigen Arbeiten, die mir beim Schreiben buchstäblich vor Augen gelegen haben. Im Text stehen nur Name, Jahr und Seitenzahl; die vollen Angaben sind am Ende dieser Einleitung zu finden. - Es ist klar, daß ich einer wesentlich größeren Anzahl von Autoren verpflichtet bin, deren Arbeiten ich im Laufe der Jahre kennengelernt und assimiliert habe.

Zur Benutzung ist zu beachten: Eine systematische Orientierung über den Gesamtaufbau der Grammatik und über die in ihr enthaltene Information bietet das detaillierte Inhaltsverzeichnis. Es ist ergänzt durch Verweise im Text und durch einen Wort- und Sachindex.

Spezielle Abkürzungen wurden nur in den Graphiken und schematischen Darstellungen verwendet. Sie sind immer aus dem Kontext verständlich.

Die Graphiken und schematischen Darstellungen sollen der Veranschaulichung struktureller Zusammenhänge dienen. Zur Darstellung syntaktischer Strukturen wurden nicht die üblichen Baumdiagramme gewählt, sondern verschachtelbare Rechtecke, in die die unterschiedlichste strukturelle Information eingetragen werden kann.

Zitierte Literatur:

Badan, Marco, Alcuni aspetti della negazione, in: Schwarze 1985, 9-67
Bertinetto, Pier Marco, Tempo, aspetto e azione nel verbo italiano, Firenze 1986
Bertinetto, Pier Marco, Il verbo, in: L. Renzi/ G. Salvi (a c. di), Grande Grammatica Italiana di Consultazione, vol. II, Bologna 1991, 13-161
Bresnan, Joan (ed.), The Mental Representation of Grammatical Relations, Cambridge - London 1982
Brunet, Jacqueline, Grammaire critique de l'italien. Paris 1978ff.
Burzio, L., Italian Syntax, A Government-Binding Approach, Dordrecht 1986
Calabrese, Andrea, La sintassi dei pronomi atoni, in: Schwarze 1985, 117-191
Cârstea-Romaşcanu, M., Gramatica practica a limbii italiene, Bucureşti 1980
Dardano, Maurizio, La formazione delle parole nell'italiano di oggi, primi materiali e proposte, Roma 1978
Fogarasi, M., Grammatica italiana del novecento, Budapest 1969
Giorgi, Alessandra, La struttura interna dei sintagmi nominali, in: L. Renzi (a c. di), Grande Grammatica Italiana di Consultazione, vol. I, Bologna 1988, 273-314
Hall, Robert A. Jr., La struttura dell'italiano, Roma 1971
Hottenroth, Priska-Monika, Die Bezeichnung räumlicher Verhältnisse, in: Schwarze 1983, 11-170
Hottenroth, Priska-Monika, Die Relativkonstruktionen, in: Schwarze 1985, 193-292
Hottenroth, Priska-Monika, Die italienischen Ortsadverbien, in: Schwarze 1985, 385-463
Hummel, Ursula, Infinitiv- und Komplementsätze, in: Schwarze 1985, 294-283
Leech, Geoffrey & Svartvik, Jan, A Communicative Grammar of English, London 1975
Lepschy, Anna Laura & Lepschy, Giulio, Die italienische Sprache. Mit einem Vorwort von J. Albrecht, übers. von S. Hagemann, Tübingen 1986
Manzotti, Emilio, Indicazioni di numero, in: Schwarze 1985, 83-115
Manzotti, Emilio & Rigamonti, A., "Dalle due alle tre", indicazioni di durata, in: Schwarze 1983, 171-207
Pusch, Luise F., Das italienische Tempussystem, in: Schwarze 1983, 209-263
Pusch, Luise F., Kontrastive Untersuchungen zum italienischen 'gerundio': Instrumental- und Modalsätze und das Problem der Individuierung von Ereignissen. Tübingen 1980
Regula, M. & Jernej, J., Grammatica italiana descrittiva, su basi storiche e psicologiche, Bern - München 1965
Rizzi, G., Issues in Italian Syntax, Dordrecht 1982
Scalise, Sergio, Morfologia lessicale, Padova 1983
Schwarze, Ch. (Hrsg.), Bausteine für eine italienische Grammatik, Bd. I-II, Tübingen 1983-1985
Skytte, Gunver, La sintassi dell'infinito in italiano moderno, Copenhague 1983, 2 voll.
Spore, P., Italiensk Grammatik, Odense 1975
Tekavčić, Pavao, Grammatica storica dell'italiano, 3 voll., Bologna 1980
Tonfoni, Graziella, Le dislocazioni, in: Schwarze 1985, 181-191

Vockeradt, Heinrich, Lehrbuch der italienischen Sprache, Berlin 1878
Weinrich, Harald, Tempus. Besprochene und erzählte Welt. Zweite, völlig neu bearbeitete Auflage, Stuttgart - Berlin - Köln - Mainz 1971

KAPITEL I

DER EINFACHE SATZ

0. Vorbemerkungen

Ein einfacher Satz ist ein Ausdruck, der ein finites Verb enthält und der in seiner formalen und semantischen Struktur um dieses finite Verb herum organisiert ist. Im Unterschied zum komplexen Satz enthält er keine Nebensätze und keine koordinierten Konstituenten. In diesem Sinne sind z.B. die folgenden Ausdrücke einfache Sätze:

(1) Il bambino **sveglia** i genitori
     'Das Kind weckt die Eltern'

Die Elemente, die der einfache Satz außer dem Verb enthalten kann, sind nach ihrer inneren Struktur als **Konstituenten** analysierbar. So enthält (1) außer dem Verb *sveglia* zwei Konstituenten, nämlich *il bambino* und *i genitori*. Die erste dieser Konstituenten ist das Subjekt, die zweite das Objekt des Satzes.

Eine Konstituente ist analysierbar in einen **Kopf** und eventuell hinzutretende weitere Elemente. So haben die beiden nicht verbalen Konstituenten in (1) ein Nomen als Kopf und ein Artikelwort als weiteres Element.

Eine Konstituente kann Teil einer anderen sein. So ist in (1) *sveglia i genitori* eine Konstituente, deren Kopf das Verb *sveglia* ist. Sie enthält als weiteres Element die Konstituente *i genitori*.

Der Kopf bestimmt die Natur und den formalen Zusammenhang der Konstituente. Terminologisch gilt, daß die verschiedenen Typen von Konstituenten nach der Wortart benannt werden, der ihr Kopf angehört. So heißt z.B. der Typ, dem *il bambino* und *i genitori* angehören, Nominalphrase; der Typ, dem *sveglia i genitori* angehört, heißt Verbalphrase usw.

Die Konstituenten sind die formalen Grundeinheiten des einfachen Satzes. Daher besteht die Syntax des einfachen Satzes im wesentlichen aus der Grammatik (Flexionsmorphologie und Syntax) der **Wortarten** und der Syntax der auf den Wortarten beruhenden Konstituenten. (Dem entspricht auch der Aufbau dieses Kapitels; die einzelnen Typen von Konstituenten werden nach und nach im fortlaufenden Text beschrieben. Allerdings werden die **Proformen** getrennt behandelt. Sie bilden ein System, das anders strukturiert ist als das der Konstituenten.)

Nach ihrer Rolle im Hinblick auf das Verb (oder auf ein anderes Prädikat) können die Konstituenten auch als **grammatische Funktionen** (oder Satzglieder) analysiert werden. Die Konstituenten eines gegebenen Typs können unterschiedliche grammatische Funktionen erfüllen. So ist in (1) die erste Nominalphrase Subjekt, die zweite Objekt. - Im vorliegenden Kapitel werden die einzelnen Typen von Konstituenten systematisch auch unter dem Gesichtspunkt der grammatischen Funktionen behandelt.

Zur Syntax des einfachen Satzes gehören auch die nicht lexikalischen Verfahren der Negation, die nicht durch die Konstituentenstruktur gegebenen globalen Prinzipien der linearen Anordnung und die Satzarten.

Das folgende Schema soll den hiermit skizzierten Aufbau des Kapitels illustrieren:

(2)

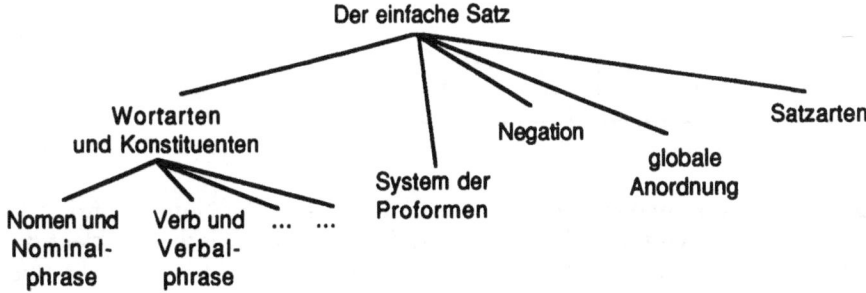

Schließlich werden in diesem Kapitel auch selbständige Ausdrücke ohne Satzcharakter behandelt. Dies sind Ausdrücke, die hinsichtlich ihrer inneren Struktur keine Sätze sind, aber doch wie Sätze geäußert werden können.

1. Nomen und Nominalphrase

Als syntaktisch-morphologische Kategorie betrachtet, ist das **Nomen** wie folgt definiert:

a. Das Nomen besitzt die grammatischen Kategorien des Numerus und des Genus. Es hat ein Genus (männlich oder weiblich), und es flektiert nach dem Numerus (Singular und Plural).

b. Das Nomen ist der Kopf der Nominalphrase.

c. Das Nomen gibt seinen Numerus und sein Genus an die anderen deklinablen Elemente der Nominalphrase weiter, d.h. es fordert die **Kongruenz** dieser Elemente; vgl. z.B.:

(3)
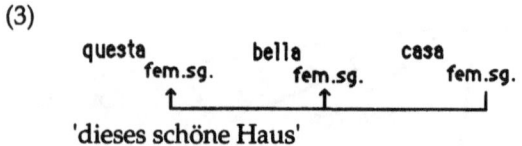
'dieses schöne Haus'

Auf diese Weise bestimmt das Nomen Genus und Numerus der Nominalphrase. Da die Nominalphrase auch ihrerseits Kongruenz fordert (z.B. zwischen Subjekt und Prädikat), bestimmen Genus und Numerus des Nomens direkt und indirekt einen großen Teil der Kongruenzbeziehungen. Das folgende Beispiel soll dies veranschaulichen:

(4) a. Questa bella casa è molto antica.
     b. E' stata costruita nel Cinquecento.
     c. Adesso la vogliono trasformare in un museo.

     a. 'Dieses schöne Haus ist sehr alt.
     b. Es ist im 16. Jh. gebaut worden.
     c. Jetzt will man ein Museum daraus machen.'

Wie in (3) illustriert, macht das Femininum und der Singular von *casa* die Nominalphrase *questa bella casa* zu einer Nominalphrase im Femininum Singular, also

(3') [NP fem. Sg. questa bella casa]

In (4a) ist diese Nominalphrase Subjekt. Sie gibt daher ihre Kategorien an das Prädikat weiter, und zwar nur den Numerus an das Verb *è* 'ist' und beide Kategorien an das Adjektiv *antic-*, also:

(4a)

    [questa bella casa] è molto antica
          fem.sg.   sg.   fem.sg.

Satz (4b) enthält ein Nullsubjekt, das sich anaphorisch (s. Kap. IV, 1.2.) auf *questa bella casa* bezieht. Wegen dieses Bezuges übernimmt das Nullsubjekt die Kategorien von *questa bella casa* und gibt die so erhaltenen (aber nicht ausgedrückten) Kategorien an sein Prädikat weiter, das so den anaphorischen Bezug des Nullsubjekts deutlich machen kann, also:

(4a-b)

    [questa bella casa] è molto antica ∅ è stata costruita ...
            fem. sg.   fem. sg.   fem.sg.   fem.sg.

Satz (4c) enthält das Pronomen *la*, das sich ebenfalls anaphorisch auf *questa bella casa* bzw. auf das Nullsubjekt von Satz (4b) bezieht. Auch dieses Pronomen bekommt indirekt von dem Nomen *casa* die Kategorien Femininum Singular; vgl.:

(4a-c)

    [questa bella casa fem. sg.] ... ∅ fem.sg. ... la fem.sg. vogliono trasformare ...

Die morphologischen Kategorien des Nomens spielen daher für die Organisation der Rede eine ebenso wichtige Rolle, wie es die Valenz des Verbs für die Organisation des Satzes tut.

1.1. Formen, Klassen und Valenz des Nomens

1.1.1. Die Formen des Nomens

Ein morphologisch regelmäßiges Nomen besteht aus einem Stamm und einer Endung. Die Endungen sind in drei **großen Deklinationsklassen** organisiert, und zwar die o-Deklination, die a-Deklination und die e-Deklination. Es gibt Zuordnungen zwischen Deklinationsklasse und Genus (s. die folgenden Tabellen sowie 1.1.2.). Die Endungen sind:

Singular	Plural	Genus
-o	-i	mask.
-a	-e	fem.
-e	-i	mask., fem.

o-Deklination
a-Deklination
e-Deklination

Beispiele sind:

    o-Deklination:
        libr-   (mask.)   'Buch' :   *libro*   *libri*

    a-Deklination:
        cas-   (fem.)   'Haus':   *casa*   *case*

    e-Deklination:
        pell-   (fem.)   'Haut':   *pelle*   *pelli*
        dottor- (mask.)   'Doktor':   *dottore*   *dottori*

Außerdem gibt es zwei **kleine Deklinationsklassen**, und zwar die Nomina mit Kollektivplural und die Maskulina auf -a. Die Nomina mit Kollektivplural sind männlich im Singular und weiblich im Plural. Die Endungen sind:

Singular	Plural	Genus
- o	- a	Sg.: mask Pl.: fem.
- a	- i	mask.

Kollektivplural

Maskulina auf -a

Die erste dieser kleinen Klassen gilt für eine sehr kleine Anzahl von Nomina. Einige von ihnen haben neben dem weiblichen Kollektivplural auf -*a* auch den männlichen Plural auf -*i*.

N.B. Es besteht dann oft, aber nicht immer, ein semantischer Unterschied zwischen dem Plural auf -*i* und dem auf -*a* (s. die Übersetzungen in der folgenden Liste sowie Kap. IV, 1.1.4.).

Solche Nomina sind:

bracci-o	'Arm; Flügel eines Gebäudes'	*bracci-a* *bracc-i*	'Arme' 'Fl. e. Gebäudes'
cigli-o	'Braue'	*cigli-a* , *cigl-i*	'Brauen'
dit-o	'Finger (sg.)'	*dit-a*	'Finger (pl.)'

ginocchi-o	'Knie (sg.)'	ginocchi-a	'Knie (pl.)'
labbr-o	'Lippe, Rand'	labbr-a	'Lippen'
		labbr-i	'Ränder'
lenzuol-o	'Bettuch'	lenzuol-a, lenzuol-i	'Bettücher'
mur-o	'Mauer'	mur-a	'Stadtmauer'
		mur-i	'Mauern'
oss-o	'Knochen (sg.)'	oss-a	'Knochen (pl.) im lebenden Organismus'
		oss-i	'einzelne Knochen'
uov-o	'Ei'	uov-a	'Eier'

Die zweite der kleinen Klassen umfaßt diejenigen männlichen Nomina, deren Endung im Singular -*a* ist.

Beispiele sind: *programma* 'Programm' vs. *programmi* 'Programme', *dentista* 'Dentist' vs. *dentisti* 'Dentisten'.

N.B. Die weiblichen Nomina auf -*ista* bilden den Plural normal auf -*e*; vgl. z.B.: *linguist-a* 'Linguistin' vs. *linguist-e* 'Linguistinnen'.

Es gibt die folgenden Typen von **Unregelmäßigkeiten**:

a. Das Fehlen einer Endung

Stämme, die auf einen betonten Vokal enden, und bestimmte neuere Entlehnungen können keine Endung zu sich nehmen. - Beispiele sind:

- Stämme, die auf betonten Vokal enden: *città* 'Stadt', 'Städte', *re* 'König', 'Könige'
- neuere Entlehnungen, die auf einen Konsonanten enden: *film* 'Film', 'Filme', *camion* 'Lastwagen'

N.B. Diese Nomina haben trotzdem die Kategorien des Genus und des Numerus und geben sie nach den Prinzipien der Kongruenz weiter. Daher kann man bei diesen Formen Null-Endungen postulieren; vgl. z.B.:

(5) a. **La** città-ø **è** bell-**a**
         'Die Stadt ist schön'

     b. **Le** città-ø **sono** bell-**e**
         'Die Städte sind schön'

(6) a. **Il** camion-ø **è** pesant-**e**
         'Der Lastwagen ist schwer'

     b. **I** camion-ø **sono** pesant-**i**
         'Die Lastwagen sind schwer'

N.B. Ebenfalls keine Endung nehmen zu sich *boia* 'Henker' und *serie* 'Reihe'. Bei *specie* 'Art' ist sowohl der regelmäßige Plural *speci* als auch der unveränderte Plural *specie* möglich.

b. Veränderungen des Stammes

Wenn der Stamm auf unbetontes /i/ endet und der Plural -*i* ist, so schwindet immer das /i/ des Stammes. Die Schreibung folgt heute der lautlichen Erscheinung; vgl. z.B.:

(7) *orari-o* [o'ra:rjo] 'Fahrplan' vs. *orar-i* [o'ra:ri] 'Fahrpläne'
operai-o [ope'ra:jo] 'Arbeiter (sg.)' vs. *opera-i* [ope'ra:i] 'Arbeiter (pl.)'

N.B. Im Falle von *principe* ['printʃipe] 'Fürst' und *principio* [prin'tʃi:pjo] 'Prinzip' entsteht durch die Tilgung des /i/ ein in der Schreibung identischer Plural. Zur Unterscheidung der beiden Wörter wird hier das Akzentzeichen benutzt: *prìncipi* 'Fürsten', *princìpi* 'Prinzipien'.

N.B. Nur orthographisch ist die folgende Regel: Wenn am Ende des Stammes im Singular nach *c* oder *g* ein *i* geschrieben wird, das nur der Darstellung der Lautung [tʃ], [ʃ] oder [dʒ] dient (z.B. in *uffici-o* [uffi:tʃo] 'Büro', *gusci-o* ['guʃʃo] 'Schale', *villaggi-o* [vil'laddʒo] 'Dorf', *facci-a* ['fattʃa] 'Gesicht', *fasci-a* ['faʃʃa] 'Windel', *ciliegi-a* [tʃil'je:dʒa] 'Kirsche', so schwindet dieses *i* im Plural, also: *uffic-i* [uffi:tʃi] 'Büros', *gusc-i* ['guʃʃi] 'Schalen', *villagg-i* [vil'laddʒi] 'Dörfer', *facc-e* ['fattʃe] 'Gesichter', *fasc-e* ['faʃʃe] 'Windeln', *cilieg-e* [tʃil'je:dʒe] 'Kirschen'. - Zur Unterscheidung zwischen *camic-e* ['ka:mitʃe] 'Kittel' und dem Plural von *camici-a* [ka'mi:tʃa] 'Hemd' schreibt man den Plural von *camicia*, [ka'mi:tʃe], mit *i*, also *camicie* 'Hemden'.

Lexikalisch, d.h. von Fall zu Fall zu lernen, sind die folgenden Alternanzen:

Eine große Zahl männlicher Nomina der o-Deklination, deren Stamm auf /k/ endet, haben im Plural einen **Ersatz des /k/ durch /tʃ/**. Diese Alternanz ist besonders häufig, wenn dem /k/ ein /i/ vorausgeht; wie z.B. in:

(8) *amic-o* [a'mi:ko] 'Freund' vs. *amic-i* [a'mi:tʃi] 'Freunde'
cantic-o ['kantiko] 'Gesang' vs. *cantic-i* ['kantitʃi] 'Gesänge'

Sie gilt für alle mit dem Suffix -*ik*- gebildeten Maskulina; z.B.:

(9) *anarchic-o* 'Anarchist' vs. *anarchic-i* 'Anarchisten'
narcotic-o 'Droge' vs. *narcotic-i* 'Drogen'

N.B. Die Alternanz nach /i/ beruht trotz ihrer großen Häufigkeit und ihrer phonetischen Motiviertheit (als Prozeß der Palatalisierung) nicht auf einer phonologischen Regel, denn bei einigen Formen bleibt das /k/ erhalten; vgl. z.B. *incaric-o* /in'kariko/ 'Auftrag' vs. *incarich-i* /in'kariki/ 'Aufträge'.

In einigen Fällen tritt die Alternanz auch dann ein, wenn dem /k/ ein anderer Vokal als /i/ vorausgeht; vgl. z.B.:

(10) *sindac-o* ['sindako] 'Bürgermeister (sg.)'
sindac-i ['sindatʃi] 'Bürgermeister (pl.)'
grec-o ['grɛ:ko] 'Grieche'

grec-i	['grɛːtʃi]	'Griechen'
equivoc-o	[eˈkwiːvɔko]	'Mehrdeutigkeit'
equivoc-i	[eˈkwiːvɔtʃi]	'Mehrdeutigkeiten'

Nach Konsonant kommt die Alternanz nur bei *porc-o* 'Schwein' vs. *porc-i* 'Schweine' vor.

Manche männliche Nomina der o-Deklination, deren Stamm auf /g/ endet, haben im Plural einen **Ersatz des /g/ durch /dʒ/**.

Systematisch ist diese Alternanz nur bei den männlichen Berufsbezeichnungen, die auf *-ólog-* enden; wie z.B.:

(11) *psicolog-o* [psiˈkɔːlɔgo] 'Psychologe'
 psicolog-i [psiˈkɔːlɔdʒi] 'Psychologen'
 geolog-o [dʒeˈɔːlɔgo] 'Geologe'
 geolog-i [dʒeˈɔːlɔdʒi] 'Geologen'

N.B. Bei auf *-ólog-* endenden Maskulina, die keinen Beruf bezeichnen, und bei weiblichen Nomina findet die Alternanz nicht statt; vgl. z.B.:

(12) *dialog-o* 'Dialog' vs. *dialogh-i* 'Dialoge'
 catalog-o 'Katalog' vs. *catalogh-i* 'Kataloge'
 psicolog-a 'Psychologin' vs. *psicologh-e* 'Psychologinnen'

Außerhalb der Gruppe der Berufsbezeichnungen auf *-ólog-* ist die Alternanz sehr selten. - Beispiele sind:

(13) *asparag-o* [aˈspaːrago] 'Spargel(sg.)'
 asparag-i [aˈspaːradʒi] 'Spargel (pl.)'
 belg-a [ˈbɛlga] 'Belgier (sg.)'
 belg-i [ˈbɛldʒi] 'Belgier (pl.)'

Nur sehr wenige Nomina haben **andere Veränderungen des Stammes**. Es handelt sich um:

(14) *uom-o* [ˈwɔːmo] 'Mann' vs. *uomin-i* [ˈwɔːmini] 'Männer'
 bu-e [ˈbuːe] 'Ochse' vs. *buo-i* [ˈbwɔːi̯] 'Ochsen'
 di-o [ˈdiːo] 'Gott' vs. *de-i* [ˈdeːi̯] 'Götter'

Bei *tempi-o* [ˈtɛmpjo] 'Tempel' wird statt des regelmäßigen Plurals *temp-i* (zur Unterscheidung von *tempi* 'Zeiten' auch *tempî* geschrieben) der Plural *templ-i* bevorzugt.

1.1.2. Das Genus

Jedes Nomen hat lexikalisch ein Genus. Die Genera sind das Maskulinum (männliches Geschlecht) und das Femininum (weibliches Geschlecht).

Es bestehen **Korrelationen zwischen Genus und Flexionsklasse**. Diese decken aber nicht den ganzen lexikalischen Bereich des Nomens ab. Im einzelnen gilt:

Die Nomina der a-Deklination (z.B. *cas-a* 'Haus', *terr-a* 'Erde', *lun-a* 'Mond') sind Feminina.

Die Nomina auf *-a*, die den Plural auf *-i* bilden (s. oben), wie z.B. *poet-a* vs. *poet-i* 'Dichter', *programm-a* vs. *programm-i* 'Programm', 'Programme', sind alle Maskulina.

Die Nomina der o-Deklination sind Maskulina, z.B. *giardin-o* 'Garten', *prat-o* 'Wiese', *cap-o* 'Kopf' usw.

N.B. Eine Ausnahme ist *man-o* (fem.) 'Hand'.

Die Nomina der e-Deklination hingegen haben keine Korrelation zwischen Flexionsklasse und Genus; vgl. z.B. *bott-e* (fem.) 'Faß', *legg-e* (fem.) 'Gesetz' vs. *sem-e* (mask.) 'Samen', *sol-e* (mask.) 'Sonne'.

N.B. Es bestehen systematische **Korrelationen zwischen Ableitungssuffixen und Genus**. Diese sind in Kap. III, 1. für jedes einzelne Nominalsuffix angegeben.

In einigen Fällen ist das Genus durch die Zugehörigkeit zu einer Klasse von Gegenständen festgelegt:

Für die Bezeichnungen von Menschen gilt grundsätzlich **das Prinzip des natürlichen Geschlechts**: Nomina, die aufgrund ihrer lexikalischen Bedeutung Personen weiblichen Geschlechts bezeichnen, sind in der Regel Feminina, z.B. *moglie* (fem.) 'Ehefrau', *nipote* (fem.) 'Nichte'. Nomina, die aufgrund ihrer lexikalischen Bedeutung Personen männlichen Geschlechts bezeichnen, sind in der Regel Maskulina, z.B. *frate* (mask.) 'Mönch', *nipote* (mask.) 'Neffe'. (In diesem Falle kommt oft die Korrelation mit der Flexionsklasse hinzu; vgl. z.B.: *donn-a* (fem.) 'Frau', *operai-a* (fem.) 'Arbeiterin'.)

N.B. Bei Funktions- oder Rollenbezeichnungen gilt das Prinzip des natürlichen Geschlechts nicht immer: So werden *ministr-o* (mask.) 'Minister', *direttor-e* (mask.) 'Direktor' auch gebraucht, wenn der Rollenträger eine Frau ist. - Neben *il mezzosoprano* 'der Mezzosopran' sagt man auch *la mezzosoprano*, und auch Kongruenz ad sensum ist möglich; s. z.B.:

(15) Il mezzosoprano è veramente {bravissima, bravissimo}
    'Der Mezzosopran ist wirklich sehr gut'

Die it. **Vornamen** sind grundsätzlich geschlechtsspezifisch. Ihr Genus entspricht dem Geschlecht des Namensträgers. So ist z.B. *Cesare* ein Männername und grammatisch ein Maskulinum, und entsprechend ist *Irene* ein Frauenname und grammatisch ein Femininum.

N.B. Das Prinzip der Übereinstimmung von Flexionsendung und Genus ist hier manchmal nur scheinbar durchbrochen: *Andrea, Nicola* sind männliche Vornamen und daher Maskulina, trotz des *a*. Dieses ist hier nicht Flexionsendung, sondern gehört zum Stamm.

N.B. Für Tiere wird das Prinzip des natürlichen Geschlechts nur dann wirksam, wenn das betreffende Wort lexikalisch speziell das männliche oder weibliche Zuchttier bezeichnet, wie in *stallone* (mask.) 'Hengst', *scrofa* (fem.) 'Zuchtsau' usw.

N.B. Zum grammatischen Ausdruck des natürlichen Geschlechts s. auch Kap. III, 1.1.2.3.

Weitere Korrelationen zwischen Klassen von Gegenständen und Genus sind:

Eigennamen für Städte, Firmen, Überlandstraßen und Autobahnen sind Feminina; vgl. z.B.:

(16) **Milano** è bella
'Mailand ist schön'

La Fiat è privata
'Fiat ist privat'

L'**Aurelia** è interrotta
'Die Via Aurelia ist gesperrt'

Ti conviene prendere **la Firenze-Mare**
'Du fährst am besten die Autobahn Florenz-Meer'

N.B. Wird ein Städtename als Maskulinum verwendet, so ist nicht die Stadt selbst, sondern ihr Fußballverein gemeint: *Il Torino di Meazza* 'der FC Turin zu Meazzas Zeiten' vs. *La Torino di Novelli* 'das Turin Novellis' (Meazza war ein Fußballspieler, Novelli war Bürgermeister von Turin.)

Feminina sind ferner:

- die Namen von Automarken und -typen: *una Golf* 'ein Golf'
- die Eigennamen von Schiffen: *La Michelangelo* 'die Michelangelo'

Maskulina sind:

- die Namen der Monate und der Wochentage, vgl. z.B.: *gennaio* 'Januar', *lunedì* 'Montag'; eine Ausnahme ist *la domenica* (fem.) 'Sonntag'
- die Namen der Himmelsrichtungen und der anhand der Himmelsrichtungen definierten Gebiete: *il nord* 'der Norden', *il sud* 'der Süden'

- die Eigennamen der Winde, z.B.: *libeccio* 'Libeccio' (der Südwestwind des Mittelmeeres), *scirocco* 'Schirokko'. Ausnahmen sind: *bora* (fem.) 'Bora' (der Nordostwind der Adria) und *tramontana* (fem.) 'Nordwind'
- die Bezeichnungen von Metallen und Elementen: *argento* 'Silber', *sodio* 'Natrium'
- die Eigennamen von Bergen und Gebirgen, vgl. z.B.: *il Cervino* 'das Matterhorn', *il Giura* 'das Jura'; es gibt jedoch Ausnahmen: *le Alpi* (fem.) 'die Alpen', *le Dolomiti* (fem.) 'die Dolomiten', *le Ande* (fem.) 'die Anden', *le Ardenne* (fem.) 'die Ardennen'
- die Eigennamen von Meeren: *il Tirreno* 'das Tyrrhenische Meer', *l'Adriatico* 'die Adria'
- die Bezeichnungen von Bäumen und Sträuchern, vgl. z.B.: *faggio* 'Buche', *abete* 'Fichte'; Ausnahmen sind *betulla* (fem.) 'Birke', *palma* (fem.) 'Palme', *quercia* (fem.) 'Eiche', *vite* (fem.) 'Weinstock'

N.B. Bei Obstbäumen dient das Genus der lexikalischen Differenzierung zwischen Baum (Maskulinum) und Frucht (Femininum): *pero* (mask.) 'Birnbaum' vs. *pera* (fem.) 'Birne'; *ciliegio* (mask.) 'Kirschbaum' vs. *ciliegia* (fem.) 'Kirsche' usw.; s. auch Kap. III, 1.1.2.3.

1.1.3. Der Numerus

Diejenigen Nomina, die individuelle Gegenstände bezeichnen, können im Singular und im Plural stehen; die anderen stehen typischerweise nur im Singular. Dieser ist somit der unmarkierte Numerus.

Besonderheiten gelten für den Plural der Eigennamen und der Stoffnamen.

Für die **Eigennamen** besteht ein Unterschied zwischen Vornamen und Ländernamen auf der einen und Familiennamen auf der anderen Seite. Vornamen und Ländernamen können einen morphologischen Plural bilden; vgl. z.B.:

(17) le due Mari-**e** (zu *Mari-a* 'Maria')
'die beiden Marias'

le due Germani-**e** (zu *Germani-a* 'Deutschland')
'die beiden Deutschland'

Familiennamen sind morphologisch indeklinabel, sie können aber syntaktisch und semantisch die Kategorie Plural haben; vgl. z.B.:

(18) **Il** Di Ruscio abit**a** al primo piano
'Di Ruscio wohnt im ersten Stock'
vs.
I Di Ruscio abit**ano** al primo piano
'Die Di Ruscios wohnen im ersten Stock'

Die **Stoffnamen** haben entweder keinen Plural; vgl.:

(19) il latte   -   *i latti
      'die Milch'   -   *'die Milchen'

oder ein Plural kann formal zwar gebildet werden, aber das Nomen wird durch die Pluralbildung umkategorisiert (s. hierzu Kap. IV, 1.1.5. und 1.1.6.); vgl. z.B.:

(20) **la birr-a**   vs. **le birr-e**
      'das Bier'   vs. 'die Biere'

(21) **l'or-o**   vs. **gli or-i**
      'das Gold'   vs. 'der Goldschmuck'

1.1.4. Die Valenz der Nomina

Die Valenz (zur Definition s. 2.2.0.) ist eine Erscheinung, die beim Verb am deutlichsten ausgeprägt ist. Sie spielt aber auch beim Nomen eine Rolle.

Viele Nomina, z.B. die, die Benennungen für einfache Individuen und für Stoffe, für Typen und Portionen sind (s. Kap. IV, 1.1.1.ff.), regieren keine grammatischen Funktionen. Nomina, die Vorgänge, Zustände oder Eigenschaften bezeichnen, haben Komplemente, deren Form sie festlegen. (Eine Liste solcher Nomina befindet sich unter 1.1.4.1.)

Diese Komplemente können sein:

- Präpositionalphrasen
- durch Präposition regierte Infinitivkomplemente
- Komplementsätze mit dem Junktor *che* sowie
- Komplementsätze mit einem Fragepronomen als Junktor

N.B. Wohlgemerkt sind nicht alle Erweiterungen des Nomens Komplemente. Das Nomen kann auch durch einen Modifikator oder ein Adjunkt erweitert werden, grammatische Funktionen also, die nicht durch die Valenz festgelegt sind.

Im einzelnen gilt:

a. Präpositionalphrasen

N.B. Die Beispiele stammen z.T. aus Giorgi 1987. Auf dieser Arbeit beruht z.T. auch die folgende Analyse. Ich nehme aber im Unterschied zu ihr nicht an, daß die Valenz des Nomens passivische oder passivartige Strukturen umfaßt.

Bezeichnet die Nominalphrase "A di B " ein Ereignis oder eine Handlung und ist A einstellig, so wird sie gedeutet als 'B tut A'. Hierbei spezifiziert A die Art des Ereignisses. B ist ein Argument dieses Prädikats, und ihm wird in Abhängigkeit von der Prädikat-Argument-Struktur von A eine thematische Rolle zugewiesen; vgl. z.B.:

(22) la salita **del dollaro**
'das Steigen des Dollars'
('der Dollar' ist Thema)

(23) L'evasione **del detenuto**
'Die Flucht des Häftlings'
('Der Häftling' ist Agens)

Ist das Prädikat zweistellig, so kann nur eins der Argumente als Präpositionalphrase mit *di* erscheinen; vgl. z.B.:

(24) L'amore **dei vecchi genitori**
'Die Liebe {der, zu den} alten Eltern'

(25) La scoperta **dei bambini**
'Die Entdeckung der Kinder'

Deshalb sind di-Komplemente mehrstelliger nominaler Prädikate mehrdeutig: In (25) können 'die Kinder' sowohl Agens als auch Thema sein.

N.B. Giorgi 1987 gibt auch Beispiele mit zwei di-Komplementen:

(26) La descrizione **di Maria di Gianni** è troppo lusinghiera
'Die Beschreibung von Maria von Gianni ist zu schmeichelhaft'

(27) L'attesa **di Maria di Gianni** è durata tre ore
'Das Warten von Maria auf Gianni hat drei Stunden gedauert'

Dabei handelt es sich aber nicht um eine übliche Ausdrucksweise.

Ein weiteres Argument kann mit Hilfe einer weiteren Präposition angefügt werden. Dabei muß das Subjekt des entsprechenden Verbs, d.i. meistens der Agens, zuerst stehen und die Präposition *di* haben; s. z.B.:

(28) L'amore **dei genitori per i figli**
'Die Liebe der Eltern zu den Kindern'

(29) La rinuncia **di Gianni a quella carica** sorprese tutti
'Der Verzicht Giannis auf diesen Auftrag überraschte alle'

(30) Il giudizio **di Gianni su Maria** è molto negativo
'Das Urteil von Gianni über Maria ist sehr negativ'

Über die Auswahl dieser zweiten Präposition entscheidet das Nomen. Allgemein gilt folgendes:

- bezeichnet das Nomen ein Gefühl oder eine Einstellung und ist das dem Nomen entsprechende Verb transitiv (*ammirazione* 'Bewunderung', *amore* 'Liebe', *stima* 'Hochachtung' usw.; vgl. (28)), so ist die Präposition *per*
- entspricht dem zweiten Argument des Nomens ein Obliquus des zugrundeliegenden Verbs oder Adjektivs, so wird die Präposition dieses Obliquus übernommen ((29) und (30))

Der Agens kann eindeutig durch die zusammengesetzte Präposition *da parte di* gekennzeichnet werden:

(31) Quella telefonata **da parte di Gianni** mi disturbò
 'Dieser Anruf von Gianni hat mich beunruhigt'

(32) Quel comportamento **da parte di Gianni** fu scandaloso
 'Dieses Verhalten von Gianni war skandalös'

Diese Kennzeichnung des Agens signalisiert gleichzeitig, daß das betreffende Ereignis von einem Beobachter wahrgenommen und hinsichtlich seines Urhebers identifiziert wurde. Deshalb ist *da parte di* in Sätzen wie dem folgenden ausgeschlossen:

(33) *Quella camminata da parte di Gianni durò tre ore
 '*Dieser Spaziergang von seiten Giannis dauerte drei Stunden'

Eine weitere Möglichkeit, ein Argument des Nomens auszudrücken, liegt in der Benutzung des Possessivums. Dieses bezeichnet das Subjekt des aktiven (34) oder des passiven (35) Satzes; daher kann ein eventuell vorhandenes di-Komplement nicht Agens sein; s. z.B.:

(34) la **sua** descrizione **di Gianni**
 'seine Beschreibung von Gianni'
 (der Referent von *sua* ist Agens, 'Gianni' ist Thema)

(35) una **sua** condanna è improbabile
 'seine Verurteilung ist unwahrscheinlich'

N.B. Dadurch, daß die thematische Rolle von Komplementen des Nomens nur durch eine Präposition oder das Possessivum, nicht aber auch durch die bloße lineare Anordnung signalisiert werden kann, ist die Valenz des Nomens gegenüber der des Verbs stark beschränkt.

Die Präposition kann die Prädikat-Argument-Struktur disambiguisieren. So hat *accusa* 'Anklage' in der Konstruktion "A di B" nur die Deutung von B als 'Agens'. Soll B der Beschuldigte sein, so muß die Form "A contro B" gewählt werden:

(36) L'accusa {**di, contro**} Silvio era ingiusta
'Die Beschuldigung {von, gegen} Silvio war ungerecht'

Ist A morphologisch von einem Adjektiv abgeleitet, so liegt die Relation 'B ist A' zugrunde; vgl. z.B.:

(37) La semplicità **dello stile**
'Die Einfachheit des Stils'

La necessità **di queste misure**
'Die Notwendigkeit dieser Maßnahmen'

b. durch Präposition regierte Infinitivkomplemente

Wie viele Verben und Adjektive, so können auch bestimmte Nomina ein Infinitivkomplement mit *di* oder *a* regieren; s. z.B.:

(38) la convinzione **di essere innocente**
'die Überzeugung, unschuldig zu sein'

(39) la tendenza **a mangiare troppo**
'die Neigung, zuviel zu essen'

Es besteht eine Art Subjektkontrolle: Das Agens-Argument des Nomens ist gleich dem Null-Subjekt des Infinitivs; vgl. z.B.:

(38') la convinzione di Gianni$_i$ di ø$_i$ essere innocente
'Giannis Überzeugung, unschuldig zu sein'

(39') la tendenza di Maria$_i$ a ø$_i$ mangiare troppo
'die Neigung Marias, zu viel zu essen'

Die Auswahl der Präposition hängt vom jeweiligen Nomen ab. Allgemein gilt, daß diejenige Präposition übernommen wird, die das dem Nomen entsprechende Verb oder Adjektiv regiert; vgl. *la convinzione di - essere convinto di; la tendenza a - tendere a*. In den Fällen, in denen es kein entsprechendes Verb oder Adjektiv gibt, wie bei *diritto* 'Recht' (vgl. *il diritto di lavorare* 'das Recht zu arbeiten') tritt die Standardpräposition *di* ein.

Anders als bei den Verben ist der bloße Infinitiv beim Nomen nicht möglich. Entspricht ein Nomen einem Verb oder Adjektiv, das einen bloßen Infinitiv regiert, so tritt ebenfalls *di* ein; vgl. z.B.:

(40) la volontà **di vincere** - x vuole **vincere**
'der Wille zu siegen' - 'x will siegen'

(41) la necessità **di concentrarsi** - è necessario **concentrarsi**
'die Notwendigkeit, sich zu konzentrieren' - 'es ist nötig, sich zu konzentrieren'

c. Deklarative Komplementsätze

Wie viele Verben und Adjektive, so können auch manche Nomina einen durch *che* eingeleiteten deklarativen Komplementsatz regieren; s. z.B.:

(42) la convinzione **che Paolo sia innocente**
'die Überzeugung, daß Paolo unschuldig ist'

(43) l'ipotesi **che si facciano i referendum**
'die Hypothese, daß die Referenda stattfinden'

Anders als beim Verb und beim Adjektiv kann der Komplementsatz beim Nomen nicht umgestellt werden.

d. Interrogative Komplementsätze

Wie einige Verben, so können auch manche Nomina einen interrogativen Komplementsatz regieren. - Beispiele sind:

(44) la **domanda quando** queste cose siano successe
'die Frage, wann diese Dinge geschehen sind'

(45) la **questione se** si debba intervenire militarmente
'die Frage, ob man militärisch eingreifen soll'

Von einem Nomen regierte Komplementsätze mit einem Fragejunktor sind jedoch marginal. Als Junktoren kommen vor allem *se* 'ob' und *perché* 'warum' in Frage.

N.B. Beim Übersetzen aus dem Dt. ist es möglich und oft besser, den Interrogativsatz mit Hilfe der Präposition *di* anzuschließen; vgl. z.B.: *Die Frage, wie das geschehen konnte, ist nicht leicht zu beantworten. - Alla domanda di come ciò sia potuto succedere non è facile rispondere.*

N.B. Manche Nomina können neben ihrem Komplement ein Adjunkt haben; s. z.B.:

(46) l'arrivo del treno **alle dodici**
'die Ankunft des Zuges um zwölf'

(47) la scoperta delle monete **dietro la parete**
'die Entdeckung der Münzen hinter der Wand'

1.1.4.1. Übersicht über die komplementierbaren Nomina

In dieser Liste werden einige Nomina aufgeführt, die ein oder mehrere Komplemente haben können. Alle diese Nomina können ein di-Komplement haben; *da parte di* ist listenmäßig nicht zu erfassen. Die Liste gibt an, welche Präposition typischerweise ein weiteres nominales Argument hat (P = verschiedene lexikalische Präpositionen), ob ein Infinitiv-Komplement, ein deklarativer oder ein interrogativer Komplementsatz möglich ist.

Nomen	Übersetzung	Präposition eines weiteren Arguments	Infinitiv-Komplement	deklarativer Komplementsatz	interrog. Komplementsatz
accusa	'Anschuldigung'	contro	+	–	–
ammirazione	'Bewunderung'	per	–	–	–
amore	'Liebe'	per	–	–	–
analisi	'Analyse'	–	–	–	–
apparizione	'Erscheinen'	a, P	–	–	–
arresto	'Verhaftung'	–	–	–	–
arrivo	'Ankunft'	P	–	–	–
attesa	'Warten'	per	+	+	–
azione	'Handlung'	–	+	–	–
ballo	'Tanz'	–	–	–	–
camminata	'Gang'	–	–	–	–
cattura	'Gefangennahme'	–	–	–	–
comportamento	'Verhalten'	verso	–	–	–
convinzione	'Überzeugung'	–	+	+	–
corsa	'Lauf'	P	–	–	–
descrizione	'Beschreibung'	su	–	–	–
desiderio	'Wunsch'	–	+	+	–
diritto	'Recht'	a	+	–	–
disprezzo	'Verachtung'	per	–	–	–
distribuzione	'Verteilung'	a	–	–	–
domanda	'Frage'	a	–	–	+
giudizio	'Urteil'	su	–	+	–
interesse	'Interesse'	per	+	+	–

ipotesi	'Hypothese'	su	+	+	−
necessità	'Notwendigkeit'	−	+	+	−
odio	'Haß'	per	−	−	−
osservazione	'Beobachtung'	−	−	+	−
partenza	'Abreise'	P	−	−	−
passione	'Leidenschaft'	per	+	−	−
paura	'Angst'	−	+	+	−
regalo	'Geschenk'	per, a	−	−	−
preoccupazione	'Sorge'	per	+	+	+
regolazione	'Regulierung'	−	−	−	−
rispetto	'Respekt'	per	−	−	−
risposta	'Antwort'	a	−	+	−
salita	'Ansteigen'	P	−	−	−
salvataggio	'Rettung'	−	−	−	−
semplicità	'Einfachheit'	−	−	−	−
sollevamento	'Erhebung'	contro	−	−	−
sospetto	'Verdacht'	contro	+	+	−
spiegazione	'Erklärung'	−	−	+	−
stima	'Hochachtung'	per	−	−	−
telefonata	'Anruf'	a	−	−	−
tendenza	'Neigung'	a	+	+	−
uscita	'Hinausgehen'	P	−	−	−
viaggio	'Reise'	P	−	−	−
volontà	'Wille'	−	+	+	−

1.2. Die Artikelwörter

Links vom Nomen kann ein Artikelwort stehen. Ein Artikelwort macht das Nomen zur Nominalphrase.

Es sind fünf Unterklassen von Artikelwörtern vorhanden, und zwar, in der traditionellen Terminologie, drei Artikel und zwei Demonstrativa.

Die **Artikel** sind:

i. der bestimmte Artikel: *l-*
ii. der unbestimmte Artikel: *un-*
iii. der partitive Artikel: *dell-*

Die **Demonstrativa** sind:

iv. die Demonstrativa der Nähe: *quest-, st-*
v. die Demonstrativa der Ferne: *quell-, codest-*

N.B. Die Form *st-* ist umgangssprachlich. Sie wird von den Sprechern als Kurzform von *quest-* aufgefaßt und daher mit Apostroph geschrieben: *ah, 'sti ragazzi!* 'oh, diese Jungen!'. - In der heutigen Sprache ist *codest-* marginal. Das **Possessivum**, im Dt. ebenfalls ein Artikelwort, ist im It. ein Postartikel; s. 1.5.

Die Artikelwörter **flektieren** in Genus und Numerus in Kongruenz mit dem Nomen, das Kopf der Nominalphrase ist.

Ihre Flexion entspricht in ihrer Grundstruktur derjenigen der Nomina: die männlichen Formen gehören der o-Deklination an, die weiblichen der a-Deklination; vgl. z.B.:

(48)   Sg.   Pl.
    mask. quest-o quest-i
    fem.   quest-a quest-e

Dieses einfache Grundschema wird jedoch kompliziert durch folgende Faktoren:

a. Der unbestimmte Artikel *un-* hat keinen morphologischen Plural. Für ihn tritt suppletiv der partitive Artikel oder die Form *alcun-* ein; vgl. z.B. *una casa* 'ein Haus' vs. *delle case, alcune case*, nicht **une case* 'Häuser'.

N.B. Das nominal gebrauchte Pronomen *uno* 'einer' hat allerdings den Plural *uni*; s. Kap. IV, 1.3.2. Die Suppletion zwischen unbestimmtem und partitivem Artikel ist daher nicht morphologisch begründet.

b. Alle Artikelwörter außer *quest-* und *codest-* haben im Maskulinum Singular eine **Kurzform**. Diese entsteht dadurch, daß die Endung *-o* wegfällt. Der Wegfall der Endung hat folgende Konsequenzen:

- die nur noch aus einem Konsonanten bestehende Kurzform des bestimmten Artikels wird durch die lautlich vollere Form *il* (statt *l*) ersetzt
- das lange (in der Schreibung doppelte) *l* von *quell-, dell-* wird zu einem kurzen (in der Schreibung: zu einfachem) *l* reduziert; also ergibt sich:

	volle Form	Kurzform	
i.	l-o	il	bestimmter Artikel
ii.	un-o	un	unbestimmter Artikel
iii.	dell-o	del	partitiver Artikel
iv.	quest-o	–	Demonstrativum der Nähe
v.	quell-o	quel	Demonstrativum der Ferne

N.B. Derartige Kurzformen haben unter analogen Bedingungen auch die Adjektive; s. 3.1.

Volle Formen und Kurzformen stehen in **komplementärer Distribution**. Das Kriterium für die Auswahl ist der Anlaut des folgenden Wortes. Im einzelnen gilt:

Die **volle Form** steht erstens, wenn das folgende Wort mit Vokal beginnt. In diesem Fall wird der Endungsvokal des Artikelworts elidiert; s. unten unter d. - Beispiele sind:

(49) l'anno   'das Jahr'
      l'ospite   'der Gast'

Die volle Form steht zweitens, wenn das folgende Wort mit [j] (geschrieben *i, j* oder *y*) beginnt. - Beispiele sind:

(50) lo iodio   'das Jod'
      lo Jonio   'das Ionische Meer'
      lo yacht   'die Yacht'

Die volle Form steht drittens, wenn das folgende Wort mit /ts/, /dz/ (geschrieben z), mit s + Konsonant (/sk/, /sp/, usw.) oder mit /ʃ/ (geschrieben *sci-, sce-*) beginnt. - Beispiele sind:

(51) lo zio   'der Onkel'   (/ts/)
      lo zolfo   'der Schwefel'   (/dz/)
      lo scoglio   'die Klippe'   (s + Konsonant)
      lo spago   'der Bindfaden'   (s + Konsonant)
      lo sci   'der Ski'   (/ʃ/)

In allen anderen Fällen stehen die Kurzformen. - Beispiele sind:

(52) il bagno   'das Bad'
      il cinema   'das Kino'
      il piatto   'der Teller'

c. Die maskulinen Formen der Artikelwörter haben z.T. unregelmäßige Plurale. Außerdem haben die Kurzformen eigene Plurale. Die folgenden Tafeln stellen die Verhältnisse dar:

volle Formen

	Singular	Plural	
i.	l-o	gli	bestimmter Artikel
ii.	un-o	–	unbestimmter Artikel
iii.	dell-o	degli	partitiver Artikel
iv.	quest-o	quest-i	Demonstrativum der Nähe
v.	quell-o	quegli	Demonstrativum der Ferne

Kurzformen

	Singular	Plural	
i.	il	i	bestimmter Artikel
ii.	un	–	unbestimmter Artikel
iii.	del	dei	partitiver Artikel
iv.	–	–	Demonstrativum der Nähe
v.	quel	quei	Demonstrativum der Ferne

N.B. Als Pronomen in pronominaler Funktion ist *quell-* regelmäßig: *quell-o, quell-a, quell-i, quell-e*.

N.B. Das Adjektiv *bell-* 'schön' bildet (neben dem regelmäßigen Plural *bell-i*) dieselben Formen wie das Artikelwort *dell-*: *bell-o, begli, bel, bei*.

d. Vor folgendem Vokal wird der Endungsvokal des Artikelworts **elidiert**. Die Elision ist z.T. fakultativ.

N.B. Der Unterschied zwischen der Elision und den unter b. behandelten Kurzformen besteht in folgendem: Erstens verändert die Elision den Stamm der vollen Form in keinem Falle. (Also sind z.B. *quel, il* Kurzformen, während *quell'* und *l'* elidierte Formen sind.) Zweitens ist die Elision nicht auf die maskulinen Formen beschränkt. Drittens wird die Elision in der Orthographie dadurch gekennzeichnet, daß statt des elidierten Vokals ein Apostroph steht, während die Kurzformen nicht mit Apostroph geschrieben werden. Eine Ausnahme bildet *un-*: die Kurzform und die elidierte Form werden beide gleichermaßen ohne Apostroph geschrieben: s. z.B.: *un cane* 'ein Hund' (Kurzform) vs. *un uomo* 'ein Mann' (Elision).

Im einzelnen gelten für die Elision folgende Regeln:

Im Maskulinum Singular wird immer elidiert, wenn das folgende Wort mit Vokal beginnt:

(53) l'anno   'das Jahr'
     un anno   'ein Jahr'
     dell'oro   'Gold'
     quest'anno   'dieses Jahr'
     quell'anno   'jenes Jahr'

N.B. Das (sehr marginale) *codesto* wird in den Beispielen nicht berücksichtigt.

Bei *gli, degli, quegli* kann die Elision stattfinden, wenn das folgende Wort mit dem Vokal *i* beginnt:

(54) gl'italiani   'die Italiener'
     degl'inni nazionali 'Nationalhymnen'
     quegl'individui   'diese Individuen'
     neben
(55) gli italiani
     degli inni nazionali
     quegli individui

Die Tendenz geht hier dahin, in der Schrift nicht zu elidieren. (In der Aussprache verschmelzen die beiden /i/ zu einem [i].)

Im Femininum Singular wird im traditionellen Sprachgebrauch in der Schrift elidiert:

(56) l'isola   'die Insel'
     un'isola   'eine Insel'
     dell'uva   'Weintrauben'
     quest'isola   'diese Insel'
     quell'isola   'jene Insel'

Neuerdings ist jedoch eine Tendenz zu beobachten, in diesen Fällen in der Schrift (und manchmal auch in der Aussprache) nicht zu elidieren, besonders vor "gelehrten" Wörtern; vgl. z.B.:

(57) la emarginazione 'die Marginalisierung'
una identità 'eine Identität'

Generell kann die Elision von -*a* vor mit *a*- anlautenden Nomina unterbleiben; s. z.B.:

(58) un'amica, una amica
'eine Freundin'

N.B. Die Elision im fem.pl. ist veraltet, aber nicht fehlerhaft; vgl. z.B.: *le isole* 'die Inseln' neben *l'isole* (veraltet). Unzulässig ist die Elision beim Plural der endungslosen Feminina; offensichtlich wegen der Homonymie mit dem Singular; vgl.:

(59) le entità, * l'entità 'die Entitäten'

N.B. Am Zeilenrand kann die Elision unterbleiben, z.B. *dello | argomento*.

e. Steht der bestimmte Artikel nach einer der Präpositionen *di, a, da, in, su,* so muß er mit dieser zu einem Wort **verschmelzen**; nach *con* ist die Verschmelzung fakultativ; nach *per* ist sie heute auf den Plural des Maskulinums der Kurzform beschränkt (*per i* zu *pei*), und auch hier wirkt sie etwas altertümlich.

Der bestimmte Artikel verschmilzt in allen seinen Formen. Dabei gilt folgendes:

- das /i/ von *di* wird zu /e/ gesenkt.
- das /i/ von *in* schwindet, und an das /n/ wird ein /e/ angefügt.
- hat die Artikelform die Gestalt "/l/+Vokal", so wird das /l/ phonologisch gelängt und in der Schreibung verdoppelt.
- bei *con* wird das /n/ vor den Kurzformen getilgt und vor /l/ an dieses angeglichen.

So ergeben sich die folgenden Formen:

Form des Artikels	verschmolzene Formen mit					
	di	a	da	in	con	su
l	del	al	dal	nel	col	sul
lo	dello	allo	dallo	nello	collo	sullo
i	dei	ai	dai	nei	coi	sui
gli	degli	agli	dagli	negli	cogli	sugli
la	della	alla	dalla	nella	colla	sulla
le	delle	alle	dalle	nelle	colle	sulle

Die verschmolzenen Formen *del, dello, della, dei, degli* und *delle* sind formal identisch mit den Formen des Teilungsartikels.

N.B. Etymologisch beruht auch der Teilungsartikel auf der Verschmelzung der Präposition *de/di* mit dem bestimmten Artikel. Im System der heutigen Sprache jedoch realisieren Ausdrücke, die mit den Formen *del, dello, della, dei, degli* und *delle* beginnen, zwei verschiedene grammatische Strukturen. Die eine Struktur ist die der **Präpositionalphrase**. Diese besteht (u.a.) aus einer Präposition und einer Nominalphrase. *del* usw. enthält hier, analog zu *al* aus *a+il*, *sul* aus *su+il*, *col* aus *con+il*, eine Präposition, die zwar verschmolzen ist, die aber das Syntagma, an dessen Spitze sie steht, zur Präpositionalphrase macht. Dies ist z.B. der Fall in (60): *un po'* 'ein bißchen' regiert eine Präpositionalphrase mit *di* :

(60) Prendi un po' pp [di marmellata]!
'Nimm etwas Marmelade!'

Prendi un po' pp [di ciliege]!
'Nimm ein paar Kirschen!'

Die durch *di* regierte Nominalphrase kann durch den bestimmten Artikel determiniert sein. Dieser verschmilzt mit der Präposition; s. z.B.:

(61) Prendi un po' pp [della marmellata della nonna]!
'Nimm ein wenig von Großmutters Marmelade!'

Prendi un po' pp [delle ciliege che ho portato]!
'Nimm ein paar von den Kirschen, die ich mitgebracht habe!'

Die zweite Struktur, in der die Formen *del, dello* usw. auftreten, ist die der **Nominalphrase**. Diese besteht (u.a.) aus einem Artikelwort und einem Nomen. Die Formen *del, dello* usw. sind hier Artikelwörter, und zwar Teilungsartikel. Das verschmolzene *di* macht die Konstituente nicht zur Präpositionalphrase; vgl. z.B.:

(62) C'è ancora NP [della marmellata]?
'Ist noch Marmelade da?'

Devo comprare $_{\text{NP}}$ [delle patate].
'Ich muß Kartoffeln kaufen'

In Sätzen wie unter (62) kann das durch *della, delle* eingeleitete Syntagma keine Präpositionalphrase sein. Es handelt sich um das Subjekt bzw. um das Objekt des Satzes, und Subjekte oder Objekte sind keine Präpositionalphrasen.

N.B. Die Formen mit gelängtem *l* haben sich erst spät durchgesetzt. (Noch Carducci schreibt *de la, a la, su la* usw.) Spuren dieses älteren Gebrauchs finden sich noch in der Schreibweise der Präposition bei einem mit Artikel beginnenden Titel:

(63) Ne "La città delle donne" di Fellini
'In der "Stadt der Frauen" von Fellini'

N.B. Auch das Deutsche hat eine analoge Verschmelzung (*im* - *in dem* usw.). Diesem Phänomen des Dt. entspricht jedoch die Verschmelzung im It. nicht vollständig: während das Dt. je nach der Funktion des Artikels die verschmolzene oder die ursprüngliche Form wählt (vgl. z.B. (64) und (65)), steht im It. die verschmolzene Form unabhängig von der Funktion des Artikels:

(64) Ich war auch {in dem, *im} Film, den du gestern gesehen hast

(65) Habe ich dich {beim, *bei dem} Arbeiten gestört?

Der **Formenbestand der Artikelwörter** (außer den verschmolzenen Artikeln) ist in der folgenden Tabelle zusammengefaßt. (Das Zeichen "+" bedeutet, daß die betreffende Form altertümlich ist.)

		Artikel			Demonstrativa	
		best.	unbest.	part.	Nähe	Ferne
mask.sg.	volle Form	lo	uno	dello	questo	quello
	Kurzform	l	un	del	–	quel
	elidierte Form	l'	un	dell'	quest'	quell'
mask.pl.	volle Form	gli	–	degli	questi	quegli
	Kurzform	i	–	dei	–	quei
	elidierte Form	gl'	–	+degl'	quest'	+quegl'
fem.sg.	volle Form	la	una	della	questa	quella
	Kurzform	–	–	–	–	–
	elidierte Form	l'	un'	dell'	quest'	quell'
fem.pl.	volle Form	le	–	delle	queste	quelle
	Kurzform	–	–	–	–	–
	elidierte Form	+l'	–	+dell'	+quest'	+quell'

N.B. In der obigen Tabelle nicht aufgeführt sind die Varianten *de'* (statt *dei*), *a'* (statt *ai*), *ne'* (statt *nei*), *co'* (statt *coi*). Sie sind archaisch.

N.B. In der gesprochenen Sprache treten als Artikelwörter in der Bedeutung von *questo* auch die Formen /sto/, /sta/, /sti/, /ste/ auf; wenn diese Formen geschrieben werden, wird meist ein Apostroph gesetzt (*'sta roba*), offenbar, weil man *'sto* als Kurzform von *questo* auffaßt.

Die Semantik und Pragmatik der Artikelwörter wird ausführlich in Kap. IV, 1. dargestellt.

1.3. Die Spezifikatoren

Die Spezifikatoren haben mit den Artikelwörtern gemeinsam, daß sie ebenfalls eine geschlossene Klasse von Formen bilden, die in der Nominalphrase links vom Nomen stehen, mit dem sie kongruieren, soweit sie nicht indeklinabel sind. Sie und die Artikelwörter schließen sich gegenseitig aus; d.h. eine Kombination von Artikelwort und Spezifikator ist nicht möglich.

Die Spezifikatoren unterscheiden sich von Artikelwörtern dadurch, daß ihnen kein Präartikel (s. 1.4.) vorausgehen kann.

N.B. Der Terminus Spezifikator wird in der linguistischen Literatur auch für die Gesamtheit der links vom Nomen stehenden (ggfs. um ein attributives Adjektiv erweiterten) Formen benutzt. Abweichend davon wird er hier für die Klasse von Formen benutzt, die im folgenden durch Aufzählung angegeben wird.

Das Inventar der Spezifikatoren ist folgendes, geordnet nach morphologischen Eigenschaften: *alcun-* 'irgendein, einige', *ciascun-* 'jeder', *nessun-* 'kein'; *quant-* 'wieviel', *altrettant-* 'ebensoviel'; *qual-* 'was für ein'; *ogni* 'jeder', *qualche* 'einige'; *che* 'was für'. Im einzelnen gilt:

i. *alcun-* , *ciascun-* , *nessun-*

Diese Formen flektieren nach der a/o-Deklination; also z.B.:

	Singular	Plural
mask.	alcun-o	alcun-i
fem.	alcun-a	alcun-e

Sie haben im Maskulinum Singular die Kurzformen *alcun*, *ciascun* und *nessun*. Diese werden unter den gleichen Bedingungen verwendet wie die Kurzformen der Artikelwörter; also z.B.:

(66) Non portategli **alcun regalo**
'Bringt ihm kein Geschenk mit'

(67) Non suonava **alcuno strumento**
'Er spielte kein Instrument'

Sie haben im Singular Elision unter den gleichen Bedingungen wie die Artikelwörter; z.B.:

(68) nessun'anima viva, nessuna anima viva
'keine Menschenseele'

N.B. Diese Formen kommen auch in nominaler Funktion vor: *dammene alcuni* 'gib mir ein paar', *costano mille lire ciascuno* 'sie kosten jeder 1000 Lire', *non dirlo a nessuno* 'sag es niemandem'.

nessun- ist eine Negationsform; zu ihrer Syntax s. 7.2.4.

ii. *quant-*, *altrettant-*

Diese Formen flektieren ebenfalls nach der a/o-Deklination; sie haben keine Kurzformen und normalerweise keine Elision (bei *quanto* ist im Maskulinum Singular die Elision allerdings nicht ausgeschlossen); s. z.B.:

(69) Quanto oro! *oder* Quant'oro!
'Wieviel Gold!'

N.B. *altrettanto* kann auch elliptisch gebraucht werden. Dies ist typischerweise in Höflichkeitsformen der Bedeutung 'gleichfalls' der Fall, wie z.B.:

(70) Buon appetito! - Grazie, altrettanto!
'Guten Appetit! - Danke gleichfalls!'
(wörtl.: 'Danke, ebensovielen!')

iii. *qual-*

Diese Form dekliniert nach der e-Deklination, d.h. ihre Formen sind für beide Genera:

Singular	Plural
qual-e	qual-i

N.B. *quale* kommt auch als Interrogativ- und als Relativpronomen vor, ferner als Junktor des Vergleichsterms; s. dazu 9.1.2, Kap. II, 1.3.1. Dieses *quale* kann vor den mit /e/ beginnenden Formen von *essere* 'sein' als die Kurzform *qual* erscheinen: *qual è stato il motivo?* 'welches war der Grund?'.

iv. *ogni, qualche*

Diese Formen sind indeklinabel. Sie gelten für beide Genera. Was den Numerus angeht, so sind sie, trotz ihrer in gewissem Sinne pluralischen Bedeutung (s. dazu Kap. IV, 2.1.3.), grammatisch Singular. Sie können also nicht bei einem Nomen stehen, das ein Plural ist; s. z.B.:

(71) ogni anno   'jedes Jahr, alle Jahre'
      qualche libro   'einige Bücher'

N.B. Lernersprachlich kann das Zusammenspiel von pluralischer Bedeutung und Übereinstimmung des Wortendes mit Pluralendungen zu Bildungen führen wie:

(72) * ogni anni
      * qualche case

Nominalphrasen dieser Art sind ungrammatisch.

N.B. *ogni* mit einem Plural tritt auf in den Entsprechungen von 'alle so und soviel Tage, Jahre' usw.: *ogni due ore* 'alle zwei Stunden', *ogni tre anni* 'alle drei Jahre'.

v. *che*

Diese Form ist indeklinabel. Sie ist daher mit dem Nomen unabhängig davon verbindbar, welche grammatischen Kategorien dieses hat; also z.B.:

(73) che tempo! (mask.sg.)   'was für ein Wetter!'
    che pioggia! (fem.sg.)   'was für ein Regen!'
    che lampi! (mask.pl.)   'was für Blitze!'
    che nuvole! (fem.pl.)   'was für Wolken!'

N.B. *che* tritt auch als Interrogativ- und als Relativpronomen auf, ferner als Junktor im Komplementsatz und beim Vergleichsterm; s. 6.1.5, 9.1.2., Kap. II, 1.1.1., 1.3.1, Kap. IV, 3.3.2.

1.4. Die Präartikel

In der Nominalphrase können links neben den Artikelwörtern die Präartikel stehen. Ihr Inventar besteht aus *tutt-* 'ganz', 'all', *ambedue, entrambi, ambo* 'beide'. - Beispiele sind:

(74) Il rifugio è aperto [**tutto** l'anno]
    'Die Hütte ist das ganze Jahr geöffnet'

(75) Ho parlato con [**ambedue** i genitori]
    'Ich habe mit beiden Eltern gesprochen'

Zu den Präartikeln s. Kap. IV, 2.1.3. Im einzelnen gilt:

i. *tutt-*

tut- flektiert nach der a/o-Deklination. - Beispiele sind:

(76) tutt-o l'ann-o   'das ganze Jahr'   tutt-i gli ann-i   'alle Jahre'
    tutt-a la tort-a   'die ganze Torte'   tutt-e le tort-e   'alle Torten'

Die Bindung von *tutt-* an die Nominalphrase ist schwächer als die der Artikelwörter und Spezifikatoren. Wenn *tutt-* auf das Subjekt bezogen ist, so kann es auch außerhalb der Nominalphrase stehen, und zwar in Positionen, die typisch für Adverbien sind. Dabei muß Kongruenz mit dem Subjekt bestehen; vgl. z.B.:

(77) a. [**Tutti** i ragazzi$_{SUBJEKT}$] sono partiti
    'Alle Jungen sind abgereist'

(77') b. [I ragazzi$_{SUBJEKT}$] sono **tutti** partiti
    'Die Jungen sind alle abgereist'

(77") c. [I ragazzi$_{SUBJEKT}$] sono partiti **tutti**
    'Die Jungen sind alle abgereist'

tutt- kann auch dann außerhalb einer Nominalphrase stehen, wenn es auf ein Objekt bezogen ist, das als klitisches Pronomen (s. 6.2.3.) realisiert ist. Es muß dann nach dem Objekt stehen und mit ihm kongruent sein; s. z.B.:

(78) Non ci sono più mele. Mario [le$_{OBJEKT}$] ha mangiate **tutte**.
'Es sind keine Äpfel mehr da. Mario hat sie alle gegessen.'

N.B. Zu den übrigen syntaktischen Eigenschaften von *tutt-* s. 6.2.2.

ii. *ambedue, entrambi, ambo*

ambedue, entrambi, ambo sind indeklinabel. *ambo* wird seltener gebraucht als *ambedue* und *entrambi*.

Wie *tutt-*, so können auch *ambedue* und *entrambi* **außerhalb der Nominalphrase** stehen. - Beispiele sind:

(79) a. [{**Ambedue, entrambi**} i ragazzi$_{SUBJEKT}$] sono partiti
'Beide Jungen sind abgereist'

(79') b. [I ragazzi$_{SUBJEKT}$] sono {**ambedue, entrambi**} partiti
'Die Jungen sind beide abgereist'

(79") c. [I ragazzi$_{SUBJEKT}$] sono partiti {**ambedue, entrambi**}
'Die Jungen sind beide abgereist'

(80) [Li$_{OBJEKT}$] ho visti {**ambedue, entrambi**}
'Ich habe sie beide gesehen'

N.B. Aus semantischen Gründen sind die Kombinationsmöglichkeiten der Präartikel mit den einzelnen Artikelwörtern eingeschränkt: der partitive Artikel steht nie mit einem Präartikel, und der unbestimmte Artikel steht nicht mit *ambedue, entrambi, ambo* und *tutt'e due* usw.

1.5. Die Postartikel

1.5.1. Inventar und Formen

Die Postartikel sind eine Gruppe von Formen, die typischerweise nach dem Artikelwort, aber vor dem Nomen stehen. Wenn dem Nomen ein Adjektiv vorausgeht, so steht der Postartikel vor diesem Adjektiv.

N.B. Die Postartikel bilden keine Distributionsklasse im strengen Sinne, da sie sich nicht grundsätzlich gegenseitig ausschließen. Bei der Analyse ihrer Distribution ist daher nicht nur nach ihrer Kookkurrenz mit Artikelwörtern und Nomen zu fragen, sondern auch nach ihrer Kombinierbarkeit untereinander.

Das Inventar der Postartikel besteht aus:

- den Possessiva
- den determinierenden Formen *altr-* 'ander', *stess-* 'selb-', *unic-* 'einzig', *sol-* 'einzig', *tal-* 'solch-', *simil-* 'solch-', *cert-* 'gewiss-', *vari-* 'verschieden', *qualunque* 'irgendein-' und *qualsiasi* 'beliebig-'
- den unbestimmten Quantoren *molt-* 'viel', *poc-* 'wenig', *parecchi-* 'ziemlich viel', *divers-* 'verschieden', *tropp-* 'zuviel' und *tant-* 'so viel'
- den Bezeichnungen der Kardinalzahlen und
- den Bezeichnungen der Ordinalzahlen

Sämtliche Postartikel kommen auch in anderen Positionen vor. Sie sind in ihren grammatischen Eigenschaften den Adjektiven eng verwandt. Sie unterscheiden sich von typischen Adjektiven vor allem durch ihre stärker eingeschränkte Distribution (s. 1.5.2. und 1.5.3.). Sie sind nicht steigerbar und bilden fast alle keine Adverbien mit *-mente*. - Im einzelnen gilt:

1.5.1.1. Die Possessiva

Die Possessiva sind flektierende Formen, die in einer komplizierten Weise die Kategorien der Person, des Numerus und des Genus verbinden.

Die **Stämme** der Possessiva unterscheiden sich voneinander nach Person und Numerus.

Diese Kategorien der Stämme werden inhaltlich gedeutet: Sie dienen der Herstellung deiktischer bzw. anaphorischer Bezüge (s. Kap. IV, 1.2.). Das Possessivum der 1. Person Singular referiert also auf den Sprecher, das der 2. Singular auf den Angeredeten usw.; die Deutung ist hinsichtlich der Person und des Numerus dieselbe wie bei den Personalpronomina. Die Possessiva geben aber außerdem an, daß zwischen dem Referenten des deiktischen oder anaphorischen Bezuges und dem durch das Nomen bezeichneten Objekt eine Relation der Zugehörigkeit besteht.

Die **Endungen** flektieren in Genus und Numerus. Ihre grammatischen Kategorien dienen der (grammatischen) Kongruenz mit dem Kopf der Nominalphrase, in der sie stehen.

Das folgende Schema soll diese Verhältnisse ausdrücken:

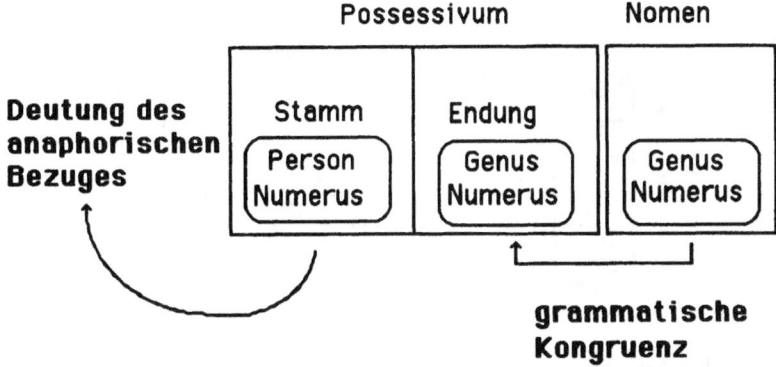

N.B. Hierin liegt ein Kontrast zum Deutschen, bei dem die Kongruenz in Numerus, Genus (und Kasus) der Endung ebenfalls mit dem Kopf der Nominalphrase hergestellt wird, der Stamm jedoch ein Genus hat, das sich nach dem "Besitzer" richtet. Die folgenden Beispiele illustrieren diesen Kontrast:

(81) Giovanni vende la **sua** bicicletta
'Giovanni verkauft **sein** Fahrrad'

(82) Maria vende la **sua** bicicletta
'Maria verkauft **ihr** Fahrrad'

Für die Endungen des Singulars sind die Stämme des Possessivums:

1.Sg.	**mi-**
2.Sg.	**tu-**
3.Sg.	**su-**
1.Pl.	**nostr-**
2.Pl.	**vostr-**
3.Pl.	**loro**

loro ist indeklinabel; alle anderen Formen flektieren nach der a/o-Deklination.

Die Possesssiva der 1., 2. und 3. Person Singular haben im Maskulinum Plural eine unregelmäßige Abwandlung des Stammes, nämlich *mie-, tuo-, suo-*. Die Formen lauten demnach:

		Kategorien der Endung			
		mask.sg.	mask.pl.	fem.sg.	fem.pl.
Kategorien des Stammes	1 Sg.	mi-o	mie-i	mi-a	mi-e
	2.Sg.	tu-o	tuo-i	tu-a	tu-e
	3.Sg.	su-o	suo-i	su-a	su-e
	1.Pl.	nostr-o	nostr-i	nostr-a	nostr-e
	2.Pl.	vostr-o	vostr-i	vostr-a	vostr-e
	3.Pl.	loro	loro	loro	loro

In literarischer Sprache kann das Possessivum nach einem Adjektiv stehen. Dies ist eine typische Adjektivposition; s. z.B.:

(83) Con la **grande mia** sorpresa
'Zu meiner großen Überraschung'

Le **nebbiose mie** nozioni geografiche
'Meine nebelhaften geographischen Kenntnisse'

N.B. Die Possessiva kommen auch in anderen adjektivischen Positionen vor, und zwar sowohl rechts vom Nomen als auch im Prädikat mit einer Kopula:

(84) Bada ai fatti **tuoi**!
'Kümmere dich um deine Angelegenheiten!'

(85) Questo libro è **mio**
'Dieses Buch ist meins'

N.B. Bei Verwandtschaftsbezeichnungen wird die Zugehörigkeit oft nicht durch ein Possessivum explizit gemacht; es genügt der bestimmte Artikel; s. z.B.:

(86) Viene con **la moglie**
'Er kommt mit seiner Frau'

(87) Vive dalla **nonna**
'Er lebt bei seiner Großmutter'

Dasselbe gilt für die Bezeichnungen der Körperteile und anderer Dinge, die als für das Individuum konstitutiv betrachtet werden, wie 'das Leben', 'der Arbeitsplatz' u.ä.; s. z.B.:

(88) Pose **la mano** sul libro
'Er legte seine Hand auf das Buch'

(89) I soccorritori ci hanno rischiato **la vita**
'Die Rettungsleute haben dabei ihr Leben riskiert'

(90) Ha perso il **posto**
'Er hat seine Stelle verloren'

N.B. Ein konkurrierendes Verfahren besteht im Ausdruck der Zugehörigkeitsbeziehung durch den Dativ des klitischen Personal- bzw. Reflexivpronomens; vgl. z.B.:

(91) **Gli** fa male **la pancia**
'Ihm tut der Bauch weh'

(92) **Le** è morto **il padre**
'Ihr Vater ist gestorben'

(93) **Si** è rovinato **la salute**
'Er hat sich die Gesundheit ruiniert'

Eine Konkurrenzkonstruktion der Possessiva besteht darin, daß man in die Position des possessiven Postartikels eine durch die Präposition *di* regierte betonte Form des Personalpronomens setzt. Diese Konstruktion ist stilistisch markiert: sie gehört einer entweder bürokratischen oder gezierten Ausdrucksweise an. - Ein Beispiel ist:

(94) Fu interrogata la signora Rossi, nonché la **di lei** madre
'Befragt wurde Frau Rossi sowie deren Mutter'

N.B. Wenn hingegen die Konstituente "*di* + Personalpronomen" nach dem Nomen steht, wie in z.B. *la madre di lei* 'die Mutter von ihr', so handelt es sich um eine ganz normale, auch stilistisch unmarkierte attributive Präpositionalphrase.

Den Possessiva semantisch und formal eng verwandt ist *propri-* 'eigen'. Diese Form, die nach der a-/o-Deklination flektiert, bezeichnet wie die Possessiva eine Relation der Zugehörigkeit. Sie tut dies aber, anders als die Possessiva, ohne anaphorische Kongruenz. Ist ein Subjekt vorhanden, so ist dieses das Antezedens; s. z.B.:

(95) **Edipo** uccise il **proprio** padre
'Ödipus erschlug den eigenen Vater'

(96) **Ciascuno** deve badare alle **proprie** cose
'Jeder muß sich um seine eigenen Sachen kümmern'

Enthält der Satz kein Subjekt, wie z.B. (97), so ist das Antezedens das dem Subjekt entsprechende implizite Argument:

(97) Si dorme sempre meglio nel **proprio** letto
'Man schläft immer am besten im eigenen Bett'
(wörtl.: 'Sich schläft immer besser im eigenen Bett')

In Sätzen wie (97) bietet *propri-* die einzige Möglichkeit zum Ausdruck eines possessiven Bezuges zum Subjekt-Argument; *su-* wäre zwar möglich, aber es würde ein anderes Antezedens verlangen.

N.B. *proprio* ist auch Satzadverb; vgl. z.B.:

 (98) E' **proprio** un miracolo che non si sia fatto male
    'Es ist wirklich ein Wunder, daß er sich nicht wehgetan hat'

1.5.1.2. Die determinierenden Formen

Die Postartikel, die hier unter der Bezeichnung "determinierende Formen" zusammengefaßt sind, haben semantisch die Funktion zu signalisieren, wie der nennende Teil der Nominalphrase (das Nomen, das durch eine Adjektivphrase erweitert sein kann) auf die Gegenstände der Diskurswelt (s. Kap. IV, 1.3.) angewendet werden soll. Hierin ähneln sie den Artikelwörtern. - Im einzelnen gilt:

a. *altr-* 'ander', *stess-* 'selb-'

altr- und *stess-* flektieren nach der a/o-Deklination und kongruieren mit dem Kopf der Nominalphrase. - Beispiele sind:

 (99) Proviamolo [un'**altra** volta]
    'Versuchen wir es noch einmal'

 (100) Loro sono nati nel[lo **stesso** anno]
    'Sie sind im selben Jahr geboren'

N.B. *stess-* 'derselbe' erfährt eine Veränderung der Bedeutung, wenn es in einer typischen Adjektivposition steht; vgl. z.B.:

 (101) Voglio parlare con il sindaco **stesso**
    'Ich will mit dem Bürgermeister **selbst** sprechen'

N.B. *stess-* kann in der Position als Postartikel auch die Bedeutung 'sogar' haben. Diese Vorkommen sind grundsätzlich mehrdeutig ('derselbe' vs. 'selbst, sogar'); s. z.B.:

 (102) Lo **stesso** ministro è uno specialista dell'eversione fiscale
    '**Selbst** der Minister ist ein Fachmann für Steuerhinterziehung'

 (103) E' riuscito a ingannare gli **stessi** familiari
    'Es ist ihm gelungen, **sogar** seine Familienangehörigen zu täuschen'

Diese Verwendung von *stess-* ist stilistisch markiert; sie gehört vor allem dem journalistischen Sprachgebrauch an. *stess-* ist in solchen Sätzen systematisch mehrdeutig: es kann immer auch 'derselbe' heißen.

N.B. *un altr-* kann auch in der Bedeutung 'noch ein', 'noch mehr' verwendet werden; s. z.B.:

 (104) Ne prendi **un altro po'**?
    'Nimmst du noch ein bißchen?'

(105) Ordinò un **altro** piatto di spaghetti
'Er bestellte noch einen Teller Spaghetti'

N.B. *altr-* und *stess-* können auch nominal verwendet werden, z.B. *un altro* 'ein anderer', *lo stesso* 'derselbe'. *altro* wird auch als Nomen (ohne Artikel!) in der Bedeutung 'etwas anderes' verwendet. *stess-* in der Bedeutung 'selber' wird auch an das Personalpronomen angefügt. Es kongruiert dann mit diesem; s. z.B.:

(106) Lo avete promesso **voi stessi**
'Das habt ihr selbst versprochen'

N.B. *altr-* bildet das unregelmäßige Adverb *altrimenti* 'sonst'. - Von *stesso* wird das Satzadverbial *lo stesso* 'trotzdem' gebildet; s. z.B.:

(107) E' meglio telefonarle, **altrimenti** starà in pensiero
'Es ist besser, sie anzurufen, sonst macht sie sich Sorgen'

(108) Non fa niente, vengo **lo stesso**
'Es macht nichts, ich komme trotzdem'

b. *unic-* und *sol-* 'einzig'

unic- und *sol-* flektieren nach der a/o-Deklination und stehen in Kongruenz mit dem Kopf der Nominalphrase. - Beispiele sind:

(109) Questi sono [gli **unici** miei parenti]
'Das sind meine einzigen Verwandten'

(110) Questa è [la **sola** sua gioia]
'Dies ist seine einzige Freude'

N.B. *unic-* und *sol-* 'einzig' kommen auch als normale Adjektive vor. Sie erfahren dann eine Veränderung der Bedeutung; vgl. z.B.:

(111) Questa è un'occasione **unica**
'Dies ist eine **einzigartige** Gelegenheit'

(112) Vive da **sola**
'Sie lebt **allein**'

N.B. Beide Formen bilden Adverbien auf *-mente*: *unicamente* 'einzig und allein', *solamente* 'nur'. Ausserdem kommt *solo* auch als Adverb in der Bedeutung 'nur' vor.

c. *tal-* und *simil-* 'solch-'

tal- und *simil-* flektieren nach der e-Deklination. - Beispiele sind:

(113) Non ho mai visto [un **tale** disordine]
'Ich habe nie eine solche Unordnung gesehen'

(114) Come potevi sperare di riuscire con [una **simile** bugia]!
'Wie konntest du hoffen, mit einer solchen Lüge anzukommen!'

Fakultativ kann die Kurzform *tal* gebraucht werden, und zwar in denselben Grenzen wie die Kurzformen der Artikelwörter (s. 1.2.b.). Sie ist allerdings nur in festen Wendungen üblich, wie z.B. in *in tal maniera che, in tal modo che* 'so daß'.

Eine Nominalphrase, die *tal-* enthält, kann einen Konsekutivsatz regieren; s. z.B.:

(115) C'era un **tale** disordine **che** non ci si trovava più niente
'Es war eine solche Unordnung, daß man nichts mehr fand'

N.B. *tal-* kann auch nach dem Nomen und als Komplement der Kopula stehen. In diesen Fällen folgt typischerweise im gleichen Satz eine Angabe der Folge. Diese ist entweder ein **Konsekutivsatz** (Kap. II, 1.2.) oder ein durch die Präposition *da* regierter **konsekutiver Infinitiv** mit Subjektkontrolle. Der Konsekutivsatz ist (außer in den durch (115) illustrierten Fällen) nur bei prädikativem *tal-* möglich; s. z.B.:

(116) Il disordine era **tale che** non ci si trovava più niente
'Die Unordnung war so (groß), daß man nichts mehr fand'

Der konsekutive Infinitiv kann sowohl an das adnominale, nachgestellte (117), als auch an das prädikative *tal-* angeschlossen werden (118); s. z.B.:

(117) C'era una siccità **tale da** far morire piante ed animali
'Es war eine solche Trockenheit, daß Pflanzen und Tiere starben'
(wörtl.: 'Es war eine Trockenheit, so, Pflanzen und Tiere sterben zu machen')

(118) La siccità era **tale da** far morire piante ed animali
'Die Trockenheit war so stark, daß Pflanzen und Tiere starben'
(wörtl.: 'Die Trockenheit war so, Pflanzen und Tiere sterben zu machen')

N.B. *tal-* bildet mit *-mente* das Adverb *talmente* 'soviel, dermaßen', das ebenfalls einen Konsekutivsatz regieren kann; s. z.B.:

(119) Esagerava **talmente che** nessuno gli dava più retta
'Er übertrieb dermaßen, daß niemand mehr auf ihn hörte'

N.B. *tal-* kann auch nominal verwendet werden:

(120) Arriva **un tale** e mi chiede l'ora
'Kommt da einer an und fragt mich nach der Zeit'

Vgl. auch *il tal dei tali* 'der Soundso'.

d. *cert-* 'gewiss-', *vari-* 'verschieden-'

cert- und *vari-* flektieren nach der a/o-Deklination. *vari-* kommt als Postartikel nur im Plural vor. *cert-* macht eine Nominalphrase indefinit. - Beispiele sind:

(121) Ha telefonato [un **certo** Rossi]
'Ein gewisser Rossi hat angerufen'

(122) Ci sono [**certe** cose] che è meglio tacere
'Es gibt gewisse Dinge, über die schweigt man lieber'

(123) [I **vari** prodotti] si distinguono appena
'Die verschiedenen Produkte unterscheiden sich kaum'

(124) A questo volume hanno contribuito [**vari** autori]
'Zu diesem Band haben verschiedene Autoren beigetragen'

N.B. *cert-* kommt auch als normales Adjektiv in der Bedeutung 'sicher, gewiß' vor. In dieser Bedeutung bildet es mit *-mente* das Adverb *certamente* 'sicherlich, gewiß'.

e. *qualunque* 'irgendein-', *qualsiasi* 'beliebig-'

qualunque und *qualsiasi* sind indeklinabel und verlangen ein Nomen im Singular.

Sie können auch rechts vom Nomen stehen, wobei mit der linearen Anordnung auch eine leichte Bedeutungsdifferenzierung verbunden ist: links vom Nomen heißen die Formen 'irgendein, beliebig', rechts vom Nomen bedeuten sie etwa 'ohne besondere Eigenschaften', vgl. die Beispiele:

(125) una **qualunque** persona
'irgendein Mensch'

(126) una **qualsiasi** soluzione
'irgendeine Lösung'

(127) una persona **qualunque**
'ein Mensch, an dem nichts Besonderes ist'

(128) una soluzione **qualunque**
'eine Allerweltslösung'

(129) un evento **qualsiasi**
'ein x-beliebiges Ereignis'

1.5.1.3. Die unbestimmten Quantoren

Die unbestimmten Quantoren sind die Formen *molt-* 'viel', *poc-* 'wenig', *parecchi-* 'ziemlich viel', *divers-* 'verschieden-', *tropp-* 'zuviel', *tant-* 'so viel', *var-* 'verschieden'. Sie flektieren nach der a/o-Deklination und stehen in Kongruenz mit dem Kopf der Nominalphrase. - Beispiele sind:

(130) [Le **molte** testimonianze concordi] convinsero i giudici
'Die vielen übereinstimmenden Zeugenaussagen überzeugten die Richter'

(131) Le foto sono riuscite belle malgrado [la **poca** luce]
'Die Fotos sind trotz des wenigen Lichts schön geworden'

(132) Ci vuole [**parecchia** pazienza]
'Man braucht ziemlich viel Geduld'

(133) Tra [i **vari** oggetti rubati] c'era anche un quadro di Guttuso
'Unter den verschiedenen gestohlenen Gegenständen war auch ein Bild von Guttuso'

(134) Era distrutto da[l **troppo** lavoro]
'Er war von der zu vielen Arbeit ganz erledigt'

(135) Ci vuole tempo per correggere [i **tanti** errori]
'Man braucht Zeit, um die vielen Fehler zu verbessern'

Die Formen dieser Gruppe können auch pronominal (136), adverbial mit Ausnahme von *divers-* und *vari-* (137) und im Prädikat nach Kopula (gleiche Ausnahmen) (138) verwendet werden. In prädikativer und postnominaler) Stellung ändert *divers-* seine Bedeutung zu 'anders, andersartig': *un problema diverso* 'ein anderes Problem', *la mia valigia è diversa* 'mein Koffer ist anders'. - Beispiele sind:

(136) Ne ho visti {molti, pochi, parecchi, diversi, vari, tanti, troppi}
'Ich habe {viele, wenige, einige, diverse, verschiedene, so viele, zu viele} gesehen'

(137) Lei lavora {molto, poco, parecchio, tanto, troppo}
'Sie arbeitet {viel, wenig, ziemlich viel, so viel, zu viel}'

(138) I nostri avversari sono {molti, pochi, parecchi, tanti, troppi}
'Unsere Gegner sind {viele, wenige, ziemlich viele, so viele, zu viele}'

N.B. *vari-* wird als Quantor nur im Plural gebraucht.

N.B. In der Umgangssprache wird *tanto* 'soviel' oft im Sinne von *molto* 'viel' gebraucht, und 'soviel' heißt dann *così tanto*.

N.B. *molt-*, *poc-* und *tant-* haben, analog zu den Adjektiven, einen Elativ auf *-issimo*, z.B. *moltissime persone* 'sehr viele Leute'; *pochissima acqua* 'sehr wenig Wasser', *tantissime lettere* 'sehr viele Briefe'.

1.5.1.4. Die Bezeichnungen der Kardinalzahlen

Logischerweise verlangen alle Bezeichnungen für Kardinalzahlen größer als '1' ein Nomen im Plural.

N.B. Die Kardinalzahlen kommen nicht nur als Postartikel vor, sondern auch als Komplement der Kopula, nach der Präposition *in* (Kap. IV, 2.1.2.1.a.) und beim verbalen Zählen und Rechnen.

Die Bezeichnungen der Kardinalzahlen bestehen aus einer kleinen Liste primärer und aus einer unendlichen Menge abgeleiteter Formen.

Die Zahl '1' wird mit der Form bezeichnet, die auch unbestimmter Artikel ist (s. 1.2.). Sie ist morphologisch und syntaktisch vollkommen identisch mit diesem Artikelwort. Es gibt Fälle, in denen nicht entscheidbar ist, ob das Zahlwort oder das Artikelwort vorliegt; z.B.:

(139) dammene **uno**!
'gib mir einen!'

N.B. Wenn das Zahlwort für '1' als solches betont werden soll, wird *solo* 'nur' hinzugefügt. In Verbindung mit dem hier adverbialen *solo* 'nur' wird die volle Form gewählt, im Gegensatz zu der Stellung vor **solo** als Postartikel:

(140) Ne voglio **uno solo**
'Ich will nur einen'

(141) **un solo** momento
'ein einziger Augenblick'

Die Zahlen von '2' bis '19' und die runden Zehnerzahlen '20' bis '90', sowie '100', '1000', 'Million' und 'Milliarde' werden mit **primären Zahlwörtern** bezeichnet.

N.B. Die Zahlwörter für '11' bis '19' sind allerdings unschwer als Kombinationen aus Formen für '10' und für '1' bis '9' zu erkennen. Ihr Bauprinzip ist jedoch nicht einheitlich: von '11' bis '16' hat man den Typ 'Einer + Zehner' und von '17' bis '19' den Typ 'Zehner + Einer'.

Die primären Zahlwörter lauten:

a. '1' bis '19'

due '2', *tre* '3', *quattro* '4', *cinque* '5', *sei* '6', *sette* '7', *otto* '8', *nove* '9', *dieci* '10', *undici* '11', *dodici* '12', *tredici* '13', *quattordici* '14', *quindici* '15', *sedici* '16', *diciassette* '17', *diciotto* '18', *diciannove* '19'.

N.B.: Eine Sonderstellung nimmt *zero* '0' ein, da es, außer bei den Bezeichnungen für Dezimalbrüche, nicht an der Wortbildungskombinatorik der Zahlwörter teilnimmt.

b. Die runden Zehnerzahlen

Die runden Zehnerzahlen lauten: *venti* '20', *trenta* '30', *quaranta* '40', *cinquanta* '50', *sessanta* '60', *settanta* '70', *ottanta* '80', *novanta* '90'.

N.B. Die Formen für '50' bis '90' beruhen auf der Anfügung des Suffixes *-anta* an die (leicht veränderte) Form für die entsprechende Einerzahl: *cinquanta* beruht auf *cinque* und *-anta* usw.

c. Die übrigen primären Kardinalzahlen

Die übrigen primären Kardinalzahlen sind *cento* '100', *mille* '1000', *milione* 'Million' und *miliardo* 'Milliarde'.

mille bildet einen Plural *mila*. Dieser steht bei den Bezeichnungen für die Vielfachen von '1000', also z.B. in *duemila* '2000', *tremila* '3000' usw. Auch *milione* und *miliardo* haben einen Plural (*milioni, miliardi*); zu ihrer Verwendung s. unter f.

Die **kombinierten Bezeichnungen** für Kardinalzahlen beruhen allgemein auf dem Prinzip der Stellenfolge im Zehnersystem, immer beginnend bei der höchsten Stelle, auf der Addition und auf der Multiplikation.

N.B. Wenn man it. Zahlen liest, die in arabischen Ziffern geschrieben sind, braucht man deshalb keine Umstellungen vorzunehmen wie im Dt.; vgl. z.B. für '23': *ventitré* (wörtl. 'zwanzigdrei' vs. *dreiundzwanzig*).

Die Stellen, die den Wert '0' haben (z.B. die Einerstelle in '10') werden durch keine eigene Form bezeichnet, es sei denn, es handelt sich um einen Dezimalbruch; wie z.B.:

(142) zero virgola cinque '0,5'

Im einzelnen gilt:

d. Die Zehnerstelle und ihre Verbindung mit der Einerstelle

Die Bezeichnungen der zweistelligen Zahlen, soweit sie nicht primäre Zahlwörter sind, beruhen auf der Addition. Die runde Zehnerzahl wird durch eins der entsprechenden primären Zahlwörter bezeichnet. Die Einerzahl wird dadurch angegeben, daß eins der Zahlwörter für '1' bis '9' rechts an das Wort für die Zehnerzahl angefügt wird. Die sich ergebende komplexe Form wird zusammengeschrieben, und ihr Hauptakzent geht auf die betonte Silbe des Wortes für die Einerzahl; also z.B.:

(143) quarantacinque [kwaˌrantaˈtʃiŋkwe] 'fünfundvierzig'

Hat das Wort für die Einerzahl einen vokalischen Anlaut, so entfällt der Endvokal des Wortes für die Zehnerzahl; s. z.B.:

(144) ventuno   'einundzwanzig'
     sessantotto   'achtundsechzig'

N.B. Auch in den komplexen Zehnerzahlen verhält sich *un-* hinsichtlich der Kurzform bzw. der Elision analog zum homonymen unbestimmten Artikel; vgl. z.B.:

(145) pagina vent**uno**
     'Seite einundzwanzig'

(146) vent**un** anni
     'einundzwanzig Jahre'

(147) vent**un** giorni
     'einundzwanzig Tage'

(148) vent**uno** pagine
     'einundzwanzig Seiten'

(149) vent**uno** scienziati
     'einundzwanzig Wissenschaftler'

e. Die Hunderterstelle und ihre Verbindung mit der Zehnerstelle

Die Bezeichnungen der dreistelligen Zahlen beruhen auf Multiplikation und Addition. Die Hunderterstelle als solche wird durch die Form *cento* '100' bezeichnet. Die Bezeichnungen für die Vielfachen von '100' beruhen auf der Multiplikation: Die Zahl, mit der '100' multipliziert wird, wird mit dem Wort für eine der Zahlen von '2' bis '9' bezeichnet; dieses Zahlwort steht vor *cento*.

Die Bezeichnung des Wertes der Zehner- und der Einerstelle beruht auf Addition. Der Wert dieser Stellen wird nach dem bereits angegebenen Verfahren für zweistellige Zahlen bezeichnet; das betreffende Zahlwort steht rechts von *cento*. Die Formen werden zusammengeschrieben. Der Akzent geht auf die betonte Silbe des am weitesten rechts stehenden Zahlworts. - Beispiele sind:

(150) duecento [ˌduːeˈtʃɛnto]
     'zweihundert'

(151) ottocentosedici [ˌɔttoˌtʃɛntoˈseːditʃi]
     'achthundertsechzehn'

Ist der Wert der Hunderterstelle '1', so wird er nicht durch eine besondere Form bezeichnet; s. z.B.:

(152) centotré [tʃɛntoˈtre]
     'hundertdrei'

N.B. Anders als im Dt. (z.B. in *einhundertzwanzig*) ist also die Voranstellung des Wortes für '1' im It. nicht möglich. Dasselbe gilt für '1000': *eintausendzweihundert* z.B. heißt einfach *milleduecento*.

N.B. Anders als frz. *cent* hat it. *cento* keinen Plural; vgl. *deux cents ans* vs. *duecento anni*. - Das semantisch und morphologisch mit *cento* eng verwandte *centinaio* 'etwa hundert' hat den Plural *centinaia*. Diese Form ist aber in keinem Fall der Plural von *cento*.

f. Die Bezeichnungen der Zahlen ab '1000'

Die Bezeichnungen der Zahlen ab '1000' beruhen ebenfalls auf Multiplikation und Addition.

Das Wort *mille* '1000' hat den Plural *mila*. Die Zahlwörter für die Vielfachen von '1000' werden dadurch gebildet, daß das Wort für eine der Zahlen von '2' bis '999' vor die Form *mila* gestellt wird.

Die Werte für die Hunderter-, die Zehner- und die Einerstelle werden nach den bereits angegebenen Verfahren bezeichnet, und die betreffenden Zahlwörter werden rechts an *mille* bzw. *mila* angefügt. Die Formen werden zusammengeschrieben. Der Akzent geht auf die betonte Silbe des am weitesten rechts stehenden Zahlworts.
- Beispiele sind:

(153)   milleottocentoventidue '1.822'

(154)   quattrocentonovantunomila '491.000'

g. Millionen und Milliarden

Die Wörter *milione* und *miliardo* sind Nomina. Sie sind beide männlich und bilden normal den Plural auf *-i*.

Ist der Wert der Millionen- bzw. der Milliardenstelle gleich '1', so wird er mit dem Zahlwort *un* angegeben. Ist der Wert größer als '1', so wird er mit dem Wort für eine der Zahlen von '2' bis '999' bezeichnet und die Stelle als solche mit dem Plural des betreffenden Zahlnomens.

Hat eine der folgenden Stellen einen Wert größer als '0', so wird sie nach den bisher beschriebenen Verfahren bezeichnet und das gesamte Zahlwort ist ein normaler Postartikel. Die Bezeichnung der Millionen- bzw. Milliardenstelle wird mit den rechts davon stehenden Zahlwörtern nicht zusammengeschrieben. - Beispiele sind:

(155)   un milione trecentomila
        'eine Million dreihunderttausend'

(156)   otto milioni cinquecentomila
        'acht Millionen fünfhunderttausend'

(157)   cinquecento miliardi di lire
        'fünfhundert Milliarden Lire'

N.B. Statt *cinquecento mila* '500.000' sagt man gern *mezzo milione* 'eine halbe Million'.

Wenn hingegen die Werte der nachfolgenden Stellen '0' sind, so verhalten sich die Bezeichnungen für die Millionen- bzw. die Milliardenstelle wie Maßbezeichnungen (s. Kap. IV, 2.1.4.3.); vgl. z.B.:

(158) un milione duecentomila dollari
 'eine Million zweihunderttausend Dollar'

(159) un milione **di** dollari '
 'eine Million Dollar'

N.B. Bei Preisangaben in Lire wird, wenn die Zahl zwischen '1000' und '2000' liegt, in der mündlichen Umgangssprache gern eine Kurzform gebraucht. Diese besteht aus dem Wort *mille*, dem Koordinator *e* und dem Wert der Hunderterstelle, also z.B.: *mille e due* 'tausend und zwei' für '1.200'. Bei höheren Zahlen besteht die Kurzform aus dem Wort für den Wert der Tausenderstelle, dem Koordinator *e* und dem Wort für den Wert der Hunderterstelle, also z.B.: *tre e sette* 'drei und sieben' für '3.700'.

N.B. Bei Maßangaben, Preisen auf Rechnungen u.ä. kann die Kardinalzahl rechts vom Nomen stehen; s. Kap. IV, 2.1.2.1.a.

1.5.1.5. Die Bezeichnungen der Ordinalzahlen

Das Inventar der Ordinalzahlen besteht aus einer geschlossenen Liste von primären und einer offenen Liste von abgeleiteten Formen.

Primäre Formen bezeichnen die Zahlen von 1 bis 10: *prim-* 'erst-', *second-* 'zweit-', *terz-* 'dritt-', *quart-* 'viert-', *quint-* 'fünft-', *sest-* 'sechst-', *settim-* 'siebt-', *ottav-* 'acht-', *non-* 'neunt-', *decim-* 'zehnt-'. Analog zu den Bezeichnungen für die Ordinalzahlen verhalten sich *ultim-* 'letzt' und *prossim-* 'nächst'.

Die **abgeleiteten Formen** werden gebildet durch die Anfügung von *-ésim-* an die um den Endvokal verkürzte Form der Kardinalzahl. - Beispiele sind:

(160) l'undicesima volta [lundi'tʃɛːzima 'vɔlta]
 'das elfte Mal'

 il trentunesimo giorno [il trentu'neːzimo 'dʒorno]
 'der 31. Tag'

 il centesimo anno [il tʃɛn'tɛːzimo 'anno]
 'das hundertste Jahr'

Es existieren die folgenden **Nebenformen**:

- statt *undicesim-, dodicesim-* 'elft-', 'zwölft-' sind *undecim-* und *duodecim-* möglich
- statt *ventesim-* 'zwanzigst-' ist *vigesim-* möglich
- statt der aus zusammengesetzten Kardinalzahlen durch einmalige Suffigierung abgeleiteten Ordinalzahlen (z.B. *tredicesimo* von *tredici* '13') können Ordinalzahlen durch die Zusammensetzung von primären Ordinalzahlen gebildet werden, also z.B. *decimo terzo* 'dreizehnt-'. Diese Formen werden ausschließlich bei Herrschernamen verwendet

Die Ordinalzahlen flektieren nach der a/o-Deklination und stehen in Kongruenz mit dem Kopf der Nominalphrase.

N.B. Die Ordinalzahlen können auch in adjektivischer Position verwendet werden, und zwar in der Nominalphrase rechts vom Nomen. Diese Anordnung ist üblich für die Ordinalzahl als Teil eines Herrschernamens:

(161)   Carlo Quinto   'Karl der Fünfte'
        Giovanni vigesimo terzo 'Johannes der Dreiundzwanzigste'

und bei den numerischen Bezeichnungen von Akten und Bänden:

(162)   Atto primo   'Erster Akt'
        tomo quarto   'vierter Band'

N.B. Wird die Ordinalzahl in Ziffern geschrieben, so gelten folgende Prinzipien: Entweder man benutzt römische Ziffern, meist ohne Punkt:

(161') Carlo V   'Karl V.'
        Giovanni XXIII   'Johannes XXIII.'

(162') Atto I   'I. Akt'
        tomo IV   'Bd. IV'

oder man schreibt die Zahl in arabischen Ziffern und fügt hochgestellt und unterstrichen den Endungsvokal des entsprechen Zahlworts hinzu. Hierbei wird die Kongruenz mit dem Nomen beachtet, also *a* bei einem Femininum und *o* bei einem Maskulinum; s. z.B.:

(163) $2^{\underline{a}}$ lezione   '2. Lektion'
        $1^{\underline{o}}$ piano   '1. Stock'

N.B. Anders als im Französischen ist die römische Zahl nach einem Herrschernamen im Italienischen als Ordinalzahl zu lesen. (161) zeigt also die (einzigen) ausgeschriebenen Formen von (161').

1.5.2. Die Distribution der Postartikel gegenüber den Artikelwörtern und dem Nomen

Die einzelnen Postartikel unterscheiden sich voneinander erheblich darin, mit welchen Artikelwörtern sie stehen können. Außerdem stellen sie unterschiedliche Anforderungen an den Numerus des Nomens. Dies geht z.T. auf ihre Semantik zurück, besonders auf ihre Eigenschaften hinsichtlich der Definitheit bzw. Indefinitheit der Referenz (s. Kap. IV, 1.3.). Zum Teil handelt es sich aber auch um rein formale Eigenschaften. Wir können grob folgende Falltypen unterscheiden:

a. Der Postartikel kann die Nominalphrase weder definit noch indefinit machen. (Er hat das Merkmal [± def].) Er läßt deshalb sowohl definite als auch indefinite Artikelwörter zu. (Definite Artikelwörter sind der bestimmte Artikel und die Demonstrativa; indefinite Artikelwörter sind der unbestimmte Artikel und der partitive Artikel.) In diese Gruppe von Postartikeln gehören die Possessiva (einschließlich *propri-* 'eigen'), ferner *sol-* 'einzig', *unic-* 'einzig', *stess-* 'selb-', *altr-* 'ander-' sowie die Bezeichnungen der Ordinalzahlen; s. die folgenden Beispiele:

(164) il mio amico   'mein Freund'
       questo mio amico   'dieser Freund von mir'
       un mio amico   'ein Freund von mir'

(164') una propria casa   'ein eigenes Haus'
       la propria madre   'die eigene Mutter'

(165) il solo amico   'der einzige Freund'
       questo solo amico   'dieser einzige Freund'
       un solo amico   'ein einziger Freund'

(165') l'altra casa   'das andere Haus'
       quest'altra casa   'dieses andere Haus'
       un'altra casa   'ein anderes Haus'

(166) il primo amore   'die erste Liebe'
       questo primo amore   'diese erste Liebe'
       un primo amore   'eine erste Liebe'

Das Vorhandensein eines Artikelwortes ist bei den Postartikeln dieser Gruppe in der Regel nicht nur möglich, sondern notwendig.

N.B. Das Possessivum kann auch nach dem Nomen stehen. Die Stellung drückt dann eine kommunikative oder emotive Betonung aus; s. z.B.:

(167)   Questi sono affari nostri
        'Das sind unsere Angelegenheiten' (Betonung auf *unsere*)

(168) Osvaldo mio!
       'Oh mein Osvaldo!'

Der bestimmte Artikel fehlt beim Possessivum, wenn das Nomen eine der folgenden Verwandtschaftsbezeichnungen ist:

(169) *padre* 'Vater', *madre* 'Mutter', *fratello* 'Bruder', *sorella* 'Schwester', *figlio* 'Sohn', *figlia* 'Tochter', *zio* 'Onkel', *zia* 'Tante', *nipote* 'Neffe', 'Nichte', *marito* 'Ehemann', *moglie* 'Ehefrau', *nonno* 'Großvater', *nonna* 'Großmutter', *suocero* 'Schwiegervater', *suocera* 'Schwiegermutter', *cognato* 'Schwager', *cognata* 'Schwägerin', *cugino* 'Cousin', *cugina* 'Cousine', *genero* 'Schwiegersohn', *nuora* 'Schwiegertochter'

Bedingung ist, daß:

- die Nominalphrase in der 3. Person im Singular steht
- sie keine Attribute enthält und
- das Nomen kein Diminutiv ist

Beispiele sind:

(170) a. **mia** sorella
         'meine Schwester'

      b. **le mie** sorelle
         'meine Schwestern'

      c. **la mia cara** sorella
         'meine liebe Schwester'

      d. **la mia** sorellina
         'mein Schwesterchen'

N.B. Modifizierende Relativsätze (s. Kap. II, 1.3.) können nicht Teil einer Nominalphrase sein, die ein Possessivum enthält. Adjunktive Relativsätze sind keine Attribute. Sie können deshalb nach der artikellosen Variante der Verwandtschaftsbezeichnung stehen:

(171) **mia** sorella, che del resto è infermiera, ...
       'meine Schwester, die übrigens Krankenschwester ist, ...'

Wenn bei den Verwandtschaftsbezeichnungen *mamma* 'Mama', *papà*, *babbo* 'Papa' das Possessivum steht, muß auch der Artikel stehen.

In der 2. Person (d.h. in der Anrede) gelten für den Gebrauch des possessiven Postartikels abweichende Normen, und zwar:

- die Konstruktion "possessiver Postartikel plus Nomen" ist nicht möglich; die Anordnung ist "Nomen plus Possessivum", also z.B.: *sorella mia*
- die Erweiterung mit einem Attribut ist möglich, und in diesem Fall kann das Possessivum auch am Anfang stehen, also z.B.: *cara sorella mia, sorella mia cara, mia cara sorella*

N.B. Der Typ *mia sorella* ist also als Anrede nicht akzeptabel. Die Akzeptabilität von *cara mia sorella* und *sorella cara mia* ist gering.

prim- und andere "niedrige" Ordinalzahlen kommen in bestimmten festen Wendungen vor dem Nomen ohne Artikelwort vor: *prima qualità* 'erste Qualität', *prima classe* 'erste Klasse', *di prima importanza* 'von höchster Bedeutung', *terza categoria* 'dritte Kategorie', *di seconda mano* 'von zweiter Hand'. - Bei *altr-* und *stess-* kann in bestimmten Wendungen der bestimmte bzw. der unbestimmte Artikel weggelassen werden; s. z.B.:

(172) **Altro problema grave** da affrontare è quello delle piogge acide
'Ein anderes großes Problem, dem man sich stellen muß, ist der saure Regen'

(173) **Stesso problema** devono affrontare quelli che non hanno pagato interamente le tasse
'Demselben Problem stehen diejenigen gegenüber, die die Steuern nicht vollständig gezahlt haben'

(Mündl. Hinweis von L. Renzi.)

N.B. Gewisse Einschränkungen bestehen für den partitiven Artikel. Das Possessivum stellt man in Nominalphrasen, deren Artikelwort der partitive Artikel ist, lieber hinter das Nomen; s. z.B.:

(174) Ti ho portato del vino nostro
'Ich habe dir von unserem Wein mitgebracht'

Bei den Bezeichnungen für Ordinalzahlen ist der partitive Artikel als Plural des unbestimmten Artikels nur in lexikalisierten Verbindungen von Postartikel und Nomen üblich:

(175) dei primi ministri
'Premierminister (pl.)'

(176) dei secondi premi
'zweite Preise'

b. Der Postartikel ist ebenfalls [± def], aber er verbindet sich nur mit Artikelwörtern, die [+ def] sind. Soll die Nominalphrase indefinit sein, wird kein Artikelwort gesetzt. Hierzu gehören *molt-* 'viel', *poc-* 'wenig', *parecchi-* 'ziemlich viel', *tant-* 'soviel' und *tropp-* 'zuviel' sowie die Bezeichnungen der Kardinalzahlen; s. z.B.:

(177) la molta luce   'das viele Licht'
      la poca luce   'das wenige Licht'

	la parecchia luce	'das ziemlich viele Licht'
	la troppa luce	'das zu viele Licht'
(178)	i molti amici	'die vielen Freunde'
	i pochi amici	'die wenigen Freunde'
	i parecchi amici	'die ziemlich vielen Freunde'
	i troppi amici	'die zu vielen Freunde'
	i tre amici	'die drei Freunde'
(179)	molta frutta	'viel Obst'
	poca frutta	'wenig Obst'
	parecchia frutta	'ziemlich viel Obst'
	troppa frutta	'zu viel Obst'
(180)	molti libri	'viele Bücher'
	pochi libri	'wenige Bücher'
	parecchi libri	'ziemlich viele Bücher'
	troppi libri	'zu viele Bücher'
	tre libri	'drei Bücher'

Die Bezeichnungen für Kardinalzahlen 'größer als 1' verlangen aus semantischen Gründen ein Nomen im Plural.

N.B. Dies gilt natürlich nicht für Datenbezeichnungen: In z.B. der Nominalphrase *il due novembre* 'der zweite November' ist *novembre* Singular.

N.B. Bei Stoffnamen wie *luce* 'Licht' und *frutta* 'Obst' können die Bezeichnungen der Kardinalzahlen aus semantischen Gründen nicht stehen, da diese sich auf zählbare individuelle Gegenstände beziehen. (Zur Semantik und Pragmatik der Zahlwörter s. Kap. IV, 2.1.2.1.)

N.B. Die Bezeichnungen der Kardinalzahlen machen Nominalphrasen hinsichtlich der Anzahl der gemeinten Gegenstände bestimmt. Dies ist jedoch eine andere Art von Bestimmtheit als die hier in Frage stehende Definitheit, die sich auf das Vorhandensein in der Diskurswelt bezieht (s. Kap. IV, 1.3.1.2.). In diesem Sinne ist z.B. *i due libri* 'die zwei Bücher' definit, aber *due libri* 'zwei Bücher' indefinit.

c. Der Postartikel macht die Nominalphrase indefinit (er hat das Merkmal [- def]); er läßt im Singular nur den unbestimmten Artikel und im Plural gar keinen Artikel zu. Hierzu zählen *cert-* 'gewiss-', *divers-* 'verschieden-', *tal-* 'solch-', *simil-* 'derartig-', *vari-* 'verschieden-', *qualsiasi* 'irgendein-', *qualunque* 'irgendein'; *divers-* und *vari-* treten als Postartikel nur im Plural auf.

(181)	un certo sorriso	'ein gewisses Lächeln'
	certi sintomi	'gewisse Symptome'
(182)	diverse malattie	'verschiedene Krankheiten'

(183) una simile bugia 'eine derartige Lüge'
       simili bugie   'derartige Lügen'

(184) una tale storia   'eine solche Geschichte '

(185) vari cibi   'verschiedene Speisen'

N.B. *simil-* kann ohne Bedeutungsveränderung auch nach dem Nomen stehen:

(186) una bugia simile 'eine derartige Lüge'
       bugie simili   'derartige Lügen'

N.B. *tal-* kann auch [± def] gebraucht werden; vgl. z.B.:

(187) ... Tale storia mi raccontò
       '... Diese Geschichte erzählte mir ...'

Der durch (187) illustrierte Gebrauch von *tal-* ist allerdings nur in gehobenem Stil üblich.

N.B.: *vari-* kann auch nach dem Nomen stehen, wie z.B. in *autori vari* 'verschiedene Verfasser'. Es bezeichnet dann nicht allein die Mehrzahl, wie es z.B. *vari autori* tut, sondern zusätzlich die Tatsache, daß es sich um eine ungeschiedene Zusammenstellung von verschiedenen Gegenständen handelt.

Die folgende Tabelle stellt zusammenfassend die Distribution der Postartikel gegenüber den Artikelwörtern und dem Numerus des Nomens dar.

Es gelten folgende Konventionen:

In der senkrechten Koordinate stehen die Postartikel. Der besseren Lesbarkeit halber wurden statt der abstrakten Kategorien konkrete Formen eingesetzt. *primo* steht für alle Ordinalzahlen, *due* für alle Kardinalzahlen.

In der waagrechten Koordinate stehen Typen von Nominalphrasen. Der tiefliegende Strich gibt die jeweilige Position des Postartikels an. Die Abkürzungen sind wie folgt zu lesen:

{il, questo, quel}__N : eine Nominalphrase im Singular, in der der Postartikel nach dem bestimmten Artikel oder nach einem Demonstrativum steht; z.B. *il mio amico* 'mein Freund'

un__N: eine Nominalphrase im Singular, in der der Postartikel nach dem unbestimmten Artikel steht; z.B. *un mio amico* 'ein Freund von mir'

del__N : eine Nominalphrase im Singular, in der der Postartikel nach dem partitiven Artikel steht; z.B.: *dello stesso vino* 'von demselben Wein'

{i, questi, quei}__N: eine Nominalphrase im Plural, in der der Postartikel nach dem bestimmten Artikel oder nach einem Demonstrativum steht; z.B. *i miei amici* 'meine Freunde'

dei__N : eine Nominalphrase im Plural, in der der Postartikel nach dem Plural des partitiven Artikels steht; z.B.: *dei miei amici* 'Freunde von mir'

Ø__Nsg. : eine Nominalphrase im Singular und ohne Artikelwort, in der der Postartikel vor dem Nomen steht; z.B.: *poco fumo* 'wenig Rauch'

Ø__Npl. : eine Nominalphrase im Plural und ohne Artikelwort, in der der Postartikel vor dem Nomen steht; z.B.: *troppe difficoltà* 'zuviele Schwierigkeiten'

DET N__ : eine Nominalphrase mit Artikelwort, in der die sonst als Postartikel gebrauchte Form wie ein Adjektiv, aber in gleicher Bedeutung, nach dem Nomen steht; z.B.: *un amico mio* 'ein Freund von mir'

Ø N__ : eine Nominalphrase ohne Artikelwort, in der die sonst als Postartikel gebrauchte Form wie ein Adjektiv, aber in gleicher Bedeutung, nach dem Nomen steht; z.B.: *amico mio!* 'mein Freund!'

Auf den Feldern der Matrix bedeutet '+', daß die in der waagrechten Koordinate angegebene Konstruktion mit mindestens einem der in der senkrechten Koordinate genannten Artikelwörter realisiert werden kann; '-' bedeutet das Gegenteil. 'M' bedeutet, daß die in der waagrechten Koordinate angegebene Konstruktion nur in marginalen Fällen mit einem der in der senkrechten Koordinate genannten Artikelwörter realisiert werden kann.

	{il,quel,questo}_N	un_N	del_N	{i,questi,quei}_N	dei_N	Ø_Nsg	Ø_Npl	DET N_	Ø N_	
mio	+	+	+	+	+	M	-	+	+	⎫
proprio	+	+	+	+	+	-	-	+	-	⎪
altro	+	+	+	+	+	M	+	-	-	⎪
stesso	+	+	+	+	+	M	-	-	-	⎬ Gruppe a
primo	+	+	-	+	-	M	-	+	+	⎪
solo	+	+	+	+	-	-	-	-	-	⎪
unico	+	+	+	+	-	-	-	+	-	⎭
molto	+	-	-	+	-	+	+	-	-	⎫
poco	+	-	-	+	-	+	+	-	-	⎪
parecchio	+	-	-	+	-	+	+	-	-	⎬ Gruppe b
troppo	+	-	-	+	-	+	+	-	-	⎪
tanto	+	-	-	+	-	+	+	-	-	⎪
due	-	-	-	+	-	-	+	-	M	⎭
tale	-	+	+	-	+	M	+	+	-	⎫
simile	-	+	+	-	+	-	+	+	-	⎪
certo	-	+	-	-	-	-	+	-	-	⎪
diverso	-	-	-	+	-	-	+	-	-	⎬ Gruppe c
vario	-	-	-	+	-	-	+	-	+	⎪
qualsiasi	-	+	-	-	-	-	-	+	-	⎪
qualunque	-	+	-	-	-	-	-	+	-	⎭

1.5.3. Die Distribution der Postartikel untereinander

Die Postartikel können miteinander kombiniert werden. Allerdings sind die Kombinationsmöglichkeiten beschränkt.

Dies gilt zunächst für die Anzahl der Postartikel, die in einer Nominalphrase aufeinanderfolgen können: Meistens werden nur zwei (188), höchstens drei Postartikel (189) miteinander verbunden; vgl. die folgenden Beispiele:

(188)   il **tuo primo** successo   'dein erster Erfolg'
un'**altra simile** esperienza   'ein weiteres solches Erlebnis'
i **primi due** capitoli   'die beiden ersten Kapitel'
gli **stessi pochi** amici   'dieselben wenigen Freunde'
un **certo proprio** contributo   'ein gewisser eigener Beitrag'
un'**altra qualsiasi** moneta   'irgendein anderes Geldstück'

(189)   un **certo altro mio** amico   'ein gewisser anderer Freund von mir'
un **altro tuo qualunque** amico   'irgendein anderer beliebiger Freund von dir'

N.B. Wenn ein Possessivum in der Nominalphrase steht, vermeidet man gern die Abfolge von drei Postartikeln, indem man das Possessivum in der Stellung rechts vom Nomen verwendet; vgl.:

(189')   un **certo altro** amico **mio**   'ein gewisser anderer Freund von mir'
un **altro qualunque** amico **tuo**   'irgendein anderer beliebiger Freund von dir'

Weiterhin können bestimmte Postartikel aus semantischen Gründen nicht aufeinanderfolgen, weil ihre Kombination widersprüchlich wäre. Unter diesem Gesichtspunkt lassen sich die folgenden Gruppen von sich gegenseitig ausschließenden Postartikeln bilden:

i. {*molt-, poc-, parecchi-, tropp-, tant-, unic-, sol-, vari-, divers-, cert-*}

N.B. Zu dieser Gruppe zählen mit einer Einschränkung auch die Bezeichnungen der Kardinalzahlen: *unic-* und *sol-* sind mit den Bezeichnungen niedriger Kardinalzahlen kombinierbar:

(190)   i **soli due** capitoli   'die beiden einzigen Kapitel'

(191)   gli **unici due** amici   'die beiden einzigen Freunde'

Außerdem kann ein "niedriges" Zahlwort dann mit *cert-* verbunden werden, wenn auch ein Possessivum vorhanden ist:

(192)   certi due miei amici   'zwei bestimmte Freunde von mir'

ii. {altr-, stess-}

iii. {simil-, tal-}

iv. {qualunque, qualsiasi}

Für die untereinander kombinierbaren Postartikel gibt es bestimmte Anordnungsmuster. Solche Anordnungen sind:

a. Possessivum vor *propri-*

propri- steht grundsätzlich nach dem Possessivum:

    (193) con le **sue proprie** mani
              'mit seinen eigenen Händen'

b. *altr-, stess-* **oder** *cert-* **vor dem Possessivum**

Grundsätzlich vor dem Possessivum stehen *altr-, stess-* und *cert-*:

    (194) un **altro vostro** scherzo
              'noch so ein Spaß von euch'

    (195) lo **stesso mio** amico
              'derselbe Freund von mir'

    (196) una **certa nostra** amica
              'eine gewisse Freundin von uns'

c. Diverse Postartikel vor oder nach dem Possessivum
Vor oder nach dem Possessivum stehen: *prim-, sol-, unic-, molt-, poc-, parecchi-, tropp-, tant-, tal-, simil-, divers-, vari-*, die Bezeichnungen der Kardinalzahlen sowie *qualsiasi* und *qualunque*. Hierbei ist die Anordnung "Possessivum plus weiterer Postartikel" die stilistisch unmarkierte, während die umgekehrte Anordnung den weiteren Postartikel emphatisch hervorhebt oder als ironisch kennzeichnet. - Beispiele sind:

    (197) il **mio primo** pensiero, il **primo mio** pensiero
              'mein erster Gedanke'

    (198) il **suo solo** fratello, il **solo suo** fratello
              'sein einziger Bruder'

    (199) la **loro unica** speranza, l'**unica loro** speranza
              'ihre einzige Hoffnung'

(200) le **nostre molte** difficoltà, le **molte nostre** difficoltà
'unsere vielen Schwierigkeiten'

(201) la **sua poca** esperienza, la **poca sua** esperienza
'seine geringe Erfahrung'

(202) le **sue parecchie** condanne, le **parecchie sue** condanne
'seine zahlreichen Verurteilungen'

(203) il **mio troppo** lavoro, il **troppo mio** lavoro
'meine zu viele Arbeit'

(204) i **tuoi tanti** successi, i **tanti tuoi** successi
'deine so vielen Erfolge'

(205) i **suoi due** romanzi, i **due suoi** romanzi
'seine beiden Romane'

(206) un **suo tale** comportamento, un **tale suo** comportamento
'ein solches Verhalten von ihm'

(207) una **nostra simile** sconfitta, una **simile nostra** sconfitta
'eine solche Niederlage von uns'

(208) i **miei diversi** difetti, i **diversi miei** difetti
'meine verschiedenen Fehler'

(209) i **nostri vari** viaggi, i **vari nostri** viaggi
'unsere verschiedenen Reisen'

(210) un **suo qualsiasi** errore, un **qualsiasi suo** errore
'irgendein Fehler von ihm'

(211) un **loro qualunque** impiegato, un **qualunque loro** impiegato
'ein beliebiger Angestellter von ihnen'

d. Diverse Postartikel vor *altr-*

Grundsätzlich vor *altr-* stehen: *cert-, divers-, vari-, sol-, unic-* sowie *qualsiasi* und *qualunque* - Beispiele sind:

(212) una **certa altra** persona
'eine gewisse andere Person'

(213) i **diversi altri** paesi
'die verschiedenen anderen Länder'

(214) i **vari altri** medicinali
 'die verschiedenen anderen Medikamente'

(215) la **sola altra** coincidenza
 'die einzige andere Verbindung'

(216) l'**unico altro** concorrente
 'der einzige andere Konkurrent'

(217) una **qualsiasi altra** moneta
 'irgendein anderes Geldstück'

(218) un **qualunque altro** ragazzo
 'irgendein anderer Junge'

e. Diverse Postartikel nach *altr-*

Grundsätzlich nach *altr-* steht *simil-*; s. z.B.:

(219) un'**altra simile** disgrazia
 'ein weiteres solches Unglück'

f. Diverse Postartikel vor oder nach *altr-*

Vor oder nach *altr-* können stehen: *tal-*, die unbestimmten Quantoren (*molt-*, *poc-* usw.) und die Bezeichnungen der Kardinalzahlen:

(220) una **tale altra** persona, un'**altra tale** persona
 'eine solche andere Person', 'eine andere solche Person'

(221) le **poche altre** volte, le **altre poche** volte
 'die wenigen anderen Male', 'die weiteren wenigen Male'

(222) **due altri** bicchieri, **altri due** bicchieri
 'zwei andere Gläser', 'noch zwei Gläser'

N.B. Wie die Übersetzungen zeigen, ist mit dem Unterschied der Reihenfolge ein Unterschied der Bedeutung verbunden.

g. *stess-* vor verschiedenen Postartikeln

stess- steht grundsätzlich vor den unbestimmten Quantoren und den Bezeichnungen der Kardinalzahlen sowie vor *sol-* und *unic-*; s. z.B.:

(223) gli **stessi pochi** amici
 'dieselben wenigen Freunde'

(224) le **stesse due** ragazze
'dieselben zwei Mädchen'

(225) lo **stesso solo** disco
'dieselbe einzige Platte'

(226) la **stessa unica** speranza
'dieselbe einzige Hoffnung'

1.6. Die innere Struktur der Nominalphrase

1.6.1. Das Nomen als Nominalphrase

Im Satz ist das Nomen typischerweise der Kopf einer Nominalphrase. In der Regel macht erst das Hinzutreten eines Artikelworts das Nomen zur Nominalphrase.

Das Nomen kann aber auch ohne weitere Elemente, insbesondere auch ohne Artikelwort, eine Nominalphrase bilden. Dies gilt vor allem für die Eigennamen, in eingeschränkterem Maße auch für Appellative. (Appellative sind diejenigen Nomina, die keine Eigennamen sind.)

1.6.1.1. Das Fehlen des Artikels bei Eigennamen

Eigennamen können ohne Artikelwort auftreten. Hierzu muß allerdings eine Bedingung erfüllt sein: die Nominalphrase darf kein Adjektiv, keine Präpositionalphrase und keinen restriktiven Relativsatz enthalten; daher darf z.B. in den folgenden Nominalphrasen der Artikel nicht fehlen:

(227) il giovane Mozart 'der junge Mozart'
il Mozart del Flauto Magico 'der Mozart der Zauberflöte'
il Mozart che amiamo 'der Mozart, den wir lieben'

N.B. Nicht hierunter fallen die Familiennamen berühmter Persönlichkeiten, wenn ihnen ein qualifizierendes Nomen nachgestellt ist:

(228) Mozart pianista 'Mozart als Pianist'

Für die verschiedenen Arten von Eigennamen gelten die folgenden Prinzipien:

a. Bei weiblichen und männlichen Vornamen steht in der Literatursprache kein Artikel:

(229) Quando **Matilde** seppe di essere amata da **Osvaldo**, lo confidò a **Fabrizio**
'Als Mathilde erfuhr, daß sie von Oswald geliebt wurde, eröffnete sie dies Fabrizio'

In der Umgangssprache wird bei weiblichen Vornamen meist der Artikel gesetzt:

    (230) Conosci **la Paola**?   'Kennst du die Paola?'

Auch bei männlichen Vornamen kommt der Artikel in der Umgangssprache vor, jedoch nicht so allgemein wie beim weiblichen Vornamen:

    (231) Devi parlarne al **Mario**
          'Du mußt mit dem Mario darüber reden'
          neben
          Devi parlarne a **Mario**
          'Du mußt mit Mario darüber reden'

N.B. Der umgangssprachliche Artikelgebrauch beim Vornamen variiert regional. - In der Anrede steht der Artikel nie.

b. Beim bloßen Familiennamen fehlt der Artikel normalerweise dann, wenn der Name im Singular auf einen Mann referiert:

    (232) **Mozart** è nato a Salisburgo   'Mozart ist in Salzburg geboren'

Bei italienischen Namen setzt man jedoch in diesen Fällen den bestimmten Artikel, wenn der Bezeichnete eine historische Persönlichkeit ist oder wenn man jemanden ironisch als eine bekannte und wichtige Persönlichkeit hinstellen will:

    (233) il Petrarca, il Beccaria, il Pirandello

    (234) Ancora uno dei soliti scherzi del **Rossi**!
          'Wieder einer von Rossis Streichen!'

Ist der Träger des Namens weiblich, so steht der Artikel beim bloßen Familiennamen auf jeden Fall:

    (235) **La Corti** ha scritto un bellissimo libro
          'Die Corti hat ein sehr schönes Buch geschrieben'

N.B. Diese Art der Bezeichnung kann jedoch als diskriminierend empfunden werden. Man kann sie vermeiden, indem man den Vornamen oder einen Titel vor den Familiennamen setzt:

    (235') {**Maria Corti, la professoressa Corti**} ha scritto un bellissimo libro
          '{Maria Corti, Frau Professor Corti} hat ein sehr schönes Buch geschrieben'

c. Bei den Namen von Ländern und Provinzen steht normalerweise der bestimmte Artikel. Er wird nach der Präposition *in* in bestimmten Fällen weggelassen. Dies gilt für alle weiblichen und für einen Teil der männlichen Namen; vgl. z.B.:

236) la Germania   vs.   in Germania
     'Deutschland'   vs.   'in Deutschland'

     la Toscana   vs.   in Toscana
     'die Toskana'   vs.   'in der Toskana'

     il Brasile   vs.   in Brasile
     'Brasilien'   vs.   'in Brasilien'

     il Piemonte   vs.   in Piemonte
     'Piemont'   vs.   'in Piemont'

Bei manchen männlichen Namen kann nach *in* auch der (verschmolzene) Artikel stehen; vgl. z.B.:

(237) in Canada   nel Canada   'in Kanada'
      in Veneto   nel Veneto   'im Veneto'

Wenn die Nominalphrase im Plural steht und wenn sie erweitert ist, muß der Artikel stehen; vgl. z.B.:

(238) gli Stati Uniti   'die Vereinigten Staaten'
      negli Stati Uniti   'in den Vereinigten Staaten'
      le Marche   'die Marche'
      nelle Marche   'in den Marche'

(239) l'Italia   'Italien'
      nell'Italia medioevale   'im mittelalterlichen Italien'
      la Lombardia   'die Lombardei'
      nella Lombardia di oggi   'in der Lombardei von heute'

d. Städtenamen stehen bis auf wenige Ausnahmen ohne Artikel; s. z.B.:

(240) **Boscotrecase** è vicino a **Napoli**
      'Boscotrecase liegt bei Neapel'

Ausnahmen sind: *L'Aquila, La Spezia, Il Cairo, L'Aia* ('Den Haag'), *La Mecca, L'Avana* ('Havanna'), *La Paz*. Der weibliche Artikel verschmilzt bei diesen Eigennamen gewöhnlich nicht mit der Präposition, wohl aber der männliche; vgl. z.B.:

(241) Ecco il golfo **di La** Spezia
      'Das ist der Golf von La Spezia'

(242) La delegazione si è recata **al** Cairo
      'die Delegation hat sich nach Kairo begeben'

Auch bei Städtenamen muß ein Artikelwort stehen, wenn die Nominalphrase erweitert ist; vgl. z.B.:

> (243) la Napoli **dei Borboni**
> 'das Neapel der Bourbonen'

1.6.1.2. Das Fehlen des Artikels bei Appellativen

Es gibt Fälle, in denen ein nicht erweitertes Nomen, das ein Appellativ ist, als Nominalphrase auftritt. Solche Nominalphrasen sind indefinit. Die Indefinitheit kann so gedeutet werden, daß das Nomen **nicht referentiell** gebraucht wird, d.h., daß es nicht zum Referieren auf einen Gegenstand, sondern zur Angabe einer Eigenschaft, zur Prädizierung einer Gegenstands- oder Ereignisart benutzt wird. Im einzelnen handelt es sich um folgende Fälle:

a. Ein "nicht-zählbares" Nomen im Singular (244) oder "zählbare" Nomina im Plural (245) stehen als Komplement der Kopula; vgl. z.B.:

> (244) Questo è **olio**
> 'Das ist Öl'

> (245) Questi sono **amici**
> 'Das sind Freunde'

N.B. In Fällen wie (244) kann man in der Umgangssprache des Nordens auch den Teilungsartikel hören (*Questo è dell'olio*); diese Ausdrucksweise gehört aber nicht zum Standard. Bei Fällen wie in (245) hingegen ist die Verwendung des Teilungsartikels auch im Standard zulässig (*Questi sono degli amici*).

b. Das Nomen bezeichnet ein Material, einen Zweck u.ä. (s. 5.4.1.1) und steht als Attribut oder als Komplement der Kopula nach den Präpositionen *di, a* und *da*; s. z.B.:

> (246) un piatto di rame 'ein Teller aus Kupfer'
> un sogno di libertà 'ein Traum der Freiheit'
> una specie di prugna 'eine Art Pflaume'

> (247) nave a vapore 'Dampfschiff'
> stufa a gas 'Gasherd'

> (248) vino da pasto 'Tischwein'
> scarpe da tennis 'Tennisschuhe'
> fucile da caccia 'Jagdgewehr'
> bicicletta da signora 'Damenfahrrad'

c. Das Nomen wird von einem Prädikat regiert, das die Präposition *di* oder *a* verlangt; s. z.B.:

(249) una vasca **piena** d'acqua 'eine Wanne voll Wasser'
uscire di casa 'aus dem Hause gehen'
andare a teatro 'ins Theater gehen'
andare a scuola 'zur Schule gehen'
invitare a cena 'zum Abendessen einladen'

N.B. Diese Konstruktionen sind z.T. phraseologisch festgelegt; s. die semantisch durchaus vergleichbaren Konstruktionen in den folgenden Beispielen:

(250) il tasso **esce dalla** tana
'der Dachs kommt aus der Höhle'

E' **scappata dalla** finestra
'Sie ist durch das Fenster entwichen'

d. Das Nomen steht in einer lexikalisierten Präpositionalphrase oder in einem anderen lexikalisierten Ausdruck, der eine Präpositionalphrase mit *a* enthält:

(251) battere **a macchina** 'mit der Maschine schreiben'
Ne parleremo **a voce** 'wir werden mündlich darüber sprechen'
tiro **a volo** 'Taubenschießen'
lavoro fatto **a mano** 'Handarbeit'

e. Das Nomen steht in einer lexikalisierten Präpositionalphrase oder in einem anderen lexikalisierten Ausdruck, der eine Präpositionalphrase mit *in* enthält:

(252) andare in pensione 'sich pensionieren lassen'
sposarsi in municipio 'standesamtlich heiraten'
in estate 'im Sommer'
in servizio 'in Betrieb'
votare in parlamento 'im Parlament abstimmen'
allenarsi in palestra 'in der Halle trainieren'

f. Das Nomen steht nach *per* und gibt den Grund an:

(253) per gelosia 'aus Eifersucht'
condannato per furto 'wegen Diebstahls verurteilt'

N.B. Die Angabe des Grundes mit *da* erfolgt, anders als in deutschen Entsprechungen mit *vor*, mit dem bestimmten Artikel; vgl. z.B.:

(254) tremare **dal freddo** 'vor Kälte zittern'
piangere **dalla gioia** 'vor Freude weinen'

g. Das Nomen steht nach *con* 'mit' oder *senza* 'ohne'; s. z.B.:

(255) Lo bevo senza ghiaccio 'Ich trinke ihn ohne Eis'
Lo farò con piacere 'Ich werde es gerne tun'
senza aiuto né soldi 'ohne Hilfe oder Geld'

h. Die Nominalphrase ist Objekt in einem negativen Satz. - Beispiele sind:

(256) Non ho sigarette 'Ich habe keine Zigaretten'
Non vendiamo libri 'Wir verkaufen keine Bücher'
Non mangi frutta? 'Ißt du kein Obst?'

N.B. Auch in allen hier aufgeführten Fällen gilt, daß der Artikel stehen muß, wenn die Nominalphrase erweitert ist; vgl. z.B.:

(257) Mi alleno **in palestra**
'Ich trainiere in der Halle'

(257') Mi alleno **nella stessa palestra**
'Ich trainiere in derselben Halle'

(258) Lo ha fatto **per gelosia**
'Er hat es aus Eifersucht getan'

(258') Lo ha fatto **per la gelosia che nutriva da anni**
'Er hat es aus der Eifersucht heraus getan, die er seit Jahren nährte'

Die Indeterminiertheit der Nominalphrase kann auch ausdrücken, daß der Referent in die Diskurswelt eingeführt werden soll, s. Kap. IV, 1.3.2.

1.6.2. Erweiterungen der Nominalphrase durch Quantifikation und Determination

Artikelwörter, Spezifikatoren, Präartikel und Postartikel sind, semantisch gesehen, quantifizierende und den Status des Referenten in der Rede signalisierende (abgekürzt: "determinierende") Erweiterungen des Nomens. Alle diese Formen stehen typischerweise links vom Nomen und zeigen mit ihm Kongruenz, soweit sie deklinabel sind. Fehlen sie, so geht das darauf zurück, daß die betreffende Nominalphrase entweder die Determination und Quantifikation bereits semantisch enthält (Eigennamen, Personalpronomina) oder daß sie nicht auf bestimmte Individuen referieren soll (nicht referentieller Gebrauch, s. 1.6.1.2.).

In den Abschnitten 1.2. bis 1.5. wurden Inventar, Morphologie und Distribution der betreffenden Elemente dargestellt. Zu ihrer Semantik und Pragmatik s. Kap. IV, 1.3. und 2.1.2.1.

1.6.3. Qualifizierende Erweiterungen der Nominalphrase

Semantisch gesehen gibt das Nomen eine Eigenschaft oder einen Komplex von Eigenschaften an, die dem Referenten zugesprochen werden und anhand derer er benannt wird. Durch qualifizierende Erweiterungen können weitere Eigenschaften spezifiziert werden. Es sind folgende Fälle zu unterscheiden:

a. Die Erweiterung ist eine Adjektivphrase

Beispiele sind:

(259) i **vecchi** genitori 'die alten Eltern'
 un ricordo **spiacevole** 'eine unangenehme Erinnerung'

Funktional gesehen sind solche Adjektivphrasen Modifikatoren. - Die Syntax der Adjektivphrase ist unter 3., insbesondere 3.3.1., dargestellt.

b. Die Erweiterung ist ein nicht determiniertes Nomen

Ein Beispiel ist:

(260) Mozart **pianista** 'Mozart als Pianist'

Diese Erweiterungen sind in der Sprache eher marginal. Ihre Semantik unterscheidet sich von der der Modifikatoren: Sie geben nicht eine weitere Eigenschaft des Referenten des Nomens an, sondern sie wählen eine der Eigenschaften des Referenten aus und machen sie zu dem Aspekt, unter dem der Referent betrachtet werden soll.

c. Die Erweiterung ist eine Nominalphrase (Apposition)

Die Apposition ist ein nominales Adjunkt des Nomens. Sie wird durch eine Pause bzw. durch ein Komma vom Kopf getrennt. Sie gibt eine Eigenschaft des Referenten an. - Beispiele sind:

(261) Harris, **il noto linguista americano**
 'Harris, der bekannte amerikanische Linguist'

(262) Mamerto, **un cultore della lingua e gran cacciatore**
 'Mamerto, ein Sprachfreund und großer Jäger'

(263) Il Rossi, **abitante novantenne di Sesto S. Giovanni**
 'Rossi, ein 90jähriger Einwohner von Sesto S. Giovanni'

Die Apposition hat typischerweise ein Nomen als Kopf. Nominalphrasen, deren Kopf einer anderen Kategorie angehört (s. die Aufstellung in 1.6.4.), sind ausgeschlossen, außer solche mit *uno* 'jemand'. - Ein Beispiel ist:

(264) Il capitan Uncino, **uno** a cui non piace scherzare, è il capo della banda
'Captain Hook, jemand, der nicht gerne scherzt, ist der Anführer der Bande'

Die Auswahl zwischen dem bestimmten und dem unbestimmten Artikel erfolgt in der Apposition nach denselben Prinzipien wie sonst (s. Kap. IV, 1.3.). Eine Besonderheit der Apposition ist jedoch, daß der unbestimmte Artikel auch weggelassen werden kann; vgl. (262) und (263). Der Unterschied ist rein stilistisch: Die artikellose Version gehört einem etwas höheren Register an.

Sätze, deren Subjekt durch eine artikellose Apposition erweitert ist, haben Paraphrasen, in denen die betreffende Nominalphrase als vom Subjekt kontrolliertes Adjunkt am Anfang des Satzes steht; vgl. z.B.:

(265) Il Rossi, **abitante novantenne di Sesto S. Giovanni**, si ricorda ancora dell'evento
'Rossi, ein 90jähriger Einwohner von Sesto S. Giovanni, erinnert sich noch an das Ereignis'

(265') **Abitante novantenne di Sesto S. Giovanni**, il Rossi si ricorda ancora dell'evento
'Als 90jähriger Einwohner von Sesto S. Giovanni, erinnert sich Rossi noch an das Ereignis'

d. Die Erweiterung ist ein Familienname

Ist der Kopf der Nominalphrase ein Nomen, das die Funktion eines Titels hat, so kann die Nominalphrase durch einen Familiennamen erweitert werden. - Beispiele sind:

(266) l'avvocato **Rossi**   'Rechtsanwalt Rossi'
     il generale **Dalla Chiesa**   'General Dalla Chiesa'

N.B. Gängige Titel sind: *signore* 'Herr', *signora* 'Frau', *signorina* 'Fräulein', *dottore* 'Doktor', *dottoressa* 'Doktorin', *avvocato* 'Rechtsanwalt', *ingegnere* 'Diplomingenieur', *professore* 'Professor', *professoressa* 'Professorin', *onorevole* 'Abgeordneter', *commendatore* 'Inhaber des Verdienstordens der Italienischen Republik', *compagno* 'Genosse', *compagna* 'Genossin', *conte* 'Graf', *contessa* 'Gräfin' usw.

N.B. Vor dem Familiennamen werden die männlichen Kurzformen *signor, dottor, professor, ingegner* verwendet.

N.B. Anders als *Herr* und *Frau* im Deutschen werden *signora, signore* in der 3. Person nicht mit anderen Titeln kombiniert: *Herr Dr. Meier* heißt *dottor Meier*, nicht **signor dottor Meier*. In der 2. Person kann *signor* dann vor dem Titel stehen, wenn kein Familienname folgt: *Buongiorno, signor dottore!* Unter Gleichgestellten ist jedoch die Anrede mit dem bloßen Titel das Übliche: *Buongiorno, dottore!* Die Anrede mit dem bloßen Titel erfolgt auch oft dort, wo man im Dt. keine Anredeformel benutzt; vgl. z.B.:

(267) Signora, aspetti, le darò una mano
'Warten Sie, ich helfe ihnen'
(zu einer Frau gesprochen; wörtl.: 'Frau, warten Sie, ich helfe ihnen')

(268) Scusi, signore, sa dove parte il motoscafo per Portovenere?
'Entschuldigen Sie bitte, wissen Sie, wo das Motorboot nach Portovenere abgeht?'
(zu einem Mann gesprochen; wörtl.: 'Entschuldigen Sie, Herr, wissen Sie, ...')

Wird die betreffende Nominalphrase in der 3. Person (d.h. in der Rolle des an der Kommunikation nicht Teilnehmenden) gebraucht, so muß der bestimmte Artikel stehen:

(269) Il signor Rossi abita di fronte
'Herr Rossi wohnt gegenüber'

La professoressa Brambilla parla in assemblea
'Frau Professor Brambilla spricht in der Vollversammlung'

L'onorevole Craxi ribadisce la sua posizione
'Der Abgeordnete Craxi bekräftigt seine Position'

In der 2. Person (d.h. in der Anrede) steht kein Artikel:

(270) Buongiorno, signor Rossi!   'Guten Tag, Herr Rossi!'
Arrivederla, dottor Bianchi!   'Auf Wiedersehen, Herr Dr. Bianchi!'

N.B. In der Anrede in Briefen ist es üblich, bestimmte "Adjektive der Höflichkeit" vor den Titel zu setzen:

(271) Caro Signor Rossi   'Lieber Herr Rossi'
Gentile Signora   'Sehr geehrte Frau X'
Egregio dottore   'Sehr geehrter Herr Doktor X'
Illustrissimo professore   'Sehr geehrter Herr Professor'
Chiarissimo professore   'Sehr geehrter Herr Professor'

Abgesehen von *caro* und *gentile* sind die Adjektive der Höflichkeit nur in sehr formalen Situationen üblich.

Außer *caro* werden die Adjektive der Höflichkeit auch in der Anschrift auf dem Briefumschlag verwendet. Hierbei werden *Illustrissimo* zu *Illmo* und *Chiarissimo* zu *Chiar^{mo}* abgekürzt; z.B.:

(272) Illmo professore Giovanni Rossi
via del Piave 13
20 141 Milano

N.B. In Süditalien wird vor dem Vornamen oder dem Familiennamen von Respektspersonen (insbesondere von Geistlichen) der Titel *Don* gebraucht, und zwar in der Anrede wie in der 3. Person ohne Artikel:

(273) Don Anastasio non venderà la statua della Madonna
'Don Anastasio wird die Statue der Madonna nicht verkaufen'

Der Gebrauch von *Don* kann negative Stereotype aktivieren; als Ausländer sollte man ihn vermeiden.

e. Die Erweiterung ist eine Präpositionalphrase

Präpositionalphrasen, die eine Nominalphrase erweitern, sind entweder Komplemente des Nomens oder Modifikatoren. Präpositionale Modifikatoren können die grammatische Präposition *di* oder eine lexikalische Präposition haben. - Beispiele sind:

(274) il campanile di **S. Marco**   'der Glockenturm von St. Marco'
      gli ultimi decenni **del secolo** 'die letzten Jahrzehnte des Jahrhunderts'
      il fratello **di Giulia**   'Giulias Bruder'

Beispiele mit anderen Präpositionen sind:

(275) gli uccelli **nel giardino**   'die Vögel im Garten'
      il regalo **per la mamma**   'das Geschenk für Mutter'
      i primi minuti **dopo l'incidente** 'die ersten Minuten nach dem Unfall'

Ferner gehören auch die unter 1.6.1.2. behandelten nicht determinierten Präpositionalphrasen hierher.

f. Die Erweiterung ist ein Relativsatz

Beispiele sind:

(276) l'esempio **che hai fatto**   'das Beispiel, das du gegeben hast'
      la freddezza **con cui ha risposto** 'die Kälte, mit der er geantwortet hat'

Die Syntax der Relativsätze wird in Kap. II, 1.3. behandelt.

g. Die Erweiterung ist ein Komplementsatz

Ein Beispiel ist:

(277) il fatto **che abbiamo vinto**   'die Tatsache, daß wir gewonnen haben'

Komplementsätze werden in Kap. II unter 1.1. behandelt.

h. Die Erweiterung ist eine mit Präposition angeschlossene Infinitivkonstruktion

Beispiele sind:

(278) il diritto **di lasciare il paese**
'das Recht, das Land zu verlassen'

la volontà **di risparmiare energia**
'der Wille, Energie zu sparen'

N.B. Im Unterschied zum Deutschen werden diese Erweiterungen nicht durch Komma abgetrennt.

Zur Syntax der Infinitivkonstruktionen s. 2.6.1.

i. Die Erweiterung ist eine koordinierte Nominalphrase oder ein koordiniertes Nomen

Beispiele sind:

(279) Sul tavolo c'è [una matita **e un quaderno**]
'Auf dem Tisch liegt ein Bleistift und ein Schreibheft'

E' [un mio collega **e amico**]
'Er ist ein Kollege und Freund von mir'

Zur Syntax der Koordination s. Kap. II, 2.

1.6.4. Nominalphrasen mit pronominalem Kopf

Außer einem Nomen kann auch ein Pronomen oder eine andere, als Pronomen gebrauchte Form der Kopf einer Nominalphrase sein, und zwar:

a. Ein Personal- oder Reflexivpronomen

Beispiele sind:

(280) **Lei** non c'è   'Sie ist nicht da'
Pensa solo a **se** stesso   'Er denkt nur an sich selbst'

b. Ein Interrogativpronomen

Beispiele sind:

(281) **chi** parla?   'wer spricht?'
che succede?   'was geht vor?'

c. Ein Relativjunktor

Beispiele sind:

(282) la prima **che** viene
'die erste, die kommt'

le acque in **cui** si trova la nave
'die Gewässer, in denen das Schiff sich befindet'

d. Ein pronominalisiertes Possessivum

Beispiele sind:

(283) Mi puoi prestare la tua bicicletta? La **mia** è rotta.
'Kannst du mir dein Fahrrad leihen? Meins ist kaputt.'

(283') Il **nostro** è un paese strano
'Unser Land ist seltsam'
(wörtl.: 'Das unsere ist ein seltsames Land')

e. Ein pronominalisiertes Demonstrativum

Beispiele sind:

(284) **Questa** è l'Italia   'Dies ist Italien'
E' andata con **quelli**   'Sie ist mit denen gegangen'

f. Ein pronominalisierter unbestimmter Quantor

Beispiele sind:

(285) **Molti** non lo sanno
'Viele wissen es nicht'

I **pochi** che lo imitarono si tenevano nascosti
'Die wenigen, die ihn nachahmten, hielten sich verborgen'

g. *tutt-* 'all-'

Beispiele sind:

(286) Dimmi **tutto**   'Sag mir alles'
Tutto è andato bene   'Alles hat geklappt'

h. Ein pronominalisierter Spezifikator sowie die Formen *qualcuno* 'jemand', *qualcosa* 'etwas', *nulla* und *niente* 'nichts'

Beispiele sind:

(287) **Ciascuno** ottenne una parte del bottino
'Jeder bekam einen Teil der Beute'

Non vedo **niente**
'Ich sehe nichts'

N.B. Den pronominalisierten Adjektiven des Dt. entsprechen im It. Konstruktionen, deren Kopf das pronominalisierte Demonstrativum *quell-* ist. Das Adjektiv steht als Attribut nach *quell-*; vgl. z.B.:

(288) Ich nehme **die rote**
'Io prendo **quella rossa**'

Die hier unter a. bis h. aufgeführten Nominalphrasen können in unterschiedlichem Maße erweitert werden. Im einzelnen gilt:

zu a.: Ist der Kopf der Nominalphrase ein Personalpronomen, so ist typischerweise keine Erweiterung vorhanden.

Die Formen *stesso* 'selbst', *proprio* 'ausgerechnet', *solo, solamente, soltanto* 'nur', *almeno* 'wenigstens', *addirittura* 'sogar' können jedoch Teil solcher Nominalphrasen sein. Hierbei ist *stesso* kongruierender und rechts vom Kopf stehender Postartikel, während die übrigen Formen als Adverbien links vom Kopf stehen und keine Kongruenz zeigen; vgl. z.B.:

(289) Lo ha detto **lei stessa** 'Sie selbst hat es gesagt'
E' stata **proprio lei** 'Es war ausgerechnet sie'
Lo sappiamo **solo noi** 'Nur wir wissen es'
Venite **almeno voi** 'Kommt doch wenigstens ihr'
Licenziano **addirittura lui** 'Sogar ihn entläßt man'

N.B. Die genannten Adverbien können, ähnlich wie das dt. *nur*, in den unterschiedlichsten Kontexten auftreten; ihre Analyse als Teil einer Konstituente ist nicht ganz unproblematisch.

zu b.: Interrogativpronomina sind nicht erweiterbar.

zu c.: Die Relativjunktoren sind ebenfalls nicht erweiterbar. Das Relativum *qual-* muß mit dem bestimmten Artikel stehen, wenn es nominal ist; s. z.B.:

(290) le acque **nelle quali** si trovava la nave
'die Gewässer, in denen das Schiff sich befand'

zu d.: Das pronominalisierte Possessivum verlangt den bestimmten Artikel. Es kann ein adjunktiver Relativsatz angefügt werden; s. z.B.:

(291) Mi puoi prestare la tua bicicletta? **La mia,** che avevo prestato a Mario, è rotta.
'Kannst du mir dein Fahrrad leihen? Meins, das ich Mario geliehen hatte, ist kaputt.'

zu e.: Das pronominalisierte Demonstrativum kann durch einen modifizierenden Relativsatz erweitert werden; s. z.B.:

(292) **Questo che vedete qui** è un gufo
'Das, was ihr hier seht, ist ein Uhu'

(293) Non è vero **quello che dice**
'Es ist nicht wahr, was er sagt'

N.B. Auch *ciò* 'dies' kann durch einen restriktiven Relativsatz erweitert werden; s. z.B.:

(294) **Ciò che più mi colpisce** sono i tanti bellissimi fiori
'Das, was mich am meisten beeindruckt, sind die vielen schönen Blumen'

Pronominal gebrauchtes *quell-* kann außerdem durch ein Adjektiv erweitert werden; s. oben unter h.

zu f.: Die pronominalisierten unbestimmten Quantoren können durch einen modifizierenden oder einen adjunktiven Relativsatz erweitert werden; s. z.B.:

(295) **Molti, fra cui anche degli specialisti,** non lo sanno
'Viele, unter ihnen auch Spezialisten, wissen es nicht'
(wörtl.: 'Viele, unter welchen auch Spezialisten, ...')

(296) **I pochi che lo imitarono** si tenevano nascosti
'Die wenigen, die ihn nachahmten, hielten sich verborgen'

Die pronominalisierten unbestimmten Quantoren können weiterhin durch eine partitive Präpositionalphrase mit *di* erweitert werden; s. z.B.:

(297) **Molti di loro** non lo sanno
'Viele von ihnen wissen es nicht'

zu g.: Eine Nominalphrase, deren Kopf *tutt-* 'all-' ist, kann nicht erweitert werden.

N.B. *il tutto* 'das Ganze', wie im folgenden Beispiel, ist eine lexikalisierte Ausnahme:

(298) Ho comprato dei pennelli, degli acquarelli e della carta da disegno, **il tutto** per 4000 lire
'Ich habe Pinsel, Wasserfarben und Zeichenpapier gekauft, das Ganze für 4000 Lire'

N.B. Anders als das dt. *alles* kann *tutto* keinen Relativsatz haben. Der dt. Konstruktion entspricht im It. eine Nominalphrase, in der *tutto* als Präartikel und *quello* als Kopf steht; vgl. z.B.:

(299) Er macht **alles, was er will**
'Lui fa **tutto quello che vuole**'

zu h.: Eine Nominalphrase, deren Kopf ein pronominalisierter Spezifikator ist, kann durch eine partitive Präpositionalphrase mit *di* erweitert werden; s. z.B.:

(300) **Ciascuno di noi** ottenne una parte del bottino
'Jeder von uns bekam einen Teil der Beute'

(301) **Nessuno di loro** è affidabile
'Keiner von ihnen ist zuverlässig'

Eine Nominalphrase, deren Kopf *qualcuno* 'jemand', *qualcosa* 'etwas', *nessuno* 'niemand', *nulla* oder *niente* 'nichts' ist, kann durch ein Adjektiv erweitert werden, das durch die Präposition *di* regiert wird; s. z.B.:

(302) Non vedo **niente di particolare**
'Ich sehe nichts Besonderes'

(303) C'è **qualcosa di nuovo**?
'Gibt es etwas Neues?'

Auch ein restriktiver Relativsatz kann angeschlossen werden:

(304) Non vedo **niente che ti possa interessare**
'Ich sehe nichts, was dich interessieren könnte'

(305) Conosci **qualcuno che mi possa aiutare**?
'Kennst du jemand, der mir helfen kann?'

N.B. Steht die Nominalphrase am Satzanfang, so ist die Erweiterung durch einen restriktiven Relativsatz nicht ausgeschlossen, aber ungebräuchlich. Besser ist es, eine partitive Präpositionalphrase einzufügen, die ihrerseits den Relativsatz enthält; vgl. z.B.:

(306) Nessuno che lo conosca può affermare una cosa simile
'Niemand, der ihn kennt, kann so etwas behaupten'

(306') Nessuno di quelli che lo conoscono può affermare una cosa simile
'Niemand von denen, die ihn kennen, kann so etwas behaupten'

1.7. Die Funktionen der Nominalphrase im Satz

Die Nominalphrase kann eine Anzahl von Funktionen haben. Sie kann auch Bestandteil einer Präpositionalphrase sein, die ihrerseits als Ganzes weitere Funktionen realisieren kann. Dieser zweite Gesichtspunkt wird in Abschnitt 5. behandelt. Die Funktionen der Nominalphrase sind:

a. Subjekt

Die Nominalphrase kann einem Verb als Subjekt zugeordnet sein. Fast alle Verben haben in ihrer Valenz ein Subjekt. (Zu subjektlosen Verben s. 2.2.1.).

Als Subjekt bestimmt die Nominalphrase die **Kongruenz** mit der Verbalphrase: Person und Numerus des Verbs, Genus und Numerus des adjektivischen Komplements und, in den zusammengesetzten Zeiten und im Passiv, das Partizip nach den Hilfsverben *essere*, *venire* und *andare* müssen mit Person, Numerus und Genus des Subjekts übereinstimmen; s. z.B.:

(307) [Gli uccelli]3. pers.pl. **cantano** 3. pers. pl.
'Die Vögel singen'

(308) [La cassa]3. pers.sg.fem. è 3. pers.sg. **vuota** sg.fem.
'Die Kiste ist leer'

(309) [I ragazzi]3.pers.pl.mask. **sono** 3.pers.pl. **partiti** pl.mask.
'Die Jungen sind abgereist'

(310) [la cassa]3. pers.sg.fem. **verrà** 3. pers.sg. **aperta** sg.fem.
'Die Kiste wird geöffnet werden'

Wenn eine Adjektivphrase oder *tutt-* (s. 1.4. und 6.2.2.) außerhalb einer Nominalphrase steht und sich semantisch auf das Subjekt bezieht, besteht ebenfalls Kongruenz:

(311) [I ragazzi]3.pers.pl.mask. **sono** 3.pers.pl. **partiti** pl.mask. **tutti** pl.mask.
'Die Jungen sind alle abgereist'

Der Numerus der als Komplement der Kopula gebrauchten Nominalphrase hingegen wird nicht durch Kongruenz, sondern semantisch geregelt; vgl. z.B.:

(312) [Questi uccelli]3.pers.pl.mask. **sono** 3.pers.pl. **delle oche** 3.pers. pl.fem.
'Diese Vögel sind Gänse'

(313) Non so se [queste disposizioni]3. pers.pl.fem. **siano** 3. pers.pl.[**un progresso**]3. pers. sg.mask.
'Ich weiß nicht, ob diese Bestimmungen ein Fortschritt sind'

(314) [Matilde e Osvaldo]3. pers.pl.mask.[**sono**]3. pers.pl.[**una coppia felice**]3. pers. sg.fem.
'Matilde und Osvaldo sind ein glückliches Paar'

Dasselbe gilt für die Person der prädikativ gebrauchten Nominalphrase; vgl. z.B.:

(315) [Lui]₃.pers.sg.mask. è ₃.pers.sg.[il capo]₃.pers.sg.mask.
'Er ist der Chef'

(316) Tu ₂.pers.sg.mask. sei ₂.pers.sg.[il capo]₃.pers.sg.mask.
'Du bist der Chef'

N.B. Für das Genus der prädikativ gebrauchten Nominalphrase gibt es ohnehin keine Kongruenz, weil diese ja, wie jede Nominalphrase, das Genus von dem Nomen bekommt, das ihr Kopf ist; ein Beispiel ist oben (314).

Im Italienischen sind nicht-pronominale Subjekte weder durch einen Kasus noch durch eine feste Stelle in der linearen Abfolge gekennzeichnet. Was Subjekt ist, ergibt sich aus dem Zusammenspiel von Kongruenz und Verbvalenz. Im Falle pronominaler Nominalphrasen kommen weitere Kriterien für die Subjekthaftigkeit hinzu: *io* 'ich' und *tu* 'du' können nur Subjekt oder Komplement der Kopula sein, *me* 'mich, mir' kann nicht Subjekt sein; *lui* 'er, ihn, ihm' kann Subjekt oder Objekt sein usw.; s. 6.1.1.

b. Objekt

Die Nominalphrase kann einem Verb als Objekt zugeordnet sein (s. 2.2.2.). Als Objekt folgt die Nominalphrase dem Verb, durch das sie regiert wird. So wird z.B. in (317) durch das Verb *leggere* 'lesen' eine Objektstelle eröffnet, die durch die Nominalphrase *un libro interessante* 'ein interessantes Buch' erfüllt wird.

(317) Leggo_verlangt ein Objekt [un libro interessante]_OBJEKT
'Ich lese ein interessantes Buch'

Nicht-pronominale Objekte haben keinen Kasus. Da auch das Subjekt nach dem Verb stehen oder Null sein kann und da viele Verben mehrere verschiedene Valenzrahmen besitzen, kommt es zu mehrdeutigen Sätzen; vgl. z.B.:

(318) Brucia il bosco
'Er verbrennt den Wald' oder 'es brennt der Wald'

Im Bereich der nicht-klitischen Personalpronomina gibt es drei Formen, die immer Objekte sind, wenn sie ohne Präposition rechts vom Verb stehen, nämlich *me* 'mich', *te* 'dich' und *sé* 'sich'; s. z.B.:

(319) Hanno eletto {me, te}
'Man hat {mich, dich} gewählt'

(320) Odia se stesso
'Er haßt sich selbst'

N.B. In der regional gefärbten Umgangssprache der Toskana, aber auch in anderen Regionen, kann *te* als Nominativ gebraucht werden:

(321) E te, che fai?
'Und du, was machst du?'

N.B. Ebenfalls Objekte, aber keine Nominalphrasen, sind die klitischen Pronomina *lo, la, li* und *le* (s. 6.2.3.).

N.B. Enthält oder ist das Objekt ein Interrogativ- oder Relativpronomen, so steht es am Anfang des Satzes (s. 6.1.4. und 6.1.5. sowie 9.1.2. und Kap. II, 1.3.).

c. Komplement eines Kopulaverbs

Die Nominalphrase kann als Komplement eines Kopulaverbs, z.B. *essere* 'sein', auftreten (zu den Kopulaverben s. 2.2.3.).

Anmerkung zur Terminologie: Der Terminus "Komplement eines Kopulaverbs" entspricht dem traditionellen Begriff des Prädikatsnomens. Der letztere Terminus wird hier aus zwei Gründen vermieden: Erstens soll "Nomen" ausschließlich als Bezeichnung einer lexikalischen Kategorie und nicht als Bezeichnung einer grammatischen Funktion benutzt werden. Zweitens können andere lexikalische Kategorien als das Nomen dieselbe Funktion bei einem Kopulaverb erfüllen; vgl. z.B.:

(322) Vittoria è [**una donna simpatica**]$_{NP}$ 'Vittoria ist eine sympathische Frau'
Vittoria è [**assente**]$_{AP}$ 'Vittoria ist abwesend'
Vittoria è [**qui**]$_{ADV}$ 'Vittoria ist hier'
Vittoria è [**contro la proposta**]$_{PP}$ 'Vittoria ist gegen den Vorschlag'

Als Komplement steht die Nominalphrase rechts von dem Kopulaverb, durch das sie regiert wird.

Ist das Prädikatskomplement ein Pronomen, so steht der Nominativ:

(323) Chi è? - Sono io.
'Wer ist da? - Ich bin's.'

Die als Komplement eines Kopulaverbs fungierende Nominalphrase kann referentiell und nicht-referentiell verwendet werden. Ist sie referentiell, so ist die Nominalphrase definit, oder sie enthält ihrerseits eine definite Nominalphrase:

(324) Il Mar Ligure, il Tirreno, lo Jonio e l'Adriatico sono [i mari che circondano l'Italia]
'Das ligurische Meer, das Tyrrhenische Meer, das Ionische Meer und die Adria sind die Meere, die Italien umgeben'

(325) Lo Jonio è [uno [dei mari che circondano l'Italia]]
'Das Ionische Meer ist eins der Meere, die Italien umgeben'

In nicht-referentieller Verwendung ist die Nominalphrase indefinit; s. z.B.:

(326) Con i suoi capelli biondi sembra [**una** svedese]
'Mit ihren blonden Haaren sieht sie aus wie eine Schwedin'

(327) Il legno è diventato [ø carbone]
'Das Holz ist zu Kohle geworden'

(Zur Artikellosigkeit von *carbone* in (327) s. 1.6.1.2.)

d. Adjunkt

Die Funktion des Adjunkts ist für die Nominalphrase nicht typisch (Adjunkte sind meist Adverbien, Präpositionalphrasen oder Nebensätze).

Als Adjunkte können Nominalphrasen zur Bezeichnung von Zeitpunkten, Terminen u.ä., von Ausmaß und Dauer und zur Bezeichnung des Grades verwendet werden.

Beispiele für auf Zeitpunkte bezogene Adjunkte sind:

(328) Ci rivedremo **l'anno prossimo**
'Wir sehen uns nächstes Jahr wieder'

(329) Te l'ho già detto **l'ultima volta**
'Ich habe dir das schon letztes Mal gesagt'

(330) **Il sabato** le banche sono chiuse
'Samstags sind die Banken geschlossen'

N.B. Bezeichnet der Name eines Wochentags eine wiederkehrende Stelle im zyklischen System der Woche (wie in (330)), so steht der bestimmte Artikel; bezeichnet er deiktisch einen bestimmten, nicht wiederkehrenden Tag (wie in (331)), so steht kein Artikel.

(331) L'ho incontrata **lunedì**
'Ich habe sie am Montag getroffen'

Beispiele für die Angabe von Ausmaß und Dauer sind:

(332) Il campanile è alto **25 metri**
'Der Kirchturm ist 25 m hoch'

Questa macchina pesa **due tonnellate**
'Dieses Auto wiegt zwei Tonnen'

Ho dormito **tutto il pomeriggio**
'Ich habe den ganzen Nachmittag geschlafen'

Beispiele für die Angabe des Grades sind:

(333) Ci siamo divertiti **un mondo**
'Wir haben uns herrlich amüsiert'

Esitò un attimo
'Er zögerte einen Augenblick'

e. Apposition

Die Nominalphrase kann auch als Apposition auftreten. Als solche ist sie typischerweise Teil einer anderen Nominalphrase. Diese Fälle sind oben unter 1.6.3.c. behandelt.

Die Apposition kann auch einem Satz zugeordnet sein. Sie hat dann als Kopf ein Nomen, aus dem man keine pragmatisch relevante Information entnehmen kann (z.B. *cosa* 'Sache'), und sie enthält einen restriktiven Relativsatz, der diese liefert; s. z.B.:

(334) Fabrizio non smise di sorridere a Matilde, **cosa che fortemente irritò Osvaldo**
'Fabrizio hörte nicht auf, Matilde anzulächeln, etwas, was Osvaldo stark irritierte'

(335) Alba fu presa dai partigiani, **evento che annunziò la fine della dominazione fascista**
'Alba wurde von den Partisanen eingenommen, ein Ereignis, das das Ende der faschistischen Herrschaft ankündigte'

N.B. Statt solcher Satzappositionen kann auch der relativische Anschluß (s. Kap. II, 1.5.) stehen; vgl.:

(334') Fabrizio non smise di sorridere a Matilde, **il che fortemente irritò Osvaldo**
'Fabrizio hörte nicht auf, Matilde anzulächeln, was Osvaldo stark irritierte'

f. Angebundene Nominalphrase

In Anbindungskonstruktionen (s. 8.2.) kann eine Nominalphrase die angebundene Konstituente sein, wie z.B. in:

(336) La vedi, **la gente**?
'Siehst du sie, die Leute?'

Questi libri, me li ha regalati mio zio
'Diese Bücher, die hat mir mein Onkel geschenkt'

Te, non ti capiscono
'Dich, dich verstehen sie nicht'

g. Freie Nominalphrase

Nominalphrasen können auch frei, d.h. ohne jede strukturelle Verbindung mit einem Satz, vorkommen. Dies gilt für die Verwendung in der Anrede (337), in der Antwort auf eine Frage (338), in Aufzählungen (s. 10.1.), in elliptischen Aufforderungen (339), in bestimmten Routineformeln ((340); s. auch 10.3.) sowie als Titel eines Werkes oder als Aufschrift eines konkreten Gegenstandes ((341); s. auch 10.2.). - Beispiele sind:

(337) Ehi, **ragazzi**!
'Hallo, ihr Kinder!'

(338) Chi è? - **Un mio cugino**.
'Wer ist das? - Ein Vetter von mir'.

(339) **Un biglietto andata e ritorno per Torino**, per favore!
'Eine Rückfahrkarte nach Turin, bitte!'

(340) **Pazienza**!
'Da kann man nichts machen!'

(341) "**Il nome della Rosa**"
'"Der Name der Rose"'

Ein weiterer Fall freier Nominalphrasen ist die Rückfrage, wie in:

(342) Franco mi ha regalato una scimmia. - **Una scimmia**?
'Franco hat mir einen Affen geschenkt. - Einen Affen?'

(343) Come va il lavoro? - **Il lavoro**? Ma io sono disoccupato!
'Was macht die Arbeit? - Die Arbeit? Ich bin doch arbeitslos!'

2. Verb und Verbalphrase

2.0. Die zentrale Stellung des Verbs

Das Verb hat syntaktisch und semantisch eine für den Satz zentrale Bedeutung.

Semantisch wird durch das Verb selbst festgelegt:

- die Prädikat-Argument-Struktur, d.h. eine Anzahl von möglichen Mitspielern in ihren thematischen Rollen (Agens, Patiens, Thema usw.)
- die Deutung untergeordneter Sätze (z.B. als vom Sprecher mitbehauptet oder nur referiert; vgl. z.B. *Franz weiß, daß Erna kommt* vs. *Franz **glaubt**, daß Erna kommt*) sowie
- die Kontrolle, d.h. die anaphorische Beziehung zwischen einem Argument des finiten Verbs und dem Null-Subjekt des eingebetteten Infinitivs (vgl. *ich **befehle** dir zu kommen* vs. *ich **verspreche** dir zu kommen*)

Durch die Flexionsformen des Verbs werden signalisiert:

- die Modalität und die Zeitreferenz für den Satz, in dem es steht und
- die Struktur des Ereignisablaufs für den Text, in dem es auftritt

Formal bestimmt das Verb die Satzstruktur durch seine **Valenz**, d.h. durch die Tatsache, daß es festlegt, in welcher syntaktischen Funktion (Subjekt, Objekt usw.) die einzelnen Mitspieler erscheinen. So erscheint der 'Empfänger' bei dt. *geben* als Dativobjekt und bei *bekommen* als Subjekt; der 'Kommunikationsinhalt' kann bei *sagen* und *erzählen* sowohl als Objekt (***die Wahrheit** sagen, **eine Geschichte** erzählen*) als auch als Fragesatz realisiert werden (*ich sage, **wen ich gesehen habe**; ich erzähle, **was ich erlebt habe***), während bei *fragen* die Realisierung als Objekt ausgeschlossen und nur als Fragesatz möglich ist (**ich frage **das Erlebnis*** vs. *ich frage, **was sie erlebt hat***).

Die Valenz der Verben ist sehr viel reicher als die anderer Wortarten. Dies nicht nur deshalb, weil es insgesamt ein reiches Spektrum von Konstruktionsmustern für Verben gibt (nach der vorliegenden Grammatik sind es mehr als zehn), sondern auch deshalb, weil die Valenz eines gegebenen Verbs meist eine Anzahl verschiedener Konstruktionsmuster umfaßt. So hat z.B. *leggere* 'lesen' folgende Konstruktionsmuster:

- ein transitives Grundmuster : "Subjekt/Agens - Verb - Objekt/Thema" (z.B. *io **leggo** il libro*)
- eine passive Valenz "Subjekt/Thema - Hilfsverb - Partizip des Verbs" (z.B. *il libro viene **letto** da me*)
- eine intransitive Valenz "Subjekt/Agens - Verb" (z.B. *io **leggo***)
- eine mediale Valenz "Subjekt/Thema *si* Verb" (z.B. *il libro si **legge** bene*) und

- eine reflexiv-reziproke Valenz "Subjekt/Agens+Thema *si* Verb"
  (z.B. *gli autori si leggono*)

Aufgrund seiner Flexionsform kann das finite Verb ferner Information über das Subjekt geben: Das Verb steht hinsichtlich Person und Numerus in Kongruenz mit dem Subjekt; ist das Subjekt Null, so werden seine Person und sein Numerus allein durch das Verb signalisiert.

Auch innerhalb des morphologischen Systems des Italienischen spielt das Verb eine herausragende Rolle: es ist diejenige lexikalische Kategorie, welche die reichste Flexion hat.

2.1. Die Formen des Verbs

Vorbemerkung: Es ist hier nicht beabsichtigt, die Morphologie des italienischen Verbs erschöpfend darzustellen; die Auflistung sämtlicher Verbformen der Sprache ist eine Teilaufgabe der Lexikologie, und entsprechende Information ist auch in Wörterbüchern zu finden. Die folgende Darstellung beschränkt sich auf die formalen Prinzipien der Verbalflexion im Italienischen.

2.1.1. Das maximale Grundschema des Verbs und seine Reduktionen

Morphologisch besteht das italienische Verb aus einem **Stamm** und einer **Endung**. Beide Elemente können in sich noch einmal gegliedert sein: Der Stamm kann bestehen aus einer **Wurzel** und einem **Thema**. Die Wurzel ist der Träger der lexikalischen Bedeutung; die Wurzeln bilden eine offene lexikalische Klasse.

N.B. Daß Wurzeln ihrerseits komplex sein können, ist eine Angelegenheit der Wortbildung, s. Kap. III, 1.5.

Das Thema hat einen Themavokal und kann zusätzlich eine konsonantische Erweiterung haben. Die italienischen **Themavokale** sind eine kleine, geschlossene Klasse, nämlich *a* (z.B. in *cant-a-re* 'singen'), *i* (z.B. in *fin-i-to* 'beendet'), *e* (betont in z.B. *sap-é-re* 'wissen' oder unbetont, in z.B. *légg-e-re* 'lesen') und *u* (in z.B. *sap-u-to* 'gewußt').

Die **konsonantischen Erweiterungen** sind ebenfalls eine kleine, geschlossene Klasse, und zwar:

- *s, ss, tt* im Perfekt, z.B. *ri-s-e* 'er lachte', *di-ss-e* 'er sagte', *preme-tt-e* 'er drückte'
- *sk* im Wechsel mit ʃ in z.B. *fini-sc-o* 'ich beende' und *fini-sc-e* 'er beendet'
- *r* in Infinitiv, Futur und Konditional, z.B. *canta-r-e* 'singen', *cante-r-ò* 'ich werde singen', *cante-r-ei* 'ich würde singen'
- *t* im Partizip Perfekt, z.B. *canta-t-o* 'gesungen'
- *nd* im Gerundium, z.B. *canta-nd-o* 'singend'

- *nt* im (als Verbform nicht mehr produktiven, d.h. weitgehend lexikalisierten) Partizip Präsens, z.B. *canta-nt-e* 'Sänger'

N.B. Die Themavokale und die konsonantischen Erweiterungen haben eine unterschiedliche Verteilung hinsichtlich der finiten und der infiniten Verbformen: Die Themavokale *a, i* und *e* kommen in finiten und in infiniten Formen vor, während *u* nur im (infiniten) Partizip Perfekt vorkommt. Die konsonantische Erweiterung *r* kommt sowohl in finiten (Futur und Konditional) als auch in infiniten Formen (dem Infinitiv) vor; *sk/ʃ* kommt nur in finiten Formen vor (Singular und 3. Person Plural von Indikativ und Konjunktiv Präsens); *s, ss, tt* kommen ebenfalls nur in finiten Formen vor (im Perfekt); *t, nt* und *nd* treten nur in infiniten Formen auf (im Partizip Perfekt, Partizip Präsens und Gerundium). Aufgrund dieser Verteilung tragen die Themen z.T. eine nicht unwesentliche morphologische Information.

Die **Endungen des finiten Verbs** können zusammengesetzt sein aus einem Infix, das Information über Tempus und Modus, und einem Suffix, das Information über Person und Numerus trägt. Wenn wir alle möglichen morphologischen Elemente des finiten Verbs zusammenstellen, erhalten wir das folgende **maximale Schema**:

(1)

Stamm			Endung	
	Thema			
Wurzel	TV	KE	T+M	P+N

Die Abkürzungen sind folgendermaßen zu lesen:

TV : Themavokal
KE : konsonantische Erweiterung
T+M : Infix, das Tempus und Modus ausdrückt
P+N : Suffix, das Person und Numerus ausdrückt

Ein Beispiel für die Realisierung dieses maximalen Schemas ist *finirebbero* 'sie würden beenden'. Es hat die folgende morphologische Struktur:

(2)

Stamm			Endung	
	Thema			
Wurzel	TV	KE	T+M	P+N
fin	**i**	**r**	**ebb**	**ero**

Die **Endungen der nicht finiten Formen** können Information über Genus und Numerus tragen; die Endungen des (nicht lexikalisierten) Infinitivs und des Gerundiums tragen keinerlei inhaltliche Information.

Das **maximale Schema** für die infiniten Formen unterscheidet sich vom maximalen Schema für die finiten Formen dadurch, daß die Endung anders strukturiert ist: Sie ist ein Suffix, das entweder Genus und Numerus ausdrückt oder eine inhaltlich nicht zu interpretierende bloße Form ist. Das Schema sieht demnach wie folgt aus:

(3)

Stamm			Endung
	Thema		
Wurzel	TV	KE	G+N oder FORM

Die Abkürzungen sind wie folgt zu lesen:

G+N: Suffix, das Genus und Numerus ausdrückt
FORM: inhaltslose, d.h. semantisch nicht zu interpretierende Form

Ein Beispiel für dieses Schema ist der Infinitiv *finire* 'beenden'. Er hat die folgende Struktur:

(4)

Stamm			Endung
	Thema		
Wurzel	TV	KE	G+N oder FORM
fin	i	r	e

Gegenüber diesen maximalen Schemata gibt es eine Anzahl von **reduzierten Schemata**. Diese sind, insgesamt gesehen, der vorherrschende Typ. Wir können verschiedene Fallgruppen unterscheiden:

a. Eine Stelle des Maximalschemas entfällt generell, und zwar deshalb, weil sie in dem betreffenden Paradigma nirgends realisiert ist. Dieser Fall liegt vor, wenn

- die Verbform prinzipiell keinen Themavokal hat, wie es bei den starken Perfektstämmen der Fall ist
- das Thema keine konsonantische Erweiterung hat, wie es bei allen Präsensstämmen, abgesehen von dem Typ *fin-i-sc-o*, der Fall ist
- kein Tempusinfix vorhanden ist, wie es in den Formen des Präsens und in den starken Perfektformen der Fall ist

Beispiele für reduzierte Schemata sind: *persero* 'sie verloren' (starkes Perfekt), *cantavi* 'du sangst' (vom Präsensstamm gebildetes Imperfekt); vgl. die folgende schematische Darstellung:

(5)

Wurzel	TV	KE	T+M	P+N
per		s		ero
cant	a		v	i

b. Eine Stelle des Maximalschemas ist zwar in dem betreffenden Paradigma in den normalen Fällen besetzt, im Einzelfall aber nicht realisiert. Dies gilt für bestimmte unregelmäßige Formen, bei denen in der dritten Person Singular Indikativ Präsens eine gekürzte Wurzel vorliegt, wie in *fa* 'er tut' (vgl. *fac-e-v-a* 'er tat') *ha* 'er hat' (vgl. *av-e-v-a* 'er hatte') *sa* 'er weiß' (vgl. *sap-e-v-a* 'er wußte'), *va* 'er geht' (vgl. *vad-a* 'er gehe').

Es gilt auch für Formen, bei denen aufgrund eines regelmäßigen Prozesses der unbetonte Themavokal vor dem unmittelbar angrenzenden vokalischen P+N-Morphem wegfällt. Beispiele für den Wegfall des unbetonten Themavokals sind: *canto*

Es gilt auch für Formen, bei denen aufgrund eines regelmäßigen Prozesses der unbetonte Themavokal vor dem unmittelbar angrenzenden vokalischen P+N-Morphem wegfällt. Beispiele für den Wegfall des unbetonten Themavokals sind: *canto* 'ich singe', analysiert als *cant-ø-o* (vgl. den Themavokal *a* in *cant-a-te* 'ihr singt'), *dorme* 'er schläft', analysiert als *dorm-ø-e* (vgl. den Themavokal *i* in *dorm-i-te* 'ihr schlaft').

Auch in den soeben erwähnten Formen mit gekürzten Stämmen entfällt die Person-Numerus-Endung; vgl. z.B. *fa*, analysiert als *fa-ø* gegenüber *trae* 'er zieht', analysiert als *tra-e*.

Anmerkung zu den Schreibkonventionen: Um den Unterschied zwischen den Fällen unter a. (die Stelle ist prinzipiell unbesetzt innerhalb eines Paradigmas) und denen unter b. (die Stelle ist nur unter bestimmten speziellen Bedingungen unbesetzt) auszudrücken, lassen wir im Falle von a. die Stelle leer, und im Falle von b. schreiben wir das Nullzeichen ø.

Schematisch dargestellt, ist die Analyse von *fa* und *canto* die folgende:

(6)

Wurzel	TV	KE	T+M	P+N
fa	ø			ø
cant	ø			o

Bei den **betonten Themavokalen** führt der Kontakt mit einem vokalischen P+N-Suffix zu etwas anderen Ergebnissen.

Die Folge der phonetisch voneinander weit entfernten *á* und *i* bleibt unverändert erhalten (s. die Analyse von *cantái* 'ich sang' in (7)).

Die Folge der phonetisch aneinandergrenzenden *i* und *e* wird zu *i* vereinfacht; z.B. *finì* 'er beendete', analysiert als *fin-í-ø*, vgl. den Themavokal *i* in der entsprechenden Pluralform *fin-i-rono* und das P+N-Suffix *-e* der Perfekte der e-Stämme, wie z.B. in *diss-e* 'er sagte', *premett-e* 'er drückte'. Allerdings bleibt, zumindest in der schriftlichen Repräsentation, nach dem betonten Themavokal das *i* der ersten Person Singular erhalten (*finii* 'ich beendete).

Schema (7) stellt die interne Struktur der Formen *cantai*, *finì* und *finii* dar:

(7)

W	TV	KE	T+M	P+N
kant	á	ø	////	i
fin	í	ø	////	ø
fin	í	ø	////	i

In den bis jetzt behandelten Fällen hatte das Verb immer eine lineare Struktur, die ohne weiteres auf ein Maximalschema bezogen werden konnte. Von jeder Stelle des Schemas ließ sich angeben, ob und durch welches Morphem sie besetzt ist.

Es gibt jedoch Fälle, in denen dies nicht möglich ist, weil ein einziges, linear nicht weiter analysierbares Element mehreren Stellen des Schemas zugeordnet ist. Ein solches Element ist ein **amalgamiertes Morphem**.

Einen solchen Fall bildet die dritte Person Singular der a-Stämme im Perfekt (passato remoto). Das *ò*, durch das diese Formen gekennzeichnet werden (z.B. in *cantò* 'er sang'), beruht auf der Kontraktion von Themavokal (*a*) und konsonantischer Erweiterung (*w*). (Dieses ist aus dem *v* des lt. Perfekts, wie z.B. in *cantavit* entstanden.) Formen des Typs *cantò* sind Stämme ohne Personalendung, vergleichbar mit z.B. *fa* 'er macht' (s. oben, Schema (6)).

Die Form *cantò* hat also die folgende Struktur:

(8)

W	TV	KE	T+M	P+N
kant	<ò>	////		ø

Die spitzen Klammern <...> kennzeichnen das amalgamierte Morphem.

Ebenfalls amalgamiert sind die Endungen des Präsens Konjunktiv: In der Form *cantino* 'sie mögen singen' z.B. wird die Information zu der Stelle "Tempus und Modus" ('Präsens Konjunktiv') und die zu der Stelle "Person und Numerus" ('3. Person Plural') durch das in unserem Schema nicht weiter analysierbare *-ino* ausgedrückt.

Schema (9) gibt die Analyse von *cantino*:

(9)

W	TV	KE	T+M	P+N
kant	ø	//////		⟨ino⟩

N.B. Bei anderen als den hier vertretenen Annahmen über die morphologische Grundstruktur des it. Verbs ergeben sich natürlich andere oder vielleicht auch gar keine Amalgamierungen. Man muß dann aber die Anzahl der Grundschemata vermehren. Übrigens ist auch das hier postulierte maximale Grundschema schon so angelegt, daß die für das Italienische typische Realisierung von Tempus und Modus bzw. Person und Numerus in jeweils nur einem Element nicht als Amalgamierung erscheint. Dies geschah deshalb, weil die morphologische Gestalt nicht vor einem semantischen Raster, sondern als Kombinatorik von Morphemen dargestellt werden soll.

2.1.2. Die Stämme: Typen und Variation

Eine Typologie der Verbstämme läßt sich sowohl unter formalen als auch unter funktionalen Gesichtspunkten erstellen. Die hier gegebene Typologie ist formal, sie wird aber funktional gedeutet, soweit dies möglich ist; hierbei kommen die funktionalen Deutungen auch in der Benennung zum Ausdruck.

Die folgenden Gesichtspunkte können einer Typologie der Stämme zugrundegelegt werden:

- der Themavokal
- die Betonung
- die konsonantischen Erweiterungen des Themas
- die Veränderungen der Wurzel

Unter diesen Gesichtspunkten lassen sich auch die verschiedenen Faktoren der Variation erfassen.

2.1.2.1. Der Themavokal

Wir unterscheiden, entsprechend den Themavokalen *a*, *i*, *e* und *u* in **a-Stämme, i-Stämme, e-Stämme** und **u-Stämme**. (Letztere bilden nur das Partizip Perfekt.)

Der Themavokal kann regelmäßig verändert werden (*a* zu *e* in Futur und Konditional, *i* zu *e* im Gerundium, alle Themavokale zu *ia* in der ersten Person Plural des Präsens); er kann regelmäßig (vor Vokal) und unregelmäßig (in bestimmten Infinitivstämmen) wegfallen; s. 2.1.2.4.

2.1.2.2. Die Betonung

Wir unterscheiden zwischen unbetonten, wurzelbetonten und themabetonten Stämmen. Die Betonung ist ein Faktor für die Alternanz des Wurzelvokals bei unregelmäßigen Verben; s. 2.1.2.4.

Die für die Betonung der Stämme maßgeblichen Prinzipien beziehen sich jedoch auf die Verbformen als Ganze. Sie werden deshalb unter 2.1.4. im Zusammenhang dargestellt.

2.1.2.3. Die konsonantischen Erweiterungen des Themas

Wir unterscheiden zwischen den folgenden Arten von Stämmen:

- Stämme mit dem Wechsel *sk/ʃ*; diese bilden eine Unterklasse der i-Stämme
- Stämme mit der Erweiterung *r*; diese liegen generell dem Futur, dem Konditional und dem Infinitiv zugrunde
- Stämme mit der Erweiterung *t*; diese liegen dem regelmäßigen Partizip Perfekt zugrunde
- Stämme mit der Erweiterung *nd*; diese liegen dem Gerundium zugrunde
- Stämme mit der Erweiterung *nt*; diese liegen dem Partizip Präsens zugrunde
- Stämme mit anderen konsonantischen Erweiterungen; diese liegen den starken Perfektstämmen zugrunde

Zu den konsonantischen Erweiterungen s. auch 2.1.2.5.

2.1.2.4. Die Veränderungen der Wurzel

Die Veränderungen der Wurzel sind mehr oder weniger systematisch, aber nicht mehr produktiv. Die wichtigsten Veränderungstypen sind:

- Kürzung des konsonantischen Wurzelauslauts, z.B. *fa, è, va* usw. gegenüber *fac-evo, ess-ere, vad-a*
- Erweiterung des konsonantischen Wurzelauslauts, z.B. *valg-o, salg-o, pong-o* gegenüber *val-ere, sal-ire, pon-e*
- Palatalisierung des konsonantischen Wurzelauslauts, z.B. *dic-i* [ˈdiːtʃi] gegenüber *dic-o* [ˈdiːko]
- Längung des konsonantischen Wurzelauslauts, z.B. *sapp-ia, facc-ia* gegenüber *sap-evo, fac-evo*, auch verbunden mit dem Wechsel zwischen Reibelaut und Verschlußlaut, z.B. *dov-ere, av-ere* gegenüber *debb-a, abb-ia*
- Diphthongierung des Wurzelvokals, z.B. *tien-e, muor-e* gegenüber *ten-ere, mor-ire*; der diphthongierte Vokal tritt in den wurzelbetonten Formen auf

- Wegfall des Themavokals in *fare, dire* gegenüber *facevo, dicevo*
- Suppletion der ganzen Wurzel, z.B. *and-* und *vad-* 'gehen'; *son-, ess-, fu-* und *stat-* 'sein'

Die Veränderungen der Wurzel bilden den eigentlichen Bereich der Unregelmäßigkeit in der Morphologie des italienischen Verbs.

2.1.2.5. Die Verteilung der Stämme im Paradigma

Die **funktionale Deutung** der verschiedenen Typen von Stämmen erfolgt im Hinblick auf ihre **Verteilung im Paradigma**. Dadurch, daß ein gegebener Stamm einem Bereich von Paradigmen zugeordnet ist, kann er zusammen mit der jeweiligen Endung grammatische Information geben, die bei den regelmäßigen (d.h. unveränderlichen) Stämmen allein durch die Endung gegeben werden kann. So liefert der Stamm *dic-* 'sagen' zusammen mit der Endung *-e* die Information '3. Person Indikativ Präsens', und der Stamm *diss-* 'sagen' liefert zusammen mit derselben Endung *-e* die Information '3. Person Indikativ Perfekt'.

Nach der Verteilung im Paradigma können wir die folgenden **Stammtypen** unterscheiden: Präsensstämme, Infinitivstämme, Gerundiumstämme und Perfektstämme. Im einzelnen gilt:

I. Die Präsensstämme

Die Präsensstämme treten in den Formen des Präsens Indikativ, des Präsens Konjunktiv, des Imperfekts und des Imperativs auf. Sie sind die Grundlage für die Infinitiv-, die Partizip-Präsens-, und die Gerundiumstämme sowie für die schwachen Perfektstämme: Alle diese Stammtypen sind Erweiterungen der Präsensstämme.

Den Präsensstämmen ist gemeinsam, daß sie (mit Ausnahme des sk/ʃ-Infixes bei einer Unterklasse der i-Stämme) keine konsonantische Erweiterung des Themas haben.

Die **Wurzel** der Präsensstämme bleibt bei den regelmäßigen Verben unverändert. Die wichtigsten Erscheinungen der Unregelmäßigkeit sind:

- Anfügung eines Konsonanten an die Wurzel
- Palatalisierung des Endkonsonanten der Wurzel
- Längung des Endkonsonanten der Wurzel
- Diphthongierung des betonten Wurzelvokals
- Suppletion

In einer gegebenen Verbform können mehrere dieser Erscheinungen auftreten.

N.B. Die unregelmäßigen Veränderungen der Wurzel liegen meist im Bereich des Präsens. Die Formen des Imperfekts sind (im Gegensatz zur traditionellen Bezeichnung "Präsensstämme") die eigentlichen Grundformen.

N.B. In der Schrift gibt es Veränderungen der Wurzel, die sich nur aus dem orthographischen System ergeben, so z.B. *negare* 'leugnen' gegenüber *neghi* 'du leugnest', *indicare* 'angeben' gegenüber *indichi* 'du gibst an'. Diese Verben sind vollkommen regelmäßig.

Beispiele für die Gruppe der Präsensstämme sind:

a. Ein Verb ohne Veränderung des Stammes: *corr-* 'laufen'

Präsens Indikativ

	Stamm			Endung
	W	TV	KE	
1.Sg.	corr	ø		o
2.Sg.	corr	ø		i
3.Sg.	corr	ø		e
1.Pl.	corr	ø		iamo
2.Pl.	corr	e		te
3.Pl.	corr	ø		ono

Präsens Konjunktiv

	Stamm			Endung
	W	TV	KE	
1.Sg.	corr	ø		a
2.Sg.	corr	ø		a
3.Sg.	corr	ø		a
1.Pl.	corr	ø		iamo
2.Pl.	corr	ø		iate
3.Pl.	corr	ø		ano

Imperfekt

	Stamm			Endung
	W	TV	KE	
1.Sg.	corr	e		vo
2.Sg.	corr	e		vi
3.Sg.	corr	e		va
1.Pl.	corr	e		vamo
2.Pl.	corr	e		vate
3.Pl.	corr	e		vano

N.B. Zum Wegfall des unbetonten Themavokals s. 2.1.1.b.

b. Ein Verb mit Wurzelkürzung: *potere* 'können'

N.B. Dieses Verb zeigt außerdem Ersatz des Wurzelauslauts und Diphthongierung des Wurzelvokals.

Präsens Indikativ

	Stamm			Endung
	W	TV	KE	
1.Sg.	poss	ø		o
2.Sg.	puo	ø		i
3.Sg.	può	ø		ø
1.Pl.	poss	ø		iamo
2.Pl.	pot	e		te
3.Pl.	poss	ø		ono

Präsens Konjunktiv

	Stamm			Endung
	W	TV	KE	
1.Sg.	poss	ø		a
2.Sg.	poss	ø		a
3.Sg.	poss	ø		a
1.Pl.	poss	ø		iamo
2.Pl.	poss	ø		iate
3.Pl.	poss	ø		ano

Imperfekt

	Stamm			Endung
	W	TV	KE	
1.Sg.	pot	e		vo
2.Sg.	pot	e		vi
3.Sg.	pot	e		va
1.Pl.	pot	e		vamo
2.Pl.	pot	e		vate
3.Pl.	pot	e		vano

c. Ein Verb mit Anfügung eines Konsonanten an die Wurzel: *salire* 'steigen'

Präsens Indikativ

	Stamm			Endung
	W	TV	KE	
1.Sg.	salg	ø		o
2.Sg.	sal	ø		i
3.Sg.	sal	ø		e
1.Pl.	sal	ø		iamo
2.Pl.	sal	i		te
3.Pl.	salg	ø		ono

Präsens Konjunktiv

	Stamm			Endung
	W	TV	KE	
1.Sg.	salg	ø		a
2.Sg.	salg	ø		a
3.Sg.	salg	ø		a
1.Pl.	sal	ø		iamo
2.Pl.	sal	ø		iate
3.Pl.	salg	ø		ano

Imperfekt

	Stamm			Endung
	W	TV	KE	
1.Sg.	sal	i	//	vo
2.Sg.	sal	i	//	vi
3.Sg.	sal	i	//	va
1.Pl.	sal	i	//	vamo
2.Pl.	sal	i	//	vate
3.Pl.	sal	i	//	vano

d. Ein Verb mit Wechsel zwischen palatalisiertem und nicht palatalisiertem Wurzelauslaut: *dire* 'sagen'

N.B. Dieses Verb hat auch Wurzelkürzung. - In der Schreibung wird die Unregelmäßigkeit nur durch die Kombinatorik der Buchstaben deutlich: *c* vor *o* und *a* ist /k/, vor *e* und *i* ist es /tʃ/.

Präsens Indikativ

	Stamm			Endung
	W	TV	KE	
1.Sg.	dic	ø	//	o
2.Sg.	dic	ø	//	i
3.Sg.	dic	ø	//	e
1.Pl.	dic	ø	//	iamo
2.Pl.	di	ø	//	te
3.Pl.	dic	ø	//	ono

Präsens Konjunktiv

	Stamm			Endung
	W	TV	KE	
1.Sg.	dic	ø	//	a
2.Sg.	dic	ø	//	a
3.Sg.	dic	ø	//	a
1.Pl.	dic	ø	//	iamo
2.Pl.	dic	ø	//	iate
3.Pl.	dic	ø	//	ano

Imperfekt

	Stamm			Endung
	W	TV	KE	
1.Sg.	dic	e		vo
2.Sg.	dic	e		vi
3.Sg.	dic	e		va
1.Pl.	dic	e		vamo
2.Pl.	dic	e		vate
3.Pl.	dic	e		vano

e. Ein Verb mit Längung des Wurzelauslauts: *dovere* 'müssen'

N.B. Der Wurzelauslaut zeigt außerdem einen Wechsel zwischen Reibelaut und Verschlußlaut. Ferner hat das Verb auch eine Alternanz des Wurzelvokals.

N.B. Die Formen der ersten Person Singular und der dritten Person Plural des Präsens Indikativ sind noch nicht endgültig normiert: Neben den im Paradigma angegebenen werden auch *debbo* 'ich muß' und *debbono* 'sie müssen' gebraucht.

Präsens Indikativ

	Stamm			Endung
	W	TV	KE	
1.Sg.	dev	ø		o
2.Sg.	dev	ø		i
3.Sg.	dev	ø		e
1.Pl.	dobb	ø		iamo
2.Pl.	dov	e		te
3.Pl.	dev	ø		ono

Präsens Konjunktiv

	Stamm			Endung
	W	TV	KE	
1.Sg.	debb	ø		a
2.Sg.	debb	ø		a
3.Sg.	debb	ø		a
1.Pl.	dobb	ø		iamo
2.Pl.	dobb	ø		iate
3.Pl.	debb	ø		ano

Imperfekt

	Stamm			Endung
	W	TV	KE	
1.Sg.	dov	e		vo
2.Sg.	dov	e		vi
3.Sg.	dov	e		va
1.Pl.	dov	e		vamo
2.Pl.	dov	e		vate
3.Pl.	dov	e		vano

f. Ein Verb mit Diphthongierung des Wurzelvokals: *tenere* 'halten'

N.B. *tenere* hat außerdem dieselbe Anfügung eines Konsonanten an die Wurzel wie *salire*.

Präsens Indikativ

	Stamm			Endung
	W	TV	KE	
1.Sg.	teng	ø		o
2.Sg.	tien	ø		i
3.Sg.	tien	ø		e
1.Pl.	ten	ø		iamo
2.Pl.	ten	e		te
3.Pl.	teng	ø		ono

Präsens Konjunktiv

	Stamm			Endung
	W	TV	KE	
1.Sg.	teng	ø		a
2.Sg.	teng	ø		a
3.Sg.	teng	ø		a
1.Pl.	ten	ø		iamo
2.Pl.	ten	ø		iate
3.Pl.	teng	ø		ano

Imperfekt

	Stamm			Endung
	W	TV	KE	
1.Sg.	ten	e		vo
2.Sg.	ten	e		vi
3.Sg.	ten	e		va
1.Pl.	ten	e		vamo
2.Pl.	ten	e		vate
3.Pl.	ten	e		vano

g. Ein suppletives Verb: *andare* 'gehen'

N.B. Dieses Verb hat außerdem Wurzelkürzung sowie einen unregelmäßigen Stamm in der dritten Person des Präsens Indikativ, die es mit den Verben *avere* 'haben', *sapere* 'wissen' und *fare* 'tun' teilt; die entsprechenden Formen lauten: *van-no, han-no, san-no, fan-no*.

Präsens Indikativ

	Stamm			Endung
	W	TV	KE	
1.Sg.	vad	ø		o
2.Sg.	va	ø		i
3.Sg.	va	ø		ø
1.Pl.	and	ø		iamo
2.Pl.	and	a		te
3.Pl.	van	ø		no

Präsens Konjunktiv

	Stamm			Endung
	W	TV	KE	
1.Sg.	vad	ø		a
2.Sg.	vad	ø		a
3.Sg.	vad	ø		a
1.Pl.	and	ø		iamo
2.Pl.	and	ø		iate
3.Pl.	vad	ø		ano

Imperfekt

	Stamm			Endung
	W	TV	KE	
1.Sg.	and	a		vo
2.Sg.	and	a		vi
3.Sg.	and	a		va
1.Pl.	and	a		vamo
2.Pl.	and	a		vate
3.Pl.	and	a		vano

N.B. Auf den Präsensstämmen beruhen auch die Formen des Partizip Präsens. Die Bildung dieser Formen gehört jedoch im heutigen Italienisch, trotz ihrer traditionellen Bezeichnung, nicht in die Flexionsmorphologie, sondern in die Wortbildung; s. Kap. III, 1.10.2.

II. Die Infinitivstämme

Die Infinitivstämme treten in Infinitiv, Futur und Konditional auf.

Ihnen ist gemeinsam, daß sie auf der Anfügung der **konsonantischen Erweiterung** *r* an den (oder an einen) Präsensstamm beruhen.

Der **Themavokal** ist bei den regelmäßigen Formen immer vorhanden. Der Themavokal *a* wird allerdings in Futur und Konditional systematisch zu *e* abgewandelt, z.B. *canterò* 'ich werde singen' zu *cantare* 'singen'.

Unregelmäßigkeiten bestehen in folgenden Erscheinungen:

- Wegfall des Themavokals, z.B. in *andrò* 'ich werde gehen', vgl. *andavo* 'ich ging'; *vedrò* 'ich werde sehen', vgl. *vedevo* 'ich sah'; *dovrò* 'ich werde müssen', vgl. *dovevo* 'ich mußte'; bei einigen Verben ist der konsonantische Auslaut der Wurzel an das *r* der Themaerweiterung angeglichen, so daß sich langes *rr* ergibt: *terrò* 'ich werde halten', vgl. *tenevo* 'ich hielt'; *berrò* 'ich werde trinken', vgl. *bevevo* 'ich trank'; *verrò* 'ich werde kommen', vgl. *venivo* 'ich kam'
- Bildung des Stammes aus einem Präsensstamm mit Wurzelkürzung; dies ist der Fall bei einigen Verben, bei denen dann auch der Themavokal wegfällt, z.B. *bere* 'trinken', *dire* 'sagen', *fare* 'tun'; die entsprechenden vollen Präsensstämme sind *bev-*, *dic-* und *fac-*

Der bloße Wegfall des Themavokals und die Verbindung von Wegfall des Themavokals und Angleichung des Wurzelauslauts betreffen nur Futur und Konditional; die Wurzelkürzung (und der mit ihr verbundene Wegfall des Themavokals) betrifft darüberhinaus auch den Infinitiv.

Beispiele für Infinitivstämme sind:

a. Ein Verb ohne Veränderung des Stammes: *correre* 'laufen'

Infinitiv

Stamm			Endung
W	TV	KE	
corr	e	r	e

Futur

	Stamm			Endung
	W	TV	KE	
1.Sg.	corr	e	r	ò
2.Sg.	corr	e	r	ai
3.Sg.	corr	e	r	à
1.Pl.	corr	e	r	emo
2.Pl.	corr	e	r	ete
3.Pl.	corr	e	r	anno

Konditional

	Stamm			Endung
	W	TV	KE	
1.Sg.	corr	e	r	ei
2.Sg.	corr	e	r	esti
3.Sg.	corr	e	r	ebbe
1.Pl.	corr	e	r	emmo
2.Pl.	corr	e	r	este
3.Pl.	corr	e	r	ebbero

b. Ein Verb mit Wegfall des Themavokals: *dovere* 'müssen'

Infinitiv

Stamm			Endung
W	TV	KE	
dov	e	r	e

Futur

	Stamm			Endung
	W	TV	KE	
1.Sg.	dov	ø	r	ò
2.Sg.	dov	ø	r	ai
3.Sg.	dov	ø	r	à
1.Pl.	dov	ø	r	emo
2.Pl.	dov	ø	r	ete
3.Pl.	dov	ø	r	anno

Konditional

	Stamm			Endung
	W	TV	KE	
1.Sg.	dov	ø	r	ei
2.Sg.	dov	ø	r	esti
3.Sg.	dov	ø	r	ebbe
1.Pl.	dov	ø	r	emmo
2.Pl.	dov	ø	r	este
3.Pl.	dov	ø	r	ebbero

c. Ein Verb mit Wurzelkürzung: *dire* 'sagen'

Infinitiv

Stamm			Endung
W	TV	KE	
di	ø	r	e

Futur

	Stamm			Endung
	W	TV	KE	
1.Sg.	di	ø	r	ò
2.Sg.	di	ø	r	ai
3.Sg.	di	ø	r	à
1.Pl.	di	ø	r	emo
2.Pl.	di	ø	r	ete
3.Pl.	di	ø	r	anno

Konditional

	Stamm			Endung
	W	TV	KE	
1.Sg.	di	ø	r	ei
2.Sg.	di	ø	r	esti
3.Sg.	di	ø	r	ebbe
1.Pl.	di	ø	r	emmo
2.Pl.	di	ø	r	este
3.Pl.	di	ø	r	ebbero

III. Die Gerundiumstämme

Die Gerundiumstämme treten nur im Gerundium auf. Sie beruhen auf der Anfügung der Erweiterung *nd* an den Präsensstamm.

Der **Themavokal** ist stets vorhanden. Allerdings wird der Themavokal *i* durch *e* ersetzt; s. z.B. *finendo* 'aufhörend' zu *finire* 'aufhören'.

Die Form *finendo* ist wie folgt aufgebaut:

Gerundium

Stamm			Endung
W	TV	KE	
fin	e	nd	o

IV. Die Perfektstämme

Mit den Perfektstämmen werden die Formen des **Perfekt Indikativ**, des **Perfekt Konjunktiv** und des **Partizip Perfekt** gebildet.

Es gibt schwache und starke Perfektstämme.

Die **schwachen Perfektstämme** beruhen auf der Anfügung einer konsonantischen Erweiterung an den Präsensstamm.

Sie haben stets einen **Themavokal**. Allerdings wird der Themavokal *e* im schwachen Partizip Perfekt stets durch *u* ersetzt; vgl. z.B. *avuto* 'gehabt' gegenüber *avere* 'haben'.

Der Themavokal trägt in allen Formen den Wortakzent. (Zu den Akzentverhältnissen bei den anderen Stämmen s.u. 2.1.4.)

Die **konsonantische Erweiterung** variiert im Zusammenhang mit den durch die Endung ausgedrückten grammatischen Kategorien:

- im Perfekt Indikativ ist sie *s* für die zweite Person Singular und Plural, *m* für die erste Person Plural und *r* (bzw. *tt*; s. die nächste Anmerkung) für die dritte Person Plural (die anderen Formen des Perfekt Indikativ haben keine konsonantische Erweiterung)
- im Perfekt Konjunktiv ist sie *ss* für alle Formen (vor *t* wird *ss* aufgrund einer allgemeinen phonologischen Regel zu *s* gekürzt)
- im Partizip Perfekt ist die konsonantische Erweiterung stets *t*

Die schwachen Perfektstämme mehrerer Verben mit dem (im Infinitiv unbetonten) Themavokal *e* haben fakultativ eine **Erweiterung des Themavokals mit *tt*** in der ersten und dritten Person Singular und in der dritten Person Plural. Man hat also nebeneinander:

crede-i	und	*credett-i*	'ich glaubte'
credè	und	*credett-e*	'er glaubte'
creder-ono	und	*credett-ero*	'sie glaubten'

Die **starken Perfektstämme** sind **nicht abgeleitet**, d.h. sie beruhen nicht auf dem (heutigen) Präsensstamm. Sie haben **keinen Themavokal**. Der Wortakzent liegt auf der (stets einsilbigen) Wurzel.

Die Verben können nach der Art ihrer Perfektstämme klassifiziert werden. Die Verben, die nur schwache Perfektstämme haben, sind **schwache Verben**. Die Verben, die starke Perfektstämme haben, sind **starke Verben**.

Alle starken Verben haben auch schwache Perfektstämme. Nur in der ersten und dritten Person Singular und in der dritten Person Plural des Perfekt Indikativ sowie im Partizip Perfekt kann ein starker Perfektstamm stehen.

N.B. Die starken Verben sind nicht mehr produktiv.

N.B. Manche Verben haben im Perfekt Indikativ einen starken und im Partizip Perfekt einen schwachen Stamm, z.B. hat *avere* 'haben' im Perfekt die starken Formen *ebb-i* 'ich hatte', *ebb-e* 'er hatte', *ebb-ero* 'sie hatten', aber als Partizip Perfekt die schwache Form *avut-o* 'gehabt'.

Beispiele sind:

a. Ein schwaches Verb: *salire* 'steigen'

Perfekt Indikativ

	Stamm			Endung
	W	TV	KE	
1.Sg.	sal	i	ø	i
2.Sg.	sal	i	s	ti
3.Sg.	sal	i	ø	ø
1.Pl.	sal	i	m	mo
2.Pl.	sal	i	s	te
3.Pl.	sal	i	r	ono

Perfekt Konjunktiv

	Stamm			Endung
	W	TV	KE	
1.Sg.	sal	i	ss	i
2.Sg.	sal	i	ss	i
3.Sg.	sal	i	ss	e
1.Pl.	sal	i	ss	imo
2.Pl.	sal	i	s	te
3.Pl.	sal	i	ss	ero

Partizip Perfekt

Stamm			Endung
W	TV	KE	
sal	i	t	o

b. Ein starkes Verb: *dire* 'sagen'

Perfekt Indikativ

	Stamm			Endung
	W	TV	KE	
1.Sg.	diss			i
2.Sg.	dic	e	s	ti
3.Sg.	diss			e
1.Pl.	dic	e	m	mo
2.Pl.	dic	e	s	te
3.Pl.	diss			ero

Perfekt Konjunktiv

	Stamm			Endung
	W	TV	KE	
1.Sg.	dic	e	ss	i
2.Sg.	dic	e	ss	i
3.Sg.	dic	e	ss	e
1.Pl.	dic	e	ss	imo
2.Pl.	dic	e	s	te
3.Pl.	dic	e	ss	ero

Partizip Perfekt

Stamm			Endung
W	TV	KE	
dett			o

2.1.3. Die Endungen: Inventar und Variation

Die Endungen der Verbformen sind die Endungen des finiten Verbs und die Endungen der infiniten Verbformen (s. oben, 2.1.1.).

Die Endungen des finiten Verbs bestehen aus einem Infix für Tempus und Modus und einem Suffix für Person und Numerus.

2.1.3.1. Die Infixe für Tempus und Modus

Das System von Tempus und Modus des finiten Verbs besteht aus den folgenden Paradigmen:

N.B. Es gibt keine allgemein akzeptierte deutsche Terminologie für die Kategorien des it. Tempus- und Modussystems. Die im folgenden gebrauchten Termini beruhen auf Bertinetto 1987:18. Die üblichen it. Termini (nach Regula/Jernej 1965:150f.) sind hinzugefügt.

> Präsens Indikativ (indicativo presente)
> Präsens Konjunktiv (congiuntivo presente)
> Präsens Imperativ (imperativo presente)
> Imperfekt Indikativ (indicativo imperfetto)
> einfaches Perfekt Indikativ (passato remoto)
> einfaches Perfekt Konjunktiv (congiuntivo imperfetto)
> einfaches Futur (futuro semplice)
> einfaches Konditional (condizionale presente)
> zusammengesetztes Perfekt Indikativ (passato prossimo)
> zusammengesetztes Perfekt Konjunktiv (congiuntivo passato)
> Plusquamperfekt I Indikativ (trapassato prossimo)
> Plusquamperfekt II Indikativ (trapassato remoto)
> Plusquamperfekt Konjunktiv (congiuntivo trapassato)
> zusammengesetztes Futur (futuro anteriore)
> zusammengesetztes Konditional (condizionale passato)

Die infiniten Formen des Verbs können ebenfalls tempusartige Information ausdrücken. Infinitiv und Gerundium der Vergangenheit (infinito passato, gerundio passato) können die Kategorie 'Vorzeitigkeit' ausdrücken; vgl. z.B. *avere cantato* 'gesungen haben', *avendo cantato* 'gesungen habend'. - Zur möglichen Deutung des Partizip Perfekt als Tempussignal s. Kap. IV, 4.2.1.

Die grammatischen Kategorien Tempus und Modus haben im Italienischen keinen einheitlichen Ausdruck. Sie werden wie folgt signalisiert:

a. durch Infixe und durch amalgamierte Suffixe, die sowohl Tempus und Modus als auch Person und Numerus ausdrücken;

b. durch die Auswahl unter den verschiedenen Stammtypen und den verschiedenen Reihen der Suffixe für Person und Numerus;

c. durch die (nicht morphologische, sondern syntaktische) Verbindung des Partizip Perfekt mit Hilfsverben; s. 2.5.1.

Nur die Formen der folgenden Paradigmen werden mit Verfahren der Flexion gebildet:

>   Präsens Indikativ
>   Präsens Konjunktiv
>   Präsens Imperativ
>   Imperfekt Indikativ
>   einfaches Perfekt Indikativ
>   einfaches Perfekt Konjunktiv
>   einfaches Futur
>   einfaches Konditional
>   Infinitiv
>   Gerundium
>   Partizip Perfekt

Die oben zur Unterscheidung gegenüber den zusammengesetzten Tempora hinzugefügte Bezeichnung wird in der folgenden Darstellung weggelassen. - Zur Bildung der übrigen Tempora s. 2.5.1.

Im einzelnen gilt:

Es gibt drei finite Paradigmen, die **kein Infix für Tempus und Modus** haben: der Präsens Indikativ, das Perfekt Indikativ und das Perfekt Konjunktiv. In diesen Paradigmen werden Tempus und Modus signalisiert durch:

- den Typ des Stammes: die Formen des Präsens haben einen Präsensstamm, und die des Perfekts haben einen Perfektstamm
- das Suffix für Person und Numerus: Präsens und Perfekt haben zwei unterschiedliche Reihen von Suffixen, (s. 2.1.3.2.)

Formen, in denen der Ausdruck von Tempus und Modus mit dem für Person und Numerus **amalgamiert** ist, sind alle Formen des Präsens Konjunktiv und einige Formen des Futurs und des Konditionals.

Es bleiben folgende Reihen von Infixen zum Ausdruck von Tempus und Modus:

a. va, reduzierte Variante v, für das Imperfekt; das a dieses Morphems wird unter denselben Umständen getilgt wie der (zum Stamm gehörende) Themavokal a (s. 2.1.1.b.).

Ein Beispiel ist:

Stamm	T+M	P+N
canta	v	o
canta	v	i
canta	v	a
canta	va	mo
canta	va	te
canta	v	ano

b. <ò>, a, <á>, e, an für das Futur

Ein Beispiel ist:

Stamm	T+M	P+N
canter	<ò>	
canter	a	i
canter	<á>	
canter	e	mo
canter	e	te
canter	an	no

c. e, es, ebb, em für das Konditional

Ein Beispiel ist:

Stamm	T+M	P+N
canter	e	i
canter	es	ti
canter	ebb	e
canter	em	mo
canter	es	te
canter	ebb	ero

Die Tatsache, daß wir in den Gruppen b. und c. mehrere Infixe für Tempus und Modus haben, beruht darauf, daß diese den Suffixen für Person und Numerus zugeordnet sind. So ist z.B. das Infix *e* im Futur an die Suffixe der ersten und zweiten Person Plural gebunden; im Konditional ist *e* an die erste Person Singular gebunden usw.; s. die oben gegebenen Beispiele.

Die Infixe für Tempus und Modus sind durch das ganze Verbalsystem hindurch einheitlich, d.h. sie gelten unabhängig davon, ob es sich um einen a-, i- oder e-Stamm handelt (hiervon machen nur die amalgamierten Endungen des Konjunktiv Präsens eine Ausnahme: die a-Stämme haben amalgamierte Formen mit *i*, die i- und e-Stämme haben amalgamierte Formen mit *a* (s. hierzu die vollständigen Angaben in 2.1.5.).

2.1.3.2. Die Suffixe für Person und Numerus

Die Suffixe für Person und Numerus zerfallen in zwei deutlich unterschiedene Reihen. Die erste dieser Reihen lautet:

(10) **Reihe A**:

1.Sg.	2.Sg.	3.Sg.	1.Pl.	2.Pl.	3.Pl.
-o	-i	{-a, -e}	-mo	-te	{-ano, -ono, -no}

Diese Endungen gelten (mit Ausnahme der amalgamierten Formen von Konjunktiv Präsens und Futur) für folgende Tempora: Präsens Indikativ, Imperfekt, Futur.

Diese Endungen gelten auch für den **Imperativ**. Der Imperativ hat nur die zweite Person; die anderen Formen sind mit dem entsprechenden Konjunktiv identisch. Die zweite Person Singular des Imperativs der a-Stämme hat kein Suffix für Person und Numerus; s. die Paradigmen unter 2.1.5. Beim negierten Imperativ tritt in der 2. Person Singular der Infinitiv ein.

In der 3. Person Singular und Plural gibt es mehr als ein Suffix. Die Distribution dieser konkurrierenden Suffixe folgt einerseits dem Kriterium des Tempus und andererseits dem des Themavokals:

- in der **3. Person Singular** ist *-a* die Endung im Präsens Indikativ der a-Stämme und im Imperfekt aller Stämme; *-e* steht im Indikativ Präsens der i- und e-Stämme
- in der **3. Person Plural** ist *-ano* die Endung im Präsens Indikativ der a-Stämme und im Imperfekt aller Stämme; *-no* steht (unabhängig vom Themavokal) im Futur, und *-ono* steht im Präsens Indikativ der i- und e-Stämme.

Die zweite Reihe lautet:

(11) **Reihe B:**

1.Sg.	2.Sg.	3.Sg.	1.Pl.	2.Pl.	3.Pl.
-i	{-ti, -i}	-e	{-mo, -imo}	-te	{-ero, -ono}

Diese Reihe gilt für die Formen des Indikativ Perfekt, des Konjunktiv Perfekt und des Konditional.

Für die Formen der zweiten Person Singular, der ersten Person Plural und der dritten Person Plural gibt es mehr als ein Suffix. Die Distribution ist folgende:

- in der **zweiten Person Singular** tritt -*i* lediglich im Konjunktiv Perfekt auf; sonst steht -*ti*
- in der ersten Person Plural steht -*imo* nur in den Formen des Perfekt Konjunktiv; in allen anderen Formen steht -*mo*
- in der **dritten Person Plural** ist -*ero* die Endung des Konditionals, des Perfekt Konjunktiv und der starken Formen des Perfekt Indikativ; es steht außerdem auch bei den schwachen Formen des Perfekt Indikativ, wenn diese einen um *tt* erweiterten Stamm (s. 2.1.2.5.) haben; -*ono* steht in den übrigen Fällen, also im Perfekt Indikativ der a- und i-Stämme (die immer schwach sind) und der schwachen e-Stämme, wenn diese nicht um *tt* erweitert sind

2.1.4. Die Akzentverhältnisse

Bei den nicht verbalen Lexemen ist der Akzent ausschließlich lexikalisch festgelegt. Die Flexion verändert den Akzent nicht, auch dann nicht, wenn sie eine Veränderung der Silbenzahl bedingt; vgl. z.B.:

(12) Sg   Pl
città   'Stadt'   città   'Städte'
cása   'Haus'   cáse   'Häuser'
uómo   'Mann'   uómini   'Männer'

Bei den Verben ist dies anders. Jedes Verb hat einen (lexikalisch zu lernenden) Akzent auf der Wurzel. Der Akzent kann auf der letzten (13) oder auf der vorletzten (14) Silbe der Wurzel liegen; vgl. z.B.:

(13) noléggi-o   'ich miete'
    divág-o   'ich schweife ab'
    condivíd-o   'ich teile'

(14) consíder-o   'ich betrachte'
    mástic-o   'ich kaue'
    cálcol-o   'ich rechne'

N.B. Nur Verben mit a-Stämmen können den Akzent auf der vorletzten Silbe der Wurzel haben.

Es gibt morphologische Regeln, die den Akzent in Abhängigkeit von Person und Tempus nach rechts verlagern, und zwar:

a. Der Akzent geht auf den **Themavokal** in den folgenden Fällen:

- bei Stammerweiterung mit sk/ʃ (s. 2.1.5., i-Stämme II)
- im Imperfekt (außer erste und zweite Person Plural), im Perfekt Indikativ der schwachen Stämme, im Perfekt Konjunktiv aller Stämme
- im Infinitiv (mit Ausnahme der e-Stämme I, s. 2.1.5.), im Gerundium und im Partizip Perfekt (mit Ausnahme der starken Stämme)

b. Der Akzent geht auf das **Infix von Tempus und Modus,** und zwar in allen Formen des Futurs und des Konditionals.

c. Der Akzent rückt **auf die Silbe nach dem Themavokal,** und zwar in der 1. und 2. Person Plural des Imperfekt.

N.B. Die Betonung der Verbformen ist in einigen Punkten systematisch anders als im Iberoromanischen; vgl. it. *contínuo* vs. sp. *continúo*, it. *léggere* vs. sp. *leér* , it. *cantavámo* vs. sp. *cantábamos*.

N.B. Wir können die Akzentregeln auch so formulieren:

Wurzelbetont sind:

- das Präsens der 1., 2., 3. Person Singular und der 3. Person Plural, außer bei den i-Stämmen II
- das Perfekt Indikativ der starken Stämme (d.h. der 1., 3. Person Singular und der 3. Person Plural)
- der Infinitiv der e-Stämme II und III

Themabetont sind:

- die Präsensformen der i-Stämme II
- die 1. und 2. Person Plural im Präsens aller Stämme
- die Formen des Imperfekt, außer der 1. und 2. Person Plural
- die infiniten Formen, außer dem Infinitiv der e-Stämme I und III

Endungsbetont sind (d.h. der Akzent liegt auf dem Infix von Tempus und Modus):

- die 1. und 2. Person Plural des Imperfekt
- alle Formen von Futur und Konditional

2.1.5. Die hauptsächlichen Paradigmen des Verbs

Die folgenden Tabellen enthalten, in Übereinstimmung mit den Analysen in den Abschnitten 2.1.1. bis 2.1.4., typische Paradigmen des finiten Verbs und die Grundformen des infiniten Verbs. Die Paradigmen sind nach grammatischen Kategorien (Tempus und Modus, finit, nicht finit usw.) angeordnet; innerhalb jeder Kategorie werden die Paradigmen nach dem Themavokal unterschieden (a-Stämme, e-Stämme usw.).

Zur Schreibweise: Die **waagrechte Koordinate** gliedert die Verbformen nach den Kategorien der maximalen Struktur, nämlich Wurzel (W), Themavokal (TV), konsonantische Erweiterung des Themas (KE), Infix von Tempus und Modus (T+M) und Suffix für Person und Numerus (P+N) (dies ist eine abgekürzte Schreibweise, die die hierarchische Struktur des Verbs nicht deutlich macht; zu dieser s. die Schemata (1) und (2) in 2.1.1.). Die **senkrechte Koordinate** ordnet das Paradigma nach den Kategorien Numerus und Person (1 lies '1. Person' usw.; S lies 'Singular', P lies 'Plural'). Ist eine Stelle leer, so bedeutet dies, daß die Stelle in dem betreffenden Paradigma prinzipiell unbesetzt ist. Das **Nullzeichen** 'ø' hingegen steht dann, wenn die Stelle im Paradigma prinzipiell zwar besetzt, aber im gegebenen Falle nicht realisiert ist. In **spitzen Klammern** stehen solche Elemente, die im Hinblick auf das Analyseschema als amalgamiert zu betrachten sind. Der **Akut** (´) bezeichnet diejenige Silbe, die in der Form betont ist. - Die Schreibung der Formen ist phonologisch (mittelitalienische Norm); die Öffnungsgrade von *e* und *o* werden nicht notiert.

Präsens Indikativ

a-Stämme

	W	TV	KE	T+M	P+N
1S	kánt	ø			o
2S	kánt	ø			i
3S	kánt	ø			a
1P	kant	iá			mo
2P	kant	á			te
3P	kánt	ø			ano

i-Stämme I

	W	TV	KE	T+M	P+N
1S	párt	ø			o
2S	párt	ø			i
3S	párt	ø			e
1P	part	iá			mo
2P	part	í			te
3P	párt	ø			ono

i-Stämme II

	W	TV	KE	T+M	P+N
1S	fin	í		sk	o
2S	fin	í		ʃʃ	i
3S	fin	í		ʃʃ	e
1P	fin	iá		ø	mo
2P	fin	í		ø	te
3P	fin	í		sk	ono

e-Stämme

	W	TV	KE	T+M	P+N
1S	vénd	ø			o
2S	vénd	ø			i
3S	vénd	ø			e
1P	vend	iá			mo
2P	vend	é			te
3P	vénd	ø			ono

essere 'sein'   *avere* 'haben'

	W	TV	KE	T+M	P+N
1S	són	ø			o
2S	sé	ø			i
3S	è	ø			ø
1P	s	iá			mo
2P	si	é			te
3P	s	ø			ono

	W	TV	KE	T+M	P+N
1S					<ò>
2S	á	ø			i
3S	á	ø			ø
1P	abb	iá			mo
2P	av	é			te
3P	án	ø			no

N.B. Die Formen des Singulars und die dritte Person Plural von *avere* werden mit h geschrieben: ho, hai, ha, hanno.

Präsens Konjunktiv

a-Stämme

	W	TV	KE	T+M	P+N
1S	kánt	ø		<i>	
2S	kánt	ø		<i>	
3S	kánt	ø		<i>	
1P	kant	iá			mo
2P	kant			<iá>	te
3P	kánt	ø		<ino>	

i-Stämme I

	W	TV	KE	T+M	P+N
1S	párt	ø		<a>	
2S	párt	ø		<a>	
3S	párt	ø		<a>	
1P	part	iá			mo
2P	part			<iá>	te
3P	párt	ø			<ano>

i-Stämme II

	W	TV	KE	T+M	P+N
1S	fin	í	sk	<a>	
2S	fin	í	sk	<a>	
3S	fin	í	sk	<a>	
1P	fin	iá	ø		mo
2P	fin			<iá>	te
3P	fin	í	sk		<ano>

e-Stämme

	W	TV	KE	T+M	P+N
1S	vénd	ø		<a>	
2S	vénd	ø		<a>	
3S	vénd	ø		<a>	
1P	vend	iá			mo
2P	vend			<iá>	te
3P	vénd	ø			<ano>

essere 'sein'   *avere* 'haben'

	W	TV	KE	T+M	P+N
1S	s			<ía>	
2S	s			<ía>	
3S	s			<ía>	
1P	s	iá			mo
2P	s	iá			te
3P	s			<ía>	no

	W	TV	KE	T+M	P+N
1S	ább			<ia>	
2S	ább			<ia>	
3S	ább			<ia>	
1P	abb	iá			mo
2P	abb			<iá>	te
3P	ább			<ia>	no

Imperfekt

a-Stämme

	W	TV	KE	T+M	P+N
1S	kant	á		v	o
2S	kant	á		v	i
3S	kant	á		v	a
1P	kant	a		vá	mo
2P	kant	a		vá	te
3P	kant	á		v	ano

i-Stämme

	W	TV	KE	T+M	P+N
1S	fin	í		v	o
2S	fin	í		v	i
3S	fin	í		v	a
1P	fin	i		vá	mo
2P	fin	i		vá	te
3P	fin	í		v	ano

e-Stämme

	W	TV	KE	T+M	P+N
1S	vend	é		v	o
2S	vend	é		v	i
3S	vend	é		v	a
1P	vend	e		vá	mo
2P	vend	e		vá	te
3P	vend	é		v	ano

essere 'sein'

	W	TV	KE	T+M	P+N
1S	ér	ø		ø	o
2S	ér	ø		ø	i
3S	ér	ø		ø	a
1P	er	a		vá	mo
2P	er	a		vá	te
3P	ér	ø		ø	ano

avere 'haben'

	W	TV	KE	T+M	P+N
1S	av	é		v	o
2S	av	é		v	i
3S	av	é		v	a
1P	av	e		vá	mo
2P	av	e		vá	te
3P	av	é		v	ano

Futur

a-Stämme

	W	TV	KE	T+M	P+N
1S	kant	e	r		<ó>
2S	kant	e	r	á	i
3S	kant	e	r	<á>	
1P	kant	e	r	é	mo
2P	kant	e	r	é	te
3P	kant	e	r	án	no

i-Stämme

	W	TV	KE	T+M	P+N
1S	fin	i	r		<ó>
2S	fin	i	r	á	i
3S	fin	i	r	<á>	
1P	fin	i	r	é	mo
2P	fin	i	r	é	te
3P	fin	i	r	án	no

e-Stämme

	W	TV	KE	T+M	P+N
1S	vend	e	r		<ó>
2S	vend	e	r	á	i
3S	vend	e	r		<á>
1P	vend	e	r	é	mo
2P	vend	e	r	é	te
3P	vend	e	r	án	no

essere 'sein'

	W	TV	KE	T+M	P+N
1S	sa		r		<ò>
2S	sa		r	á	i
3S	sa		r		<á>
1P	sa		r	é	mo
2P	sa		r	é	te
3P	sa		r	án	no

avere 'haben'

	W	TV	KE	T+M	P+N
1S	av		r		<ò>
2S	av		r	á	i
3S	av		r		<á>
1P	av		r	é	mo
2P	av		r	é	te
3P	av		r	án	no

Konditional

a-Stämme

	W	TV	KE	T+M	P+N
1S	kant	e	r	é	i
2S	kant	e	r	és	ti
3S	kant	e	r	ébb	e
1P	kant	e	r	ém	mo
2P	kant	e	r	és	te
3P	kant	e	r	ébb	ero

i-Stämme

	W	TV	KE	T+M	P+N
1S	fin	i	r	é	i
2S	fin	i	r	és	ti
3S	fin	i	r	ébb	e
1P	fin	i	r	ém	mo
2P	fin	i	r	és	te
3P	fin	i	r	ébb	ero

e-Stämme

	W	TV	KE	T+M	P+N
1S	vend	e	r	é	i
2S	vend	e	r	és	ti
3S	vend	e	r	ébb	e
1P	vend	e	r	ém	mo
2P	vend	e	r	és	te
3P	vend	e	r	ébb	ero

essere 'sein'

	W	TV	KE	T+M	P+N
1S	sa		r	é	i
2S	sa		r	és	ti
3S	sa		r	ébb	e
1P	sa		r	ém	mo
2P	sa		r	és	te
3P	sa		r	ébb	ero

avere 'haben'

	W	TV	KE	T+M	P+N
1S	av		r	é	i
2S	av		r	és	ti
3S	av		r	ébb	e
1P	av		r	ém	mo
2P	av		r	és	te
3P	av		r	ébb	ero

Perfekt Indikativ

a-Stämme

	W	TV	KE	T+M	P+N
1S	kant	á	ø		i
2S	kant	á	s		ti
3S	kant	<ó>			ø
1P	kant	á	m		mo
2P	kant	á	s		te
3P	kant	á	r		ono

i-Stämme

	W	TV	KE	T+M	P+N
1S	fin	í	ø		i
2S	fin	í	s		ti
3S	fin	í	ø		ø
1P	fin	í	m		mo
2P	fin	í	s		te
3P	fin	í	r		ono

e-Stämme I

	W	TV	KE	T+M	P+N
1S	vend	é		ø	i
2S	vend	é		s	ti
3S	vend	é	ø		ø
1P	vend	é		m	mo
2P	vend	é		s	te
3P	vend	é		r	ono

e-Stämme II

	W	TV	KE	T+M	P+N
1S	pré	ø	s		i
2S	prend	é	s		ti
3S	pré	ø	s		e
1P	prend	é	m		mo
2P	prend	é	s		te
3P	pré	ø	s		ero

N.B. Für viele e-Stämme I ist auch in der 3. Person eine konsonantische Erweiterung mit *-tt-* möglich; vgl. z.B.:

	W	TV	KE	T+M	P+N
1S	vend	é	tt		i
2S	vend	é	s		ti
3S	vend	é	tt		e
1P	vend	é	m		mo
2P	vend	é	s		te
3P	vend	é	tt		ero

essere 'sein'

	W	TV	KE	T+M	P+N
1S	fú		ø		i
2S	fó		s		ti
3S	fú		ø		ø
1P	fú		m		mo
2P	fó		s		te
3P	fú		r		ono

avere 'haben'

	W	TV	KE	T+M	P+N
1S	ébb				i
2S	av	é	s		ti
3S	ébb				e
1P	av	é	m		mo
2P	av	é	s		te
3P	ébb				ero

Perfekt Konjunktiv

a-Stämme

	W	TV	KE	T+M	P+N
1S	kant	á	ss		i
2S	kant	á	ss		i
3S	kant	á	ss		e
1P	kant	á	ss		imo
2P	kant	á	s		te
3P	kant	á	ss		ero

i-Stämme

	W	TV	KE	T+M	P+N
1S	fin	í	ss		i
2S	fin	í	ss		i
3S	fin	í	ss		e
1P	fin	í	ss		imo
2P	fin	í	s		te
3P	fin	í	ss		ero

e-Stämme

	W	TV	KE	T+M	P+N
1S	vend	é	ss		i
2S	vend	é	ss		i
3S	vend	é	ss		e
1P	vend	é	ss		imo
2P	vend	é	s		te
3P	vend	é	ss		ero

essere 'sein'

	W	TV	KE	T+M	P+N
1S	fó		ss		i
2S	fó		ss		i
3s	fó		ss		e
1P	fó		ss		imo
2P	fó		s		te
3P	fó		ss		ero

avere 'haben'

	W	TV	KE	T+M	P+N
1S	av	é	ss		i
2S	av	é	ss		i
3S	av	é	ss		e
1P	av	é	ss		imo
2P	av	é	s		te
3P	av	é	ss		ero

Der Imperativ

a-Stämme

	W	TV	KE	T+M	P+N
2S	kánt	a			ø
2P	kant	á			te

e-Stämme

	W	TV	KE	T+M	P+N
2S	vénd	ø			i
2P	vend	é			te

i-Stämme I

	W	TV	KE	T+M	P+N
2S	párt	ø			i
2P	part	í			te

i-Stämme II

	W	TV	KE	T+M	P+N
2S	fin	í	ʃʃ		i
2P	fin	í	ø		te

essere 'sein'

	W	TV	KE	T+M	P+N
2S	sí				i
2P	si		<iá>		te

avere 'haben'

	W	TV	KE	T+M	P+N
2S	ább				i
2P	abb		<iá>		te

Der negierte Imperativ der 2. Person Singular

non kant-á-re
non part-í-re
non éss-e-re
non av-é-re

Die infiniten Formen

Zur Schreibweise: EG lies 'Endung'. Die Tabelle drückt den Unterschied zwischen Flexionsendung (beim Partizip Perfekt) und indeklinabler Endung (bei den anderen Formen) nicht aus.

a-Stämme

	W	TV	KE	EG
Infinitiv	kant	á	r	e
Gerundium	kant	á	nd	o
Part.Perf.	kant	á	t	o

i-Stämme

	W	TV	KE	EG
Infinitiv	fin	í	r	e
Gerundium	fin	é	nd	o
Part.Perf.	fin	í	t	o

e-Stämme I

	W	TV	KE	EG
Infinitiv	vénd	e	r	e
Gerundium	vend	é	nd	o
Part.Perf.	vend	ú	t	o

e-Stämme II

	W	TV	KE	EG
Infinitiv	tem	é	r	e
Gerundium	tem	é	nd	o
Part.Perf.	tem	ú	t	o

e-Stämme III

	W	TV	KE	EG
Infinitiv	prénd	e	r	e
Gerundium	prend	é	nd	o
Part.Perf.	pré		s	o

essere 'sein'   *avere* 'haben'

	W	TV	KE	EG	W	TV	KE	EG
Infinitiv	éss	e	r	e	av	é	r	e
Gerundium	ess	é	nd	o	av	é	nd	o
Part.Perf.	stá		t	o	av	ú	t	o

2.2. Die Valenztypen des Verbs

2.2.0. Der Valenzbegriff

N.B. Da hinsichtlich des Valenzbegriffes kein vollständiger Konsens besteht, ist es notwendig, die hier zugrundeliegende Konzeption kurz einzuführen. Hierbei werden auch einige allgemeine Aussagen über Valenzstrukturen des Italienischen gemacht. Die Besonderheit des vorliegenden Valenzbegriffs liegt darin, daß die Valenz nicht nur in Begriffen von Konstituenten und thematischen Rollen, sondern auch (und vor allem) im Hinblick auf die sog. grammatischen Funktionen (die "Satzglieder" der traditionellen Grammatik) definiert wird.

Mit dem Begriff Valenz bezieht man sich auf die Tatsache, daß das Verb Bündel von grammatischen Eigenschaften hat, die die Grundstruktur des Satzes festlegen, daß die einzelnen Verben sich hinsichtlich dieser Eigenschaften unterscheiden und daß jedes einzelne Verb verschiedene Bündel solcher Eigenschaften haben kann.

N.B. Auch Nomina, Adjektive und Präpositionen haben eine Valenz; s. dazu 1.1.4., 3.2.2. und 5.2.

Die Bestimmung der Valenz erfolgt auf drei miteinander verbundenen Ebenen, nämlich:

    a. der Ebene der Prädikat-Argument-Struktur
    b. der Ebene der grammatischen Funktionen
    c. der Ebene der Konstituenz

2.2.0.1. Die Prädikat-Argument-Struktur

Auf der Ebene der Bedeutung können wir ein Verb als ein Prädikat betrachten, das eine bestimmte Anzahl von Argumenten hat. Hierbei legt die Bedeutung des Prädikats die Anzahl der Argumente fest. Die Bedeutung des Verbs legt darüber hinaus fest, in welcher Rolle jedes einzelne Argument an dem durch das Verb bezeichneten

Sachverhalt beteiligt ist. So entspricht z.B. dem it. Verb *dare* 'geben' eine Prädikat-Argument-Struktur, die wir wie folgt schreiben können:

(15)   DARE (x_{agens}, y_{ziel}, z_{thema})

Terminologisch legen wir fest, daß ein Argument in einer gegebenen thematischen Rolle "**Mitspieler**" heißt. Dieser Redeweise gemäß hat das Prädikat DARE drei Mitspieler, nämlich einen Agens (= der Gebende), ein Ziel (= der Empfänger) und ein Thema (= das, was gegeben wird).

Die Prädikat-Argument-Struktur eines Verbs bestimmt die Deutung derjenigen Konstituenten, die bei dem Verb als Realisierung seiner grammatischen Funktionen auftreten.

N.B. Die Prädikat-Argument-Struktur liegt natürlich immer im Rahmen dessen, was das Verb begrifflich voraussetzt. So hat z.B. it. *perdere* 'verlieren' keinen Mitspieler 'Ziel', weil dies von der Wortbedeutung ausgeschlossen wird. Die begriffliche Struktur des Prädikats legt die Prädikat-Argument-Struktur jedoch nicht vollständig fest: denkbare Komponenten, die aber nicht als Konstituenten innerhalb des vom Verb festgelegten Bereichs realisiert werden können, sind keine Mitspieler. So gehört es z.B. logisch zum Begriff des Gebens, daß das Geben meist mit einer konkreten Handlung verbunden ist (typischerweise eine Bewegung von Hand und Arm); das Verb *dare* legt aber hierfür keine Stelle in seinem unmittelbaren Konstituenzbereich fest, daher gehört diese konkrete Handlung nicht in die Prädikat-Argument-Struktur von *dare*.

Bei diesem Beispiel ist vorausgesetzt, daß der sog. Instrumentalis (z.B. *con la mano* 'mit der Hand') außerhalb der Rektion des Verbs liegt. Es ist klar, daß solche eindeutigen Abgrenzungen zwischen regierten Funktionen, d.h. Konstituenten, die innerhalb der Valenz liegen, und solchen, die im Hinblick auf das Verb nur Adjunkte ("Angaben") sind, im einzelnen Fall oft etwas künstlich sind. Da eine Aufgabe dieser Unterscheidung (vgl. Tesnières actants und circonstants, die "Ergänzungen" und "Angaben" der deutschen Valenztheoretiker) große Nachteile hätte (es wäre praktisch unmöglich, die Valenz eines Verbs anzugeben), muß diese Künstlichkeit in Kauf genommen werden.

N.B. Die Anzahl der thematischen Rollen ist ebenso offen (wenn auch viel kleiner) wie die Anzahl der Verben. Die Anzahl der von einem Verb regierten Argumente ist auf maximal vier begrenzt.

2.2.0.2. Die grammatischen Funktionen

Jedem Verb wird, parallel zu den Mitspielern, eine bestimmte Menge von grammatischen Funktionen zugeordnet. (Eine Ausnahme bilden die sog. Witterungsverben, die ohne grammatische Funktionen sein können; s. unten, 2.2.1.). Die grammatischen Funktionen sind:

a. das Subjekt, z.B. das unterstrichene Element in (16):

(16)   **La porta** è chiusa
       'Die Tür ist zu'

b. das Objekt, z.B. das unterstrichene Element in (17):

(17) Il cane mangia **l'osso**
'Der Hund frißt den Knochen'

c. der Obliquus, der sich je nach seiner Form untergliedert, also a-Obliquus, di-Obliquus usw.; vgl. z.B. die unterstrichenen Elemente in (18) bis (22):

(18) Penso **a lui**
'Ich denke an ihn'

(19) Parlo **di lui**
'Ich spreche von ihm'

(20) Mi scuso **con lui**
'Ich entschuldige mich bei ihm'

(21) Torno **da lui**
'Ich kehre zu ihm zurück'

(22) Lo prende **per un genio**
'Er hält ihn für ein Genie'

d. das Komplement, das sich ebenfalls nach seiner Form untergliedert, z.B. Nominalkomplement, di-Komplement, che-Komplement; vgl. die unterstrichenen Elemente in (23) bis (25):

(23) E' **un bravo sciatore**
'Er ist ein guter Skiläufer'

(24) Promise **di venire**
'Er versprach zu kommen'

(25) Disse **che non era vero**
'Er sagte, es sei nicht wahr'

e. die Adjunkte; diese gehören nicht zur Valenz des Verbs; vgl. z.B.:

(26) Ha scritto a Mario **in una lettera** di venirlo a trovare
'Er hat Mario in einem Brief geschrieben, er solle zu ihm kommen'

Die grammatischen Funktionen, die einem Verb in einem gegebenen Konstruktionstyp zugeordnet sind, bilden einen **Funktionsrahmen**. Die meisten Verben haben mehrere Funktionsrahmen. So hat z.B. *scrivere* 'schreiben' die folgenden Funktionsrahmen:

- **<Subjekt>**, z.B. *Paolo scrive* 'Paolo schreibt'
- **<Subjekt, Objekt>**, z.B. *Paolo scrive una lettera* 'Paolo schreibt einen Brief'
- **<Subjekt, Objekt, a-Obliquus>**, z.B. *Paolo scrive una lettera a Mario* 'Paolo schreibt Mario einen Brief'
- **<Subjekt, a-Obliquus>**, z.B. *Paolo scrive a Mario* 'Paolo schreibt an Mario'
- **<Subjekt, di-Obliquus>**, z.B. *Paolo scrive di Giovanni*
- **<Subjekt, a-Obliquus, di-Obliquus>**, z.B. *Paolo scrive a Mario di Giovanni*
- **<Subjekt, a-Obliquus, di-Komplement>**, z.B. *Paolo scrive a Mario di venirlo a trovare* 'Paolo schreibt an Mario, er solle ihn besuchen'
- **<Subjekt, Obliquus, che-Komplement>**, z.B. *Paolo scrive a Mario che il libro è uscito* 'Paolo schreibt an Mario, daß das Buch erschienen ist'
- **<Subjekt, che-Komplement>**, z.B. *Paolo scrive che il libro è uscito* 'Paolo schreibt, daß das Buch erschienen ist'

2.2.0.3. Die Konstituenz

Die im Bereich der Valenz des italienischen Verbs liegenden Konstituenten sind:

- Nominalphrasen
- Präpositionalphrasen
- Adjektivphrasen
- Verbalphrasen im Infinitiv
- eingebettete Sätze

Für jedes Verb ist jeder syntaktischen Funktion eine (diese realisierende) Konstituentenkategorie zugeordnet. Für diese Zuordnungen gibt es einige generelle Prinzipien:

- das **Subjekt** ist eine mit dem Verb in Kongruenz stehende Nominalphrase, ein ebenfalls kongruentes klitisches Pronomen im Nominativ oder das Nullpronomen
- das **Objekt** ist eine Nominalphrase, die normalerweise rechts vom Verb steht, oder ein klitisches Pronomen im Akkusativ
- der **Obliquus** ist eine Präpositionalphrase oder eins der klitischen Pronomina *ci*, *vi* oder *ne*
- das **Komplement** ist eine Nominal-, Präpositional- oder Adjektivphrase, wenn das Verb ein Kopulaverb ist (wie *essere* 'sein', *diventare* 'werden'); bei anderen Verben ist es eine Verbalphrase im Infinitiv, ein eingebetteter Satz oder ein klitisches Pronomen

N.B. Die Wahl der Präposition kann vom Verblexem eindeutig festgelegt sein, wie z.B. in *ringraziare per* 'danken für', *fidarsi di* 'jemandem trauen', oder je nach der Bezeichnungsabsicht frei wählbar sein, wie z.B. in *mettere qualcosa {in, su, sotto, ... } NP* 'etwas {in, auf, unter, ... } NP tun'. Im ersten Falle ist die Präposition nur ein Anzeiger der syntaktischen Struktur, im zweiten enthält sie auch lexikalisch-semantische Information.

Im folgenden werden die Prinzipien der Verbvalenz im Italienischen dargestellt. Beabsichtigt ist, die wichtigsten Valenztypen und die typischen Zuordnungen zwischen Funktionsrahmen, lexikalischer Bedeutung der Verben und semantischen Strukturen (insbesondere Rollenstrukturen) sowie die systematischen Relationen zwischen verschiedenen Funktionsrahmen darzustellen.

N.B. Nicht beabsichtigt ist eine erschöpfende Valenzbeschreibung des it. Verblexikons, und es wird auch nicht beansprucht, daß für die behandelten Verben alle Valenzrahmen, die es haben kann, erfaßt werden. Eine solche erschöpfende Information muß der Lexikographie überlassen bleiben.

2.2.1. Intransitive Verben

Das Italienische besitzt zwei Typen von intransitiven Verben:

a. Intransitive Verben ohne Subjekt

Zu dieser Gruppe gehören die sog. Witterungsverben *piovere* 'regnen', *nevicare* 'schneien' usw. Ihre Prädikat-Argument-Struktur hat die Eigentümlichkeit, daß das (einzige) Argument keine Realisierung in der Ausdrucksseite hat. Wir können diese semantische Struktur so notieren:

(27) Piove
      'Es regnet'

(27') PIOVERE (s)

wobei (27') wie folgt zu lesen ist: 'der Sachverhalt s ist ein Sachverhalt des Regnens'; oder, etwas untechnischer gesagt: 'das, was geschieht, ist Regnen'.

N.B. Solche nicht explizit bezeichneten Sachverhaltsargumente liegen auch allen anderen Verben zugrunde. So kann man z.B. *Il cane mangia l'osso* auf der Ebene der Prädikat-Argument-Struktur wie folgt analysieren: 'es gibt einen Sachverhalt des Fressens, und an diesem ist der Hund als Agens und der Knochen als Thema beteiligt'. Wir notieren aber im allgemeinen dieses Sachverhaltsargument nicht und zählen auch nur die sprachlich realisierbaren Mitspieler, wenn wir angeben, welche Argumente ein Verb hat.

Die Witterungsverben haben keine grammatischen Funktionen; d.h. sie haben nichts in ihrer Valenz. Da sie kein Subjekt haben, können sie Person und Numerus nicht, wie andere Verben, durch Kongruenz mit dem Subjekt bekommen. In ihren finiten Formen ist die Person immer die dritte und der Numerus immer der Singular.

N.B. Die subjektlosen intransitiven Verben können z.T. ihre Valenz verändern; sie können zu intransitiven Verben mit Subjekt und zu transitiven Verben mit Subjekt werden; s. dazu 2.3.1.

b. Intransitive Verben mit Subjekt

Zu dieser Gruppe gehören zahlreiche Verben, die Ereignisse, Zustände und nicht primär auf ein Objekt gerichtete Tätigkeiten bezeichnen, wie z.B. die kursiv gesetzten Verben in dem folgenden Text:

(28) La festa stava per finire, ma gli ospiti *ballavano* ancora, *chiaccheravano* e *ridevano*. Fuori, nel parco, qualcuno *sparava*; i colpi *scoppiavano* in un ritmo irregolare. Dentro, vicino al camino che faceva fumo come al solito, c'era Matilde con gli amici e col vecchio cane. Matilde *piangeva* sottovoce, Osvaldo *sbadigliava*, il marchese *tossiva* senza tregua. Ma subito la scena *cambiò*: Matilde *sternutì*, il telefono *squillò*, e l'orchestra *tacque*. Allora il cane si mise a *guaire* in un modo così straziante che il marchese *tremò* convulsamente e poi *svenne* dall'emozione.
'Das Fest ging seinem Ende zu, aber die Gäste tanzten noch, plauderten und lachten. Draußen im Park schoß jemand; die Schüsse fielen in unregelmäßigem Rhythmus. Drinnen am Kamin, der wie gewöhnlich qualmte, saß Matilde mit den Freunden und ihrem alten Hund. Matilde weinte halblaut, Osvaldo gähnte, der Marquis hustete unablässig. Aber plötzlich veränderte sich die Szene. Matilde nieste, das Telefon klingelte, und das Orchester verstummte. Da begann der Hund so durchdringend zu heulen, daß der Marquis in ein krampfartiges Zittern verfiel und dann vor Erregung ohnmächtig wurde.'

Beispiele von intransitiven Verben mit Subjekt sind:

ballare	'tanzen'	piangere	'weinen'
bollire	'kochen'	ridere	'lachen'
brillare	'glänzen'	russare	'schnarchen'
brontolare	'schimpfen'	sbadigliare	'gähnen'
cambiare	'sich ändern'	sbraitare	'laut schimpfen'
chiacchierare	'schwatzen'	scoppiare	'bersten'
crescere	'wachsen'	sparare	'schießen'
finire	'aufhören'	sternutire	'niesen'
fumare	'rauchen'	**straripare**	'über das Ufer treten'
galleggiare	'schwimmen'	strillare	'kreischen'
gelare	'gefrieren'	**svenire**	'ohnmächtig werden'
miagolare	'miauen'	tacere	'schweigen'
morire	'sterben'	tossire	'husten'
nascere	'auf die Welt kommen'		

N.B. Vielen dieser Verben entspricht auch im Dt. ein intransitives Verb. Dies ist aber nicht immer der Fall; vgl. die in der obigen Liste fett gedruckten Formen. Umgekehrt haben auch manche intransitiven Verben des Dt. im It. keine einfache intransitive Entsprechung; vgl. z.B.:

aufwachen	svegliarsi	einschlafen	addormentarsi
liegen	stare sdraiato	stehen	stare in piedi
sitzen	stare seduto	umkehren	andare indietro
weggehen	andarsene		

Einige der intransitiven Verben können transitiv werden (*fumare una sigaretta* 'eine Zigarette rauchen', *piangere lacrime amare* 'bittere Tränen weinen', *sparare un colpo* 'einen Schuß abgeben'; s. 2.3.1.2.) oder einen Obliquus zu sich nehmen (*sparare (a, su) qualcuno* 'auf jemanden schießen'). Umgekehrt kann die Menge der intransitiven Verben dadurch angereichert werden, daß transitive Verben intransitiv werden; s. 2.3.1.1., 2.3.2. und 2.3.3.

N.B. Es gibt intransitive Verben des Dt. und des It., die zueinander in Übersetzungsbeziehung stehen, bei denen aber nicht dieselben Valenzveränderungen möglich sind; vgl. z.B. die folgenden Beispiele zu den Übersetzungspaaren *piangere - weinen, tacere - schweigen, mentire - lügen, sparare - schießen*:

(29) piangere - weinen
 piangere **qualcuno** - jemanden beweinen   -   ***jemanden** weinen

(30) tacere - schweigen
 tacere **qualcosa** - etwas verschweigen   -   ***etwas** schweigen

(31) mentire - lügen
 mentire a **qualcuno** - jemanden belügen   -   ***jemandem** lügen

(32) sparare - schießen
 sparare **al ladro**   -   **auf den Dieb** schießen   -   ***dem Dieb** schießen

N.B. Zu manchen der Verben der vorliegenden Gruppe gibt es Nomina der gleichen Bedeutung. Wenn ein solches Nomen eine di-Ergänzung hat, so bezeichnet diese dieselbe thematische Rolle wie das Subjekt des entsprechenden Verbs; vgl. die folgenden Beispiele:

(33) il giorno [THEMA] **finisce**   'der Tag endet'

 il **finire**/la **fine** del giorno [THEMA]   'das Ende des Tages'

(34) la gente [AGENS] **chiacchiera**   'die Leute schwatzen'

 le **chiacchiere** della gente [AGENS]   'das Geschwätz der Leute'

2.2.2. Transitive Verben

Als transitiv werden hier alle Verben zusammengefaßt, die eine oder mehrere Ergänzungen haben. Als Ergänzungen bezeichnen wir alle regierten Funktionen außer dem Subjekt und dem Komplement.

Wir unterscheiden die folgenden Typen von Objektergänzungen:

a. das Objekt

Das Objekt (in anderer Terminologie: "direktes Objekt", "Akkusativobjekt") wird realisiert als eine Nominalphrase, die unmarkiert rechts vom Verb steht, oder als ein klitisches Personalpronomen im Akkusativ.

Im Gegensatz zum Subjekt hat das Objekt keine Kongruenz mit dem finiten Verb. Es gibt jedoch eine fakultative Kongruenz zwischen dem Objekt und dem als Partizip auftretenden regierenden Verb (s. 2.5.1.1.).

Alle Verben, die ein Objekt haben, haben auch ein Subjekt. - Beispiele sind:

(35) Gli alberi nascondono **la casa**[OBJEKT]
'Die Bäume verbergen das Haus'

(36) Gli alberi **la** [OBJEKT] nascondono
'Die Bäume verbergen es'

N.B. Das it. Objekt entspricht weitgehend dem dt. Akkusativobjekt. Es gibt nur wenige Kontraste. Einem dt. Akkusativobjekt entspricht ein it. a-Obliquus (also ein "Dativ") bei *interessare* 'interessieren'; in der Bedeutung 'betreffen' ist *interessare* jedoch transitiv; vgl. z.B.:

(37) Non **gli** interessa
'Es interessiert ihn nicht'

Questa disposizione interessa solo **i soci onorari**
'Diese Bestimmung betrifft nur die Ehrenmitglieder'

Einem dt. Dativobjekt entspricht im It. ein Objekt (also ein "Akkusativ") bei *helfen - aiutare* und *ringraziare - danken*; vgl. z.B.:

(38) **Lo** aiuterò   vs.   'Ich werde **ihm** helfen'
Ringraziamo **il cielo**   vs.   'Wir wollen **dem Himmel** danken'

Manche transitiven Verben haben zusätzlich zum Objekt ein Komplement. Dieses **Komplement des transitiven Verbs** (in anderer Terminologie: "zweiter Akkusativ", "Prädikativum") wird realisiert als eine Nominalphrase, die unmarkiert rechts vom Objekt steht.

Alle aktiven Verben, die ein Komplement haben, haben auch ein Objekt. - Beispiele sind:

(39) Lo proclamarono **imperatore** [KOMPLEMENT]
'Man rief ihn zum Kaiser aus'

(40) Fu proclamato **imperatore** [KOMPLEMENT]
'Er wurde zum Kaiser ausgerufen'

N.B. Das Komplement des transitiven Verbs ist typischerweise nicht determiniert; vgl. aber auch die voll determinierte Form in:

(41) Li chiamavano **i sette savi** [KOMPLEMENT]
'Man nannte sie die sieben Weisen'

Inhaltlich ist das Komplement des transitiven Verbs typischerweise ein Name oder ein Titel; vgl. z.B. (39), (41) und (42):

(42) Battezzarono la nave **Andrea Doria** [KOMPLEMENT]
'Man taufte das Schiff Andrea Doria'

Das Komplement des transitiven Verbs kann aber auch eine bloß qualifizierende Nominalphrase sein:

(43) Io la ritengo **una persona onestissima** [KOMPLEMENT]
'Ich halte sie für eine absolut anständige Person'

b. der Obliquus

Der Obliquus wird realisiert entweder als Präpositionalphrase oder als klitisches Personalpronomen im Dativ oder als eins der klitischen Pronomina *ci* und *ne* (zu den regelmäßigen Beziehungen zwischen Präpositionalphrasen und klitischen Pronomina s. unten, 6.2.3.3.).

Der Obliquus zerfällt in eine Anzahl von Untertypen, je nach der zu wählenden Präposition. Es sind zwei Fälle zu unterscheiden: die starre und die lexikalisch variable Rektion.

Im Falle der **starren Rektion** wird die Präposition des Obliquus durch das Verb vollkommen festgelegt. Dies heißt, daß bei einem gegebenen Verb für ein gegebenes Argument nur eine einzige Präposition in Frage kommt; vgl. die folgenden Beispiele:

(44) dare qualcosa {a, *in, *da} qualcuno
'etwas jemandem geben'

(45) allontanare qualcosa {da, *in, *a} qualcosa
'etwas von etwas entfernen'

In diesen Fällen benennen wir die Untertypen des Obliquus, falls dies erforderlich ist, anhand der jeweils zu wählenden Präposition. Wir sagen also z.B., daß *dare* (außer einem Subjekt und einem Objekt) einen a-Obliquus hat.

N.B. Gemäß den oben skizzierten Prinzipien der Valenztheorie gibt es keine feste, sondern allenfalls typische Zuordnungen zwischen thematischen Rollen und grammatischen Funktionen. Folglich gibt es auch keine feste Zuordnung zwischen einem bestimmten, anhand der Präposition identifizierten,

Untertyp des Obliquus und irgendeiner thematischen Rolle. Erst Präposition und Verb zusammen geben an, wie der Obliquus rollenmäßig zu deuten ist; vgl. z.B. die Deutung des a-Obliquus in:

(46) riferirsi **a qualcosa** (THEMA)
 'sich auf etwas beziehen'

 comunicare qualcosa **a qualcuno** (ZIEL)
 'jemandem etwas mitteilen'

 condannare qualcuno **a qualcosa** (STRAFE)
 'jemanden zu etwas verurteilen'

 sottoporsi **alla critica** (NEGATIVE SITUATION)
 'sich der Kritik aussetzen'

(Die Rollenbezeichnungen sind hier ganz ad hoc gewählt und sollen nur die Unterschiede in der Interpretation des a-Obliquus verdeutlichen.)

N.B. Kontrastiv gibt es systematische Entsprechungen zwischen

- dem dt. Dativobjekt und dem it. a-Obliquus;
- dem dt. Präpositionalobjekt mit *an* und dem it. a-Obliquus
- dem dt. Genitivobjekt und dem it. di-Obliquus
- dem dt. Präpositionalobjekt mit *von, über, um, aus* und dem it. di-Obliquus

Beispiele sind:

(47) Dativobjekt a-Obliquus
 geben *dare*
 sagen *dire*
 zulächeln *sorridere*

(48) Präpositionalobjekt mit *an* a-Obliquus
 denken *pensare*
 glauben *credere*
 sich wenden *rivolgersi*

(49) Genitivobjekt di-Obliquus
 berauben *privare*
 beschuldigen *accusare*
 ermangeln *mancare*

(50) Präpositionalobjekt di-Obliquus
 mit *von, über, um, aus*
 befreien von *liberare di*
 sprechen von *parlare di*
 sich erinnern an *ricordarsi di*
 diskutieren über *discutere di*
 sprechen von, über *parlare di*
 sich handeln um *trattarsi di*

Aber es gibt Abweichungen von diesen Entsprechungen, die lexikalisch gelernt werden müssen; vgl. z.B.:

(51)   *jemandem trauen*   (Dativobjekt)   vs.   *fidarsi di qualcuno*   (di-Obliquus)
       jemandem danken   (Dativobjekt)   vs.   *ringraziare qualcuno*   (Objekt)
       einer Sache gedenken   (Genitivobjekt)   vs.   *commemorare qualcosa*   (Objekt)

Außerdem müssen Deutschsprachige bei den Entsprechungen der Präposition *von* darauf achten, ob das betreffende Argument die Rolle 'Herkunft' realisiert; in diesem Falle muß *da* gewählt werden; vgl. z.B.:

(52)   Ich nehme die Teller **vom** Tisch   -   Levo i piatti **dal** tavolo
       Der Zug fährt **von** Gleis fünf ab   -   Il treno parte **dal** binario cinque

Im Falle der **lexikalisch variablen Rektion** wird die Präposition durch das Verb und durch die thematische Rolle des betreffenden Arguments nicht vollständig festgelegt, sondern sie kann, je nach der Ausdrucksabsicht, innerhalb einer bestimmten Teilmenge der Präpositionen frei gewählt werden; vgl. z.B.:

(53)   guardare {**in, dietro, sotto, verso**} un oggetto
       '{in, hinter, unter, in Richtung auf} einen Gegenstand blicken'

(54)   passare {**per, attraverso**} un oggetto
       'durch einen Gegenstand hindurchgehen'

       passare **davanti a** un oggetto
       'vor einem Gegenstand vorbeigehen'

       passare **sotto** un oggetto
       'unter einem Gegenstand hindurchgehen'

       passare **sopra** un oggetto
       'über einen Gegenstand hinweggehen'

In diesem Falle benennen wir die Untertypen, falls dies erforderlich ist, nach der thematischen Rolle, der sie zugeordnet sind. Die thematischen Rollen, die hier in Frage kommen, sind vor allem die der räumlichen Verhältnisse; die Namen der Untertypen sind entsprechend **Ziel-Obliquus, Durchgangs-Obliquus** usw.; wir können diese Obliquen unter dem Namen **Lokalobliquus** zusammenfassen.

Auch zur lexikalisch variablen Rektion gehören die mit *per* 'für' und *contro* 'gegen' gebildeten Obliquen; vgl. z.B.:

(55)   {votare, lottare, pronunciarsi, decidersi} {**per, contro**} qualcosa
       '{für, gegen} etwas {stimmen, kämpfen, sich aussprechen, sich entscheiden}'

2.2.2.1. Der Funktionsrahmen <Subjekt, Objekt>

In die Gruppe der Verben, die ein Subjekt und ein Objekt regieren, gehört eine große Anzahl von Wörtern, die typischerweise Handlungen und etwas seltener Zustöße bezeichnen (s. die Beispiele (56) - (58)). Es gibt in dieser Gruppe aber auch Verben, die Zustände oder Eigenschaften bezeichnen (z.B. *conoscere* 'kennen', *avere* 'haben', *costare* 'kosten', *pesare* 'wiegen', *tenere* 'halten'). Hierzu gehören auch einige Verben, die seelische Zustände oder Einstellungen bezeichnen, die auf einen Gegenstand gerichtet sind (z.B. *amare* 'lieben', *rispettare* 'achten', *odiare* 'hassen', *temere* 'fürchten').

Die Rollenstrukturen, die dieser funktionalen Struktur entsprechen, variieren erwartungsgemäß; häufig sind die folgenden:

a. Subjekt = Patiens, Objekt = Thema

Beispiele:

(56) Il gatto sente il freddo
'Die Katze spürt die Kälte'

Giovanni vede la casa
'Giovanni sieht das Haus'

La signora ha dimenticato l'appuntamento
'Die Dame hat die Verabredung vergessen'

b. Subjekt = Agens, Objekt = Thema

Beispiele:

(57) Il contadino guarda il cielo
'Der Bauer betrachtet den Himmel'

La segretaria copia la lettera
'Die Sekretärin kopiert den Brief'

c. Subjekt = Agens, Objekt = hervorgebrachter Gegenstand

Beispiele:

(58) Il sindaco scrive una lettera
'Der Bürgermeister schreibt einen Brief'

Quello strumento produce un suono strano
'Dieses Instrument gibt einen eigenartigen Ton'

Eine besondere Stellung nimmt das Verb *fare* 'machen' ein. Sein Objekt bezeichnet typischerweise ein Argument in der Rolle des hervorgebrachten Gegenstandes. Es gibt jedoch Konstruktionen, in denen das Objekt von *fare* kein Argument (und somit auch keine Rolle) bezeichnet, sondern zusammen mit *fare* ein komplexes Prädikat bildet; vgl. z.B.:

(59) fare {l'interprete, l'autista, il militare}
'{Dolmetscher, Chauffeur, Soldat} sein'

(60) fare {il morto, l'idiota}
'sich {tot, dumm} stellen'

(61) fare {un giro, un viaggio, una passeggiata, quattro passi}
'{eine Tour, eine Reise, einen Spaziergang, ein paar Schritte} machen'

(62) {due e due, sei meno due} fanno quattro
'{zwei und zwei, sechs weniger zwei} sind vier'

d. Subjekt = Thema, Objekt = Maßangabe

Beispiele:

(63) Questa patata pesa 200 grammi
'Diese Kartoffel wiegt 200 Gramm'

Il paese dista un chilometro
'Das Dorf ist einen Kilometer entfernt'

Die Verben mit dem Funktionsrahmen <Subjekt, Objekt> unterliegen den Regeln der Intransitivierung durch einfache Reduktion (2.3.1.1.), durch Reflexivierung (2.3.3.) und durch Passivierung (2.3.2.).

N.B. Die nominalen Entsprechungen dieser Verben können einen di-Obliquus haben. Dieser kann sowohl dem Subjekt als auch dem Objekt des Verbs entsprechen und ist daher hinsichtlich der Rollenzuordnung prinzipiell ambig; vgl. z.B.:

(64) **Lo scrittore**[SUBJEKT=AGENS] spiega **la poesia**[OBJEKT=THEMA]
'Der Schriftsteller erklärt das Gedicht'

(64') la spiegazione dello scrittore   (Agens)
'die Erklärung des Schriftstellers'

la spiegazione della poesia   (Thema)
'die Erklärung des Gedichts'

2.2.2.2. Der Funktionsrahmen <Subjekt, Objekt, Obliquus>

Die Gruppe der Verben, die den Rahmen <Subjekt, Objekt, Obliquus> haben, lassen sich unter dem Gesichtspunkt der gewählten Präposition zu Untergruppen zusammenfassen. Diesen rein formal bestimmten Untergruppen entsprechen typische semantische Muster. Wir unterscheiden folgende Untergruppen:

a. Verben mit a-Obliquus

Die Verben dieser Gruppe bezeichnen typischerweise eine Handlung der Transmission (*dare* 'geben', *mandare* 'schicken', *prestare* 'leihen', *vendere* 'verkaufen' usw.) oder der Kommunikation (*dire* 'sagen', *raccontare* 'erzählen', *comunicare* 'mitteilen'; vgl. auch die mit dem Operator *fare* gebildeten "komplexen Verben" *far sapere* 'wissen lassen', *far capire* 'zu verstehen geben'). Bei diesen Verben entspricht das Subjekt dem Agens, das Objekt dem Thema und der Obliquus dem Empfänger. Hierbei ist das Thema ein Gegenstand, der übergeben wird oder eine Botschaft, die "gesendet" wird; s. die folgenden Beispiele und ihre Analysen:

(65) Giovanna dà una mela a Mario
      'Giovanna gibt Mario einen Apfel'

(65')

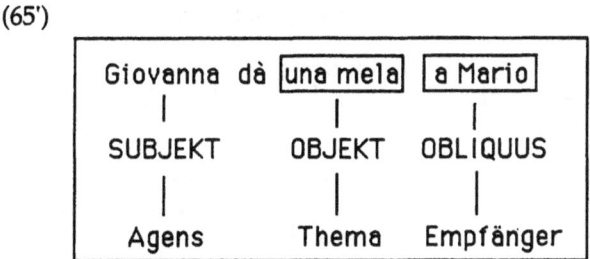

(66) Giovanna racconta una barzelletta a Mario
      'Giovanna erzählt Mario einen Witz'

(66')

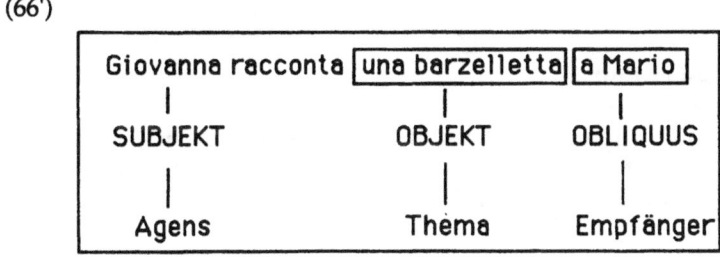

Die Rollenzuordnung des Subjekts (= Agens) und des Objekts (= Thema) ist bei den Verben dieses Funktionsrahmens durchgängig, zumindest wenn man diese Rollen nicht weiter spezifiziert, etwa den Agens als Sender und das Thema als Botschaft. Die Rollenzuordnung des a-Obliquus ist hingegen variabel; vgl. z.B.:

(67) La volpe rubò la gallina al contadino
'Der Fuchs stahl dem Bauern das Huhn'

(67')

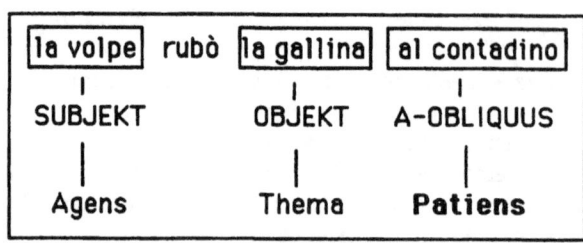

N.B. Hier ist die Richtung der Transmission gegenüber *dare* 'geben' und ähnlichen Verben genau umgekehrt, während Aktivität und Passivität in den Rollen gleich bleiben; die vollkommen symmetrische Entsprechung (Konverse) von 'geben' wird jedoch nicht in diesem syntaktischen Schema ausgedrückt, sondern durch einen da-Obliquus (*ricevere q.c. da q.u.* 'etwas von jem. bekommen').

(68) Il caposquadra espose gli operai a un rischio inutile
'Der Vorarbeiter setzte die Arbeiter einem unnötigen Risiko aus'

(68')

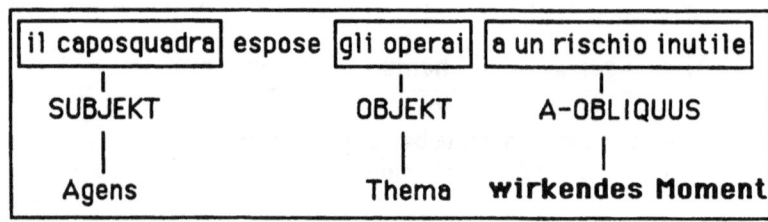

b. Verben mit da-Obliquus

Verben dieser Untergruppe bezeichnen typischerweise Handlungen und Prozesse des Trennens oder Entfernens (*separare* 'trennen', *allontanare* 'entfernen', *estrarre* 'extrahieren', *liberare* 'befreien', *guarire* 'heilen'); vgl. die folgenden Beispiele:

(69) La corrente allontanò la barca dalla riva
'Die Strömung entfernte das Boot vom Ufer'

(69')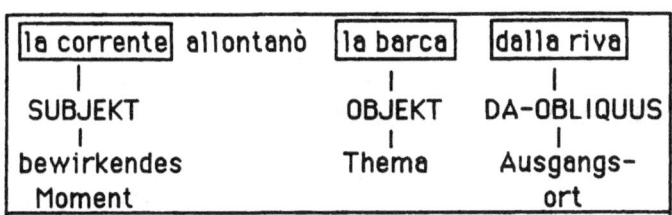

(70) Questi medici hanno guarito molte persone dalla lebbra
'Diese Ärzte haben viele Menschen von der Lepra geheilt'

(70')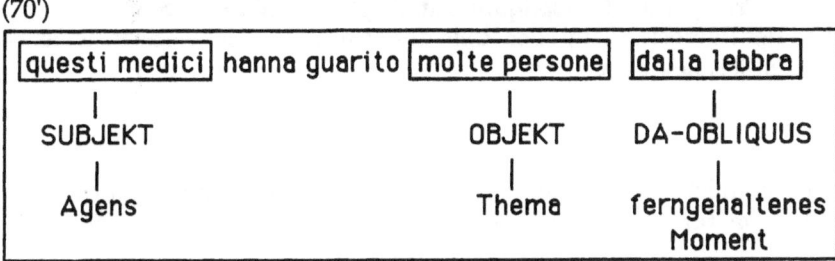

c. Verben mit Ziel-Obliquus

Diese Gruppe umfaßt vor allem Verben des Transportierens (*mettere* 'setzen, stellen, legen', *spingere* 'stoßen, schieben', *nascondere* 'verstecken') und des Befestigens (*fissare* 'befestigen', *appendere* 'aufhängen', *attaccare* 'anbinden' usw.). Die in Frage kommenden Präpositionen sind *a* 'an', *in* 'in', *dietro* 'hinter' und andere lokale Präpositionen. - Beispiele sind:

(71) Maria mise le scarpe sotto il letto
'Maria stellte die Schuhe unter das Bett'

(71')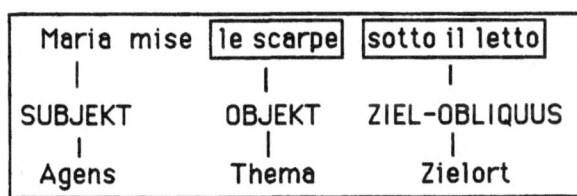

(72) Il cavaliere attaccò il cavallo al carro
'Der Ritter band das Pferd an den Karren'

(72')

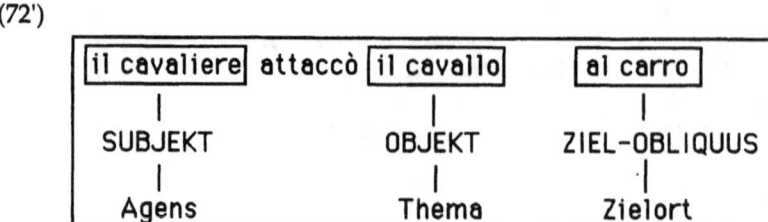

d. Sonstige Präpositionen beim Obliquus

Auch *per* 'für', *con* 'mit', *di* 'von' und *come* 'als' treten bei Verben der vorliegenden Gruppe als Präposition des Obliquus auf. Auch hier gibt es typische Beziehungen zwischen der Präposition und der Rolle des Mitspielers; sie werden jeweils bei der Analyse der Beispiele angegeben.

per-Obliquus

(73) prendere q.u. per q.u.   (Obliquus = Substitutionsgegenstand)
      'jem. für jem. halten'

      scambiare q.u. per q.u.   (")
      'jem. mit jem. verwechseln'

N.B. In *prendere q.u. per la mano* 'jem. bei der Hand nehmen' und ähnlichen Ausdrücken hat der Obliquus eine ganz andere Rolle: er bezeichnet den Körperteil, das Kleidungsstück usw., an dem man eine Person, ein Tier usw. anfaßt.

con-Obliquus

(74) mescolare q.c. con q.c.   (Obliquus = 2. Thema)
      'etw. mit etw. mischen'

      unificare q.c. con q.c.   (")
      'etw. mit etw. vereinigen'

      sposare q.u. con q.u.   (")
      'jem. mit jem. verheiraten'

(75) scusarsi con q.u.   (Obliquus = Empfänger)
      'sich bei jem. entschuldigen'

di-Obliquus

(76) caricare q.c. di q.c.   (Obliquus = 2. Thema)
      'etw. mit etw. beladen'

>   coprire q.c. di q.c.　　　　　(")
>   'etw. mit etw. bedecken'
>
>   riempire q.c. di q.c.　　　　　(")
>   'etw. mit etw. füllen'

N.B. Hier ist konkurrierend auch *con* möglich. Wird *con* gewählt, so wird der auch im di-Obliquus latent vorhandene instrumentale Charakter mehr betont.

Bei manchen Verben gibt der di-Obliquus das Maß an:

> (77) Il nuotatore ha migliorato il proprio record **di due secondi**
> 'Der Schwimmer hat seinen eigenen Rekord um zwei Sekunden verbessert'
>
> La ditta ha aumentato i prezzi **del 10 per cento**
> 'Die Firma hat die Preise um zehn Prozent erhöht'

N.B. Die Maßangabe kann also bei den Verben mit dem Funktionsrahmen <Subjekt, Objekt> als Objekt erscheinen, und bei den Verben mit dem Funktionsrahmen <Subjekt, Objekt, Obliquus> als di-Obliquus.

Eine weitere Rollenstruktur liegt vor bei *convincere* 'überzeugen' und *informare* 'informieren': hier bezeichnet der di-Obliquus einen Bewußtseinsinhalt; vgl. z.B.:

> (78) Mi ha convinto della gravità della situazione
> 'Er hat mich vom Ernst der Lage überzeugt'

come-Obliquus

> (79) considerare q.u. come q.u.　　(Obliquus = nicht essentielle
> 'jem. betrachten als'　　　　　　Eigenschaft des Themas)
>
> stimare q.u. come q.u.　　　　　(")
> 'jem. schätzen als'
>
> usare q.c. come q.c.　　　　　　(")
> 'etw. benutzen als'

Typischerweise ist die in der Präpositionalphrase enthaltene Nominalphrase indefinit; vgl. die folgenden Beispiele:

> (80) Lo considero come **un nemico**
> 'Ich betrachte ihn als einen Feind'
>
> Lo stimo molto come **pianista**
> 'Ich schätze ihn sehr als Pianisten'

>   Uso la cassa come **sedia**
>   'Ich benutze die Kiste als Stuhl'

Ein Artikelwort ist notwendig, wenn das Nomen erweitert ist:

>   (81)   Lo stimo come **un pianista molto bravo**
>   'Ich schätze ihn als einen sehr guten Pianisten'
>
>   Usa la propria influenza come **un mezzo per arricchirsi**
>   'Er benutzt seinen Einfluß, um sich zu bereichern'

Ist die Ergänzung superlativisch, so tritt der bestimmte Artikel ein:

>   (82)   Lo considero come **il nemico più pericoloso**
>   'Ich betrachte ihn als den gefährlichsten Feind'

N.B. Bei *stimare* und *considerare* kann das zweite Argument auch Komplement sein:

>   (81') Lo stimo **un pianista molto bravo**
>   'Ich schätze ihn als einen sehr guten Pianisten'
>
>   (82') Lo considero il **nemico più pericoloso**
>   'Ich betrachte ihn als den gefährlichsten Feind'

Der Funktionsrahmen <Subjekt, Objekt, Obliquus> kann durch Passivierung (2.3.2), Reflexivierung (2.3.3.) und durch Streichung des Obliquus (2.3.1.1.) verändert werden.

2.2.2.3. Der Funktionsrahmen <Subjekt, Obliquus>

Eine insgesamt nicht sehr zahlreiche, aber nicht unwichtige Gruppe von Verben hat einen Funktionsrahmen aus Subjekt und Obliquus. Es lassen sich zwei klare Untergruppen unterscheiden; allerdings bleibt auch hier eine Anzahl von Einzelfällen übrig. Die Untergruppen sind:

a. Lokalobliquus

Verben, die Subjekt und Lokal-Obliquus haben, sind Verben der Bewegung bzw. der Ortsveränderung wie *andare* 'gehen', *venire* 'kommen', *entrare* 'hineingehen', *uscire* 'herausgehen' usw.; s. die folgenden Beispiele:

>   (83)   I turisti vanno a Pisa
>   'Die Touristen fahren nach Pisa'

(83')

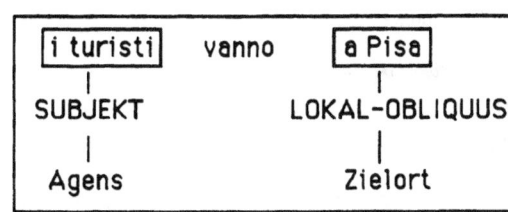

(84) I turisti vengono da Firenze
'Die Touristen kommen aus Florenz'

(84')

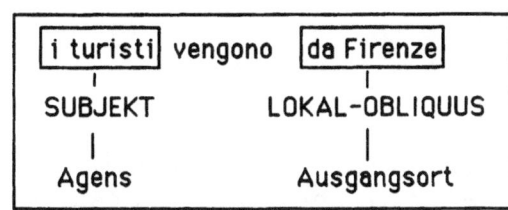

(85) L'autostrada passa vicino a Orvieto
'Die Autobahn geht bei Orvieto vorbei'

(85')

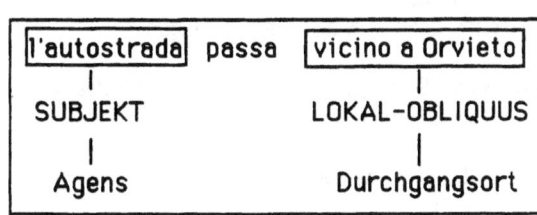

Die Präpositionen legen partiell fest, welche thematische Rolle der Lokalobliquus hat:

- bei *andare* 'gehen' und *venire* 'kommen' bezeichnen *a* 'an, bei, zu', *in* 'in', *fra* 'zwischen', *dietro* 'hinter', *sotto* 'unter', *sopra* 'auf', *su* 'auf', *davanti a* 'vor', *vicino a* 'bei' den Zielort
- bei *passare* 'hindurchgehen' bezeichnen *fra* 'zwischen', *dietro* 'hinter', *sotto* 'unter', *sopra* 'auf', *su* 'auf', *davanti a* 'vor', *vicino a* 'bei', *per* 'durch' und *attraverso* 'über, durch' den Durchgangsort
- bei *uscire* 'herausgehen' bezeichnet *da* 'von weg' den Ausgangsort

N.B. Hierbei hat *da* die Besonderheit, daß es nicht nur eine Nominalphrase regieren kann (*uscire dalla casa* 'aus dem Haus gehen'), sondern auch eine Präpositionalphrase (*uscire da sotto il tavolo* 'unter dem Tisch hervorkommen').

N.B. In idiomatischen Wendungen kann dort, wo man von der Bedeutung her *da* erwarten würde, auch *di* stehen; vgl. z.B. *uscire di casa* 'das Haus verlassen'.

N.B. Auch bei *venire* kann *da* den Herkunftsort bezeichnen:

(86) Vengo dall'università
      'ich komme von der Universität'

Die Präposition *da* ist mehrdeutig. Abgesehen davon, daß sie auch die Urheberangabe im Passiv regiert (s. 2.3.2), hat sie auch im Lokal-Obliquus mehrere Funktionen. Sie kann nicht nur den Herkunftsort signalisieren (wie in (86)), sondern auch den Ziel- und den Befindlichkeitsort, wenn dieser anhand einer Person bezeichnet wird:

(87) vado da Mario
      'ich gehe zu Mario'

(88) sono da Mario
      'ich bin bei Mario'

Außerdem bezeichnet *da* denjenigen Teil eines räumlichen Objekts, an dem eine Bewegung in das Objekt hinein oder aus dem Objekt hinaus dessen Außengrenze trifft:

(89) Il ladro è entrato dalla cantina
      'Der Dieb ist durch den Keller hineingekommen'

      Il proiettile è uscito dal tetto
      'Das Geschoß ist durch das Dach herausgedrungen'

Wenn *parte* in der Bedeutung 'Ort', 'Seite' gebraucht wird, ist die Präposition *da*, ganz gleich, ob es sich um einen Obliquus handelt oder nicht:

(90) Vieni da questa parte!   (da-Obliquus)
      'Komm auf diese Seite!'

(91) Esce dalla parte opposta   (Adjunkt)
      'Er geht auf der gegenüberliegenden Seite hinaus'

N.B. Undeterminiertes *da parte di* wird im Sinne von 'von' gebraucht; s. z.B.: *vengo da parte di Mario* 'ich komme von Mario' (im Sinne von 'Mario schickt mich'), *tanti saluti da parte di zia Giovanna* 'viele Grüße von Tante Giovanna'. – Dem dt. *von seiten* entspricht determiniertes *dalla parte di: dalla parte del consumatore* 'von seiten des Verbrauchers'.

b. di-Obliquus

Der di-Obliquus steht bei einigen Verben, die Kommunikationshandlungen, Gefühlszustände oder Handlungen bezeichnen; s. z.B.:

(92) L'oratore parlò dei problemi internazionali
'Der Redner sprach über die internationalen Probleme'

(92')

l'oratore	parlò	dei problemi internazionali
SUBJEKT		DI-OBLIQUUS
Agens		Kommunikationsinhalt

(93) Non discutiamo di queste cose!
'Laßt uns über diese Dinge nicht diskutieren!'

Der di-Obliquus bezeichnet bei Verben der Kommunikation den Kommunikationsinhalt (s. (92) und (93); vgl. auch (78)). Bei anderen Verben, z.B. *disperare di* 'verzweifeln über', *innamorarsi di* 'sich verlieben in', *lagnarsi di* 'sich beklagen über', *impadronirsi di* 'sich einer Sache bemächtigen' bezeichnet er den Gegenstand, auf den ein Gefühl oder eine Handlung gerichtet ist.

N.B. Die Verben des Funktionsrahmens <Subjekt, di-Obliquus> haben z.T. auch den Funktionsrahmen <Subjekt, Objekt>. Dies gilt z.B. für *discutere* 'diskutieren', *trattare* 'behandeln' und *parlare* 'sprechen'. Mit dem Wechsel des Funktionsrahmens sind semantische Unterschiede verbunden. Diese reichen von der bloßen Nuance (wie in (94') und (94")) bis zur Polysemie (wie in (94'")); vgl. z.B.:

(94') discutere **di un problema** - discutere **un problema**
'{ein Problem, über ein Problem} diskutieren'

(94") Il primo capitolo tratta **della colonizzazione greca**
'Das erste Kapitel handelt über die griechische Kolonisierung'

Nel primo capitolo, l'autore tratta **la colonizzazione greca**
'Im ersten Kapitel behandelt der Verfasser die griechische Kolonisierung'

(94'") Parla **della nostra lingua**
'Er spricht über unsere Sprache'

Parla **la nostra lingua**
'Er spricht unsere Sprache'

N.B. Den Funktionsrahmen <Subjekt, di-Obliquus> haben auch die Verben *puzzare* 'stinken' und *sapere* in der Bedeutung 'schmecken, riechen':

(95) L'acqua sa un po' di cloro
'Das Wasser schmeckt etwas nach Chlor'

(96) La stanza puzza di fumo
'Das Zimmer stinkt nach Rauch'

Auch ein subjektloser Gebrauch ist hier möglich:

(96')   Qui puzza di fumo
        'Hier riecht es nach Rauch'

c. Sonstige Untergruppen des Obliquus

Weitere Verben mit dem Funktionsrahmen <Subjekt, Obliquus> haben die Präpositionen *a, tra, per, contro, su* und *da*:

(97)   parlare a   'sprechen mit'
        scegliere tra   'wählen zwischen'
        lottare {per, contro}   'kämpfen {für, gegen}'
        contare su   'rechnen auf'
        fungere da   'fungieren als'

Verben der Gruppe <Subjekt, Obliquus> können durch Streichung des Obliquus in die Klasse der Verben ohne Ergänzung übergehen; s. 2.3.1.1.

Ein Funktionsrahmen, der aus zwei Obliquen besteht, ist auf die Verben *fare* 'tun' und *servire* 'dienen' und die Präpositionen *a* und *da* beschränkt; s. z.B.:

(98)   Ci fa da interprete
        'Er dolmetscht für uns'

        Una vecchia capanna gli servì da casa
        'Eine alte Hütte diente ihm als Haus'

2.2.3. Kopulaverben

Kopulaverben sind eine relativ kleine Gruppe von Verben, nämlich *essere* 'sein', *stare* 'sich befinden', *diventare* und *divenire* 'werden', *nascere* 'geboren werden', *rimanere* 'bleiben', *tornare* 'wieder werden', *sembrare, parere* 'scheinen', *fare* 'wirken', 'sein', *risultare* 'sich herausstellen als', dazu die reflexivierten Verben *trovarsi* 'sich befinden' und *farsi* 'werden'. Auf der **semantischen** Ebene haben sie in den typischen Fällen **nur einen Mitspieler**, der Thema ist und als Subjekt erscheint. Sie haben dies mit den intransitiven Verben mit Subjekt gemein (s. 2.2.1.).

N.B. Subjektlos (und entsprechend ohne Thema) sind Bezeichnungen für natürliche Phänomene wie *fa bello* 'es ist schönes Wetter', *fa buio* 'es wird dunkel'. - Die Bezeichnung der Zeitrelation ("vor soundsoviel Zeit": *molto tempo fa* 'vor langer Zeit', *due giorni fa* 'vor zwei Tagen') hat im heutigen Italienisch *fa* nicht als Verb, sondern als Postposition. - Zu Ausdrücken wie *fare schifo* 'widerwärtig sein' s. unten.

Zwei Mitspieler haben die Kopulaverben, wenn die bezeichnete Relation eine der Identität oder der örtlichen Befindlichkeit ist. Der zweite Mitspieler ist dann Identifikationsterm oder Befindlichkeitsort; s. die beiden folgenden Beispiele:

(99) Questa è mia sorella
'Das ist meine Schwester'

(99')

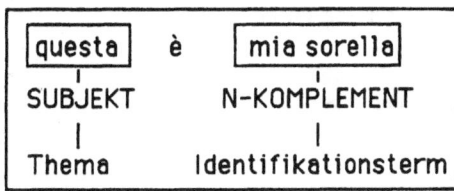

(100) Il cappotto sta nell'armadio
'Der Mantel ist im Schrank'

(100')

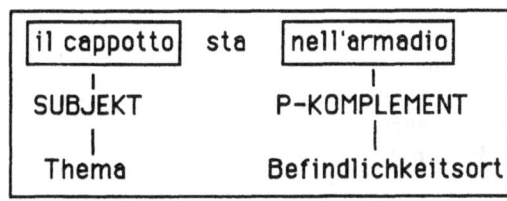

Auf der Ebene der **grammatischen Funktionen** haben die Kopulaverben neben dem Subjekt ein **Komplement**. Das Komplement bezeichnet (außer in den eben erwähnten Fällen) nicht einen Mitspieler, sondern eine Eigenschaft des Subjektreferenten.

N.B. In modelltheoretischer Auffassung bezeichnet das Komplement der Kopulaverben eine Menge, der der Subjektreferent angehört, anzugehören scheint oder anzugehören anfängt. Diese ist jedoch keine Entität in dem Sinne, wie es die Mitspieler sind. Intuitiv gesprochen bezeichnet das Komplement eine mentale Kategorie, von der behauptet wird, daß der Subjektreferent ihr angehört. Ist das Komplement eine Nominalphrase, so ist sie folglich nicht referentiell.

Die Komplemente der Kopulaverben können auf der Ebene der **Konstituenz** verschiedenen Kategorien angehören. Sie können sein:

- Nomen bzw. Nominalphrase (N-Komplement)
- Adjektiv bzw. Adjektivphrase (A-Komplement)
- Präpositionalphrase oder Adverb (P-Komplement)

Die einzelnen Kopulaverben unterscheiden sich u.a. darin, welche Art von Komplement sie zu sich nehmen.

Außer den eigentlichen Kopulaverben können auch normale intransitive Verben und Verben mit dem Funktionsrahmen <Subjekt, Objekt> zusätzlich ein A-Komplement haben.

2.2.3.1. Der Funktionsrahmen <Subjekt, N-Komplement>

Der Funktionsrahmen <Subjekt, N-Komplement> hat zwei Untertypen: Das Komplement kann eine volle Nominalphrase sein oder nur ein Nomen, das nicht durch ein Artikelwort determiniert wird; vgl. (101) und (102):

(101) Genova è **la capitale della Liguria**
'Genua ist die Hauptstadt von Ligurien'

(102) Luigi è **pittore**
'Luigi ist Maler'

Die Fälle, in denen das Komplement ein nicht determiniertes Nomen ist, sind auf bestimmte inhaltliche Kategorien (soziale Zugehörigkeit: Beruf, Nationalität, Religion usw.) beschränkt; vgl. z.B. (102) und:

(103) Luigi è {studente, massone, filatelista}
'Luigi ist {Student, Freimaurer, Briefmarkensammler}'

(104) *Luigi è {amico, mascalzone}
'*Luigi ist {Freund, Feigling}'

Wenn das Nomen erweitert ist, muß auch in diesen Fällen ein Artikelwort stehen; vgl. (105) und (106):

(105) Luigi è **un pittore abbastanza conosciuto**
'Luigi ist ein ziemlich bekannter Maler'

(106) Luigi è **un pittore che lavora moltissimo**
'Luigi ist ein Maler, der viel arbeitet'

N.B. Dies gilt nicht, wenn das Nomen nur den Typ der Kategorie angibt, diese aber nicht spezifiziert, wie z.B. *membro, socio* 'Mitglied', *cittadino* 'Staatsbürger'; s. z.B.:

(107) E' **socio dell'automobile club?**
'Sind Sie Mitglied des Automobilclubs?'

(108) Girardelli è **cittadino lussemburghese**
'Girardelli ist luxemburgischer Staatsbürger'

Auch wenn das Nomen keine Erweiterung hat, darf der unbestimmte Artikel in diesen Fällen stehen:

(109) Luigi è **un pittore**
'Luigi ist ein Maler'

Es besteht ein semantisch-pragmatischer Unterschied zwischen (102) und (109), aufgrund dessen beide in bestimmten Kontexten nicht frei vertauschbar sind; vgl. (110) und (111):

(110) Ma chi è questo Luigi? - E' **un pittore**
'Wer ist denn dieser Luigi? - Das ist ein Maler'

(111) Che mestiere fa Luigi? - Luigi è **pittore**
'Welchen Beruf hat Luigi? - Luigi ist Maler'

In (110) wäre die artikellose und in (111) die Variante mit Artikel seltsam. Dies hat folgenden Grund: Das N-Komplement mit Artikel gibt eine **allgemeine Charakterisierung**. Diese ist nicht auf die Kategorie der Berufe oder der sozialen Zugehörigkeit beschränkt. Daher könnte man auf die in (110) gestellte Frage auch antworten mit z.B.: *E' un amico mio* 'das ist ein Freund von mir'. Das N-Komplement ohne Artikel gibt eine **Spezifikation innerhalb einer vorgegebenen Kategorie** (Beruf, Staatsangehörigkeit, Religion usw.) an.

Eine weitere Gruppe von Nomina kann als N-Komplement ohne Determination stehen: die Bezeichnungen für (konkrete oder abstrakte) Stoffe (Kap. IV, 1.1.2); s. z.B.:

(112) Questo è **oro**
'Das ist Gold'

(113) Questo non è **amore**
'Das ist keine Liebe'

Das N-Komplement unterliegt zwei **Beschränkungen**:

- als **Artikelwort** kommt, abgesehen von den Fällen, in denen semantisch nicht eine Kategorienzuweisung, sondern eine Identifikation vorliegt, nur der unbestimmte (und entsprechend im Plural der Nullartikel oder der Teilungsartikel) in Frage
- die als Komplement auftretende Nominalphrase steht mit dem Subjekt in **Numeruskongruenz**, es sei denn, es handelt sich beim Komplementnomen um ein Kollektivum (z.B. *loro sono una coppia* 'sie sind ein Paar')

Beispiele sind:

(114) La polmonite è **una malattia pericolosa**
'Lungenentzündung ist eine gefährliche Krankheit'

(115) Questi sono **fagioli**
'Dies sind Bohnen'

(116) La polmonite, la malaria e il colera sono **delle malattie pericolose**
'Lungenentzündung, Malaria und Cholera sind gefährliche Krankheiten'

N.B. Einen Sonderfall bilden bestimmte **Definitionen**, die aufgrund der Bestimmtheit des Definiens den bestimmten Artikel im N-Komplement verlangen:

(117) Un gruppo è **l'insieme dei numeri razionali**
'Eine Gruppe ist die Menge der rationalen Zahlen'

Das N-Komplement kann auch **ein Pronomen** sein, und zwar sowohl ein Pronomen, das die Eigenschaften einer Nominalphrase hat (118 bis 121), als auch das klitische Pronomen *lo* (122 bis 123):

(118) La ragione è **questa**: ...
'Der Grund ist folgender: ...'

(119) Lui è **qualcuno**
'Der ist schon jemand'

(120) Non è più **quello di una volta**
'Er ist nicht mehr wie früher'

(121) **Chi** è questo?
'Wer ist der hier?'

(122) Luigi è pittore, e **lo** sarà anche suo figlio
'Luigi ist Maler, und auch sein Sohn wird es sein'

(123) Luigi non è un pittore molto conosciuto, ma **lo** vorrebbe essere
'Luigi ist kein sehr bekannter Maler, aber er wäre es gerne'

Die Kopulaverben, die mit einem N-Komplement stehen können, sind die folgenden:

essere

(Beispiele s. (99), (101) - (121))

diventare, divenire

(124) Carlo è diventato pittore
'Carlo ist Maler geworden'

(125) Bisanzio diventò Istambul
'Aus Byzanz wurde Istanbul'

N.B. Dieses Kopulaverb kann zusätzlich noch ein **P-Komplement** mit *da* haben, das den Ausgangspunkt der Veränderung angibt. Die von *da* regierte Form muß derselben Kategorie angehören wie das Komplement, daher muß sie hier ein Nomen sein; s. z.B.:

(126) **Da Bisanzio** la città diventò Istambul
'Aus Byzanz wurde Istanbul'
(wörtl.: 'Aus Byzanz wurde die Stadt Istanbul')

(127) **Da amicizia**, il loro legame diventò amore
'Aus ihrer Freundschaft wurde Liebe'
(wörtl.: 'Aus Freundschaft wurde ihre Bindung Liebe')

nascere

(128) E' nato di genitori poveri
'Er wurde als Sohn armer Eltern geboren'

(129) E' nato americano
'Er ist geborener Amerikaner'
(wörtl.: 'Er ist als Amerikaner geboren')

rimanere

(130) L'onorevole Rossi rimase presidente del consiglio per tre governi successivi
'Der Abgeordnete Rossi blieb in drei aufeinanderfolgenden Regierungen Premierminister'

(131) E' rimasto un bambino
'Er ist ein Kind geblieben'

N.B. In den vorliegenden Funktionsrahmen gehört auch das (idiomatische) Schema *rimanere {vedovo, vedova, orfano}* '{Witwer, Witwe, Waise} werden'; zum ingressiven *rimanere* s. unten.

tornare

(132) Dopo tre anni tornò presidente
'Nach drei Jahren wurde er wieder Präsident'

(133) Dopo il ballo, Cenerentola tornò la povera fanciulla di prima
'Nach dem Ball wurde Aschenputtel wieder zu dem armen Mädchen von vorher'

sembrare

(134) Franco sembra un inglese
'Franco sieht wie ein Engländer aus'

(135) Quella villa sembra una fortezza
'Diese Villa wirkt wie eine Festung'

N.B. Das undeterminierte N-Komplement scheint hier nicht vorzukommen.

fare

(136) Questi capelli fanno un po' punk
'Diese Haare sehen ein bißchen nach Punker aus'

(137) Quella sua barba grigia fa un po' vecchio frate
'Mit seinem grauen Bart wirkt er ein bißchen wie ein alter Mönch'

N.B. In dieser Konstruktion ist das Komplement semantisch auf menschliche Typen eingeschränkt. Es steht kein Artikelwort. - Zu *fare* in dem Funktionsrahmen <Subjekt, Objekt>, der äußerlich ähnlich wirkt; s. oben, Beispiele (60) - (63).

farsi

(138) Si vuole far prete
'Er will Priester werden'

(139) E il gatto si fece gran signore e visse in un bel castello
'Und der Kater wurde ein großer Herr und lebte in einem schönen Schloß'

N.B. In den vorliegenden Funktionsrahmen gehören auch die Routineformeln, mit denen man seine Identität, z.B. beim Telefonieren, angibt:

(140) Sono io
'Ich bin's'

(141) Sono Rossi
'Hier ist Rossi'
(wörtl.: 'Ich bin Rossi')

2.2.3.2. Der Funktionsrahmen <Subjekt, A-Komplement>

A-Komplemente sind Adjektivphrasen. Sie stehen in Kongruenz mit dem Subjekt bzw. dem Objekt des Satzes (s. 3.).

Als Kopf solcher Adjektivphrasen kommen vor allem die typischen Adjektive (s. 3.) in Frage.

N.B. Relationale Adjektive scheinen nur in kontrastierendem Kontext möglich zu sein: *la commissione è governativa, non presidenziale; la mia partenza è finora solo eventuale.*

N.B. Bei Ausrufesätzen mit Kopulaverb und Gradadverb im A-Komplement bestehen zwei Möglichkeiten: entweder wird das Interrogativpronomen *quanto* als Gradadverb benutzt, und die Kopula steht normal vor dem Rest des A-Komplements (s. 142), oder statt des Gradadverbs steht *che*, und die Kopula rückt hinter das A-Komplement (s. 142'):

(142) Quanto sei stupido!

(142') Che stupido sei!
'Wie dumm du bist!'

Folgende Verben treten in diesem Funktionsrahmen auf:

essere

(143) La vita è cara
'Das Leben ist teuer'

stare

(144) I bambini stanno zitti
'Die Kinder sind still'

N.B. Die dt. Positionsverben *stehen* und *sitzen* werden mit *stare* und einem A-Komplement wiedergegeben:

(145) Giovanni sta seduto
'Giovanni sitzt'

(146) Il treno sta fermo
'Der Zug steht'

Für *liegen* gibt es zwar ein Positionsverb *giacere*. Aber die Position wird gewöhnlich auch hier durch *stare* und ein A-Komplement ausgedrückt, oder es wird auf ihren expliziten Ausdruck verzichtet:

(147) Giovanni sta sdraiato sul letto
'Giovanni liegt auf dem Bett'

(148) Il bucato è nell'armadio
'Die Wäsche liegt im Schrank'
(wörtl.: 'Die Wäsche ist im Schrank')

Zwischen *essere* und *stare* als Kopulaverben besteht ein semantischer Unterschied: *stare* bezeichnet eine Befindlichkeit oder einen Zustand als veränderbar. Deswegen wird *stare* gegenüber *essere* in Aufforderungen vorgezogen:

(149) Stai buono!
'Sei brav!'

'Stia tranquillo!
'Seien Sie unbesorgt!'

Dies gilt auch in nicht in den vorliegenden Funktionsrahmen gehörenden Formulierungen wie:

(150) Stammi bene!
'Laß dir's gut gehen!'

(151) Mi stia a sentire!
'Hören Sie mir zu!'

essere gibt keine solche Information: es ist die unmarkierte Form.

N.B. Die semantische Unterscheidung zwischen *essere* und *stare* wird allerdings dadurch verdeckt, daß *stare* z.T. grammatikalisiert ist. Es ist Hilfsverb (s. 2.5.), und es bildet zusammen mit *essere* ein suppletives Paradigma: *stato* ist das Partizip Perfekt nicht nur von *stare*, sondern auch von *essere*.

diventare, divenire

(152) A queste parole diventò pallida
'Bei diesen Worten wurde sie blaß'

(153) Il caldo divenne insopportabile
'Die Hitze wurde unerträglich'

N.B. Auch in diesem Funktionsrahmen (s. auch 2.2.3.1.) ist bei *diventare, divenire* ein zusätzliches da-Komplement möglich. Die von *da* regierte Form muß derselben Kategorie angehören wie das Komplement, daher muß sie hier ein Adjektiv sein; s. z.B.:

(154) **Da rosso** il suo volto divenne violaceo
'Die Farbe seines Gesichts ging von rot in violett über'
(wörtl.: 'Von rot wurde sein Gesicht violett')

nascere

(155) I topi nascono ciechi
'Mäuse kommen blind auf die Welt'

(156) E' nato povero
'Er kam arm auf die Welt'

rimanere

(157) La porta rimase aperta
'Die Tür blieb offen'

(158) Dopo quell'incidente, i loro rapporti rimasero freddi
'Nach diesem Zwischenfall blieben ihre Beziehungen kühl'

N.B. Das Verb *rimanere* hat zwei Lesarten, eine statische, 'bleiben', und eine ingressive, die sich mit 'von einem bestimmten Moment an sein' umschreiben läßt. Dieses *rimanere* kann man im Dt. nur selten mit *bleiben* wiedergeben. Bei manchen Adjektiven (z.B. *ferito* 'verletzt', *incinto* 'schwanger') entspricht ingressives *rimanere* dt. *werden* :

    (159) Alcuni passeggeri rimasero feriti   Dopo il parto, rimase di nuovo incinta
           'Einige Fahrgäste wurden verletzt'   'Nach der Geburt wurde sie erneut schwanger'

Bei anderen (z.B. *contento*, *soddisfatto* 'zufrieden', *deluso* 'enttäuscht', *sorpreso* 'überrascht') wird *rimanere* durch *sein* wiedergegeben; manchmal kann ein idiomatischer Ausdruck die Lesart treffen; vgl.:

    (160) I clienti rimangono contenti   I passeggeri rimasero bloccati sul treno
           'Die Kunden sind zufrieden'   'Die Reisenden saßen im Zug fest'

tornare

    (161) Il tempo tornò buono
           'Das Wetter wurde wieder gut'

    (162) Il mare è tornato pulito
           'Das Meer ist wieder sauber geworden'

risultare

    (163) Il compito risulta più difficile di quanto si credeva
           'Die Aufgabe stellt sich als schwieriger heraus, als man dachte'

    (164) Il sospetto risultò giustificato
           'Es stellte sich heraus, daß der Verdacht begründet war'

trovarsi

    (165) Mi trovai un po' isolato
           'Ich war etwas isoliert'

    (166) La signora si trova un po' stanca
           'Die gnädige Frau fühlt sich etwas angegriffen'

farsi

    (167) Il suo sguardo si fece minaccioso
           'Sein Blick wurde drohend'

    (168) La campagna si fece buia
           'Auf dem Lande wurde es dunkel'

Wie man sieht, sind bei A-Komplementen alle Kopula-Verben möglich. Auch Verben, die primär keine Kopulaverben sind, können ein A-Komplement haben. Dabei handelt es sich um folgende Gruppen:

a. kausativ gebrauchte Verben: *fare* und *rendere* 'machen', *dipingere* 'malen'

Diese Verben haben (u.a.) den Funktionsrahmen <Subjekt, Objekt, A-Komplement>. Das A-Komplement steht in Numerus- und Genuskongruenz mit dem Objekt; s. z.B.:

>(169) La luce rende i **colori**$_{mask.pl.}$ **più intensi**$_{mask.pl.}$
>'Das Licht macht die Farben intensiver'

Weitere Beispiele sind:

>(170) Osvaldo promise a Matilde di render**la felice**
>'Osvaldo versprach Matilde, sie glücklich zu machen'

>(171) Dobbiamo fare **il buco più grande**
>'Wir müssen das Loch größer machen'

>(172) Perché l'hai dipinta **così piccola**?
>'Warum hast du sie so klein gemalt?'

N.B. Im Unterschied zu den Kopulaverben kann hier das A-Komplement nicht pronominal durch *lo* realisiert werden; vgl. z.B.:

>(173) Osvaldo ha reso Matilde **felice** vs. *Osvaldo **lo** ha reso Matilde
>'Osvaldo hat Matilde **glücklich** gemacht' vs. '*Osvaldo hat Matilde **es** gemacht'

In gehobener Sprache kann das Pronomen *tale* bei *rendere* stehen:

>(174) Matilde è felice. Osvaldo l'ha resa tale.
>'Matilde ist glücklich. Osvaldo hat das bewirkt' (wörtl.: '... sie so gemacht')

b. Verben des Urteils: *trovare* 'finden', *ritenere* 'betrachten als'

Auch diese Verben verhalten sich syntaktisch wie die der Gruppe a. - Beispiele sind:

>(175) Trovo **i tuoi lavori interessantissimi**
>'Ich finde deine Arbeiten sehr interessant'

>(176) **Mi** ritengo **fortunato**
>'Ich betrachte mich als vom Glück begünstigt'

c. Verben der Wahrnehmung: *vedere* 'sehen', *rivedere* 'wiedersehen'

Diese Verben verhalten sich hinsichtlich der grammatischen Funktionen genauso wie die der Gruppe a. - Beispiele sind:

- (177) Li ho visti **disperati**
  'Ich habe sie verzweifelt gesehen'

- (178) Spero di rivederti **guarito**
  'Ich hoffe, dich geheilt wiederzusehen'

N.B. Auch *trovare* 'finden' und *ritrovare* 'wiederfinden' werden so gebraucht:

- (179) Li trovai **disperati**
  'Ich fand sie verzweifelt vor'

- (180) **La** ritrovai **guarita**
  'Ich traf sie geheilt wieder'

Aber im Unterschied zu den Kopulaverben kann auch hier das A-Komplement nicht pronominal durch *lo*, wohl aber durch *così* 'so' realisiert werden; s. z.B.:

- (181) Li ho visti **disperati**; non li ho mai visti **così**
  (wörtl.: 'Ich habe sie verzweifelt gesehen; ich habe sie noch nie so gesehen')

Ferner kann das A-Komplement bei diesen Verben nicht nur auf das Objekt, sondern auch auf das Subjekt bezogen werden. Die Kongruenz richtet sich jeweils nach diesem semantischen Bezug. Wenn die Kongruenz den Bezug nicht klar macht, ist die Konstruktion mehrdeutig. (178) ist hierfür ein Beispiel.

d. andere transitive Verben

Genauso wie die unter c. genannten Verben der Wahrnehmung verhalten sich eine ganze Anzahl anderer transitiver Verben, z.B. *bere* 'trinken', *comprare* 'kaufen', *consumare* 'verbrauchen', *mangiare* 'essen', *preferire* 'vorziehen', *seppellire* 'begraben', *tenere* 'aufbewahren', *vendere* 'verkaufen'; s. z.B.:

- (182) Le mele, **le** preferisco **cotte**
  'Äpfel esse ich lieber gekocht'

- (183) Bisogna tener**li asciutti**
  'Man muß sie trocken aufbewahren'

e. intransitive Verben

Alle intransitiven Verben können ein A-Komplement regieren. Kongruenz besteht dann mit dem Subjekt; s. z.B.:

(184) Arrivarono **stanchi**
'Sie kamen müde an'

(185) Anna partì **contenta**
'Anna fuhr zufrieden ab'

2.2.3.3. Der Funktionssrahmen <Subjekt, P-Komplement>

In diesem Funktionsrahmen tritt eine große Anzahl von semantisch verschiedenartigen Präpositionalphrasen auf. Die semantische Deutung ergibt sich aufgrund eines oft komplizierten Zusammenspiels der lexikalischen Bedeutung von Präposition (s. 5.3.2.) und Nomen und dem weiteren Kontext. Bei den P-Komplementen der Kopulaverben unterscheiden wir zwei Hauptgruppen. Bei der ersten Hauptgruppe, die im wesentlichen die lokalen und von ihnen abgeleiteten Relationen umfaßt, hat die Präpositionalphrase eine thematische Rolle (Befindlichkeitsort, Herkunftsort, Adressat, Urheber, Besitzer). Bei der zweiten Hauptgruppe, die die verschiedensten Eigenschaften und Zustände bezeichnen kann, hat die Präpositionalphrase keine thematische Rolle; sie ist vielmehr ein Teil des Prädikats.

a. Präpositionalphrasen als Mitspieler

Die wichtigsten Präpositionen, die in lokalen P-Komplementen der **Befindlichkeit** auftreten, sind *in* 'in', *a* 'an', *vicino a* 'bei', *dietro* 'hinter', *davanti a* 'vor', *fra, tra* 'zwischen', *sotto* 'unter', *su* 'auf', *sopra* 'auf'.

Die Kopulaverben, die solche Komplemente regieren können, sind *essere* 'sein', *stare* 'sein, sich befinden', *trovarsi* 'sich befinden'.

Sätze mit Kopulaverben und einem P-Komplement der Befindlichkeit, wie z.B. (186), haben die durch (186') illustrierte, funktionale Struktur:

(186) L'orto è **dietro la casa**
'Der Gemüsegarten ist hinter dem Haus'

(186')

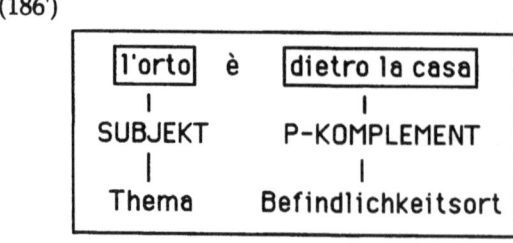

N.B. Es gibt auch zeitlich zu deutende P-Komplemente der Befindlichkeit. Diese haben als Subjekt ein anaphorisches Pronomen (das auch Null sein kann). Das Antezedens dieses Pronomens ist ein Satz oder ein Textabschnitt; das Pronomen referiert also nicht auf einen Gegenstand, sondern auf ein Ereignis; vgl. z.B.:

(187) Era **nel medioevo**
'Das war im Mittelalter'

Bei den **lokalen** P-Komplementen der **Herkunft** tritt die Präposition *di* mit der Kopula *essere* auf; s. z.B.:

(188) Modigliani è **di Livorno**
'Modigliani ist aus Livorno'

N.B. Als von diesem Typ semantisch abgeleitet betrachten, kann man die **Urheber-** und **Besitzer-**Argumente mit *di*; s. z.B.:

(189) Questo quadro è **di Raffaello**
'Dieses Bild ist von Raffael'

(190) Questa borsa è **di Claudia**
'Diese Tasche gehört Claudia'

Nichtlokale Relationen werden durch P-Komplemente mit *per* 'für', *contro* 'gegen', *senza* 'ohne' und *con* 'mit' bezeichnet. Als Kopula kommen nur *essere* und *trovarsi* vor; vgl. z.B.:

(191) Il libro è **per te**
'Das Buch ist für dich'

(192) I liberali erano **contro la riforma**
'Die Liberalen waren gegen die Reform'

(193) Franco si trovò **senza soldi**
'Franco war ohne Geld'

(194) Gli spaghetti sono **con burro e formaggio**
'Die Spaghetti sind mit Butter und Käse'

N.B. *senza* und *con* sind nicht symmetrisch. *senza* kann die Relation des Habens negieren (193), aber *con* kann im Kopulasatz diese Relation nicht bezeichnen.

b. Präpositionalphrasen als Teil des Prädikats

Es sind eine große Anzahl von Präpositionen möglich; die Ausdrücke sind oft mehr oder weniger idiomatisch; vgl. (Beispiele z.T. nach Cârstea-Romaşcanu 1980:243):

(195) Eravamo **in cinque**
'Wir waren zu fünft'

(196) Questa scatola è **di legno o di metallo**?
'Ist diese Schachtel aus Holz oder aus Metall?'

(197) Quel vestito è **da donna**
'Dies ist ein Frauenkleid'

(198) L'armadio è **per abiti**
'Der Schrank ist für Kleider'

(199) La seta era **a pallini o a righe**?
'War die Seide gepunktet oder gestreift?'

(200) Questi modi sono **da persona maleducata**
'Dieses Benehmen zeugt von schlechter Erziehung'

(201) Era **in preda a una eccitazione nervosa**
'Er war von einer nervösen Erregtheit befallen'

(202) Stavo **in pensiero**
'Ich machte mir Sorgen'

Das normale Kopulaverb in diesen Konstruktionen ist *essere;* in bestimmten Kontexten sind aber auch *diventare* und *sembrare* möglich:

(203) Diventò **di ghiaccio**'
'Er erstarrte zu Eis'

(204) Il mare sembrava **senza moto**
'Das Meer schien bewegungslos'

2.2.4. Verben mit Infinitivkomplementen

Eine ganze Reihe von Verben regieren Infinitivkomplemente. Diese sind Verbalphrasen, deren Kopf ein Infinitiv ist; vgl. z.B.:

(205) **Vorrei** fare una domanda
'ich möchte etwas fragen'

(206) Franco **sembra** condividere quell'opinione
'Franco scheint diese Meinung zu teilen'

Das Infinitivkomplement kann durch eine Präposition mit dem finiten Verb verbunden werden; s. z.B.:

(207) Il problema è **di** trovare i soldi
'Das Problem ist, das Geld aufzutreiben'

(208) Vado **a** vedere cosa succede
'Ich gehe nachsehen, was los ist'

N.B. Auf der Ebene der Konstituenz besteht die Frage, ob die Infinitivkonstruktionen Verbalphrasen oder Präpositionalphrasen sind. Wenn hier die erstere Lösung vertreten wird, so geschieht dies aus folgenden Gründen: Erstens sind regierte Präpositionalphrasen sonst immer Obliquen. Die durch eine Präposition eingeleiteten Infinitive sind jedoch keine Obliquen. Zwar können manche Verben sowohl einen Obliquus als auch einen durch dieselbe Präposition eingeleiteten Infinitiv kontrollieren; vgl. z.B.:

(209) Si è **lagnato** del trattamento subito
'Er hat sich über die erlittene Behandlung beklagt'

(209') Si è **lagnato** di essere stato trattato male
'Er hat sich darüber beklagt, schlecht behandelt worden zu sein'

Aber viele Verben haben diesen Parallelismus nicht, wie z.B. *cominciare* 'beginnen' und *credere* 'glauben':

(210) cominciare a VP_{inf} - *cominciare a NP
credere di VP_{inf} - *credere di NP

Zweitens gibt es viele Verben, die alternativ sowohl einen durch *di* eingeleiteten Infinitiv als auch ein S-Komplement regieren, wie z.B. *credere* 'glauben' und *sperare* 'hoffen':

(211) credere di VP_{inf} - credere che S
sperare di VP_{inf} - sperare che S

Eine Behandlung der Infinitive als Obliquen würde diesen Zusammenhang vernachlässigen.

Drittens unterliegt das Subjekt der präpositionalen Infinitive genauso der Kontrolle (s. unten) wie das Subjekt der reinen Infinitive. Auch diesen Zusammenhang würde eine Behandlung der Infinitive mit *di* oder *a* als Obliquen unbeachtet lassen.

Sind die Infinitivkomplemente Verbalphrasen, so sind die verbindenden Präpositionen Junktoren bzw. dort, wo die Wahl der Präposition einen semantischen Unterschied ausdrücken kann, eine Art Kasuszeichen.

Das Verb legt fest, ob eine Präposition steht und wenn ja, welche dies ist. Die in Frage kommenden Präpositionen sind *di*, *a* und *da*. Sie tragen nicht aufgrund einer lexikalischen Bedeutung zur Bedeutung des Satzes bei. Sie gleichen hierin denjenigen Präpositionen, mit deren Hilfe die Obliquus-Funktionen realisiert werden und sie sind ja auch z.T. mit diesen identisch.

Anhand der Präposition sind verschiedene Untertypen des Infinitivkomplements zu unterscheiden:

- Infinitivkomplement ohne Präposition
- Infinitivkomplement mit *di*
- Infinitivkomplement mit *a*
- Infinitivkomplement mit *da*

Manche Verben können verschiedene Untertypen regieren. Dies kann zu semantischen Differenzierungen genutzt werden; vgl. z.B.:

(212) a. **Penso di** partire domani
'Ich gedenke, morgen abzufahren'

b. **Penso a** partire domani
'Ich denke daran, morgen abzufahren'

(213) a. Lo hanno **convinto a** partire
'Sie haben ihn dazu gebracht, abzufahren'

b. Lo hanno **convinto di** essere onesti
'Sie haben ihn davon überzeugt, daß sie ehrlich sind'

Manchmal ist mit dem möglichen Wechsel der Präposition kein semantischer Unterschied verbunden:

(214) Soffro {a, di} vederla così triste
'Ich leide darunter, sie so traurig zu sehen'

Dies liegt offenbar daran, daß *di* die unmarkierte Präposition ist; s. auch die Bemerkungen in 2.2.4.2.b. und in 2.2.4.5.

Das Verb legt außerdem die **Kontrolle** über das Infinitivkomplement fest. Hiermit ist gemeint, daß das Infinitivkomplement ein formal nicht realisiertes Subjekt hat (außer in den subjektlosen Funktionsrahmen wie bei *piove* 'es regnet') und daß dieses Subjekt mit einem der Mitspieler des finiten Verbs korreferent ist.

Die folgenden Beispiele sollen dies veranschaulichen: In (215) ist das Objekt des finiten Verbs gleich dem Subjekt des Infinitivkomplements:

(215) Mi hanno pregato di tornare domani
'Sie haben mich gebeten, morgen wiederzukommen'

(215')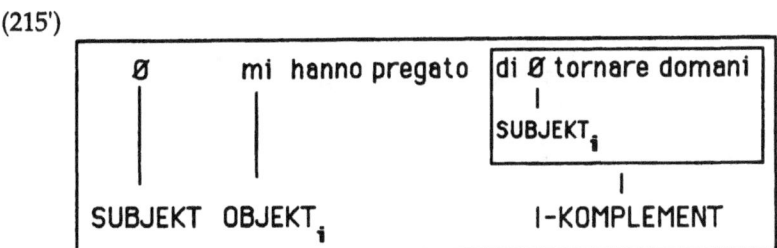

In (216) ist das Subjekt des finiten Verbs gleich dem Subjekt des Infinitivkomplements:

(216) Vado a vedere cosa succede
'Ich gehe nachsehen, was los ist'

(216')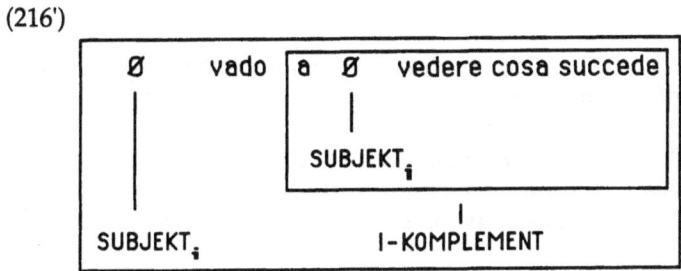

Sind bei einem Verb verschiedene Untertypen des Infinitivkomplements möglich, so kann auch die Kontrolle verschieden sein; vgl. die schematische Darstellung der oben gegebenen Beispiele mit *convincere* 'überzeugen':

(213) a.'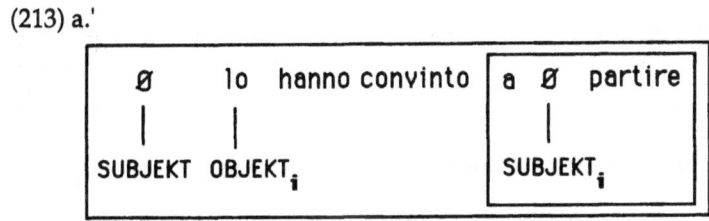

(213) b.'

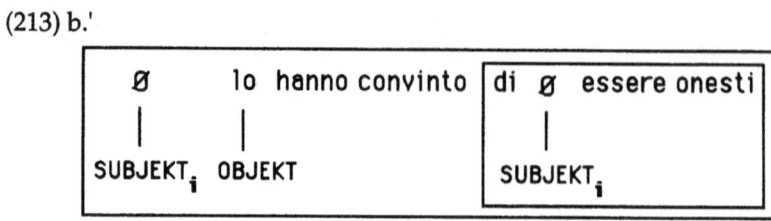

Bei unpersönlichen Verben besteht keine Kontrolle. Das Subjekt des Infinitivkomplements ist frei, das heißt, es wird entweder generisch oder kontextabhängig interpretiert:

(217) Bisogna dire la verità
       '{Man muß, du mußt, ...} die Wahrheit sagen'

Es gibt eine beachtliche Vielfalt von Funktionsrahmen mit Infinitivkomplementen, nämlich:

<Subjekt, Infinitivkomplement ohne Präposition> (s. 2.2.4.1.)
<Subjekt, Infinitivkomplement mit Präposition> (s. 2.2.4.2.)
<Subjekt, Objekt, Infinitivkomplement ohne Präposition> (s. 2.2.4.3.)
<Subjekt, Objekt, Infinitivkomplement mit Präposition> (s. 2.2.4.4.)
<Subjekt, a-Obliquus, Infinitivkomplement ohne Präposition> (s. 2.2.4.5.)
<Subjekt, a-Obliquus, Infinitivkomplement mit Präposition> (s. 2.2.4.6.)

Es kommen jeweils noch die auf der Verschiedenheit der Präposition beruhenden Untertypen hinzu.

Diese Funktionsrahmen werden im folgenden dargestellt, wobei jeweils die wichtigsten Verben genannt werden. Da bestimmte Verben mehrere Funktionsrahmen haben, kommen sie auch hier in verschiedenen Rubriken vor.

N.B. Die Nennung der wichtigsten jeweils zu einem Falltyp gehörenden Verben kann kein Valenzwörterbuch ersetzen. Ein solches müßte für jedes Verb alle Valenzrahmen angeben, was hier nicht geleistet werden kann.

2.2.4.1. Der Funktionsrahmen <Subjekt, Infinitivkomplement ohne Präposition>

Diesen Funktionsrahmen haben nur relativ wenige Verben, nämlich *amare* 'lieben', *desiderare* 'wünschen', *dovere* 'sollen, müssen, (negiertes) dürfen', *odiare* 'hassen', *potere* 'können, dürfen', *preferire* 'vorziehen', *sapere* 'können, zu tun verstehen', *sembrare* 'scheinen' (zu *sembrare* s. auch 2.2.4.5.), *volere* 'wollen'.

N.B. Verwandt, jedoch ohne Subjekt, ist der Funktionsrahmen des nur unpersönlich gebrauchten *bisognare* (nur die 3. Person ist möglich) 'notwendig sein'.

N.B. Zu beachten sind die folgenden Kontraste zum Französischen: Während frz. *aller, croire, espérer, penser, venir* einen präpositionslosen Infinitiv haben, gehören die ihnen semantisch und etymologisch entsprechenden Verben des Italienischen nicht in die vorliegende Gruppe:

(218) Vado **ad** aprire — je vais ouvrir — 'ich gehe aufmachen'
Credevo **di** sognare — je croyais rêver — 'ich glaubte zu träumen'
Spero **di** farcela — j'espère y arriver — 'ich hoffe, es zu schaffen'
Penso **di** farlo domani — je pense le faire demain — 'ich gedenke, es morgen zu tun'

N.B. Die italienischen Verben mit präpositionslosem Infinitivkomplement haben außer dem gemeinsamen Valenzrahmen keine weiteren gemeinsamen Eigenschaften, die ihre Zusammenfassung in eine Gruppe "Modalverben" rechtfertigen würden. Dies gilt auch für diejenigen unter ihnen, die eine im engeren Sinne modale Bedeutung haben ('sollen', 'können' usw.): Anders als die Modalverben des Englischen und des Deutschen haben sie keine abweichende Flexion und sie sind auch nicht einheitlich hinsichtlich ihrer Zugehörigkeit zu weiteren Funktionsrahmen: *dovere* und *potere* kommen nur im vorliegenden Funktionsrahmen vor; *sapere, volere* und *desiderare* können auch in den Rahmen <Subjekt, Objekt> und <Subjekt, Satzkomplement> stehen:

(219) So la verità
'Ich weiß die Wahrheit'

Voglio una risposta
'Ich will eine Antwort'

Desidero una spiegazione
'Ich wünsche eine Erklärung'

(220) So che non è vero
'Ich weiß, daß es nicht wahr ist'

Voglio che tu parta subito
'Ich will, daß du sofort abfährst'

Desidero che la porta rimanga aperta
'Ich wünsche, daß die Tür offen bleibt'

Bei den Verben *dovere* 'sollen', *potere* 'können, die Möglichkeit haben', *sapere* 'können, die Fähigkeit haben', *volere* 'wollen', *desiderare* 'wünschen' und *sembrare* 'scheinen' kann ein zum Funktionsrahmen des infiniten Verbs gehöriges Objekt, das als klitisches Pronomen realisiert ist, entweder (wie es normalerweise geschieht) an den Infinitiv angehängt werden oder vor dem finiten Verb stehen:

(221) Posso **vederti**   oder   **Ti** posso **vedere**
'Ich kann dich sehen'

Sie teilen diese Eigenschaft mit *andare* 'gehen' und *venire* 'kommen'; vgl. z.B.:

(222) Vado a **vederli**   oder   **Li** vado a **vedere**
'Ich gehe sie ansehen'

(223) Vengo a **prenderti**   *oder*   Ti vengo a **prendere**
'Ich komme dich abholen'

Die Verben der vorliegenden Gruppe haben (notwendigerweise) Subjektkontrolle, d.h. das Subjekt des finiten Verbs ist korreferent mit dem nicht ausgedrückten Subjekt des Infinitivkomplements. Die Verben dieser Gruppe werden noch vermehrt durch einfache Reduktion eines Obliquus; s. 2.3.1.1.

2.2.4.2. Der Funktionsrahmen <Subjekt, Infinitivkomplement mit Präposition>

Bei dem Funktionsrahmen <Subjekt, Infinitivkomplement mit Präposition> sind zu unterscheiden:

a. Die Präposition des Infinitivkomplements ist *di*

Beispiele sind:

(224) Allora **capì di** avere sbagliato
'Da wurde ihm klar, daß er einen Fehler gemacht hatte'

Non **dimostra di** essere così anziano
'Er sieht gar nicht so alt aus'

Ho **scelto di** non pubblicare quel lavoro
'Ich habe mich dafür entschieden, diese Arbeit nicht zu veröffentlichen'

Weitere Verben, die in diesem Funktionsrahmen auftreten können, sind:

accettare	'annehmen, bereit sein'
ammettere	'zugeben'
aspettare	'warten' (auch mit *a*)
aspettarsi	'erwarten, gefaßt sein auf'
cercare	'suchen, versuchen'
cessare	'aufhören'
combinare	'verabreden, zuwege bringen'
compiacersi	'sich darin gefallen zu'
credere	'glauben'
decidere	'beschließen' (jedoch auch: *decidersi* mit a-Infinitiv)
dichiarare	'erklären'
dimenticare	'vergessen' (auch *dimenticarsi*)
dire	'sagen'
disperare	'verzweifeln'
dubitare	'zweifeln'
escludere	'ausschließen'
figurarsi	'sich vorstellen'
fingere	'vorgeben, so tun als ob'
finire	'aufhören'
giurare	'schwören'

illudersi	'sich der Illusion hingeben, daß'
impegnarsi	'sich verpflichten, sich engagieren'
meravigliarsi	'sich wundern'
meritare	'verdienen'
offrire	'anbieten'
parlare	'sprechen'
pentirsi	'bereuen'
pretendere	'beanspruchen, behaupten'
provare	'versuchen, beweisen'
rallegrarsi	'sich freuen'
ricordarsi	'sich erinnern'
rifiutare	'ablehnen'
sapere	'wissen'
scommettere	'wetten'
sentirsela	'Lust haben zu'
sforzarsi	'sich zwingen'
smettere	'aufhören'
soffrire	'leiden'
sognare	'träumen'
sopportare	'ertragen'
sperare	'hoffen'
stabilire	'beschließen, abmachen'
temere	'fürchten'
tentare	'versuchen'
vantarsi	'sich rühmen'
vergognarsi	'sich schämen'

N.B. *dire* kommt auch in dem Funktionsrahmen <Subjekt, a-Obliquus, Infinitivkomplement mit *di*> vor. Im letzteren Fall besteht eine Ambiguität: es kann sowohl Subjekt- als auch Objektkontrolle bestehen; vgl. die Beispiele:

(225) Ci ha detto di essere stanco   (Subjektkontrolle)
       'Er hat uns gesagt, er sei müde'

(226) Ci ha detto di uscire   (a-Obliquuskontrolle)
       'Er hat zu uns gesagt, wir sollten hinausgehen'

N.B. *meritare* tritt auch im Funktionsrahmen <Subjekt, Infinitivkomplement ohne Präposition> auf; in diesem Fall ist es unpersönlich und bedeutet 'sich lohnen': *merita andarci* 'es lohnt sich, dort hinzugehen'.

N.B. *sapere* regiert auch den Infinitiv ohne Präposition; s. (227). Mit dem Wechsel des Funktionsrahmens ist ein semantischer Unterschied verbunden; vgl. z.B.:

(227) Sa essere molto gentile
       'Er versteht es, sehr nett zu sein'

(228) Sa di essere molto malato
       'Er weiß, daß er sehr krank ist'

Diese Verben haben (notwendigerweise) Subjektkontrolle. *smettere* kann unpersönlich gebraucht werden; das Verb des Infinitivkomplements hat dann ebenfalls kein Subjekt-Argument: *smette di lampeggiare* 'es hört auf zu blitzen'. Die Anzahl dieser

Verben wird erhöht durch Reduktion des a-Obliquus bei Verben des Funktionsrahmens <Subjekt, a-Obliquus, Infinitivkomplement mit *di*>, s. 2.3.1.1.

Semantisch besteht die einzige Gemeinsamkeit dieser Verben darin, daß sie Vorgänge bezeichnen, an denen außer dem Agens und dem durch das Infinitivkomplement bezeichneten Sachverhalt keine weiteren Mitspieler beteiligt sind. (Im Falle der Obliquus-Reduktion sind andere Mitspieler zwar logisch vorausgesetzt, werden aber nicht "visualisiert".) Diese semantische Gemeinsamkeit gilt aber auch für die a-Infinitive. Die (lexikalisch zu lernende) Selektion zwischen *a* und *di* impliziert keinen systematischen Bedeutungsunterschied; nur in einzelnen Fällen (s. (212)) unterscheidet sie polyseme Lesarten.

b. Die Präposition des Infinitivkomplements ist *a*

Beispiele sind:

(229) Si **divertirono a** guardare i passanti
'Sie amüsierten sich damit, die Passanten zu betrachten'

(230) Mi **esercitavo a** battere senza guardare la tastiera
'Ich übte mich darin zu schreiben, ohne auf die Tastatur zu gucken'

Weitere Verben dieser Gruppe sind:

acconsentire	'zustimmen'
affrettarsi	'sich beeilen'
andare	'gehen'
arrivare	'dazu kommen, daß'
arrischiarsi	'riskieren'
aspettare	'warten'
aspirare	'streben nach'
cominciare	'anfangen'
consentire	'zustimmen'
continuare	'fortfahren, weiter etwas tun'
contribuire	'beitragen'
disporsi	'sich anschicken'
esercitarsi	'sich üben'
esitare	'zögern'
giocare	'spielen'
imparare	'lernen'
impegnarsi	'sich verpflichten, sich engagieren'
mettersi	'anfangen, sich daran machen'
ostinarsi	'sich darauf versteifen'
pensare	'denken' (auch mit *di*, s. (212))
persistere	'darauf beharren, hartnäckig etwas tun'
prepararsi	'sich vorbereiten, sich anschicken'
provare	'versuchen'
provvedere	'dafür sorgen'
rassegnarsi	'sich darin fügen, sich damit abfinden'
rinunciare	'verzichten'

risolversi	'sich entschließen'
servire	'dienen zu'
soffrire	'leiden'
tardare	'etwas immer noch nicht tun'
tenere, tenerci	'Wert darauf legen'
tornare	'etwas noch einmal, wieder tun'
venire	'kommen'

N.B. Im Unterschied zum Französischen und Spanischen ist *andare* kein temporales Hilfsverb: z.B. kann man für frz. *tu vas être en retard* 'du wirst zu spät kommen' nicht sagen **vai a essere in ritardo*.

N.B. *aspettare* kann auch einen Infinitiv mit *di* regieren; es besteht ein Bedeutungsunterschied; vgl. z.B.: 'warten bis' vs. 'warten mit'

(231) **Aspetta di** aver finito di mangiare
'Warte, bis du mit dem Essen fertig bist'

Aspetta a mangiare fino a che non ci siamo seduti tutti
'Warte mit dem Essen, bis wir uns alle gesetzt haben'

N.B. *impegnarsi* und *soffrire* können auch den Infinitiv mit *di* haben. Es besteht kein Bedeutungsunterschied.

N.B. *stare* 'dabei sein, etwas zu tun' kommt im vorliegenden Funktionsrahmen nur idiomatisch vor und zwar in der Aufforderung *(stammi, mi stia, statemi) a sentire* '{hör, hören Sie, hört} zu!'.

N.B. *provare* kann auch mit *di* stehen; in diesem Fall kann es auch 'beweisen' bedeuten.

Die Verben dieser Gruppe können durch Objekt-Reduktion und durch Reduktion des a-Obliquus (s. 2.3.1.1.) vermehrt werden.

N.B. Verwandt mit den Verben dieser Gruppe sind die unpersönlichen, d.h. subjektlosen Verben mit einem a-Infinitiv; wie z.B. in:

(232) **Riprese a** nevicare
'Es fing wieder an zu schneien'

Was die Prädikat-Argument-Struktur angeht, so besteht bei diesem Funktionsrahmen Subjektkontrolle.

c. Die Präposition des Infinitivkomplements ist *da*

Das einzige Verb, das in diesem Funktionsrahmen primär (d.h. nicht aufgrund von Reduktion) auftritt, ist *essere*:

(233) Questi quadri non **sono da** vendere
'Diese Bilder sind nicht zu verkaufen'

Questo prodotto **è da** consumarsi entro un mese
'Dieses Produkt muß binnen eines Monats verbraucht werden'

Als Kopf des Infinitivkomplements kommen nur transitive Verben in Frage. Das Subjekt des Infinitivkomplements ist nicht kontrolliert. Das Objekt des Infinitivs ist immer Null und wird vom Subjekt des finiten Verbs kontrolliert; s. das folgende Schema:

(233')

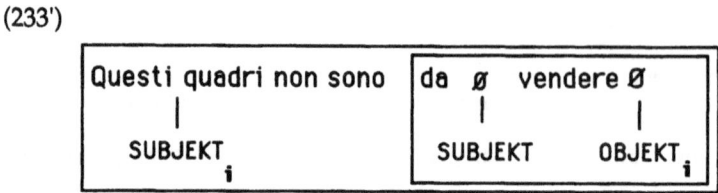

Was die thematischen Rollen angeht, so ist das Subjekt des finiten Verbs immer Thema (in Übereinstimmung mit den anderen Verwendungen des Kopulaverbs *essere*), während im Infinitivkomplement das Null-Subjekt Agens und das Null-Objekt Thema ist (233"). Insofern ist dieser Funktionsrahmen mit dem Passiv verwandt.

(233")

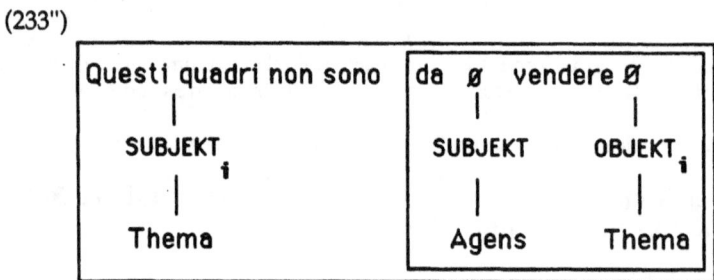

Durch Reduktion des a-Obliquus können auch *dare* und *pagare* im vorliegenden Funkionsrahmen auftreten:

(234) Questo incidente **dà da** pensare
'Dieser Zwischenfall gibt Anlaß zum Nachdenken'

(235) Oggi il padrone **paga da** bere
'Heute gibt der Chef einen aus' (wörtlich: 'zahlt zu trinken')

2.2.4.3. Der Funktionsrahmen <Subjekt, Objekt, Infinitivkomplement ohne Präposition>

Diesen Funktionsrahmen haben nur die Wahrnehmungsverben *sentire* 'hören, fühlen', *vedere* 'sehen' und *guardare* 'betrachten'. - Beispiele sind:

(236) **Sento** [i ragazzi] [cantare una canzone]
'Ich höre die Kinder ein Lied singen'

(237) [Lo] **vedo** [attraversare la piazza]
'Ich sehe ihn über den Platz gehen'

(238) **Guardo** [passare] [le barche]
'Ich sehe zu, wie die Boote vorbeifahren'

Diese Verben haben Objektkontrolle, d.h. das Null-Subjekt des Infinitivkomplements ist korreferent mit dem Objekt des finiten Verbs; vgl. das folgende Schema:

(236')

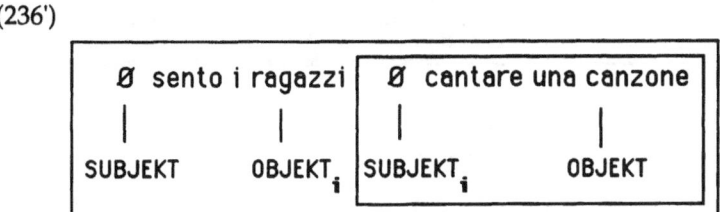

Es kann Reduktion des Objekts erfolgen, s. 2.3.1.1.

N.B. Die Operatorverben (s. 2.4.) *lasciare* und *fare* 'lassen' können ebenfalls im vorliegenden Funktionsrahmen auftreten.

2.2.4.4. Der Funktionsrahmen <Subjekt, Objekt, Infinitivkomplement mit Präposition>

In diesem Funktionsrahmen können die Präpositionen *di, a* und *da* auftreten.

a. Die Präposition des Infinitivkomplements ist *di*

Beispiele sind:

(239) Matilde **accusò** [Osvaldo] [**di** aver tradito il loro segreto]
'Mathilde beschuldigte Oswald, ihr Geheimnis verraten zu haben'

(240) **Scusate**[mi] [**di** avervi disturbati]
'Entschuldigt, daß ich euch gestört habe'

In diesem Funktionsrahmen treten hauptsächlich die folgenden Verben auf:

accusare	'anklagen, beschuldigen'
assicurare	'versichern'
convincere	'überzeugen'

incaricare 'beauftragen'
pregare 'bitten'
scusare 'entschuldigen'
supplicare 'anflehen'

Bei der Mehrzahl dieser Verben besteht Objektkontrolle, d.h., daß das Null-Subjekt des Infinitivs mit dem Objekt des finiten Verbs korreferent ist; vgl. z.B.:

(239')

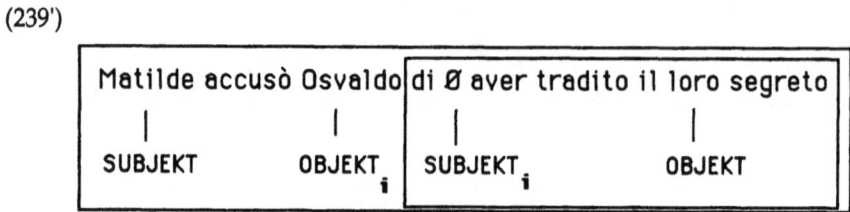

Bei *assicurare* hingegen besteht Subjektkontrolle:

(241) Ti assicuro di avere detto la verità
'Ich versichere dir, die Wahrheit gesagt zu haben'

(241')

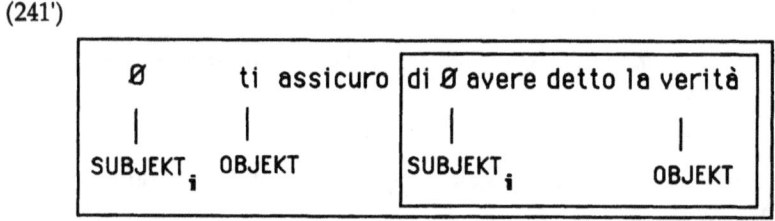

Zu *convincere* s. (213).

Das Subjekt dieser Verben ist stets Agens. Ein Teil der Verben gehört zum performativen Typ, alle bezeichnen Sprechakte.

N.B. Allerdings gehören nicht umgekehrt alle performativen oder sprechaktbezeichnenden Verben in diese Gruppe. So haben *chiedere* 'fragen, bitten', *promettere* 'versprechen', *comandare* 'befehlen' anstelle des Objekts einen a-Obliquus (s. unter 2.2.4.6.).

b. Die Präposition des Infinitivkomplements ist *a*

Beispiele sind:

(242) La disoccupazione **costrinse** molti a lasciare la patria
'Die Arbeitslosigkeit zwang viele, die Heimat zu verlassen'

(243) La carestia li aveva **ridotti a** uccidere i loro cavalli
'Die Hungersnot hatte dazu geführt, daß sie ihre Pferde töten mußten'

Verben, die in diesem Funktionsrahmen auftreten, sind z.B.:

abituare	'gewöhnen'
aiutare	'helfen'
condannare	'verurteilen'
convincere	'dazu bewegen'
costringere	'zwingen'
decidere	'dazu bewegen'
forzare	'mit Gewalt dazu zwingen'
incitare	'anspornen'
incoraggiare	'ermutigen'
indurre	'veranlassen'
invitare	'auffordern, einladen'
mandare	'schicken'
obbligare	'verpflichten'
ridurre	'dazu bringen'
spingere	'treiben, drängen'

Diese Verben haben sämtlich Objektkontrolle und ihr Subjekt ist Agens, während ihr Objekt Patiens und zugleich Agens des Infinitivs ist; vgl. z.B.:

(242')

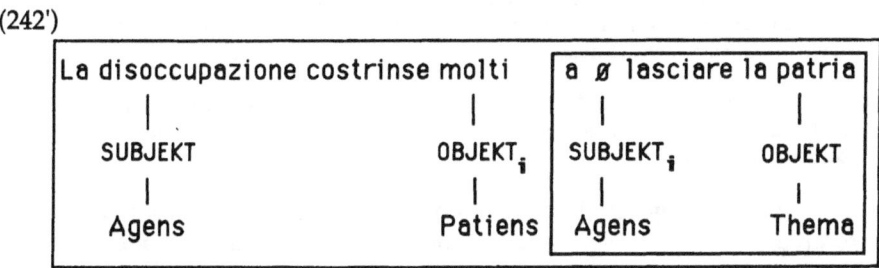

N.B. Auch *convincere* hat in dieser Konstruktion Objektkontrolle, während bei *convincere q.c. di* Subjektkontrolle besteht, s. (213).

N.B. *decidere* hat auch den Funktionsrahmen <Subjekt, Infinitivkomplement mit *di* >.

Alle diese Verben haben typischerweise die Bedeutungskomponente 'auf einen Menschen so einwirken, daß dieser p tut', wobei das Infinitivkomplement die Handlung p bezeichnet.

c. Die Präposition des Infinitivkomplements ist *da*

Das einzige Verb, das in diesem Funktionsrahmen stehen kann, ist *avere* 'haben'. - Beispiele sind:

(244) **Ho** tante cose **da** fare
'Ich habe soviele Dinge zu erledigen'

(245) **Ha** del vino **da** vendere?
'Haben Sie Wein zu verkaufen?'

(246) **Ho** delle scarpe **da** riparare
'Ich habe Schuhe zum Reparieren'

Der Infinitiv muß ein transitives Verb sein, dessen Objekt Null ist. Das Subjekt des Infinitivs wird nicht kontrolliert. Das Objekt des Infinitivs ist gleich dem Objekt des finiten Verbs. Das folgende Schema soll dies veranschaulichen:

(246')

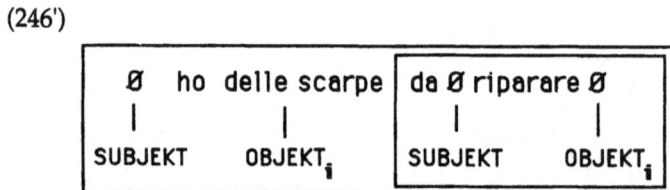

N.B. In den Beispielen (244) und (245) ist in der naheliegendsten Interpretation auch das Null-Subjekt des Infinitivs mit dem Subjekt des finiten Verbs korreferent. Daß diese Deutung auf einem pragmatischen Prinzip und nicht auf einer semantischen Regel beruht, zeigt (246): Diesen Satz kann ich auch sagen, wenn ich meine Schuhe zum Schuster bringe.

N.B. Die Eigenschaft, daß nicht das Subjekt, sondern das Objekt des Infinitivs kontrolliert wird, teilt der vorliegende Funktionsrahmen mit dem Funktionsrahmen <Subjekt, Infinitivkomplement mit Präposition>; s. z.B. (233).

Semantisch ist mit diesem Funktionsrahmen eine Modalität verbunden: Das Infinitivkomplement gibt an, was mit dem Objekt geschehen muß, soll oder kann.

2.2.4.5. Der Funktionsrahmen <a-Obliquus, Infinitivkomplement ohne Präposition>

In diesen (subjektlosen) Funktionsrahmen gehört eine kleine Gruppe von Verben, nämlich *interessare* 'interessieren', *piacere* 'gefallen', 'gern tun', *dispiacere* und *rincrescere* 'leid tun' sowie *convenire* 'passend sein' und *toccare* 'jemandes Sache sein'; s. z.B.:

(247) Non **gli interessa** studiare il latino
'Es interessiert ihn nicht, Latein zu lernen'

N.B. Man beachte den Kontrast zum Deutschen und auch zum Französischen, die bei 'interessieren' den Akkusativ fordern.

(248) **Le piace** recitare
'Sie spielt gern Theater'
(wörtl.: 'Es gefällt ihr zu rezitieren')

(249) **Mi dispiace** doverti dire queste cose
'Es tut mir leid, dir diese Dinge sagen zu müssen'

(250) **Gli rincresce** essere costretto a disdire la conferenza
'Es tut ihm leid, daß er den Vortrag ausfallen lassen muß'

(251) **Le conviene** prendere l'autostrada
'Sie nehmen am besten die Autobahn'
(wörtl.: 'Es paßt ihnen, die Autobahn zu nehmen')

(252) **Tocca a te** andarlo a prendere all'aeroporto
'Es ist an dir, ihn am Flugplatz abzuholen'

N.B. *dispiacere, rincrescere* und *toccare* lassen auch den Infinitiv mit *di* zu; s. z.B.:

(253) Mi dispiace di non avere altro
'Es tut mir leid, daß ich nichts anderes habe'

(254) Le rincresce di non esser in grado di accettare l'invito
'Sie bedauert, die Einladung nicht annehmen zu können'

(255) Gli tocca di alzarsi alle sei della mattina
'Er muß morgens um sechs aufstehen'

Es scheint je nach Kontext eine Präferenz für die eine oder die andere Konstruktion zu geben, aber die Bedingungen sind ungeklärt.

N.B. Außer *convenire* und *rincrescere* kommen alle Verben dieser Gruppe auch in persönlichen Konstruktionen vor. In letzteren haben *dispiacere* und *toccare* eine andere lexikalische Bedeutung, nämlich 'mißfallen' bzw. 'berühren'.

Alle Verben dieser Gruppe haben Obliquuskontrolle, d.h. das Null-Subjekt des Infinitivs ist gleich dem a-Obliquus des finiten Verbs; vgl. z.B.:

(252')

```
tocca  a te        Ø andarlo a prendere all'aeroporto
  |                  |
       A-OBLIQUUS$_i$  SUBJEKT$_i$
```

2.2.4.6. Der Funktionsrahmen <Subjekt, a-Obliquus, Infinitivkomplement mit Präposition>

In diesem Funktionsrahmen sind drei Fälle zu unterscheiden:

a. Die Präposition des Infinitivkomplements ist *di*

Beispiele sind:

(256) **Gli impedirono di** parlare agli altri imputati
'Man hinderte ihn daran, mit den anderen Beschuldigten zu sprechen'

(257) Il segretario **mi rispose di** rivolgermi al presidente
'Der Sekretär antwortete mir, ich solle mich an den Präsidenten wenden'

Den vorliegenden Funktionsrahmen mit *di* hat eine größere Gruppe von Verben. Zu ihnen gehören:

augurare	'wünschen'
chiedere	'bitten'
comandare	'befehlen'
concedere	'gewähren'
consigliare	'raten'
dire	'sagen' (s. auch (163) bis (226))
dispiacere	'leid tun' (kein Subjekt; s. auch (249))
domandare	'fragen, bitten'
impedire	'hindern an'
imporre	'auferlegen'
ordinare	'befehlen'
parere	'scheinen'
permettere	'erlauben'
proibire	'verbieten'
promettere	'versprechen'
proporre	'vorschlagen'
raccomandare	'empfehlen'
rincrescere	'leid tun' (ohne Subjekt; s. auch 2.2.4.5.)
rispondere	'antworten'
sembrare	'scheinen'
suggerire	'vorschlagen, suggerieren'
toccare	'jemandes Sache sein' (ohne Subjekt; s. auch (252))
vietare	'verbieten'

N.B. Zu *impedire* beachte man den Kontrast zum Deutschen und zum Französischen, wo 'hindern' mit dem Akkusativ steht.

N.B. *sembrare* tritt auch im Funktionsrahmen <Subjekt, Infinitivkomplement ohne Präposition> auf. Es besteht ein semantischer Unterschied: Im Funktionsrahmen <a-Obliquus, Infinitivkomplement mit *di*> bezieht sich der 'Anschein' auf die Wahrnehmung derjenigen Person, die durch den a-Obliquus bezeichnet wird. Im Funktionsrahmen <Subjekt, Infinitivkomplement ohne Präposition> bezieht sich der 'Anschein' auf die Wahrnehmung des Sprechers; vgl. die folgenden Beispiele:

(258) Gli sembrò di essere in una galleria
'Es schien ihm, als sei er in einem Tunnel'

(259) Sembrò aver dimenticato il proprio nome
'Er schien seinen eigenen Namen vergessen zu haben'

Eine Vermischung der beiden Funktionsrahmen wie in (259') ist nicht möglich:

(260) *Gli sembrò essere in una galleria

Das Dt. drückt den gleichen Unterschied bei 'scheinen' ebenfalls durch verschiedene Funktionsrahmen aus, jedoch hat nur einer von diesen ein Infinitivkomplement; s. die Übersetzungen von (258) und (259).

Diese Verben haben in dem vorliegenden Funktionsrahmen typischerweise Obliquuskontrolle, d.h., daß das Null-Subjekt des Infinitivs korreferent mit dem a-Obliquus ist; vgl. z.B.:

(256')

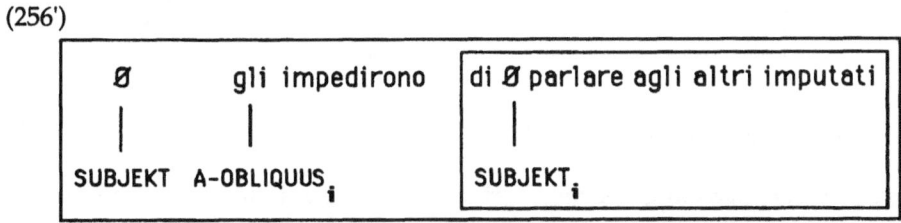

N.B. Eine Ausnahme hiervon machen *promettere* und *proporre*. *promettere* hat Subjektkontrolle; *proporre* kann sowohl Subjekt- als auch Obliquuskontrolle haben:

(261) Ti proponiamo di venire con noi (Obliquuskontrolle)
'Wir schlagen dir vor, mit uns zu kommen'

(262) Ti proponiamo di venire con te (Subjektkontrolle)
'Wir schlagen dir vor, mit dir zu kommen'

Die meisten hier aufgeführten Verben bezeichnen eine Handlung, die darauf abzielt, eine Person zu einem bestimmten Verhalten zu veranlassen. Sie teilen diese Eigenschaft mit den Verben des Funktionsrahmens <Subjekt, Objekt, Infinitivkomplement mit *a*>; s. 2.2.4.4.

b. Die Präposition des Infinitivkomplements ist *a*

In dem Funktionsrahmen <Subjekt, a-Obliquus, Infinitivkomplement mit *a*> tritt nur *accennare* 'andeuten' auf:

(263) Ha **accennato a** accettare
'Er hat mir zu verstehen gegeben, daß er annehmen will'

c. Die Präposition des Infinitivkomplements ist *da*

Nur wenige Verben stehen in diesem Funktionsrahmen: *dare* 'geben', *pagare* 'bezahlen', *offrire* 'anbieten'. - Beispiele sind:

(264) Le **offriremo da** bere
'Wir werden ihr etwas zu trinken anbieten'

Diese Verben haben Obliquuskontrolle. Der Infinitiv muß transitiv, sein Objekt muß Null sein und die Bedeutung 'etwas' haben; s. das folgende Schema:

(264')

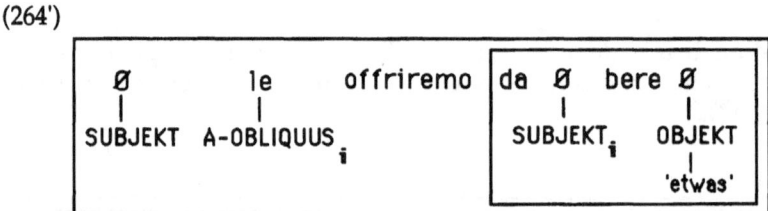

2.3. Valenzänderungen

Die Tatsache, daß ein gegebenes Verblexem (mit identischer Form und identischer lexikalischer Bedeutung) in unterschiedlichen Funktionsrahmen auftreten kann, kann zum großen Teil durch lexikalische Regeln erfaßt werden, die die Valenz verändern. Diese Regeln betreffen:

- die einfache Veränderung der Valenz
- die Passivierung
- die Reflexivierung

2.3.1. Die einfache Veränderung der Valenz

Die einfache Veränderung der Valenz besteht darin, daß in einem gegebenen Funktionsrahmen eine grammatische Funktion wegfällt oder hinzutritt, ohne daß ein Argument seine grammatische Funktion austauscht. Die Valenz kann reduziert oder erhöht werden.

2.3.1.1. Die einfache Reduktion der Valenz

Bei der einfachen Reduktion der Valenz sind drei semantisch-pragmatische Typen zu unterscheiden:

- die Argumenttilgung
- die Abstraktion
- die Ellipse

a. Die Argumenttilgung

Die Argumenttilgung besteht darin, daß nicht nur eine grammatische Funktion auf der funktionalen Ebene gestrichen wird, sondern auch das ihr entsprechende Argument auf der semantischen Ebene. Sie betrifft nur das Subjekt: Sie macht aus "persönlichen" "unpersönliche" Konstruktionen. Ein Beispiel für ein Verb mit Argumenttilgung ist *sembrare* 'scheinen'; vgl.:

(265)   Il cane sembra dormire
        'Der Hund scheint zu schlafen'

(265')

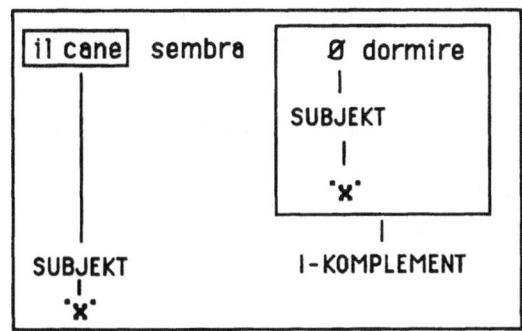

(266)   Sembra piovere
        'Es scheint zu regnen'

(266')

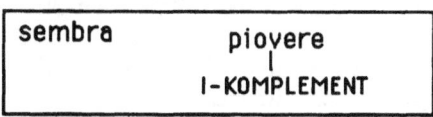

Der Zusammenhang zwischen den beiden Verwendungen von *sembrare* beruht auf einer Regel, die aus dem Verb mit dem Funktionsrahmen <Subjekt, Infinitivkomplement> ein Verb mit dem Funktionsrahmen <Infinitivkomplement> macht.

Weitere Verben, die Argumenttilgung haben, sind *piacere* 'gefallen' und *interessare* 'interessieren'.

N.B. Verwandt mit der Argumenttilgung ist der systematische Zusammenhang, der zwischen Beispielen wie den folgenden besteht:

(267) Il professore spiega la regola agli studenti
'Der Professor erklärt den Studenten die Regel'
vs.
Il maltempo spiega i ritardi
'Das Unwetter erklärt die Verspätungen'

(268) Il professore dà delle caramelle agli studenti
'Der Professor gibt den Studenten Bonbons'
vs.
Quella vigna dà delle vendemmie abbondanti
'Dieser Weinberg gibt reichliche Ernten'

Hier hat das jeweils zweite Beispiel eine grammatische Funktion und ein Argument weniger. Aber es liegt keine einfache Reduktion vor, weil sich auch die lexikalische Bedeutung des Verbs und die thematische Rolle des Subjekts verändern.

b. Die Abstraktion

Bei der Abstraktion wird eine grammatische Funktion gestrichen und das ihr entsprechende Argument bleibt erhalten. Dieses Argument bleibt aber vollkommen unspezifiziert; es ist sozusagen latent vorhanden.

Ein Beispiel für Abstraktion ist *leggere* 'lesen'; vgl. die beiden folgenden Sätze:

(269) Giovanni legge il giornale
'Giovanni liest die Zeitung'

(270) Giovanni legge volentieri
'Giovanni liest gern'

In (269) hat *leggere* den Funktionsrahmen <Subjekt, Objekt>; die Prädikat-Argument-Struktur ist 'legge (x, y)'. Der Funktionsrahmen von (270) ist zu <Subjekt> reduziert. Von dem, was Giovanni liest, ist nicht die Rede. Es ist den Sprechern freilich klar, daß es etwas geben muß, was Giovanni liest, aber von diesem Argument wird in der Kommunikation ganz abgesehen. Die Prädikat-Argument-Struktur ist also ebenfalls 'legge (x, y)'. Daß von einem Argument pragmatisch abstrahiert wird, drücken wir durch das Zeichen '#' aus, also 'legge (x, #y)'. Das Verhältnis zwischen (269) und (270) läßt sich nun wie folgt veranschaulichen:

(269')

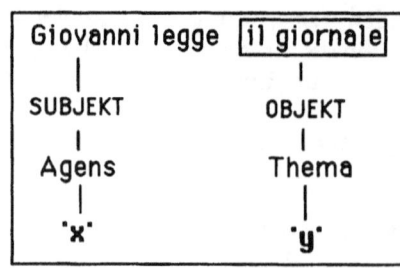

(270')

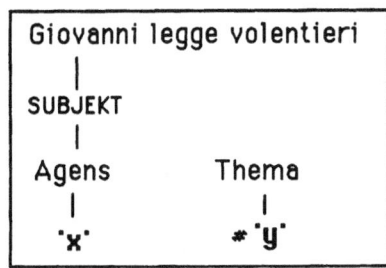

Die Abstraktion kann die verschiedensten Funktionsrahmen betreffen. So wird in (269) das Objekt aus dem Funktionsrahmen <Subjekt, Objekt> entfernt und in (271) bei *sentire* 'hören' aus dem Funktionsrahmen <Subjekt, Objekt, Infinitivkomplement>:

(271) a. Sento cantare i ragazzi
'Ich höre die Kinder singen'

b. Sento cantare
'Ich höre singen'

Der Abstraktion unterliegen nicht nur Objekte, sondern auch die verschiedenen Obliquen. Die betroffenen Verben sind zahlreich; hier können nur wenige Beispiele gegeben werden:

(272) **Capiterà** anche **a te**   <a-Obliquus>
'Das wird auch dir passieren'
vs.
Può **capitare**
'Das kann passieren'

(273) Marco **parla della mostra**   <di-Obliquus>
'Marco spricht von der Ausstellung'
vs.
Marco **parla** lentamente
'Marco spricht langsam'

(274) Lo **stimo** molto **come pianista**   <come-Obliquus>
'Ich schätze ihn sehr als Pianisten'
vs.
Lo **stimo** molto
'Ich schätze ihn sehr'

(275) Marco **ci** ha **promesso** di venire   <a-Obliquus>
'Marco hat uns versprochen zu kommen'
vs.
Marco ha **promesso** di venire
'Marco hat versprochen zu kommen'

N.B. Bei allen Verben der Kommunikation kann der a-Obliquus abstrahiert werden.

N.B. Das It. hat einige Verben, die gleichzeitig eine Ortsveränderung und eine Art der Fortbewegung bezeichnen: *correre* 'laufen, rennen', *scivolare, slittare* 'rutschen'. Diese können alle den Lokal-Obliquus abstrahieren. Auch bei *salire* 'steigen' und *scendere* 'sinken' kann der Lokal-Obliquus abstrahiert werden.

N.B. Manche Verben lassen keine Abstraktion zu. So kann bei *avere* 'haben' das Objekt nicht gestrichen werden, bei *essere* 'sein' nicht das Komplement, bei *mettere* 'setzen, stellen, legen' weder Objekt noch Lokal-Obliquus, bei *fungere* 'fungieren (als)' nicht der da-Obliquus usw. Es handelt sich hier offensichtlich um pragmatische Beschränkungen: Äußerungen, bei denen derartige Reduktionen vorlägen, könnten unter normalen Umständen nicht informativ sein.

c. Die Ellipse

Bei der Ellipse wird ebenfalls eine grammatische Funktion gestrichen, ohne daß das betreffende Argument getilgt wird. Der Unterschied zur Abstraktion besteht darin, daß in der Äußerung das Argument aus dem (sprachlichen oder situationsmäßigen) Kontext heraus spezifiziert wird.

Ein Beispiel ist das Verb *capire* 'verstehen'. In (276) hat das Verb den Funktionsrahmen <Subjekt, Objekt>; in (277) hat es den reduzierten Rahmen <Subjekt>:

(276) Capisco quello che vuoi dire
'Ich verstehe, was du meinst'

(277) Capisco
'Ich verstehe'

Die Prädikat-Argument-Struktur von *capire* in beiden Beispielen ist 'capisce (x, y)'. Im Unterschied zu (270) muß das zweite Argument jedoch hier aus dem Kontext spezifiziert werden, ganz analog zu dem, was ein Pronomen verlangen würde.

Daß für ein Argument pragmatisch eine Anweisung zur Spezifizierung aus dem Kontext besteht, drücken wir durch das Zeichen '?' aus, also 'capisce (x, ?y)'. Das Verhältnis zwischen (276) und (277) läßt sich nun wie folgt veranschaulichen:

(276')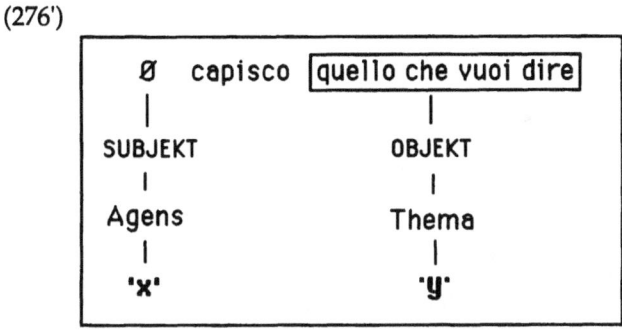

(277')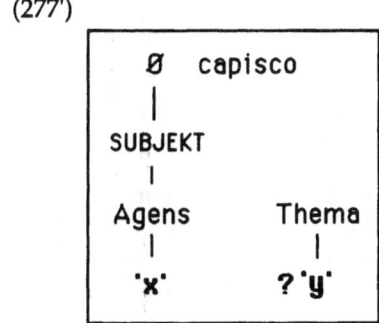

Die Ellipse betrifft das Objekt, den Obliquus und das Infinitivkomplement. Sie ist im Aussagesatz auf wenige Verben beschränkt; s. die folgende Aufstellung:

Ellipse des Objekts

aprire	'öffnen'
ascoltare	'zuhören'
capire	'verstehen'
chiudere	'schließen'
tradurre	'übersetzen'

Ellipse eines Lokal-Obliquus

arrivare	'ankommen'
entrare	'eintreten'
esserci	'dasein'
passare	'vorbeikommen'
uscire	'herauskommen'
venire	'kommen'

Ellipse eines a-Obliquus

rispondere	'antworten'

Ellipse des Infinitivkomplements

> cominciare   'beginnen'
> smettere   'aufhören'
> toccare   'jemandes Sache sein'

N.B. Einer dt. Ellipse entspricht im It. oft ein Pronomen; vgl. z.B.:

> (278) ... - Ja, ich denke   vs. ... - Sì, **lo** penso
>   ... - Ich weiß   vs. ... - **Lo** so

Im Imperativ kann die Ellipse weitere Verben betreffen; s. z.B.:

> (279) Prendi!   'Nimm!'
>   Dài!   'Gib her!'
>   Mi dica! 'Sagen Sie!'

N.B. In manchen Sprachen (z.B. im Portugiesischen) werden elliptische Verben systematisch zur Beantwortung von Ja-Nein-Fragen benutzt. Das It. gehört nicht zu diesen Sprachen.

Der auffällige Unterschied in der Zulässigkeit von Ellipsen erklärt sich dadurch, daß es innerhalb der Grammatik ein rudimentäres Subsystem gibt, das bei extrem situationsgebundener Rede angewendet wird. Zu diesem Subsystem gehören die elliptischen Aufforderungssätze. (Hierzu gehören auch die selbständig verwendbaren nicht-satzhaften Ausdrücke (s. 10.2.).).

2.3.1.2. Die Erhöhung der Valenz

Bei der Erhöhung der Valenz wird nicht nur eine grammatische Funktion, sondern auch ein Argument hinzugefügt. Es sind zwei Fälle zu unterscheiden: Der Dativ des Betroffenseins und das Objekt des inhärenten Aspekts.

Der **Dativ des Betroffenseins** ist ein a-Obliquus, der nur als klitisches Pronomen realisiert werden kann. Er kann in den Funktionsrahmen von Verben eingefügt werden, die Ereignisse oder Zustände bezeichnen. Das Pronomen referiert auf die Person, die von dem Ereignis oder dem Zustand betroffen ist. In dem Satz muß ein Gegenstand genannt werden, der zu der betroffenen Person gehört.

> (280) **Le** è scoppiata una gomma
>   'Ihr ist ein Reifen geplatzt'

> (281) **Gli** diede un colpo sulla spalla
>   'Er gab ihm einen Schlag auf die Schulter'

> (282) Una catena pesante **gli** pendeva al collo
>   'Ihm hing eine schwere Kette am Hals'

N.B. Diese Konstruktion steht in Konkurrenz zum Gebrauch des Possessivums. Daher gibt es entsprechende Paraphrasen; vgl. z.B. zu (280):

(283)   E' scoppiata **una sua gomma**
        'Ein Reifen von ihr ist geplatzt'

Ein Beispiel für das **Objekt des inhärenten Aspekts** ist (285); (284) dagegen ist ein Beispiel für den zugrundeliegenden, intransitiven Funktionsrahmen:

(284)   Le coppie ballano
        'Die Paare tanzen'

(285)   Le coppie ballano un tango
        'Die Paare tanzen einen Tango'

Das durch das angefügte **Objekt** bezeichnete Argument ist keine für sich bestehende Entität, sondern ein inhärenter Aspekt des Vorgangs, den das Verb bezeichnet. Formulierungstechnisch hat die Einführung des Arguments den Zweck, eine nähere Spezifikation zu diesem Aspekt zu geben. Diese ist in (285) die Art des Tanzes, in (287) die Anzahl der Schüsse, in (288) die Qualität des Lebens usw.:

(286)   Il cacciatore spara
        'Der Jäger schießt'

(287)   Il cacciatore spara due colpi
        'Der Jäger gibt zwei Schüsse ab'
        (wörtl.: 'Der Jäger schießt zwei Schüsse')

(288)   vivere una vita felice
        'ein glückliches Leben führen'
        (wörtl.: 'ein glückliches Leben leben')

Die Erhöhung der Valenz durch ein Objekt des inhärenten Aspekts ist im Sprachsystem marginal. Der Grund hierfür liegt darin, daß zusätzliche Spezifikationen zu der mit dem Verb gegebenen Information typischerweise mit Hilfe von Adverbien gegeben werden.

N.B. Auf einer Erhöhung der Valenz anderer Art beruhen Vorkommen wie die folgenden:

(289)   La cenere piovve dal cielo
        'Die Asche regnete vom Himmel'

(290)   Il cielo piovve la guazza (Palazzi, s.v. piovere)
        'Der Himmel regnete Tau'

(291)   I meli piovvero i bianchi petali (Palazzi, ib.)
        'Die Apfelbäume regneten die weißen Blütenblätter'

Bei diesen Valenzerhöhungen ändert sich die Bedeutung des Verbs; vgl. auch *lavorare la terra* 'Ackerbau treiben', *piangere un amico* 'um einen Freund trauern'.

2.3.2. Die Passivierung

Die Passivierung unterscheidet sich von der reinen Reduktion dadurch, daß die grammatischen Funktionen und die Form des Verbs von der Valenzänderung betroffen werden. Die betroffenen Funktionen sind das Subjekt und das Objekt.

a. Das Subjekt

Das Subjekt eines passivierbaren Verbs wird zu Null. Das ihm entsprechende Argument bleibt semantisch als existent postuliert. Es kann im passiven Funktionsrahmen als Adjunkt mit der Präposition *da* auftreten. Es gehört zu den Bedingungen der Passivierbarkeit, daß das ursprüngliche Subjekt die thematische Rolle des Agens oder des Bewirkers hat. Deshalb werden Verben, die keine Handlung bezeichnen, z.B. *avere* 'haben' und *costare* 'kosten' nicht passiviert.

Wenn das ursprüngliche Subjekt nicht als Adjunkt erscheint, so liegt entweder Abstraktion oder Ellipse vor (s. 2.3.1.). Die erstere Möglichkeit ist die näherliegende. Daher haben agenslose Passivsätze typischerweise eine generische Interpretation.

b. Das Objekt

Das Objekt des passivierbaren Verbs wird zum Subjekt des passiven Verbs. Enthält der ursprüngliche Funktionsrahmen kein Objekt, so ist die Passivierung nicht möglich.

N.B. Das Vorhandensein eines Objekts ist also, anders als im Deutschen, eine Bedingung für die Passivierung.

Die übrigen möglicherweise vorhandenen Funktionen werden von der Passivierung nicht betroffen.

c. Das Verb

Das Verb nimmt morphologisch die Form des **Partizip Perfekts** an. Das Partizip kongruiert mit dem Subjekt.

Wenn das Verb nicht Kopf einer Partizipialkonstruktion ist (s. 2.6.2.), muß ein **Passivauxiliar** hinzutreten. Dieses ist ein anderes Verb, das vor dem Partizip steht und das die Morpheme des finiten Verbs annehmen und somit dessen Kategorien (Tempus, Modus, Person, Numerus) ausdrücken kann (natürlich kann dieses Verb auch ein Infinitiv sein).

Die folgenden Beispiele und ihre graphische Analyse illustrieren zusammenfassend die Prinzipien der Passivierung:

- (292) Anna indirizzò la lettera a Mario
  'Anna adressierte den Brief an Mario'

- (293) La lettera fu indirizzata a Mario
  'Der Brief wurde an Mario adressiert'

- (294) La lettera fu indirizzata a Mario da Anna
  'Der Brief wurde von Anna an Mario adressiert'

(292')

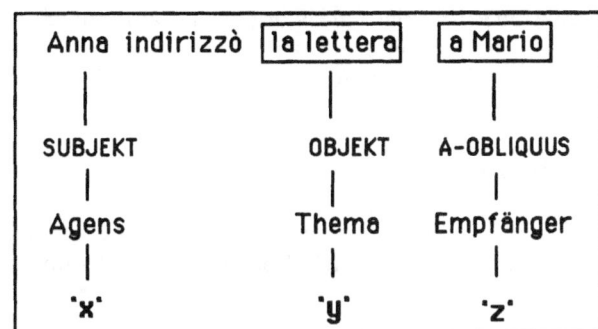

(293')

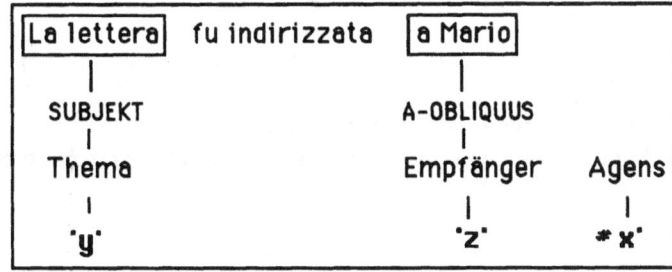

(294')

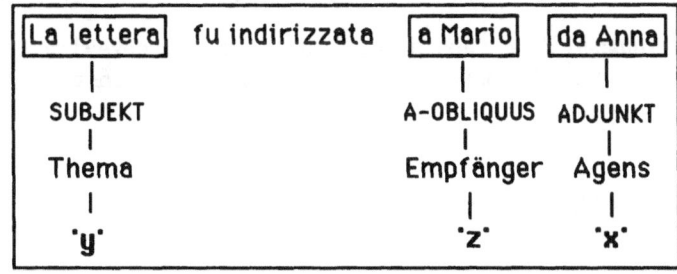

Das Passiv hat in der Rede zwei Funktionen: Es dient der Textstrukturierung und der Abstraktion.

Ein Text kann u.a. durch Verfahren der Empathie strukturiert werden. Diese besteht darin, daß ein Komplex von Sachverhalten oder eine Folge von Ereignissen aus der Perspektive eines Individuums dargestellt wird, das im Text selbst "vorkommt" und mit dem der Leser sich mehr oder weniger identifiziert. Eines der Signale der Empathie ist, daß das betreffende Individuum im Text konsequent als Subjekt vorkommt. Nun sind aber die Subjekte von Verben mit dem Funktionsrahmen <Subjekt, Objekt> in der Regel in der Rolle des Agens. Das Passiv macht es möglich bei diesen Verben auch dasjenige Argument zum Subjekt zu machen, das im aktiven Satz Objekt und somit nicht Agens ist.

Die Funktion der Abstraktion erfüllt das Passiv ergänzend zur einfachen Reduktion der Valenz (s. 2.3.1.1). Diese ist ein Verfahren zur Abstraktion des Objekts und des Obliquus; das Passiv ist ein Verfahren zur Abstraktion des Subjekts.

2.3.2.1. Die Hilfsverben des Passivs

Die Passivauxiliare sind *essere, venire, andare* und *rimanere*. Die Auswahl unter diesen Verben erfolgt aufgrund semantischer, distributionaler und kommunikativer Kriterien.

a. Semantische Kriterien

Das Passiv mit *essere* oder *venire* ist semantisch neutral.

Das Passiv mit *andare* drückt die Modalität der Notwendigkeit aus. - Beispiele sind:

    (295) I rifiuti vanno messi negli appositi recipienti
           'Die Abfälle müssen in die dazu bestimmten Behälter getan werden'

    (296) Va anche ricordato che ...
           'Es muß auch daran erinnert werden, daß ...'

N.B. Dieses Passiv ist gegenüber dem mit dem Verb *dovere* und dem Infinitiv von *essere* oder *venire* gebildeten Passiv eingeschränkt. Typischerweise steht es nur im Präsens und ohne Urheber-Adjunkt.

Das Passiv mit *rimanere* drückt aus, daß das durch das Verb bezeichnete Ereignis für den Referenten des Subjekts negativ ist, wie es auch bei *rimanere* als Kopulaverb (s. 2.2.3.) der Fall ist; vgl. z.B.:

    (297) E' rimasto {ucciso, ferito}
           'Er wurde {getötet, verletzt}'

b. Distributionale Beschränkungen

essere hat als Passivauxiliar keine distributionellen Beschränkungen (wohl aber kommunikative, s. unter c.). *venire* hingegen ist in allen zusammengesetzten Tempora und im Imperativ ausgeschlossen.

c. Kommunikative Beschränkungen

Bestimmte transitive Verben haben die semantische Eigenschaft, daß ihre Partizipien des Perfekts diejenigen Zustände bezeichnen können, die sich aus den durch das Verb bezeichneten Handlungen ergeben. Dies ist der Fall z.B. bei:

(298) aprire   'öffnen'   -   aperto   'geöffnet, offen'
      sposare 'heiraten' -   sposato 'verheiratet'

Da *essere* nicht nur Auxiliar des Passivs, sondern auch das Kopulaverb 'sein' ist, entsteht hier prinzipiell eine Mehrdeutigkeit; vgl. z.B.:

(299) La finestra è aperta
      'Das Fenster ist offen', 'das Fenster wird geöffnet'

Diese Ambiguität ist jedoch nur eine prinzipielle. Im Sprachgebrauch ist *essere* in erster Linie Kopula 'sein' und erst in zweiter Linie Passivauxiliar. Daher werden Sätze wie (299) in der Sprachproduktion als Passivkonstruktionen vermieden und im Sprachverstehen als Kopulasätze gedeutet.

Es gibt vier Fälle, in denen die genannte Ambiguität nicht eintritt:

i. Die Bedeutung des Verbs legt eine Interpretation als Zustandsbezeichnung nicht nahe, wie z.B. in:

(300) Sarai lodato
      'Du wirst gelobt werden'

ii. Das Verb steht im Perfekt, einem Tempus, das für die Bezeichnung von Zuständen untypisch ist:

(301) La finestra **fu chiusa**
      'Das Fenster wurde geschlossen'

iii. Der Satz enthält ein Urheber-Adjunkt:

(302) La finestra sarà chiusa dal **bidello**
      'Das Fenster wird vom Hausmeister geschlossen werden'

iv. Der Satz enthält ein anderes Adjunkt, das die Deutung als Zustandsbeschreibung ausschließt:

(303) Le camere sono pulite **due volte al giorno**
'Die Zimmer werden zweimal täglich gereinigt'

N.B. Auch in diesen Fällen besteht eine Präferenz für die Verwendung von *venire*. Damit besteht tendenziell ein Suppletivsystem: In den zusammengesetzten Tempora ist das Passivauxiliar *essere*, sonst *venire*. - Der Sprachlerner kann diese Verteilung als Faustregel benutzen.

2.3.3. Die Reflexivierung

Auf der Ebene der Funktionen bewirkt die Reflexivierung in bestimmten Fällen die Streichung einer grammatischen Funktion. Auf der Ebene der Form bewirkt sie die Anfügung eines klitischen Reflexivpronomens an das Verb.

Sie betrifft die folgenden Funktionsrahmen:

- <Verb, Subjekt, Objekt, a-Obliquus>
- <Verb, Subjekt, Objekt>
- <Verb, Subjekt>

Es gibt primär reflexive Verben. Dies sind Verben, die nur mit dem Reflexivpronomen auftreten können. Bei ihnen ist die Reflexivkonstruktion lexikalisiert; das Reflexivum hat für die Referenz keinerlei Bedeutung. Solche Verben sind z.B. *andarsene* 'weggehen' und *pentirsi* 'bereuen'.

Alle reflexiven Verben haben gemeinsam, daß sie die zusammengesetzten Tempora mit *essere* bilden.

Die reflexivierten Verben haben die folgenden Lesarten:

- die rückbezügliche Lesart der Form 'P (x, x)' wie in *Mario si lava* 'Mario wäscht sich'
- die reziproke Lesart der Form 'P (x, y) & P (y, x)' wie in *Tristano e Isotta si amano* 'Tristan und Isolde lieben sich'
- die abstrahierend-generische Lesart der Form 'P (#x)' wie in *adesso si mangia* 'jetzt wird gegessen', *una cosa che non si fa* 'etwas, was man nicht tut'
- die mediale Lesart 'P (x)' wie in *il sale si scioglie* 'das Salz löst sich auf'

Im folgenden werden die Erscheinungen der Reflexivierung als Verfahren der Reduktion von Valenzen dargestellt.

2.3.3.1. Reduktion des a-Obliquus durch Reflexivierung

Bei Verben mit dem Funktionsrahmen <Subjekt, Objekt, a-Obliquus> kann der a-Obliquus durch Reflexivierung getilgt werden. Die sich ergebende Lesart ist rückbezüglich oder reziprok. Das dem a-Obliquus entsprechende Argument bleibt erhalten. Bei der rückbezüglichen Lesart ist es identisch mit dem Referenten des Subjekts, bei der reziproken wird es mit dem Referenten des Subjekts vereinigt. – Beispiele sind:

a. Nicht reflexiviertes Verb

(304) Ettore mi lava i piatti
'Ettore wäscht mir die Teller'

(304')

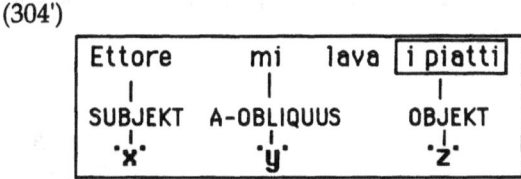

b. Reflexiviertes Verb, rückbezügliche Lesart

(305) Si lava le mani
'Er wäscht sich die Hände'

(305')

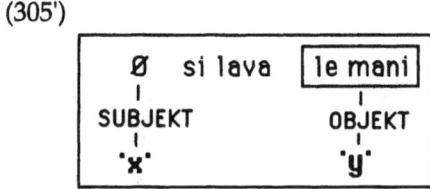

c. Reflexiviertes Verb, reziproke Lesart

(306) Mario e Cesare si danno la mano
'Mario und Cesare geben sich die Hand'

(306')

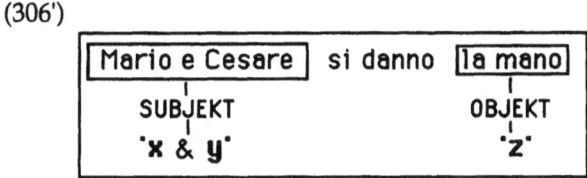

N.B. Die rückbezüglichen Konstruktionen dieses Typs haben eine (syntaktisch nicht reflexive) Paraphrase, in der der a-Obliquus durch das nicht-klitische Reflexivpronomen plus *stesso* 'selbst' realisiert ist:

    (307)   Lavo le mani a me stesso
               'Ich wasche mir selbst die Hände'

Diese Konstruktion wird gewählt, wenn der a-Obliquus Rhema ist.

2.3.3.2. Reduktion des Objekts durch Reflexivierung

Bei Verben mit dem Funktionsrahmen <Subjekt, Objekt> kann das Objekt durch Reflexivierung getilgt werden. Die semantischen Verhältnisse sind analog zur Obliquus-Reduktion: Das dem getilgten Objekt entsprechende Argument bleibt erhalten, ebenfalls sind eine reflexive und eine reziproke Lesart möglich. - Beispiele sind, mit ihren Analysen:

a. Nicht reflexiviertes Verb

    (308)   Cesare lava i piatti
               'Cesare wäscht die Teller'

    (308')

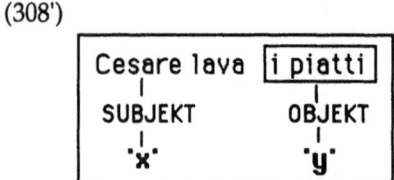

b. Reflexiviertes Verb, rückbezügliche Lesart

    (309)   Cesare si lava
               'Cesare wäscht sich'

    (309')

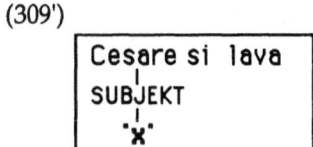

c. Reflexiviertes Verb, reziproke Lesart

    (310)   Mario e Cesare si odiano
               'Mario und Cesare hassen sich'

(310')

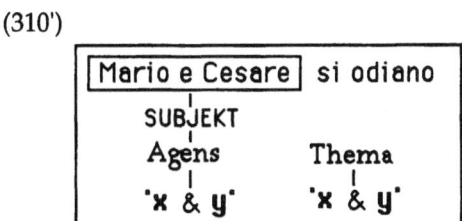

N.B. Die rückbezüglichen Konstruktionen dieses Typs haben eine (syntaktisch nicht reflexive) Paraphrase, in der das Objekt durch das nicht-klitische Reflexivpronomen plus *stesso* 'selbst' realisiert ist:

(311) Lavo me stesso
 'Ich wasche mich selbst'

Diese Konstruktion wird gewählt, wenn das Objekt Rhema ist.

2.3.3.3. Reduktion des Subjekts durch Reflexivierung

Das Subjekt kann bei transitiven und bei intransitiven Verben durch Reflexivierung getilgt werden.

2.3.3.3.1. Bei transitiven Verben

Bei Verben mit dem Funktionsrahmen <Subjekt, Objekt> kann das Subjekt durch Reflexivierung getilgt werden. Das ursprüngliche Objekt ist Subjekt des reflexivierten Verbs. Hierzu gibt es jedoch Ausnahmen; s. unten.

Semantisch haben die reflexivierten Verben die abstrahierend-generische Lesart oder die mediale Lesart.

Bei der **abstrahierend-generischen** Lesart bleibt das Argument des ursprünglichen Subjekts als existent postuliert. Es ist generisch quantifiziert. Die Lesart ist oft mit einer normbezogenen Modalität verbunden. Bedingung für diese Lesart ist, daß das ursprüngliche Subjekt einen Agens bezeichnet, der begrifflich notwendig ist. Das Subjekt des reflexivierten Verbs muß in der dritten Person stehen.

Bei der **medialen** Lesart wird mit dem Subjekt auch das entsprechende Argument gestrichen: die reflexivierten Verben in der medialen Lesart haben keinen Agens.

Bedingung für diese Lesart ist, daß der Agens des nicht reflexivierten Verbs begrifflich nicht notwendig ist.

Beispiele sind, mit ihren Analysen:

a. Nicht reflexiviertes Verb

(312) Il tabaccaio vende anche il sale
'Der Tabakhändler verkauft auch Salz'

(312')
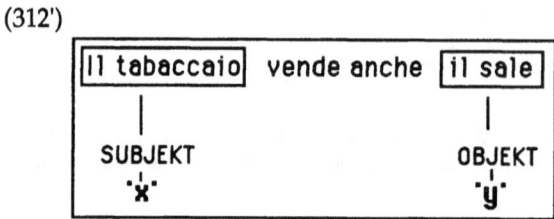

b. Reflexiviertes Verb, abstrahierend-generische Lesart

(313) Quest'articolo si vende dal tabaccaio
'Dieser Artikel wird im Tabakgeschäft verkauft'

(314) I nomi propri si scrivono con la maiuscola
'Eigennamen schreibt man groß'

(313')
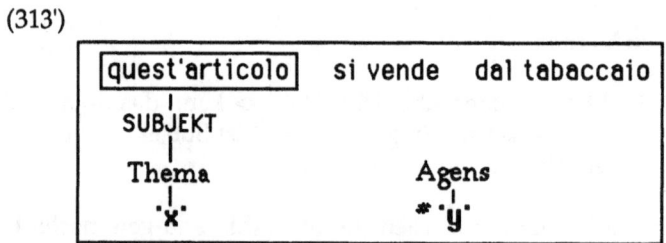

c. Reflexiviertes Verb, mediale Lesart

(315) Il sale si scioglie
'Das Salz löst sich auf'

(315')
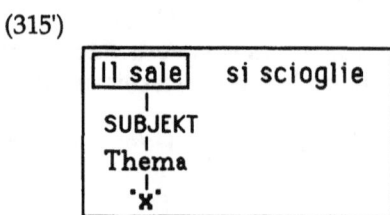

N.B. Diese Reduktion ist dem Passiv sehr ähnlich: Es findet Subjekt-Reduktion statt, und das Objekt des aktiven Verbs erscheint als Subjekt. Hierauf beruht die traditionelle Bezeichnung "si passivante".

d. Reflexiviertes Verb mit Objekt

Das reflexivierte Verb kann ein klitisches Pronomen als Objekt haben. Es ist dann subjektlos, hat jedoch ein dem Subjekt entsprechendes, abstrahiert-generisches Argument; s. z.B.:

(316) Lo si dice
'Man sagt es'

(316')

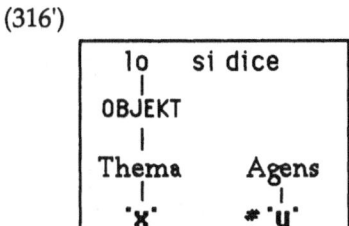

Wenn das Objektpronomen eine angebundene Nominalphrase als Antezedens hat, tritt gewöhnlich Numeruskongruenz mit dem Verb ein:

(317) **Le città**, le si **visitano** meglio in primavera
'Städte besucht man am besten im Frühjahr'

N.B. Eine systematische Objektkongruenz besteht jedoch nicht; vgl. *le si visita* vs. *?le si visitano*.

N.B. In Kurzanzeigen oder auf Reklameschildern kann das reflexivierte Verb auch dann ein Objekt haben, wenn dieses kein klitisches Pronomen ist; s. z.B.:

(318) Affittasi camere
'Zimmer zu vermieten'

(319) Vendesi terreni
'Grundstücke zu verkaufen'

Ebenso gebräuchlich ist die Bezeichnung des Thema-Arguments durch nachgestelltes Subjekt:

(320) Affittansi camere
'Zimmer zu vermieten'

(321) Vendonsi terreni
'Grundstücke zu verkaufen'

Vorkommen wie das folgende sind Toskanismen, die nicht zum Standard gehören:

(322) Da qui si vede le case (statt: da qui si vedono le case)
'Von hier sieht man die Häuser'

2.3.3.3.2. Bei intransitiven Verben

Auch bei intransitiven Verben (Funktionsrahmen <Subjekt>) ist Subjekt-Reduktion möglich. Es ergibt sich ein intransitives Verb mit leerem Funktionsrahmen.

Auf semantischer Ebene bleibt das dem Subjekt entsprechende Argument als existent postuliert. Die Lesart ist die abstrahierend-generische. - Beispiele sind:

(323) Si parla italiano
'Man spricht Italienisch'

(324) Qui dentro si gela
'Hier drinnen friert man'

Die folgenden beiden Schemata sollen diese Art der Reflexivierung illustrieren. Als Bezugspunkt dient:

(325) Maria parla italiano
'Maria spricht italienisch'

(325')

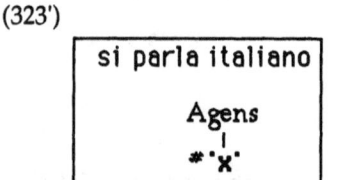

(323')

Die Reflexivierung kann auch auf Verben angewandt werden, die nicht primär, sondern aufgrund einer einfachen Objekt-Reduktion intransitiv sind, wie in:

(326) **Si capisce**
'Versteht sich'

(327) In questo locale non **si fuma**
'In diesem Raum wird nicht geraucht'

Sie kann auch solche Verben betreffen, die auf einer Reflexivierung mit Objekt-Reduktion beruhen (s. 2.3.3.2.), die also bereits reflexiv sind. Das doppelte *si*, das sich hierbei ergeben müßte, wird durch *ci si* ersetzt; s z.B.:

(328) **Ci si capisce** bene
'Man versteht sich gut'

(329) **Ci si incontra** una volta al mese
'Man trifft sich einmal im Monat'

Gegenüber dem nicht reflexivierten Verb (330) und dem reflexivierten Verb mit Objekt-Reduktion in reziproker Lesart (331) hat ein Verb mit *ci si* die durch (328') exemplifizierte Struktur:

(330) Maria capisce il testo
'Maria versteht den Text'

(330')

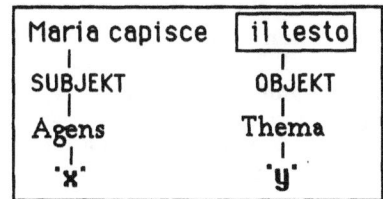

(331) Maria e Luca si capiscono
'Maria und Luca verstehen sich'

(331')

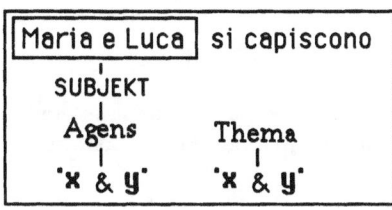

(328')

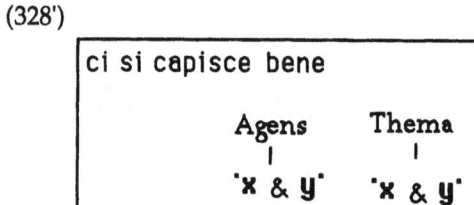

2.3.3.4. Reflexivierung ohne Reduktion

Bei bestimmten Verben mit dem Funktionsrahmen <Subjekt, Objekt> kann das Verb reflexiviert werden, ohne daß eine Reduktion eintritt. Mit dem Gebrauch eines so reflexivierten Verbs gibt der Sprecher zu verstehen, daß die vom Subjekt bezeichnete Person die betreffende Handlung mit Genuß oder mit Liebe ausführt; s. z.B.:

(332) Questa mela, me la mangerò subito
'Diesen Apfel werde ich sofort essen'

(333) Il re amava molto il suo usignolo, e se lo teneva in una gabbia d'oro
'Der König liebte seine Nachtigall sehr, und er hielt sie in einem goldenen Käfig'

N.B. Diese Konstruktion, die unter den traditionellen Begriff des "ethischen Dativs" fällt, kommt analog auch in der deutschen Umgangssprache vor (*Dann habe ich mir ein Bier getrunken*). Dt. Sätze wie *Du bist mir aber einer* oder *Vergiß mir bloß nicht wieder den Schlüssel* werden im It. nicht mit Hilfe eines ethischen Dativs wiedergegeben.

2.4. Operatorverben

Neben der einfachen Valenzerhöhung (s. 2.3.1.2.) gibt es die Valenzerhöhung durch ein Operatorverb. Die Operatorverben sind *fare* 'machen' und *lasciare* 'lassen'.

Die Valenzerhöhung besteht **funktional** in der Anfügung

- eines Objekts in einen Funktionsrahmen, der kein Objekt enthält, oder
- eines Objekts oder eines a-Obliquus in einen Funktionsrahmen, der schon ein Objekt enthält

Im letzteren Falle muß die angefügte grammatische Funktion ein a-Obliquus sein, wenn das Operatorverb *fare* ist; bei *lasciare* kann sie auch Objekt sein.

Das Subjekt des ursprünglichen Verbs ist gleich dem hinzugefügten Objekt oder a-Obliquus. Das Argument, das der eingefügten grammatischen Funktion entspricht, ist in der Rolle des Agens gegenüber dem ursprünglichen Verb und in der Rolle des Themas gegenüber dem Operatorverb.

Auf der Ebene der **Konstituenz** wird das ursprüngliche Verb in den Infinitiv gesetzt, und ihm wird eines der beiden Operatorverben unmittelbar vorangestellt.

Beispiele sind, mit jeweils einer schematischen Analyse:

a. Funktionsrahmen des ursprünglichen Verbs: <Subjekt>

(334) Queste parole mi hanno fatto ridere
'Diese Worte brachten mich zum Lachen'

(335) Ci hanno lasciato dormire fino alle otto
'Man hat uns bis acht Uhr schlafen lassen'

(334')

```
queste parole   mi          hanno fatto | ∅      ridere
    |            |                      | |
SUBJEKT       OBJEKT_i                  | SUBJEKT_i
    |            |                      | |
 Agens         Thema                    | Agens
    |            |                      | |
   'x'          'y'                     |'y'
```

b. Funktionsrahmen des ursprünglichen Verbs: <Subjekt, Objekt>

(336) Gli farò fare un esercizio
'Ich werde ihn eine Übung machen lassen'

(337) {Gli, lo} lascio fare quello che vuole
'Ich lasse ihn machen, was er will'

(336')

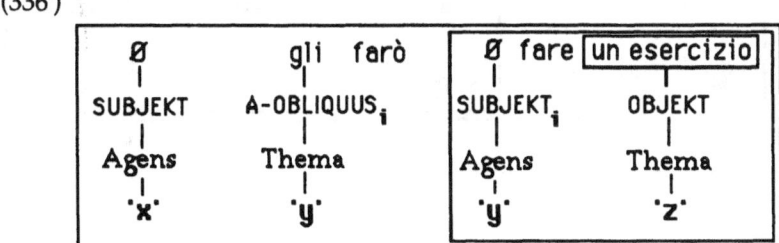

```
  ∅            gli   farò     | ∅   fare  |un esercizio|
  |             |             | |          |
SUBJEKT    A-OBLIQUUS_i       |SUBJEKT_i  OBJEKT
  |             |             | |          |
 Agens        Thema           |Agens      Thema
  |             |             | |          |
 'x'           'y'            |'y'        'z'
```

NB. Traditionelle Grammatiken (z.B. Fogarasi 1969: 270) sprechen davon, daß die Konstruktion 'fare+V+NP' eine aktive und eine passive Bedeutung haben kann. Was damit gemeint ist, soll anhand der Beispiele (338) und (339) klargemacht werden:

(338) Il maestro fa ridere i bambini
 'Der Lehrer bringt die Kinder zum Lachen'

(339) Il comune fa piantare degli alberi
 'Die Gemeinde läßt Bäume pflanzen'

In (338) kontrolliert das Objekt von *fa* das Null-Subjekt von *ridere*. Der Ausdruck *i bambini* ist daher Subjekt von *ridere*. Daher gibt es eine Paraphrase in Form eines aktiven Satzes: *Il maestro fa sí che i bambini ridano*. Fogarasi würde deshalb den Infinitiv als aktivisch bezeichnen. In (339) hingegen liegt Reduktion des a-Obliquus mit Abstraktion des Agens vor. Die Möglichkeit einer solchen Abstraktion ist aber eine Eigenschaft des Passivs. Dementsprechend ist eine passivische Paraphrase möglich: *Il comune fa sì che vengano piantati degli alberi*. Daher kann Fogarasi sagen, die Konstruktion habe einen passivischen Sinn. - Diese Redeweise ist jedoch nicht zweckmäßig, eben weil die abstrahierende Reduktion des Agens nicht nur beim Passiv vorkommt.

Die Anwendung eines Operatorverbs kann mit der Reflexivierung verbunden sein:

(340) Mi faccio tagliare i capelli
 'Ich lasse mir die Haare schneiden'

(341) Si è lasciato convincere
 'Er hat sich überzeugen lassen'

In diesen Fällen ist das Null-Subjekt des Infinitivs nicht kontrolliert, und das betreffende Argument wird abstrahiert. Dafür wird der a-Obliquus oder das Objekt des Infinitivs vom Subjekt des Operatorverbs kontrolliert; s. die folgenden Schemata:

(340')

Ø mi faccio	Ø tagliare	i capelli	Ø
SUBJEKT$_i$	SUBJEKT	OBJEKT	A-OBLIQUUS$_i$
Agens	Agens	Thema	Patiens
'x'	*'y'	'z'	'x'

(341')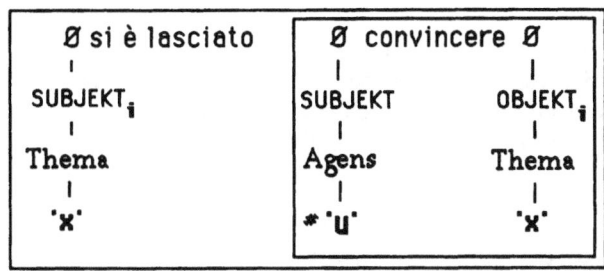

N.B. Die Übersetzung der Beispiele ist ungenau. Dies liegt daran, daß das Deutsche praktisch nur *lassen* als Operatorverb zuläßt und nicht, wie das Italienische, systematisch zwischen 'verursachen, daß etwas geschieht' (it. *fare*) und 'zulassen, daß etwas geschieht' (it. *lasciare*) unterscheidet. - Die Beispiele (334) und (340) sind von Regula-Jernej übernommen.

Klitische Pronomina werden nicht an den Infinitiv, sondern an das Operatorverb angeschlossen:

(342) Fatti tagliare i capelli
'Laß dir die Haare schneiden'

(343) **Lo** lascio andare via
'Ich lasse ihn weggehen'

Der a-Obliquus bzw. das Objekt kann wieder reduziert werden, wobei das betreffende Argument abstrahiert wird; s. z.B.:

(344) Negli ultimi versi del "De Partu" il poeta lascia intendere di aver osato troppo
'In den letzten Versen von "De Partu" gibt der Dichter zu verstehen, daß er etwas zuviel gewagt habe' (Beispiel nach Spore 1975:376)
gegenüber

(344') Negli ultimi versi del "De Partu" il poeta lascia intendere **al lettore** di aver osato troppo
'In den letzten Versen von "De Partu" gibt der Dichter dem Leser zu verstehen, daß er etwas zuviel gewagt habe'

(345) Il comune fa piantare degli alberi
'Die Gemeinde läßt Bäume pflanzen'
gegenüber

(345') Il comune **gli** fa piantare degli alberi
'Die Gemeinde läßt sie Bäume pflanzen'

2.5. Auxiliarität

Unter Auxiliarität versteht man die Tatsache, daß bestimmte Verben als Hilfsverben gebraucht werden. Ein Hilfsverb dient, zusammen mit einer nicht finiten Verbform, zum Ausdruck bestimmter grammatischer Kategorien des Verbs. Hierbei übernimmt das Hilfsverb den Ausdruck der Finitheit (Tempus, Modus, Person, Numerus), während die nicht finite Verbform die lexikalische Bedeutung und die Valenz trägt.

N.B. Bis zu einem gewissen Grade ergibt sich auch die gesamte kategoriale Bedeutung (z.B. ein bestimmtes Tempus bei den zusammengesetzten Tempusformen) kompositionell aus Hilfsverb und nicht finitem Hauptverb. Dies ist jedoch im einzelnen noch ungeklärt. Bis zu einem gewissen Grade verlieren die als Hilfsverben gebrauchten Verben jedenfalls ihre normale lexikalische Bedeutung.

Im Italienischen werden die folgenden Kategorien mit Hilfsverben gebildet:

- das Passiv (mit essere, venire, andare, rimanere)
- die zusammengesetzten Tempusformen (mit essere und avere)
- die Aspektformen (mit stare)

Im folgenden werden nur die beiden letzteren Fälle behandelt; zu den Auxiliaren des Passivs s. 2.3.2.

2.5.1. Die zusammengesetzten Tempusformen

Das italienische Verb drückt Tempus und Modus z.T. durch Flexion aus. Dies gilt für die Formen folgender Paradigmen:

       Präsens Indikativ
       Präsens Konjunktiv
       Imperfekt
       einfaches Futur
       einfaches Konditional
       Perfekt Indikativ (= passato remoto)
       Perfekt Konjunktiv (= congiuntivo imperfetto)

Diese Formen sind in 2.1. dargestellt.

Andere Paradigmen beruhen auf Flexion und Auxiliarität.

Hierbei erscheint das eigentliche Verb im Partizip Perfekt. Als Hilfsverben treten *essere* 'sein' und *avere* 'haben' in ihren nicht zusammengesetzten, finiten Tempusformen sowie im Infinitiv und als Gerundium auf.

N.B. In der Beschränkung auf die nicht-zusammengesetzten Tempusformen unterscheidet sich das It. vom Französischen (es hat kein "passé surcomposé", vgl. z.B. *j'ai eu chanté* vs. **ho avuto cantato*) und vom umgangssprachlichen Deutsch (vgl. *ich hatte gerade angefangen gehabt* vs. **avevo appena avuto cominciato*). - Zum Plusquamperfekt II der Form *mangiato ch'ebbe* ... s. 2.6.2.

Die folgende Übersicht zeigt von jeder zusammengesetzten Tempusform je ein Beispiel.

Beispiel	Übersetzung	Name der Tempusform
ho cantato	'ich habe gesungen'	zusammengesetztes Perfekt Indikativ
abbia cantato	'ich möge gesungen haben'	zusammengesetztes Perfekt Konjunktiv
avevo cantato	'ich hatte gesungen'	Plusquamperfekt I
ebbi cantato	'ich hatte gesungen'	Plusquamperfekt II
avessi cantato	'ich hätte gesungen'	Plusquamperfekt Konjunktiv
avrò cantato	'ich werde gesungen haben'	zusammengesetztes Futur
avrei cantato	'ich hätte gesungen'	zusammengesetztes Konditional
avere cantato	'gesungen haben'	Infinitiv Vergangenheit
avendo cantato	'gesungen habend'	Gerundium Vergangenheit

2.5.1.1. Die Kongruenz des Partizips

Das Partizip Perfekt gehört der a/o-Deklination an. Es unterliegt in den zusammengesetzten Tempusformen Kongruenzregeln, die teils obligatorisch, teils fakultativ sind.

N.B. Ich folge hier der Darstellung von Fogarasi 1969: § 4.2.3.14. Allerdings wurde Fogarasis Beschreibung durch Informantenbefragung überprüft und z.T. korrigiert.

a. Obligatorische Kongruenz des Partizips

Ist das Hilfsverb *essere*, so besteht Genus- und Numeruskongruenz mit dem Subjekt; s. z.B.:

(346) I ragazzi$_{mask.pl.}$ sono arrivati$_{mask.pl.}$
'Die Kinder sind angekommen'

Dieses Prinzip gilt auch dann, wenn das Subjekt Null ist. Das Null-Subjekt hat natürlich als solches weder Genus noch Numerus, aber es bekommt diese Kategorien aus dem verbalen oder situativen Kontext und gibt sie an das Partizip weiter; s. z.B.:

(347) ø$_{[fem.sg.]}$ mi son detta$_{fem.sg.}$ di non andarci più
'ich habe mir gesagt, daß ich da nicht mehr hingehe'
(von einer weiblichen Person geäußert)

Entsprechendes gilt für *ne* 'davon': Dieses Pronomen hat als solches weder Genus noch Numerus, aber es bekommt diese Kategorien aus dem Kontext und gibt sie weiter; s. z.B.:

(348) Ne$_{[fem.pl.]}$ sono arrivate$_{fem.pl.}$ due
'Zwei davon sind angekommen' (*ne* referiert auf Individuen, die durch ein weibliches Nomen bezeichnet werden)

Ist das Verb reflexiv und hat ein Objekt, so kongruiert das Partizip entweder mit dem Subjekt oder mit dem Objekt; s. z.B.:

(349) Maria$_{fem.sg.}$ si è lavata$_{fem.sg.}$ le mani
Maria si è lavate$_{fem.pl.}$ le mani$_{fem.pl.}$
'Maria hat sich die Hände gewaschen'

Eine Kongruenz besteht hier aber auf jeden Fall; (349') ist ungrammatisch:

(349') *Maria si è lavato le mani

N.B. Die Variante mit Objektkongruenz ist etwas literarisch; in der Alltagsrede kommt sie am ehesten vor, wenn das Subjekt Null ist: *si è lavate le mani*.

Ist das Hilfsverb *avere*, so besteht Genus- und Numeruskongruenz obligatorisch mit dem Objekt, wenn dieses als ein vorausgehendes klitisches Pronomen der 3. Person realisiert ist:

(350) Li$_{mask.pl.}$ ho visti$_{mask.pl.}$
'Ich habe sie gesehen'

Ne$_{[mask.pl.]}$ ho visti$_{mask.pl.}$ due
'Ich habe zwei davon gesehen'

b. fakultative Kongruenz

Bei der fakultativen Kongruenz ist zu unterscheiden zwischen Fällen, in denen die Kongruenz fakultativ und üblich, und solchen, in denen sie zwar möglich, aber ungebräuchlich ist.

Fakultativ und üblich ist sie, wenn das Hilfsverb *avere* ist und ein Objekt vorausgeht, das als klitisches Personalpronomen der 1. oder 2. Person realisiert ist. Die Kongruenz besteht mit dem Objekt. Allerdings ist die kongruenzlose Variante ebenso gebräuchlich. - Beispiele sind:

(351) Vi$_{[mask.]pl.}$ ho visti$_{mask.pl.}$

Vi ho visto
'Ich habe euch gesehen'

Fakultativ ist die Kongruenz mit dem Objekt auch bei den reflexiven Verben mit Objekt (s.o.):

(352) ø ci siamo comprate_fem.pl. delle cravatte_fem.pl.

ø_[mask.pl.] ci siamo comprati_mask.pl. delle cravatte
'wir haben uns Krawatten gekauft'

Möglich, aber ungebräuchlich ist die Kongruenz mit dem Objekt, wenn das Hilfsverb *avere* ist und wenn das Objekt als volle Nominalphrase oder als Relativjunktor realisiert ist; s. z.B.:

(353) Ho comprate_fem.pl. le camicie_fem.pl.
'Ich habe die Hemden gekauft'

(354) Le camicie_fem.pl. che_[fem.pl.] ho comprate_fem.pl.
'Die Hemden, die ich gekauft habe'

Die kongruenzlosen Varianten sind jeweils sehr viel gebräuchlicher, also:

(353') Ho comprato le camicie

(354') Le camicie che ho comprato

N.B. Dieses etwas komplizierte Bild läßt sich dadurch erklären, daß hier ein Sprachwandel offenbar noch im Gange ist. In der Tat sind diese Regeln nur grobe Richtlinien; der Sprachgebrauch schwankt. - Hier bestehen Kontraste zum Frz., das praktisch keine fakultativen Kongruenzregeln hat. Diese Kontraste verweisen auf einen Unterschied in der Sprachkultur: Das It. wurde hinsichtlich der Kongruenzregeln nicht so erfolgreich normativ festgelegt wie das Frz.

2.5.1.2. Die Selektion zwischen *essere* und *avere*

Für die Auswahl zwischen den beiden temporalen Hilfsverben gibt es formale (auf die syntaktische Konstruktion bezogene) und lexikalisch-semantische Kriterien.

a. Formale Kriterien

Es gibt zwei klare formale Regeln für die Selektion des Hilfsverbs der zusammengesetzten Tempusformen: *essere* ist zu wählen, wenn das Verb reflexiv ((355) bis (357)) oder passivisch ((358) und (359)) ist. - Beispiele:

(355) Me ne sono pentito
'Ich habe es bereut'

(356) Si è parlato di te
'Es wurde von dir gesprochen'

(357) Si sono sposati
'Sie haben geheiratet'

(358) Sono stato capito male
'Ich wurde nicht richtig verstanden'

(359) Tre persone sono rimaste uccise
'Drei Personen wurden getötet'

N.B. Die Regel des reflexiven Verbs stimmt mit dem Frz. überein, steht aber im Gegensatz zum Dt. und zu anderen Sprachen (Spanisch, Englisch), die beim reflexiven Verb 'haben' verwenden. Die Regel für das Passiv stimmt mit dem Dt. überein, steht aber ebenfalls in Kontrast zum Spanischen und Englischen.

b. Lexikalische Kriterien

Für die Selektion des temporalen Hilfsverbs bei nicht reflexiven und nicht passivischen Verben gilt, daß *avere* das unmarkierte Hilfsverb ist.

Beispiele mit *avere* sind:

(360) Avrà aperto la finestra
'Er wird das Fenster geöffnet haben'

(361) Ha ricevuto una lettera
'Er hat einen Brief erhalten'

(362) Avete dormito
'Ihr habt geschlafen'

Das Grundprinzip für die Wahl von *essere* kann auf der Ebene der funktionalen Struktur und der lexikalischen Bedeutung des Verbs formuliert werden. Es lautet: Beinhaltet die Bedeutung des Verbs, daß der durch das Subjekt bezeichnete Gegenstand eine Zustandsveränderung oder eine Veränderung der Befindlichkeit erfährt, so ist das Hilfsverb *essere*. - Beispiele sind:

(363) Sono invecchiato   (Zustandsveränderung)
'Ich bin alt geworden'

(364) Sono scappato   (Veränderung der Befindlichkeit)
'Ich bin schnell weggegangen'

Anm. Die Idee, die lexikalische Besonderheit der Verben mit *essere* anhand des Begriffs der Zustandsveränderung zu definieren, verdanke ich Klaus Hölker (mündlich).

Die meisten der hierzu gehörenden Verben haben ein Subjekt, das kein Agens ist. Einige wichtige Verben dieses Typs sind:

aumentare	'zunehmen'
crescere	'wachsen'
crollare	'zusammenbrechen'

diminuire	'abnehmen'
gelare	'frieren'
germogliare	'keimen'
guarire	'gesund werden'
mancare	'fehlen'
marcire	'faulen'
migliorare	'besser werden, sich bessern'
morire	'sterben'
nascere	'geboren werden'
scoppiare	'bersten, platzen'

Diejenigen, die einen Agens als Subjekt haben, sind typischerweise Verben der Ortsveränderung:

andare	'gehen'
arrivare	'ankommen, kommen'
avanzare	'vorwärtsgehen'
cadere	'fallen'
entrare	'hineingehen'
fuggire	'flüchten'
partire	'weggehen'
passare	'vorbeigehen'
penetrare	'eindringen'
ritornare	'zurückkehren'
salire	'hinausgehen'
scendere	'hinuntergehen'
scivolare	'rutschen'
venire	'kommen'

Einige der Bewegungsverben gehorchen einem Zusatzprinzip. Dieses besagt: Ist das Verb so gebraucht, daß die Ortsveränderung thematisiert ist (etwa durch Nennung des Zielorts), so steht *essere*, weil der Agens hinsichtlich seiner Befindlichkeit als betroffen gesehen wird. Ist es hingegen so gebraucht, daß von der Ortsveränderung abstrahiert wird (etwa, weil das Bewegungsverb zur Bezeichnung einer Sportart benutzt wird), so steht *avere*; vgl. z.B.:

(365) Sono corso in ufficio
'Ich bin ins Büro gelaufen'

(366) Ho corso un'oretta, poi ho giocato a tennis
'Ich bin ein Stündchen gelaufen, dann habe ich Tennis gespielt'

N.B. Diese Zusatzregel steht im Einklang mit dem allgemeinen Prinzip für die Verwendung von *essere*.

Die bisher formulierten allgemeinen Prinzipien decken jedoch nicht den gesamten Verbwortschatz ab. Es kommen noch die folgenden Einzelregeln hinzu:

- das Hilfsverb von *avere* 'haben' ist *avere*
- das Hilfsverb von *essere* 'sein' und *stare* 'sein, sich befinden' ist *essere*
- die subjektlosen ("unpersönlichen") Verben haben *essere*

Beispiele sind:

(367) Ho avuto torto
'Ich hatte unrecht'

(368) Sei stato tanto gentile
'Du warst so freundlich'

(369) E' piovuto
'Es hat geregnet'

(370) Ci sono volute delle ore per arrivarci
'Es hat Stunden gebraucht, um dorthin zu kommen'

N.B. Zu den subjektlosen Verben gehören auch die Witterungsverben. Diese können die zusammengesetzten Tempora auch mit *avere* bilden:

(369') Ha piovuto
'Es hat geregnet'

Bei *bisogna* 'es ist nötig' sind die zusammengesetzten Zeiten ungebräuchlich.

Es bleibt eine Restgruppe von Verben, bei denen *essere* steht, ohne daß dafür ein systematischer Grund erkennbar wäre. Diese sind:

bastare	'genügen'
cominciare	'anfangen'
costare	'kosten'
dispiacere	'mißfallen'
parere	'scheinen'
piacere	'gefallen'
sembrare	'scheinen'
vivere	'leben'

Beispiele sind:

(371) Il film è già cominciato
'Der Film hat schon begonnen'

(372) Questo dizionario è costato parecchio
'Dieses Wörterbuch hat eine ganze Menge gekostet'

N.B. Bei *costare* und *vivere* ist auch *avere* möglich:

(372') Questo dizionario ha costato parecchio

Abbiamo vissuto un brutto periodo
'wir haben eine schwere Zeit durchgemacht'

Die Verben *dovere* 'sollen, müssen', *potere* 'können', *sapere* 'können' und *volere* 'wollen' haben, wie zu erwarten, *avere* als Hilfsverb. Sie können aber (zusammen mit dem klitischen Pronomen) auch das Hilfsverb des regierten Infinitivs an sich ziehen; d.h. sie können mit *essere* stehen, wenn das Verb, das sie regieren, *essere* verlangt; vgl.:

(373) Non **ho potuto** andarci
Non ci **sono** potuto **andare**
'Ich konnte nicht hingehen'

N.B. Soll das kommunikative Gewicht auf das finite Verb gelegt werden, so ist vorzuziehen, daß es mit seinem eigenen Hilfsverb *avere* steht (Fogarasi 1969: 262).

cominciare 'anfangen' hat, wenn es intransitiv ist, immer *essere*, wie oben in (371). Wenn es hingegen einen Infinitiv regiert, dessen Verb die zusammengesetzten Zeiten mit *essere* bildet, verhält es sich so wie *dovere*; vgl.:

(374) E' cominciato a piovere
Ha cominciato a piovere
'Es hat angefangen zu regnen'

2.5.2. Auxiliarität in Aspektformen

Das Italienische hat drei periphrastische Aspektformen, die mit *stare* als Hilfsverb gebildet werden. Diese Aspektformen sind:

- eine Verlaufsform, bei der das Hauptverb als Gerundium erscheint
- eine Verlaufsform, bei der das Hauptverb als durch die Präposition *a* eingeführter Infinitiv erscheint
- eine Imminenzform, bei der das Hauptverb als durch die Präposition *per* eingeführter Infinitiv erscheint

Beispiele sind:

(375) Che cosa stai facendo?   (gerundiale Verlaufsform)
'Was machst du denn da?'

(376) Stammi a sentire   (infinitivische Verlaufsform)
'Hör mir zu'

(377) Sta per piovere   (Imminenzform)
'Es regnet gleich'

Die **gerundiale Verlaufsform** mit *stare* ist morphologisch beschränkt: Es kommen nur die einfachen Zeiten des Hilfsverbs vor. Außerdem ist das Passiv ausgeschlossen; statt (378) würde man (379) verwenden:

(378) *Stava essendo picchiato
'Er wurde geschlagen'

(379) Lo stavano picchiando
'Sie schlugen ihn'

N.B. Die Beschränktheit auf die einfachen Tempusformen des Hilfsverbs stimmt überein mit den Beschränkungen der temporalen Hilfsverben und der Hilfsverben des Passivs. - Durch die genannten Beschränkungen unterscheidet sich die gerundiale Verlaufsform von der *progressive form* des Englischen.

Die gerundiale Verlaufsform hat auch keinen Imperativ. Der Imperativ wird mit der infinitivischen Verlaufsform gebildet (s. (376)).

N.B. Zu weiteren gerundialen Aspektperiphrasen s. 2.6.3, am Ende.

Die **infinitivische Verlaufsform** kommt, abgesehen vom Imperativ, kaum vor. Sie bildet daher zusammen mit der gerundialen Verlaufsform ein suppletives System.

Für die Aspektform der **Imminenz** gelten analoge Beschränkungen wie für die gerundiale Verlaufsform; allerdings ist das Passiv zulässig:

(380) Stava per essere scoperto
'Seine Entdeckung drohte'

Wie (376) und (379) zeigen, kann das Hilfsverb *stare* das eigentlich zum Hauptverb gehörige klitische Pronomen an sich ziehen.

2.6. Die Syntax der infiniten Formen des Verbs

2.6.0. Vorbemerkungen

Das italienische Verb hat, außer dem als Flexionsform nicht mehr produktiven Partizip Präsens, drei infinite Formen:

- den Infinitiv
- das Partizip Perfekt und
- das Gerundium

Die infiniten Formen des Verbs haben gemeinsam, daß sie kein Morphem enthalten, durch das Tempus, Modus, Person und Numerus spezifiziert werden. (Allerdings hat das Partizip Perfekt aufgrund seiner nominalen Flexion die Möglichkeit, den Numerus auszudrücken.)

Aus dem Fehlen der entsprechenden morphologischen Information folgt jedoch nicht, daß die infiniten Formen notwendig Sachverhalte bezeichnen, die semantisch infinit wären. Vielmehr kann die Information über die durch die infiniten Formen bezeichneten Sachverhalte durch den Kontext finitisiert werden.

2.6.0.1. Bemerkungen zum Partizip Präsens

Das Partizip Präsens ist morphologisch noch klar definierbar; produktiv ist es aber nur noch in der Wortbildung (s. Kap. III, 1.10.2.). Sehr viele auf dem Partizip Präsens beruhende Formen sind lexikalisiert, als Nomina (z.B. *lubrificante* 'Schmiermittel', *amante* 'Geliebte(r)', *tenente* 'Leutnant'), als Adjektive (z.B. *piccante* 'scharf', *deludente* 'enttäuschend', *scottante* 'brennend') oder als Präpositionen (z.B. *riguardante* 'betreffs', *durante* 'während'). Mit den syntaktischen Eigenschaften des Verbs kommt das Partizip Präsens nur noch in wenigen festen Wendungen vor; z.B.:

(381) **vivente** il padre
 'zu Lebzeiten des Vaters'

(382) verbale letto e approvato **seduta stante**
 'Protokoll gelesen und genehmigt'

Nur einige transitive Verben erscheinen im bürokratisch-offiziellen Stil noch als echte Präsens-Partizipien:

(383) Il documento **riportante** le generalità del candidato deve essere compilato e spedito entro il 30 giugno
 'Der Bogen mit den Personalien des Bewerbers muß ausgefüllt und bis zum 30. Juni abgesandt werden'

(384) Una fotografia **riproducente** la madre dell'autore era appesa al muro
 'Eine die Mutter des Autors darstellende Fotografie hing an der Wand'

(385) Il cartello **indicante** il divieto di sosta è blu e rosso
 'Das ein Halteverbot anzeigende Schild ist blau und rot'

N.B. Daher ist es nicht möglich, die Präsenspartizipien des Deutschen ohne weiteres mit it. Präsenspartizipien wiederzugeben. Im einzelnen gelten folgende Prinzipien:

Ist das dt. Partizip als Adjektiv verwendet, so kann es nur dann durch ein it. Partizip Präsens wiedergegeben werden, wenn es eine bedeutungsgleiche, lexikalisierte Form gibt, z.B. *enttäuschend* vs. *deludente*; *faszinierend* vs. *affascinante*. Ist dies nicht der Fall, so muß entweder ein normales Adjektiv gewählt (s. (386)) oder ein Relativsatz mit dem entsprechenden Verb gebildet werden (s. (387)):

(386)	ein sehr sättigendes Gericht	vs.	un piatto molto nutritivo
	eine anstrengende Arbeit	vs.	un lavoro faticoso
	ein streunender Hund	vs.	un cane randagio
(387)	ein weinendes Kind	vs.	un bambino che piange
	ein brennendes Auto	vs.	un'auto che sta bruciando, un'auto in fiamme

(*piangente* ist lexikalisiert in *salice piangente* 'Trauerweide'.)

Besonders für die in dt. Komposita auftretenden Partizipien transitiver Verben ist die Auflösung in einen Relativsatz mit Objekt notwendig, sofern kein Adjektiv vorhanden ist wie in *fleischfressend* vs. *carnivoro*; s. z.B.:

(388)	friedliebend	vs.	che ama la pace
	umweltzerstörend	vs.	che distrugge l'ambiente naturale
	männerhassend	vs.	che odia gli uomini

In bestimmten Fällen kann auch das Partizip Perfekt als Entsprechung des dt. Partizip Präsens auftreten:

(389)	sitzender Akt	vs.	nudo seduto
	leerstehende Wohnung	vs.	casa non abitata

Steht ein entsprechendes Nomen zur Verfügung, so kann auch eine Präpositionalphrase das dt. Partizip wiedergeben:

(390)	eine drohende Gebärde	vs.	un gesto di minaccia

Hat das dt. Partizip Präsens die Funktion eines nicht restriktiven Relativsatzes oder die eines temporalen Nebensatzes, so kann in der it. Entsprechung das Gerundium stehen:

(391)	Niobe, ihre Töchter beweinend	vs.	Niobe, piangendo le sue figlie

2.6.1. Der Infinitiv

Der Infinitiv ist morphologisch durch das Suffix *-re* gekennzeichnet. Er hat weder Numerus, Person oder Genus, noch kann er den Reichtum an temporaler, modaler und aspektueller Information ausdrücken, den das finite Verb besitzt. Der Infinitiv kann der Kopf einer Verbalphrase sein. Ein explizites Subjekt hat er nur unter ganz engen Bedingungen.

Wegen seiner inhaltlichen Unbestimmtheit ist der Infinitiv Präsens die Zitierform des Verbs.

Die inhaltliche Unbestimmtheit des Infinitivs kann aus dem Kontext heraus reduziert oder aufgehoben werden. Dies ist der Fall, wenn der Infinitiv ein Komplement ist und wenn er durch ein Modal- oder Operatorverb regiert wird. In allen diesen Fällen besteht **Kontrolle**. Dies bedeutet folgendes: Wir nehmen an, daß das Infinitivkomplement ein Null-Subjekt hat und daß das regierende Verb festlegt, wie dieses Null-Subjekt gedeutet wird. So ist z.B. das Null-Subjekt von *aiutare* in (392) gleich dem Subjekt des regierenden Verbs *promesso*. (Man sagt: *promettere* hat Subjektkontrolle.)

(392) Ti ho promesso di aiutarti
'Ich habe dir versprochen, dir zu helfen'

In (393) hingegen hat das regierende Verb Objektkontrolle:

(393) Lo hanno costretto a partire
'Sie haben ihn gezwungen abzureisen'

Hier ist das Subjekt von *partire* gleich dem Objekt von *costretto*.

Ist der Infinitiv kein Komplement, so bleibt seine Unbestimmtheit bestehen. Es erfolgt keinerlei zeitliche Finitisierung. Das Null-Subjekt des Infinitivs ist nicht kontrolliert; d.h. es kann frei gedeutet werden; vgl. z.B. (394) und (395), wo die Infinitivkonstruktion als Ganzes Subjekt des Satzes ist. In (394) wird man das Null-Subjekt des Infinitivs entweder als generisch oder als identisch mit dem Sprecher deuten; in (395) wird man die letztere Deutung klar bevorzugen:

(394) Passare tutte le sere a guardare la televisione è noioso
'Alle Abende mit Fernsehen zu verbringen ist langweilig'

(395) Passare tutte le sere a guardare la televisione non mi piace
'Alle Abende mit Fernsehen zu verbringen gefällt mir nicht'

Abgesehen von der genannten morphologischen und z.T. auch semantischen Unbestimmtheit hat der Infinitiv alle Eigenschaften des Verbs. Dies gilt insbesondere für die Valenz: Infinitiv und finites Verb haben prinzipiell die gleiche Valenz, und sie unterliegen den gleichen Regeln der Valenzänderung, einschließlich Passivierung (396) und Reflexivierung (397):

(396) Vuole **essere pregata**
'Sie will gebeten werden'

(397) Non gli piace **mostrarsi in pubblico**
'Er zeigt sich nicht gern in der Öffentlichkeit'

N.B. Manche Fälle von Reflexivierung werden beim Infinitiv allerdings vermieden. Zum Beispiel ist die Einbettung von doppelt reflexivierten Verben (s. 2.3.3.3.2.) zumindest ungewöhnlich. Wenn man z.B. (398) als regiert von *è bello* 'es ist schön' in den Infinitiv setzt, ergibt sich das kaum akzeptable (399):

(398) Ci si capisce bene
'Man versteht sich gut'

(399) ? E' bello capircisi bene

Das *ci* in diesem Satz wird aber kaum als ein dissimiliertes *si* verstanden werden; allenfalls als das klitische Lokalpronomen, so daß (399) bedeuten würde: 'es ist schön, sich dort gut zu verstehen'. Soll es heißen 'es ist schön, wenn man sich gut versteht', so wird man (400) wählen:

(400) E' bello capirsi bene
'Es ist schön, sich gut zu verstehen'

In (400) besteht keine Kontrolle, weil das regierende Prädikat in einer unpersönlichen Konstruktion steht. Das (freie) Subjekt des Infinitivs kann deshalb als generisch interpretiert werden. So erhält man die Bedeutung 'man' nicht durch die Reflexivierung, sondern durch die unpersönliche Konstruktion.

Der Infinitiv kann ein explizites Subjekt haben, wenn dieses kontrastiert werden soll:

(401) Ho promesso di farlo **io**
'Ich habe versprochen, es zu tun'

N.B. In einem etwas getragenen Stil kann der Infinitiv auch dann ein Subjekt haben, wenn dieses nicht kontrastiert wird:

(402) L'avere io accettato quell'invito suscitò sospetto e invidia
'Daß ich diese Einladung angenommen habe, erweckte Mißtrauen und Neid'

Den verbalen Eigenschaften des Infinitivs steht eine nominale Eigenschaft gegenüber: Der Infinitiv mit seinen Ergänzungen kann Kopf einer Nominalphrase sein und als solcher die Determination der Nominalphrase haben:

(403) **Il suo** parlare male di tutti gli nuoce
'Daß er über alle schlecht redet, schadet ihm'

(404) La natura civile dell'uomo, **il suo** essere uomo solo nella società, non potevano essere sottolineati con maggior forza
'Die gesellige Natur des Menschen, die Tatsache, daß er nur in der Gesellschaft Mensch sein kann, konnte nicht kraftvoller unterstrichen werden' (Garin, zit. nach Skytte 1983:526)

Diese Beispiele zeigen den zugleich verbalen und nominalen Charakter des Infinitivs: Er hat die Determination des Nomens und die Valenz des Verbs. Wenn der Infinitiv durch ein Possessivum determiniert ist, so muß dieses auf das Null-Subjekt des Infinitivs bezogen werden.

Zur Veranschaulichung dieser Verhältnisse ist die Struktur von (403) in (403') dargestellt:

(403')

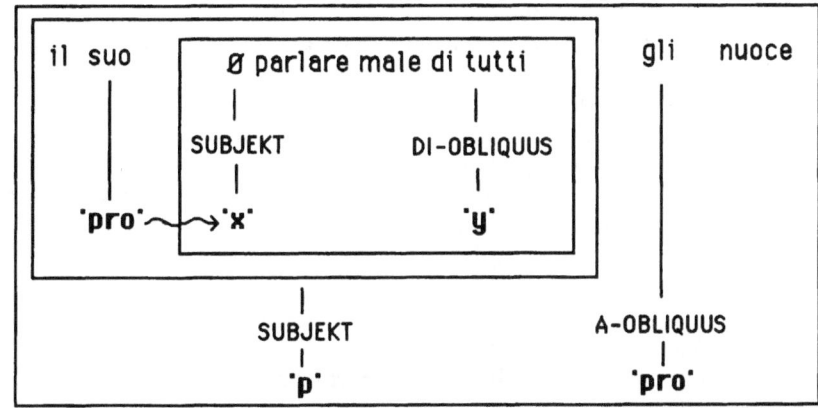

N.B. Die als Nomina lexikalisierten Infinitive wie *il potere* 'die Macht', *il benessere* 'das Wohlergehen' usw. unterscheiden sich von den nominalen Infinitivkonstruktionen des vorliegenden Typs dadurch, daß sie eine ganz andere Valenz haben können; vgl. z.B. *il mio potere su di lui* vs. **posso su di lui*.

Der determinierte Infinitiv ist im Sprachsystem und im Sprachgebrauch marginal. Er kommt nur dann als Alternative zum nicht-determinierten Infinitiv in Frage, wenn der Infinitiv nicht Komplement ist: Infinitiv-Komplement und nominales Komplement sind ganz verschiedene Funktionen. In Modifikatoren und Adjunkten ist er zwar nicht systematisch ausgeschlossen, aber vollkommen ungebräuchlich; s. z.B.:

(405) Non vedo l'ora **di rivederti**
'Ich kann es kaum erwarten, bis ich dich wiedersehe'

(406) Passò **senza salutarmi**
'Er ging vorbei, ohne mich zu grüßen'

(407) L'ho fatto **per ringraziarlo**
'Ich habe es getan, um ihm zu danken'

2.6.1.1. Die Rollen des Infinitivs im Satz

Der Infinitiv kann im Satz auftreten:

- als Infinitivkomplement eines Verbs, eines Adjektivs, eines Nomens oder einer Präposition
- als Kopf einer Nominalphrase
- als angebundenes Verb, mit finiter Wiederholung des Verbs oder Wiederaufnahme durch ein finites Proverb

- als Definiendum in Definitionen und als Zitierform
- als negierter Imperativ der 2. Person Singular
- als Prädikat allgemein gehaltener Aufforderungssätze

a. Infinitivkomplemente

Zahlreiche Verben und Adjektive sowie manche Nomina und einige Präpositionen regieren ein Infinitivkomplement. Das Infinitivkomplement kann unmittelbar oder mittels einer der Präpositionen *di, a* oder *da* angeschlossen werden (s. 2.2.4., 3.2.2.). Präpositionslose Infinitivkomplemente können nur von Verben und Präpositionen regiert werden. - Beispiele sind:

(408) **Decise di** rimandare la partenza
'Er beschloß, die Abreise zu verschieben'

(409) Fu **necessario** rimandare la partenza
'Es war notwendig, die Abreise zu verschieben'

(410) Non vedo la **necessità di** rimandare la partenza
'Ich sehe keine Notwendigkeit, die Abreise zu verschieben'

(411) Si ferì **senza** accorgersene
'Er verletzte sich, ohne es zu merken'

Das Infinitivkomplement steht bei vielen Verben in Konkurrenz mit dem Komplementsatz; s. z.B.:

(412) **Sapevo di** avere ragione
'Ich wußte, daß ich recht hatte'

(413) **Sapevo che** Franco aveva ragione
'Ich wußte, daß Franco recht hatte'

Generell gilt in solchen Fällen, daß das Infinitivkomplement gewählt wird, wenn der Inhalt des Komplements der Kontrolle durch das regierende Verb gerecht wird. Dies ist in (412) der Fall: Das Subjekt von *sapevo* ist gleich dem Subjekt des Infinitivs. In (413) ist das Subjekt des Infinitivs nicht gleich dem Subjekt des regierenden Verbs; deshalb kann das Infinitivkomplement nicht gewählt werden, und es tritt der Komplementsatz ein.

Einige Verben haben ein Infinitivkomplement, das ein Interrogativpronomen als Junktor hat; s. z.B.:

(414) Saprò a **chi** rivolgermi
'Ich weiß, an wen ich mich wenden kann'

(415) Mi chiedo **perché** studiare così tanto, invece di andare a divertirsi
'Ich frage mich, wozu man soviel studieren muß, anstatt sich zu vergnügen'

(416) Lui ti dirà **dove** andare
'Er wird dir sagen, wohin du gehen mußt'

Dieses **interrogative Infinitivkomplement** steht ebenfalls in Konkurrenz mit einem Nebensatz und zwar mit dem interrogativen Komplementsatz (s. Kap. II, 1.1.3.). Auch hier wirken Kontrollregeln, aber die Kontrollverhältnisse entscheiden nicht über die Wahl zwischen Infinitiv und finitem Nebensatz. (Der entsprechende Nebensatz ist auch dann gut, wenn die durch das regierende Verb für den Infinitiv geforderte Gleichheit besteht.) Der Unterschied ist vielmehr semantisch: Das interrogative Infinitivkomplement hat immer eine **modale Bedeutung**. (Deswegen erscheint in den deutschen Übersetzungen von (414) bis (416) jeweils ein Modalverb.) Interrogative Komplementsätze, die keine modale Nuance haben, können deshalb nicht zu interrogativen Infinitivkomplementen umformuliert werden; vgl. z.B.:

(417) So benissimo perché lo voglio
*So benissimo perché volerlo
'Ich weiß sehr genau, warum ich das will'

(418) Mi chiedo dove ho messo il giornale
*mi chiedo dove aver messo il giornale
'Ich frage mich, wo ich die Zeitung hingetan habe'

Mit der Präposition *da* als Junktor kann der Infinitiv Komplement der Kopula sein (s. auch 2.2.4.2.c.):

(419) Questi giornali sono **da** buttare via
'Diese Zeitungen sind zum Wegwerfen'

(420) Questo prodotto è **da** consumare entro un mese
'Dieses Produkt ist innerhalb eines Monats zu verbrauchen'

Auch hier liegt eine modale Bedeutung vor, die der Notwendigkeit.

Wie es auch sonst bei den Komplementen der Kopula der Fall ist, kann dieses modale Infinitivkomplement auch als Modifikator des Nomens auftreten:

(421) Ecco i giornali **da** buttare via
'Hier sind die Zeitungen zum Wegwerfen'

(422) E' un prodotto **da** consumare entro un mese
'Das ist ein Produkt, das innerhalb eines Monats verbraucht werden muß'

b. der Infinitiv als Kopf einer Nominalphrase

Der Infinitiv kann als Kopf einer durch ein Artikelwort determinierten Nominalphrase auftreten. Hinsichtlich der Kongruenz wird er so behandelt, als sei er ein männliches Nomen im Singular. Das Null-Subjekt des Infinitivs ist in diesem Falle nicht kontrolliert; steht in der Nominalphrase ein Possessivum, so ist dieses mit dem Null-Subjekt korreferent. - Beispiele wurden oben bereits gegeben; s. (403) und (404).

c. der Infinitiv als angebundenes Verb

Eine angebundene Verbalphrase (s. 8.2.) erscheint als Infinitiv; vgl. z.B.:

> (423) **Venire** alla tua festa, lo farei con piacere
> 'Zu deinem Fest kommen, das täte ich gerne'

d. der Infinitiv in Definitionen und als Zitierform

Beispiele sind:

> (424) **Pastorizzare** vuol dire **sterilizzare** secondo il metodo del chimico francese Luigi Pasteur
> 'Pasteurisieren heißt sterilisieren nach der Methode des französischen Chemikers Louis Pasteur'

> (425) Come si dice **esitare** in inglese?
> 'Wie sagt man **zögern** auf Englisch?'

e. der Infinitiv als negierter Imperativ der 2. Person Singular

Der Infinitiv tritt suppletiv als negierter Imperativ der 2. Person Singular auf; s. z.B.:

> (426) Non piangere!
> 'Weine nicht!'

N.B. Es handelt sich hier um den (einzig möglichen) Ersatz für die mit der Negation nicht zu vereinbarende finite Imperativform. Hinter der syntaktischen Strukturgleichheit mit dem dt. *nicht weinen!* verbirgt sich also ein morphologischer Kontrast.

f. der Infinitiv als Prädikat allgemein gehaltener Aufforderungssätze

Beispiele sind:

> (427) Tirare la maniglia solo in caso di pericolo
> 'Den Griff nur bei Gefahr ziehen'

N.B. In dieser Funktion kommt der Infinitiv (genau wie im Dt.) vor allem auf amtlichen Schildern oder Formularen vor; vgl. auch:

(428) Scrivere in stampatello   'In Blockschrift schreiben'

(429) Lasciar libero il passo   'Durchfahrt frei lassen!'

Das Dt. verwendet den Infinitiv außerdem auch als Form des barschen, an einen bestimmten Adressaten gerichteten Befehls. Hier wird im It. der (finite) Imperativ oder eine verblose Routineformel verwendet:

(430) Aufstehen, los!   -   Alzati, su!

(431) Stehen bleiben!   -   Fermo!

2.6.2. Das Partizip Perfekt

Das Partizip Perfekt (im folgenden einfach Partizip genannt) ist eine infinite Verbform, die die Endungen der a/o- Deklination hat. Die Flexion erfolgt ausschließlich als Kongruenz. Hierin gleicht das Partizip dem **Adjektiv**.

Mit dem Adjektiv hat das Partizip außerdem gemeinsam, daß es innerhalb der Nominalphrase als Modifikator auftreten kann.

N.B. Viele Partizipien können auch rein adjektivisch verwendet werden. Dies zeigt sich daran, daß sie auch als Adjektiv-Komplement der Kopula auftreten können. Dies gilt für die Partizipien solcher Verben, die einen Vorgang bezeichnen, in dessen Verlauf das Thema-Argument eine Zustandsveränderung erleidet, z.B. *aperto* 'geöffnet, offen', *morto* 'gestorben, tot'.

N.B. Nicht nur Partizipien, sondern auch echte Adjektive können Zustände bezeichnen, die Ergebnis einer Zustandsveränderung sind, z.B. *maturo* 'reif' und *carico* 'beladen'. Diese Adjektive werden den gleichbedeutenden Partizipien (z.B. *maturato* 'gereift' und *caricato* 'beladen') vorgezogen, wenn die Partizipien nicht typisch verbale Kontexte haben; vgl. z.B.:

(432) Voglio delle mele {mature, ?maturate}
'Ich will {reife, ?gereifte} Äpfel'

(433) Le mele [{*mature, maturate} sull'albero] sono più saporite
'Die [am Baum {*reifen, gereiften}] Äpfel sind aromatischer'

(434) Arriva un camion [{carico, ?caricato} di mele]
'Da kommt ein mit Äpfeln beladener Lastwagen'

(435) Arriva il camion [{caricato, *carico} ieri]
'Da kommt der gestern beladene Lastwagen'

Mit dem **Verb** hat das Partizip folgendes gemeinsam:

- es besitzt typisch verbale Valenzen
- es kann klitische Pronomina zu sich nehmen
- es kann Adverbien des Ortes, der Zeit sowie der Art und Weise zu sich nehmen
- es wird aspektuell und zeitreferentiell gedeutet

Im einzelnen gilt:

a. Die Valenzen des Partizips

Die Partizipialkonstruktionen können als das Ergebnis von vier lexikalischen Regeln betrachtet werden. Diese unterscheiden sich voneinander im Hinblick auf die folgenden Fragen:

- bleibt das ursprüngliche Subjekt des Verbs erhalten?
- ist das betroffene Verb transitiv oder intransitiv?

Bleibt das ursprüngliche Subjekt des Verbs erhalten, so ergeben sich die absoluten Partizipialkonstruktionen, andernfalls ergeben sich die nicht-absoluten.

Ist das betroffene Verb transitiv, so ergibt sich eine passivähnliche Konstruktion. Ist es intransitiv, so entspricht die Partizipialkonstruktion dem aktiven Verb. Diese Regeln sind im einzelnen:

Die Regel für **absolute** Konstruktionen mit einem **intransitiven** Verb lautet: Ein Verb mit dem Funktionsrahmen <Subjekt> wird zum Partizip. Hierbei wird der Funktionsrahmen nicht verändert; schematisch geschrieben:

(436) V <Subjekt> => V_{part} <Subjekt>

Beispiel:

(437) Arrivato il treno, i passeggieri scendono
'Nachdem der Zug angekommen ist, steigen die Reisenden aus'

Diese Regel enthält eine funktionale Bedingung: Das Subjekt des Partizips darf nicht gleich dem Subjekt oder Objekt des Gesamtsatzes sein, also:

(438) Arrivato il treno$_i$, i passeggieri$_j$ scendono

Das Partizip muß mit seinem Subjekt in Genus- und Numeruskongruenz stehen:

(439) Partite$_{fem.pl.}$ le ragazze$_{fem.pl.}$ ...
'Nachdem die Mädchen abgefahren sind, ...'

Die Regel enthält schließlich auch eine Festlegung der linearen Abfolge: Das Partizip muß vor seinem Subjekt stehen; vgl. z.B.:

(440) Arrivato il treno, i passeggieri scendono

(440') *Il treno arrivato, i passeggieri scendono

Die Regel für **absolute** Konstruktionen mit einem **transitiven** Verb lautet: Ein Verb mit dem Funktionsrahmen <Subjekt, Objekt> wird zum Partizip. Hierbei wird der Funktionsrahmen wie folgt geändert: Das ursprüngliche Objekt wird zum Subjekt. Das ursprüngliche Subjekt wird zu Null; das ihm entsprechende Argument bleibt als existent gefordert. Schematisch geschrieben lautet die Regel:

(441) V <Subjekt$_i$, Objekt$_j$> => V$_{part}$ <Subjekt$_j$> $\emptyset_i$

Ein Beispiel ist:

(442) **Bloccati i treni nelle stazioni**, le strade erano affollatissime
'Da die Züge in den Bahnhöfen festlagen, waren die Straßen überfüllt'

Es gilt dieselbe funktionale Einschränkung, dieselbe Kongruenzregel und dieselbe lineare Festlegung wie bei den absoluten Konstruktionen mit intransitivem Verb.

Wie beim Passiv kann das ursprüngliche Subjekt als Urheber-Adjunkt mit *da* erscheinen:

(442') **Bloccati i treni dallo sciopero**, le strade erano affollatissime
'Da die Züge durch den Streik blockiert waren, waren die Straßen überfüllt'

N.B. Es gibt auch unpersönliche absolute Partizipialkonstruktionen, d.h. solche, die kein Subjekt haben. Sie entsprechen dem Passiv intransitiver Verben; s. z.B.:

(443) Don Rodrigò domandò se il signore si trovasse al castello; e **rispostogli da quel caporalaccio che credeva di sì**, smontò dal cavallo
'Don Rodrigo fragte, ob der Herr im Schloß sei, und nachdem ihm von jenem rüden Kaporal geantwortet worden war, er glaube ja, stieg er vom Pferd'
(Manzoni, zit. nach Vockeradt, p. 270)

Die Regel für **nicht absolute** Konstruktionen mit einem **intransitiven** Verb lautet: Ein Verb mit dem Funktionsrahmen <Subjekt> oder <Subjekt, Lokal-Obliquus> wird zum Partizip. Hierbei wird der Funktionsrahmen wie folgt geändert: Das ursprüngliche Subjekt wird zu Null; der eventuell vorhandene Lokal-Obliquus bleibt erhalten.

Schematisch geschrieben lautet die Regel:

(444) V <Subjekt$_i$> => V$_{part}$ <$\emptyset_i$>
bzw.
(444') V <Subjekt$_i$, Lokal-Obliquus$_j$> => V$_{part}$ <$\emptyset_i$, Lokal-Obliquus$_j$>

Beispiele sind:

(445) I libri **arrivati ieri** sono ancora imballati
'Die gestern eingetroffenen Bücher sind noch eingepackt'

(446) I libri, **arrivati solo ieri**, sono ancora imballati
'Die Bücher, erst gestern eingetroffen, sind noch eingepackt'

(447) **Arrivati solo ieri**, i libri sono ancora imballati
'Da sie erst gestern eingetroffen sind, sind die Bücher noch eingepackt'

Das Null-Subjekt des Partizips wird kontrolliert. Wenn die Partizipialkonstruktion Modifikator (d.h. Teil einer Nominalphrase) ist, so wird ihr Null-Subjekt durch den Kopf der Nominalphrase kontrolliert (445). Wenn die Partizipialkonstruktion Adjunkt (d.h. nicht Teil einer Nominalphrase) ist, so wird sie vom Subjekt des Satzes kontrolliert (446), (447).

Das Partizip steht in Kongruenz mit der kontrollierenden Nominalphrase.

Für die lineare Anordnung gilt: Als Modifikator steht die Partizipialkonstruktion rechts vom Nomen (445). Als Adjunkt steht sie vor (447) oder nach (446) dem Subjekt, abgetrennt durch Pause bzw. Komma.

Steht die Partizipialkonstruktion vor dem Subjekt, besteht eine starke Tendenz, sie kausal zu deuten (s. die Übersetzung von (447)).

Die Regel für **nicht-absolute** Konstruktionen mit einem **transitiven** Verb lautet: Ein Verb mit dem Funktionsrahmen <Subjekt, Objekt> wird zum Partizip. Dabei finden die folgenden funktionalen Veränderungen statt: Das ursprüngliche Subjekt wird Null. Es wird als existent postuliert, ist aber nicht kontrolliert. Das ursprüngliche Objekt wird zum Null-Subjekt des Partizips. Es wird in der gleichen Weise kontrolliert wie das Null-Subjekt des intransitiven Partizips. Auch Wortstellung und Kongruenz sind dieselben.

Schematisch geschrieben lautet die Regel:

(448) $V <Subjekt_i, Objekt_j> \Rightarrow V_{part}<\emptyset_j> \emptyset_i$

Beispiele sind:

(449) I libri **comprati ieri** sono ancora imballati
'Die gestern gekauften Bücher sind noch eingepackt'

(450) **Comprati ieri**, i libri sono ancora imballati
'Obwohl schon gestern gekauft, sind die Bücher noch eingepackt'

(451) I libri, **comprati ieri**, sono ancora imballati
'Die Bücher, erst gestern gekauft, sind noch eingepackt'

Das ursprüngliche Subjekt kann auch hier als Urheber-Adjunkt mit *da* erscheinen:

(452) Una città **visitata da molti stranieri**
'Eine Stadt, die von vielen Ausländern besucht wird'

N.B. Beim rein adjektivischen Gebrauch, z.B. in *una porta aperta* 'eine offene Tür' gibt es keine Null-Funktionen. Es gibt auch keine als existent geforderten Argumente: Die Tür des Beispiels kann von selbst aufgegangen oder immer offen gewesen sein.

Die Partizipialkonstruktionen als solche legen nicht genau fest, welche Relation zwischen dem durch sie bezeichneten Sachverhalt und dem durch den Gesamtsatz bezeichneten Sachverhalt besteht. Die Präzisierung dieser Relation ergibt sich aus dem Kontext oder aus dem nichtsprachlichen Wissenshintergrund.

N.B. Da das Deutsche die entsprechenden Konstruktionen entweder gar nicht besitzt (die absoluten Partizipialkonstruktionen) oder sie z.T. im Sprachgebrauch vermeidet, muß beim Übersetzen ins Deutsche diese Relation oft spezifiziert werden. Dies geschieht je nach dem Kontext als temporal, kausal oder adversativ.

Das Partizip hat eine Konstruktion, die als die Vorzeitigkeit bezeichnend aufgefaßt werden kann; s. z.B.:

(453) **Smesso che fu di nevicare**, Pinocchio ... prese la strada che menava alla scuola ...
'Als es aufgehört hatte zu schneien, machte sich Pinocchio ... auf den Weg zur Schule ...' (Collodi)

(454) **Giunto che fu sulla spiaggia**, Pinocchio dette subito una grande occhiata sul mare; ma non vide nessun pescecane
'Am Strand angekommen, suchte Pinocchio das Meer sofort mit den Augen ab, aber er sah keinen Haifisch' (Collodi)

Diese Konstruktion, die in den übrigen zusammengesetzten Tempora nicht vorkommt (d.h. das finite Verb muß im Perfekt stehen), steht in Paraphrasebeziehung zu temporalen Nebensätzen mit *quando* 'als' und, in Fällen wie (454), zu normalen Partizipialkonstruktionen:

(454') Giunto sulla spiaggia, Pinocchio ...

Diese Konstruktion gehört dem Stil der literarischen Erzählung an und ist auch dort markiert: Sie ist seltener als ihre Paraphrasen. Ihre Funktion besteht darin, das Wiederaufnehmen des Erzählfadens, besonders am Kapitelanfang, zu signalisieren.

N.B. Die Partizipien von *dire* 'sagen' und *fare* 'tun' sind in vorangestellten absoluten Konstruktionen mehr oder weniger lexikalisiert:

(455) Detto questo, se ne andò
'Nach diesen Worten ging er weg'

(456) Fatta colazione, ci separammo
'Nach dem Mittagessen trennten wir uns'

N.B. Zur festen Wendung geworden ist das Partizip in Zeitangaben wie *dopo pranzato* 'nach dem Essen' (neben *dopo il pranzo*), ferner in komplexen Junktoren wie *dato che* oder *visto che* 'da'.

N.B. Einige Partizipien sind als Nomina lexikalisiert, z.B. *il morto* 'der Tote', *la seduta* 'die Sitzung', *la cascata* 'der Wasserfall' von *morire* 'sterben', *sedere* 'sitzen' und *cascare* 'fallen'. Zu den auf Partizipien beruhenden weiblichen Nomina s. auch Kap. III, 1.2.1.2.a.

b. Klitische Pronomina beim Partizip

Beim Partizip können alle klitischen Pronomina stehen; dieses steht, wie bei den anderen infiniten Verbformen, nach dem Verb. Diese Konstruktionen sind stilistisch markiert: Sie gehören der traditionellen Literatur- und der Verwaltungssprache an. - Beispiele sind:

(457) La risposta negativa data**mi** da lei
'Die mir von ihr gegebene negative Antwort'

(458) Riconciliata**si** con la madre, Elvira si imbarcò per Napoli
'Nachdem sie sich mit ihrer Mutter versöhnt hatte, schiffte sich Elvira nach Neapel ein'

(459) Arrivato**ci** mezz'ora dopo l'accaduto, il maresciallo non ci trovò più nessuno
'Als er dort eine halbe Stunde nach dem Vorfall eingetroffen war, fand der Maresciallo niemanden mehr vor'

c. Adverbien beim Partizip

Beim Partizip können dieselben Adverbien und Adjunkte stehen wie beim entsprechenden finiten Verb; vgl. z.B.:

(460) La valle, irrigata **abbondantemente,** è fertilissima
'Das Tal, reichlich bewässert, ist sehr fruchtbar'

(461) Partito **in fretta**, avevo dimenticato le chiavi
'Da ich in Eile aufgebrochen war, hatte ich die Schlüssel vergessen'

(462) Quel disco, registrato **vent'anni fa**, è introvabile
'Die Schallplatte, vor zwanzig Jahren aufgenommen, ist unauffindbar'

Die hier beschriebenen Partizipialkonstruktionen sind, formulierungstechnisch betrachtet, Mittel einer knappen, prägnanten Ausdrucksweise. Sie treten daher vor allem in der erzählenden Literatur, in Nachschlagewerken, in der Geschäftskorrespondenz u.ä. auf. - Zur aspektuellen und zeitreferentiellen Deutung des Partizips s. Kap. IV, 4.2.

2.6.3. Das Gerundium

Das Gerundium ist die adverbiale Form des Verbs. Mit dem Verb hat es die Valenzverhältnisse gemeinsam, mit dem Adverb die Tatsache, daß es indeklinabel ist und daß die Gerundialkonstruktionen im Satz in gleicher Weise Adjunkt sein können wie Adverbiale und Präpositionalphrasen und auch mit ihnen koordiniert werden können; s. z.B.:

(463) A bassa voce, con l'aria di mettermi a parte di un segreto importante, e **guardando**si ogni tanto alle spalle come se temesse di venir sorpreso, mi raccontò del bagno fatto a Rimini.
'Mit leiser Stimme, mit einer Miene, als ob er mir ein wichtiges Geheimnis anvertraue, und sich ab und zu nach hinten umschauend, als ob er fürchtete, ertappt zu werden, erzählte er mir von dem Bad in Rimini'
(Bassani, zit. nach Pusch 1980:33)

(464) Vennero da ultimo verso la nostra tenda, Fadigati **facendo**si precedere da mio padre di circa un metro, e col volto atteggiato a una strana espressione
'Zuletzt kamen sie auf unser Zelt zu, wobei Fadigati meinen Vater um etwa einen Meter vorausgehen ließ und einen eigenartigen Gesichtsausdruck zeigte' (ib.)

Semantisch stellt das Gerundium den Vorgang oder Zustand, den es bezeichnet, als mit einem anderen Sachverhalt eng verbunden dar.

Auch die temporalen Hilfsverben können im Gerundium stehen. Hierauf beruht die Unterscheidung zwischen einem Gerundium Präsens und einem Gerundium der Vergangenheit; s. 2.5.1.

Worauf die genannte enge Verbundenheit der beiden Sachverhalte beruht, wird durch das Gerundium als solches nicht präzisiert. Präzisierungen können sich aus dem sprachlichen Kontext und aus dem nichtsprachlichen Wissen der Sprecher ergeben.

Man kann die folgenden für das Gerundium typischen Relationen unterscheiden:

a. Die Gerundialkonstruktion gibt eine **Art und Weise** an, d.h. eine instrumental (465) oder modal (466) untergeordnete Handlung oder einen Begleitumstand (467):

(465) Lo ha ucciso **dandogli un pugno**
'Er hat ihn getötet, indem er ihm einen Faustschlag gab'

(466) Camminava **trascinando i piedi**
'Er lief schlurfend'

(467) "Sì", rispose **sorridendo**
'"Ja", antwortete er lächelnd'

N.B. Diese Beispiele und die entsprechende Systematik (von mir vereinfacht) stammen aus Pusch 1980.

b. Die Gerundialkonstruktion bezeichnet einen Sachverhalt, der vom Bezugssachverhalt verursacht ist (**konsekutive** Interpretation):

(468) L'albero cadde, **trascinando con sé arbusti e alberi più piccoli**
'Der Baum fiel und riß Sträucher und kleinere Bäume mit sich'

c. Die Gerundialkonstruktion bezeichnet einen Sachverhalt, der die Ursache des Bezugssachverhalts ist (**kausale** Interpretation):

(469) **Non avendo la chiave**, non potè aprire
'Da er den Schlüssel nicht hatte, konnte er nicht aufmachen'

Die kausale Interpretation ist besonders für das Gerundium der Vergangenheit typisch:

(470) **Non avendo capito il film**, Giorgio lo trovò noioso
'Da er den Film nicht verstanden hatte, fand Giorgio ihn langweilig'

d. Die Gerundialkonstruktion gibt eine Bedingung an (**konditionale** Interpretation):

(471) **Andando sempre diritto**, arriverete a un ponte ferroviario; poi girate a sinistra, e continuate fino al semaforo ...
'Wenn ihr immer geradeaus fahrt, kommt ihr zu einer Eisenbahnbrücke; dann biegt ihr links ab und fahrt bis zur Ampel'

e. Der Bezugssachverhalt widerspricht den Erwartungen, die man gewöhnlich mit dem durch die Gerundialkonstruktion bezeichneten Sachverhalt verbindet (**adversative** Interpretation). Diese Deutung wird durch die vor dem Gerundium stehenden Formen *anche* oder *pure* 'auch' gefordert:

(472) Pur avendo superato l'esame con il massimo dei voti, Gianni non trova lavoro
'Obwohl er das Examen mit der besten Note bestanden hat, findet Gianni keine Arbeit'

N.B. Das Dt. hat keine dem Gerundium entsprechende Verbalform. Wie die Übersetzungen zeigen, kann entweder das (in vielen Fällen allerdings veraltet wirkende) Partizip Präsens gewählt werden, oder man formuliert einen finiten Nebensatz, dessen Konjunktion (*indem, wobei*) die Natur der Verbundenheit der beiden Sachverhalte spezifiziert, oder man bildet (im Falle einer nicht-instrumentalen Lesart) zwei durch *und* verbundene Hauptsätze.

Hinsichtlich der **Valenz** des Gerundiums sind zwei Fälle zu unterscheiden: Das absolute und das subjektlose Gerundium.

Das **absolute Gerundium** beruht auf einer lexikalischen Regel, bei der das Subjekt des Verbs erhalten bleibt. Sie besteht einfach darin, daß das Verb die Form des Gerundiums annimmt; schematisch geschrieben also:

(473) V <Subjekt$_i$, ...>   =>   V$_{ger}$ <Subjekt$_i$, ...>

Diese Regel beinhaltet die funktionale Einschränkung, daß das Subjekt des Gerundiums nicht mit dem Subjekt des Gesamtsatzes identisch sein darf.

Sie legt auch die lineare Abfolge fest: Das Subjekt muß nach dem Gerundium stehen. - Ein Beispiel ist:

(474) Non essendo **io** il proprietario, le autorità non potranno ritenermi responsabile
'Da ich nicht der Eigentümer bin, können die Behörden mich nicht haftbar machen'

(475) Avendo **il Rossi** un perfetto alibi, il giudice l'ha dovuto mettere in libertà
'Da Rossi ein perfektes Alibi hatte, mußte ihn der Richter freilassen'

Das **subjektlose Gerundium** beruht auf folgender Regel: Das Verb wird zum Gerundium. Sein ursprüngliches Subjekt wird zu Null. Es bleibt aber als Argument postuliert. Es besteht keine Kontrolle. Schematisch geschrieben lautet die Regel:

(476) V <Subjekt$_i$, ...>   =>   V$_{ger}$ <Ø$_i$, ...>

Das Null-Subjekt des Gerundiums ist fast immer korreferent mit einer der vom Verb des Gesamtsatzes regierten Funktionen. Diese ist in der Regel das Subjekt; s. z.B.:

(477) Franco arriva correndo
'Franco kommt angerannt'

(478) Sorridendo Franco guardò Giovanni
'Lächelnd sah Franco Giovanni an'

N.B. Die Korreferenz mit dem Objekt wird in der Regel vermieden. Konstruktionen wie die folgende sind heute veraltet:

(479) Pensarono di assaltarlo andando per la città a spasso
'Sie gedachten, ihn anzugreifen, während er in der Stadt spazieren ging'
(Macchiavelli, zit. nach Vockeradt 1878:274)

Das Null-Subjekt des Gerundiums kann auch generisch gedeutet werden. Dieser Fall ist jedoch auf feste Wendungen beschränkt; s. z.B.:

(480) L'appetito vien mangiando
'Der Appetit kommt mit dem Essen'

(481) Volendo, si potrebbe anche ...
'Wenn man wollte, könnte man auch ...'

(482) parlando degli uomini in genere, ...
'um von den Männern im allgemeinen zu sprechen, ...'

(483) ..., e via dicendo
'..., und so weiter'

Das Gerundium tritt auch auf in den zusammengesetzten Aspektformen mit *stare*, *andare* und *venire* als Hilfsverben (s. 2.5.2.); s. z.B.:

(484) Stavano smontando la tenda
'Sie waren dabei, das Zelt abzubauen'

(485) Lo stadio si andava svuotando
'Das Stadion leerte sich allmählich'

(486) Le istituzioni si venivano orientando in senso sempre più democratico
'Die Institutionen entwickelten sich in zunehmend demokratischem Sinne'

N.B. Die Aspektperiphrasen mit *andare* bzw. *venire* plus Gerundium gehören im heutigen Italienisch dem gehobenen Stil an. - Beispiel (486) stammt von Bertinetto 1981:142.

3. Adjektiv und Adjektivphrase

Als syntaktisch-morphologische Kategorie betrachtet, ist das Adjektiv wie folgt definiert:

- das Adjektiv flektiert nach den grammatischen Kategorien des Genus und des Numerus
- die Flexion des Adjektivs beruht vollständig auf Kongruenz. Zitierform ist das Maskulinum Singular
- das Adjektiv ist der Kopf der Adjektivphrase
- typische Adjektive treten in Vergleichskonstruktionen auf
- aus typischen Adjektiven lassen sich Adverbien bilden

Die **Kongruenz** unterstreicht den Zusammenhang zwischen dem adjektivischen Prädikat und seinem Argument. Die Regeln sind folgende:

Ist die Adjektivphrase **Modifikator** (Attribut), so übernimmt sie Genus und Numerus von dem Nomen, dessen Modifikator sie ist; s. z.B.:

(1) questa casa$_{fem.sg.}$ veramente bella$_{fem.sg.}$
 'ein wirklich schönes Haus'

Ist die Adjektivphrase **Komplement der Kopula** oder eines anderen intransitiven Verbs, d.h. steht sie im Funktionsrahmen <Subjekt, A-Komplement>, so besteht Kongruenz mit dem **Subjekt**; s. z.B.:

(2) questa casa$_{fem.sg.}$ è veramente bella$_{fem.sg.}$
 'dieses Haus ist wirklich schön'

(3) Anna$_{fem.sg.}$ partì contenta$_{fem.sg.}$
 'Anna reiste zufrieden ab'

Ist der Satz subjektlos, mit einem als existent postulierten **generischen** Thema-Argument, so steht das prädikative Adjektiv im Plural Maskulinum:

(4) Per vivere tranquilli$_{mask.pl.}$, è meglio rinunciare a quelle cose
 'Um in Frieden zu leben, ist es besser, auf diese Dinge zu verzichten'

(5) Si rimane come malati$_{mask.pl.}$ dentro
 'Man ist wie innerlich krank'   (Scerbanenco)

Bezieht sich das generische Null-Subjekt nur auf weibliche Personen, so steht der Plural des Femininums:

(6) Quando si è sposate$_{fem.pl.}$, ...
 'Wenn man verheiratet ist, ...'

Ist die Adjektivphrase Komplement im Funktionsrahmen <Subjekt, Objekt, A- Komplement>, so besteht Kongruenz mit dem **Objekt**; s. z.B.:

(7) Lei li$_{mask.pl.}$ trovava un po' fastidiosi$_{mask.pl.}$
'Sie fand sie etwas lästig'

(8) Trovo la casa$_{fem.sg.}$ veramente bella$_{fem.sg.}$
'Ich finde das Haus wirklich schön'

Ist die Adjektivphrase **Adjunkt**, so muß es im selben Satz eine grammatische Funktion geben, durch die sie kontrolliert wird und mit der sie in Kongruenz steht. Diese Funktion ist meist das **Subjekt**; s. z.B.:

(9) [Consci] mask.pl. del pericolo, [gli uomini] mask.pl. avanzarono cautamente
'Der Gefahr bewußt, schritten die Männer langsam vorwärts'

(10) [Gli uomini] mask.pl. avanzarono cautamente, [consci] mask.pl. del pericolo
'Die Männer schritten langsam vorwärts, der Gefahr bewußt'

Auch das **Objekt** kann ein adjektivisches Adjunkt kontrollieren und die entsprechende Kongruenz verlangen; allerdings muß dann das Objekt dem Adjunkt vorausgehen; s. z.B.:

(11) Gli uomini videro [le case] fem.pl. nel buio, [scure] fem.pl. e [basse] fem.pl.
'Die Männer sahen die Häuser in der Nacht, dunkel und niedrig'

Zur Kongruenz des Adjektivs in der Koordination s. Kap. II, 2.2.3.

Die Formen des Adjektivs werden in 3.1., die Struktur der Adjektivphrase wird in 3.2. behandelt. Zu den Vergleichskonstruktionen s. Kap. IV, 3., zur Bildung von Adverbien Kap. III, 1.12.

Semantisch (und als Folge auch syntaktisch) gliedern sich die Adjektive in zwei große Klassen: die typischen und die untypischen Adjektive.

Die **typischen Adjektive** bezeichnen solche Eigenschaften von Gegenständen, die

- einem Gegenstand entweder ohne Bezug auf einen anderen Gegenstand (z.B. *rosso* 'rot', *rotondo* 'rund') zugeschrieben werden können oder
- auf einem Vergleich des Gegenstands mit anderen, gleichartigen Gegenständen beruhen (z.B. *grande* 'groß', *buono* 'gut')

Eine genauere semantische Analyse der typischen Adjektive wird in Kap. IV, 2.2.1.1. bis 2.2.1.3. gegeben.

Die typischen Adjektive kommen prädikativ und attributiv vor. Sie sind graduierbar und relativ, d.h. sie können Parameter von Vergleichen sein, und man kann angeben, in welchem Maße sie als Prädikate zutreffen (z.B. *bello, molto bello, bellissimo* 'schön', 'sehr schön', 'wunderschön').

Die **untypischen Adjektive** bezeichnen solche Eigenschaften, die

- in der Relation des Gegenstands zu einem anderen, nichtgleichartigen Gegenstand bestehen (z.B. *agricolo* 'landwirtschaftlich', *intramuscolare* 'intramuskulär') oder
- einen Gegenstand deiktisch bestimmen (z.B. *odierno* 'heutig', *futuro* 'künftig') oder
- einen Gegenstand in einen modalen Zusammenhang stellen (z.B. *cosiddetto* 'sogenannt', *eventuale* 'eventuell')

Die untypischen Adjektive kommen in der Regel nicht prädikativ vor. Sie sind nicht graduierbar.

N.B. Die untypischen Adjektive spielen im It. eine viel größere Rolle als im Dt. Im Dt. entspricht ihnen oft das erste Element eines Kompositums oder ein Genitiv; vgl. z.B.:

(12) il pensiero crociano   'das Denken Croces'
     la musica wagneriana   'die Wagnersche Musik'

(13) l'anno accademico   'das Studienjahr'
     la strada statale   'die Staatsstraße'

(14) i giacimenti petroliferi 'die Erdöllager'
     la situazione meteorologica 'die Wetterlage'

Zur semantischen Typologie der Adjektive s. ferner Kap., III, 1.9., 1.10. und Kap. IV, 2.2.1.1. bis 2.2.1.3.

3.1. Die Formen des Adjektivs

a. Genus und Numerus

Das Adjektiv flektiert mit den Endungen der drei großen Deklinationsklassen des Nomens (s. 1.1.1.). Anders als das Nomen hat es nur zwei Flexionsklassen: die a/o- und die e-Deklination. Die Adjektive der a/o-Deklination haben die Endungen der a-Deklination, wenn sie weiblich, und die der o-Deklination, wenn sie männlich sind. Die Adjektive der e-Deklination können das Genus nicht ausdrücken.

Beispiele sind: *buon-* 'gut', *veloc-* 'schnell'

	a/o-Deklination	
	masc.	fem.
sg.	buon-o	buon-a
pl.	buon-i	buon-e

	e-Deklination
sg.	veloc-e
pl.	veloc-i

b. Kurzformen und Elision

Wie die Artikelwörter (s. 1.2.b.) haben die Adjektive *bell-* 'schön', *buon-* 'gut', *grand-* 'groß' und *sant-* 'heilig' Kurzformen. Die Kurzformen sind Maskulinum Singular; im Falle von *bell-* gibt es auch eine Form für den Plural. *bell-* hat für das Maskulinum Plural eine unregelmäßige volle Form *begli*. Diese tritt ein, wenn das unmittelbar nachfolgende Nomen mit Vokal, [z], [s] plus Konsonant oder mit [ʃ] beginnt.

Die folgende Tabelle gibt die Kurzformen an:

volle Formen	Kurzformen m.sg.	m.pl.
bell-, begli	bel	bei
buon-	buon	-
grand-	gran	-
sant-	san	-

Die Kurzformen stehen nur dann, wenn das Adjektiv dem Nomen vorausgeht. *san* steht nur bei Heiligennamen, also z.B. *San Michele* 'der hl. Michael', aber nicht **il san Padre* für *il santo Padre* 'der heilige Vater'. - *gran* bezeichnet den hohen Grad; es kann meist durch die ungekürzte Form *grande* ersetzt werden.

N.B. Ist der Heiligenname der Name einer Kirche, eines Stadtviertels oder einer Ortschaft, so wird die betreffende Form von *santo* gewöhnlich abgekürzt als S. geschrieben (z.B. *S. Michele* 'St. Michael'). Die Auflösung der Abkürzung folgt im Prinzip den Regeln für das Auftreten von Kurzformen, lies also z.B. *S. Michele* als *San Michele*, *S. Stefano* als *Santo Stefano*, *S. Antonio* als *Sant'Antonio*, *S. Caterina* als *Santa Caterina*, *S. Anna* als *Sant'Anna*; aber *S. Zeno* als *San Zeno*; s. hierzu im einzelnen Brunet 1978ff, vol. 6:175ff.

Die Kurzformen der Adjektive stehen nicht vor Nomina, die mit z ([ts] oder [dz]), mit s plus Konsonant oder mit *sc(i)* ([ʃ])) beginnen. Mit Ausnahme von *buon* stehen sie auch nicht vor Vokal. Sie gleichen hierin den Kurzformen der Artikelwörter.

Dieselben Adjektive, die Kurzformen haben, haben im Singular auch **Elision**. Die Elisionsformen sind *bell'*, *buon'*, *grand'* und *sant'*. Sie treten auf, wenn das Adjektiv einem vokalisch anlautenden Nomen unmittelbar vorausgeht. Im einzelnen gilt:

bell-
Die Elision ist im Maskulinum vor Vokal obligatorisch; im Femininum ist sie fakultativ, jedoch kaum noch üblich.

buon-
Im Maskulinum steht vor Vokal nicht die Elisionsform, sondern die Kurzform. Im Femininum ist die Elision ebenfalls fakultativ, aber kaum noch gebräuchlich.

grand-
Vor Vokal steht die Vollform; die Elisionsform erscheint nur noch in festen Fügungen wie *grand'uomo* 'großer Mann' (neben *granduomo*).

sant-
Die Elision ist in beiden Genera vor Vokal obligatorisch.

Beispiele für den Gebrauch der vollen Formen, der Kurzformen und der Elisionsformen sind:

(15) un bel quadro   'ein schönes Bild'
 un bell'acquarello   'ein schönes Aquarell'
 un bello scandalo   'ein schöner Skandal'
 una bella isola   'eine schöne Insel'
 dei bei regali   'schöne Geschenke'
 dei begli alberi   'schöne Bäume'

(16) un buon pranzo   'ein gutes Essen'
 un buon amico   'ein guter Freund'
 un buono scaffale   'ein gutes Regal'
 una buona argomentazione   'eine gute Argumentation'

(17) un gran cacciatore   'ein eifriger Jäger'
 un grande cacciatore   'ein großer Jäger'
 un grande amico   'ein großer Freund'
 una grande signora   'eine große Dame'
 una grande attrice   'eine große Schauspielerin'

(18) san Francesco   'der hl. Franziskus'
 sant'Andrea   'der hl. Andreas'
 santo Stefano   'der hl. Stephan'
 sant'Agata   'die hl. Agatha'
 santa Chiara   'die hl. Klara'

N.B. Diese chaotisch wirkenden Detailregeln beruhen darauf, daß bestimmte, den Artikelwörtern formal ähnliche Adjektive (Stellung vor dem Nomen vorherrschend, einsilbiger Stamm, Stammauslaut dental oder lateral) eine Tendenz hatten, sich auch im Flexionsverhalten den Artikelwörtern anzugleichen, und daß während dieses Prozesses eine normative Festlegung erfolgte.

Die Adjektive der e-Deklination, deren Stamm auf *r* endet, unterliegen der fakultativen e-Tilgung, wenn sie unmittelbar vor dem Nomen stehen; s. z.B.:

(19) la maggior parte   'der größte Teil'
      il miglior modo   'die beste Art'

Es handelt sich um dieselbe e-Tilgung nach *l* und *r*, die auch für *tale* 'solch', für die Bildung der Adverbien, für die Nomina auf *-ór-* und für die Infinitive gilt; vgl. *in tal modo* 'in solcher Weise', *difficil-mente* 'schwierig', *maggior-mente* 'hauptsächlich', *Signor Pretore* 'Herr Prätor', *far presto* 'schnell machen'.

c. Steigerung

Das italienische Adjektiv hat einen mit dem Derivationssuffix *-íssim-* gebildeten **Elativ** (s. Kap. III, 1.8.2.2.; Kap. IV, 2.2.1.).

Es hat keine Flexionsverfahren zur Bildung des **Komparativs** und des **Superlativs**. Die Entsprechungen beider Kategorien werden syntaktisch gebildet: Der Komparativ mit den Gradadverbien *più* 'mehr' und *meno* 'weniger', der Superlativ mit Hilfe des bestimmten Artikels; s. 3.2.1.1. und Kap. IV, 3., 3.3.1.

Die Adjektive *buon-* 'gut', *cattiv-* 'schlecht', *grand-* 'groß' und *piccol-* 'klein' haben neben den syntaktischen Vergleichskonstruktionen synthetische Steigerungsformen, die auf (ihrerseits schon suppletive) lateinische Komparative zurückgehen. Zu *buon-* und *cattiv-* gibt es je zwei solche Formen, eine deklinable und eine indeklinable; zu *grand-* und *piccol-* gibt es nur deklinable Steigerungsformen. Die deklinablen Steigerungsformen gehören der e-Deklination an. Die indeklinablen Formen sind gleichzeitig die Steigerungsformen der Adverbien *bene* 'gut' und *male* 'schlecht'.

Die folgende Tabelle gibt die unregelmäßigen Komparative an:

Grund-formen	synthetische Steigerungsformen		syntaktisch gebildete Steigerungsformen
	deklinabel	indeklinabel	
buono	**migliore**	**meglio**	più buono
cattivo	**peggiore**	**peggio**	più cattivo
grande	**maggiore**	–	più grande
piccolo	**minore**	–	più piccolo

Die synthetischen, deklinablen Steigerungsformen stehen attributiv und prädikativ, wenn ihr Argument durch ein Nomen bezeichnet wird. - Beispiele sind:

(20) il miglior amico 'der beste Freund'
Queste scarpe sono migliori 'Diese Schuhe sind besser'
Queste scarpe sono le migliori 'Diese Schuhe sind die besten'

Die synthetischen, indeklinablen Steigerungsformen stehen nur prädikativ und nur dann, wenn das Argument durch einen Infinitiv oder durch einen Komplementsatz bezeichnet wird:

(21) E' meglio farlo subito
'Es ist besser, es gleich zu tun'

(22) E' meglio che lo faccia tu
'Es ist besser, wenn du es machst'

meglio und *peggio* sind außerdem die unpersönlichen Nominalisierungen der Superlative; vgl.:

(23) il meglio
'das Beste'

(23') il migliore, la migliore
'der, die, das Beste'

N.B. Die synthetischen Komparative sind auf einen Ausschnitt aus der lexikalischen Gesamtbedeutung der Grundform beschränkt. Allgemein kann man sagen, daß die unregelmäßigen Formen nur die abstrakteren, unspezifischen Bedeutungsnuancen des betreffenden Adjektivs haben. Aber diese semantischen Eigenschaften müssen im einzelnen lexikalisch gelernt werden. - Beispiele:

(24) Le pesche sono più buone se non le metti in frigo
'Die Pfirsiche **schmecken besser**, wenn du sie nicht in den Kühlschrank tust'

(25) La nuova maestra è più cattiva di quella di prima
'Die neue Lehrerin ist **strenger** als die von vorher'

minore und *maggiore* sind insofern keine echten Komparative, als sie in Vergleichskonstruktionen nicht vorkommen können.

3.2. Die innere Struktur der Adjektivphrase

Das Adjektiv kann allein eine Adjektivphrase bilden; wie z.B. in:

(26) Il tempo è **bello**
'Das Wetter ist schön'

Die nur aus ihrem Kopf bestehende Adjektivphrase unterliegt fast keiner Beschränkung. Nur sehr wenige Adjektive (z.B. *esente* 'befreit', *privo* 'frei, ermangelnd') müssen einen di-Obliquus haben.

N.B. Hierin unterscheidet sich das Adjektiv vom Nomen, das nur in eng umgrenzten Fällen allein eine Phrase bilden kann (s. 1.6.1.1.-1.6.1.2.), und es ähnelt dem Verb, das ebenfalls in vielen Fällen allein eine Phrase bilden kann (intransitive Verben, reduzierte transitive Verben, s. 2.2.1. und 2.3.1.1).

Die Adjektivphrase kann erweitert werden

- durch ein Adverb (3.2.1.)
- durch einen präpositionalen Obliquus (3.2.2.) oder ein Komplement
- durch ein Adjunkt (3.2.3.)

Diese Erweiterungen sind nur bei Adjektivphrasen möglich, deren Kopf ein typisches Adjektiv ist.

3.2.1. Erweiterung der Adjektivphrase durch Adverbien

Zu allen typischen Adjektiven kann ein Adverb treten. Dieses steht im allgemeinen vor dem Adjektiv. Nur *così* kann in deiktischer Verwendung nach dem Adjektiv stehen:

(27) Il pesce era grande così
'Der Fisch war so groß'
(gesprochen mit einer Geste, die die Größe zeigt)

N.B. Die umgekehrte Abfolge, wie sie noch in den konventionellen Tempo-Bezeichnungen *allegro assai, allegro molto* auftritt, ist veraltet.

Die Adverbien, die in der Adjektivphrase auftreten, geben einen Grad an (Gradadverbien), oder sie bezeichnen eine Frequenz, einen Grund, eine Hinsicht oder eine Wirkung.

3.2.1.1. Gradadverbien

Die Gradadverbien zerfallen in zwei Klassen; die einfachen und die vergleichenden Gradadverbien. Die **einfachen Gradadverbien** geben an, in welchem Grade die durch das Adjektiv bezeichnete Eigenschaft besteht. Sie tun dies ohne Bezug auf einen Vergleichsterm.

Einfache Gradadverbien sind: *molto* 'sehr', *poco* 'wenig, nicht sehr', *troppo* 'zu', *abbastanza* 'ziemlich', *relativamente* 'relativ', *estremamente* 'außerordentlich'. - Beispiele sind:

(28) Il viaggio fu molto piacevole
'Die Reise war sehr angenehm'

(29) Il mangiare è poco caro
'Das Essen ist nicht sehr teuer'

(30) I risultati sono relativamente buoni
'Die Ergebnisse sind relativ gut'

N.B. Diese Adverbien stehen z.T. auch bei Verben; vgl. z.B.:

(31) piove {molto, poco, troppo, abbastanza}
'es regnet {viel, wenig, zu sehr, ziemlich viel}'

molto, troppo und *poco* sind außerdem auch Postartikel.

troppo führt ein vom Adjektiv regiertes Komplement ein. Dieses kann eine Präpositionalphrase mit *per* 'für' sein oder eine mit *per* eingeleitete Infinitivkonstruktion:

(32) E' troppo caro **per noi**
'Das ist für uns zu teuer'

(33) E' troppo bello **per essere vero**
'Das ist zu schön, um wahr zu sein'

Dieses Komplement kann fehlen; s. z.B.:

(34) La strada è **troppo stretta**
'Die Straße ist zu eng'

Es wird aber immer als existent postuliert und muß ggfs. aus dem Kontext ermittelt werden.

Die **vergleichenden Gradadverbien** geben ebenfalls an, in welchem Grade die durch das Adjektiv bezeichnete Eigenschaft besteht. Im Unterschied zu den einfachen Gradadverbien tun sie dies in bezug auf einen Vergleichsterm.

Die vergleichenden Gradadverbien sind *più* 'mehr', *meno* 'weniger', *così, tanto, talmente* 'so' und *altrettanto* 'ebenso'. Sie fungieren (außer *talmente*) in der Vergleichskonstruktion als Komparatoren (s. Kap. IV, 3.1.). - Beispiele sind:

(35) Sono più alto di te
'Ich bin größer als du'

(36) Il Monte Bianco è la cima più alta delle Alpi
'Der Montblanc ist der höchste Gipfel der Alpen'

(37) Così freddo come quest'anno non è stato mai
'So kalt wie dieses Jahr ist es noch nie gewesen'

Adjektivphrasen, die durch *così, tanto* oder *talmente* erweitert sind, können einen Konsekutivsatz regieren; s. z.B.:

(38) Il treno era così pieno che molti dovettero stare in piedi
'Der Zug war so voll, daß viele stehen mußten'

(39) Il tempo era talmente brutto che la gita non si poteva fare
'Das Wetter war so schlecht, daß man den Ausflug nicht machen konnte'

Vor *più* und *meno* können die einfachen Gradadverbien *molto* und *poco* stehen; s. z.B.:

(40) E' molto più bello così
'So ist es viel schöner'

(41) Luigi è poco più grande di me
'Luigi ist nur wenig größer als ich'

N.B. Als einfache Gradadverbien verwendet werden *più* und *meno* in der lexikalisierten Formel *più o meno* 'mehr oder weniger'.

N.B. Eine formal ganz andere Erweiterung des Adjektivs, die aber semantisch ebenfalls den hohen Grad ausdrückt und dementsprechend die Gradadverbien ausschließt, besteht in der Hinzufügung eines idiomatisch feststehenden Adjektivs oder in der Wiederholung desselben Adjektivs; vgl. z.B.:

(42) pieno zeppo   'knallvoll'
     ubriaco fradicio   'stockbesoffen'
     stanco morto   'todmüde'
     una montagna alta alta 'ein hoher, hoher Berg'

N.B. Auch *tutto* 'ganz' wird als Gradadverb verwendet. Es behält jedoch seine Flexion und kongruiert mit dem Adjektiv, zu dem es gehört; also z.B. *tutto nero, tutta nera, tutti neri, tutte nere* 'ganz schwarz'.

3.2.1.2. Andere Adverbien

Die Adjektivphrase kann durch eine kleine Anzahl von anderen Adverbien erweitert werden. Zu unterscheiden sind:

a. Frequenzadverbien

Ein Adverb, das eine Frequenz angibt, gibt eine Information über die Zeitintervalle, für die die durch das Adjektiv bezeichnete Eigenschaft zutrifft. Falls auch ein Gradadverb vorhanden ist, steht das Frequenzadverb davor:

(43) La mamma **sempre così mite** era esplosa contro papà
'Die immer so sanfte Mutter war gegen Vater explodiert'
(Scerbanenco)

(44) Gli inverni {**spesso, raramente**} **freddi** durano pochi mesi
'Die {oft, selten} kalten Winter dauern wenige Monate'

b. Explikative Adverbien

Ein Adverb kann angeben, aus welchem Grund die durch ein Adjektiv bezeichnete Eigenschaft besteht:

(45) L'uomo è **naturalmente buono**
'Der Mensch ist von Natur aus gut'

(46) Un comportamento **volutamente strano**
'Ein gewollt seltsames Benehmen'

c. Adverbien, die die Betrachtungsweise angeben

Ein Adverb kann angeben, unter welcher Betrachtungsweise, in welcher Hinsicht die durch ein Adjektiv bezeichnete Prädikation gilt:

(47) Un uomo **psichicamente malato**
'Ein psychisch kranker Mann'

(48) Una politica **economicamente sbagliata**
'Eine wirtschaftlich falsche Politik'

(49) Un atteggiamento **moralmente insostenibile**
'Eine moralisch unvertretbare Einstellung'

d. Wirkungsangebende Adverbien

Ein Adverb kann angeben, welche Wirkung die durch ein Adjektiv bezeichnete Eigenschaft für die Wahrnehmung und Beurteilung hat:

(50) Un viso **deliziosamente giovanile**
'Ein köstlich jugendliches Gesicht'

(51) Un naso **ridicolamente piccolo**
'Eine lächerlich kleine Nase'

(52) Una bevanda **squisitamente amara**
'Ein köstlich bitteres Getränk'

3.2.2. Die Erweiterung der Adjektivphrase durch Obliquen und Komplemente

Gewisse Adjektive haben eine Valenz, die den Anschluß eines Obliquus oder eines Komplements ermöglicht. Wenn das Adjektiv prädikativ verwendet wird, so teilt sich seine Valenz dem Kopulaverb mit. Eine dem prädikativen Adjektiv zugehörige grammatische Funktion ist somit eine grammatische Funktion des betreffenden einfachen Satzes. Dies erklärt, warum ein vom Adjektiv regierter Obliquus vom Adjektiv weg an den Anfang des Satzes gestellt werden kann, wenn die entsprechenden textpragmatischen Bedingungen gegeben sind; vgl. z.B.:

(53)   era molto **geloso del fratello**
       'er war sehr eifersüchtig auf seinen Bruder'

(54)   **del fratello** era **molto geloso**
       'auf seinen Bruder war er sehr eifersüchtig'

Fast alle Adjektive können auch ohne ihr Komplement stehen. Allerdings ist bei manchen Adjektiven ein Argument auch dann als existent postuliert, wenn es nicht explizit bezeichnet wird, so z.B. bei *paragonabile* 'vergleichbar'.

Auf Reduktionen oder Erhöhungen der Valenz beruhen die folgenden Funktionsrahmen:

3.2.2.1. Funktionsrahmen ohne Subjekt

Einige Adjektive haben Funktionsrahmen ohne Subjekt. Sie treten in diesen Funktionsrahmen natürlich nur prädikativ auf. Die subjektlosen Funktionsrahmen können sein:

- <Infinitivkomplement ohne Präposition> oder
- <Satzkomplement mit *che*>

a. Präpositionsloses Infinitivkomplement

Beispiele sind:

(55)   Non è giusto fare così
       'Es ist nicht richtig, das zu tun'
       (wörtl.: ' ... so zu machen')

(56)   E' facile imparare l'inglese
       'Es ist leicht, Englisch zu lernen'

Diesen Funktionsrahmen können u.a. die folgenden Adjektive haben:

bello	'schön'	naturale	'natürlich'
brutto	'häßlich'	necessario	'notwendig'
buono	'gut'	piacevole	'angenehm'
complicato	'kompliziert'	possibile	'möglich'
difficile	'schwierig'	preferibile	'vorzuziehen'
duro	'hart'	raccomandabile	'empfehlenswert'
facile	'leicht'	ridicolo	'lächerlich'
giusto	'gerecht'	sgradevole	'unangenehm'
gradevole	'angenehm'	sicuro	'sicher'
importante	'wichtig'	spiacevole	'unangenehm'
impossibile	'unmöglich'	strano	'seltsam'
ingiusto	'ungerecht'	triste	'traurig'
inutile	'unnötig'	utile	'nützlich'

Diese Adjektive haben sämtlich eine bewertende Bedeutung.

Wenn die notwendigen textpragmatischen Bedingungen gegeben sind, steht das Infinitiv-Komplement vor dem Prädikat:

(55') **Fare così non è giusto**

(56') **Imparare l'inglese è facile**

b. Satzkomplement mit *che*

Subjektlose Adjektive können ein Satzkomplement mit *che* regieren. - Beispiele sind:

(57) E' ovvio **che ha sbagliato**
      'Es ist offensichtlich, daß er sich geirrt hat'

(58) E' facile **che nevichi a Natale**
      'Es ist leicht möglich, daß es zu Weihnachten schneit'

Näheres s. Kap. II, 1.1.2.2.

3.2.2.2. Funktionsrahmen mit Subjekt

In denjenigen Funktionsrahmen, in denen die Kopula ein Subjekt hat, kann das Adjektiv zusätzlich in seiner Valenz haben:

- einen Obliquus mit *di, a, da* oder *con*
- ein Infinitivkomplement mit den Präpositionen *di, a* oder *da*
- ein Satzkomplement mit *che*
- ein Satzkomplement mit einem Interrogativjunktor

Im Unterschied zu den Verben haben die persönlich (d.h. mit Subjekt) gebrauchten Adjektive kein Objekt und keinen präpositionslosen Infinitiv.

a. di-Obliquus

Beispiele sind:

(59) Una secchia piena di acqua
'Ein Eimer voll Wasser'

(60) E' molto geloso del fratello
'Er ist sehr eifersüchtig auf seinen Bruder'

Den Funktionsrahmen <Subjekt, di-Obliquus> können u.a. die folgenden Adjektive haben:

abbondante	'überreich'	invidioso	'neidisch'
assetato	'dürstend'	malato	'krank'
avaro	'geizig'	originario	'stammend aus'
avido	'gierig'	pieno	'voll'
bisognoso	'bedürftig'	povero	'arm'
carico	'beladen'	privo	'beraubt, frei'
colmo	'voll'	ricco	'reich'
contento	'zufrieden'	sazio	'gesättigt'
geloso	'eifersüchtig'	soddisfatto	'zufrieden'
goloso	'naschhaft'	vuoto	'leer'

Zu diesen Adjektiven kommen noch eine ganze Reihe adjektivisch gebrauchter Partizipien von Verben hinzu, die den Funktionsrahmen <Subjekt, Objekt, di-Obliquus> haben; wie z.B. *coperto* 'bedeckt', *dipinto* 'bemalt, angestrichen', *guarnito* 'ausgerüstet', *ornato* 'geschmückt', *macchiato* 'gefleckt' usw.

N.B. Es ist kaum möglich, eine Gemeinsamkeit der lexikalischen Bedeutungen dieser Adjektive und Partizipien zu finden. Offenbar ist der di-Obliquus die unmarkierte Form des Obliquus.

N.B. Nicht alle Präpositionalphrasen mit *di*, die bei einem Adjektiv stehen, sind di-Obliquen. Sie können auch Adjunkte sein; wie z.B. in:

(61) alto di statura   'hoch von Gestalt'
biondo di capelli   'blond von Haar'

N.B. Ein Teil der in der obigen Liste aufgeführten Adjektive kann auch in dem Funktionsrahmen <Subjekt, Infinitiv-Komplement mit *di*> stehen; s. unten unter f.

b. a-Obliquus

Beispiele sind:

(62) Una misura conforme alla legge
'Eine mit dem Gesetz in Einklang stehende Maßnahme'

(63) Lei è estranea a questi fatti
'Sie hat mit diesen Dingen nichts zu tun'

Die folgenden Adjektive können in diesem Funktionsrahmen stehen:

abile	'geschickt'	inerente	'inhärent'
adatto	'geeignet'	inetto	'ungeeignet'
analogo	'analog'	infedele	'untreu'
atto	'geeignet'	necessario	'notwendig'
caro	'teuer'	nocivo	'schädlich'
conforme	'übereinstimmend'	ostile	'feindlich'
contrario	'eingestellt gegen'	parallelo	'parallel'
dannoso	'schädlich'	preferibile	'vorzuziehen'
disposto	'bereit, in Stimmung'	presente	'anwesend'
estraneo	'fremd'	pronto	'bereit'
fatale	'tödlich'	propenso	'geneigt'
favorevole	'eingestellt für'	propizio	'günstig'
fedele	'treu'	simile	'ähnlich'
grato	'dankbar'	uguale	'gleich'
idoneo	'geeignet'	utile	'nützlich'
indifferente	'gleichgültig'	vicino	'nahe'

Ein Teil dieser Adjektive kann auch in dem Funktionsrahmen <Subjekt, Infinitivkomplement mit *a*> stehen (s. unten, f.). Diese Adjektive bezeichnen die Eignung oder die Disposition des Themas zu einer Handlung oder einem Prozeß; vgl. z.B.:

(64) Lui è contrario al negoziato
'Er ist gegen die Verhandlungen'

(65) Il barone era sempre propenso al compromesso
'Der Baron neigte immer zum Kompromiß'

Jedoch haben umgekehrt nicht alle Dispositionsadjektive einen a-Obliquus; vgl. etwa *capace di, suscettibile di* 'fähig zu'.

Bei denjenigen unter den oben aufgeführten Adjektiven, die keinen Infinitiv zulassen, ist das durch den a-Obliquus bezeichnete Argument oft in der Rolle des Patiens; d.h. es ist zu seinem Vorteil oder zu seinem Nachteil von der durch das Adjektiv ausgedrückten Relation betroffen; dies gilt z.B. für *{dannoso, fatale, favorevole, fedele, gradevole} a q.u.*.

c. da-Obliquus

Beispiele sind:

(66) Lunedì scorso ero assente da Costanza
'Letzten Montag war ich nicht in Konstanz'

(67) La nave è ancora lontana dal porto
'Das Schiff ist noch weit vom Hafen weg'

Adjektive, die diesen Funktionsrahmen haben können, sind:

affetto	'befallen'	esente	'befreit'
assente	'abwesend'	libero	'frei'
diverso	'verschieden'	lontano	'weit entfernt'

N.B. Abgesehen von *affetto*, einem alten Partizip mit kausalem *da*, geben diese Adjektive eine separative oder privative Relation an. Umgekehrt gilt jedoch nicht, daß alle separativen oder privativen Adjektive ein da-Komplement hätten; vgl. z.B. *privo di* 'frei, ohne', *originario di* 'stammend aus'.

N.B. Präpositionalphrasen mit *da* können auch als kausales oder lokales Adjunkt eines Adjektivs vorkommen:

(68) Una pietra calda dal sole
'Ein sonnenwarmer Stein'

(69) Sordo da un orecchio
'Auf einem Ohr taub'

d. con-Obliquus

Nur sehr wenige (deverbale) Adjektive haben einen con-Obliquus: *comparabile* und *paragonabile* 'vergleichbar', *connesso* 'verbunden', *convertibile* 'eintauschbar', *sostituibile* 'ersetzbar'. Diese Valenz ist von dem zugrundeliegenden Verb ererbt. - Beispiele sind:

(70) Una collezione privata non è paragonabile con un museo
'Eine Privatsammlung ist nicht mit einem Museum vergleichbar'

(71) E' un problema connesso con quello dell'emigrazione
'Das ist ein mit dem der Auswanderung verbundenes Problem'

e. di-Infinitiv

Beispiele sind:

(72) Sei libera di fare quello che vuoi
'Du bist frei, zu tun, was du willst'

(73) E' colpevole di aver accettato questi soldi
'Er ist schuldig, dieses Geld angenommen zu haben'

Die folgenden Adjektive können in diesem Funktionsrahmen stehen:

ansioso	'sehnsüchtig'	impaziente	'ungeduldig'
avido	'begierig'	incapace	'unfähig'
capace	'fähig'	indegno	'unwürdig'
certo	'sicher'	libero	'frei'
colpevole	'schuldig'	lieto	'froh'
contento	'froh'	orgoglioso	'stolz'
convinto	'überzeugt'	preoccupato	'besorgt'
curioso	'neugierig, gespannt'	riconoscente	'dankbar'
degno	'würdig'	sicuro	'sicher'
desideroso	'den Wunsch habend, willig'	sorpreso	'überrascht'
felice	'glücklich'	spiacente	'untröstlich'
fiero	'stolz'	suscettibile	'fähig'
grato	'dankbar'	triste	'traurig'

Diese Infinitivkomplemente haben Subjektkontrolle, außer *grato* und *riconoscente* 'dankbar'. Diese beiden Adjektive haben außer dem Infinitivkomplement mit *di* einen a-Obliquus, und dieser kontrolliert das Null-Subjekt des Infinitivs:

(74) Ti sono grato di avermi aiutato
'Ich bin dir dankbar, daß du mir geholfen hast'

Die folgenden Grafiken sollen die funktionale Struktur dieser Adjektivkonstruktionen veranschaulichen:

(73')

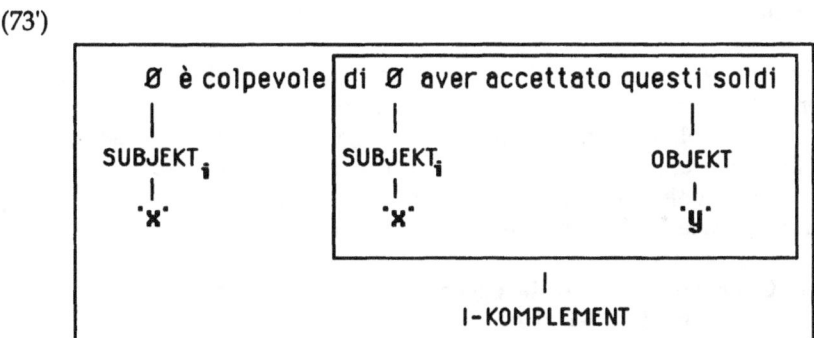

(74')

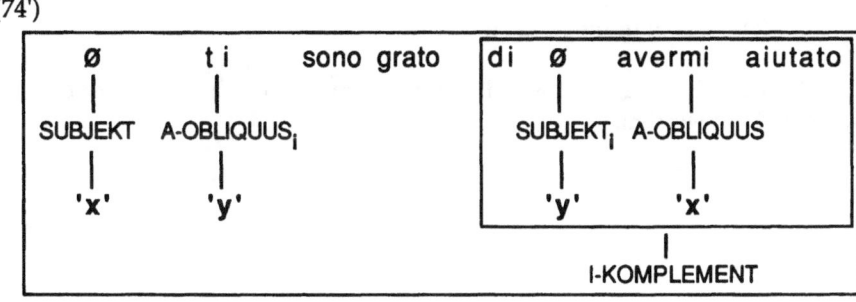

N.B. Hinsichtlich ihrer lexikalischen Bedeutung haben die oben genannten Adjektive keine durchgehende Gemeinsamkeit. Es fällt jedoch auf, daß eine Anzahl von ihnen psychische Zustände bezeichnet.

f. a-Infinitiv

In diesem Funktionsrahmen kann eine (nicht umfangreiche) Teilmenge derjenigen Adjektive stehen, die auch einen a-Obliquus haben können (s. oben, b.). Es handelt sich um die folgenden:

adatto	'geeignet'	favorevole	'dafür'
atto	'geeignet'	inetto	'untauglich'
contrario	'dagegen'	pronto	'bereit'
disposto	'bereit'	propenso	'geneigt'

Beispiele sind:

(75) Non sono disposto a venire con voi
'Ich bin nicht dazu aufgelegt, mitzukommen'

(76) Le forze alleate erano pronte a sbarcare in Sicilia
'Die alliierten Truppen waren bereit, in Sizilien zu landen'

g. da-Infinitiv

Auf einen Teil derjenigen Adjektive, die in einer unpersönlichen Konstruktion einen Komplementsatz mit *che* regieren können, ist eine lexikalische Regel anwendbar, die ein Infinitiv-Komplement mit *da* einführt. Bedingung ist, daß das regierte Verb transitiv ist. Das ursprüngliche Objekt dieses Verbs erscheint als Subjekt. Das Objekt des Infinitivs wird zu Null. Es wird kontrolliert vom Subjekt des Satzes oder vom Kopf der Nominalphrase, in der die Adjektivphrase steht; vgl. z.B.:

(77) Questo libro è facile da leggere
'Dieses Buch ist leicht zu lesen'

(78) E' una meta impossibile da raggiungere
'Das ist ein unmöglich zu erreichendes Ziel'

Die funktionale Struktur solcher Adjektivphrasen soll durch die folgenden Grafiken veranschaulicht werden:

(77')

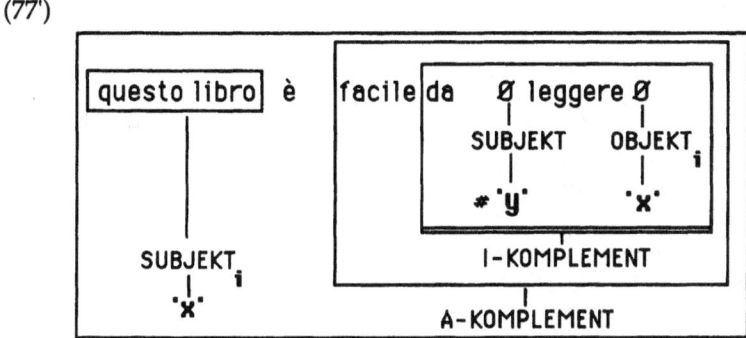

(78')

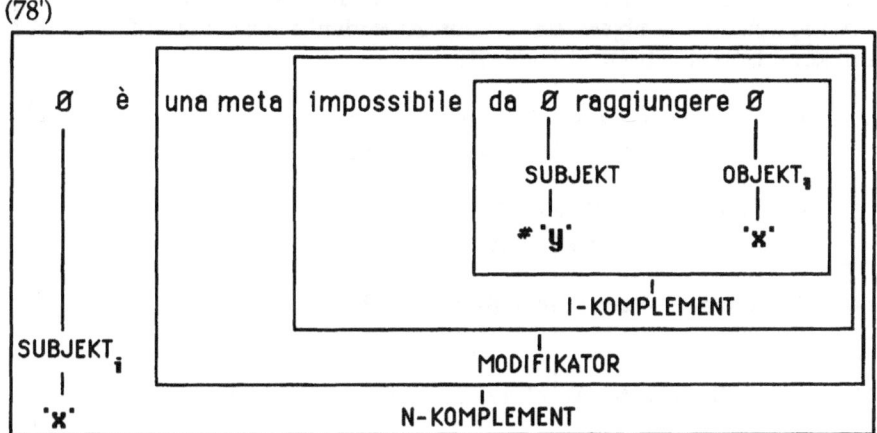

Von der Regel betroffen sind vor allem die folgenden Adjektive:

bello	'schön'	facile	'leicht'
brutto	'häßlich'	gradevole	'angenehm'
buono	'gut'	sgradevole	'unangenehm'
difficile	'schwer'	strano	'seltsam'

N.B. Diese Adjektive haben gemeinsam, daß ihre lexikalische Bedeutung das Vorhandensein eines Menschen voraussetzt, der die mit dem Adjektiv behauptete Qualität erfahren kann. Daher haben z.B. die sich auf objektive Maßstäbe beziehenden Adjektive *giusto* 'gerecht' und *logico* 'logisch' diese Konstruktion nicht; *buono* hat sie nur in der Bedeutung 'wohlschmeckend', aber nicht in der Bedeutung 'moralisch gut'; vgl. z.B.:

(79) Quest'erba è buona da mangiare
'Dieses Kraut ist gut zu essen'

(80) *Questo sacrificio è buono da fare
(wörtl.: 'Dieses Opfer ist gut zu bringen')

h. Satzkomplemente mit *che*

Einige Adjektive können in persönlicher Konstruktion ein Satzkomplement mit *che* regieren. - Beispiele sind:

(81) Sono sicuro che non è vero
      'Ich bin sicher, daß es nicht wahr ist'

(82) Sono contento che tu venga
      'Ich freue mich, daß du kommst'

Es handelt sich um dieselben Adjektive, die ein Infinitiv-Komplement mit *di* regieren können. Der Komplementsatz wird gebraucht, wenn das Subjekt des regierten Verbs nicht mit dem Subjekt des Gesamtsatzes identisch ist; andernfalls wird das Infinitivkomplement gebraucht; vgl. z.B.:

(83) Sono sicuro di avertelo detto
      'Ich bin sicher, dir das gesagt zu haben'

(84) Sono contento di avere finito
      'Ich freue mich, daß ich fertig bin'

Zu den Komplementsätzen s. auch Kap. II, 1.1.2.

3.2.3. Die Erweiterung der Adjektivphrase durch Adjunkte

Eine Adjektivphrase kann durch ein Adjunkt erweitert werden. Dieses kann sein:

- eine Präpositionalphrase mit *in, da, di* oder *per*
- eine durch *come* angeschlossene Nominalphrase
- eine mit einer Kardinalzahl quantifizierte Nominalphrase

Semantisch werden die Adjunkte nicht als Argumente gedeutet, sondern als Präzisierungen des adjektivischen Prädikats: Sie geben an, in welcher Hinsicht das Prädikat zutrifft.

a. Präpositionalphrase mit *in*

Eine Präpositionalphrase mit *in* gibt die Hinsicht an, in der das Adjektiv gültig ist, indem sie entweder ein Tätigkeitsfeld, eine Disziplin usw. oder einen Teilaspekt der Persönlichkeit nennt:

(85) E' una ragazza molto brava in matematica
      'Das ist ein in Mathematik sehr gutes Mädchen'

(86) E' imbattibile nel nuoto
'Er ist im Schwimmen unschlagbar'

(87) Una vedova acida nell'anima e ripugnante nell'aspetto
'Eine in der Seele saure und im Anblick abstoßende Witwe'
(Scerbanenco)

(88) Era fresca in viso, nervosa nei gesti e trillante nella voce
'Sie war frisch im Gesicht, nervös in den Gesten und vibrierend
in der Stimme' (Scerbanenco)

b. Präpositionalphrase mi *da*

Eine Präpositionalphrase mit *da* nennt ebenfalls einen Einzelaspekt, in bezug auf den die Gültigkeit des Prädikats eingeschränkt ist. Die Bedingungen sind jedoch enger als bei *in*: der Aspekt muß ein Körperteil sein, und zwar derjenige, auf den das Adjektiv aufgrund seiner lexikalischen Bedeutung ohnehin bezogen ist:

(89) Cieco da un occhio
'Auf einem Auge blind'

(90) Sordo da ambedue le orecchie
'Taub auf beiden Ohren'

(91) Zoppo dal piede destro
'Auf dem rechten Fuß hinkend'

Außerdem gibt *da* (mit dem bestimmten Artikel) die Ursache an:

(92) Pallido dalla paura
'Blaß vor Angst'

(93) Rosso dalla rabbia
'Rot vor Wut'

N.B. Nicht zum Adjektiv allein, sondern zu Adjektiv und Nomen zusammen gehört die Präpositionalphrase mit *da*, wenn diese die Bedeutung 'typisch für' hat:

(94) Tu hai la testa dura da contadina
'Du hast den Dickkopf einer Bäuerin' (Scerbanenco)

In der Tat ist diese Bedeutung von *da* typisch für Adjunkte, die in der Nominalphrase stehen; vgl.:

(95) Una fame da lupi
'Ein Bärenhunger' (wörtl.: 'Wolfshunger')

(96) Una vita da schiavi
'Ein Sklavenleben'

c. Präpositionalphrase mit *di*

Adjunkte mit *di* sind in der Adjektivphrase marginal. Sie sind phraseologisch fixiert und entsprechen semantisch entweder denen mit *in* (Angabe der Hinsicht, des Gesichtspunkts) oder denen mit *da* (Angabe der Ursache); vgl. z.B.:

(97) povero di spirito
'arm im Geiste'

largo di spalle
'breitschultrig'

(98) rosso di vergogna
'schamrot'

N.B. Präpositionalphrasen mit *di*, die nach einem Adjektiv stehen, sind typischerweise vom Adjektiv regierte Obliquen. - Zur Undeterminiertheit des Nomens s. 1.6.1.2.

d. Präpositionalphrase mit *per*

Eine Präpositionalphrase mit *per*, die als Adjunkt beim Adjektiv steht, kann in zweierlei Weise gedeutet werden. Bei einem Adjektiv, das ein Gefühl bezeichnet, kann sie die Person angeben, für die man das Gefühl hat; s. z.B.:

(99) Sono contento per te
'Ich freue mich für dich'

(100) Sono spiacente per lui
'Es tut mir leid für ihn'

Bei einem Adjektiv mit relativer Bedeutung kann es den Bezugswert für den Vergleich angeben:

(101) E' piccolo per un ragazzo della sua età
'Er ist klein für einen Jungen seines Alters'

(102) E' caro per un vino da tavola
'Das ist teuer für einen Tischwein'

e. Nominalphrase mit *come*

Eine durch *come* 'wie' eingeführte Nominalphrase kann unter folgenden Bedingungen Adjunkt eines Adjektivs sein:

- die Nominalphrase ist nicht referentiell
- sie bezeichnet eine Kategorie, der stereotyp die durch das Adjektiv bezeichnete Eigenschaft in hohem Maße zugeschrieben wird
- vor dem Adjektiv steht kein Gradadverb

Beispiele sind:

(103) rapido come un lampo   'schnell wie ein Blitz'
      leggero come una piuma   'leicht wie eine Feder'
      bianco come la neve   'weiß wie Schnee'

N.B. Adjektivphrasen dieses Typs sind die üblichen Entsprechungen von dt. Adjektivkomposita wie *blitzschnell, federleicht, schneeweiß*.

f. Numerisch quantifizierte Adjektivphrase

Bestimmte Adjektive können als Parameter für Maßangaben gebraucht werden. Die Maßangabe erfolgt dann durch Anfügung einer Nominalphrase, die aus dem Namen für die Maßeinheit und einer Kardinalzahl oder ähnlichem besteht:

(104) lungo tre metri   'drei Meter lang'
      distante un paio di chilometri   'ein paar Kilometer weit weg'

3.3. Die Rollen der Adjektivphrase im Satz

Die Adjektivphrase kann im Satz die folgenden Funktionen haben:

- Modifikator des Nomens (attributiver Gebrauch)
- Komplement der Kopula oder eines transitiven Verbs (prädikativer Gebrauch)
- kontrolliertes Adjunkt

Adjektive können außerdem nominal verwendet und als selbständige Äußerungen gebraucht werden.

3.3.1. Attributiver Gebrauch

Die Adjektivphrase kann Teil einer Nominalphrase sein. In diesem Falle wird sie an ein Nomen angefügt, das auf diese Weise zu einem komplexen Nomen wird. Dieser Prozeß kann mehrmals stattfinden, so daß bei einem Nomen mehrere nicht koordinierte Adjektivphrasen stehen können; s. z.B.:

(105) Una piccola città veneta molto antica
      'Eine kleine, sehr alte Stadt des Veneto'

3.3.1.1. Die Stellung des attributiven Adjektivs

Prinzipiell kann eine Adjektivphrase rechts oder links an das Nomen angefügt werden. Die Regeln für die Stellung des Adjektivs sind kompliziert, da sie sich auf verschiedene Bereiche von Regeln oder Prinzipien beziehen: Sie sind entweder textpragmatisch oder syntaktisch oder lexikalisch bedingt.

a. Textpragmatische Faktoren

Im It. haben die Elemente, auf denen das kommunikative Gewicht der Äußerung liegt, die Tendenz, innnerhalb ihrer Konstituente ganz rechts zu stehen. Dies gilt auch für das Adjektiv; s. Kap. IV, 7.1.1.1.

b. Syntaktische Faktoren

Prinzipiell stehen alle Adjektivphrasen, die eine der obengenannten Erweiterungen oder eine Koordination aufweisen, rechts vom Nomen; vgl. (106) gegenüber (107) bis (110):

(106) Un **bel** quadro
'Ein schönes Bild'

(107) Un quadro **molto bello**
'Ein sehr schönes Bild'

(108) Un quadro **bello e prezioso**
'Ein schönes und wertvolles Bild'

(109) Una abitudine **nociva alla salute**
'Eine gesundheitsschädliche Gewohnheit'

(110) Un matto **convinto di essere un genio**
'Ein Verrückter, der sich für ein Genie hält'

Ausnahmen bilden das Gradadverb *più* und das zur Bezeichnung des hohen Grades gebrauchte *gran*, die Kurzform von *grande* 'groß'. Eine mit *più* erweiterte Adjektivphrase kann vor und nach dem Nomen stehen; s. z.B.:

(111) Il **più bel** quadro
il quadro **più bello**
'das schönste Bild'

Eine mit *gran* erweiterte Adjektivphrase steht immer vor dem Nomen:

(112) Un **gran bel** quadro
'Ein prächtiges Bild'

N.B. Diese syntaktischen Regeln scheinen auf dem rhythmischen Prinzip der wachsenden Glieder (Kap. IV, 7.1.1.2.) zu beruhen.

c. Lexikalische Faktoren

Für bestimmte Adjektive ist die Stellung vor dem Nomen die unmarkierte. Sie stehen nur dann nach dem Nomen, wenn ein textpragmatisches oder syntaktisches Prinzip dies verlangt. Die wichtigsten dieser Adjektive sind *bell-* 'schön', *brav-* 'tüchtig', *buon-* 'gut', *car-* 'lieb', *cattiv-* 'schlecht', *giovan-* 'jung', *grand-* 'groß', *piccol-* 'klein', *sant-* 'heilig', *stran-* 'seltsam' und *vecchi-* 'alt'.

N.B. Die meisten dieser Adjektive haben einen einsilbigen Stamm. Zu ihnen gehören auch die vier Adjektive, die Kurzformen und Elision haben (s. 3.1.b.).

Steht ein Adjektiv dieser Gruppe mit einem anderen Adjektiv rechts vom Nomen, so steht es an letzter Stelle; vgl. z.B.:

(113) Un **bel** fiore **rosso**
 'Eine schöne rote Blume'
 vs.
 Un fiore **rosso molto bello**
 'Eine sehr schöne rote Blume'

(114) Una **piccola** città **veneta**
 'Eine kleine Stadt des Veneto'
 vs.
 Una città **veneta molto piccola**
 'Eine sehr kleine Stadt des Veneto'

Für andere Adjektive ist die Stellung rechts vom Nomen die unmarkierte. Es handelt sich dabei um die gesamte Klasse der Relationsadjektive (s. Kap. III, 1.9.) sowie um die Bezeichnungen von Farben und Formen; s. z.B.:

(115) La sede episcopale   'Der Bischofssitz'
 Un fiore rosso   'Eine rote Blume'
 Una tavola rotonda   'Ein runder Tisch'

N.B. Anders als im Frz. handelt es sich hier um Prinzipien, nicht um eigentliche Regeln. Ausdrücke wie *un rosso fiore, la veneta città, la rotonda tavola* sind dann akzeptabel, wenn geeignete textpragmatische Bedingungen erfüllt sind.

Bei manchen polysemen Adjektiven entscheidet die Stellung über die Lesart; vgl.:

(116) Un caro saluto   'Ein lieber Gruß'
 Un albergo caro   'Ein teures Hotel'

(117) Un povero contadino   'Ein armer (d.h. bemitleidenswerter) Bauer'
      Un contadino povero   'Ein armer (d.h. notleidender) Bauer'

(118) Un vecchio amico   'Ein alter (d.h. langjähriger) Freund'
      Un amico vecchio   'Ein alter (d.h. betagter) Freund'

Wenn die entsprechenden syntaktischen Bedingungen gegeben sind, steht das Adjektiv unabhängig von der Lesart rechts vom Nomen:

(119) Un saluto molto caro   'Ein sehr lieber Gruß'

3.3.2. Prädikativer Gebrauch

Die Adjektivphrase kann als Komplement der Kopulaverben und einiger anderer Verben stehen, wenn ihr Kopf zu den typischen Adjektiven gehört; s. z.B.:

(120) Il tempo {è, diventa} bello
      'Das Wetter {ist, wird} schön'

(121) La stanza sembra vuota
      'Das Zimmer scheint leer zu sein'

Zu diesen Konstruktionen s. 2.2.3.2.

3.3.3. Adjektivphrasen als Adjunkte und "adverbiale" Adjektivphrasen

Adjektivphrasen können als vom Subjekt oder vom Objekt kontrollierte Adjunkte auftreten; s. z.B.:

(122) **Consci del pericolo**, gli uomini avanzarono cautamente
      'Der Gefahr bewußt, schritten die Männer langsam vorwärts'

(123) Gli uomini videro le case nel buio, **scure e basse**
      'Die Männer sahen die Häuser in der Nacht, dunkel und niedrig'

In diesen Beispielen ist das Null-Subjekt der Adjektivphrase gleich dem Referenten derjenigen grammatischen Funktion, durch die die Adjektivphrase kontrolliert ist; vgl. die folgende schematische Analyse:

(122')

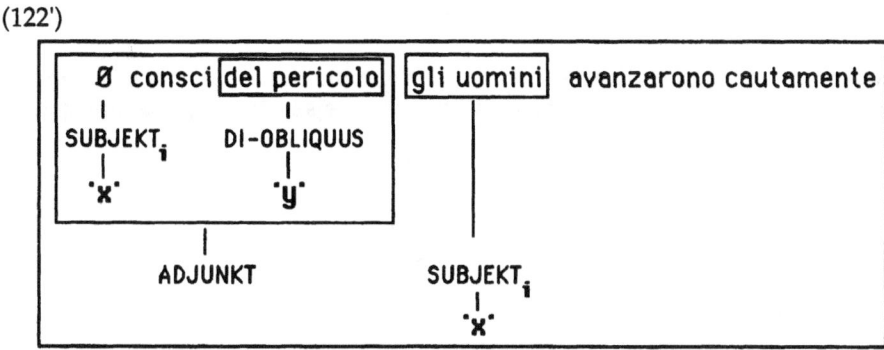

Als Nebeneffekt kann sich eine solche Prädikation auch auf den durch das Verb bezeichneten Vorgang beziehen. Die Adjektivphrase bekommt dadurch einen gewissermaßen adverbialen Charakter. Dieses Verfahren ist vor allem in der erzählenden Prosa beliebt. - Beispiele sind:

(124) I tre imponenti maramani si fermarono **goffi e impacciati**
'Die drei imposanten Kerle blieben unbeholfen und verlegen stehen'
(Scerbanenco)

(125) Si sentiva **lontano** il suono grave del campano di una vacca
'Man hörte fern den dunklen Ton einer Kuhglocke' (Scerbanenco)

Diese Konstruktion ist typisch auch bei der Redeeinführung:

(126) "...", gli rispose **furiosa**   '"... ", antwortete sie ihm wütend'

(127) "...", mormorò **esasperata**   '"...", murmelte sie außer sich'

N.B. Eine ebenfalls adverbialartige Verwendung hat das Adjektiv *bello* 'schön' (nicht jedoch eine erweiterte Adjektivphrase):

(128) Mangia la minestra finché è bella calda   'Iß die Suppe, solange sie schön warm ist'

Vgl. auch, mit *e* :

(129) Questa storia è bell'e finita   'Diese Geschichte ist endgültig aus'

Es handelt sich hier um feste Redewendungen.

3.3.4. Adjektive in nominaler Verwendung

Aus bestimmten Adjektiven kann ohne Suffigierung ein maskulines Nomen gebildet werden, das keinen Plural hat und typischerweise mit dem bestimmten Artikel steht:

(130) il vero   'das Wahre'
      il giallo   'das Gelb'
      l'infinito   'das Unendliche'

s. hierzu Kap. III, 1.3.2.

N.B. Anders als im Dt. können diese Nomina kein Adverb bei sich haben, sondern, als echte Nomina, nur das semantisch entsprechende Adjektiv:

(131) *l'assolutamente vero   -   il vero assoluto
      'das absolut Wahre'   (wörtl.: 'das absolute Wahre')

      *il temporalmente infinito -   l'infinito temporale
      'das zeitlich Unendliche'   (wörtl.: 'das zeitliche Unendliche')

Eine weitere nominale Verwendung hat das Adjektiv, wenn es bei *qualcosa* 'etwas' oder *niente* 'nichts' steht und die Eigenschaft eines Objekts angibt, ohne es zu kategorisieren (vgl. im Dt. *etwas Schönes, nichts Billigeres* usw.). Das als Nomen gebrauchte Adjektiv muß dann durch die Präposition *di* regiert werden:

(132) Hai trovato qualcosa di interessante?
      'Hast du etwas Interessantes gefunden?'

(133) Non ho trovato niente di veramente bello
      'Ich habe nichts wirklich Schönes gefunden'

Wie (133) zeigt, behält das Adjektiv bei dieser Art von nominaler Verwendung seine Adverbien: Es bleibt also "adjektivischer" als der durch (130) illustrierte Typ.

Nominal gebrauchte Adjektive dienen auch zur (positiv oder negativ) bewertenden Anrede von Personen:

(134) Ciao, bello!   'Hallo, mein Hübscher!'
      Sì, cara   'Ja, Liebling'
      Stupida che sei!   'Du Dummkopf!'
      Vattene, scemo!   'Hau ab, du Spinner!'

Diese Verwendungen sind hochgradig konventionell.

N.B. Insgesamt hat das It. für alle hier unterschiedenen Fälle dasselbe Nominalisierungsverfahren wie das Dt.: Das Adjektiv nimmt den Artikel und wird, je nach dem Genus, das es annimmt, zum absoluten Abstraktum (*das Schöne*), zum adjektivisch kategorisierenden Nomen (*etwas Schönes*) oder zum Anredenomen (*du Schöne*); im letzteren Falle wird allerdings im It. das Personalpronomen nicht benutzt. Das Deutsche hat außerdem zwei weitere Verwendungen des nominalisierten Adjektivs, denen im It. keine analoge Konstruktion entspricht, wenigstens wenn man sich auf die produktiven Wendungen beschränkt; vgl. z.B.:

(135) Das Unangenehme an der Sache ist, daß ...

(136) Das Dringendste ist, das Dach zu reparieren

(137) Das ist das Dringendste

Hier muß im It. so formuliert werden, daß ein inhaltsleeres oder extrem inhaltsarmes Element die nominale Funktion übernimmt (*quello* 'dasjenige', *cosa* 'Sache') und das Adjektiv in einem Relativsatz bzw. als Attribut erscheint; s. die folgenden Übersetzungen von (135) bis (137):

(135') Quello che c'è di spiacevole in quell'affare è che ...
(wörtl.: 'Das, was es in dieser Sache an Unangenehmem gibt, ist, daß ...')

(136') Quello che è più urgente è riparare il tetto
(wörtl.: 'Das was am dringendsten ist, ist das Dach zu reparieren')

(136") La cosa più urgente è riparare il tetto
(wörtl.: 'Die dringendste Sache ist, das Dach zu reparieren')

(137') Questa è la cosa più urgente
(wörtl.: 'Das ist die dringendste Sache')

N.B. Im Deutschen kann das nominalisierte Adjektiv auch Kopf einer anaphorischen Nominalphrase sein; vgl. z.B.:

(138) Was für ein Heft wollen Sie haben? - Geben Sie mir **ein kleines**.

(139) Von den Oliven sind mir **die schwarzen** lieber.

Im It. wird der anaphorische Bezug durch ein Pronomen ausgedrückt, zu dem das Adjektiv attributiv steht (*quello* oder *uno* plus Adjektiv). Als Beispiele s. die Übersetzungen von (138) und (139):

(138') Che tipo di quaderno vuole? - Me ne dia uno piccolo

(139') Di olive preferisco quelle nere

(Im Unterschied zu den Artikelwörtern *quello* und *uno* darf im vorliegenden Falle keine Kurzform gebraucht werden!)

3.3.5. Adjektive als selbständige Äußerungen

Adjektivphrasen, die nicht oder nur mit *che* 'wie' erweitert sind, können als selbständige Äußerungen vorkommen. Semantisch werden sie dann als Prädikationen über einen Gegenstand oder eine Situation gedeutet, die in der Kommunikationssituation unmittelbar anwesend sind, oder als kommentierende Äußerungen zu Ereignissen, über die soeben berichtet wurde. Sie können prosodisch den Charakter von Ausrufen oder von nach Zustimmung heischenden Fragen haben:

(140)   Bello!   'Schön!'

(141)   Che bello!   'Wie schön!'

(142)   Bello, eh?   'Schön, nicht?'

4. Adverb und Adverbphrase

N.B. Mit dem Terminus "Adverb" bezeichnet man eine Sammelkategorie. Was unter ihr zusammengefaßt wird, ist in Distribution und Funktion so verschieden, daß eine Aufteilung in mehrere Kategorien nicht unplausibel wäre. Wenn hier an der traditionellen Kategorie "Adverb" festgehalten wird, so deshalb, weil eine klare neue Begriffsbildung noch nicht vorliegt und hier auch nicht geleistet werden kann.

Alle Adverbien haben gemeinsam, daß sie keine Flexion haben. Sie teilen diese Eigenschaft mit den Präpositionen und den Konjunktionen. Die Adverbien sind eine kleine, geschlossene Klasse von einfachen Lexemen, die durch die große, offene Klasse der durch das Suffix *-mente* aus Adjektiven gebildeten Formen ergänzt wird.

Adverbphrasen bzw. Adverbien können verschiedene Funktionen haben. Sie können als Adjunkte, Obliquen oder Komplemente zu den konstitutiven Funktionen auf Satzebene gehören; sie können aber auch als Gradadverbien oder Konnektive innerhalb der konstitutiven Funktionen auftreten. Sie haben eine große Vielfalt semantischer Funktionen; die wichtigste von ihnen ist es, nicht-nominale Prädikate näher zu bestimmen. Sie können aber auch ganze Sachverhalte bewerten.

N.B. Einige Adverbien sind gleichzeitig als **Präpositionen** verwendbar:

(1) Va **su**
'Er geht hinauf'

(2) Mette il libro **sulla** scrivania
'Er legt das Buch auf den Schreibtisch'

Andere werden durch Hinzufügung einer einfachen Präposition (*di*, *a*) zu zusammengesetzten Präpositionen:

(3) Va **fuori**
'Er geht hinaus'

(4) E' **fuori di** sé
'Er ist außer sich'

(5) Stavo **dietro al** muro
'Ich war hinter der Wand'

4.1. Die Erweiterungen der Adverbphrase

Eine Adverbphrase ist eine Konstituente, deren Kopf ein Adverb ist.

N.B. Bestimmte Klassen von Adverbien können nicht erweitert werden; dies sind die Gradadverbien und diejenigen Adverbien, die die Funktion von Konnektiven haben (s. 4.3.1.3.). Es handelt sich in diesen Fällen also nicht um Adverbphrasen ohne Erweiterung, sondern um einfache Adverbien.

Eine Adverbphrase kann erweitert werden durch:

- ein Gradadverb
- ein Vergleichskomplement
- ein Satzkomplement mit *che*
- einen nicht-restriktiven Relativsatz
- präzisierende Adverbien oder Präpositionalphrasen

a. Erweiterung durch ein Gradadverb

Adverbien, die morphologisch von Adjektiven abgeleitet sind oder suppletive Entsprechungen von Adjektiven sind (z.B. *male* 'schlecht' zu *cattivo*, *peggio* 'schlechter' zu *peggiore*, *bene* 'gut' zu *buono*, *meglio* 'besser' zu *migliore*), können durch ein Gradadverb erweitert werden, das am Anfang der Adverbphrase steht; s. z.B.:

(6) Suona **estremamente bene**
 'Er spielt außerordentlich gut'

(7) **Molto probabilmente** ci sarà qualche modifica
 'Sehr wahrscheinlich wird es ein paar Änderungen geben'

b. Erweiterung durch ein Vergleichskomplement

Bei der gleichen Gruppe von Adverbien können (wie beim Adjektiv) Vergleichskomplemente stehen. - Beispiele sind:

(8) Suona **meglio di me**
 'Er spielt besser als ich'

(9) Dipinge **tanto bene quanto te**
 'Er malt genauso gut wie du'

c. Erweiterung durch ein Satzkomplement mit *che*

Die Adverbien *ora* und *adesso* 'jetzt' können durch ein Satzkomplement mit *che* erweitert werden:

(10) **Ora che ci siamo ritrovati**, vogliamo stare insieme ancora un po'
 'Jetzt, wo wir uns wiedergefunden haben, wollen wir noch etwas beisammen bleiben'

(11) **Adesso che fa più caldo** mi sento meglio
 'Jetzt, wo es wärmer ist, fühle ich mich besser'

N.B. Auch *certo* 'sicher', *forse* 'vielleicht' und *sì* 'ja' können durch einen *che*-Satz erweitert werden:

(12) Certo che sono d'accordo
'Sicher bin ich einverstanden'

(13) Forse che lo ha dimenticato
'Vielleicht hat er es vergessen'

(14) Sì che me l'ha detto
'Doch, er hat es mir gesagt'

Der Status des Adverbs in Vorkommen dieser Art ist der des Hauptprädikats.

d. Erweiterung durch einen nicht-restriktiven Relativsatz

Lokale und temporale Adverbien können durch einen nicht-restriktiven Relativsatz mit dem entsprechenden lokalen (*dove*) bzw. temporalen (*quando*) Relativjunktor erweitert werden:

(15) **Qui, da dove vi parlo,** c'è una folla allegra
'Hier, von wo ich zu Ihnen spreche, ist eine fröhliche Menge'

(16) **Ieri, quando tu non c'eri,** ha telefonato la nonna
'Gestern, als du nicht da warst, hat die Großmutter angerufen'

e. Erweiterung durch präzisierende Adverbien oder Präpositionalphrasen

Bestimmte lokale und temporale Adverbien können durch ein anderes Adverb oder eine Präpositionalphrase präzisiert werden:

(17) **Qui dentro** fa molto caldo
'Hier drinnen ist es sehr heiß'

(18) Sta **qui da noi**
'Er ist hier bei uns'

(19) Ti ho visto **ieri sera**
'Ich habe dich gestern abend gesehen'

(20) Partiremo **domani all'alba**
'Wir werden morgen bei Tagesanbruch abreisen'

N.B. Auch die Wochentagsnamen können adverbial verwendet und entsprechend präzisiert werden:

(21) Verrò **sabato**
'Ich werde am Samstag kommen'

(22) Verrò **sabato mattina**
'Ich werde am Samstag morgen kommen'

4.2. Die Rollen von Adverbphrase und Adverb im Satz

N.B. Anders als bei den anderen, einheitlicher definierten Wortarten werden hier keine Aussagen gemacht, die jeweils für alle der Kategorie angehörigen Ausdrücke gelten. Es werden vielmehr bestimmte Positionen im Satz definiert, die jeweils nur von bestimmten Adverbien ausgefüllt werden können.

4.2.1. Die Adverbphrase als Teil der Verbalphrase

Auf der Ebene der Konstituentenstruktur kann eine Adverbphrase Teil der Verbalphrase sein. Sie steht dann ohne prosodischen Einschnitt (in der Schrift: ohne Abtrennung durch ein Komma) rechts vom Verb. - Beispiele sind:

(23) Ho dormito **abbastanza male**
'Ich habe ziemlich schlecht geschlafen'

(24) Sistemeremo il cane **fuori**
'Wir werden den Hund draußen unterbringen'

Es können mehrere Adverbphrasen aufeinander folgen; s. z.B.:

(25) La lettera arriverà **molto probabilmente domani mattina**
'Der Brief wird sehr wahrscheinlich morgen früh ankommen'

Diese Position als Teil der Verbalphrase und rechts vom Verb ist typisch für die Adverbphrase. Bis auf wenige Ausnahmen können alle Adverbien in ihr auftreten. Sie erlaubt keinen Schluß auf die funktionale oder semantische Struktur des Satzes. Diese ergibt sich lexikalisch aus dem einzelnen Adverb und ggfs. dem Verb, nicht aus der typischen Adverbstellung.

4.2.1.1. Grade der Kohäsion

Das Adverb kann innerhalb der Verbalphrase eine mehr oder weniger starke Kohäsion gegenüber dem Verb besitzen. Diese äußert sich in der Wortstellung, und zwar in zwei Punkten:

- in der Stellung des Adverbs in zusammengesetzten Tempora und im Passiv
- in der Stellung des Adverbs gegenüber einer regierten Funktion

a. Die Stellung in zusammengesetzten Tempora und im Passiv

Wenn das Verb in einem zusammengesetzten Tempus oder im Passiv auftritt, können bestimmte Adverbien an der Stelle zwischen Hilfsverb und Partizip auftreten. - Beispiele sind:

(26) Non mi ha **neppure** salutato
'Er hat mich noch nicht einmal gegrüßt'

(27) Ho **ancora** aspettato un quarto d'ora
'Ich habe noch eine Viertelstunde gewartet'

Bei anderen ist diese Anordnung ausgeschlossen:

(28) *Ho **dentro** aspettato
'Ich habe drinnen gewartet'

(29) *La statua verrà **domani** inaugurata
'Die Statue wird morgen eingeweiht'

N.B. Hierin unterscheidet sich das It. vom Deutschen, das zwischen Hilfsverb und Partizip jedes Adverb (und noch andere Konstituenten) zuläßt. Als Faustregel für das It. gilt, daß die Zeit- und Ortsadverbien nicht zwischen Hilfsverb und Partizip stehen, während die anderen semantischen Typen von Adverbien diese Stellung einnehmen können.

Die Prinzipien für die Stellung der Adverbphrase bei einem zusammengesetzten Tempus sind vergleichbar mit denen der Adjektivstellung. Ein **syntaktisches** Prinzip besagt, daß eine erweiterte Adverbphrase rechts vom Partizip steht; vgl. z.B.:

(30) Si è **lentamente** alzato in piedi
'Er ist langsam aufgestanden'

(31) Si è alzato in piedi **molto lentamente**
'Er ist sehr langsam aufgestanden'

Ein **lexikalisches** Prinzip legt für bestimmte mehrdeutige Adverbien Lesarten in Abhängigkeit von der Anordnung fest. So ist *così* 'so' ein Adverb der Art und Weise, wenn es rechts vom Partizip steht, und ein Konnektiv, wenn es links steht:

(32) E' arrivato **così** (mit einer Zeigegeste)
'Er ist so angekommen'

(33) Siamo **così** arrivati alla fine
'Wir sind somit zum Ende gekommen'

Ein **textpragmatisches** Prinzip legt fest, daß im Falle einer syntaktisch und lexikalisch nicht festgelegten Anordnung ein rechts vom Partizip stehendes Adverb ein größeres kommunikatives Gewicht hat; vgl. z.B.:

(34) Ha **cautamente** aperto la scatola
'Er hat vorsichtig die Schachtel geöffnet'

(35) Ha aperto **cautamente** la scatola

N.B. Das textpragmatische Prinzip kommt allerdings in Beispielen wie (35) nicht voll zur Geltung, weil dem Adverb noch eine andere Konstituente folgt. Soll das Rhema tatsächlich voll auf dem Adverb der Art und Weise liegen, so wird man dieses an den Schluß des Satzes stellen:

(36)   Ha aperto la scatola **cautamente**
       'Er hat die Schachtel vorsichtig geöffnet'

Gegebenenfalls weicht man auch gerne auf eine synonyme Präpositionalphrase aus:

(37)   Ha aperto la scatola con la massima cautela
       'Er hat die Schachtel mit größter Vorsicht geöffnet'

Bei Adverbien, die semantisch die Struktur des Kommentars haben (s. 4.3.2.), ist keine rhematische Position möglich. Diese Adverbien stehen, wenn sie Teil der Verbalphrase sind, nicht rechts vom Partizip:

(38)   Ho **sfortunatamente** dimenticato di scriverti
       'Ich habe leider vergessen, dir zu schreiben'

Die Stellung nach dem Partizip ist zwar möglich, aber dann wird das Adverb durch prosodische Einschnitte (bzw. durch Kommas) als Einschub markiert; es gehört dann laut Definition nicht zur Verbalphrase.

b. Die Stellung gegenüber einer in der Verbalphrase enthaltenen Nominalphrase

Im allgemeinen kann ein Adverb rechts oder links von einer regierten Funktion stehen; vgl. z.B.:

(39)   Cercammo **dappertutto** le bambine
       'Wir suchten überall die Mädchen'

(39') Cercammo le bambine **dappertutto**
       'Wir suchten die Mädchen überall'

Es gibt jedoch Adverbien, die nicht rechts von einer regierten Funktion stehen können; vgl. z.B.:

(40)   Non vide **mai** il rifugio
       'Er sah nie die Hütte'
       vs.
(40') *Non vide il rifugio **mai**
       'Er sah die Hütte nie'

(41)   Non risponde **più** alle lettere
       'Er antwortet nicht mehr auf die Briefe'
       vs.
(41') *Non risponde alle lettere **più**
       '*Er antwortet nicht auf die Briefe mehr'

Die Adverbien, die nicht rechts von einer regierten Funktion auftreten können, sind relativ wenige. Die meisten von ihnen haben gleichzeitig die Eigenschaft, daß sie zwischen Hilfsverb und Partizip stehen können. Umgekehrt gilt dies jedoch nicht: Es handelt sich um zwei in gleicher Weise die Kohäsion zum Verb betreffende Faktoren, die jedoch voneinander unabhängig sind.

Wir haben somit eine gradmäßige Abstufung der Kohäsion der Adverbphrase mit dem Verb:

Größte Kohäsion: die Stellung nach dem Hilfsverb ist möglich, und die Stellung nach einer regierten Funktion ist ausgeschlossen; vgl. z.B.:

(42) Ho **già** capito
      'Ich habe schon verstanden'

(43) Vide **già** il rifugio
      'Er sah schon die Hütte'

(44) *Vide il rifugio **già**
      'Er sah die Hütte schon'

In diese Gruppe gehören *così* in der Bedeutung 'so, folglich', *mai* 'jemals, nie', *neppure* 'nicht einmal', *più* 'mehr', *poi* 'dann', *purtroppo* 'leider', *quindi* 'folglich', *tanto* 'so sehr'; ferner die große Zahl der mit *-mente* gebildeten. kommentierenden Satzadverbien (s. 4.3.2.), wie z.B. *sfortunatamente* 'leider'.

Mittlere Kohäsion: Die Stellung nach dem Hilfsverb ist möglich, aber die Stellung nach einer regierten Funktion ist nicht ausgeschlossen; vgl. z.B.:

(45) Ho **subito** capito chi era
      'Ich habe sofort begriffen, wer er war'

(46) Bisognava discutere quel problema **subito**
      'Man hätte dieses Problem sofort diskutieren müssen'

Zu dieser Gruppe gehören u.a. die folgenden Adverbien: *allora* 'also', *almeno* 'wenigstens', *ancora* 'noch', *appena* 'kaum', *dappertutto* 'überall', *dunque* 'also', *forse* 'vielleicht', *invece* 'hingegen', *magari* 'vielleicht, sogar', *neppure* 'nicht einmal', *ora* 'jetzt', *oramai* 'nunmehr', *ovunque* 'wo auch immer', *qui* 'hier' (nur in gehobenem Stil vor dem Partizip möglich), *sempre* 'immer', *soltanto, solo* 'nur', *spesso* 'oft', *subito* 'sofort'; ferner die sehr große Menge der mit *-mente* gebildeten Adverbien der Art und Weise.

N.B. Es gibt freilich Übergänge zwischen den hier gebildeten Gruppen. So steht z.B. *allora* zwischen der größten und der mittleren Kohäsion: seine Stellung nach einer regierten Funktion ist möglich, aber doch nicht so gut wie z.B. im Falle von *subito*.

Geringe Kohäsion: Die Stellung nach dem Hilfsverb ist ausgeschlossen, und die Stellung nach einer regierten Funktion ist möglich; vgl. z.B.:

(47) *Ho **altrove** aspettato
'Ich habe woanders gewartet'

(48) Ha trovato la moneta **altrove**
'Er hat das Geldstück woanders gefunden'

In diese Gruppe gehören u.a.: *adesso* 'jetzt', *allora* 'damals', *altrove* 'woanders', *cavalcioni* 'rittlings', *così* 'so, auf diese Weise', *dentro* 'drinnen', *domani* 'morgen', *dopo* 'danach', *esattamente* 'genau', *ieri* 'gestern', *là, lì* 'dort', *sì* 'wohl, schon, zwar', *su* 'oben, hinauf'.

N.B. Nur ganz wenige, allerdings häufige Adverbien entziehen sich dieser systematischen Stufung, so *giù* 'herunter', *via* 'weg' in komplexen Lexemen wie *mandare giù* 'herunterschlucken', *mettere sotto* 'überfahren', *andare via* 'weggehen'. Als Teil solcher Lexeme steht das Adverb nicht zwischen dem Hilfsverb und dem Partizip, und es kann auch nicht nach einer regierten Funktion stehen:

(49) *Ha messo un pedone sotto
*Ha sotto messo un pedone
Ha messo sotto un pedone
'Er hat einen Fußgänger überfahren'

(50) *Ho buttato la bottiglia via
*Ho **via** buttato la bottiglia
Ho buttato **via** la bottiglia
'Ich habe die Flasche weggeworfen'

Man erkennt in dieser Kohäsionsstufung gewisse semantische Entsprechungen: In die Gruppe der größten Kohäsion gehören die kommentierenden Satzadverbien mit *-mente*; in die Gruppe der mittleren Kohäsion gehören die mit *-mente* gebildeten Adverbien der Art und Weise; in die Gruppe der geringsten Kohäsion gehören die meisten Orts- und Zeitadverbien.

Allerdings sind diese Entsprechungen nicht so konsequent, daß sich aus der Bedeutung der Kohäsionsgrad sicher vorhersagen ließe. Ein Beispiel hierfür sind *adesso* und *ora* 'jetzt', die trotz gleicher Bedeutung in verschiedenen Gruppen stehen.

4.2.1.2. Die grammatischen Funktionen der Adverbphrase innerhalb der Verbalphrase

Die in einer Verbalphrase enthaltene Adverbphrase kann Adjunkt, Obliquus oder Komplement sein. Im einzelnen gilt folgendes:

a. Adjunkt

Alle in der Verbalphrase enthaltenen Adverbphrasen können Adjunkte sein. Sie sind (definitionsgemäß) nur dann keine Adjunkte, wenn sie vom Verb regiert sind; vgl. z.B.:

(51) Ti aspetterò **qui** (Adjunkt)
'Ich werde hier auf dich warten'

(52) Mettilo **qui** (regierte Funktion)
'Tu es hierhin'

b. Obliquus

Als Obliquus können die Ortsadverbien auftreten. - Beispiele sind:

(53) Vieni **qui**!
'Komm her!'

(54) Sono andato **giù**
'Ich bin nach unten gegangen'

N.B. Das Ortsadverb kann, abhängig vom Verb, verschiedene lokale Rollen (Ziel, Durchgangsort, Befindlichkeit) realisieren. Bezeichnet es jedoch den Ausgangsort, so muß das Adverb von einer Präposition regiert werden:

(55) Portatelo via **da qui**
'Bringt ihn weg von hier'

N.B. Es könnte scheinen, daß die Adverbien der Quantität (*molto* 'viel', *poco* 'wenig', *abbastanza* 'genug', *parecchio* 'ziemlich viel' und *troppo* 'zuviel') auch Objekt sein können, da sie nach transitiven Verben an der Stelle auftreten können, an der auch eine Objekt-Nominalphrase stehen kann; s. z.B.:

(56) Ho letto **parecchio**
'Ich habe ziemlich viel gelesen'

(57) Ho capito **poco**
'Ich habe wenig verstanden'

Es handelt sich jedoch um Adjunkte, denn auch intransitive Verben haben die Adverbien *molto, poco, parecchio, troppo* und *abbastanza* an der gleichen Stelle, vgl. z.B. (58) und (59), und es gibt echte Objekte mit diesen Formen. Diese müssen (außer dem indeklinablen *abbastanza*) mit ihrem Antezedens kongruent sein und beim Verb muß das klitische Pronomen *ne* stehen; vgl. z.B. (60) und (61):

(58) Ho camminato **parecchio**
'Ich bin ziemlich viel zu Fuß gegangen'

(59) Ho dormito **poco**
'Ich habe wenig geschlafen'

(60) Ne ho letti pochi
'Ich habe wenige gelesen'

(61) Ne ho presa poca
'Ich habe wenig genommen'

c. Komplement

Nach der Kopula und nach Verben der Befindlichkeit ist das Adverb Komplement:

(62) E' rimasto **qui**
'Er ist hier geblieben'

(63) Si trova **fuori**
'Er befindet sich draußen'

(64) Stavo **malissimo**
'Mir ging es sehr schlecht'

N.B. Adverbien, die keine Adverbphrasen sind, haben keine grammatische Funktion. Hierzu gehören *(non) ... più* 'nicht mehr', *solo* 'bloß', *proprio* 'wirklich, ausgerechnet' usw. - Nicht an die Negation gebundenes (d.h. komparatives) 'mehr' heißt nicht *più*, sondern *di più* ; vgl. z.B.:

(65) Non ho più lavorato
'Ich habe nicht mehr gearbeitet' (im Sinne von 'Ich habe vorher aufgehört zu arbeiten')

(66) Non ho lavorato di più
'Ich habe nicht mehr gearbeitet' (im Sinne von 'Ich habe nicht mehr Arbeit geleistet')

4.2.2. Adverbien als Teil der Präpositionalphrase

Bestimmte Orts- und Zeitadverbien können von einer Präposition regiert werden, so daß sie Teil einer Präpositionalphrase sind. Es handelt sich um die Präpositionen *di, a, da, in, fino a/sino a, per* und *con*. Im einzelnen gilt:

a. *di*

di kann Orts- und Zeitadverbien regieren, und zwar: *allora* 'damals', *altrove* 'woanders', *dappertutto* 'überall', *dentro* 'drinnen', *domani* 'morgen', *fuori* 'draußen', *ieri* 'gestern', *là/lì* 'dort', *oggi* 'heute', *ora* 'jetzt', *prima* 'zuerst, vorher', *qui* 'hier', *sempre* 'immer', *sopra* 'oben', *su* 'oben'.

Es sind zwei syntaktisch-semantische Typen zu unterscheiden. Der erste entspricht genau einer der typischen Verwendungen von *di* als Anzeiger einer ganz allgemeinen Zugehörigkeitsrelation. Präpositionalphrasen dieses Typs sind Attributive innerhalb der Nominalphrase und bestimmen das Nomen zeitlich oder räumlich. - Beispiele sind:

(67) Le auto di allora   'Die Autos von damals'
    Il giornale di ieri   'Die Zeitung von gestern'
    La situazione di prima   'Die Situation von vorher'
    Le ragazze di qui   'Die Mädchen von hier'
    Lo stesso conflitto di sempre 'Derselbe Konflikt wie immer'

Beim zweiten Typ bezeichnet *di* keine Relation, und die Präpositionalphrase ist nicht Attribut, sondern Adjunkt bzw. Obliquus. Dieser Typ ist beschränkt auf die Ortsadverbien *qui, qua* 'hier', *lì* und *là* 'dort' und bewirkt, daß die durch diese Adverbien geforderte Deixis nicht auf einen präzisen Punkt oder Bereich erfolgt, sondern auf eine unscharf abgegrenzte Region; vgl. z.B.:

(68) E' {là, *di là}, esattamente dietro quell'albero
    'Es ist dort, genau hinter diesem Baum'

N.B. *di là* und *di qua* (nicht jedoch *di lì* und *di qui*) haben außerdem eine lexikalisierte Bedeutung, die die Existenz einer Schwelle, Absperrung o.ä. voraussetzt und eine Relation vom Betrachterstandpunkt zur Schwelle festlegt:

(69) Qui non c'è: vado a vedere **di là**
    'Hier ist er nicht: ich gehe drüben nachsehen'

(70) Attento, stai **di qua**
    'Vorsicht, bleib auf dieser Seite'

Soll mit *là* die ungefähre Region angegeben werden, so scheidet das hierfür sonst verwendete *di* aufgrund dieser Lexikalisierung aus, und es tritt *in* an seine Stelle; vgl. (71) gegenüber (72):

(71) Bisogna spostarlo **in là**
    'Wir müssen ihn etwas nach dort rücken'

(72) Bisogna spostarlo **di là**
    'Wir müssen ihn nach nebenan bringen'

N.B. *di qua e di là* heißt 'hin und her'. - Mit *di là* ist die zusammengesetzte Präposition *al di là (di)* 'jenseits (von)', und mit *di qua* ist deren Antonym *al di qua (di)* 'diesseits (von)' gebildet; vgl. auch das Nomen *l'aldilà* 'das Jenseits'.

N.B. Ohne jeden semantischen Unterschied und unter offensichtlich rein phraseologischen Bedingungen kann *di* auch vor einige derjenigen Adverbien gesetzt werden, die auch als Präpositionen auftreten können: *di sotto* 'unten', *di sopra* 'oben' usw.

N.B. Ein ebenfalls rein phraseologischer Fall der Verwendung von *di* vor einem Adverb ist der von *di più* 'mehr'.

b. *a*

Die Präposition *a* kann die Zeitadverbien *domani* 'morgen', *dopodomani* 'übermorgen' und *presto* 'bald' regieren. So entstehen Grußformeln, die bei der Verabschiedung gebraucht werden:

(73) A domani allora   'Bis morgen dann'

c. *da*

Die Präposition *da* in der Bedeutung 'von an', 'von weg', 'von her', 'seit' regiert die deiktischen Orts- und Zeitadverbien (außer *via* 'weg', das keine Befindlichkeit bezeichnen kann):

(74) Lo ho saputo da sempre
'Ich habe es schon immer gewußt'
(wörtl.: '... seit immer ...')

(75) Piove da ieri
'Es regnet seit gestern'

(76) Da qui a Milano sono quattro ore
'Von hier bis nach Mailand sind es vier Stunden'

(77) Ci ha sentito da dentro
'Er hat uns von drinnen gehört'

N.B. 'von ... an' heißt *da ... in poi*; s. z.B.:

(78) Da oggi in poi l'ingresso è gratuito
'Von heute an ist der Eintritt frei'

(79) Da ora in poi ti terrò informato
'Von nun an werde ich dich auf dem laufenden halten'

d. *in*

Die Präposition *in* kann vor die lokalen Adverbien *qua* 'hier', *là* 'dort', *su* 'oben', *giù* 'unten' treten; s. z.B.:

(80) Vieni in qua
'Komm näher heran'

(81) E' molto più in giù
'Das ist viel weiter unten'

e. *fino a / sino a*

Dieselben Orts- und Zeitadverbien können von den Präpositionen *fino a / sino a* 'bis' regiert werden:

(82) Arriveranno fino a qui?
'Werden sie bis hierher kommen?'

(83) Fino a oggi tutto è andato bene
'Bis heute ist alles gutgegangen'

f. *per*

Die Präposition *per* 'für' kann Zeit- und Ortsadverbien regieren:

(84) Lasciamo il resto per domani
'Lassen wir den Rest für morgen'

(85) Basta per ora
'Es reicht für jetzt'

Bei Ortsadverbien kann statt *qua* oder *là* auch *di qua* bzw. *di là* stehen:

(86) Bisogna passare per (di) là
'Man muß dort durchfahren'

N.B. Mit *per* sind die Redewendungen *lì per lì* 'auf der Stelle' und *su per giù* 'in etwa' gebildet:

(87) lì per lì, sono rimasto senza parole
'ich war zunächst einmal sprachlos'

(88) Su per giù, sono due milioni
'Es sind in etwa zwei Millionen'

4.2.3. Adverbien und Adverbphrasen als unmittelbare Konstituenten des Satzes und als Einschübe

Adverbien und Adverbphrasen, die unmittelbare Konstituenten des Satzes sind, unterscheiden sich hinsichtlich ihrer Stellung und ihrer prosodischen Merkmale. Sie können wie folgt auftreten:

a. Vor dem finiten Verb und ohne prosodischen Einschnitt; wie z.B. in:

(89) Ovviamente la colpa non è tua
'Natürlich bist du nicht schuld'

mit der prosodischen Gestalt der Adverbphrase:

(89')

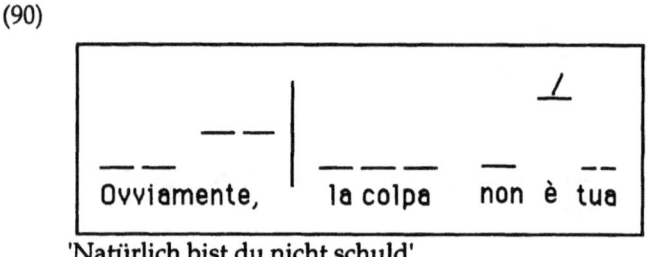

oder

(89")

b. Vor dem finiten Verb, prosodisch abgetrennt und mit nicht-finalem Tonverlauf; wie z.B. in:

(90)

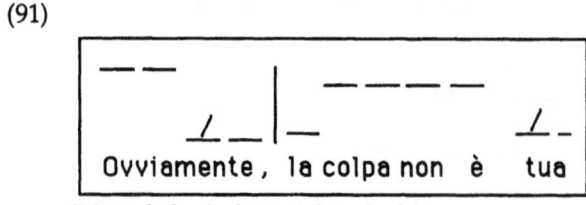

'Natürlich bist du nicht schuld'

c. Vor dem finiten Verb, prosodisch abgetrennt und mit finalem Tonverlauf; wie in:

(91)

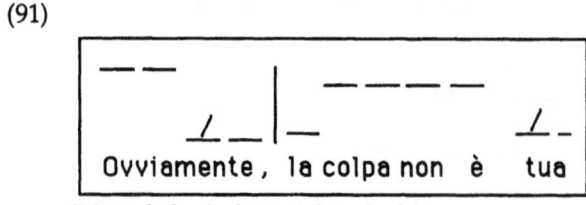

'Natürlich, du bist nicht schuld'

d. Am Satzende und prosodisch abgetrennt; wie in:

(92) La colpa non è tua, ovviamente
'Du bist nicht schuld, natürlich'

e. Als prosodisch abgetrennter Einschub; wie in:

(93) La colpa, ovviamente, non è tua
(wörtl.: 'Die Schuld, natürlich, ist nicht deine')

Auch bei den nicht zur Verbalphrase gehörenden Adverbphrasen gibt es Unterschiede der Kohäsion.

Die prosodisch abgetrennt vor dem Verb stehenden Adverbien mit finalem Tonverlauf (91), die prosodisch abgetrennt am Satzende stehenden (92) und die eingeschobenen Adverbien sind nur lose mit dem Satz verbunden: Sie sind nur linear und prosodisch, nicht aber als Konstituenten in den Satz integriert.

N.B. Es handelt sich um eine eher textartige Beziehung, ähnlich wie bei der Anbindung (s. 8.2.).

Diese Adverbien ohne Konstituentenstatus sind keine Adverbphrasen. Sie können nicht erweitert werden. Sie verhalten sich vielmehr analog zu den Antwortpartikeln *sì* 'ja' und *no* 'nein'; s. z.B.:

(94) Naturalmente, sono d'accordo
'Natürlich, ich bin einverstanden'

(95) Sì, sono d'accordo
'Ja, ich bin einverstanden'

Semantisch haben die Adverbien ohne Konstituentenstatus vor allem eine dialogbezogene Funktion. Sie signalisieren z.B. Zustimmung.

N.B. Die prosodische Gestalt ist das einzige formale Signal für die Dialogfunktion des Adverbs. Anders als im Dt. (vgl. z.B.: *Gut, ich habe geschlafen* vs. *Gut habe ich geschlafen*) kann im It. die Wortstellung den Unterschied zwischen einem textartig angefügten und einem in den Satz integrierten Adverb nicht signalisieren.

N.B. Die prosodische Gestalt kann dazu dienen, den **Skopus** des Adverbs zu signalisieren. Ist das Adverb nicht prosodisch abgetrennt, so ist es bei koordinierten Verben offen, ob es sich nur auf das erste oder auch auf weitere Koordinationsglieder bezieht. Paßt es als Prädikat zu mehreren Verben, so wird man es auch entsprechend deuten, wie z.B. *abilmente* in:

(96) Abilmente si arrampicò al primo piano e penetrò per la finestra aperta
'Geschickt kletterte er zum ersten Stock hinauf und schlüpfte durch das offene Fenster hinein'

Wenn jedoch das Adverb schlecht zum zweiten Verb paßt, so wird es nur auf das erste Verb bezogen:

(97) Abilmente si arrampicò al primo piano e vide che non c'era nessuno
'Geschickt kletterte er zum ersten Stock hinauf und sah, daß niemand da war'

Wenn nach der Adverbphrase jedoch ein prosodischer Einschnitt folgt und die beiden Verben nicht prosodisch getrennt sind, so wird das durch das Adverb ausgedrückte Prädikat auf beide Verben bezogen, wie in:

(98) Abilmente, si arrampicò al primo piano e penetrò per la finestra aperta

Folgt an zweiter Stelle ein Verb, zu dem das betreffende Adverb nicht paßt, so wird der Satz seltsam:

(99) ?Abilmente, si arrampicò al primo piano e vide che non c'era nessuno

Liegt zwischen den koordinierten Verben ein prosodischer Einschnitt, so tritt dieser Effekt nicht ein:

(99') Abilmente, si arrampicò al primo piano, e vide che non c'era nessuno

Diese Erscheinung beruht auf dem Spiel des Null-Subjekts: In (99) sind Verbalphrasen koordiniert; sie haben zusammen nur ein Subjekt und bilden zusammen eine komplexe Verbalphrase, auf die das Adverb insgesamt angewendet wird. In (99') sind Sätze durch 'und' verbunden; jede Verbalphrase hat ihr eigenes Null-Subjekt, und das Adverb kann nur innerhalb des Satzes gedeutet werden, in dem es steht.

Die vor dem Verb stehenden, nicht prosodisch abgetrennten Adverbien (89) und die vor dem Verb stehenden, prosodisch abgetrennten Adverbien mit nicht-finalem Tonverlauf (90) sind hingegen Konstituenten des Satzes. Sie sind Adverbphrasen; funktional sind sie Adjunkte oder regierte Funktionen des Satzes.

Manche Adverbien können nur dann links vom Verb stehen, wenn sie prosodisch nicht abgetrennt sind, wie z.B. *male* in:

(100)
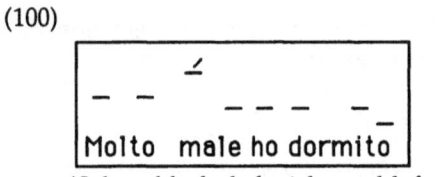
'Sehr schlecht habe ich geschlafen'

Fast alle Adverbphrasen können unabgetrennt am Satzanfang auftreten: Diese Position ist (neben der Position als Teil der Verbalphrase) eine der beiden für die Adverbphrase typischen Positionen.

Adverbien, die keine Adverbphrasen sind, z.B. *bene* in der Lesart 'wirklich', *penzoloni* 'baumelnd', *cavalcioni* 'rittlings', *pure* in der Lesart 'ruhig, nur', *sì* 'wohl, zwar', stehen nicht am Satzanfang, ebensowenig wie die zusammen mit einem Verb lexikalisierten Adverbien *via, giù, su*; s. z.B.:

(101) *Via è andato
E' andato via
'Er ist weggegangen'

(102) *Giù l'ho mandato
L'ho mandato giù
'Ich habe es runtergeschluckt'

(103) *Su ha messo un negozio
Ha messo su un negozio
'Er hat ein Geschäft aufgemacht'

Zu denjenigen Adverbien, bei denen der prosodische Einschnitt mit nicht-finalem Tonverlauf fakultativ ist, gehören neben den mit -*mente* gebildeten Adverbien der Art und Weise (104) auch die kommentierenden (105) und die satzverknüpfenden (106) Adverbien:

(104) Lentamente, la porta si aprì
Lentamente la porta si aprì
'Langsam ging die Türe auf'

(105) Ovviamente, la colpa non è tua
Ovviamente la colpa non è tua
'Selbstverständlich bist nicht du schuld'

(106) Quindi, si sono separati
Quindi si sono separati
'Also haben sie sich getrennt'

Diejenigen Adverbphrasen, die Objekte oder Obliquen sind, sowie die Adverbien *bene* 'gut' und *male* 'schlecht' können nur ohne prosodischen Einschnitt am Satzanfang stehen. Sie haben dann einen deutlichen Akzentgipfel. Pragmatisch signalisieren sie einen Widerspruch oder eine Korrektur. - Beispiele sind:

(107)

```
 /
 - - - - -
            -
Fuori sono andato
```

'Nach draußen bin ich gegangen'

(108)

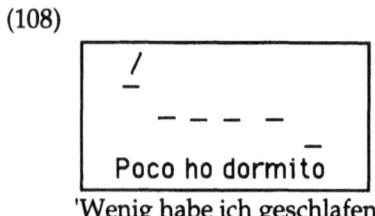

'Wenig habe ich geschlafen'

4.2.4. Die Adverbphrase als Teil einer Adjektivphrase oder einer anderen Adverbphrase

Adverbphrasen können Teil von Adjektivphrasen und Adverbphrasen sein, wenn ihr Kopf ein Gradadjektiv ist (s. 3.2.1.).

Adverbphrasen können außerdem Teil von Adjektivphrasen sein, wenn sie aus einem Adverb bestehen, das das adjektivische Prädikat hinsichtlich einer Frequenz, einer Explikation, eines Geltungsbereichs oder einer Wirkung präzisiert (s. 3.2.1.2.).

N.B. Adverboide (s. 4.2.5.) können Teil von Adverbphrasen und von Adjektivphrasen sein:

(109) E' arrivato [soltanto ieri]   'Er ist erst gestern angekommen'

(110) Era [proprio qui]   'Es war genau hier'

(111) Un uomo [forse ricco]   'Ein vielleicht reicher Mann'

(112) Dei contributi [anche modesti]   'Auch bescheidene Beiträge'

4.2.5. Die Adverboide

Die Stellung der Adverbphrasen und der bisher behandelten Adverbien wurde durch ihre lexikalische Kategorie, ihre grammatische Funktion, durch bestimmte Aspekte ihrer Bedeutung und durch die Thema-Rhema-Struktur bestimmt und eingeschränkt. Daneben konnte auch der Skopus eine Rolle spielen (der Skopus einer Form ist in der linearen Struktur des Satzes diejenige Zeichenkette, die auf die Form folgt und auf die diese Form sich semantisch bezieht).

Bei den Adverboiden hingegen wird die Stellung fast ausschließlich unter dem Gesichtspunkt des Skopus bestimmt.

Adverboide können Teil aller Arten von Konstituenten sein, und zwar des Satzes, der Nominalphrase, der Präpositionalphrase, der Adjektivphrase und der Adverbphrase. Sie stehen innerhalb der Konstituente an erster Stelle und haben diese als Skopus.

N.B. Dadurch, daß die Adverboide kategorial kaum festgelegt sind und statt einer Valenz nur einen Skopus haben, sind sie formal sehr einfache Wörter. Ihre Bedeutung ist dagegen umso komplizierter: Sie setzen typischerweise mehrere Sachverhalte zueinander in Beziehung und bewerten sie.

Beispiele für die Verwendung von Adverboiden sind (der Skopus ist jeweils fett gedruckt):

mit *magari*:

    (113) [Magari **potete andare al cinema stasera**]
           'Vielleicht könnt ihr heute abend ins Kino gehen'

    (114) Potete [magari **andare al cinema stasera**]
           'Ihr könnt vielleicht heute abend ins Kino gehen'

    (115) Potete andare [magari **al cinema**] stasera
           'Ihr könnt heute abend vielleicht ins Kino gehen'

    (116) Potete andare al cinema [magari **stasera**]
           'Ihr könnt vielleicht heute abend ins Kino gehen'

Und mit *anche*:

    (117) [Anche **noi**] possiamo facilmente eseguire progetti importanti
           'Auch wir können leicht große Projekte ausführen'

    (118) Possiamo [anche **eseguire facilmente progetti importanti**]
           'Wir können auch leicht große Projekte ausführen'

    (119) Possiamo eseguire, [anche **facilmente**], progetti importanti
           'Wir können, sogar leicht, große Projekte ausführen'

    (120) Possiamo facilmente eseguire [anche **progetti importanti**]
           'Wir können leicht auch große Projekte ausführen'

    (121) Possiamo eseguire facilmente progetti [anche **importanti**]
           'Wir können auch große Projekte leicht ausführen'

Adverboide sind:

almeno	'wenigstens'	neppure	'auch nicht'
anche	'auch'	proprio	'wirklich, ausgerechnet'
forse	'vielleicht'	pure	'auch'
invece	'hingegen'	solo	'nur'
magari	'vielleicht sogar'	soltanto	'nur'

N.B. Auch *esattamente* 'genau' gehört in diese Gruppe, jedoch ist die Anfügbarkeit begrenzt durch die Bedeutung dieses Adverboids: Es verlangt entweder eine Nominalphrase, die ein Numerale enthält bzw. ein Syntagma, das ein Numerale ist, oder ein lokales bzw. temporales Adjunkt:

(122) Sono [esattamente tre mila lire]   'Es sind genau dreitausend Lire'

(123) Sono [esattamente tre]   'Es sind genau drei'

(124) Era [esattamente qui]   'Es war genau hier'

(125) Era [esattamente alle due]   'Es war genau um zwei'

Die Adverboide sind untereinander nicht koordinierbar. Sie können nicht negiert werden. Sie sind nicht rekursiv, d.h. eine Konstituente, die bereits ein Adverboid enthält, kann kein zweites aufnehmen.

N.B. Einige Adverboide können nicht an die Konstituente "Satz" angefügt werden. Sie können daher nur dann am Anfang eines Satzes stehen, wenn sie an eine andere Konstituente angefügt sind, die ihrerseits am Satzanfang steht. Diese Adverboide sind *anche, pure, proprio, solo* und *soltanto*. - *anche* kann diese Position jedoch einnehmen, wenn es als Abkürzung für 'es muß auch gesagt, berücksichtigt werden, daß ...' fungiert; vgl. z.B.:

(126) Anche, non è più giovane
   'Auch ist er nicht mehr der Jüngste'

Man zieht in dieser Funktion jedoch andere Ausdrücke (*del resto, d'altronde, con ciò* 'übrigens') vor. - *pure* kann sich ebenfalls auf die Konstituente "Satz" beziehen, wenn es nicht 'auch', sondern 'trotzdem' heißt; es steht dann in Konkurrenz mit *eppure*; s. z.B.:

(127) E' molto debole, pure sta in piedi (Palazzi/Folena)
   'Er ist sehr schwach, trotzdem ist er auf den Beinen'

   Non ci crederete, eppure vi garantisco che è così (Palazzi/Folena)
   'Ihr werdet es nicht glauben, trotzdem garantiere ich euch, daß es stimmt'

4.2.6. Die Kookkurenz von Adverbphrasen im Satz

In einem Satz können mehrere Adverbphrasen auftreten. Adverbphrasen können koordiniert sein und sie können auch in anderer Weise zusammen auftreten.

Die Koordination wird in Kap. II, 2.2.3. dargestellt; hier werden nur die anderen Arten von Kookkurenz behandelt.

Für die Kookkurenz der Adverbphrasen im Satz ist zu unterscheiden zwischen Fällen,

- in denen die Adverbphrase Teil einer Adjektivphrase oder einer Adverbphrase ist

- in denen mehrere Adverbphrasen in derselben Position stehen, und solchen
- in denen eine Adverbphrase als Teil der Adverbphrase und eine andere als Teil des Satzes auftritt

Im ersteren Fall bestehen keine grammatischen Beschränkungen der Kookkurenz. Bezogen auf die Einheit Satz, können Adverbphrasen in beliebig vielen Adjektivphrasen oder Adverbphrasen vorkommen; vgl. z.B.:

(128) Nella sua relazione [**abbastanza** noiosa] uno scienziato [**più o meno** rimbambolito] spiegò le sue teorie [**assolutamente** sbagliate] a un pubblico [**poco** intelligente]
'In seinem ziemlich langweiligen Vortrag erklärte ein mehr oder weniger vertrottelter Wissenschaftler einem nicht besonders intelligenten Publikum seine absolut verfehlten Theorien'

Dies liegt daran, daß in dieser Position jedes Adverb das ihm unmittelbar folgende Adjektiv oder Adverb modifiziert.

In den beiden anderen Fällen gibt es Kookkurenzbeschränkungen, und zwar deshalb, weil die syntaktische und die semantische Struktur nicht parallel sind.

Ein wichtiges Kriterium für die Beschränkungen der Kookkurenz ist das der **inhaltlichen Gleichartigkeit**. Es beruht darauf, daß Adverbien und Adverbphrasen auf bestimmte Komponenten eines gegebenen konzeptuellen Modells beziehbar sind (der bekannteste Fall ist der des Tätigkeitsmodells, dessen Komponenten 'Zeit', 'Ort' und 'Art und Weise' typischerweise durch Adverbphrasen spezifiziert werden können). Diejenigen Adverbien, die geeignet sind, dieselbe Komponente eines Modells zu spezifizieren, sind inhaltlich gleichartig. (Im Hinblick auf das Tätigkeitsmodell kann man von den Zeitadverbien, den Ortsadverbien, den Adverbien der Art und Weise usw. reden; alle Zeitadverbien, Ortsadverbien, Adverbien der Art und Weise usw. sind jeweils inhaltlich gleichartig.)

a. Die Kookkurrenz von Adverbphrasen in einer gegebenen Position

Innerhalb einer der Positionen, in denen Adverbphrasen stehen können (unmittelbare Konstituente des Satzes, Teil der Verbalphrase, Teil der Präpositionalphrase, Teil der Adjektiv- und Adverbphrase) gilt folgendes:

Das Auftreten semantisch ungleichartiger Adverbphrasen ist möglich; s. z.B.:

(129) Rideva spesso   'Er lachte oft'

(130) Rideva cordialmente   'Er lachte herzlich'

(131) Rideva spesso cordialmente 'Er lachte oft herzlich'

Es unterliegt aber verschiedenen Beschränkungen. Diese betreffen zum einen den Rhythmus. (131) ist besser als z.B. (132), weil dort ein längerer Ausdruck auf einen kürzeren folgt:

    (132) ?Rideva cordialmente spesso   'Er lachte oft herzlich'

Zum anderen gibt es Beschränkungen der Abfolge, die offenbar auf dem Prinzip der Symbolisierung der semantischen Struktur durch die lineare Abfolge beruhen: In (133) gehört *bene* semantisch zu *suona*, während *oggi* semantisch zu *suona bene* gehört:

    (133) Suona bene oggi   'Er spielt gut heute'
           vs.
           *Suona oggi bene   'Er spielt heute gut'

N.B. Dieses Phänomen bedarf weiterer Klärung. Es ist offensichtlich, daß z.B. (132) dem Prinzip der Symbolisierung der semantischen Struktur durch die lineare Abfolge vollkommen gerecht wird, aber trotzdem schlecht ist. Vermutlich bestehen zwischen solchen Anordnungsprinzipien hierarchische Beziehungen.

Eine weitere Beschränkung ist: Wenn in der Position "unmittelbare Konstituente des Satzes" mehrere Adverbphrasen im Satz vorhanden sind, so steht doch nicht mehr als eine am Satzanfang:

    (134) *Sfortunatamente successivamente gli morirono tutte le pecore
          'Leider starben ihm nacheinander alle Schafe weg'

Wegen solcher Beschränkungen verteilt man oft ungleichartige Adverbphrasen auf verschiedene Positionen. Hierbei wird in der Regel ebenfalls das Prinzip der Symbolisierung der semantischen Struktur durch die lineare Abfolge beachtet. Zum Beispiel steht ein Adverb, das sich inhaltlich auf das Verb bezieht, vorzugsweise in der Verbalphrase, während ein Adverb, das sich inhaltlich auf den ganzen übrigen Satz bezieht, vorzugsweise als unmittelbare Konstituente des Satzes erscheint; s. z.B.:

    (135) Spesso rideva forte
          'Oft lachte er laut'

    (136) Oggi suona bene
          'Heute spielt er gut'

(135')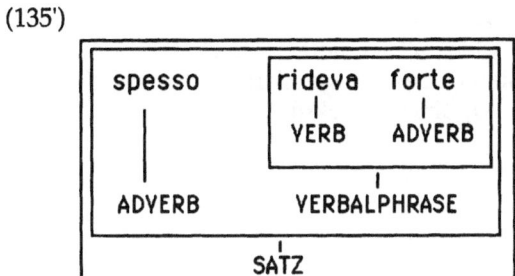

Gleichartige Adverbien können nur dann in der gleichen Position stehen, wenn sie sich gegenseitig präzisieren. Hierbei gilt, daß die präzisere Bestimmung rechts steht:

(137) Ci vediamo domani sera
'Wir sehen uns morgen abend'

(138) E' qui dentro
'Er ist hier drin'

Treten ein kommentierendes und ein aspektuelles Adverb zusammen auf, so steht das erstere am Anfang und das aspektuelle Adverb rechts vom Verb, obwohl es sonst durchaus am Satzanfang stehen kann; vgl. z.B.:

(139) **Sfortunatamente** gli morirono, **successivamente**, tutte le pecore

(140) ?**Successivamente** gli morirono, **sfortunatamente**, tutte le pecore

(141) **Successivamente** gli morirono tutte le pecore

b. Adverbphrase als Teil der Verbalphrase und als unmittelbare Konstituente des Satzes

Die Positionen "Teil der Verbalphrase" und "unmittelbare Konstituente des Satzes" stehen in einem gewissen Sinne in komplementärer Distribution. Dies bedeutet:

i. Dasselbe Adverb darf nicht in beiden Positionen im selben Satz auftreten:

(142) *__Avidamente__, il cane divorò **avidamente** la salsiccia
'*Gierig verschlang gierig der Hund die Wurst'

Der Grund hierfür ist, daß die Prädikat-Argument-Struktur für beide Positionen dieselbe ist: Ein Satz wie (142) ist daher genauso pleonastisch, als wenn ein Adverb an der gleichen Stelle zweimal gesetzt werden würde.

ii. Die Adverbien, die Teil der Verbalphrase sind, und diejenigen, die unmittelbare Konstituente des Satzes sind, dürfen nicht inhaltlich gleichartig sein, es sei denn, daß sie sich gegenseitig präzisieren. Der Grund hierfür ist ebenfalls, daß beide Positionen die gleiche Prädikat-Argument-Struktur repräsentieren. Ausgeschlossen sind also Sätze wie:

(143) Forte cantò bene
'*Laut sang er gut'

Wenn zwischen gleichartigen Adverbphrasen ein Verhältnis der Präzisierung besteht, kann eine Verteilung auf beide Positionen erfolgen. Auch hier folgt, in der Regel, die präzisere Bestimmung der unpräziseren. Nur im Kontrast ist das Gegenteil möglich; vgl. z.B.:

(144) **Ieri** abbiamo cenato **tardi**
'Gestern haben wir spät zu Abend gegessen'

(145) **Tardi** abbiamo cenato **ieri**
'Spät haben wir gestern gegessen'

(146) **Qui** stava **dentro**
'Hier war er drin'

(147) **Dentro** stava **qui**
'Drin war er hier'

4.3. Die semantischen Rollen der Adverbphrase im Satz

Semantisch kann eine Adverbphrase sehr unterschiedliche Funktionen haben. Sie kann insbesondere sein:

- ein höherstufiges Prädikat
- ein Kommentar
- ein Argument

4.3.1. Adverbien als höhere Prädikate

Ein Adverb kann in einem zweifachen Sinne ein höheres Prädikat sein: Es kann an ein Prädikat angefügt werden und aus ihm ein komplexes Prädikat machen. So wird z.B. in *er singt laut* an das Prädikat 'singen' das Prädikat 'laut' angefügt, mit dem Ergebnis, daß ein komplexes Prädikat 'laut singen' vorliegt. In einem zweiten Sinne kann ein Adverb dadurch ein höherstufiges Prädikat sein, daß es als Argument eine Proposition (oder mehre Propositionen) nimmt, Ausdrücke also, die auch ihrerseits eine Prädikat-Argument-Struktur haben. So hat z.B. *hier* in dem Satz *Hier gibt es keine Adler mehr* die Proposition 'es gibt keine Adler mehr' als Argument.

Das Adverb kann aufgrund eines konzeptuellen Wortinhalts oder zeigend (anaphorisch bzw. deiktisch) zur Bildung höherer Prädikate beitragen. Die zeigenden Adverbien sind *così* 'so', *talmente* 'so sehr' und *tanto* 'so, so sehr, so viel'.

4.3.1.1. Adverbien in komplexen Prädikaten

Adverbphrasen mit Adverbien der Art und Weise werden semantisch auf Verben angewendet und bilden mit ihnen zusammen komplexe Prädikate. Ebenso ergeben Gradadverbien zusammen mit Adjektiven bzw. Adverbien komplexe Prädikate.

Das Gradadverb steht in der Regel vor dem Prädikat, über dem es operiert. Das Adverb der Art und Weise kann seine Beziehung zum Verb nicht in so einfacher Weise ausdrücken: Es hat mehrere Positionen und innerhalb der einzelnen Positionen mehrere Stellungsmöglichkeiten (s. 4.2.). Die Stellung des Adverbs der Art und Weise kann jedoch die kommunikative Gewichtung ausdrücken.

Die Gradadverbien wurden bereits behandelt (s. 3.2.1.1.), ebenso die anderen Adverbien, die über Adjektiven operieren (s. 3.2.1.2.).

Die Adverbien der Art und Weise können die durch das Verb bezeichnete Vorgangs- oder Zustandsart auf vielfältige Weise charakterisieren. Typische Gesichtspunkte der Charakterisierung durch Adverbien sind z.B.:

- die Intensität
- der Ablauf auf der Zeitachse
- ein Zustand oder eine Eigenschaft des Agens
- die Auslösung
- die Konsequenzen
- der Status
- die Wahrnehmung
- die Bewertung der Ausführung

a. Die Intensität

Vorgänge können mehr oder weniger intensiv sein. Der Grad der Intensität kann durch die quantifizierenden Adverbien der Bedeutungen 'stark', 'schwach', 'sehr wenig' usw. bezeichnet werden. - Beispiele sind:

(148) Piove molto   'Es regnet sehr'

(149) Mi piace abbastanza   'Es gefällt mir ziemlich'

(150) Cambia poco   'Es ändert sich wenig'

Die Intensität bezeichnen u. a. die folgenden Adverbien:

abbastanza	'ziemlich'	intensamente	'intensiv'
debolmente	'schwach'	leggermente	'leicht'
eccessivamente	'übertrieben, zu sehr'	molto	'sehr'
forte	'stark'	poco	'wenig'
fortemente	'stark'	profondamente	'zutiefst'

Beispiele sind:

(151) Gesticola eccessivamente
      'Er gestikuliert übertrieben'

(152) Mi ha profondamente deluso
      'Er hat mich zutiefst enttäuscht'

b. Der Ablauf auf der Zeitachse

Vorgänge und Abfolgen gleichartiger Vorgänge lassen sich auf die Zeitachse beziehen. Sie haben eine Dauer und einen Grad von im zeitlichen Verlauf variabler Intensität. Information über Dauer und Intensität kann durch Adverbien ausgedrückt werden; wie z.B.:

bruscamente	'brüsk'	rapidamente	'schnell'
gradatamente	'Schritt für Schritt'	successivamente	'nach und nach'
lentamente	'langsam'		

Beispiele sind:

(153) Le nuvole scomparvero rapidamente
      'Die Wolken verschwanden schnell'

(154) La biancheria asciugava lentamente
      'Die Wäsche trocknete langsam'

c. Ein Zustand oder eine Eigenschaft des Agens

Zur Beschreibung einer Handlung kann es gehören, anzugeben, in welchem Zustand sich der Agens während der Handlung befindet oder welche Eigenschaft des Agens sich in der Handlung zeigt. Solche Charakterisierungen des Agens können durch Adverbien gegeben werden. Adverbien dieser Art sind z.B.:

beatamente	'naiv-glücklich'	stupidamente	'dumm'
brutalmente	'brutal'	timidamente	'schüchtern'
cautamente	'vorsichtig'	tranquillamente	'ruhig, gelassen'
ingenuamente	'naiv'	violentemente	'heftig'

Beispiele sind:

(155) Si guardò cautamente intorno
'Er blickte vorsichtig um sich'

(156) ..., rispose tranquillamente
'..., antwortete er gelassen'

(157) Si oppose violentemente a questi tentativi
'Er widersetzte sich heftig diesen Versuchen'

d. Die Auslösung

Einige wenige Adverbien charakterisieren einen Vorgang, indem sie Informationen über die Art seiner Auslösung geben. - Beispiele sind:

(158) Il contatto si stabilisce automaticamente
'´Der Kontakt entsteht automatisch'

(159) Indietreggiò istintivamente
'Er wich instinktiv zurück'

(160) Esagerò volutamente
'Er übertrieb mit Absicht'

e. Die Konsequenzen

Manche Adverbien charakterisieren einen Vorgang hinsichtlich seiner Konsequenzen. - Beispiele sind:

(161) Il bambino indebolì pericolosamente
'Das Kind wurde gefährlich schwach'

(162) Fu mortalmente colpito
'Er wurde tödlich getroffen'

f. Der Status

Bestimmten Vorgängen kann ein Status hinsichtlich ihrer Öffentlichkeit, ihrer Rechtmäßigkeit u.ä. zugewiesen werden. Adverbien, mit denen dies geschehen kann, sind u.a.:

legalmente	'gesetzlich'	segretamente	'heimlich'
palesemente	'öffentlich'	ufficialmente	'amtlich'
pubblicamente	'öffentlich'		

Beispiele sind:

    (163) Si sposarono segretamente
          'Sie heirateten heimlich'

    (164) Dichiarò palesemente che avrebbe ritirato la sua candidatura
          'Er erklärte öffentlich, daß er seine Kandidatur zurückziehen würde'

g. Die Wahrnehmung

In einigen Fällen besagt das Adverb etwas über die Wahrnehmungsqualität des Vorgangs. Dies gilt vor allem dann, wenn das Verb eine Wahrnehmung bezeichnet:

    (165) Queste parole si sentirono distintamente
          'Diese Worte hörte man deutlich'

Das Verb kann aber auch die Hervorbringung eines zur Wahrnehmung bestimmten Objekts bezeichnen:

    (166) Lui scrive molto chiaramente
          'Er schreibt sehr klar'

h. Die Bewertung der Ausführung

Eine Handlung kann vor dem Hintergrund von Normen oder Erfordernissen qualitativ bewertet werden. Dies geschieht vor allem mit den Adverbien *bene* 'gut' und *male* 'schlecht'; s. z.B.:

    (167) Bisogna chiudere bene il serbatoio
          'Der Tank muß gut verschlossen werden'

    (168) Si è difeso male
          'Er hat sich schlecht verteidigt'

Auch einige weitere Adverbien enthalten eine solche Bewertung, besonders solche, die gleichzeitig den Agens charakterisieren; s. z.B.:

    (169) Lo hanno vilmente abbandonato
          'Sie haben ihn feige im Stich gelassen'

    (170) Ci ospitò generosamente
          'Er nahm uns großzügig auf'

N.B. Die Adverbien der Art und Weise sind nur ein Ausdrucksmittel unter anderen zur Charakterisierung von Zuständen und Vorgängen. Sie konkurrieren mit Präpositionalphrasen und mit adverbial gebrauchten Adjektiven. - Beispiele sind:

(171) Lavora seriamente - lavora con serietà
'Er arbeitet ernsthaft'

(172) La neve cade lentamente - La neve cade lenta
'Der Schnee fällt langsam'

Außerdem kann auch das Gerundium einen Vorgang charakterisieren:

(173) Rispose sorridendo
'Er antwortete lächelnd'

Schließlich gibt es auch Mittel der Wortbildung (Verbalsuffixe), die sich auf die Intensität eines Vorgangs beziehen; s. dazu Kap. III, 1.5.2.

4.3.1.2. Adverbphrasen als Prädikate über Propositionen

Eine Adverbphrase kann angeben, innerhalb welchen Rahmens eine Proposition gilt. In diesem Sinne kann sie Ereignisse in Raum und Zeit festlegen. Dies tun Adverbien mit der Bedeutung 'hier', 'dort', 'nebenan' usw.; 'jetzt', 'morgen', 'demnächst' usw.

Eine Adverbphrase kann auch festlegen, daß ein Vorgang sich wiederholt, und sie kann etwas über die Zahl der Wiederholungen oder ihren Rhythmus sagen. Dies tun Adverbien mit der Bedeutung 'immer', 'manchmal', 'selten' usw. und 'regelmäßig', 'jährlich' usw.

Diese Adverbien sind im einzelnen:

a. Adverbien des räumlichen Rahmens

Die Adverbien des räumlichen Rahmens sind sämtlich Pronomina. Das heißt, sie müssen deiktisch oder anaphorisch gedeutet werden. Sie können auch regierte Funktionen von Bewegungs- und Befindlichkeitsverben sein.

Einige von ihnen spezifizieren räumliche Relationen analog zu den ihnen entsprechenden Präpositionen. Während die Präpositionen eine Nominalphrase regieren, die ihr Argument bezeichnet, haben diese Adverbien ein Argument, das formal Null und semantisch ein Pronomen ist; vgl. z.B.:

Relation	Präposition	dt.	Adverb	dt.
'in'	in NP	in	dentro ∅	drinnen
'nicht-in'	fuori di NP	außerhalb von	fuori ∅	draußen
'unter'	sotto NP	unter	sotto, giù ∅	drunter
'über'	su, sopra NP	auf, über	su, sopra ∅	drauf
'vor'	davanti NP	vor	davanti ∅	davor
'hinter'	dietro NP	hinter	dietro ∅	dahinter

N.B. Das Inventar dieser Adverbien ist kleiner als das der entsprechenden Präpositionen. Zur adverbialen Spezifikation weiterer räumlicher Relationen stehen mit *di* gebildete, zusammengesetzte Ausdrücke mit adverbialer Funktion zur Verfügung. Diese sind entweder auf der Basis von Adverbien gebildet (*di là* 'jenseits', *di qua* 'diesseits einer Grenze') oder auf der Basis von Präpositionen (*di dietro* 'hinten', *di sopra* 'oben', *di sotto* 'unten'); *di fronte* 'vorn' ist auf der Basis des Nomens *fronte* 'Stirn' gebildet. Auf nominalisierten Adjektiven beruhen *a destra* 'rechts', *a sinistra* 'links', *in alto* 'oben' und *in basso* 'unten'. *accanto* und *a lato* 'neben' beruhen auf den Nomina *canto* und *lato* 'Seite'.

N.B. Mit *-mente* aus Adjektiven abgeleitete Adverbien spielen für die Angabe des räumlichen Rahmens praktisch keine Rolle, wenn man von *lateralmente* 'seitlich' absieht.

Eine weitere Gruppe von Ortsadverbien referiert auf Rahmenorte ohne Spezifikation einer präpositionalen Relation, nur deiktisch unter dem Gesichtspunkt der Nähe zum Sprecher, und zwar

beim Sprecher	qui, qua
nicht beim Sprecher	lì, là

Die Unterscheidung der Formen mit /i/ und mit /a/ ist im heutigen Italienisch nicht systematisch. Es gibt allerdings eine Tendenz, mit *qua* nur auf die unmittelbare räumliche Umgebung zu verweisen; vgl. z.B.:

(174) Vieni {qui, qua}
'Komm her'

(175) {Qui, ?qua} in Italia
'Hier in Italien'

Außerdem sind die Formen mit /i/ und mit /a/ zusammen mit Präpositionen unterschiedlich lexikalisiert; s. 4.2.2.

N.B. Die Zweigliedrigkeit der deiktischen Ortsadverbien entspricht derjenigen der Demonstrativa *quest-* (beim Sprecher) und *quell-* (nicht beim Sprecher). - Wie bei den Demonstrativa (*quest-* vs. *codest-*

vs. *quell-*) hatte das ältere Italienisch auch für die Ortsadverbien drei Nähegrade: 1) beim Sprecher: *qui, qua*, 2) beim Hörer: *costì, costà*, 3) weder beim Sprecher noch beim Hörer: *lì, là*.

Ebenfalls der Angabe des räumlichen Rahmens dient das klitische Pronomen *ci*. Es gibt weder eine spezifische räumliche Relation an, noch nimmt es auf Nähegrade Bezug. Es hat eine literarische Variante *vi*.

Zum Inventar der Adverbien des räumlichen Rahmens gehört schließlich *altrove* 'woanders', das einen Rahmenort als verschieden von einem bereits eingeführten Ort bezeichnet, sowie die beiden den Allquantor enthaltenden Adverbien *dappertutto* 'überall' und *ovunque* 'an jedem beliebigen Ort'.

N.B. Für weitere quantifizierende Angaben des lokalen Rahmens hat das It. keine einfachen Adverbien. Die Entsprechungen der deutschen Adverbien *nirgends* und *irgendwo* werden analytisch mit dem Nomen *parte* oder anderen Nomina der Bedeutung 'Ort' gebildet:

(176)   da nessuna parte   'nirgends'
        da qualche parte   'irgendwo'
        in qualche luogo   'irgendwo'
        in qualche posto   'irgendwo'

N.B. In diesen Ausdrücken kann das Nomen *parte* nicht erweitert werden:

(177)   *da qualche parte della casa   'irgendwo im Haus'

Die Spezifikation muß vielmehr als weiteres, syntaktisch von *parte* unabhängiges Adjunkt angefügt werden:

(178)   da qualche parte, nella casa   'irgendwo, im Haus'

Auf diese Weise können auch Ortsbezeichnungen gebildet werden, die das System der Ortsadverbien ergänzen oder Alternativen bereitstellen; s. z.B.:

(179)   da questa parte   'auf dieser Seite'

(180)   da quelle parti   'dort in der Gegend'

(181)   dalla parte opposta   'gegenüber, auf der anderen Seite'

Das auf den lokalen Rahmen bezogene Fragepronomen und auch der entsprechende Relativjunktor ist *dove* 'wo'.

N.B. Der Bestand der it. Ortsadverbien erscheint als reicher oder ärmer, je nachdem, in welchem Maße man die zahlreichen lexikalisierten Zusammensetzungen mitbetrachtet. Zu den Einzelheiten s. Hottenroth 1985.

b. Adverbien des zeitlichen Rahmens

Die neutralste Angabe des zeitlichen Rahmens erfolgt durch *allora* 'dann', 'damals'. Dieses Adverb ist zeigend, d.h. anaphorisch oder deiktisch. Seine Neutralität besteht darin, daß es sich nicht auf die zeitliche Origo (die Sprechzeit) bezieht; vgl. z.B.:

(182) Allora ebbe un'idea
 'Da hatte er eine Idee'

(183) Allora le fortificazioni furono convertite in giardini
 'Damals wurden die Befestigungen in Grünanlagen umgewandelt'

(184) Vedrai che avevo ragione. Ma allora sarà troppo tardi.
 'Du wirst sehen, daß ich recht hatte. Aber dann wird es zu spät sein.'

Präpositionsähnliche Zeitadverbien mit pronominalem Null-Argument sind:

Relation	Präposition	dt.	Adverb	dt.
'vor'	prima di NP	vor	prima Ø	vorher, zuvor
'nach'	dopo NP	nach	dopo Ø	danach, später

Auf die Sprechzeit bezogen, ähnlich wie die Tempora des Verbs, sind die Zeitadverbien *adesso* und *ora* 'jetzt', *oramai* bzw. *ormai* 'nunmehr', 'von jetzt an', *presto* 'bald', *prossimamente* 'demnächst' und *recentemente* 'kürzlich'.

N.B. Statt *prossimamente* und *recentemente* sagt man in der Umgangssprache eher *fra poco* 'bald' bzw. *poco fa* 'vor kurzem'.

Eine weitere Gruppe von Zeitadverbien des Rahmens bezieht sich ebenfalls auf die Sprechzeit, gleichzeitig aber auch auf die Zeiteinheit 'Tag': *oggi* 'heute', *domani* 'morgen', *ieri* 'gestern'. Der nach 'morgen' bzw. vor 'gestern' liegende Tag wird mit den noch durchsichtigen Zusammensetzungen *dopodomani, domani l'altro* 'übermorgen' bzw. *l'altro ieri* oder *ieri l'altro* 'vorgestern' bezeichnet.

N.B. Entsprechende, auf andere Zeiteinheiten bezogene deiktische Adverbien gibt es im It. nicht; also kann z.B. süddt. *heuer* nur durch *quest'anno* 'dieses Jahr' wiedergegeben werden.

Ein quantifizierendes Zeitadverb ist *mai* 'jemals'; vgl. z.B.:

(185) Se mai avessi bisogno di aiuto, dimmelo
 'Wenn du jemals Hilfe brauchen solltest, sag' es mir'

(186) Hai mai ricevuto una risposta?
 'Hast du jemals eine Antwort bekommen?'

mai tritt auch in der Verbindung mit der Negation oder als Negationswort auf:

(187) Non sono mai andato in Giappone
'Ich war nie in Japan'
(wörtl.: 'Nicht ich bin gegangen jemals in Japan')

(188) Mai tornerò da loro
'Nie werde ich zu ihnen zurückgehen'

(189) Firmi questa dichiarazione! - Mai!
'Unterschreiben Sie diese Erklärung! - Nie!'

Zu *mai* in der Negation s. auch 7.3.

c. Angabe von Frequenz und Rhythmus durch Adverbien

Wenn eine Proposition eine Folge von gleichartigen Ereignissen bezeichnet (iterative Lesart des Tempus), so kann ein Adverb spezifizieren, wie häufig oder in welchem Rhythmus sich das Ereignis wiederholt. Dementsprechend gibt es quantifizierende Zeitadverbien und solche, die eine Periodizität benennen.

Außer dem bereits erwähnten *mai*, das den Existenzquantor ausdrückt und ihn mit der Negation verbinden kann, hat das It. nur zwei einfache quantifizierende Zeitadverbien: *sempre* 'immer' und *spesso* 'oft'. *sempre* drückt den Allquantor aus, und *spesso* quantifiziert im Sinne von 'eine vergleichsweise große Zahl'. Mit *-mente* aus Adjektiven abgeleitet sind *frequentemente* 'häufig' und *raramente* 'selten'. Das Paradigma wird vervollständigt durch analytische Ausdrücke mit dem Nomen *volta* 'Mal'; vgl.:

(190) qualche volta, alcune volte, certe volte   'manchmal'

Mit *volta* wird auch die genaue numerische Frequenz angegeben (z.B. *cinque volte* 'fünf Mal'). Außerdem können Bildungen mit *volta* auch an die Stelle der einfachen Frequenzadverbien treten:

(191) poche volte, rare volte   'wenige Male', 'selten'

(192) molte volte, spesse volte   'viele Male', 'oft'

(193) tante volte   'so oft'

N.B. Lexikalisiert sind frequenzbezeichnende Ausdrücke mit *di* : *di rado* 'selten', *di frequente* 'oft'.

Nicht quantifizierend und auf den Rhythmus bezogen sind die morphologisch abgeleiteten Adverbien: *regolarmente* 'regelmäßig' und *irregolarmente* 'unregelmäßig' sowie die auf die periodische Zeiteinteilung bezogenen Adverbien:

giornalmente	'täglich'	mensilmente	'monatlich'
settimanalmente	'wöchentlich'	annualmente	'jährlich'

N.B. Es gibt kein Adverb, das dem dt. *stündlich* entspräche. Eine Entsprechung zu *abendlich* ließe sich zwar bilden (*seralmente*), ist aber ungebräuchlich. Auch die oben aufgeführten Formen sind in der Umgangssprache selten; sie gehören der Sprache der Verwaltung an. Die entsprechenden umgangssprachlichen Ausdrücke sind analytisch; sie machen außerdem eine feinere semantische Unterscheidung: Eine mit *ogni* 'jeder' gebildete Angabe spezifiziert die Zeiteinheit, die nicht vergeht, ohne daß das betreffende Ereignis eintritt, sagt aber nicht, wie oft das Ereignis innerhalb der Zeiteinheit eintritt; die andere, mit *volta* gebildete, kann die Zahl der gleichartigen Ereignisse pro Zeiteinheit spezifizieren; vgl. z.B.:

(194) Qui la terra trema quasi **ogni settimana**
'Hier bebt die Erde fast jede Woche'

(195) La corriera passa **tre volte al giorno**
'Der Bus kommt dreimal täglich'

N.B. Die Angabe der Periodizität durch Zahl und Zeiteinheit (dt. z.B. *jeden fünften Tag*) erfolgt mit *ogni*, der Kardinalzahl und dem die Zeiteinheit bezeichnenden Nomen:

(196) D'inverno il traghetto va solo **ogni due ore**
'Im Winter geht die Fähre nur alle zwei Stunden'

(197) Mi telefona **ogni tre giorni**
'Er ruft mich jeden dritten Tag an'

Ist die Zahl gleich '1', so steht *ogni* vor dem Singular des die Zeiteinheit angebenden Nomens: *ogni giorno* 'jeden Tag', *ogni ora* 'jede Stunde'.

4.3.1.3. Adverbien und Adverboide als Konnektive

Konnektive sind sprachliche Formen, die ganze Propositionen semantisch verbinden, ohne eine bestimmte syntaktische Relation zwischen ihnen zu fordern (letzteres tun die Junktoren). Sie sind also Prädikate, die zwei Propositionen als Argumente haben.

Bestimmte Adverbien und Adverboide sind Konnektive. Sie unterscheiden sich voneinander in zwei Gesichtspunkten.

Der erste Unterschied betrifft die Modalität der betroffenen Propositionen. Diese werden entweder beide als bestehende Sachverhalte gedeutet oder die eine Proposition wird als bestehender Sachverhalt, die andere als bloße Erwartung gedeutet. Terminologisch unterscheiden wir dementsprechend zwischen rein sachverhaltsbezogenen und erwartungsbezogenen Konnektiven.

Der zweite Gesichtspunkt, unter dem sich die einzelnen adverbialen Konnektive voneinander unterscheiden, ist die Art der Relation, die durch das Adverb spezifiziert wird. Die konnektiven Adverbien und Adverboide des Italienischen bezeichnen Relationen der zeitlichen oder logischen Abfolge, der kausalen Ableitung, der Graduierung auf einer Skala und der Konjunktion. Es gibt auch erwartungsbezogene Konnektive, die keine Relation spezifizieren.

4.3.1.3.1. Rein sachverhaltsbezogene Konnektive

a. Konnektive der Abfolge

Eine gewisse Anzahl von Adverbien spezifiziert eine zeitliche Abfolge zwischen Propositionen. Die Abfolge kann aber immer auch als eine logische Abfolge gedeutet werden. Hierhin gehören:

dopo	'später'	poi	'dann'
infine	'schließlich'	prima	'zuerst'

N.B. *prima* und *dopo* sind auch Adverbien des zeitlichen Rahmens (s. 4.3.1.2.b.). Sie heißen dann 'davor' bzw. 'danach'. *dopo* ist außerdem auch Präposition. Mit *prima* wird die zusammengesetzte Präposition *prima di* 'vor' gebildet. *prima* ist schließlich auch die weibliche Form des Zahlworts *prim-* 'erst'.

N.B. *finalmente* ist ein Konnektiv der Erwartung. Es hat die Bedeutung 'endlich'.

Beispiele mit Konnektiven der Abfolge sind:

(198) Dimmi **prima** quello che vuoi, **poi** vedremo
       'Sag mir erst, was du willst, dann können wir ja sehen'

N.B. Die Zählung von inhaltlich nebengeordneten Textinhalten (*erstens, zweitens* usw.) erfolgt im It. (im Unterschied zum Dt. oder Frz.) nicht durch Adverbien, sondern durch die adjektivische Form der Ordinalzahlwörter: *primo, secondo* usw.

N.B. 'zuerst', 'zuletzt', bezogen auf die Reihenfolge, in der Personen etwas tun, werden im It. durch *per primo* bzw. *per ultimo* wiedergegeben. Wenn von Wettkämpfen die Rede ist, wird die bloße Ordinalzahl gebraucht, die dann mit dem Subjekt in Kongruenz stehen muß:

(199) Sono arrivato {primo, secondo, ... ultimo}
       'Ich bin als {erster, zweiter, ..., letzter} angekommen'

b. Konnektive der Folgerung

Eine Folgerungsbeziehung zwischen Propositionen kann mit den Konnektiven *allora, così, dunque, quindi* und *conseguentemente* bezeichnet werden. Außer *conseguentemente* können diese Konnektive neben logischen Folgerungen auch pragmatische Konsequenzen bezeichnen. Beispiele für logische Folgerungen sind:

(200) La sua colpa non è mai stata provata, **dunque** lo dobbiamo considerare innocente
'Seine Schuld ist nie bewiesen worden, also müssen wir ihn als unschuldig betrachten'

(201) Abbiamo sistemato tutto bene. **Così** non può capitare nulla.
'Wir haben alles gut verstaut. So kann nichts passieren'

Ein Beispiel für eine pragmatische Konsequenz ist:

(202) **Dunque**, cosa volete?
'Also, was wollt ihr?'

Dieses Beispiel beruht auf der Annahme, daß folgende Situation besteht: Die Personen A und B sind zu C gekommen. C weiß, daß A und B eine Forderung vorbringen wollen. Sie haben aber die Unterhaltung mit allgemeinen Bemerkungen eröffnet. Das *dunque*, in Verbindung mit der Frage, bezeichnet die Auffassung des Sprechers, daß A und B die Konsequenz aus ihrem Kommen ziehen und ihre Forderung vortragen sollen.

N.B. Es gibt eine ganze Anzahl zusammengesetzter Ausdrücke, mit denen man Folgerungsbeziehungen ausdrücken kann, z.B. *per ciò* 'deswegen', *per questo* 'deswegen', *per questo motivo, per questa ragione* 'aus diesem Grunde'. Diese Ausdrücke erlauben auch feinere Unterscheidungen zwischen den verschiedenen Arten von Folgerungsbeziehungen.

N.B. Das mittelalterliche Italienisch hatte das Adverb *però* in der Bedeutung 'deswegen'. Dieses Adverb heißt heute 'jedoch'.

c. Bezugnahme auf die mehrfache Besetzung einer Rolle

An einem Sachverhalt können in einer gegebenen Rolle mehrere Individuen beteiligt sein. Dies kann nicht nur morphologisch (Plural) und syntaktisch (Koordination), sondern auch lexikalisch durch die Hinzufügung von 'auch' signalisiert werden. Die Bedeutung 'auch' wird ausgedrückt durch die Adverboide *anche* 'auch', *neppure, nemmeno* und *neanche* 'auch nicht'. - Beispiele sind:

(203) Vengo anch'io   'Ich komme auch'

(204) Non ci vado nemmeno io   'Ich gehe auch nicht hin'

N.B. Für das dt. *auch nicht* kann auch, ganz strukturgleich, ein durch *non* verneinter Satz mit *anche* stehen, als Alternative zu *neanche, nemmeno*:

(205) Anch'io non ci vado   'Auch ich gehe nicht hin'

Wenn jedoch die Negation vor dem Konnektiv steht, darf *anche* nicht gebraucht werden. Es muß eine negative Form (*neanche, neppure* oder *nemmeno*) eintreten:

(206) *Non ci vado **anch**'io
Non ci vado **nemmeno** io
'Ich gehe auch nicht hin'

Vgl. auch:

(207) **Anche** l'ultimo suo film non è stato un successo

(207') **Neanche** l'ultimo suo film è stato un successo

(208) *Non è stato un successo **anche** il suo ultimo film

(208') Non è stato un successo **neanche** il suo ultimo film
'Auch sein letzter Film war kein Erfolg'

Zum negativen Satz s. auch 7.2.4.

4.3.1.3.2 Erwartungsbezogene Konnektive

Eine Anzahl von Konnektiven bezeichnet eine Relation zwischen einer (meist nicht explizit geäußerten) Erwartung und einem als bestehend behaupteten Sachverhalt, der von der Erwartung abweicht. Diese Konnektive können sich auf verschiedene Parameter beziehen, und zwar:

- auf die zeitlichen Rahmen von Ereignissen
- auf eine Werteskala
- auf die Einbezogenheit mehrerer Individuen in einen Sachverhalt

Außerdem gibt es Konnektive, die keinen solchen Parameter spezifizieren. Wir haben im einzelnen:

a. Bezug auf den zeitlichen Rahmen von Ereignissen

Bestimmte Konnektive können ausdrücken, daß ein Ereignis früher oder später eintritt oder daß ein Prozeß länger oder kürzer dauert als erwartet. Diese Konnektive sind: *ancora* 'noch' und *già* 'schon'. - Beispiele sind:

(209) Ci sei ancora?   'Bist du noch da?'

(210) Ho già fatto colazione   'Ich habe schon gefrühstückt'

N.B. *presto* 'früh', und *tardi* 'spät' verhalten sich ähnlich, aber nicht gleich. Sie funktionieren wie relative Adjektive: Der Bezugswert kann eine Erwartung sein, aber auch ein Mittelwert. Außerdem sind diese Adverbien graduierbar, was für *ancora* und *già* nicht gilt.

b. Bezugnahme auf eine Werteskala

Sachverhalte können auf eine numerische Skala oder auf eine kulturell oder praktisch gegebene Hierarchie von Verhaltensweisen bezogen werden. Für einen gegebenen Sachverhalt kann angegeben werden, wie er relativ zu einem anderen, oft nicht genannten Wert auf einer solchen Skala liegt. Dieser Bezugswert ist typischerweise der in einer bestimmten Situation zu erwartende, zu fordernde oder zu fürchtende Wert. Adverboide wie *solo* 'nur', *almeno* 'wenigstens', *nemmeno* und *neanche* 'nicht einmal' liefern Informationen dieser Art. - Beispiele sind:

(211) Mi dica **almeno** a chi mi posso rivolgere
'Sagen Sie mir wenigstens, an wen ich mich wenden kann'

(212) Non ho **nemmeno** cento lire
'Ich habe nicht einmal hundert Lire'

N.B. Dem dt. *höchstens* entspricht kein einfaches Adverb, sondern die zusammengesetzten Ausdrücke *al massimo, al limite.* - Eine zusammengesetzte Alternativform zu *almeno* ist *per lo meno*.

c. Bezugnahme auf die Erwartung mehrerer Individuen in derselben Rolle

Es kann die Erwartung bestehen, daß eine bestimmte Rolle durch mehrere Mitspieler besetzt ist. Die Konnektive *solo, solamente* und *soltanto* 'nur' können signalisieren, daß eine solche Erwartung zu korrigieren ist:

(213) Hanno invitato **solo** i familiari
'Sie haben nur Familienangehörige eingeladen'

(214) E' venuta **solamente** lei
'Nur sie ist gekommen'

d. Bezugnahme auf eine Erwartung ohne Spezifikation des Parameters

Einige Konnektive zeigen an, daß eine Erwartung korrigiert wird, ohne zu spezifizieren, auf welchen Parameter sich die Erwartung bezieht. Diese sind: *anzi* 'sogar', *appena* 'kaum', *invece* 'hingegen', aber', *magari* 'vielleicht, sogar' und *perfino/ persino* 'sogar'. - Beispiele sind:

(215) Io **invece** prendo un gelato
'Ich hingegen nehme ein Eis'

(216) Puoi venire **magari** già un po' prima
'Du kannst sogar schon etwas früher kommen'

(217) Certo che me l'ha permesso, **anzi**, me ne ha pregato
'Natürlich hat er es mir erlaubt; er hat mich sogar darum gebeten'

(218) Potè **appena** alzarsi
'Er konnte kaum aufstehen'

N.B. Die Funktion und der syntaktische Status dieser Konnektive (wie auch ihre angemessene Übersetzung) ist ein offenes Problem, das weiterer Untersuchung bedarf. Hier müssen die folgenden Bemerkungen genügen: *anzi, magari, già* und *appena*, nicht aber *invece*, können auch allein als Äußerungen vorkommen. Hierbei behält *appena* seine normale Bedeutung bei. *anzi* heißt, wenn es allein als Antwort geäußert wird, ungefähr soviel wie 'allerdings'; *già* ist eine positive Antwortpartikel und bringt gleichzeitig zum Ausdruck, daß der als bestehend bezeichnete Sachverhalt offensichtlich ist und daß er negativ bewertet wird; vgl. die folgenden Beispiele:

(219) Non ti piace? - **Anzi!**
'Schmeckt es dir nicht? - Im Gegenteil!'

(220) Avete perso la partita. - **Già.**
'Ihr habt das Spiel verloren. - Ja, leider.'

Wenn vor *già* die Interjektion *eh* gesetzt wird, bekommt die Antwort eine Nuance der Resignation, des Sichabfindens:

(221) La vita è difficile. - **Eh già.**
'Das Leben ist schwierig.- Ja, ja.'

N.B. *appena* 'kaum' kann auf die Intensität eines Vorgangs, auf eine zeitliche Relation oder auf eine Quantität angewendet werden; vgl. z.B.:

(222) Respira appena
'Er atmet kaum'

(223) Sono appena tornato
'Ich bin gerade erst zurückgekommen'

(224) Sono appena le sette
'Es ist erst knapp sieben Uhr'

(225) Pesa appena cinquanta chili
'Er wiegt kaum 50 kg'

4.3.2 Adverbien als Kommentare

Manche Adverbien drücken einen beurteilenden Kommentar des Sprechers über den durch die Proposition bezeichneten Sachverhalt aus, der als bestehend präsupponiert ist. Viele der hierzu gehörenden Adverbien sind mit *-mente* aus Adjektiven abgeleitet.

Sätze mit diesen Adverbien haben meist Paraphrasen, in denen das betreffende Adjektiv im Prädikat eines subjektlosen Hauptsatzes auftritt, dessen Komplement den beurteilten Sachverhalt bezeichnet; vgl. z.B.:

(226) Ovviamente non gli piace
'Offensichtlich gefällt es ihm nicht'

(227) E' ovvio che non gli piaccia
'Es ist offensichtlich, daß es ihm nicht gefällt'

N.B. Allerdings gibt es hier Lexikalisierungen: *normalmente* 'normalerweise' in (228) bedeutet nicht, daß der betreffende Sachverhalt als bestehend akzeptiert und als normal bewertet wird. Dies kann man nur mit dem Adjektiv *normale* ausdrücken; vgl. (229). Vielmehr wird der Sachverhalt nicht als bestehend behauptet (er ist ungewiß oder besteht nicht):

(228) Normalmente a quest'ora dorme
'Normalerweise schläft er zu dieser Zeit'

(229) E' normale che dorma a quest'ora
'Es ist normal, daß er zu dieser Zeit schläft'

Der Kommentar kann betreffen:

a. Die Bewertung des Sachverhalts als positiv oder negativ

Hierzu gehören die Adverbien *sfortunatamente, purtroppo* 'leider', *fortunatamente* 'glücklicherweise'; z.B.:

(230) Purtroppo non te lo posso dire
'Leider kann ich es dir nicht sagen'

(231) Fortunatamente lei non c'era più
'Gott sei Dank war sie nicht mehr da'

b. Die Übereinstimmung des Sachverhalts mit der Erwartung

Hierzu gehören die Adverbien *naturalmente* 'natürlich', *stranamente* 'seltsamerweise', *ovviamente* 'offensichtlich' usw.; vgl. z.B.:

(232) Naturalmente era contentissima
'Natürlich hat sie sich sehr gefreut'

(233) Stranamente non c'era nessuno
'Seltsamerweise war keiner da'

c. Die Wahrscheinlichkeit oder Notwendigkeit

Die Beurteilung kann die Wahrscheinlichkeit oder die Notwendigkeit des Bestehens eines Sachverhalts betreffen. Hierhin gehören die Adverbien *probabilmente* 'wahrscheinlich', *sicuramente, certamente* 'sicherlich' und *necessariamente* 'notwendigerweise'. - Beispiele sind:

(234) Il treno avrà sicuramente un po' di ritardo
'Der Zug hat sicher etwas Verspätung'

(235) Probabilmente ci sarà una crepa nel tubo
'Wahrscheinlich ist ein Riß in dem Rohr'

N.B. Hierher gehört auch die zusammengesetzte Form *senz'altro* 'zweifellos, bestimmt'; s. z.B.:

(236) Verrò senz'altro
'Ich komme bestimmt'

4.3.3 Adverbien als Argumente des Verbs

Lokaladverbien können nicht nur als Rahmenangaben von Ereignissen, sondern auch als Elemente der Ereignisse selbst, d.h. als Argumente von Verben, auftreten. Sie haben dann die grammatische Funktion von Lokalobliquen; vgl. z.B.:

(237) Vieni qui!
'Komm hierher!'

(238) Sta qui
'Er ist hier'

Diese Adverbien können sowohl das Ziel einer Bewegung (237) als auch eine statische Lokalisierung bezeichnen (238). Über die Deutung entscheidet die lexikalische Bedeutung des Verbs.

5. Präposition und Präpositionalphrase

Die Präpositionen sind indeklinable Formen. Einige von ihnen verschmelzen allerdings mit dem bestimmten Artikel, die verschmolzenen Formen haben dann die Deklination des Artikels; s. 1.2. e.

Präpositionen regieren Nominalphrasen, Verbalphrasen im Infinitiv oder Adverbien. Die Präposition ist der Kopf der Präpositionalphrase.

So ist z.B. *con gli amici* eine Präpositionalphrase, deren Kopf *con* ist; schematisch dargestellt:

(1)

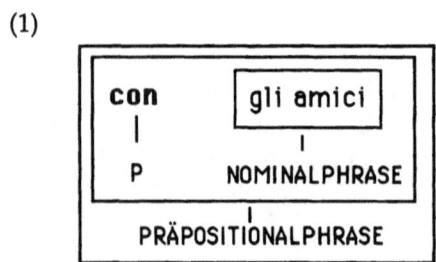

Die Präpositionen bilden eine abgeschlossene Klasse.

Sie zerfallen **semantisch** in zwei Gruppen. Einige, wie *in* 'in' oder *con* 'mit', haben eine lexikalische Bedeutung, die als solche in die Bedeutung des Satzes eingeht. Dies sind die **lexikalischen Präpositionen**. Andere, wie *di* und *a*, haben keine derartige lexikalische Bedeutung, sondern nur eine Funktion in der grammatischen Struktur. Sie tragen zur Satzbedeutung nur dadurch bei, daß sie einen bestimmten strukturellen Zusammenhang signalisieren und von anderen unterscheiden. Dies sind die **grammatischen Präpositionen**.

Die Präpositionen stehen in Gestalt und Bedeutung in enger Beziehung zu den Adverbien; hinsichtlich ihrer Rektion haben sie Ähnlichkeit mit dem Verb.

5.1. Die Formen

Die italienischen Präpositionen haben einen relativ kleinen Kernbestand von einfachen Formen, der durch eine größere Anzahl von zusammengesetzten Formen aufgefüllt ist.

5.1.1. Die einfachen Präpositionen

Die einfachen Präpositionen sind:

a	'an'	lungo	'längs'
come	'als'	per	'für'
con	'mit'	salvo	'außer'
da	'bei, von, durch'	secondo	'gemäß'
di	'von, aus'	senza	'ohne'
entro	'binnen'	tra	'zwischen'
fra	'zwischen'	tranne	'außer'
in	'in'	verso	'gegen'

5.1.2. Die sekundären Präpositionen

Das Inventar der einfachen Präpositionen ist im Laufe der Sprachgeschichte durch Ableitung und Zusammensetzung ergänzt worden. Als Ergebnisse dieses Prozesses bestehen heute bestimmte strukturelle Relationen zwischen den einfachen Präpositionen, den Adverbien und den im Laufe dieses Prozesses entstandenen "sekundären" Präpositionen. Diese Relationen werden im folgenden dargestellt.

5.1.2.1. Präpositionen aus Präpositionen

An einige der einfachen Präpositionen kann rechts die einfache Präposition *di* angefügt werden. Dadurch entstehen die folgenden komplexen Präpositionen:

fra di	'unter'	senza di	'ohne'
tra di	'unter'	verso di	'gegen'

An die aus Adverbien abgeleiteten Präpositionen (s. 5.1.2.2.) *contro, davanti, dopo, dietro, oltre, sopra, sotto* und *su* können in der gleichen Weise die einfachen Präpositionen *di* und *a* angefügt werden. Hieraus ergeben sich:

contro di	'gegen'	oltre a	'über ... hinaus'
davanti a	'vor'	sopra di	'über'
dietro di, a	'hinter'	sotto a	'unter'
dopo di	'nach'	su di	'über'

N.B. *intorno a* 'um ... herum' beruht unmittelbar auf dem Adverb; eine Präposition *intorno* gibt es nicht.

Die lexikalische Bedeutung der einfachen Präposition wird durch die Anfügung von *di* oder *a* nicht systematisch geändert. Die komplexen Formen mit *di* werden dann benutzt, wenn das Argument der Präposition ein Personalpronomen ist, das auf eine Person referiert; vgl. z.B.:

(2) Ne discuteremo fra di noi
'Wir werden unter uns darüber reden'

(3) Ha votato contro di noi
'Er hat gegen uns gestimmt'

N.B. Diese Verhältnisse beruhen eher auf einer Tendenz als auf einer wirklichen Regel; vgl. den schwankenden Gebrauch in den folgenden Beispielen:

(4) senza te, senza di te   'ohne dich'
(5) fra noi, fra di noi   'unter uns'
(6) verso lei, verso di lei   'ihr gegenüber'

5.1.2.2. Präpositionen aus Adverbien

Einige der lexikalischen Präpositionen sind auch Adverbien oder bestehen aus einem Adverb und einer der einfachen Präpositionen. Für manche Adverbien ist beides möglich. Der semantische Zusammenhang zwischen Präposition und Adverb ist in 4.3.1.2. dargestellt.

a. Bloße Adverbien als Präpositionen

Adverbien, die ohne jede Änderung der Form als Präpositionen gebraucht werden, sind *davanti, dietro, dopo, oltre, sotto, sopra* und *su*.

Die folgenden Beispiele illustrieren sowohl die adverbiale als auch die präpositionale Verwendung:

(7) Lo faremo **dopo**
'Wir machen das später'
vs.
Vieni a trovarmi **dopo la lezione**
'Komm nach der Vorlesung'

(8) Ti aspetta **sotto**
'Er erwartet dich unten'
vs.
Si nasconde **sotto il tavolo**
'Er versteckt sich unter dem Tisch'

(9) Lo portiamo {**su, sopra**}
'Wir bringen ihn hinauf'
vs.
Il nonno riposa {**sul, sopra il**} **divano**
'Der Großvater ruht auf dem Sofa'

N.B. *davanti, sotto, sopra,* und *su* haben eine Konstruktion, die semantisch dem präpositionalen und syntaktisch dem adverbialen Gebrauch entspricht; vgl.:

- (10) Ci sta davanti   'Er steht davor'
- (11) Ci vado sotto   'Ich gehe drunter'
- (12) Ci passa sopra   'Er geht darüber'
- (13) Ci sale su   'Er steigt hinauf'

Das Pronomen *ci* ist semantisch das Argument des Adverbs, nicht des Verbs. Syntaktisch jedoch hängt sich das klitische Pronomen an das Verb an. Diese Konstruktion ist beschränkt auf die Fälle, in denen das Adverb ein Argument des Verbs ist, d.h. in denen es von der Valenz des Verbs gefordert ist.

N.B. *presso* gehört einer eher förmlichen Sprachebene an. In der Umgangssprache wird bei einer rein lokalen Relation *vicino a* verwendet. *presso* wird vor allem bei Bezeichnungen von Behörden und Amtspersonen gebraucht:

- (14) E' giudice presso la Corte Costituzionale
  'Er ist Richter am Verfassungsgericht'

- (15) Ha protestato presso il sindaco
  'Er hat beim Bürgermeister protestiert'

N.B. Wenn *oltre a* eine nicht lokale Relation bezeichnet, ist das entsprechende Adverb nicht *oltre*, sondern *inoltre* 'darüber hinaus':

- (16) **Oltre ai** soci, sono invitati anche i familiari
  'Außer den Mitgliedern sind auch die Angehörigen eingeladen'

- (17) **Inoltre,** c'era mio fratello
  'Außerdem war mein Bruder da'

oltre ist auch Bestandteil von Ortsnamen geworden:

- (18) Abita in un quartiere d'Oltr'Arno
  'Er wohnt in einem Viertel des Oltr'Arno'

- (19) Un vino dell'Oltre-Po pavese
  'Ein Wein aus dem Oltre-Po von Pavia'

b. Präpositionen der Struktur "Adverb plus Präposition"

Eine Anzahl von Präpositionen besteht aus einem Adverb und einer der einfachen Präpositionen *di, a* und *da*.

Mit *di* sind gebildet: *fuori di* 'aus, außerhalb von', *invece di* 'statt' und *prima di* 'vor'. - Beispiele sind:

- (20) E' **fuori di** casa
  'Er ist außer Haus'

(21) **Invece di** scrivere, mi ha telefonato
'Anstatt zu schreiben, hat er mich angerufen'

(22) Prendere due pastiglie **prima de**i pasti
'Zwei Tabletten vor den Mahlzeiten einnehmen'

Mit *a* sind gebildet: *accanto a* 'neben', *davanti a* 'vor', *fino a, sino a* 'bis', *insieme/assieme a* 'zusammen mit'. Von diesen Formen haben *fino a/sino a* eine Basis, die nicht selbständig als Adverb vorkommt. - Beispiele sind:

(23) **Accanto al** museo c'è un teatro
'Neben dem Museum ist ein Theater'

(24) **Davanti a**lla chiesa c'è una fontana
'Vor der Kirche ist ein Brunnen'

(25) **Fino a** ieri non sapevo nulla di tutto ciò
'Bis gestern wußte ich nichts von alledem'

(26) Stavamo così bene **insieme a** loro
'Wir fühlten uns so wohl mit ihnen zusammen'

N.B. Auch die diesen abgeleiteten Präpositionen zugrundeliegenden Adverbien haben im Prinzip die oben erwähnte pronominale Konstruktion:

(27) Le stette accanto
'Er war an ihrer Seite'

(28) Ci sta davanti
'Er steht davor'

Allerdings haben *fino/sino* und *insieme/assieme* diese Konstruktion nicht; vgl. z.B.:

(29) *Gli sto insieme

(29') Sto insieme a lui
'Ich bin mit ihm zusammen'

Mit *da* ist die Präposition *fino da/sino da* 'seit' gebildet:

(30) Lo so **fin da** ieri
'Ich weiß es seit gestern'

N.B. Vor *da* werden *fino* und *sino* zu *fin* bzw. *sin* gekürzt.

5.1.2.3. Komplexe Präpositionen der Struktur "Präpositionalphrase plus Präposition"

Eine relativ große Anzahl von komplexen Präpositionen hat als lexikalischen Kern einen Ausdruck, der seinerseits bereits eine Präpositionalphrase ist. An diesen Kern wird in den meisten Fällen *di, a* oder, in wenigen Fällen, *da* angefügt. Die den Kern bil-dende Präpositionalphrase enthält in der Regel ein Nomen, nur die mit *da* gebildeten komplexen Präpositionen und *a forza di* sind mit einem Infinitiv gebildet.

Mit *di* sind gebildet:

a causa di	'wegen'	all'esterno di	'außerhalb von'
a confronto di	'im Vergleich zu'	all'interno di	'innerhalb von'
a differenza di	'im Unterschied zu'	in cambio di	'für'
a fianco di	'neben'	in conseguenza di	'infolge'
a forza di	'durch' (instrumental)	in luogo di	'anstelle von'
a guisa di	'als'	nel mezzo di	'mitten in'
a modo di	'als'		

Beispiele sind:

(31) La biblioteca è chiusa **a causa de**llo sciopero
 'Die Bibliothek ist wegen des Streiks geschlossen'

(32) Ha superato l'esame **a forza di** studiare
 'Er hat das Examen durch eifriges Lernen bestanden'

(33) **Nel mezzo de**l prato gli apparve una fata
 'Mitten auf der Wiese erschien ihm eine Fee'

Mit *a* sind gebildet:

in cima a	'oben auf'	in merito a	'bezüglich, betreffend'
in faccia a	'gegenüber'	in mezzo a	'mitten in'
di fronte a '	'gegenüber'		

Beispiele sind:

(34) **In cima a**l monte c'è una stazione meteorologica
 'Oben auf dem Berg ist eine Wetterwarte'

(35) **In merito a**lla sua domanda La informo che ...
 'Betreffs Ihrer Anfrage teile ich Ihnen mit, daß ...'

N.B. Heute nur noch partiell transparent, d.h. weitgehend lexikalisiert, ist *dirimpetto* 'gegenüber' (vgl. *petto* 'Brust').

Mit *da* sind gebildet: *a contare da, a partire da* 'ab'. - Beispiele sind:

   (36)   Ho preso 10 giorni di ferie, **a contare da** domani
          'Ich habe ab morgen 10 Tage Urlaub genommen'

   (37)   **A partire da** oggi è in vigore la nuova legge
          'Ab heute ist das neue Gesetz in Kraft'

In der Regel kann die Präpositionalphrase, die Basis der abgeleiteten Präposition ist, auch selbständig als Adjunkt mit gleicher lexikalischer Bedeutung verwendet werden; vgl. z.B.:

   (38)   Cosa avrai **in cambio de**i dischi?
          'Was bekommst du für die Schallplatten?'

   (39)   **In cambio** mi diede delle caramelle
          'Dafür gab er mir Bonbons'

   (40)   Il parcheggio si trova **all'esterno de**l recinto
          'Der Parkplatz ist außerhalb der Einfriedung'

   (41)   Deve parcheggiare **all'esterno**
          'Sie müssen außerhalb parken'

Es besteht also hier das gleiche Verhältnis zwischen dem lexikalischen Kern und der komplexen Präposition wie im Falle der Adverbien.

N.B. Allerdings sind einige der aus Präpositionalphrasen abgeleiteten komplexen Präpositionen so weit lexikalisiert, daß, anders als in den Beispielen (38) bis (41), die entsprechenden Präpositionalphrasen nicht mehr allein vorkommen: **a causa, *a differenza, *a forza, *guisa, *in luogo, *a modo, *a partire, *a contare* sind als normale Präpositionalphrasen nicht möglich.

5.1.2.4. Sonstige sekundäre Präpositionen

Im Vergleich zu den aus Adverbien und Präpositionalphrasen gebildeten Präpositionen spielen die Ableitungen aus anderen Basen eine untergeordnete Rolle. Auch ihre Transparenz ist entsprechend geringer.

Die Basen sind fast alle Verben, und zwar sind manche alten Partizipien heute zu Präpositionen "geronnen".

Aus dem alten **Partizip Präsens** sind entstanden:

Präposition		Verb	
concernente	'betreffend'	concernere	'betreffen'
durante	'während'	durare	'dauern'
mediante	'mittels'	mediare	'vermitteln'
nonostante	'trotz'	ostare	'entgegenstehen'
spettante	'betreffend'	spettare	'zukommen'

Aus dem alten **Partizip Perfekt** sind entstanden:

Präposition		Verb	
eccetto	'außer'	eccettuare	'ausnehmen'
riguardo a	'hinsichtlich'	riguardare	'betrachten'
rispetto a	'betreffend'	rispettare	'respektieren'

Aus einem **Adjektiv** (vgl. lt. *gratus* 'willkommen') abgeleitet, aber kaum noch transparent, ist *malgrado* 'trotz'.

5.2. Die Rektion der Präpositionen

Jede Präposition hat ein Argument, das obligatorisch als Konstituente realisiert sein und ihr unmittelbar folgen muß. Diese Konstituente kann eine Nominalphrase oder eine infinite Verbalphrase sein.

Der unmarkierte Fall ist der der **Nominalphrase**: jede Präposition kann eine Nominalphrase regieren. Die typische Präpositionalphrase hat daher die Form PP[[Präposition] [Nominalphrase]].

In dieser Konstruktion können die verschiedensten Arten von Nominalphrasen stehen; solche, deren Kopf ein determiniertes Nomen ist (einschließlich des Null-Artikels beim Partitiv von Stoffnamen oder beim Plural), ferner solche, die aus einem Eigennamen oder einem nicht-klitischen Pronomen bestehen; vgl. z.B.:

(42) per lo zio   'für den Onkel'
     con pane   'mit Brot'
     con piselli   'mit Erbsen'
     da Giovanni   'bei Giovanni'
     per te   'für dich'

Eine Nominalphrase, die ein bloßes Nomen ist, können insbesondere die Präpositionen *di, a, da, per, senza* und *con* regieren; s. 1.6.1.2.

Das von einer Präposition regierte, bloße Nomen tritt häufig auch in festen Wendungen auf; s. z.B.:

a pagamento	'gebührenpflichtig'	per cortesia	'bitte'
dietro ricetta	'auf Rezept'	per favore	'bitte'
fuori servizio	'außer Dienst'	salvo errore	'wenn ich nicht irre'
in prestito	'leihweise'	sotto pressione	'unter Druck'
per carità	'um Himmels willen'	su richiesta	'auf Verlangen'
per caso	'zufällig'		

N.B. Als bloße Junktoren vor Nominalphrasen stehen *di* in Vergleichskonstruktionen (s. Kap. IV, 3.3.2.2.) und *da* in Ausdrücken wie *si è comportato da imbecille* 'er hat sich wie ein Idiot benommen'.

Nur bestimmte Präpositionen können auch eine **Verbalphrase im Infinitiv** regieren. Die Präpositionalphrase hat dann die Struktur $_{PP}[[Präposition][Verbalphrase_{inf}]]$. Die Präpositionen, die diese Konstruktion zulassen, sind *a, a forza di, da, di, in luogo di, a posto di, invece di, oltre a, per, prima di* und *senza*. - Beispiele sind:

(43) **A forza di** dare delle mancie generose, Rodolfo si è creato una riputazione di gran signore
'Durch das Geben von reichlichen Trinkgeldern hat sich Rodolfo in den Ruf gebracht, ein großer Herr zu sein'

(44) {**In luogo di, invece di, al posto di**} ascoltare quelle chiacchiere, dovevi credere me
'Anstatt auf dieses Geschwätz zu hören, hättest du mir glauben sollen'

(45) **Oltre a** mettersi tutti contro, si è anche rovinato la salute
'Er hat nicht nur alle gegen sich aufgebracht, sondern sich auch die Gesundheit ruiniert'

(46) **Per** dire la verità, non sono d'accordo
'Um die Wahrheit zu sagen, ich bin nicht einverstanden'

(47) E' meglio lavare la frutta, **prima di** mangiarla
'Es ist besser, das Obst vor dem Essen zu waschen'

(48) Ha passato una settimana intera **senza** parlare con nessuno
'Er hat eine ganze Woche verbracht, ohne mit jemandem zu sprechen'

N.B. Grammatische Präpositionen werden in regierten Infinitivkonstruktionen (s. (49) bis (51)) als Junktoren verwendet.

(49) Preparati **a** venir via
'Mach dich fertig, mitzukommen'

(50) Questa roba è **da** buttar via
'Dieses Zeug ist zum Wegwerfen'

(51) Sia così gentile {**da, di**} accomodarsi qui per un attimo
'Seien Sie so nett, hier einen Moment Platz zu nehmen'

Di und *da* können auch Präpositionalphrasen regieren: *da sotto il tavolo* 'unter dem Tisch heraus'.

5.2.1. Synopse der Rektion der Präpositionen

Die folgende Synopse stellt die Rektion der Präpositionen im einzelnen dar. Erfaßt sind alle einfachen und die wichtigsten abgeleiteten Präpositionen.

	NP	VP$_{inf}$		NP	VP$_{inf}$
a 'an'	+	+	fuori (di) 'außerhalb von'	+	−
a causa di 'wegen'	+	−	in 'in'	+	−
accanto a 'neben'	+	−	in cambio di 'für'	+	−
a confronto di 'verglichen mit'	+	−	in cima di 'auf'	+	−
a destra di 'rechts von'	+	−	in conseguenza di 'infolge'	+	−
a differenza di 'im Unterschied zu'	+	−	in confronto a 'verglichen mit'	+	−
a fianco di 'neben'	+	−	in faccia a 'gegenüber'	+	−
a forza di 'durch'	+	+	in luogo di 'statt'	+	−
a guisa di 'als'	+	−	in merito a 'bezüglich'	+	−
all'esterno di 'außerhalb von'	+	−	in mezzo a 'mitten in'	+	−
all'interno di 'innerhalb von'	+	−	insieme a 'mit'	+	−
a modo di 'als'	+	−	intorno (a) 'um ...herum'	+	−
a partire da 'von ... an'	+	−	invece di 'statt'	+	+
a sinistra di 'links von'	+	−	lungo 'entlang'	+	−
assieme a 'mit'	+	−	malgrado 'trotz'	+	−
avanti 'vor'	+	−	nel mezzo di 'mitten in'	+	−
con 'mit'	+	−	oltre a 'außer'	+	+
contro (di) 'gegen'	+	−	per 'für'	+	+
davanti (a) 'vor'	+	−	presso 'bei'	+	−
da 'bei'	+	−	prima di 'vor'	+	+
da 'durch'	+	−	rispetto a 'bezüglich'	+	−
da 'für'	+	−	salvo 'außer'	+	+
da 'zu'	+	+	secondo 'gemäß'	+	−
dentro (a) 'in'	+	−	senza (di) 'ohne'	+	+
di 'von'	+	+	sopra (di) 'über'	+	−
dietro (a) 'hinter'	+	−	sotto (di) 'unter'	+	−
di fronte a 'gegenüber'	+	−	su (di) 'unter'	+	−
dirimpetto a 'gegenüber'	+	−	tra (di) 'zwischen'	+	−
dopo (di) 'nach'	+	+	tranne 'außer'	+	−
entro 'binnen'	+	−	verso (di) 'gegen'	+	−
fino a 'bis'	+	+			
fin da 'seit'	+	−			
fra (di) 'zwischen'	+	−			

5.3. Semantische Klassen von Präpositionen

5.3.1. Grammatische vs. lexikalische Präpositionen

Eine erste Unterteilung der Präpositionen ergibt sich, hinsichtlich der Unterscheidung zwischen Funktions- und Inhaltswörtern, in grammatische und lexikalische

Präpositionen. Als grammatische Präpositionen dienen *di* und *a* der Kennzeichnung der dem Genitiv und dem Dativ entsprechenden grammatischen Funktionen (di-Obliquus und a-Obliquus) und der Verbindung von Infinitivkomplementen mit dem finiten Verb. Sie dienen außerdem der Einführung von Modifikatoren, d.h. von Nomina und Nominalphrasen, die ihrerseits ein Nomen modifizieren; vgl. z.B.:

(52) un vestito di lana   'ein wollenes Kleid'
gli argini del fiume   'die Böschungen des Flusses'
una stufa a gas   'ein Gasofen'
spaghetti alle vongole   'Spaghetti mit Muscheln'

di ist außerdem Junktor des Vergleichsterms und dient der Bildung des Teilungsartikels.

da wird ebenfalls als grammatische Präposition gebraucht: Es führt die Urheberergänzung im Passiv sowie Infinitivkomplemente ein. Es dient ebenfalls der Anfügung eines modifizierenden Nomens an ein Nomen.

In Adjunkten spezifiziert die Wahl der grammatischen Präposition zusammen mit der semantischen Klasse des Nomens die thematische Rolle. So spezifiziert eine Präpositionalphrase mit *a*, die einen Ortsnamen enthält, den Ort, wo sich etwas befindet, oder wo etwas geschieht (53). Eine Präpositionalphrase mit *da*, die einen Ortsnamen enthält, spezifiziert den Ausgangsort einer Bewegung (54); vgl. z.B.:

(53) **A Bologna** raggiungemmo l'autostrada
'In Bologna kamen wir auf die Autobahn'

(54) **Da Ravenna** raggiungemmo l'autostrada
'Von Ravenna aus fuhren wir auf die Autobahn'

Ein Adjunkt mit *a*, das den Namen einer Uhrzeit enthält (z.B. *alle due e mezzo* 'um halb drei'), gibt den Zeitpunkt an, zu dem das im Satz bezeichnete Ereignis geschieht; ein Adjunkt mit *di*, dessen Nomen eine Jahreszeit oder die Zeiteinheiten 'Tag' oder 'Nacht' bezeichnet (*d'estate* 'im Sommer', *di giorno* 'tags', *di notte* 'nachts') bezeichnet einen Zeitraum, in dem gewöhnlich etwas der Fall ist usw.

N.B. Die genaue Erforschung der Semantik von Adjunkten ist noch zu leisten. - Die Deutung der Obliquen, die eine grammatische Präposition haben, ergibt sich in vergleichbarer Weise aus dem Typ des Obliquus, der ja durch die jeweilige Präposition definiert ist, und aus der lexikalischen Bedeutung des regierenden Prädikats. So tragen die grammatischen Präpositionen zur Deutung bei, ohne eine lexikalische Bedeutung zu besitzen.

Auch lexikalische Präpositionen können rein grammatisch verwendet werden, wenn sie von der Valenz eines Verbs gefordert sind. Dies gilt z.B. für *con* und *su* in den Konstruktionen *scusarsi con qu.* 'sich bei jemandem entschuldigen', *riflettere su q.c.* 'über etwas nachdenken'.

Die Mehrzahl der it. Präpositionen sind ausschließlich lexikalische Präpositionen.

5.3.2. Klassen von lexikalischen Präpositionen

Die Präpositionen bezeichnen eine große und z.T. sehr fein differenzierte Vielfalt von inhaltlichen Relationen. Man kann diese Relationen zunächst einteilen in lokalisierende (z.B. *in, dietro*) und nicht-lokalisierende (z.B. *per, senza*). Die lokalisierenden Präpositionen zerfallen in orientierte (z.B. *dietro*) und nicht-orientierte (z.B. *in*). Die nicht-lokalisierenden Präpositionen beziehen sich auf die verschiedensten abstrakten Relationen, z.B. die Konkomitanz (*con, senza*), die Kausalität (*per, a causa di*) usw. Dies soll die folgende Figur veranschaulichen:

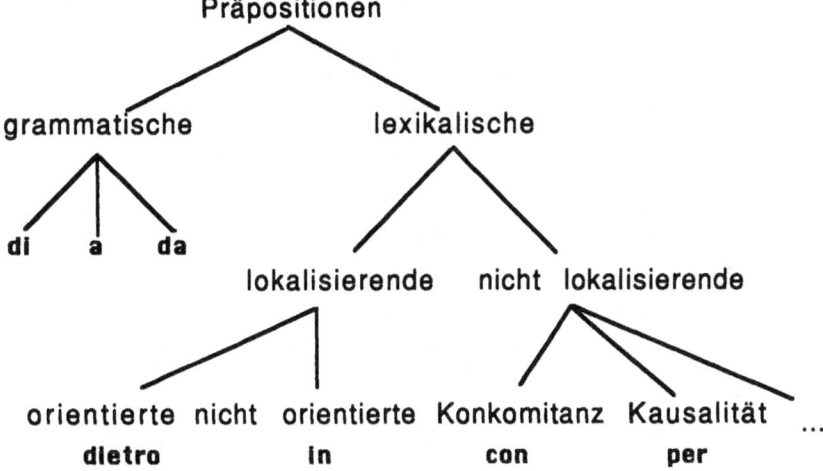

5.3.2.1. Lokalisierende Präpositionen

Die lokalisierenden Präpositionen geben Information darüber, wo ein Objekt (das lokalisierte Objekt) sich befindet bzw. wo ein Ereignis stattfindet oder ein Zustand besteht. Diese Information wird mittels eines anderen Objekts (des lokalisierenden Objekts) gegeben, das syntaktisch von der Präposition regiert wird und semantisch ihr Argument ist.

Die Lokalisierung kann sich auf den Raum, auf die Zeit oder auf sonstige Gegebenheiten beziehen, die kognitiv analog zum Raum strukturiert sind. Fast alle lexikalischen Präpositionen können sich auf verschiedene dieser Bereiche beziehen. Nur ganz wenige sind auf einen der Bereiche spezialisiert. Dies ist dann, bis auf einen einzigen Fall, der räumliche. Andererseits ist der räumliche Bereich unter den Bereichen, auf die sich die lokalisierenden Präpositionen beziehen können, bei weitem der häufigste. Der Bezug sowohl auf den räumlichen als auch auf einen nicht-zeitlichen, übertragenen Bereich ist ebenfalls nicht selten. Keine Präposition hat Bezug auf den räumlichen und auf den zeitlichen, nicht aber auf den übertragenen nicht-zeitlichen Bereich. Die folgenden Übersichten stellen diese Verhältnisse im einzelnen dar (statt eines Pluszeichens steht jeweils ein Beispiel):

Räumliche, zeitliche und sonstige Lokalisierung ist möglich mit:

	räumlich	zeitlich	sonstige
fino	fino a Roma 'bis Rom'	fino alle tre 'bis drei'	fino alla violenza 'bis zur Gewalttätigkeit'
fra, tra	fra gli alberi 'zwischen den Bäumen'	fra le due e le tre 'zwischen zwei und drei' fra un mese 'in einem Monat'	fra le nazioni 'unter den Nationen'
in	nella casa 'im Haus'	in un'ora 'in einer Stunde'	nel lessico 'im Lexikon'
intorno a	intorno alla casa 'um das Haus herum'	intorno a Pasqua 'gegen Ostern'	intorno a quei problemi 'um diese Probleme'
oltre (a)	oltre il confine 'jenseits der Grenze'	oltre le dodici 'nach zwölf'	oltre ai danni 'außer den Schäden'
per	per Roma 'nach Rom'	per ora 'für jetzt'	per la salute 'für die Gesundheit'
su	sul tavolo 'auf dem Tisch'	sulle tre 'gegen drei'	sulla sintassi 'über Syntax'
verso	verso la riva 'gegen das Ufer'	verso le tre 'gegen drei'	verso il disarmo 'zur Abrüstung'

Nur im räumlichen und im übertragenen, nicht-zeitlichen Bereich sind verwendbar:

	räumlich	übertragen/nicht-zeitlich
accanto a	accanto alla casa 'neben dem Haus'	accanto allo stipendio 'neben dem Gehalt'
a destra di, a sinistra di	a destra della casa 'rechts vom Haus'	a destra dei liberali 'rechts von den Liberalen'
all'esterno, all'interno di	all'esterno della casa 'außerhalb des Hauses'	all'esterno del partito 'außerhalb der Partei'

davanti a	davanti allo specchio 'vor dem Spiegel'	davanti alla legge 'vor dem Gesetz'
dentro	dentro la casa 'im Haus'	dentro la legalità 'im Rahmen der Legalität'
dietro a	dietro la casa 'hinter dem Haus'	dietro quella bonarietà 'hinter dieser Biederkeit'
di fronte a	di fronte alla casa 'gegenüber dem Haus'	di fronte a questi debiti 'diesen Schulden gegenüber'
in mezzo a	in mezzo al fiume 'mitten im Fluß'	in mezzo alle difficoltà 'mitten in den Schwierigkeiten'
presso	presso il duomo 'beim Dom'	presso le autorità 'bei den Behörden'
sopra	sopra il tavolo 'auf dem Tisch'	sopra quella decisione 'auf diese Entscheidung hin'
sotto	sotto il tavolo 'unter dem Tisch'	sotto i Borboni 'unter den Bourbonen'

Gleichzeitig in zeitlicher und in übertragener, nicht-zeitlicher Bedeutung sind verwendbar:

	zeitlich	**übertragen/nicht-zeitlich**
dopo	dopo le tre 'nach drei'	dopo il papà 'nach dem Papa'
entro	entro il mese 'vor Ende des Monats'	entro il matrimonio 'innerhalb der Ehe'
prima	prima delle tre 'vor drei Uhr'	prima della sicurezza 'vor der Sicherheit'

Nur räumlich sind: *in cima a, in faccia a, in mezzo a, lungo*. Nur zeitlich kommt eine einzige Präposition vor: *sin da* 'seit'. 'Außerhalb von' heißt gewöhnlich *fuori di*; z.B. *fuori del cinema* 'außerhalb des Kinos'; bloßes *fuori* kommt als Präposition in festen Wendungen vor, z.B. *fuori le mura* 'außerhalb der Stadtmauern'.

5.3.2.1.1. Die orientierten, lokalisierenden Präpositionen

Eine Präposition ist orientiert, wenn ihre Interpretation entweder über den Standort eines (wirklichen oder nur gedachten) Betrachters oder über eine dem menschlichen Körper analoge Orientierung des lokalisierenden Objekts erfolgt.

Die orientierten Präpositionen beruhen kognitiv auf der Orientierung der menschlichen Fortbewegung und des menschlichen Blicks nach vorn, auf der lateralen Anordnung wichtiger paarweiser Organe und auf der Tatsache, daß für Fortbewegung und Blick die horizontale Dimension die unmarkierte und die vertikale Dimension die markierte ist. Dementsprechend gibt es die orientierten Präpositionen (und auch die entsprechenden Adverbien) der Ausrichtung nach vorn, der seitlichen Anordnung und der vertikalen Dimension.

Die Präpositionen der **Ausrichtung nach vorn** sind: *davanti a* 'vor' und *dietro (a, di)* 'hinter', *di fronte a, di faccia a, dirimpetto a* 'gegenüber'.

Die Präpositionen der **seitlichen Anordnung** sind: *accanto a, a fianco di* 'neben', *a destra di* 'rechts von' und *a sinistra di* 'links von'.

Die Präpositionen der **vertikalen Dimension** sind: *in cima a* 'oben auf', *sopra* 'auf, über', *su* 'auf, über', *al di sopra di* 'oberhalb von', *sotto* 'unter', *al di sotto di* 'unterhalb von'.

5.3.2.1.2. Die nicht-orientierten, lokalisierenden Präpositionen

Für die Deutung der nicht-orientierten, lokalisierenden Präpositionen ist die Ermittlung eines Bezugspunktes nicht nötig: Es handelt sich um Relationen, die nur zwischen dem lokalisierenden und dem lokalisierten Objekt definiert sind. Diese Präpositionen lassen sich wenigen Grundrelationen zuordnen. Wir können unterscheiden:

a. Die Grundrelation des Einschließens

Auf die Tatsache, daß ein Objekt ein anderes einschließen kann, nimmt eine ganze Anzahl von Präpositionen in verschiedener Weise Bezug, sei es, indem sie diese Relation (mit oder ohne weitere Spezifizierung) selbst bezeichnet (*all'interno di* 'innerhalb von', *dentro* 'in', *entro* 'innerhalb von', *in* 'in', *in mezzo a* 'mitten in', *nel mezzo di* 'in der Mitte von'), sei es, daß sie negativ, als Relation des Ausschlusses oder im Hinblick auf eine Begrenzung, auf sie Bezug nimmt (*all'esterno di* 'außerhalb von', *fuori di* 'außer', *oltre (a)* 'jenseits'). Nah verwandt mit der Relation des Einschließens ist die Relation des Umgebenseins (*fra* 'zwischen', *tra* 'zwischen', *intorno* 'um ... herum'). - Beispiele sind:

> (55) La popolazione fu invitata a rimanere **dentro le case**
> 'Die Bevölkerung wurde aufgefordert, in den Häusern zu bleiben'

(56) La lepre scomparve **tra i cespugli**
'Der Hase verschwand in den Büschen'

Die Relation des Einschließens bezeichnet in einem gewissen Sinne auch die Präposition *da*, wenn die von ihr regierte Nominalphrase eine Person bezeichnet; wie in (57):

(57) Passerà le vacanze **dai nonni**
'Er wird die Ferien bei den Großeltern verbringen'

(58) Devi andare **dal barbiere**
'Du mußt zum Frisör gehen'

Allerdings besteht bei *da* die Relation des Einschließens nicht einfach zwischen dem lokalisierten und dem lokalisierenden Objekt, sondern zwischen dem lokalisierten Objekt und einem Raum, der dem lokalisierenden Objekt zugeordnet ist: *dai nonni* in (57) heißt 'in der Wohnung, am Aufenthaltsort, im lokalen Lebensbereich der Großeltern'; *dal barbiere* in (58) heißt 'in den Frisörsalon'.

N.B. Die übliche Übersetzung von *da* mit *bei* ist also semantisch ungenau. Die bloße räumliche Nähe, die *bei* bezeichnen kann, drückt *da* nie aus. - Dt. *bei* vor einer Gattungsbezeichnung wird im It. mit *in* wiedergegeben; s. z.B.:

(59) Questo comportamento, possiamo osservarlo anche **nell'uomo**
'Dieses Verhalten können wir auch beim Menschen beobachten'

Zu den zeitlichen und anderen übertragenen Bedeutungen der Präpositionen des Einschließens s. 5.3.2.1.

N.B. Das dt. 'in' ist in zeitlicher Verwendung mehrdeutig. Im It. hingegen wird klar unterschieden zwischen der Angabe eines Zeitraums, innerhalb dessen etwas geschieht (*in*) und eines Zeitraums, nach Ablauf dessen etwas geschieht (*fra, tra*); vgl. z.B.:

(60) Ce l'ha fatta **in venti minuti**
'Er hat es in zwanzig Minuten geschafft'

(61) Ritelefonerà **fra venti minuti**
'Er ruft in zwanzig Minuten wieder an'

b. Die Grundrelation der Nähe

Einige Präpositionen bezeichnen die Relation der Nähe zwischen dem lokalisierten und dem lokalisierenden Objekt. Diese Präpositionen sind *vicino a* '(nahe) bei', *presso* 'bei' und *lungo* 'entlang' (mit Beschränkung auf lineare oder als linear auffaßbare Objekte wie Flüsse, Straßen, Wände usw.). - Beispiele sind:

(62) Mi aspettava **vicino al portone**
'Er erwartete mich am Tor'

(63) I pescatori stanno **lungo il canale**
'Die Angler stehen den Kanal entlang '

N.B. Die orientierten Präpositionen, z.B. *accanto a* 'neben', setzen die Relation der Nähe meist pragmatisch voraus.

c. Die Grundrelation der Richtung

Die Richtung einer Bewegung bezeichnen *verso* 'gegen' und *da* 'von'; s. z.B.:

(64) L'anticiclone proveniente **dalla Spagna** si sposta **verso il Mediterraneo orientale**
'Das aus Spanien kommende Hoch verlagert sich zum östlichen Mittelmeer'

Beide Präpositionen haben auch zeitliche und übertragene Verwendungen; vgl. z.B.:

(65) Lo so **da ieri sera**
'Ich weiß es seit gestern abend'

(66) Di solito viene **verso le dodici**
'Gewöhnlich kommt er gegen zwölf'

d. Die Grundrelation der Abfolge

Eine kleine Anzahl von Präpositionen bezeichnet die zeitliche, numerische oder rangmäßige Abfolge. Es handelt sich um *dopo* 'nach', *(fin) da* 'seit', *fino a* 'bis', *prima di* 'vor'.

5.4. Die Rollen der Präpositionalphrase im Satz

Die Präpositionalphrase hat im Satz eine Anzahl verschiedener Funktionen. Als unmittelbare Konstituente des Satzes und als Teil der Verbalphrase kann sie die folgenden grammatischen Funktionen realisieren: Adjunkt, Obliquus und Komplement der Kopula. - Beispiele sind:

(67) **Nel dubbio**, si può rivolgere a me   (Adjunkt)
'Im Zweifelsfall können Sie sich an mich wenden'

(68) Ti invito **alla mia festa**   (Obliquus)
'Ich lade dich zu meinem Fest ein'

(69) Il libro è **per te**   (Komplement)
'Das Buch ist für dich'

N.B. Die Präposition vor dem Infinitiv-Komplement und vor dem Vergleichsterm ist ein Junktor. Sie bildet also in diesen Positionen keine echte Präpositionalphrase.

Als Teil der Nominalphrase ist die Präpositionalphrase Modifikator (s. 5.4.1.) oder Komplement (s. 1.1.4.). In den Funktionen Adjunkt und Obliquus steht die Präpositionalphrase in Konkurrenz mit der Adverbphrase; vgl. z.B.:

(70) **Fortunatamente** non c'era nessuno   'Glücklicherweise war niemand da'
     Per fortuna non c'era nessuno   'Zum Glück war niemand da'

(71) Andiamo lì   'Gehen wir dorthin'
     Andiamo **da Luigi**   'Gehen wir zu Luigi'

Als Komplement der Kopula gleicht die Präpositionalphrase funktional weitgehend der Adverbphrase; vgl. z.B.:

(72) Il giornale è **qui**   'Die Zeitung ist hier'
     Il giornale è **sulla poltrona**   'Die Zeitung ist auf dem Sessel'

N.B. Als Komplement der Kopula entspricht die Präpositionalphrase z.T. auch der Adjektiv- und der Nominalphrase; vgl. z.B.:

(73) Questo giornale è {vecchio, **di ieri**}   'Diese Zeitung ist {alt, von gestern}'

In der Funktion des Modifikators entspricht die Präpositionalphrase weitgehend der Adjektivphrase; vgl. z.B.:

(74) la borsa **rossa**   'die rote Tasche'
     la borsa **della ragazza**   'die Tasche des Mädchens'

5.4.1. Die Präpositionalphrase als Teil der Nominalphrase

Ist die Präpositionalphrase Modifikator eines Nomens, so steht sie rechts von diesem.

N.B. Nur die als Alternative zum Possessivum gebrauchte Präpositionalphrase mit *di* kann stilistisch markiert vor dem Nomen stehen: *la di lei madre* 'ihre Mutter'.

Der Modifikator ist nicht vom Nomen regiert. Er hat folglich auch keine thematische Rolle. Eine Nominalphrase wie (75) hat demnach die Struktur:

(75) La borsa della ragazza
     'Die Tasche des Mädchens'

(75')

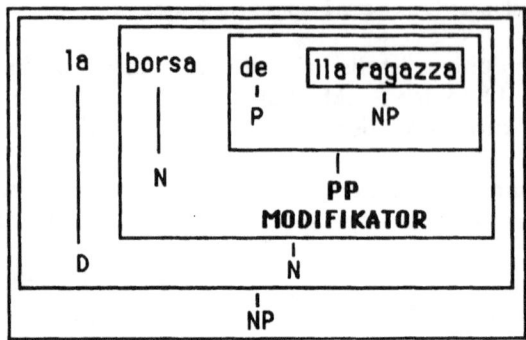

Der Modifikator setzt voraus, daß die Nominalphrase, deren Teil er ist, (definit oder indefinit) determiniert ist. Ein bloßes Nomen kann also nicht durch eine Präpositionalphrase modifiziert werden. In einem Ausdruck wie:

(76) Uno studente **di medicina del primo anno**
      'Ein Student der Medizin im ersten Jahr'

modifiziert die Präpositionalphrase nicht das bloße Nomen *medicina*, sondern das komplexe Nomen *studente di medicina*.

Ein präpositionaler Modifikator kann auch bei einem Nomen stehen, das bereits durch einen adjektivischen Modifikator erweitert ist, wie in:

(77) la piccola borsa della ragazza
      'die kleine Tasche des Mädchens'

(77')

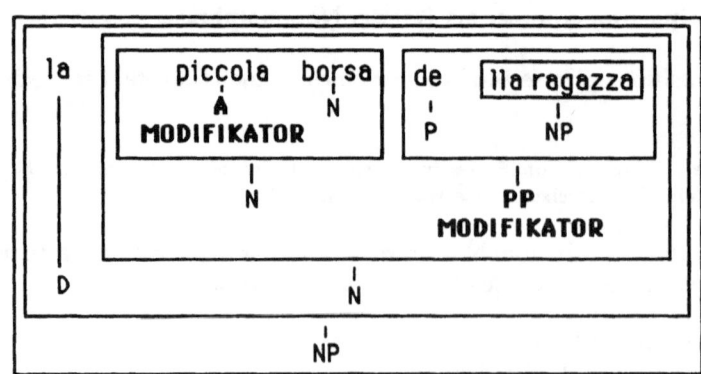

Steht das Adjektiv rechts vom Nomen, so folgt die Präpositionalphrase dem Adjektiv; vgl. z.B.:

(78) la stazione principale **di Napoli**
 *la stazione **di Napoli** principale
 'der Hauptbahnhof von Neapel'

Wenn das Nomen bereits einen präpositionalen Modifikator hat, so kann eine zweite Präpositionalphrase zwar angefügt werden, aber sie ist dann nicht Modifikator desselben Nomens. Sie ist vielmehr dem unmittelbar vorausgehenden Nomen zugeordnet; s. z.B.:

(79) la borsa **della ragazza dell'autista**
 'die Tasche der Freundin des Chauffeurs'

(79')

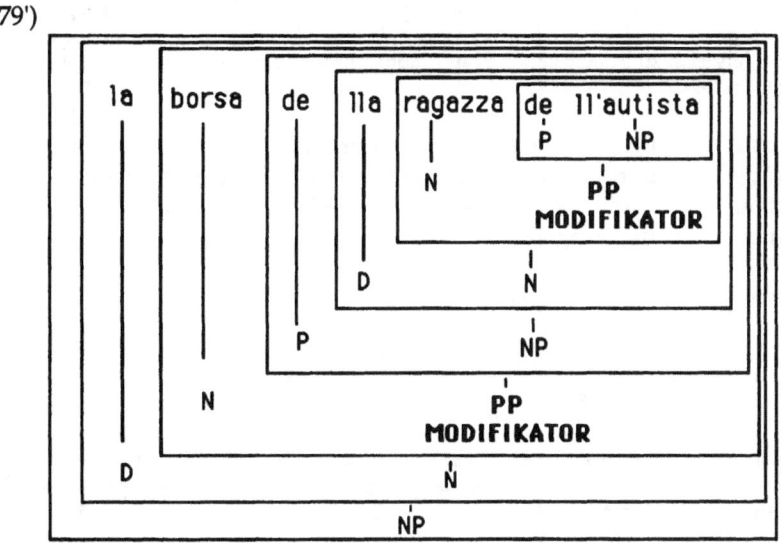

Es ist zu unterscheiden zwischen Präpositionalphrasen, die eine determinierte Nominalphrase und solchen, die ein bloßes Nomen enthalten. Wird ein Nomen durch zwei Präpositionalphrasen modifiziert, von denen eine ein bloßes Nomen enthält, so steht diese zuerst. Die Präpositionalphrase, die ein bloßes Nomen enthält, verhält sich also analog zum Adjektiv; vgl. das folgende Beispiel (80):

(80) Uno studente **di medicina dai baffi neri**
 *Uno studente **dai baffi neri di medicina**
 'Ein Medizinstudent mit schwarzem Schnurrbart'

5.4.1.1. Semantische Typen von modifizierenden Präpositionalphrasen

Die ein Nomen modifizierenden Präpositionalphrasen können entweder eine lexikalische oder eine rein grammatische Präposition haben.

Ist die Präposition der als Modifikator auftretenden Präpositionalphrase lexikalisch, so ergibt sich die Bedeutung der ganzen Nominalphrase normal aus den Bedeutungen ihrer Elemente; vgl. z.B.:

(81) Il primo semaforo **dopo il ponte**   'Die erste Ampel nach der Brücke'
     Un regalo **per Giulia**   'Ein Geschenk für Giulia'
     Un gelato **con panna**   'Ein Eis mit Sahne'
     La lotta **contro l'inquinamento**   'Der Kampf gegen die Umweltverschmutzung'

N.B. Natürlich gibt es auch lexikalisierte Nominalphrasen, die eine Präpositionalphrase mit einer lexikalischen Präposition enthalten, z.B. *amici per la pelle* 'Freunde fürs Leben'. Solche Nominalphrasen sind aber im Vergleich zu lexikalisierten Präpositionalphrasen mit einer grammatischen Präposition ausgesprochen selten.

Ist die Präposition nicht lexikalisch, sondern grammatisch, so sind je nach der einzelnen Präposition und je nach der Bedeutung und der Determination der in der Konstruktion auftretenden Nomina verschiedene Relationen zu unterscheiden. Diese werden im folgenden aufgeführt.

Hierbei kürzen wir die syntaktischen Typen wie folgt ab:

- das determinierte Nomen, das Kopf der gesamten Nominalphrase ist, heißt A
- die Konstituente, die von der Präposition regiert ist, heißt B
- die Präposition heißt P

Alle hier behandelten Konstruktionen haben also die Form "A P B". Der Ausdruck *la borsa della ragazza* entspricht dem Typ "A *di* B". Zur Unterscheidung der verschiedenen Typen der durch die Präpositionen regierten Konstituenten setzen wir zusätzlich fest:

- steht bei B kein weiteres Zeichen, so ist B eine normal determinierte Nominalphrase
- ist B ein bloßes Nomen, so wird es in spitze Klammern gesetzt. Der Ausdruck *una maglia di lana* 'ein Pullover aus Wolle' entspricht also dem Typ "A *di* <B>"
- ist B ein Infinitiv, so wird das Subskript "inf" hinzugefügt. Der Ausdruck *una macchina da scrivere* 'eine Schreibmaschine' entspricht also dem Typ "A *da* B_{inf}"

a. Modifikatoren mit *di*

Modifikatoren mit *di* können eine große Zahl verschiedener Relationen ausdrücken. Im folgenden werden einige der wichtigsten genannt, jeweils mit der für sie typischen Ausdrucksform. Ist der von *di* regierte Ausdruck eine **volle Nominalphrase** (Typ "A *di* B"), so kann die ausgedrückte Relation die der **Zugehörigkeit** sein; d.h. aus "A *di* B" folgt 'B hat A'; vgl. z.B.:

(82) la casa **di mia sorella** 'das Haus meiner Schwester'
      il profumo **del caffè** 'der Duft des Kaffees'
      la zampa **dell'asino** 'das Bein des Esels'

N.B. Modifikatoren dieses Typs sind in ihrer Konstituentenstruktur nicht von Komplementen. wie z.B. (83) und (84), zu unterscheiden:

(83) l'inizio **del divieto di sosta** 'der Anfang des Halteverbots'

(84) la salita **del dollaro** 'das Steigen des Dollars'

Über die grammatische Funktion der Präpositionalphrase entscheiden die Valenz des Nomens und die Prinzipien für die Überführung von Argumenten des Verbs oder des Adjektivs in Argumente des Nomens. Trotzdem gibt es Ambiguitäten. Ein Ausdruck wie:

(85) la paura del cane

kann als 'die Angst vor dem Hund' oder 'die Angst des Hundes' gedeutet werden. Dieser Ambiguität entspricht ein Unterschied der grammatischen Funktion: in *la paura del cane* 'die Angst vor dem Hund' ist die Präpositionalphrase ein Komplement, das zurückgeht auf den di-Obliquus in *aver paura di* 'Angst haben vor'. In *la paura del cane* 'die Angst des Hundes' hingegen ist *del cane* ein Modifikator, der die Haben-Relation ausdrückt.

Ist der von *di* regierte Ausdruck ein **bloßes Nomen** (Typ "A *di* <B>"), so gibt es mehr als einen semantischen Typ. Ausdrücke der Form "A *di* <B>" können erstens gedeutet werden als 'A ist aus B'. Hierbei bezeichnet A einen Gegenstand und B eine Substanz. - Beispiele sind:

(86) una catenina d'argento 'ein Silberkettchen'

(87) un filo di lana 'ein Wollfaden'

B kann auch determiniert sein. Es bezeichnet dann allerdings nicht eine Substanz als solche, sondern einen bestimmten Typ einer Substanz:

(88) un armadio dello stesso legno 'ein Schrank aus demselben Holz'

N.B. Nominalisierte Farbnamen werden wie Typen von Substanzen behandelt:

(89) foglie **di un verde scuro**
      'Blätter von einem dunklen Grün'

Ein zweiter semantischer Typ der Konstruktion "A *di* <B>" beruht auf der Übertragung der Gegenstand-Substanz-Relation in den Bereich der immateriellen Gegenstände und Substanzen: A ist ein immaterieller Gegenstand und B gibt an, worin A besteht; s. z.B.:

(90) un posto di insegnante 'eine Lehrerstelle'
      il ruolo di genitore 'die Elternrolle'

Einem dritten semantischen Typ der Konstruktion "A *di* <B>" liegt die Relation 'A ist ein B' zugrunde. Hierbei muß A eine Klasse bezeichnen und B ein Element, das in diese Klasse fällt; s. z.B.:

(91) Il mestiere **di elettricista**   'Der Beruf eines Elektrikers'
     Il Regno **di Sardegna**   'Das Königreich Sardinien'

N.B. Deutschen Ausdrücken des Typs "politisch-geographische Einheit - Ortsnamen" entsprechen im It. meist Nominalphrasen der Form "N *di* N"; also z.B.:

(92) La città di Firenze   'Die Stadt Florenz'
     La provincia di Lucca   'Die Provinz Lucca'

Dies gilt nicht für Bezeichnungen mit 'Republik'; hier wird der Ländername als Adjektiv angegeben:

(93) Repubblica Italiana   'Republik Italien'
     Repubblica Federale Tedesca   'Bundesrepublik Deutschland'

Ein vierter semantischer Typ von "A *di* <B>" besteht darin, daß B als eine durch A quantifizierte Portion oder Menge interpretiert wird; vgl. z.B. :

(94) Un chilo **di pesche**   'Ein Kilo Pfirsiche'
     Centinaia **di persone**   'Hunderte von Menschen'

Es ist zu beachten, daß B hier definit determiniert sein darf; vgl. z.B.:

(95) Un etto **di questo formaggio**
     'Hundert Gramm von diesem Käse'

(96) Un etto **del formaggio grattugiato** che mi ha dato ieri
     'Hundert Gramm von dem geriebenen Käse, den Sie mir gestern gegeben haben'

N.B. Die Form *del* in (96) ist nicht der Teilungsartikel. Sie beruht auf der Kontraktion des von der Konstruktion geforderten *di* mit dem die Definitheit ausdrückenden bestimmten Artikel.

Wenn nach der Präposition ein Infinitiv steht (Typ "A di B_{inf}"), dann sind die betreffenden Präpositionalphrasen funktional Komplemente und semantisch Argumente des Nomens (s. 1.1.4.). - Beispiele sind:

(97) La voglia di andare via   'Die Lust, wegzugehen'
     La libertà di fare quello che ti pare 'Die Freiheit das zu tun, was man will'

b. Modifikatoren mit *a*

Modifikatoren mit *a* spielen eine geringere Rolle als die mit *di*. Der syntaktische Typ mit echter Nominalphrase ("A *a* B") wird nur in einem sehr speziellen Kontext verwendet: A ist eine generische Bezeichnung für ein Gericht, und B spezifiziert die Zubereitungsart; vgl. z.B.:

(98) bistecca **ai ferri**
      'gegrilltes Steak'

(99) maccheroni **al forno**
      'Makkaroni-Auflauf'

N.B. Die Namen der Speisen sind hochgradig lexikalisiert. Auch der Typ "A *di* B" kommt vor; er suggeriert, daß B ein Hauptbestandteil ist; vgl. z.B.:

(100) zuppa di pesce   'Fischsuppe'
       pasta di mandorle   'Mandelkrem'

Zu beachten ist auch die Bezeichnung der Relation 'A ist konserviert in B' durch "A sotto B" (*funghi sott'olio, sott'aceto* 'Pilze in Öl, in Essig').

Systematischer gebraucht wird die Konstruktion mit *a* und bloßem Nomen ("A *a* <B>"). Sie bezeichnet die Relation 'A funktioniert mit B'; vgl. z.B.:

(101) una stufa **a gas**
      'ein Gasofen'

(102) un motore **a benzina**
      'ein Benzinmotor'

c. **Modifikatoren mit** *da*

Präpositionalphrasen mit *da* haben ebenfalls nur eine sehr beschränkte, aber dafür vollkommen systematische Verwendung. Diejenigen, bei denen *da* eine echte Nominalphrase regiert ("A *da* B"), bezeichnen die Relation 'A ist identifizierbar anhand von B'; vgl. z.B.:

(103) la ragazza **dal vestito rosso**
      'das Mädchen mit dem roten Kleid'

      un uccello abbastanza grande, **dal piumaggio grigio**
      'ein ziemlich großer Vogel mit grauem Gefieder'

Steht *da* mit bloßem Nomen ("A *da* <B>"), so bezeichnet die Konstruktion die Relation 'A ist für B bestimmt'; vgl. z.B.:

(104) una tazza **da tè**
      'eine Teetasse'

(105) cavalli **da allevamento**
'Zuchtpferde'

Regiert *da* eine Preisangabe, so ist A eine Ware und B ihr Wert bzw. der für sie festgesetzte Preis; s. z.B.:

(106) una camicia **da 5000 mila lire**
'ein Hemd zu 5000 Lire'

N.B. Ist die Angabe des Kaufpreises Argument des Verbs, so steht nicht *da*, sondern *per* oder *a* :

(107) Vendono queste camicie **per 5000 lire** (il pezzo)
'Sie verkaufen diese Hemden für 5000 Lire (pro Stück)'

Regiert *da* einen Infinitiv ("A *da* B_{inf}"), so ist die Präpositionalphrase ein Komplement und wird entsprechend interpretiert, s. 2.2.4.4.c. - Beispiele sind:

(108) del lavoro **da fare**
'Arbeit, die getan werden muß'

(109) un film **da vedere**
'ein Film, den man ansehen muß'

N.B. In einer lexikalisierten Nominalphrase kann der Infinitiv mit *da* auch als Angabe der Bestimmung vorkommen; vgl.:

(110) una macchina **da scrivere**
'eine Schreibmaschine'

6. Die Pronomina

Die Pronomina insgesamt sind eine semantisch definierte Klasse von Formen. Ihre Deutung ist entweder deiktisch oder anaphorisch (s. Kap. IV, 1.2.2.). Sie können grammatische Kategorien ausdrücken, und zwar Person, Genus, Numerus und Kasus. Person, Numerus und Genus eines Pronomens können die Suche des (anaphorischen) Antezedens oder des (deiktischen) Referenten beschränken. Der Kasus kann dazu beitragen, die grammatische Funktion des Pronomens zu signalisieren.

6.1. Die Formen und Klassen der Pronomina

Traditionell teilt man die Formen der italienischen Pronomina in die folgenden Klassen ein:

- die Personalpronomina
- das Reflexivpronomen;
- die Demonstrativpronomina
- die Relativpronomina
- die Interrogativpronomina
- die Indefinitpronomina
- die Possessivpronomina
- die Pronominaladverbien

N.B. Diese Einteilung beruht offenbar auf funktionalen Kriterien, die jedoch in mancher Hinsicht unklar sind. So kann man das Reflexivpronomen als einen Spezialfall des Personalpronomens auffassen. Ebenso ist die Abgrenzung zwischen Personalpronomen und Demonstrativpronomen nicht selbstverständlich. In der Tat sind die Personalpronomina der 3. Person ein Spezialfall der Demonstrativpronomina: Sie sind diejenigen Demonstrativa, bei denen keine Distanzgrade unterschieden werden. - Für die Aufstellung des Forminventars ist diese Frage jedoch von sekundärer Bedeutung, so daß das praktische Argument der leichteren Auffindbarkeit des Gewohnten den Vorrang haben muß.

N.B. Im vorliegenden Abschnitt werden die Formen sämtlicher Pronomina behandelt. Die Syntax der Pronomina hingegen wird hier nur insoweit behandelt, wie dies nicht in anderem Zusammenhang geschieht. Dies betrifft die adnominalen Demonstrativ- und Possessivpronomina, die im Abschnitt "Nomen und Nominalphrase" behandelt werden (1.6.4. d.-e.), ferner die nicht-klitischen Pronominaladverbien, behandelt im Abschnitt "Adverb und Adverbphrase" (4.2. - 4.3.), die Interrogativpronomina, behandelt unter "Fragesätze" (9.1.) und unter "indirekte Fragesätze" (Kap. II, 1.1.3.), sowie die Relativpronomina, behandelt unter "Relativsätze" (Kap. II, 1.3.).

6.1.1. Die Formen der Personalpronomina

Das Italienische hat, wie andere romanische Sprachen, ein doppeltes Inventar von Personalpronomina. Wir unterscheiden die Personalpronomina der Gruppe A (die nicht-klitischen Personalpronomina) und die der Gruppe B (die klitischen Personalpronomina).

Die Formen der **Gruppe A** unterscheiden sich:

- nach den grammatischen Kategorien, die sie ausdrücken
- nach den grammatischen Funktionen, die sie realisieren können und
- hinsichtlich der Register, in denen die einzelnen Formen vorkommen

Die **grammatischen Kategorien**, die durch die Formen der Gruppe A ausgedrückt werden, sind:

- Person
- Numerus
- Genus;
- Gegenstandsklasse

Wie in anderen Bereichen des grammatischen Systems gibt es drei Personen (1., 2. und 3. Person), zwei Numeri (Singular und Plural), zwei Genera (Maskulinum und Femininum) und zwei Werte für die Gegenstandsklasse (menschlich und nichtmenschlich).

Was die **grammatischen Funktionen** angeht, so gibt es Personalpronomina, die

- nur Subjekt sein können
- nur Subjekt oder Komplement der Kopula sein können
- nie Subjekt sind und
- hinsichtlich der grammatischen Funktionen nicht beschränkt sind

Was die Zugehörigkeit zu unterschiedlichen **Registern** betrifft, so gibt es einen Kernbereich von Formen, die registermäßig unmarkiert sind, und einen weiteren Bereich, der typisch entweder für die geschriebene Sprache oder für die geplante Rede ist.

Die genannten Unterschiede strukturieren das System nicht in gleicher Weise. Während Person und Numerus das ganze System strukturieren, gibt es die Genusunterscheidung formal nur in der dritten Person. Allerdings wird den Personalpronomina der 1. und 2. Person nach dem Prinzip des natürlichen Geschlechts ein Genus zugewiesen, das sich dann in der Kongruenz des prädikaten Adjektivs auswirkt:

(1) Io sono stanca, e Lei?
'Ich bin müde, und Sie?' (von einer weiblichen Person gesagt)

(2) Io sono stanco, e Lei?
'Ich bin müde, und Sie?' (von einer männlichen Person gesagt)

Die Spezifikation der Kategorie Gegenstandsklasse ist z.T. durch die Definition der Gesprächsrollen gegeben, deren struktureller Reflex die grammatische Person ist: Die 1. und die 2. Person beziehen sich typischerweise auf Menschen. In der 3. Person hingegen legt die Gesprächsrolle nichts fest, so daß die Möglichkeit einzelsprachlicher Variation besteht. Im italienischen System der Personalpronomina der 3. Person gibt es eine Reihe von Formen, die das Merkmal [+menschlich] und einige, die das Merkmal [-menschlich] haben; schließlich gibt es auch Formen, die die Gegenstandsklasse nicht festlegen.

Die Spezialisierung auf bestimmte grammatische Funktionen ist ebenfalls nur schwach strukturierend: Sie betrifft nur die Unterscheidung zwischen dem Subjekt und den anderen Funktionen.

Die folgende Übersicht stellt das morphologische System der italienischen Personalpronomina der Gruppe A dar. Zur Kategorie Gegenstandsklasse wird nur 'menschlich' ([+hum]) und 'nicht menschlich' ([-hum]) angegeben; bei den Formen, die das Merkmal nicht spezifizieren, steht keine Angabe. - Die Formen des stilistischen Kernbereichs sind fett gedruckt.

Person u. Numerus	Genus	nur Subjekt	Subjekt oder Komplement	nie Subjekt	gramm. Funktion nicht beschränkt	
1. Sg.			**io** [+hum]	**me** [+hum]		
2. Sg.			**tu** [+hum]	**te** [+hum]		
3. Sg.	m.	**egli** [+hum]			**lui** [+hum], esso [-hum] ciò [-hum]	
	f.	**ella** [+hum]			**lei** [+hum], essa	
1. Pl.					**noi** [+hum]	
2. Pl.					**voi** [+hum]	
3. Pl.	m.				**loro** [+hum]	essi
	f.					esse

Die Formen der Gruppe A unterliegen (in ihrer schriftlichen Form) nicht der Elision; sie haben keine Kurzformen.

Die Personalpronomina der **Gruppe B** unterscheiden sich nur nach den grammatischen Kategorien, die sie ausdrücken. Allerdings sind die relevanten Kategorien nur zum Teil dieselben wie bei der Gruppe A. Es sind die folgenden:

- Numerus
- Person
- Genus
- Kasus

Numerus und Person strukturieren die Personalpronomina der Gruppe B durchgehend. Eine Unterscheidung nach dem Genus gibt es, wie bei der Gruppe A, nur in der 3. Person. Auch die Kategorie der Gegenstandsklasse spielt eine unsystematische Rolle: Sie unterscheidet im Dativ die Formen *gli/le* [+menschlich] vs. *ci*

[-menschlich]. Die Kasus der Personalpronomina der Gruppe B sind der Akkusativ, der Dativ und der Genitiv. Die Formen lassen sich hinsichtlich des Kasus in vier Gruppen einteilen:

- Formen, die sowohl Akkusativ als auch Dativ sind
- Formen, die nur Akkusativ sind
- Formen, die nur Dativ sind
- eine Form, die Genitiv ist

N.B. Die **Annahme von Kasus** ist darin begründet, daß es keine durchgehende Eins-zu-Eins-Entsprechung zwischen den Formen und den durch sie realisierbaren grammatischen Funktionen gibt. Zwar gibt es für einige Formen eine klare Zuordnung: Die Personalpronomina *la, li, le* (im Plural) sind immer Objekt, *gli* und *le* (im Singular) sind immer a-Obliquus; aber die Personalpronomina *mi, ti, ci* und *vi* können sowohl den a-Obliquus als auch das Objekt realisieren, *lo* kann sowohl Objekt (z.B. *lo vedo* 'ich sehe es') als auch Komplement der Kopula sein (z.B. *sei stanco, lo sono anch'io* 'du bist müde, auch ich bin es'), und *ne* kann sowohl einen di-Obliquus realisieren (z.B. *se ne parla* 'man spricht darüber') als auch für einen Modifikator mit *di* stehen (z.B. *Ecco l'indirizzo del signor Rossi, e Gliene do anche il numero di telefono* 'hier ist Herrn Rossis Adresse, und ich gebe Ihnen auch seine Telefonnummer').

Zur Gruppe B ist auch das Null-Subjekt zu rechnen. Es kann alle Numeri, Personen und Genera haben. Als Kasus hat es den Nominativ.

N.B. Die **Annahme eines Null-Subjekts**, d.h. eines Pronomens ohne phonologische bzw. graphische Repräsentation, das nur Subjekt sein kann, läßt sich nur indirekt begründen. Sie erlaubt es, subjektlose Sätze hinsichtlich ihrer Valenz- und Kongruenzverhältnisse und ihrer Semantik in sehr einfacher Weise zu analysieren. So hätten z.B. (3) und (4) eine ganz analoge Struktur:

(3)   Lei diventa brava
      'Sie wird gut'

(3')

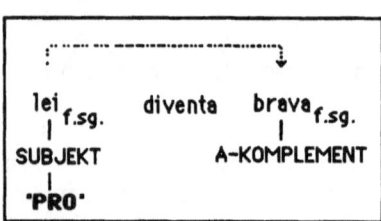

(4)   Diventa brava
      'Sie wird gut'

(4')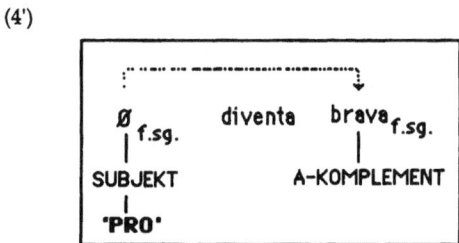

Eine denkbare Alternative wäre, daß man die in den **Endungen** der Verben ausgedrückte grammatische Person als eine Art Subjektpronomen analysiert. Man müßte dann derjenigen Konstituente, die man sonst als Subjekt auffaßt, eine besondere grammatische Funktion (z.B. "Topic") zuweisen. Die Kongruenz könnte man erfassen, indem man sagt: Wenn ein Topic vorhanden ist, so muß dieses in Person und Numerus mit dem Verb übereinstimmen. Für die Semantik müßte festgelegt werden, daß Topic und Subjekt korreferent sind; also:

(3")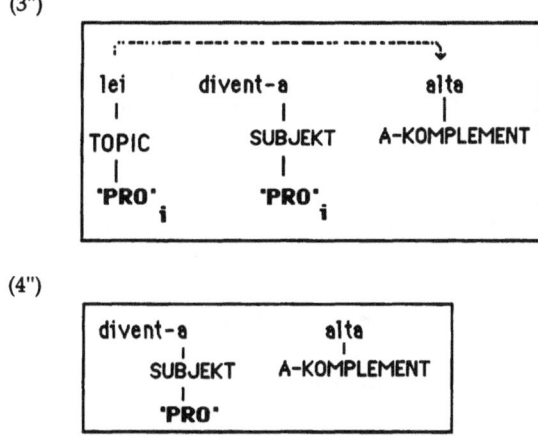

(4")

Auch die Formen der Gruppe B sind im Hinblick auf das Register nicht einheitlich. Die literarische Standardsprache besitzt nämlich keine klitische Form für den Dativ des Plurals (*loro* 'ihnen' ist in seiner Distribution nicht klitisch). Zum Ausgleich dieser Asymmetrie benutzt man in der Umgangssprache statt *loro* die klitische Form *gli* für den Dativ Plural und zwar ohne Genusunterscheidung.

N.B. Die Umgangssprache zeigt, je nach ihrer regionalen Ausprägung, ein Schwanken auch im Verhältnis zwischen *gli*, *le* und *ci* und zwar in dem Sinne, daß *gli* in den Bereich von *le* eindringt und *ci* in den Bereich von *gli/le*; s. z.B. *ci parlo io* statt *gli parlo io* 'ich spreche mit ihm'.

Die folgende Tabelle zeigt das morphologische System der Personalpronomina der Gruppe B:

Person u. Numerus	Genus	Akkusativ u. Dativ	Akkusativ	Dativ		Genitiv
1. Sg.		mi				
2. Sg.		ti				
3. Sg.	m.		lo	gli	(ci)	ne
	f.		la	le(gli)		
1. Pl.		ci				
2. Pl.		vi				
3. Pl.	m.		li	‹loro› (gli)		ne
	f.		le			

Die Formen der Gruppe B variieren in mehrfacher Hinsicht, und zwar durch Formersatz, Elision, Konsonantenlängung und Vokalsenkung.

Dem **Formersatz** unterliegt der weibliche Dativ *le* vor einem weiteren klitischen Pronomen: *le* wird durch *glie* ersetzt, wodurch die Genus-Opposition neutralisiert wird; s. z.B.:

(5) Spiego la regola {a Maria, a Carlo}. - Gliela spiego.
'Ich erkläre {Maria, Carlo} die Regel. - Ich erkläre sie {ihr,ihm}.'
(Beispiel nach Cârstea-Romaşcanu 1980:193)

Der **Elision** unterliegen fakultativ die Formen *mi, ti, lo* und *la;* vgl. z.B.:

(6) {Mi hai, m'hai}capito?   'Hast du mich verstanden?'

(7) Me {lo ha, l'ha} detto   'Er hat es mir gesagt'

Auch die Formen *ci* und *vi* unterliegen fakultativ der Elision, allerdings typischerweise nur dann, wenn sie nicht als Personalpronomina ('uns', 'euch'), sondern als Pronominaladverbien gebraucht werden ('dort').

Wird ein Pronomen der Gruppe B an den Stamm eines einsilbigen Verbs angehängt (im heutigen Italienisch ist dies nur noch im Imperativ möglich), so **verdoppelt** sich der konsonantische Anlaut des Pronomens:

(8) Fammi il piacere   'Tu mir den Gefallen'
    Dàllo a me   'Gib es mir'
    Fàtti da mangiare   'Mach dir etwas zu essen'
    Dille la verità   'Sag ihr die Wahrheit'

N.B. *gl*, die orthographische Wiedergabe des palatalen [ʎ], wird in der Schreibung nie verdoppelt: *digli la verità* 'sag ihm die Wahrheit'. In der Aussprache derjenigen Varietäten, die die Langkonsonanten nicht ohnehin reduzieren, ist [ʎ] jedoch intervokalisch immer lang:

(9) digli la verità
['diʎʎi la veri'ta]

Schließlich senken diejenigen Formen der Gruppe B, die vor eine andere Form derselben Gruppe zu stehen kommen, ihr *i* zu *e*. Wenn das betreffende Pronomen *gli* ist, werden diese Verbindungen als ein Wort geschrieben, also:

mi+lo > me lo	ti+lo > te lo	ci+lo > ce lo	vi+lo > ve lo	gli+lo > glielo
mi+la > me la	ti+la > te la	ci+la > ce la	vi+la > ve la	gli+la > gliela
mi+li > me li	ti+li > te li	ci+li > ce li	vi+li > ve li	gli+li > glieli
mi+le > me le	ti+le > te le	ci+le > ce le	vi+le > ve le	gli+le > gliele
mi+ne > me ne	ti+ne > te ne	ci+ne > ce ne	vi+ne > ve ne	gli+ne > gliene

N.B. Wenn *mi* vor *ci* zu stehen kommt (dies ist nur dann möglich, wenn *ci* als Pronominaladverb *ci* 'dort' gebraucht wird), so bleibt das *i* erhalten: *Mi ci sono fermato per due ore* 'ich habe dort zwei Stunden Halt gemacht'.

Wenn Verbindungen klitischer Pronomina rechts an das Verb angehängt werden, so werden sie als Teil des Wortes geschrieben; vgl z.B.:

(10) Te la faccio vedere   'Ich lasse dich sie sehen'
vs.
Facendotela vedere   'Sie dich sehen lassend'

6.1.2. Das Reflexivpronomen

Das Reflexivpronomen ist in der 1. und 2. Person morphologisch mit dem Personalpronomen identisch. Es unterscheidet sich von ihm lediglich in der Interpretation: Das Reflexivpronomen der 1. und 2. Person ist das reflexiv bzw. reziprok interpretierte Personalpronomen. Nur die 3. Person hat ein besonderes Reflexivpronomen. Numerus und Genus werden nicht unterschieden. Die Formen lauten *sé*, *si* und *se* .

Die Einteilung in Formen der Gruppen A und B gilt auch für das Reflexivpronomen. *sé* gehört zu den Pronomina der Gruppe A und *si/se* zu denen der Gruppe B; vgl.:

(11) Odia **sé** stesso   'Er haßt sich selbst'

(12) **Si** lava i capelli   'Er wäscht sich die Haare'
Se li lava   'Er wäscht sie sich'

N.B. Das nicht-klitische Reflexivpronomen wird mit Akut geschrieben; wenn es vor *stesso* oder *medesimo* 'selbst' steht, darf der Akzent fehlen: *odia se stesso*.

Das Reflexivpronomen kann nicht als Subjekt gebraucht werden, was sich aus seiner Natur ergibt. Das Reflexivpronomen der A-Gruppe hat keinen Kasus; das der B--Gruppe ist sowohl Dativ als auch Akkusativ, ganz analog zu *mi, ti, ci* und *vi*.

Das nicht-klitische *sé* erleidet keinerlei Variation. Das klitische *si* hat die bereits erwähnte Variante *se*, die dann auftritt, wenn das Reflexivum vor einem anderen klitischen Pronomen steht:

(13)   Non **se** lo perdonò mai   'Er verzieh es sich nie'

si kann Elision erleiden:

(14)   {Si è, s'è} sposata l'anno scorso
       'Sie hat sich letztes Jahr verheiratet'

In der Schrift wird jedoch die nicht-elidierte Form vorgezogen.

6.1.3. Die Demonstrativpronomina

Die Demonstrativpronomina sind *quest-, quel-, colui* und *costui*.

quel- und *colui* können Antezedens eines modifizierenden Relativsatzes sein (s. Kap. II, 1.3.); s. z.B.:

(15)   {Quelli, coloro} che lo desiderano possono restare
       'Diejenigen, die dies wünschen, können dableiben'

quest- und *quel-* verhalten sich hinsichtlich der Deixis so wie die gleichlautenden Artikelwörter: *quest-* verweist, vom Sprecher aus gesehen, auf Gegenstände innerhalb und *quel-* auf Gegenstände außerhalb des Nahbereichs; s. z.B.:

(16)   **Questo** è un pastore
       'Das (hier) ist ein Hirte'

       Quella è una Volkswagen
       'Das (dort) ist ein Volkswagen'

quest- (nicht aber *quell-*) kann nicht nur auf ein Individuum, sondern auch auf einen Sachverhalt referieren; s. z.B.:

(17)   E' molto che non ho avuto sue notizie. **Questo** mi preoccupa.
       'Schon lange habe ich von ihm nichts gehört. Das macht mir Sorgen.'

(18) Si vergognava di aver dimenticato di rispondermi. **Questa** è la spiegazione del suo lungo silenzio.
'Er schämte sich, weil er vergessen hatte, mir zu antworten. Dies ist die Erklärung für sein langes Schweigen.'

N.B. In dieser Verwendung konkurriert das Demonstrativum *quest-* mit dem Personalpronomen *ciò*:

(17') E' molto che non ho avuto sue notizie. Ciò mi preoccupa.

quest- und *quel-* flektieren nach der a/o-Deklination. *colui* referiert immer auf Menschen. Es enthält diachronisch das Personalpronomen *lui*, und es hat dieselben grammatischen Kategorien wie dieses. Die Formen lauten:

	Sg.	Pl.
mask.	colui	coloro
fem.	colei	

N.B. *colui* ist stilistisch markiert: Es gehört dem hohen Register an. In stilistisch unmarkierter Rede verwendet man *quello*.

Die Formen von *costui* sind analog:

	Sg.	Pl.
mask.	costui	costoro
fem.	costei	

N.B. *costui* gehört entweder ebenfalls dem hohen Stil an, oder es ist pejorativ.

6.1.4. Die Relativpronomina

Die Relativpronomina sind *qual-* und *cui*. Die Formen *che* und *dove* können ebenfalls als Relativpronomina verwendet werden. Zu den Einzelheiten s. Kap. II, 1.3.1.

Außer den eigentlichen Relativpronomina gibt es die Junktoren der sog. freien Pronominalsätze. Diese sind mit den Interrogativ- und einigen Indefinitpronomina identisch; s. Kap. II, 1.4.1.

6.1.5. Die Interrogativpronomina

Das System der Interrogativpronomina ist in drei Gruppen gegliedert. Die erste Gruppe umfaßt indeklinable Formen, die sich voneinander hinsichtlich der Kategorie "Gegenstandsklasse" unterscheiden. Das Pronomen *chi* 'wer, wen' referiert auf Menschen (es hat das Merkmal [+menschlich]). Ihm stehen die Pronomina *che, che cosa* und *cosa* gegenüber, die sämtlich 'was' heißen und [-menschlich] sind. *che, che cosa* und *cosa* unterscheiden sich voneinander nur im Register. In der Umgangssprache variiert die Bewertung regional; im formalen und schriftlichen Gebrauch wird *che cosa* vorgezogen. Erwähnt sei auch *che cazzo* 'was zum Teufel'; es ist umgangssprachlich markiert und kann als vulgär empfunden werden.

N.B. Im Unterschied zum Deutschen (*wer* vs. *wen*) unterscheiden die italienischen Interrogativpronomina dieser Gruppe nicht zwischen Nominativ und Akkusativ; vgl. z.B.:

(19)   Chi viene?   '**Wer** kommt?'

(20)   Chi vedi?   '**Wen** siehst du?'

Die zweite Gruppe besteht aus den Formen *quant-* 'wieviel' und *qual-* 'welch-'. Diese Gruppe drückt die Opposition zwischen Quantität und Qualität aus. Beide Formen sind deklinabel: *quant-* gehört der a/o-Deklination an und *qual-* der e-Deklination. Sie treten auch als Artikelwörter auf.

Beide Formen unterliegen vor der Kopula *essere* im Singular fakultativ der Elision, wie bei ihrer Verwendung als Artikelwörter; vgl. z.B.:

(21)   Quant'è?   'Wieviel macht es?'
       Quant'acqua?   'Wieviel Wasser?'

(22)   Qual è?   'Welches ist es?'
       Di qual elemento si tratta?   'Um welches Element handelt es sich?'

Die Elision ist jedoch fakultativ. Sie scheint in der Schrift zurückzugehen.

Die dritte Gruppe besteht aus den indeklinablen Formen *dove* 'wo', *quando* 'wann', *come* 'wie, wieso', *perché* 'warum'.

6.1.6. Die Indefinitpronomina

Wir unterscheiden drei Gruppen von Indefinitpronomina. Die erste ist durch die Kategorie der Gegenstandsklasse und unter dem Gesichtspunkt der Negation strukturiert. Letzteres bedeutet, daß manche der Formen Negationen sind bzw. im negativen Satz auftreten ([+negation]) und andere nicht ([-negation]). Das folgende Schema stellt diese Gruppe dar:

	[+menschlich]	[−menschlich]
[−negation]	qualcun−	qualcosa, qualche cosa
[+negation]	nessun−	nulla, niente

Die Formen, die [+menschlich] sind, sind im Singular variabel:

- (23) Di queste ragazze non ne conosco nessuna
  'Von diesen Mädchen kenne ich keins'

- (24) Ne arriva qualcuna
  'Eine davon kommt'

In diesen Beispielen operiert das Pronomen über einer Menge, die als weiblich bestimmt ist. Ist das Geschlecht der Bezugsmenge nicht bestimmt oder liegt keine Bezugsmenge fest, so steht die männliche Form des Pronomens:

- (25) C'è qualcuno?   'Ist jemand da?'

- (26) Non c'è nessuno   'Es ist niemand da'

Zu dieser Gruppe sind auch *chiunque, chicchessia* 'wer auch immer' und *checchessia* 'was auch immer' zu rechnen sowie *altro*, das in nominaler, artikelloser Verwendung 'etwas anderes' heißt und [−menschlich] ist; vgl. z.B.:

- (27) Chiunque lui sia, non lo puoi trattare così
  'Wer immer er auch sein mag, du kannst ihn nicht so behandeln'

- (28) Desidera altro?
  'Möchten Sie noch etwas anderes?'

Die zweite Gruppe der Indefinitpronomina besteht aus den Formen *ciascun-* und *ognun-*, die hinsichtlich der Gegenstandsklasse nicht festgelegt sind. Beide sind nach der a/o-Deklination unter denselben Bedingungen deklinierbar, wie es bei *qualcuno* und *nessuno* der Fall ist.

Die dritte Gruppe besteht aus Formen, die auch als Postartikel vorkommen: *tant-, poc-, molt-, tropp-, tal-*. Sie sind deklinierbar; s. dazu 1.5.1. Als Pronomina haben sie keine Elision.

Im vorliegenden Zusammenhang keiner Gruppe zuzuordnen sind *altr-* 'ander-', das (wie seine dt. Entsprechung) die Distribution eines Nomens hat, und *tutt-* 'alle', 'ganz', das auch als Präartikel vorkommt.

N.B. Das It. hat keine Form, die funktional dem dt. *man* oder dem fr. *on* entspräche. Zur Übersetzung von *man* steht vor allem das sog. *si impersonale* (s. 6.1.2.) zur Verfügung; s. z.B.:

(29) Ci si abitua   'Man gewöhnt sich daran'

In Subjektfunktion kann auch *uno* gebraucht werden; s. z.B.:

(30) Uno si abitua   'Man gewöhnt sich daran'

Auch der Plural des Null-Subjekts kann dem dt. *man* entsprechen, allerdings nur dann, wenn die Gesprächspartner nicht mitgemeint sind; s. z.B.:

(31) Lo hanno licenziato   'Man hat ihn entlassen'

In der Funktion von Objekt oder a-Obliquus (vgl. dt. *einen, einem*) können auch die entsprechenden Personalpronomina der 2. Person Singular gebraucht werden. Letzteres ist auch dann möglich, wenn sich die Gesprächspartner nicht duzen; vgl. z.B.:

(32) Questo freddo ti toglie la voglia di uscire
     'Diese Kälte nimmt einem die Lust, hinauszugehen'

6.1.7. Die Possessivpronomina

Die Possessiva treten als Postartikel, in nominaler Funktion und in Adjektivpositionen auf. In letzterer Funktion können sie sowohl adnominal als auch prädikativ sein; vgl. z.B.:

(33) la **mia** bicicletta
     'mein Fahrrad'   (Postartikel)

(34) La bicicletta di Franco ha dieci marce. La **mia** ne ha solo cinque.
     'Francos Fahrrad hat zehn Gänge. Meins hat nur fünf.' (nominal)

(35) la bicicletta **mia**
     'mein Fahrrad'   (adjektivisch)

(36) Questa bicicletta è **mia**
     'Dieses Fahrrad ist meins'   (adjektivisch)

Eine Ausnahme macht *loro*, das prädikativ gern durch *di loro* ersetzt wird:

(37) Questa roba è {**loro, di loro**}
     'Dieses Zeug ist ihrs'

Der Formenbestand der Possessiva ist nach der grammatischen Person und dem Numerus gegliedert. Hierin stimmen sie mit den Personalpronomina überein. Anders als bei den Personalpronomina ist jede Form nach der a/o-Deklination veränderlich.

Die Formen und ihr System sind in 1.5.1.1. dargestellt.

6.1.8. Die Pronominaladverbien

Die Pronominaladverbien zerfallen in nichtklitische (Gruppe A) und klitische Pronomina (Gruppe B).

Zur **Gruppe A** gehören:

- die Lokaladverbien *qui/qua, lì/là*, die sich durch die Opposition der Distanz unterscheiden: *qui/qua* bezeichnen die Nähe, *lì/là* die Ferne
- komplexe Lokaladverbien, die aus Pronominaladverbien der ersten Gruppe durch die Anfügung von *dentro, fuori, su, giù, davanti, dietro* gebildet werden, also *qui dentro* 'hier drinnen', *là davanti* 'da vorn' usw.; die Zusammensetzungen von *là* mit *su* und *giù* werden zusammengeschrieben: *lassù* 'da oben', *laggiù* 'da unten'
- die Zeitadverbien *allora* 'dann, damals', *ora, adesso* 'jetzt', *poi* 'dann, danach', *dopo* 'danach, später', *prima* 'zuvor, zuerst', *subito* 'sofort'
- die Konnektivadverbien *quindi, perciò* 'daher', *così* 'so', *allora* 'dann', *comunque* 'jedenfalls', *tanto* 'sowieso'

N.B. Zu erwähnen ist hier *per cui*, das eine kausale Beziehung in der Form des sog. relativischen Anschlusses angibt, aber von manchen Sprechern unter den gleichen pragmatisch-semantischen Bedingungen gebraucht wird wie *perciò*; vgl. etwa:

(38) Questi fatti sono finora poco chiari e possono essere interpretati in vari modi, **per cui** io mi chiedo se ...
'Diese Fakten sind noch weitgehend ungeklärt und können ganz unterschiedlich gedeutet werden, weswegen ich mich frage, ...'

Zur **Gruppe B** gehört nur das klitische *ci*. Diese Form ist semantisch die Verallgemeinerung aller statischen Lokaladverbien. Sie entspricht hierin in etwa den dt. Formen *da, hier* und *dort*, spezifiziert aber im Unterschied zu *dort* und auch zu den entsprechenden it. Formen der Gruppe A keine Distanzgrade. - Beispiele sind:

(39) Se parti adesso per Napoli, non ci sarai prima di domani sera
'Wenn du jetzt nach Neapel fährst, bist du nicht vor morgen abend dort'

(40) Sto a casa, e ci starò fino a sera
'Ich bin zu Hause, und ich werde bis zum Abend hierbleiben'

ci bildet zusammen mit *essere* 'sein' den periphrastischen Ausdruck der (oft lokalen) **Existenz**:

(41) Dio c'è
'Gott existiert'

(42) Qui ci sono molte case disabitate
'Hier gibt es viele leerstehende Häuser'

(43) Il signor Rossi, c'è?
'Ist Herr Rossi da?'

N.B. Eine markiert literarische Variante des lokalen *ci* ist *vi*; s. z.B.:

(44) Non v'era anima viva   'Es war keine Menschenseele da'

Vor den Formen von *avere* 'haben' ist lokales *vi* ausgeschlossen.

ci kennzeichnet in der Umgangssprache das als Vollverb gebrauchte *avere* 'haben'. In diesem Fall findet immer Elision statt:

(45) Lui c'ha la casa al mare [luị tʃa la 'kaːsa al 'maːre]
'Er hat ein Haus am Meer'

(46) C'hai del sapone? [tʃaị del sa'poːne]
'Hast du Seife?'

Ist *avere* Hilfsverb, so steht dieses *ci* nicht:

(47) *C'hai capito?
Hai capito?
'Hast du verstanden?'

6.1.9. Die pronominalen Höflichkeitsformen

Im Bereich der Personal- und der Possessivpronomina, die in der Anrede gebraucht werden, sind zwei soziale Distanzgrade zu unterscheiden. Der erste ist der des "Du". Er wird durch die Pronomina (und, aufgrund der Kongruenz, durch die Verbendungen) der 2. Person realisiert. Die entsprechenden Formen sind:

	Personal-pronomen	Possessiv-pronomen
Sg.	**tu**	**tu-**
Pl.	**voi**	**vostr-**

Der zweite Distanzgrad, der des "Sie", wird konkurrierend auf drei Arten realisiert:

- durch die 3. Person Femininum
- durch die 2. Person Plural
- durch eine Mischung beider Verfahren

a. Die 3. Person Femininum als Höflichkeitsform

Die Formen lauten:

	Personal-pronomen	Possessiv-pronomen
Sg.	**Lei**	**Su-**
Pl.	**Loro**	**Loro**

Dieses Pronomen der Distanz ist seiner Form nach ein Femininum. Hinsichtlich der **Kongruenz** wird es jedoch in der Regel nach dem Prinzip des natürlichen Geschlechts behandelt; s. z.B.:

(48) Lei è tedesco?   'Sind Sie Deutscher?'

(49) Lei è tedesca?   'Sind Sie Deutsche?'

N.B. Die Kongruenz kann auch rein grammatisch sein, allerdings nur in einem sehr formalen, etwas altertümlichen Stil. - In der Sprache der Verwaltung kann *Ella* statt *Lei* verwendet werden.

Pragmatisch ist diese Anredeform unter den pronominalen die förmlichste. Sie wird lediglich noch überboten durch nicht-pronominale Anreden wie *Eccellenza* 'Exzellenz' u.ä.

b. Die 2. Person Plural als Höflichkeitsform

Die Formen lauten:

	Personal-pronomen	Possessiv-pronomen
Pl.	**Voi**	**Vostr-**

Diese Formen sind Plurale. In der Kongruenz mit dem Verb werden sie auch als Plurale behandelt: Das Verb muß in der 2. Person Plural stehen; s. z.B.:

(50) Scendete anche voi?   'Steigen Sie auch aus?'

Beim prädikativen Adjektiv oder Nomen richtet sich der Numerus jedoch nach der realen Anzahl der angeredeten Personen; s. z.B.:

(51) Siete tedesco?   'Sind Sie Deutscher?'
Siete tedeschi?   'Sind Sie Deutsche?'

Pragmatisch gilt folgendes: Die Anrede mit *voi* ist gegenüber der Anrede mit *Lei* markiert. Aus der Kultur der Feudalzeit stammend, findet sie sich in der Literatur bis zum Ende des 19. Jahrhunderts. In Nord- und Mittelitalien wurde sie durch die *Lei*-Anrede verdrängt. Sie hat sich jedoch im Süden gehalten, besonders auch in Verbindung mit der Anrede durch "*Don/Donna* plus Vorname". In der Zeit des Faschismus wurde sie offiziell favorisiert. - Formelhafte Reste haben sich in der Handelskorrespondenz erhalten: *In risposta alla V^a· stim^a del 12 corr. ...* 'In Beantwortung Ihres geschätzten Schreibens vom 12. d. M. ...'

N.B. Für den Ausländer ist eine aktive Erlernung dieser Anredeform nicht erforderlich.

c. Das gemischte Verfahren

Das gemischte Verfahren besteht darin, bei der Anrede an eine Person die 3. Person Femininum Singular und bei der Anrede an mehrere Personen die 2. Person Plural zu verwenden; also:

	Personal-pronomen	Possessiv-pronomen
Sg.	**Lei**	**Su-**
Pl.	**voi**	**vostr-**

N.B. Diese Mischform ist zu erklären aus der Asymmetrie der Form *loro* innerhalb des Systems der Personalpronomina. So wie diese Form in ihrer Verwendung als normales Personalpronomen der 3. Person gegenüber der Singular-Form *gli* in der gesprochenen Sprache auf dem Rückzug ist (s. 6.1.1.), so wird sie als Höflichkeitsform gern zugunsten von *voi* vermieden.

Pragmatisch ist die gemischte Anrede dem Bereich des "Sie" zuzuordnen; sie ist jedoch weniger förmlich als die reine *Lei*-Anrede. In einer von höflicher Distanz geprägten Kommunikation ist sie daher zu vermeiden.

6.2. Die Rollen der Pronomina im Satz

Die Pronomina sind primär eine semantisch und morphologisch definierte Klasse. Sie können deshalb verschiedenen syntaktischen Kategorien angehören. Dies gilt nicht nur in dem Sinne, daß ein bestimmtes Pronomen z.B. der Kategorie der Adverbien (z.B. *qui*), ein anderes der Kategorie der Nomina (z.B. *chi*) angehört, sondern daß auch ein und dieselbe Form unterschiedliche syntaktische Kategorien realisieren kann. So kann z.B. *quest-* sowohl Artikelwort (52) als auch Nominalphrase sein (53):

(52) **Questo** tempo mi piace   'Dieses Wetter gefällt mir'

(53) **Questo** mi piace   'Das gefällt mir'

Einige Formen, die Joker (s. 6.2.2.), zeigen diese syntaktische Unbestimmtheit in extremer Weise. Als wirkliche Pronomina fungieren sie, wenn sie die Position einer Nominalphrase einnehmen; wie in:

(54) **Tutti** sanno leggere.   'Alle können lesen'

(55) Avete capito **tutto**?   'Habt ihr alles verstanden?'

Die syntaktischen Kategorien, die durch Pronomina realisiert werden können, sind:

- nominale Kategorien (Nomen und Nominalphrase)
- adnominale Kategorien (Artikelwort, Präartikel, Postartikel, s. 1.2. - 1.5.3.)
- adverbiale Kategorien (s. 4.)
- klitische Erweiterungen des Verbs

6.2.1. Nominal verwendete Pronomina

Bei der nominalen Verwendung von Pronomina sind verschiedene Fälle zu unterscheiden:

a. Das Pronomen hat die Rolle einer vollständigen Nominalphrase

Bestimmte Pronomina haben die Rolle einer vollständigen Nominalphrase. Dies bedeutet für die interne Struktur dieser Nominalphrasen, daß sie kein Artikelwort, kein Adjektiv und keinen restriktiven Relativsatz zu sich nehmen können.

Für die Rolle im Satz bedeutet es, daß sie in allen Kontexten stehen können, in denen eine Nominalphrase stehen kann. Dies heißt insbesondere, daß diese Pronomina nach einer Präposition stehen und mit dieser eine Präpositionalphrase bilden können, ferner, daß sie als Subjekt, als Objekt oder als Komplement der Kopula vorkommen können. Für einzelne Pronomina bestehen jedoch Einschränkungen.

In diese Gruppe gehören:

i. Die Personalpronomina der Gruppe A

Die Personalpronomina der Gruppe A (s. 6.1.1) sind *io, tu, egli, ella, me, te, lui, lei, noi, voi, loro, ess-*.

Es bestehen Einschränkungen hinsichtlich der grammatischen Funktion und hinsichtlich der Verbindbarkeit mit einer Präposition (s. auch die Tabelle der Personalpronomina der Gruppe A in 6.1.1.):

io und *tu* können nur Subjekt oder Komplement der Kopula sein:

> (56) Vengo io 'Ich komme'
> Diglielo tu! 'Sag' du es ihm!'
>
> (57) Sono io 'Ich bin es'
> Sei tu? 'Bist du es?'

egli und *ella* kommen nur als Subjekte vor; als Komplemente der Kopula sind sie ausgeschlossen. Dies steht im Einklang mit ihrer generellen Marginalität innerhalb des Systems. - Ein Beispiel für den Gebrauch von *egli* ist:

> (58) Questa versione dei fatti fu messa in dubbio dal testimone Rossi. **Egli** sostenne che in nessun momento l'alterco prese una forma violenta.
> 'Diese Darstellung der Tatsachen wurde vom Zeugen Rossi in Zweifel gezogen. Er behauptete, der Streit habe zu keiner Zeit gewalttätige Formen angenommen.'

N.B. Das It. hat keine Konstruktionen, die wie frz. *c'est moi, c'est nous* (vgl. auch engl. *It is me, it is us*) die Kongruenzregel außer Kraft setzen. Die it. Übersetzungen müssen (entsprechend dem Dt. *ich bin es, wir sind es*) *sono io, siamo noi* lauten.

Uneingeschränkt als Nominalphrasen treten also von den Personalpronomina der Gruppe A nur *ciò, lui, lei, ess-, noi, voi* und *loro* auf; vgl. z.B., anhand von *lei*:

> (59) **Lei** lavora (Subjekt)
> 'Sie arbeitet'
>
> (60) Vedo **lei** (Objekt)
> 'Ich sehe sie'
>
> (61) Sembra essere stata **lei** (Komplement)
> 'Sie scheint es gewesen zu sein'
>
> (62) Parlo di **lei** (nach Präposition)
> 'Ich spreche von ihr'

An die Personalpronomina der Gruppe A kann der Postartikel *stess-* 'selbst' angeschlossen werden.

> (63) Parlano loro stessi
> 'Sie sprechen selbst'

An alle Personalpronomina der Gruppe A kann ein **nicht-restriktiver Relativsatz** angeschlossen werden. Das finite Verb dieses Relativsatzes muß in der Person mit dem Pronomen kongruent sein:

(64) Tu, che sei il più anziano di noi, ...
'Du, der du der älteste von uns bist, ...'

ciò kann Antezedens eines restriktiven Relativsatzes sein:

(65) Ciò che non le piace ...
'Das, was ihr nicht gefällt ...'

N.B. Im Exklamativsatz ohne Verb können *me, te, lui, lei, noi, voi* und *loro* nach den Adjektiven *povero* 'arm' und *fortunato,beato* 'glücklich' stehen:

(66) Povero me!   'Ich Ärmster!'

(67) Beati voi!   'Ihr Glücklichen!'

ii. Das Reflexivpronomen der Gruppe A

Das Reflexivpronomen kann nicht Subjekt und nicht Komplement der Kopula sein. Sonst entspricht es den nicht eingeschränkten Personalpronomina der Gruppe A; vgl. z.B.:

(68) Vede **sé stesso**   (Objekt)
'Er sieht sich selbst'

(69) Ha portato il ragazzo con sé   (nach Präposition)
'Er hat den Jungen mitgenommen'

iii. Die Demonstrativpronomina

Die Demonstrativpronomina *quest-* und *quell-* können ohne Einschränkungen als Nominalphrasen auftreten; s. z.B.:

(70) E chi è questo?
'Wer ist denn der hier?'

(71) Non ha senso discutere con quelli
'Es hat keinen Sinn, mit denen zu diskutieren'

N.B. Deutschsprachige Lerner müssen besonders darauf achten, daß die Kongruenzregeln auch für *quest-* und *quell-* gelten, weil diesen Formen im Dt. oft die Neutra *dies* und *das* entsprechen; vgl. z.B.:

(72)   Questa è l'Italia   'Dies ist Italien'

(73)   Quelli sono i Colli Albani   'Das (dort) sind die Albaner Berge'

quell- kann ein Adjektiv, eine Präpositionalphrase mit *di* und einen restriktiven Relativsatz zu sich nehmen; vgl. z.B.:

(74)   I pomodori, li vuole verdi o maturi? - Preferisco **quelli maturi**.
       'Wollen Sie die Tomaten grün oder reif? - Ich möchte lieber die reifen.'

(75)   Abbiamo due biciclette, la mia e **quella di mia moglie**
       'Wir haben zwei Fahrräder, meins und das meiner Frau'

(76)   Prendi **quello che ti piace**
       'Nimm das, was du möchtest'

Anders als in der adnominalen Verwendung hat nominales *quell-* keine Kurzform, keine Elision und eine vollkommen regelmäßige Flexion. Man unterscheide daher:

(77)   Preferisco **quello verde**
       'Ich mag lieber **den grünen**'

(78)   Preferisco **quel verde**
       'Ich mag lieber **dieses Grün** (dort)'

Allenfalls vor einem Relativsatz ist die Kurzform möglich:

(79)   Prendi {quello, quel} che ti piace
       'Nimm den, der dir gefällt'

Wenn *quest-* und *quell-* lokaldeiktisch verwendet werden, so können die Distanzgrade (s. 6.1.3.) durch die Hinzufügung des jeweils entsprechenden Lokaladverbs unterstrichen werden:

(80)   Mi dia questa qui   'Geben Sie mir die hier'
       Mi dia quella lì   'Geben Sie mir die dort'

N.B. Natürlich sind **quest- lì* und **quell- qui* als semantisch widersprüchlich ausgeschlossen.

iv. Die Relativpronomina

Von den Relativpronomina können nur *cui* und pronominal verwendetes *che* als vollständige Nominalphrasen auftreten. Sie stehen in komplementärer Distribution: Als Subjekt und Objekt steht *che*, nach Präposition steht *cui* ; vgl.:

(81)   La ragazza {che, *cui} vedo
       'Das Mädchen, das ich sehe'

(82) La ragazza {*con che, con cui} ho parlato
'Das Mädchen, mit dem ich gesprochen habe'

N.B. *cui* kommt auch als a-Obliquus und als Modifikator vor: *la questione cui hai accennato* 'die Frage, die du angedeutet hast', *la cui figlia* 'dessen/deren Tochter'.

v. Die Interrogativpronomina

Die Interrogativpronomina *chi* und *che* haben alle Eigenschaften einer Nominalphrase. Im Normalfall stehen sie am Satzanfang:

(83) Con chi hai parlato?
'Mit wem hast du gesprochen?'

Nur in der Echofrage können sie am Satzende stehen. (Eine Echofrage ist eine Frage, die der Sprecher im Dialog als Replik auf eine behauptende Äußerung des Partners ausspricht, um diesen zu einer Wiederholung der Behauptung zu veranlassen. Die Echofrage nimmt die Formulierung der vorausgehenden Behauptung wieder auf, wobei eine der Konstituenten durch ein Interrogativpronomen ersetzt wird.) - Ein Beispiel ist:

(84) Vengo con Maurizio. - Vieni con chi?
'Ich komme mit Maurizio. - Du kommst mit wem?'

vi. Die Indefinitpronomina

Alle Indefinitpronomina sind vollständige Nominalphrasen.

b. Das Pronomen bildet zusammen mit dem bestimmten Artikel eine Nominalphrase

In diese Rubrik gehören das als Relativpronomen gebrauchte *qual-* und das Possessivpronomen:

(85) Ecco il cacciavite con **il quale** la porta è stata aperta
'Hier ist der Schraubenzieher, mit dem die Tür geöffnet wurde'

(86) Queste tribù, **le quali** vivono nelle vallate più remote, hanno poco contatto con l'esterno
'Diese Stämme, welche in den entlegensten Tälern wohnen, haben wenig Kontakt mit der Außenwelt'

(87) Se la tua è rotta, prendi la mia
'Wenn deine kaputt ist, nimm meine'

c. Das Pronomen bildet zusammen mit einem Relativsatz eine Nominalphrase

In diese Gruppe gehören nur die Demonstrativpronomina *colui, colei* und *coloro*. Der Relativsatz muß durch *che* eingeleitet sein.

Diese Pronomina gehören dem gehobenen Register an. Stilistisch nicht markiert entspricht ihnen *quell-*:

> (88) {Coloro, quelli} che hanno intenzione di iscriversi al concorso devono presentare il certificato di nascita e lo stato di famiglia
> 'Diejenigen, die beabsichtigen, sich für den Wettbewerb einzuschreiben, müssen die Geburtsurkunde und eine Familienstandsbescheinigung vorlegen'

Diejenigen Pronomina, die einen Relativsatz zu sich nehmen können, aber nicht müssen, sind unter a. behandelt.

6.2.2. Die "Joker"

Mehrere Pronomina können in verschiedenen syntaktischen Kategorien auftreten. Für einige unter ihnen gilt dies in extremer Weise; man kann sagen, daß sie ihrer syntaktischen Natur nach systematisch polykategorial ("Joker") sind. Es handelt sich um die Quantoren *tutt-* 'all-', *ciascuno, ognuno* 'jeder', *ambedue* und *entrambi* 'beide'.

tutt-, ambedue und *entrambi* können als Präartikel stehen (s. 1.4.); vgl.:

> (89) Parla male di **tutti** i suoi colleghi
> 'Er redet schlecht von all seinen Kollegen'

> (90) Lo tenne con **ambedue** le mani
> 'Sie hielt ihn mit beiden Händen fest'

> (91) Venne con **entrambi** i genitori
> 'Er kam mit beiden Eltern'

ciascun- kann als Artikelwort verwendet werden; vgl.:

> (92) Ce ne sono in **ciascun** paese
> 'Es gibt in jedem Land welche'

Alle Pronomina dieser Gruppe können als vollständige Nominalphrase verwendet werden:

> (93) Sbagliano {**tutti, ambedue, entrambi**}
> '{alle, beide} irren sich'

(94) {**Ognuno, ciascuno**} dirà la sua opinione
'Jeder wird seine Meinung sagen'

Weiterhin können alle unmittelbar nach dem finiten Verb stehen, also in einer der typischen Stellungen des Adverbs:

(95) Gli invitati sono andati via **tutti**
'Die Gäste sind alle gegangen'

(96) I suoi figli sono {**ambedue, entrambi**} emigrati
'Ihre Kinder sind beide ausgewandert'

(97) I vincitori ricevono {**ognuno, ciascuno**} una medaglia
'Die Sieger bekommen jeder eine Medaille'

Weiterhin können alle Pronomina dieser Gruppe, außer *ognuno*, am Satzende stehen:

(98) Le mele sono mature **tutte**
'Die Äpfel sind alle reif'

(99) I suoi figli sono emigrati {**ambedue, entrambi**}
'Ihre Kinder sind beide ausgewandert'

(100) I vincitori ricevono una medaglia **ciascuno**
'Die Sieger bekommen jeder eine Medaille'

N.B. Die Stellung des Quantors richtet sich nicht nur nach der kommunikativen Dynamik (das Rhema steht am Ende), sondern sie kann auch dazu führen, daß etwas anderes zu verstehen gegeben wird. So wird durch (97) der Sachverhalt so beschrieben, daß bei der Verleihung der Medaillen keiner der Sieger leer ausgeht. In (100) wird darüber hinaus angedeutet, daß jeder Sieger genau eine, aber nicht mehr als eine Medaille bekommt.

(101) Fai quello che dice, te lo spiegherà **dopo**
'Mach, was er sagt, er wird es dir danach erklären'

(102) **Infine** si aggiunge un po' di burro
'Schließlich tut man etwas Butter daran'

N.B. Bestimmte Adverbien, wie *inizialmente* 'anfänglich' können sich auch auf Phasen innerhalb eines Ereignisablaufs beziehen:

(103) Inizialmente aveva ancora degli scrupoli, ma alla fine si abituò a quel tipo di affari
'Anfänglich hatte er noch Skrupel, aber schließlich gewöhnte er sich an diese Art von Geschäften'

N.B. Der Antezedens kann auch das Null-Subjekt sein; s. z.B.:

(104) Guarda questi bambini. Sanno leggere tutti.
'Sieh diese Kinder an. Sie können alle lesen'

In den bisher gegebenen Beispielen besteht innerhalb des Satzes eine anaphorische Beziehung zum Subjekt. Der Joker kann sich aber auch auf das Objekt beziehen; s. z.B.:

(105) Le mele, **le** ha **tutte** mangiate
'Die Äpfel, die hat er alle gegessen'

N.B. Auch hier kann mit der Variation der Stellung eine Bedeutungsnuance verbunden sein. Wenn der auf das Objekt bezogene Joker am Ende des Satzes steht, so bekommt der Sachverhalt eine resultative Nuance. So gibt (106) zu verstehen, daß alle Äpfel die Eigenschaft haben, angeknabbert zu sein:

(106) Le mele, le ha rosicchiate tutte
'Die Äpfel, die hat er alle angeknabbert'

(Die dt. Übersetzung gibt diese Nuance nicht wieder.)

Die Joker können kein Adjunkt als Antezedens haben, der Quantor ist hier nur als Präartikel möglich; vgl. z.B.:

(107) In **tutti** i paesi che visita Woityla bacia la terra
*Nei paesi che visita Woityla bacia **tutti** la terra
*Nei paesi che visita Woityla bacia la terra **tutti**
'In allen Ländern, die er besucht, küßt Woityla den Boden'

N.B. *tutt-* kann auch als Komplement der Kopula stehen, wie in:

(108) E' tutto?   'Ist das alles?'

und wie ein Gradadverb, aber flektierend, in der Adjektivphrase auftreten:

(109) Sei tutta nera   'Du bist ganz schwarz'

6.2.3. Die klitischen Pronomina

Die Pronomina der Gruppe B (zu den Formen s. 6.1.1.) sind syntaktisch Teil des Verbs. Dies bedeutet im einzelnen:

- sie stehen unmittelbar vor oder nach dem Verb
- sie haben keinen eigenen Akzent
- sie können nicht determiniert, nicht koordiniert und nicht durch eine Spaltsatz-Konstruktion hervorgehoben werden
- sie können nicht von einer Präposition regiert werden

N.B. Auch das Dt. (vor allem in seiner mündlichen Form) hat Pronomina, die dieser Definition entsprechen. Es gibt aber zwei entscheidende Unterschiede zwischen dem Dt. und dem It.:

a. Die dt. Klitika haben eine Distribution, die ein Ausschnitt aus der Distribution der nicht-klitischen Pronomina ist. Für die it. Klitika gilt dies nicht: Sie haben Positionen, in denen die nicht-klitischen Pronomina nicht stehen können; s. z.B.:

(110)   la vedo, *lei vedo   'ich sehe sie'

b. Die dt. Klitika sind phonologisch als durchschaubare Schwachformen der entsprechenden nicht-klitischen Pronomina zu deuten; vgl. z.B.:

(111)   gib **mir** vs. gib**mer**, nimm **sie** vs. nimm**se**, hast **du** vs. has**te**, stimmt **es** vs. stimm**ts**

Dies gilt für das It. nur für *me, te, se* vs. *mi, ti, si;* vgl. :

(112)   **ci** parla   vs.   parla a **noi**
        lo vedo   vs.   vedo **lui**
        la vedo   vs.   vedo **lei**
        ne vedo due   vs.   vedo due di **loro**

Man kann daher sagen, daß im It. die klitischen Pronomina eine formal klarer ausgeprägte Kategorie sind als im Dt.

N.B. Die enge Zusammengehörigkeit mit dem Verb wird in der it. Orthographie in einer wenig konsequenten Weise ausgedrückt. In der Stellung nach dem Verb werden die klitischen Pronomina als Teil des Verbs geschrieben, nicht aber, wenn sie dem Verb vorausgehen:

(113)   **gliela** do   'ich gebe sie ihm'
        dando**gliela**   'sie ihm gebend'

6.2.3.1. Die Stellung der klitischen Pronomina in bezug auf das Verb

Die Stellung der klitischen Pronomina ist nicht fest, wohl aber genau geregelt. Die **allgemeine Regel** für die Stellung der klitischen Pronomina lautet:

Bei den infiniten Verbformen und den morphologisch echten Imperativen folgen die klitischen Pronomina dem Verb, in allen anderen Fällen gehen sie ihm voraus.

Beispiele für die Nachstellung sind:

Nach dem **Infinitiv**:

(114)   E' possibile veder**ti**?   'Ist es möglich, dich zu sehen?'

Wird ein klitisches Pronomen an den Infinitiv angefügt, so verliert dieser das auslautende *e* (s. z.B. (114), (121) und (123)).

Nach dem **Gerundium**:

(115) Vedendo**li** arrivare, mi sono nascosto
      'Als ich sie kommen sah, habe ich mich versteckt'

Nach dem **Partizip Perfekt**:

>(116) Non ritenne giusta la risposta da**gli** dalle autorità
>'Er hielt die ihm von den Behörden gegebene Antwort nicht für richtig'

Nach dem **Imperativ der 2. Person Singular**:

>(117) Rispondi**mi**!   'Antworte mir!'

Nach dem **Imperativ der 2. Person Plural**:

>(118) Date**glieli**!   'Gebt sie ihm!'

Nach dem **Imperativ der 1. Person Plural**:

>(119) Facciamo**lo**!   'Tun wir es!'

N.B. Die morphologisch echten Imperative sind die Imperative der nicht verneinten 2. Person Singular und Plural. Die anderen Imperative sind morphologisch suppletiv (s. 2.1.3.2.). Sie verhalten sich hinsichtlich der Stellung des klitischen Pronomens entweder als finite Verben:

>(120) **Mi** faccia il favore   'Tun Sie mir den Gefallen'

oder wie echte Infinitive; z.B.:

>(121) Non dir**lo** a nessuno   'Sag es niemandem'

Die Form *ecco* ist den echten Imperativen gleichgestellt:

>(122) Ecco**li** di nuovo!   'Da sind sie wieder!'

N.B. *ecco* kann nicht negiert werden.

N.B. Der **Akzent** der Verbform ändert sich durch die Anfügung der Klitika nicht:

>(123) data   -   datagli   rispondi   -   rispondimi!
>   vedendo   -   vedendoli   date   -   dateglieli!
>   discutere   -   discuterne   ecco   -   eccoteli

Wenn in einem einfachen Satz zwei Verbformen zusammen die Verbalphrase bilden, gilt folgendes:

Wenn das erste Verb eins der tempusbildenden **Hilfsverben** *avere* oder *essere* oder das diathesebildende *venire* oder ein **Operatorverb** (*fare, lasciare*) ist, so steht das klitische Pronomen bei ihm, und zwar entsprechend der oben angegebenen allgemeinen Regel; s. die folgenden Beispiele:

Das erste Verb ist **finit**:

    (124) **Mi hai** convinto   'Du hast mich überzeugt'

    (125) **Si è** allontanata   'Sie hat sich entfernt'

    (126) **Ci venne** aperto   'Uns wurde geöffnet'

    (127) **Mi fai** ridere   'Du bringst mich zum Lachen'

    (128) **Lo lasciarono** parlare   'Sie ließen ihn reden'

Das erste Verb ist **infinit**:

    (129) **Averlo** convinto non basta
         'Ihn überzeugt zu haben genügt nicht'

    (130) **Esserci** stati è bello
         'Dort gewesen zu sein ist schön'

    (131) Il lavoro gli fu spiegato senza però **venirgli** offerto
         'Die Arbeit wurde ihm erklärt, ohne jedoch ihm angeboten zu werden'

    (132) Sei riuscita a **farlo** pagare?
         'Ist es dir gelungen, ihn zum Zahlen zu bringen?'

    (133) Abbiamo deciso di **lasciarli** partire
         'Wir haben beschlossen, sie gehen zu lassen'

Das erste Verb ist ein **echter Imperativ**:

    (134) **Lascialo** partire   'Laß ihn gehen'

    (135) **Fatelo** venire da me   'Schickt ihn zu mir'

N.B. Vgl. jedoch, mit morphologisch unechtem Imperativ:

    (136)   **Lo lasci** partire   'Lassen Sie ihn gehen'

    (137)   **Lo faccia** venire da me   'Schicken Sie ihn zu mir'

Wenn das erste Verb eins aus der Gruppe *andare* 'gehen', *venire* 'kommen', *volere* 'wollen', *dovere* 'müssen', *potere* 'können' ist, so steht das klitische Pronomen fakultativ bei diesem oder beim zweiten (infinitivischen) Verb; vgl. z.B.:

    (138) Vado a **parlargli** - **Gli vado** a parlare
         'Ich gehe mit ihm sprechen'

(139) Vengo a **prenderti** - **Ti vengo** a prendere
'Ich komme dich abholen'

(140) **Ci voglio** andare - Voglio **andarci**
'Ich will dorthin'

(141) **Ti devo** parlare - Devo **parlarti**
'Ich muß mit dir sprechen'

(142) **Lo posso** vedere? - Posso **vederlo**?
'Kann ich ihn sehen?'

N.B. Die beiden Konstruktionen sind hinsichtlich ihres propositionalen Gehalts völlig gleich. Trotzdem ist die Anordnung in gewissen Fällen nicht gleichgültig. So besteht in den Fällen, in denen der Infinitiv eine Ergänzung hat, intuitiv gesprochen eine größere Kohäsion zwischen Verb und Ergänzung, als wenn beide durch das Pronomen getrennt sind. Diese Phänomene sind allerdings noch kaum erforscht.

In allen anderen Fällen steht das Pronomen bei demjenigen der beiden Verben, dessen Argument es repräsentiert.

6.2.3.2. Die Anordnung der klitischen Pronomina untereinander

Die klitischen Pronomina haben untereinander eine feste Anordnung. Diese unterliegt keinen klaren Prinzipien. Man kann die Folgen von klitischen Pronomina als **flexionsartige** Morphemkombinationen auffassen, die sich allenfalls als **Muster** systematisieren lassen.

Die Muster für die Anordnung der klitischen Pronomina sind folgende:

a. Dativ plus Akkusativ der 3. Person

Beispiele sind:

(143) **Me lo** spiego   'Ich erkläre es mir'
      Te lo spieghi   'Du erklärst es dir'
      Se lo spiega   'Er erklärt es sich'
      Ce lo spieghiamo   'Wir erklären es uns'
      Ve lo spiegate   'Ihr erklärt es euch'
      Se lo spiegano   'Sie erklären es sich'

(144) **Me la** tengo   'Ich behalte sie'
      Te la tieni   'Du behältst sie'
      ...   ...

(145) **Me li** faccio riservare   'Ich lasse sie mir reservieren'
    Te li fai riservare   'Du läßt sie dir reservieren'
    ...   ...

(146) **Me le** metto in cantina   'Ich tue sie mir in den Keller'
    Te le metti in cantina   'Du tust sie dir in den Keller'
    ...   ...

Steht das dem Akkusativ des klitischen Pronomens entsprechende Pronomen in der 1. oder 2. Person, so wird das entsprechende Pronomen der Gruppe A gewählt. Die Anordnung Akkusativ plus Dativ ist ungrammatisch; vgl. z.B.:

(147) **Mi** presenterò **a lei**
    *****Le mi** presenterò
    *****Me le** presenterò
    'Ich werde mich ihr vorstellen'

(148) **Ti** preferisce **a lui**
    *****Gli ti** preferisce
    *****Ti gli** preferisce
    'Er zieht dich ihm vor'

b. Dativ plus Genitiv

(149) **Me ne** parla   'Er spricht mit mir darüber'
    Te ne parla   'Er spricht mit dir darüber'
    Gliene parla   'Er spricht mit ihm darüber'
    Ce ne parla   'Er spricht mit uns darüber'
    Ve ne parla   'Er spricht mit euch darüber'
    Gliene parla   'Er spricht mit ihnen darüber'
    (Ne parla a loro)   'Er spricht mit ihnen darüber'

c. Akkusativ des Reflexivpronomens plus Genitiv

(150) **Me ne** ricordo   'Ich erinnere mich daran'
    Te ne ricordi   'Du erinnerst dich daran'
    Se ne ricorda   'Er erinnert sich daran'
    Ce ne ricordiamo   'Wir erinnern uns daran'
    Ve ne ricordate   'Ihr erinnert euch daran'
    Se ne ricordano   'Sie erinnern sich daran'

d. Pronominaladverb *ci* plus Personalpronomen der 3. Person im Akkusativ

Beispiele sind:

(151) **Ce lo** lascio   'Ich lasse ihn da'
    Ce la lascio   'Ich lasse sie (fem.sg.) da'

Ce li lascio	'Ich lasse sie (mask.pl.) da'
Ce le lascio	'Ich lasse sie (fem.pl.) da'

N.B. Das (auf einen eher literarischen Stil beschränkte) Pronominaladverb *vi* hat nicht dieselbe Distribution wie *ci*: Es steht stets an erster Stelle. St in der Kombination unter f. zu erwartenden Folge *ci ci tritt jedoch *vi ci* ein, d.h. das Pronominaladverb *ci* wird durch *vi* ersetzt.

e. Personal- und Reflexivpronomen der 1. und 2. Person plus Pronominaladverb *ci*

Beispiele sind, für ein reflexiviertes Verb:

(152) **Mi ci** fermo 'Ich halte dort'
Ti ci fermi 'Du hältst dort'
(**Ci si** ferma) 'Er hält dort'
(**Ci** fermiamo lì) 'Wir halten dort'
Vi ci fermate 'Ihr haltet dort'
(**Ci si** fermano) 'Sie halten dort'

und für ein normales transitives Verb:

(153) **Mi ci** trova 'Er findet mich dort'
Ti ci trova 'Er findet dich dort'
(**Ce lo** trova) 'Er findet ihn dort'
(**Ci** trova lì) 'Er findet uns dort'
Vi ci trova 'Er findet euch dort'
(**Ce li** trova) 'Er findet sie dort'

f. Lokaladverb *ci* plus Reflexivpronomen

(154) **Ci si** ferma 'Er hält dort'
Ci si fermano 'Sie halten dort'

N.B. Da nur die 3. Person ein morphologisch distinktes Reflexivpronomen hat, findet man Beispiele für die übrigen Personen oben unter e.

g. Personalpronomen plus Reflexivpronomen der 3. Person

Beispiele sind, mit dem Personalpronomen im Akkusativ:

(155) **Mi si** vede 'Man sieht mich'
Ti si vede 'Man sieht dich'
Lo si vede 'Man sieht {ihn, es}'
La si vede 'Man sieht sie'
Ci si vede 'Man sieht uns',
  'Man sieht sich (gegenseitig)'
Vi si vede 'Man sieht euch'

Li si vede	'Man sieht sie (mask.pl.)'
Le si vede	'Man sieht sie (fem.pl.)'

und, mit dem Personalpronomen im Dativ:

(156)
Mi si risponde	'Man antwortet mir'
Ti si risponde	'Man antwortet dir'
Gli si risponde	'Man antwortet ihm'
Le si risponde	'Man antwortet ihr'
Ci si risponde	'Man antwortet uns'
Vi si risponde	'Man antwortet euch'
Gli si risponde	'Man antwortet ihnen'
(Si risponde a loro)	'Man antwortet ihnen'

N.B. Da das It. **Reflexivierungsregeln** hat, die nacheinander angewendet werden können (s. 2.3.3), müßte die Folge *si si* entstehen. Sie wird jedoch durch *ci si* ersetzt; vgl. z.B.:

(157)   Ci   si   capisce   bene
        | |
    = unpersön- reziprokes
      liches *si*   *si*

'man versteht sich gut'

Die folgende **Zusammenfassung** gibt einen Überblick über die gebräuchlichen Kombinationen der klitischen Pronomina. So werden z.B. die Verbindungen von 1. und 2. Person (*mi ti, ci vi* usw.) nicht aufgeführt, weil sie in der Regel vermieden werden. – Jede Kombination von Formen wird nur einmal aufgeführt. Diejenigen Kombinationen, die eine über die Homonymie von Dativ und Akkusativ hinausgehende Homonymie haben, werden durch fette Einrahmung gekennzeichnet.

Dativ + Akkusativ
Lokaladverbien *ci, vi* + Akkusativ

me lo	te lo	glielo	se lo	ce lo	ve lo
me la	te la	gliela	se la	ce la	ve la
me li	te li	glieli	se li	ce li	ve li
me le	te le	gliele	se le	ce le	ve le

Dativ/Akkusativ + Genitiv

me ne	te ne	gliene	se ne	ce ne	ve ne

Dativ/Akkusativ + Lokaladverb *ci*
Dissimilation von *ci ci*

mi ci	ti ci	vi ci

Akkusativ + Reflexivpronomen
Lokaladverb *ci* + Reflexivpronomen
Dissimilation von *si si*

| mi si | ti si | lo si | la si | ci si | vi si | li si | le si |

6.2.3.3. Die grammatischen Funktionen der klitischen Pronomina

Die grammatischen Funktionen begründen systematische Beziehungen zwischen den klitischen Pronomina und bestimmten nicht-klitischen Konstituenten. Es gelten die folgenden grundlegenden Entsprechungen:

a. Die klitischen Personal- und Reflexivpronomina des Akkusativs

Die klitischen Personal- und Reflexivpronomina des Akkusativs realisieren eine typische grammatische Funktion von Nominalphrasen, nämlich die des Objekts; s. z.B.:

(158)   Vedo l'**Orsa**   'Ich sehe den Großen Bären'

(158') **La** vedo   'Ich sehe ihn'

Das Objekt muß definit sein (was aus der Bedeutung des Personalpronomens folgt); vgl. z.B.:

(159)   Non ho **dei fiammiferi**. Forse {ne, *le} ha Lei?
        'Ich habe keine Streichhölzer. Vielleicht haben Sie welche?'

b. Die klitischen Personal- und Reflexivpronomina des Dativs

Die klitischen Personal- und Reflexivpronomina des Dativs realisieren dieselbe grammatische Funktion wie Präpositionalphrasen mit *a*, wenn diese auf Personen referieren, nämlich den a-Obliquus; s. z.B.:

(160)   Ha promesso un regalo **a Mario**
        'Er hat Mario ein Geschenk versprochen'

(160') **Gli** ha promesso un regalo
        'Er hat ihm ein Geschenk versprochen'

c. *ci* als Personalpronomen

ci als Personalpronomen realisiert dieselbe grammatische Funktion wie Präpositionalphrasen mit *a*, wenn diese auf Sachen referieren, nämlich ebenfalls den a-Obliquus.

(161) Non ho pensato **al nostro appuntamento**
'Ich habe nicht an unsere Verabredung gedacht'

(161') Non **ci** ho pensato
'Ich habe nicht daran gedacht'

d. ci als Pronominaladverb

ci als Pronominaladverb realisiert dieselben Funktionen wie lokal gedeutete Präpositionalphrasen mit *a*, wie Ortsadverbien und wie Präpositionalphrasen mit lokalen Präpositionen, nämlich Lokal-Obliquen (162) und Adjunkte (163):

(162) Verrò **alla riunione**
'Ich werde zu dem Treffen kommen'

(162') **Ci** verrò
'Ich werde dorthin kommen'

(163) L'ho incontrato **lì**
'Ich habe ihn dort getroffen'

(163') **Ce** l'ho incontrato
'Ich habe ihn dort getroffen'

e. ne

ne entspricht funktional Präpositionalphrasen mit *di* oder *da*. Es realisiert den di-Obliquus (164) sowie den da-Obliquus, wenn dieser den Ausgangsort einer Bewegung, Entfernung oder Trennung bezeichnet (165):

(164) Sono contento **di ciò**
'Ich bin damit zufrieden'

(164') **Ne** sono contento
'Ich bin damit zufrieden'

(165) Ci stiamo allontanando **dalla costa**
'Wir entfernen uns von der Küste'

(165') Ce **ne** stiamo allontanando
'Wir entfernen uns davon'

ne repräsentiert ferner das partitiv oder indefinit determinierte Objekt (166) oder Subjekt, letzteres allerdings nur dann, wenn es nicht Agens ist (167), (168):

(166) Troverai **della carta** sulla scrivania
'Du findest Papier auf dem Schreibtisch'

(166') **Ne** troverai sulla scrivania
'Du findest welches auf dem Schreibtisch'

(167) C'è **della carta** sulla scrivania
'Es ist Papier auf dem Schreibtisch'

(167') **Ce n'è** sulla scrivania
'Es ist welches auf dem Schreibtisch'

(168) **Dei militari** stanno riparando le dighe
'Soldaten reparieren die Deiche'

(168') *****Ne** stanno riparando le dighe
'?Welche reparieren die Deiche'

Die Verben, deren Subjekt nicht Agens ist, sind:

- alle passivierten Verben
- alle reflexivierten Verben
- alle intransitiven Verben, die durch Objekt-Reduktion aus einem transitiven Verb entstanden sind, z.B.: *affondare* 'untergehen', *soffocare* 'ersticken', *migliorare* 'besser werden', *aumentare* 'zunehmen', *rinverdire* 'wieder grün werden'
- eine Untergruppe der intransitiven Verben, z.B. *andare* 'gehen', *arrivare* 'ankommen', *morire* 'sterben', *tornare* 'zurückkommen', *venire* 'kommen'

N.B. Alle diese Verben haben weiterhin die Eigenschaft, daß sie die zusammengesetzten Tempora mit *essere* 'sein' bilden. - Die vorausgehende Darstellung fußt auf Calabrese 1985:147; s. auch Rizzi 1982 und Burzio 1986.

N.B. Anders als *ci* (und anders als frz. *en*) referiert *ne* unterschiedslos auf Personen und Sachen.

Zusätzlich gilt für die Akkusative *lo, la,* die Dative *mi, ti, gli, le* sowie *ci* und *ne* folgendes:

i. *lo*

Die männliche (d.h. unmarkierte) Form *lo* kann N-Komplement der Kopula sein:

(169) E' **un bravo ragazzo**, e **lo** è anche suo fratello
'Er ist ein tüchtiger Junge, und sein Bruder ist es auch'

Es kann darüber hinaus auch A-Komplement, S-Komplement und Infinitiv-Komplement (mit *di* oder ohne Präposition) sein; s. z.B.:

(170) Credevo che fosse **stupido**, ma mi sono accorto che non **lo** è per niente
'Ich dachte, er sei dumm, aber ich habe gemerkt, daß er es überhaupt nicht ist'

(171) Credo **che oramai l'estate sia finita**. - **Lo** credo anch'io.
'Ich glaube, daß der Sommer nun zu Ende ist. - Ich glaube es auch.'

(172) Ho dimenticato **di scriverti**. - **Lo** hai dimenticato?
'Ich habe vergessen, dir zu schreiben. - Du hast es vergessen?'

(173) Ha voluto **andarsene**. - **Lo** ha voluto?
'Er wollte weggehen. - Er wollte es?'

N.B. Dies gilt jedoch nur für bestimmte Prädikate; vgl. z.B.:

(174) Ho provato a sollevare il peso - {Ci,*lo} ho provato
'Ich habe versucht, das Gewicht zu heben - Ich habe es versucht'

(175) Sa ricevere ospiti. - *Lo sa
'Sie versteht es, Gäste zu empfangen - Sie versteht es'

Diese Verhältnisse bedürfen weiterer Untersuchung.

ii. *la*

Das weibliche Pendant zu *lo* hat keine Komplementfunktionen. Dafür kommt es aber in zahlreichen idiomatischen Wendungen als nicht-referentielles Objekt vor; s. z.B.:

(176) Ce **la** fai?
'Schaffst du es?'

(177) Perché ce l'hai con me?
'Warum hast du was gegen mich?'

(178) Se **la** prese con noi
'Seine Wut richtete sich gegen uns'

(179) Se **la** diedero a gambe
'Sie rannten weg'

(180) Se l'è passata liscia
'Er ist gut davongekommen'

(181) Ma non vuoi far**la** finita!
'Hör doch endlich damit auf!'

iii. die Dative *mi, ti, gli, le*

Nicht alle Verben lassen es zu, daß der a-Obliquus durch das klitische Dativpronomen realisiert wird; vgl. z.B.:

(182) Parlo **a lui** - **Gli** parlo
'Ich spreche zu ihm'

(183) Penso **a lui** - ***Gli** penso
'Ich denke an ihn'

N.B. Hinter dieser Erscheinung steht ein Unterschied des Funktionsrahmens, der sich nur an den klitischen Pronomina zeigt: Einige Verben, z.B. *parlare*, regieren einen echten Dativ, andere einen a-Obliquus im engeren Sinne. - *pensare* regiert ein (direktes) Objekt, wenn es im Sinne von 'intensiv an eine Person denken' gebraucht wird:

(184) La penso   'Ich denke (intensiv) an sie'

Die Formen *mi, ti, gli* und *le* sind die einzige Realisierung des Dativs der Betroffenheit; s. 2.3.1.2.

Eine für diese Formen spezifische Verwendung ist ihr Auftreten als a-Obliquus von Lokaladverbien wie *vicino* 'in der Nähe', *dietro* 'hinter'. Diese Konstruktionen sind Paraphrasen von aus Adverbien durch die Anfügung von *a* abgeleiteten komplexen Präpositionen. Voraussetzung für die Paraphrase ist, daß das Pronomen eine Person bezeichnet; vgl. z.B.:

(185) Stavo vicino **a lei**
'Ich war nahe bei ihr'

(185') **Le** stavo vicino
'Ich war nahe bei ihr'

(186) Camminavo dietro **a lui**
'Ich ging hinter ihm her'

(186') **Gli** camminavo dietro
'Ich ging hinter ihm her'

N.B. Bei *insieme* 'zusammen' steht nicht, wie zu erwarten, der Dativ des Personalpronomens, sondern *ci*:

(187) Uscì insieme a lei - {ci, *le} uscì insieme
'Er ging mit ihr aus'

N.B. Die Konstruktion gilt auch entsprechend für *ci* und *ne*:

(188) Stavo vicino alla porta
'Ich stand nahe bei der Tür'

(188') Ci stavo vicino
'Ich stand nahe dabei'

(189) Mi trovai lontano dalla riva
'Ich war weit vom Ufer weg'

(189') Me ne trovai lontano
'Ich war weit davon weg'

iv. ci

Mit dem adverbialen *ci* werden P-Obliquen und Adjunkte realisiert, die einen Befindlichkeits- oder Zielort bezeichnen. Die verschiedenen räumlichen Relationen, die durch die lexikalischen Präpositionen bezeichnet werden können, kann *ci* nicht spezifizieren. In diesem Sinne entspricht *ci* unterschiedslos *in, accanto a, su, sopra, sotto* usw.; vgl. z.B.:

(190) Metto la carne **nel frigo**. **Ci** metto anche il latte e la birra.
'Ich tue das Fleisch in den Kühlschrank. Ich tue auch die Milch und das Bier hinein'.

(191) Aveva nascosto la lettera **dietro allo specchio** e **ce** la lasciò parecchio tempo.
'Sie hatte den Brief hinter dem Spiegel versteckt und ließ ihn dort längere Zeit'.

N.B. Nicht-referentiell und ohne grammatische Funktion ist *ci* lexikalisiert in dem Prädikat der (lokalen) Existenz *esserci*, ferner in der Umgangssprache bei als Vollverb gebrauchtem *avere* und in den Wendungen *farcela* 'es schaffen' und *avercela con q.u.* 'es auf jem. abgesehen haben'.

v. ne

ne kann auch den Modifikator einer Nominalphrase realisieren. Es gilt dieselbe Beschränkung wie für *ne* als Subjekt: Die Nominalphrase muß Subjekt (192) oder Objekt (193) sein, und sie darf nicht Agens sein (194); vgl. z.B.:

(192) [Molti **di loro**] sono venuti
'Viele von ihnen sind gekommen'

(192') **Ne** sono venuti molti
'Viele sind gekommen'

(193) Cenerentola perse [una **delle sue scarpe**]
'Aschenputtel verlor einen ihrer Schuhe'

(193') Cenerentola **ne** perse una
'Cenerentola verlor einen'

(194) [Molti di loro] hanno telefonato
'Viele von ihnen haben angerufen'

(194') *Ne hanno telefonato molti
'Viele haben angerufen'

N.B. *ne* ist lexikalisiert in *andarsene* 'weggehen', *infischiarsene* 'darauf pfeifen' und *fregarsene* 'sich einen Dreck darum scheren'.

6.2.3.4. Die Kookkurenz der klitischen Pronomina mit angebundenen Syntagmen gleicher Funktion

Die klitischen Pronomina können ein angebundenes Element (s. 8.2.) wiederaufnehmen. Im einzelnen gilt folgendes:

a. Das Subjekt wird durch das Nullpronomen, das Objekt durch die Formen des Akkusativs und der a-Obliquus durch die Formen des Dativs realisiert. Diese Formen sind funktional eindeutig. - Beispiele sind:

(195) La mamma, è già arrivata (Subjekt)
'Die Mutter ist schon angekommen'

(196) La vuoi, una mela? (Objekt)
'Willst du einen Apfel?'

(197) A Mario, gli piacciono i gialli (a-Obliquus)
'Mario mag Krimis'

b. Ein angebundenes Element, dessen Kopf eine lokale (oder lokal gedeutete) Präposition ist, wird durch *ci* oder *vi* wiederaufgenommen, gleichgültig, ob es sich um einen Obliquus oder ein Adjunkt handelt: lokales *ci/vi* ist funktional unbestimmt:

(198) **A Milano, ci** vado spesso (Lokalobliquus)
'Nach Mailand fahre ich oft'

A Milano, vi ci fermiamo per due giorni (Adjunkt)
'In Mailand machen wir für zwei Tage halt'

(199) **In questo armadio, ci** mettiamo la biancheria (Lokalobliquus)
'In diesen Schrank tun wir die Wäsche'

    In questo armadio, ci trovai una moneta   (Adjunkt)
    'In diesem Schrank habe ich ein Geldstück gefunden'

N.B. Weil manche Lokaladverbien auch als Präpositionen gebraucht werden, kann ein Satz syntaktisch mehrdeutig sein und deshalb in der Anbindungskonstruktion verschiedene klitische Pronomina haben. So ist *dietro* in (200) entweder Lokaladverb oder Teil einer komplexen Präposition:

    (200)   Carlo corse dietro a Maria
                'Carlo lief hinter Maria her'

Dem entsprechen die Konstruktionen *Maria, Carlo le corse dietro* und *Dietro a Maria, Carlo ci corse*.

c. Auch *ne* ist funktional unbestimmt. Es kann einem Modifikator mit *di* entsprechen (Beispiele nach Calabrese 1985:145):

    (201)   Paolo ha conosciuto **la figlia di Piero**
                'Paolo hat die Tochter von Piero kennengelernt'

    (202)   **Di Piero**, Paolo **ne** ha conosciuto **la figlia**
                'Von Piero hat Paolo die Tochter kennengelernt'

d. *ne* kann auch eine angebundene Präpositionalphrase mit *di* wiederaufnehmen, die nicht dem Modifikator, sondern dem Kopf einer Nominalphrase entspricht. Diese Nominalphrase muß ein Numerale oder einen vagen Quantor als Postartikel haben; s. z.B.:

    (203)   Ho due sorelle
                'Ich habe zwei Schwestern'

    (203')   **Di sorelle, ne** ho due
                 'Schwestern habe ich zwei'

    (204)   Ha **pochi amici**
                'Er hat wenig Freunde'

    (204')   **Di amici, ne** ha pochi
               'Freunde hat er wenig'

e. Auch das adnominale Adjektiv kann analog behandelt werden. Voraussetzung ist jedoch, daß die entsprechende Nominalphrase indefinit ist (Calabrese 1985:145); s.:

    (205)   Alfredo possiede una grande casa
                'Alfredo besitzt ein großes Haus'

    (205')   **Di casa**, Alfredo **ne** possiede **una** grande
               'Alfredo besitzt ein großes Haus'

(206) Andrea ha comprato la grande macchina
'Andrea hat das große Auto gekauft'

(206') ***Di macchina**, Andrea **ne** ha comprato **la** grande

f. Eine Kombination von klitischen Pronomina kann zwei angebundene Syntagmen wiederaufnehmen:

(207) Franco porta la marmellata a sua sorella
'Franco bringt seiner Schwester die Marmelade'

(207') **La marmellata, a sua sorella, gliela** porta Franco
'Die Marmelade bringt Franco seiner Schwester'

N.B. In (207) (nach Tonfoni 1985:186) handelt es sich um zwei Linksanbindungen. Die Anbindungen können aber auch beide rechts erfolgen (208) - oder die eine links, die andere rechts (209):

(208) **Gliela** porta Franco, **la marmellata a sua sorella**
'Die bringt Franco seiner Schwester, die Marmelade'

(209) **La marmellata, gliela** porta Franco, **a sua sorella**
'Die Marmelade, die bringt Franco seiner Schwester'

Man sieht an den Übersetzungen von (207') bis (209), daß im Dt. die Möglichkeit der mehrfachen Anbindung nicht besteht.

7. Die Negation

Formal betrachtet gibt es Negation auf der Ebene des Satzes und auf der des Textes.

Auf der Ebene des Satzes ist die Negation vor allem eine Erweiterung: Der negative Satz enthält einen Negationsausdruck, den der positive Satz nicht hat; vgl. z.B.:

(1) Giovanni **non** viene   vs.   Giovanni viene
    'Giovanni kommt nicht'   vs.   'Giovanni kommt'

Die Negation kann auch zur Folge haben, daß eine bestimmte Form durch ihre negative Entsprechung ersetzt wird; s. z.B. die Beziehung zwischen *e* 'und' und *né* 'und nicht' in:

(2) Ha mangiato **e** dormito   'Er hat gegessen und geschlafen'
    Non ha mangiato **né** dormito   'Er hat weder gegessen noch geschlafen'

Auf der Ebene des Textes besteht die Negation formal lediglich im Vorhandensein von Lexemen, durch die man negativ auf den vorausgehenden Text Bezug nehmen kann, also z.B. eine Frage negativ beantworten oder eine Behauptung zurückweisen.

Gegenstand des vorliegenden Abschnitts ist die Syntax der Negation. Ihre Semantik und Pragmatik wird in Kap. IV, 6. behandelt.

7.1. Syntaktische Klassen von Negationsausdrücken

Negationsausdrücke können, wie gesagt, entweder Bestandteile von Sätzen sein oder als selbständige, aber in ihrer Struktur nicht satzartige Äußerungen fungieren. Wir können unter diesem Gesichtspunkt drei Klassen unterscheiden.

a. Einige Formen können nur im Satz, und zwar in enger Bindung an ein folgendes Element, meist das Verb, auftreten. Die wichtigste von ihnen ist *non* 'nicht'. Die syntaktischen Eigenschaften von *non* ähneln denen einer klitischen Form.

N.B. Dies zeigt sich auch auf der Lautebene. Die Form endet mit Konsonant und gehört somit zu denjenigen Formen, auf die ein Akzent folgen muß. Die enge Bindung an das folgende Element zeigt sich auch darin, daß *non* der **Assimilation** unterliegt: In der Regel wird das auslautende /nl/ nur dann als [n] realisiert, wenn das nächste Wort mit Vokal oder Dental beginnt. (Die folgenden Beispiele erfassen nicht die gesamte regionale Variation:)

non abbaia	[non ab'ba:ja]	'er bellt nicht'
non tuona	[non 'twɔ:na]	'es donnert nicht'
non dovrei	[non dov're:j]	'ich sollte nicht'
non nego	[non 'ne:go]	'ich leugne nicht'
non c'è male	[non tʃem'ma:le]	'es geht ganz gut'
non giuro	[non 'dʒu:ro]	'ich schwöre nicht'

In allen anderen Fällen wird es assimiliert, sei es teilweise, wie in:

non cade	[noŋ 'kaːde]	'er fällt nicht'
non garantisco	[noŋ garan'tisko]	'ich garantiere nicht'
non lo so	[noŋ lo sɔ]	'ich weiß es nicht'
non gli interessa	[noŋ ʎinte'ressa]	'es interessiert ihn nicht'
non fa male	[nom fa 'maːle]	'es tut nicht weh'
non basta	[nom 'basta]	'es reicht nicht'

oder vollständig, wie in:

| non manca | [nom 'maŋka] | 'er fehlt nicht' |
| non mi pare | [nom mi 'paːre] | 'es scheint mir nicht so' |

In der Schrift finden diese Assimilationen keinen Niederschlag. - *non* ähnelt den klitischen Formen auch darin, daß es nicht betont wird; vgl.:

(3) Il partito comunista **non critica** il governo
'Die kommunistische Partei kritisiert die Regierung **nicht**'

Der Klasse von *non* gehören außerdem an: *né* 'auch nicht, noch', *nemmeno*, *neanche* 'auch nicht, nicht einmal' und *mica* 'keineswegs'.

b. Eine zweite Klasse von Negationen kann sowohl Bestandteil eines Satzes als auch selbständige Äußerung sein; ihr gehören an: *niente, nulla* 'nichts', *nessuno* 'niemand', *mai* 'jemals/niemals'.

N.B. Das It. hat keinen einfachen Ausdruck für 'nirgends'; man bildet den Ausdruck analytisch: *da nessuna parte* 'an keinem Ort'.

c. Schließlich gibt es eine Klasse von Negationen, die nur als selbständige, nicht satzhafte Äußerungen auftreten können. Ihr wichtigster Vertreter ist *no* 'nein'.

Als Negationsausdrücke dieser Klasse können u.a. auch auftreten: *assolutamente* (mit einer entsprechenden Geste) 'absolut nicht', *per niente* 'keineswegs', *un corno* 'denkste'.

7.2. Negative Sätze

7.2.1. Negation durch bloßes *non*

Die Negation *non* steht unmittelbar vor dem finiten Verb oder vor den zum Verb gehörigen klitischen Pronomina:

(4) I ragazzi **non sono** stanchi   'Die Jungen sind nicht müde'

(5) **Non sarà** ancora arrivata   'Sie wird noch nicht angekommen sein'

(5) **Non mi piace** 'Es gefällt mir nicht'

(6) **Non me l'ha** spiegato 'Er hat es mir nicht erklärt'

(7) Ieri **non l'ho** visto 'Gestern habe ich ihn nicht gesehen'

non kann vor dem infiniten Verb stehen, wenn dieses kein finites Hilfsverb bei sich hat; vgl. z.B.:

(8) Una opinione **non** condivisa da tutti
    'Eine nicht von allen geteilte Meinung'

(9) La sua proposta **non** fu accettata
    *La sua proposta fu **non** accettata
    'Sein Vorschlag wurde nicht angenommen'

(10) Ho deciso di **non** partire
     'Ich habe beschlossen, nicht wegzufahren'

(11) **Non** essendo ancora maggiorenne, non potevo votare
     'Da ich noch nicht volljährig war, konnte ich nicht wählen'

Steht bei einem Partizip ein infinites Hilfsverb, so muß *non* vor dem Hilfsverb stehen:

(12) **Non** avendo conservato il biglietto, ...
     'Die Fahrkarte nicht aufgehoben habend, ...'

Ist eine der Formen *tutti, molti, pochi* Subjekt und steht dieses Subjekt vor dem Verb, so kann *non*, je nach dem intendierten Skopus, vor das Subjekt oder vor das Verb treten:

(13) **Non** tutti hanno accettato la proposta
     'Nicht alle haben den Vorschlag angenommen'

(13') Tutti **non** hanno accettato la proposta
      'Alle haben den Vorschlag nicht angenommen'

(14) **Non** molti hanno accettato la proposta
     'Nicht viele haben den Vorschlag angenommen'

(14') Molti **non** hanno accettato la proposta
      'Viele haben den Vorschlag nicht angenommen'

Bei allen anderen Subjekten ist die Trennung der Negation vom Verb ausgeschlossen; s. z.B.:

(15) ***Non** io l'ho fatto   'Nicht ich habe es getan'

N.B. Deutsche Konstruktionen des Typs *nicht ich habe es getan* werden entweder durch die Nachstellung des Subjekts (16) oder durch spaltsatzähnliche Konstruktionen wiedergegeben (17):

(16) Non l'ho fatto io   'Nicht ich habe es getan'

(17) Non sono stato io a dirglielo   'Nicht ich habe es ihm gesagt'

N.B. Das dt. *nicht daß...* muß, entsprechend der generellen Bindung von *non* an das Verb, durch eine verbhaltige Wendung wiedergegeben werden; das betreffende Verb ist *essere*:

(18) Non è che lei abbia paura, ma ...   'Nicht daß sie Angst hätte, aber ...'

Bei Ellipse des Verbs kann *non* auch mit einer anderen Konstituente stehen:

(19) Ne parlerò a Giovanni. - No, per carità, **non** a lui!
'Ich spreche darüber mit Giovanni. - Nein, um Himmels willen, nicht mit ihm!'

(20) Fammi vedere i soldi! - **Non** qui, andiamo di là.
'Zeig mir das Geld! - Nicht hier, gehen wir nach nebenan.'

(21) L'hai trovato interessante? - **Non** molto.
'Hast du ihn interessant gefunden? - Nicht besonders.'

Ebenfalls unter die Bedingung der Ellipse fallen Vorkommen, bei denen der Sprecher eine Erwartung korrigiert und mit *ma* 'sondern, aber' fortfährt, wie in (22) bis (24). Hier ist offensichtlich die Form *dico* 'ich sage' elliptisch; vgl. z.B.:

(22) E' una casa **non** molto grande, ma comoda
'Es ist ein nicht sehr großes, aber bequemes Haus'
vgl.
(22') E' una casa, **non** dico molto grande, ma comoda

(23) Incontrai, **non** il mio amico, ma un forestiero
'Ich traf nicht meinen Freund, sondern einen Fremden'

(24) Tornerò, **non** domani, ma tornerò
'Ich komme wieder, nicht morgen, aber ich komme wieder'

non muß dabei **vor** dem im Skopus liegenden Wort stehen. Will man in einem elliptischen Ausdruck die Negation nachstellen, so muß man statt *non* die Form *no* wählen; vgl. z.B.:

(25) Hai già risposto? - **Non** ancora.
Hai già risposto? - Ancora **no**.
'Hast du schon geantwortet? - Noch nicht.'

N.B. Auch die deskriptive Verwendung der Negation (s. Kap. IV, 6.2.1.) rechtfertigt nicht die Entfernung von *non* vom Verb. Man kann also z.B. das Antonym zu einem Adjektiv nicht einfach bilden, indem man *non* vor das Adjektiv stellt: Die Negation muß vor dem Verb stehen; vgl.:

(26) *L'acqua è non profonda
L'acqua non è profonda
'Das Wasser ist nicht tief'

Deswegen ist die deskriptive Negation von der interaktiven formal nicht unterscheidbar. Zu *non* als Mittel der Wortbildung s. Kap. III, 1.1.1.c.

N.B. Ein **"expletives"** *non*, vergleichbar dem fr. "*ne* explétif" hat das moderne It. nicht mehr, außer in einigen stehenden Wendungen (s. z.B. (29)). Nach Verben wie z.B. 'fürchten' wird also im It. die Negation in ihrem normalen Sinn verwendet, ganz wie im Dt.:

(27) Temo che **non** venga   'Ich fürchte, daß er nicht kommt'

(28) Temo che venga   'Ich fürchte, daß er kommt'

(29) In men che **non** si dica   'Schneller, als man es sagen kann'

7.2.2. Negation durch *non ... più*

Zusammen mit *più* 'mehr' ergibt *non* den eine zeitliche Erwartung negierenden Ausdruck 'nicht mehr'. Hierbei muß *più* nach dem finiten Verb stehen:

(30) **Non** piove **più**   'Es regnet nicht mehr'

(31) **Non** si è **più** fatto vivo 'Er hat nichts mehr von sich hören lassen'

N.B. Wie dt. *nicht mehr*, kann auch it. *non più* in einer Antwort als selbständige Äußerung auftreten; vgl. z.B.:

(32) Ci vai ancora spesso? - No, non più.
'Fährst du noch oft dahin? - Nein, nicht mehr'.

N.B. Das Antonym von *non ... più* ist *non ... ancora*. Der semantischen Beziehung entspricht jedoch keine syntaktische Ähnlichkeit: *ancora* ist ein normales Adverb und damit syntaktisch nicht in der gleichen Weise an *non* (und damit ans Verb) gebunden wie zeitliches *più*; vgl. z.B.:

(33) Ancora non lo vedo
'Noch sehe ich ihn nicht'

(34) *Più non lo vedo
Non lo vedo più
'Ich sehe ihn nicht mehr'

(35) Una donna ancora giovane
'Eine noch junge Frau'

(36) *Una donna più giovane
Una donna non più giovane
'Eine nicht mehr junge Frau'

7.2.3. Einschränkende Negation durch *non ... che*

Zusammen mit *che* drückt *non...che* die Einschränkung ('nur') gegenüber einer Erwartung aus. Hierbei hat *non* seine normale präverbale Stellung, während *che* vor demjenigen Element steht, das im Skopus der Einschränkung liegt. Dieses Element kann eine Nominalphrase, eine Präpositionalphrase oder ein Verb (Infinitiv oder Partizip) sein (Beispiele nach Badan 1985:62ff.):

(37) **Non** ho **che** un libro   'Ich habe nur ein Buch'

(38) **Non** parla **che** con lei   'Er spricht nur mit ihr'

(39) **Non** l'ha **che** guardata   'Er hat sie nur angesehen'

Ist das nominale Element im Skopus von *che* Subjekt des Satzes, so muß es rechts vom Verb stehen:

(40) **Non** ha telefonato **che** lei   'Nur sie hat telefoniert'

Der Infinitiv kann nur dann im Skopus von *non...che* stehen, wenn *fare* als finites Verb steht. Dieses *fare* ist ausschließlich syntaktisch begründet: Es fungiert als das finite Verb, ohne das *non* nicht stehen kann (vgl. auch das dt. *tun* in der Übersetzung):

(41) **Non** faceva **che** leggere   'Er tat nichts anderes als lesen'

Mit der Verwendung von *fare* ist allerdings eine lexikalische Einschränkung gegeben: Dieses Verb hat in seinen typischen Verwendungen ein agentives Subjekt. Daher können im Skopus von *non fare che* keine Verben stehen, deren Subjekt kein Agens ist; s. z.B.:

(42) *Non fa che arrivare   'Er tut nichts als ankommen'
*Non fanno che essere tristi   'Sie tun nichts als traurig zu sein'

Zum inhaltlichen Unterschied zwischen *solo, soltanto, solamente* 'nur' und *non ... che* 'nur' s. Kap. IV, 6.2.2.1.

7.2.4. Negation durch Indefinitpronomina und durch *mica*

Die Negation kann nicht nur durch *non*, sondern auch durch die negativen Indefinitpronomina *nessuno* 'niemand', *nulla, niente* 'nichts', *mai* 'nie' und durch die Partikel *mica* 'keineswegs' erfolgen.

Die Formen *nessuno, nulla, niente, mai* und *nessun-* sind die negativen Entsprechungen von *qualcuno* 'jemand', *qualcosa/qualche cosa* 'etwas' und *qualche volta* 'manchmal'. *nessun-* kommt außerdem in der Bedeutung 'kein' als Artikelwort vor; es ist dann die negative Entsprechung des unbestimmten Artikels *un-* 'ein'.

mica kann die Stellungen von Adverboiden einnehmen; zu seinem pragmatischen Wert s. Kap. IV, 6.2.2.1.d.

Alle diese Formen sind semantisch vollwertige Negationen, also nicht etwa nur Varianten, die in negativen Kontexten auftreten. Dies zeigen Beispiele wie die folgenden:

(43) **Nessuno** risponde   'Niemand antwortet'

(43') **Qualcuno** risponde   'Jemand antwortet'

Die hier behandelten Negationsformen können, im Unterschied zu *non*, sowohl vor als auch nach dem Verb stehen.

Steht eine dieser Negationsformen **nach dem Verb**, so muß vor dem Verb die Form *non* stehen. Dies geht auf das syntaktische Prinzip zurück, daß die Negation im It. an das Verb gebunden ist. *non* fungiert in diesem Fall aber semantisch nicht als Negation, d.h. es entsteht keine wirkliche **doppelte Negation**. Steht eine dieser Negationsformen **vor dem Verb**, so steht dieses rein syntaktisch motivierte *non* nicht, denn die Bedingung, daß die Negation vor dem Verb steht, ist ja erfüllt. - Beispiele sind:

(44) **Nessuno** risponde
      'Niemand antwortet'

(44') **Non** risponde **nessuno**
      'Es antwortet niemand'

(45) {**Nulla, niente**} ho ottenuto
      'Nichts habe ich bekommen'

(45') **Non** ho ottenuto {**nulla, niente**}
      'Ich habe nichts bekommen'

(46) **Mai** mi sarebbe venuto in mente
'Nie wäre mir das eingefallen'

(46') **Non** mi sarebbe **mai** venuto in mente
'Das wäre mir nie eingefallen'

(47) **In nessun paese** ti troveresti meglio
'In keinem Lande hättest du es besser'

(47') **Non** ti troveresti meglio **in nessun paese**
'Du hättest es in keinem Lande besser'

(48) **Non** si ha **mica** freddo
'Man friert doch nicht'

(48') **Mica** si ha freddo
'Man friert doch nicht'

Allerdings kann die semantische Negation *non* durchaus zusammen mit einer der hier behandelten Negationen (außer *mica*) vor dem Verb stehen. Es handelt sich dann aber um eine wirkliche **doppelte Negation**:

(49) **Nessuno non** applaudisce
'Keiner applaudiert nicht'

Allerdings vermeidet man die doppelte Verneinung wegen ihrer Mißverständlichkeit; so sagt man statt (49) lieber:

(49') **Non** c'è nessuno che **non** applaudisca
'Es gibt niemand, der nicht applaudiert'

7.2.4.1. *Niente* als Prädikat

niente 'nichts' (aber nicht das sonst synonyme *nulla*!) kann in der Umgangssprache als Satzprädikat stehen. Semantisch ist es dann ein negatives Existenzprädikat. Als Argument nimmt es eine artikellose Nominalphrase zu sich. - Beispiele sind:

(50) Niente zucchero   'Kein Zucker da'

(51) Niente vacanze quest'anno   'Keine Ferien dieses Jahr'

(52) Niente francobolli?   'Keine Briefmarken?'

(53) 'Allora, niente passeggiata oggi?   'Also, kein Spaziergang heute?'

Im Befehlssatz hingegen wird *niente* als allgemeines negatives Tätigkeitsprädikat gedeutet:

(54) Niente fumo, niente alcool, niente donne!
'Kein Tabak, kein Alkohol, keine Frauen!'

Das prädikative *niente* kann auch mit anaphorischem Null-Argument verwendet werden, sei es unter Bezug auf ein im Dialog bereits genanntes Objekt (55), sei es mit einer angebundenen Nominalphrase (56):

(55) Hai trovato dei fiammiferi? - Niente.
'Hast du Streichhölzer gefunden?- Keine.'

(56) Zucchero, niente.
'Zucker, keiner.'

7.2.5. Negation mit *neanche, nemmeno, neppure*

Die Formen *neanche, nemmeno* und *neppure* 'nicht einmal, auch nicht' sind die negativen Entsprechungen der Adverboide *anche* und *pure* 'sogar, auch'. Sie können sowohl das verbale Prädikat als auch andere Konstituenten in ihrem Skopus haben.

Für die Stellung der Negationsform vor dem Verb und das Auftreten eines nicht als semantische Negation zu deutenden *non* gilt das gleiche wie für *nessuno* und die anderen oben erwähnten Negationen; vgl. z.B.:

(57) **Nemmeno** l'hai visto?
Non l'hai **nemmeno** visto?
'Hast du ihn nicht einmal gesehen?'

(58) **Neanche** lei è stata invitata
Non è stata invitata **neanche** lei
'Nicht einmal sie ist eingeladen worden'

Die Formen *neanche, nemmeno* und *neppure* können auch vor selbständig auftretenden Konstituenten stehen:

(59) Verrai con me? - **Nemmeno** per sogno!
'Kommst du mit? - Fällt mir nicht im Traume ein!'

(60) Lo faresti? - No. - **Neanche** per me?
'Würdest du das tun? - Nein. - Auch nicht für mich?'

N.B. In manchen regionalen Varietäten wird in derselben Funktion wie *nemmeno* und *neanche* auch *manco* verwendet:

(61) Non lo conosco di persona. - Manco io.
'Ich kenne ihn nicht persönlich. - Ich auch nicht.'

7.3. Negationen als selbständige, nicht satzhafte Äußerungen

Die Standardnegation für selbständige, nicht satzhafte Äußerungen ist *no* 'nein'. *no* kann sowohl in deklarativer und interrogativer als auch in imperativischer Funktion gebraucht werden:

(62) Lo sapevi? - No.
'Wußtest du es? - Nein.'

(63) Lui non viene. - No?
'Er kommt nicht. - Nein?'

(64) No! Non toccare!
'Nein! Nicht anfassen!'

N.B. In Vorkommen wie (63) wird das /ɔ/ von *no* typischerweise so stark gedehnt, daß das Wort praktisch zweisilbig wird. Es kann so die Frageintonation klarer realisieren:

(65)
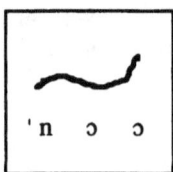

N.B. Im Dt. kann auch *nicht* als selbständige nicht satzhafte Äußerung auftreten (*nicht! nicht?*). Im It. ist ein entsprechendes **non!*, **non?* nicht möglich; es muß *no!*, *no?* heißen.

Auch **die negativen Indefinitpronomina** *nessuno, nulla, niente, mai* kommen als selbständige nicht satzhafte Äußerungen vor:

(66) Chi ha telefonato? - Nessuno.
'Wer hat telefoniert? - Niemand.'

(67) Che cosa ha detto? - Niente.
'Was hat er gesagt? - Nichts.'

(68) Quando ritornerà? - Mai.
'Wann wird er zurückkommen? - Nie.'

Während *nessuno, niente* und *nulla* nur auf die sog. w-Fragen ('wer?', 'was?' usw.) anworten, wird *mai* auch als Antwort auf ja-nein-Fragen verwendet. Es ist dann als eine verstärkende Variante von *no* zu verstehen; vgl. z.B.:

(69) Lo faresti un'altra volta? - Mai.
'Würdest du das noch einmal tun? - Nie.'

Die Formen *nessuno, niente* und *nulla* können mit *ancora* 'noch' und *più* 'mehr' (in zeitlichem Sinne) verbunden werden. Hierbei ergeben sich entsprechend der Wortstellungsunterschiede zwischen *ancora* und *più* (s. 7.2.2.) unterschiedliche Wortstellungsverhältnisse.

Bei *nessuno, niente* und *nulla* kann *ancora* sowohl vor als auch nach der Negation stehen:

(70) Ancora nessuno
Nessuno ancora
'Noch niemand'

(71) Ancora niente
Niente ancora
'Noch nichts'

Ist die Negation *no*, so steht *ancora* gewöhnlich zuerst; soll *ancora* nachgestellt werden, so wird als Negation nicht *no*, sondern *non* gewählt; s. oben (25).

più steht bei *nessuno, niente* und *nulla* meist vor der Negation; die umgekehrte Stellung ist emphatisch:

(72) Non c'era più nessuno
'Es war niemand mehr da'

(73) Nulla più c'era da fare
'Nichts mehr war zu machen'

N.B. 'nichts mehr' im nicht-zeitlichen Sinne heißt *niente di più*.

Bei *mai* steht zeitliches *più* nach:

(74) Mai più, *Più mai
'Nie mehr'

N.B. Die Negation *mica*, die sich innerhalb des Satzes analog zu den negativen Indefinitpronomina verhält, kann nicht als selbständige Äußerung verwendet werden. Sie unterscheidet sich hierin auch von ihrer dt. Entsprechung *keineswegs*; vgl. z.B.:

(75) Ist das zuviel? - Keineswegs.
E' troppo? - *Mica.

Statt *mica* wird in einer solchen Antwort typischerweise ein *no* mit gelängtem /n/, stark gelängtem /ɔ/ und langsam abfallender Intonation geäußert:

(76)

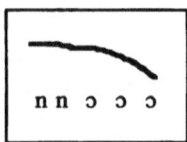

7.4. Die negative Konjunktion *né*

Die Konjunktion *né* ist semantisch eine Negation, wenn sie unmittelbar vor dem Verb steht. Andernfalls ist sie nur die negative Variante von *e* 'und'.

In Übereinstimmung mit der generellen syntaktischen Struktur des negativen Satzes muß im letzteren Fall unmittelbar vor dem Verb die Negation *non* stehen. *né* hat die Funktion zu signalisieren, daß die Konstituente, vor der es steht, noch im Skopus von *non* liegt.

N.B. Die Konjunktion *né* ist homophon mit dem klitischen Pronomen *ne* und wird von ihm in der Schrift durch den Akzent unterschieden.

Beispiele sind:

(77) E' rovinoso ridurre l'estensione del parco, né ha senso pretendere di tutelare solo la natura non "antropizzata" (L'Espresso)
'Es ist ruinös, die Ausdehnung des Parks zu reduzieren, und es hat keinen Sinn, nur die nicht "vermenschlichte" Natur schützen zu wollen'

(78) Non ha moglie né figli
'Er hat weder Frau noch Kinder'

Mehrfaches *né ... né* 'weder ... noch' ist die negative Entsprechung des mehrfachen *e ... e ...* 'sowohl ... als auch ...'. - Beispiele sind:

(79) Non conosco né lui né lei
'Ich kenne weder ihn noch sie'

(80) Quest'allievo né viene regolarmente a lezione, né lavora bene a casa
'Dieser Schüler kommt weder regelmäßig zum Unterricht, noch macht er seine Hausaufgaben'

N.B. Anders als das Dt. *weder ... noch* kann *né...né* nicht als selbständige Antwort auf eine Frage verwendet werden. Die Ausdrücke, die im Skopus der Negationen stehen, müssen entweder explizit genannt oder durch 'der eine ... der andere' bezeichnet werden:

(81) Ist er alt oder neu? - Weder noch.
E' vecchio o nuovo? - Né vecchio né nuovo.
E' vecchio o nuovo? - Né l'uno né l'altro.

Zur Syntax von *né* s. auch Kap. II, 2.

8. Globale Satzstruktur und lineare Abfolge

8.0. Konstituenten und Satzstruktur

In Kapitel I wurden bis jetzt die Konstituenten des einfachen Satzes als Erweiterungen (bzw. Projektionen) der lexikalischen Kategorien Nomen, Verb, Adjektiv, Adverb und Präposition dargestellt. Dadurch, daß für jede Konstituente auch angegeben wurde, welches ihre Rollen im Satz sind, wurde jeweils gleichzeitig eine Aussage über die globale Struktur des einfachen Satzes gemacht. Weitere Informationen über die globale Struktur des einfachen Satzes wurden in den Abschnitten über die Auxiliarität (Aktiv/Passiv), über die Pronomina (freie vs. klitische Pronomina) und über die Negation gegeben. Damit bleiben noch zu behandeln:

- die lineare Anordnung der Elemente des Satzes
- die Anbindung
- die syntaktische Hervorhebung (Spaltsätze)
- die Möglichkeit von Einschüben
- die Satzarten
- selbständige Syntagmen ohne Satzcharakter

8.1. Die lineare Anordnung der Elemente des Satzes

Das Italienische hat eine relativ freie Wortstellung. Dies betrifft vor allem die Anordnung der Konstituenten und in geringerem Maße auch die Anordnung der verschiedenen Elemente innerhalb einer Konstituente.

Prinzipiell haben alle Konstituenten **mehrere Möglichkeiten der Anordnung.** Negation und Adverboide haben ebenfalls mehrere Stellungsmöglichkeiten. Innerhalb der Konstituenten gibt es mehrere mögliche Stellungen für die Adjektive und für das Possessivum.

Feste Anordnung gibt es für die Abfolgen:

- Artikelwort plus Nomen
- Präposition plus Nominalphrase
- Hilfsverb plus infinites Hauptverb
- Operatorverb plus Infinitiv
- Nomen plus Infinitivkomplement
- *non* plus Verb
- Gradadverb plus Adjektiv oder Adverb
- Adjektiv plus Vergleichsterm

Variable, aber nicht freie Wortstellung haben die klitischen Pronomina.

Entscheidend für die tatsächliche Anordnung der Elemente mit freier Stellung sind:

- bestimmte unmarkierte Grundmuster
- die kommunikative Struktur der Rede
- das Prinzip der linearen Nähe von strukturell Zusammengehörigem und
- das rhythmische Prinzip der zunehmenden Länge der Konstituenten

Die drei letzten dieser Gesichtspunkte werden in Kap. IV, 7. behandelt. Hier werden bezüglich der variablen Wortstellung daher nur die unmarkierten Grundmuster und die Abweichungen von ihnen dargestellt. Im Anschluß daran werden die Anbindung und der gespaltene Satz behandelt, zwei Konstruktionen, in denen die globale Geschlossenheit der Satzstruktur relativiert ist.

8.1.1. Die unmarkierten Grundmuster

Die unmarkierten Grundmuster betreffen die Stellungsrelation zwischen Subjekt und Verb, Verb und Objekt bzw. Komplement sowie zwischen direktem und indirektem Objekt.

Für die Stellung der Adjunkte gibt es typische Anordnungen, ohne daß man sagen könnte, daß eine von ihnen einer anderen gegenüber markiert oder unmarkiert wäre.

8.1.1.1. Subjekt und Verb

Die unmarkierte Grundanordnung von Subjekt und Verb ist nicht für alle Sätze dieselbe. Je nachdem, was für ein Verb das Hauptprädikat des Satzes ist, ist die unmarkierte Anordnung entweder "Subjekt plus Verb" oder "Verb plus Subjekt".

N.B. Da das Subjekt Null sein kann, ist die Stellungsrelation zwischen Subjekt und Verb oft neutralisiert.

Für die meisten Satztypen ist die unmarkierte Anordnung die Folge **"Subjekt plus Verb"**. Es handelt sich im einzelnen um:

a. Sätze, deren Hauptverb ein **Objekt** oder ein **Komplement**, gleich welcher Art, hat. (Das Objekt oder Komplement folgt auf das Verb.) - Beispiele sind:

(1)   La principessa abitava un palazzo
       'Die Prinzessin bewohnte einen Palast'

(1')
```
┌─────────────────────────────────────────┐
│ La principessa   abitava    un palazzo  │
│      │             │            │       │
│   SUBJEKT         VERB        OBJEKT    │
└─────────────────────────────────────────┘
```

(2)   Il re decise di maritarla
      'Der König beschloß, sie zu verheiraten'

(2')
```
┌──────────────────────────────────┐
│  Il re    decise  │di maritarla│ │
│    │        │           │       │
│ SUBJEKT   VERB     I-KOMPLEMENT  │
└──────────────────────────────────┘
```

(3)   Il primo pretendente fu un povero soldato
      'Der erste Freier war ein armer Soldat'

(3')
```
┌──────────────────────────────────────────────┐
│ │Il primo pretendente│  fu  │un povero soldato││
│         │              │            │         │
│      SUBJEKT         VERB      N-KOMPLEMENT   │
└──────────────────────────────────────────────┘
```

(4)   La principessa stette in pensiero
      'Die Prinzessin war in Gedanken'

(4')
```
┌────────────────────────────────────────┐
│ │La principessa│ stette │in pensiero│  │
│        │          │          │         │
│    SUBJEKT      VERB     P-OBLIQUUS    │
└────────────────────────────────────────┘
```

(5)   Il soldato fu accusato dal ministro
      'Der Soldat wurde vom Minister beschuldigt'

(5')
```
┌────────────────────────────────────────────────┐
│ │Il soldato│  fu   accusato  │dal ministro│    │
│      │       │       │             │           │
│  SUBJEKT   VERB    VERB        DA-OBLIQUUS     │
│                    part                         │
└────────────────────────────────────────────────┘
```

b. Sätze, deren Hauptverb kein Objekt oder Komplement hat, aber eines haben könnte. Es handelt sich um diejenigen der unter a. genannten Verben, die eine auf **Objekt- oder Komplement-Reduktion** beruhende lexikalische Form besitzen; vgl. z.B.:

(6)   Il soldato fu accusato
      'Der Soldat wurde beschuldigt'

c. Ein Teil der **reflexivierten** Verben, und zwar diejenigen, die auf der Tilgung ihres ursprünglichen Objekts beruhen (reflexive und reziproke Lesarten), ferner diejenigen, die auf der Tilgung ihres ursprünglichen Subjekts und des betreffenden Arguments beruhen (inchoative Lesart) und diejenigen, bei denen das klitische Reflexivpronomen lexikalisiert ist. - Beispiele sind:

(7) Il soldato si difese bene   (reflexive Lesart)
'Der Soldat verteidigte sich gut'

(8) La sua innocenza si rivelò chiaramente (inchoative Lesart)
'Seine Unschuld zeigte sich klar'

(9) La principessa s'innamorò   (lexikalisiertes reflexives Verb)
'Die Prinzessin verliebte sich'

d. Sätze, deren Hauptverb ein intransitives Verb ist, dessen **Subjekt Agens** ist (es handelt sich um Verben, die die zusammengesetzten Tempora mit *avere* bilden):

(10) Il re pianse dall'emozione
'Der König weinte vor Rührung'
(10')

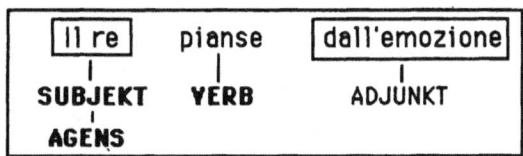

Die umgekehrte Reihenfolge "**Verb plus Subjekt**" ist die unmarkierte Anordnung für Sätze, deren Hauptverb zu derjenigen Untergruppe der primär intransitiven Verben gehört, deren Subjekt nicht Agens, sondern Thema ist. Diese Verben (aber nicht nur diese) bilden die zusammengesetzten Tempora mit *essere*. - Beispiele sind:

(11) Arriva il traghetto
'Die Fähre kommt'
(11')

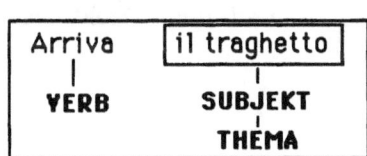

(12) Ci saranno dei temporali
'Es wird Gewitter geben'

(12')

```
┌─────────────────────────────────┐
│  ┌──────────┐ ┌──────────────┐  │
│  │Ci saranno│ │dei temporali │  │
│  └────┬─────┘ └──────┬───────┘  │
│       │              │          │
│      VERB         SUBJEKT       │
│                      │          │
│                    THEMA        │
└─────────────────────────────────┘
```

Andere Verben, die in diese Gruppe gehören, sind:

capitare	'passieren'
esplodere	'explodieren'
nascere	'zur Welt kommen'
piacere	'gefallen'
scoppiare	'ausbrechen'

Zu dieser Gruppe gehören auch diejenigen reflexiven Verben, deren ursprüngliches Subjekt zwar getilgt wurde, aber noch als existent postuliert ist (passivierende Lesart):

(13) Si celebrarono le nozze.
      'Es wurde Hochzeit gefeiert'

(13')

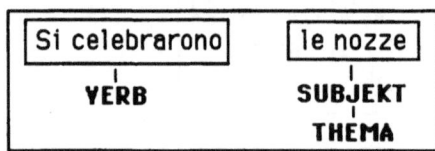

N.B. Diese unmarkierte Stellung gibt es im Deutschen nicht. Ihr entspricht jedoch ein bestimmter Intonationstyp: Das Subjekt der entsprechenden Verben ist im Dt. betont: *Arriva il traghetto - Die Fähre kommt.*

8.1.1.2. Das Verb und seine Objekte, Obliquen und Komplemente

Das Muster der unmarkierten Anordnung ist **"Verb plus Objekt/Obliquus/Komplement"**. - Beispiele sind:

(14) Il soldato sposò la principessa
      'Der Soldat heiratete die Prinzessin'

(14')

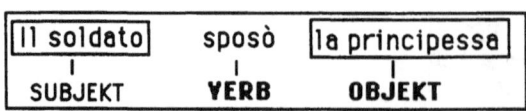

(15) La fata era venuta dalla landa
'Die Fee war aus der Heide gekommen'
(15')

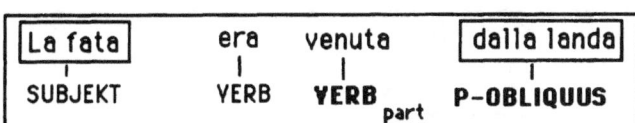

(16) Aveva deciso di agire
'Sie hatte beschlossen zu handeln'
(16')

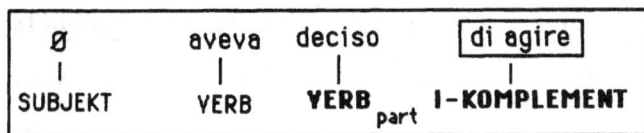

(17) L'oste era un gentiluomo
'Der Wirt war ein Ehrenmann'
(17')

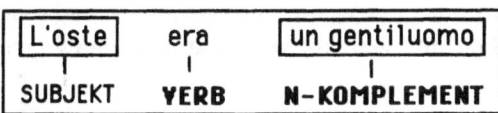

(18) Il re è felice
'Der König ist glücklich'
(18')

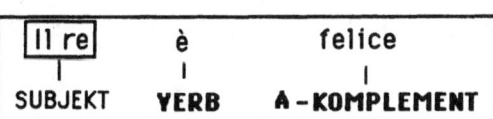

(19) L'anello è per te
'Der Ring ist für dich'
(19')

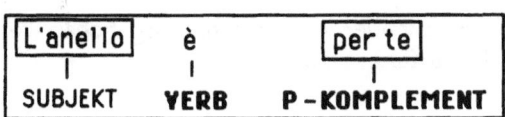

8.1.1.3. Direktes Objekt und andere Ergänzungen

Wenn ein direktes Objekt mit einer anderen Ergänzung (Obliquus oder Komplement) zusammentrifft, so gilt das unmarkierte Abfolgemuster **"Direktes Objekt plus andere Ergänzung"**. - Beispiele sind:

(20) Diede il suo anello al soldato
'Sie gab dem Soldaten ihren Ring'

(20')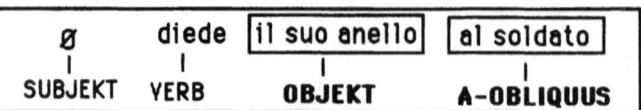

(21) Le guardie cacciarono il ministro dal palazzo
'Die Wachen jagten den Minister aus dem Palast'

(21')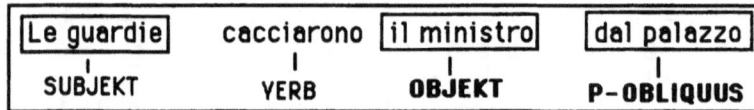

8.1.2. Abweichungen von den unmarkierten Anordnungen

Die Anordnung weicht aus Gründen der kommunikativen Dynamik und des Rhythmus von den unmarkierten Anordnungen ab, und zwar nach den folgenden Prinzipien:

a. Wenn eine Konstituente einfaches Rhema (s. Kap. IV, 7.1.) ist, so steht sie am Satzende, auch abweichend von der unmarkierten Stellung; s. z.B.:

(22) Le guardie cacciarono dal palazzo il ministro
'Die Wachen jagten den Minister aus dem Palast'

(23) Pago io
'Ich bezahle'

(24) Il signor Ròssi non c'è
'Herr Rossi ist nicht **da**'

b. Wenn eine Konstituente **kontrastiv** oder **korrektiv** hervorgehoben werden soll, so steht sie (stark betont) **am Satzanfang**; s. z.B.:

(25) **Gio**vanni è arrivato
'**Gio**vanni ist angekommen'

(26) I **gial**li non le piacciono
'**Kri**mis mag sie nicht'

c. Wenn eine Konstituente besonders lang ist, steht sie am Ende des Satzes. Dieses Prinzip betrifft insbesondere die Anordnung "direktes Objekt plus indirektes Objekt"; s. z.B.:

(27) Diede al soldato l'anello che aveva ricevuto dalla fata
'Sie gab dem Soldaten den Ring, den sie von der Fee bekommen hatte'

N.B. Dieses rhythmische Prinzip ist den kommunikationsdynamischen Prinzipien untergeordnet. Deshalb wird man ein nicht rhematisches Subjekt trotz relativer Länge links vom Verb lassen (28), und einem nicht rhematischen, langen P-Obliquus wird man nicht die Hauptbetonung geben (29). Im übrigen wird man es in der Produktion vermeiden, Konstituenten, deren Endstellung kommunikativ nicht motiviert wäre, zu lang zu machen. Gegebenenfalls wird man umgekehrt eine rhematische Konstituente stärker erweitern, als es vom Inhalt her notwendig ist, nur um dem rhythmischen Prinzip Genüge zu tun (vgl. (30) mit (31)):

(28) Il re che era signore di quella terra aveva una sola figlia
'Der König, der Herr dieses Landes war, hatte eine einzige Tochter'

(29) Diede al soldato l'anello che aveva ricevuto dalla fata
'Sie gab den Ring, den sie von der Fee bekommen hatte, dem Soldaten'

(30) Ha fatto quel difficile lavoro bene
'Er hat diese schwierige Arbeit gut gemacht'

(31) Ha fatto quel difficile lavoro molto, molto bene
'Er hat diese schwierige Arbeit sehr, sehr gut gemacht'

Eine andere Art, mögliche Konflikte zwischen den kommunikativen und den rhythmischen Prinzipien zu vermeiden, ist die Anbindung; vgl. z.B.:

(29') L'anello che lei aveva ricevuto dalla fata, lo diede al soldato
'Den Ring, den sie von der Fee bekommen hatte, den gab sie dem Soldaten'

(30') Lo ha fatto bene, quel difficile lavoro
'Er hat diese schwierige Arbeit gut gemacht'

8.1.3. Die Stellung der Adjunkte

Typische Anordnungen der Adjunkte sind:

a. Adjunkt - Satzkern

(31) **Domani** tornerà
'Morgen wird er wiederkommen'

b. Satzkern - Adjunkt

(32) Tornerà **domani**
'Er wird morgen wiederkommen'

c. Adjunkt - Satzkern - Adjunkt

(33) **Per questo motivo** tornerà **domani**
'Aus diesem Grunde wird er morgen wiederkommen'

(34) **Domani** tornerà **per questo motivo**
'Morgen wird er aus diesem Grunde wiederkommen'

d. Satzkern - Adjunkte

(35) Tornerà **domani per questo motivo**
'Er wird morgen aus diesem Grunde wiederkommen'

e. Adjunkte - Satzkern

(36) **Per questo motivo , domani** tornerà
'Aus diesem Grunde wird er morgen wiederkommen'

Die verschiedenen Anordnungsmöglichkeiten der Adjunkte dienen dem Ausdruck der kommunikativen Dynamik. Unmittelbar zusammengehörige, sich gegenseitig präzisierende Adjunkte (wie *ieri alle dodici* 'gestern um zwölf', *qui in Germania* 'hier in Deutschland') stehen nebeneinander.

Zur Stellung der Adverbien s. auch 4.2.

8.2. Die Anbindung

Die Struktur des einfachen Satzes wurde im vorausgehenden so beschrieben, daß alle Elemente entweder als Konstituenten des Satzes oder als Teile von Konstituenten definiert waren. Hierbei waren die Elemente als Subjekt, Objekt, Adjunkte usw. des Satzes funktional miteinander verbunden und fest in den Satz integriert. In einer Äußerung können aber auch Elemente vorkommen, die mit einem Satz zwar verbunden, aber nicht funktional in ihn integriert sind. Wir bezeichnen die Relation zwischen diesen Elementen und dem funktional definierten Satz als Anbindung. Die Anbindung besteht in diesem Fall formal:

- in der unmittelbaren Abfolge (das angebundene Element steht unmittelbar vor oder nach dem eigentlichen Satz) sowie
- in der Tatsache, daß angebundenes Element und Satz von einer prosodischen Gesamtstruktur erfaßt werden (die der von Haupt- und Nebensatz ähnlich ist) und, inhaltlich
- im thematischen Bezug: Das angebundene Element nennt das Thema, über das der Satz etwas besagt

Ein Beispiel ist:

(37) Franco porta la marmellata a sua sorella
'Franco bringt seiner Schwester die Marmelade'

In (37) sind alle Elemente entweder als Teile von Konstituenten oder als grammatische Funktionen in den Satz integriert:

- *Franco* ist das Subjekt des Satzes
- *la* determiniert *marmellata* und bildet mit diesem Nomen eine Nominalphrase, die Objekt des Satzes ist
- *a* regiert die Nominalphrase *sua sorella*, die wiederum aus dem Artikelwort *sua* und dem Nomen *sorella* zusammengesetzt ist, und bildet mit ihr zusammen die Präpositionalphrase *a sua sorella*; diese ist der a-Obliquus des Satzes
- *porta* schließlich ist das Verb, dessen Valenz ein Subjekt, ein Objekt und einen a-Obliquus verlangt, wodurch die Elemente des Satzes zu einer Einheit integriert sind

Das folgende Schema soll dies veranschaulichen:

(37')

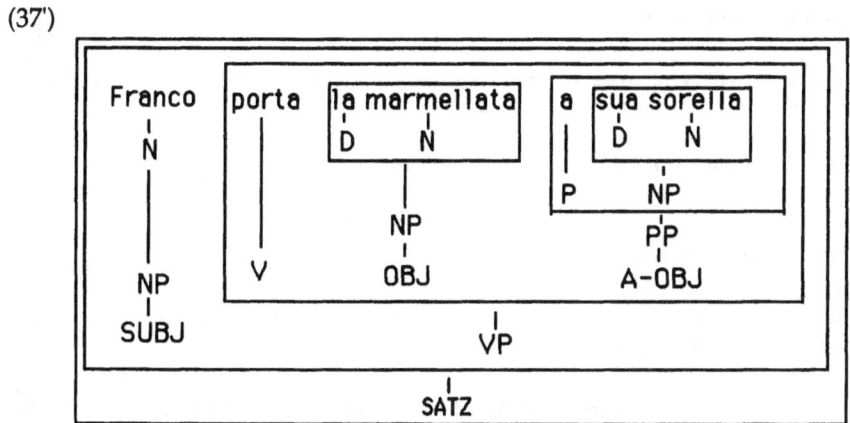

In Satz (38) hingegen ist das Element *la marmellata* funktional nicht in den Satz integriert:

(38) La marmellata, Franco la porta a sua sorella
'Die Marmelade, die bringt Franco seiner Schwester'

(38')

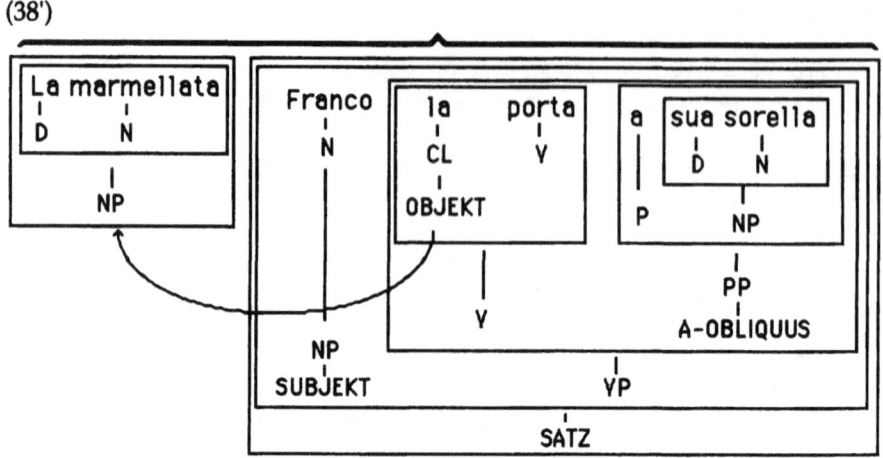

Die grammatische Funktion Objekt ist bereits durch das klitische Pronomen *la* erfüllt. Aber die Nominalphrase *la marmellata* ist trotzdem eng mit dem Satz verbunden. Sie geht ihm unmittelbar voraus, sie ist ihm prosodisch zugeordnet (was in der Schrift das Komma andeutet), sie gibt sein Thema an, und sie wird in dem Satz anaphorisch wiederaufgenommen.

Das obige Schema (38') soll diese Verhältnisse veranschaulichen. Der Pfeil symbolisiert die anaphorische Beziehung und die geschweifte Klammer die prosodische Einheit.

Es sind zwei Arten von Anbindung zu unterscheiden: eine enge und eine lockere.

8.2.1. Die enge Anbindung

Die enge Anbindung (in der Literatur meist als Dislokation, *dislocazione* bezeichnet) hat folgende Eigenschaften:

- ist das angebundene Element eine Nominalphrase oder eine Präpositionalphrase, so muß es im Satz durch ein korreferentes Pronomen vertreten sein
- dieses Pronomen muß klitisch sein. In der Subjektfunktion ist das klitische Pronomen Null; daher findet in einem solchen Falle scheinbar keine pronominale Wiederaufnahme statt
- ist das angebundene Element eine Präpositionalphrase, so muß es diejenige Präposition haben, die von der grammatischen Funktion verlangt wird, die durch das wiederaufnehmende Pronomen realisiert ist
- ist das angebundene Element ein Verb, so erfolgt keine pronominale Wiederaufnahme; ist es eine Verbalphrase, so erfolgt die Wiederaufnahme durch als verbum vicarium gebrauchtes *fare* und das Pronomen *lo*

- es kann mehr als ein Element an den Satz angebunden werden
- dieses wird in jedem Fall schwach betont, besonders aber, wenn es rechts vom Satz steht

Das angebundene Element kann vor (Linksanbindung) oder nach (Rechtsanbindung) dem eigentlichen Satz stehen. Beispiele für die **Linksanbindung** sind:

a. Subjekt als Null-Pronomen:

(39) Franco, è andato via
'Franco, der ist weggegangen'

b. Das angebundene Element ist eine Präpositionalphrase:

(40) A Milano, ci vado regolarmente
'Nach Mailand, da fahre ich regelmäßig hin'

(41) Di queste cose, è meglio non parlarne
'Diese Dinge, es ist besser, nicht darüber zu sprechen'

c. Es sind mehrere Elemente angebunden:

(42) La marmellata a sua sorella, gliela porta Franco
(wörtl.: 'Seiner Schwester, die Marmelade, die bringt ihr Franco')

d. Das angebundene Element ist ein Verb:

(43) Lavorare, ho lavorato
'Gearbeitet habe ich schon'

e. Das angebundene Element ist eine Verbalphrase:

(44) Dare la medicina al malato, lo può fare un'infirmiera
'Das Medikament dem Kranken geben, das kann eine Krankenschwester tun'

N.B. Das links angebundene Element kann mit Frageintonation gesprochen werden:

(45) Franco? E' andato via.
'Franco? Der ist weggegangen.'

(46) A Milano? Ci vado spesso.
'Nach Mailand? Dahin fahre ich oft.'

Beispiele für die **Rechtsanbindung** sind:

(47) Ci vado regolarmente, a Milano
'Da fahre ich regelmäßig hin, nach Mailand'

(48) Gliela porta Franco, la marmellata, a sua sorella
(wörtl.: 'Die bringt ihr Franco, die Marmelade, seiner Schwester')

N.B. Das Dt. kennt ebenfalls die Anbindung, aber es hat per definitionem keine enge Anbindung, weil es keine klitischen Pronomina hat. Außerdem sind die Möglichkeiten der Anbindung im Dt. offensichtlich begrenzter. Darauf deuten auch die z.T. ungenauen, z.T. zweifelhaften dt. Übersetzungen der obigen Beispiele hin.

N.B. In der Umgangssprache erscheint die enge Anbindung oft als mechanisiert; s. z.B.:

(49) Lo sai che è vero
'Du weißt, daß das wahr ist'

(50) Me la dai una mela?
'Gibst du mir einen Apfel?'

Diese Vorkommen könnten Anzeichen für einen sich vollziehenden Sprachwandel sein. Dieser würde zum Ergebnis haben, daß das ursprünglich angebundene Element in den Satz integriert ist und eine grammatische Funktion realisiert, während das klitische Pronomen dies nicht mehr tut, sondern eine Art Objektkonjugation des Verbs bildet; s. auch 2.3.3.3.1. d.

Zur Anbindung von Nebensätzen s. Kap. II, 1.1.1.

8.2.2. Die lose Anbindung

Die lose Anbindung ist fast ein reines Textbildungsverfahren. Die grammatische Beziehung zwischen dem angebundenen Element und dem Satz, durch die die enge Anbindung definiert ist, besteht bei der losen Anbindung nicht. Nur in zwei Hinsichten ist das lose angebundene Element mit dem Satz verbunden:

- durch die anaphorische Beziehung zwischen dem angebundenen Element und einem nicht klitischen Pronomen
- durch einen Intonationsverlauf, der sowohl das angebundene Element als auch den Satz umfaßt und der das angebundene Element als unabgeschlossen erkennen läßt

N.B. Nur in diesen beiden Punkten unterscheidet sich die lose Anbindung von reinen Verfahren der Textkonstitution, wie sie etwa auf die Beziehung zwischen einer (nicht satzhaften) Überschrift und dem Text oder zwischen Anrede und folgendem Satz angewendet werden.

Das lose angebundene Element steht nur vor dem Satz.

Es werden nicht mehrere Elemente gleichzeitig lose angebunden. - Beispiele sind:

(51) Mario, ma io lavoro con lui
'Mario, mit dem arbeite ich doch'

(52) Il Nord, lì è ancora peggio
'Der Norden, da ist es noch schlimmer'

8.3. Gespaltene Sätze

Der gespaltene Satz besteht syntaktisch darin, daß statt des eigentlichen Hauptprädikats des Satzes das Verb *essere* 'sein' das hierarchisch höchste Verb ist. Es hat ein Komplement oder ein Subjekt, das gleichzeitig eine regierte Funktion des eigentlichen Hauptprädikats ist. Das Hauptprädikat selbst steht mit seinem gesamten übrigen Kontext in einem Nebensatz, der durch die Konjunktion *che* eingeleitet ist.

N.B. Der gespaltene Satz sieht aus wie ein aus Hauptsatz und Nebensatz bestehender komplexer Satz, weil er mehr als ein finites Verb und die Konjunktion *che* hat. Im Unterschied zum komplexen Satz gibt es jedoch für jeden gespaltenen Satz einen ihm syntaktisch und semantisch entsprechenden, nicht gespaltenen Satz. Der Spaltsatz ist daher eine Konstruktion, die zwischen einfachem und komplexem Satz liegt.

Ein Beispiel ist:

(53) E' qui che abita
'Hier wohnt er'
(wörtl.: 'Es ist hier, daß er wohnt')

Der entsprechende nicht gespaltene Satz lautet:

(54) Abita qui
'Er wohnt hier'

Das folgende Schema soll die Struktur des gespaltenen Satzes illustrieren:

(53')

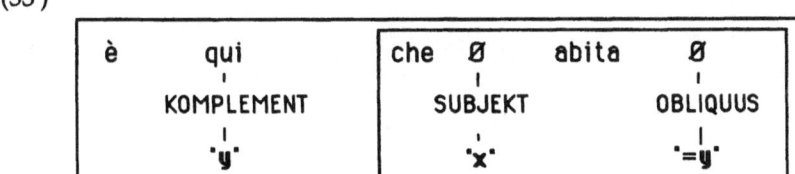

Gespaltene Sätze sind Deklarativ- oder Interrogativsätze.

N.B. Wenn das eigentliche Hauptverb *essere* ist, wird kein gespaltener Satz gebildet.

Pragmatisch dient der gespaltene Satz der Signalisierung des kontrastiven Fokus (s. Kap. IV, 7.2.).

Neben dem soeben dargestellten gespaltenen Satz mit *che* hat das Italienische eine sehr ähnliche Konstruktion, in der auf *essere* eine durch die Präposition *a* eingeleitete Infinitivkonstruktion folgt.

8.3.1. Gespaltene Sätze mit *che*

Gespaltene Sätze mit *che* haben einen großen Reichtum an Ausprägungen, in Abhängigkeit von der syntaktischen Kategorie und der grammatischen Funktion des abgespalteten Elements.

Eine **Nominalphrase** wird in folgender Weise abgespalten: Sie erscheint als Subjekt des Verbs *essere*. Dies bedeutet, daß die Form von *essere* in Person, Numerus und ggfs. Genus mit dem hervorgehobenen Element **kongruent** sein muß (s. (55) bis (59)). Wenn die hervorgehobene Nominalphrase das logische Subjekt des *che*-Satzes ist, d.h. wenn das Subjekt des eigentlichen Hauptprädikats gleich dem Subjekt von *essere* ist, dann kongruiert außerdem das eigentliche Hauptverb mit der abgespaltenen Nominalphrase. Andernfalls besteht diese Kongruenz nicht. - Beispiele sind (nach Cârstea-Romaşcanu 1980:379):

a. Das abgespaltene Element ist gleich dem **Subjekt** des *che* -Satzes:

(55) Sei **tu** che **hai** sbagliato
'Du bist es, der sich geirrt hat'

(56) Siamo **noi** che l'**abbiamo** accompagnato alla stazione
'Wir sind es, die ihn zum Bahnhof begleitet haben'

(57) E' stata **lei** che me l'**ha** detto
'Sie war es, die es mir gesagt hat'

b. Das abgespaltene Element ist gleich dem **Objekt** des *che* -Satzes:

(58) E' questa regola che non riesco a capire
'Es ist diese Regel, die ich nicht begreifen kann'

(59) Sono questi versi che volevo citare
'Diese Verse sind es, die ich zitieren wollte'

Eine **Präpositionalphrase**, ein **Adverb** oder ein **Verb** im Infinitiv werden in folgender Weise abgespalten: *essere* wird subjektlos ("unpersönlich"), d.h. in der dritten Person Singular, gebraucht; das abgespaltene Element ist Komplement von *essere*.

Das eigentliche Hauptprädikat hat (natürlicherweise) keine Kongruenz mit dem abgespaltenen Element. - Beispiele sind (ebenfalls nach Cârstea-Romaşcanu, a.a.O.):

a. Das abgespaltene Element ist eine **Präpositionalphrase**:

(60) E' per un problema importante che devo vederti
 'Es ist wegen eines wichtigen Problems, daß ich dich sehen muß'

(61) E' a Carlo che ho chiesto di venire
 'Carlo ist es, den ich gebeten habe zu kommen'

b. Das abgespaltene Element ist ein **Adverb**:

(62) E' così che ho imparato a sciare
 'So habe ich Ski fahren gelernt'

(63) E' oggi alle sei che devo partire
 'Heute um sechs muß ich abreisen'

c. Das hervorgehobene Element ist ein **Verb im Infinitiv**:

(64) E' passeggiare lungo la riva che mi piace
 'Am Ufer spazieren zu gehen ist, was mir gefällt'

(65) E' venire con te che vorrei
 'Mit dir mitkommen möchte ich'

d. Das abgespaltene Element kann auch ein **Interrogativpronomen** sein. In diesem Falle hat das Interrogativpronomen seine normale Stellung am Anfang des Satzes, so daß *essere* unmittelbar vor *che* zu stehen kommt:

(66) Chi **è che** deve venire?
 'Wer ist es, der kommen soll?'

(67) Con chi **è che** parti?
 'Mit wem fährst du weg?'

(68) Quand'**è che** deve venire?
 'Wann soll er kommen?'

N.B. Der gespaltene Satz entspricht der sog. *mise en relief* mit *c'est ... qui/que* des Frz. Er spielt aber im It. bei weitem nicht die Rolle wie im Frz., weil es andere Möglichkeiten der Hervorhebung gibt, vor allem die Hervorhebung durch betonte Endstellung; s. Kap. IV, 7.1. Außerdem wird im gesprochenen Frz. in diesen Konstruktionen praktisch nur das Präsens der 3. Person von *être* gebraucht (*c'est nous qui avons fait cela* vs. *siamo noi* ecc.); im It. zeigt *essere* Kongruenz, und sein Tempus ist nur durch das Tempus des Nebensatzprädikats eingeschränkt. - Das Dt. kennt diese Konstruktion ebenfalls, allerdings mit starken Beschränkungen und z.T. anderer Kongruenz; s. die Übersetzungen der Beispiele.

8.3.2. Gespaltene Sätze mit *a*

Die gespaltenen Sätze mit *a* sind im Vergleich zu denen mit *che* sehr eingeschränkt: Das hervorgehobene Element muß eine Nominalphrase sein, und diese muß gleich dem Subjekt des Infinitivs sein.

Wie bei den Spaltsätzen mit *che* ist die abgespaltene Nominalphrase das Subjekt von *essere* und verlangt als solches dessen Kongruenz. - Beispiele sind (nach Cârstea-Romaşcanu 1980:381):

(69) E' stato Carlo a dirmelo.
'Karl hat es mir gesagt'

(70) Si sarebbe creduto che fosse stata lei a chiedere la separazione
'Man hätte denken können, daß sie die Trennung verlangt hat'

9. Die nicht deklarativen Satzarten

Das It. hat vier syntaktisch unterschiedene Satzarten, nämlich:

- den Aussagesatz (Deklarativsatz)
- den Fragesatz (Interrogativsatz)
- den Aufforderungssatz (Imperativsatz) und
- den Ausrufesatz (Exklamativsatz)

Diese Satzarten sind die prototypischen syntaktischen Muster für die entsprechenden Sprechakte: Man macht Aussagen typischerweise (aber nicht notwendig) mit Aussagesätzen, man stellt Fragen typischerweise mit Fragesätzen usw.

Der Aussagesatz ist die unmarkierte Satzart. Alles, was bisher uneingeschränkt über den Satz gesagt wurde, gilt für den Aussagesatz. Damit ist diese Satzart bereits beschrieben, und es genügt, die übrigen Satzarten lediglich in ihren Unterschieden zum Aussagesatz darzustellen.

9.1. Der Fragesatz

Es gibt zwei Typen von Fragesätzen: Die **totale** Interrogation ("ja-nein-Fragen") und die **partielle** Interrogation.

In der totalen Interrogation wird danach gefragt, ob ein Sachverhalt besteht. Antworten auf Fragen, die als totale Interrogation gestellt sind, sind 'ja', 'nein', 'vielleicht' u.ä.

In der partiellen Interrogation wird ein Sachverhalt als bestehend vorausgesetzt, und es wird nach Information zu einem der Punkte gefragt, die für die Erfassung des Sachverhalts wichtig sind. Anworten auf Fragen, die als partielle Interrogation gestellt sind, sind Sätze oder alle möglichen Konstituenten von Sätzen.

9.1.1. Die totale Interrogation

Die totale Interrogation ist syntaktisch kein eigener Typ. Sie hat die Strukturen des Aussagesatzes und unterscheidet sich von diesem nur durch die Intonation, orthographisch ausgedrückt durch das Fragezeichen; vgl. z.B.:

(1)　　I bambini vanno a scuola.　　'Die Kinder gehen zur Schule.'

(1')　　I bambini vanno a scuola?　　'Gehen die Kinder zur Schule?'

(2)　　Non c'è nessuno.　　'Es ist niemand da.'

(2')   Non c'è nessuno?   'Ist niemand da?'

(3)   Vanno a scuola, i bambini. 'Die gehen zur Schule, die Kinder.'

(3')   Vanno a scuola, i bambini? 'Gehen die zur Schule, die Kinder?'

Semantisch wird die totale Interrogation als Beschreibung eines Sachverhalts p gedeutet, dessen Faktizität ungewiß ist.

Pragmatisch ist die totale Interrogation eine Entscheidungsfrage. Durch eine Entscheidungsfrage fordert der Sprecher den Hörer auf, ihm zu sagen, ob p der Fall ist oder nicht.

Der Fragende kann auf eine klare und schnelle Beantwortung der Entscheidungsfrage drängen, indem er eine Alternativfrage anschließt, die semantisch die bloße Negation von p ist. Hierbei muß die Intonationskurve tief enden:

(4)   - - -
              -
       Vieni, o no?   'Kommst du nun oder nicht?'

                 - -
(5)   - - -   -
                 -
       Avete capito, o no?   'Habt ihr nun verstanden oder nicht?'

N.B. Durch die Eröffnung des Fragesatzes mit *ma* 'aber' kann der Sprecher ausdrücken, daß er der Frage einen zusätzlichen pragmatischen Wert geben möchte. Welcher Wert dies ist, wird durch *ma* nicht festgelegt; vgl. z.B.:

(6)   **Ma** glielo hai detto?
       'Hast du es ihm **denn** gesagt?'
       'Hast du es ihm **etwa** gesagt?'
       'Du hast es ihm **doch** gesagt?'

Das It. kann, anders als das Dt., keine feinere Differenzierung des pragmatischen Wertes der Frage mit Hilfe von Partikeln ausdrücken. Daher sind die dt. Partikeln *denn* (als Hinweis auf ein Hinterfragen), *etwa* (als Signal dafür, daß ein Zutreffen von p dem Sprecher nicht erwünscht wäre) und *doch* (als Signal dafür, daß ein Zutreffen von p dem Sprecher erwünscht wäre) nicht strukturgleich übersetzbar.

9.1.2. Die partielle Interrogation

Die partielle Interrogation ist dadurch definiert, daß eine Konstituente durch ein **Interrogativpronomen** realisiert ist. Dieses steht in der Regel am Satzanfang; s. z.B.:

(7) **Chi** arriva?
'Wer kommt?'

(8) **Che** succede?'
'Was geht hier vor?'

(9) **Quando** torna?
'Wann kommt sie wieder?'

(10) **Che cosa** ha minacciato di fare?
'Was hat er gedroht zu tun?'

Das Interrogativpronomen erscheint auch dann in der Erststellung, wenn es seiner grammatischen Funktion nach zu einem Komplementsatz gehört:

(11) **Dove** credi che sia?   'Wo glaubst du, daß er ist?'

(12) **Chi** dici che ci ha visto? 'Wer sagst du, hat uns gesehen?'

Wenn das Interrogativpronomen von einer Präposition regiert ist, so steht diese in ihrer üblichen Position, d.h., das Interrogativpronomen steht an zweiter Stelle:

(13) Con **chi** parli?   'Mit wem sprichst du?'

(14) Da **quando** lo sai?'   'Seit wann weißt du es?'

Das Interrogativpronomen kann auch am Satzende stehen:

(15) Aspetti da **quando**?   'Du wartest seit wann?'

(16) Hai parlato con **chi**?   'Mit wem hast du gesprochen?'

Aber nicht alle Interrogativa können in Endstellung vorkommen: chi, wenn es nicht wie in (16) von einer Präposition regiert ist, ist in Endstellung nicht möglich:

(17) *Arriva chi?   'Wer kommt?'

Auch *che* kommt nicht in Endstellung vor:

(18) *Vuoi che?   'Was willst du?'

(19) *Avete parlato di che?   'Über was habt ihr gesprochen?'

N.B. Richtig ist jedoch die Endstellung von *che cosa* :

(19') Avete parlato di che cosa?

Die Endstellung des Interrogativums ist **pragmatisch markiert**: Sie signalisiert die Echofrage.

N.B. Hierin unterscheidet sich das It. von der **frz.** Umgangssprache, in der das Interrogativum auch pragmatisch unmarkiert in Endstellung vorkommt: *Tu t'appelles comment? Vous venez d'où?* usw.

Die Interrogativpronomina können hinsichtlich ihrer syntaktischen Kategorie eingeteilt werden in nominale, adverbiale und adnominale Interrogativpronomina. Außerdem kommt der polyvalente Strukturanzeiger *che* als Interrogativpronomen vor. Im folgenden wird das Inventar der Interrogativpronomina dargestellt.

9.1.2.1. Nominale Interrogativpronomina

Die nominalen Interrogativpronomina sind *chi* 'wer', 'wen' usw. und *che cosa, cosa* 'was'. *che* kann als nominales Interrogativpronomen im Sinne von 'was' gebraucht werden.

Die nominalen Interrogativa unterscheiden sich formal nur hinsichtlich der Opposition 'Person/Sache'. Sie können weder Kasus noch Numerus, Person oder Genus ausdrücken; vgl. z.B. für *chi*:

(20) **Chi** viene?   'Wer kommt?'

(21) **Chi** sono?   'Wer sind sie?', 'Wer bin ich?'

(22) **Chi** vedi?   'Wen siehst du?'

(23) Con **chi** parli?'   'Mit wem sprichst du?'

che, che cosa und *cosa* unterscheiden sich voneinander im Register. *che* und *che cosa* sind neutral; *cosa* ist umgangssprachlich.

N.B. *che cosa* kann man auch als Syntagma mit der Bedeutung 'welches Ding' analysieren. Das Interrogativpronomen wäre dann adnominales *che* . *cosa* kann als eine Verkürzung von *che cosa* analysiert werden.

Beispiele für *che* sind:

(24) **Che** succede?   'Was geht hier vor?'

(25) **Che** volete?   'Was wollt ihr?'

N.B. In diesen Beispielen könnte auch *che cosa* oder *cosa* stehen.

Beispiele für *che cosa* sind:

(26) **Che cosa** pensi di fare? 'Was gedenkst du zu tun?'

(27) A **che cosa** pensa? 'Woran denken Sie?'

N.B. In diesen Beispielen könnte auch *che* oder *cosa* stehen.

Beispiele für *cosa* sind:

(28) **Cos'**hai? 'Was hast du?'

(29) ... - **Cosa**? '... - Was?'

N.B. In (28) könnte auch *che* oder *cosa* stehen. In (29) könnte auch *che cosa* stehen; *che* ist in dieser Funktion ungebräuchlich.

9.1.2.2. Adverbiale Interrogativpronomina

Die adverbialen Interrogativpronomina sind *quando* 'wann', *dove* 'wo, wohin', *come* 'wie' und *perché* 'warum'.

Vor *è* und *era* kann der Endvokal von *quando*, *dove* und *come* elidiert werden (s. z.B. (31)). Für *qual-* steht in denselben Kontexten die Kurzform *qual* (s. z.B. (35)).

Syntaktisch entsprechen die adverbialen Interrogativpronomina Adverbien und Präpositionalphrasen. Sie realisieren die grammatischen Funktionen Adjunkt oder Obliquus.

Sie haben die Besonderheit, daß sie typischerweise die **Endstellung des Subjekts** auslösen, ohne daß dieses dadurch rhematischen Charakter bekäme. (Im Gegenteil: In der partiellen Interrogation ist alles außer dem Interrogativpronomen nicht rhematisch.) - Beispiele sind:

(30) **Quando** è nato Cesare? '**Wann** ist Cäsar geboren?'

(31) **Dov'**è la posta? '**Wo** ist die Post?'

(32) **Dove** andate? '**Wohin** geht ihr?'

(33) **Come** si chiama tua sorella? '**Wie** heißt deine Schwester?'

(34) **Perché** è stata bocciata Maria? '**Warum** ist Maria durchgefallen?'

(35) **Qual** è stato il motivo? 'Welches war der Beweggrund?'

Semantisch-pragmatisch erlauben die adverbialen Interrogativpronomina die Formulierung von Fragen nach Zeitpunkten, Orten, nach Art und Weise und nach Gründen. Sie erschöpfen wohlgemerkt nicht die Möglichkeiten adverbialer Interrogation, da auch die nominalen und die adnominalen Interrogativpronomina dadurch adverbial gemacht werden können, daß sie als Argument einer Präposition auftauchen (z.B. *da chi* 'von wem', *con che cosa* 'womit').

N.B. Die it. Interrogativpronomina machen keinen formalen Unterschied zwischen 'wo' und 'wohin', so wie überhaupt die it. lokalen Adverbien und Präpositionalphrasen nicht zwischen Befindlichkeit und Ziel unterscheiden.

Die dt. kausalen Interrogativpronomina *warum, wozu, weswegen, weshalb* können feine Unterschiede ausdrücken, die bei der Übersetzung mit it. *perché* verlorengehen. Ist die Unterscheidung zwischen Ursache, Motiv usw. wichtig, so wird sie mit Hilfe des betreffenden Nomens mit adnominalem Interrogativpronomen ausgedrückt: *per quale motivo* 'aus welchem Beweggrund', *quale è la causa di ...* 'was ist die Ursache von ...'. - Ebenso kann mit den Interrogativpronomina der Unterschied zwischen *wie* und *wieso* nicht ausgedrückt werden: Beide werden mit *come* wiedergegeben, und für 'wieso' kann auch *perché* 'warum' verwendet werden. Der Unterschied ergibt sich allerdings in den meisten Fällen aus dem Kontext, und außerdem kann zur Verdeutlichung der Bedeutung 'wieso' das Adverb *mai* 'jemals' angefügt werden. Dieses Adverb drückt vor allem aus, daß das bereits akzeptierte Bestehen des von der Frage betroffenen Sachverhalts nicht zu erwarten gewesen wäre; vgl. z.B.:

(36) **Come mai** ha vinto lui, che è un giocatore piuttosto mediocre?
  '**Wieso** hat er gewonnen, ein eher mittelmäßiger Spieler?'

N.B. Ein Fragesatz mit *come* kann auch dazu dienen, eine Äußerung zurückzuweisen. Dabei ist der von der Frage betroffene Sachverhalt lexikalisch genauso formuliert wie die zurückgewiesene Äußerung (d.h. als eine Art Zitat); vgl. z.B.:

(37) Non ho voglia di pagare. - **Come** non ha voglia di pagare?
  'Ich habe keine Lust zu bezahlen. - **Was heißt**, Sie haben keine Lust zu bezahlen?'

Vor *quando* und *dove* können die Präpositionen *da* 'seit', 'von' und *per* 'für', 'durch' gesetzt werden. Dadurch ergeben sich semantisch weitere Fragetypen; vgl. z.B.:

(38) **Da quando** la conosce?   '**Seit wann** kennen Sie sie?'

(39) **Per quando** ha ordinato la torta?   '**Für wann** hat er die Torte bestellt?'

(40) **Da dove** venite?   '**Woher** kommt ihr?'

(41) **Per dove** passiamo?   '**Wo** fahren wir **lang**?'

9.1.2.3. Adnominale Interrogativpronomina

Die adnominalen Interrogativpronomina sind *qual-* 'welch, was für ein' und *quant-* 'wieviel'. Auch *che* 'was für ein' kann als adnominales Interrogativpronomen gebraucht werden.

Die adnominalen Interrogativpronomina haben die Position von Artikelwörtern. Sie können außerdem als Komplement der Kopula und elliptisch, statt des durch sie determinierten Nomens, vorkommen.

a. Adnominale Interrogativpronomina als Artikelwörter

Als Artikelwörter stehen die adnominalen Interrogativpronomina am Anfang der Nominalphrase. *qual-* und *quant-* kongruieren mit dem Nomen, das Kopf der Nominalphrase ist. - Beispiele sind:

(42) **Che** pesce è questo?
 '**Was für** ein Fisch ist das?'

(43) In **che** misura posso decidere liberamente?
 'In **welchem** Maße kann ich frei entscheiden?'

(44) **Quale** vestito mi conviene mettere per quell'invito?
 '**Welches** Kleid soll ich für diese Einladung anziehen?'

(45) Con **quali** criteri è stato stabilito il programma?
 'Nach **welchen** Kriterien wurde das Programm aufgestellt?'

(46) **Quanti** chilometri sono?
 '**Wieviele** Kilometer sind es?'

(47) **Quanta** stoffa ti serve?
 '**Wieviel** Stoff brauchst du?'

N.B. Dem dt. *"was für ein* plus Nomen" entspricht in der Umgangssprache oft "*che razza di* plus Nomen" (für Personen) bzw. "*che tipo di* plus Nomen" (für Sachen); vgl. z.B.:

(48) **Che razza di** pittore è ?   '**Was für ein** Maler ist er?'

(49) **Che** tipo di vino è ?   '**Was** ist das **für ein** Wein?'

Zwischen der Frage mit "*che* plus Nomen" und der mit "*qual-* plus Nomen" besteht ein pragmatisch-semantischer Unterschied: Mit *che* fragt man eher nach einer Charakterisierung, einer näheren Klassifikation; mit *qual-* eher nach einer Entscheidung zwischen mehreren Möglichkeiten; vgl. z.B.:

(50) **Che** vino beviamo? - Vino bianco.
      '**Was für** Wein trinken wir? - Weißwein.'

(51) **Quale** vino beviamo? - Questo qui.
      '**Welchen** Wein trinken wir? - Den hier.'

Deshalb ist auch ein deiktischer Ausdruck oder eine definite Nominalphrase als Antwort auf eine Frage mit *qual-* ohne weiteres möglich, während sie bei *che* seltsam wirkt; vgl. z.B.:

(52) **Che** vino beviamo? - {Questo qui,? il vino bianco}.
      '**Was für** Wein trinken wir? - {Den hier, den Weißwein}.'

N.B. Den dt. Fragesätzen mit *wie lange, wie oft, wie alt, wie weit, wie schwer* usw. entsprechen im It. Fragesätze mit *quant-* bzw. *qual-*. Für 'wie lange', 'wie oft' und 'wie alt' gibt es lexikalisierte Syntagmen des Typs "*quant-* plus Nomen"; vgl. z.B.:

(53) **Quanto tempo** ci vuole per andare a Livorno?   '**Wie lange** braucht man nach Livorno?'

(54) **Quante volte** è successo?   '**Wie oft** ist das passiert?'

(55) **Quanti anni** hai?   '**Wie alt** bist du?'

In den anderen Fällen wird die Frage ausgedrückt durch *qual-* als Komplement der Kopula (s. unter b.) und ein Nomen in Subjektstellung, das die Dimension angibt (56), oder durch adnominales *che* bei einem die Dimension angebenden Nomen als Subjekt von *c'è* (57); vgl. z.B.:

(56) **Qual** è **il peso** di un ippopotamo?   '**Wie schwer** ist ein Nilpferd?'

(57) **Che distanza** c'è da qui a Bari?   '**Wie weit** ist es von hier bis Bari?'

b. Adnominale Interrogativpronomina als Komplement der Kopula

Adnominale Interrogativpronomina können wie Adjektive als Komplement der Kopula (vor allem *essere*) verwendet werden. Wie bei jedem adjektivischen Komplement erfolgt Kongruenz mit dem Subjekt; vgl. z.B.:

(58) **Quali** saranno **le conseguenze**?
      '**Welches** werden die Folgen sein?'

(59) **Quante** sono **le città** che hanno più di un milione di abitanti?
      '***Wieviele** sind die Städte, die mehr als eine Million Einwohner haben?'

Nominalphrasen mit *che* können als Komplemente der Kopula auftreten, wenn sie Argument einer Präposition sind:

(60) **Di che colore** era la rilegatura?
      '**Von welcher** Farbe war der Einband?'

c. Adnominale Interrogativpronomina als nominale Anapher

qual- und *quant-* können in der Position eines Nomens vorkommen. Semantisch sind sie dann nicht nur Formen, die nach Eigenschaften bzw. Quantitäten fragen, sondern auch anaphorische bzw. deiktische Ausdrücke. Sie müssen sich auf etwas beziehen, was bereits genannt wurde oder materiell in der Situation vorhanden ist. Hierbei erfolgt **Kongruenz** im Genus mit dem den Referenten bezeichnenden Nomen. Im Numerus besteht dann Kongruenz, wenn der Referent genau derselbe ist. (Vgl. (62), wo dies nicht der Fall ist.) - Beispiele sind:

(61) Dammi **le forbici**. - **Quali**?
 'Gib mir **die Schere**. - **Welche**?'

(62) Ci sono **tre cappotti**. **Qual** è tuo?
 'Hier sind **drei Mäntel**. **Welcher** ist deiner?'

(64) Mi può dare un po' di **salsa**? - **Quanta**?
 'Können Sie mir etwas **Soße** geben? - **Wieviel**?'

(65) Ha **dei limoni**? - Sì, **quanti** ne vuole?
 'Haben Sie Zitronen? - Ja, wieviel wollen Sie?'

Bei *quant-* wird der anaphorische Bezug durch das hinzutretende *ne* 'davon' explizit gemacht.

(66) **Quanti ne** sono arrivati?
 'Wieviele sind angekommen?'

(67) **Quanti** se ne sono iscritti?
 'Wieviele haben sich eingeschrieben?'

Zu den für *ne* gültigen Beschränkungen s. 6.2.3.3.e.

9.2. Der Aufforderungssatz

Der Aufforderungssatz ist im wesentlichen **morphologisch** definiert, und zwar dadurch, daß das finite Verb im Imperativ (oder in einem zum Imperativparadigma gehörenden Konjunktiv bzw. Infinitiv, s. 2.1.5.) steht.

Syntaktisch hat er folgende Einschränkungen gegenüber dem Aussagesatz:

- ein realisiertes Subjekt ist nur dann vorhanden, wenn dieses rhematisch ist
- die Tempora sind auf das Präsens beschränkt
- Passiv und "*si* passivante" sind ausgeschlossen

Beispiele sind:

a. Mit einem morphologischen Imperativ:

(68) Venite qui! 'Kommt her!'

(69) Fallo tu! 'Mach du es!'

(70) Non dirlo a nessuno! 'Sag es niemand!'

(71) Ne prenda uno! 'Nehmen Sie einen!'

b. Mit einem suppletiven Konjunktiv oder Infinitiv:

(72) Prenda quello che vuole!
'Nehmen Sie, welchen Sie wollen!'

(73) Non muoverti!
'Beweg dich nicht!'

Sätze mit der indeklinablen Form *ecco* 'da ist' haben die Eigenschaften von Aufforderungssätzen; die Form kann als ein defektives Verb mit dem Funktionsrahmen <Objekt, a-Obliquus> betrachtet werden; vgl. z.B.:

(74) Ecco il pane! 'Hier ist das Brot'

(75) Eccola! 'Da ist sie!'

(76) Eccotela! 'Da hast du sie!' (wörtl.: 'Da ist sie dir')

(77) Eccone un etto! 'Hier sind 100 Gramm!'

Pragmatisch dient der Aufforderungssatz seinem Namen entsprechend zur Durchführung von Aufforderungen.

N.B. Diese Funktion teilt er aber mit einer großen Zahl von nicht satzhaften Formeln (s. 10.3.2.). Außerdem erfolgen Aufforderungen oft als indirekte Sprechakte in Form von Aussagesätzen und Fragesätzen; vgl. z.B.:

(78) Devi girare a sinistra 'Du mußt links abbiegen'

(79) Mi può dare una mano? 'Können Sie mal eben mit anfassen?

9.3. Ausrufesätze

Unter dem (eigentlich pragmatisch motivierten) Begriff des Ausrufesatzes werden hier drei strukturell recht verschiedene Satztypen zusammengefaßt, nämlich:

- Kopulasätze mit *quant-* und *qual-*
- Konstruktionen der Form "*che* plus Adjektiv oder Nomen"
- Hauptsätze im Konjunktiv Perfekt und Plusquamperfekt als Irrealis

a. Ausrufesätze als Kopulasätze mit *quant-* und *qual-*

Ausrufesätze mit *quant-* und *qual-* ähneln in der Form den entsprechenden Fragesätzen; s. z.B.:

(80) **Quante** volte ti ho detto di stare zitto!
'Wie oft habe ich dir gesagt, du sollst still sein!'

(81) **Quale** fu la mia sorpresa di incontrarlo lì!
'Wie groß war meine Überraschung, ihn dort zu treffen!'

Ein syntaktischer Unterschied zum Fragesatz besteht jedoch darin, daß *quant-* im Ausrufesatz nicht nur als Komplement der Kopula, sondern auch als **Gradadverb** in einem adjektivischen Komplement der Kopula auftreten kann. Dementsprechend erfolgt auch keine Kongruenz; vgl. z.B.:

(82) Quant**o** son **belli** questi fiori!
'Wie schön diese Blumen sind!'

Semantisch sind die Ausrufesätze Aussagen, keine Fragen. Genauer gesagt: Das Bestehen des bezeichneten Sachverhalts wird vollständig präsupponiert. Sein Ausmaß wird formal durch ein Interrogativpronomen als offen dargestellt.

Pragmatisch gilt, daß der "Wert" des Interrogativpronomens nicht durch eine Antwort angegeben werden soll. Er ist konventionell als "sehr hoher Grad" festgelegt. Zusätzlich, und das unterscheidet den Ausrufesatz des vorliegenden Typs von dem in etwa gleichbedeutenden Aussagesatz, drückt der Ausrufesatz emotionale Anteilnahme aus und muß mit entsprechender Intonation geäußert werden.

N.B. Auch mit *così* 'so' kann aufgrund desselben Verfahrens ein Ausrufesatz gebildet werden; vgl. z.B.:

(83) Sono **così** belli, questi fiori!
'Die sind so schön, diese Blumen!'

b. Ausrufesätze mit "*che* plus Adjektiv oder Nomen"

Semantisch gleichartige, aber syntaktisch verschieden strukturierte Ausrufesätze können mit *che* mit einem Adjektiv oder einer Nominalphrase als Komplement der Kopula gebildet werden. Dabei kann die Kopula elliptisch sein, besonders, wenn der Satz in der 3. Person steht. - Beispiele sind:

(84) Che brutto sei!   'Wie häßlich du bist!'

(85) Che bravi sono!   'Wie tüchtig sie sind!'

(86) Che bellino!   'Wie niedlich!'

(87) Che tempaccio!   'Was für ein Mistwetter!'

Semantisch gilt, daß das Komplement enweder von seiner lexikalischen Bedeutung her bewertend ist (wie in (84) bis (87)) oder als (in der Regel positive) Bewertung gedeutet wird. Der Gesichtspunkt der Bewertung kann die Größe oder die Qualität sein; vgl. z.B.:

(88) Che cavallo!   'Was für ein Pferd!'

(89) Che piedi!   'Was für Füße!'

(90) Che bella sorpresa!   'Was für eine nette Überraschung!'

Ist das Komplement ein Adjektiv und ist der Satz in der 2. Person, so kann das Kopulaverb mit *che* angeschlossen werden:

(91) Che pigri che siete!   'Wie faul ihr seid!'

N.B. Mit dieser Konstruktion verwandt, aber nur mit Nomen (oder nominalisiertem Adjektiv) und ohne initiales *che*, ist eine Konstruktion, die für Beschimpfungen verwendet wird; z.B. in:

(92) Scemo che sei!   'Du Spinner!'

c. Ausrufesätze im Konjunktiv Perfekt oder Plusquamperfekt als Irrealis

Ganz anderer Natur ist der dritte Typ von Ausrufesätzen: Das finite Verb befindet sich am Satzanfang und steht im Konjunktiv Perfekt oder Plusquamperfekt. Semantisch präsentieren solche Sätze einen Sachverhalt als nicht faktisch. Gleichzeitig drücken sie das Bedauern über diese Irrealität aus. - Beispiele sind:

(93) Magari fosse vero!   'Wäre es doch wahr!'

(94) Avessi ascoltato te!   'Hätte ich doch auf dich gehört!'

10. Selbständige Ausdrücke ohne Satzcharakter

Bisher wurden alle Ausdrücke, die selbst keine Sätze sind, als Konstituenten des Satzes oder als Teile von Konstituenten behandelt. Die angebundenen Konstituenten (s. 8.2.) erschienen als eine Ausnahme von diesem Prinzip. Es können aber praktisch alle Ausdrücke, soweit sie nicht morphologisch gebunden (z.B. Flexionsendungen) oder klitisch (z.B. die Artikel) sind, selbständig geäußert werden. Wir unterscheiden drei Fälle:

- elliptische Vorkommen
- Vorkommen mit unmittelbarem prädikativen Bezug in der Situation
- konventionelle Wendungen

10.1. Ellipsen

Eine Ellipse liegt vor, wenn ein Ausdruck weggelassen ist und wenn es textsemantische Regeln gibt, die erfordern, daß der Referent des weggelassenen Ausdrucks vollkommen eindeutig aus dem Kontext ermittelt wird.

Die Ellipse betrifft Argumente des Verbs (s. 2.3.1.1.) oder das Verb selbst.

Die Ellipse des Verbs findet sich typischerweise in Antworten auf Fragen; s. z.B.:

(1) Quanti ne vuoi? - Tre.
     'Wieviel willst du? - Drei.'

(2) Come va? - Bene.
     'Wie geht es? - Gut.'

Ebenfalls als Ellipsen des Verbs können **Reihungen von Nominalphrasen** verstanden werden, wie man sie in der erzählenden Literatur findet; vgl. z.B.:

(3) Il treno passava per la pianura. Campi verdi, canali, fattorie isolate, pioppi, qualche campanile, il solito paesaggio.
     'Der Zug fuhr durch die Ebene. Grüne Felder, Kanäle, einzeln stehende Bauernhöfe, Pappeln, ab und zu ein Kirchturm, die gewohnte Landschaft.'

10.2. Nicht satzhafte Ausdrücke mit unmittelbarem prädikativen Bezug in der Situation

Der Gebrauch nicht satzhafter Ausdrücke kann dadurch motiviert sein, daß eine explizite Prädikation mittels eines Verbs deshalb nicht nötig ist, weil sich der prädikative Bezug unmittelbar aus der Situation ergibt. Der prototypische Fall ist dann gegeben, wenn ein Name sozusagen als Etikett an dem Objekt angebracht ist, das er bezeichnet. Dies ist u.a. bei Titeln von Werken der Fall; als Titel können Nominalphrasen und (seltener) Präpositionalphrasen vorkommen; vgl. z.B.:

(4)   I Promessi Sposi   'Die Verlobten'

(5)   Gli Indifferenti   'Die Gleichgültigen'

(6)   La Storia   'Die Geschichte'

(7)   Dietro la porta   'Hinter der Tür'

N.B. Buch- und Filmtitel sind in der Regel als determinierte Nominalphrasen realisiert, wenn sie sich auf den im Text behandelten Gegenstand beziehen (s. (4) bis (6)). Charakterisieren sie hingegen den Text als solchen, etwa durch Angabe der Gattung, so steht kein Artikel:

(8)   Conversazione in Sicilia   'Gespräch in Sizilien'

(9)   Novelle per un anno   'Novellen für ein Jahr'

(10) Fiabe italiane   'Italienische Märchen'

Nominalphrasen kommen ferner als **Aufschriften** auf Packungen (z.B. *pepe* 'Pfeffer'), Türen (z.B. *uscita* 'Ausgang') auf Warnschildern (z.B. *autocarri in rallentamento* 'langsam fahrende Lastwagen') und in vielen anderen Situationen vor, in denen sich ihr prädikativer Bezug unmittelbar aus der Situation ergibt.

Ein besonderer Fall sind die **Anreden**: Bei ihnen fehlt der Artikel, sei es in der mündlichen Rede oder in der Korrespondenz; vgl. z.B.:

(11) Ciao, ragazzi
      'Hallo, Kinder'

(12) Buon giorno, dottore
      'Guten Tag, Herr Doktor'

(13) Famiglia Rossi, via Mazzini 12 , ...
      'An Familie Rossi, via Mazzini 12, ... '

Auch **Präpositionalphrasen** treten in unmittelbarem Situationsbezug selbständig auf, so in Widmungen (z.B. *Per mio padre* 'meinem Vater'), als Aufschrift auf einer Mitteilung (z.B. *per Mario*), als Name eines (meist einfachen) Speiselokals (z.B. *da Beppe*) usw.

Ebenso können **Verbalphrasen** in unmittelbarer Situationsbezogenheit vorkommen. Das Verb ist in diesen Fällen indefinit, und zwar ist es, je nach der pragmatischen

Funktion der Äußerung, ein Partizip Perfekt oder ein Infinitiv. Die Verbalphrase im Partizip Perfekt wird als Prädikat gedeutet, dessen Argument in der Situation gegeben ist; vgl. z.B.:

(14) Chiuso per lutto
'Geschlossen wegen Trauerfall'

(15) Imbottigliato in fattoria
'Erzeugerabfüllung'

Der Infinitiv wird als Aufforderung gedeutet; vgl. z.B.:

(16) Tirare la maniglia solo in caso di pericolo
'Handgriff nur bei Gefahr ziehen'

(17) Rallentare
'Langsamer fahren'

10.3. Routineformeln

Viele nicht satzhafte Ausdrücke sind als Routineformeln lexikalisiert. Routineformeln sind feste, allerdings z.T. flektierende Wendungen, die typischerweise als selbständige Äußerungen vorkommen, meist nicht satzhaft sind und deren Verwendungsbedingungen im wesentlichen oder ausschließlich pragmatisch sind. Sie werden benutzt, um in Standardsituationen auf ökonomische Weise zu kommunizieren. Der verbale Charakter der Kommunikation ist zwar noch vorhanden, aber er ist extrem reduziert. Insofern stehen Routineformeln den konventionellen Gesten nahe.

Routineformeln können syntaktisch die verschiedenartigsten Strukturen haben, von der (syntaktisch strukturlosen) Interjektion (18), dem bloßen Nomen (19), Adjektiv (20) oder Adverb (21) über den unvollständigen Satz (22) bis zum vollständigen Satz (23):

(18) ahi!   'au!'
      dai!   'los!, mach schon!, schnell!'
      to'!   'da!, nimm!'
      mah!   'na ja, wie dem auch sei!'

(19) pazienza!   'da kann man nichts machen'
      forza!   'los!, feste!'
      aiuto!   'Hilfe!'
      accidenti!   'verflixt nochmal!'
      caspita!   'Donnerwetter!'

(20)	largo!	'Platz da!'
	bravi!	'gut!'
	fermo!	'stehenbleiben!'
	buono!	'sei artig!', 'lecker!'
	zitta!	'sei still!'
	ben venuti!	'willkommen!'

N.B. Diese Adjektive (außer *largo*) richten sich in Numerus und Genus nach der **Anzahl** und dem **natürlichen Geschlecht der Adressaten** der Äußerung. So sagt man *bravi!* zu einer Gruppe von Personen, die entweder alle männlich sind oder von denen einige männlich und einige weiblich sind; *bravo!* kann man nur zu einer männlichen Person sagen; an eine weibliche Person gerichtet heißt es *brava!* usw.

(21)	fuori!	'raus!'
	via!	'los!'
	meno male!	'umso besser!'

| (22) | figurati! | 'stell dir vor!', 'also hör mal!' |
| | prego? | 'wie bitte?' |

| (23) | scusa! | 'entschuldige bitte!' |
| | ma chi te lo fa fare? | 'wie kommst du eigentlich dazu?' |

N.B. Das Verb wird in Person und Numerus flektiert, je nachdem, wer angeredet wird; vgl. z.B.:

| (24) | si figuri! | 'stellen Sie sich vor!', 'also hören Sie mal!' |
| | scusate! | 'entschuldigt bitte!' |

Dies gilt analog auch für die Pronomina; vgl.:

| (25) | Ma chi **me** lo fa fare? | 'Wie komme ich eigentlich dazu?' |
| | Ma chi **gli**elo fa fare? | 'Wie kommt er eigentlich dazu?' |

Im folgenden sind die wichtigsten Routineformeln lexikonartig zusammengestellt. Das Prinzip der Gliederung ist nicht syntaktisch, sondern pragmatisch: Es wird unterschieden zwischen drei funktionalen Grundtypen, nämlich zwischen:

- der Ausdrucksfunktion (expressive Routineformeln)
- der Appellfunktion (appellative Routineformeln) und
- der Herstellung, Kontrolle und Beendigung des kommunikativen Kontakts (phatische Routineformeln)

Die Routineformeln können hier nicht im einzelnen hinsichtlich ihrer speziellen Verwendungsbedingungen analysiert werden; Übersetzung und ggfs. kurze Kommentare sollen ungefähre Hinweise auf diese Bedingungen geben.

10.3.1. Expressive Routineformeln

Durch eine expressive Routineformel gibt der Sprecher eine Information über sich selbst. Diese kann der Kundgabe eines Zustandes (z.B. der Schmerzempfindung) oder einer Reaktion im Rahmen einer Interaktion (z.B. des Dankes) dienen. Expressive Routineformeln sind:

ahi! 'au!' - Ausdruck physischen Schmerzes
ahimé! 'oh weh!' - Ausdruck des Schmerzes; literarisch
buono! 'lecker!' - Das /ɔ/ wird stark gelängt.
caspita! 'Donnerwetter!' - Ausdruck der Bewunderung
che barba! 'wie langweilig!' - Ausdruck, daß man etwas als störend langweilig oder als belästigend empfindet
che schifo! 'wie eklig!' - Eine genauere Entsprechung ist das norddeutsche *igitt!*
chiacchiere! 'dummes Zeug!' - Der Sprecher bringt zum Ausdruck, daß er etwas, was der Adressat soeben behauptet oder referiert hat, für falsch hält. Sehr unhöflich; etwas veraltet
ci mancherebbe! 'das würde gerade noch fehlen!' - Ausdruck der negativen Bewertung eines Sachverhalts, der den Sprecher betreffen könnte. Kann auch zur Zurückweisung von Dank benutzt werden, sinngemäß etwa: "Das wäre ja noch schöner, wenn ich dir diesen Gefallen nicht getan hätte"
grazie 'danke' - Dankesformel, wird oft mit *tante* oder *mille* verbunden; z.B. *grazie mille!*
insomma 1) 'na ja' - Ausdruck des Sprechers, daß er sich über das Thema nicht weiter äußern und daß er die Unterhaltung darüber nicht fortsetzen möchte; als Antwort auf die Frage *come va?* kann es auch dem dt. *'s geht so* entsprechen; 2) Ausdruck von Ärger oder Ungeduld, etwa dt. *also!*
ma chi si vede! 'ja wer ist denn das!' -Ausdruck der freudigen Überraschung, jemanden unerwartet zu treffen; ziemlich familiär
ma chi te lo fa fare? 'wie kommst du eigentlich dazu?' - wörtl. 'aber wer läßt dich das tun?' Ausdruck des Sprechers, daß er ein Verhalten als sinnlos betrachtet. Auch **chi me lo fa fare?** 'wie käme ich denn dazu?'
ma va'! wörtl. 'aber geh!' - Der Sprecher bringt zum Ausdruck, daß er eine vorausgehende Äußerung des Partners als übertrieben betrachtet; z.B. *Non faccio che lavorare. - Ma va'!*
mah! 'na ja', 'aha' - Der Sprecher drückt aus, daß er sich einer Stellungnahme zu dem vom Adressaten Gesagten enthalten will und daß er die Unterhaltung zu diesem Thema nicht fortsetzen möchte
meno male! 'Gott sei Dank!' - Ausdruck der Erleichterung, wenn sich herausstellt, daß etwas, was man befürchtet hat, nicht eingetreten ist
o Dio! 'oh Gott!', 'um Himmels willen!' - Ausdruck der Bestürzung, der negativen Überraschung, des psychischen Schmerzes
pazienza 'da kann man nichts machen', 'wird schon noch werden' - wörtl. 'Geduld!' - Als Reaktion auf eine negative Information; der Sprecher drückt damit aus, daß er die Situation hinnimmt

per Bacco! wörtl. 'bei Bacchus!' - Ausdruck der Zustimmung; bürgerlich-akademische Konnotation
santo cielo! 'Himmel!' - Ausdruck negativer Überraschung (sozusagen die Hände zusammenschlagend)

Zu den expressiven Routineformeln gehören auch **formelhafte Flüche**; wie z.B.:

accidenti! 'verflixt nochmal!' - Kann auch als Ausdruck der Verwunderung gebraucht werden, etwa wie dt. *Teufel!*
porca miseria! 'verdammte Scheiße!'

10.3.2. Appellative Routineformeln

Durch eine appellative Routineformel fordert der Sprecher den Hörer zu etwas auf. Appellative Routineformeln sind:

acqua in bocca! 'aber dichthalten!' - Aufforderung, über etwas das Stillschweigen zu bewahren
aiuto! 'Hilfe!' - Hilferuf. Kann auch übertragen ironisch gebracht werden, um Überraschung und negative Bewertung auszudrücken
alt! 'halt!'
altro? 'darf's noch etwas sein?' - (beim Einkaufen)
attento! 'paß auf!', 'Vorsicht!' - Warnung vor einer Gefahr. Die Form wird flektiert: Zu einer weiblichen Person sagt man *attenta!*, zu einer Mehrzahl von Personen *attenti!* bzw. *attente!*
attenzione! 'Achtung, Achtung!' - Aufforderung, zuzuhören, als Ankündigung einer Mitteilung; richtet sich an eine anonyme Menge von Personen. (Bei nicht anonymem Adressaten benutzt man eine persönliche Anrede, vor allem mit dem Namen, oder die Anrede mit *senti, senta*)
avanti! 'los!', 'vorwärts!', 'weiter!', 'herein!' - Aufforderung, eine bereits beabsichtigte oder verlangte Handlung durchzuführen oder eine bereits begonnene Handlung fortzusetzen. Speziell auch die Aufforderung, das Zimmer zu betreten, als Reaktion auf das Klopfen
buono! 'sei brav!' - Aufforderung, artig zu sein; richtet sich typischerweise an ein Kind oder einen Hund; flektiert wie *attento*
capito? 'verstanden?', 'klar?' - Aufforderung, zu bestätigen, daß das vom Sprecher Gesagte in seiner Absicht verstanden wurde; unhöflich
con permesso 'entschuldigen Sie' - Entschuldigungsformel, wenn man eine Unterhaltung abbricht oder wenn man sich von einer Gruppe entfernt, an deren Unterhaltung man teilgenommen hatte; ziemlich formal
dai! 'los!', 'mach schon!', 'also komm!' - Aufforderung, eine verlangte Handlung durchzuführen, Insistieren auf einer Bitte; sehr familiär
dico bene? 'hab ich nicht recht?' - Aufforderung des Sprechers, das von ihm soeben Behauptete explizit zu bestätigen

dimmi 'sag mal' - Aufforderung, sich darauf einzustellen, daß der Sprecher eine Frage stellen wird; z.B.: *Ma dimmi, lo ami davvero?* 'Sag mal, liebst du ihn wirklich? - Oft auch *Dimmi una cosa:* ...

favorisca! 'bitte!' - Aufforderung, Einladung, das in der Situation Naheliegende zu tun; sehr formelles Register; s. auch 10.3.3., *vuol favorire*

fermo! 'keine Bewegung!' - Befehl, stehenzubleiben und sich nicht zu bewegen

figurati! 'stell dir vor'; 'ich bitte dich!' - 1) Aufforderung, eine Tatsache gebührend einzuschätzen; 2) Zurückweisung von Dank. - Die entsprechende Siezform lautet *si figuri!*

forza! 'feste!' - Anfeuerung, auch Ruf der Schlachtenbummler im Fußball, z.B. *Forza Italia!*

il conto! 'zahlen!' - Aufforderung an die Bedienung, die Rechnung zu bringen; meist gefolgt von *prego* oder *per favore* 'bitte'

largo! 'Platz da!', 'Bahn frei!' - Aufforderung, dem Sprecher Platz für seinen Weg zu machen; an eine anonyme Menge von Menschen gerichtet

mi spiego? 'verstehen Sie, was ich meine?', 'klar?'- Aufforderung zu bestätigen, daß das vom Sprecher Gesagte in seiner Absicht verstanden wurde; weniger familiäre Variante von *capito?*

non faccia complimenti! 'genieren Sie sich nicht!' - Aufforderung, etwas Angebotenes anzunehmen, wenn der Adressat aus Höflichkeit zögert

non faccio complimenti! 'nein danke, wirklich nicht!' - Wenn der Adressat etwas angeboten hat und der Sprecher bereits abgelehnt hat: Indirekte Aufforderung an den Adressaten, nicht weiter zu insistieren

pardon! 'Verzeihung!' - Formel für die nachträgliche Entschuldigung bei einer geringfügigen Belästigung (z.B. einer unabsichtlichen Berührung)

per carità! wörtl. 'bei der Nächstenliebe!'; 'also ich bitte Sie!' - Aufforderung, etwas nicht zu tun oder zu sagen, auch zur Zurückweisung von Dank

per favore 'bitte' - Vor oder nach einer Aufforderung, auch zur Ankündigung; vgl. z.B. *il conto, per favore* 'zahlen bitte!', *per favore, ha dei fiammiferi?* 'Verzeihen Sie, haben Sie Feuer?'

permesso! 'gestatten Sie bitte?', 'entschuldigen Sie mich bitte' - Bitte, etwas zur Seite zu treten, um den Sprecher durchzulassen, z.B. in einem engen Gang

piantala! 'hör auf!' - Aufforderung, ein Verhalten zu beenden, das den Sprecher stört. Familiär und unfreundlich; neutraler sind *finiscila* und *smettila*

possibile? 'wirklich?' - Ausdruck der Ungläubigkeit, als Aufforderung an den Adressaten, das von ihm Gesagte noch einmal ausdrücklich zu bestätigen

posso? 'darf ich?' - Die Frage hat die Funktion, um die Erlaubnis für eine beabsichtigte Handlung zu bitten, die eine geringfügige Störung des Adressaten beinhaltet

prego 'bitte' - Höfliche Aufforderung, etwas zu tun; z.B. *I biglietti prego* 'Die Fahrausweise bitte!' - Dient auch der Aufforderung, etwas zu wiederholen, was der Sprecher akustisch nicht verstanden hat: *Prego?* 'wie bitte?'

s'accomodi! 'bitte!' - Aufforderung, das in der Situation Naheliegende zu tun, insbesondere auch, sich zu setzen; vgl. *Prego, s'accomodi!* 'Bitte, nehmen Sie Platz!' ; ziemlich förmlich

scusi 'entschuldigen Sie bitte!' - Entschuldigungsformel als Ankündigung, daß man etwas tun will, besonders wenn man einen Fremden anredet (*Scusi, che ore sono?*) oder wenn man widersprechen will (*Scusa, ma ...*). Als nachträgliche Entschuldigung meist durch *oh* eingeleitet: *Oh, scusi!*
silenzio! 'Ruhe!' - Befehl, still zu sein; an eine Mehrzahl von Personen gerichtet
to'! 'da!' - Soll die Aufmerksamkeit des Adressaten darauf hinlenken, daß er etwas bekommt, z.B. wenn man einem Hund etwas zu fressen hinwirft; gegenüber einem Menschen unhöflich. - Andere Schreibung: *toh!*
via! 'los!'- auch in *a posto, pronti, via!* 'Achtung, fertig, los!'; vgl. die Redewendung *dare il via* 'den Startschuß geben'
visto? 'siehst du?' - Aufforderung, zu bestätigen, daß etwas vom Sprecher Behauptetes sich als richtig erwiesen hat
zitto! 'sei still!', 'psst!' - Aufforderung, zu schweigen; vgl. *stare zitto* 'still sein, nichts sagen' - *zitto* ist ein Adjektiv und wird daher nach natürlichem Geschlecht und Anzahl der Adressaten flektiert

10.3.3. Phatische Routineformeln

Die phatischen Routineformeln sind vor allem die Grußformeln und deren Erwiderungen.

Ein großer Teil der Grußformeln hat die Form eines Wunsches, ohne daß sie pragmatisch Wünsche wären (z.B. *buon giorno* 'guten Tag!'; der entsprechende echte Wunsch würde z.B. lauten *Ti auguro una buona giornata* 'ich wünsche dir einen guten Tag'). Auch eigentliche Wünsche, wenn sie formelhaft sind, sind phatische Routineformeln.

Nur wenige Routineformeln dienen ausschließlich der Kontrolle des kommunikativen Kontaktes, nämlich *pronto, mah, dimmi, senta, guarda, tutto qui* (s. die Erläuterungen in der folgenden Liste). - Die wichtigsten phatischen Routineformeln sind:

a fra poco! 'bis bald!' - Zusatz zur Grußformel bei der Verabschiedung
a presto! 'bis bald!' - Zusatz zur Grußformel bei der Verabschiedung
addio! 'leb wohl!' - Grußformel für den endgültigen Abschied
alla prossima (volta) 'bis zum nächsten Mal' - Zusatz zur Grußformel bei der Verabschiedung, wenn man sicher ist, sich bei gleichem Anlaß wiederzusehen
altrettanto 'gleichfalls!' - Erwiderung auf eine Wunschformel; vgl. z.B. *Buon appetito! - Grazie, altrettanto!*
arrivederci 'auf Wiedersehen!' - Grußformel für den Abschied, registermäßig unmarkiert; oft mit *ciao* (*Ciao, arrivederci!, Arrivederci, ciao!*) oder vor dem Tageszeitgruß (*Arrivederci, buon giorno!, Arrivederci, buona notte!*)
arrivederla 'auf Wiedersehen!' - Grußformel für den Abschied, formales Register; oft vor der Anrede durch Titel; z.B. *Arrivederla, Eccellenza!*
auguri! 'herzlichen Glückwunsch!', 'viel Glück!' - Formel zum Gratulieren, aber auch allgemein guter Wunsch

bacio le mani 'küß die Hand' - In Süditalien: traditionelle Grußformel des formellen Registers, vom Tiefer- zum Höherstehenden
ben arrivato! wörtl. 'gut angekommen!' - Begrüßungsformel gegenüber jemandem, der an einem Ziel angekommen ist. Auch ironisch, für jemanden, der zu spät kommt
ben tornato! wörtl. 'gut zurückgekommen!' - Begrüßungsformel gegenüber jemandem, der von einer Reise zurückkommt
benvenuto! 'willkommen!'
buon anno! 'ein glückliches Neues Jahr!'
buon appetito! 'guten Appetit!'
buon giorno! 'guten Tag!', 'guten Morgen!' - Grußformel, sowohl für die Begrüßung als auch für die Verabschiedung; formelles Register; tageszeitlich begrenzt vom Morgen bis zum Beginn der Tageszeit 'sera'; meist gefolgt von einer Anrede; z.B. *Buon giorno, dottore!* Auch ironisch, z.B. *Ah buon giorno, non sapevo che la pensavi così!*
buon Natale! 'frohe Weihnachten!'
buon viaggio! 'gute Reise!'
buona notte! 'gute Nacht!' - Grußformel für die Verabschiedung vor dem Schlafengehen; registermäßig unmarkiert; wird auch ironisch übertragen gebraucht: *Allora buona notte!* 'dann ist es aus'
buona Pasqua! 'frohe Ostern!'
buona sera! 'guten Tag!', 'guten Abend!'- Grußformel, sowohl für die Begrüßung als auch für die Verabschiedung; formelles Register; tageszeitlich begrenzt, regional variierend: Am Nachmittag und am Abend oder nur am Abend; meist gefolgt von einer Anrede; z.B. *Buona sera, dottore!*
buone feste! 'schöne Feiertage!' - Wunsch für Weihnachten und Neujahr
buone vacanze! 'schöne Ferien!'
ci vediamo! 'bis bald!' - wörtl.: 'wir sehen uns' - Zusatz zur Grußformel bei der Verabschiedung, nach *ciao: ciao, ci vediamo;* familiär; drückt die Erwartung aus, daß man sich bald wiedersehen wird
ciao! 'hallo!', 'tschüs!' - Grußformel, sowohl bei der Begrüßung als auch beim Abschied; familiär (setzt voraus, daß man sich duzt), häufig vor einer als Anrede gebrauchten Form (Vorname, Verwandtschaftsbezeichnung u.ä.; nicht bei Titeln); vgl. z.B.: *Ciao Anna!, Ciao ragazzi!*
cin cin! 'prost!' - Grußformel beim Zutrinken; familiär; s. auch *salute*
come va? 'wie geht's?' - Formelhafte Frage nach dem Ergehen, folgt der eigentlichen Begrüßungsformel; etwas familiärer als das gleichbedeutende *come sta?*
di niente! 'ist schon gut', 'gern geschehen!' - Reaktion auf Dank; s. auch *non c'è di che*
guardi wörtl. 'sehen Sie' - Ankündigung einer argumentativ wichtigen Aussage und Aufforderung, diese ernst zu nehmen. Die Aussage kann auch als Nebensatz mit *che* angeschlossen werden, z.B. *Guardi che io non posso far niente per farle cambiare idea*
in bocca al lupo! 'Hals- und Beinbruch!'
non c'è di che 'keine Ursache!' - Dient der Zurückweisung von Dank; Standardreplik auf *grazie!*
non c'è male 'ganz gut' - Antwort auf die formelhafte Frage nach dem Ergehen

pronto wörtl. 'bereit!' - Erste Meldung am Telefon nach Abnehmen des Hörers; Nachfrage, ob der Kontakt besteht; z.B.: Telefon: *rrrrrr* ... A: *Pronto!* - B: *Pronto?* - A: *Pronto!* - B: *Chi parla?* - A: *Sono Mario Rossi,* ...
salute! 'zum Wohl!'
salve! 'guten Tag!', 'grüß Gott!' - Grußformel, vor allem bei der Begrüßung; informell, aber weniger familiär als *ciao*, meist ohne Anrede, läßt offen, ob man sich duzt oder siezt
senti! wörtl. 'hör zu!' - Ankündigung, daß man etwas äußern will; nicht so insistierend wie die angegebene Übersetzung im Dt., eher der Eröffnung einer Äußerung durch Anrede entsprechend; vgl. z.B.: *Senti, dove siamo?* 'Du, wo sind wir?'; wird auch in der Höflichkeitsform gebraucht: *senta!*
stammi bene! 'laß dir's gutgehen!' - Folgt der Abschiedsformel (z.B. *Ciao, stammi bene*)
tante cose! 'alles Gute!' - Wunschformel beim Abschied; auch *tante belle cose!*
tutto qui? 'das wär's?' - Wenn die Initiative zu dem Gespräch vom Adressaten ausgegangen ist: Frage an den Adressaten, ob er alles vorgebracht hat, was er sagen wollte. - Kann auch als Antwort verwendet werden: *Tutto qui? - Tutto qui.*
vuol favorire? wörtl. 'wollen Sie geruhen?' - Förmliche Grußformel von jemandem, der beim Essen ist, gegenüber jemandem, der ankommt (keine wirkliche Einladung!)

KAPITEL II

DER KOMPLEXE SATZ

0. Einführung

Der komplexe Satz beruht auf Erweiterungen des einfachen Satzes. Er ist dadurch definiert, daß er mindestens einen Nebensatz oder eine Koordination enthält. Zu den Erweiterungen, die einen Satz komplexer machen, gehört auch der strukturell nicht integrierte Einschub.

N.B. Die Aufteilung der Darstellung in die Syntax des einfachen Satzes und die Syntax des komplexen Satzes ist praktisch bedingt, und mit der Abgrenzung, die hier vorgenommen wird, ist kein theoretischer Anspruch verbunden. In der Tat ist der Begriff der Satzkomplexität gleitend, und bestimmte Phänomene, die hier im Kapitel über den einfachen Satz behandelt sind, vor allem die nicht-finiten Verbalsyntagmen, erhöhen die Komplexität des Satzes beträchtlich.

Ein **Nebensatz** ist eine Konstituente, deren Kopf ein finites Verb ist, das nicht Teil der höchsten Verbalphrase des gesamten Satzes ist. Das folgende Beispiel enthält drei Nebensätze:

(1) Quando uscii dal cinema, mi accorsi che la macchina bianca non era più al posto dove l'avevo notata prima.
'Als ich aus dem Kino kam, stellte ich fest, daß das weiße Auto nicht mehr an der Stelle war, wo ich es vorher bemerkt hatte.'

Ein Nebensatz kann einen anderen enthalten, so daß eine **Verschachtelung** entsteht. Ein Nebensatz kann also ebenfalls einfach oder komplex sein. So ist in (1) der Nebensatz *quando uscii dal cinema* ein einfacher Satz, der Nebensatz *che ... posto* ist komplex: Er enthält den Nebensatz *dove l'avevo notata prima*, der seinerseits einfach ist; vgl. das folgende Schema:

(1')

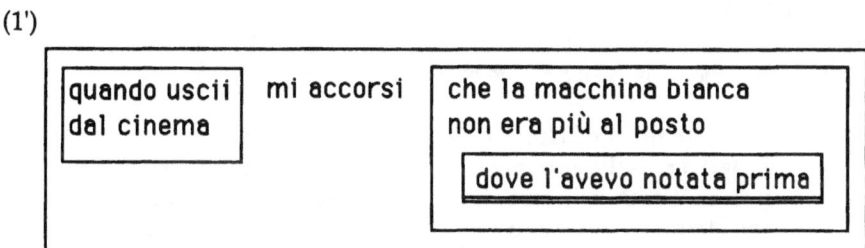

Nebensätze werden typischerweise mit dem übergeordneten Satz, dessen Teil sie sind, durch eine spezielle Form verbunden. Diese Form ist der **Junktor**. Beispiele für Junktoren sind *quando, che* und *dove* in (1).

Eine **Koordination** liegt dann vor, wenn innerhalb eines einfachen Satzes eine funktionale Position (grammatische Funktion oder Prädikat) mehr als einmal besetzt ist. Beispiel (2) enthält zwei Koordinationen:

(2)　Le autostrade e le superstrade a quattro corsie sono proibite ai pedoni, agli animali e ai veicoli non motorizzati
'Autobahnen und vierspurige Schnellstraßen sind für Fußgänger, Tiere und nicht motorisierte Fahrzeuge verboten'

Koordinierte Elemente werden typischerweise durch eine spezielle Form miteinander verbunden. Wir nennen diese Form den **Koordinator**. (In (2) tritt zweimal der Koordinator *e* 'und' auf.)

Die Verfahren des komplexen Satzes haben eine semantische und eine redeorganisierende Funktion.

Semantisch dienen sie zum Ausdruck bestimmter Prädikat-Argument-Strukturen, zur Bezeichnung bestimmter Relationen zwischen Sachverhalten und zur Bildung von Kennzeichnungen.

So dient die Koordination mit 'und' bei manchen Prädikaten dem Ausdruck der Gegenseitigkeit ('x und y heiraten') oder der mehrelementigen Relation ('x liegt zwischen y und z'). Ebenso dient der Nebensatz mit 'wenn' dem Ausdruck der Bedingtheit, und der sog. restriktive Relativsatz dient der Kennzeichnung eines Gegenstandes anhand seiner Eigenschaften ('der Brief, den du mir geschrieben hast').

Für die **Organisation der Rede** kann die Tatsache genutzt werden, daß Nebensätze und Koordination es ermöglichen, mehr Information in einem Satz auszudrücken, als es im einfachen Satz möglich wäre. Komplexe Sätze machen es somit möglich, im Text relativ große Inhaltssequenzen formal zusammenzuklammern und hierarchisch zu strukturieren.

Diese Möglichkeit dient zum Teil der Ökonomie der Rede: Die Verwendung der Koordination macht einen Text kürzer. Man vergleiche z.B. den folgenden Text und seine Umformulierung in eine Folge einfacher Sätze:

(3)　La fisionomia dell'Umbria oggi è dunque quella di una regione **isolata, appartata, dall'economia arretrata, in certe zone addirittura di crescente sottosviluppo**. Contrasta fortemente con tutto ciò l'immagine dell'Umbria del passato. (Carlo Ginzburg, L'Italia, Zanichelli 1978: 190)
'Das Gesicht Umbriens ist heute also das einer isolierten, abgelegenen, wirtschaftlich rückständigen, in manchen Gebieten sogar zunehmend unterentwickelten Region. In krassem Gegensatz zu all dem steht das Bild des Umbriens der Vergangenheit.'

(3') La fisionomia dell'Umbria oggi è dunque quella di una regione isolata, è quella di una regione appartata, è quella di una regione dall'economia arretrata, in certe zone è addirittura quella di una regione di crescente sottosviluppo. Contrasta fortemente con tutto ciò l'immagine dell' Umbria del passato.
'Das Gesicht Umbriens ist heute also das einer isolierten Region, es ist das einer abgelegenen Region, es ist das einer rückständigen Wirtschaft, in manchen Gebieten ist es sogar das einer Region in wachsender Unterwicklung. In krassem Gegensatz zu all dem steht das Bild des Umbriens der Vergangenheit.'

Der Gebrauch von Nebensätzen hingegen dient weniger der Ökonomie ((4) und (4') sind etwa gleich lang) als der thematischen Organisation der Redeinhalte; vgl. z.B.:

(4) Della civiltà etrusca, **che estese anche qui il proprio dominio,** restano in Umbria monumenti grandiosi, come la cinta di mura di Perugia o le tombe nei pressi di Orvieto. I Romani colonizzarono la regione costruendovi la via Flaminia, **attraverso cui estesero il proprio dominio all'intera penisola.** (ib.)
'Die etruskische Zivilisation, die auch hier herrschte, hat in Umbrien großartige Denkmäler hinterlassen, wie den Mauerring um Perugia oder die Gräber in der Umgebung von Orvieto. Die Römer kolonisierten die Region, indem sie dort die Via Flaminia bauten, durch die sie ihre Herrschaft auf die ganze Halbinsel ausdehnten.'

(4') La civiltà etrusca estese anche qui il proprio dominio. Ne restano in Umbria monumenti grandiosi, come la cinta di mura di Perugia o le tombe nei pressi di Orvieto. I Romani colonizzarono la regione costruendovi la via Flaminia. Estesero, attraverso di essa, il proprio dominio all'intera penisola.
'Die etruskische Zivilisation herrschte auch hier. Sie hat in Umbrien großartige Denkmäler hinterlassen, wie den Mauerring um Perugia oder die Gräber in der Umgebung von Orvieto. Die Römer kolonisierten die Region, indem sie dort die Via Flaminia bauten. Sie dehnten durch sie ihre Herrschaft über die ganze Halbinsel aus.'

In (4) sind die historischen Denkmäler Umbriens (die Stadtmauer von Perugia, die Gräber bei Orvieto, die Via Flaminia) das Thema des ganzen Textabschnitts. In (4') zerstört die Formulierung diesen Zusammenhang: Vor allem der letzte Satz hat mit dem Thema "Umbrien" nichts mehr zu tun.

1. Nebensätze

Das Italienische hat folgende **Typen** von Nebensätzen:

- Komplementsätze
- Adjunktsätze
- Relativsätze
- freie Pronominalsätze

Komplementsätze sind entweder deklarativ oder interrogativ. Relativsätze sind entweder restriktiv oder nicht-restriktiv.

Das folgende Schema soll diese Systematik graphisch ausdrücken:

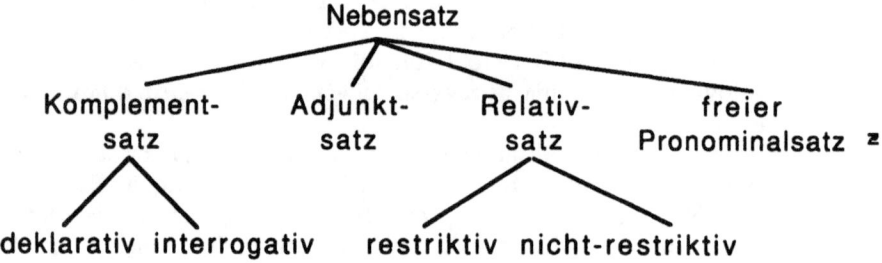

1.1. Komplementsätze

Der Begriff Komplementsatz deckt hinsichtlich der Konstituentenstruktur und der Semantik eine Vielfalt von Erscheinungen ab. Aber alle Komplementsätze haben eine funktionale und eine semantische Gemeinsamkeit: Sie realisieren eine von einem Verb, Adjektiv, Nomen oder Adverb regierte grammatische Funktion, das Satz-Komplement (abgekürzt S-Komplement), und sie bezeichnen Sachverhalte, die Argumente des durch das Verb, Adjektiv oder Nomen bezeichneten Prädikats sind.

1.1.1. Deklarative Komplementsätze

Deklarative Komplementsätze haben **distributional** zwei Eigenschaften: Sie werden durch den Junktor *che* eingeleitet, und sie stehen rechts vom Verb; vgl. z.B.:

(1) Sono convinto **che questa sia la soluzione migliore**
    'Ich bin überzeugt, daß dies die beste Lösung ist'

Das folgende Schema soll die Struktur dieses Beispiels veranschaulichen:

(1')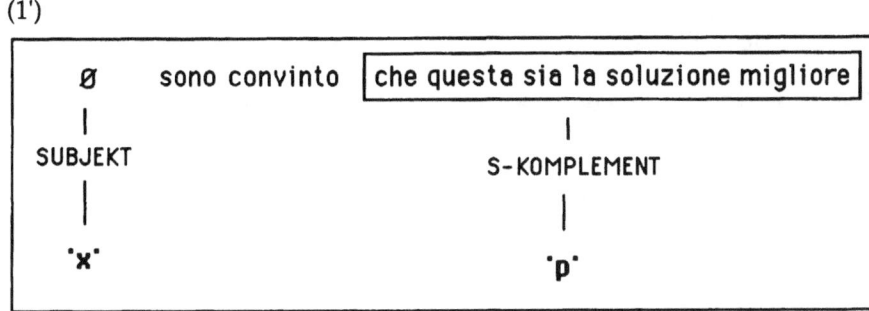

Deklarative Satz-Komplemente können pronominal durch *ne* oder durch *lo* realisiert werden. Die Wahl zwischen den beiden Pronomina hängt davon ab, welche grammatische Funktion das dem Komplementsatz entsprechende, nicht satzhafte Argument bei dem betreffenden Verb hat; vgl. z.B. :

(2) Sei convinto che questa sia la soluzione migliore? - Sì, **ne** sono convinto
'Bist du überzeugt, daß dies die beste Lösung ist? - Ja, ich bin davon überzeugt.'

(3) Sai che la domenica l'ingresso è libero. - Sì, **lo** so.
'Du weißt, daß sonntags der Eintritt frei ist. - Ja, ich weiß.'

Neben dem Funktionsrahmen <Subjekt, Objekt, S-Komplement> hat *convincere* den Funktionsrahmen <Subjekt, Objekt, di-Obliquus>; deshalb ist das Pronomen *ne*. *sapere* hingegen hat neben dem Funktionsrahmen <Subjekt, S-Komplement> den Funktionsrahmen <Subjekt, Objekt>; deshalb ist das Pronomen *lo*.

Deklarative Nebensätze mit *che* können links angebunden werden (s. 1.1.4.).

Die **innere Struktur** der deklarativen Komplementsätze ist im Prinzip die der entsprechenden unabhängigen Sätze. Es bestehen aber einige wichtige Beschränkungen und Unterschiede:

a. Definitionsgemäß können Interrogativ-, Imperativ- und Exklamativsätze nicht als deklarative Komplementsätze auftreten.

b. Redeorganisierende Partikeln können nicht in deklarativen Komplementsätzen auftreten; vgl. z.B.:

(4) **Dunque** si è fermato.
'Er ist also stehengeblieben.'

(4')   * Ho capito che **dunque** si è fermato.
       '*Ich habe verstanden, daß er also stehengeblieben ist'

c. Der Konjunktiv, der im deklarativen Hauptsatz nicht stehen kann, kann in deklarativen Komplementsätzen auftreten; vgl. z.B.:

(5)   *Sia ancora lontano
       'Es ist-KONJUNKTIV noch weit'

(5')   Non credo che sia ancora lontano
       '*Ich glaube nicht, daß es noch weit ist-KONJUNKTIV'

Zur Wahl des Modus im deklarativen Komplementsatz s. Kap. IV, 5.

1.1.2. Lexikalische Bedingungen für das Auftreten der deklarativen Komplementsätze

Das Auftreten deklarativer Komplementsätze ist insofern lexikalisch bedingt, als sie Argumente bestimmter Verben, Adjektive, Nomina oder Adverbien sind.

1.1.2.1. Deklarative Komplementsätze als Argumente von Verben

Eine größere Anzahl von Verben hat in einer ihrer lexikalischen Formen ein Satzkomplement mit *che*. Viele dieser Verben regieren alternativ eine Infinitivkonstruktion, eine Präpositionalphrase oder eine Nominalphrase; vgl. z.B.:

(6)   a. Dobbiamo **evitare che** si scateni una polemica
         'Wir müssen vermeiden, daß ein Streit entsteht'

      b. Dobbiamo **evitare di** far scatenare una polemica
         'Wir müssen vermeiden, einen Streit zu verursachen'

      c. Dobbiamo **evitare** una polemica'
         'Wir müssen einen Streit vermeiden'

(7)   a. **Crede che** tutti lo debbano considerare come un genio
         'Er glaubt, daß alle ihn als ein Genie betrachten müssen'

      b. **Crede di** essere un genio
         'Er glaubt, ein Genie zu sein'

      c. **Crede a**lla propria genialità
         'Er glaubt an seine eigene Genialität'

Die Wahl zwischen **che-Komplement** und **Infinitivkomplement** hängt von verschiedenen Faktoren ab. Diese betreffen:

- die lexikalische Bedeutung des Prädikats
- die Verhältnisse der Korreferenz zwischen den regierten Funktionen des Matrixverbs und den regierten Funktionen des eingebetteten Verbs
- die mit dem Infinitiv als solchem verbundenen semantischen Beschränkungen

Die lexikalische Bedeutung des Prädikats spielt eine Rolle bei einigen mehrdeutigen Verben wie *sapere* 'können' vs. 'wissen', *fare* 'lassen' vs. 'dafür sorgen (daß)' und *lasciare* 'lassen' vs. 'gestatten'.

Bei *sapere* in der Bedeutung 'können' ist ein che-Satz nicht möglich; in der Bedeutung 'wissen' hingegen gehen beide Konstruktionen; vgl. die folgenden Beispiele:

(8) **Sa** leggere il greco
***Sa che** legge il greco
'Er kann Griechisch lesen'

(9) **Sa di** avere torto
Sa che ha torto
'Er weiß, daß er Unrecht hat'

Bei *fare* 'lassen' als kausatives Operatorverb steht der Infinitiv:

(10) Questa pioggia tiepida **fa** crescere le piante
'Dieser warme Regen läßt die Pflanzen wachsen'

N.B. Hier kann auch *fare sì che* stehen; bloßes *fare che* hingegen ist in kausativer Bedeutung zweifelhaft:

(10') Questa pioggia tiepida **fa sì** che le piante crescano
(10") ?Questa pioggia tiepida **fa** che le piante crescano

Hat *fare* die Bedeutung 'dafür sorgen (daß)', so steht der che-Satz, aber kein Infinitiv:

(11) **Fai che** il nonno si alzi alle nove
***Fai** alzarsi il nonno alle nove
'Sorge dafür, daß der Großvater um neun aufsteht'

Bei *lasciare* sind die Verhältnisse etwas anders. Als Operator in der Bedeutung 'lassen' regiert es den Infinitiv; vgl. z.B.:

(12) Hai **lasciato** bruciare l'arrosto
'Du hast den Braten anbrennen lassen'

In einer leicht veralteten bzw. literarischen Verwendung heißt *lasciare* 'zulassen, gestatten', es regiert dann einen che-Satz; s. z.B.:

(13) **Lasciate** almeno **che** questi uomini spieghino i proprii motivi
'Erlaubt wenigstens, daß diese Männer ihre Motive erklären'

Die Verhältnisse der Korreferenz zwischen den regierten Funktionen des Matrixverbs und den regierten Funktionen des eingebetteten Verbs spielen deshalb eine Rolle, weil viele Verben das (nicht ausgedrückte) Subjekt ihres Infinitivkomplements kontrollieren (s. Kap. I, 2.2.4.).

Besteht keine Korreferenz zwischen dem Subjekt des eingebetteten Verbs und der kontrollierenden Funktion des Matrixverbs, so kann nur der che-Satz gewählt werden. Ein Beispiel hierfür ist:

(14) Non **sapevo che** quel libro era esaurito
*Non **sapevo** quel libro essere esaurito
'Ich wußte nicht, daß dieses Buch vergriffen ist'

N.B. Im älteren literarischen Italienisch finden sich häufig Konstruktionen des Typs *Non sapevo quel libro essere esaurito*. Diese beruhen auf der Übernahme des lateinischen Accusativus cum Infinitivo (AcI). Sie werden in der modernen Prosa vermieden.

Wenn hingegen die Korreferenz den Kontrolleigenschaften des Matrixverbs entspricht, sind die Verhältnisse weniger klar. In manchen Fällen muß die Infinitivkonstruktion gewählt werden (s. (18)), in anderen Fällen ((19), (20)) sind sowohl der Infinitiv als auch der che-Satz möglich; vgl. z.B.:

(15) a. Dobbiamo **evitare di** far scatenare una polemica
'Wir müssen vermeiden, einen Streit zu verursachen'

b. *Dobbiamo **evitare che** facciamo scatenare una polemica
'Wir müssen vermeiden, daß wir einen Streit verursachen'

(16) **So di** avere sbagliato
So che ho sbagliato
'Ich weiß, daß ich mich geirrt habe'

(17) Ha **promesso di** venire
Ha **promesso che** viene
'Er hat versprochen {zu kommen, daß er kommt}'

Es handelt sich hier um Valenzeigenschaften der einzelnen Verben.

Der Infinitiv kann keine Zeitrelationen außer denen der Gleichzeitigkeit und der Vorzeitigkeit ausdrücken. Daher wird bei Verben, die sowohl einen Infinitiv als auch einen che-Satz regieren können, der che-Satz gewählt, wenn es wichtig ist, die Nachzeitigkeit auszudrücken; s. z.B.:

(18) Ha **promesso che** sarebbe venuto
      'Er hat versprochen, daß er kommen würde'

N.B. Kann ein Verb als Alternative zum che-Satz auch eine Nominalphrase in der Funktion des Objekts regieren, so hängt die Wahl der Ergänzung u.a. davon ab, ob ein semantisch geeignetes Nomen vorhanden ist; vgl. z.B. *le promise che non avrebbe detto niente a nessuno* 'er versprach ihr, daß er niemandem etwas sagen würde' vs. *le promise una discrezione assoluta* 'er versprach ihr absolute Verschwiegenheit'.

Wie bereits gesagt, haben die Verben, die ein che-Komplement zulassen, die semantische Gemeinsamkeit, daß sie einen Sachverhalt p als Argument haben. Die entsprechenden Prädikate gehören zum großen Teil bestimmten Wortfeldern an, die durch die folgenden allgemeinen Formen charakterisiert werden können. (Die beiden ersten Zeilen entsprechen syntaktisch den unpersönlichen, d.h. subjektlosen Konstruktionen.)

- p ereignet sich (z.B. *succede che S*)
- p ist modal bewertet (z.B. *bisogna che S*)
- x hat Bewußtsein von p (z.B. *NP sa che S*)
- x kommuniziert p (z.B. *NP confessa che S*)
- x hat eine emotive Einstellung gegenüber p (z.B. *NP teme che S*)
- x will p (z.B. *NP chiede che S*)
- x nimmt p wahr (z.B. *NP vede che S*)

Die wichtigsten Verben, die deklarative Komplementsätze regieren können, sind in der Liste "Prädikate mit deklarativem Komplementsatz" in 1.1.2.5. angegeben und kommentiert.

1.1.2.2. Deklarative Komplementsätze als Argumente von Adjektiven

Auch manche Adjektive haben in einer ihrer lexikalischen Formen ein Satzkomplement mit *che*. Wie die Verben, so regieren auch die Adjektive alternativ eine Infinitivkonstruktion oder eine Präpositionalphrase; vgl. z.B.:

(19) a. E' **bello che** tu sia ritornata
         'Es ist schön, daß du zurückgekommen bist'

      b. E' **bello** ritornare
         'Es ist schön zurückzukommen'

(20) a. Sono **consapevole che** lui si è offeso
         'Ich bin mir dessen bewußt, daß er beleidigt ist'

      b. Sono **consapevole di** averlo offeso
         'Ich bin mir dessen bewußt, ihn beleidigt zu haben'

      c. Sono **consapevole de**ll'offesa
         'Ich bin mir der Beleidigung bewußt'

Die Entscheidung unter den möglichen Konstruktionen wird nach ähnlichen Prinzipien getroffen wie bei den Verben. Allerdings gibt es folgende Unterschiede:

Anders als bei den Verben besteht bei den Adjektiven immer Subjektkontrolle. Daher kann das Prinzip der Korreferenzverhältnisse einfacher formuliert werden: Das Infinitivkomplement ist immer dann möglich, wenn das Subjekt des eingebetteten Verbs gleich dem Subjekt der Adjektivphrase ist, die das Prädikat des Matrixsatzes ist.

Wenn die Korreferenzverhältnisse so sind, daß ein Infinitivkomplement stehen kann, so hängt es, ganz wie beim Verb, vom einzelnen Lexem ab, ob ebenfalls ein che-Satz möglich ist; vgl. z.B.:

(21) a. E' **orgoglioso di** aver vinto
         'Er ist stolz darauf, gewonnen zu haben'

      b. *E' **orgoglioso che** abbia vinto
         'Er ist stolz darauf, daß er gewonnen hat'

(22) a. Sono **sicuro di** avertelo detto
         'Ich bin sicher, es dir gesagt zu haben'

      b. Sono **sicuro che** te l'ho detto
         'Ich bin sicher, daß ich es dir gesagt habe'

Als Faustregel gilt jedoch, daß man die Infinitivkonstruktion vorzieht, wenn die ihr entsprechenden Korreferenzverhältnisse vorliegen.

Die Möglichkeit eines che-Satzes bei einem Adjektiv hängt auch davon ab, ob das Adjektiv persönlich oder unpersönlich gebraucht wird. Manche Adjektive, wie z.B. *giusto* 'gerecht', können nur dann einen che-Satz zu sich nehmen, wenn sie unpersönlich gebraucht sind. Andere, wie z.B. *triste* 'traurig' können in persönlicher und in unpersönlicher Konstruktion einen che-Satz regieren; vgl. z.B.:

(23) *Franco è **giusto che** sia così
      '*Franco ist gerecht, daß es so ist'
      vs.
      E' **giusto che** sia così
      'Es ist gerecht, daß es so ist'

(24) Franco è **triste che** sia così
'Franco ist traurig, daß es so ist'
vs.
E' **triste che** sia così
'Es ist traurig, daß es so ist'

N.B. Wenn *sicuro* 'sicher' die Bedeutungsnuance 'ungefährlich' hat, kann es mit dem Infinitiv stehen. Wenn es hingegen die Bedeutungsnuance 'gewiß' hat, ist nur der che-Satz möglich.

(25) E' più sicuro darglielo personalmente
'Es ist sicherer, es ihm persönlich zu geben'

(26) E' sicuro che ci sarai?
'Ist es sicher, daß du da sein wirst?'

Die Adjektive, die einen che-Satz zu sich nehmen, gehören bestimmten Wortfeldern an, die durch die folgenden allgemeinen Formen charakterisiert werden können:

- p ist bewertet (z.B. *è giusto che S*)
- x hat eine emotive Einstellung gegenüber p (z.B. *NP è lieto che S*)

Die wichtigsten Adjektive, die deklarative Komplementsätze regieren können, sind in 1.1.2.5. angegeben und kommentiert.

Alle graduierbaren Adjektive können durch ein Gradadverb expandiert werden. Sind die Gradadverbien eine der Formen *così, tanto* oder *talmente,* so kann das erweiterte Adjektiv einen che-Satz regieren. - Beispiele sind:

(27) Ero **così stanco che** m'addormentai subito
'Ich war so müde, daß ich sofort einschlief'

(28) Faceva {**tanto, talmente**} freddo che il lago gelò completamente
'Es war so kalt, daß der See ganz zufror'

1.1.2.3. Deklarative Komplementsätze als Argumente von Nomina

Ein che-Satz kann ebenfalls von einem Nomen regiert werden. Es sind zwei Fälle zu unterscheiden: In **prädikativer** Funktion entscheidet lediglich die lexikalische Bedeutung über die Möglichkeit eines che-Satzes. Es können alle diejenigen Nominalphrasen einen che-Satz regieren, deren Bedeutung sich sinnvoll über einen Sachverhalt prädizieren läßt; vgl. z.B.:

(29) E' **una grande gioia** per me **che** siano venuti tutti
'Es ist eine große Freude für mich, daß alle gekommen sind'

(30) E' **una mostruosità che** le autorità non reagiscano
'Es ist eine Ungeheuerlichkeit, daß die Behörden nicht reagieren'

In nicht-prädikativer Funktion hingegen kann nur eine relativ kleine Zahl von Nomina einen che-Satz regieren. Die in Frage kommenden Lexeme sind (in einem untechnischen Sinne) von verbalen oder adjektivischen Prädikaten abgeleitet; vgl. z.B.:

(31) Non le hanno dato il posto, con **la scusa che** era troppo anziana
'Man hat ihr die Stelle nicht gegeben, unter dem Vorwand, sie sei zu alt'
(vgl. den Verbstamm *scusa-* 'entschuldigen')

(32) **L'idea che** fra poco sarei dovuto ritornare da loro non mi piaceva per niente
'Der Gedanke, daß ich bald wieder zu ihnen zurückkehren müsse, gefiel mir gar nicht'
(vgl. das verbale Prädikat 'denken')

(33) Non pensavamo alla **possibilità che** la proposta potesse venire respinta
'Wir dachten nicht an die Möglichkeit, daß der Vorschlag zurückgewiesen werden könnte'
(vgl. das Adjektiv *possibile* 'möglich')

Die wichtigsten Nomina, die auch in nicht-prädikativer Position einen deklarativen Komplementsatz regieren können, sind in 1.1.2.5. angegeben und kommentiert.

Einige lexikalisierte Nominalphrasen können ebenfalls einen che-Satz regieren, wie z.B. *aver paura che* 'Angst haben, daß'.

N.B. Auch Nomina haben alternativ ein Infinitiv-Komplement. Für die Auswahl zwischen den beiden Komplementtypen gilt: Ist das Subjekt des Komplements frei, so steht der Infinitiv mit *di;* andernfalls steht der che-Satz; vgl. z.B.:

(34) C'è la possibilità di noleggiare una barca a vela?
'Besteht die Möglichkeit, ein Segelboot zu mieten?'

(35) C'è la possibilità che i ragazzi portino degli amici?
'Besteht die Möglichkeit, daß die Kinder Freunde mitbringen?'

Schließlich kann das adnominale *tant-* 'soviel' jedes Nomen dazu befähigen, einen che-Satz zu regieren. Dieser hat dann einen konsekutiven Sinn; vgl. z.B.:

(36) Riceve **tante lettere che** non riesce nemmeno a leggerle tutte
'Er bekommt so viele Briefe, daß er sie nicht einmal alle lesen kann'

(37) C'era **tanta gente che** non trovammo un tavolo libero
'Es waren so viele Leute da, daß wir keinen freien Tisch fanden'

1.1.2.4. Deklarative Komplementsätze als Argumente von Adverbien

Einige Adverbien können einen che-Satz regieren, nämlich *così* 'so', *talmente* und *tanto* 'soviel, so sehr'; vgl. z.B.:

(38) Bisogna spostare la scrivania, **così che** riceva più luce
'Wir müssen den Schreibtisch umstellen, so daß er mehr Licht bekommt'

(39) Il gatto le piacque **tanto che** lo volle tenere
'Die Katze gefiel ihr so, daß sie sie behalten wollte'

N.B. Der Nebensatz nach diesen Adverbien hat entweder einen finalen oder einen konsekutiven Sinn. Ist der Nebensatz final, so steht sein Verb im Konjunktiv (38), ist er konsekutiv, so steht das Verb im Indikativ (39).

N.B. Aus dem Adverb *sì* 'so' und *che* hat sich die Konjunktion *sicché* 'so daß' entwickelt. *si* als ein einen che-Satz regierendes Adverb war im Altitalienischen normal, ist aber heute veraltet.

N.B. Einige lexikalisierte Präpositionalphrasen können ebenfalls einen che-Satz regieren; s. z.B.:

(40) Gli dobbiamo spiegare la situazione **in modo che** non si spaventi
'Wir müssen ihm die Lage so erklären, daß er nicht erschrickt'

(41) Io sono **del parere che** è meglio aspettare
'Ich bin der Meinung, daß es besser ist, abzuwarten'

1.1.2.5. Lexeme, die Komplementsätze regieren

Die folgenden Listen enthalten die wichtigsten Lexeme, die deklarative Komplementsätze regieren können. Sie sind gegliedert in:

- Verben, Adjektive und lexikalisierte Verbalphrasen, die in persönlichen Konstruktionen einen che-Satz regieren können
- Verben und Adjektive, die in unpersönlichen Konstruktionen einen che-Satz regieren können, sowie
- Nomina, die in nicht prädikativer Verwendung einen che-Satz regieren können

Aus praktischen Gründen wird auch der typische Modusgebrauch im Komplementsatz angegeben. An Bedingungen wird lediglich erfaßt, ob das den Komplementsatz regierende Lexem negiert ist oder nicht. (Bei den Nomina entfällt dieser Gesichtspunkt.) Die besonderen Bedingungen bei der Einbettung von Komplementsätzen in Interrogativsätze und bei angebundenen Komplementsätzen werden nicht berücksichtigt. (Zur ausführlichen Darstellung des Modusgebrauchs s. Kap. IV, 5.1.1., 5.2.2.5. und 5.3.3.2.).

Die Listen sind wie folgt zu lesen:

- unter "/-Neg__" wird der typische Modusgebrauch für die Fälle angegeben, in denen das regierende Prädikat nicht negiert ist
- unter "/+Neg__" wird angegeben, welchen Modus der Komplementsatz typischerweise hat, wenn das regierende Prädikat negiert ist
- die Eintragung "I" bedeutet, daß der Indikativ stehen muß
- die Eintragung "K" bedeutet, daß der Konjunktiv entweder grammatisch notwendig oder stilistisch vorzuziehen ist
- die Eintragung "IK" bedeutet, daß in stilistisch nicht markierter Rede prinzipiell sowohl der Indikativ als auch der Konjunktiv stehen kann. Sie läßt offen, ob mit der Moduswahl irgendwelche inhaltlichen Nuancen verbunden sind. (Futur und Konditional werden hier dem Indikativ zugerechnet)
- die Eintragung "-" in der Rubrik bedeutet, daß die Frage des Modus sich praktisch nicht stellt, weil das betreffende regierende Lexem kaum in dem betreffenden Kontext vorkommt

a. Verben, Adjektive und Verbalphrasen in persönlichen Konstruktionen

Lexem	Übersetzung	/-Neg__	/+Neg__
accennare	andeuten	I	K
accettare	akzeptieren	IK	IK
accorgersi	merken	I	K
affermare	behaupten	I	K
ammettere	zugeben	I	K
ammettere	annehmen	K	K
annunciare	ankündigen	I	IK
aspettare	warten	K	K
assicurare	versichern	I	IK
augurare	wünschen	K	K
aver paura	Angst haben	K	K
badare	aufpassen	K	K
capire	verstehen	IK	IK
certo	sicher	I	K
chiarire	klarstellen	I	-
chiedere	verlangen	K	K
comunicare	mitteilen	I	IK
concedere	gestatten	K	K
concludere	schließen	I	IK
confermare	bestätigen	I	K
confessare	zugeben	I	IK
consapevole	bewußt	IK	K
consentire	zustimmen	K	K
consigliare	raten	K	K

constatare	feststellen	I	IK
contestare	bestreiten	K	K
contento	froh	K	K
convincere	überzeugen	IK	K
credere	glauben	IK	K
decidere	beschließen	I	IK
deluso	enttäuscht	K	K
desiderare	wünschen	K	K
dichiarare	erklären	I	K
dimenticare	vergessen	I	I
dimostrare	beweisen	I	IK
dire	sagen	I	K
dire	auftragen	K	K
dubitare	zweifeln	K	IK
escludere	ausschließen	K	K
essere del parere	der Ansicht sein	I	K
evitare	vermeiden	K	K
felice	glücklich	K	K
fiero	stolz	K	K
figurarsi	sich vorstellen	IK	K
fingere	vortäuschen	I	IK
garantire	garantieren	I	K
giurare	schwören	I	K
grato	dankbar	K	K
guardare	bedenken	I	-
immaginarsi	sich vorstellen	IK	K
imparare	lernen	I	I
impegnarsi	sich verpflichten	IK	K
indicare	angeben	I	IK
indovinare	raten	I	IK
insegnare	lehren	I	K
insistere	darauf bestehen	K	K
lasciare	zulassen	K	K
leggere	lesen	I	IK
lieto	erfreut	K	K
meravigliarsi	sich wundern	K	K
mostrare	zeigen	I	IK
negare	abstreiten	IK	IK
notare	merken	I	IK
ordinare	anordnen	K	K
orgoglioso	stolz	K	K
osservare	beobachten	I	K
pensare	denken	IK	K
permettere	erlauben	K	K
persuadere	überreden	IK	K
porre	annehmen	K	-

preferire	vorziehen	K	K
pretendere	vorgeben	IK	K
proibire	verbieten	I	I
promettere	versprechen	I	IK
proporre	vorschlagen	K	K
provare	beweisen	I	K
raccomandare	empfehlen	K	K
raccontare	erzählen	I	I
rendersi conto	sich klarmachen	I	IK
ribadire	unterstreichen	I	-
riconoscente	dankbar	K	K
ricordarsi	sich erinnern	I	IK
rilevare	feststellen	I	-
rispondere	antworten	I	IK
rivelare	offenbaren	I	I
sapere	wissen	I	K
scommettere	wetten	I	IK
sconsigliare	abraten	K	K
scontento	unzufrieden	K	K
scoprire	entdecken	I	I
sentire	hören, fühlen	I	IK
sicuro	sicher	IK	K
significare	bedeuten	I	K
soddisfatto	zufrieden	K	K
soffrire	dulden	K	K
sognare	träumen	I	IK
sopportare	ertragen	K	K
sorpreso	überrascht	K	K
sostenere	behaupten	I	K
sottolineare	unterstreichen	I	-
sperare	hoffen	IK	K
spiegare	erklären	I	IK
stabilire	festlegen	IK	K
stupefatto	verblüfft	K	K
suggerire	vorschlagen	K	K
temere	fürchten	K	K
triste	traurig	K	K
trovare	finden	I	K
vantarsi	sich rühmen	K	K
vedere	sehen	I	IK
vedere	zusehen, darauf achten	K	-
vergognarsi	sich schämen	K	K
vietare	verbieten	K	K
volere	wollen	K	K

b. Verben, lexikalisierte Verbalphrasen und Adjektive in unpersönlichen Konstruktionen

Lexem	Übersetzung	/-Neg__	/+Neg__
accadere	geschehen	IK	K
assiomatico	selbstverständlich	I	K
auspicabile	zu wünschen	K	K
aver senso	Sinn haben	-	K
bastare	genügen	K	K
bello	schön	K	K
bisognare	nötig sein	K	K
buono	gut	K	K
capitare	geschehen	IK	K
chiaro	klar	IK	K
comprensibile	verständlich	K	K
concepibile	vorstellbar	K	K
convenire	sein müssen	K	K
credibile	glaubhaft	K	K
dispiacere	leid tun	K	K
dubbio	zweifelhaft	K	K
evidente	offensichtlich	IK	IK
facile	leicht möglich	K	K
giusto	gerecht	K	K
immaginabile	vorstellbar	IK	K
impensabile	undenkbar	K	IK
importante	wichtig	K	K
importare	wichtig sein	K	K
impossibile	unmöglich	K	IK
improbabile	unwahrscheinlich	K	K
incomprensibile	unverständlich	K	K
inconcepibile	unvorstellbar	K	K
incredibile	unglaublich	K	K
indiscutibile	unbestreitbar	IK	K
ingiusto	ungerecht	K	K
inutile	unnötig, nutzlos	K	K
mancare	fehlen	K	-
meglio	besser	K	K
mostruoso	ungeheuerlich	K	-
naturale	natürlich	K	K
necessario	nötig	K	K
ovvio	offensichtlich	IK	K
parere	scheinen	K	K
pensabile	denkbar	K	K
piacere	gefallen	K	K
possibile	möglich	K	K

Lexem	Übersetzung		
probabile	wahrscheinlich	IK	K
scontato	schon klar	IK	K
sembrare	scheinen	K	K
sfuggire	entgehen	IK	IK
sorprendente	überraschend	K	K
strano	seltsam	K	K
succedere	geschehen	IK	K
triste	traurig	K	K
vero	wahr	I	K

c. Nomina

Lexem	Übersetzung	Modus
certezza	Gewißheit	IK
convinzione	Überzeugung	IK
coscienza	Bewußtsein	IK
dubbio	Zweifel	K
esigenza	Forderung	K
fatto	Tatsache	K
garanzia	Garantie	IK
idea	Gedanke	IK
illusione	Einbildung	K
ipotesi	Hypothese	K
necessità	Notwendigkeit	K
notizia	Nachricht	IK
pensiero	Sorge	K
possibilità	Möglichkeit	K
presunzione	Annahme	K
previsione	Vorhersage	K
probabilità	Wahrscheinlichkeit	K
promessa	Versprechen	I
prova	Beweis	IK
scommessa	Wette	K
scusa	Entschuldigung	IK
sicurezza	Sicherheit	IK
soddisfazione	Genugtuung	K
sospetto	Verdacht	K
speranza	Hoffnung	K
timore	Furcht	K

1.1.3. Interrogative Komplementsätze

Interrogative Komplementsätze (traditionell auch: indirekte Fragesätze) sind Komplementsätze, deren Junktor ein Interrogativpronomen oder die Form *se* 'ob' ist.

Die Interrogativpronomina fungieren nicht nur als Junktoren, sondern sie erfüllen gleichzeitig eine der grammatischen Funktionen des Komplementsatzes. (Dies gilt wohlgemerkt nicht für *se*.) - Beispiele sind:

(42) Sai **dove è la posta**
      'Du weißt, wo die Post ist'

(43) Non so **perché ridi**
      'Ich weiß nicht, warum du lachst'

Die folgenden Schemata sollen die Struktur dieser Sätze veranschaulichen:

(42')
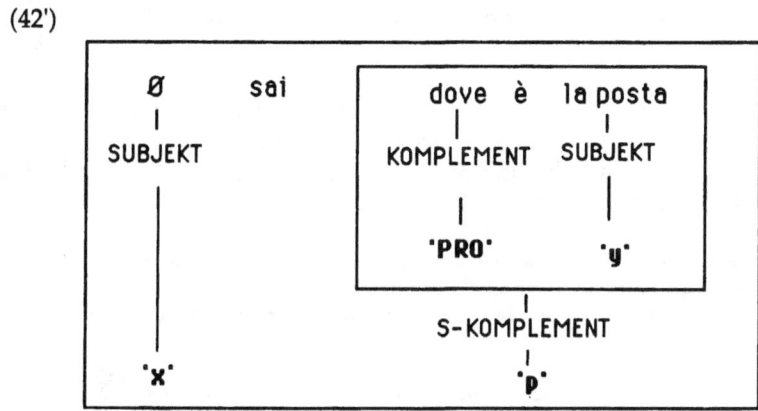

(43')
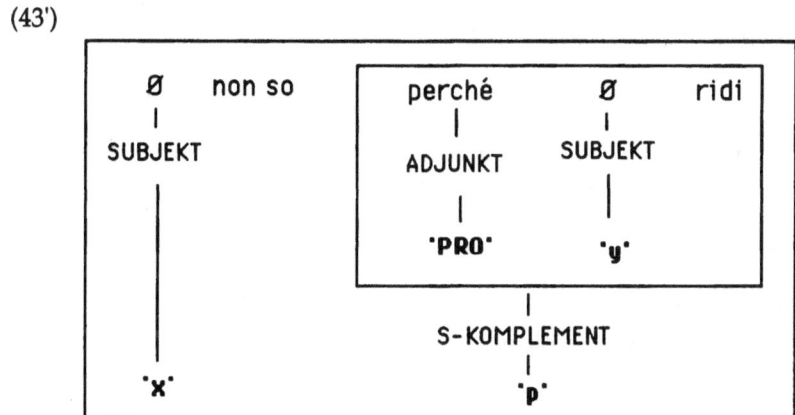

Wenn die grammatische Funktion eine Präposition verlangt, so tritt diese vor das als Junktor fungierende Interrogativpronomen (s. z.B. (51)). Anders als beim deklarativen Komplementsatz steht also hier der Junktor nicht immer an erster Stelle; s. z.B.:

(44) Dimmi **per chi è il regalo**
'Sag mir, für wen das Geschenk ist'

Semantisch haben die interrogativen Komplementsätze eine Leerstelle: Ein Argument des Prädikats, ein Adjunkt, ein Attribut oder das Bestehen des ganzen Sachverhalts ist offen. (Dies soll die Abkürzung 'PRO' in den Strukturschemata ausdrükken.)

Hierin und im Inventar der Interrogativpronomina stimmen die interrogativen Komplementsätze mit den unabhängigen Interrogativsätzen überein. Dies gilt allerdings mit einer Ausnahme: Die Frage nach dem Bestehen des ganzen Sachverhalts wird im unabhängigen Interrogativsatz nicht durch ein Morphem angezeigt; d.h. die totale Interrogation (s. Kap. I, 9.1.1.) hat keine morphologische Entsprechung für *se* 'ob'.

Eine weitere Gemeinsamkeit des interrogativen Komplementsatzes mit dem unabhängigen Interrogativsatz liegt in der Wortstellung: Wenn ein Interrogativpronomen (das nicht selbst Subjekt ist) als Junktor verwendet wird, so steht das Subjekt typischerweise rechts vom Verb (s. z.B. (55), (62) (65)).

N.B. Trotzdem ist die Bezeichnung "indirekter Fragesatz" nicht zweckmäßig: Während der (unabhängige) Interrogativsatz typischerweise tatsächlich dazu dient, **Fragen** zu formulieren, gilt dies für den interrogativen Komplementsatz nur dann, wenn er von bestimmten Prädikaten wie 'fragen', 'sich erkundigen', 'wissen wollen' regiert ist.

N.B. Mit interrogativen Komplementsätzen nicht zu verwechseln sind die sog. freien Relativsätze, s. 1.4.

Beispiele interrogativer Komplementsätze sind:

a. mit *se* 'ob'

(45) Non hanno voluto dirmi **se** {era, fosse} vero
'Sie wollten mir nicht sagen, ob es wahr ist'

b. mit *chi* 'wer'

(46) So **chi** l'ha fatto
'Ich weiß, wer es getan hat'
(*chi* ist Subjekt)

(47) Dimmi **chi** hai visto
'Sag mir, wen du gesehen hast'
(*chi* ist Objekt)

(48) Le chiesi a **chi** mi dovevo rivolgere
'Ich fragte sie, an wen ich mich wenden müsse'
(*a chi* ist a-Obliquus)

(49) Non mi ricordo di **chi** si parlava
'Ich erinnere mich nicht, von wem die Rede war'
(*di chi* ist di-Obliquus)

(50) Non volle palesare con **chi** aveva passato quella sera
'Er wollte nicht offenlegen, mit wem er diesen Abend verbracht hatte'
(*con chi* ist Adjunkt)

c. mit *che/che cosa* 'was'

(51) Dimmi **che cosa** ti manca
'Sag mir, was dir fehlt'
(*che cosa* ist Subjekt)

(52) Andai a vedere **che cosa** facevano i ragazzi
'Ich ging nachsehen, was die Kinder machten'
(*che cosa* ist Objekt)

(53) Non so a **che cosa** alludi
'Ich weiß nicht, worauf du anspielst'
(*a che cosa* ist a-Obliquus)

(54) Capii allora di **che cosa** parlavano
'Ich verstand nun, worüber sie sprachen'
(*di che cosa* ist di-Obliquus)

(55) Non era chiaro con **che cosa** aveva allettato tanti clienti
'Es war nicht klar, womit er so viele Kunden angelockt hatte'
(*con che cosa* ist Adjunkt)

N.B. Bloßes *che* statt *che cosa* ist nicht ausgeschlossen; vgl. z.B.:

(51') Dimmi **che** ti manca

(56) Capii allora di **che** si trattava
'Ich verstand nun, worum es sich handelte'

N.B. Aus *per che* 'für was' ist die lexikalisierte Form *perché* 'warum' entstanden. Vermutlich deshalb wird *che* praktisch nicht mehr nach *per* verwendet.

N.B. Interrogativen Komplementsätzen, bei denen das Pronomen *che cosa* Subjekt oder Objekt ist, wird gern die folgende Konstruktion vorgezogen: Das Demonstrativpronomen *quello* 'das' erscheint als Kopf einer Objekt-Nominalphrase, die einen Relativsatz enthält; vgl. z.B.:

(51')   Dimmi **quello che** ti manca
        'Sag mir, was dir fehlt'

(52')   Andai a vedere **quello che** facevano
        'Ich ging nachsehen, was sie machten'

N.B. In vielen Fällen, in denen man im Dt. in interrogativen Komplementsätzen *was* und *wo-* gebraucht, zieht man im It. eine Formulierung mit **qual- plus Nomen** vor. *che cosa* wählt man im Prinzip nur dann, wenn keine inhaltliche Kategorie gefunden werden kann, die den Bereich der Leerstelle angeben könnte, wie z.B. die Kategorie des Werkzeugs in:

(57)   'Ich verstand nicht, **womit** man die Tür aufgebrochen hatte'
        Non capii con **quale** strumento avevano forzato la porta

d. mit *qual-/che* 'was für ein-'

(58)   Mi devo informare **quale** strada è la migliore
        'Ich muß mich erkundigen, welcher Weg der bessere ist'

(59)   Mi devo informare {**quale, che**} strada mi conviene prendere
        'Ich muß mich erkundigen, welchen Weg ich nehmen muß'

(60)   Non mi voleva confidare per **quale** candidato avesse votato
        'Er wollte mir nicht anvertrauen, für welchen Kandidaten er
        gestimmt hatte'

Die Auswahl zwischen *qual-* und *che* erfolgt nach demselben Kriterium wie im unabhängigen Interrogativsatz; s. Kap. I, 9.1.2.3.

qual- kann auch als anaphorische Nominalphrase gebraucht werden:

(61)   Scrivimi **quali** preferisci
        'Schreib mir, welche du lieber willst'

e. mit *quanto* 'wieviel'

(62)   Sa **quante** volte ha telefonato?
        'Wissen Sie, wie oft er telefoniert hat?'

(63)   E' difficile immaginarsi **quanta** miseria ha causato quella guerra
        'Es ist schwer, sich vorzustellen, wieviel Elend dieser Krieg verursacht
        hat'

f. mit *dove* 'wo, wohin'

(64)   Vediamo **dove** possa essere
        'Sehen wir nach, wo er sein könnte'

(65) Figurati da **dove** viene
'Stell dir vor, woher er kommt'

g. mit *quando* **'wann'**

(66) Guarda **quando** parte la corriera
'Sieh nach, wann der Bus fährt'

(67) Sai da **quando** sto aspettando?
'Weißt du, seit wann ich warte?'

h. mit *come* **'wie'**

(68) Mi insegnò **come** si prepara il pesce
'Er zeigte mir, wie man Fisch zubereitet'

(69) Indovina **come** mi chiamo!
'Rate, wie ich heiße!'

N.B. Wie im Interrogativsatz, so kann auch im interrogativen Komplementsatz mit *come* das Adverb *mai* gebraucht werden, wodurch sich die Bedeutung 'wieso, warum eigentlich' ergibt:

(70) Gli **domandai come mai** non aveva portato sua sorella
'Ich fragte ihn, warum er eigentlich nicht seine Schwester mitgebracht habe'

i. mit *perché* **'warum'**

(71) Mi ha **spiegato perché** non era d'accordo
'Sie hat mir erklärt, warum sie nicht einverstanden war'

1.1.3.1. Lexikalische Bedingungen für das Auftreten von interrogativen Komplementsätzen

Die Lexeme, die einen interrogativen Komplementsatz regieren können, sind vor allem Verben; Adjektive und Nomina sind marginal.

Unter dem Gesichtspunkt der regierten Ausdrücke zerfallen sie in zwei Gruppen.

Die eine umfaßt solche Lexeme, die uneingeschränkt alle Fragejunktoren zulassen. Die Lexeme der anderen Gruppe lassen nur *se* 'ob' als Fragejunktor zu.

Die folgenden Listen geben jeweils die wichtigsten dieser Lexeme an.

a. Lexeme, die alle Fragejunktoren zulassen

annunciare	'ankündigen'
capire	'verstehen'
certo	'sicher'
chiarire	'klären'
chiedere	'fragen'
comunicare	'mitteilen'
confessare	'zugeben'
confidare	'anvertrauen'
decidere	'beschließen'
dichiarare	'erklären'
dimenticare	'vergessen'
dire	'sagen'
domandare	'fragen'
figurarsi	'sich vorstellen'
guardare	'nachsehen'
immaginarsi	'sich vorstellen'
indicare	'angeben'
indovinare	'raten'
insegnare	'lehren'
leggere	'lesen'
mostrare	'zeigen'
palesare	'offenlegen'
raccontare	'erzählen'
rendersi conto	'sich klarmachen'
ricordarsi	'sich erinnern'
sapere	'wissen'
scrivere	'schreiben'
segnare	'zeigen'
sentire	'hören'
spiegare	'erklären'
vedere	'sehen'

b. Lexeme, die nur *se* zulassen

aspettare	'warten'
confermare	'bestätigen'
dubbio	'Zweifel'
dubitare	'zweifeln'
garantire	'garantieren'
informare	'informieren'
notare	'merken'
pensiero	'Sorge'

N.B. Es ist unklar, worauf die Beschränkung der Verben der zweiten Gruppe eigentlich beruht.

Manche Verben lassen alternativ zu dem interrogativen Komplementsatz auch ein interrogatives Infinitivkomplement zu. Diese Verben sind *sapere, chiedere* und *dire*; vgl. z.B.:

(72) So benissimo **a chi rivolgermi**
So benissimo **a chi mi posso rivolgere**
'Ich weiß sehr wohl, an wen ich mich wenden kann'

(73) Si è chiesto **cosa fare**
Si è chiesto **cosa poteva fare**
'Er hat sich gefragt, was er tun konnte'

(74) Lui ti dirà **dove andare**
Lui ti dirà **dove dovrai andare**
'Er wird dir sagen, wohin du gehen mußt'

Zur Semantik dieser Infinitive, s. Kap. I, 2.6.1.

1.1.4. Angebundene Komplementsätze

Die unter 1.1.1. und 1.1.2. behandelten Nebensätze können auch an einen Satz angebunden werden (zum Begriff der Anbindung, s. Kap. I, 8.2.). Das Verb des Nebensatzes steht in der Regel im Konjunktiv.

Das von der engen Anbindung geforderte korreferente klitische **Pronomen** kann sein:

- *lo*, das Personalpronomen der 3. Person Singular Maskulinum Akkusativ
- *ne*, der Genitiv des Personalpronomens
- *ci*, das "neutrale" Personalpronomen des Dativs
- das Null-Pronomen

Es handelt sich allerdings bei diesen Nebensätzen per definitionem nicht um Komplemente: Argument des übergeordneten Verbs ist das genannte Pronomen, nicht der Nebensatz.

N.B. Der Ausdruck "angebundene Komplementsätze" ist daher zu verstehen als Abkürzung für "Nebensätze, die in ihrer Binnenstruktur Komplementsätzen gleichen, die aber nicht strukturell, sondern nur anaphorisch mit dem übergeordneten Prädikat verbunden sind".

Funktional ist das die anaphorische Beziehung ausdrückende Pronomen kein Satzkomplement. Es ist, je nach der Valenz des Verbs, ein Objekt, ein di-Obliquus oder ein a-Obliquus und hat jeweils die diesen Funktionen entsprechende Form: Objekt: *lo*, di-Obliquus: *ne*, a-Obliquus: *ci*.

Beispiele für angebundene Komplementsätze sind:

(75) **Che questa sia la soluzione migliore, ne** sono convinto
'Daß dies die beste Lösung ist, davon bin ich überzeugt'

(76) **Che la domenica l'ingresso è libero, lo** so
'Daß sonntags der Eintritt frei ist, das weiß ich'

Die Struktur dieser Beispiele sei durch die folgenden Darstellungen veranschaulicht:

(75')

(76')

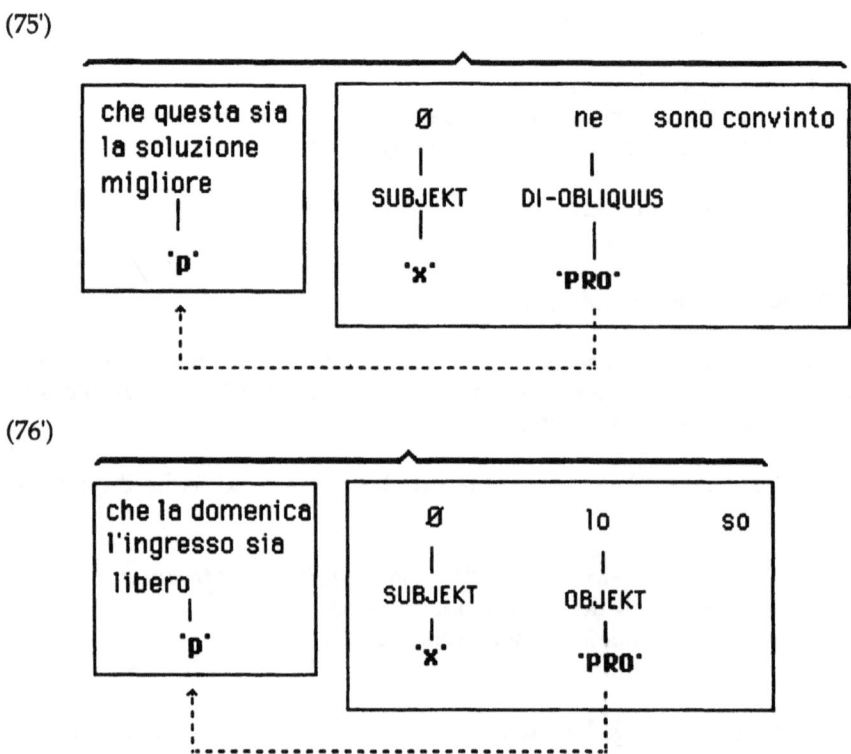

Die Verben, Adjektive und Nomina, bei denen ein angebundener Komplementsatz möglich ist, sind dieselben, die auch ein Satzkomplement als Argument haben können.

N.B. Dies beruht wohlgemerkt nicht auf der Valenz, sondern auf der lexikalischen Bedeutung dieser Verben: Das Antezedens des vom Verb regierten Pronomens ist ein Satz, also muß das Verb eine Bedeutung haben, die einen Sachverhalt als Argument zuläßt.

Adverbien, Präpositionalphrasen und Verbalphrasen können keine angebundenen Komplementsätze bei sich haben. Dies liegt daran, daß diese Ausdrücke keine grammatischen Funktionen regieren, die durch ein klitisches Pronomen realisiert werden könnten.

Den Zusammenhang zwischen den verschiedenen Funktionsrahmen des Verbs, der Möglichkeit angebundener Komplementsätze und der Wahl des klitischen Pronomens zeigen die folgenden Beispiele:

(77) **Che questa è la verità, lo** so
'Daß das die Wahrheit ist, das weiß ich'
vgl.
So **la verità**
'Ich weiß die Wahrheit' (Funktionsrahmen <Subjekt, Objekt>)
und
So **che questa è la verità**
'Ich weiß, daß dies die Wahrheit ist' (Funktionsrahmen <Subjekt, Satzkomplement>)

(78) **Che questa sia la soluzione migliore, ne** sono convinto
'Daß dies die beste Lösung ist, davon bin ich überzeugt'
vgl.
Sono convinto **dell'adeguatezza di questa soluzione**
'Ich bin von der Angemessenheit dieser Lösung überzeugt'
(Funktionsrahmen <Subjekt, di-Obliquus>)
und
Sono convinto **che questa sia la soluzione migliore**
'Ich bin davon überzeugt, daß dies die beste Lösung ist'
(Funktionsrahmen <Subjekt, Satzkomplement>)

(79) **Che lui sia così geniale**, non ci credo
'Daß er so genial ist, daran glaube ich nicht'
vgl.
Non credo **alla sua genialità**
'Ich glaube nicht an seine Genialität'
(Funktionsrahmen <Subjekt, a-Obliquus>)
und
Non credo **che lui sia così geniale**
'Ich glaube nicht, daß er so genial ist'
(Funktionsrahmen <Subjekt, Satzkomplement>)

(80) **Che lei si sia arrabbiata**, è naturale
'Daß sie sich geärgert hat, das ist natürlich'
vgl.
La sua rabbia è naturale
'Ihr Ärger ist natürlich' (Funktionsrahmen <Subjekt>)
und
E' naturale **che lei si sia arrabbiata**
'Es ist natürlich, daß sie sich geärgert hat'
(Funktionsrahmen <Subjekt, Satzkomplement>)

Wird der angebundene Komplementsatz durch das Subjekt wiederaufgenommen, so ist dieses das Null-Pronomen; s. z.B.:

(81) **Che non abbia detto niente** è strano
'Daß er nichts gesagt hat, ist seltsam'

(81')

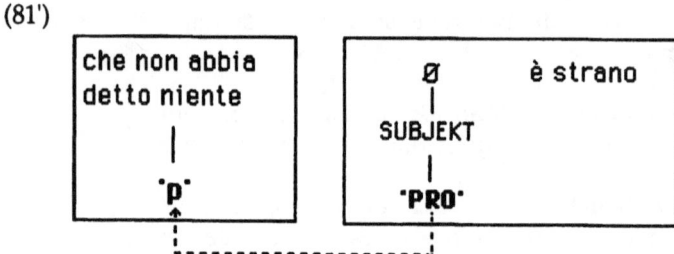

Es können alle Typen von Komplementsätzen angebunden werden, also auch die interrogativen; vgl. z.B.:

(82) **Perché non abbia detto niente**, non lo capisco
'Warum er nichts gesagt hat, das verstehe ich nicht'

(82')

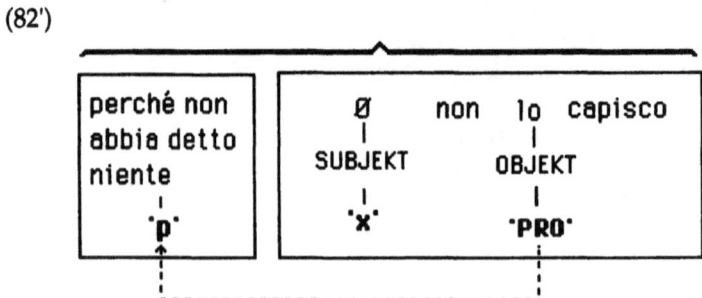

Weitere Beispiele sind:

(83) **Se sia vero**, non ha voluto dirmelo
'Ob es wahr ist, das hat er mir nicht sagen wollen'

(84) **Di chi si parlasse**, non me **ne** ricordo
'Von wem die Rede war, daran erinnere ich mich nicht'

(85) **Da quando sto aspettando**, lo sai?
'Seit wann ich warte, weißt du das?'

(86) **Perché non era d'accordo**, me lo ha spiegato dopo
'Warum sie nicht einverstanden war, hat sie mir später erklärt'

N.B. Der Konjunktiv ist bei den angebundenen interrogativen Komplementsätzen, wie schon angedeutet, nicht obligatorisch. Der Indikativ kann vor allem dann stehen, wenn der Komplementsatz eine bereits gestellte Frage wörtlich wiederaufnimmt ("Echofrage"); vgl. z.B.:

(87) A: E è vero? - B: **Se è vero**, non ha voluto dirmelo
'A: Ist es denn wahr? - B: Ob es wahr ist, das hat er mir nicht sagen wollen'

(88) A: Di chi si parlava? - B: **Di chi si parlava**, non me **ne** ricordo
'A: Von wem wurde gesprochen? - B: Von wem gesprochen wurde, daran erinnere ich mich nicht'

N.B. Manche Sätze mit einem interrogativen Satzkomplement haben keine akzeptable Paraphrase mit Anbindung; vgl. z.B.:

(89) ??Dove possa essere, vediamolo!
'?Wo er sein kann, sehen wir es nach!'
vs.
Vediamo dove possa essere!
'Sehen wir nach, wo er sein kann!'

(90) ??Da dove viene, figuratelo!
'?Woher er kommt, stell es dir vor!'
vs.
Figurati da dove viene!
'Stell dir vor, woher er kommt!'

Die Seltsamkeit solcher Sätze könnte daran liegen, daß die im Hauptsatz stehenden Verben eine nicht in den Kontext passende Bedeutungsnuance bekommen, wenn sie ein Objekt haben: *wir wollen mal sehen!* heißt eben *vediamo!*, und nicht *vediamolo!*, und *stell dir vor!* heißt *figurati!* und nicht *figuratelo!*.

Komplementsätze können nicht nur links, wie in allen vorausgehenden Beispielen, sondern auch rechts angebunden werden; vgl. z.B.:

(91) **Lo so**, che non è contento
'Ich weiß es, daß er nicht zufrieden ist'

(92)   Lo sai, **quante volte mi ha telefonato?**
       'Weißt du es, wie oft er mich angerufen hat?'

N.B. Mit *sapere* ist die Linksanbindung des Komplementsatzes besonders geläufig, oft ohne einen deutlichen prosodischen Einschnitt; also z.B.:

(93)   Lo so che non è contento
       'Ich weiß es, daß er nicht zufrieden ist'

(94)   Lo sai quante volte mi ha telefonato?
       'Weißt du es, wie oft er mich angerufen hat?'

Mit anderen Verben ist sie jedenfalls möglich, wenn auch nicht so geläufig wie im Dt.; vgl. z.B.:

(95)   Me lo avevano promesso che non sarebbe successo niente
       'Sie hatten es mir versprochen, daß nichts passieren würde'

S. auch die letzte Anmerkung in Kap. I, 8.2.1.

1.2. Adjunktsätze

Adjunktsätze sind Nebensätze, die in ihrem Matrixsatz die grammatische Funktion eines Adjunkts haben. Dies bedeutet, daß sie, wie alle Adjunkte, nicht von einem Prädikat regiert und somit von der Valenz des Hauptverbs unabhängig sind. (Allerdings kann das Prädikat aufgrund seiner lexikalischen Bedeutung bestimmte Satzadjunkte als nicht sinnvoll erscheinen lassen.)

Adjunktsätze sind durch einen Junktor mit dem Matrixsatz verbunden.

Sie besitzen innerhalb des komplexen Satzes eine größere Autonomie als die Komplementsätze. Anders als diese können sie redeorganisierende Partikeln enthalten; s. z.B.:

(96)   Quando **dunque** avrai finito, me lo dirai
       'Wenn du also fertig bist, sagst du es mir'

(97)   Se **comunque** vieni nella mia città, fatti vivo
       'Wenn du jedenfalls in meine Stadt kommst, melde dich'

Sie sind auch in der linearen Anordnung freier (s. 1.2.3.).

1.2.1. Die Junktoren für Adjunktsätze

Das Italienische besitzt ein reiches Inventar von Junktoren für Adjunktsätze. Die kommunikativ wichtigsten und stilistisch unmarkierten sind: *quando* 'als', *mentre* 'während', *finché* 'bis', *dove* 'wo', 'wohin', *perché* 'weil', *poiché* 'da', *sicché* 'so daß', *se* 'wenn', *come* 'wie'.

Das Inventar der Junktoren für Adjunktsätze umfaßt sowohl einfache als auch zusammengesetzte Formen. Bei den zusammengesetzten Formen ist oft das erste Element ein Adverb, ein Partizip oder eine Präpositionalphrase und das zweite der Junktor *che*; vgl. z.B.:

prima 'vorher'	*prima che* 'bevor', wörtl. 'vorher daß'
dopo 'nachher'	*dopo che* 'nachdem', wörtl. 'nachher daß'
dato 'gegeben'	*dato che* 'da', wörtl. 'gegeben daß'
visto 'gesehen'	*visto che* 'da', wörtl. 'gesehen daß'
modo 'Art und Weise'	*di modo che* 'so daß', wörtl. 'von Art daß'
maniera 'Art und Weise'	*in maniera che* 'so daß', wörtl. 'in Weise daß'

Diese zusammengesetzten Formen sind lexikalisierte, noch einigermaßen durchschaubare und formal nicht verschmolzene Syntagmen. Viele der zusammengesetzten Junktoren sind aber nicht mehr durchschaubar, so z.B.: *benché* 'obwohl', dem das Adverb *bene* 'gut' zugrundeliegt, und viele sind formal verschmolzen, vor allem durch

- Streichung des Endvokals des ersten Elements
- Längung des Anfangskonsonanten von *che*
- die Verlagerung des lexikalischen Akzents auf *che*

Beispiele sind:

(98) *allorché* 'während', aus *allora* [al'lo:ra] 'dann' und *che*
giacché 'da ja', aus *già* 'schon' und *che*

Auch anders zusammengesetzte Junktoren zeigen eine solche Anlautlängung; vgl.:

(99) *sebbene* 'obwohl', aus *se* 'wenn' und *bene* 'gut'
siccome 'da', aus *sì* 'so' und *come* 'wie'

N.B. Der Grad der Verschmelzung ist also variabel, wenn man das Inventar als Ganzes betrachtet. Aber auch einzelne Junktoren schwanken hinsichtlich ihres Verschmelzungsgrades. Dies äußert sich auch in der **Schreibung**; z.B. gibt es *già che* vs. *giacché*. Je stärker der zusammengesetzte Ausdruck als Junktor lexikalisiert ist, desto stärker ist die Tendenz zur Zusammenschreibung. - Das Inventar der Junktoren für Adjunktsätze enthält mehrere semantisch und funktional konkurrierende Formen (z.B. im Bereich der adversativen Junktoren: *sebbene, benché, nonostante che* und *malgrado che* 'obwohl'). Auch hierin zeigt sich, daß der Bereich dieser Ausdrucksmittel nicht vollständig normiert ist.

Die Junktoren von Adjunktsätzen sind keine formal klar abgegrenzte Kategorie. Ein Teil der Junktoren kommt auch in anderen Nebensatztypen vor, nämlich *quando, dove, perché* und *come*.

N.B. Im Vergleich zum Dt. ist der funktionale Unterschied zwischen Pronomen und Konjunktion formal schwächer ausgeprägt; vgl. z.B.:

(100)

dt.		it.
Pronomen	Konjunktion	Pronomen/Konjunktion
wann	als, wenn	quando
wo	wo	dove
warum	weil	perché

Die Junktoren für Adjunktsätze lassen sich unter den folgenden Gesichtspunkten einteilen:

- im Hinblick auf ihre Außenstruktur, d.h. nach der durch sie signalisierten semantischen Relation zwischen Nebensatz und Hauptsatz und
- im Hinblick auf ihre Binnenstruktur, d.h. nach ihrem funktionalen Status innerhalb des Nebensatzes und nach ihrem Anteil an der Bedeutung des Nebensatzes

a. **Die semantischen Relationen zwischen Haupt- und Nebensatz**

Die Junktoren für Adjunktsätze signalisieren verschiedene semantische Relationen zwischen dem Hauptsatz (p) und dem adjunktiven Nebensatz (q). Die wichtigsten sind die folgenden:

- temporal ('p als q', 'p bevor q', 'p nach q', 'p bis q', 'p während q')
- lokal ('p wo q')
- kausal ('p weil q')
- final ('p damit q')
- konsekutiv ('p so daß q')
- adversativ ('p obwohl q')
- oppositiv ('p während im Gegenteil q')
- komparativ ('p wie q')
- konditional ('p wenn q')
- evaluativ ('p lieber als q')
- exklusiv ('p außer daß q')

N.B. Im Unterschied zum Dt. hat das It. keine Adjunktsätze, die die Art und Weise angeben; den dt. Nebensätzen mit *indem* entspricht im It. das gerundio:

(101) 'Viele retteten sich, **indem sie ins Wasser sprangen**'
Molti si salvarono **buttandosi in acqua**

N.B. Ähnlich verhält es sich mit der temporalen Relation 'p seit q' (dt. *seitdem*): Die aus *da* 'seit' und *che* zusammengesetzte Form *da che* oder *dacché* wird selten gebraucht und hat überdies leicht eine kausale Nuance ('da ja ...'). Man vermeidet deshalb Adjunktsätze mit *dacché* und ersetzt die Relation 'p seit q' durch 'p seit dem Zeitpunkt von q'; s. z.B.:

(102) 'Ich kenne ihn, **seitdem er zum ersten Mal hier war**'
Lo conosco **dal giorno che è venuto per la prima volta**

N.B. Dem dt. *obwohl* entspricht im It. vor allem *sebbene*. Weitere adversative Junktoren sind *benché*, *malgrado* und *nonostante* (alle mit Konjunktiv!). Diese Junktoren gehören dem schriftlichen Register an, sie sind aber in der spontanen mündlichen Rede nicht ausgeschlossen. - Beispiele sind:

(103) Sebbene si sia molto impegnato, ha raggiunto scarsi risultati
'Obwohl er sich große Mühe gegeben hat, hat er nur mäßige Ergebnisse erzielt'

(104) Malgrado sia piovuto, gli operai hanno continuato a lavorare
'Obwohl es regnete, haben die Arbeiter weiter gearbeitet'

Der adversative Junktor *ancorché* ist veraltet. Die adversative Beziehung wird alternativ durch den koordinierenden Junktor *ma* 'aber' und durch das als Adverb lexikalisierte *lo stesso* 'trotzdem' ausgedrückt; vgl. z.B.:

(105) Non aveva voglia di uscire, **ma** lo fece **lo stesso**
'Er hatte keine Lust auszugehen, aber er tat es doch'

Im informellen mündlichen Register zieht man diese Ausdrucksweise vor.

Eine weitere, stilistisch nicht markierte Möglichkeit zum Ausdruck einer adversativen Beziehung ist der Adjunktsatz mit *anche se* 'auch wenn':

(106) Conviene prendere il pullman, **anche se** è un po' più caro
'Es ist am besten, den Bus zu nehmen, auch wenn das ein bißchen teurer ist'

b. Die funktionale Rolle des Junktors innerhalb des Nebensatzes

Einige der Junktoren für Adjunktsätze können innerhalb des Nebensatzes, den sie einleiten, eine grammatische Funktion haben. - Beispiele sind:

(107) **Checché facciamo**, ci saranno sempre delle critiche
'Was wir auch tun, es wird immer Kritik geben'

(108) **Comunque fossero andate le cose**, i duecento metri di rotolo liscio erano ridotti a un groviglio (Fallaci)
'Wie immer es auch geschehen sein mochte, die 200 Meter glatt aufgerollter Draht waren zu einem Knäuel verwickelt'

In (107) ist der Junktor Objekt von *facciamo*, in (111) ist er ein Adjunkt der Art und Weise.

Andere Junktoren wie *se* 'wenn', *mentre* 'während', *perché* 'weil' haben innerhalb des Nebensatzes keine grammatische Funktion. Ihre einzige Funktion ist die Spezifikation der Beziehung zwischen Nebensatz und Hauptsatz.

c. Die semantische Rolle des Junktors im Nebensatz

Wenn der Junktor eine grammatische Funktion innerhalb des Adjunktsatzes realisiert, hat er die Semantik eines Pronomens ohne Antezedens. Junktoren dieser Art sind z.B. *dove* 'wo', *chicché* 'wer auch immer', *qualora* 'wenn'. Die Adjunktsätze, die solche Junktoren haben, sind ein Spezialfall des freien Pronominalsatzes (s. 1.4.).

Es gibt eine Unterklasse der pronominalen Junktoren, die einen Individuenbereich festlegen (Personen oder Orte usw.) und die Anweisung geben: 'Die Aussage gilt für jedes beliebige Individuum aus dem Individuenbereich I'. Die Bedeutung des Junktors enthält also einen Quantor. Wir nennen diese Junktoren deshalb "quantifizierende Pronomina".

Die quantifizierenden Pronomina haben entweder das Suffix *-unque* (*comunque* 'wie auch immer', *dovunque* 'wo auch immer', *chiunque* 'wer auch immer', *quantunque* 'wieviel auch immer'), oder *che* ist an ein Interrogativpronomen angefügt (*checché* 'was auch immer', *qual-... che* 'was für ein ... auch immer'). - Beispiele sind (107), (108) und:

(109) Nessuno mi crederà, **quantunque** la mia avventura sia vera
 'Niemand wird mir glauben, wenn mein Erlebnis auch noch so wahr ist'

(110) **Quali che** siano le sue protezioni, dovrà scontare la pena
 'Was für Beziehungen er auch haben möge, er muß die Strafe absitzen'

Was die Relation zum Hauptsatz angeht, so bezeichnet der mit einem quantifizierenden Junktor eingeleitete Nebensatz eine Menge von Sachverhalten {Q}, von denen jeder einzelne Sachverhalt q_i eine Bedingung sein könnte, unter der p nicht gilt. Die Relation 'p ... auch immer Q' besagt dann, daß der durch den Hauptsatz bezeichnete Sachverhalt p unabhängig von allen q E {Q} gilt.

Die folgenden Listen geben die wichtigsten Junktoren für Adjunktsätze an.

Sie sind wie folgt zu lesen: In der Spalte "Relation" ist angegeben, welche inhaltliche Relation zwischen Haupt- und Nebensatz der Junktor spezifiziert. In der Spalte "Pro" gibt die Eintragung "+" an, daß der Junktor eine pronominale Bedeutung hat und daß er innerhalb des Nebensatzes eine grammatische Funktion realisiert. Die Eintragung "-" gibt an, daß der Junktor keine andere Funktion hat als die, die inhaltliche Relation zum Hauptsatz anzugeben. In der Spalte "M" ist angegeben, welches der am ehesten zu erwartende Modus ist (I = Indikativ, K = Konjunktiv, IK = Modus je nach Bedeutungsnuance).

Junktor	Übersetzung	Relation	Pro	M
a meno che	es sei denn, daß	konditional	−	K
affinché	damit	final	−	K
allorché	während	oppositiv	−	I
anche se	auch wenn	konditional	−	IK
ancorché	obschon	adversativ	−	K
anziché	anstatt daß	evaluativ	−	K
benché	obwohl	adversativ	−	K
chicché	wer auch immer	konditional	+	K
come	wie	komparativ	+	I
come che	wie auch immer	konditional	+	K
come quando	wie wenn	komparativ	+	I
come se	wie wenn; als ob	komparativ	+	IK
comunque	wie auch immer	konditional	+	K
dacché	seit; da	temporal; kausal	−	I
dove	wo	lokal	+	I
dove che	wo(hin) auch immer	konditional	+	K
dovunque	wo(hin) auch immer	konditional	+	K
eccetto che	außer daß	exklusiv	−	K
finché	bis	temporal	−	K
fuorché	außer daß	exklusiv	−	I
già che, giacché	da ja	kausal	−	I
in quanto	insofern als	kausal	−	I
là dove, laddove	dort wo	lokal	+	IK
malgrado (che)	obwohl	adversativ	−	K
mentre	während	temporal; oppositiv	−	I
nonostante che	obwohl	adversativ	−	K
perché	damit	final	−	K
perché	weil	kausal	−	I
poiché	da ja	kausal	−	I
purché	wenn nur	konditional	−	K
qual ... che	was für ein ... auch	konditional	+	K
qualora	wenn	konditional	+	K
quantunque	wieviel auch immer	konditional	+	K
quasi	als ob	komparativ	−	K
se	wenn	konditional; oppositiv	−	I
sebbene	obwohl	adversativ	−	K
seppure	wenn auch	konditional	−	I
sicché	so daß	konsekutiv	−	I
siccome	da	kausal	−	I

N.B. *anziché* kann auch mit dem Infinitiv stehen. *finché* hat die Varianten *fin che, fino a che, sinché* und *sino a che*; die beiden letzteren sind veraltet.

N.B. Die Form *ché* drückt eine kausale Beziehung aus, leitet aber keine Adjunktsätze ein, sondern syntaktisch unabhängige Hauptsätze. Der mit *ché* eingeleitete Satz muß dem Satz folgen, auf den er begründend Bezug nimmt; vgl. z.B.:

(111)   Mangia, **ché è buono**
        'Iß, es schmeckt gut'
        vs.
        *****Ché è buono**, mangia
        'Es schmeckt gut, iß'

Im Dt. hat *ché* keine genaue Entsprechung; manchmal entspricht dem it. *ché* überhaupt kein expliziter Ausdruck; vgl. z.B.:

(112)   Devo andare **ché è già tardi**
        'Ich muß gehen, es ist schon spät'

Was ihre Pragmatik angeht, so haben die mit *ché* eingeleiteten Sätze die Funktion, die Rechtfertigung eines nicht rein deklarativen Sprechakts anzugeben. Dies erklärt, warum Nebensätze mit *ché* typischerweise nach Imperativen und Interjektionen der Aufforderung auftreten. Eine rein deskriptive kausale Behauptung kann nicht mit *ché* formuliert werden; vgl. die beiden folgenden Beispiele, in denen *perché* angebracht wäre:

(113)   ?Questa legge non vale niente ché non è adatta alla realtà sociale
        'Dieses Gesetz taugt nichts, weil es nicht zur sozialen Realität paßt'

(114)   *Lo ha mangiato ché era buono
        'Er hat es gegessen, weil es gut schmeckte'

1.2.2. Der Modus im Adjunktsatz

Prinzipiell können im Adjunktsatz sowohl der Indikativ als auch der Konjunktiv stehen. Als Ergänzung zu den in Kap. IV, 5. dargestellten Prinzipien kann speziell für die Adjunktsätze gesagt werden, daß der Modus sich z.T. nach der semantischen Relation zwischen Haupt- und Nebensatz richtet. Es gilt folgendes:

Der **Indikativ** steht in der Regel dann, wenn die Relation kausal, konsekutiv, oppositiv oder komparativ ist. Der **Konjunktiv** steht in der Regel, wenn die Relation final, adversativ, evaluativ oder exklusiv ist.

In den übrigen Fällen können prinzipiell beide Modi stehen. Temporale Adjunktsätze haben in der Regel den Indikativ, wenn der Junktor *quando* oder *mentre* ist. Ist er *prima che* 'bevor' oder *finché/sinché* 'bis' (bzw. eine der Varianten dieser Formen), so steht in der Regel der Konjunktiv. Konditionale Adjunktsätze mit *se* haben einen Konjunktiv der Vergangenheit, wenn sie den Irrealis ausdrücken, sonst den Indikativ. Die quantifizierten Konditionalsätze (mit *chiunque* usw.) stehen entweder im Konjunktiv oder im Futur.

Zu den einzelnen Junktoren s. oben, 1.2.1.c.; zu den Modi als Ausdruck der Modalität s. Kap. IV, 5.

1.2.3. Die lineare Anordnung der Adjunktsätze

Die semantischen Relationen zwischen Haupt- und Nebensatz wurden in 1.2.1.a. in der kanonischen Anordnung "Hauptsatz - Nebensatz" ('p - Relation q') eingeführt. Sie können grundsätzlich auch in der umgekehrten Abfolge "Nebensatz - Hauptsatz" ('Relation q - p') ausgedrückt werden; vgl. z.B.:

(115) Vengo **se mi chiami**
'Ich komme, wenn du mich rufst'
vs.
Se mi chiami vengo
'Wenn du mich rufst, komme ich'

Fast alle Junktoren sind der Anordnung gegenüber neutral. Nur konsekutive Adjunktsätze müssen dem Hauptsatz folgen; vgl. z.B.:

(116) Il mare era molto mosso, **sicché era pericoloso nuotare**
'Das Meer war sehr stürmisch, so daß es gefährlich war zu schwimmen'
vs.
***Sicché era pericoloso nuotare**, il mare era molto mosso
'*So daß es gefährlich war zu schwimmen, war das Meer sehr stürmisch'

Diejenigen Adjunktsätze, die prinzipiell vor oder nach dem Hauptsatz stehen können, werden nach den Erfordernissen der kommunikativen Dynamik (s. Kap. IV, 7.) angeordnet.

Wenn der Adjunktsatz vor dem Hauptsatz steht, ist er durch Pause oder Komma abgetrennt. Folgt er dem Hauptsatz, ist dies im allgemeinen nicht der Fall; s. z.B.:

(117) **Quando mi chiamerai**, verrò
'Wenn du mich rufst, werde ich kommen'
vs.
Verrò **quando mi chiamerai**
'Ich werde kommen, wenn du mich rufst'

(118) **Dove c'è tanta gente**, non mi piace passeggiare
'Wo so viele Leute sind, gehe ich nicht gern spazieren'
vs.
Non mi piace passeggiare **dove c'è tanta gente**
'Ich gehe nicht gern spazieren, wo so viele Leute sind'

Einige Junktoren sind jedoch selbst Signale für das kommunikative Gewicht des durch sie eingeleiteten Nebensatzes. Sie haben daher eine unmarkierte und eine markierte Anordnung.

Dies ist der Fall für die kausalen Junktoren *poiché, giacché* und *siccome*, die einen thematischen Nebensatz einleiten. Dieser steht folglich unmarkiert am Satzanfang:

(119) **Poiché i soldi sono suoi,** può farne quello che gli pare
'Da das Geld seins ist, kann er damit machen, was er will'

Die umgekehrte Stellung ist markiert; sie erfordert, daß der Hauptsatz mit einer Schlußkontur endet und daß die Intonationskurve des Nebensatzes relativ tief und flach verläuft:

(120)

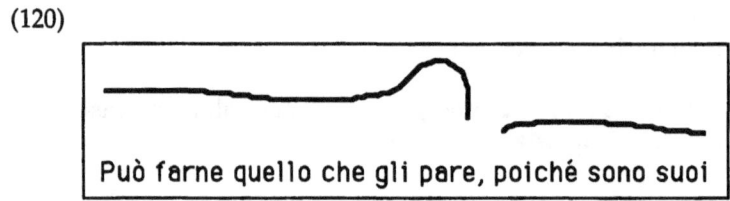

1.2.4. Angebundene Adjunktsätze

Einige Typen von Adjunktsätzen können angebunden werden. Die Anbindung besteht darin, daß im Hauptsatz ein Pronomen steht, das mit dem Adjunktsatz koreferent ist. Die Anbindungsstrukur wird vor allem dann gewählt, wenn der Adjunktsatz komplex oder besonders lang ist. In folgenden Fällen ist Anbindung möglich:

Temporalsätze mit *quando*:

(121) Quando il re andava a caccia, e il siniscalco era occupato a contare i soldi del tesoro, **allora** la regina si incontrava con Tristano
'Wenn der König zur Jagd ging und der Seneschall damit beschäftigt war, den Schatz zu zählen, dann traf sich die Königin mit Tristan'

Lokalsätze:

(122) Laddove c'è una sorgente, o un fiume, o uno stagno, **ci** vengono a bere gli animali
'Dort, wo eine Quelle ist oder ein Fluß oder ein Teich, dorthin kommen die Tiere, um zu trinken'

Konditionalsätze mit *se*:

(123) Se mi prometti di essere buono, **allora** puoi venire
'Wenn du mir versprichst, artig zu sein, dann kannst du mitkommen'

Vergleichssätze mit *come*:

(124) Come ha trattato i compagni, **così** è stato trattato da loro
'So wie er seine Kameraden behandelt hat, so ist er von ihnen behandelt worden'

1.2.5. Bemerkungen zu einzelnen Typen von Adjunktsätzen

Für Deutschsprachige ist es nützlich, folgendes über den Gebrauch der einzelnen Junktoren und Adjunktsätze zu wissen:

a. *se* **vs.** *quando*

Es besteht ein semantischer Unterschied zwischen futurischen bzw. präsentischen Temporalsätzen mit *quando* und entsprechenden Konditionalsätzen mit *se*, den das Dt. nicht ausdrückt, weil es für beide die gleiche Konjunktion *wenn* benutzt: In Sätzen wie (125) ist ausgedrückt, daß der Sprecher mit dem Eintreten des betreffenden Sachverhalts rechnet; in Sätzen wie (126) hingegen drückt der Sprecher aus, daß er nur eine Eventualität ins Auge faßt:

(125) **Quando** mi chiamerai, verrò
'Wenn du mich rufst, komme ich'

(126) **Se** mi chiamerai, verrò
'Wenn (falls) du mich rufst, komme ich'

b. dt. *als* **vs.** *wenn*

Der tempusbezogene Unterschied zwischen dt. *als* und *wenn* hingegen wird im It. nicht durch einen Unterschied des Junktors ausgedrückt. Der Junktor ist *quando*, unabhängig von der Tempusrelation; vgl. z.B. (125) mit (127) und (128):

(127) **Quando** mi **chiamavi**, venivo
'**Wenn** du mich riefst, kam ich'

(128) **Quando** mi **chiamasti**, venni
'**Als** du mich riefst, kam ich'

c. Oppositives *se*

Se kann außer der konditionalen auch eine oppositive Beziehung zwischen Haupt- und Nebensatz ausdrücken:

(129) **Se** nell' 800 le pianure costiere erano quasi disabitate per via della malaria, oggi hanno una popolazione molto densa
'Wenn im 19. Jh. die Küstenebenen wegen der Malaria fast unbewohnt waren, so haben sie heute eine sehr dichte Bevölkerung'

d. *poiché*

Der Junktor *poiché*, und das gilt auch für seine Synonyme *dacché, siccome* und *visto che*, hat keine präzise Entsprechung im Dt. Die Angabe seiner Übersetzung als 'da ja' beruht zwar auf einer zutreffenden Analyse, aber nicht auf beobachtbaren wirklichen Übersetzungsentsprechungen. In der Tat enthält *poiché* semantisch ein Element, das dem dt. *da* entspricht: Es gibt an, daß die Beziehung zwischen dem Hauptsatz und dem Nebensatz eine kausale ist. Es enthält auch ein semantisches Element, das ungefähr dem dt. *ja* entspricht: Der Sprecher, der *poiché* gebraucht, signalisiert damit, daß er davon ausgeht, daß der Inhalt des kausalen Nebensatzes q vom Gesprächspartner bereits akzeptiert ist und daß er folglich q als nicht bzw. nicht mehr zur Diskussion stehend betrachtet. Dieses Akzeptiertsein kann darauf beruhen, daß q bereits geäußert wurde, wie in:

(130) Io penso, ecco, penso che tu sia un prode, Alekos, che tu abbia coglioni. E **poiché** penso che tu sia un prode, che tu abbia coglioni, mi sono subito inteso col signor brigadier generale Joannidis (Fallaci)
'Ich denke, also, ich denke, daß du ein Kämpfer bist, Alekos, daß du ein Mann bist. Und weil ich denke, daß du ein Kämpfer bist, daß du ein ganzer Kerl bist, habe ich mich sofort mit dem Herrn Brigadegeneral Joannidis verständigt'

Der Inhalt q kann auch deswegen als akzeptiert gelten, weil er selbstverständlich oder unmittelbar wahrnehmbar ist; vgl. z.B.:

(131) Oggi è domenica, e **poiché** il tempo è bellissimo, ci sarà molto traffico
'Heute ist Sonntag, und da sehr schönes Wetter ist, wird viel Verkehr sein'

1.3. Relativsätze

Funktional gesehen sind Relativsätze entweder satzhafte Modifikatoren (modifizierende Relativsätze) oder satzhafte Adjunkte von Nominalphrasen (adjunktive Relativsätze).

N.B. In einer verbreiteten Terminologie heißen die modifizierenden Relativsätze "restriktiv" und die adjunktiven Relativsätze "nicht-restriktiv".

Semantisch gesehen enthalten Relativsätze ein Pronomen, das mit einer im Matrixsatz enthaltenen und dem Relativsatz vorausgehenden Nominalphrase koreferent ist. Diese Nominalphrase ist der **Antezedens** des Relativsatzes. Die **modifizieren-den** Relativsätze werden so gedeutet, daß sie mit der Nominalphrase zusammen ein komplexes Prädikat bilden. Wird das Prädikat referentiell benutzt, so gibt der Modifikator eine Eigenschaft des Objekts an, anhand derer die Referenz erstellt werden soll; vgl. das folgende Beispiel:

(132) La lettera **che ho ricevuto ieri** mi ha dato coraggio
'Der Brief, den ich gestern bekommen habe, hat mir Mut gemacht'

Der Nebensatz *che ho ricevuto ieri* dient hier dazu anzugeben, welchen Brief der Sprecher meint.

Ist die Referenz einer Nominalphrase bereits ausreichend bestimmt (z.B. weil sie ein Eigenname oder ein Pronomen ist), so kann kein S-Modifikator stehen.

Adjunktive Relativsätze werden als selbständige Sachverhalte gedeutet. Sie sind nur insofern mit dem Referenten der Nominalphrase verbunden, als dieser an dem Sachverhalt beteiligt sein muß. Sie haben also keine referenzsteuernde, sondern eine kommentierende Funktion; vgl. z.B.:

(133) Questa lettera, **che ho ricevuta ieri**, mi ha fatto coraggio
'Dieser Brief, den ich gestern bekommen habe, hat mir Mut gemacht'

In diesem Satz ist die Referenz der Nominalphrase durch das deiktische Artikelwort *questa* bereits vollständig bestimmt. Der Relativsatz tut nichts anderes, als die Information 'ich habe den Brief gestern bekommen' zu der Information 'dieser Brief hat mir Mut gemacht' hinzuzufügen. Adjunktive Relativsätze können deshalb unabhängig davon gebraucht werden, wie die Nominalphrase determiniert ist, also auch bei Eigennamen oder Pronomina:

(134) Le posso raccomandare **S. Giuseppe**, dove vado da anni
'Ich kann Ihnen S. Giuseppe empfehlen, wohin ich seit Jahren fahre'

(135) **Lei**, che è una linguista molto brava, sta scrivendo un libro sulle relative
'Sie, die eine sehr gute Linguistin ist, schreibt ein Buch über die Relativsätze'

Was die **Konstituenz** angeht, so gilt für die Außenstruktur: Relativsätze folgen ihrem Antezedens unmittelbar und bilden mit ihm zusammen komplexe Nominalphrasen, ganz gleich, welches ihre grammatische Funktion ist; vgl.:

(136)

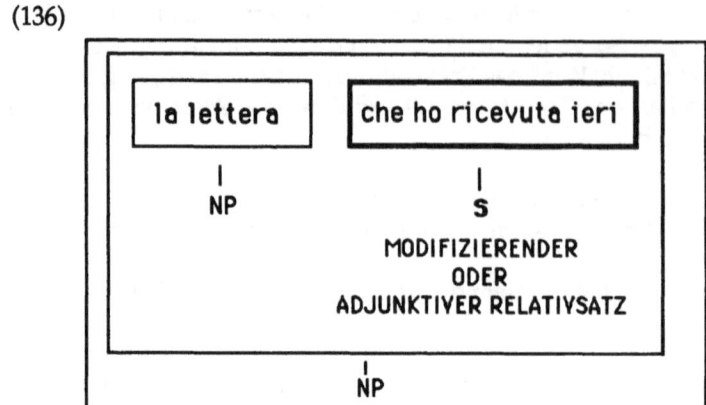

Prosodisch sind modifizierende Relativsätze enger mit dem Antezedens verbunden als adjunktive. **Orthographisch** schlägt sich dies in der Kommasetzung nieder: Nicht- restriktive Relativsätze werden durch Kommas abgetrennt, restriktive nicht.

N.B. Hier liegt eine Quelle möglicher Fehler für Deutschsprachige, da im Dt. alle Relativsätze durch Kommas abgetrennt werden.

Modifizierende Relativsätze und adjunktive Relativsätze sind nah verwandt, aber nicht identisch mit den nicht satzhaften Modifikatoren bzw. Adjunkten der Nominalphrase. Ein Relativsatz kann zusammen mit einem nicht satzhaften Modifikator oder Adjunkt auftreten; vgl. z.B.:

(137) Di quelle torri medioevali (Modifikator), che erano state simboli della potenza delle varie famiglie nobili [adjunktiver Relativsatz], se ne sono conservate soltanto poche
'Von diesen mittelalterlichen Türmen, die Symbole für die Macht der verschiedenen Adelsgeschlechter gewesen waren, sind nur wenige übriggeblieben'

(138) A sinistra dei giudici c'era un magistrato calvo [A-Modifikator], dal volto cicciuto e burroso [P-Adjunkt], che avrebbe potuto far invalidare il processo [adjunktiver Relativsatz] (Fallaci)
'Links von den Richtern saß ein kahler Beamter, mit einem feisten und fettigen Gesicht, der den Prozeß hätte für ungültig erklären lassen können'

Für die **Binnenstruktur** des Relativsatzes gilt folgendes:

Am Anfang des Relativsatzes steht ein **Junktor**. Dieser ist typischerweise, aber nicht immer, ein Pronomen. Wenn der Junktor ein Pronomen ist, so muß sein Antezedens der Kopf der Nominalphrase sein, deren Teil der Relativsatz ist; s. das folgende schematisch analysierte Beispiel:

(139) il paese dove abito
  'das Dorf, wo ich wohne'

(139')

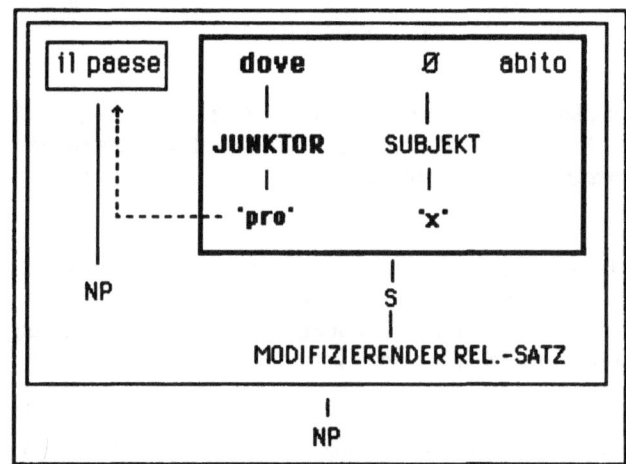

Wenn der Junktor Pronomen ist, so hat er innerhalb des Relativsatzes eine grammatische Funktion. So ist *dove* in (139) der P-Obliquus von *abito*.

Im Relativsatz kann das Verb in verschiedenen Modi stehen; s. Kap. IV, 5.1.2. und 5.3.1.2.

Es gibt drei Konstruktionen, die mit den Relativsätzen eng verwandt sind. Es sind dies die freien Pronominalsätze (s. 1.4.), der relativische Anschluß (s. 1.5.) und die relative Infinitivkonstruktion (1.6.).

1.3.1. Das Inventar der Junktoren

Die Junktoren für Relativsätze sind: *che, cui, qual-* und *dove*. Sie unterscheiden sich voneinander hinsichtlich ihrer Bedeutung, ihrer Flektierbarkeit, ihrer Distribution und ihrer Fähigkeit zur Realisierung grammatischer Funktionen.

1.3.1.1. Die Bedeutung der Junktoren

Die Relativsatzjunktoren *cui, qual-* und *dove* sind **Pronomina**. Sie werden nur anaphorisch, nie aber deiktisch gedeutet: Der Antezedens ist, wie schon gesagt, immer der Kopf der Nominalphrase, zu der der Relativsatz gehört.

N.B. In einem strengen Sinne gilt die übliche Bezeichnung "Relativpronomen" nur für *cui. qual-* wird auch als Interrogativpronomen (Kap. I, 9.1.2.3.) und als Junktor des Vergleichsterms gebraucht (Kap. IV, 3.3.2.1.). *dove* wird ebenfalls als Interrogativpronomen gebraucht, außerdem als Junktor von Adjunktsätzen (s. 1.2.1.).

Die Bedeutung von *che* ist komplizierter. Meistens (z.B. in (122)) wird *che* wie ein Pronomen gedeutet. Manchmal hat aber *che* nur die Funktion des Junktors, während der anaphorische Bezug auf den Antezedens durch ein Personalpronomen gesichert wird; vgl. z.B.:

(140) A un certo punto un funzionario socialista, uno di quelli **che gli** si legge in faccia l'arte di far carriera ... t'aveva ricevuto (Fallaci)
'Irgendwann hatte dich ein sozialistischer Funktionär empfangen, einer von denen, dem die Kunst des Karrieremachens im Gesicht geschrieben steht'

N.B. Im Hochdeutschen sind solche Relativsätze ungrammatisch, nicht aber in bestimmten dt. Dialekten; vgl. z.B. das folgende schweizerdeutsche Beispiel, in dem *wo* der Junktor und *em* 'ihm' das Pronomen ist:

(141) Daa isch de chöönig Äolus gsii, **wo** mer am aafang vo dere sendig von **em** ghöört händ
'Das war der König Äolus, von dem wir am Anfang der Sendung gehört haben'
(wörtl.: 'Das ist der König Äolus gewesen, wo wir am Anfang von der Sendung von ihm gehört haben')

In den meisten Relativsätzen mit *che* steht jedoch kein mit dem Antezedens korreferentes Pronomen. Diese Verwendung von *che* kann auf zwei Weisen erklärt werden: Entweder ist *che* nie ein Pronomen, und das Pronomen ist Null, oder *che* hat manchmal den Wert eines Pronomens.

Die erstere Position läßt sich für solche Relativsätze vertreten, in denen das mit dem Antezedens korreferente Pronomen Subjekt ist: In ihnen steht, in Übereinstimmung mit den Prinzipien für die Setzung des Subjektpronomens, das Null-Pronomen; vgl. z.B.:

(142) Lei, che ø è una linguista molto brava, sta scrivendo un libro sulle relative
'Sie, die eine sehr gute Linguistin ist, schreibt ein Buch über die Relativsätze'

Für solche Sätze jedoch, in denen das mit dem Antezedens korreferente Pronomen ein Objekt ist, wäre ein Objektpronomen zu erwarten, das nicht Null ist. (Nur das Subjektpronomen hat eine Nullvariante.) Zum Beispiel müßte (143) ungrammatisch und (143') grammatisch sein. Aber das Gegenteil ist der Fall:

(143) E' una persona che tutti conosciamo.
'Es ist eine Person, die wir alle kennen'

(143') ? E' una persona che tutti la conosciamo.
'Es ist eine Person, die wir alle kennen'

Folglich hat *che* in (143) die Funktion eines Pronomens.

N.B. *che* kann im Relativsatz auch Adjunkt sein: Es kann eine präpositionslose Zeitangabe vertreten (*il giorno che la conobbi* 'der Tag, an dem ich sie kennenlernte'), und es kann umgangssprachlich statt einer lokalen Präpositionalphrase stehen (*il ristorante che sono stato ieri*). Auch diese Verwendungen sind pronominal.

Es bestehen also **zwei Systeme** nebeneinander:

In dem einen ist *che* **bloßer Junktor**. Bezüglich dieses Systems besteht zwischen Relativ- und Komplementsätzen kein Unterschied der internen Struktur: Beide werden durch ein nicht pronominales *che* mit dem Matrixsatz verbunden.

In dem anderen System ist *che* **ein Pronomen**. Bezüglich dieses Systems besteht eine klare Gemeinsamkeit aller Relativsätze (ihre Junktoren sind sämtlich Pronomina), und die Relativsätze sind gegenüber den deklarativen Komplementsätzen deutlich abgegrenzt. Es besteht außerdem eine Gemeinsamkeit mit den Interrogativsätzen und den interrogativen Komplementsätzen, in denen *che* ebenfalls Pronomen ist.

N.B. Die semantische Mehrdeutigkeit von *che*, seine Verwendbarkeit in den verschiedensten Funktionen und andererseits seine Verwendungsbeschränkungen im Rahmen der einzelnen Funktionen (für die Beschränkungen der Verwendung als Interrogativpronomen s. Kap. I, 9.1.2.1. und als Relativpronomen s. unten) deuten darauf hin, daß das durch die phonetische Verschmelzung von lt. *quod* und *quia* entstandene System bis heute **instabil** geblieben ist.

1.3.1.2. Die Flektierbarkeit der Junktoren

che, cui und *dove* sind indeklinabel.

N.B. Man könnte daran denken, *cui* als eine Kasusform innerhalb eines Paradigmas *che - cui* zu betrachten, so wie man bei den Personalpronomina *gli, le* als den Dativ und *lo, la* als den Akkusativ zu *egli, essa* analysiert. Hier werden *che* und *cui* jedoch einfach als distributional und funktional verschiedene Formen betrachtet. Ein Paradigma *che - cui* hätte auf der einen Seite einen nur minimalen Formenbestand und auf der anderen Seite eine maximale Komplikation seiner strukturierenden Kategorien.

qual- hingegen ist deklinierbar nach der e-Deklination. Es hat Genus: Es kann sowohl männlich als auch weiblich sein. (In der e-Deklination kommt das Genus allerdings nur über die Kongruenz zum Ausdruck.) Zusammen mit dem Artikel (s.u.) ergibt sich folgendes Paradigma:

	Singular	Plural
mask.	il quale	i quali
fem.	la quale	le quali

Durch die Verschmelzung der Artikel mit Präpositionen (s. Kap. I, 1.2.e.) ergeben sich weitere Formen, so daß das volle Paradigma so aussieht (die Verschmelzung mit *con* ist fakultativ):

Präp.	mask. Singular	mask. Plural	fem. Singular	fem. Plural
-	il quale	i quali	la quale	le quali
di	del quale	dei quali	della quale	delle quali
a	al quale	ai quali	alla quale	alle quali
in	nel quale	nei quali	nella quale	nelle quali
con	col quale	coi quali	colla quale	colle quali

Der mit *qual-* gebildete Junktor steht mit dem Antezedens in Kongruenz; vgl. z.B.:

(144)

Queste sono le ragioni$_{\text{fem.pl.}}$ per le quali$_{\text{fem.pl.}}$ ha esitato
'dies sind die Gründe, aus denen er gezögert hat'

1.3.1.3. Die Distribution der Junktoren

Alle Relativsatzjunktoren stehen prinzipiell am Anfang des Relativsatzes. Den Junktoren *cui* und *qual-* können beliebige **Präpositionen** vorausgehen, so daß Präposition und Junktor zusammen eine Präpositionalphrase bilden; vgl. z.B.:

(145) Il volume **in cui** è stato pubblicato quest'articolo è esaurito
'Der Band, in dem dieser Artikel erschienen ist, ist vergriffen'

(146) I funghi, **fra i quali** c'era anche qualche porcino, erano buonissimi
'Die Pilze, unter denen auch einige Steinpilze waren, waren sehr gut'

cui steht im Prinzip nur nach Präposition. Allerdings kann *a* weggelassen werden, worin sich noch eine Spur des alten Dativs zeigt; vgl. z.B. (147), wo das Verb *opporre* einen a-Obliquus verlangt, der durch *cui* realisierbar ist:

(147) Queste armi, **cui** i defensori non avevano nulla da opporre, ...
'Diese Waffen, denen die Verteidiger nichts entgegenzusetzen hatten, ...'

Auch *dove* kann durch eine Präposition regiert werden, jedoch sind aus semantischen Gründen nur lokal deutbare "dynamische" Präpositionen möglich, und zwar *da* 'von' und *fino a* 'bis'; vgl. z.B.:

(148) La stazione di Verona, **da dove** doveva venire quel treno, era in sciopero
'Der Bahnhof von Verona, woher der Zug kommen sollte, war im Streik'

(149) Il punto **fino a dove** il Reno è navigabile è il porto di Basilea
'Der Punkt, bis wohin der Rhein schiffbar ist, ist der Hafen von Basel'

che als Relativsatzjunktor kann nicht nach einer Präposition stehen. Verlangt der Inhalt eine Präposition, so wird *qual-* oder *cui* verwendet; vgl. z.B.:

(150) l'amico **con {cui, il quale, *che}** avevo fatto quel viaggio
'Der Freund, mit dem ich diese Reise gemacht hatte'

Wie hinsichtlich der Deklinierbarkeit, so unterscheidet sich **qual-** auch hinsichtlich der Distribution wesentlich von den anderen Relativsatzjunktoren: *qual-* erscheint im Relativsatz als ein in seiner Distribution eingeschränktes Nomen. Es muß den bestimmten Artikel bei sich haben, und die so gebildete Nominalphrase darf in keiner Weise expandiert werden. Beispiele sind (144), (146), (150).

cui hat zwei verschiedene Umgebungen. Außer der bereits genannten (nach Präposition) kann es auch als **Postartikel** in einer Nominalphrase in der Bedeutung 'dessen' stehen; vgl. z.B.:

(151) una impresa alla **cui** difficoltà non ha pensato nessuno
'eine Unternehmung, an deren Schwierigkeit niemand gedacht hat'

(152) il ragazzo, la **cui** madre era assente
'der Junge, dessen Mutter abwesend war'

qual- hat ebenfalls eine zweite Umgebung: Es kann innerhalb einer Präpositionalphrase auftreten, die ihrerseits Modifikator eines zum Relativsatz gehörigen Nomens ist; s. z.B.:

(151') una impresa alla difficoltà della **quale** non ha pensato nessuno
'eine Unternehmung, an deren Schwierigkeit niemand gedacht hat'

(152') il ragazzo, la madre del **quale** era assente
'der Junge, dessen Mutter abwesend war'

N.B. Man beachte, daß in dieser Konstruktion der Junktor weit vom Anfang des Relativsatzes entfernt ist, ganz anders als dt. *dessen, deren*.

1.3.1.4. Die durch die Junktoren realisierbaren grammatischen Funktionen

a. *qual-*

Innerhalb des adjunktiven Relativsatzes können die mit *qual-* gebildeten Nominalphrasen und Präpositionalphrasen alle vom Verb regierten Funktionen realisieren, und sie können auch Adjunkte auf der Ebene des Nebensatzes sein; vgl. z.B.:

(153) il fratello di Giulia, **il quale** era tornato, ...   (Subjekt)
'Giulias Bruder, der zurückgekehrt war...'

(154) il fratello di Giulia, **la quale** nessuno aveva vista, ...   (Objekt)
'der Bruder von Giulia, die niemand gesehen hatte...'

N.B. In diesen beiden Funktionen konkurriert *qual-* mit *che*. Die Konkurrenz ist nicht vollkommen frei: *che* wird vorgezogen, es sei denn, daß die Deklinierbarkeit von *qual-* zur Vermeidung unerwünschter Mehrdeutigkeit genutzt wird, wie es in (155) und (156) der Fall ist. Außerdem wird *qual-* meist nur dann gewählt, wenn der Relativsatz adjunktiv ist:

(155) il fratello di Giulia, al quale devi dare il libro   (a-Obliquus)
'Giulias Bruder, dem du das Buch geben sollst'

(156) il fratello di Giulia, con il quale ero tornato   (Adjunkt)
'Giulias Bruder, mit dem ich zurückgekehrt war'

Innerhalb des modifizierenden Relativsatzes tritt *qual-* nur im bürokratischen Stil als Subjekt und nie als Objekt auf (s. Hottenroth 1985:228).

Mit *qual-* kann auch eine Funktion realisiert werden, die nicht vom Verb des Nebensatzes regiert wird. So kann *qual-* von einem im Nebensatz enthaltenen Infinitiv regiert werden. In diesem Fall steht der Junktor nach dem ihn regierenden Verb:

(157)   Infine c'era il recinto del pubblico per **accedere al quale** bisognava
        subire una specie di esame (Fallaci)
        'Schließlich war da der umzäunte Raum für das Publikum, vor dessen
        Betreten man sich einer Art Prüfung unterziehen mußte' (wörtl.: '... um
        welchen zu betreten ...')

qual- kann außerdem in einer Nominalphrase stehen, die ihrerseits innerhalb des Relativsatzes irgendeine grammatische Funktion realisiert, wie z.B. den a-Obliquus (151') oder das Subjekt (155²).

b. che

Mit *che* können im wesentlichen nur Subjekt und Objekt realisiert werden. - Beispiele sind:

(158) una casa **che** non è molto distante dalla mia   (Subjekt)
      'ein Haus, das nicht sehr weit von meinem ist'

(159) la casa **che** hanno costruita lì   (Objekt)
      'das Haus, das man dort gebaut hat'

N.B. Anders als im Frz. (*une maison qui n'est pas loin de la mienne* vs. *la maison que l'on a construite là*) wird im It. nicht durch den Junktor zwischen Subjekt und Objekt unterschieden. Das It. hat zwar ein Pronomen *chi*, aber dieses ist entweder Interrogativpronomen oder Pronomen ohne Antezedens (s. 1.4.).

che kann in der Funktion eines Adjunkts gebraucht werden, wenn der Antezedens auf ein Zeitintervall referiert. Bedingung ist, daß der Relativsatz restriktiv ist. - Beispiele sind:

(160)   Era **un giorno che** pioveva senza tregua
        'Es war ein Tag, an dem es unaufhörlich regnete'

(161)   **Dal momento che** lo vidi, seppi che era successo qualcosa di grave
        'Von dem Augenblick an, als ich ihn sah, wußte ich, daß etwas Schlimmes geschehen war'

c. cui

cui kann zusammen mit einer es regierenden Präposition einen Obliquus oder ein Adjunkt des Relativsatzes realisieren (s. (145), (150)). Ohne Präposition kann es einen a-Obliquus realisieren (s. (147)). Außerdem kann mit dem als Postartikel gebrauchten *cui* ein Modifikator des Nomens gebildet werden (s. (151), (152)).

d. *dove*

Mit *dove* können Obliquen und Adjunkte mit lokaler Bedeutung realisiert werden. Beispiele sind (148), (149) und:

(162) Poi l'accusato si recò nel Ministero, **dove** ebbe una conversazione con i suoi complici
'Dann begab sich der Angeklagte ins Ministerium, wo er eine Unterredung mit seinen Komplizen hatte'

Mit *dove* werden nur adjunktive Relativsätze gebildet. Modifizierende Relativsätze, deren Junktor ein Obliquus oder Adjunkt mit lokaler Bedeutung ist, werden mit "Präposition plus *cui*" gebildet; vgl. z.B.:

(163) la casa **in cui** si era nascosto
'das Haus, in dem er sich versteckt hatte'

(164) il libro **da cui** ho citato questa frase ...
'das Buch, aus dem ich diesen Satz zitiert habe, ...'

N.B. Anders als dt. *wo*, das auch in nicht-lokaler Bedeutung verwendet wird (*wobei, womit, ...*) ist *dove* strikt auf lokale Relationen beschränkt.

e. Schematische Zusammenfassung

Die folgende Tafel gibt zusammenfassend an, welche grammatischen Funktionen die vier Relativsatzjunktoren realisieren können.

Die Ausdrücke in der senkrechten Koordinate geben die Junktoren in ihren verschiedenen Distributionen an. Es wird immer die Form des Maskulinum Singular stellvertretend für alle Formen angegeben; P lies als "Präposition", N lies als "Nomen". - Die waagerechte Koordinate gibt die Funktionen an: SUBJ lies als "Subjekt", OBJ lies als "Objekt", OBL lies als "Obliquus", ADJ lies als "Adjunkt", MOD lies als "Modifikator des Nomens"; schraffiertes Feld: lies als "+", weißes Feld als "-".

	SUBJ	OBJ	OBL	ADJ	MOD
il quale	+	+	+	+	+
P il quale	−	−	+	+	−
il N del quale	−	−	−	−	+
P cui	−	−	+	+	−
cui	−	−	+	−	−
il cui N	−	−	−	−	+
dove	−	−	+	+	−
che	+	+	−	−	−

1.4. Freie Pronominalsätze

Syntaktisch sind freie Pronominalsätze (in der Literatur auch als "freie Relativsätze" bezeichnet) in ihrer Binnenstruktur Nebensätze, die mit Junktoren einer bestimmten Klasse (s. 1.4.1.) gebildet sind. In ihrer Außenstruktur verhalten sie sich wie Nominalphrasen. Sie können deshalb auftreten als:

- unmittelbare Konstituenten des Matrixsatzes (165)
- Teil einer Präpositionalphrase (166) und
- Teil einer Nominalphrase (167)

Die folgenden Beispiele sollen diese Verhältnisse illustrieren:

(165) **Chi verrà prima** verrà servito per primo
'Wer als erster kommt, wird als erster bedient'

(165')

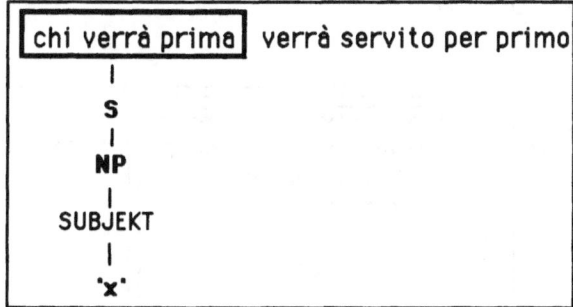

(166) Da **quanto mi ha detto** risulta che ci vorranno ancora anni
'Aus dem, was er mir gesagt hat, ergibt sich, daß es noch Jahre dauern wird'

(166')

```
┌─────────────────────────────────────┐                    ┌──────────────────┐
│ da │quanto mi ha detto│             ∅    risulta         │che ci vorranno   │
│    │        │         │             │                    │ancora anni       │
│    │        S         │             │                    │        │         │
│ P  │       NP         │             │                    │        S         │
│    │        │         │          SUBJEKT                 │   S-KOMPLEMENT   │
└────┼────────┼─────────┘             │                             │
          PP                                                        'p'
     DA-OBLIQUUS
          │
         'x'
```

(167) Le speranze di **chi aveva partecipato a quella impresa** furono deluse
'Die Hoffnungen derer, die an diesem Unternehmen teilgenommen hatten, wurden enttäuscht'

(167')

```
┌─────────────────────────────────────────────────────────────────┐
│ le speranze │ di │chi aveva partecipato│         furono deluse  │
│             │    │a quella impresa     │                        │
│             │    │         │           │                        │
│             │    │         S           │                        │
│             │ P  │        NP           │                        │
│             │    │         │           │                        │
│             │    │        'x'          │                        │
│             │         │                                         │
│             │        PP                                         │
│             │    MODIFIKATOR                                    │
│                  │                                              │
│                 NP                                              │
│               SUBJEKT                                           │
│                 'y'                                             │
└─────────────────────────────────────────────────────────────────┘
```

Semantisch sind die freien Pronominalsätze Bezeichnungen von Individuen, also nicht von Sachverhalten, wie es sonst bei Sätzen der Fall ist.

Die Junktoren der freien Pronominalsätze sind Pronomina ohne Antezedens. Hierin unterscheiden sie sich von den Relativpronomina: Sie sind nicht korreferent mit einer Konstituente des Matrixsatzes. Ihre Deutung beruht auf einer Instruktion der folgenden Art: "Führe einen Referenten ein, der diejenigen Eigenschaften hat, die der Rest des freien Pronominalsatzes angibt."

Aufgrund dieser Semantik haben freie Pronominalsätze systematisch Paraphrasen der Form "Pronomen plus Relativsatz"; vgl. z.B.:

(165") **Coloro che** verranno per primi verranno serviti per primi
'Diejenigen, die als erste kommen, werden als erste bedient'

(166") Da **quello che** mi ha detto risulta che ci vorranno ancora anni
'Aus dem, was er mir gesagt hat, ergibt sich, daß es noch Jahre dauern wird'

(167") Le speranze di **coloro che** avevano partecipato a quella impresa furono deluse
'Die Hoffnungen derer, die an diesem Unternehmen teilgenommen hatten, wurden enttäuscht'

N.B. Da im Dt. die Möglichkeiten zur Bildung freier Pronominalsätze eingeschränkt sind, müssen zur Übersetzung manchmal Konstruktionen der Form "Nominalphrase plus Relativsatz" verwendet werden; s. die Übersetzungen von (166) und (167).

Welche **grammatischen Funktionen** die freien Pronominalsätze realisieren können, hängt vom Junktor ab:

- freie Pronominalsätze mit *chi, chiunque* und *qualunque cosa* können alle grammatischen Funktionen der Nominalphrase realisieren, außer der des Komplements der Kopula
- ist der Junktor *quanto*, so kann der freie Pronominalsatz auch Komplement der Kopula sein
- ist der Junktor *dove, ovunque/dovunque, come* oder *quando*, so ist der freie Pronominalsatz Obliquus

Beispiele sind :

(168) **Chi verrà primo** verrà servito per primo (Subjekt)
'Wer als erster kommt, wird als erster bedient'

(169) Serviamo prima **chi viene per primo** (Objekt)
'Wir bedienen zuerst die, die zuerst kommen'

(170) **Da quanto mi ha detto** risulta che ci vorranno ancora anni
(Obliquus)
'Aus dem, was er mir gesagt hat, ergibt sich, daß es noch Jahre dauern wird'

(171) Lo farò **per chiunque me lo chiederà** (Adjunkt)
'Ich werde es für jeden tun, der mich darum bittet'

(172) Le speranze **di chi aveva partecipato a quella impresa** furono deluse
(Modifikator)
'Die Hoffnungen derer, die an diesem Unternehmen teilgenommen hatten, wurden enttäuscht'

(173) Questo è **quanto è successo ieri** (Komplement
'Das ist, was gestern passiert ist' der Kopula)

(174) Quel cane mi segue **ovunque io vada** (P-Obliquus)
'Dieser Hund folgt mir überall nach, wohin auch immer ich gehe'

(175) Parlavamo **di quando eravamo ancora studenti** (di-Obliquus)
'Wir sprachen über damals, als wir noch Studenten waren'

N.B. Nicht regierte Nebensätze mit den Junktoren *dove, ovunque/dovunque, come* oder *quando* sind Adjunktsätze, ein Sonderfall von freien Pronominalsätzen; vgl. z.B.:

(176) Era così **quando eravamo ancora studenti**
'So war es, als wir noch Studenten waren'

1.4.1. Die Junktoren der freien Pronominalsätze

1.4.1.1. Das Inventar der Formen

Die Junktoren der freien Pronominalsätze bilden ein Inventar, das sich aus Pronomina von zweierlei Typen zusammensetzt: Den Interrogativpronomina *chi* 'wer', *qual-* 'was für ein', *quanto* 'was', *dove* 'wo', *quando* 'wann', *come* 'wie' und den Indefinitpronomina *chiunque* 'wer auch immer', *qualunque* 'was für ein ... auch immer', *quantunque* 'wieviel auch immer', 'was auch immer', *dovunque, ovunque* 'wo auch immer' und *comunque* 'wie auch immer'.

Anders als man es erwarten könnte, ist die Form für 'was' nicht identisch mit dem Interrogativpronomen *che* oder *che cosa*. Stattdessen ist die Form *quanto* eingetreten, die als Interrogativpronomen 'soviel' heißt und deklinabel ist. (Als Junktor freier Pronominalsätze ist *quanto* indeklinabel.)

N.B. In einer gehobenen, vor allem bürokratischen Stilebene gibt es *quanti* als Variante zu *chi*; s. z.B.

(177) Quanti non supereranno lo scritto non saranno ammessi all'orale
'Wer das Schriftliche nicht besteht, wird zum Mündlichen nicht zugelassen'

1.4.1.2. Die Distribution und die grammatischen Funktionen der Junktoren innerhalb des Nebensatzes

Die Junktoren der freien Pronominalsätze stehen am Anfang des Nebensatzes. Werden sie von einer Präposition regiert, so geht ihnen diese voraus.

Was die **grammatischen Funktionen** angeht, so können *chi, quanto, chiunque* und *qualunque cosa* innerhalb des Nebensatzes, ggfs. zusammen mit einer Präposition, als Subjekt, Objekt, Obliquus und als Adjunkt auftreten. *dove* kann nur Obliquus oder Adjunkt sein; *quando, come* und *comunque* treten nur als Adjunkte auf. - Beispiele für die grammatische Funktion der Junktoren im freien Pronominalsatz sind:

(178) Devi chiederlo a **chi** lo sa (Subjekt)
'Du mußt jemand fragen, der es weiß'

(179) Verrà punito **chiunque** trasgredirà la legge (Subjekt)
'Bestraft wird, wer auch immer das Gesetz übertritt'

(180) Ha dovuto restituire **quanto** aveva rubato (Objekt)
'Er mußte zurückgeben, was er gestohlen hatte'

(181) **Qualunque cosa** accada, non vi abbandonerò (Subjekt)
'Er wird dir geben, was immer du auch von ihm verlangen wirst'

(182) Non tornerà da **dove** lo hanno inviato (Ziel-Obliquus)
'Er wird nicht von dort zurückkommen, wohin man ihn geschickt hat'

(183) Non tornerà **da dove** è partito (Herkunfts-Obliquus)
'Er wird nicht dorthin zurückkehren, von wo er abgereist ist'

(184) Trovo ridicolo **come** si veste (Adjunkt)
'Ich finde es lächerlich, wie er sich anzieht'

(185) Parla spesso di **quando** stavano insieme (Adjunkt)
'Er spricht oft von der Zeit, als sie zusammen waren'

(186) Mettili **ovunque** trovi posto (Adjunkt)
'Tu sie hin, wo immer du Platz findest'

1.4.1.3. Zur Bedeutung einzelner Junktoren

N.B. Der vorliegende Abschnitt stützt sich im wesentlichen auf Hottenroth 1985.

Die einzelnen Junktoren des freien Pronominalsatzes unterscheiden sich untereinander auch in der Bedeutung. Im einzelnen gilt folgendes:

a. *chi*

chi referiert nur auf Personen. Es enthält semantisch den Allquantor. Daher haben pronominale Nebensätze mit *chi* typischerweise eine Paraphrase, in der als Junktor die Form *tutti coloro che* 'alle diejenigen, die' auftritt; vgl. z.B.:

(187) **Chi** cerca trova
'Wer sucht, der findet'
vs.
Tutti coloro che cercano trovano
'Alle diejenigen, die suchen, finden'

(188) **Chi** è già stato interrogato, può andarsene
'Wer schon befragt worden ist, kann gehen'
vs.
Tutti coloro che sono già stati interrogati possono andarsene
'Alle diejenigen, die schon befragt worden sind, können gehen'

N.B. Wie man an (187) und (188) sieht, braucht wegen des Allquantors keineswegs der ganze Satz generisch zu sein. Außerdem kann ein Allquantor pragmatisch so verwendet werden, daß in Wirklichkeit nur ein Teil der allgemein bezeichneten Personen gemeint ist (vgl. ähnliche Verwendungen von dt. *man*). Ein Beispiel hierfür ist (192), geäußert in einer Situation, in der gegen die Einladung einer ganz bestimmten Person argumentiert wird:

(189) Non devi invitare chi hai invitato l'anno scorso
'Du darfst nicht einladen, wen du schon voriges Jahr eingeladen hast'

N.B. Aus der Präsenz des Allquantors folgt, daß *chi* semantisch pluralisch sein kann. Hieraus erklärt sich auch, warum die oben (168") und (170") erwähnten Paraphrasen ein pluralisches Pronomen (*coloro* 'diejenigen') haben. - Eine konventionalisierte Anwendung von *chi* auf nur eine Person ist die **Selbstbezeichnung des Autors** durch *chi scrive* 'wer schreibt' oder *chi vi parla* 'wer zu euch spricht'. Ebenso konventionalisiert, aber im Einklang mit der Bedeutung von *chi*, ist die Formel *chi legge* 'der Leser'.

N.B. Aus der Präsenz des Allquantors folgt für die **Kongruenz** des prädikativen Adjektivs und des Partizips nach *essere*, daß im Prinzip das Maskulinum als unmarkierte Form gewählt wird:

(190) Chi è mai vissuto all'estero mi capirà
'Wer jemals im Ausland gelebt hat, wird mich verstehen'

Nur wenn ausschließlich auf Frauen referiert wird, und wenn dies vom Thema der Äußerung her völlig klar ist, ist das Femininum akzeptabel; vgl. z.B.:

(191) Chi è incinta si ritiene spesso fortunata
'Wer schwanger ist, hält sich oft für vom Glück begünstigt'

(192) Chi è bella nasce maritata (Sprichwort)
'Wer schön ist, kommt verheiratet zur Welt'

b. *chiunque*

chiunque unterscheidet sich dadurch von *chi*, daß nicht nur die allgemeine Gültigkeit, sondern darüber hinaus die Gültigkeit für jeden beliebigen Fall ausgedrückt wird (wie bereits oben, 1.2.1. c., gesagt wurde); vgl. z.B.:

(193) Chiunque voglia può entrare
'Jeder, der will, kann hineingehen'

c. *quanto*

quanto 'was' referiert auf Dinge und Sachverhalte. Ein Allquantor ist im Unterschied zu *chi* und *chiunque* nicht in der Bedeutung enthalten; s. z.B.:

(194) Non credere quanto dice
'Glaub nicht, was er sagt'

N.B. Es gibt Einschränkungen für das Auftreten von freien Pronominalsätzen, die den Junktor *quanto* als Subjekt haben; s. z.B.:

(195) ??Quanto mi ha colpito è stato l'atteggiamento di Franco
'Was mir aufgefallen ist, ist das Verhalten von Franco'

Man benutzt eher *ciò che* oder *quello che*, also:

(195') Ciò che mi ha colpito ...

(195'') Quello che mi ha colpito ...

1.5. Relativischer Anschluß

Der sog. relativische Anschluß ist genaugenommen kein Verfahren zur Bildung komplexer Sätze, sondern ein Verfahren der Textbildung. Das Verfahren ist das folgende:

Ein anaphorisches Pronomen verweist auf einen vorausgehenden Satz, wobei aber nicht ein Personalpronomen oder ein Demonstrativum verwendet wird, sondern eine Art Relativpronomen; vgl. z.B.:

(196) La stanza è un po' buia. **Questo** è uno svantaggio.
'Das Zimmer ist etwas dunkel. Das ist ein Nachteil.'

(196') La stanza è un po' buia, **il che** è uno svantaggio.
'Das Zimmer ist etwas dunkel, was ein Nachteil ist.'

Da das Relativum sein Antezedens normalerweise nur innerhalb desselben komplexen Satzes hat, bewirkt seine Verwendung im relativischen Anschluß, daß der das Pronomen enthaltende Satz prosodisch bzw. orthographisch eng an den vorausgehenden Kontext gebunden wird.

Relativische Anschlüsse werden gebildet mit den Formen *che, cui* und *quale*.

Die Form *che* muß (ähnlich wie *quale* als Junktor des Relativsatzes) nach dem bestimmten Artikel stehen. Dieser muß in der Grundform (Maskulinum, Singular) stehen. *il che* ist **Subjekt** des relativisch angeschlossenen Satzes (vgl. (196')).

Die Form *cui* steht entweder allein (197) oder nach der Präposition *per* 'wegen'. Im letzteren Falle ergibt sich die Bedeutung 'weswegen'. *per cui* ist also geeignet, eine kausale Relation zu bezeichnen (198):

(197) Questa misura però si verificò insufficiente, **cui** va aggiunto che erano sorte anche difficoltà sanitarie
'Diese Maßnahme erwies sich jedoch als unzureichend, wozu noch gesagt werden muß, daß auch Schwierigkeiten im Gesundheitswesen aufgetreten waren'

(198) Ma quest'ipotesi non tiene conto del fatto che il testo provocò l'indignazione del clero, **per cui** non mi sembra molto convincente
'Aber diese Hypothese berücksichtigt nicht die Tatsache, daß der Text die Empörung des Klerus hervorrief, weswegen sie mir nicht sehr überzeugend zu sein scheint'

Die Form *qual-* wird als Postartikel, in ihrer Kurzform, nach dem bestimmten Artikel, vor allem bei dem Nomen *cosa* 'Sache' verwendet. Der so gebildete Ausdruck *la qual cosa* kann nach Präposition stehen und innerhalb des relativisch angeschlossenen Satzes verschiedene grammatische Funktionen realisieren. In diesem Sinne tritt er suppletiv für die Funktionen ein, die *il che* nicht realisieren kann; s. z.B.:

(199) Pinocchio si accorse che i suoi compagni lo avevano lasciato solo, **la qual cosa** gli fece una gran paura   (Subjekt)
'Pinocchio merkte, daß seine Gefährten ihn allein gelassen hatten, was ihm große Angst machte'

(200) Pinocchio si accorse che i suoi compagni lo avevano lasciato solo, **la qual cosa** aveva temuto da sempre   (Objekt)
'Pinocchio merkte, daß seine Gefährten ihn allein gelassen hatten, was er schon immer gefürchtet hatte'

(201) Pinocchio si accorse che i suoi compagni lo avevano lasciato solo, **per la qual cosa** gli venne una gran paura   (Adjunkt)
'Pinocchio merkte, daß seine Gefährten ihn allein gelassen hatten, weswegen ihn große Angst befiel'

N.B. Im älteren It. waren die Ausdrucksmittel des relativischen Anschlusses reicher als heute. *che* konnte auch nach Präposition auftreten (vgl. (202)), und *la qual cosa* konnte auch den Plural (vgl. (202)) annehmen:

(202) ...cominciò l'un di lor a dir che ... una donna simigliante alla moglie d'Egano ... veduta non avea di bellezza; **a che** tutti i compagni suoi ... s'accordarono. **Le quali cose** ascoltando ... (Boccaccio)
'...es begann einer von ihnen zu sagen, daß er eine Frau, die der Gattin Eganos an Schönheit gliche, noch nie gesehen habe, worin ihm alle seine Gefährten zustimmten. Diese Dinge hörend ...'

Auch der normale Relativsatz mit *quale* konnte in einer dem relativischen Anschluß ähnlichen Weise gebraucht werden: In solchen Fällen hatte er zwar ganz normal eine Nominalphrase als Antezedens, aber diese ging ihm nicht unmittelbar voraus, und es bestand ein deutlicher Einschnitt zwischen dem Relativsatz und dem Satz, der den Antezedens enthält; vgl. z.B.:

(203) ...piacque alle reina che **Pampinea** novellando seguisse. **La quale**, con ridente viso incominciando, disse ... (Boccaccio)
'... es gefiel der Königin, daß Pampinea mit dem Erzählen fortfahren sollte. Diese, mit lachendem Gesicht beginnend, sagte ...'

Solche Konstruktionen sind heute noch nicht ungrammatisch, aber sie wirken altertümlich; s. z.B., etwa in einem Polizeiprotokoll:

(204) ..., **il quale** signor Rossi si trovava sul posto
'..., welcher Herr Rossi dort zugegen war'

1.6. Relative Infinitivkonstruktionen

Die Relativjunktoren (außer *che*) können auch als Junktoren von Infinitiven vorkommen; s. z.B.:

(205) Cerco una ragazza con **cui** ballare
'Ich suche ein Mädchen , mit dem ich tanzen kann'

(206) Non ho trovato nessuno al **quale** rivolgermi
'Ich habe niemanden gefunden, an den ich mich wenden könnte'

N.B. Die Beispiele sind aus Hottenroth 1985:247ff.; auch die Analyse beruht im wesentlichen auf Hottenroth.

Diese Konstruktionen haben einen modalen Sinn (s. *können* in den Übersetzungen). Sie haben Paraphrasen mit echten Relativsätzen; vgl.:

(205') Cerco una ragazza con cui io possa ballare

(206') Non ho trovato nessuno al quale mi potessi rivolgere

Diese Konstruktionen haben alle Subjektkontrolle.

Innerhalb der Infinitivkonstruktion darf der Junktor weder Subjekt noch Objekt sein. Ist der Junktor Subjekt, so steht ein normaler Relativsatz:

(207) Non ho trovato nessuno **che** mi aiutasse
'Ich habe niemanden gefunden, der mir geholfen hätte'

Ist das betreffende Argument Objekt, so erscheint es nicht pronominal, sondern es ist das Null-Objekt des Infinitivs mit *da*:

(208) Franco cerca una ragazza da fotografare
'Franco sucht ein Mädchen zum Fotografieren'

Auch diese Konstruktion hat eine Paraphrase mit einem echten Relativsatz:

(208') Franco cerca una ragazza che egli possa fotografare
'Franco sucht ein Mädchen, das er fotografieren kann'

Sie ist jedoch keine Variante des Relativsatzes, sondern sie geht auf ein Infinitivkomplement zurück (s. Kap. I, 2.6.1.1.).

2. Die Koordination

Die Koordination besteht funktional darin, daß an ein Element des Satzes ein (oder mehr als ein) anderes gleichartiges Element mit Hilfe eines nebenordnenden Junktors angefügt wird. Diesen Junktor nennen wir **Koordinator**. (In der traditionellen Terminologie heißt er "nebenordnende Konjunktion".)

Der aus dem Koordinator und dem angefügten Element bestehende Ausdruck hat die Funktion eines **Koordinats**. (Das Element, an das das Koordinat angefügt wird, nennen wir der Kürze halber das Anfangsglied.)

Das Anfangsglied kann seinerseits innerhalb des Satzes die verschiedensten grammatischen Funktionen haben. Das Koordinat nimmt an der grammatischen Funktion des Anfangsgliedes teil, indem es dieselbe thematische Rolle annimmt wie das Anfangsglied. Das Beispiel (1) soll diese terminologischen Festlegungen verdeutlichen:

(1) Von hier sieht man den Rhein und den Untersee

(1')

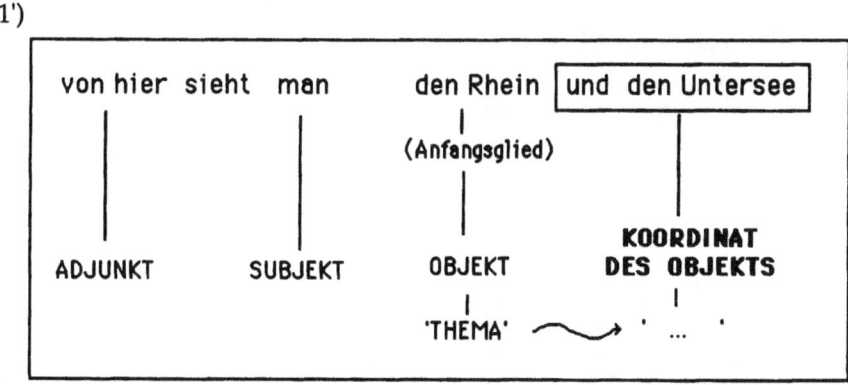

Durch einen nebenordnenden Junktor eingeleitete Konstituenten können auch **unabhängig** auftreten, wie in (2) und (3):

(2) E allora?
     'Ja und?'

(3) **Ma** non è vero!
     'Aber das stimmt doch nicht!'

In solchen Fällen liegt wohlgemerkt keine Koordination vor: Der Junktor ist hier ein Konnektiv auf der Ebene der **Textbildung**. Dementsprechend bilden auch durch nebenordnende Junktoren verbundene, syntaktisch vollständige Sätze keine Koordinationen. Das zeigt sich auch darin, daß eine Gleichartigkeit der Satzart nicht notwendig ist; man kann z.B. im Text einen Deklarativsatz mit einem Interrogativsatz durch *e* 'und', *o* 'oder' oder *ma* 'aber' verbinden; vgl. z.B.:

(4) Franco le aveva detto che l'appartamento era libero. **Ma** se non era vero?
'Franco hatte ihr gesagt, daß die Wohnung frei ist. Aber wenn das nicht stimmte?'

(5) Franco le era sempre stato un vero amico. **O** aveva solamente fatto finta di esserlo?
'Franco war ihr immer ein wahrer Freund gewesen. Oder hatte er nur so getan?'

N.B. Auf der Ebene der **prosodischen Gestalt** können Sätze, die hinsichtlich ihrer Konstituentenstruktur abgeschlossen und durch einen nebenordnenden Junktor verbunden sind, zu einer Einheit zusammengefaßt sein; vgl. z.B.:

(6)
vado e vengo

'ich komme gleich wieder'
(wörtl.: 'ich gehe und ich komme')

Dies gilt aber auch für Sätze, die nicht durch einen Junktor verbunden sind; vgl. z.B.:

(7)
non posso venire, te lo giuro

'ich kann nicht kommen, ich schwöre es dir'

Daher darf von einer engen prosodischen Kohärenz zwischen zwei Sätzen nicht auf ihre Unselbständigkeit auf der Ebene der Konstituenz geschlossen werden.

N.B. Ein besonderes Problem bilden Sätze, die durch die "solidarischen" Junktoren *o ... o* 'entweder ... oder', *né ... né* 'weder ... noch' und *non solo ... ma anche* 'nicht nur ... sondern auch' verbunden sind; vgl. z.B.:

(8) **O** è matto, **o** non lo capisco
'Entweder er ist verrückt, oder ich verstehe ihn nicht'

(9) **Né** guarda la televisione, **né** legge i giornali
'Weder sieht er fern, noch liest er Zeitung'

(10) **Non solo** il tempo era brutto, **ma** mi sono **anche** preso un raffreddore
'Nicht nur das Wetter war schlecht, sondern ich habe mir auch noch eine Erkältung geholt'

Unter dem Gesichtspunkt der Konstituenz und der Prosodie ist dieser Gebrauch nebenordnender Junktoren lediglich textbildend, aber funktional und semantisch handelt es sich um Koordinationen. - Solidarische Koordinate mit *e ... e* 'sowohl ... als auch' scheinen rein textbildend nicht vorzukommen.

Auf der Ebene der Konstituenz geschieht folgendes: Typischerweise gehört die angefügte Konstituente derselben Kategorie an wie das Anfangsglied. Wenn das Koordinat unmittelbar an das Anfangsglied angefügt wird, so bildet es mit ihm zusammen eine komplexe Konstituente, die derselben Kategorie angehört wie das Anfangsglied. Diesen Fall soll das folgende Schema veranschaulichen:

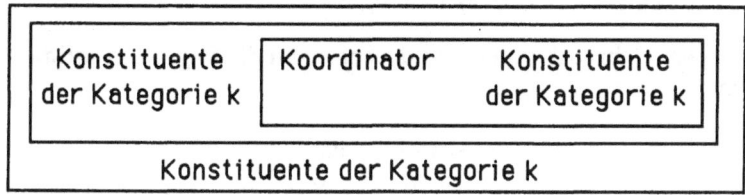

Wenn das Koordinat dem Anfangsglied nicht unmittelbar folgt, so bilden beide natürlich keine komplexe Konstituente. Die Koordination ist dann nur funktional und semantisch. - Ein Beispiel ist:

(11) Giorgio è medico, e anche Franco
      'Giorgio ist Arzt, und auch Franco'

Semantisch-pragmatisch gilt, daß die koordinierten Konstituenten eine Art gemeinsamen Nenner haben müssen. Dieser kann mit der kategorialen Organisation des Wissens gegeben sein oder durch die Einbeziehung in ein und dieselbe Situation begründet werden.

N.B. Formal **mit der Koordination verwandt** sind die Apposition (s. Kap. I, 1.7.e.) und die Präzisierung mit *cioè* 'das heißt', *anzi* 'vielmehr', *più precisamente* 'genauer gesagt'; s. z.B.:

(12) Il doge, **cioè** il magistrato supremo della Repubblica di Venezia, veniva eletto dai nobili e controllato da un consiglio di dieci inquisitori
      'Der Doge, d.h. der oberste Beamte der Republik Venedig, wurde vom Adel gewählt und von zehn Inquisitoren kontrolliert'

(13) E' stato un insuccesso, **anzi** un disastro
      'Es war ein Mißerfolg, was sage ich, eine Katastrophe'

(14) Era un arabo, **più precisamente** un iracheno
      'Es war ein Araber, genauer gesagt, ein Iraker'

2.1. Inventar und Anordnung der Koordinatoren

Die **einfachen** Koordinatoren sind:

- *e*   'und'
- *o*   'oder'
- *ma*   'aber'
- *né*   'und nicht'
- *nonché*   'und auch'
- *ossia*   'oder aber'

Auf mehrfachem Gebrauch von *e*, *o* und *né* beruhen die folgenden **solidarischen** Koordinatoren:

- *e ... e*   'sowohl ... als auch'
- *o ... o*   'entweder ... oder'
- *né ... né* 'weder ... noch'

Den solidarischen Koordinatoren sind funktional einige Ausdrücke zuzurechnen, die ihre Herkunft aus anderen Kategorien noch deutlich erkennen lassen:

- *sia (che) ... sia (che)* 'sei es (daß) ... sei es (daß)' (grammatikalisierte Verwendung des Konjunktivs von *essere*)
- *tanto ... quanto* und *tanto ... come* 'sowohl ... als auch' (grammatikalisierte Verwendung von Pronomina)
- *non solo ... ma anche* 'nicht nur ... sondern auch' (grammatikalisierte Verwendung von Negation und Adverbien bei der Koordination mit *ma*)

N.B. Das It. macht keinen systematischen Unterschied zwischen 'sondern' und 'aber'.

Bei mehr als zwei Koordinaten genügt es, wenn der Koordinator nur vor dem letzten Koordinationsglied steht. Das It. kennt auch die junktorlose Koordination (s. weiter unten, e.).

Prinzipiell können alle nebenordnenden Junktoren alle Arten von Konstituenten verbinden. Allerdings gibt es Beschränkungen (s. z.B. unten, unter b., c. und d.).

Für das Auftreten der Koordinatoren sind mehrere **Muster** zu unterscheiden:

a. Der Koordinator steht nur einmal, und zwar vor der letzten der koordinierten Konstituenten. Die übrigen Konstituenten werden durch einen prosodischen Einschnitt bzw. durch Komma getrennt; vgl. z.B.:

(15) [La Sicilia] **e** [la Sardegna] sono delle Regioni Autonome
'Sizilien und Sardinien sind Autonome Regionen'

(16) [La Sicilia], [la Sardegna], [la Val d'Aosta] e [il Trentino-Alto Adige] sono delle Regioni Autonome
'Sizilien, Sardinien, Val d'Aosta und Trentino-Südtirol sind Autonome Regionen'

ma 'aber' kommt nur in zweigliedrigen Koordinationen vor.

b. Der Junktor steht vor jeder der koordinierten Konstituenten mit Ausnahme der ersten. Hierbei gibt es wiederum zwei verschiedene prosodische Realisierungen: Entweder werden die koordinierten Konstituenten ohne nennenswerten Einschnitt aneinandergefügt (dies ist nur bei relativ kurzen Koordinationsketten üblich; vgl. (17)), oder vor dem Junktor ist jeweils ein prosodischer Einschnitt (18):

(17) [La Sicilia] e [la Sardegna] e [la Val d'Aosta] sono delle Regioni Autonome
'Sizilien und Sardinien und das Aostatal sind Autonome Regionen'

(18) [La Sicilia], e [la Sardegna], e [la Val d'Aosta], e [il Trentino-Alto Adige] sono delle Regioni Autonome
'Sizilien, und Sardinien, und das Aostatal, und Trentino-Südtirol sind Autonome Regionen'

Die unter b. und c. genannten Typen gelten nur für *e* 'und' und *o* 'oder'.

c. Wenn eine größere Zahl von Konstituenten koordiniert wird, können die Koordinatoren so verteilt werden, daß die koordinierten Konstituenten inhaltlich zu Gruppen zusammengefaßt sind; vgl. z.B.:

(19) [La Sicilia e la Sardegna], [la Val d'Aosta e il Trentino-Alto Adige] sono delle Regioni Autonome
'Sizilien und Sardinien, das Aostatal und Trentino-Südtirol sind Autonome Regionen'

N.B. Für solche Sätze ist eine **gestufte Koordination** anzunehmen: Es sind Konstituenten koordiniert, die ihrerseits Koordinationen sind. Hierbei sind die "unteren" Koordinationen mit dem Koordinator *e* gebildet, die "obere" Koordination hingegen mit dem Null-Koordinator.

d. Der Junktor steht auch vor dem Anfangsglied; vgl. z.B.:

(20) E [la Sicilia] e [la Sardegna] sono delle Regioni Autonome
'Sowohl Sizilien als auch Sardinien sind Autonome Regionen'

Es handelt sich hierbei um die solidarischen Koordinatoren.

Wenn mehr als zwei Konstituenten auf diese Weise durch Junktoren verbunden sind, so sind zwei Muster möglich: Entweder wird jeder Junktor stark betont, und die einzelnen Konstituenten werden prosodisch voneinander getrennt (21), oder nur der erste und ein weiterer Junktor werden stark betont, wodurch die Kette der koordinierten Konstituenten in zwei Glieder aufgeteilt wird (22):

(21) **E** [la Sicilia], **e** [la Sardegna], **e** [la Val d'Aosta], **e** [il Trentino-Alto Adige] sono delle Regioni Autonome
'Sowohl Sizilien als auch Sardinien und das Aostatal und Trentino-Südtirol sind Autonome Regionen'

(22) [E la Sicilia e la Sardegna], **e** [la Val d'Aosta e il Trentino-Alto Adige] sono delle Regioni Autonome
'Sowohl Sizilien und Sardinien als auch das Aostatal und Trentino-Südtirol sind Autonome Regionen'

N.B. Dieser Verbindungstyp gilt nur für *e, o* und *né*. - Das durch (22) illustrierte Muster beruht ebenfalls auf einer gestuften Koordination: Zwei Konstituenten werden durch solidarisches *e ... e* verbunden, und diese sind ihrerseits mit (normalem) *e* gebildete Koordinationen.

e. Die Koordination ist asyndetisch, d.h. es steht überhaupt kein Junktor. Die entsprechenden Ausdrücke werden als Konjunktion interpretiert, d.h. so, als ob der Koordinator 'und' stünde; s. z.B.:

(23) una sagoma alta, esile, elegante
'eine hohe, schlanke, elegante Silhouette'

2.2. Kategorien koordinierter Konstituenten

Es können Konstituenten der verschiedensten Art koordiniert werden, und zwar:

- nicht eingebettete Sätze
- eingebettete Sätze
- Nominalphrasen, Verbalphrasen, Präpositionalphrasen und Adjektivphrasen, sowie
- in beschränktem Maße Elemente, die keine Konstituenten sind

2.2.1. Koordinierte nicht eingebettete Sätze

Es gibt zwei Typen der Koordination von nicht eingebetteten Sätzen. Der erste liegt dann vor, wenn mehrere Sätze eine gemeinsame Konstituente haben; s. z.B.:

(24) Giovanni ama e Paolo detesta **la musica leggera**
'Giovanni liebt und Paolo verabscheut Unterhaltungsmusik'

(25) **Secondo il servizio metereologico** domani pioverà, e dopodomani farà bel tempo
'Laut Wetterbericht wird es morgen regnen und übermorgen schön sein'

In (24) ist *la musica leggera* ein gemeinsames Objekt, in (25) ist *secondo il servizio meteorologico* ein gemeinsames Adjunkt beider Sätze.

N.B. Die Rede von einer gemeinsamen Konstituente ist natürlich eine Abkürzung. Gemeint ist, daß die Konstituente in einem der koordinierten Sätze elliptisch ist. (24) hätte demnach die folgende Struktur:

(24')

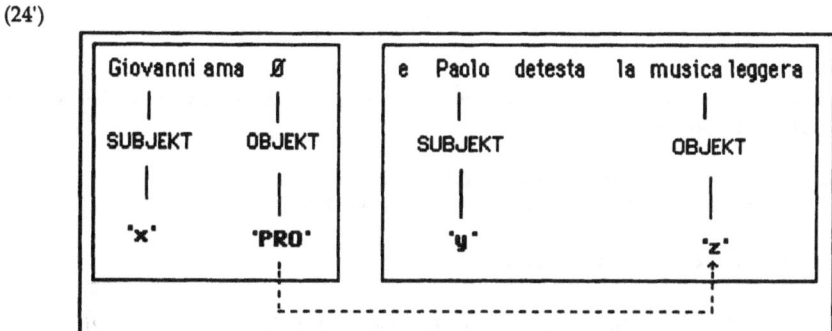

Wenn das gemeinsame Element eine regierte Funktion ist, so muß es im zweiten Koordinat stehen, wie es in (24) der Fall ist. Stellt man ein verschiedenen Verben gemeinsames Argument an den Satzanfang, so muß es beim zweiten Verb als klitisches Pronomen vertreten sein; s. z.B.:

(26) **A me** piace la musica, ma **mi** dà fastidio il rumore
'Ich mag Musik, aber mich stört der Lärm'

Eine Struktur wie diese ist aber keine Koordination, sondern eine Abfolge von konstituenzmäßig in sich abgeschlossenen Sätzen, die durch das Konnektiv *ma* verbunden sind.

Den zweiten Fall bilden **Aufzählungen** des Typs 'der eine tut p, der andere tut q'. Sie werden durch die junktorlose Aneinanderfügung von Gliedsätzen der Form "*chi* plus Verbalphrase, *chi* plus Verbalphrase" gebildet. Das *chi* in dieser Konstruktion muß das Subjekt des Satzes sein; vgl. z.B.:

(27) **Chi** cantava, **chi** recitava poesie, **chi** suonava il mandolino
'Die einen sangen, andere sagten Gedichte auf, wieder andere spielten auf der Mandoline'

N.B. Dieses Verfahren ist streng genommen keine Koordination im oben definierten Sinne; es wird nur wegen seiner semantischen Ähnlichkeit mit der Koordination nicht eingebetter Sätze an dieser Stelle aufgeführt. Es ist innerhalb des Systems der it. Syntax vollkommen **isoliert**. Satzbildend, nicht textbildend, ist es deshalb, weil Sätze der Form "*chi* plus Verbalphrase" als Deklarativsätze allein nicht vorkommen können.

2.2.2. Koordinierte eingebettete Sätze

Alle Nebensätze können mit funktional gleichartigen Nebensätzen koordiniert werden. - Beispiele sind:

a. Deklarative Komplementsätze:

(28) Vorrei [che lui se n'andasse] **e** [che non ritornasse mai]
'Ich wünschte, er ginge weg und käme nie wieder'

N.B. In Koordinationen dieser Art kann das zweite *che* weggelassen werden. Es handelt sich dann um koordinierte Verbalphrasen:

(28') Vorrei che [lui se n'andasse] **e** [non ritornasse mai]
'Ich wünschte, er ginge weg und käme nie wieder'

b. Interrogative Komplementsätze:

(29) Non so [perché l'abbia fatto] **né** [con quale mezzo sia fuggito]
'Ich weiß nicht, warum er es getan hat, noch mit was für einem Verkehrsmittel er geflohen ist'

N.B. Wenn interrogative Komplementsätze koordiniert sind, kann der zweite elliptisch sein; vgl. den folgenden Satz, in dem *lei sia partita* im zweiten Koordinationsglied weggelassen ist:

(30) Non so [perché lei sia partita], **né** [con chi]
'Ich weiß nicht, warum sie weggegangen ist, und auch nicht mit wem'

c. Adjunktsätze:

(31) [Se sei d'accordo] **e** [se c'è posto], mi piacerebbe portare mio cugino
'Wenn du einverstanden bist, und wenn genug Platz ist, würde ich gern meinen Vetter mitbringen'

N.B. Wie im Dt. kann das zweite *se* weggelassen werden:

(31') [Se sei d'accordo] **e** [c'è posto], ...
'Wenn du einverstanden bist und genug Platz ist, ...

Im Unterschied zum Frz. (*si tu es d'accord et qu'il y ait de la place...*) kann in solchen Fällen statt des zweiten *se* nicht *che* stehen.

d. Modifizierende Relativsätze:

(32) I clienti [che non si sono ancora iscritti] **e** [che vogliano farlo], sono pregati di rivolgersi alla direzione
'Die Kunden, die sich noch nicht angemeldet haben und die dies tun wollen, werden gebeten, sich an die Geschäftsleitung zu wenden'

Modifizierende Relativsätze können als Koordinat bei Adjektivphrasen stehen; vgl. z.B.:

(33) E' stata una giornata [triste], **ma** [che ha anche destato dei ricordi piacevoli]
'Es war ein trauriger Tag, der aber auch gute Erinnerungen wachgerufen hat'

N.B. Die Bedingung für diese Konstruktion ist wohlgemerkt, daß die Adjektivphrase adnominal ist und daß sie die grammatische Funktion eines Modifikators hat. - Die Möglichkeit solcher Konstruktionen ist der Grund, aus dem eingangs die Koordination als Anfügung eines gleichartigen Elements (und nicht etwa als die Zusammenfügung von Elementen, die der gleichen Kategorie angehören) definiert wurde.

e. Adjunktive Relativsätze:

(34) Questo articolo, [che molti citano], **ma** [che pochi hanno letto con cura]
'Dieser Artikel, den viele zitieren, aber den nur wenige sorgfältig gelesen haben'

f. Freie Pronominalsätze:

(35) [Chi accende fuochi] **e** [chi fuma] rischia di provocare un incendio
'Wer Feuer anzündet und wer raucht, riskiert, einen Brand zu verursachen'

N.B. In koordinierten Relativsätzen sind die Relativpronomina korreferent. Die Pronomina der koordinierten freien Pronominalsätze sind es hingegen nicht unbedingt. Will man freie Relativsätze mit einem identischen Argument koordinieren, so kann man im Koordinat das Pronomen weglassen; s. z.B.:

(36) [Chi non si è ancora iscritto] **e** [vuole farlo], è pregato di rivolgersi alla direzione
'Wer sich noch nicht angemeldet hat und wer dies tun will, wird gebeten, sich an die Geschäftsleitung zu wenden'

2.2.3. Koordinierte Konstituenten

Es können Konstituenten aller Typen koordiniert werden.

Beispiele sind:

a. Koordinierte Nominalphrasen

Beispiele für die Koordination von Nominalphrasen mit *e* wurden bereits unter 2.1. gegeben. - Beispiele mit anderen Junktoren sind:

(37) Ci deve essere un fiume **o** un lago
'Da muß ein Fluß oder ein See sein'

(38) Non è un fiume **ma** un lago
'Es ist kein Fluß, sondern ein See'

(39) Non è un fiume **né** un lago
'Es ist kein Fluß und auch kein See'

Wenn unmittelbar aufeinanderfolgende Nominalphrasen mit *e* koordiniert sind, so bilden sie eine komplexe Nominalphrase, deren Numerus der Plural ist. Daher verlangt ein koordiniertes Subjekt ein Verb im Plural, auch wenn die einzelnen Koordinationsglieder im Singular stehen; vgl. z.B.:

(40) Il gatto e la volpe si **misero** in società
'Die Katze und der Fuchs taten sich zusammen'

Diese Regel ist allerdings gelockert, wenn das koordinierte Subjekt rechts vom Verb steht; z.B. ist (41') neben (41) möglich:

(41) Ci **sono** un fiume e un lago
'Da sind ein Fluß und ein See'

(41') C'**è** un fiume e un lago
'Da ist ein Fluß und ein See'

Daß die mit *e* koordinierten Nominalphrasen trotzdem Plurale sind, zeigt sich daran, daß ein auf sie bezogener anaphorischer Ausdruck im Plural stehen muß; vgl. z.B.:

(42) C'è un fiume e un lago. **Li** vedi?
'Da ist ein Fluß und ein See. Siehst du sie?'

N.B. Die Regel, daß die mit *e* gebildete, komplexe Nominalphrase pluralisch ist, gilt genau genommen nur für den Fall, daß die Koordination mit *e* die "oberste" ist. Wenn in einer gestuften Koordination nicht *e*, sondern z.B. *ma* als der "oberste" Koordinator auftritt, so ist die komplexe Nominalphrase Singular, auch wenn sie auf tieferer Stufe eine *e*-Koordination enthält, wie in:

(43) [La Sicilia], **ma** [non il Veneto e la Calabria] è una Regione Autonoma
'Sizilien, aber nicht das Veneto und Kalabrien ist eine Autonome Region'

Was das **Genus** angeht, so gilt folgendes: Wenn alle Koordinationsglieder dasselbe Genus haben, so ist das Ergebnis trivial: Das Genus der koordinierten Nominalphrase ist gleich dem Genus ihrer Elemente; s. z.B.:

(44) **Le** città e **le** campagne erano spopolate
'Die Städte und das Land waren entvölkert'

(45) **I** nobili e **i** popolani si erano affrontati in varie battaglie
'Der Adel und das Volk hatten sich in mehreren Schlachten gegenübergestanden'

Haben die Koordinationsglieder verschiedenes Genus, so ist die komplexe Nominalphrase männlich; s. z.B.:

(46) **Le** città e **i** paesi erano spopolati
'Die Städte und die Dörfer waren entvölkert'

Koordinierte Nominalphrasen können einen Modifikator (eine Adjektivphrase, eine Präpositionalphrase oder einen Relativsatz) gemeinsam haben. Der Modifikator muß nach dem letzten Koordinationsglied stehen; vgl. z.B.:

(47) I nobili e i popolani **fiorentini** si erano affrontati in varie battaglie
'Der florentinische Adel und das Volk hatten sich in mehreren Schlachten gegenübergestanden'

(48) I nobili e i popolani **di Firenze** si erano affrontati in varie battaglie
'Der Adel und das Volk von Florenz hatten sich in mehreren Schlachten gegenübergestanden'

(49) I nobili e i popolani, **che erano divisi da interessi contrastanti**, si erano affrontati in varie battaglie
'Der Adel und das Volk, die durch gegensätzliche Interessen gespalten waren, hatten sich in mehreren Schlachten gegenübergestanden'

N.B. Aus der sprachlichen Form ist nicht immer (z.B. in (49)) zu erkennen, ob ein Modifikator für ein oder für mehrere Koordinationsglieder gilt.

Die das Genus betreffende Kongruenzregel ist dann gelockert, wenn die mit *e* koordinierten Glieder ein gemeinsames Adjektiv haben: In diesem Fall kann das Adjektiv weiblich sein, wenn das letzte Koordinat weiblich ist; s. z.B.:

(50) I vocabolari e **le** grammatiche latin**e**
 'Die lateinischen Wörterbücher und Grammatiken'

Man kann das Problem aber auch umgehen, indem man einen Modifikator wählt, der keine Kongruenz erfordert, wie in:

(51) I vocabolari e **le** grammatiche del latino
 'Die Wörterbücher und die Grammatiken des Lateinischen'

Für das prädikative Adjektiv und das Partizip gelten dieselben Kongruenzregeln, allerdings ohne die genannten Lockerungen. - Beispiele sind:

(52) Le scarp**e** e il vestit**o** erano bianchi
 'Die Schuhe und das Kleid waren weiß'

(53) Il giornal**e** e la rivist**a sono** arrivati
 'Die Zeitungen und die Zeitschriften sind eingetroffen'

N.B. Beim Partizip eines transitiven Verbs ist, wie immer, auch das unmarkierte Maskulinum Singular möglich:

(54) Ecco il giornale e la rivista che ho {comprati, comprato}
 'Hier sind die Zeitung und die Zeitschrift, die ich gekauft habe'

b. Koordinierte Verbalphrasen

Beispiele koordinierter Verbalphrasen sind:

(55) Domani Giovanni [telefonerà] **e** [ci racconterà tutto]
 'Morgen wird Giovanni anrufen und uns alles erzählen'

(56) Il contadino [ha venduto il trattore] **e** [lo ha sostituito con un cavallo]
 'Der Bauer hat den Traktor verkauft und ihn durch ein Pferd ersetzt'

N.B. In Sätzen dieses Typs ist es von der sprachlichen Form her nicht klar, ob es sich um koordinierte Verbalphrasen oder um vollständige Sätze handelt, die durch *e* verbunden sind. Denn das Subjekt (*Giovanni, il contadino*) kann entweder als das gemeinsame Subjekt von zwei koordinierten Verbalphrasen analysiert werden, oder so, daß es Subjekt nur der ersten Verbalphrase ist und mit ihr einen abgeschlossenen Satz bildet, auf den ein zweiter abgeschlossener Satz folgt, der als Subjekt ein Null-Pronomen hat.

Koordinierte infinite Verbalphrasen können gemeinsam von einem finiten Verb regiert werden. Dieses Verb kann ein temporales oder aspektuelles Hilfsverb sein (57), ein Hilfsverb des Passivs (58), ein Modalverb (59) oder ein Verb der Wahrnehmung (60):

(57) Il contadino **ha** [venduto il trattore] **e** [comprato un cavallo]
 'Der Bauer hat den Traktor verkauft und ein Pferd gekauft'

(58) La merce **viene** [scaricata] **e** [trasportata nel capannone]
'Die Ware wird abgeladen und in die Fabrikhalle gebracht'

(59) Paola **vuole** [andare in Cina] **e** [visitare la Grande Muraglia]
'Paola will nach China fliegen und die Große Mauer besichtigen'

(60) **Sentivamo** [battere la grandine] **e** [mugghiare la tempesta]
'Wir hörten den Hagel prasseln und den Sturm heulen'

N.B. Die Koordination von Gerundien wird vermieden; vgl. z.B.:

(61) ?? Gli operai stavano [scaricando la merce] **e** [trasportandola nel capannone]
'Die Arbeiter waren dabei, die Ware abzuladen und sie in die Fabrikhalle zu bringen'

(61') Gli operai [stavano scaricando la merce] **e** [la trasportavano nel capannone]
'Die Arbeiter waren dabei, die Ware abzuladen und brachten sie in die Fabrikhalle'

c. Koordinierte Adverb- und Präpositionalphrasen

Beispiele sind:

(62) Canta forte **e** stonato
'Er singt laut und falsch'

(63) Andrò da Luigi **o** da Giovanni
'Ich werde zu Luigi oder zu Giovanni gehen'

N.B. Adverbphrasen können ohne weiteres mit Präpositionalphrasen koordiniert werden, wenn sie semantisch eine vergleichbare Funktion haben; vgl. z.B.:

(64) Venne solo **e** senz'armi
'Er kam allein und ohne Waffen'

N.B. Bei Koordinationen von mit dem Suffix -*mente* gebildeten Adverbien darf im heutigen It., anders als im Spanischen, das Suffix des ersten Koordinationsglieds nicht weggelassen werden: vgl. span. *libre y graciosamente* vs. it. *liberamente e graziosamente* 'frei und anmutig'.

d. Koordinierte Adjektivphrasen

Beispiele sind:

(65) La sua voce era debole **e** rauca
'Ihre Stimme war schwach und heiser'

(66) Un film interessante, **ma** molto pessimista
'Ein interessanter, aber sehr pessimistischer Film'

Koordinierte Adjektivphrasen in attributiver Funktion stehen in der Regel nach dem Nomen, auch dann, wenn die betreffenden Adjektive grundsätzlich vor dem Nomen stehen können; vgl. z.B. (67) und (68) gegenüber (69):

(67) una giovane donna
'eine junge Frau'

(68) una bella donna
'eine schöne Frau'

(69) ? una [giovane e bella] donna
una donna [giovane e bella]
'eine junge und schöne Frau'

N.B. Es gibt aber koordinierte Adjektive, die ohne weiteres vor dem Nomen stehen können, wie z.B. in:

(70) una bella e brava ragazza
'ein schönes und gutes Mädchen'

Es handelt sich bei diesen Stellungsverhältnissen um eine Konsequenz des rhythmischen Prinzips der wachsenden Glieder (s. Kap. IV, 7.1.2.). Die auf Koordination beruhende, komplexe Adjektivphrase ist meist zu lang, um vor dem Nomen zu stehen.

Wenn der Junktor nicht *e* 'und' ist, so ist die Stellung der koordinierten Adjektivphrasen nach dem Nomen obligatorisch:

(71) una ragazza **né** brava **né** bella
'ein weder gutes noch schönes Mädchen'

(72) una storia interessante, **ma** triste
'eine interessante, aber traurige Geschichte'

N.B. Adjektivphrasen können ohne weiteres mit Präpositionalphrasen koordiniert werden, wenn beide pragmatisch in ein Paradigma gehören:

(73) Il caffè, lo prende [con lo zucchero] o [nero]?
'Trinken Sie den Kaffee mit Zucker oder schwarz?'

N.B. Eine nur scheinbare Koordination liegt vor, wenn *bell-* 'schön' vor einem anderen Adjektiv steht und im Genus mit dem Nomen übereinstimmt, auf das sich dieses zweite Adjektiv bezieht:

(74) una stanza bella grande
'ein schön großes Zimmer'

Hier hat *bell-* semantisch dieselbe Funktion wie ein Gradadverb. - Vgl. auch die idiomatische Wendung *bell' e finito*:

(75) E' una storia bell' e finita
'Diese Geschichte ist nun wirklich vorbei'

2.2.4. Koordination von Elementen, die keine Konstituenten sind

Es ist in beschränktem Umfange möglich, Einheiten mit 'und' und 'oder' zu verbinden, die keine Konstituenten sind. Dies gilt in klarer Weise nur für das Nomen und für die Präposition. Bei Adjektiven, Adverbien und Verben ist es grundsätzlich schwer zu sagen, ob es sich um nicht erweiterte Konstituenten (also Adjektivphrasen, Adverbphrasen oder Verbalphrasen) handelt oder um bloße Adjektive, Adverbien oder Verben. Die Koordination von Affixen und Kompositionselementen, wie in dt. *be- und entladen, frei- und unfreiwillig, Sonn- und Feiertage* ist im It. nicht möglich.

a. Koordination von Nomina

Die Koordination von Nomina kann nur dazu benutzt werden, dasselbe Individuum anhand von mehreren seiner Eigenschaften zu bezeichnen; s. z.B.:

(76)   il figlio e successore
       'der Sohn und Nachfolger'

Die koordinierten Nomina können auch expandiert sein:

(77)   Il presidente della Repubblica e comandante supremo delle forze armate
       'Der Präsident der Republik und Oberbefehlshaber der Streitkräfte'

b. Koordinierte Präpositionen

Präpositionen können miteinander koordiniert werden, wenn sie in einem semantischen und pragmatischen Paradigma stehen:

(78)   [Con o senza] panna
       'Mit oder ohne Sahne'

(79)   [Prima o dopo] le sei?
       'Vor oder nach sechs Uhr?'

(80)   [né sopra né sotto] la sedia
       'weder auf noch unter dem Stuhl'

(81)   La tariffa [da e per] Milano è di £ 25.000
       'Der Fahrpreis von und nach Mailand ist 25.000 Lire'

N.B. Die Koordination von einfachen mit zusammengesetzten Präpositionen ist ausgeschlossen; s. z.B.:

(82)   * in e fuori della casa
       dentro e fuori la casa
       ?'innerhalb und außerhalb des Hauses'

Ebensowenig können lexikalische Präpositionen (*in, su, sotto* usw.) mit rein grammatischen Präpositionen (*di, a*) koordiniert werden; s. z.B.:

(83) *I fiori sono in e alla finestra
       'Die Blumen sind in und an dem Fenster'

KAPITEL III

DIE WORTBILDUNG

0. Einleitung

Wörter sind formal auf zwei Ebenen analysierbar: Auf der Ebene ihrer **Lautgestalt** haben sie eine phonologische und eine prosodische Struktur. So stellt die Phonemfolge /napoli/ die phonologische Struktur des Wortes *Napoli* 'Neapel' dar, und das Akzentmuster ['- - -] die prosodische Struktur desselben Wortes. Die Lautgestalten der Wörter einer Sprache unterliegen gewissen Beschränkungen, anhand derer man die lautlich möglichen Wörter einer Sprache angeben kann (z.B. ist die willkürlich gebildete Phonemfolge /'rilo/ ein lautlich mögliches Wort des Italienischen, nicht aber z.B. die ebenfalls willkürlich gebildete Phonemfolge /'zirpzn/).

Auf der Ebene der **morphologischen Gestalt** können Wörter einfach (z.B. *per* 'für') oder komplex sein (z.B. *fertilizzazione* 'Düngung'). Komplexe Wörter haben eine innere Struktur, ähnlich wie Sätze. Dies äußert sich u.a. darin, daß sie in Morpheme zerlegbar sind (z.B. *fertilizzazione* in *fertil-izz-a-zion-e*).

Die morphologische Struktur eines Wortes ist aber nicht eine bloße Abfolge von Morphemen. Sie beruht vielmehr darauf, daß es verschiedene Klassen von Wortelementen gibt und Regeln für die Zusammenfügung der Wortelemente. Diese Regeln definieren **morphologisch mögliche Wörter** und legen fest, welcher Wortart diese angehören; sie können auch weitere grammatische Eigenschaften festlegen. So legt z.B. das Element *-ion-* in *fertilizzazione* fest, daß die mit ihm gebildeten Wörter weibliche Nomina sind und daß sie der e-Deklination angehören.

Zur Definition der möglichen Wörter gehört nicht nur deren morphologische Struktur, sondern auch die kontextuelle Variation, der die Elemente bei der Zusammenfügung unterliegen können, ferner Regeln, die den möglichen Wörtern einen lexikalischen Akzent zuweisen und schließlich Prinzipien, die einen Rahmen für die Bedeutungen der möglichen Wörter festlegen. Diese Regeln und Prinzipien bilden zusammen die **Wortgrammatik** einer Sprache.

In der Analyse der **morphologischen Struktur** wird unterschieden zwischen Grundmorphemen und Affixen.

Grundmorpheme sind diejenigen Morpheme, die (evtl. mit einer Flexionsendung) allein ein Wort sein können und die eine selbständige lexikalische Bedeutung haben. Alle einfachen Wörter, die eine lexikalische Bedeutung haben, sind Grundmorpheme, und in jedem komplexen Wort muß mindestens ein Grundmorphem vorhanden sein.

Beispiele von Grundmorphemen sind *fertil-* in *fertilizzazione* und *caric-* in *scaricare* 'abladen'.

Affixe können nicht allein ein Wort sein, und sie haben entweder keine eigene Bedeutung oder eine Bedeutung, die darin besteht, Bedeutungen von Grundmorphemen in einem bestimmten Sinne zu verändern.

Beispiele für Affixe sind *-izz-, -a-, -azion-* und *-e* in *fertilizzazione* oder *s-, -a-* und *-re* in *scaricare*.

Affixe werden untergliedert nach ihrer Stellung zum Grundmorphem in **Präfixe** (z.B. *s-* in *scaricare*) und **Suffixe** (z.B. *-a-* und *-re* in *scaricare*) und nach ihrer Funktion in Derivations- und Flexionsaffixe (z.B. sind *-e* in *fertilizzazione* und *-re* in *scaricare* Flexionsaffixe).

Alle it. Flexionsaffixe sind Suffixe. Sie stehen immer nach den Derivationssuffixen, und sie dienen dem Ausdruck grammatischer Kategorien.

N.B. Die Flexion wurde bereits in Kap. I im Zusammenhang mit den einzelnen Wortarten behandelt.

Die **Wortbildungslehre** ist derjenige Teil der Wortgrammatik, der die Bildung von komplexen Wörtern behandelt.

Die Relationen, die Gegenstand der Wortbildungslehre sind, beruhen auf der Analyse von Wortformen in **Basen** und Affixe. Als Basis fungieren kann ein Grundmorphem oder eine Morphemfolge, die ein Grundmorphem enthält. So ist z.B. das Nomen *fertilizzazione* wie folgt aus Basis und Affix aufgebaut:

(1)

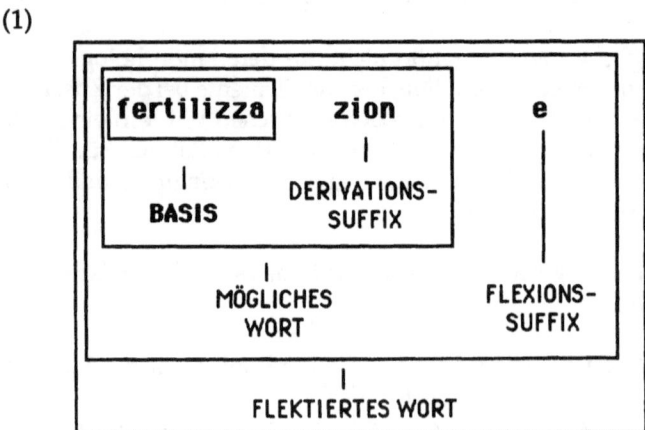

Die Basis von *fertilizzazione*, *fertilizza*, ist ihrerseits wieder ein mögliches Wort, das aus einer Basis, einem Derivationssuffix und einem Themavokal besteht, also:

(2)

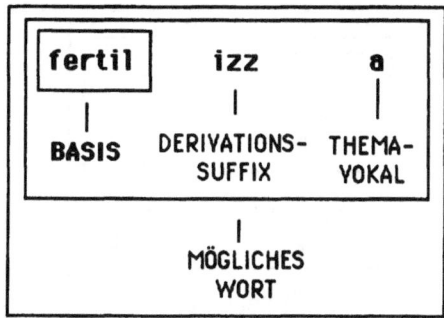

So ergeben sich für komplexe Wörter hierarchische Strukturen, wie z.B. für *fertilizzazione*:

(3) fertil-izz-a-zion-e

(3')

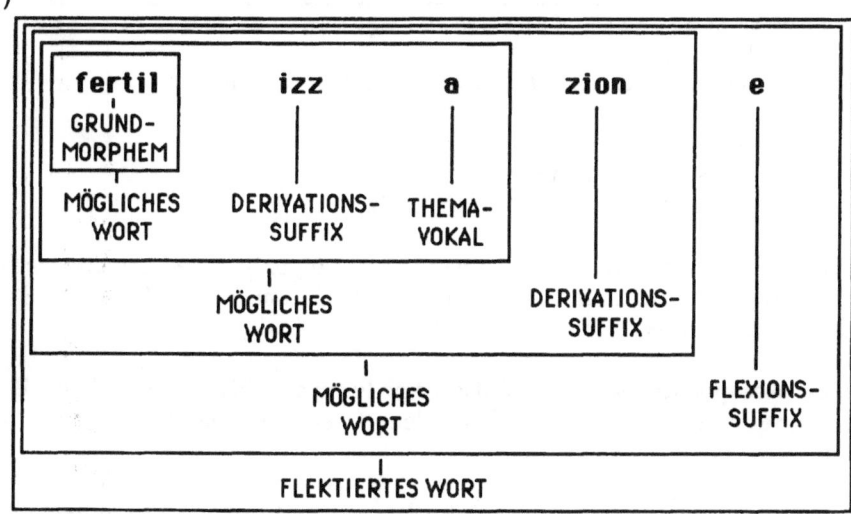

Und für *scaricare*:

(4)   s-caric-a-re

488

(4')

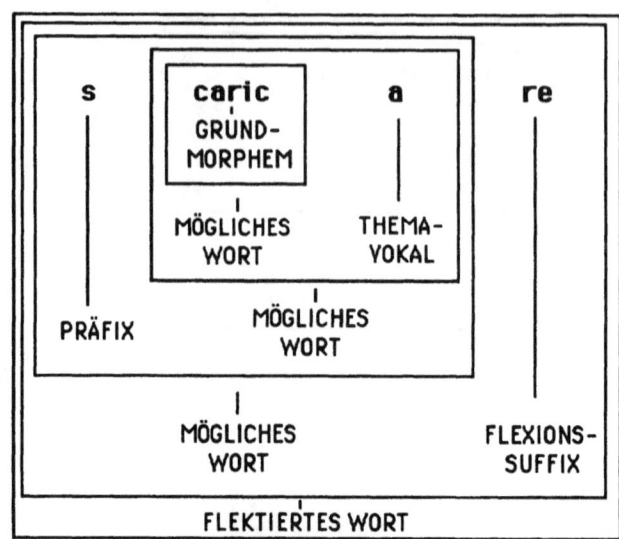

Im Italienischen gibt es drei **Wortbildungsverfahren**, nämlich:

- die Derivation
- die Komposition und
- die terminologische Kombinatorik

Bei der **Derivation** wird ein Affix an eine Basis angefügt. Die Derivationsaffixe sind Präfixe oder Suffixe. (Ein Beispiel ist *imbattibile* 'unschlagbar' aus der Basis *batt-* 'schlag-', dem Präfix *in-* 'un-' und dem Suffix *-bil-* '-bar'.)

Bei der **Komposition** wird an die Basis eine Form angefügt, die selbst eine Basis sein könnte (ein Beispiel ist *Mangiafuoco* 'Feuerfresser' aus *mangiare* 'essen' und *fuoco* 'Feuer').

Bei der **terminologischen Kombinatorik** werden Morpheme zusammengefügt, die sich der Unterscheidung zwischen Grundmorphem und Affix entziehen. Beispiele sind *oftalmo-logo* 'Augenarzt', *oftalmo-scopia* 'Ophtalmoskopie', *oftalm-ia* 'Augenentzündung', *oftalm-iatria* 'Augenheilkunde'.

Alle durch Wortbildungsregeln erzeugten möglichen Wörter gehören einer der folgenden **Wortarten** an: Nomina, Adjektive, Verben oder Adverbien.

Ist ein mögliches Wort Basis einer Derivation oder Komposition, so kann es, je nach der einzelnen Wortbildungsregel, seine lexikalische Kategorie (seine Wortart) beibehalten oder verändern. So behält z.B. bei der Derivation mit dem Suffix *-in-* das Basisnomen seine Eigenschaft als Nomen, während es bei der Derivation mit einem Themavokal zum Verb wird; s. z.B.:

(5) man-o (Nomen) 'Hand' - man-in-a (Nomen) 'Händchen'
vs.
colp-o (Nomen) 'Schlag' - colp-i-re (Verb) 'schlagen'

Die **kontextuelle Variation** der Morpheme beruht auf phonologischen Regeln. So paßt sich z.B. der Nasal des Präfixes *in-* dem Anlaut des folgenden Morphems an; vgl.

(6) in-sufficiente   'ungenügend'
vs.
im-possibile   'unmöglich'

Diese Variation ist oft unregelmäßig, weil sie zum großen Teil auf vergangene Entwicklungsphasen der Sprache zurückgeht. Zum Teil wird sie auch in der Orthographie nicht berücksichtigt, so die Velarisierung des /n/ vor /g/ und /k/ wie in:

(7) in-golfarsi [iŋɔlˈfarsi] 'einen Golf bilden'
in-credibile [iŋkreˈdiːbile] 'unglaublich'

Die Regeln für den **Akzent** sind, anders als bei der Flexion der Verben, rein lexikalisch. Jede einzelne Wortbildungsregel legt fest, wo der Hauptakzent des sich ergebenden komplexen Wortes liegt.

In der Derivation gilt allgemein folgendes:

Die Präfixe verändern den Akzent der Basis nicht; s. z.B.:

(8) possíbile 'möglich'   vs.   impossíbile 'unmöglich'
nucleáre 'nuklear'   vs.   antinucleáre 'antinuklear'

N.B. Formen wie *ré-duce* 'Heimkehrer', *ré-voca* 'Widerruf', in denen das Präfix den Akzent an sich zieht, beruhen auf den Akzentregeln des Lateinischen.

Die Derivationssuffixe zerfallen hinsichtlich des Akzents in zwei Klassen. Die weitaus größere besteht aus solchen Suffixen, die den Hauptakzent des Wortes übernehmen, wenn ihnen kein weiteres Derivationssuffix folgt; s. z.B.:

(9) fertilizzaz-ióne   'Düngung'
arreda-ménto   'Einrichtung'

Die zweite, sehr kleine Klasse besteht aus Suffixen, die den Hauptakzent des Wortes auf der ihnen vorausgehenden Silbe der Basis erfordern; s. z.B.:

(10) atmosfera 'Atmosphäre' - atmosfér-ico 'atmosphärisch'
     nord 'Norden'   - nórd-ico 'nordisch'

In der Komposition gilt, daß die Tonsilbe des letzten der zusammengefügten Wörter die Tonsilbe des ganzen Kompositums ist; s. z.B.:

(11) mangia-fuóco   - 'Feuerfresser'
     auto-noléggio   - 'Autovermietung'

Die **Semantik** der Wortbildung legt fest, innerhalb welcher Grenzen ein komplexes Wort gedeutet werden kann, wenn es nicht idiosynkratisch lexikalisiert (s.u.) ist. Diese Grenzen sind durch die lexikalische Bedeutung der Basis und durch das einzelne Wortbildungsverfahren gegeben. Jedes Wortbildungsverfahren ist semantisch eine Funktion. Die Derivation macht aus Prädikaten einer Klasse P andere Prädikate der Klasse f(P). Die Komposition (und auch die terminologische Kombinatorik) macht aus jeweils zwei Prädikaten der Klassen P und Q andere Prädikate der Klasse f(P,Q). Der semantische Zusammenhang zwischen den ursprünglichen und den resultierenden Prädikaten läßt sich im Rahmen **konzeptueller Modelle** angeben.

Ein Beispiel ist das konzeptuelle Modell der Tätigkeit ("Tätigkeitsmodell"). Es enthält Leerstellen für, u.a.:

- die Art der Tätigkeit
- eine Person, die die Tätigkeit ausführt
- einen Gegenstand, auf den die Tätigkeit gerichtet ist
- eine Einrichtung, wo die Tätigkeit durchgeführt wird

Im Rahmen dieses Modells lassen sich z.B. die folgenden semantischen Regeln angeben:

- die Derivation mit -tór- macht aus Bezeichnungen für Arten von Tätigkeiten Bezeichnungen für Personen, die dieselben Tätigkeiten ausführen (vgl. z.B. *vincere* 'siegen' mit *vinci-tore* 'Sieger' und *calcio* 'Fußballsport' mit *calcia-tore* 'Fußballer')
- die Derivation mit -ai- macht aus Bezeichnungen für Gegenstände, auf die eine Tätigkeit einer bestimmten Art gerichtet ist, Bezeichnungen für Personen, die diese Tätigkeiten ausführen (vgl. z.B. *giornale* 'Zeitung' mit *giornal-aio* 'Zeitungsverkäufer' und *capra* 'Ziege' mit *capr-aio* 'Ziegenhirt')
- die Derivation mit -eri- macht aus Bezeichnungen für Arten von Tätigkeiten, aus Bezeichnungen für die Personen, die diese Tätigkeiten ausüben oder aus Bezeichnungen für Gegenstände, auf die die Tätigkeiten gerichtet sind, Bezeichnungen für Einrichtungen, in denen diese Tätigkeiten ausgeführt werden (vgl. z.B. *fondere* 'gießen' mit *fond-eria* 'Gießerei', *falegname* 'Tischler' mit *falegnam-eria* 'Tischlerei' und *gelato* 'Eis' mit *gelateria* 'Eisdiele')

N.B. Solche Modelle gehören selbst nicht zur Grammatik, aber grammatische Erscheinungen (z.B. auch die thematischen Rollen und z.T. auch die Verteilung der lexikalischen Bedeutungen auf die verschiedenen Wortarten) sind auf sie bezogen bzw. beruhen auf ihnen. - Die Erforschung der konzeptuellen Modelle unter den relevanten (grammmatischen und nicht grammatischen) Aspekten steht noch an ihrem Anfang. Hier werden konzeptuelle Modelle gewissermaßen ad hoc nur für die Semantik der Wortbildung postuliert. Dieses Vorgehen hat, trotz seiner sicherlich recht vorläufigen Ergebnisse, den Vorteil, daß man nicht einzelnen Derivationssuffixen lexikalische Bedeutungen zuweisen muß (man braucht also z.B. nicht zu fragen "Was heißt *-mento*?") und daß man Wortbildungsverfahren mit und ohne Affigierung (z.B. *italiano* 'italienisch' vs. *italiano* 'Italiener') in genau derselben Weise erfassen kann.

In der italienischen Wortbildungslehre spielt die sprachgeschichtlich bedingte **Zweiteilung** des nativen Wortschatzes in **"volkstümliche" vs. "gelehrte" Formen** eine große Rolle. Prinzipiell, d.h. ohne daß die Unterscheidung in allen Fällen beobachtet würde, werden "volkstümliche" mit "volkstümlichen" und "gelehrte" mit "gelehrten" Bauelementen verbunden.

So werden z.B. die mehr oder weniger gleichbedeutenden Suffixe *-ái-* und *-ári-* nicht an dieselben Basen angefügt: *-ái-* ist "volkstümlich", während *-ári-* "gelehrt" ist. Ebenso ist *botteg-* 'Laden' "volkstümlich", aber *bibliotec-* 'Bibliothek' gelehrt. Deswegen hat man für 'Ladenbesitzer' *bottegaio*, nicht **bottegario*; dagegen lautet das Wort für 'Bibliothekar' *bibliotecario*, nicht **bibliotecaio*.

Die durch die Wortgrammatik definierten Wörter können von den Sprechern tatsächlich gebildet, verwendet und verstanden werden. Sie können auch **lexikalisiert**, d.h. für längere Zeit im Gedächtnis gespeichert werden. Sie sind dann ohne Rückgriff auf die Wortgrammatik verwendbar und verstehbar. Die lexikalisierten Wörter einer Sprache bilden den **Wortschatz** dieser Sprache.

Lexikalisierte Wörter können ihre Durchsichtigkeit dadurch verlieren, daß sie sich **idiosynkratisch**, d.h. unabhängig von der Wortgrammatik, weiterentwickeln. Dies gilt sowohl für die innere Struktur als auch für die Bedeutung.

So ist z.B. *pozione* 'Trank' formal nicht mehr vollkommen durchsichtig: Man erkennt zwar in der Lautfolge [tsi'oːn] das Morphem *-zion-*, aber man kann die Lautfolge [po] nicht mehr innerhalb des Formenbestandes des heutigen Italienisch identifizieren. Und *rimetterci* 'verlieren, ein schlechtes Geschäft machen' ist zwar formal ohne weiteres zerlegbar in *ri-* 'wieder, zurück' und *mettere* 'setzen, stellen, legen', aber die Bedeutung 'verlieren, ein schlechtes Geschäft machen' ergibt sich nicht aus den Bedeutungen von *ri-* und *mettere*.

N.B. Ein für eine bestimmte Terminologie geschaffenes neues Wort kann auch von vornherein idiosynkratisch sein; so z.B. *automezzo* 'Kraftfahrzeug' aus *auto-* 'Auto' und *mezzo* 'Mittel', *elaboratore* 'Computer' aus *elaborare* 'ausarbeiten' und *-or-*.

Weiterhin kann im Laufe des Sprachwandels eine Regel der Wortgrammatik außer Gebrauch kommen. Die lexikalisierten Wörter, die auf einer solchen außer Gebrauch gekommenen Regel beruhen, können aber weiter im Lexikon der Sprache bleiben und auch weiterhin durchsichtig sein. Die Sprecher können dann die innere Struktur solcher Wörter noch erkennen, aber die entsprechenden Bildungen sind nicht mehr **produktiv**.

So ist z.B. die Lautfolge /ol/ (unbetont) heute noch in vielen Wörtern als Bauelement zu erkennen, und manchmal läßt sich auch noch eine diminutive Bedeutung rekonstruieren, wie z.B. in *gocciola* 'Tröpfchen' (vgl. *goccia* 'Tropfen'), *donnola* 'Wiesel' (vgl. *donna* 'Frau'), aber sie ist kein produktives Morphem mehr.

Weiterhin kann eine bestimmte produktive Wortbildungsregel in bestimmten Fällen **blockiert** sein. Dies kann deshalb der Fall sein, weil es an der Stelle des semantischen Feldes, die das Derivat einnehmen würde, bereits ein lexikalisiertes Wort gibt.

N.B. Ein Beispiel hierfür sind die Namen für die Stallungen von Haustieren, die durch die Anfügung von -il- an den Tiernamen gebildet werden. Diese Regel ergibt z.B. *porc-ile* 'Schweinestall' von *porco* 'Schwein' und *can-ile* 'Hundezwinger' von *cane* 'Hund', nicht aber *vacch-ile* 'Kuhstall' von *vacca* 'Kuh' oder *cavall-ile* von *cavallo* 'Pferd'. Für die Bedeutung 'Kuhstall' ist nämlich bereits das nicht abgeleitete Wort *stalla* und für die Bedeutung 'Pferdestall' das von *scudo* 'Schild' abgeleitete *scuderia* vorhanden.

Eine Ableitung kann auch deshalb blockiert sein, weil es bereits eine aus den in Frage stehenden Bauelementen bestehende Form gibt, die jedoch in einer anderen Bedeutung lexikalisiert ist.

N.B. So kann man z.B. zu *libro* 'Buch' mit dem Suffix -*on*- die Form *libr-one* 'dicker Wälzer' bilden oder zu *sala* 'Saal' die Form *sal-one* 'großer Saal'. Die entsprechende Ableitung aus *capanna* 'Hütte' ist jedoch blockiert, weil es bereits die Form *capann-one* in der Bedeutung 'Fabrikhalle' gibt.

Aufgrund des systematischen Charakters der Wortbildungsregeln bildet jede Basis zusammen mit den auf ihr beruhenden Derivaten eine **Wortfamilie**.

N.B. So hat man z.B. zu *calza* 'Strumpf' u.a. die folgenden lexikalisierten Derivate:

calzare	'Strümpfe oder Schuhe anziehen'	*calzetta*	'kleiner Strumpf'
calzino	'Söckchen'	*calzoni*	'Hose'
calzatura	'Schuh'	*calzolaio*	'Schuhmacher'
calzificio	'Strumpffabrik'	*scalzo*	'barfuß'

Die Blockierungen und die sprachgeschichtlich bedingte Vielfalt konkurrierender Basen und Affixe führen oft zu Brüchen in der Systematik der Wortfamilien.

N.B. So gibt es z.B. zwei konkurrierende Stämme mit der Bedeutung 'schlachten': *matt*- und *macell*-. Beide haben unvollständige Wortfamilien. In der folgenden Tabelle sind die mit durchgezogener Linie umgebenen Formen im Einklang mit der Wortgrammatik lexikalisiert. Die mit durchbrochener Linie gekennzeichneten Formen sind idiosynkratisch lexikalisiert. Die mit Asterisk versehenen Formen sind nach der Wortgrammatik möglich, aber nicht lexikalisiert und z.T. auch blockiert:

affix- los	*matto [±mattare] 'töten'	[macello] 'Schlachthof' [macellare] 'schlachten'
-anz-	[mattanza] 'Schlachten der Thunfische'	*macellanza
-ment-	*mattamento	[macellamento] 'Schlachtung'
-zion-	[mattazione] 'rituelle Schlachtung'	[macellazione] 'Schlachtung'
-oi-	[mattatoio] 'Schlachthof'	*macellatoio
-ai-	*mattaio	[macellaio] 'Fleischer'
-eri-	*matteria	[macelleria] 'Fleischerei'
-or-	[mattatore] 'Metzger'; 'männl. Star'	[macellatore] 'Metzger'

Es besteht also ein Gegensatz zwischen den Prozeduren der Wortgrammatik und den Prozessen der Lexikalisierung. Lexikalisierungsprozesse und ihre Ergebnisse beschränken die Tragweite der Wortgrammatik.

Im folgenden wird nur die **produktive Wortgrammatik** behandelt. (Die tatsächlichen Beschränkungen der Wortgrammatik sind Sache der Lexikographie.)

N.B. Wie auch sonst in dieser Grammatik, werden jeweils nur wenige Beispiele gegeben. Man interpretiere also die Anzahl der Beispiele nicht als eine indirekte Aussage über den Grad der Produktivität.

Der **Aufbau** des vorliegenden Kapitels ist folgender: Die oberste Gliederung ist mit den drei Typen von Wortbildungsverfahren, nämlich Derivation, Komposition und terminologische Kombinatorik gegeben. Innerhalb jedem dieser Abschnitte werden die Wortbildungsverfahren unter dem formalen Gesichtspunkt der Wortarten gegliedert. Innerhalb jeder der so bestimmten Gruppen von Wortbildungsverfahren erfolgt, soweit dies sinnvoll ist, eine semantische Untergliederung. Bei dieser spielen die konzeptuellen Modelle eine wichtige Rolle. Die gesamte weitere Information wird als Kommentar bei der Darstellung der einzelnen Wortbildungsverfahren gegeben.

1. Die Derivation

Wie bereits gesagt, spezifiziert jede Derivationsregel die Wortart der durch sie erzeugten Wörter und die Wortart der Basen, auf die sie anwendbar ist. Nomina können aus nominalen, adjektivischen, verbalen und einigen sonstigen Basen gebildet werden. Adjektive können aus adjektivischen, nominalen und verbalen Basen gebildet werden. Verben können aus verbalen, nominalen und adjektivischen Basen gebildet werden und Adverbien aus adjektivischen Basen.

So ergibt sich folgendes Schema, dem die nun folgende Einzeldarstellung entspricht:

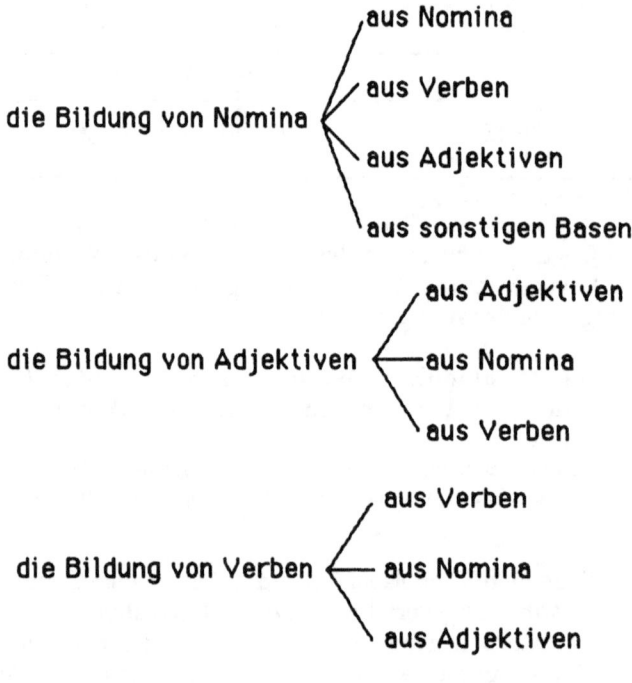

1.1. Die Bildung von Nomina aus Nomina

Aus nominalen Basen werden Nomina durch Präfigierung, durch Suffigierung und durch Motion gebildet.

1.1.1. Derivation durch Präfixe

Die Präfixe, mit denen Nomina aus Nomina gebildet werden, haben sämtlich einen stark lexikalischen Charakter. Dies heißt, auf der Seite der Form, daß sie entweder mit italienischen Lexemen bestimmter Klassen (Präpositionen, Adverbien, die Negation) lautlich identisch oder griechisch-lateinische "Übersetzungen" solcher Lexeme sind, und inhaltlich heißt es, daß die Bedeutungen dieser Präfixe analog zu den Bedeutungen der betreffenden Lexeme sind.

Das **Genus** des Derivats hängt vom semantischen Verhältnis zwischen Basis und Derivat ab.

Wenn das Derivat ein Hyponym der Basis ist, so hat es das Genus der Basis. So ist *preallarme* 'Voralarm' männlich wie *allarme* 'Alarm', weil es eine Art von Alarm bezeichnet; *Prealpi* 'Voralpen' ist weiblich wie *Alpi* 'Alpen', weil es eine Art Alpen bezeichnet.

Wenn das Derivat kein Hyponym der Basis ist, so ist es männlich. So ist das von dem weiblichen *guerra* 'Krieg' abgeleitete *dopoguerra* 'Nachkriegszeit' männlich, weil eine Nachkriegszeit keine Art von Krieg ist; ebenso ist *dopolavoro* 'Freizeit' zwar männlich, aber nicht deswegen, weil auch *lavoro* 'Arbeit' männlich ist, sondern weil die Freizeit nicht eine Art Arbeit ist.

Die mit Präfixen gebildeten nicht zur Basis hyponymen Derivate sind indeklinabel.

N.B. Die Präfixbildungen stehen der Komposition nahe. Wenn sie hier trotzdem unter Derivation behandelt werden, so geschieht dies aus zwei Gründen: Erstens kommt eine ganze Anzahl der Präfixe nie als Wörter vor, und zweitens gehören diejenigen, die allein vorkommen können (wie z.B. *sotto* 'unter') nicht zu den "großen" Wortarten, aus denen die it. Komposita gebildet werden.

Die wichtigsten Nominalpräfixe sind, gegliedert nach dem Typ der inhaltlichen Relation, die sie bezeichnen:

a. Bezeichnung von Lokalisierung und Richtung

ante- 'vor'

Beispiele: *anteguerra* (mask., indeklinabel) 'Vorkriegszeit', *anteprima* (fem., indeklinabel) 'Generalprobe'

N.B. Das synonyme Präfix *anti-* (z.B. in *anticamera* 'Vorzimmer', *antipasto* 'Vorspeise') ist nicht mehr produktiv.

pre- 'vor'

Beispiele: *il preallarme* 'Voralarm', *le Prealpi* 'die Voralpen'

avan- 'vor'

Beispiele: *avamposto* 'Vorposten', *avambraccio* 'Unterarm'

N.B. Die Form *avan*- variiert abhängig vom Anlaut der Basis: Sie lautet *avam*- vor Labial. - Idiosynkratisch lexikalisiert ist *avanguardia* 'Vorhut, Avantgarde'.

N.B. *pre*- ist produktiver als *avan*-.

dopo- 'nach'

Beispiele: *dopoguerra* (mask., indeklinabel) 'Nachkriegszeit', *dopolavoro* (mask., indeklinabel) 'Freizeit'

retro- 'hinter'

Beispiele: *retrobottega* 'Nebenraum (eines Ladens)', *retroterra* 'Hinterland (einer Hafenstadt)'

N.B. Diese Derivate verhalten sich in Genus und Flexion uneinheitlich. Manche, wie *retromarcia* 'Rückwärtsgang', *retroguardia* 'Nachhut' sind semantisch so aufgebaut, daß das Derivat seine Basis impliziert. (So ist z.B. der Rückwärtsgang ein bestimmter Gang.) Die Derivate dieses Typs übernehmen das Genus ihrer Basis und bilden einen morphologischen Plural, also z.B. *le retroguardie*. Andere, wie *retrobottega* und *retroterra*, implizieren nicht ihre Basis. (So bezeichnet z.B. *retrobottega* keinen Laden, der hinten ist, sondern ein Lokal, das hinter dem Laden ist.) Die Derivate dieses Typs sind männlich und indeklinabel; also z.B. *i retrobottega*.

sopra- 'über'

Beispiele: *sopraciglia* (fem. pl.) von *le ciglia* 'die Augenwimpern'; *soprabito* 'Mantel' von *abito* 'Gewand'

sotto- 'unter'

Beispiele: *sottopassaggio* 'Unterführung', *sottoveste* 'Unterrock'

N.B. Die Relation 'unter' wird auch hierarchisch gedeutet; s. z.B: *sottosegretario* 'Untersekretär'.

inter- 'zwischen'

Beispiele: *interasse* 'Achsabstand', *interlinea* 'Absatz'

N.B. Die meisten Bildungen mit *inter*- sind deverbal.

con- 'mit'

Beispiele: *coautore* 'Mitautor', *coinquilino* 'Mitmieter'

N.B. Die Form *con*- variiert abhängig vom Anlaut der Basis: Sie lautet *com*- vor Labial (*compaesano* 'Landsmann'), *co*- vor Vokal und *cor*- vor *r* (*correligionario* 'Glaubensgenosse'), sonst *con*- (*concittadino* 'Landsmann').

anti- 'gegen'

Beispiele: *antigelo* 'Frostschutzmittel', *antifascista* 'Antifaschist'

contro- 'gegen'

Beispiele: *controprogetto* 'Gegenprojekt', *controproposta* 'Gegenvorschlag'

N.B. In älteren lexikalisierten Bildungen gibt die Schreibung die phonetische Angleichung des /o/ von *contro-* an den folgenden Vokal wieder: *contrattacco* 'Gegenangriff', *controffensiva* 'Gegenoffensive'. Bei neueren Bildungen bleibt das Präfix unverändert: *controorganizzazione* 'Gegenorganisation', *controargomento* 'Gegenargument'.

N.B. Zwischen *anti-* und *contro-* gibt es einen latenten semantischen Unterschied: *anti-* bezeichnet vor allem das Wirken oder die Einstellung gegen etwas, während *contro-* typischerweise physikalische Relationen zu bezeichnen scheint. - Zu erwähnen ist auch das allerdings meist in nicht mehr vollkommen durchsichtigen Bildungen auftretende *fuori-* 'außer'. - Beispiele sind: *fuorilegge* (indeklinabel) 'Gesetzloser', *fuoribordo* (indeklinabel) '(Boot mit) Außenbordmotor'.

N.B. Einige formal analoge Bildungen sind nicht Nomina, sondern Adverbien, z.B. Bildungen mit *oltre-* 'jenseits': *oltrecortina* 'jenseits des Eisernen Vorhangs', *oltralpi* 'jenseits der Alpen' oder (indeklinable) Adjektive wie Bildungen mit *anti-* 'gegen': *la legge antimafia* 'das Gesetz gegen die Mafia'. Manche sind sowohl Adjektiv als auch Nomen, so z.B. *antifurto* von *furto* 'Diebstahl', vgl. den Gebrauch als Adjektiv: *un sistema antifurto* 'ein Diebstahlschutzsystem' und als Nomen: *Ce l'hai l'antifurto, nella macchina?* 'Hast du ein Alarmsystem im Auto?'

b. Bezeichnung von Grad, Zahl und Größe

super- 'super'

Beispiele: *supermercato* ' Supermarkt', *supercarburante* ' Super(benzin)'

iper- 'zu stark'

Beispiele: *ipertensione* ' Hochdruck', *ipernutrizione* ' Überernährung'

arci- 'erz'

Beispiele: *arcivescovo* ' Erzbischof', *arcicretino* 'Riesendummkopf' von *cretino* 'Dummkopf'

micro- 'klein'

Beispiele: *microonde* 'Mikrowellen', *microcosmo* 'Mikrokosmos'

mini- 'mini'

Beispiele: *minigonna* 'Minirock', *minivertice* 'Minigipfel'

N.B. Die zahlreichen mit **Zahlpräfixen** (*mono-, bi-, tri-* usw., *pluri-, multi-*) gebildeten Nomina können fast immer als nominalisierte Adjektive aufgefaßt werden. Die Nominalisierung kann durch Suffigierung erfolgt sein (z.B. von *bilingue* 'zweisprachig' zu *bilinguismo* 'Zweisprachigkeit') oder auch ohne morphologische Veränderung; vgl. z.B. das Adjektiv *bisettimanale* in z.B. *una rivista bisettimanale* 'eine zweimal wöchentlich erscheinende Zeitschrift' und das gleichlautende Nomen *il bisettimanale* 'eine zweimal wöchentlich erscheinende Publikation'. - Der Typ *minorenne* 'Minderjähriger', *ottantenne* 'Achtzigjähriger' beruht ebenfalls auf der Nominalisierung der gleichlautenden Adjektive, die ihrerseits nicht Präfix-, sondern Suffixbildungen (mit *-enne* '-jährig') sind. - Ausnahmen, d.h. unmittelbar mit Zahlpräfixen gebildete Nomina, sind *pentapartito* 'Fünfparteienkoalition', *monoposto* Einsitzer'. - Der Typ *una quattro ruote* 'ein Auto mit Vierradantrieb', *una sei cilindri* 'ein Sechszylinder' ist wohl eher der Komposition zuzurechnen.

vice- 'statt'

Beispiele: *vicepresidente* 'Vizepräsident', *vicesindaco* 'stellvertretender Bürgermeister'

c. Bezeichnung der Negativität

in- 'nicht'

Beispiele: *inazione* 'Untätigkeit', *insuccesso* 'Mißerfolg'

s- 'nicht'

Beispiele: *sfiducia* 'Mißtrauen', *sproporzione* 'Mißverhältnis'

in- und *s-* haben nicht die gleiche Distribution hinsichtlich des Anlauts der Basis: *in-* ist grundsätzlich immer möglich, während *s-* nicht vor Vokal und vor /s/ steht.

N.B. *s-* ist nicht immer ein Präfix dieses Typs; s. z.B.: *scolare* 'ausgießen', *sterminare* 'ausrotten', *stirare* 'bügeln'.

non 'nicht'

Beispiele: *(un patto di) non aggressione* 'ein Nichtangriffspakt', *la non violenza* 'die Gewaltlosigkeit'

N.B. Die Präfigierung mit *non* unterscheidet sich deutlich von der mit *in-* oder mit *s-*: Die Basis der mit *non* gebildeten Nomina ist fast immer abgeleitet, zumindest semantisch. Es handelt sich vor allem um Basen, die Tätigkeiten bezeichnen. - *non* wird in der Regel getrennt geschrieben, und auch die lautliche Variation (z.B. [non aggres'sjo:ne] vs. [nom vio'lentsa] erscheint nicht in der Schrift, ein Indiz dafür, daß die Sprecher diese Bildungen eher der Syntax als der Wortgrammatik zuweisen. - Einige mit *non* gebildete Wörter wie *nonsenso* 'Unsinn', *noncuranza* 'mangelnde Sorgfalt' werden jedoch zusammengeschrieben.

senza- 'ohne'

Beispiel: *senzatetto* mask. 'Obdachloser', *senzascarpe* mask. 'Hungerleider' (wörtl. 'Schuhloser'); diese Derivate sind indeklinabel: *i senzatetto, i senzascarpe dis-* 'nicht'

Beispiele: *disattenzione* ' Unaufmerksamkeit', *disfunzione* ' Funktionsstörung'

mal- 'schlecht'

Beispiele: *il maltempo* ' das Unwetter', *il malgoverno* ' die Mißregierung'

Diese Nomina kommen nur im Singular vor. Sie bezeichnen nicht einfach die Negation, sondern die negative Bewertung.

N.B. Ein weiteres Präfix der Negativität ist *a-*. Es kommt, außer in Adjektiven (z.B. *apolitico* 'unpolitisch', *atipico* 'untypisch'), nur mit Morphemen der terminologischen Kombinatorik vor; s. z.B.: *afasia* 'Aphasie', *amnesia* 'Amnesie'.

1.1.2. Derivation durch Suffixe

Die Bildung von Nomina aus Nomina durch Suffigierung ist ein wichtiger Bereich der it. Wortbildung, sehr viel wichtiger als die Bildung von Verben aus Verben oder die Bildung von Adjektiven aus Adjektiven.

N.B. Sie hat im It. dieselbe zentrale Stellung wie im Dt. die Nominalkomposition. Dementsprechend sind die dt. Entsprechungen dieser Derivate auch oft Komposita.

Nach der Relation zwischen der Bedeutung der Basis und der Bedeutung des Derivats kann man zwei große Gruppen unterscheiden: die umkategorisierende und die nicht umkategorisierende, sondern nur spezifizierende Derivation.

Bei der **umkategorisierenden** Derivation gehört das Derivat systematisch einer anderen semantischen Kategorie an als die Basis. Das heißt, daß man für jede Derivationsregel angeben muß, welcher Kategorie das Derivat und welcher Kategorie die Basis angehört.

Bei der nur **spezifizierenden** Derivation gehört das Derivat systematisch derselben semantischen Kategorie an wie die Basis. Es enthält lediglich eine zusätzliche Spezifikation.

Die verschiedenen Derivationsregeln lassen sich konzeptuellen Modellen zuordnen. Innerhalb der umkategorisierenden Derivation sind ein Tätigkeitsmodell und ein Modell der Gegenstandskonstitution zu erkennen. Die spezifizierende Derivation bezieht sich auf ein Modell von Gegenstandseigenschaften.

1.1.2.1. Das Tätigkeitsmodell

Das Tätigkeitsmodell bezieht sich auf Handlungen und auf Tätigkeiten. Es enthält folgende Leerstellen:

- die Art der Tätigkeit oder Handlung
- den Gegenstand, auf den die Tätigkeit oder Handlung sich richtet
- die Person, die die Tätigkeit ausübt
- das Instrument oder den Körperteil, mit dem die Handlung ausgeübt wird
- den Ort oder die Einrichtung, an der die Tätigkeit ausgeübt wird
- eine Bewertung der Tätigkeit oder Handlung

Im Hinblick auf diesen Rahmen lassen sich die folgenden semantischen Relationen zwischen Basis und Derivat festlegen:

Gegenstand der Tätigkeit – Person, die die Tätigkeit ausübt

Das Derivat bezeichnet die Person, die die Tätigkeit habituell ausübt; die Basis bezeichnet den Gegenstand, auf den sich die Tätigkeit richtet. Ein Beispiel ist: *giornalaio* 'Zeitungshändler' aus *giornale* ' Zeitung'.

Gegenstand der Tätigkeit – Ort der Tätigkeit

Das Derivat bezeichnet den Ort oder die Einrichtung, an der eine Tätigkeit ausgeübt wird; die Basis bezeichnet den Gegenstand dieser Tätigkeit. Ein Beispiel ist: *latteria* 'Milchgeschäft' aus *latte* 'Milch'.

Instrument der Tätigkeit – Art der Handlung

Das Derivat bezeichnet eine Handlung; die Basis bezeichnet den Gegenstand, mit dessen Hilfe die Tätigkeit ausgeführt wird. - Beispiele: *pedata* 'Fußtritt' aus *piede* 'Fuß'.

Person, die die Tätigkeit ausübt – Ort der Tätigkeit

Das Derivat bezeichnet den Ort einer Tätigkeit, den Sitz einer Institution (oder auch diese selbst); die Basis ist der Titel oder die Amtsbezeichnung der Person, die die Tätigkeit ausübt. - Beispiel: *consolato* 'Konsulat' aus *console* 'Konsul'.

Bewertetes Lebewesen – Bewertung einer Handlung

Das Derivat wird dazu verwendet, eine Handlung oder Verhaltensweise bewertend (meist negativ) zu bezeichnen; die Basis bezeichnet ein negativ bewertetes Tier oder einen negativ bewerteten Personentyp. - Beispiel: *porcheria* 'Schweinerei' von *porco* 'Schwein'.

Jedem dieser semantisch definierten Wortbildungsverfahren sind bestimmte Suffixe zugeordnet. Im einzelnen gilt folgendes:

a. Gegenstand der Tätigkeit - Person, die die Tätigkeit ausübt

Die Suffixe, mit denen Bezeichnungen für Berufe und analoge habituelle Eigenschaften von Personen aus den Bezeichnungen für Tätigkeitsobjekte gebildet werden können, sind: *-ái-, -ár-, -ári-, -iér-, -ín-, -íst-*.

Das **Genus** des Derivats wird nicht durch das Suffix, sondern nach dem Prinzip des natürlichen Geschlechts festgelegt. Es gibt also jeweils ein männliches und ein weibliches abgeleitetes Nomen.

Das Genus zeigt sich nicht nur in der Kongruenz, sondern auch in den Flexionsendungen. Weibliche Derivate auf *-ái-, -ár-, -ári-, -iér-, -ín-* und *-íst-* haben die Endungen der a-Deklination; also z.B.:

benzina**ia** - benzina**ie**	'Tankwartin' - 'Tankwartinnen'
bibliotecar**ia** - bibliotecar**ie**	'Bibliothekarin' - 'Bibliothekarinnen'
infermier**a** - infermier**e**	'Krankenschwester' - 'Krankenschwestern'
crocerossin**a** - crocerossin**e**	'Rotkreuzschwester' - 'Rotkreuzschwestern'
giornalist**a** - giornalist**e**	'Journalistin' - 'Journalistinnen'

Sind die Derivate männlich, so haben *-ái-, -ár-, -ári-* und *-ín-* die Endungen der o-Deklination; also z.B.:

benzina**io** - benzina**i**	'Tankwart' - 'Tankwarte'
bibliotecar**io** - bibliotecar**i**	'Bibliothekar' - 'Bibliothekare'
postin**o** - postin**i**	'Briefträger-Sg' - 'Briefträger-Pl'

Die mit *-iér-* gebildeten männlichen Derivate gehören der e-Deklination an; also z.B.:

(12) infermier**e** - infermier**i**   'Krankenpfleger-Sg' - 'Krankenpfleger-Pl'

Die mit *-íst-* gebildeten männlichen Derivate haben im Singular die Flexionsendung *-a* und im Plural *-i*; also z.B.:

(13) giornalist**a** - giornalist**i**   'Journalist' - 'Journalisten'

Für die Anwendung der genannten Derivationsverfahren gilt im einzelnen folgendes:

-ái-

Das Suffix *-ái-* gibt semantisch nur ganz allgemein an, daß die mit dem Derivat bezeichnete Person beruflich oder sonstwie habituell mit den Gegenständen zu tun hat, die durch die Basis bezeichnet werden. Pragmatisch kann diese Beziehung dann präzisiert werden, z.B. zu 'handeln mit, verkaufen', z.B. *libraio* 'Buchhändler' von *libro* 'Buch', zu 'herstellen', z.B. *cappellaio* 'Hutmacher' von *cappello* 'Hut' oder zu 'verkaufen und reparieren', z.B. *orologiaio* 'Uhrmacher' von *orologio* 'Uhr'.

N.B. *-ár-* ist eine regionale Variante zu *-ái-*, die in einigen Wörtern lexikalisiert ist (z.B. *scolaro* 'Schüler' von *scuola* 'Schule', *vaccaro* 'Kuhhirte' von *vacca* 'Kuh'. Sie ist zwar weniger produktiv als *-ái-*, hat aber durch den modischen Einfluß des Dialekts von Rom an Boden gewonnen, vor allem auch in einem semantisch ausgeweiteten Gebrauch, z.B. *borgataro* 'Bewohner der Slums von Rom' von *borgata* 'Slum'.

-ári-

-ári- ist die "gelehrte" Variante von *-ái-*: Dieses Suffix wird meist an Basen angefügt, die abstrakte Gegenstände bezeichnen, und die Derivate sind meist auch keine Berufsbezeichnungen; vgl. z.B. *milionario* 'Millionär' von *milione* 'Million', *proprietario* 'Eigentümer' von *proprietà* 'Eigentum'.

N.B. Dieses *-ári-* kommt in einer Reihe von nicht mehr ganz durchsichtigen Nomina vor; s. z.B.: *concessionaria* 'Vertretung (z.B. eines Automobilherstellers)', *mercenario* 'Söldner'. In einer anderen, nicht mehr produktiven Derivation bildet es Kollektivbezeichnungen; s. z.B.: *rosario* 'Rosenkranz', *vestiario* 'Umkleideraum'.

-iér-

Das Suffix *-iér-* unterscheidet sich semantisch nicht klar von *-ái-*, aber pragmatisch wird die Relation zwischen der durch das Derivat bezeichneten Person und der durch die Basis bezeichneten Sache meist nicht als die des Verkaufens präzisiert; vgl. z.B. *banchiere* 'Bankier' von *banca* 'Bank', *giustiziere* 'Rächer' von *giustizia* 'Gerechtigkeit'.

N.B. *-iér-* ist galloromanischer Herkunft und heute noch besonders häufig bei Wörtern, die aus dem Frz. übernommen worden sind. Der gesellschaftliche Kontext dieser Übernahmen erklärt möglicherweise die Bevorzugung von *-iér-* für die Bezeichnung "höherer" Funktionen.

N.B. Auch bestimmte Geräte werden mit Derivaten des vorliegenden Typs bezeichnet, z.B. *teiera* 'Teekanne' von *tè* 'Tee', *caffettiera* 'Kaffeemaschine' von *caffè* 'Kaffee', *braciere* 'Kohlenbecken' von *brace* 'Glut'. Ob es sich dabei um eine Übertragung vom Begriff der in einer bestimmten Funktion tätigen Person zum Begriff des Instruments handelt oder nur um ein bloßes Fortleben des auch Dinge bezeichnenden lat. Suffixes *-ari-* in seiner galloromanischen Form, ist eine schwer entscheidbare Frage.

-in-

Diese Derivation mit *-in-* ist nicht sehr produktiv, vermutlich weil es die sehr produktive Diminutivbildung mit dem homonymen *-in-* gibt, so daß die Derivate leicht mißverstanden werden können.

Die Derivate bezeichnen vor allem die Ausübenden traditioneller Handwerke, z.B. *ciabattino* 'Schuster' zu *ciabatta* 'Pantoffel, Schuh', *stagnino* 'Spengler' zu *stagno* 'Zinn'. Sie können die eine Tätigkeit ausübende Person auch anhand ihrer Institution bezeichnen; s. z.B.: *crocerossina* 'Rotkreuzschwester' zu *croce rossa* 'Rotes Kreuz', *postino* 'Briefträger' zu *posta* 'Post'. Die produktivere Derivation hierfür ist jedoch die mit *-iér-*; s. z.B. *doganiere* 'Zöllner' zu *dogana* 'Zoll', *ferroviere* 'Eisenbahner' zu *ferrovia* 'Eisenbahn'.

-ist-

Die Derivation mit *-ist-* ist sehr produktiv. Die Derivate bezeichnen eine Vielzahl von Kategorien, vor allem

- (modernere) Berufe (z.B. *barista* 'Barmann' von *bar* 'Bar, Tresen', *autista* 'Chauffeur' von *auto* 'Auto')
- Spezialisten für das durch die Basis bezeichnete Gebiet (z.B.: *dantista* 'Danteforscher' von dem Eigennamen *Dante*, *dentista* 'Dentist, Zahnarzt' von *dente* 'Zahn')
- Vertreter politischer oder philosophischer Positionen (z.B. *fascista* 'Faschist' von *fascio*, dem Namen der faschistischen Partei, *qualunquista* 'unpolitischer Mensch' von *l'uomo qualunque* 'der Mann auf der Straße', *marxista* 'Marxist' von *Marx*)
- Vertreter bestimmter durch eine Verhaltensart oder durch eine Situation definierter Gruppen (z.B. *saccopelista* 'Schlafsacktourist' von *sacco a pelo* 'Schlafsack', *congressista* 'Kongreßteilnehmer' von *congresso* 'Kongreß')

N.B. Diejenigen Derivate mit *-ist-*, die keine Berufe im engeren Sinne bezeichnen, stehen meist in einem systematischen Zusammenhang mit Adjektiven, die ebenfalls mit *-ist-* und mit Nomina, die mit *-ism-* gebildet sind; vgl. z.B.:

(14) le femministe   'die Feministinnen'
     una rivendicazione femminista   'eine feministische Forderung'
     il femminismo   'der Feminismus'

N.B. Anders als in (14), wo die Ableitung formal vollkommen regelmäßig ist (die Basis ist *femmin-* 'Weib(chen)'), kann das Suffix *-ist-* auch an Basen angefügt werden, die nur noch in Verbindung mit anderen Suffixen vorkommen bzw. ohne Suffix eine idiosynkratische Entwicklung genommen haben; vgl. z.B. die Derivate unter (15) mit der Bedeutung ihrer Basen unter (16):

(15)	economista	'Wirtschaftsfachmann'
	economia	'Wirtschaft'
	economico	'wirtschaftlich'
(16)	economo (Nomen)	'Verwalter'
	economo (Adjektiv)	'sparsam'

N.B. Zu dem Typ "Gegenstand der Tätigkeit - Person, die die Tätigkeit ausübt" gehören noch einige Suffixe, deren Produktivität zweifelhaft ist:

- *-aiól-* (z.B.: *boscaiolo* 'Waldarbeiter' von *bosco* 'Wald', *donnaiolo* 'Schürzenjäger' von *donna* 'Frau')
- *-ánt-* (z.B.: *gitante* 'Ausflügler' von *gita* 'Ausflug', *commediante* 'Komödiant' von *commedia* 'Komödie')
- *-án-* (z.B.: *ortolano* 'Gemüsehändler' zu *orto* 'Gemüsegarten', *cappellano* 'Kaplan' von *cappella* 'Kapelle')

b. Gegenstand der Tätigkeit — Ort der Tätigkeit

Suffixe zur Ableitung von Bezeichnungen für Geschäfte, Werkstätten und Fabriken aus den Bezeichnungen für die Gegenstände, die dort verkauft oder produziert werden, sind *-erí-* und *-ifíci-*.

Mit *-erí-* werden weibliche Nomina der a-Deklination, mit *-ifíci-* männliche Nomina der o-Deklination gebildet.

Für die Verwendung und Deutung der beiden Suffixe gilt im einzelnen:

-erí-

Die mit diesem Suffix gebildeten Nomina bezeichnen Tätigkeitsorte der verschiedensten Art, insbesondere:

- Geschäfte und Verkaufsstellen, z.B. *libreria* 'Buchhandlung' von *libro* 'Buch', *biglietteria* 'Fahrkartenschalter' von *biglietto* 'Fahrkarte'
- Werkstätten und Fabriken, z.B. *maglieria* 'Strickwarenfrabrik' von *maglia* 'Strickarbeit, Pullover', *acciaieria* 'Stahlwerk' von *acciaio* 'Stahl'
- Gaststätten, z.B. *birreria* 'Bierlokal' von *birra* 'Bier', *gelateria* 'Eisdiele' von *gelato* 'Eis'

N.B. Derivate mit *-erí-*, die demselben semantischen Typ angehören, können auch (meist) abgeleitete Berufsbezeichnungen als Basis haben: *portineria* 'Pförtnerloge' von *portinaio* 'Pförtner' von *porta* 'Tür', *panetteria* 'Bäckerei' von *panettiere* 'Bäcker' von *pane* 'Brot', *falegnameria* 'Tischlerei' von *falegname* 'Tischler', Kompositum aus *fare* 'machen' und *legname* 'Holzwerk'; vgl. aber auch, mit einer nicht abgeleiteten Berufsbezeichnung, *osteria* 'Wirtshaus' von *oste* 'Wirt'.

-ifíci-

Die mit diesem außerordentlich produktiven Suffix gebildeten Nomina bezeichnen ausschließlich Produktionsstätten, vor allem kleinere Industriebetriebe. Die Basis muß die produzierte Ware bezeichnen, z.B. *lanificio* 'Wollwarenfabrik' von *lana* 'Wolle', *mobilificio* 'Möbelfabrik' von *mobile* 'Möbel'.

N.B. *-ifíci-* ist ein "gelehrtes" Suffix. Deswegen werden manchmal Wörter, die ihrer Form oder ihrer Konnotation nach als "nicht gelehrt" wirken, als Basen vermieden. So wird man eine Käsefabrik nicht *formaggificio* oder gar *cacificio* nennen (von *formaggio* bzw. *cacio* 'Käse'), sondern auf die "gelehrte" Basis *case-* ausweichen und *caseificio* sagen.

N.B. Wegen der großen Produktivität und der Spezialisierung von *-ifíci-* für Produktionsstätten weicht das sonst ebenfalls sehr produktive, aber allgemeinere *-erí-* offensichtlich aus diesem Bezeichnungsfeld zurück. Damit ergibt sich eine Tendenz, die Bezeichnungen für Verkaufsstätten eher mit *-erí-* und die für Produktionsstätten eher mit *-ifíci-* zu bilden.

c. Instrument der Tätigkeit — Art der Handlung

Das Suffix für Derivate dieses Typs ist *-át-*. Die Derivate sind weibliche Nomina der a-Deklination. Die Basis bezeichnet einen Gegenstand; das Derivat bezeichnet eine Tätigkeit, an der dieser Gegenstand als Instrument beteiligt ist. Die Art der Tätigkeit ergibt sich erst durch die pragmatische Deutung.

Beispiele sind: *bastonata* 'Verprügelung' von *bastone* 'Stock'; *sassata* 'Steinwurf' von *sasso* 'Stein'; *coltellata* 'Messerstich' von *coltello* 'Messer'; *occhiata* 'Blick' von *occhio* 'Auge'; *gomitata* 'Stoß mit dem Ellenbogen' von *gomito* 'Ellenbogen'; *pedata* 'Fußtritt' von *piede* 'Fuß'.

N.B. Die Derivate dieses Typs sind manchmal zusammen mit einem Verb lexikalisiert. Diese komplexen Lexeme legen die Deutung des Derivats stärker fest; s. z.B.:

tirare una sassata	'mit Steinen werfen'
dare un'occhiata	'nachsehen'

N.B. In den deutschen Übersetzungen wird diese Spezifikation meist durch den determinierenden Teil des Kompositums angegeben: *sassata - Steinwurf, coltellata - Messerstich*.

N.B. Da *-át-* auch aus der Bezeichnung eines Behälters die Bezeichnung einer Portion machen kann (s. unten, 1.1.2.2.), können Derivate mit diesem Suffix mehrdeutig sein; vgl. z.B. von *padella* 'Pfanne': *padellata* 'eine Pfanne voll' und 'Schlag mit der Pfanne'.

d. Person, die die Tätigkeit ausübt — Ort der Tätigkeit

-át-

-át- ist das Suffix, mit dem die Bezeichnung für den Sitz einer Autorität, einer Institution (oder auch für diese selbst) aus Berufsbezeichnungen oder Titeln gebildet wird. Die Derivate sind männliche Nomina der o-Deklination.

Beispiele sind: *assessorato* 'Assessorat' von *assessore* 'Assessor', *rettorato* 'Rektorat' von *rettore* 'Rektor'.

N.B. *-ád-*, eine regionale Variante von *-át-*, kommt in der Standardsprache nur lexikalisiert vor: *vescovado* 'Bischofspalast' von *vescovo* 'Bischof', *arcivescovado* 'Erzbischofspalast'.

e. Bewertetes Lebewesen — Bewertung einer Handlung

Die Suffixe für Derivate dieses Typs sind *-erí-* und *-át-*. Die Derivate beider Suffixe sind weibliche Nomina der a-Deklination.

-erí-

Die Basis der hierher gehörenden Derivate mit *-erí-* ist eine negative Bezeichnung, die auch als Schimpfwort benutzt werden kann: *porcheria* 'Schweinerei' von *porco* 'Schwein', *fesseria* 'Dummheit' von *fesso* 'Dummkopf'.

-át-

Die Basis der hierher gehörenden Derivate mit *-át-* bezeichnet einen (oft negativ bewerteten) Menschentyp oder Charakter. Das Derivat besagt, daß die Handlung, über die es prädiziert wird, die wesentlichen Eigenschaften der Handlungen hat, deren Urheber der durch die Basis bezeichnete Typ ist. Beispiele sind: *buffonata* 'Farce' aus *buffone* 'Hanswurst', *arlecchinata* 'Harlekinade' von *Arlecchino* 'Harlekin'.

N.B. Weitere Nomina, mit denen Handlungen bewertend bezeichnet werden können, sind deadjektivische Bildungen wie *stupidaggine* 'Dummheit' von *stupido* 'dumm', *sfacciatezza* 'Unverschämtheit' von *sfacciato* 'unverschämt'.

1.1.2.2. Das Modell der Gegenstandskonstitution

Das Modell der Gegenstandskonstitution umfaßt folgende Kategorien:

- unmittelbar gegebene Gegenstände und Substanzen
- Kollektive, d.h. Gegenstände oder Substanzen, die aus vielen unter sich gleichartigen, nicht individuell betrachteten Gegenständen bestehen
- Lokale, d.h. Gegenstände, die als Ort bestimmter Gegenstände oder Substanzen konstituiert sind
- Portionen, d.h. Gegenstände, die als Quantitäten von Substanzen konstituiert sind
- Maße für Quantitäten

In bezug auf dieses Modell lassen sich die folgenden Relationen formulieren:

Einfacher Gegenstand – kollektiver Gegenstand

Das Derivat bezeichnet einen kollektiven Gegenstand; die Basis bezeichnet den Gegenstand, aus dessen gleichartigen und nicht mehr individuell unterschiedenen Exemplaren der kollektive Gegenstand besteht. - Beispiel: *pioppeto* 'Pappelwald' von *pioppo* 'Pappel'.

Gegenstand – kollektive Substanz

Das Derivat bezeichnet eine kollektive Substanz, die aus gleichartigen, aber nicht individuell betrachteten einfachen Gegenständen besteht. Die Basis bezeichnet den einfachen Gegenstand. - Beispiel: *fogliame* 'Blattwerk' aus *foglia* 'Blatt'.

Gegenstand – Lokal

Das Derivat bezeichnet ein Lokal, d.h. eine Einrichtung, einen Behälter oder einen Ort, der zur Aufbewahrung eines Gegenstandes oder einer Substanz bestimmt ist oder an dem sich eine Substanz ständig in großer Menge befindet; die Basis bezeichnet dasjenige, was das Lokal enthält. - Beispiel: *bagagliaio* 'Kofferraum' aus *bagaglio* 'Gepäck'.

Behälter – Portion

Das Derivat bezeichnet die Portion einer Substanz (welche auch kollektiv sein kann); die Basis bezeichnet den Gegenstand, der als Behälter dient und als Maß benutzt werden kann. (Die Substanz selbst wird nicht von dem Derivat bezeichnet, sondern mit Hilfe einer syntaktischen Konstruktion benannt.) - Beispiel: *una cucchiaiata di riso* 'ein Löffel Reis' von *cucchiaio* 'Löffel'.

N.B. Die Bezeichnungen von **Personen anhand ihrer ethnischen oder geographischen Zugehörigkeit** sind deadjektivisch: z.B. beruht das Nomen *italiano* 'Italiener' auf dem gleichlautenden Adjektiv, und dieses, nicht das Nomen, ist aus dem Ländernamen *Italia* abgeleitet.

Den Relationen der Gegenstandskonstitution sind die folgenden Suffixe zugeordnet:

a. Einfacher Gegenstand – kollektiver Gegenstand

Das Suffix für die Bildung solcher Derivate ist *-ét-*. Die Derivate sind männliche Nomina der o-Deklination.

Diese Derivation ist spezialisiert für Kollektive von größeren Pflanzen. Das Derivat bezeichnet Wälder, Gehölze, Felder, Pflanzungen usw. Die Basis ist der Name einer Pflanzenart: *olivo* 'Olivenbaum' ergibt *oliveto* 'Olivenhain'; *canna* 'Rohr' ergibt *canneto* 'Röhricht'.

N.B. Lexikalisiert kommen auch allgemeinere Bezeichnungen für Pflanzen vor: *albereto* 'mit Bäumen bepflanztes Feld' von *albero* 'Baum', *frutteto* 'Obstgarten, Obstplantage' von *frutta* 'Obst'. - Nicht mehr produktiv und auch lexikalisiert kaum noch gebräuchlich ist die weibliche Variante dieses Typs (*oliveta, albereta* usw.); noch gebräuchlich ist *pineta* 'Pinienwald' von *pino* 'Pinie'.

b. Einfacher Gegenstand – kollektive Substanz

Bezeichnungen für Substanzen, die aus gleichartigen, aber nicht individuell betrachteten Objekten bestehen, können aus den Namen für diese Objekte mit den Suffixen *-ám-* und *-úm-* gebildet werden.

Die so gebildeten Nomina sind männlich und gehören der e-Deklination an.

Im einzelnen gilt für ihre Verwendung und Deutung:

-ám-

Mit diesem Suffix werden kollektive Substanzen bezeichnet, die aus gleichartigen Gegenständen bestehen; z.B. *cordame* 'Tauwerk' von *corda* 'Seil', *legname* 'Bauholz' von *legno* 'Holz'.

N.B. Diese Bildungen können eine pejorative Nuance haben, z.B. in *scatolame* 'Büchsenfraß' von *scatola* 'Büchse, Konservendose'.

-úm-

Die mit diesem Suffix gebildeten Kollektiva sind oft pejorativ; vgl. z.B. *polverume* 'lästiger Staub' von *polvere* 'Staub', *forestierume* 'Fremdenpack' von *forestiero* 'Fremder'.

N.B. Nicht pejorativ ist *dolciumi* 'Süßigkeiten' von *dolce* 'Süßigkeit'.

N.B. Das Suffix *-ágli-* ist noch durchsichtig, aber kaum noch produktiv. Die mit ihm gebildeten Derivate sind manchmal pejorativ; vgl. z.B. *ferraglia* 'altes Eisen' von *ferro* 'Eisen' vs. *boscaglia* 'bewaldetes Terrain' von *bosco* 'Wald'. Wenn die Basis Personen bezeichnet, ist das Derivat immer pejorativ; s. z.B. *gentaglia* 'Pack' von *gente* 'Leute'.

c. Gegenstand – Lokal

Nomina, die Lokale bezeichnen, können mit den Suffixen *-ái-* und *-íl-* aus Basen abgeleitet werden, die das an diesen Ort Gehörige bezeichnen.

Die mit diesen Suffixen gebildeten Nomina sind männlich; die mit *-ái-* gehören der o-Deklination und die mit *-íl-* der e-Deklination an.

Die allgemeine, für beide Suffixe gültige lokale Relation zwischen dem durch die Basis bezeichneten Objekt und dem durch das Derivat bezeichneten Lokal ist lediglich die der Zuordnung: Das Objekt gehört an den betreffenden Ort. Genauere Relationen können pragmatisch definiert sein; vgl. z.B.:

-ái-

- Behälter, Aufbewahrungsort: *bagagliaio* 'Kofferraum' aus *bagaglio* 'Gepäck'; *granaio* 'Kornspeicher' aus *grano* 'Korn'
- Nest, Brutstätte: *vespaio* 'Wespennest' von *vespa* 'Wespe', *formicaio* 'Ameisenhaufen' von *formica* 'Ameise'
- Ort, wo sich eine Substanz in großer Masse befindet und diese Masse selbst: *ghiacciaio* 'Gletscher' von *ghiaccio* 'Eis', *letamaio* 'Misthaufen' von *letame* 'Mist'

N.B. Als Femininum lexikalisiert ist *sassaia* 'Steinhaufen' von *sasso* 'Stein'.

-íl-

- Stallung: *canile* 'Hundezwinger' von *cane* 'Hund', *ovile* 'Schafstall' von (dem nur in Derivaten auftretenden) *ov-* 'Schaf'
- Ort, wo sich eine Substanz in großer Menge befindet: *arenile* 'Sandstrand' von *arena* 'Sand', *fienile* 'Heuboden' von *fieno* 'Heu'

N.B. Wie man sieht, sind die beiden Suffixe wenig differenziert. Wenn die entsprechenden Derivationsmuster überhaupt noch produktiv sind, dann halten sie sich offenbar nur deshalb weiter in der Sprache, weil sie fein differenzierte Lexikalisierungen erlauben; vgl. z.B. von *(a)rena* 'Sand': *renaio* 'Sandgrube' vs. *arenile* 'Sandstrand'.

d. Behälter – Portion

Das Suffix, mit dem Derivate gebildet werden, die die Portion einer Substanz bezeichnen, ist *-át-*. Die Basis bezeichnet den Gegenstand, der als Maß benutzt wird, und zwar besonders dann, wenn das Maß nicht standardisiert (wie die metrischen Maße) ist, sondern als Instrument oder Körperteil in einem Handlungsschema definiert ist. Beispiele sind: *una cucchiaiata di riso* 'ein Löffel Reis' von *cucchiaio* 'Löffel', *una padellata di funghi* 'eine Pfanne Pilze' von *padella* 'Pfanne'.

N.B. Dieser Derivation entsprechen im Dt. ein syntaktisch-lexikalisches (*ein Löffel voll Reis*) bzw. ein rein syntaktisches Verfahren (*ein Löffel Reis*). – Überhaupt keine einfache systematische Übersetzung gibt es für die it. Bildungen, deren Basis der Name einer Zeitspanne ist (*annata* von *anno* 'Jahr', *serata* von *sera* 'Abend' usw.). Diese Derivate bezeichnen die Zeitspanne unter dem Gesichtspunkt dessen, was in ihr geschieht, was sie für das Erleben beinhaltet; vgl. z.B. *è già sera* 'es ist schon Abend' vs. *che bella serata!* 'was für ein schöner Abend!'.

1.1.2.3. Das Modell der Gegenstandseigenschaften

Die Derivation nach dem Modell der Gegenstandseigenschaften steht in Konkurrenz zur syntaktischen Erweiterung des Nomens durch Adjektive. In beiden Fällen entspricht dem komplexen (d.h. syntaktisch oder morphologisch erweiterten) Nomen ein komplexes Konzept.

Die morphologische Erweiterung ist semantisch und formal gegenüber der syntaktischen sehr eingeschränkt. Als Wortbildungsverfahren liefert sie jedoch Ausdrücke, die sich prinzipiell zur Lexikalisierung besser eignen als Syntagmen.

Sie ist auf ein sehr einfaches Modell der Gegenstandseigenschaften bezogen. Dieses enthält die folgenden Kategorien:

- Gegenstände, gegliedert in unbelebte Dinge und Lebewesen
- die Beurteilung von Gegenständen nach ihrer Größe mit Hilfe der Kategorien 'groß' und 'klein'
- die Bewertung von Gegenständen nach den Kategorien 'schön', 'nett' und 'häßlich'
- die Klassifizierung von Lebewesen nach dem Geschlecht, d.h. nach den Kategorien 'männlich' und 'weiblich'

In bezug auf dieses Modell können die folgenden semantischen Derivationsmuster unterschieden werden:

Gegenstand — als klein oder lieb bewerteter Gegenstand (Diminutive)

Das Derivat bezeichnet etwas, auf das die Bedeutung der Basis zutrifft und das ausserdem als klein oder als lieb, nett oder niedlich bewertet wird. - Beispiel: *manina* 'Händchen' aus *mano* 'Hand'.

Gegenstand — als groß bewerteter Gegenstand (Augmentative)

Das Derivat bezeichnet etwas, auf das die Bedeutung der Basis zutrifft und das außerdem als groß, oft auch als zu groß bewertet wird. - Beispiel: *librone* 'dicker Wälzer' aus *libro* 'Buch'.

Gegenstand — als schlecht bewerteter Gegenstand (Pejorative)

Das Derivat bezeichnet etwas, auf das die Bedeutung der Basis zutrifft und das ausserdem als schlecht oder unangenehm bewertet wird. - Beispiel: *tempaccio* 'schlechtes Wetter' aus *tempo* 'Wetter'.

Lebewesen — anhand seines Geschlechts klassifiziertes Lebewesen

Das Derivat bezeichnet ein Lebewesen, auf das die Bedeutung der Basis zutrifft und das außerdem als weiblich oder männlich klassifiziert wird. - Beispiele: *studentessa* 'Studentin' von *studente* 'Student', *stregone* 'Hexenmeister' von *strega* 'Hexe'.

Die diesen Typen entsprechenden Suffixe bzw. formalen Verfahren sind:

a. **Diminutive**

Die Suffixe für die Bildung von Diminutiven sind *-ín-*, *-étt-*, *-éll-*, *-úcci-* und *-ótt-*.

N.B. Das It. besitzt noch eine ganze Reihe weiterer Diminutivsuffixe für Nomina, die nicht mehr oder kaum noch produktiv sind und deswegen hier nicht behandelt werden: *-(icci)ól-*, z.B. *figli-olo* 'Sohn', *port-icciolo* 'kleiner Hafen'; *-úcol-*, z.B. *poet-ucolo* 'unbedeutender Dichter', *strad-ucola* 'Sträßchen', *-iciáttol-*, z.B. *fium-iciattolo* 'unbedeutendes Flüßchen', *om-iciattolo* 'Knirps' u.a.m.

Die Derivate übernehmen typischerweise das Genus der jeweiligen Basis und gehören, je nach Genus, der a- oder der o-Deklination an.

N.B. Abweichend hiervon haben einige lexikalisierte Derivate nicht dasselbe Genus wie ihre Basis: *villino* (mask.) 'kleine Villa' von *villa* (fem.) 'Villa', *casino* (mask.) 'Landhaus', 'Bordell', 'Durcheinander' von *casa* (fem.) 'Haus'; *vetrina* (fem.) 'Vitrine' von *vetro* (mask.) 'Glas', *collina* (fem.) 'Hügel, Mittelgebirge' von *colle* (mask.) '(kleiner) Berg'.

N.B. Diese Suffixe entsprechen weitgehend den dt. Diminutivsuffixen *-chen* und *-lein*. Es gibt jedoch die folgenden Kontraste:

- die deutschen Diminutivsuffixe legen das Genus des Derivats fest; die italienischen tun dies nicht
- die dt. Diminutivsuffixe können nicht miteinander kombiniert werden, die it. können es (vgl. z.B. dt. **Tisch-lein-chen* vs. it. *tavol-in-etto*)
- die italienischen Diminutivsuffixe sind z.T. semantisch untereinander differenziert (*-ín-*, *-étt-*, *-éll-* vs. *-úcci-*); dt. *-chen* und *-lein* sind es nicht

Für Verwendung und Deutung der einzelnen Diminutivsuffixe gilt folgendes:

-ín-

Dieses Suffix ist das häufigste und produktivste der Gruppe. Es bezeichnet grundsätzlich zwei Bewertungen auf einmal: die Bewertung im Hinblick auf die Größe und im Hinblick auf die emotive Qualität. Wenn eine Entität mit einem Derivat der Form "Nominalstamm -ín-" bezeichnet wird, so wird der Referent des Nominalstamms sowohl als klein als auch als lieb, nett oder angenehm bewertet. Allerdings kann die eine oder die andere der beiden Bewertungen in den Hintergrund treten, je nach dem pragmatischen Kontext, den die Basis abruft.

N.B. Dies wirkt sich natürlich auch in den Lexikalisierungsprozessen aus; vgl. z.B., ohne emotive Bewertung, *patatine fritte* 'Kartoffelchips, fein geschnittene pommes frites' von *patata* 'Kartoffel', *i nipotini* 'die Enkel' von *nipote* 'Neffe', und, ohne Bewertung der Größe, *cappellino* 'Damenhut' von *cappello* 'Hut', *vetrina* 'Vitrine' von *vetro* 'Glas'.

Das Suffix *-ín-* kann an Basen angefügt werden, die semantisch den verschiedensten Kategorien angehören, u.a. Bezeichnungen für:

- Personen: *ragazzino* 'kleiner Junge' von *ragazzo* 'Junge', *francesina* 'nette junge Französin' von *francese* (fem.) 'Französin'
- Tiere: *gattino* 'Kätzchen' von *gatto* 'Katze', *uccellino* 'Vögelchen' von *uccello* 'Vogel'
- konkrete Gegenstände: *piantina* 'kleine Pflanze' von *pianta* ' Pflanze', *macchinina* 'Autochen' von *macchina* 'Auto'
- abstrakte Gegenstände: *leggina* 'Gesetzchen' von *legge* 'Gesetz', *filmino* 'Filmchen' von *film* 'Film'
- Handlungen und Ereignisse: *bacino* 'Küßchen' von *bacio* 'Kuß', *nevicatina* 'leichter Schneeschauer' von *nevicata* 'Schneefall'

N.B. *-ín-* (und auch andere Diminutivsuffixe) können auch an Vornamen zur Bildung von Koseformen angefügt werden: *Pierino* von *Piero*, *Andreuccio* von *Andrea* usw.

N.B. *-ín-* hat zwei Varianten, nämlich *-(i)cín-* und *-olín-*. Die kürzere Form der ersten Variante (*-cín-*) tritt vor allem dann auf, wenn die Basis auf /'on/ endet: *camioncino* 'kleiner Lastwagen' von *camion* 'Lastwagen', *canzoncina* 'Liedchen' von *canzone* 'Lied'. Die längere Form (*-icín-*) tritt nur noch lexikalisiert auf, z.B. in *libricino* 'Büchlein' von *libro* 'Buch', *porticina* 'Türlein' von *porta* 'Tür'. Die Variante *-olín-* tritt offensichtlich unsystematisch auf, ist aber noch produktiv; vgl. neben alten Bildungen wie *topolino* 'Mäuschen, Mickymaus' von *topo* 'Maus' und *sassolino* 'Steinchen' von *sasso* 'Stein' neue Wörter wie *radiolina* 'kleines Transistorradio' von *radio* 'Radio'.

N.B. Wenn die Basis auf betontem Vokal endet, so ist entweder die Derivation nicht möglich, oder die Basis wird um einen Konsonanten so erweitert, daß der sprachgeschichtlich zugrundeliegende konsonantische Auslaut der Basis wiederhergestellt wird; vgl. das /d/ in *cittadino* 'Staatsbürger' von *città* 'Stadt' (altitalienisch *cittade*). Sprachgeschichtlich handelt es sich hier nicht um eine Erweiterung der Basis von *città* zu *cittad-*, sondern umgekehrt um eine Kürzung der Basis *cittad-* zu *città*.

-étt-

Dieses Suffix ist ebenfalls sehr produktiv. Es hat dieselbe semantische Funktion wie *-ín-* und verbindet sich mit Basen derselben semantischen Kategorien. Beispiele sind Bezeichnungen für

- Personen: *ragazzetto* 'kleiner Junge' von *ragazzo* 'Junge', *donnetta* 'kleine Frau' von *donna* 'Frau'
- Tiere: *capretto* 'Böcklein' von *capro* 'Ziegenbock', *galletto* 'Hähnchen' von *gallo* 'Hahn'
- konkrete Gegenstände: *casetta* 'Häuschen' von *casa* 'Haus', *macchinetta* 'Maschinchen' von *macchina* 'Maschine'
- abstrakte Gegenstände: *poemetto* 'kleines Gedicht' von *poema* 'Gedicht', *filmetto* 'Filmchen' von *film* 'Film'
- Handlungen: *bacetto* 'Küßchen' von *bacio* 'Kuß', *colpetto* 'leichter Schlag' von *colpo* 'Schlag'

Die Verteilung zwischen *-ín-* und *-étt-* im lexikalisierten Wortschatz scheint im wesentlichen auf zufälligen Umständen der Lexikalisierungsprozesse zu beruhen. Systematisch ist allerdings die Vermeidung des Binnenreims (Dardano 1978:100): Formen wie *lettetto* 'Bettchen' oder *vinino* 'Weinchen' werden konsequent vermieden; man sagt *lettino, vinello*.

N.B. Das Vorhandensein konkurrierender Suffixe mildert die Folgen idiosynkratischer Lexikalisierungen. Wenn die Derivation mit einem der Suffixe blockiert ist, ist eine semantisch analoge Derivation immer noch mit dem anderen Suffix möglich. So ist *man-* 'Hand' für die Diminutivbildung mit *-étt-* blockiert, weil es bereits *manetta* 'Handschelle' gibt, aber mit *-ín-* kann man immer noch *manina* 'Händchen' bilden (Dardano 1978: 100).

-étt- und *-ín-* können miteinander auftreten, und zwar prinzipiell in beiden möglichen Reihenfolgen; vgl. z.B. *scalettina* 'Leiterchen', *scalinetto* 'kleine Stufe' von *scala* 'Leiter'. Diese Bildungen beruhen aber nicht auf einer Regel, die die beiden Suffixe in beliebiger Reihenfolge an eine Basis anfügt, sondern darauf, daß die Diminutivregel auf ein bereits lexikalisiertes Diminutiv angewandt wird. Eine freie Kombination der beiden Suffixe ist nicht möglich.

So ist *scalettina* nicht als doppelt suffigiert (s. 17') zu analysieren, sondern als Basis *scalett-* plus Suffix *-in-* (s. 18) : *scaletta* ist nämlich bereits als 'Treppchen' (in mehreren Spezialbedeutungen) lexikalisiert.

(17)   scal-ett-in-a

(17')

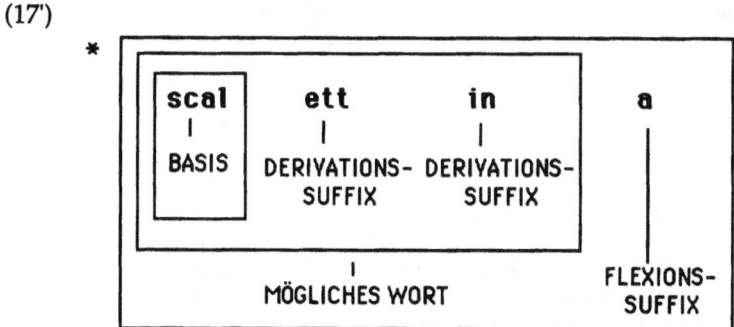

(18)

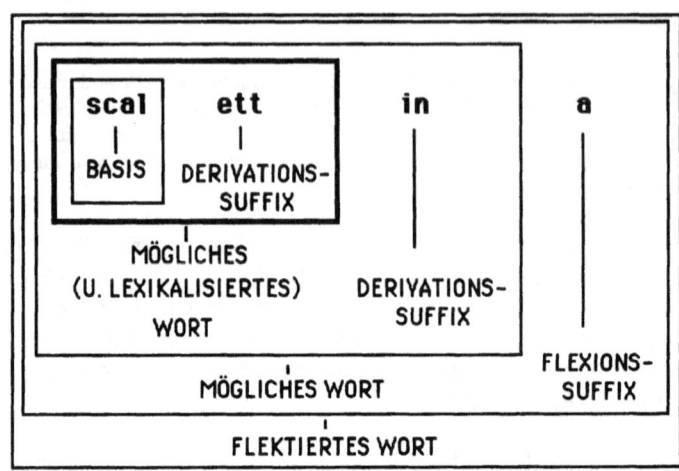

Ebenso ist *scalinetto* unmittelbar nicht als *scal-in-etto*, sondern als *scalin-etto* zu analysieren; *scalino* ist bereits in der Bedeutung 'Stufe' lexikalisiert.

N.B. Daß die Diminutivsuffixe nicht frei kombinierbar sind, sieht man daran, daß man zu z.B. *chiocciola* 'Schnecke' zwar *chiocciolina* und *chioccioletta* 'Schnecklein' bilden kann, aber weder *chiocciolinetta* noch *chiocciolettina*.

N.B. Nicht diminutiv sind die mit *-étt-* abgeleiteten Wörter *terzetto* 'Terzett', *quartetto* 'Quartett' usw.

-éll-

Dieses Suffix konkurriert semantisch mit *-ín-* und *-étt-*. Die mit ihm gebildeten Derivate wirken, soweit sie nicht idiosynkratisch lexikalisiert sind (z.B. *violoncello* 'Cello' von *violone* 'große Geige') leicht etwas bukolisch-veraltet. Das Suffix ist kaum noch produktiv. Die semantischen Kategorien der Basen sind dieselben wie bei *-ín-* und *-étt-*. Nur die Kategorie 'Handlung oder Ereignis' scheint ausgeschlossen zu sein. Beispiele für die verschiedenen Kategorien sind:

- Personen: *vedovella* 'arme Witwe' von *vedova* 'Witwe', *pastorello* 'kleiner Hirte' von *pastore* 'Hirte'
- Tiere: *asinello* 'Eselchen' von *asino* 'Esel', *torello* 'junger Stier' von *toro* 'Stier'
- konkrete Gegenstände: *paesello* 'Dörfchen' von *paese* 'Dorf', *alberello* 'Bäumchen' von *albero* 'Baum'
- abstrakte Gegenstände: *informazioncella* 'winzige Information' von *informazione* 'Information', *storiella* 'Geschichtchen' von *storia* 'Geschichte'

N.B. *-éll-* hat eine ähnliche Variation der Form wie *-ín-*. Die Varianten sind *-(i)céll-* und *-eréll-*; vgl. z.B. *bastoncello* 'Stöckchen' von *bastone* 'Stock', *fiumicello* 'Flüßchen' von *fiume* 'Fluß'; *fatterello* "kleines Ereignis' von *fatto* 'Tatsache', *fuocherello* 'Feuerchen' von *fuoco* 'Feuer'.

-úcci-

Dieses Suffix unterscheidet sich semantisch von den drei bisher behandelten. Es bezeichnet die Kleinheit verbunden mit einem Mangel. Die sich pragmatisch ergebende Nuance kann je nach dem Kontext variieren. So kann ein Derivat der Form "Nominalstamm plus *-úcci-*" besagen, daß der Referent des Nominalstamms schmächtig, schwach, kümmerlich oder dürftig ist. In einem Zusammenhang, in dem diese Eigenschaften negativ bewertet werden, haben die Derivate eine pejorative Konnotation. Aber *-ucci-* ist deswegen kein wirkliches Pejorativsuffix. Wenn die genannten Eigenschaften nicht negativ bewertet werden, z.B. wenn die Rede von kleinen Kindern ist, können die Derivate auf *-úcci-* ohne jede negative Nuance gebraucht werden, so z.B. *Paoluccio* 'Paulchen' von *Paolo* 'Paul', *femminuccia* 'kleines Mädchen'.

N.B. In bestimmten lexikalisierten Derivaten, wie z.B. *cavalluccio marino* 'Seepferdchen' von *cavallo* 'Pferd' impliziert *-úcci-* keinerlei Bewertung.

Die Basen gehören denselben semantischen Kategorien an wie bei den anderen Diminutiven; s. z.B. die folgenden Bezeichnungen für:

- Personen: *ragazzuccio* 'kleiner schmächtiger Junge' von *ragazzo* 'Junge', *femminuccia* 'kleines Mädchen' von *femmina* 'Weib(chen)'
- Tiere: *gattuccio* 'Kätzchen' von *gatto* 'Katze', *uccelluccio* 'Vögelchen' von *uccello* 'Vogel'
- konkrete Gegenstände: *alberguccio* 'kleines schäbiges Hotel' von *albergo* 'Hotel', *straduccia* 'Sträßchen' von *strada* 'Straße'
- abstrakte Gegenstände: *affaruccio* 'kümmerliches Geschäft' von *affare* 'Geschäft', *ideuccia* 'bangloser Gedanke' von *idea* 'Gedanke'
- Handlungen und Ereignisse: *furtuccio* 'unbedeutender Diebstahl' von *furto* 'Diebstahl', *temporaluccio* 'Gewitterchen' von *temporale* 'Gewitter'

-ótt-

Dieses Suffix ist sehr spezialisiert: Die mit ihm gebildeten Derivate bezeichnen Jungtiere. Abweichend von den anderen Diminutivsuffixen ist das Genus des Derivats typischerweise männlich, unabhängig vom Genus der Basis.

Beispiele sind: *tigrotto* (mask.) 'junger Tiger' von *tigre* (fem.) 'Tiger', *leprotto* (mask.) 'junger Hase' von *lepre* (fem.) 'Hase'.

N.B. Es gibt eine systematische Übertragung der Bedeutung dieses Suffixes zu 'kräftig, gesund, stattlich'. In diesem Sinne kann es auch an Bezeichnungen für Menschen angefügt werden: *giovanotto* 'junger Mann' von *giovane* (mask.) 'Jugendlicher', *vecchiotto* 'stattlicher Greis' von *vecchio* 'Alter'. Durch diese Verwendungen kann der Eindruck entstehen, *-ótt-* sei gleichzeitig Diminutiv- und Augmentativsuffix. Aber die augmentative Nuance ist nur eine Konsequenz aus der Übertragung des Stereotyps des jungen, d.h. vitalen Tieres auf Menschen.

b. Augmentative

Das Suffix für die Bildung von Augmentativen ist *-ón-*.

Was das Genus angeht, so gilt folgendes: Ist die Basis männlich, so ist das Derivat ein Maskulinum der e-Deklination. Ist sie weiblich, so bestehen zwei Möglichkeiten: Entweder ist das Derivat ein Maskulinum der e-Deklination oder ein Femininum der a-Deklination. Man hat also z.B.: *coltellone* (mask.) 'großes Messer' aus *coltello* (mask.) 'Messer'; *manone* (mask.) oder *manona* (fem.) 'Riesenhand, Pranke' aus *mano* (fem.) 'Hand'. Die gängigere Lösung für weibliche Basen ist die erstere.

Ganz analog zu den Diminutiven ist bei *-ón-* die Bewertung der Größe meist auch mit einer emotiven Bewertung verbunden. Diese kann, je nach den kulturellen Normen, sowohl bewundernd als auch abschätzig sein.

N.B. Bei den Derivaten mit Genuswechsel ist die emotive Bewertung immer sehr deutlich. So heißt z.B. *un donnone* 'ein Riesenweib'. Um ohne Wertung die Bedeutung 'große Frau' auszudrücken, muß eine syntaktische Konstruktion verwendet werden; z.B. *una donna molto alta*.

Die Basen, an die *-ón-* angefügt wird, bezeichnen vor allem

- Personen: *omone* 'Mordskerl' zu *uomo* 'Mann', *pretone* 'fetter Priester' von *prete* 'Priester'
- Körperteile: *piedone* 'Mordsfuß' von *piede* 'Fuß', *pancione* 'dicker Bauch' von *pancia* 'Bauch'
- Tiere: *scimmione* 'großer Affe' von *scimmia* 'Affe', *moscone* 'Brummer' von *mosca* 'Fliege'
- Gebäude und Gebäudeteile: *palazzone* 'Riesenhochhaus' von *palazzo* 'Hochhaus', *portone* 'Tor' von *porta* 'Tür'
- unbelebte Gegenstände: *sassone* 'großer Stein' von *sasso* 'Stein', *nuvolone* 'dicke Wolke' von *nuvola* 'Wolke'

c. Pejorative

Die Suffixe für Pejorative sind *-ácci-* und *-ástr-*.

Die Derivate beider Suffixe übernehmen das Genus der Basis und sind entweder Feminina der a-Deklination oder Maskulina der o-Deklination.

Für ihre Bedeutung und Verwendung gilt im einzelnen folgendes:

-ácci-

Dieses Suffix ist semantisch das allgemeinere. Dies gilt insofern, als sich die mit ihm gebildeten Derivate auf eine breite Skala von Ausprägungen des Negativen beziehen können: auf die äußere Häßlichkeit, die moralische Schlechtigkeit, die materielle Untauglichkeit, eine psychisch unangenehme Wirkung usw. Es ist auch insofern sehr allgemein, als es an Basen der verschiedensten Kategorien angefügt werden kann, insbesondere an Bezeichnungen für:

- Personen: *soldataccio* 'blöder Soldat' von *soldato* 'Soldat', *ragazzaccio* 'Lausejunge' von *ragazzo* 'Junge'
- Körperteile: *manaccia* 'Dreckpfote' von *mano* 'Hand', *testaccia* 'Dickkopf' von *testa* 'Kopf'
- Tiere: *cagnaccio* 'Köter' von *cagn-*, dem Stamm von *cagna* 'Hündin', *gattaccio* 'große, fette Katze' von *gatto* 'Katze'
- unbelebte Gegenstände: *coltellaccio* 'gräßliches Messer' von *coltello* 'Messer', *cartaccia* 'altes Papier' von *carta* 'Papier'
- nicht materielle Gegenstände: *parolaccia* 'Schimpfwort, unanständiger Ausdruck', von *parola* 'Wort', *fattaccio* 'gräßliches Ereignis' von *fatto* 'Tatsache'

N.B. Manche Autoren (so Dardano 1978: 103f.) zählen *-ácci-* zu den Augmentativen. Sicher besteht für manche Objekte (Menschen, Körperteile usw.) ein stereotypischer Zusammenhang zwischen Häßlichkeit und Größe, aber die mit *-ácci-* gebildeten Derivate wirken nur in bezug auf derartige Objekte als Augmentative. Übrigens kann *-ácci-* auch an Basen angefügt werden, die in ihrer lexikalischen Bedeutung die Komponente 'klein' haben (z.B. *bambin-accio* 'freches Kind'), was zu in sich widersprüchlichen Bedeutungen führen müßte, wenn *-ácci-* ein Augmentativsuffix wäre.

-ástr-

Dieses Suffix ist nur für Personenbezeichnungen üblich. Beispiele sind: *politicastro* 'korrupter Politiker' von *politico* 'Politiker', *giovanastro* 'übler Bursche' von *giovane* (mask.) 'junger Mann'.

N.B. Die Bedeutungsnuance 'so ähnlich wie x, kein richtiges x', die das Suffix früher hatte, ist nur in lexikalisierten Formen wie *figliastro* 'Stiefsohn' von *figlio* 'Sohn', *sorellastra* 'Stiefschwester' von *sorella* 'Schwester' und in den adjektivischen Derivaten (*giallastro* 'gelblich, schmutziggelb' von *giallo* 'gelb') erhalten.

d. Spezifikation des natürlichen Geschlechts

Derivate, die das natürliche Geschlecht des durch die Basis bezeichneten Lebewesens spezifizieren, werden mit Suffixen und durch Motion gebildet.

Das einzige für diese Funktion spezialisierte Suffix ist *-éss-*. Es gibt an, daß das durch die Basis bezeichnete Lebewesen weiblichen Geschlechts ist. Es wird an Basen angefügt, die unmarkiert das männliche Geschlecht bezeichnen.

Die mit ihm gebildeten Derivate sind Feminina der a-Deklination.

Beispiele sind: *studentessa* 'Studentin' von *studente* (mask.) 'Student', *elefantessa* 'Elefantin' von *elefante* (mask.) 'Elefant'.

N.B. Personenbezeichnungen mit *-éss-* können als diskriminierend empfunden werden. Deshalb werden ihnen auf Motion beruhende Bildungen vorgezogen, also *avvocata* 'Rechtsanwältin', *presidente* (fem.) 'Präsidentin'. Dies gilt jedoch nicht für schon länger lexikalisierte Formen wie *dottoressa, studentessa*.

N.B. An die wenigen Basen, die grammatisch weiblich sind (z.B. *scimmia* (fem.) 'Affe', *tigre* (fem.) 'Tiger') kann *-éss-* nicht angefügt werden.

Ein entsprechendes Suffix für die Spezifizierung des Geschlechts eines Lebewesens als männlich gibt es nicht. Nur sekundär und in ganz wenigen Fällen kann die Derivation mit einem Suffix, das primär eine andere Funktion hat, die Spezifikation 'männlichen Geschlechts' beinhalten.

Dies gilt für das Augmentativsuffix *-ón-,* wenn man es an eine Basis anfügt, die ein weibliches Lebewesen bezeichnet: *stregone* 'Zauberer, Medizinmann' von *strega* (fem.) 'Hexe'.

N.B. Für Tiernamen gilt dies aber nicht: z.B. spezifiziert *scimmione* (mask.) 'großer Affe' genausowenig das natürliche Geschlecht wie *scimmia* (fem.) 'Affe'.

Sekundär geschlechtsspezifizierend sind auch die Suffixe *-tór-* und *-tríc-*; s. z.B. *lettore* 'Leser' vs. *lettrice* 'Leserin'.

Die **Motion** ist ein Verfahren zur affixlosen Derivation von Wörtern, die das natürliche Geschlecht eines Lebewesens spezifizieren. Sie besteht darin, daß eine nominale Basis beide Genera annehmen kann und daß das Genus das natürliche Geschlecht angibt: Maskulina bezeichnen männliche Lebewesen, Feminina weibliche.

N.B. Im Gegensatz zur Suffigierung scheint dieses Verfahren für beide Geschlechter symmetrisch zu sein. Dies ist aber nur eingeschränkt der Fall, weil die Spezifizierung des Geschlechts in den männlichen Formen in der Regel unmarkiert, in den weiblichen Formen hingegen markiert ist: *ragazzi* kann sowohl 'Jungen' als auch 'Kinder, Jugendliche' heißen, *ragazze* hingegen heißt nur 'Mädchen'.

Beispiele für Motion sind: *amico* (mask.) 'Freund' und *amica* (fem.) 'Freundin' von *amic-*, *tigrotto* (mask.) 'junger (männlicher) Tiger' und *tigrotta* (fem.) 'junge Tigerin' von *tigrott-*.

Gehört die Basis der e-Deklination an, so zeigt sich das Genus, und damit das Signal für das natürliche Geschlecht, nur in der Kongruenz. Gehört sie hingegen der a-/o-Deklination an, so ist auch die Flexionsendung des Nomens selbst Träger der Information über das natürliche Geschlecht.

N.B. Die Motion wird auch zu einer umkategorisierenden Derivation verwendet: Aus den weiblichen Namen für Früchte werden durch Motion männliche Namen für die entsprechenden Obstbäume gebildet, z.B. *melo* 'Apfelbaum' von *mela* 'Apfel', *ciliegio* 'Kirschbaum' von *ciliegia* 'Kirsche'. Diese Art der Motion ist jedoch nicht ausnahmslos. So heißt *limone* (mask.) sowohl 'Zitronenstrauch' als auch 'Zitrone'.

1.2. Die Bildung von Nomina aus Verben

Die Bildung von Nomina aus Basen, die Verben sind, erfolgt entweder durch Derivationssuffixe oder durch die bloße Anfügung eines nominalen Flexionssuffixes. Es gibt keine Bildung von Nomina aus Verben durch Präfigierung: Präfixe von aus Verben abgeleiteten Nomina gehören immer schon zur Basis, d.h. sie sind Präfixe des Verbs.

Semantisch ist die Bildung von Nomina aus Verben fast gänzlich auf das Tätigkeitsmodell und das Modell der Gegenstandskonstitution bezogen.

Das Tätigkeitsmodell, so wie es in 1.1.2.1. eingeführt wurde, muß allerdings noch differenziert werden: Die Gegenstände, auf die die Tätigkeit gerichtet ist, können untergliedert werden in solche, die auch ohne die Tätigkeit bestehen, und solche, die durch die Tätigkeit hervorgebracht werden (hervorgebrachter Gegenstand).

1.2.1. Reine Nominalisierungen

Die reine Nominalisierung ist eine Derivation, bei der das Derivat, genauso wie die verbale Basis, die Art der Tätigkeit bezeichnet.

Sie erfolgt morphologisch durch Suffigierung oder durch die bloße Anfügung einer nominalen Flexionsendung an die verbale Basis.

Die Derivationssuffixe der reinen Nominalisierung sind *-zión-*, *-mént-*, *-ággi-*, *-úr-*, *-ánz-/-énz-* und *-í-*. Das folgende Schema soll diese Möglichkeiten veranschaulichen:

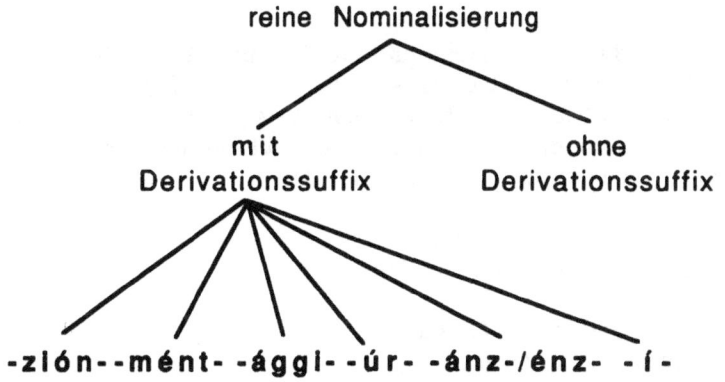

Syntaktisch bewirkt die reine Nominalisierung, daß das ursprünglich verbale Prädikat ein Nomen wird. Allein in dieser Veränderung liegt ihre Funktion. Dem Derivat werden wichtige Eigenschaften des Verbs vererbt. Es übernimmt Argumente des Verbs, das seine Basis ist; vgl. z.B.:

(19) **Il negozio** chiude
'Das Geschäft schließt'
vs.
la chiusura **del negozio**
'die Schließung des Geschäfts'

(20) **I prigionieri** vengono liberati
'Die Gefangenen werden befreit'
vs.
la liberazione **dei prigionieri**
'die Befreiung der Gefangenen'

Allerdings ändern sich bei der Derivation die grammatischen Funktionen der Argumente: Alle vom Verb regierten Funktionen werden zu Obliquen. Die Adjunkte des Verbs können als Obliquen oder als Adjunkte des Nomens auftreten.

N.B. Diese Obliquen unterscheiden sich in der Prädikat-Argument-Struktur von den präpositionalen Modifikatoren des Nomens. Die Obliquen sind Argumente desjenigen Prädikats, das syntaktisch der Kopf der Nominalphrase ist, wie es die obigen Beispiele illustrieren. Die Modifikatoren sind nicht Argumente des sie syntaktisch regierenden Nomens. Sie sind vielmehr, gemeinsam mit diesem Nomen, Argumente eines anderen, nicht ausgedrückten Prädikats. So sind z.B. in (21) 'Giovanni' und sein 'Geschäft' Argumente des nicht expliziten Prädikats 'haben'; ebenso sind in (22) die 'Tasche' und das 'Schaufenster' gemeinsam Argumente des nicht expliziten Prädikats 'sich befinden':

(21)   il negozio di Giovannni
'Giovannis Geschäft'

(22)   la borsa nella vetrina
'die Tasche im Schaufenster'

Im einzelnen gilt:

Geht der vom Derivat regierte Obliquus auf das Subjekt oder das Objekt des Basisverbs zurück, so ist er ein di-Obliquus; s. oben (19) und (20). Da eine grammatische Funktion bei einem Prädikat grundsätzlich nur einmal stehen darf, folgt hieraus, daß die beiden Argumente, die beim Basisverb Subjekt und Objekt sind, beim Derivat nicht zusammen auftreten können; vgl. z.B.:

(23)   Giovanni provoca il vigile
'Giovanni provoziert den Polizisten'

(24)   la provocazione **di Giovanni**'
'Giovannis Provokation'

(25) la provocazione **del vigile**
'die Provozierung des Polizisten'

(26) *la provocazione **di Giovanni del vigile**
'Giovannis Provokation des Polizisten'

N.B. Wenn man hingegen das ursprüngliche Subjekt durch das Possessivum realisiert, können beide Argumente vorhanden sein, da das Possessivum keine grammatische Funktion realisiert:

(27) la **sua** provocazione **del vigile**
'seine Provozierung des Polizisten'

Geht der vom Derivat regierte Obliquus auf einen Obliquus des Basisverbs zurück, so bleibt er ein Obliquus der gleichen Art; vgl. z.B.:

(28) Gli amici partono **per il Messico**
'Die Freunde reisen nach Mexiko ab'
vs.
la partenza degli amici **per il Messico**
'die Abreise der Freunde nach Mexiko'

(29) I passeggeri scendono **dall'aereo**
'Die Passagiere steigen aus dem Flugzeug'
vs.
la scesa dei passeggeri **dall'aereo**
'das Aussteigen der Passagiere aus dem Flugzeug'

Ein Adjunkt des Basisverbs kann entweder als di-Obliquus oder als prosodisch bzw. durch Kommas abgetrenntes Adjunkt erscheinen:

(30) Ci siamo incontrati **ieri**
'Wir haben uns gestern getroffen'
vs.
il nostro incontro **di ieri**
'unser Treffen von gestern'
vs.
il nostro incontro, **ieri**, ...
'unser Treffen gestern ...

Die vom Derivat regierten Obliquen können immer reduziert werden; das entsprechende Argument ist aber immer als existent postuliert.

Semantisch ist die Derivation ohne Konsequenzen, wenn man von den Beschränkungen für die Realisierung der Prädikat-Argument-Struktur absieht.

Allerdings können reine Nominalisierungen semantisch umkategorisiert werden, und zwar so, daß aus der Tätigkeit einer bestimmten Art der durch die Tätigkeit hervorgebrachte Gegenstand wird. (In diesem Fall behält das nominale Derivat keines der Argumente des Verbs.)

Voraussetzung für diese Lesart ist, daß das Basisverb transitiv ist und daß sein Objekt als hervorgebrachter Gegenstand gedeutet werden kann. Beispiele sind: *costruzione* von *costruire* 'bauen', *versamento* von *versare* 'überweisen', *rottura* vom Partizip Perfekt von *rompere* 'zerbrechen' mit den Bedeutungen:

(31)

Derivat	Art der Tätigkeit	hervorgebrachter Gegenstand
costruzione	'Erbauung'	'Bau'
versamento	'Überweisung'	'überwiesener Betrag'
rottura	'Bruch'	'Bruchstelle'

1.2.1.1. Derivation mit Suffix

Für die Verwendung und Deutung der Derivationssuffixe gilt im einzelnen:

-zión-

Dieses sehr produktive Suffix bildet weibliche Nomina der e-Deklination.

Die Basis, an die es angefügt wird, hat den Themavokal des entsprechenden Verbs. Insofern ist die Basis eindeutig verbal. Die folgenden schematischen Analysen von *maturazione* 'Reifung' und *punizione* 'Bestrafung' sollen die morphologische Struktur dieser Derivate veranschaulichen:

(32) matur-a-zion-e

(32')

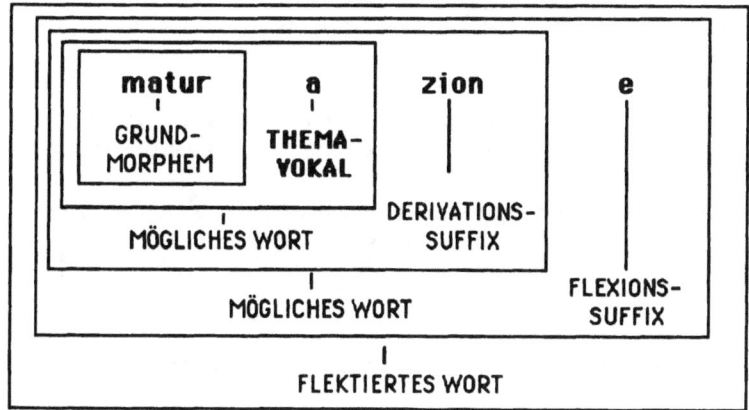

(33) pun-i-zion-e

(33')

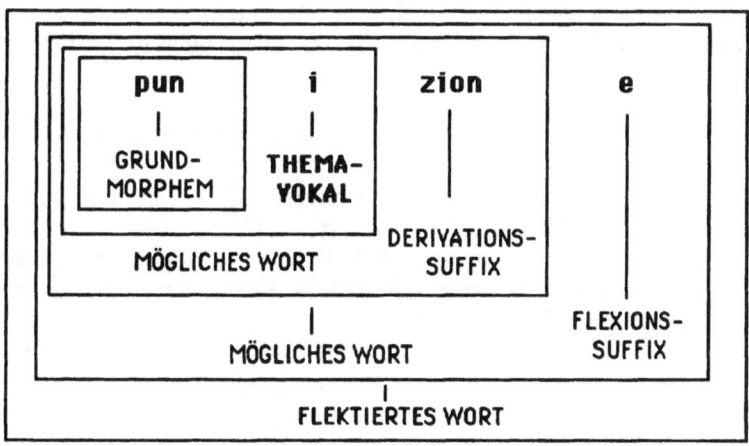

N.B. An die Verben der nicht mehr produktiven Flexionsklassen (Themavokal /e/ und konsonantische Konjugation) kann das Suffix nicht auf diese Weise angefügt werden. Es gibt aber zahlreiche lexikalisierte Derivate, bei denen nicht -zión-, sondern eine Variante -sión- an den (oft lateinischen) Perfektstamm angefügt ist: *divisione* 'Teilung' von *divis-*, dem Perfektstamm von *dividere* 'teilen', *uccisione* 'Tötung' von *uccis-*, dem Perfektstamm von *uccidere* 'töten'. – Ist der Auslaut des Perfektstammes /t/, so ergibt sich durch Anfügung von -sión- ganz normal die Folge -tsión-, die nach den Prinzipien der it. Orthographie -zion- geschrieben wird. So erklären sich (lexikalisierte) Derivate wie *percezione* 'Wahrnehmung' von lat. *percept-* zu lat. *percipere* 'wahrnehmen', *istruzione* 'Instruktion' von lat. *instruct-* zu lat. *instruere* 'instruieren'. Die regelmäßigen Nominalisierungen der entsprechenden it. Verben *percepire* und *istruire* (*percepizione, *istruizione) sind durch diese alten Formen blockiert. – Eine weitere Variante von -zión- ist -gión-. Dieses aus der Galloromania stammende Suffix kommt nur lexikalisiert vor, z.B. in *guarigione* 'Heilung' von *guarire* 'heilen', *impiccagione* 'Hinrichtung am Galgen' von *impiccare* 'aufhängen'.

Die mit -zión- und Varianten gebildeten Derivate können eine breite Skala von Kategorien bezeichnen. Typisch sind Bezeichnungen für:

- Tätigkeiten und Handlungen: *punizione* 'Bestrafung, Strafe' von *punire* 'bestrafen', *lavorazione* 'Verarbeitung' von (transitivem) *lavorare* 'verarbeiten'
- Prozesse und Ereignisse: *maturazione* 'Reifung' von *maturare* 'reifen', *ossidazione* 'Oxydation' von *ossidare* 'oxydieren'

-mént-

Mit diesem ebenfalls sehr produktiven Suffix werden Maskulina der o-Deklination gebildet.

Wie -zión- verlangt auch -mént- eine um den Themavokal erweiterte Basis. Die Einschränkungen hinsichtlich der Flexionsklasse, die für -zión- gelten, bestehen für -mént- nicht. Insbesondere die konsonantischen Verben haben regelmäßige Derivate mit diesem Suffix. Die Basis ist der Präsensstamm; an der Stelle des Themavokals steht bei den konsonantischen Verben ein /i/. Regelmäßige Bildungen mit -mént- sind also z.B.:

- a-Konjugation: *ringraziamento* 'Dank' von *ringraziare* 'danken', *andamento* 'Gang' von *andare* 'gehen'
- i-Konjugation: *impedimento* 'Verhinderung' von *impedire* 'verhindern', *nutrimento* 'Nahrung' von *nutrire* 'ernähren'
- konsonantische Konjugation: *combattimento* 'Kampf' von *combattere* 'kämpfen', *componimento* 'kurze literarische Arbeit' von *comporre, componere* 'zusammenstellen'

Semantisch steht -mént- in Konkurrenz zu -zión-; vgl.:

- Tätigkeiten und Handlungen: *arredamento* 'Einrichtung' von *arredare* 'einrichten', *censimento* 'Volkszählung' von *censire* 'eine Volkszählung durchführen'
- Prozesse und Ereignisse: *peggioramento* 'Verschlechterung' von *peggiorare* 'schlechter werden', *addensamento* 'Verdichtung' von *addensare* 'verdichten'

N.B. Wie bei den Diminutivsuffixen, so wird auch hier die Konkurrenz der Suffixe zur Lexikalisierung von feinen Bedeutungsunterschieden genutzt. So gibt es z.B. zu *collocare* 'aufstellen' sowohl *collocamento* als auch *collocazione*. Beide haben einen gemeinsamen Bedeutungskern. (Deswegen kann auch Zingarelli 1965 *collocamento* mit *collocazione* und umgekehrt *collocazione* mit *collocamento* erklären.) Aber *collocamento* hat eine Nebenbedeutung 'Arbeitsplatz', die *collocazione* nicht hat; umgekehrt kann *collocazione* die Spezialbedeutung 'Aufstellung von Büchern in einer Bibliothek' haben, eine Bedeutung, die *collocamento* nicht hat. Ebenso gibt es von *soffocare* 'ersticken' sowohl *soffocamento* als auch *soffocazione*, wobei *soffocamento* eher den Erstickungsanfall und *soffocazione* eher den Tod durch Ersticken bezeichnet. Von *nutrire* 'ernähren' gibt es *nutrimento* 'Nahrung' und *nutrizione* 'Ernährung'. (Beispiele z.T. nach Dardano 1978:47.)

-ággi-

Dieses Suffix wird nur an solche Verben angefügt, die der a-Konjugation angehören. Die Basis ist der reine Stamm ohne Themavokal. Die Derivate sind Maskulina der o-Deklination.

Semantisch sind die Derivate typischerweise Bezeichnungen für Arbeitsgänge und technische Prozesse; vgl. z.B. *lavaggio* 'Waschung' von *lavare* 'waschen', *decapaggio* 'Behandlung im Säurebad' von *decapare* 'durch ein Säurebad reinigen'.

N.B. Sprachgeschichtlich stammt *-ággi-* aus dem Galloromanischen. Es findet sich lexikalisiert auch in Nomina, die nicht deverbal sind. Es handelt sich dabei aber nicht um Bildungen im Rahmen der it. Wortgrammatik, sondern um unanalysierte Entlehnungen; vgl. z.B. *personaggio* 'Persönlichkeit' zu *persona* 'Person', vgl. frz. *personnage*; *coraggio* 'Mut' zu *cuore* 'Herz', vgl. frz. *courage*; *pedaggio* 'Autobahngebühr' zu *piede* 'Fuß', vgl. frz. *péage*.

-úr-

Dieses Suffix wird an das Partizip Perfekt angefügt.

Die Derivate sind Feminina der a-Deklination. Beispiele sind: *cottura* 'Garung, Kochzeit' von *cott-*, dem Partizip Perfekt von *cuocere* 'kochen'; *fornitura* 'Lieferung' von *fornit-*, dem Partizip Perfekt von *fornire* 'liefern'.

-úr- konkurriert semantisch mit *-zión-* und mit *-mént-*.

Gegenüber *-zión-* hat es funktional den Vorteil, daß es sich ohne weiteres an Basen anfügt, die Formen unregelmäßiger Verben sind. In der Tat haben sehr viele Derivate mit *-úr-* unregelmäßige Partizipien als Basis; s. z.B. *fattura* 'Rechnung' von *fatt-* zu *fare* 'tun', *lettura* 'Lektüre' von *lett-* zu *leggere* 'lesen', *chiusura* von *chius-* zu *chiudere* 'schließen' usw.

N.B. Auch diese Konkurrenz wird zur differenzierenden Lexikalisierung genutzt. So hat man z.B. von *andare* 'gehen' die Derivate *andamento* 'Gang, Ablauf' und *andatura* 'Gang, Gangart'. - Reste einer kollektivierenden Verwendung von *-úr-* mit nicht verbaler Basis finden sich lexikalisiert in z.B. *armatura* 'Gerüst' von *arma* 'Waffe', *capigliatura* 'Haar' von ait. *capeglio* 'Haar', *ossatura* 'Knochengerüst' von *osso* 'Knochen'.

-ánz-/-énz-

Diese Suffixe haben eine komplementäre Distribution: Bei Verben der a-Konjugation verwendet man *-ánz-*, bei allen anderen *-énz-*. Die Derivate sind Feminina der a-Deklination.

Semantisch unterscheidet sich die Derivation mit *-ánz-*, *-énz-* dadurch von den anderen bisher behandelten reinen Nominalisierungen, daß die Bedeutungsbreite der Basen nicht ganz dieselbe ist. Derivate auf *-ánz-*, *-énz-* referieren weniger auf Tätigkeiten als auf Zustände, statische Verhältnisse, menschliche Haltungen oder Zustände und Relationen höchsten Abstraktionsgrads; vgl. z.B.:

- Zustände und statische Verhältnisse: *abbondanza* 'Überfluß' von *abbondare* 'reichlich vorhanden sein', *dipendenza* 'Abhängigkeit' von *dipendere* 'abhängen'
- menschliche Haltungen und Einstellungen: *tolleranza* 'Toleranz' von *tollerare* 'dulden', *credenza* 'Glauben, Meinung' von *credere* 'glauben'
- Zustände und Relationen höchsten Abstraktionsgrads: *esistenza* 'Existenz' von *esistere* 'existieren', *potenza* 'Macht' von *potere* 'können'

N.B. Dieses Suffix, das seit der lat. Epoche der Sprache produktiv ist, hat zahlreiche transparente, aber nach den heutigen Regeln formal unregelmäßige Derivate gebildet, z.B. *diffidenza* 'Mißtrauen' zu *diffidare* 'mißtrauen' (die Regel würde *diffidanza verlangen), *sapienza* 'Weisheit' zu *sapere* 'wissen' (die Regel würde *sapenza verlangen). Außerdem sind die Basen im heutigen It. oft keine Grundmorpheme mehr, z.B. in *capienza* 'Fassungsvermögen (eines Behälters)' zu lat. *capere* 'fassen', oder sie werden fast nicht mehr als solche gebraucht, z.B. *ud-* 'hören' in *udienza* 'Audienz'. - Anstatt ein Suffixpaar *-ánz-/-énz-* anzusetzen, könnte man auch ein Suffix *-s-* postulieren. Dieses Suffix würde an Basen angefügt, die ihrerseits Derivate sind, nämlich Partizipien des Präsens. Ein Wort wie *tolleranza* hätte dann die durch (34) dargestellte Binnenstruktur. Eine solche Analyse entspricht auch den etymologischen Verhältnissen.

(34)

toller	a	nt	s	a
GRUND-MORPHEM	THEMA-VOKAL	DERIVATIONS-SUFFIX	DERIVATIOS-SUFFIX	FLEXIONS-SUFFIX
MÖGLICHES WORT				
MÖGLICHES WORT				
MÖGLICHES WORT				
FLEKTIERTES WORT				

Diese Analyse postuliert aber eine unnötig komplexe Struktur (vgl. unter (35) die hier vertretene Analyse!), und sie erfordert noch zusätzliche Regeln für die Behandlung des Themavokals.

(35)

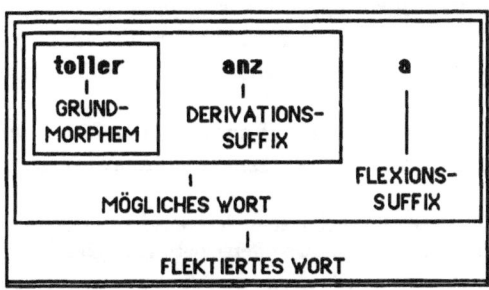

-i-

Das Suffix *-i-* wird an den bloßen (d.h. nicht durch einen Themavokal erweiterten) Verbstamm angefügt. Die Verben müssen der a-Konjugation angehören. Die Derivate sind Maskulina der o-Deklination.

Die Derivate haben eine gegenüber den anderen reinen Nominalisierungen sehr spezialisierte Bedeutung: Die Basen müssen Geräusche bezeichnen (oder bezeichnen können), und die Derivate fügen einen durativen oder iterativen Aspekt hinzu.

Beispiele sind: *ronzio* 'Gesumm' von *ronzare* 'summen', *calpestio* 'von den Fußtritten vieler Menschen verursachtes Geräusch' von *calpestare* 'treten'.

N.B. Diejenigen verbalen Bezeichnungen für Tierstimmen, die der i-Konjugation angehören, bilden die entsprechenden Nominalisierungen nicht mit *-i-*, sondern mit *-it-*: *muggito* 'Gebrüll' von *muggire* 'brüllen', *nitrito* 'Gewieher' von *nitrire* 'wiehern', *grugnito* 'Gegrunze' von *grugnire* 'grunzen'. Die lexikalisierten Derivate *oblio* 'Vergessen' von (dem heute nicht mehr sehr gebräuchlichen) *obliare* 'vergessen' und *pendio* 'Abhang' von *pendere* 'hängen' deuten darauf hin, daß *-i-* früher eine weitere Bedeutung hatte.

1.2.1.2. Reine Nominalisierungen ohne Derivationssuffix

Außer dem nominal gebrauchten Infinitiv (s. Kap. I, 2.6.1.1.) gibt es zwei Verfahren zur Bildung von reinen Nominalisierungen ohne Derivationssuffix. Das erste besteht im Gebrauch des Partizips Perfekt als weibliches Nomen der a-Deklination und das zweite im Gebrauch des bloßen Präsensstammes als männliches Nomen der o-Deklination.

Ein Beispiel für beide Verfahren ist *andata e ritorno* 'Hin- und Rückfahrt' von *andare* 'gehen' und *ritornare* 'zurückkehren'.

a. Das Partizip Perfekt als weibliches Nomen

Diese Bildung ist sehr produktiv. Sie kann sowohl auf regelmäßigen wie auf unregelmäßigen Partizipien beruhen, z.B. *passeggiata* 'Spaziergang' vom regelmäßigen Partizip des Verbs *passeggiare* 'spazierengehen' vs. *difesa* 'Verteidigung' von *difes-*, dem unregelmäßigen Partizip des Verbs *difendere* 'verteidigen'.

Semantisch unterscheiden sich die auf dem Partizip beruhenden Bildungen von den mit *-mént-* gebildeten Derivaten: sie bezeichnen das einzelne, zählbare Ereignis.

N.B. Diese Unterscheidung ist oft durch weitere lexikalische Prozesse überdeckt worden, so daß sich Paare mit nicht vorhersehbarer Bedeutungsdifferenzierung ergeben haben; vgl. z.B.:

(36)

BASIS	DERIVAT MIT -áta	DERIVAT MIT -ménto
avanz-	avanzata 'Vorrücken'	avanzamento 'Beförderung'
and-	andata 'Hinfahrt'	andamento 'Gang'
parl-	parlata 'Sprechweise'	parlamento 'Parlament'

N.B. Manchmal scheint die Bedeutung des nominalen Derivats eine intensivierende Nuance zu enthalten, die das entsprechende Verb nicht hat, so z.B. in *fare una bevuta* 'tüchtig einen trinken' (von *bere* 'trinken'), *una dormita* 'ein ausgiebiger Schlaf'. Es handelt sich hierbei jedoch um sekundäre Effekte. Im Normalfall ist die Bedeutung von Nomen und Verb genau dieselbe, was man auch an den folgenden Paraphrasen sieht:

(37) fare una telefonata - telefonare
'einen Anruf machen' - 'telefonieren'

(38) una breve schiarita - schiarirsi brevemente
'eine kurze Aufhellung' - 'sich kurz aufhellen'

(39) una possibile sua venuta - la possibilità che lui venga
'sein mögliches Kommen' - 'die Möglichkeit, daß er kommt'

Eine systematische und vielfach lexikalisierte Umkategorisierung der Bedeutung ist die von 'Vorgang' zu '(verzehrbarer) Gegenstand, der durch den Vorgang entsteht', z.B. *spremuta* 'frisch ausgepreßter Saft' von *spremere* 'auspressen'. Die Derivate sind allerdings meist männlich; s. z.B. *frullato* 'Milchmischgetränk' von *frullare* 'quirlen', *omogeneizzato* 'Babynahrung' von *omogeneizzare* 'homogenisieren', *stufato* 'Schmorbraten' von *stufare* 'schmoren'.

N.B. Mit der vorliegenden Bildungsweise semantisch verwandt, aber nicht auf dem Partizip beruhend, sind die mit *-it-* abgeleiteten weiblichen Nomina, wie z.B. *nascita* 'Geburt' von *nascere* 'geboren werden' (das Partizip lautet *nat-*), *perdita* 'Verlust' von *perdere* 'verlieren' (das Partizip lautet *pers-* oder *perdut-*).

b. Der reine Präsensstamm als männliches Nomen

Weniger produktiv ist die Ableitung eines männlichen Nomens aus dem bloßen Präsensstamm eines Verbs.

Beispiele sind: *arrivo* 'Ankunft' von *arrivare* 'ankommen', *rimborso* 'Erstattung' von *rimborsare* 'erstatten'.

Das Verfahren ist auf die Verben der a-Konjugation beschränkt.

Beschränkt ist auch die Vererbung der Argumente des Verbs: Wenn das Verb ein Objekt hat, so ist der di-Obliquus des Derivats (zumindest typischerweise) dasselbe Argument wie das Objekt, nicht das Subjekt des Verbs; vgl. z.B.:

(40)   Franco noleggia una macchina
       'Franco mietet ein Auto'

(40') il noleggio della macchina
       'die Miete des Autos'

(40") ?il noleggio di Franco
      '?die Miete Francos'

N.B. Es gibt ebenfalls weibliche Nomina, die ohne Derivationssuffix aus dem Präsensstamm gebildet sind: *classifica* 'Klassifikation' von *classificare* 'klassifizieren', *revoca* 'Widerruf' von *revocare* 'widerrufen' usw. Es ist nicht klar, ob es für die Festlegung des Genus klare Prinzipien gibt; jedenfalls scheint die weibliche Variante für Verben, die bereits das Suffix *-fic-* enthalten, produktiv zu sein; vgl. z.B. *bonifica* 'Trockenlegung (von Sümpfen)', von *bonificare* 'trockenlegen', *rettifica* 'Richtigstellung', von *rettificare* 'berichtigen', *gratifica* 'Gratifikation', von *gratificare* 'eine besondere Vergütung zahlen'.- Dardano 1978:44 deutet an, daß diese Bildungen aus Fachsprachen ("sottocodici"), besonders aus der Sprache der Verwaltung, in die Gemeinsprache eingedrungen sind.

N.B. Es gibt auch das umgekehrte Verfahren, die Bildung von Verben aus Nomina ohne Derivationssuffixe, wie z.B. *telefonare* 'telephonieren' aus *telefono* 'Telephon'; s. 1.6.1. Die Richtung der Ableitung hängt ab von der semantischen Kategorie der Basis. Bezeichnet die Basis einen Vorgang, wie in *arrivo* 'Ankunft', *arrivare* 'ankommen', so ist das Verb primär. Bezeichnet die Basis hingegen einen materiellen Gegenstand; wie z.B. bei *sega* 'Säge', *segare* 'sägen', so ist das Nomen primär.

1.2.2. Umkategorisierende Derivation nach dem Tätigkeitsmodell

Bezogen auf das Tätigkeitsmodell (s. 1.1.2.1.) lassen sich für die Ableitung von Nomina aus Verben die folgenden semantischen Relationen zwischen Basis und Derivat festlegen:

Art der Tätigkeit - Person, die die Tätigkeit ausübt

Das Derivat bezeichnet die Person, die eine bestimmte Tätigkeit beruflich oder sonstwie habituell ausübt; die Basis bezeichnet die Art der Tätigkeit oder die Verhaltensweise, die den Beruf oder die Eigenschaft definiert. - Beispiel: *giocatore* 'Spieler' von *giocare* 'spielen'.

Art der Tätigkeit – Ort der Tätigkeit

Das Derivat bezeichnet den Ort oder die Einrichtung, an der eine Tätigkeit beruflich oder sonstwie habituell ausgeübt wird; die Basis bezeichnet die Art der Tätigkeit. - Beispiel: *lavatoio* 'Waschtrog' von *lavare* 'waschen'.

Aufgrund systematischer Bedeutungsübertragung erhält man (ohne einen speziellen morphologischen Prozeß) auch Bezeichnungen für Instrumente und Maschinen aus nach a. und b. gebildeten Derivaten. - Beispiele: *trebbiatrice* 'Dreschmaschine' von *trebbiare* 'dreschen' nach dem Muster der nomina agentis; *laminatoio* 'Walzmaschine' von *laminare* 'walzen' nach dem Muster der Ortsnomina.

Diesen Relationen sind die folgenden Suffixe zugeordnet:

a. Art der Tätigkeit - Person, die die Tätigkeit ausübt

Die Suffixe, mit denen Bezeichnungen für Berufe und ähnliche Eigenschaften von Personen aus den Bezeichnungen für Tätigkeitsarten und Verhaltensweisen gebildet werden können, sind: *-tór-, -tríc-, -ánt-, -ént-, -ín-* und *-ón-*.

Für ihre Verwendung und Deutung gilt im einzelnen:

-tór-

Dieses Suffix wird an verbale Basen angefügt, die um den Themavokal (bzw. das anstelle des Themavokals stehende /i/) erweitert sind: Es bildet männliche Nomina der e-Deklination.

Soweit die Derivate Personen bezeichnen, haben sie unmarkiert das Merkmal 'männliches Geschlecht'.

Beispiele sind: *viaggiatore* 'Reisender' von *viaggiare* 'reisen' (Themavokal /a/) vs. *bevitore* 'Trinker' von *bere* 'trinken' (Stamm *bev-*, /i/ als Ersatz für den Themavokal).

N.B. Nach der Wortgrammatik des heutigen It. nicht mehr bildbar sind die zahlreichen auf dem Partizip Perfekt unregelmäßiger Verben beruhenden Derivate, wie z.B. *lettore* 'Leser' von *leggere* 'lesen' (Partizip *lett-*), *compressore* 'Kompressor' von *comprimere* 'komprimieren' (Partizip *compress-*).

N.B. Eine alternative Analyse ist die folgende: Das Suffix lautet nicht *-tór-*, sondern *-ór-*, und es wird an das Partizip Perfekt angefügt. Diese Analyse hat den Vorteil, daß sie auch die erwähnten unregelmäßigen Verben erfaßt. Sie führt aber andererseits dazu, daß Formen als unregelmäßig betrachtet werden müssen, die nach der ersten Analyse regelmäßig sind, z.B. *bevitore* 'Trinker' (die Regel würde **bevutore* verlangen), und daß andere ohnehin weiterhin als unregelmäßig gelten müßten, z.B. *traduttore* 'Übersetzer' (die Regel würde **tradottore* verlangen).

Semantisch gehören die Derivate den verschiedensten Kategorien an. Sie sind nicht auf Berufe oder habituelle Eigenschaften beschränkt. Sie können z.B. bezeichnen:

- Personen, anhand ihres Berufs: *importatore* 'Importeur' von *importare* 'importieren', *lavoratore* 'Arbeiter' von *lavorare* 'arbeiten'
- Personen, anhand einer von ihnen vorübergehend oder dauerhaft ausgeübten Tätigkeit oder Rolle: *accusatore* 'Ankläger' von *accusare* 'anklagen', *ascoltatore* 'Hörer' von *ascoltare* 'zuhören'
- Personen, anhand ihrer sich im Handeln zeigenden Charaktereigenschaften: *traditore* 'Verräter' von *tradire* 'verraten', *mentitore* 'Lügner' von *mentire* 'lügen'
- Apparate und technische Vorrichtungen, anhand ihrer Funktion: *trasformatore* 'Transformator' von *trasformare* 'umwandeln', *stabilizzatore* 'Stabilisator' von *stabilizzare* 'stabilisieren'

Aufgrund einer systematischen Umkategorisierung ihrer Bedeutung können die Derivate oft statt der Person, die die Tätigkeit als Beruf ausübt (41), den Beruf als solchen bezeichnen (42); vgl. z.B.:

(41) I programmatori trovano facilmente lavoro
'Programmierer finden leicht Arbeit'

(42) Ha una formazione professionale di programmatore
'Er hat eine Ausbildung als Programmierer'

N.B. *-tór-* kann auch an Basen angefügt werden, die nicht verbal sind, wie z.B. in *calciatore* 'Fußballer' von *calcio* 'Fußballsport', *pugilatore* 'Boxer' von *pugilato* 'Boxsport'. Diese Bildungen sind jedoch untypisch.

-tríc-

Dieses Suffix wird an dieselben Basen angefügt wie *-tór-*. Es ist die weibliche Entsprechung von *-tór-*, d.h. es bildet weibliche Nomina der e-Deklination, und diese haben, soweit sie Personen bezeichnen, markiert das Merkmal 'weibliches Geschlecht'.

Beispiele sind: *accompagnatrice* 'Begleiterin' von *accompagnare* 'begleiten', *stiratrice* 'Büglerin' von *stirare* 'bügeln'.

N.B. Bei den unregelmäßig lexikalisierten Derivaten hat *-tór-* eine Variante *-ór-*; vgl. z.B. *invasore* 'Eindringling' von *invadere* (Partizip *invas-*) 'eindringen', *oppressore* 'Unterdrücker' von *opprimere* (Partizip *oppress-*) 'unterdrücken'. *-tríc-* kann hier nicht angefügt werden, und es hat auch keine dem *-ór-* entsprechende Variante. Deswegen haben Derivate wie *invasore* und *oppressore* keine weiblichen Entsprechungen.

Werden Derivate mit *-tríc-* nicht als Personen gedeutet, so bezeichnen sie typischerweise Maschinen. - Beispiele sind: *stiratrice* 'Bügelmaschine', *calcolatrice* 'Rechenmaschine' von *calcolare* 'rechnen'.

-ánt-, -ént-

Diese Suffixe haben komplementäre Distribution: *-ánt-* wird an Basen angefügt, die der a-Konjugation angehören, *-ént-* an alle anderen; vgl. z.B.:

  cantante 'Sänger' zu *cantare* 'singen'
  supplente 'Aushilfskraft' zu *supplire* 'ersetzen'
  credente 'Gläubiger' zu *credere* 'glauben'

N.B. Sprachgeschichtlich handelt es sich um nominalisierte Partizipien des Präsens. Das Partizip Präsens ist jedoch in der Morphologie des Verbs nicht mehr lebendig (s. Kap. I, 2.6.0.1.). Daß *-ánt-/-ént-* sich aus dem System der Verbalflexion gelöst hat, zeigt sich auch an Derivaten, die keine verbale Basis haben, wie.z.B. *bracciante* 'Tagelöhner' von *braccio* 'Arm', *gitante* 'Ausflügler' von *gita* 'Ausflug'. - Derivate wie *scioperante* 'Streikender', *commerciante* 'Kaufmann' kann man sowohl als deverbal (*scioperare* 'streiken', *commerciare* 'Handel treiben') als auch als denominal (*sciopero* 'Streik', *commercio* 'Handel') analysieren. Semantisch gilt allerdings, daß eine nominale Basis von *-ánt-, -ént-* immer im Sinne einer Tätigkeit interpretierbar sein muß.

Die Derivate sind Nomina der e-Deklination. Ihr Genus richtet sich nach dem natürlichen Geschlecht; z.B. *il cantante* 'der Sänger' vs. *la cantante* 'die Sängerin'.

Die Derivate mit *-ánt-, -ént-* bezeichnen primär Personen; sie beziehen sich vor allem auf:

  - den Beruf oder Stand: *insegnante* 'Lehrer' von *insegnare* 'lehren', *mendicante* 'Bettler' von *mendicare* 'betteln'
  - eine vorübergehende oder bleibende soziale Rolle: *scioperante* 'Streikender' von *scioperare* 'streiken', *dirigente* 'Leiter, Führungskraft' von *dirigere* 'leiten'

Semantisch und syntaktisch unterscheiden sich die Derivate mit *-ánt-, -ént-* von den ihnen sonst genau entsprechenden Derivaten mit *-tór-* und *-tríc-* dadurch, daß sie in der Regel keine Ergänzungen haben, die einem Argument des zugrundeliegenden Verbs entsprechen; vgl. z.B.:

  (43) Gli {investigatori, *investiganti} di quel delitto
     'Die dieses Delikt Untersuchenden'

  (44) il {vincitore, *vincente} della gara
     'der Gewinner des Wettkampfes'

N.B. Die Derivation dieses Typs ist seit Jahrtausenden produktiv. Daher gibt es große Mengen von Bildungen aus der lat. (z.B. *docente* 'Dozent' von lat. *docere* 'lehren', *degente* 'bettlägeriger Patient' von lat. *degerere* 'das Leben verbringen') und aus der mittelalterlichen Phase der Sprache (z.B. *veggente* 'Seher' von *vegg-*, einem heute nicht mehr zum Flexionsparadigma gehörigen Stamm zu *vedere* 'sehen'; *abbiente* 'Wohlhabender' von *abbi-*, einem zur Flexion von *avere* 'haben' gehörigen Stamm).

Aufgrund einer systematischen Übertragung von der tätigen Person zur wirkenden Substanz bezeichnen die männlichen Derivate auf -*ánt*-, -*ént*- auch Substanzen (meist Artefakte) anhand ihrer Wirkung: *colorante* (mask.) 'Farbstoff' von *colorare* 'färben', *disinfettante* (mask.) 'Desinfektionsmittel' von *disinfettare* 'desinfizieren'. Weibliche Derivate können Maschinen bezeichnen, so *stampante* (fem.) 'Drucker (eines Computers)'.

-ín-

Dieses Suffix, das eine nur geringe Produktivität hat, wird nur an Basen angefügt, die der a-Konjugation angehören. Die Derivate sind Maskulina der o-Deklination.

Semantisch sind die Derivate Bezeichnungen für sozial niedrig bewertete Berufe; vgl. z.B. *imbianchino* 'Anstreicher' zu *imbianchire* 'weißen', *spazzino* 'Straßenfeger' von *spazzare* 'kehren, bürsten'.

Auch mit -*ín*- gebildete Derivate können aufgrund der systematischen Übertragung von der tätigen Person zum Instrument Bezeichnungen für Geräte sein; vgl. z.B. *colino* 'Sieb' von *colare* 'sieben, filtern', *macinino* 'Kaffeemühle' von *macinare* 'mahlen'.

-ón-

Das Genus der Derivate richtet sich nach dem natürlichen Geschlecht: Bei nicht spezifiziertem und bei als männlich spezifiziertem Geschlecht sind die Derivate Maskulina der e-Deklination; bei als weiblich spezifiziertem Geschlecht sind sie Feminina der a-Deklination; vgl. z.B. von *chiacchierare* 'schwatzen' *chiacchierone* (mask.) 'Schwätzer' und *chiacchierona* (fem.) 'Schwätzerin'.

Die Derivate bezeichnen Personen anhand eines habituellen, negativ bewerteten Verhaltens; vgl. z.B. *mangione* 'Fresser' von *mangiare* 'essen'.

Die negative Bewertung ist oft schon mit der Bedeutung der Basis gegeben; z.B. in *brontolone* 'alter Brummbär' von *brontolare* 'brummen, knurren', *accattone* 'Schnorrer' von *accattare* 'schnorren, betteln'.

b. Art der Tätigkeit - Ort der Tätigkeit

Die Suffixe, mit denen aus Verben Bezeichnungen für Tätigkeitsorte gebildet werden, sind -*tói*-, -*tóri*- und -*erí*-.

Für ihren Gebrauch und ihre Deutung gilt im einzelnen:

-tói-

Dieses Suffix wird an den Präsensstamm angefügt, der durch den Themavokal bzw. /i/ erweitert ist. Man erhält also z.B.:

- *abbeveratoio* 'Tränke' von *abbeverare* 'tränken' (a-Konjugation)
- *mungitoio* 'Melkplatz, Melkeimer' von *mungere* 'melken' (konsonantische Konjugation)

N.B. Die früher mögliche Anfügung von *-tói-* an unregelmäßige Perfektstämme (vgl. z.B. in *frantoio* 'Olivenkelter' von *frant-*, dem Partizip Perfekt zu *frangere* 'brechen') ist heute ausgeschlossen.

Die Derivate sind Maskulina der o-Deklination. Sie bezeichnen Orte oder Einrichtungen anhand der Tätigkeit, die an ihnen ausgeübt wird. Aufgrund einer systematischen Übertragung vom 'Ort der Tätigkeit' zum 'Instrument der Tätigkeit' bezeichnen die Derivate auch Geräte und Maschinen. - Beispiele sind:

- für Orte und Einrichtungen: *galoppatoio* 'Rennbahn' von *galoppare* 'galoppieren', *spogliatoio* 'Umkleideraum' von *spogliare* 'ausziehen'
- für Geräte und Maschinen: *essiccatoio* 'Trockner' von *essicare* 'trocknen', *laminatoio* 'Walzmaschine' von *laminare* 'walzen'

N.B. Trotz der (wenigen) Beispiele, die auf die moderne Arbeitswelt verweisen, gehören die Derivate mit *-tói-* vor allem in den Bereich der bäuerlich-handwerklichen Arbeit.

N.B. Lexikalisiert gibt es auch weibliche Derivate mit *-tói-*, z.B. *mangiatoia* 'Futterkrippe' von *mangiare* 'essen'.

-tóri-

Dieses Suffix ist eine Variante von *-tói-*. Es wird an dieselben Basen wie *-tói-* angefügt.

N.B. Sprachgeschichtlich ist *-tói-* eine lautliche Weiterentwicklung des bereits in der lat. Phase vorhandenen *-tóri-*. Es gibt eine gewisse Tendenz, *-tóri-* als "gelehrtes" und *-tói-* als "volkstümliches" Suffix zu verwenden. Aber es handelt sich nicht um eine Regel: In *parlatorio* 'Sprechzimmer (eines Klosters)' hat *-tóri-* eine romanische, nicht lateinische Basis, und umgekehrt ist die Basis von *essiccatoio* 'Trockner' in ihrem Lautstand latinisierend.

-tóri- konkurriert auch semantisch mit *-tói-*; vgl. z.B. *dormitorio* 'Schlafsaal' von *dormire* 'schlafen', *consultorio* 'Beratungszimmer' von *consultare* 'beraten'.

N.B. Während die Derivate mit *-tói-* mehr der traditionellen Arbeitswelt zugeordnet sind, beziehen sich die Derivate mit *-tóri-* eher auf von der Arbeitswelt abgelöste Tätigkeiten. (Offenbar entstammen die Derivate mit *-tóri-* vor allem dem klösterlichen Leben).

-erí-

Dieses Suffix wird an den nicht erweiterten Stamm von Verben angefügt. Die Derivate sind Feminina der a-Deklination.

Sie bezeichnen Orte und Einrichtungen (z.B. auch Fabrikanlagen); die Übertragung zum Instrument findet nicht statt.

Beispiele sind: *stireria* 'Heißmangel, Dampfbügelei' von *stirare* 'bügeln', *fonderia* 'Gießerei' von *fondere* 'gießen'.

1.3. Die Bildung von Nomina aus Adjektiven

Die Bildung von Nomina aus Adjektiven geschieht morphologisch entweder durch Suffigierung oder durch die bloße syntaktische Umkategorisierung. Präfigierung ist kein Verfahren der Bildung von Nomina aus Adjektiven. Bei Derivaten, die ein Präfix haben, wie z.B. *impossibilità* 'Unmöglichkeit', ist dieses immer schon ein Präfix der Basis.

Semantisch ist zu unterscheiden zwischen der reinen Nominalisierung und der Umkategorisierung im Rahmen des Modells der Gegenstandskonstitution.

Die reine Nominalisierung des Adjektivs ist semantisch und funktional vollkommen analog zu der des Verbs (s. 1.2.1.). Das Prädikat bleibt unverändert, und das Derivat erbt die Argumente der Basis.

Dem Subjekt des Adjektivs entspricht beim Derivat der di-Obliquus; vgl. z.B.:

(45) **La risposta** era sincera
'Die Antwort war ehrlich'

(45') la sincerità **della risposta**
'die Ehrlichkeit der Antwort'

Hat das Adjektiv einen Obliquus, so tritt beim Derivat derselbe Obliquus auf; vgl. z.B.:

(46) La tribù è fedele **alle tradizioni**
'Der Stamm ist den Traditionen treu'

(46') la fedeltà **alle tradizioni**
'die Treue zu den Traditionen'

Es können auch beide Argumente erhalten bleiben. Der di-Obliquus geht dann dem anderen Obliquus voraus; s. z.B.:

(46") la fedeltà **della tribù alle tradizioni**
'die Treue des Stammes zu den Traditionen'

Durch die reine Nominalisierung kann das Prädikat stilistisch in den Vordergrund gebracht werden; vgl. z.B.:

(47) Il fatto che la risposta era **sincera** sorprese i giudici
'Die Tatsache, daß die Antwort ehrlich war, überraschte die Richter'

(48) La **sincerità** della risposta sorprese i giudici
'Die Ehrlichkeit der Antwort überraschte die Richter'

In (47) kommt das Prädikat 'ehrlich' als syntaktisch untergeordnetes Element des Subjekts vor. In (48) hingegen ist es syntaktisch der Kopf der Subjekt-Nominalphrase. Die schematischen Darstellungen (47') und (48') sollen diesen Unterschied veranschaulichen:

(47')

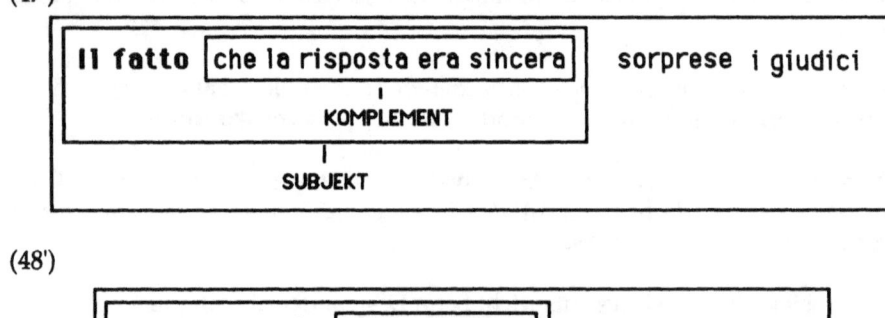

(48')

Bei der Umkategorisierung im Rahmen des Modells der Gegenstandskonstitution wird die Bezeichnung einer Eigenschaft zur Bezeichnung eines Gegenstandes. Aus dem Adjektiv kann werden:

- eine Bezeichnung für eine Person; z.B. *inglese* 'englisch' zu *inglese* 'Engländer'
- eine Bezeichnung für eine (materielle oder abstrakte) Substanz; z.B. *vero* 'wahr' zu *il vero* 'das Wahre'
- eine Bezeichnung für den Teil eines Gegenstandes; z.B. *esterno* 'äußerlich' zu *l'esterno* 'das Äußere'

Derivate der reinen Nominalisierung können eine semantische Umkategorisierung erfahren. Eine Voraussetzung dafür ist, daß die Argumente des Adjektivs im Satz nicht vorhanden sind; vgl. z.B.:

(49) Non bisogna sottovalutare **la fedeltà** [della tribù] [alle tradizioni]
'Man darf die Treue des Stammes zu den Traditionen nicht unterschätzen'

(50) Per loro, **la fedeltà** è una cosa molto importante
'Für sie ist Treue etwas sehr Wichtiges'

(51) Ho calcolato **la grandezza** esatta [della stanza]
'Ich habe die genaue Größe des Zimmers errechnet'

(52) Sin da ragazzo, Alessandro aspirava al**la grandezza**
'Schon als Kind strebte Alexander nach Größe'

In (49) und (51) liegt reine Nominalisierung vor. Die Derivate regieren Obliquen, die ihre Argumente sind. In (50) und (52) haben die Derivate keine Argumente, und sie bezeichnen immaterielle Gegenstände.

1.3.1. Suffigierung

Die Suffixe, mit denen Nomina aus Adjektiven gebildet werden, sind: *-ézz-*, *-í-*, *-ízi-*, *-ità-*, *-itúdin-*, *-úr-*, *-ór-*, *-ággin-*, *-úm-*, *-ísm-* und *-ésim-*.
-í
Für die Verwendung und die Deutung der einzelnen Suffixe gilt:

-ézz-

Dieses Suffix kann an adjektivische Grundmorpheme jeder Art angefügt werden. Die Derivation ist sehr produktiv.

Die Derivate sind Feminina der a-Deklination.

Semantisch handelt es sich um eine reine Nominalisierung. Die Umkategorisierung der Derivate zu Bezeichnungen immaterieller Gegenstände ist systematisch möglich. - Beispiele sind: *grandezza* 'Größe' von *grande* 'groß', *durezza* 'Härte' von *duro* 'hart'.

N.B. Außer Grundmorphemen kommen auch als Adjektive lexikalisierte Partizipien als Basen in Frage. Ein Beispiel ist *trascuratezza* 'Vernachlässigung' von *trascurat-* 'vernachlässigt'; dieses ist das Partizip von *trascurare* 'vernachlässigen'. Solche Derivate sind jedoch selten. Sie konkurrieren semantisch mit den deverbalen Nomina mit *-zión-* und *-mént-*, die vorgezogen werden.

N.B. Als Basen für *-ézz-* kommen auch lexikalisierte Derivate in Frage, wenn sie nicht mehr vollkommen durchsichtig sind. Ein Beispiel ist *consapevolezza* 'Bewußtheit' von *consapevole* 'bewußt', einem alten Derivat von *sapere* 'wissen'.

-í-

Dieses (weniger produktive) Suffix kann ebenfalls an Grundmorpheme jeden Typs angefügt werden.

Die Derivate sind Feminina der a-Deklination.

Semantisch besteht kein Unterschied zu *-ézz-*. Allerdings gibt es eine Tendenz zur Beschränkung von *-í-* auf Prädikate, die sich auf menschliches Verhalten, Charaktereigenschaften oder Seelenzustände beziehen.

Beispiele sind: *allegría* 'Freude, Lustigkeit' von *allegro* 'freudig, lustig', *follía* 'Wahnsinn' von *folle* 'wahnsinnig'.

-ízi-

Dieses Suffix ist der produktivere Konkurrent von *-í-*. Es wird an dieselben Basen angefügt, es ergibt Nomina derselben Klasse, und es hat semantisch dieselbe Tendenz zur Beschränkung der Basen auf Bezeichnungen für menschliches Verhalten, Charaktereigenschaften oder Seelenzustände.

Beispiele sind: *furbizia* 'Schlauheit' von *furbo* 'schlau', *pigrizia* 'Faulheit' von *pigro* 'faul'.

N.B. Der Unterschied zu *-ézz-* wird an manchen Paaren von Derivaten deutlich. So hat man zu *giusto* 'gerecht, genau' ein Derivat mit *-ízi-* (*giustizia* 'Gerechtigkeit') und ein anderes mit *-ézz-* (*giustezza* 'Genauigkeit, Präzision'). Die Suffixe wählen also die jeweils eine Lesart aus.

-ità

Dieses sehr produktive Suffix kann an adjektivische Basen aller Art angefügt werden, auch an Adjektive, die ihrerseits bereits Derivate sind. (Allerdings kommen Partizipien als Basen nicht in Frage.)

Die Derivate sind indeklinable Feminina.

Beispiele für Derivate mit *-ità* sind:

- mit Grundmorphemen als Basis: *brevità* 'Kürze' von *breve* 'kurz', *rigidità* 'Starre' von *rigido* 'starr'
- mit Derivaten als Basis: *leggibilità* 'Lesbarkeit' von *leggibile* 'lesbar', seinerseits abgeleitet von *leggere* 'lesen', *sfericità* 'Kugelförmigkeit' von *sferico* 'kugelförmig', seinerseits abgeleitet von *sfera* 'Kugel'

/k/ durch /tʃ/ ersetzt wird. Dieser Lautersatz beruht auf einem phonologischen Prozeß, der in einer früheren Phase der Sprache wirksam war; er entspricht keiner phonologischen Regel des heutigen Italienisch.

Aufgrund der Prinzipien der it. Orthographie schlägt er sich nicht in der Schreibung nieder. Beispiele: *opac-o* /o'pako/ 'opak' vs. *opac-ità* /opatʃi'ta/ 'Opakheit', *poetic-o* /po'etiko/ 'poetisch' vs. *poetic-ità* /poetitʃi'ta/ 'Poetizität'.

N.B. In dem idiosynkratisch lexikalisierten *antichità* /antiki'ta/ 'Altertum' von *antico* 'alt' hat diese Veränderung nicht stattgefunden.

-ità hat eine Variante *-età*, die mit ihr in komplementärer Distribution steht: *-età* steht immer dann, wenn die Basis auf unbetontem /i/ endet; sonst steht *-ità*. Man hat also:

- die Basis endet nicht auf /i/: *felicità* 'Glück' von *felic-e* 'glücklich', *plausibilità* 'Plausibilität' von *plausibil-e* 'plausibel'
- die Basis endet auf /i/: *notorietà* 'Bekanntheit' von *notori-o* 'bekannt', *serietà* 'Ernsthaftigkeit' von *seri-o* 'ernst, seriös'

N.B. Die Variante *-tà* (wie in *fedeltà* 'Treue' von *fedele* 'treu', *libertà* 'Freiheit' von *libero* 'frei') ist nicht mehr produktiv.

N.B. Die Derivate aus Basen, die auf unbetontes /e/ enden, sind vollständig regelmäßig. Dies führt zu einem Kontrast mit den entsprechenden Formen des Deutschen; vgl. z.B. *omogeneità* von *omogeneo* vs. *Homogenität* von *homogen*.

Semantisch entspricht die Derivation mit *-ità* der mit *-ézz-*. Allerdings gibt es einen Unterschied hinsichtlich der Lebensbereiche, für die die Derivate relevant sind: Während *-ézz-* mehr für kognitive Grundkategorien ('Größe', 'Härte' usw.) und Kategorien des (nicht spezialisierten) Alltags verwendet wird, sind die Derivate mit *-ità* vor allem den technischen und spezialisierten Lebensbereichen zugeordnet.

N.B. Wegen der großen Bedeutung, die Latinismen und gelehrte Bildungen in diesen Bereichen haben, kann leicht der Eindruck entstehen, *-ità* sei ein "gelehrtes" Suffix. Aber *-ità* ist schon in seiner lautlichen Form volkssprachlich (die latinisierende Variante wäre *-ität-*), und viele lexikalisierte Derivate von *-ità* haben eine Basis, die sprachgeschichtlich eindeutig volkssprachlich ist; z.B. *signorilità* 'Herrschaftlichkeit' von *signorile* 'herrschaftlich', *semplicità* 'Einfachheit' von *semplice* 'einfach'. Andererseits beruht z.B. *siccità* 'Trockenheit' nicht auf dem volkssprachlichen *secc-* 'trocken', sondern auf *sicc-*, der entsprechenden lat. Form. Das Suffix *-ità* ist also weder auf "gelehrte" noch auf "volkstümliche" Basen spezialisiert.

N.B. Die Konkurrenz mit *-ézz-* führt zu Dubletten. So hat man z.B. neben *rigidità* auch *rigidezza*, neben *altitudine* auch *altezza*. Die Dubletten können semantisch differenziert sein: *altitudine* heißt 'Meereshöhe', *altezza* ist allgemein 'Höhe'.

-itúdin-

Dieses Suffix ist weniger produktiv als *-ézz-* und *-ità*. Es wird an Grundmorpheme angefügt.

Die Derivate sind Feminina der e-Deklination.

Beispiele sind: *gratitudine* 'Dankbarkeit' von *grato* 'dankbar', *solitudine* 'Einsamkeit' von *solo* 'allein'.

Das Suffix gehört dem "gelehrten" Teil des Lexikons an.

N.B. Die lexikalisierten Derivate mit *-itúdin-* gehen praktisch alle auf die lat. Phase der Sprache zurück. Einige von ihnen haben eine "gelehrte" Basis (z.B. *amplitudine* 'Amplitüde' von lat. *ampl-* 'weit'), obwohl ein entsprechendes "volkstümliches" Adjektiv existiert (it. *ampi-* 'weit'). (Letzteres bildet ein Derivat mit dem Suffix *-ézz-* : *ampiezza* 'Weite'.)

N.B. Das Suffix hat eine volkstümliche Variante, *-(i)tù* ; s. z.B.:, *schiavitù* 'Sklaverei' von *schiavo* 'Sklave', *servitù* 'Dienstbarkeit, Knechtschaft' von *servo* 'Knecht'. Dieses Suffix ist nicht mehr produktiv, und seine Derivate beruhen z.T. nicht auf der heutigen Form der Basis; s. z.B. *gioventù* 'Jugend' zu *giovane* 'jung'.

Semantisch unterscheidet sich *-itúdin-* nicht von den anderen bisher behandelten Suffixen.

-úr-

Auch dieses Suffix ist wenig produktiv. Es wird an Grundmorpheme angefügt.

Die Derivate sind Feminina der a-Deklination.

Beispiele sind: *frescura* 'Frische' von *fresco* 'frisch', *pianura* 'Ebene' von *piano* 'eben'.

Semantisch ist die Derivation mit *-úr-* umkategorisierend. Sie macht aus einer Eigenschaft einen (materiellen oder immateriellen) Gegenstand, der diese Eigenschaft hat. So bedeutet z.B. *frescura* 'Frische, Kühle' im Sinne von 'kühle Luft', und *altura* (von *alto* 'hoch') heißt 'Höhe' im Sinne von 'höher gelegenes Gelände'. Die Derivate können daher auch nicht die Argumente des adjektivischen Prädikats übernehmen; vgl. z.B.:

(53) La {freschezza, *frescura} dell'aria
 'Die Frische der Luft'

(54) L'{altezza, *altura} del campanile
 'Die Höhe des Glockenturms'

Viele der Derivate sind idiosynkratisch lexikalisiert, z.B. *bravura* 'Tapferkeit' von *bravo* 'tüchtig', *verdura* 'Gemüse' von *verde* 'grün'.

-ór-

Dieses Suffix ist ebenfalls wenig produktiv. Es wird nur an Grundmorpheme angefügt.

Die Derivate sind Maskulina der e-Deklination.

Beispiele sind: *rossore* 'Röte' von *rosso* 'rot', *spessore* von *spesso* 'dick'.

Semantisch sind sie reine Nominalisierungen. Sie behalten in der Regel das Subjekt-Argument des adjektivischen Prädikats als di-Obliquus bei; wie z.B. in:

(55) Hai misurato **lo spessore** dell'asse?
'Hast du die Dicke des Bretts gemessen?'

Wenn ein solches Derivat ohne di-Obliquus vorkommt, wird es nicht als Bezeichnung eines Gegenstandes, sondern als Ellipse aufgefaßt. Der Hörer wird in einem solchen Falle versuchen, das betreffende Argument aus dem Kontext zu ermitteln. So wird er in (56) versuchen herauszufinden, von wessen Dicke die Rede ist.

(56) **Lo spessore** è giusto
'Die Dicke ist richtig'

Die Derivation auf *-ór-* ist auf die Bezeichnungen konkreter Eigenschaften spezialisiert; als Beispiele s. auch noch *grigiore* 'Gräue' von *grigio* 'grau' und *gonfiore* 'Schwellung' von *gonfio* 'geschwollen, dick'.

N.B. Die auf Portionen oder Sorten referierenden Derivate der Farbadjektive sind suffixlos nominalisiert: *il bianco* 'das Weiß', *il rosso* 'das Rot' usw.

-ággin-

Dieses ziemlich produktive Suffix wird an adjektivische Basen aller Art (außer an Derivate mit *-bil-*) angefügt.

Die Derivate sind Feminina der e-Deklination.

Beispiele sind: *stupidaggine* 'Dummheit' von *stupido* 'dumm', *cocciutaggine* 'Sturheit' von *cocciuto* 'stur'.

Semantisch ist die Derivation mit *-ággin-* eine reine Nominalisierung. Die Derivate können aber leicht zu immateriellen Gegenständen umkategorisiert werden; wie z.B. in:

(57) Questa è una stupidaggine
'Das ist eine Dummheit'

Die Basen sind vor allem negativ bewertende Prädikate. Die Derivate sind immer pejorativ.

N.B. Daß die pejorative Nuance auch zur Bedeutung des Suffixes selbst gehört, sieht man an den mit ihm gebildeten denominalen Derivaten, wie z.B.: *bambinaggine* 'Kinderei' von *bambino* 'Kind', eine Basis, die als solche keineswegs pejorativ ist.

-úm-

Dieses Suffix kann nur an Grundmorpheme angefügt werden.

Die Derivate sind Maskulina der e-Deklination.

Sie bezeichnen kollektive Gegenstände und drücken oft eine negative Bewertung des Referenten aus.

Beispiele sind: *sudiciume* 'Schmutz' von *sudicio* 'schmutzig', *grassume* '(schlechtes) Fett' von *grasso* 'fett'.

-ísm-

Dieses Suffix wird an adjektivische Basen der verschiedensten Art angefügt.
Die Derivate sind Maskulina der o-Deklination.

Sie bezeichnen alle Arten von Verhaltensweisen, Bewegungen, Einstellungen und Überzeugungen. Wie die folgenden Beispiele mit *bilinguismo* 'Zweisprachigkeit' von *bilingue* 'zweisprachig' zeigen, können die mit -*ísm*- gebildeten Derivate sowohl echte Entitäten bezeichnen (58) als auch reine Nominalisierungen sein (59):

(58) Maria ha scritto vari articoli sul bilinguismo
'Maria hat verschiedene Artikel über Bilinguismus geschrieben'

(59) Il bilinguismo dei sardi
'Die Zweisprachigkeit der Sarden'

Beispiele für Derivate mit -*ísm*- sind: *liberalismo* 'Liberalismus' von *liberale* 'liberal', *ateismo* 'Atheismus' von *ateo* 'atheistisch'.

N.B. Man könnte meinen, daß diese Bildungen alle denominal sind, und zwar mit einer Basis, die ein Nomen ist, das suffixlos aus einem Adjektiv gebildet wurde. So hätte man aus dem Adjektiv *bilingue* 'zweisprachig' das Nomen *bilingue* 'Zweisprachiger' und aus diesem dann das Nomen *bilinguismo* 'Zweisprachigkeit'. Gegen eine solche Auffassung spricht jedoch, daß die Derivate mit -*ísm*- auch Basen haben können, die nicht als deadjektivische Nomina vorkommen und sich auch wenig für eine solche Nominalisierung eignen, so z.B. *totalitarismo* von dem Adjektiv *totalitario*, *efficientismo* 'Kult der

Effizienz' von dem Adjektiv *efficiente* 'wirkungsvoll'. Darüber hinaus spricht auch die Möglichkeit von Bildungen mit offensichtlich nicht nominaler Basis gegen die Hypothese, die Basen von *-ism-* seien immer Nomina. (Ein Beispiel ist *pressapochismo* 'die Unsitte, alles nur ungenau zu machen' von dem lexikalisierten Syntagma *press'a poco* 'ungefähr'.)

-ésim-

Dieses Suffix ist eine Variante von *-ísm-*. Es wird an Basen derselben Art angefügt wie *-ísm-*, und die Derivate sind ebenfalls Maskulina der o-Deklination.

Die mit *-ésim-* gebildeten Derivate sind jedoch semantisch stärker spezialisiert als die Bildungen mit *-ísm-*: Sie bezeichnen historisch wirksam gewordene Bewegungen, und zwar vor allem:

- Religionen: *cristianesimo* 'Christentum' von *cristiano* 'christlich', *cattolicesimo* 'Katholizismus' von *cattolico* 'katholisch'
- Philosophien: *cartianesimo* 'Kartesianismus' von *cartesiano* 'kartesianisch', *crocianesimo* 'Crocianismus' von *crociano* 'crocianisch'

Eine im Hinblick auf die Bedeutung der Basis idiosynkratische Lexikalisierung liegt vor in *umanesimo* 'Humanismus' von *umano* 'menschlich'.

N.B. Nicht mehr produktive aber noch eindeutig interpretierbare Nominalisierungssuffixe für Adjektive sind das (unbetonte) *-i-*, wie z.B. in *insonnia* 'Schlaflosigkeit' aus *insonne* 'schlaflos', *miseria* 'Elend' aus *misero* 'elend', und *-ígi-*, wie z.B. in *franchigia* 'Freiheit' von *franco* 'frei', *cupidigia* 'Gier' von *cupido* 'gierig'. – Dardano 1978:64 führt auch *-erí-* unter den Suffixen für deadjektivale Nomina auf. Man kann aber Bildungen wie *furberia* 'Gerissenheit' von *furbo* 'schlau', *spilorceria* 'Kleinlichkeit, Geiz' von *spilorcio* 'kleinlich, geizig' als denominal analysieren; die Basis wäre dann ein ohne Suffix nominalisiertes Adjektiv. Nur wenige Bildungen (z.B. *fantasticheria* 'Phantasiererei' von *fantastico* 'phantastisch', *sicccheria* 'Schickeria' von *scic* 'schick') entziehen sich dieser Analyse.

1.3.2. Nominalisierung ohne Derivationssuffix

Adjektive können auch ohne Derivationssuffix nominalisiert werden.

Semantisch sind drei Typen zu unterscheiden:

- Bezeichnungen für Personen
- Bezeichnungen für immaterielle Gegenstände und
- Bezeichnungen für Aspekte von Sachverhalten

Bei den beiden ersten Typen ist die Derivation mit einer semantischen Umkategorisierung verbunden. Deshalb behält das Nomen auf keinen Fall das Argument des adjektivischen Prädikats. Beim dritten Typ hingegen wird kein Gegenstand konstituiert: Es handelt sich um einen Spezialfall der reinen Nominalisierung. Das Argument des adjektivischen Prädikats bleibt daher entweder als di-Obliquus erhalten, oder es ist reduziert und als existent postuliert.

Im einzelnen gilt:

a. Bezeichnungen für Personen

Ein als Nomen gebrauchtes Adjektiv kann dazu benutzt werden, eine Person anhand einer ihr zugesprochenen Eigenschaft zu bezeichnen. Das Genus des so gebildeten Nomens richtet sich nach dem natürlichen Geschlecht; vgl. z.B.:

(60) il minorenne 'der Minderjährige'
la minorenne 'die Minderjährige'

(61) il vecchio 'der Alte'
la vecchia 'die Alte'

N.B. Viele der Derivate sind idiosynkratisch lexikalisiert; s. z.B. *i giovani* 'die Jugend' (wörtlich: 'die Jungen'), *contadino* 'Bauer' von *contadino* 'ländlich', *cristiano* 'Christ' von *cristiano* 'christlich'.

Die Bezeichnungen für Personen anhand ihrer ethnischen oder geographischen Zugehörigkeit beruhen sämtlich auf der suffixlosen Nominalisierung von Adjektiven: z.B.: *l'italiano* 'der Italiener' (wörtlich: 'der Italienische'), *l'inglese* 'der Engländer' (wörtlich: 'der Englische').

N.B. Das im Dt. zur Bildung solcher Bezeichnungen systematisch gebrauchte Suffix -*er* hat also im It. keine formale Entsprechung.

Namen für Sprachen und Dialekte, soweit sie nicht Grundmorpheme sind, wie *il sanscrito* 'das Sanskrit', werden nach demselben Muster gebildet; s. z.B. *il greco* 'das Griechische', *il toscano* 'das Toskanische'.

Nomina dieser Art werden auch zur Anrede, besonders auch als Kosewörter oder Beschimpfungen benutzt; vgl. z.B. von *bello* 'schön' bzw. *fesso* 'dumm':

(62) Ciao, bello!
'Hallo, Süßer!'

(63) Fesso!
'Du Idiot'

N.B. Das im Dt. in solchen Anreden häufige Personalpronomen der 2. Person kann im It. nicht analog gebraucht werden. Ausrufen wie z.B. *Du Böser!*, *Sie Idiot!* entspricht entweder das bloße Nomen: *cattivo!*, *analfabeta!* oder ein Ausdruck des Typs *cattivo che sei!*

b. Bezeichnungen für immaterielle Gegenstände

Ein ohne Derivationssuffix aus einem Adjektiv gebildetes Nomen kann auch zur Bezeichnung eines immateriellen Gegenstandes verwendet werden, der gewissermas--

sen die aus dem betreffenden adjektivischen Prädikat abstrahierte Qualität ist. Dieses Verfahren wird nur auf Grundmorpheme angewendet.

Die so gebildeten Nomina sind männlich. Beispiele sind: *il bello* 'das Schöne', *il verde* 'das Grün'.

N.B. Die lexikalisierten Entsprechungen für dt. *das Gute* und *das Böse* sind nominalisierte Adverbien: *il bene, il male*.

c. Bezeichnungen für Aspekte von Sachverhalten

Schließlich können ohne Suffix aus Adjektiven gebildete Nomina auch Aspekte von Sachverhalten bezeichnen. Auch diese Nomina sind männlich. - Beispiele sind:

(64) **Il pazzesco dell'affare** è che nessuno osò parlare
'Das Verrückte an der Sache ist, daß niemand zu sprechen wagte'

und, mit einer ironischen Nuance lexikalisiert:

(65) **Il bello** è che non se n'è nemmeno accorto
'Das Tolle ist, daß er es noch nicht einmal gemerkt hat'

Diese Nomina haben vom Adjektivcharakter so viel beibehalten, daß sie gesteigert werden können:

(66) Ho dimenticato **il più importante**: ...
'Ich habe das Wichtigste vergessen...'

N.B. Die entsprechenden deadjektivischen Nomina des Dt. werden vor allem durch zwei syntaktische Konstruktionen wiedergegeben, und zwar "*quello che c'è di* plus Adjektiv" und "*la cosa* plus Adjektiv"; vgl. z.B.:

(67) Quello che c'è di strano in quell'affare è che ...
'Das Komische an der Sache ist, daß ...'

(68) La cosa buffa è che ...
'Das Komische ist, daß ...'

1.4. Die Bildung von Nomina aus sonstigen Basen

Die typischen Basen für abgeleitete Nomina sind Nomina, Verben und Adjektive. Es gibt aber auch marginale Bildungen, die auf anderen Basen beruhen. Diese sind Zahlwörter, Adverbien und bestimmte Syntagmen.

1.4.1. Nomina aus Zahlwörtern

Aus Zahlwörtern können Nomina verschiedener semantischer Typen gebildet werden, und zwar Bezeichnungen für:

- quantifizierte Mengen
- Zahlen und Ziffern
- numerierte Gegenstände
- Uhrzeiten, Jahre und Epochen

N.B. Diese Nomina bieten einige Kontraste zum Deutschen: In einigen Fällen entspricht dem it. Nomen im Dt. ein nicht klar nominalisiertes Zahlwort (z.B. *il libro uscirà nell'ottantasette* vs. *das Buch kommt 1987 heraus*; *sono le cinque* vs. *es ist fünf*). In anderen haben die nominalisierten Zahlwörter nicht dasselbe Genus, z.B. *il due* vs. *die Zwei*.

a. Bezeichnungen für quantifizierte Mengen

Durch Derivation können Nomina gebildet werden, die Bezeichnungen für vage quantifizierte Mengen sind. Die Basen sind die Zahlwörter, die "runde Zahlen" bezeichnen, nämlich die Wörter für '10', '15', '20', '30' usw., '100' und '1000'.

Die Suffixe sind *-in-* und *-ái-*.

Für ihren Gebrauch und ihre Deutung gilt im einzelnen:

-in-

Dieses Suffix wird an die Wörter für die runden Zahlen unter 100 angefügt. Die Basis ist jeweils die Form, die man erhält, wenn man den vokalischen Auslaut streicht.

Die Derivate sind Feminina der a-Deklination.

Beispiele sind: *diecina, decina* 'Menge von etwa zehn Elementen' von *dieci* 'zehn', *trentina* 'Menge von etwa 30 Elementen' von *trenta* '30'.

Diese Derivate haben eine reichere Semantik als es die Übersetzungen dieser Beispiele angeben. Die Grundbedeutung von *x-ina* ist 'Menge von etwa x Elementen'. Die Art der Elemente kann durch eine Präpositionalphrase mit *di* angegeben werden:

(69) Mi tratterrò **una decina di giorni**
 'Ich werde etwa zehn Tage bleiben'

(70) **La cinquantina di biglietti venduti** non coprono le spese
 'Die etwa 50 verkauften Karten decken nicht die Kosten'

Die Pluralbildung ist grammatisch (71) und semantisch (72) möglich:

(71) Le mele quest'anno sono **varie decine** di quintali
'Die Äpfel sind dieses Jahr zwanzig bis dreißig Zentner'

(72) Ogni anno abbiamo **qualche decina** di candidati
'Jedes Jahr haben wir zwanzig bis dreißig Kandidaten'

N.B. Im Dt. gibt es keine entsprechenden Nomina für Zehnerzahlen. Die Übersetzungen von (71) und (72) sind daher etwas willkürlich.

N.B. Eine genaue Quantifizierung der mit diesen Derivaten gebildeten pluralischen Nominalphrasen wird vermieden; man zieht die singularische Nominalphrase mit der entsprechenden Bedeutung vor, also nicht ?*cinque diecine*, sondern *una cinquantina*.

Bei den runden Zehnern ab 30 kann das mit dem bestimmten Artikel und ohne weitere Spezifikation gebrauchte Derivat mit *-in-* das Jahrzehnt des Lebensalters bezeichnen:

(73) Il nonno si avvicina già alla **novantina**
'Der Großvater geht schon auf die 90 zu'

(74) Una donna **sulla cinquantina**
'Eine etwa Fünfzigjährige'

N.B. *quindicina* von *quindici* '15' kann auch einen Zeitraum von zwei Wochen bezeichnen:

(75) Torni fra **una quindicina di giorni**
'Kommen Sie in 14 Tagen wieder'

N.B. Formal idiosynkratisch lexikalisiert ist *dozzina* 'Dutzend'. Die von *dodici* '12' regelmäßig gebildete Form, *dodicina*, ist nicht mehr gebräuchlich.

-ái-

Dieses Suffix wird nur an die Wörter für '100' und '1000' angefügt. Die Basen sind *cent-* '100' und *migli-* '1000'.

Die Derivate sind Singular Maskulina der o-Deklination; im Plural sind sie weiblich und enden auf *-a*; also z.B.:

(76) **un migliaio** di persone   'etwa 1000 Menschen'
     molt**e migliaia** di persone   'viele Tausende von Menschen'

b. Namen für Zahlen und Ziffern

Die Namen für Zahlen und Ziffern werden durch bloße Nominalisierung, ohne Suffix gebildet. Die Derivate sind männlich. (Das Genus beruht offensichtlich auf der Ellispe von *numero* (mask.) 'Zahl, Nummer'.)

Beispiele sind: *il due* 'die Zwei', *il sette* 'die Sieben'

c. Bezeichnungen für numerierte Gegenstände

Häuser, Straßenbahnlinien usw. können anhand ihrer Nummer durch ein nominalisiertes Zahlwort bezeichnet werden. - Beispiele sind:

(77) **Il novantatre** è proprio all'angolo di via Cavour
'Die 93 ist genau an der Ecke zur Via Cavour'

(78) Ci conviene prendere **il sette**
'Wir müssen die Sieben nehmen'

Diese Nomina übernehmen das Genus von dem elliptisch zugrundeliegenden Nomen. Liegt *numero* (mask.) 'Zahl' zugrunde, so ist das nominalisierte Zahlwort männlich (so in (77) und (78)). Liegt aber z.B. *linea* 'Linie' zugrunde, so ist das Wort weiblich: *la sette* 'die Sieben'.

N.B. Dieses Prinzip wirkt sich für die Namen von Autotypen so aus, daß deren Genus immer weiblich ist, da *macchina, automobile* und *auto* 'Auto' sämtlich weiblich sind. - Beispiele sind:

(79) La cinquecento
'Der Fünfhunderter'

(80) La milletre
'Der 1300'

d. Bezeichnungen für Uhrzeiten, Namen für Jahre und Epochen

Die vollen Stunden werden mit den zu weiblichen Nomina gemachten Zahlwörtern bezeichnet. Der Numerus richtet sich nach der Anzahl. - Beispiele sind:

(81) E' l'una
'Es ist ein Uhr'

(82) Ci vediamo alle dodici
'Wir sehen uns um zwölf'

N.B. Im offiziellen Sprachgebrauch wird diese Nominalisierung zugunsten einer Konstruktion "*le ore* + Zahlwort" vermieden: *alle ore ventitre* 'um 23 Uhr'.

Namen für Jahre sind die zu männlichen Nomina gemachten Jahreszahlen:

(83) Il libro è del milleottocentoottantasei
'Das Buch ist von 1886'

Die als Epochen verstandenen Jahrhunderte (vom 13. Jh. an) werden anhand ihrer zu männlichen Nomina gemachten Kardinalzahlen benannt:

(84) Nel primo ottocento
'Im frühen 19. Jahrhundert'

(85) I poeti del duecento
'Die Dichter des 13. Jahrhunderts'

1.4.2. Nomina aus Adverbien

Von einigen nicht abgeleiteten Adverbien gibt es suffixlose männliche Derivate; wie z.B. *il bene* 'das Gute', *il domani* 'das Morgen'. Diese Bildungen sind jedoch kaum produktiv.

1.4.3. Nomina aus Syntagmen

Mit dem Suffix *-ísm-* können männliche Nomina der o-Deklination gebildet werden, die auf lexikalisierten Syntagmen beruhen. Die Basis erhält man, indem man vom letzten Wort des Syntagmas den Auslautvokal streicht.

Die Derivate bezeichnen menschliche Haltungen und Einstellungen. Beispiele sind: *menefreghismo* 'verantwortungslose Gleichgültigkeit' von *me ne frego* 'ist mir scheißegal', *liberoscambismo* 'Freihandelsdoktrin' von *libero scambio* 'freier Austausch'.

N.B. Dieselben Basen bilden auch Derivate mit *-íst-*: *menefreghista* 'jemand, der sich verantwortungslos gleichgültig verhält', *liberoscambista* 'Anhänger der Freihandelsdoktrin'. - Zur Bildung von Wörtern aus Syntagmen s. auch 2.3.

1.5. Die Bildung von Verben aus Verben

Verben können aus Verben durch Präfigierung und durch Suffigierung gebildet werden.

1.5.1. Präfigierung

Die wichtigsten Verbalpräfixe lassen sich in bezug auf drei Modelle analysieren:

- das Modell der Ereignisabfolge
- das Modell der Zustandsveränderung und
- das Modell der gerichteten Bewegung

1.5.1.1. Das Modell der Ereignisabfolge

Das Modell der Ereignisabfolge besteht darin, daß mehrere Ereignisse (Handlungen, Prozesse) zusammenhängen und entsprechend auf der Zeitachse angeordnet sein können.

Der Darstellung der Ereignisabfolge dienen (neben lexikalischen Mitteln) vor allem der Tempusgebrauch und die Reihenfolge der Ereignisbezeichnungen im Text.

Für die Ableitung von Verben aus Verben durch Präfigierung ist nur ein Fall von Ereignisabfolge relevant, nämlich die Wiederholung. Sie liegt vor, wenn gleichartige Ereignisse einander folgen, deren Mitspieler identisch sind.

Zum Ausdruck des wiederholten Ereignisses dient das Präfix *ri-*. - Beispiele sind:

(86) Questo libro l'ho riletto varie volte
'Dieses Buch habe ich mehrmals wiedergelesen'

(87) La lettera è battuta male, è meglio riscriverla
'Der Brief ist schlecht getippt, es ist besser, ihn noch einmal zu schreiben'

N.B. Das Dt. hat kein entsprechendes Präfix. Das *ri-* der Wiederholung wird mit dem Präverb *wieder* oder, rein lexikalisch, mit Ausdrücken wie *noch einmal*, *erneut* wiedergegeben. Auch im It. wird der lexikalische Ausdruck, z.B. durch *di nuovo* 'aufs neue', *un'altra volta* 'noch einmal' dem Präfix *ri-* vorgezogen. Verben wie z.B. *rinuotare* 'noch einmal schwimmen' von *nuotare* 'schwimmen', *rimangiare* 'noch einmal essen' von *mangiare* 'essen' sind vollkommen grammatisch, wirken aber seltsam.

N.B. Das Präfix *ri-* kann rekursiv sein: *ririleggere* 'wieder und wieder lesen'.

ri- hat eine Variante *re-*. Diese tritt systematisch dann ein, wenn die Basis mit /i/ beginnt. Die Variation ist unabhängig von der Bedeutung, gilt also auch für das *ri-* der Wiederherstellung.

Beispiele sind: *reimpiegare* 'wiederverwenden' von *impiegare* 'verwenden', *reinserire* 'wiedereinfügen' von *inserire* 'einfügen'.

1.5.1.2. Das Modell der Zustandsveränderung

Das Modell der Zustandsveränderung hat folgende Komponenten:

- Zustände und Zustandsarten
- Ereignisse (Handlungen, Tätigkeiten oder Prozesse), die Zustände beenden und neue herbeiführen
- zeitliche Relationen zwischen Zuständen, insbesondere die der Abfolge von Ausgangszustand, Folgezustand und Vorzustand
- logische Relationen zwischen Zustandsarten, insbesondere die Negation

Der Ausgangszustand ist der Zustand, der unmittelbar vor dem zustandsverändernden Ereignis besteht. Der Folgezustand ist der Zustand, der unmittelbar nach dem zustandsverändernden Ereignis besteht. Der Vorzustand ist ein Zustand, der vor dem Ausgangszustand bestanden hat. Im Modell der Zustandsveränderung sind Ausgangszustand und Folgezustand nicht lediglich zeitlich verschiedene Phasen desselben Prozesses, sondern sie sind als Zustandsarten verschieden. Ebenso sind Vorzustand und Ausgangszustand als Zustandsarten verschieden. Außerdem ist das Modell der Zustandsveränderung mit dem Tätigkeitsmodell verbunden. Die Art der Tätigkeit kann als Methode der Zustandsveränderung eine Rolle spielen.

In bezug auf das Modell der Zustandsveränderung lassen sich die folgenden semantischen Derivationsrelationen darstellen:

a. Art der Tätigkeit - Wiederherstellung des Vorzustandes

Die Basis bezeichnet eine Tätigkeits- oder Handlungsart. Das Derivat bezeichnet die Wiederherstellung eines Vorzustandes, d.h. eines Zustandes, der vor dem Ausgangszustand bestanden hat, wobei der Ausgangszustand die Negation des Vorzustandes ist. Diese Abfolge von Zuständen läßt sich schematisch so darstellen:

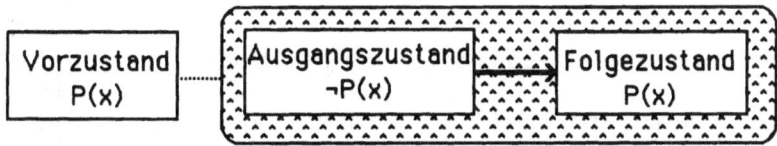

Das Präfix, durch das solche Derivate gebildet werden, ist ebenfalls *ri-*. *ri-* ist also systematisch mehrdeutig: Die mit ihm gebildeten Derivate können prinzipiell sowohl die Wiederholung eines Ereignisses als auch die Wiederherstellung eines Vorzustandes bezeichnen. Beispiele für das *ri-* der Wiederherstellung eines Vorzustandes sind:

(88) Il pesce ricadde in acqua
'Der Fisch fiel ins Wasser zurück'

(89) Luigi si ricalmò
'Luigi beruhigte sich wieder'

Die Bedeutung der Basis kann innerhalb des Derivats auf zwei Weisen fungieren: Sie kann erstens (wie in (88)) die **Methode** oder Art und Weise angeben, durch die die Zustandsveränderung erfolgt. Die Zustände selbst werden dann nicht vom Verb bezeichnet, können aber in der Regel aus dem Derivat und seinem Kontext erschlossen werden.

In (88) z.B. ist der Vorzustand und der Folgezustand offensichtlich 'der Fisch ist im Wasser'. Dies folgt jedoch nicht unmittelbar aus *ricadde*, sondern erst aus der gesamten Verbalphrase *ricadde in acqua*.

Die Basis kann zweitens den **Vorzustand** bezeichnen wie in (89). Sie tut dies jedoch nicht unmittelbar. Sie bezeichnet das betreffende Ereignis vielmehr anhand seines Folgezustandes. Das *ri-* signalisiert dann, daß der Folgezustand gleich dem Vorzustand ist. Die Methode oder Art und Weise der Zustandsveränderung wird hingegen nicht durch das Verb bezeichnet.

In (89) z.B. ist *ricalmarsi* 'sich wieder beruhigen' aus *calmarsi* 'sich beruhigen' abgeleitet. *x si calma* 'x beruhigt sich' bezeichnet einen Prozeß anhand des Folgezustandes, den er herbeiführt, nämlich 'x ist ruhig'. Über die Art und Weise des Prozesses sagt (89) nichts aus.

Die Präfigierung mit *ri-* nach dem Muster "Art der Tätigkeit – Wiederherstellung des Vorzustandes" ist außerordentlich produktiv.

N.B. Die Basen, die den Vorzustand bezeichnen, sind typischerweise, aber nicht immer, deadjektivische Verben; vgl. z.B. *ricalmare* 'wieder beruhigen' von *calmare* 'beruhigen', das seinerseits von *calmo* 'ruhig' abgeleitet ist, oder *ristabilizzare* 'restabilisieren' von *stabilizzare* 'stabilisieren', vgl. *stabile* 'stabil'. Auch als Adjektive verwendbare Partizipien können Basis der Derivation sein; s. z.B. *rianimare* 'wiederbeleben' von *animato* 'belebt' zu *animare* 'beleben', *riunire* 'wieder vereinigen' von *unito* 'vereinigt' zu *unire* 'vereinigen'.

b. Art der Tätigkeit - Aufhebung des Ausgangszustandes

Bei diesem Derivationstyp bezeichnet die Basis ein Ereignis (eine Handlung, eine Tätigkeit oder einen Prozeß) anhand des Folgezustandes, das es herbeiführt. Das Derivat bezeichnet eine Zustandsveränderung anhand des Ausgangszustandes, und zwar als ein Ereignis, das den Ausgangszustand aufhebt. Die Derivation beinhaltet also eine Negation.

Die Präfixe, mit denen solche Derivate gebildet werden, sind *s-*, **dis-** und **de-**. Für ihren Gebrauch und ihre Deutung gilt im einzelnen:

s-

Dieses Präfix kann an alle Basen angefügt werden, die nicht mit Vokal, /s/, /dz/, /ts/, /dʒ/, /tʃ/ oder /ʃ/ beginnen. Beispiele sind: *smontare* 'abmontieren' von *montare* 'montieren', *scucire* 'auftrennen' von *cucire* 'nähen'.

N.B. Nicht zum Modell der Zustandsveränderung gehören lexikalisierte Bildungen, die zwar eine Negation, aber keinen Bezug auf Zustände beinhalten, wie z.B. *sconsigliare* 'abraten' von *consigliare* 'raten', *sparlare* 'Schlechtes reden' von *parlare* 'sprechen', *stonare* 'falsch singen' von *tono* 'Ton'. Man könnte daher *s-* primär als Negationspräfix auffassen und seine Anwendung auf Zustandsveränderungen als einen Spezialfall. Die Anwendung auf Zustandsveränderungen ist aber der typischere und auch der produktivere Fall.

N.B. Mit *s-* können auch denominale Verben gebildet werden; z.B.: *svitare* 'abschrauben' von *vite* 'Schraube', *slattare* 'abstillen' von *latte* 'Milch'. Die Basen kommen nicht als einfache Verben vor. Allerdings gibt es von ihnen abgeleitete, nicht negative Verben: *avvitare* 'anschrauben', *allattare* 'stillen'. - Das Präfix *s-* kann auch die Intensität eines Vorgangs ausdrücken. Beispiele sind: *sbattere* 'heftig schlagen' von *battere* 'schlagen', *spremere* 'ausdrücken' von *premere* 'drücken'. Diese Derivation ist jedoch nicht mehr produktiv. In einigen der Derivate ist die intensivierende Nuance noch nachvollziehbar; vgl. z.B.: *Il cuore batte* 'das Herz schlägt'; *battere una squadra* 'eine Mannschaft schlagen' vs. *sbattere delle uova* 'Eier schlagen', *sbattere con la testa contro la porta* 'mit dem Kopf gegen die Tür schlagen'. Bei anderen Paaren gibt es keinen klaren Bedeutungsunterschied, so bei *colare, scolare* 'ausgießen'; wieder andere sind idiosynkratisch lexikalisiert: *scorrere* 'fließen' von *correre* 'laufen' und *slanciarsi* 'sich (in etwas) stürzen' von *lanciare* 'werfen'.

dis-

Dieses Präfix kann an verbale Basen aller Art angefügt werden, auch an diejenigen, deren Anlaut das Präfix *s-* nicht zuläßt.

Beispiele sind: *disseppellire* 'exhumieren' von *seppellire* 'begraben', *disinnescare* 'entschärfen' von *innescare* 'scharf machen'.

Semantisch gibt es zwischen *s-* und *dis-* keinerlei Unterschied.

N.B. Dies äußert sich auch darin, daß es Fälle von gleichbedeutenden Derivaten aus derselben Basis mit *s-* und *dis-* gibt, z.B. *disconnettere* und *sconnettere* 'unterbrechen' von *connettere* 'verbinden', *dismembrare* und *smembrare* 'zerstückeln' denominal von *membro* 'Glied'.

N.B. Nach Dardano 1978:133 sind die Derivate mit *dis-* "gelehrter" ("carattere letterario") als die mit *s-*. Richtig ist, daß *s-* in der Lautform "volkstümlich", d.h. italienisch, und *dis-* "gelehrt", d.h. lateinisch ist. Dazu kommt, daß die Derivate mit *s-* vielleicht deutlicher dem Alltagswortschatz zugehören als die mit *dis-*. Aber Wörter wie *disfare* 'auseinandernehmen, zerstören' von *fare* 'machen', *disinnamorarsi* 'sich entlieben' von *innamorarsi* 'sich verlieben' gehören klar der Alltagssprache an. Offenbar ist *dis-* nicht nur lautlich, sondern auch hinsichtlich seiner Relevanzbereiche weniger eingeschränkt als *s-*.

de-

Dieses Suffix, das wie *dis-* keine Beschränkungen hinsichtlich des Anlauts seiner Basen hat, konkurriert semantisch ebenfalls mit *s-* und *dis-*.

de- ist heute weniger produktiv als *dis-* und *s-*.. Seine Produktivität entfaltet sich vor allem im Bereich der mit dem Suffix *-izz-* abgeleiteten Verben, wie z.B. in *denasalizzare* 'denasalisieren' von *nasalizzare* 'nasalisieren', *destabilizzare* 'destabilisieren' von *stabilizzare* 'stabilisieren'.

N.B. Da das Präfix *de-* in der lateinischen Phase der Sprache sehr produktiv und darüber hinaus polysemisch war, gibt es eine große Zahl lexikalisierter, nicht mehr durchsichtiger Derivate mit *de-*; z.B. *denunciare* 'anzeigen, melden', *desiderare* 'wünschen' usw.

N.B. Auch die Derivation mit *de-* führt zu Doppelformen derselben Basis; z.B. *scolorare* und *decolorare* 'entfärben' von *colorare* 'färben', *sradicare* und *deradicare* 'entwurzeln' von *radicare* 'verwurzeln'.

1.5.1.3. Das Modell der gerichteten Bewegung

Das Modell der gerichteten Bewegung ist mit dem Tätigkeitsmodell verbunden. Es umfaßt folgende Komponenten (die z.T. Spezifikationen von Komponenten des Tätigkeitsmodells sind):

- Bewegungen und Bewegungsarten (als Spezifikationen von Tätigkeiten und Tätigkeitsarten)
- Befindlichkeiten
- einen Urheber der Bewegung (als Spezifikation der Person, die die Tätigkeit ausübt)
- einen Gegenstand, der bewegt wird (als Spezifikation des Gegenstands, auf den sich die Tätigkeit richtet) oder der sich bewegt
- Orte, und zwar den Ursprung (d.h. einen Ort, von dem die Bewegung ihren Ausgang nimmt), den Durchgangsort (d.h. einen Ort, den die Bewegung durchläuft) und das Ziel (d.h. einen Ort, zu dem die Bewegung führt)
- lokalisierende Objekte (d.h. Gegenstände, anhand deren die Orte definiert werden)
- Ortsfunktionen (d.h. Funktionen, durch die Orte anhand von Gegenständen unterschiedlich definiert werden können)

Die Präfigierung von Verben nach dem Modell der gerichteten Bewegung war im Lat. von großer Bedeutung. Im Romanischen und somit auch im heutigen Italienisch sind hiervon nur Spuren erhalten.

N.B. Diese zeigen sich in einer großen Zahl lexikalisierter, aber kaum noch durchsichtiger Bildungen. So gehen z.B. auf lat. *ducere* 'führen' zurück: *addurre* 'anführen', *condurre* 'leiten', *dedurre* 'folgern', *indurre* 'jemandem etwas einflößen, induzieren', *introdurre* 'einführen', *ridurre* 'reduzieren', *sedurre* 'verführen', *tradurre* 'übersetzen'. - In der ganz verschiedenen Rolle, die solche Präfixe spielen, liegt ein wichtiger typologischer Unterschied zwischen dem It. und dem Dt., dessen Präverben trotz vieler Lexikalisierungen außerordentlich produktiv geblieben sind.

Einige der lateinischen Präfixe sind aber noch sporadisch produktiv. Die wichtigsten unter ihnen sind *a-*, *tra-* und *co-/con-*. Eine gewisse Rolle spielen ferner *sopra-*, *sotto-*, *sur-* und *sub-*. Im einzelnen gilt:

a -

Die Präfigierung ist mit einer Längung (graphisch: mit einer Verdoppelung des Anlautkonsonanten) verbunden.

Bei den Derivaten mit *a-* bezeichnet die Basis eine (ungerichtete) Bewegungsart und das Derivat eine Bewegung, die im Hinblick auf ihr Ziel betrachtet wird. Das Präfix wird dabei analog zu einer (lexikalischen) Präposition gedeutet: Es gibt die Ortsfunktion an, und zwar wird es so gedeutet, daß der bewegte Gegenstand sich nach Vollendung der Bewegung in einer nicht weiter spezifizierten Weise beim lokalisierenden Objekt befindet.

Beispiele sind: *accorrere* 'herbeilaufen' von *correre* 'laufen', *apportare* 'herbeibringen' von *portare* 'bringen, tragen'.

N.B. Auf einer systematischen Übertragung von räumlichen zu nicht räumlichen Verhältnissen beruht das Auftreten von *a-* in Wörtern wie *acconsentire* 'zustimmen' von *consentire* 'zustimmen, gewähren', *accrescere* 'vermehren' von *crescere* 'wachsen'. Bei letzterem ist die Ableitung mit einer Veränderung der Valenz verbunden. Aus dem intransitiven *crescere* wird ein transitives *accrescere*. Diese mit einer Derivation verbundene Valenzänderung ist im It., im Gegensatz zum Dt. (vgl. *lauschen* vs. *belauschen*), sehr selten.

N.B. Das Präfix *a-* spielt auch eine Rolle bei der Ableitung von Verben aus Nomina; vgl. z.B. *addebitare* 'belasten' von *debito* 'Schuld', *addolorare* 'mit Schmerz erfüllen' von *dolore* 'Schmerz'.

tra-

Dieses Präfix kann an Basen angefügt werden, die Bewegungen oder sonstige Tätigkeiten oder Prozesse bezeichnen. Die Derivate bezeichnen gerichtete Bewegungen in der Weise, daß das grammatische Objekt des Verbs der Durchgangsort der Bewegung ist. - Beispiele sind:

- mit Basen, die Bewegungen bezeichnen: *trapassare* 'durchschreiten (durchfahren usw.)' von *passare* 'vorbeigehen (vorbeifahren usw.)', *travalicare* 'überqueren, überschreiten' von *valicare* 'überqueren, überschreiten'
- mit Basen, die sonstige Tätigkeiten oder Prozesse bezeichnen: *traforare* 'durchbohren' von *forare* 'bohren', *trasudare* 'durchschwitzen' von *sudare* 'schwitzen'

Der Anlautkonsonant der Basis wird nach *tra-* in der Schreibung nicht verdoppelt. Aber anlautendes /s/ nach *tra-* wird in der Aussprache weiter als anlautend behandelt. Es kann gelängt werden und es wird auch in Varietäten, bei denen es sonst kein kurzes intervokalisches /s/ gibt, stimmlos gesprochen; also z.B. *trasudare* [trasu'daːre], nicht *[trazu'daːre], *trasalire* 'überspringen, erschauern' [trasa'liːre], nicht *[traza'liːre].

N.B. *tra-* hat eine Variante *tras-*. Diese tritt immer ein, wenn die Basis mit Vokal beginnt (z.B. *trasandato* [trazan'dɑːto] 'vernachlässigt' von *andare* 'gehen'), aber auch in vielen anderen Fällen. Die meisten Verben mit *tras-* sind lexikalisiert; wie z.B. *trascurare* 'vernachlässigen' von *curare* 'pflegen', *trascorrere* 'verbringen' von *correre* 'laufen'.

N.B. Mit *tra-* und *tras-* werden auch denominale Verben gebildet, z.B. *trasbordare* 'umladen, umsteigen lassen' von *bordo* 'Bord', *trasfigurare* 'verwandeln' von *figura* 'Gestalt'.

co -

Dieses Präfix kann an Basen angefügt werden, die Befindlichkeiten bezeichnen. Die Derivate bezeichnen die Befindlichkeit am selben Ort. Beispiele sind: *coabitare* 'zusammen wohnen' von *abitare* 'wohnen', *coaderire* 'zusammen fest sein an etw.' von *aderire* 'fest sein an etw.'

N.B. *co-* hat die Varianten *con-*, *com-* und *col-*; vgl. z.B. *condividere* 'mit anderen teilen', von *dividere* 'teilen', *compiangere* 'bedauern' von *piangere* 'weinen', *collegare* 'zusammenbinden' von *legare* 'binden'. Es handelt sich hier jedoch ausschließlich um alte Lexikalisierungen. - Sehr viele Bildungen mit *con-*, *com-* und *col-* sind seit der lat. Phase in der Sprache, und viele von ihnen sind heute vollkommen undurchsichtig.

sopra-, sotto-, sur-, sub-

Diese Präfixe, die sich auf die vertikale Dimension beziehen, sind ebenfalls noch sporadisch produktiv, aber die mit ihnen gebildeten Derivate beziehen sich semantisch nur noch auf übertragene Bedeutungen der entsprechenden Raumfunktionen.

Beispiele sind: *sopravvalutare* 'überschätzen', *sottovalutare* 'unterschätzen', beide von *valutare* 'schätzen', *surgelare* 'tiefgefrieren' von *gelare* 'gefrieren', *subaffittare* 'untervermieten' von *affittare* 'mieten, vermieten'.

N.B. Das Präfix *sopra-* bewirkt regelmäßig die Längung bzw. Verdoppelung des Anlautkonsonanten der Basis; s. z.B.: *sopraggiungere* 'plötzlich ankommen', *sopravvivere* 'überleben'.

N.B. Das Präfix *in-* ist für die Bildung von Verben aus Verben nicht mehr produktiv. Nicht idiosynkratische Lexikalisierungen (wie z.B. *immettere* 'hineintun' von *mettere* 'setzen, stellen, legen') sind sehr selten und werden auch selten gebraucht; vgl. dagegen die Derivate mit übertragener Bedeutung, wie z.B. *impiantare* 'festsetzen, einpassen' von *piantare* 'pflanzen', *immischiarsi* 'sich einmischen' von *mischiare* 'mischen'. - Allerdings spielt *in-* eine Rolle bei der denominalen und deadjektivischen Bildung von Verben; vgl. z.B. *intronizzare* 'inthronisieren' von *trono* 'Thron', *insaponare* 'einseifen' von *sapone* 'Seife', *inumidire* 'befeuchten' von *umido* 'feucht', *intontire* 'betäuben' von *tonto* 'dumm'.

N.B. Auch *inter-* 'zwischen', wie z.B. in *interporre* 'dazwischenlegen, dazwischenwerfen' usw. ist kaum noch produktiv, wenn es auch durch "Eurolatinismen" (Dardano 1978:134) gestützt wird; vgl. z.B. *intercettare* 'abfangen', *intervenire* 'intervenieren'.

1.5.2. Suffigierung

Es gibt eine größere Anzahl wenig produktiver Suffixe zur Ableitung von Verben aus Verben. Diese sind: *-ácchi-, -ícchi-, -úcchi-, -ótt-, -(er)éll-, -étt-* und *-ázz-*.

Die Derivate gehören alle der a-Konjugation an. - Beispiele sind:

- mit *-ácchi-*: *ridacchiare* 'grinsen' von *ridere* 'lachen', *studiacchiare* 'ziellos herumstudieren' von *studiare* 'studieren'
- mit *-ícchi-*: *lavoricchiare* 'unregelmäßig arbeiten' von *lavorare* 'arbeiten', *tossicchiare* 'hüsteln' von *tossire* 'husten'
- mit *-úcchi-*: *mangiucchiare* 'wenig, ohne Appetit essen' von *mangiare* 'essen', *rubacchiare* 'hier und da eine Kleinigkeit stehlen' von *rubare* 'stehlen'
- mit *-ótt-*: *parlottare* 'tuscheln' von *parlare* 'sprechen', *pizzicottare* 'zwicken', 'sticheln' von *pizzicare* 'kneifen'
- mit *-(er)éll-*: *salt(er)ellare* 'hüpfen' von *saltare* 'springen', *giocherellare* 'herumspielen, tändeln' von *giocare* 'spielen'
- mit *-étt-*: *fischiettare* 'vor sich hin pfeifen' von *fischiare* 'pfeifen', *picchiettare* 'leichte Schläge ausführen' von *picchiare* 'schlagen'
- mit *-ázz-*: *sbevazzare* 'herumsaufen' von *bere* 'trinken', *sbombazzare* 'überall herumtrompeten' von *sbombare* 'etwas publik machen, das nicht für die Öffentlichkeit bestimmt ist'

Semantisch unterscheiden sich die Suffixe *-ácchi-, -ícchi-, -úcchi-, -ótt-, -(er)éll-* und *-étt-* nicht. Die Derivation mit diesen Suffixen verändert die Bedeutung der Basis in dem Sinne, daß das Derivat einen Vorgang bezeichnet, dessen Intensität vermindert ist; vgl. z.B. *dormicchiare* 'leicht schlafen' von *dormire* 'schlafen', *piovigginare* 'leicht regnen' von *piovere* 'regnen'.

Bei Verben, die einen nicht durativen Vorgang bezeichnen, kommt eine iterative Bedeutung hinzu; s. z.B. *lavoricchiare* 'unregelmäßig arbeiten' von *lavorare* 'arbeiten', *tossicchiare* 'hüsteln' von *tossire* 'husten'.

Diese Derivationen sind semantisch mit der Diminutivbildung der Nomina verwandt. Auch die Form der Suffixe gilt z.T. für Verben wie für Nomina: *-ótt-, -(er)éll-* und *-étt-* sind auch nominale Suffixe.

Die übrigen diminutivartigen Suffixe sind spezielle Verbsuffixe.

N.B. *-ácchi-, -ícchi-, -úcchi-* kann man als die Varianten ein und desselben Suffixes /-kj-/ betrachten. Die Auswahl zwischen den möglichen Tonvokalen /a/, /e/, /i/ und /u/ ist offenbar willkürlich.

Die Derivation mit *-ázz-* unterscheidet sich formal wie semantisch von den übrigen. Formal wird die Suffigierung verbunden mit der Präfigierung mit *s-*. Was die Semantik betrifft, so bezeichnen die Derivate im Unmaß ausgeübte, negativ bewertete

Tätigkeiten; wie z.B. *sbevazzare* 'herumsaufen' von *bere* 'trinken'. Es besteht also eine semantische Ähnlichkeit mit der Pejorativbildung der Nomina. Auch formal ist *-ázz-* dem nominalen Suffix *-ácci-* ähnlich.

N.B. Ohne deutliche pejorative Nuance lexikalisiert ist *svolazzare* 'hin- und herfliegen' von *volare* 'fliegen'.

1.6. Die Bildung von Verben aus Nomina

Die Bildung von Verben aus Nomina ist ein wichtiger Teil der Wortgrammatik. **Semantisch** beziehen sich die Derivationen von Verben aus Nomina zum großen Teil auf das Tätigkeitsmodell. Die Basis ist dabei oft die Bezeichnung des Gegenstandes, auf den sich die Tätigkeit richtet; dieser kann spezifiziert sein als:

- der durch die Tätigkeit hervorgebrachte Gegenstand, z.B. in *rimboscare* 'aufforsten' von *bosco* 'Wald', *atomizzare* 'atomisieren' von *atomo* 'Atom'
- der durch die Tätigkeit entfernte Gegenstand, z.B. in *denicotinizzare* 'denikotinisieren' von *nicotina* 'Nikotin', *discolpare* '(jemandes) Unschuld erweisen' von *colpa* 'Schuld'
- der für die Tätigkeit als wesentliches Instrument gebrauchte Gegenstand, z.B. in *sciare* 'skifahren' von *sci* 'Ski', *avvitare* 'anschrauben' von *vite* 'Schraube'

Auf das Modell der gerichteten Bewegung beziehen sich Derivationen mit Präfixen. Die Basis bezeichnet dann den Gegenstand, anhand dessen der für die Bewegung relevante Ort definiert ist. Dieser kann sein:

- der Zielort wie in *imbottigliare* 'in Flaschen füllen' von *bottiglia* 'Flasche', *incassare* 'in Kisten tun' von *cassa* 'Kiste'
- der Herkunftsort wie in *sbarcare* 'ausschiffen' von *barca* 'Boot', *spostare* 'verrücken, verschieben usw.' von *posto* 'Stelle'

Was die **Morphologie** angeht, so sind alle Derivationsmöglichkeiten gegeben: mit und ohne Derivationssuffix, mit und ohne Präfix.

N.B. Ein Verb ist dann durch Präfigierung von einem Nomen abgeleitet, wenn die Basis eines präfigierten Verbs nicht als präfixloses Verb vorkommt bzw. wenn ein solches Vorkommen aus pragmatischen Gründen nicht zu erwarten ist.

Präfigierung und Suffigierung können miteinander verbunden sein. (Nur bei dem Suffix *-éggi-* gibt es keine Präfigierung). - Das folgende Schema soll diese Verhältnisse veranschaulichen:

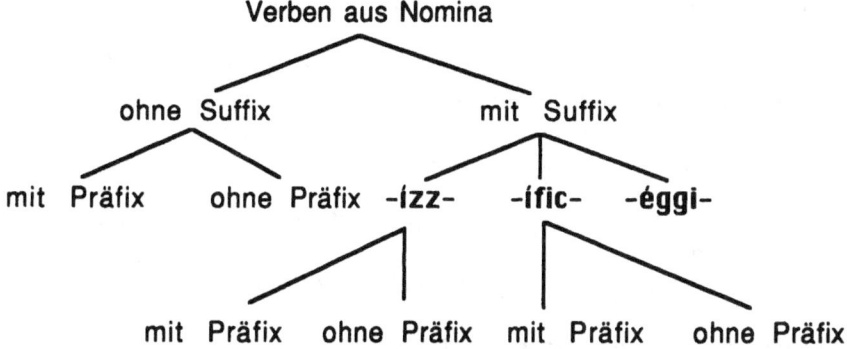

Was die **Flexionsklassen** angeht, so gehören die suffigierten Derivate immer der a-Konjugation an, und bei den Bildungen ohne Derivationssuffix sind i-Verben wie *custodire* 'bewachen' von *custode* 'Wächter' oder *vestire* 'kleiden' von *veste* 'Kleid' die Ausnahme.

N.B. Die i-Konjugation spielt allerdings bei der Bildung von Verben aus Adjektiven eine Rolle.

1.6.1. Derivation ohne Derivationssuffix

Verben können dadurch aus Nomina gebildet werden, daß an die nominale Basis die Flexionssuffixe des Verbs angefügt werden. Dies kann ohne oder mit Präfigierung geschehen.

1.6.1.1. Ohne Präfigierung

Bei der Derivation ohne Derivationssuffix und ohne Präfigierung lassen sich mehrere semantische Typen unterscheiden:

a. Abstrakter Gegenstand – Art der Tätigkeit

Bei diesem Typ ist das Nomen die Bezeichnung eines abstrakten Gegenstandes. Das abgeleitete Verb ist transitiv. Sein Objekt bezeichnet den Gegenstand, auf den die Tätigkeit gerichtet ist. Die Tätigkeit besteht darin, daß der Tätigkeitsgegenstand mit dem durch das Nomen bezeichneten Gegenstand **versehen** wird. *x-are* heißt also: '(einen Gegenstand y) mit x versehen'.

Beispiele sind: *privilegiare* 'privilegieren' von *privilegio* 'Privileg', *numerare* 'numerieren' von *numero* 'Nummer'.

b. Als Instrument gebrauchter Gegenstand - Art der Tätigkeit

Bei diesem (ziemlich produktiven) Typ ist das Nomen die Bezeichnung eines konkreten Gegenstandes. Das abgeleitete Verb ist meist transitiv, kann aber auch intransitiv sein. Es bezeichnet eine Tätigkeit, bei der der durch die Basis bezeichnete Gegenstand als Instrument verwendet wird. - Beispiele sind:

- transitiv: *pettinare* 'kämmen' von *pettine* 'Kamm', *frustare* 'peitschen' von *frusta* 'Peitsche'
- intransitiv: *telefonare* 'telephonieren' von *telefono* 'Telephon',

c. Die Tätigkeit ausübende Person - Art der Tätigkeit

Bei diesem (wenig produktiven) Typ bezeichnet das Nomen eine Person anhand ihrer Tätigkeit oder ihres Berufs. Die abgeleiteten Verben sind transitiv oder intransitiv. Sie bezeichnen die entsprechenden Tätigkeiten. - Beispiele sind:

- transitiv: *assassinare* 'ermorden' von *assassino* 'Mörder', *medicare* 'behandeln' von *medico* 'Arzt'
- intransitiv: *filosofare* 'philosophieren' von *filosofo* 'Philosoph', *teologare* 'theologisieren' von *teologo* 'Theologe'

d. Reine Verbalisierungen

Die reine Verbalisierung ist der der reinen Nominalisierung entgegengesetzte Prozeß: Aus der nominalen Bezeichnung einer Tätigkeit oder eines Prozesses wird die verbale Bezeichnung einer Tätigkeits- oder Prozeßart gebildet.

Beispiele sind: *azionare* 'betätigen' von *azione* 'Handlung', *frizionare* 'Reibung verursachen' von *frizione* 'Reibung'.

N.B. Es gibt eine große Zahl von Fällen, bei denen es nicht offensichtlich ist, ob ein Verb aus einem Nomen oder ein Nomen aus einem Verb abgeleitet ist, oder ob man postulieren soll, daß die Basen hinsichtlich der Unterscheidung Nomen vs. Verb neutral sind; vgl. z.B.:

baciare	'küssen'	-	bacio	'Kuß'
cacciare	'jagen'	-	caccia	'Jagd'
classificare	'klassifizieren'	-	classifica	'Klassifikation'
colpire	'schlagen'	-	colpo	'Schlag'
criticare	'kritisieren'	-	critica	'Kritik'
curare	'pflegen'	-	cura	'Sorge'
fiatare	'atmen'	-	fiato	'Atem'
gelare	'frieren'	-	gelo	'Frost'
lavorare	'arbeiten'	-	lavoro	'Arbeit'
odiare	'hassen'	-	odio	'Haß'
posteggiare	'parken'	-	posteggio	'Parkplatz'

Intuitiv würde man wohl die Verben als primär ansehen. Die Nomina wären dann als reine Nominalisierungen zu betrachten.

1.6.1.2. Mit Präfigierung

Die aus einem Nomen durch Anfügung eines Präfixes und eines verbalen Flexionssuffixes gebildeten Verben beziehen sich semantisch je nach der Deutung des verwendeten Präfixes auf das Tätigkeitsmodell oder auf das Modell der gerichteten Bewegung. Die in Frage kommenden Präfixe sind: *s-*, *di(s)-*, *tra(s)-*, *in-*, *a-(a)*. Für sie gilt im einzelnen:

s -

Die Derivate sind transitive Verben.

Semantisch sind sie dem Modell der gerichteten Bewegung zugeordnet. Die Basis bezeichnet den bewegten Gegenstand. Das Verb bezeichnet die Entfernung dieses Gegenstandes. Das Objekt bezeichnet denjenigen Gegenstand, von dem der bewegte Gegenstand entfernt wird. Der entfernte Gegenstand kann auch ein Teil des Gegenstandes sein, von dem er entfernt wird.

Beispiele sind: *sbucciare* 'schälen' von *buccia* 'Schale', *spolpare* 'entfleischen, das Fruchtfleisch entfernen' von *polpa* '(Frucht)fleisch'.

N.B. Die Basis kann auch einen abstrakten Gegenstand bezeichnen: *scoraggiare* 'entmutigen' von *coraggio* 'Mut'; s. auch das Partizip *svogliato* 'lustlos' zu *voglia* 'Lust'. Manche dieser Verben werden nur als adjektivierte Partizipien gebraucht, z.B. *sfortunato* 'unglücklich', von *fortuna* 'Glück', *sgarbato* 'unfein' von *garbo* 'Anmut'.

Für die Präfigierung mit *s-* bestehen Einschränkungen hinsichtlich des Anlauts der Basis; s. 1.5.1.2. unter b.

dis-

Semantisch besteht kein Unterschied zu *s-*. Mit *dis-* können auch solche Basen präfigiert werden, bei denen das Präfix *s-* wegen des Anlauts der Basis ausgeschlossen ist. Hier liegt der eigentliche Anwendungsbereich von *dis-*. Man kann daher sagen, daß *dis-* suppletiv für *s-* eintritt.

Beispiele sind: *disacidare* 'entsäuern' von *acido* 'Säure', *disonorare* 'entehren' von *onore* 'Ehre', *dissetare* 'den Durst löschen' von *sete* 'Durst', *dissanguare* 'ausbluten' von *sangue* 'Blut', *dischiodare* 'von Nägeln befreien' von *chiodo* 'Nagel'.

N.B. *dis-* endet stimmhaft, also [ˌdizatʃiˈdaːre], [ˌdizonoˈraːre].

N.B. Wenn der Anlaut der Basis die Anfügung von *s*- nicht ausschließt, ist in der Regel neben *dis*- auch *s*- möglich. So hat man neben *dismorbare* 'entseuchen, heilen' und *dislacciare* 'aufbinden, losschnallen' auch *smorbare, slacciare*. Von diesen konkurrierenden Bildungen ist die mit *s*- oft die geläufigere.

di- ist eine weniger produktive Variante von *dis*-.

Beispiele sind: *dinervare* 'die Nerven entfernen' von *nervo* 'Nerv', *diramare* 'die Äste entfernen' von *ramo* 'Ast'.

N.B. Es gibt konkurrierende Derivate mit *di*- und *dis*-, z.B. *diboscare, disboscare* 'entwalden'.

tra-, tras-

Die Bildung von denominalen Verben mit dem nur mäßig produktiven Präfix *tra*- (Variante *tras*-) ohne Derivationssuffix ist ebenfalls dem Modell der gerichteten Bewegung zugeordnet. Die Derivate sind transitive Verben. Das Verb bezeichnet den Transport des bewegten Gegenstandes von seinem Ausgangsort zu einem Zielort der gleichen Art. Typischerweise sind die Orte Behälter. Das Objekt des Verbs bezeichnet den bewegten Gegenstand. Die Basis bezeichnet den Gegenstand, anhand dessen Ausgangs- und Zielort benannt werden.

Beispiele sind: *travasare* 'umfüllen' von *vaso* 'Gefäß', *trasbordare* 'umladen' von *bordo* 'Bord'.

in-

Die Bildung von denominalen Verben mit dem sehr produktiven Präfix *in-* (Variante *im-*) ohne Derivationssuffix ist ebenfalls dem Modell der gerichteten Bewegung zugeordnet.

Die Derivate sind transitive Verben. Das Verb bezeichnet den Transport des bewegten Gegenstandes zu einem Zielort. Typischerweise handelt es sich auch hier um einen Behälter. Das Objekt des Verbs bezeichnet den bewegten Gegenstand. Die Basis bezeichnet die Art des Behälters.

Beispiele sind: *imbottigliare* 'in Flaschen füllen' von *bottiglia* 'Flasche', *incappucciare* 'in eine Kapuze stecken' von *cappuccio* 'Kapuze'.

Auf einer systematischen Übertragung der Form 'x befindet sich in y' zu 'x ist umgeben von y' beruht ein zweiter, ebenfalls sehr produktiver semantischer Typ, bei dem die Basis eine Substanz bezeichnet. Das Objekt des Verbs bezeichnet dann einen Gegenstand, der durch diese Substanz bedeckt wird, und das Verb bezeichnet den Vorgang des Bedeckens.

Beispiele hierfür sind: *impolverare* 'einstauben' von *polvere* 'Staub', *insaponare* 'einseifen' von *sapone* 'Seife'.

Aufgrund einer systematischen Übertragung von einer materiellen zu einer immateriellen Substanz erhält man Bildungen wie *incolpare* 'anklagen' von *colpa* 'Schuld', *incoraggiare* 'ermutigen' von *coraggio* 'Mut'.

ad-, a-

Die Varianten *ad-* und *a-* haben komplementäre Distribution. *ad-* wird gewählt, wenn die Basis mit Vokal anlautet; vgl. z.B.: *adescare* 'ködern' von *esca* 'Köder', *adirare* 'erzürnen' von *ira* 'Zorn'.

a- wird an Basen mit konsonantischem Anlaut angefügt; es längt bzw. verdoppelt den betreffenden Konsonanten; vgl. z.B. *abbottonare* 'zuknöpfen' von *bottone* 'Knopf', *accoppiare* 'paaren' von *coppia* 'Paar'. Die Derivate mit *ad-* und *a-* sind sämtlich transitive Verben.

Semantisch sind drei Typen zu unterscheiden, die alle dem Tätigkeitsmodell angehören.

Beim ersten dieser Typen bezeichnet das Verb eine Handlung des Fixierens, d.h. des Festhaltens, Festmachens, Schließens usw. Die Basis bezeichnet den bei dieser Handlung als Instrument verwendeten Gegenstand. Das Objekt des Verbs bezeichnet den Gegenstand, der fixiert wird. Besonders typisch als Basen sind Bezeichnungen für:

- Körperteile: *abbracciare* 'umarmen' von *braccio* 'Arm', *addentare* 'mit den Zähnen festhalten' von *dente* 'Zahn'
- Artefakte, die zum Befestigen bestimmt sind: *affibbiare* 'festschnallen' von *fibbia* 'Schnalle', *agganciare* 'anhängen' von *gancio* 'Haken'

Beim zweiten dieser Typen bezeichnet das Verb eine Handlung des Gebens, des Vermittelns oder des Entstehenlassens. Die Basis bezeichnet dasjenige, das gegeben wird; das Objekt des Verbs bezeichnet den Mitspieler, typischerweise eine Person, der das Gegebene bekommt. Das, was gegeben wird, ist typischerweise:

- ein körperliches Gefühl: *affamare* 'hungern lassen' von *fame* 'Hunger', *affaticare* 'erschöpfen, anstrengen' von *fatica* 'Erschöpfung, Anstrengung'
- ein seelisches Gefühl: *annoiare* 'langweilen' von *noia* 'Langeweile', *arrabbiarsi* 'sich ärgern' von *rabbia* 'Wut'

Auch andere Abstrakta kommen als Basen in Frage; s. z.B. *accostumare* 'gewöhnen' von *costume* 'Brauch', *accreditare* 'Kredit geben, gutschreiben' von *credito* 'Kredit'. - Nomina, die konkrete Gegenstände bezeichnen (wie z.B. in *ammattonare* 'mit Backsteinen belegen' von *mattone* 'Backstein', *ammanettare* 'in Handschellen legen' von *manette* 'Handschellen'), sind als Basen ebenfalls möglich.

Beim dritten Typ bezeichnet das Verb eine zustandsverändernde Handlung. Die Basis bezeichnet den Zustand, der durch die Handlung herbeigeführt wird; das Objekt des Verbs bezeichnet den Gegenstand, der die Zustandsveränderung erleidet. Die Basis kann eine Form bezeichnen, z.B. *accatastare* 'aufschichten' von *catasta* '(Holz)stapel', *accumulare* 'anhäufen' von *cumulo* 'Haufen', aber auch andere Kategorien, anhand deren das Resultat der Handlung angegeben werden kann; vgl. z.B. *accoppiare* 'paaren' von *coppia* 'Paar', *abbronzare* 'bräunen' von *bronzo* 'Bronze', *accapponare* '(einen Hahn) kastrieren' von *cappone* 'Kapaun'.

N.B. Dieser dritte Typ konkurriert semantisch mit den Derivaten auf -*ízz*-; er ist bei weitem nicht so produktiv wie jene.

1.6.2. Derivation mit Derivationssuffix

Verben können auch vermittels eines Derivationssuffixes aus Nomina gebildet werden. Die betreffenden Suffixe sind -*ízz*-, -*ific*- und -*éggi*-. Zusätzlich kann ein Präfix angefügt werden. Die Derivate gehören der a-Konjugation an. Die mit -*ízz*- gebildeten Verben sind transitiv; die mit -*éggi*- und -*ific*- gebildeten sind transitiv oder intransitiv. Semantisch sind alle Derivationen auf das Tätigkeitsmodell bezogen.

1.6.2.1. Ohne Präfigierung

Für die drei Suffixe gilt im einzelnen:

-ízz-

Die mit diesem sehr produktiven Suffix gebildeten Derivate bezeichnen sämtlich Tätigkeiten oder Handlungen, die auf einen Gegenstand verändernd einwirken. Das Subjekt ist stets in der Rolle des Agens, das Objekt in der Rolle des Patiens. Das Nomen, das die Basis bildet, bezeichnet einen Gegenstand, der an der Tätigkeit oder Handlung in irgendeiner Weise, nicht aber als Agens oder Patiens, beteiligt ist. Für die semantische Kategorie der Basis gibt es kaum Beschränkungen. Die spezifische Rolle, die der durch die Basis bezeichnete Gegenstand in der Tätigkeit oder Handlung spielt, ergibt sich pragmatisch aus dem Wissen über diesen Gegenstand. Typisch sind folgende Verhältnisse:

- die Basis bezeichnet Elemente, auf die der Patiens reduziert wird: *atomizzare* 'atomisieren' von *atomo* 'Atom', *lottizzare* 'parzellieren' von *lotto* 'Parzelle'
- die Basis bezeichnet eine Form, in die der Patiens verwandelt wird: *polverizzare* 'pulverisieren' von *polvere* 'Pulver', *vaporizzare* 'verdampfen' von *vapore* 'Dampf
- die Basis bezeichnet das Mittel oder die wirkende Kraft, mit der der Patiens in einen veränderten Zustand gebracht wird: *alcoolizzare* ' alkoholisieren' von *alcool* 'Alkohol', *scandalizzare* 'skandalisieren' von *scandalo* 'Skandal'

- die Basis bezeichnet den Erfinder der Methode, mit der der Patiens in einen veränderten Zustand versetzt wird: *galvanizzare* 'galvanisieren' von *Galvani*, *pastorizzare* 'pasteurisieren' (lautlich italianisiert) von *Pasteur*
- die Basis bezeichnet ein Land oder einen Ort, in dem eine ähnliche Situation besteht wie die, in die der Patiens gebracht wird: *vietnamizzare* 'vietnamisieren', *coventrizzare* 'bombardieren wie Coventry'

N.B. Das Suffix *-ízz-* wird auch an Basen angefügt, die keine Grundmorpheme sind, die aber mit dem Nominalsuffix *-ísm-* bzw. *-ésim-* auftreten: *catechizzare* 'katechisieren' zu *catechismo* 'Katechismus', *battezzare* 'taufen' zu *battesimo* 'Taufe'.

Die auf Vokal plus /si/ endenden indeklinablen Nomina griechischen Ursprungs verlieren diese Silbe bei der Suffigierung mit *-ízz-*: *analisi* 'Analyse' ergibt *analizzare*, *paralisi* 'Lähmung' ergibt *paralizzare* 'lähmen', *ipotesi* 'Hypothese' ergibt *ipotizzare* 'eine Hypothese aufstellen'.

N.B. Konkurrierend zu diesen unmittelbar auf dem (gekürzten) Nomen beruhenden Bildungen gibt es auch deadjektivische Derivate. Diese beruhen auf mit *-ic-* gebildeten Adjektiven, deren Stamm auf /t/ endet: *sintetizzare* 'zur Synthese bringen', *ipnotizzare* 'hypnotisieren' beruhen offensichtlich nicht unmittelbar auf *sintesi*, *ipnosi*, sondern auf *sintetico*, *ipnotico*. - Die denominale Derivation mit *-ízz-* wird gestützt durch die Rolle der entsprechenden Suffixe (frz. *-is-*, dt. *-isier-*, engl. *-yze* usw.) im "internationalen" Wortschatz der europäischen Sprachen.

-ific-

Die mit *-ific-* gebildeten Verben sind transitiv oder intransitiv.

Sie bezeichnen eine Tätigkeit, durch die ein Gegenstand hervorgebracht oder umgewandelt wird. Die Basis bezeichnet den hervorgebrachten oder durch Umwandlung enstandenen Gegenstand. Das Subjekt des Verbs bezeichnet den Agens. Das Objekt bezeichnet den umgewandelten Gegenstand. Bezeichnet das Verb die Hervorbringung eines Gegenstandes, so wird dieser durch die Basis bezeichnet: Das Verb ist dann intransitiv. - Beispiele sind:

- transitive Verben: *personificare* 'personifizieren' von *persona* 'Person', *saponificare* 'zu Seife machen' von *sapone* 'Seife'
- intransitive Verben: *nidificare* 'Nester bauen' von *nido* 'Nest', *prolificare* 'sich vermehren' von *prole* 'Nachkommenschaft'

N.B. *-ific-* ist ein eher "gelehrtes" Suffix. Deshalb sind die Basen manchmal die latinisierenden Entsprechungen italienischer Wörter, wie z.B. in: *esemplificare* 'exemplifizieren' von *esempl-* statt *esempi-*, *deificare* 'vergöttlichen' von *de-* statt *di-* 'Gott'. - Auch dieses Suffix wird durch entsprechende Suffixe (frz. *-fi-*, dt. *-ifizier-*, engl. *-fy* usw.) im "internationalen" Wortschatz der europäischen Sprachen gestützt.

-éggi-

Die Derivation mit *-éggi-* ist weniger produktiv als die mit *-ízz-* und mit *-ific-*. Die transitiven Derivate bezeichnen Handlungen. Ist das Derivat transitiv, so bezeichnet das Objekt des Verbs den Patiens, und die Basis bezeichnet etwas, was der Patiens bekommt. Ist das Derivat intransitiv, so bezeichnet es Verhaltensweisen und Zustände, und die Basis bezeichnet etwas, für das die Verhaltensweise oder der Zustand typisch ist. - Beispiele sind:

- transitive Verben: *schiaffeggiare* 'ohrfeigen' von *schiaffo* 'Ohrfeige', *molleggiare* 'federn' von *molle* 'Feder'
- intransitive Verben: *bambineggiare* 'sich kindisch benehmen' von *bambino* 'Kind', *ondeggiare* 'Wellenbewegungen vollführen' von *onda* 'Welle'

1.6.2.2. Mit Präfigierung

Die Verbindung von Präfigierung und Suffigierung bei der Ableitung von Verben aus Nomina ist verhältnismäßig selten und eingeschränkt. Als Suffix kommt nur *-ízz-* und als Präfixe kommen nur *de-* und *in-* in Frage.

Beispiele sind: *derattizzare* 'von Ratten befreien' von *ratto* 'Ratte', *detronizzare* 'entthronen' von *trono* 'Thron', *intronizzare* 'inthronisieren', ebenfalls von *trono* 'Thron'.

N.B. Der vorliegende denominale Derivationstyp ist zu unterscheiden von der Bildung deverbaler Verben durch Präfigierung, wie z.B. in *depersonificare* 'entpersönlichen' von *personificare* 'personifizieren', *destalinizzare* 'destalinisieren' von *stalinizzare* 'stalinisieren'. *derattizzare* und *intronizzare* beruhen nicht auf Verben, da es **rattizzare* und **tronizzare* nicht gibt. - Man kann freilich die Wortgrammatik auch so konzipieren, daß Verben wie *derattizzare* und *intronizzare* deverbal sind: **rattizzare* und **tronizzare* wären dann formal gesehen genauso grammatisch wie z.B. *canalizzare* 'kanalisieren'. Die Pragmatik müßte dann klären, ob diese Verben nur zufällig nicht lexikalisiert sind, oder ob sie irgendwelchen pragmatischen Prinzipien der Wortbildung zuwiderlaufen.

1.7. Die Bildung von Verben aus Adjektiven

Die Bildung von Verben aus Adjektiven ist ebenfalls ein wichtiger Teil der Wortgrammatik.

Semantisch beziehen sich die Derivate in ihrer Mehrheit auf das Modell der Zustandsveränderung. In diesen Fällen bezeichnet das Verb die Veränderung einer Eigenschaft oder eines Zustandes eines Mitspielers. Die Basis bezeichnet die von der Veränderung betroffene Eigenschaft.

Die auf das Modell der Zustandsveränderung bezogenen Verben sind intransitiv oder transitiv. Sind sie intransitiv, so bezeichnet ihr Subjekt den Mitspieler, dessen Eigenschaft oder Zustand sich ändert.

Sind sie transitiv, so sind sie gleichzeitig auf das Tätigkeitsmodell bezogen. Ihr Objekt bezeichnet den Mitspieler, dessen Eigenschaft oder Zustand geändert wird. Ihr Subjekt bezeichnet den Mitspieler, der die Änderung herbeiführt. - Beispiele sind:

- intransitive Verben: *impazzire* 'verrückt werden' von *pazzo* 'verrückt', *dimagrire* 'abnehmen' von *magro* 'mager'
- transitive Verben: *stabilizzare* 'stabilisieren' von *stabile* 'fest, stabil', *calmare* 'beruhigen' von *calmo* 'ruhig'

N.B. Die transitiven deadjektivalen Verben sind häufiger als die intransitiven. Die Menge der intransitiven Verben wird durch das syntaktische Verfahren der Reflexivierung angereichert. So hat man zu *calmare* 'beruhigen' *calmarsi* 'sich beruhigen'. Transitive Entsprechungen zu den intransitiven Derivaten werden durch die Konstruktion "*rendere* plus Adjektiv" gebildet. So hat man zu *impazzire* 'verrückt werden' *rendere pazzo* 'verrückt machen'.

Ein kleinerer Teil der deadjektivalen Verben ist auf das Verhaltensmodell bezogen. (Das Verhaltensmodell unterscheidet sich von dem Tätigkeitsmodell nur dadurch, daß der Vorgang nicht auf einen Gegenstand gerichtet ist.)

Diese Verben sind alle intransitiv. Ihre Basis kennzeichnet die Eigenschaft, die das Verhalten des Subjekts charakterisiert.
Beispiele sind: *biancheggiare* 'weiß schimmern' von *bianco* 'weiß', *toscaneggiare* 'sich im Sprachgebrauch nach toskanischen Vorbildern richten' von *toscano* 'toskanisch'. Das folgende Schema soll diese Verhältnisse veranschaulichen:

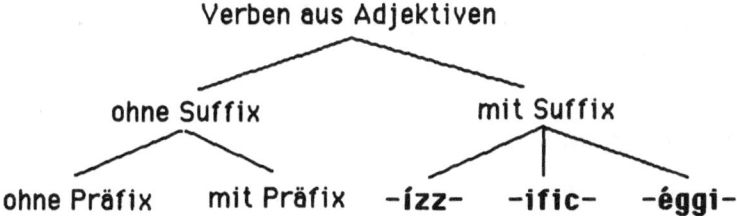

Was die **Flexionsmorphologie** angeht, so gehören die Derivate entweder der a- oder der i-Konjugation an. Bei einigen der Derivationstypen ist die Konjugationsklasse vorhersagbar. Die mit *in-* präfigierten und nicht suffigierten Derivate gehören in der Regel der i-Konjugation an. Alle mit Suffix gebildeten Derivate gehören der a-Konjugation an. Bei den übrigen Derivaten ist die Konjugationsklasse nicht vorhersagbar.

1.7.1. Verben aus Adjektiven ohne Derivationssuffix

Bei der Bildung von Verben aus Adjektiven ohne ein Derivationssuffix sind zwei Gruppen zu unterscheiden: diejenige, bei der an die adjektivische Basis lediglich die

Flexionsendungen des Verbs angefügt werden, und diejenige, bei der außerdem noch ein Präfix angefügt wird.

1.7.1.1. Ohne Präfigierung

Bei der Bildung deadjektivischer Verben ohne Derivationssuffix und ohne Präfix bezeichnet das Verb einen Prozeß oder eine Handlung, als deren Resultat ein Mitspieler in den durch die Basis bezeichneten Zustand gelangt.

N.B. Es handelt sich typischerweise eher um Zustände als um Eigenschaften.

Die Verben sind meist transitiv. Sie gehören typischerweise der a-Konjugation an, aber die i-Konjugation ist nicht ausgeschlossen. - Beispiele sind:

- a-Konjugation: *attivare* 'aktivieren' von *attivo* 'aktiv', *vuotare* 'leeren' von *vuoto* 'leer'
- i-Konjugation: *chiarire* 'klären' von *chiaro* 'klar', *stabilire* 'festsetzen' von *stabile* 'fest'

N.B. Bei Adjektiven, deren Stamm auf (unbetontes) -il- endet, wird der Stamm um die Lautfolge -it- erweitert; vgl. z.B. *facilitare* 'erleichtern' von *facile* 'leicht', *nobilitare* 'adeln' von *nobile* 'adlig, edel'.

N.B. Diese Derivation war in älteren Sprachstufen produktiver als heute. Der Auslaut des Adjektivstamms konnte palatalisiert werden, worauf heute unregelmäßige Derivate auf -*are* zurückgehen; wie z.B. *uguagliare* 'gleichen' zu *uguale* 'gleich', *alzare* 'heben' zu *alto* 'hoch'. Letzteres gilt natürlich auch für die präfigierten Derivate, z.B. *assomigliare* 'ähneln' zu *simile* 'ähnlich', *assottigliare* 'verfeinern' zu *sottile* 'fein'.

1.7.1.2. Mit Präfigierung

Für die Derivation von Verben aus Adjektiven ohne Derivationssuffix, aber mit Präfigierung kommen die Präfixe *a-* und *in-* mit ihren Varianten in Frage. Im einzelnen gilt:

a -

Das Präfix *a-* längt bzw. verdoppelt den Anlautkonsonanten der Basis. Die Derivate gehören der a- oder der i- Konjugation an. - Beispiele sind:

- a-Konjugation: *allargare* 'verbreitern' von *largo* 'breit', *avvicinare* 'nähern' von *vicino* 'nah'
- i-Konjugation: *alleggerire* 'erleichtern' von *leggero* 'leicht', *approfondire* 'vertiefen' von *profondo* 'tief'

Eine Regel für die Wahl der Konjugationsklasse gibt es nicht.

N.B. Derivate aus derselben Basis und mit demselben Präfix können mit leichter Bedeutungsdifferenzierung in beiden Konjugationsklassen lexikalisiert sein: von *rosso* 'rot' gibt es *arrossire* 'erröten' und *arrossare* 'röten', von *molle* 'weich' gibt es *ammollire* 'weich machen' und *ammollare* 'einweichen'.

Im Gegensatz zu den affixlosen deadjektivalen Derivaten nehmen die mit dem Präfix *a-* gebildeten Verben auch die elementaren Adjektive als Basen; also z.B. die Bezeichnungen für:

- Farben: *annerire* 'schwärzen' von *nero* 'schwarz', *arrossire* 'erröten' von *rosso* 'rot'
- Formen und Dimensionen: *allungare* 'verlängern' von *lungo* 'lang', *appiattire* 'platt machen' von *piatto* 'platt'
- Geschwindigkeit: *rallentare* 'verlangsamen' von *lento* 'langsam', *accelerare* 'beschleunigen' von *celere* 'schnell'

N.B. Mit einer Erweiterung der Basis durch /j/ oder mit einer sprachgeschichtlich auf /j/ zurückgehenden Veränderung lexikalisiert sind z.B.: *abbreviare* 'kürzen' von *breve* 'kurz', *accorciare* 'kürzen' von *corto* 'kurz'; mit einer Erweiterung durch *-ol-*: *ammutolire* 'stumm machen'.

in-

Das /n/ des Suffixes *in-* wird in bestimmten Kontexten an den Anlaut der Basis angeglichen. Vor Labial wird es zu /m/; vgl. z.B. *impigrire* 'faul werden' von *pigro* 'faul'; vor /l/ und /r/ erscheint es nicht, es hinterläßt aber als Spur die Längung des Anlautkonsonanten; vgl. z.B. *illividire* 'blaue Flecken bekommen oder verursachen' von *livido* 'schwärzlich blau', *irrigidire* 'versteifen' von *rigido* 'steif'.

Die mit dem Präfix *in-* aus Adjektiven gebildeten Verben gehören meistens der i-Konjugation an. Sie können transitiv und intransitiv sein. - Beispiele sind:

- transitiv: *intimidire* 'einschüchtern' von *timido* 'schüchtern', *inumidire* 'befeuchten' von *umido* 'feucht'
- intransitiv: *ingrassare* 'dicker werden' von *grasso* 'fett', *impazzire* 'verrückt werden' von *pazzo* 'verrückt'
- transitiv und intransitiv: *indebolire* 'schwächen, schwach werden' von *debole* 'schwach', *invecchiare* 'altern, altern lassen' von *vecchio* 'alt'

Es besteht Konkurrenz zu der Derivation mit dem Präfix *a-*; vgl. z.B. *appiattire* 'platt machen' von *piatto* 'platt', *annerire* 'schwärzen' von *nero* 'schwarz'.

1.7.2. Derivation mit Derivationssuffix

Die Derivationssuffixe, mit denen Verben aus Adjektiven gebildet werden, sind *-izz-*, *-ific-* und *-éggi-*. Sie sind mit den gleichlautenden Suffixen zur Bildung denominaler Verben (s. 1.6.2.1) identisch.

Im einzelnen gilt:

-ízz-

Die mit diesem sehr produktiven Suffix gebildeten Verben gehören der a-Konjugation an.

Beispiele sind: *concretizzare* 'konkretisieren' von *concreto* 'konkret', *normalizzare* 'normalisieren' von *normale* 'normal'.

Die Derivate sind in der Regel transitiv. (Eine Ausnahme ist *fraternizzare* 'fraternisieren' von *fraterno* 'brüderlich'.)

Die Basen sind typischerweise Lexeme, die nicht dem Bereich der elementarsten Adjektive angehören. (Dies mag mit dem eher "gelehrten" Charakter dieser Derivation zusammenhängen.)

Es gibt zwei formal bestimmbare Gruppen von Adjektiven, die mit *-ízz-* verbalisiert werden. Zur ersten gehören diejenigen, deren Stamm auf /l/ endet. Morphologisch sind diese Adjektive oft selbst mit den Suffixen *-ál-* oder *-íbil-* abgeleitet.

Beispiele sind:

- nicht mehr durchsichtige Basis: *realizzare* 'verwirklichen' von *reale* 'wirklich', *impermeabilizzare* 'imprägnieren' von *impermeabile* 'wasserabstoßend'
- denominale Basis mit *-ál-*: *formalizzare* 'formalisieren' von *formale* 'formal', dieses von *forma* 'Form'; *nazionalizzare* 'nationalisieren' von *nazionale* 'national', dieses von *nazione* 'Nation'

Ableitungen von einem Adjektiv mit deverbaler Basis wie *trasferibilizzare* 'übertragbar machen' von *trasferibile* 'übertragbar', dieses von *trasferire* 'übertragen' oder *fungibilizzare* 'vertretbar machen' von *fungibile* 'vertretbar, austauschbar', dieses von *fungere (da)* 'fungieren als' können mit dieser Derivation prinzipiell ebenfalls gebildet werden, werden aber gewöhnlich vermieden. An ihrer Stelle wird die syntaktische Konstruktion mit "*rendere* + Adjektiv" gebraucht: *rendere trasferibile, rendere fungibile*.

Die zweite formal bestimmbare Gruppe von mit *-ízz-* verbalisierbaren Adjektiven sind diejenigen, die ihrerseits aus einer mit /t/ endenden Basis und dem Suffix *-ic-* bestehen, z.B. *automat-ic-o* 'automatisch', *democrat-ic-o* 'demokratisch'. Bei ihnen wird das Suffix *-ízz-* unmittelbar an die ursprüngliche Basis angefügt, also *automatizz-are* 'automatisieren', *democrat-izz-are* 'demokratisieren'. Man kann also sagen (Dardano 1978:33), daß ein Suffixersatz stattfindet.

N.B. Der Suffixersatz findet nicht notwendig statt; vgl. z.B. *politicizzare* 'politisieren' von *politico* 'politisch', *poeticizzare* 'poetisieren' von *poetico* 'poetisch'. - Man kann den Suffixersatz als ausnahmslos be handeln, wenn man *politicizzare* und *poeticizzare* nicht als deadjektivisch, sondern als denominal (von *politica* 'Politik' bzw. *poetica* 'Poetik') betrachtet.

Eine inhaltlich bestimmbare Gruppe von Adjektiven, die mit *-ízz-* verbalisiert werden, sind die **ethnischen Adjektive**, d.h. die Bezeichnungen für ethnische oder geographische Zugehörigkeit, z.B. in *italianizzare* 'italianisieren' von *italiano* 'italienisch', *latinizzare* 'latinisieren' von *latino* 'lateinisch'.

N.B. Ein Derivat von einem ethnischen Adjektiv kann lexikalisiert sein, wodurch die regelmäßige Derivation blockiert ist; vgl. z.B. *ispanizzare* 'hispanisieren' von *ispanico* 'hispanisch', nicht von *spagnolo* 'spanisch'.

N.B. Wie die denominale Derivation mit *-ízz-*, so wird auch die deadjektivale stark durch den "internationalen" Wortschatz gestützt; s. auch die Übersetzungen der Beispiele.

-ífic-

Die mit diesem Suffix gebildeten Verben gehören ebenfalls der a-Konjugation an.

Sie sind sämtlich transitiv.

Die Basen sind auch hier typischerweise Lexeme, die nicht dem Bereich der elementarsten Adjektive angehören. Auch hier handelt es sich um eine eher "gelehrte" Derivation.

Beispiele sind: *beatificare* 'seligsprechen' von *beato* 'selig', *chiarificare* 'klären' von *chiaro* 'klar'.

N.B. Genauso wie bei *-ízz-* findet Suffixersatz von *-ic-* durch *-ific-* statt: *elettr-ific-are* 'elektrifizieren' von *elettr-ic-o* 'elektrisch', *ton-ific-are* 'tonisieren' von *ton-ic-o* 'tonisch'. *-ific-* ist aber für solche Basen untypisch.

N.B. Auch an ethnische Adjektive kann *-ific-* angefügt werden: *russificare* 'russifizieren' von *russo* 'russisch'. Aber auch hier ist *-ízz-* das typischere Suffix.

N.B. Es besteht prinzipiell kein semantischer Unterschied zu den Derivaten mit *-ízz-*. Die Konkurrenz kann aber zu differenzierender Lexikalisierung genutzt werden. So hat man z.B. zu *elettr-* (vgl. *elettrico* 'elektrisch') die Derivate *elettrizzare* 'elektrisieren' und *elettrificare* 'elektrifizieren'. (Auch hier ist die Bedingtheit durch den "internationalen" Wortschatz offensichtlich.)

-éggi-

Die deadjektivale Derivation mit *-éggi-* erzeugt ebenfalls Verben der a-Konjugation. Sie ist nicht so produktiv wie die Derivation mit *-ízz-* und mit *-ific-*.

Zu beiden besteht eine semantische Opposition. Die Verben, die mit *-éggi-* aus Adjektiven gebildet sind, bezeichnen keine auf einen Gegenstand gerichtete Tätigkeit, sondern ein Verhalten. Dementsprechend sind sie intransitiv.

Viele Derivate bezeichnen nur den äußerlich sichtbaren Aspekt des Verhaltens, eher den Stil als das Wesen. So heißt z.B. *americaneggiare* nicht 'sich als Amerikaner verhalten', sondern 'Amerikaner nachahmen', *latineggiare* nicht 'Lateiner sein', sondern 'sich in auffälliger Weise am Lateinischen orientieren'.

Beispiele für deadjektivische Ableitungen mit -*éggi*- sind (außer den bereits oben genannten): *frivoleggiare* 'oberflächlich reden, leichtfertig handeln' von *frivolo* 'oberflächlich, leichtfertig', *folleggiare* 'ein törichtes Verhalten zeigen' von *folle* 'töricht'.

N.B. Die Opposition zur Derivation mit -*ízz*- äußert sich in Paaren wie *radicaleggiare* 'sich zu radikalen Positionen bekennen' vs. *radicalizzare* 'radikalisieren', *idealeggiare* 'eine idealistische Einstellung hervorkehren' vs. *idealizzare* 'idealisieren'.

1.8. Die Bildung von Adjektiven aus Adjektiven

Adjektive können aus Adjektiven durch Präfigierung und, in geringerem Ausmaß, durch Suffigierung gebildet werden.

Die semantischen Relationen zwischen Basis und Derivat sind bei den Adjektiven vergleichsweise einfach. Sie beziehen sich nicht in dem Maße auf komplexe Modelle, wie es z.B. bei den Nomina der Fall ist.

Bei der Derivation durch **Präfigierung** sind semantisch zwei Typen zu unterscheiden: die modifizierende und die relationale Präfigierung.

Bei der **modifizierenden** Präfigierung operiert das Präfix über einem Adjektiv, das eine Eigenschaft angibt. Es kann die Eigenschaft in ihr Gegenteil verkehren (antonymische Präfigierung), wie z.B. in *inutile* 'nutzlos' von *utile* 'nützlich' oder angeben, daß sie in hohem Maße besteht (graduierende Präfigierung), wie z.B. in *ipersensibile* 'übersensibel' von *sensibile* 'sensibel'. Die Derivate der modifizierenden Präfigierung sind normale Adjektive.

Bei der **relationalen** Präfigierung bezeichnet das Derivat nicht eine (einfache) Eigenschaft, sondern eine Relation zwischen zwei Termen. Die Basen sind ihrerseits denominal. Die Derivate sind keine normalen Adjektive: Sie können nur attributiv gebraucht werden, sie sind nicht graduierbar, und aus ihnen können keine Adverbien oder Nomina gebildet werden.

Die beiden Terme der Relation sind einerseits derjenige Gegenstand, der durch das Nomen bezeichnet wird, das der Kopf der Nominalphrase ist, und andererseits derjenige Gegenstand, der durch die nominale Basis des abgeleiteten Adjektivs bezeichnet wird.

So besteht *extraparlamentare* 'außerparlamentarisch' aus dem Präfix *extra*- und der adjektivischen Basis *parlamentare* 'parlamentarisch'. Dieses ist ein denominales Derivat von *parlamento* 'Parlament'. In dem Ausdruck *azione extraparlamentare* 'außerparlamentarische Aktion' bezeichnet das Präfix die Relation 'außerhalb von'; die Terme der Relation sind die Aktion und das Parlament.

Die Derivate der relationalen Präfigierung können Relationen verschiedener Typen bezeichnen, Relationen der Zeit, des Raums usw.

Die Derivation von Adjektiven aus Adjektiven durch **Suffigierung** ist modifizierend. Sie betrifft den Grad, in dem die durch das Adjektiv bezeichnete (einfache) Eigenschaft zutrifft. Die Derivate sind normale Adjektive. Beispiel: *nerissimo* 'pechschwarz' von *nero* 'schwarz'.

Das folgende Schema soll die Systematik der Bildung von Adjektiven aus Adjektiven veranschaulichen:

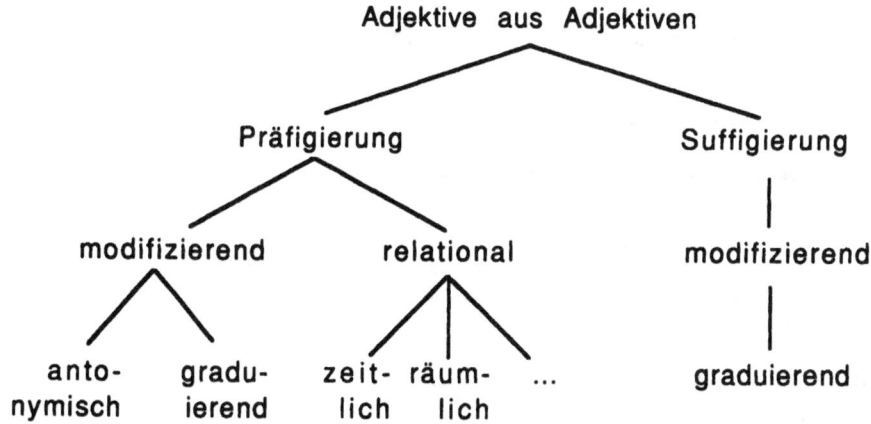

Die folgende Einzeldarstellung folgt diesem Schema.

1.8.1. Präfigierung

Semantisch kann unterschieden werden zwischen modifizierenden und relationalen Präfixen. Die **modifizierenden** Präfixe beziehen sich semantisch unmittelbar auf durch Adjektive bezeichnete Eigenschaften und verändern diese. Ein Beispiel ist *in-* in *immaturo* 'unreif': Es verändert das Prädikat 'reif' in seine Negation 'unreif'. Die **relationalen** Präfixe hingegen verlangen als Basis ein Adjektiv, das seinerseits aus einem Nomen abgeleitet ist, und sie bezeichnen eine Eigenschaft, die eine Relation bezüglich desjenigen Gegenstands ist, der durch das zugrundeliegende Nomen bezeichnet wird.

N.B. Eine Alternative zu dieser Analyse relationaler Präfixe bestünde darin, die betreffenden Adjektive ohne Zwischenstufe unmittelbar aus Nomina abzuleiten. Die Ableitung über ein Adjektiv dürfte jedoch den formalen Verhältnissen besser gerecht werden.

1.8.1.1. Modifizierende Präfigierung

Die Präfixe der antonymischen Präfigierung sind *in-*, *a-* und *s-*.

Sie werden logischerweise nur an solche Adjektive angefügt, die ein Gegenteil haben können, also nicht an Adjektive, die einen Bereich innerhalb einer Skala bezeichnen, wie die Farbadjektive oder die sich auf das Lebensalter beziehenden Lexeme. Außerdem sind die Ableitungen für viele Adjektive blockiert, weil sie bereits Grundmorpheme als Antonyme haben.

N.B. Das It. ist hier konsequenter als das Dt., das Bildungen wie *unschön*, *ungut* (aber doch nicht z.B.*unhäßlich*, *unschlecht*) zuläßt. Formen wie **imbello* oder **sbello* gibt es nicht. Die Entsprechungen von Formen wie *unschön* werden mit der syntaktischen Negation gebildet:

    (90)   Das ist aber wirklich **unschön**
               'Ma veramente **non** è **bello**'

Die graduierenden Präfixe sind *extra-*, *ultra-*, *super-*, *iper-* und *stra-*. Sie bezeichnen alle den hohen Grad.

N.B. Ein Präfix für das nur geringe Zutreffen einer Eigenschaft gibt es nicht. Hier kann das adjektivische Prädikat nur durch Suffixe (z.B. *bellino*, *belluccio* s.u.) oder durch adverbiale Ausdrücke modifiziert werden; wie z.B. *più o meno* 'mehr oder weniger', *quasi* 'fast', *un po'* 'ein bißchen'.

Für die Verwendung und Deutung der Präfixe gilt im einzelnen:

in-

Das negative Präfix *in-* verhält sich bei Adjektiven formal genauso wie das kausative Präfix *in-* bei Verben: Es variiert je nach dem Anlaut der Basis; s. z.B.:

- assimiliert zu /m/: *impossibile* 'unmöglich', *imbattibile* 'unschlagbar', *immaturo* 'unreif'
- geschwunden und auf einen gelängten Anlaut der Basis reduziert: *illimitato* 'unbegrenzt', *irreale* 'unwirklich'

Die Derivation mit *in-* ist die produktivste der antonymischen Ableitungen. Sie war von der lateinischen Phase der Sprache bis heute wirksam, und sie wird durch die latinisierende Präfigierung der europäischen Internationalismen mit *in-* gestützt.

N.B. Sie entspricht weitgehend der dt. Derivation mit *un-*.

Ihre Basen können sein:

- adjektivische Grundlexeme: *indegno* 'unwürdig' von *degno* 'würdig', *ingiusto* 'ungerecht' von *giusto* 'gerecht'
- deverbale Adjektive auf *-íbil-*: *inaccettabile* 'unannehmbar' von *accettabile* 'annehmbar' zu *accettare* 'annehmen', *illeggibile* 'unleserlich' von *leggibile* 'lesbar' zu *leggere* 'lesen'
- adjektivisch verwendbare Partizipien: *illimitato* 'unbegrenzt' von *limitato* 'begrenzt' zu *limitare* 'begrenzen', *inaspettatto* 'unerwartet' von *aspettato* 'erwartet' zu *aspettare* 'erwarten'

N.B. Die Ableitung aus Basen, die ihrerseits bereits Derivate sind, ist der typischere Fall. Dies zeigt sich auch darin, daß ein großer Teil derjenigen Basen, die heute als adjektivische Grundlexeme aufzufassen sind, nicht mehr (oder nur noch partiell) durchsichtige Derivate aus der lat. Phase sind, und zwar:

- denominal, mit dem Suffix *-ál-*: *illegale* 'ungesetzlich' von *legale* 'gesetzlich' zu lat. *leg-* 'Gesetz', *immorale* 'unmoralisch' von *morale* 'moralisch' zu lat. *mor-* 'Sitte'
- deverbal, mit dem Suffix *-íbil-*: *inabile* 'unfähig' von *abile* 'geschickt' zu lat. *hab-* 'halten', *immobile* 'unbeweglich' von *mobile* 'beweglich' zu lat. *mov-* 'bewegen'
- deverbal, aus dem lat. Partizip Präsens: *indecente* 'unanständig' von *decente* 'anständig' zu lat. *dec-* 'zieren', *impaziente* 'ungeduldig' von *paziente* 'geduldig' zu lat. *pat-* 'leiden'
- deverbal, aus dem lat. Partizip Perfekt: *incolto* 'ungebildet' von *colto* 'gebildet' zu lat. *col-/cult-* 'pflegen', *imperfetto* 'unvollkommen' von *perfetto* 'vollkommen' zu lat. *perfic-/perfect-* 'vollenden'

a-

Dieses Präfix ist gegenüber *in-* hinsichtlich seiner Basen sehr eingeschränkt. Es kommt weder für die Derivate mit *-íbil-* noch für die Partizipien in Frage. Seine typischen Basen sind "gelehrte" Adjektive, vor allem solche griechischer Herkunft; wie z.B. in *atipico* 'untypisch' von *tipico* 'typisch', *agrammaticale* 'ungrammatisch' von *grammaticale* 'grammatisch'. Basen lateinischer Herkunft sind nicht ausgeschlossen; s. z.B. *anormale* 'unnormal' von *normale* 'normal'. Dort, wo Konkurrenz zu *in-* besteht, kann diese zur differenzierenden Lexikalisierung benutzt werden; vgl. z.B. *immorale* 'unmoralisch' und *amorale* 'amoralisch' von *morale* 'moralisch'.

s-

Das Präfix *s-* ist für die Bildung von Adjektiven aus Adjektiven nur wenig produktiv. Auch abgesehen von seinen phonologischen Kontextbeschränkungen (es steht nicht vor Vokal, vor /ʃ/, /tʃ/, /ts/, /dz/ oder /s/) ist es gegenüber *in-* sehr eingeschränkt: Es nimmt die Derivate auf *-íbil-* nicht als Basis.

Beispiele sind: *sleale* 'unloyal' von *leale* 'loyal', *sgradevole* 'unangenehm' von *gradevole* 'angenehm'.

extra-, ultra-, super-

Die graduierenden Präfixe *extra-, ultra-* und *super-* gehören der Sprache der Werbung an.

Beispiele sind: *extrafino* 'extrafein', *ultraleggero* 'superleicht', *superelegante* 'superelegant'.

N.B. *extra-* wird oft ['estra] gesprochen.

Derivate mit *ultra-* werden auch in der politischen Terminologie gebraucht: *ultraconservatore* 'ultrakonservativ', *ultraradicale* 'ultraradikal'.

stra-

Dieses graduierende Präfix ist kaum noch produktiv. Beispiele sind *strapieno* 'übervoll' von *pieno* 'voll', *stravecchio* 'uralt' von *vecchio* 'alt'.

1.8.1.2. Relationale Präfigierung

Die vergleichsweise zahlreichen Präfixe der relationalen Präfigierung sind lateinische Formen (meist Präpositionen), die formal gar nicht oder nur leicht italianisiert sind.

Ihre Basen sind denominale Adjektive, die fast immer dem "gelehrten" Wortschatz angehören.

Insgesamt gehören die betreffenden Derivate eher der Sprache von Wissenschaft, Verwaltung und Journalismus an als der normalen mündlichen Alltagssprache.

N.B. Auf Präfigierung beruhende relationale Adjektive (wie z.B. *überseeisch, unterirdisch*) sind im einheimischen Wortschatz des Dt. selten; sie haben allerdings oft genaue Entsprechungen im "internationalen" Wortschatz. Wenn solche Entsprechungen fehlen, sind sie nicht wörtlich übersetzbar. In solchen Fällen werden die Beispiele in geeigneten Kontexten gegeben.

Als Präfixe kommen hauptsächlich Formen mit lokaler Bedeutung in Frage (*intra-, extra-, cis-, trans-, circum-, sopra-, super-, sub-, inter-*), ferner Formen, die auf die zeitliche Abfolge referieren (*pre-, post-*) und schließlich Formen, die eine Parteinahme bezeichnen (*pro-, anti-, filo-*).

N.B. Die Bezeichnungen für 'rechts' und 'links' und die Namen für Himmelsrichtungen wie im Dt. *rechtsrheinisch, ostelbisch* werden im It. nicht analog verwendet, es müssen Syntagmen gebildet werden: *die rechtsrheinischen Gebiete - i territori sulla riva destra del Reno, die ostelbischen Güter - i latifondi a est dell'Elba*.

Beispiele sind:

a. Räumliche Relationen

intra-: *intracellulare* 'intrazellular' von *cellulare* 'zellular' zu *cellula* 'Zelle'
extra-: *extraurbano* 'außerstädtisch' von *urbano* 'städtisch' zu *urbe* 'Stadt'
cis-: *gli insediamenti cisalpini* 'die Siedlungen diesseits der Alpen' von *alpino* 'alpin' zu *le Alpi* 'die Alpen'
trans-: *le province transdanubiane* 'die Provinzen jenseits der Donau' von *danubiano* 'Donau-' zu *Danubio* 'Donau'
circum-: *la ferrovia circumvesuviana* 'die Eisenbahn rund um den Vesuv' von *vesuviano* 'Vesuv-' zu *Vesuvio* 'Vesuv'
sopra-: *soprannaturale* 'übernatürlich' von *naturale* 'natürlich' zu *natura* 'Natur'
super-: *velocità supersonica* 'Überschallgeschwindigkeit' von (nicht lexikalisiertem) *sonico* 'Schall-' zu *suono* 'Schall'
sub-: *i paesi subappenninici* 'die Dörfer am Fuße des Apennins' von *appenninico* 'apenninisch' von *Appennino* 'Apennin' (das Präfix erscheint italianisiert in *sotterraneo* 'unterirdisch' zu *terra* 'Erde')
sotto-: *la flora sottomarina* 'die Unterwasserflora' von *marino* 'Meeres-' zu *mare* 'Meer'
inter-: *i muscoli intercostali* 'die Interkostalmuskeln' von *costale* 'kostal' von *costale* 'Rippen-' zu *costola* 'Rippe'
meta-: *metalinguistico* 'metasprachlich', von *linguistico* 'sprachlich' zu *lingua* 'Sprache', *metagiuridico* 'jenseits der juristischen Normen liegend' von *giuridico* 'rechtlich' zu *giure* 'Recht'.

N.B. *inter-* ist besonders produktiv in nicht lokaler, interaktionaler Deutung: *la collaborazione intercomunale* 'die Zusammenarbeit zwischen den Kommunen', *la ricerca interdisciplinare* 'die interdisziplinäre Forschung'.

b. Zeitliche Relationen

pre-: *l'età prescolare* 'das Vorschulalter' von *scolare* 'Schul-' zu *scuola* Schule'
post-: *il periodo postbellico* 'die Nachkriegszeit' von *bellico* 'kriegerisch' zu lat. *bell-* 'Krieg'.

c. Relationen der Parteinahme

pro-: *prosovietico* 'prosowjetisch' von *sovietico* 'sowjetisch' zu *soviet* 'Sowjet'
anti-: *una politica antiinflazionistica* 'eine gegen die Inflation gerichtete Politik' von *inflazionistico* 'inflationistisch' zu *inflazione* 'Inflation'
filo-: *filocinese* 'chinafreundlich' von *cinese* 'chinesisch' zu *Cina* 'China'.

1.8.2. Suffigierung

Adjektive können aus Adjektiven durch Suffigierung mit dem Diminutiv *-ín-*, mit dem Elativsuffix *-íssim-* und mit dem Pejorativsuffix *-ástr-* gebildet werden. *-ín-* und *-íssim-* werden an Basen angefügt, die typische, einfache Adjektive sind.

Aus pragmatischen Gründen werden die Derivate nicht noch zusätzlich mit *molto* 'sehr' oder *poco* 'wenig', *un poco* 'ein bißchen' graduiert.

1.8.2.1. Diminutive Adjektive

Das Suffix *-ín-*, mit dem diminutive Adjektive gebildet werden, ist formal mit dem gleichlautenden Nominalsuffix vollkommen identisch.

Semantisch wirkt die Suffigierung bei Nomen und Adjektiv analog: Das Suffix, dessen Bedeutung die relative Eigenschaft 'klein' ist, wird auf die Bedeutung der Basis angewendet.

Da aber die Bedeutung der Basis bei Nomen und Adjektiv nicht derselben Natur ist, ist das Resultat nicht dasselbe: Wenn ein Nomen einen Gegenstand bezeichnet, so bezeichnet dasselbe, mit *-ín-* suffigierte Nomen einen kleinen Gegenstand derselben Art. Wenn ein Adjektiv eine Eigenschaft bezeichnet, so bezeichnet das mit *-ín-* suffigierte Adjektiv dieselbe, aber in geringem Maße gegebene Eigenschaft.

Diese Grundbedeutung wird allerdings immer pragmatisch modifiziert. Es gibt folgende Möglichkeiten:

a. Die Information wird **ironisch umgedeutet**. Man sagt 'die Eigenschaft trifft in geringem Maße zu', gibt damit aber zu verstehen, daß sie in höherem Maße zutrifft, als es einem lieb wäre. - Beispiele sind, mit *pesantino* von *pesante* 'schwer' und *lontanino* von *lontano* 'weit':

(91) E' **pesantina**, questa valigia
'Der ist ganz schön schwer, der Koffer'

(92) Per la bicicletta è **lontanino**
'Fürs Fahrrad ist das ganz schön weit'

N.B. Diese Nuance kann man auch mit *un po'* 'ein bißchen' ausdrücken:

(92') Per la bicicletta è **un po' lontano**
'Fürs Fahrrad ist das ein bißchen weit'

b. Es wird ausgedrückt, daß eine eigentlich negative Eigenschaft nicht zu einer negativen Bewertung ihres Trägers führt; vgl. z.B. *bruttino* von *brutto* 'häßlich' und *magrolino* von *magro* 'mager' in:

(93) Questi gattini sono appena nati. Sono ancora **bruttini**.
'Diese Kätzchen sind gerade erst geboren. Sie sind noch ziemlich häßlich'.

(94) Sei diventata **magrolina**
'Du bist ganz schön mager geworden'

c. Nur im Falle von *piccolino* 'klein' ergibt die Umdeutung von *-ín-* keine Abschwächung, sondern eher eine Intensivierung:

(95) I suoi figli sono ancora **piccolini**
'Ihre Kinder sind noch ganz klein'

1.8.2.2. Elative Adjektive

Das Suffix *-íssim-* kann an eine größere Vielfalt von adjektivischen Basen angefügt werden als *-ín-*; z.B. an:

- Grundlexeme: *buonissimo* 'sehr gut' von *buono* 'gut', *altissimo* 'sehr hoch' von *alto* 'hoch'
- Adjektive, die auf Partizipien beruhen: *apprezzatissimo* 'hoch geschätzt' von *apprezzato* 'geschätzt', *preparatissimo* 'sehr gut vorbereitet, hochqualifiziert' von *preparato* 'vorbereitet, geschult'
- Adjektive, die mit *-íbil-* gebildet sind: *credibilissimo* 'äußerst glaubwürdig' von *credibile* 'glaubwürdig', *digeribilissimo* 'bestens verdaulich' von *digeribile* 'verdaulich'
- Adjektive, die mit *-ós-* gebildet sind: *noiosissimo* 'schrecklich langweilig' von *noioso* 'langweilig', *costosissimo* 'wahnsinnig teuer' von *costoso* 'teuer'

N.B. Bei einigen Formen ist der unregelmäßige lat. Superlativ erhalten: *ottimo* 'sehr gut' zu *buono* 'gut', *pessimo* 'sehr schlecht' zu *cattivo* 'schlecht', *celeberrimo* 'hochberühmt' von *celebre* 'berühmt', *integerrimo* 'vollkommen integer' von *integre* 'integer'. – Auch die Adverbien *bene* 'gut' und *male* 'schlecht' sowie *d'accordo* 'einverstanden' werden mit *-íssim-* suffigiert: *benissimo* 'ausgezeichnet', *malissimo* 'sehr schlecht', *d'accordissimo* 'vollkommen einverstanden'.

1.8.2.3. Pejorative Adjektive

Mit *-ástr-* werden aus Adjektiven, die Sinnesqualitäten bezeichnen, Adjektive gebildet, die die entsprechende unreine oder negativ bewertete Sinnesqualität bezeichnen; Beispiele sind: *dolciastro* 'süßlich' von *dolce* 'süß', *biancastro* 'weißlich' von *bianco* 'weiß'.

1.9. Die Bildung von Adjektiven aus Nomina

Adjektive werden aus Nomina durch Suffigierung gebildet. Präfigierung und affixlose Derivation spielen in diesem Bereich keine Rolle.

N.B. Die scheinbare affixlose Derivation von ethnischen Adjektiven aus Ländernamen (z.B. *argentino* 'argentinisch' zu *Argentina* 'Argentinien', *svizzero* 'schweizerisch' zu *Svizzera* 'Schweiz') ist rein zufällig und ganz marginal. Es gibt nur umgekehrt eine Ableitung von ethnischen Adjektiven aus Nomina; wie z.B. in *barese* 'aus Bari' zu *Bari*, *marocchino* 'marokkanisch' zu *Marocco*.

Das Nomen gibt keine seiner grammatischen Kategorien an das aus ihm abgeleitete Adjektiv weiter. Das Genus kann nicht weitergegeben werden, da das Adjektiv kein lexikalisches Genus hat; die Zugehörigkeit zu einer Flexionsklasse des Derivats ist eine Eigenschaft, die vom jeweiligen Suffix kommt.

Die aus Nomina abgeleiteten Adjektive gliedern sich semantisch und syntaktisch in zwei große Gruppen: Die erste Gruppe gehört zu den echten Adjektiven, die zweite zu den (syntaktisch auf die attributive Verwendung beschränkten) Relationsadjektiven.

Die aus Nomina abgeleiteten **echten Adjektive** sind auf verschiedene Modelle bezogen, und zwar:

- das Inhärenzmodell; das Suffix ist *-ós-* (z.B. *pericoloso* 'gefährlich' von *pericolo* 'Gefahr')
- das Körperteilmodell; das Suffix ist *-út-* (z.B. *panciuto* 'dickbäuchig' von *pancia* 'Bauch')
- das Ereignismodell; das Suffix ist *-át-* (z.B. *terremotato* 'erdbebengeschädigt' von *terremoto* 'Erdbeben')
- das Verursachungsmodell; das Suffix ist *-ífic-* (z.B. *pacifico* 'friedfertig' von *pace* 'Frieden')

Durch die hierher gehörenden Derivationen wird eine Fülle von Adjektiven aller Verwendungsbereiche gebildet.

Die **Relationsadjektive** bezeichnen semantisch eine äußerst vage Relation der Zugehörigkeit zwischen zwei Termen. Der eine Term ist der durch den Kopf der Nominalphrase bezeichnete Gegenstand und der zweite ist der Gegenstand, den die Basis des abgeleiteten Adjektivs bezeichnet.

Diese Relation wird jeweils pragmatisch präzisiert. So wird z.B. in *la rivoluzione industriale* 'die industrielle Revolution' der Gegenstand 'Revolution' durch seine Zugehörigkeitsrelation zu dem Gegenstand 'die Industrie' semantisch näher bestimmt. Die Relation wird pragmatisch präzisiert zu 'die Revolution, die durch das Aufblühen der Industrie in Gang kam'.

Relationsadjektive sind insofern untypische Adjektive, als sie nicht graduierbar sind und nicht prädikativ vorkommen.

Für die Bildung von Relationsadjektiven gibt es eine beträchtliche Anzahl von Suffixen: *-ál-*, *-ár-*, *-án-* usw.

Viele der Relationsadjektive gehören vor allem in den wissenschaftlichen, administrativen und journalistischen Sprachgebrauch.

Einen wichtigen Teilbereich der Relationsadjektive bilden die aus Eigennamen gebildeten Adjektive. Eine Untergruppe von ihnen, die Bezeichnungen für ethnische Zugehörigkeit, gehören auch der Allgemeinsprache an.

N.B. Das Dt. hat vergleichsweise wenige Relationsadjektive; s. z.B. *eine päpstliche Bulle, das schillersche Drama.* Die it. Nominalphrasen, die ein Relationsadjektiv enthalten, entsprechen in der Übersetzung meistens dt. Nominalkomposita; vgl. z.B. *la riforma fiscale - die Finanzreform, il convegno annuale - die Jahrestagung.*

Das folgende Schema soll die Systematik der Ableitung von Adjektiven aus Nomina veranschaulichen:

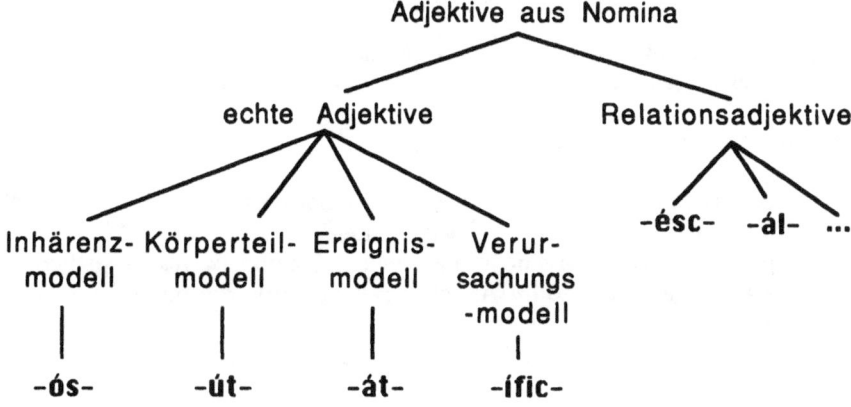

1.9.1. Echte Adjektive

1.9.1.1. Das Inhärenzmodell

Die auf das Inhärenzmodell bezogene Derivation erfolgt mit dem Suffix *-ós-*. Diese Derivation ist sehr produktiv.

Die Derivate gehören der a-/o-Deklination an.

Semantisch gilt folgendes: Als Basis kommen Nomina in Frage, die eine (materielle oder immaterielle) Substanz, ein Kollektiv oder einen individuellen Gegenstand bezeichnen.

Bezeichnet das Nomen, das die Basis bildet, einen individuellen Gegenstand, so wird es im Derivat als Bezeichnung für ein Kollektiv gleichartiger Gegenstände gedeutet. Deshalb sind in solchen Fällen immer viele, nicht individuell unterschiedene Gegenstände gemeint. So bezeichnet z.B. *un pendio sassoso* 'ein steiniger Hang' (*sassoso* von *sasso* 'Stein') einen Hang, auf dem viele Steine sind oder der ganz aus Steinen besteht, nicht aber einen Hang, auf dem sich nur ein Stein befindet oder auf dem einzelne, individuell betrachtete Steine liegen.

Das Derivat als Ganzes wird so gedeutet, daß einem Gegenstand eine (nicht nur vorübergehende) Eigenschaft zugesprochen wird. Dabei gilt: Wenn ein Gegenstand x die durch N-ós- bezeichnete Eigenschaft hat und wenn N auf eine Substanz oder ein Kollektiv y referiert, so ist y dem x **inhärent**.

Damit ist gemeint, daß y mit x materiell oder wesensmäßig fest verbunden ist. So könnte man z.B. *polveroso* 'staubig' von *polvere* 'Staub' für eine staubige Straße (*una strada polverosa*) und *doloroso* von *dolore* 'Schmerz' für eine ihrer Natur nach schmerzliche Trennung (*una separazione dolorosa*) verwenden.

N.B. Ist die Verbindung nicht wesensmäßig, so muß eine andere Ausdrucksweise gewählt werden. So würde man z.B. für 'staubige Schuhe' *scarpe impolverate* (wörtl.: 'bestaubte Schuhe') sagen.

Beispiele für die Derivation mit -ós- sind:

- die Basis bezeichnet eine materielle Substanz: *sabbioso* 'sandig' von *sabbia* 'Sand', *nevoso* 'schneeig' von *neve* 'Schnee'
- die Basis bezeichnet eine immaterielle Substanz: *pauroso* 'ängstlich, beängstigend' von *paura* 'Angst', *premuroso* 'zuvorkommend' von *premura* 'Eile'
- die Basis bezeichnet ein Kollektiv: *boscoso* 'waldig' von *bosco* 'Wald', *erboso* 'grasig' von *erba* 'Gras'
- die Basis bezeichnet lexikalisch ein Individuum, wird aber kollektiv gedeutet: *nuvoloso* 'wolkig' von *nuvola* 'Wolke', *rugoso* 'faltig' von *ruga* 'Falte'

N.B. Einige mit -ós-gebildete Derivate sind so lexikalisiert, daß sie nicht auf das Inhärenzmodell bezogen sind. So heißt *pauroso* in einer Lesart auch 'furchterregend'; in dieser Lesart gehört es zum Verursachungsmodell. Oder das Derivat *amoroso* hat neben seiner der Wortgrammatik gemäßen Lesart (z.B. in *uno sguardo amoroso* 'ein liebevoller Blick') eine Lesart als Relationsadjektiv (z.B. in *avventure amorose* 'Liebesabenteuer').

1.9.1.2. Das Körperteilmodell

Die auf das Körperteilmodell bezogene Derivation erfolgt mit dem Suffix *-út-*. Die Derivate gehören der a-/o-Deklination an.

Die Basen sind Bezeichnungen für Körperteile. Die Derivate besagen in ihrer Grundbedeutung, daß das Lebewesen x, dem die mit dem Adjektiv bezeichnete Eigenschaft zugesprochen wird, den mit der Basis bezeichneten Körperteil y hat, also 'x hat y'.

Aber das Adjektiv kann auch dann verwendet werden, wenn vorausgesetzt ist, daß der betreffende Körperteil vorhanden ist. In diesem Falle wird das Adjektiv umgedeutet. Es gibt zwei Möglichkeiten: Bei der ersten, der quantitativen Umdeutung, wird der Körperteil als vorhanden vorausgesetzt und als besonders groß oder ausgeprägt charakterisiert. Statt 'x hat y' wird ausgesagt: 'x hat ein großes oder ein auffälliges y'.

Die zweite Möglichkeit besteht in der symbolischen Umdeutung: Es ist überhaupt nicht von einem Körperteil die Rede, sondern von einer Eigenschaft, die durch einen Körperteil symbolisiert wird. - Beispiele sind:

- ohne Umdeutung: *baffuto* 'schnurrbärtig' von *baffi* 'Schnurrbart', *ricciuto* 'lockig' von *riccio* 'Locke'
- mit quantitativer Umdeutung: *nasuto* 'großnäsig' von *naso* 'Nase', *membruto* 'schwergliedrig' von *membra* 'Glieder'
- mit symbolischer Umdeutung: *linguacciuto* 'böszungig' von *linguaccia* 'böse Zunge', *cornuto* 'gehörnt' von *corna* 'Hörner'

N.B. Für die Derivation mit symbolischer Umdeutung kommen auch in Frage:

- *-ón-* wie in *orecchione* 'Homosexueller' von *orecchio* 'Ohr', *barbone* 'Penner' von *barba* 'Bart'
- *-ésc-* wie in *manesco* 'eine lockere Hand habend' von *mano* 'Hand'
- *-ós-* wie in *goloso* 'naschsüchtig' von *gola* 'Schlund'

1.9.1.3. Das Ereignismodell

Die auf das Ereignismodell bezogene Derivation erfolgt mit dem Suffix *-át-*.

Die Derivate gehören der a-/o-Deklination an.

Sie bezeichnen Eigenschaften, die das Ergebnis von Ereignissen, Handlungen oder Tätigkeiten sind, von denen der Träger der Eigenschaft betroffen wurde. Sie ähneln hierin den aus Partizipien abgeleiteten Adjektiven, unterscheiden sich aber von ihnen dadurch, daß sie eine ausschließlich nominale Basis haben.

Als Basis kommen in Frage:

- Bezeichnungen für Ereignisse, die einen Gegenstand betreffen können: *terremotato* 'erdbebengeschädigt' von *terremoto* 'Erdbeben', *accidentato* 'vom Schlag getroffen' von *accidente* 'Schlaganfall'
- Bezeichnungen für die Bewertung von zufälligen Ereignissen: *fortunato* 'glücklich' von *fortuna* 'Glück', *sciagurato* 'unglücklich' von *sciagura* 'Unglück'

1.9.1.4. Das Verursachungsmodell

Die auf das Verursachungsmodell bezogene Derivation erfolgt mit dem Suffix *-ific-*. Die Derivate gehören der a-/o-Deklination an.

Die Basis bezeichnet einen Gegenstand oder einen Zustand, der durch einen Prozeß oder eine Tätigkeit verursacht werden kann. Die durch das Derivat bezeichnete Eigenschaft besteht darin, daß der Träger der Eigenschaft das durch die Basis Bezeichnete hervorbringen kann und dies normalerweise auch tut. Beispiele sind: *calorifico* 'wärmespendend' von *calore* 'Wärme', *prolifico* 'fruchtbar' von *prole* 'Nachkommenschaft'.

N.B. Als Relationsadjektiv ist lexikalisiert *scientifico* 'wissenschaftlich', ein Derivat aus lat. *scientia* zu *scienza* 'Wissenschaft'.

1.9.2. Relationsadjektive

Für die Bildung von Relationsadjektiven steht eine große Anzahl von Suffixen bereit. Sie unterscheiden sich funktional voneinander nicht grundsätzlich. Trotzdem ist ihre Verwendung nicht vollkommen frei: Es gibt Präferenzen hinsichtlich der Lautgestalt, der Herkunft und der semantischen Kategorie der Basis.

Die Suffixe sind: *-ár-*, *-ál-*, *-ésc-*, *-íl-*, *-ári-*, *-ín-*, *-ív-*, *-ic-*, *-ístic-*, *-án-*, *-és-*, *-ian-* und *-íst-*.

Im einzelnen gilt:

-ár-

Mit diesem Suffix werden Adjektive der e-Deklination gebildet. *-ár-* wird vor allem (aber nicht ausschließlich) an Basen angefügt, die auf /l/ enden.

Dies erklärt sich daraus, daß das konkurrierende Suffix *-ál-* bei solchen Basen aus Gründen des Wohlklangs ausgeschlossen ist: Wenn es möglich ist, wird vermieden, daß zwei aufeinanderfolgende Silben mit demselben Konsonanten beginnen. Deshalb gibt es tendenziell eine komplementäre Distribution von *-ár-* und *-ál-*: Wenn eine Basis auf /l/ endet, so wird *-ár-* gewählt, sonst *-ál-*, also schematisch:

Auslaut der Basis	Suffix
auf /l/	-ár-
nicht auf /l/	-ál-

Beispiele sind:

- mit einer Basis, die auf /l/ endet: *popolare* 'volkstümlich' von *popolo* 'Volk', *rettangolare* 'rechtwinklig' von *rettangolo* 'rechter Winkel'
- mit einer anderen Basis: *lineare* 'linear' von *linea* 'Linie', *speciale* 'speziell' von *specie* 'Art'

N.B. Diese Derivation besteht seit der lateinischen Phase der Sprache. Deshalb gibt es nebeneinander Formen mit italienischer und mit lateinischer Basis: *famigliare* 'familien-' von it. *famiglia* und *familiare* 'familien-, vertraut' von lat. *familia*.

N.B. Nicht wenige Derivate sind auch als Nomina lexikalisiert, z.B.: *circolare* 'Rundschreiben' von *circolo* 'Kreis', *militare* 'militärisch', 'Soldat' von *milite* 'Soldat'.

-ál-

Dieses sehr produktive Suffix bildet Derivate der e-Deklination. Es wird an Basen angefügt, die nicht auf /l/ enden.

Beispiele sind: *navale* von *nave* 'Schiff' in z.B. *cantiere navale* 'Werft', *postale* von *posta* 'Post', z.B. in *ufficio postale* 'Postamt'.

N.B. Auch an auf /tsjon/ endende Stämme wird das Suffix angefügt, sofern nicht Suffixersatz mit *-ív-* stattfindet: *nazionale* 'national' von *nazione* 'Nation', *funzionale* 'funktional' von *funzione* 'Funktion'.

N.B. Auch diese Derivation gehört schon seit der lateinischen Phase zur Sprache. Hieraus erklären sich einige Änderungen der Basis: Basen, die auf /ts/ enden, werden um ein /j/ erweitert: *conflitto razziale* 'Rassengegensatz' von *razza* 'Rasse', *zona residenziale* 'Wohngebiet' von *residenza* 'Wohnsitz'. - In manchen Fällen ist ein Derivat mit latinisierter Basis lexikalisiert, z.B. in *lavoro manuale* 'Handarbeit' von lat. *manu-* 'Hand', *sistema temporale* 'Tempussystem' von lat. *tempor-* 'Zeit'.

-ésc-

Die Derivate gehören der a-/o-Deklination an. Als Basis kommen vor allem, aber nicht ausschließlich, Bezeichnungen für Personen in Frage. Die Relation, die die durch das Derivat bezeichnete Eigenschaft ausmacht, ist oft als 'Ähnlichkeit' lexikalisiert. Die Ähnlichkeit bezieht sich in diesen Fällen auf bestimmte prototypische Eigenschaften des durch die Basis bezeichneten Gegenstandes. Wenn der Vergleich herabsetzend ist, ist das Derivat pejorativ.

Die Basis kann bezeichnen:

- eine Art von Person: *barbaresco* 'barbarisch, fremdländisch' von *barbaro* 'Barbar', *pretesco* 'pfäffisch' von *prete* 'Priester'
- andere Basen: *un comportamento poliziesco* 'ein polizeiähnliches Verhalten' von *polizia* 'Polizei', *un'azione romanzesca* 'eine romanhafte Handlung' von *romanzo* 'Roman'

Ohne jede präzisierende Lexikalisierung und ohne pejorativen Sinn kommt das Suffix z.B. in *movimento studentesco* 'Studentenbewegung' von *studente* 'Student', *Enciclopedia Dantesca* 'Dante-Enzyklopädie' vor.

-íl-

Dieses Suffix bildet Adjektive der e-Deklination.

Es ist weniger produktiv als *-ál-*. Seine Basen sind auffällig oft, aber keineswegs ausschließlich Personenbezeichnungen.

Beispiele sind:

- mit einer Personenbezeichnung als Basis: *mercantile* 'kaufmännisch' von *mercante* 'Kaufmann', *giovanile* 'jugendlich' von *giovane* 'junger Mensch'
- mit einer anderen Basis: *febbrile* 'fiebrig, fieberhaft' von *febbre* 'Fieber', *primaverile* von *primavera* 'Frühling' wie in *tempo primaverile* ' Frühlingswetter'

-ári-

Dieses ebenfalls nur mäßig produktive Suffix bildet Adjektive der a-/o-Deklination.

Beispiele sind: *ferroviario* von *ferrovia* 'Eisenbahn' in *stazione ferroviaria* 'Bahnhof', *tariffario* von *tariffa* 'Tarif' in *commissione tariffaria* 'Tarifkommission'.

Auch bei diesem Suffix werden auf /ts/ endende Basen um ein /j/ erweitert: vgl. *finanziario* von *finanza* 'Finanzen' wie in *crisi finanziaria* 'Finanzkrise', *penitenziario* von *penitenza* 'Buße' wie in *riforma penitenziaria* 'Strafvollzugsreform'.

N.B. Auch diese Derivation ist seit der lateinischen Phase der Sprache wirksam. Es gibt zahlreiche idiosynkratische Lexikalisierungen. Diese können rein semantisch sein, wie z.B. in *letterario* 'literarisch' von *lettera* 'Buchstabe', 'Brief', *fondo monetario* 'Währungsfonds' von *moneta* 'Geldstück', oder auch formal wie in *saltuario* 'sprunghaft' zu lat. *saltu-* 'Sprung'. - Die Konkurrenz mit anderen Suffixen der gleichen Funktion kann zur differenzierenden Lexikalisierung genutzt werden; vgl. z.B. *mortale* vs. *mortuario* von *morte* 'Tod' wie in *dose mortale* 'tödliche Dosis' vs. *camera mortuaria* 'Sterbezimmer'.

-in-

Mit diesem Suffix werden Adjektive der a-/o-Deklination gebildet.

Semantisch gehören die Basen (und mit ihnen die Derivate) zwei verschiedenen Gruppen an, und zwar sind sie:

- Bezeichnungen von Tierarten: *bovino* von *bove* 'Rind' wie in *allevamento bovino* 'Rinderzucht', *caprino* von *capra* 'Ziege' wie in *latte caprino* 'Ziegenmilch' oder
- Bezeichnungen von Ländern und Städten: *marocchino* 'marokkanisch' von *Marocco* 'Marokko', *parigino* 'pariserisch' von *Parigi* 'Paris'

N.B. Die mit *-in-* aus Tiernamen gebildeten Adjektive sind fachsprachlich. In der Umgangssprache zieht man die entsprechenden Syntagmen mit *di* vor: *allevamento di mucche, latte di capra*.

N.B. Bei der Bildung ethnischer Adjektive konkurriert *-in-* mit *-és-* und *-án-*.

-iv-

Dieses sehr produktive Suffix bildet Adjektive der a-/o-Deklination.

Semantisch sind die Derivate reine Relationsadjektive.

Beispiele sind: *sportivo* von *sport* 'Sport', wie z.B. in *emissione sportiva* 'Sportsendung', *boschivo* von *bosco* 'Wald', wie z.B. in *zona boschiva* 'Waldgebiet'.

Die Derivation erfolgt nicht nur durch einfache Suffigierung, sondern auch durch Morphemersatz.

Ausgangsformen sind Derivate mit dem Suffix *-zión-*, phonologisch /'tsjon/. Dieses Suffix wird zerlegt in "*-t-* plus *-sión-*", und das Element *-sión-* wird durch *-iv-* ersetzt.

Beispiele sind: *distintivo* 'unterscheidend' aus *distinzione* 'Unterscheidung', *educativo* 'erzieherisch' aus *educazione* 'Erziehung'.

Eine Variante des Verfahrens betrifft Nomina, die auf einer alten Suffigierung mit *-ión-* beruhen. Bei ihnen wird dieses Suffix einfach durch *-iv-* ersetzt.

Beispiele sind: *visivo* 'Sicht-' (vgl. z.B. *campo visivo* 'Gesichtsfeld') aus *visione* 'Sicht', *aggressivo* 'aggressiv' aus *aggressione* 'Angriff'.

N.B. Diese etwas komplizierten Verhältnisse sind Spuren von Derivationsverfahren, die während der lateinischen Phase der Sprache wirksam waren. Die Suffixe *-ión-* und *-iv-* wurden nicht an Nomina, sondern an Partizipien des Perfekts angefügt. Für unsere Beispiele ergeben sich dann völlig regelmäßig die Strukturen:

Partizip Perfekt	Suffigierung mit -ión-	Suffigierung mit -ív-
educat-	education-	educativ-
distinct-	distinction-	distinctiv-
aggress-	aggression-	aggressiv-
vis-	vision-	visiv-

Die Unterschiede zwischen diesen und den it. Formen beruhen nur auf regelmäßigem Lautwandel.

-ic -

Mit diesem sehr produktiven Suffix werden ebenfalls Adjektive der a-/o- Deklination gebildet.

Beispiele sind: *velico* von *vela* 'Segel' wie in *competizione velica* 'Segelwettkampf', *nordico* von *nord* 'Norden' wie in *le discipline nordiche* 'die nordischen Disziplinen'.

Die große Mehrzahl der Basen sind nicht-einheimische, vor allem griechische Wörter; s. z.B.: *panoramico* 'landschaftlich schön' von *panorama* 'Aussicht', *atmosferico* 'atmosphärisch' von *atmosfera*, *folklorico* 'folkloristisch' von *folklore*.

Auch bei dieser Derivation finden systematische Änderungen des Auslauts der Basis statt.

Es sind folgende Fälle zu unterscheiden:

a. Die Basis ist ein männliches Nomen, das auf /a/ endet, wie z.B. *dramma* 'Drama'. Sie wird um ein /t/ erweitert, wobei das urprüngliche Flexionssuffix -*a* zu einem Element der Basis umgedeutet wird und den Akzent erhält. So wird *dramma* /'dramma/ zu *drammat*- /dram'mat/, und diese modifizierte Basis wird mit -*ic*- suffigiert, also *drammat*- zu *drammatico* /dram'matiko/.

Weitere Beispiele sind: *automatico* 'automatisch' von *automa* 'Automat', *problematico* 'problematisch' von *problema* 'Problem'.

N.B. Dieselbe Veränderung der Basis findet bei der Verbalisierung mit -*ízz*- statt; z.B. *drammatizzare* 'dramatisieren' von *dramma*.

b. Die Basis ist ein weibliches Nomen, dessen Basis auf -*í*- endet, wie z.B. *filosofia* 'Philosophie'. Das -*í*- wird gestrichen und der Akzent auf den Vokal der vorausgehenden Silbe gelegt, also *filosofi*- /filɔzɔ'fi/ zu *filosof*- /fi'lɔzɔf/. Die so geänderte Basis wird mit -*ic*- suffigiert, wodurch sich *filosofico* /filɔ'zɔfiko/ 'philosophisch' ergibt.

Weitere Beispiele sind: *biologico* 'biologisch' von *biologia* 'Biologie', *simpatico* 'sympathisch' von *simpatia* 'Sympathie'.

N.B. Auf der gleichen reduzierten Basis beruhen die Personenbezeichnungen wie *filosofo* 'Philosoph', *biologo* 'Biologe' usw.

c. Die Basis ist ein weibliches Nomen, dessen Basis auf /zi/ endet, wie z.B. *analisi* /a'nalizi/ 'Analyse'. /zi/ wird durch /t/ ersetzt, und der Akzent wird auf die verbliebene letzte Silbe gelegt, also *analisi* zu *analit-* /ana'lit/. Das Suffix *-ic-* wird an diese veränderte Basis angefügt, also *analitico* /ana'litiko/ 'analytisch'.

Weitere Beispiele sind: *osmotico* 'osmotisch' von *osmosi* 'Osmose', *esegetico* 'exegetisch' von *esegesi* 'Exegese'.

N.B. *caotico* 'chaotisch' zu *caos* 'Chaos' und *frenetico* 'rasend' zu *frenesia* 'Raserei' haben ebenfalls den Wechsel zwischen *-s-* und *-t-*.

N.B. *-ic-* kommt auch im Rahmen eines Morphemersatzes als Suffix von Basen vor, die keine Grundlexeme sind und die auch mit dem Suffix *-ism-* auftreten, wie z.B. *fanat-* in *fanatico* 'fanatisch' und *fanatismo* 'Fanatismus', *strab-* in *strabico* 'schielend' und *strabismo* 'Schielen'. – Es wird auch zur Bildung von Adjektiven benutzt, deren Basis suppletive "gelehrte" Entsprechungen von geläufigen Nomina sind, wie *idrico* in z.B. *energia idrica* 'Wasserenergie' (*idr-* als suppletive Entsprechung zu *acqua* 'Wasser'), *onirico* in z.B. *attività onirica* 'Traumtätigkeit' (*onir-* als suppletive Entsprechung zu *sogno* 'Traum').

-ístic-

Auch dieses Suffix bildet Adjektive der a-/o-Deklination.

Die mit *-ístic-* suffigierbaren Basen sind typischerweise Bezeichnungen von Sportarten; die Derivate gehören zur Fachsprache von Sportberichten. Beispiele sind: *associazione calcistica* 'Fußballverein' von *calcio* 'Fußball', *gara automobilistica* 'Automobilrennen' von *automobile* 'Automobil'. Aber auch andere Basen sind möglich; so z.B. in *giornalistico* 'journalistisch' von *giornale* 'Zeitung', *artistico* 'künstlerisch' von *arte* 'Kunst'.

-án-

Dieses Suffix, das ebenfalls Derivate der a-/o-Deklination bildet, ist nur noch zur Bildung von Adjektiven produktiv, die die ethnische oder geographische Zugehörigkeit bezeichnen.

Basen können die Eigennamen der verschiedensten geographischen Individuen sein; z.B. für:

- Kontinente: *africano* von *Africa*, *australiano* von *Australia*
- Länder: *italiano* von *Italia*, *coreano* von *Corea*
- Provinzen, Regionen u.ä.: *emiliano* von *Emilia*, *siciliano* von *Sicilia*

- Städte: *romano* von *Roma*, *reggiano* von *Reggio*
- Flüsse: *renano* von *Reno* 'Rhein', *padano* zu *Po* (von der lat. Basis *Pad-*)
- Gebirge: *vesuviano* von *Vesuvio*

Die Basen werden oft modifiziert; z.B. durch:

- Anfügung der Lautfolge /it/: *palermitano* von *Palermo*, *salernitano* von *Salerno* (vgl. auch *napoletano* von *Napoli*)
- sonstige Änderungen ihres Auslauts: *trevigiano* /treviʒano/ von *Treviso* /tre'vizo/, *peruviano* zu *Perù*

N.B. *-án-* hat eine Variante *-ián-*, z.B. *egiziano* 'ägyptisch' von *Egitto* 'Ägypten', *israeliano* 'israelisch' von *Israele* 'Israel' und bei Namen von Planeten.

N.B. Als Suffix für geographische Eigennamen steht *-án-* in Konkurrenz mit *-ín-*, *-és-* und mit suffixloser Derivation. *-án-* ist bei Basen einiger Kategorien weniger typisch (so sind für Städtenamen die Suffixe *-ín-* und *-és-* typischer), aber es deckt den breitesten Bereich ab (*-és-* und *-ín-* werden nicht an Bergnamen und nicht an Namen von Gestirnen angefügt).

N.B. Alle Adjektive, die Eigennamen für Kontinente, Länder und Städte als Basis haben, lassen sich ohne formale Änderung nominalisieren. Sie bezeichnen dann die betreffenden Bewohner, und, in der männlichen Form, deren Sprache. Hierin unterscheidet sich das It. vom Dt., das zwischen den Suffixen *-er* (für Nomina) und *-isch* (für Adjektive) differenziert. So kann z.B. dem it. *inglese* im Dt. sowohl *Engländer* als auch *englisch* und *Englisch* (als Name für die Sprache) entsprechen.

N.B. Als Suffix für Appellative ist *-án-* nicht mehr produktiv. Es ist zwar häufig lexikalisiert, aber die Derivate sind oft Nomina wie in *ergastolano* 'Zuchthäusler' von *ergastolo* 'Zuchthaus', *popolana* 'Frau aus dem Volk' von *popolo* 'Volk', oder sie sind formal unregelmäßig wie *acqua piovana* 'Regenwasser' von ait. *piov-* (statt *pioggi-*) 'Regen'.

-és-

Mit diesem sehr produktiven Suffix werden Adjektive der e-Deklination gebildet.

Die Basen sind Eigennamen für Länder, Regionen und Städte. Die Derivate bezeichnen die Zugehörigkeit zu dem mit der Basis bezeichneten Territorium. Sie sind sämtlich ohne formale Änderung nominalisierbar und bezeichnen dann die Bewohner oder die Angehörigen der betreffenden territorialen Einheit und, in der männlichen Form, deren Sprache.

Beispiele sind, mit als Basis:

- einem Ländernamen: *canadese* von *Canadà*, *francese* von *Francia* 'Frankreich'
- dem Namen einer Region o.ä.: *pugliese* von *Puglia* 'Apulien', *tirolese* von *Tirolo* 'Tirol'
- einem Städtenamen: *barese* von *Bari*, *milanese* von *Milano* 'Mailand'

N.B. Manchmal ist eine vom üblichen Eigennamen abweichende, nicht vorhersagbare Form der Basis mit *-és-* lexikalisiert; vgl. z.B.: *bavarese* zu *Baviera* 'Bayern', *londinese* zu *Londra* 'London'.

N.B. In wenigen Fällen tritt statt *-és-* die latinisierte Variante *-éns-* auf: *panamense* von *Panamà*, *statunitense* von *Stati Uniti* 'Vereinigte Staaten'.

-ián-

Dieses Suffix bildet Adjektive der a-/o-Deklination.

Seine Basen sind die Namen von Personen, die eine Lehre, eine Stilrichtung u.ä. begründet haben. Es wird meist der Namen als Basis gewählt, den man in der Literatur am meisten gebraucht.

Die Derivate können sämtlich ohne formale Veränderung nominalisiert werden. Sie bezeichnen dann die Anhänger der Lehren, Stilrichtungen usw. - Beispiele sind:

- mit einem Familiennamen als Basis: *kantiano* von *Kant*, *manzoniano* von *Manzoni*.
- mit einem anderen Namen als Basis: *agostiniano* von *sant'Agostino* 'Augustinus', *ciceroniano* von *Cicerone* 'Cicero'

N.B. Manchmal ist eine vom üblichen Eigennamen abweichende, nicht vorhersagbare Form der Basis mit *-ián-* lexikalisiert; vgl. z.B.: *cartesiano* von dem aus *Descartes* latinisierten *Cartesius*, *scespiriano* (neben dem zu erwartenden *shakespeariano*) von dem lautlich und orthographisch italienisierten *Shakespeare*.

-íst-

Mit diesem Suffix werden Adjektive gebildet, die im Maskulinum Singular auf *-a* enden und sonst normal nach der a-/o-Deklination gehen.

Die Basen sind typischerweise die Namen von Personen, die eine politische Bewegung begründet haben; wie in *marxista* von *Marx*, *peronista* von *Perón*.

N.B. Die Basen können orthographisch italienisiert werden, wie z.B. in *gollista* von *de Gaulle*.

Die Derivate können sämtlich auch als Nomina gebraucht werden. Sie bezeichnen dann die entsprechenden Parteigänger oder Sympathisanten.

Zu jedem Derivat gibt es ein Nomen, das aus derselben Basis mit dem Suffix *-ísm-* gebildet ist; also z.B. *marxismo*, *gollismo*.

N.B. Es handelt sich um dasselbe *-íst-* wie in *socialista* 'Sozialist', *nazista* 'Nazi' usw. Der Unterschied liegt nur darin, daß in Derivaten wie *marxista* und *peronista* die Basis einen klar nominalen Charakter hat.

1.9.2.1. Relationsadjektive ohne Derivationssuffix

Vor allem im Bereich der geographischen und ethnischen Namen gibt es Relationsadjektive, die ohne Adjektivierungssuffix gebildet werden.

Das Verfahren besteht im einfachsten Fall in der Anfügung der Flexionsendungen der a-/o-Deklination an die unveränderte Basis des Nomens, wie etwa in *svizzero* 'schweizerisch' von *Svizzera* 'Schweiz', *argentino* 'argentinisch' von *Argentina* 'Argentinien'.

N.B. Dieses an sich selten angewendete Verfahren ist die Regel bei den Meeren, die Italien umgeben: *adriatico* 'adriatisch' von *Adriatico* 'Adria', *tirreno* 'tyrrhenisch' von *Tirreno* 'Tyrrhenisches Meer'. Diese Formen sind sprachgeschichtlich ursprünglich Adjektive, und das sind sie auch heute noch in den offiziellen Bezeichnungen: *Mar Mediterraneo* 'Mittelmeer', *Mar Ionio* 'Ionisches Meer' usw. Übrigens haben auch nicht alle diese Meere einen nominalen Eigennamen: Das Ligurische Meer heißt auch in der Umgangssprache *Mar Ligure*, das Sardische Meer *Mar di Sardegna*.

Das Verfahren wird abgewandelt bei Namen von Ländern, Provinzen u.ä., deren Basis mit einem (betonten) /i/ endet. Dieses /i/ wird gestrichen, und der Akzent wird auf die vorausgehende Silbe gelegt. Beispiele sind: *turco* /'turko/ 'türkisch' von *Turchia* /tur'kia/ 'Türkei', *lombardo* /lom'bardo/ 'lombardisch' von *Lombardia* /lombar'dia/ 'Lombardei'.

N.B. Eine Ausnahme von dieser Regel ist *albanese* von *Albania* /alba'nia/. Mit einer Veränderung der Basis ist lexikalisiert *romeno* 'rumänisch' (statt **romano*) von *Romania* /roma'nia/ 'Rumänien'.

N.B. Bei den auf unbetontes /i/ endenden Basen ist die Lage unklar. Ohne Suffix gebildet sind z.B. *abissino* 'abessinisch' und *russo* 'russisch' aus *Abissinia* 'Abessinien' bzw. *Russia* 'Rußland'. Suffigiert sind z.B. *libico* von *Libia* 'Lybien', *prussiano* von *Prussia* 'Preußen'. - Mit einer Veränderung der Basis ist lexikalisiert *greco* /'grɛko/ 'griechisch' von *Græcia* /'grɛtʃa/ 'Griechenland'.

N.B. Mit Basen, die keine geographischen Namen sind, ist die suffixlose Derivation von Adjektiven aus Nomina zwar belegt (z.B. *politico* 'politisch' von *politica* 'Politik', *semantico* 'semantisch' von *semantica* 'Semantik'), aber kaum produktiv.

1.10. Die Bildung von Adjektiven aus Verben

Abgesehen vom adjektivischen Gebrauch des Partizips und den mit *-tór-/-tríc-* gebildeten Nomina erfolgt die Derivation von Adjektiven aus Verben immer durch Suffigierung. Die Suffigierung kann mit Präfigierung verbunden sein.

Was die Flexion angeht, so gehören alle suffigierten Derivate der e-Deklination an.

Semantisch-syntaktisch sind die Derivate echte Adjektive. Sie sind auf das Zustands- oder Tätigkeitsmodell bezogen. Es sind zwei Gruppen zu unterscheiden: die Dispositionsadjektive und die sonstigen Adjektive.

Die Dispositionsadjektive sind entweder aktiv oder passiv. Die passiven werden mit den Suffixen *-ábil-/-íbil-* und *-évol-*, die aktiven nur mit *-évol-* gebildet.

Die übrigen deverbalen Adjektive werden mit den Suffixen *-ánt-/-ént-* gebildet. Als Präfixe kommen negierendes *in-* und *s-* in Frage, ganz marginal auch die Adverbien *ben(e)* 'gut' und *mal(e)* 'schlecht'.

Die folgende schematische Darstellung soll diese Verhältnisse veranschaulichen:

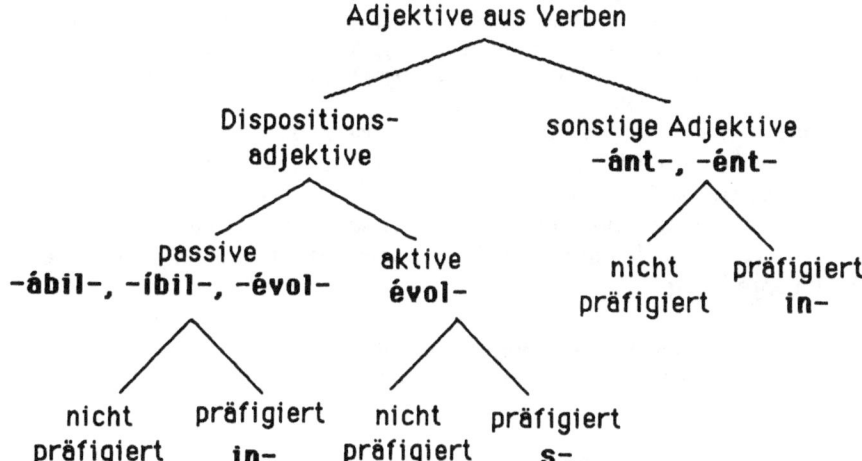

1.10.1. Dispositionsadjektive

Dispositionsadjektive bezeichnen Fähigkeiten, d.h. Eigenschaften, die nur darin bestehen, daß der Träger der Eigenschaft einen bestimmten Prozeß (passiv) erleiden oder eine bestimmte Wirkung (aktiv) ausüben kann.

-ábil-/-íbil- bilden passive, *-évol-* passive und aktive Dispositionsadjektive. Die Derivation mit *-ábil-/-íbil-* ist von großer, die mit *-évol-* von geringer Produktivität. Im einzelnen gilt:

-ábil-/-íbil-

-ábil- und *-íbil-* stehen in komplementärer Distribution. Ihre Verwendung hängt von der Konjugationsklasse ab, der das Basisverb angehört: *-ábil-* wird an den Stamm der Verben der a-Konjugation angeschlossen, *-íbil-* an die Stämme der übrigen Verben. So hat man z.B.:

- a-Konjugation: *mangiabile* 'eßbar' von *mangiare* 'essen'
- i-Konjugation: *definibile* 'definierbar' von *definire* 'definieren'

- e-Konjugation: *temibile* 'zu fürchten' von *temere* /te'mere/ 'fürchten'
- konsonantische Konjugation: *credibile* 'glaubhaft' von *credere* /'kredere/ 'glauben'

N.B. Diese Derivation ist seit der lateinischen Phase der Sprache wirksam. In dieser Phase konnte der Stamm des Partizip Perfekt als Basis genommen werden. Daher haben unregelmäßige Verben oft einen alten Perfektstamm als Basis; vgl. z.B. *visibile* 'sichtbar' zu *vedere* 'sehen', *corruttibile* 'bestechlich' zu *corrompere* 'bestechen'.

N.B. Manche Verben, die einen unregelmäßigen Infinitiv (und ggfs. andere unregelmäßige Präsensformen) haben, nehmen als Basis den dem Imperfekt zugrundeliegenden regelmäßigen Stamm; z.B. in *traducibile* 'übersetzbar' zu *tradurre* 'übersetzen' (vgl. *traducevo* 'ich übersetzte'), *componibile* 'zusammensetzbar' zu *comporre* 'zusammensetzen' (vgl. *componevo* 'ich setzte zusammen').

Die Basen der Derivation mit *-ábil-/-íbil-* müssen transitiv sein. Das ursprüngliche Objekt des Verbs wird zum Subjekt des Adjektivs, und das ursprüngliche Subjekt kann fakultativ als Adjunkt mit *per* 'für' erscheinen. Das betreffende Argument ist in jedem Fall als existent postuliert. Die Derivation mit *-ábil-/-íbil-* ist also der Passivierung ähnlich; s. z.B. den aktiven Satz (96), seine passivische (97) und seine adjektivische Entsprechung (98):

(96) Tutti possono raggiungere quell'isola
    'Alle können diese Insel erreichen'

(96')

tutti	possono raggiungere	quell'isola
SUBJEKT		OBJEKT
Agens		Thema
'x'		'y'

(97) Quell'isola può essere raggiunta da tutti
    'Diese Insel kann von allen erreicht werden'

(97')

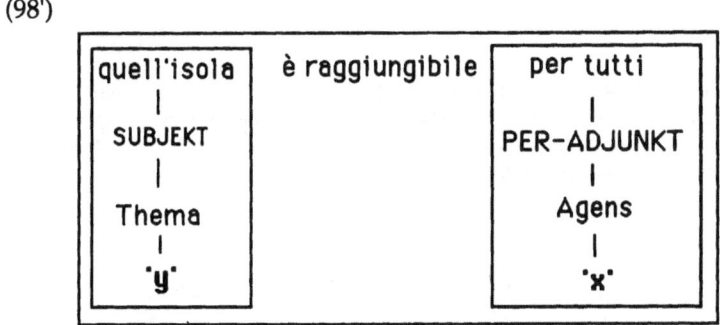

(98) Quell'isola è raggiungibile per tutti
'Diese Insel ist für alle erreichbar'

(98')

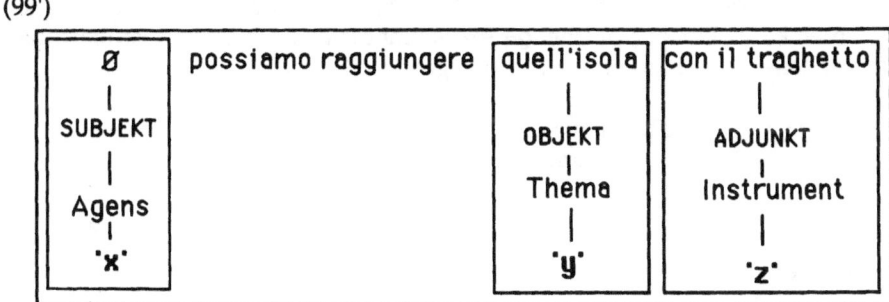

Auch die Adjunkte des Verbs können beim Derivat stehen; vgl. z.B.:

(99) Possiamo raggiungere quell'isola con il traghetto
'Wir können diese Insel mit der Fähre erreichen'

(99')

Ø	possiamo raggiungere	quell'isola	con il traghetto
SUBJEKT		OBJEKT	ADJUNKT
Agens		Thema	Instrument
'x'		'y'	'z'

(100) Quell'isola è raggiungibile con il traghetto
'Diese Insel ist mit der Fähre erreichbar'

(100')

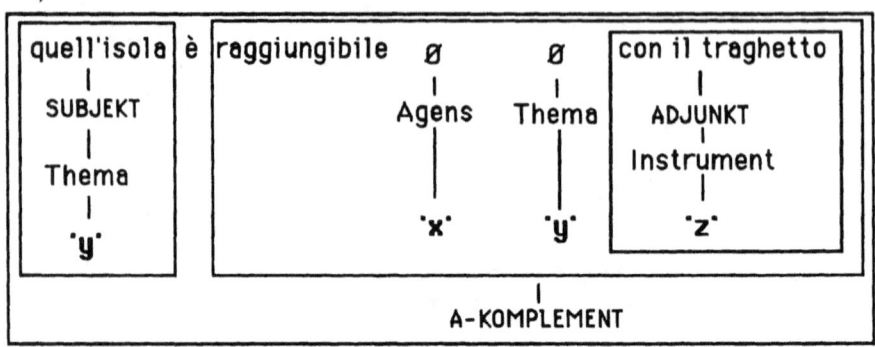

N.B. Die Derivation mit *-ábil-/-íbil-* erfolgt oft gleichzeitig mit der Präfigierung durch *in-*. - Beispiele hierfür sind: *imbattibile* 'unschlagbar' von *battere* 'schlagen', *impensabile* 'undenkbar' von *pensare* 'denken'. Hierfür mag es pragmatische Motivationen geben. Auf der Ebene der Wortgrammatik sind die beiden Prozesse voneinander unabhängig.

-évol-

Mit diesem Suffix werden passive und aktive Dispositionsadjektive gebildet. Es wird an den Stamm des Verbs angefügt; die Konjugationsklasse spielt keine Rolle.

Ist das Verb, das die Basis bildet, transitiv, so ist das Dispositionsadjektiv passivisch.

Beispiele sind: *lodevole* 'lobenswert' von *lodare* 'loben', *pieghevole* 'faltbar' von *piegare* 'falten'.

Die syntaktischen und semantischen Verhältnisse sind dieselben wie bei *-ábil-/-íbil-*, mit dem Unterschied, daß das Verb dem abgeleiteten Adjektiv sein Subjekt nicht vererben kann. Das entsprechende Argument bleibt als existent postuliert und wird immer generisch gedeutet; s. z.B. die folgenden Beispiele:

(101) La sedia è pieghevole
'Der Stuhl ist zusammenklappbar'

(101')

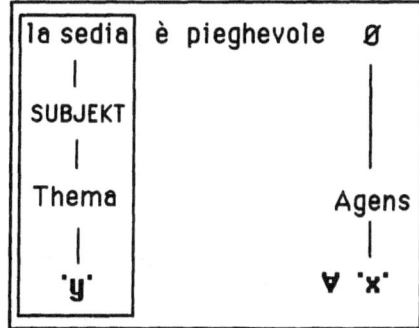

Ist das Verb intransitiv, so ist das Dispositionsadjektiv aktivisch.

Beispiele sind: *piacevole* 'angenehm' von *piacere* 'gefallen', *durevole* 'dauerhaft' von *durare* 'dauern'.

Dem Subjekt des Verbs entspricht der Kopf der Nominalphrase, in der das Adjektiv steht, bzw. das Subjekt des Satzes, in dem das Adjektiv prädikativ auftritt; s. z.B.:

(102) Il gusto del frutto può piacere
'Der Geschmack der Frucht kann gefallen'

(103) Il gusto del frutto è piacevole
'Der Geschmack der Frucht ist angenehm'

N.B. Die negativen Derivate werden nicht mit *in*-, sondern mit *s*- gebildet: *spiacevole, sgradevole* 'unangenehm' sind die negativen Entsprechungen zu *piacevole, gradevole* 'angenehm'. - Mit *mal*- präfigiert ist *malagevole* 'schwierig' von *agevole* 'leicht'.

N.B. Diese Derivation ist nicht nur wenig produktiv, sondern auch nur undeutlich ausgeprägt. Der Übergang zur nicht mehr dispositionalen Deutung ist fließend (s. auch die nicht ganz zutreffende Paraphrase von (103) durch (102)), und manche Derivate entsprechen nicht dem syntaktisch-semantischen Typ. So sind z.B. *autorevole* 'maßgeblich', *colpevole* 'schuldig' nicht deverbal.

N.B. *-ábil-/íbil-* und *-évol-* gehen beide auf die lat. Derivation des Typs "Themavokal+bil -" zurück (s. Tekavciç 1980, III: 80), die sowohl aktive als auch passive Derivate ergab (vgl. z.B. *flebilis* vs. *laudabilis*). Nur *-évol-* hat die Möglichkeit zur Bildung aktiver Dispositionsadjektive behalten. Es gibt auch keine andere Derivation von aktiven Dispositionsadjektiven. Dies liegt offenbar daran, daß aktive Dispositionsprädikate ganz systematisch durch Umdeutung aus normalen Adjektiven gewonnen werden; vgl. z.B. die Deutung von 'warm' in einerseits 'warmes Wasser' und andererseits 'warme Kleidung'. Außerdem haben die deverbalen Nomina auf *-tór-/tríc-* immer auch eine dispositionale Lesart: in z.B. *il traduttore del libretto* 'der Übersetzer des Librettos' bezeichnet *traduttore* denjenigen, der faktisch der Übersetzer ist, aber ein Satz wie *Salvo è traduttore* 'Salvo ist Übersetzer' impliziert auch, daß Salvo übersetzen kann (mündlicher Hinweis von Christine Schwarze-Hanisch).

1.10.2. Die übrigen deverbalen Adjektive

Die übrigen deverbalen Adjektive werden mit den Suffixen *-ánt-/-ént-* gebildet. Diese Derivation ist sehr produktiv.

Die beiden Suffixe stehen in komplementärer Distribution: *-ánt-* wird an die Stämme von Verben der a-Konjugation angefügt, *-ént-* an die Stämme von Verben der anderen Konjugationsklassen; vgl. z.B.:

- a-Konjugation: *trionfante* 'triumphierend' von *trionfare* 'triumphieren'
- i-Konjugation: *bollente* 'kochend' von *bollire* 'kochen'
- e-Konjugation: *potente* 'mächtig' von *potere* /po'tere/ 'können'
- konsonantische Konjugation: *precedente* 'vorausgehend' von *precedere* /pre'tʃedere/ 'vorausgehen'

N.B. Diese Derivation geht sprachgeschichtlich auf die Flexion zurück: Die Suffixe sind die des lat. Partizip Präsens. Deshalb gibt es eine große Zahl von lexikalisierten Derivaten, deren Basen heute nicht mehr als Verben vorhanden sind, wie z.B. *eminente* 'herausragend', oder noch Spuren der alten Flexionsverhältnisse tragen, wie z.B. *sapiente* 'klug'.

Die durch die Derivate bezeichnete Eigenschaft besteht darin, daß der Träger der Eigenschaft das tut, was die Basis bezeichnet.

Als Basen kommen sowohl transitive als auch intransitive Verben in Frage. - Beispiele sind:

- transitiv: *esigente* 'anspruchsvoll' von *esigere* 'fordern', *seguente* 'folgend' von *seguire* 'folgen'
- intransitiv: *interessante* 'interessant' von *interessare* 'interessieren', *ridente* 'lachend' von *ridere* 'lachen'

Das Subjekt des Verbs erscheint als Subjekt des abgeleiteten Adjektivs. Die übrigen Argumente des Verbs können nicht ohne weiteres beim Adjektiv stehen. Es muß lexikalisch gelernt werden, inwieweit der alte Verbalcharakter noch erhalten ist. Das Objekt darf z.B. nicht erscheinen bei *seguente* 'folgend' von *seguire* 'folgen':

(104) a. Uno studente che segue tutti i corsi
'Ein Student, der alle Kurse besucht'

b. * Uno studente seguente tutti i corsi
'Ein alle Kurse besuchender Student'

Andere Derivate hingegen, wie z.B. *stimolante* 'anregend' von *stimolare* 'anregen' können ein Objekt haben:

(105) a. Un prodotto che stimola la secrezione
'Ein Produkt, das die Sekretion anregt'

b. Un prodotto stimolante la secrezione
'Ein die Sekretion anregendes Produkt'

N.B. Lexikalisiert gibt es Derivate, die mit *bene* und *male* präfigiert sind, wie *benestante* 'wohlhabend' von *stare bene* 'sich wohl befinden' oder *malvivente* 'Ganove' von *vivere male* 'schlecht leben'. Diese Bildungen stehen den Komposita nahe, wie auch die mit *bene* und *male* auf der Basis des Partizip Perfekt gebildeten Adjektive: *maleducato* 'unhöflich' von *educato* 'erzogen', *benvenuto* 'wilkommen' von *venuto* 'gekommen'.

1.11. Adjektive aus anderen Basen

Adjektive können auch aus **Zahlwörtern** abgeleitet werden.

Die Derivation mit dem Suffix *-énn-* ergibt Adjektive, die eine Dauer in Jahren spezifizieren (z.B. *ventenne* 'zwanzigjährig').

Die Derivation mit dem Suffix *-ésim-* ergibt Bezeichnungen für Ordinalzahlen (z.B. *ventesimo* 'zwanzigst').

N.B. Eine Derivation von Adjektiven aus Adverbien wie in dt. *hiesig, gestrig, jenseitig* usw. gibt es im It. nicht (*odierno* 'heutig' ist nicht nach der Wortgrammatik abgeleitet). Den dt. Derivaten entsprechen meist Präpositionalphrasen mit *di*: *gestrig* entspricht *di ieri, heurig* entspricht *di quest'anno* usw.

Im einzelnen gilt:

-énn-

Die Basen sind Bezeichnungen für Kardinalzahlen. Der Endvokal der Basis wird gestrichen.

Die Derivate bezeichnen eine in Jahren gemessene Dauer, insbesondere das Lebensalter von Personen. Sie gehören einer eher formalen Stilebene an.

Beispiele sind: *un lutto cinquenne* 'eine fünfjährige Trauer', *una donna quarantenne* 'eine vierzigjährige Frau'.

N.B. Als Basis des Wortes für '10' wird *dec-* bevorzugt: *una guerra decenne* 'ein zehnjähriger Krieg'.

N.B. Die Derivate konkurrieren mit Präpositionalphrasen mit *di*; vgl. z.B. *una donna quarantenne - una donna di quarant'anni*. - Anders als bei den dt. Bildungen mit *-jährig* kommen Ableitungen aus den Bezeichnungen für niedrige Zahlen praktisch nicht vor: für *einjährig, zweijährig* usw. sagt man *di un anno, di due anni* usw., nicht **unenne, *duenne* usw.

-ésim-

Mit diesem Suffix werden aus den Bezeichnungen für Kardinalzahlen die Bezeichnungen für die entsprechenden Ordinalzahlen gebildet. Auch hier wird der Auslautvokal der Basis gestrichen: Von *venti* '20' erhält man *ventesimo* 'zwanzigst-'.

Bei den niedrigen Zahlen von eins bis zehn ist die Ableitung durch das Vorhandensein idiosynkratisch lexikalisierter (d.h. alter) Formen blockiert. Diese lauten, in der Reihenfolge von 'eins' bis 'zehn': *primo, secondo, terzo, quarto, quinto, sesto, settimo, ottavo, nono, decimo*.

Bei den **zusammengesetzten Zahlwörtern** bestehen zwei Möglichkeiten: Entweder die zusammengesetzte Form ist insgesamt Basis, also z.B. *trentunesimo* 'einunddreissigst-' von *trentuno* 'einunddreißig', oder die Zahlwörter, die die Werte der einzelnen Stellen im Dezimalsystem angeben, werden einzeln suffigiert bzw. ersetzt, also z.B. *trentesimo primo* 'einunddreißigst-', wörtlich 'dreißigster erster'.

1.12. Die Ableitung von Adverbien aus Adjektiven

Die Bildung von Adverbien aus Adjektiven erfolgt mit dem Suffix *-ménte*. Die Form der Basis hängt ab von der Deklinationsklasse des Adjektivs und von seinem Auslaut. Es gilt folgendes:

Gehört das Adjektiv der **a-/o-Deklination** an, wird an die Basis der Vokal /a/ angefügt. Beispiele sind: *sinceramente* 'ehrlich' von *sincer-o*, *rapidamente* 'schnell' von *rapid-o*. Gehört das Adjektiv der **e-Deklination** an, so hängt die Form der Basis des Adverbs vom Auslaut des Adjektivstamms ab. Endet der Stamm auf /l/ oder /r/, so wird *-ménte* unmittelbar an den Stamm angefügt. Beispiele sind: *radicalmente* 'radikal' von *radical-e*, *particolarmente* 'besonders' von *particolar-e*. In den anderen Fällen wird der Vokal /e/ an die Basis angefügt; vgl. z.B. *fortemente* 'stark' von *fort-e*, *velocemente* 'schnell' von *veloc-e*.

Prinzipiell können aus allen Adjektiven durch die Anfügung von *-ménte* Adverbien gebildet werden.

Die Derivation ist jedoch in einigen Fällen durch das Vorhandensein lexikalisierter Adverbien **blockiert**. Dies gilt insbesondere für

- die synthetischen Komparative *migliore* 'besser' und *peggiore* 'schlechter': die entsprechenden Adverbien sind *meglio* und *peggio*
- die Bezeichnungen der Ordinalzahlen: in textgliedernden Numerierungen werden die Formen *primo, secondo* usw. benutzt

Die Derivation von Adverbien ist dadurch eingeschränkt, daß es bei bestimmten Adjektiven keine pragmatische **Motivation** für die Bildung eines Adverbs gibt. Es handelt sich um Adjektive, die Eigenschaften (besonders Farben und Formen) materieller Gegenstände bezeichnen, und um relationale Adjektive. Also sind Formen wie *rossamente* von *rosso* 'rot', *rotondamente* von *rotondo* 'rund', *futuramente* von *futuro* 'zukünftig' zwar mögliche, aber pragmatisch abwegige Wörter.

Positiv gesagt bilden vor allem die folgenden Gruppen von Adjektiven Adverbien auf -*ménte*:

- Bezeichnungen von Eigenschaften, anhand deren Vorgänge charakterisiert werden können; wie z.B. *rapidamente* von *rapido* 'schnell' oder *irresistibilmente* von *irresistibile* 'unaufhaltsam'
- Bezeichnungen für menschliche Gemütszustände und Charaktereigenschaften oder für ethische Bewertungen von Menschen; wie z.B. *allegramente* von *allegro* 'fröhlich', *flemmaticamente* von *flemmatico* 'phlegmatisch' oder *brutalmente* von *brutale* 'brutal'
- Bezeichnungen für die Einschätzung oder Bewertung ganzer Sachverhalte; wie z.B. *probabilmente* von *probabile* 'wahrscheinlich', *sfortunatamente* 'leider, unglücklicherweise' von *sfortunato* 'unglücklich'

1.13. Die Interaktion der Derivationsregeln

Die Derivationsregeln betreffen typischerweise die Nomina, die Verben, die Adjektive und die Adverbien.

Drei dieser Wortklassen können sich aus sich selbst ergänzen: Es können Nomina aus Nomina, Verben aus Verben und Adjektive aus Adjektiven gebildet werden.

Außerdem können unter Änderung der Wortklasse die Inventare der Nomina, der Verben und der Adjektive auf der Grundlage von Nomina, Verben und Adjektiven vervollständigt werden. Schließlich kann der Bestand an Adverbien auf der Grundlage von Adjektiven angereichert werden.

So scheint sich ein Kreislauf zu ergeben, der fakultativ unendlich ist: Solange ein Wort nicht zur Basis eines Adverbs wird, scheint es ständig weitere Ableitungsprozesse durchlaufen und dabei immer länger werden zu können. Diese Auffassung soll (106) schematisch darstellen:

(106)

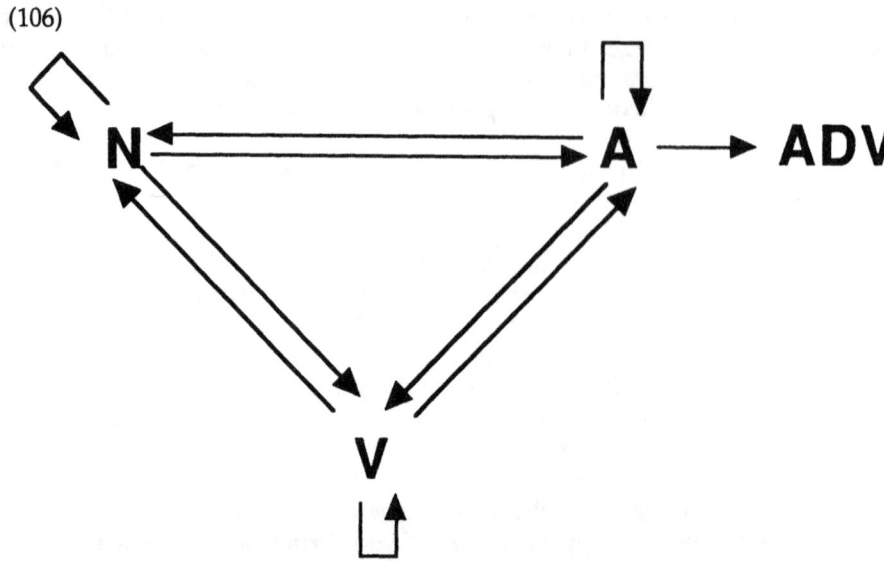

Aber die Wortgrammatik ist offensichtlich kein vollkommen unbeschränkter Kreislauf. Die Derivation ist durch allgemeine Prinzipien beschränkt.

N.B. Diese sind im einzelnen kaum erforscht. Deshalb ist es auch nicht klar, ob es sich um strukturelle Beschränkungen handelt oder um Prinzipien, die sich aus den Verarbeitungsprozessen und deren Rahmenbedingungen ergeben. Die folgenden Aussagen sind daher nur provisorisch und sicher unvollständig.

Diese Prinzipien sind:

a. Keine Derivationsregel ist rekursiv.

Mit anderen Worten: Ist auf ein Wort eine Derivationsregel angewendet worden, so darf dieselbe Regel auf das Derivat nicht wieder angewendet werden. Dieses Prinzip schließt z.B. aus, daß aus *ragazz-acci-o* eine Form **ragazz-acci-acci-o* abgeleitet wird.

Das Prinzip bedeutet ferner, daß eine einmal angewendete Regel auch nach der Anwendung anderer Derivationsregeln nicht wieder angewendet werden kann. So läßt sich z.B. das Suffix -*izz*- an Adjektive anfügen, die mit dem Suffix -*ál*- gebildet sind; wie z.B. in *final-izz-are* von *fin-al-e*. Wenn aber das auf -*ál*- endende Adjektiv bereits das Suffix -*ízz*- enthält, ist die erneute Suffigierung mit -*ízz*- blockiert. Eine Form wie*automat-izz-a-zion-al-izz-are* wird also durch dieses Prinzip ausgeschlossen.

N.B. Allerdings kann man das Suffix -*íssim*- scherzhaft wiederholen; s. z.B.: *verdissimissimo* 'knallgrün' von *verde* 'grün'.

b. Die Derivationen nach dem Modell der Gegenstandseigenschaften schließen sich gegenseitig aus, es sei denn, daß die Basis ein bereits idiosynkratisch lexikalisiertes Derivat ist.

Dieses Prinzip schließt z.B. aus, daß aus *ragazz-* 'Junge' zunächst eine (korrekte) Form *ragazz-in-* 'kleiner Junge' und dann eine denkbare Form **ragazz-in-ett-* gebildet wird. Es läßt aber Bildungen zu wie *scalinetto* 'kleine Stufe': Zugrunde liegt *scal-* 'Treppe', das mit *-in-* suffigiert und in der Bedeutung 'Stufe' lexikalisiert wurde. An dieses *scalin-* kann *-étt-* ohne weiteres angefügt werden. (Die denkbare Form **scalinino* scheidet aufgrund von Prinzip a. aus.)

c. Bestimmte Wörter schließen die Anwendung von Derivationsregeln aus.

Hier sind zwei Fälle zu unterscheiden: Im ersten läßt ein bestimmter Wortauslaut keine Derivation zu. Dies gilt für die auf betonten Vokal endenden mehrsilbigen Wörter, die auch keine Flexionsendungen haben können; in diese Kategorie fallen z.B. *falò* 'Freudenfeuer' und die Derivate mit *-ità*; wie z.B. *rapidità* 'Schnelligkeit'.

N.B. *città* 'Stadt' läßt Suffixe zu wie z.B. in *cittadina* 'Städtchen'. Dies ist aber keine Ausnahme von der Beschränkung: *città* hat eine Variante *cittad-*, auf die die Beschränkung nicht zutrifft.

Den zweiten Fall bilden solche Derivate, die mit einem abschließenden Derivationssuffix gebildet sind. Abschließend sind solche Suffixe, die aufgrund der Wortgrammatik, völlig unabhängig von ihrer lautlichen Gestalt, jede weitere Suffigierung ausschließen.

Alle Flexionssuffixe sind abschließend gegenüber der Wortbildung; d.h., daß kein Derivationssuffix nach einem Flexionssuffix stehen kann. Von den Suffixen der Wortbildung ist *-ménte* als einziges abschließend.

d. Es gibt Präzedenzregeln für bestimmte Paare von Derivationsaffixen.

Eine solche Regel besteht z.B. für die Derivation mit *-ín-* und *-éss-*: Wenn die beiden Suffixe im selben Wort auftreten sollen, so muß *-éss-* zuerst kommen; vgl. z.B. *professoressina* 'kleine Professorin' vs. **professorinessa*. Ebenso muß bei der Präfigierung eines Wortes sowohl mit *in-* als auch mit *ri-* dieses letztere Präfix zuerst kommen: 'sich wieder verlieben' z.B. heißt *riinnamorarsi*, auf keinen Fall **inriamorarsi*.

e. Unabhängig von den strukturellen Beschränkungen gibt es solche, die in den Gegebenheiten der Verarbeitung von Sprache begründet sind. Diese betreffen vor allem die Länge der Derivate. So sind alle Derivate der folgenden Liste vollkommen korrekt, aber von einem gewissen Punkt an immer schwerer zu verstehen und deswegen weniger akzeptabel:

(107) fine
    finale (denominales Adjektiv mit -ál-)
    finalizzare (deadjektivales Verb mit -ízz-)
    finalizzabile (deverbales Adjektiv mit -ábil-)
    finalizzabileggiare (deadjektivales Verb mit -éggi-)
    finalizzabileggiamento (deverbales Nomen mit -mént-)
    finalizzabileggiamentare (denominales Adjektiv mit -ár-)
    finalizzabileggiamentarissimo (deadjektivales Adjektiv mit -íssim-)
    finalizzabileggiamentarissimamente (deadjektivales Adverb mit -ménte).

Verarbeitungsbedingte Beschränkungen können aber auch solche Derivate betreffen, denen die Sprecher nicht ohne weiteres einen Sinn zuweisen können:

- weil sie semantisch widersprüchlich sind, wie z.B. *maninone 'kleine große Hand' oder
- weil die Bedeutung des Suffixes nicht ohne weiteres auf die Bedeutung der Basis anwendbar ist, wie z.B. in *uguaglianzina 'kleine Gleichheit'

Generell ist die Deutbarkeit eines Derivats innerhalb eines der begrifflichen Modelle eine Bedingung für die Akzeptabilität eines möglichen Wortes.

Was die **Betonung** der Derivate angeht, so fällt der Hauptakzent bei den nicht verbalen Formen und bei den stammbetonten Flexionsformen der Verben immer auf die (in diesem Kapitel durch den Akut gekennzeichnete) Tonsilbe des letzten Suffixes. (Bei den endungsbetonten Verben liegt der Hauptton trivialerweise auf der betreffenden Silbe der Endung.)

So wird der lexikalische Akzent von *fín-* bei der Suffigierung mit *-ál-* außer Kraft gesetzt: Es ergibt sich nicht *fín-ál-*, sondern *fin-ál-*. Wenn nun an diese Form das Suffix *-ízz-* angefügt wird, so wird der lexikalische Akzent von *finál-* außer Kraft gesetzt, und es ergibt sich *fin-al-ízz-* usw.

N.B. Eine Behandlung der Verteilung der (besonders bei langen Derivaten notwendigen) Nebenakzente würde den Rahmen dieser Grammatik überschreiten; s. dazu Scalise 1983.

2. Die Komposition

Die Komposition ist die Bildung von Wörtern aus mehr als einem Grundlexem. Die Tatsache, daß in einem Wort mehr als ein Grundlexem enthalten ist, unterscheidet die Komposition von der Derivation. Gegenüber der Syntax ist die Komposition dadurch abgegrenzt, daß die Komposita Gebilde sind, die durch die Syntax nicht erzeugt werden.

N.B. In der Literatur werden im Gegensatz zu der hier zugrundegelegten wortgrammatischen Auffassung auch Syntagmen als Komposita behandelt, nämlich dann, wenn sie lexikalisiert sind; wie z.B. *raccordo anulare* 'Umgehungsautobahn', *ferro da stiro* 'Bügeleisen', *camera di commercio* 'Industrie- und Handelskammer', *mandar giù* 'herunterschlucken'. Diese Ausdrücke sind zwar Lexeme (sie gehören als solche zum Lexikon), aber sie sind keine Komposita, weil ihre formale Struktur in der Syntax definiert ist. Die Tatsache, daß diesen lexikalisierten Syntagmen des It. im Dt. oft Komposita entsprechen, besagt natürlich nichts über ihre formale Analyse.

Die durch Komposition gebildeten Wörter sind im It. vor allem Nomina. Außerdem gibt es auch ein Verfahren zur Bildung zusammengesetzter Adjektive. Die wesentlichen Kompositionsverfahren sind:

- die Bildung eines Nomens durch die Zusammenfügung von zwei Nomina, bei der das erste Element durch das zweite modifiziert wird; wie z.B. in *treno merci* 'Güterzug' aus *treno* 'Zug' und *merci* 'Waren'
- die Bildung eines Nomens durch die Zusammenfügung von zwei Nomina, bei der das zweite durch das erste modifiziert wird; wie z.B. in *scuolabus* 'Schulbus' aus *scuola* 'Schule' und *bus* 'Bus'
- die Bildung eines Nomens durch die Anfügung eines Adjektivs an ein Nomen bei gleichzeitiger Aufhebung des ursprünglichen Genus; wie z.B. *il barbablu* 'der Blaubart' aus *barba* 'Bart' und *blu* 'blau'
- die Bildung eines Nomens durch die Zusammenfügung eines Verbs mit einem undeterminierten Nomen; wie z.B. in *lavastoviglie* 'Geschirrspüler' aus *lav-* 'waschen' und *stoviglie* 'Geschirr'
- die Bildung eines Adjektivs durch die Zusammenfügung von zwei Adjektiven; wie z.B. *bianconero* 'schwarz-weiß' aus *bianco* 'weiß' und *nero* 'schwarz'

Das folgende Schema soll die Übersicht über die Komposition veranschaulichen:

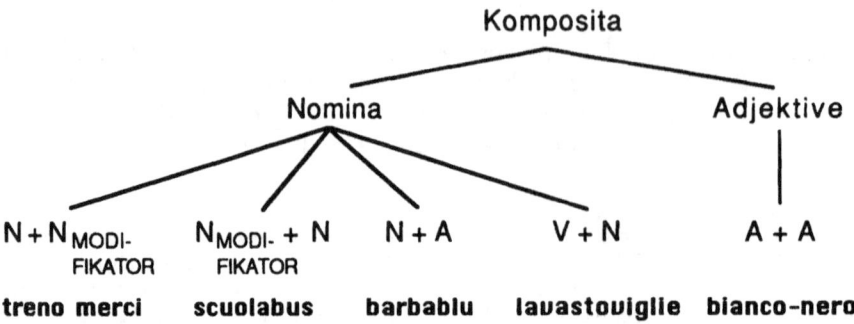

Die Kompositionsregeln sind im Prinzip nicht rekursiv. Nur bei dem durch *lavastoviglie* illustrierten Typ ist Rekursion möglich, wenn die Basis ein bereits lexikalisiertes Kompositum ist; s. z.B. *rovinalavastoviglie* 'Spülmaschinenkaputtmacher' aus *lavastoviglie* 'Geschirrspülmaschine' und *rovinare* 'ruinieren'. Solche Bildungen sind jedoch marginal.

N.B. Daher sind Bildungen wie dt. *Donaudampfschiffahrtskapitänswitwenpension* im It. nicht möglich. Dem Ausdrucksreichtum und der Komplexität der dt. Nominalkomposition entspricht im It. die Fülle der Derivationsprozesse.

N.B. Nicht mehr produktiv, aber noch in vielen, zumindest teilweise durchsichtigen Derivaten sichtbar ist eine alte Nominalkomposition, die auf der Verschmelzung von Syntagmen des Typs "Nomen plus spezifizierendes Nomen im Genitiv", wie z.B. in *acquavite* 'Branntwein' aus *acqua* 'Wasser' und lat. *vite* 'des Lebens', *terremoto* 'Erdbeben' aus lat. *terre* 'der Erde' und *moto* 'Bewegung' beruht. Ebenso verhält es sich mit zusammengesetzten Verben, die auf der Verschmelzung eines flektierenden Verbs mit seinem Objekt beruhen, wie z.B. *manomettere* 'aufbrechen' aus *mano* 'Hand' und *mettere* 'legen', *tergiversare* 'Ausflüchte machen' aus *terg-* 'Rücken' und *versare* 'wenden'. Allerdings ist diese Derivation im Bereich der terminologischen Kombinatorik (s. 3.) noch lebendig, aber auf bestimmte Morpheme beschränkt; wie z.B. *-fer-* in *metallifero* 'Erze bergend', *petrolifero* 'Erdöl bergend'.

N.B. Eine zwar produktive, aber auf einen ganz engen Anwendungsbereich beschränkte Komposition dient der Bildung von Namen für Autobahnen: Es werden die Namen der durch die Autobahn verbundenen Orte zu einem weiblichen Nomen zusammengefügt: *la Firenze-Mare* 'die Autobahn, die von Florenz zum Meer führt', *la Milano-Genova* 'die Autobahn, die Mailand mit Genua verbindet'. - Ebenfalls produktiv, aber äußerst spezialisiert, ist das Verfahren zur Angabe von Straßenecken mit "*angolo* plus Straßenname plus Straßenname", wie z.B. *l'angolo via Cavour viale Indipendenza* 'die Ecke Via Cavour - Viale Indipendenza'.

N.B. Eine zwar produktive, aber selten realisierte Komposition besteht in der Zusammenfügung von zwei Nomina, deren Bedeutungen gleichberechtigt vereinigt werden; wie z.B. in *nave-cisterna* 'Tankschiff', d.h. etwas, das sowohl ein Schiff als auch ein Tank ist, *parlante-ascoltatore* 'Sprecher- Hörer', d.h. jemand, der sowohl Sprecher als auch Hörer ist.

N.B. Eine ebenfalls marginale Komposition ist die Bildung eines Nomens aus der Wiederholung der Imperativform eines Verbs, wie z.B. in *fuggifuggi* (mask., nur Singular) 'ungeordnete Flucht' von *fuggire* 'fliehen'.

Orthographisch werden die Komposita nicht einheitlich behandelt. Die meisten Komposita werden als ein Wort geschrieben. Komposita, die auf noch nicht lange in der Sprache wirksamen Kompositionsverfahren beruhen, werden meist getrennt geschrieben, besonders dann, wenn es im Inneren des Kompositums noch eine Flexionsendung gibt, wie in *treno merci* 'Güterzug'. Aber auch hier ist Zusammenschreibung möglich; s. *capostazione* 'Bahnhofsvorstand' aus *capo* 'Chef' und *stazione* 'Bahnhof'.

Was die **Betonung** angeht, so liegt der Hauptakzent des Kompositums grundsätzlich auf der Tonsilbe des zweiten Bestandteils, also z.B. [ˌtreːnoˈmertʃi] *treno merci*, [ˌbarbaˈblu] *barbablu*, [ˌlaːvastoˈviʎʎe] *lavastoviglie*, [ˌbjankoˈneːro] *bianconero*.

2.1. Nomina des Typs N-N$_{\text{MODIFIKATOR}}$

Die Komposition, durch die Nomina des Typs N-N$_{\text{MODIFIKATOR}}$ gebildet werden, ist außerordentlich produktiv.

Beide Bestandteile haben eine Flexionsendung, sofern die betreffenden Nomina eine solche haben können. So hat z.B. *capostazione* 'Bahnhofsvorsteher' die folgende Binnenstruktur:

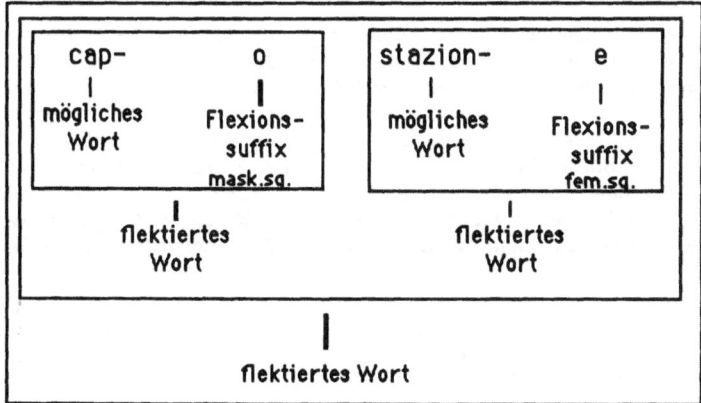

Die fetten Linien geben an, wie die durch die Flexion gegebenen Kategorien sich dem Kompositum als Ganzem mitteilen:

Das **Genus** des ersten Bestandteils ist das Genus des ganzen Kompositums. So ist z.B. *giornale radio* 'Nachrichten' männlich, weil *giornale* 'Zeitung' männlich ist; *commissione istruzione* 'Bildungsausschuß' ist weiblich, weil *commissione* weiblich ist. Das Genus des zweiten Bestandteils ist für die Verwendung und die Deutung des Kompositums ohne Folgen.

Der **Numerus** des ersten Bestandteils ist der Numerus des ganzen Kompositums. So ist der Ausdruck *i capi reparto* 'die Abteilungsvorsteher' der Plural von *il capo reparto* 'der Abteilungsvorsteher' aus *capo* 'Chef' und *reparto* 'Abteilung'.

Der Numerus des zweiten Bestandteils ist für den Numerus des ganzen Kompositums ohne Belang. Er wird jedoch innerhalb des zweiten Bestandteils gedeutet. So referieren *merci* und *viaggi* in *treno merci* 'Güterzug' aus *treno* 'Zug' und *merci* 'Waren' und in *ufficio viaggi* 'Reisebüro' aus *ufficio* 'Büro' und *viaggi* 'Reisen' auf eine Pluralität von Waren bzw. Reisen.

Semantisch gilt folgendes: Der erste Bestandteil bezeichnet ein Prädikat, das vom Kompositum impliziert ist. So ist z.B. ein *capo squadra* 'Mannschaftskapitän' aus *capo* 'Chef' und *squadra* 'Mannschaft' jemand, auf den die Bezeichnung *capo* zutrifft, und eine *chiusura lampo* 'Reißverschluß' aus *chiusura* 'Verschluß' und *lampo* 'Blitz' ist ein Verschluß.

Der zweite Bestandteil spezifiziert vielmehr das durch den ersten Bestandteil bezeichnete Prädikat. Das heißt, er schränkt die Bedeutung dieses Prädikats in genau der Weise ein, in der dies ein attributives Adjektiv, ein Relativsatz oder eine dem Nomen zugeordnete Präpositionalphrase tun. So gibt *squadra* in *capo squadra* an, daß die Führungsfunktion sich auf eine Mannschaft bezieht, und *lampo* in *chiusura lampo* spezifiziert, daß der Verschluß blitzschnell funktioniert.

N.B. Typischerweise stehen die Komposita dieses Typs in Konkurrenz zu Syntagmen der Struktur "Nomen plus Präpositionalphrase mit *di* " statt *fine stagione* 'Saisonende' kann man auch *fine di stagione* sagen, statt *controllo passaporti* 'Paßkontrolle' auch *controllo dei passaporti*, statt *listino prezzi* 'Preisliste' auch *listino dei prezzi* usw. In der Umgangssprache werden die Komposita vorgezogen. Dies führt dazu, daß bei Straßennamen ein Unterschied zwischen dem offiziellen, schriftlichen, und dem informellen, mündlichen Gebrauch bestehen kann: *Viale dei Martiri Triestini* 'Allee der Märtyrer von Triest' vs. *Viale Martiri Triestini*, *Piazza del Duomo* 'Domplatz' vs. *Piazza Duomo*. - Die mit Personen-, Länder- und Heiligennamen gebildeten Straßennamen sind immer Komposita des vorliegenden Typs; s. z.B.: *Via Cavour* 'Cavourstraße', *Corso Argentina* 'Argentinienstraße', *via S. Stefano* 'St.-Stephans-Straße'.

Allerdings können in der Rede nicht beliebige Syntagmen der Struktur "Nomen plus Präpositionalphrase mit *di*" durch Komposita ersetzt werden; s. z.B. *tazza di caffè* 'Kaffeetasse' vs.*tazza caffè*, *facoltà di lettere* 'Philosophische Fakultät' vs. **facoltà lettere*, *prova d'amicizia* 'Freundschaftsbeweis' vs. **prova amicizia*.

N.B. Zu einer weitergehenden Verschmelzung der beiden Nomina kann es kommen, wenn ein Kompositum des vorliegenden Typs Basis einer Derivation ist. Ein Beispiel hierfür ist *cassintegrato* 'Arbeitsloser, der Mitglied des Betriebs bleibt und eine Unterstützung von der *cassa integrazione* bekommt'. Hier sind die Flexionsendungen sowie das Derivationssuffix *-zión-* getilgt worden.

2.2. Nomina des Typs $N_{MODIFIKATOR}$-N

Nominalkomposita des Typs $N_{MODIFIKATOR}$-N sind der traditionellen Struktur des Romanischen fremd. Sie haben aber in der heutigen Sprache eine gewisse Bedeutung erlangt, und man kann durchaus von einer produktiven Komposition sprechen.

Beide Bestandteile haben eine Flexionsendung, sofern die betreffenden Nomina eine solche haben können. So hat z.B. *capolavoro* 'Meisterwerk' die folgende Binnenstruktur:

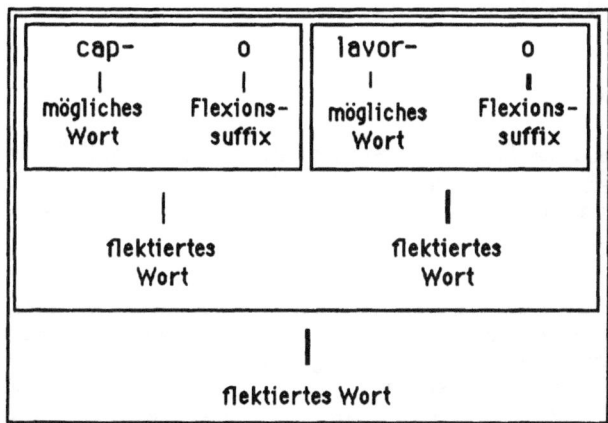

Die durch die Flexionsendung des zweiten Bestandteils ausgedrückten **Genus** und **Numerus** gelten für das Kompositum als Ganzes. Die Flexionsendung des ersten Bestandteils ist ohne Folgen für die Deutung und die Verwendung des Kompositums. Übrigens ist *auto*, das Nomen, das typischerweise als erster Bestandteil in den Komposita des Typs N_{SPEZ}-N auftritt (z.B. in *autotreno* 'Lastwagengespann' aus *auto* 'Auto' und *treno* 'Zug'), ein nicht flektierbares Nomen.

Die **semantische** Struktur ist umgekehrt zu der der Komposition des Typs N-$N_{MODIFIKATOR}$, sonst aber vollkommen analog. So ist z.B. eine *autostrada* 'Autobahn' aus *auto* 'Auto' und *strada* 'Straße' eine Straße für Autos, ein *autonoleggio* 'Autovermietung' aus *auto* und *noleggio* 'Vermietung' ein Geschäft, das Autos vermietet usw.

Diese Komposition ist vor allem im Bereich des Autowesens wirksam; vgl., außer den bereits genannten Beispielen, *gasolio* 'Dieselöl' aus *gas* 'Gas' und *olio* 'Öl', *autoradio* 'Autoradio'.

N.B. Der klassische und der neue Kompositionstyp konkurrieren in zwei Bezeichnungen für 'Fahrschule': *scuola guida* aus *scuola* 'Schule' und *guida* 'Lenkung' und *autoscuola*.

Außerdem gibt es einige alte Bildungen desselben Typs, wie z.B. das bereits genannte *capolavoro* 'Meisterwerk' aus *capo* 'Haupt' und *lavoro* 'Arbeit', ferner Bildungen mit *madre* 'Mutter': *madreperla* 'Perlmutt' aus *madre* und *perla* 'Perle', *madrelingua*

'Muttersprache' aus *madre* und *lingua* 'Sprache' und *madrepatria* 'Mutterland' aus *madre* und *patria* 'Heimat'.

N.B. Einen Übergangsbereich zu den Bildungen der terminologischen Kombinatorik (s. 3.) bilden Wörter wie *aeroporto* 'Flughafen' aus *aer-* 'Luft-' und *porto* 'Hafen', *eliporto* 'Hubschrauberlandeplatz' aus *eli-* 'Schrauben-' und *porto*.

Die Komposita dieses Typs werden zusammengeschrieben.

2.3. Nomina des Typs N-A

Die Nomina des Typs N-A beruhen nicht auf einem Kompositionsverfahren, sondern auf der **Verschmelzung** lexikalisierter Syntagmen des Typs "Nomen plus Adjektiv" und "Adjektiv plus Nomen", wie z.B. *bassorilievo* 'Basrelief' aus *basso* 'niedrig' und *rilievo* 'Relief'.

N.B. Solche Ausdrücke werden zwar traditionell wegen ihrer Lexikalisierung als Komposita aufgefaßt und deswegen auch als ein Wort geschrieben. Sie sind aber keine Komposita im Sinne der Wortgrammatik: Sie beruhen auf normalen Syntaxregeln und verhalten sich auch wie normale Syntagmen. Dies gilt für die Kongruenz zwischen Nomen und Adjektiv *bassorilievo* vs. *bassirilievi*. Erst durch die Verschmelzung entstehen Ausdrücke, die nicht mehr auf den Syntaxregeln beruhen. So gibt es neben *bassirilievi* die kongruenzlose Verschmelzung *bassorilievi*. *cassaforte* 'Panzerschrank' aus *cassa* 'Kiste' und *forte* 'stark' hat im Plural zu der kongruierenden Form *casseforti* die nicht kongruierende Variante *cassaforti*.

Die Verschmelzung kann sich folgendermaßen äußern:

a. Das **Genus** des Ganzen ist nicht dasselbe wie das Genus des beteiligten Nomens, wie in *pellerossa* mask. 'Rothaut' aus *pelle* fem. 'Haut' und *rossa*, der weiblichen Form von *ross-* 'rot'.

b. Die **Kongruenz** zwischen Adjektiv und Nomen entfällt. Dies kann so geschehen, daß der Numerus nur noch durch die Flexionsendung des zweiten Bestandteils ausgedrückt wird; wie z.B. in *mezzanotte* 'Mitternacht' aus *mezza*, der weiblichen Form von *mezz-* 'halb' und *notte* 'Nacht'; der Plural lautet *le mezzanotti* 'die Mitternächte' statt *le *mezzenotti*.

Ferner kann beim ersten der beiden Bestandteile die Flexionsendung durch ein /i/ ersetzt werden, das lediglich der Erhaltung einer akzeptablen Silbenstruktur dient, wie in *altipiano* 'Hochebene' aus *alt-* 'hoch' und *piano* 'Ebene', *pellirossa*, eine Variante von *pellerossa* (mask., indeklinabel) 'Rothaut' aus *pelle* (fem.) 'Haut' und *rossa*, der weiblichen Form von *ross-* 'rot'. Die Flexionsendung des ersten Elements kann auch ganz fehlen, wie z.B. in *galantuomo* 'Ehrenmann' aus *galante* 'galant' und *uomo* 'Mann'.

Bei den indeklinablen Komposita des unter **a.** definierten Typs haben beide Bestandteile eine Flexionsendung. Das Wort *pellerossa* 'Rothaut' z.B. hat die folgende Binnenstruktur:

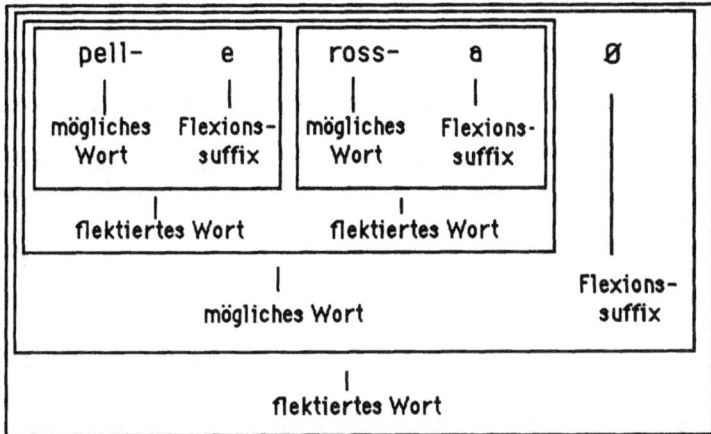

Hier besteht zwar eine interne Kongruenz zwischen der Endung des Nomens und der des Adjektivs, aber die Flexionsmorpheme sind für Verwendung und Deutung des komplexen Worts bedeutungslos. Als Ganzes hat es keine Flexionsendung. - Ein weiteres Beispiel dieses Typs ist das bereits erwähnte *barbablu* (mask.) 'Blaubart'. Es gibt nicht viele lexikalisierte Formen dieses Typs; das Verfahren scheint aber produktiv zu sein.

In den oben unter **b.** definierten Fällen hingegen ist das komplexe Wort deklinabel; die für das komplexe Wort als Ganzes gültige Information wird durch die an dessen Ende stehende Endung ausgedrückt. So hat z.B. *gentiluomo* 'Edelmann' die folgende Binnenstruktur:

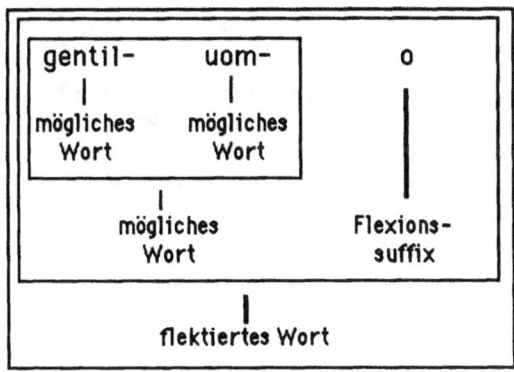

Für diesen Typ ist es gleichgültig, ob das Nomen an zweiter Stelle steht, wie z.B. in *gentiluomo*, oder das Adjektiv, wie z.B. in *pettirosso* 'Rotkehlchen'. Die Lexikalisierung der aus Nomen und Adjektiv bestehenden Syntagmen ist häufig; vgl. z.B. auch *acquaforte* 'Radierung' aus *acqua* 'Wasser' und *forte* 'stark', *cassaforte* 'Tresor' aus *cassa* 'Kiste' und *forte*.

Die Verschmelzungserscheinungen, die diese Lexeme erst zu komplexen Wörtern machen, können immer leicht eintreten; insofern ist das Verfahren produktiv.

N.B. Auf einem komplexen Wort des vorliegenden Typs beruhen auch Derivate wie *acquafortista* 'Radierer', von *acquaforte* 'Radierung' mit *-ist-* gebildet, oder *buongustaio* 'Feinschmecker', von *buon gusto* 'guter Geschmack' mit *-ái-* gebildet.

2.4. Nomina des Typs V-N

Die Komposita dieses Typs sind indeklinable Maskulina.

N.B. Allerdings kann das Kompositum dann weiblich sein, wenn es als Ellipse verstanden wird; so z.B. *la lavastoviglie* aus *la macchina lavastoviglie*.

Der erste Bestandteil ist ein Verbalstamm, an den /a/ oder /i/ als Übergangsvokal angefügt wird. Die beiden Vokale stehen in komplementärer Distribution. Gehört das Verb der a-Konjugation an, so wird /a/ gewählt; bei den anderen Klassen /i/. Die stammerweiternden Verben der i-Konjugation haben die erweiterte Form, so daß die Laute /iʃʃi/, geschrieben *-isci-*, angefügt werden. - Beispiele sind:

- a-Konjugation: *contagocce* 'Tropfenzähler' aus *cont-* (Infinitiv *contare*) 'zählen' und *gocce* 'Tropfen'
- i-Konjugation, stammerweiternd: *puliscipiedi* 'Abtreter' aus *pulisc-* (Infinitiv *pulire*) 'säubern' und *piedi* 'Füße'
- i-Konjugation, nicht stammerweiternd: *apriscatole* 'Büchsenöffner' aus *apr-* (Infinitiv *aprire*) 'öffnen' und *scatole* 'Büchsen'
- konsonantische Konjugation: *accendigas* 'Gasanzünder' aus *accend-* (Infinitiv *accendere* [atˈtʃendere]) 'anzünden' und *gas* 'Gas'

N.B. Die in Frage kommenden Verben gehören in der Mehrzahl der a-Konjugation an. - Zur e-Konjugation (z.B. *vedere* [veˈdeːre] 'sehen') gibt es keine lexikalisierten Beispiele.

Beginnt das Nomen mit /a/, so wird kein Übergangs-/a/ angefügt; vgl. z.B. *portaerei* 'Flugzeugträger' aus *port-* 'tragen' und *aerei* 'Flugzeuge'. Bei anderen Vokalen tritt das Übergangs-/a/ normal auf; vgl. z.B. *paraurti* 'Stoßstange' aus *par-* 'abwehren' und *urti* 'Stöße'.

N.B. Unregelmäßig gebildet, d.h. nicht auf dem vollen Präsensstamm beruhend, sind *fabbisogno* 'Bedarf' aus *fa-* zu *fac-* 'tun' und *bisogno* 'Bedürfnis' und *falegname* 'Tischler' aus *fa-* und *legname* 'Holz'.

Der zweite Bestandteil des Kompositums ist ein flektiertes Nomen. Die Flexionsendung ist ohne Bedeutung für das Kompositum als Ganzes. Der durch die Endung ausgedrückte Numerus wird jedoch im Hinblick auf den Referenten des Nomens gedeutet. - Beispiele sind:

- das Nomen steht im Singular: *portacenere* 'Aschenbecher' aus *port-* 'tragen' und *cenere* 'Asche', *parafulmine* 'Blitzableiter' aus *par-* 'abwehren' und *fulmine* 'Blitz'
- das Nomen steht im Plural: *lustrascarpe* 'Schuhputzer' aus *lustr-* 'glänzend machen' und *scarpe* 'Schuhe', *lanciamissili* 'Raketenwerfer' aus *lanci-* 'werfen' und *missili* 'Raketen'

Die Komposita werden zusammengeschrieben.

Semantisch-syntaktisch gilt folgendes: Die Komposition ist auf das Tätigkeitsmodell bezogen. Das Verb muß transitiv sein und eine Tätigkeit bezeichnen. Das Nomen bezeichnet den Gegenstand, auf den sich die Tätigkeit bezieht; es entspricht dem Objekt des Verbs. Das Kompositum als Ganzes bezeichnet entweder die Person, die die Tätigkeit habituell ausübt, z.B. als Beruf, oder ein Gerät oder Instrument, mit dem die Tätigkeit ausgeübt wird. - Beispiele sind:

- das Kompositum bezeichnet eine Person, die eine Tätigkeit ausübt: *cantastorie* 'Moritatensänger' aus *cant-* 'singen' und *storie* 'Geschichten', *portabagagli* 'Gepäckträger' aus *port-* 'tragen' und *bagagli* 'Gepäck'
- das Kompositum bezeichnet ein Instrument oder Gerät, mit dem die Tätigkeit ausgeübt wird: *paracadute* 'Fallschirm' aus *par-* 'abwehren' und *cadute* 'Stürze', *scacciapensieri* 'Maultrommel' aus *scacci-* 'vertreiben' und *pensieri* 'Sorgen'

Wie schon gesagt, ist der Typ V-N im Gegensatz zu den anderen Kompositionsverfahren rekursiv (s. Tekavcic 1980 III:141); vgl. z.B. *lavaparabrezza* 'Scheibenwischer' aus *lav-* 'waschen' und *parabrezza* 'Windschutzscheibe', seinerseits aus *par-* 'abwehren' und *brezza* 'Brise'.

N.B. Diese Komposition hat sich erst nach der lateinischen Phase der Sprache herausgebildet, ist aber seit dem Beginn der romanischen Phase wirksam. Die älteren Bildungen bezeichnen vorwiegend Personen. (Daher rühren auch Personennamen wie *Bevilacqua* aus *bev-* 'trinken' und *l'acqua* 'das Wasser', *Vinciguerra* aus *vinc-* 'gewinnen' und *guerra* 'Krieg'.) Im heutigen Italienisch ist die Komposition vor allem im Bereich technischer Geräte sehr produktiv (Tekavcic 1980 III:140ff.); außer den bereits unter anderem Gesichtspunkt genannten Beispielen vgl. auch *aspirapolvere* 'Staubsauger' aus *aspir-* 'ansaugen' und *polvere* 'Staub', *cacciavite* 'Schraubenzieher' aus *cacci-* 'hineintreiben' und *vite* 'Schraube'. Auch die alten Ortsnamen des Typs *Serravalle* aus *serr-* 'schließen' und *valle* 'Tal', *Mirafiori* aus *mir-* 'betrachten' und *fiori* 'Blumen' wirken noch als Muster für die Deutung und eventuell auch die Bildung von Namen von Herbergsbetrieben; wie z.B. *Miramare* 'Meeresblick', *Miralago* 'Seeblick', *Miramonti* 'Bergblick'.

N.B. Dank des Alters dieser Komposition gibt es idiosynkratische Bildungen, die nicht mehr oder kaum noch durchsichtig sind, wie z.B. *passaporto* 'Paß' aus *pass-* 'hindurchgehen' und *porto* 'Hafen', *passamontagna* 'Wollmütze' aus *pass-* und *montagna* 'Berg'.

2.5. Adjektive des Typs A-A

Adjektive können durch die Zusammenfügung von zwei Adjektiven gebildet werden. Die beiden Bestandteile haben ihre unmarkierte Flexionsendung (d.h. die des Maskulinum Singular); das Kompositum ist indeklinabel.

Semantisch gilt folgendes: Die Komposita bezeichnen Wahrnehmungsqualitäten. Die beiden Adjektive bezeichnen unterschiedliche Werte derselben Wahrnehmungskategorie, vor allem Farbe, Licht und Geschmack. Das Kompositum bezeichnet eine Eigenschaft, die im Vorhandensein beider Wahrnehmungsqualitäten besteht. - Beispiele sind:

- Farbe: *grigioverde* 'graugrün' aus *grigio* 'grau' und *verde* 'grün'
- Licht: *chiaroscuro* 'hell-dunkel' aus *chiaro* 'hell' und *scuro* 'dunkel'
- Geschmack: *agrodolce* 'süßsauer' aus *agro* 'sauer' und *dolce* 'süß'

N.B. Das It. hat keine Adjektivkomposition des Typs *bleifrei* oder *gedankenlos*. In der Übersetzung entsprechen solchen dt. Komposita entweder Syntagmen wie *senza piombo* 'ohne Blei' oder Derivate wie *spensierato*, ein Adjektiv, das durch Präfigierung mit *s-* und Suffigierung mit *-át-* aus dem Nomen *pensiero* 'Gedanke' gebildet ist.

3. Die terminologische Kombinatorik

Sowohl in der Derivation als auch in der Komposition ist immer (mindestens) ein Grundlexem Ausgangspunkt der Bildung. In einer dritten Klasse von durch die Wortgrammatik erzeugten Formen werden Morpheme kombiniert, die keine Grundlexeme sind; wie z.B. in *aerogramma* 'Luftpostleichtbrief'.

Dieses Wort besteht aus den Elementen *aero-* und *-gramma*. Diese können zwar beide in anderen Kontexten vorkommen: *aero-* in *aeronautica militare* 'Luftwaffe' oder in *aerodinamico* 'stromlinienförmig'; *-gramma* kann vorkommen in *telegramma* 'Telegramm', *fotogramma* 'Photogramm'. Aber sie kommen nicht als Grundlexeme vor. (Oder zumindest nicht im selben Bezeichnungsbereich: *aere* kann in der traditionellen Sprache der Poesie in der Bedeutung 'die Lüfte' verwendet werden.)

Solche Bildungen haben weiterhin die folgenden Charakteristika:

a. Die Zusammensetzungen dieses Typs sind vergleichbar mit Komposita.

Dies betrifft folgende Punkte:

- in der Regel bestehen die Formen aus zwei Elementen, zwischen denen ein Verhältnis der Modifikation besteht
- die Anordnung der Elemente ist typischerweise so, daß das modifizierende Element als erstes kommt (vgl. die Komposition des Typs $N_{MODIFIKATOR}$-N)

b. Die Zusammensetzungen werden aus einem beschränkten Inventar von Morphemen gebildet.

Dieses Inventar ist folgendermaßen definiert:

- die Elemente sind griechischen oder lateinischen Ursprungs und nur minimal an die Lautgestalt und Orthographie des It. angepaßt
- ihre Bedeutungen sind den Sprechern im Prinzip bekannt. So wissen z.B. auch Sprecher ohne humanistische Bildung normalerweise, daß *aero-* die Luft oder das Flugwesen bezeichnet, daß ein Wort, dessen zweiter Bestandteil *-gramma* ist, etwas Geschriebenes oder Gedrucktes bezeichnet

N.B. Hierin unterscheiden sich die vorliegenden Wörter von anderen, nur etymologisch analysierbaren Fremdwörtern: Ein Sprecher, der das Wort *catastrofe* vollkommen beherrscht, kann trotzdem ohne einschlägige Bildung die Elemente *cata-* und *-strofe* nicht deuten; er wird sie nicht einmal als Elemente erkennen.

c. Die Zusammensetzungen dienen hauptsächlich der Ausbildung von Terminologien in Fachsprachen.

Wegen dieser letzteren Eigentümlichkeit nennen wir das hier zugrundeliegende Verfahren die **terminologische Kombinatorik**. Die auf der terminologischen Kombinatorik beruhenden Wörter nennen wir **synthetische Wörter**.

Die Elemente, mit denen synthetische Wörter gebildet werden können, gliedern sich in zwei Klassen: die Klasse der Erstelemente und die der Zweitelemente.

Die **Erstelemente** sind diejenigen, die in den synthetischen Wörtern an erster Stelle stehen können. Typische Erstelemente sind *termo-* 'Wärme-', *radio-* 'Strahlen-' usw.

N.B. Einige der Erstelemente sind auf dem Wege über Abkürzungen zu indeklinablen Nomina lexikalisiert worden; so z.B. *auto* (fem.) 'Auto', abgekürzt aus *automobile*, *foto* (fem.) 'Foto', abgekürzt aus *fotografia*. Diese Nomina haben nicht dieselbe Bedeutung wie die ihnen lautlich entsprechenden Erstelemente; vgl. *auto-* 'selbst' vs. *auto* (fem.) 'Auto', *radio-* 'Strahlen' vs. *radio* (fem.) 'Radio'. Sie können in Nominalkomposita auftreten, und zwar sowohl als erster wie auch als zweiter Bestandteil; vgl. z.B. *giornale radio* 'Nachrichten' vs. *radiocronaca* 'Funkreportage'.

N.B. An die Stelle der Erstelemente können auch die Stämme normaler Nomina treten, wie z.B. in *filiforme* 'fadenförmig' aus *fil-* 'Faden', einem Übergangsvokal /i/ und dem Zweitelement *-forme* 'förmig'.

Die **Zweitelemente** sind diejenigen, die in einem synthetischen Wort an zweiter Stelle stehen können. Sie legen die Wortart, die Flexionsklasse und, wenn das Wort ein Nomen ist, das Genus fest. Beispiele sind: *-it-* 'Entzündung', wie z.B. in *epatite* 'Hepatitis', *appendicite* 'Blinddarmentzündung', *-grafi-* 'Schreibung', wie z.B. in *ortografia* 'Rechtschreibung', *radiografia* 'Röntgenaufnahme'.

N.B. Auch als Zweitelement kann ein Morphem stehen, das ebenfalls als Grundmorphem vorkommt; z.B. in *aeroporto* 'Flughafen', *radioattivo* 'radioaktiv'. Der Übergang von den synthetischen Wörtern zu den Komposita ist daher fließend. - Fließend ist natürlich auch der Übergang zwischen fachsprachlicher Terminologie und Umgangssprache: Viele synthetische Wörter, wie z.B. *telefono* oder *democrazia*, gehören längst der Gemeinsprache an.

Wenn es die Silbenstruktur verlangt, wird ein Übergangsvokal eingefügt. Dieser ist meist /o/; /i/ wird manchmal bei Elementen lateinischen Ursprungs verwendet; wie z.B. in *centimetro* 'Zentimeter'. Er erhält typischerweise den Hauptakzent des synthetischen Wortes.

Die interne Struktur eines typischen synthetischen Wortes, z.B. *oftalmologo* 'Ophtalmologe', ist demnach folgende:

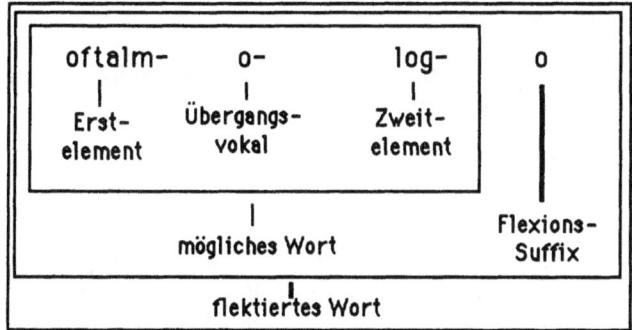

Die synthetischen Wörter sind in ihrer Mehrzahl **Nomina**.

Wichtige Zweitelemente zur Bildung von Nomina sind z.B.:

>   *-log-* (unmarkiert mask.) o-Deklination
>   *-it-* (fem.) e-Deklination
>   *-graf-* (unmarkiert mask.) o-Deklination
>   *-metr-* (unmarkiert mask.) o-Deklination
>   *iatr-* (unmarkiert mask., Singular -a/Plural -i)

Adjektive der e-Deklination können z.B. mit den Zweitelementen *-form-* und *-color-* gebildet werden; wie z.B. in *nuvole cumuliformi* 'Kumuluswolken', *monocolore* 'einfarbig'.

Adjektive der a-/o-Deklination bilden z.B. *-par-* wie in *viviparo* 'lebendgebärend', *oviparo* 'eierlegend', *-fil-* wie in *slavofilo* 'slawenfreundlich', *cotone idrofilo* 'saugfähige Watte'.

N.B. Die synthetischen Nomina können durch die Derivation mit *-í-*, die Adjektive durch die Derivation mit *-ic-* vermehrt werden; vgl. z.B.:

>   *pediatra* 'Kinderarzt'
>   *pediatria* 'Kinderheilkunde'
>   *ospitale pediatrico* 'Kinderklinik'.

4. Abkürzungen als Wörter

Abkürzungen können grundsätzlich auf zwei Weisen gebildet werden: durch Buchstabenabkürzung und durch Silbenabkürzung.

Die **Buchstabenabkürzung** beruht darauf, daß man eine Folge von Wörtern auf ihre Anfangsbuchstaben reduziert, wie z.B. *EG* aus *Europäische Gemeinschaften*.

Die **Silbenabkürzung** besteht darin, daß man außer dem Anfangsbuchstaben jeweils noch so viele folgende Laute aus dem vollständigen Wort übernimmt, daß die Abkürzung bestimmten Prinzipien der Silbenstruktur entspricht und daher leicht gesprochen werden kann. Auf diesem Prinzip beruht z.B. *Komintern* aus *Kommunistische Internationale*.

Im It. wird die Buchstabenabkürzung bevorzugt.

Buchstabenabkürzungen können prinzipiell auf dreierlei Weisen gesprochen werden: die auflösende, die buchstabierende und die buchstabenübersetzende Sprechweise.

Die **auflösende** Sprechweise besteht darin, daß man die Abkürzung durch die nicht abgekürzte Form ersetzt, so wie es im Dt. mit der Aussprache von *z.B.* als *zum Beispiel* geschieht.

Die **buchstabierende** Sprechweise besteht darin, daß man die Namen der Buchstaben spricht, wie z.B. bei der dt. Aussprache der Abkürzung *USA* als [ʔuːʔɛsʔaː].

Die **buchstabenübersetzende** Sprechweise besteht darin, daß man die Buchstaben in die ihnen entsprechenden Laute übersetzt und diese so spricht, daß eine Wortform entsteht, also z.B. [ˈnaːto] als Aussprache von *NATO*.

Im It. wird für solche Abkürzungen, die **keine Eigennamen** sind, die auflösende Sprechweise angewendet, also wird *per es.* 'z.B.' als *per esempio* [per eˈzɛmpjo] 'zum Beispiel' gesprochen.

Steht die Abkürzung für einen **Eigennamen**, so wird die buchstabenübersetzende Sprechweise vorgezogen, also z.B. *Usa* 'USA', gesprochen [ˈuːza], *Inps* für *Istituto nazionale per la previdenza sociale* 'Nationales Institut für die soziale Vorsorge', gesprochen [imps].

Diese Sprechweise stößt jedoch an die durch die Prinzipien der **Silbenstruktur** gesetzten Grenzen. Hier ist zu unterscheiden zwischen einerseits den einzelsprachlichen phonotaktischen Prinzipien und andererseits den (weniger einschränkenden) natürlichen Prinzipien der Silbenstruktur. Es werden nicht nur solche buchstabenübersetzenden Abkürzungen zugelassen, die den phonotaktischen Prinzipien des It. entsprechen, wie es z.B. bei [ˈuːza] oder [ˈnaːto] der Fall ist, sondern auch solche, die diesen Prinzipien nicht genügen, wie z.B. das schon erwähnte [imps] oder *Urss*, gesprochen [urs], aus *Unione delle repubbliche socialiste sovietiche* 'Union der Sozialistischen Sowjetrepubliken'.

Nur wenn die buchstabenübersetzende Abkürzung gegen die natürlichen Prinzipien der Silbenstruktur verstoßen würde, wird sie nicht gewählt. So ergäbe die Buchstabenübersetzung von z.B. *Cgl* für *Confederazione Generale dei Lavoratori* eine Form *[tʃdʒl]; für *Dc* aus *Democrazia Cristiana* hätte man *[dtʃ], beides Lautfolgen, die keine Silben bilden können, weil sie keinen deutlichen Unterschied in der Schallfülle und somit keinen Silbengipfel haben. In solchen Fällen wird die **buchstabierende** Sprechweise gewählt, also [tʃidʒi'ɛlle], [di'tʃi].

Die **Graphie** der Abkürzungen ist nicht vollkommen normiert. Es ist üblich, die Abkürzungen, die buchstabenübersetzend oder buchstabierend gesprochen werden, ohne Punkte zu schreiben, wie in *Usa, Nato, Usl, Cgl*. (Es handelt sich um diejenigen Abkürzungen, die den Status von Eigennamen haben.) Diejenigen Abkürzungen, die auflösend gesprochen werden, wie *p.* für *pagina*, gesprochen ['paːdʒina], *per es.* für *per esempio* 'zum Beispiel', gesprochen [per e'zɛmpjo], werden mit je einem Punkt am Ende derjenigen Wörter geschrieben, die abgekürzt sind.

Information über die zu lesende **Flexionsform** wird wie folgt gegeben: Der Plural wird durch Doppelschreibung ausgedrückt: *pp.* für *pagine* 'Seiten', *SS* für *Santi* 'heilige'. (Die Doppelschreibung kann auch für den Elativ stehen: *SS* für *Santissimo*.) Das Genus (in Verbindung mit dem Numerus) kann durch Abkürzungen ausgedrückt werden, bei denen der Wortstamm abgekürzt, die Endung hingegen erhalten ist: *F.lli* für *Fratelli* 'Gebrüder', *Ill.mo* für *Illustrissimo* 'Hochverehrter' (als Titel in der Briefadresse). - Die Aussprache ist in diesen Fällen immer auflösend.

Was die **Groß- bzw. Kleinschreibung** angeht, so wird in Abkürzungen, die Eigennamen sind, traditionell der erste Buchstabe groß geschrieben, also *Usa, Usl, Cgl*. Es gibt jedoch eine Tendenz, diese Abkürzungen klein zu schreiben, also *usa, usl, cgl*. Bei manchen Abkürzungen findet man auch die Großschreibung aller Buchstaben, wie z.B. in *LN* für *Lingua Nostra* (Name einer Zeitschrift).

KAPITEL IV

DER GRAMMATISCHE AUSDRUCK KOGNITIVER UND KOMMUNIKATIVER KATEGORIEN

0. Einleitung

In den Kapiteln I und II wurden Syntax und Flexionsmorphologie unter dem Gesichtspunkt dargestellt, welche Bedingungen der italienischen Sprache angehörige Ausdrücke und Sätze erfüllen müssen, damit sie als formal korrekt akzeptiert werden, und welche systematischen Zusammenhänge zwischen bestimmten Klassen von Ausdrücken bestehen. In Kapitel III wurden die formalen Verfahren angegeben, durch die der Wortschatz erweitert werden kann. Hierbei wurde gleichzeitig auch der kognitive Hintergrund skizziert, vor dem die Semantik der Wortbildungslehre funktioniert.

Gegenstand des vorliegenden Kapitels ist die inhaltliche Funktion von bisher ausschließlich oder vorwiegend unter dem Gesichtspunkt der Form betrachteten grammatischen Erscheinungen.

Diese inhaltliche Analyse bezieht sich auf zweierlei Bereiche:

- die kognitive Organisation der Redeinhalte und
- die Kontrolle des Kommunikationserfolgs in der Rede

Die **kognitive Organisation der Redeinhalte** beruht auf der Tatsache, daß formale grammatische Strukturen und Relationen sich auf konzeptuelle Strukturen beziehen können, die ihrerseits nicht sprachlich sind. So sind z.B. die mit dem Begriff der Zahl gegebenen konzeptuellen Strukturen nicht sprachlich, aber die Grammatik der Zahlwörter und der Gebrauch von Singular und Plural setzen diese konzeptuellen Strukturen zumindest teilweise voraus.

N.B. Die konzeptuellen Strukturen können reicher sein als die kognitive Organisation der Redeinhalte. So sind z.B. die auf die Zahl bezogenen Begriffe eines mathematisch geschulten Menschen sicherlich reicher differenziert und stärker systematisiert als die kognitive Organisation, über die man verfügen muß, um in Nominalphrasen, die individuelle Gegenstände bezeichnen, Singular und Plural richtig zu gebrauchen.

Die **Kontrolle des Kommunikationserfolgs** in der Rede ist notwendig, weil der Hörer oder Leser die Äußerungen nicht nur erkennen und in sich verstehen, sondern auch auf eine Situation und auf sein (sich möglicherweise fortlaufend änderndes) Wissen über diese Situation beziehen muß. Da diese Bezugnahme leicht mißlingen kann, wird der Sprecher oder Schreiber versuchen, sie zu erleichtern. Die Mittel, mit denen er dies tun kann, sind nur zum Teil grammatisch. Zu ihnen gehört etwa die Determination der Nominalphrase, durch die z.B. signalisiert werden kann, ob noch von demselben Gegenstand die Rede ist oder nicht.

N.B. Es ist weder möglich noch wünschenswert, die kognitiven und die kommunikativen Aspekte der inhaltlichen Analyse scharf zu trennen. Dies vor allem deshalb, weil auch die eher kognitiven inhaltlichen Kategorien gleichzeitig kommunikative Funktionen haben. So können z.B. die aus Zahlwörtern gebildeten Nomina auf *-in-* wie in *trentina* 'etwa dreißig' sowohl das Konzept der um einen Bezugswert herum variablen Anzahl bezeichnen als auch kommunikativ signalisieren, daß eine Aussage ungenau ist.

Die inhaltliche grammatische Analyse kann prinzipiell auf zwei Arten erfolgen: Sie kann jeweils an die formale Analyse angeschlossen werden und so dem strukturellen Aufbau der Einzelsprache untergeordnet werden. Dies ist das übliche Vorgehen der Grammatik.

Sie kann aber auch nach einer eigenen inhaltlichen Systematik aufgebaut werden. Diese enthält diejenigen kognitiven Kategorien und kommunikativen Funktionen, auf die sich die Inhalte grammatischer Strukturen beziehen. Im Hinblick auf diese inhaltlichen Kategorien sind die grammatischen Strukturen Ausdrucksmittel.

So kann man z.B. auf der Ebene der inhaltlichen Systematik eine kommunikative Funktion "Kontrolle der Diskurswelt" einführen und postulieren, daß es in der fortgesetzten Rede Signale dafür geben muß, ob noch von demselben Gegenstand die Rede ist oder nicht. Als solche Signale kann man dann den Gebrauch grammatischer Strukturen und Formen angeben, die unter dem Gesichtspunkt der formalen Analyse recht verschieden sind, so z.B. Artikelwörter und Personalpronomina. Ebenso wird man eine kognitive Kategorie der Zeitreferenz postulieren. Als Mittel der Zeitreferenz kann man dann zusammen den Tempusgebrauch, die Verwendung infiniter Formen des Verbs und die Verwendung bestimmter Adverbien und Präpositionalphrasen betrachten.

Dieses Vorgehen hat allerdings eine Schwierigkeit: Während es für die Analyse der formalen Strukturen der Sprache eine lange, vielfach erprobte Tradition gibt, gibt es für die inhaltliche Systematik nur Ansätze, die in der Beschreibungspraxis wenig erprobt sind. Daher wird hier auf den Versuch einer echten, umfassenden Systematik verzichtet. Es werden nur einzelne Punkte behandelt, die in eine solche Systematik gehören. Das Kriterium der Auswahl ist kontrastiv und didaktisch: Es werden solche Punkte behandelt, in denen das Italienische vom Deutschen stark abweicht und die erfahrungsgemäß Quellen von Lernschwierigkeiten und Fehlern sind. Diese sind die Ausdrucksmittel für:

- das Referieren auf Gegenstände
- das Referieren auf Quantitäten und Grade
- Vergleiche
- das Referieren auf zeitliche Verhältnisse
- der Ausdruck von Modalitäten
- das Bestätigen und Zustimmen, das Verneinen und Widersprechen
- die kommunikative Gewichtung und den thematischen Bezug

1. Referieren auf Gegenstände

An den Sachverhalten, über die wir sprechen, sind fast immer irgendwelche Gegenstände beteiligt. Die Sprache stellt Mittel zur begrifflichen Kategorisierung von Gegenständen und zum Referieren auf Gegenstände bereit. Die Mittel der begrifflichen Kategorisierung werden auch zum Referieren genutzt.

N.B. Der Terminus "Gegenstand" wird hier in einer gegenüber der Umgangssprache ausgeweiteten Bedeutung gebraucht. Intuitiv gesagt ist alles ein Gegenstand, auf das man typischerweise mit einer Nominalphrase referiert. Also sind Gegenstände in diesem Sinne z.B. nicht nur Steine, sondern auch Menschen oder Tiere, natürliche Substanzen oder Kräfte, Probleme oder Gefühle.

Die begriffliche Kategorisierung von Gegenständen erfolgt durch die lexikalischen Bedeutungen der Nomina. Feinere Kategorisierungen als die mit dem nominalen Wortschatz gegebenen können durch die Anfügung von Attributen (Adjektivphrasen, Präpositionalphrasen und Relativsätzen) an Nomina vorgenommen werden.

Für das Referieren auf Gegenstände werden sowohl lexikalische als auch grammatische Mittel benutzt.

Die lexikalischen Mittel werden angewendet bei den Verfahren des Benennens, die grammatischen bei den Verfahren des Zeigens (Anaphorik und Deixis). Beide Verfahrenstypen können miteinander verbunden werden.

Die **Verfahren des Benennens** beruhen auf den mit dem lexikalischen Wissen gegebenen begrifflichen Kategorien: Aufgrund ihrer lexikalischen Bedeutung können die Nomina zur Benennung von Gegenständen verwendet werden. Die Benennung eines Gegenstandes erfolgt durch eine Nominalphrase, die eine lexikalische Bedeutung hat.

Die **Verfahren des Zeigens** beruhen auf der Semantik der Pronomina. Diese besteht ihrer Natur nach aus der Anweisung an den Hörer oder Leser, den passenden Referenten zu suchen und zusätzlichen Informationen, die diese Suche steuern. Solche Informationen können sich beziehen auf:

- die Teilnehmer der Kommunikationssituation (grammatische Person, Genus und Numerus der Personalpronomina; grammatische Person und Numeruskategorie der Possessivpronomina)
- die räumlichen Gegebenheiten der Kommunikationssituation (die Kategorien von Nähe und Ferne bei den Demonstrativpronomina)
- die Folge- und Zeitrelationen im Ablauf der Rede oder des Textes (Zeitadverbien, Ordinalzahlen usw.)
- die inhaltliche Kategorisierung des Referenten (z.B. Lebewesen vs. Ding bei den Personalpronomina)
- Genus und Numerus der Nominalphrase, die zur Bezeichnung des Referenten bereits gebraucht wurde oder gebraucht werden könnte

In der Kommunikation wird meist nicht über die gesamte Welt geredet, sondern über einen Ausschnitt aus ihr. Dieser Ausschnitt ist die **Diskurswelt**. Gegenstände werden in der Rede entweder als bereits zur Diskurswelt gehörig oder als in sie einzuführend gekennzeichnet. Hierzu werden u.a. die Artikelwörter benutzt.

1.1. Die Verfahren des Benennens

Mit den Verfahren des Benennens verbunden ist eine Typologie der Gegenstände, die sich, zusätzlich zu den lexikalischen Bedeutungen der Nomina, auch in ihrem syntaktischen Verhalten zeigt.

Diese Typologie gliedert Gegenstände in **Individuen** und **Stoffe**. Individuen sind zählbar, Stoffe nicht. Die unterstrichene Nominalphrase in (1) bezeichnet ein Individuum, die in (2) einen Stoff:

(1)   **Il telefono** squilla
      'Das Telephon schrillt'

(2)   **Il piombo** si usa sempre meno
      'Blei benutzt man immer weniger'

Die Individuen können ihrerseits einfache Individuen, Gattungen, Kollektive, Portionen oder Sorten sein.

Die folgende Graphik soll diese Systematik veranschaulichen:

(3)
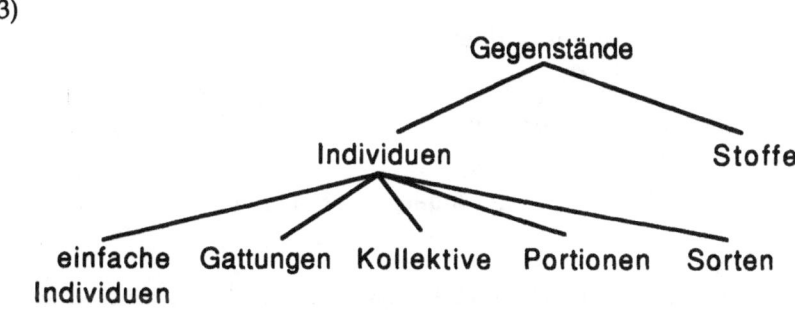

Ein Beispiel für die Bezeichnung eines **einfachen Individuums** ist *il telefono* in (1).

Eine **Gattung** ist ein Individuum, das auf der Abstraktion über gleichartigen, nicht individuell betrachteten einfachen Individuen beruht. Ein Beispiel für die Bezeichnung einer Gattung ist *il lupo* in:

(4) Il lupo è stato reintrodotto in questa zona
'Der Wolf wurde in dieser Gegend wieder heimisch gemacht'

Ein **Kollektiv** ist ein Individuum, das aus verschiedenen gleichartigen, nicht als individuell unterschieden betrachteten einfachen Individuen zusammengesetzt ist. Ein Beispiel für die Bezeichnung eines Kollektivs ist *il gregge* in:

(5) Il pastore custodisce **il gregge**
'Der Hirte bewacht die Herde'

Eine **Portion** ist ein Individuum, das einen Stoff konkret instantiiert. (Umgekehrt beruht ein Stoff auf der Abstraktion über gleichartigen Portionen.) Eine Portion wird bezeichnet durch z.B. *un po' di latte* 'ein bißchen Milch' in:

(6) Mi dia **un po' di latte**
'Geben Sie mir etwas Milch'

Eine **Sorte** ist ein Individuum, das auf der kategorialen Instantiierung eines Stoffes in unterschiedliche Ausprägungen beruht. Im folgenden Beispiel bezeichnet *questi vini* Sorten:

(7) **Questi vini** sono eccellenti
'Diese Weine sind ausgezeichnet'

Schema (8) soll die Ableitungsprozesse veranschaulichen, durch die die verschiedenen Gegenstandsklassen miteinander verbunden sind:

(8)

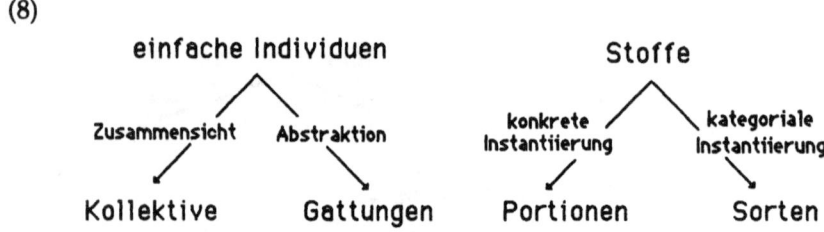

N.B. Diese Aufstellung ist nicht erschöpfend. So könnte man z.B. bei den Stoffen noch solche unterscheiden, die homogen (z.B. 'Gold', 'Nebel') und solche, die heterogen zusammengesetzt sind (z.B. 'Gemüse', 'Schmuck'). Die Sprache macht hier jedoch keinen formalen Unterschied. So verhält sich z.B. *frutta* 'Obst' syntaktisch nicht anders als *panna* 'Sahne'. Entsprechendes gilt auch für die Unterscheidung zwischen abstrakten und konkreten Gegenständen. Die entsprechenden Nomina, z.B. *numero* 'Zahl', *esperienza* 'Erfahrung' vs. *albero* 'Baum', *nave* 'Schiff' weisen keinerlei syntaktische Unterschiede auf, die auf die Unterscheidung zwischen abstrakten und konkreten Gegenständen beziehbar wären.

Die Bezeichnungen für die verschiedenen hier eingeführten Gegenstandsklassen unterscheiden sich in ihrem syntaktischen Verhalten. Die Unterschiede betreffen die Determination, die Attribution und den Numerus. Genus und Deklinationsklasse haben mit den Gegenstandsklassen nichts zu tun.

N.B. Diese Aussagen sind allerdings im Hinblick auf die Derivation einzuschränken: Derivationsregeln können Genus und Flexionsklasse der Derivate festlegen, und sie können auch festlegen, auf welche Gegenstandsklasse die Derivate bezogen sind. So sind z.B. die mit dem Suffix -*ità* gebildeten Nomina immer indeklinable Feminina, und wenn sie überhaupt Gegenstände bezeichnen, so sind diese immer immateriell.

1.1.1. Die Benennungen für einfache Individuen

Einfache Individuen werden durch Nominalphrasen benannt, deren Kopf entweder ein begrifflich kategorisierendes Nomen oder ein Eigenname ist.

Ist der Kopf ein begrifflich kategorisierendes Nomen, so muß dieses Nomen ein **Individuenname** sein, d.h. es muß eine Kategorie bezeichnen, deren Mitglieder Individuen sind. Typische Individuennamen sind z.B. *gatto* 'Katze', *sedia* 'Stuhl', *numero* 'Zahl', *incontro* 'Treffen'.

Die mit Individuennamen gebildeten Benennungen sind die typischsten Nominalphrasen: Sie sind hinsichtlich ihrer Determination und ihrer Attribution am wenigsten eingeschränkt. Dasselbe gilt für ihren Numerus: Singular und Plural haben die Standarddeutung. Der Singular weist darauf hin, daß die Nominalphrase auf ein Individuum referiert, und der Plural, daß mehr als ein Individuum gemeint ist.

Ist der Kopf hingegen ein Eigenname, so gelten für die Determination und die Attribution besondere Prinzipien: Eigennamen können ohne Artikelwort definit sein, und als einzige Verfahren der Attribution sind das nicht rhematische, dem Nomen vorausgehende Adjektiv (9), das kontrollierte Adjunkt (10) und die appositiven Konstruktionen möglich, nämlich die Apposition (11) und der nicht-restriktive Relativsatz (12):

(9) la **piccola** Alessandra
 'die kleine Alessandra'

(10) **Felice di potersene andare**, Alessandra scappò fuori
 'Glücklich weggehen zu dürfen, rannte Alessandra hinaus'

(11) Alessandra, **una delle sue nipotine**, ...
 'Alessandra, eine seiner Enkelinnen, ...'

(12) Alessandra, **che tu forse non conosci ancora**, ...
 'Alessandra, die du vielleicht noch gar nicht kennst, ...'

N.B. Werden andere Verfahren der Attribution auf Eigennamen angewendet, so muß der Eigenname selbst umgedeutet werden, etwa im Sinne 'Individuum' zu 'Aspekt eines Individuums', wie z.B. in:

(13) l'Italia **di cent'anni fa**
'Das Italien von vor hundert Jahren'

1.1.2. Die Benennungen für Stoffe

Stoffe werden ebenfalls durch Nominalphrasen benannt, deren Kopf ein begrifflich kategorisierendes Nomen ist. Steht die Nominalphrase im Singular, so ist dieses Nomen ein **Stoffname**, d.h. es bezeichnet eine Kategorie, die keine unterscheidbaren Mitglieder hat. Typische Stoffnamen sind z.B. *farina* 'Mehl', *ghiaccio* 'Eis'; weniger typisch sind die abstrakten Stoffnamen wie *odio* 'Haß', *caldo* 'Hitze'.

Die mit Stoffnamen gebildeten Benennungen unterscheiden sich hinsichtlich ihrer Determination und hinsichtlich des Numerus von den Benennungen für Individuen. Sie können den Teilungsartikel im Singular haben. Alle übrigen Artikelwörter, ausser dem bestimmten Artikel, sowie der Plural bewirken eine Umkategorisierung zur Bezeichnung eines Typs oder einer Portion.

1.1.3. Die Benennungen für Gattungen

Gattungen werden durch Nominalphrasen benannt, deren Kopf ein Individuenname ist. Der Unterschied zur Benennung einfacher Individuen liegt in der Beschränkung von Determination und Attribution.

Die **Determination** muß durch den bestimmten Artikel erfolgen.

Die **Attribution** kann nur erfolgen durch:

- ein vor dem Nomen stehendes, also nicht rhematisches Adjektiv (14)
- ein nach dem Nomen stehendes Adjektiv, wenn dieses mit dem Nomen zusammen lexikalisiert ist (15)
- ein kontrolliertes Adjunkt (16)
- eine Apposition (17)
- einen nicht-restriktiven Relativsatz (18)

Beispiele sind:

(14) In quelle colline vivono ancora il **veloce** falco, il **potente** cinghiale e il **notturno** gufo
'In diesen Hügeln leben noch der schnelle Falke, das mächtige Wildschwein und der nächtliche Uhu'

(15) L'orso **bianco** è più aggressivo dell'orso **bruno**
'Der Eisbär ist angriffslustiger als der Braunbär'

(16) **Incapace di adeguarsi all'ambiente cambiato**, il mammut si estinse alla fine del pleistocene
'Unfähig, sich der veränderten Umwelt anzupassen, starb der Mammut am Ende des Pleistozäns aus'

(17) Il cane, **animale domestico da millenni**, esiste in moltissime varietà
'Der Hund, seit Jahrtausenden Haustier, existiert in vielen Rassen'

(18) Il cane, **che esiste in moltissime varietà**, è addomesticato da millenni
'Der Hund, der in vielen Rassen existiert, ist seit Jahrtausenden domestiziert'

N.B. In den Beschränkungen sind gattungsbenennende Nominalphrasen den Eigennamen ähnlich. Dies liegt daran, daß Eigennamen und Gattungsbezeichnungen prinzipiell für bereits in die Diskurswelt eingeführte Gegenstände verwendet werden; s. 1.3.

Die die Gattung anhand von Individuennamen bezeichnende Nominalphrase kann auch im Plural stehen (z.B. *i cani sono addomesticati da millenni*). In der Umgangssprache wird diese Variante bevorzugt.

1.1.4. Die Benennungen für Kollektive

Kollektive können ebenfalls durch Nominalphrasen benannt werden, deren Kopf ein begrifflich kategorisierendes Nomen ist. Dieses Nomen kann ein **Kollektivname** sein, d.h. es kann eine Kategorie bezeichnen, deren Mitglieder Individuen sind, die ihrerseits aus Individuen zusammengesetzt sind, die jedoch nicht individuell betrachtet werden. Typische Kollektivnamen sind z.B. *folla* 'Masse', *gente* 'Leute', *frutteto* 'Obstgarten'.

Der Kollektivname kann bereits aufgrund seiner lexikalischen Bedeutung festlegen oder nahelegen, welcher Kategorie die jeweils ein Kollektiv bildenden einfachen Individuen angehören. So legt die Bedeutung von *gente* 'Leute' fest, daß das Kollektiv aus Menschen besteht, und die Bedeutung von *famiglia* 'Familie' legt dies nahe.

Der Kollektivname kann aber auch eine solche Bestimmung mehr oder weniger offenlassen. Dies gilt z.B. für *gruppo* 'Gruppe' und *associazione* 'Vereinigung'. Solche Kollektivnamen haben typischerweise einen Modifikator bei sich, der diese Information liefert. Er besteht aus der Präposition *di* und einem im Plural stehenden Nomen, das ein Individuenname ist. Dieses Nomen ist nicht determiniert; s. z.B.:

(19) un'associazione **di apicultori**
'ein Bienenzüchterverein'

Es kann aber ein Adjektiv bei sich haben; vgl. z.B.:

(20) un gruppo **di case contadine**
'eine Gruppe von Bauernhäusern'

Benennungen für Kollektive können auch Nominalphrasen sein, deren Kopf ein **Individuenname** ist. Diese Nominalphrasen müssen im **Plural** stehen.

Für eine kleine Anzahl von männlichen Nomina gibt es einen spezifisch weiblichen **Plural auf -a** (s. Kap. I, 1.1.1.). In den typischen Fällen macht dieser Plural aus einem Individuennamen eine Kollektivbezeichnung; vgl. z.B.:

(21) *il muro* 'die Mauer' - *le mura* 'die Stadtmauer'
     l'osso 'der Knochen' - *le ossa* 'die Knochen' (als Teil des Organismus)
     il dito 'der Finger' - *le dita* 'die Finger' (an der Hand)

Für Nominalphrasen mit Nomina, die diesen Kollektivplural nicht bilden können, ist die Deutung als Benennung eines Kollektivs nur eine der möglichen Lesarten des Plurals. Allerdings gibt es Nomina, bei denen die Referenz auf ein Kollektiv die naheliegendste Lesart ist. Dies gilt insbesondere für:

- Bezeichnungen für mehrfach vorhandene Körperteile, wie z.B. *le zampe* 'die Beine (eines Tieres)', *i capelli* 'die Haare' und
- Familiennamen, wie z.B. *i Rossi* 'die Rossis', *i Lo Russo* 'die Lo Russos'

Auch der Kontext kann die kollektive Lesart des Plurals nahelegen. - Beispiele sind:

(22) L'aereo scomparve tra **le nuvole**
'Das Flugzeug verschwand zwischen den Wolken'

(23) Salivamo **i gradini**
'Wir stiegen die Stufen hinauf'

(24) E' già stato interrogato **dai carabinieri**
'Er wurde schon durch die Carabinieri verhört'

N.B. Einige Plurale sind als Kollektivbezeichnungen lexikalisiert, z.B. *i bagagli* 'das Gepäck', *le immondizie* 'der Müll'.

Paare sind ein Spezialfall von Kollektiven. Auch für sie gibt es Kollektivnamen, wie z.B. *coppia* 'Paar' (als Lebensgemeinschaft), *paio* (Plural *paia*) 'Paar' (für sonstwie zusammengehörige Gegenstände); s. z.B.:

(25) **Molte coppie giovani** non hanno una casa propria
'Viele junge Paare haben keine eigene Wohnung'

(26) Ho comprato **due paia di scarpe**
'Ich habe zwei Paar Schuhe gekauft'

Auch Paare können durch Plurale von Individuennamen bezeichnet werden; s. z.B. *i genitori* 'die Eltern' zu *il genitore* 'der Elternteil', *i nonni* 'die Großeltern' zu *il nonno* 'der Großvater'.

N.B. Solche Plurale sind systematisch mehrdeutig: *nonni* kann heißen 'Großväter' oder 'Großeltern', *zii* 'Onkel (pl.)' oder 'das aus Onkel und Tante bestehende Paar'.

N.B. Lexikalisierte Plurale, die auf Paarbezeichnungen zurückgehen, sind. z.B. *forbici* (fem.pl.) 'Zange', *occhiali* (mask.pl.) 'Brille'; s. auch 2.1.2.2.

1.1.5. Die Benennungen für Portionen

Benennungen für Portionen werden auf zwei Weisen gebildet. Das erste Verfahren besteht in der Bildung von Nominalphrasen, deren Kopf ein **Stoffname** ist und deren Determination oder Attribution den Beschränkungen nicht entspricht, die für die Benennung von Stoffen gelten. - Beispiele sind:

(27) **questa** farina
'dieses Mehl'

(Bei der Benennung des Stoffes müßte der bestimmte Artikel stehen.)

(28) la farina **che ho preso**
'das Mehl, das ich genommen habe'

(Bei der Benennung eines Stoffes dürfte kein restriktiver Relativsatz stehen.)

N.B. Mit demselben Verfahren werden auch Benennungen von Sorten gebildet.

Das zweite Verfahren zur Benennung von Portionen beruht in der Bildung von Nominalphrasen, deren Kopf der **Name eines Maßes** ist. Zur Angabe des Stoffes, dessen Portion der Referent ist, gibt es drei Verfahren:

- der Stoffname erscheint durch *di* regiert und undeterminiert als Modifikator des Maß-Namens (29)
- auf den Stoff wird pronominal mit *ne* referiert (30)
- auf den Stoff wird elliptisch referiert (31)

Beispiele sind:

(29) un chilo **di uva**
'ein Kilo Weintrauben'

(30) Vuole anche dell'uva? - Sì, me **ne** dia un chilo.
'Wollen Sie auch Weintrauben? - Ja, geben Sie mir ein Kilo.'

(31) Di uva, quanta ne vuole? - Un chilo.
'Weintrauben, wieviel wollen Sie? - Ein Kilo.'

Wenn die betreffende Nominalphrase Objekt ist, wie in (30), ist das *ne* obligatorisch. Die elliptische Variante ist nur dann gebräuchlich, wenn die betreffende Nominalphrase eine selbständige Äußerung ist.

N.B. Das durch (29) illustrierte Verfahren gleicht einem der beiden unter 1.1.4. beschriebenen Verfahren für die Benennung von Kollektiven. Die durch (30) und (31) illustrierten Verfahren hingegen werden bei der Benennung von Kollektiven nicht verwendet; vgl. z.B.:

(32) *Di apicultori, Mario ne ha fondato un'associazione
'*Von Bienenzüchtern hat Mario eine Vereinigung gegründet'

Das Verfahren zur Bildung von Portionen kann auch auf Stoffbezeichnungen angewendet werden, die pluralische Individuennamen sind; vgl. z.B.:

(33) un chilo di **piselli**
'ein Kilo Erbsen'

Auch die Bezeichnungen für **Kollektivzahlen** (s. 2.1.2.1.b.) fungieren in diesem Fall als Namen für Maße; vgl. z.B.:

(34) una **decina** di delinquenti
'etwa zehn Verbrecher'

Sie lassen auch das pronominale und das elliptische Referenzverfahren zu; vgl. z.B.:

(35) Vuole anche delle mele? - Sì, me **ne** dia una decina
'Wollen Sie auch Äpfel? - Ja, geben Sie mir zehn.'

(36) Di mele, quante ne vuole? - Una decina.
'Äpfel, wieviel wollen Sie? - Zehn.'

1.1.6. Die Benennungen für Sorten

Benennungen für Sorten sind Nominalphrasen, deren Kopf ein **Stoffname** ist und die gegen Beschränkungen für die Benennung von Stoffen verstoßen. Dies heißt im einzelnen:

Die Determination durch den unbestimmten Artikel (37) oder durch einen Demonstrativartikel (38), die Attribution durch ein Possessivum (39), durch ein nicht mit dem Stoffnamen zusammen lexikalisiertes dem Nomen folgendes Adjektiv (40), durch eine Präpositionalphrase (41) oder durch einen restriktiven Relativsatz (42) sowie die Bildung des Plurals (43) verbieten die Deutung der Nominalphrase als Stoffbenennung und lassen die Deutung als Bezeichnung für eine Stoffsorte zu; vgl. z.B.:

(37) Lì, c'è **una** sabbia molto fine
'Dort ist ein sehr feiner Sand'

(38) **Questa** carne è molto apprezzata
'Dieses Fleisch wird sehr geschätzt'

(39) La **loro** birra è la migliore
'Ihr Bier ist das beste'

(40) La birra **scozzese** è la migliore
'Das schottische Bier ist das beste'

(41) La legna **dell'abete** brucia facilmente
'Das Holz der Fichte brennt leicht'

(42) L'argilla **che si usa per la fabbricazione dei mattoni**
'Der Ton, den man für die Herstellung von Ziegeln benutzt'

(43) vini e liquori
'Weine und Liköre'

Nur die Determination durch den unbestimmten Artikel (37), durch ein nicht mit dem Stoffnamen zusammen lexikalisiertes nachgestelltes Adjektiv (40) und die Bildung des Plurals (43) lassen ausschließlich die Deutung als Sortenbenennung zu; die anderen lassen auch die Deutung als Bezeichnung für eine Portion zu.

N.B. Die Sortenbenennungen, die auf der Verletzung der für Stoffbezeichnungen geltenden Beschränkungen beruhen, konkurrieren mit den lexikalischen Bezeichnungen für Sorten; vgl. z.B. *un formaggio* 'ein Käse' mit *un tipo di formaggio* 'eine Käseart'. Wie auch im Dt. sind manche der sortenbenennenden Plurale lexikalisiert, und die nicht lexikalisierten sind kaum akzeptabel; vgl. z.B. *i vini* und *die Weine* vs.*i latti* und *die Milche*. Aber es gibt dt.-it. Kontraste hinsichtlich der Lexikalisierung bzw. Akzeptabilität dieser Plurale; vgl. z.B.:

(44) carni ovine e bovine
(wörtl.: ?Schaf- und Rindfleische)
'Schaf- und Rindfleisch'

N.B. Aus Stoffnamen können auch Bezeichnungen für **Artefakte** gebildet werden, die aus dem jeweiligen Stoff gefertigt sind. In dieser Verwendung können die Stoffnamen natürlich auch im Plural stehen. Beispiele sind: *ori* 'Goldschmuck' von *oro* 'Gold', *oli* 'Ölgemälde' von *olio* 'Öl', *vetri* 'Gläser' von *vetro* 'Glas', *terracotte* 'Terrakotten' von *terra cotta* 'gebackene Erde'. - Diese Verwendungen werden nur dann ohne weiteres akzeptiert, wenn sie bereits lexikalisiert sind.

N.B. Eine weitere Umkategorisierung, die an den Plural der Stoffnamen gebunden ist, liegt vor in z.B. *le acque* 'die Gewässer', *le nebbie* 'die Nebel'. Es handelt sich um nicht mehr produktive **Kollektivbezeichnungen**.

1.2. Die Verfahren des Zeigens

Die Verfahren des Zeigens können rein grammatisch oder zugleich grammatisch und lexikalisch sein. Die rein grammatischen Verfahren bestehen im Gebrauch der Pronomina. Die grammatisch-lexikalischen beruhen auf Verfahren des Benennens und auf der Verwendung von Artikelwörtern und von Pronomina.

Die Pronomina, die für **die rein grammatischen Verfahren** des Zeigens verwendet werden, sind die Personalpronomina (45), das Reflexivpronomen (46), die Relativjunktoren *che* und *cui* (47), (48), die als Nominalphrasen gebrauchten Demonstrativpronomina (49) sowie das als Nomen im Relativsatz gebrauchte *quale* (50). Außerdem haben auch die klitischen Pronominaladverbien *ci*, *vi* und *ne* eine auf Gegenstände zeigende Funktion (51), (52). - Beispiele sind:

(45) E' per **me**?
'Ist das für mich?'

(46) Pensano solo a **se** stessi
'Sie denken nur an sich selbst'

(47) il libro **che** gli ho prestato
'das Buch, das ich ihm geliehen habe'

(48) le persone con **cui** hai parlato
'die Menschen, mit denen du gesprochen hast'

(49) **Questi** sono i risultati
'Dies sind die Ergebnisse'

(50) il binario dal **quale** parte il treno
'das Gleis, von dem der Zug abfährt'

(51) Non **ci** penso più
'Ich denke nicht mehr daran'

(52) Se **ne** parla ancora
'Man spricht noch darüber'

N.B. Nicht den Verfahren des Zeigens dienen die Relativpronomina des Typs *chi* (s. Kap. II, 1.4.1.) und die referenzlos gebrauchten klitischen Pronomina *si* und *la* (s. Kap. I, 2.3.3. und 6.2.3.3.).

Bei den **grammatisch-lexikalischen Verfahren** des Zeigens gibt es per definitionem immer ein lexikalisches und ein grammatisches Element.

Das lexikalische Element kann ein Nomen sein, das Kopf der Nominalphrase ist (53), ein nominal verwendetes Adjektiv (54) oder eine nominal verwendete Präpositionalphrase (55); die beiden letzten als Attribut; vgl. z.B.:

- (53) Arrivammo a Verona. **Questa città** è un importante centro ferroviario e stradale.
  'Wir kamen nach Verona. Diese Stadt ist ein wichtiger Eisenbahn- und Straßenknotenpunkt.'

- (54) Quale cappotto prendi?- Prendo **quello nero**.
  'Welchen Mantel nimmst du?- Ich nehme den schwarzen.'

- (55) Quale macchina prendiamo? - Prendiamo **quella di tuo fratello**.
  'Welches Auto nehmen wir? - Nehmen wir das deines Bruders.'

Das Nomen kann durch ein nicht rhematisches Attribut erweitert sein; wie z.B. in:

- (53') Arrivammo a Verona. **Questa antichissima città** è anche un importante centro ferroviario e stradale.
  'Wir kamen nach Verona. Diese sehr alte Stadt ist auch ein wichtiger Eisenbahn- und Straßenknotenpunkt.'

Das Adjektiv kann durch ein Gradadverb erweitert sein:

- (54') Quale cappotto prendi?- Prendo **quello più pesante**.
  'Welchen Mantel nimmst du?- Ich nehme den dickeren.'

Die Wahl des grammatischen Elements wird mit davon bestimmt, ob das lexikalische Element der Kopf der Nominalphrase (also ein Nomen) oder ein Attribut (also ein Adjektiv oder eine Präpositionalphrase) ist. Ist das lexikalische Element der Kopf der Nominalphrase, so kommen als grammatisches Element das als Artikelwort gebrauchte Demonstrativum *quest-* oder der bestimmte Artikel in Frage.

Beide sind in der Deixis frei vertauschbar; außerdem kommt auch das Demonstrativum *quell-* in Frage; vgl. z.B.:

- (56) Ma guarda {il, questo, quel} piccione!
  'Also guck dir {die, diese} Taube an!'

Zum Ausdruck anaphorischer Bezüge sind Artikel und Demonstrativum nicht frei austauschbar. (*quell-* ist möglich, aber weniger üblich.) Es gilt folgendes Prinzip: Ist das Nomen lexikalisch von dem Nomen des Antezedens verschieden, so wird vorzugsweise *quest-* verwendet; vgl. z.B.:

(57) Sto leggendo "L'Amicizia" di Tomizza. Non so ancora se **questo libro** mi piace.
'Ich bin dabei, "L'Amicizia" von Tomizza zu lesen. Ich weiß noch nicht, ob dieses Buch mir gefällt.'

Andernfalls wird der bestimmte Artikel vorgezogen; vgl. z.B.:

(58) In quella casa vivevano un uomo e una donna, che erano **marito** e **moglie**. Un giorno {la, ?questa} **moglie** disse {al, ?a questo} **marito**: ...
'In diesem Haus lebten ein Mann und eine Frau, die verheiratet waren. Eines Tages sagt die Frau zum Mann: ...'

1.2.1. Die Funktion der grammatischen Kategorien

Die Suche nach dem Referenten eines zeigenden Ausdrucks erfolgt zunächst innerhalb des Rahmens, den der Satz setzt, in dem der zeigende Ausdruck vorkommt. Der zeigende Ausdruck hat in diesem Satz eine durch die Valenz, Kasus und Anordnung ausgedrückte grammatische Funktion und eine Stelle innerhalb der Prädikat-Argument-Struktur. So hat z.B. das akkusativische Pronomen *li* in:

(59) **Li** capisco
'Ich verstehe sie'

die grammatische Funktion des Objekts des Prädikats 'verstehen'. Der Referent von *li* muß daher etwas sein, von dem es nicht unsinnig wäre zu sagen, daß man es verstehen kann; also z.B. Personen oder Zeichen.

In dem Maße, wie die sprachlichen Ausdrücke, die für die Verfahren des Zeigens benutzt werden, die grammatischen Kategorien des Numerus, des Genus und der grammatischen Person sowie die Opposition Person vs. Sache ausdrücken können, können sie die Suche nach dem Referenten erleichtern, indem sie den Suchrahmen noch weiter einschränken. So gibt die Form *li* in (59) die Einschränkung, daß es sich um einen Referenten handelt, den man mit einer männlichen Nominalphrase im Plural bezeichnen würde, und daß die Referenten weder den Sprecher noch den Hörer einschließen. - Schema (59') soll veranschaulichen, wie die in *li* enthaltene grammatische Information Beschränkungen für die Suche des Referenten festlegt:

(59')

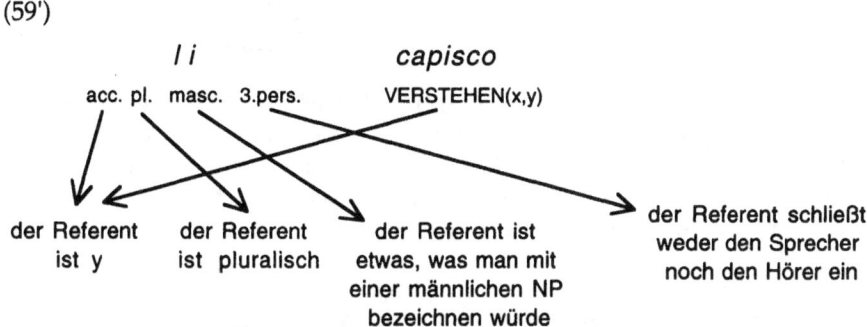

Die Ausdrücke des Zeigens drücken die genannten Kategorien in unterschiedlichem Maße aus. Am einen Pol der Skala steht der Relativjunktor *che*, der die genannten Kategorien sämtlich offenläßt. In geringem Maße drücken die Possessiva grammatische Kategorien aus: So ist z.B. *mio* 'mein' 1. Person Singular, d.h. die Form liefert die Einschränkung, daß der Referent ihres Antezedens in einer Haben-Relation zum Sprecher steht und daß man ihn mit einer Nominalphrase im Singular bezeichnen würde. (Genus und Numerus der Flexionsendung spielen nur eine Rolle für die Satzstruktur.) Im Mittelbereich liegen Formen wie *la*, die Numerus, Person und Genus ausdrücken. Einen hohen Grad der grammatisch ausgedrückten Suchbeschränkungen haben Formen wie z.B. *lei*, die Genus und Numerus haben und ausdrücken, daß der Referent eine Person ist (oder wie eine Person betrachtet wird).

Noch weitergehende Suchbeschränkungen leisten die grammatisch-lexikalischen Zeigeausdrücke, da sie die Gesamtheit der lexikalischen Kategorien des Nominal- und Adjektivwortschatzes ausnutzen können. Die Sprache stellt somit unterschiedlich wirkungsvolle Mittel des Zeigens zur Verfügung, die je nach der Schwierigkeit der Suchaufgabe gewählt werden können.

1.2.2. Deixis vs. Anapher

Die grammatisch relevanten Verfahren des Zeigens bestehen auf der Seite des Sprechers oder Schreibers darin, dem Hörer oder Leser durch den Gebrauch eines sprachlichen Ausdrucks zu signalisieren, daß er einen Gegenstand in einem Kontext der Äußerung heraussuchen soll. Auf der Seite des Hörers oder Lesers bestehen sie darin, diese Suchoperation auszuführen.

Es sind zwei Arten von Kontext zu unterscheiden: der Kontext der Äußerung und der Kontext des Ausdrucks, durch dessen Gebrauch die Suchanweisung erfolgt.

Der Kontext der Äußerung ist die Kommunikationssituation. Relevant für die Verfahren des Zeigens sind die Kommunikationsrollen (Sprecher, Hörer) sowie der Ort und die Zeit der Äußerung. Diejenigen Verfahren des Zeigens, die sich auf den Kontext der Äußerung beziehen, nennt man deiktische Verfahren oder kurz **Deixis**.

Der Kontext des Ausdrucks, durch dessen Gebrauch die Suchanweisung erfolgt, ist seine Umgebung im Text. Die Suchanweisung zielt darauf ab, in dieser verbalen Umgebung einen Ausdruck zu finden, dessen Referent auch als Referent des zeigenden Ausdrucks in Frage kommt. Verfahren, die sich auf den (sprachlichen) Kontext des Zeigeausdrucks beziehen, nennt man anaphorische Verfahren oder kurz **Anapher**.

Die anaphorische Suche erfolgt meist zuerst in dem Kontext, der dem anaphorischen Ausdruck vorausgeht. Befindet sich der gesuchte Ausdruck dort, so heißt er der **Antezedens**. Es kann aber auch sein, daß der gesuchte Ausdruck sich in dem Teil des Kontextes befindet, der dem Zeigeausdruck folgt. In diesem Fall spricht man von einem **kataphorischen** Bezug.

N.B. Für kataphorische Bezüge gibt es keine ausgebildete und allgemein akzeptierte Terminologie, und es besteht auch keine Notwendigkeit, hier entsprechende Festlegungen zu treffen.

Derjenige Kontext des anaphorischen Ausdrucks, in dem der Antezedens zu suchen ist, ist die **Suchumgebung**. Je nach der Art des anaphorischen Ausdrucks kann die Suchumgebung sein:

a. Die kontrollierende Nominalphrase

Dies gilt obligatorisch für das kontrollierte Null-Argument des Infinitivs; vgl. z.B.:

> (60)   Mario rimprovera a **Franco**$_i$ di **Ø**$_i$ pensare solo a sé
> 'Mario wirft Franco vor, nur an sich zu denken'

b. Derselbe einfache Satz

Dies gilt obligatorisch für das Reflexivpronomen; vgl.:

> (61)   Mario dice $_S$[che **Franco**$_i$ pensa solo a **sé**$_i$]
> 'Mario sagt, daß Franco nur an sich denkt'

und für das Possessivum *proprio*:

> (62')   Mario crede $_S$[che **Franco**$_i$ sperperi la **propria**$_i$ fortuna]
> 'Mario glaubt, daß Franco sein eigenes Vermögen verschwendet'

> (62'')   *__Mario__$_i$ crede $_S$[che Franco sperperi la **propria**$_i$ fortuna]

N.B. Das Possessivum *suo* hat diese Beschränkung nicht und ist daher mehrdeutig; vgl. z.B.:

(62''') Mario crede $_S$[che **Franco**$_i$ sperperi la **sua**$_i$ fortuna]
Mario$_i$ crede $_S$[che Franco sperperi la **sua**$_i$ fortuna]
'Mario glaubt, daß Franco sein Vermögen verschwendet'

c. Der komplexe Satz, der den einfachen Satz unmittelbar enthält, in dem der anaphorische Ausdruck steht

Dies gilt obligatorisch für die Relativpronomina; vgl. z.B.:

(63) $_S$ [Ti ho fatto vedere la **lettera**$_i$ $_S$[**che**$_i$ lui mi ha scritto]]
'Ich habe dir den Brief gezeigt, den er mir geschrieben hat'

d. Ein angebundenes Element

Dies gilt obligatorisch für die klitischen Pronomina, wenn ein angebundenes Element vorhanden ist; s. z.B.:

(64) **Lo**$_i$ so [**che è vero**$_i$]
'Das weiß ich, daß das stimmt'

e. Weitere Kontexte

Die Suchumgebung anaphorisch gebrauchter Personal- und Demonstrativpronomina ist generell entweder der übergeordnete Satz (65) oder ein auf der Satzebene nicht verbundener Kontext (66).

(65) **Gianni**$_i$ vuole che qualcuno **lo**$_i$ accompagni
'Gianni will, daß ihn jemand begleitet'

(66) Ecco **una cicogna**$_i$! **La**$_i$ vedi?
'Da ist ein Storch! Siehst du ihn?'

Die Suchumgebung der Possessiva ist entweder der einfache Satz, in dem das Pronomen steht, der übergeordnete Satz (zu beiden Möglichkeiten s. (62''')) oder ein auf der Satzebene nicht verbundener Kontext; s. z.B.:

(67) Ieri ho incontrato **Mario**$_i$. Mi ha presentato la **sua**$_i$ ragazza.
'Gestern habe ich Mario getroffen. Er hat mir seine Freundin vorgestellt.'

Die folgenden zeigenden Ausdrucke können **sowohl anaphorisch als auch deiktisch** verwendet werden:

- die lexikalischen Nominalphrasen
- die Personal- und Possessivpronomina der 3. Person, mit Ausnahme von *ciò* 'dies' und der Höflichkeitsformen der 3. Person

- die Pronominaladverbien
- die Form *ecco*

Der Ausdruck, auf den durch anaphorisches (bzw. kataphorisches) *ecco* gezeigt wird, ist typischerweise ein aus mehreren Sätzen bestehender Textabschnitt; vgl. z.B.:

(68) Vuole sapere quello che ho fatto ieri sera? Ecco: Uscendo dall'ufficio ho fatto la spesa, poi sono andato a casa. ...
'Sie wollen wissen, was ich gestern abend gemacht habe? Also: Auf dem Rückweg vom Büro habe ich eingekauft, dann bin ich nach Hause gefahren. ...'

Nur deiktisch verwendet werden, per definitionem, die Personalpronomina der 1. und 2. Person.

N.B. In Rezensionen und in der Literaturkritik wird *il Nostro* 'der Unsere' (d.h. 'der rezensierte Verfasser') als speziell deiktischer Ausdruck verwendet.

Nur anaphorisch verwendet werden:

- die Relativpronomina
- das Reflexivpronomen
- *quest'ultimo* 'letzterer'

Die Anapher dient der Kontrolle der Diskurswelt; s. bes. 1.3.1.2.

1.3. Die Kontrolle der Diskurswelt

Die Begrifflichkeit, die in diesem Abschnitt gebraucht wird, bezieht sich auf drei unterschiedliche Ebenen der Analyse:

- auf die Ebene der Kommunikationsinhalte beziehen sich die Begriffe "Diskurswelt", "präsent in der Diskurswelt", "latent präsent für die Diskurswelt" und "zur Aufnahme in die Diskurswelt präsentiert"
- auf die funktionale Ebene beziehen sich die Begriffe "definit" und "indefinit"
- auf die Ebene der beobachtbaren sprachlichen Form beziehen sich die Begriffe "determiniert" und "nicht determiniert"

Diese Begriffe werden im Laufe des Kapitels erläutert.

Für den Erfolg des Redens ist es wichtig, darauf zu achten, daß die Redeteilnehmer sich darüber einig sind, wovon die Rede ist. Hierzu gehört auch eine gemeinsame **Diskurswelt**. Die Diskurswelt besteht aus denjenigen Gegenständen, über die geredet wird, und aus den Sachverhalten, die in der Rede ausgesagt werden und in denen diese Gegenstände vorkommen.

Die Diskurswelt verändert sich beim Fortschreiten der Rede ständig. Der Bestand an Sachverhalten wird durch Hinzufügung weiterer Sachverhalte oder durch die Korrektur bereits in der Diskurswelt enthaltener Sachverhalte verändert. Damit werden auch Gegenstände neu hinzugefügt (seltener entfernt). Gegenstände und Sachverhalte können mehrmals erwähnt werden, ohne daß dies eine Veränderung der Diskurswelt mit sich brächte. Deshalb ist es wichtig, fortlaufend zu signalisieren, ob die Diskurswelt verändert wird oder nicht.

Wir behandeln die entsprechenden Verfahren hier nur insoweit, als sie die **Gegenstände** betreffen. (Zur Kontrolle der Diskurswelt im Hinblick auf die Sachverhalte s. 7.)

Die Gegenstände, von denen die Rede sein kann, zerfallen hinsichtlich der Kontrolle der Diskurswelt in drei Gruppen, nämlich:

- die in der Diskurswelt enthaltenen Gegenstände
- die für die Diskurswelt latent präsenten Gegenstände und
- die zur Aufnahme in die Diskurswelt präsentierten Gegenstände

Die zu einem bestimmten Zeitpunkt **in der Diskurswelt enthaltenen Gegenstände** sind diejenigen, über die zu diesem Zeitpunkt in der Kommunikation bereits geredet wurde.

Die **für die Diskurswelt latent präsenten Gegenstände** sind solche, von denen noch nicht geredet wurde, die aber in gewissem Sinne für die Kommunizierenden schon vorhanden sind. Um über sie reden zu können, genügt es, daß man die Aufmerksamkeit auf sie richtet. Die latent präsenten Gegenstände sind in der Kommunikationssituation entweder durch die Wahrnehmung oder aufgrund des Gedächtnisses leicht zugänglich.

Auf der Ebene der **Wahrnehmung** latent präsent sind die an der Kommunikationssituation beteiligten Gegenstände, vor allem der Sprecher/Schreiber und der Hörer/Leser, aber auch die Gegenstände, die in der Situation ohne weiteres wahrnehmbar sind. Zur Steuerung der Wahrnehmungen, die für die Herstellung der Referenz nötig sein können, werden Verfahren der personalen und der lokalen Deixis benutzt.

Auf der Ebene des **Gedächtnisses** latent präsent ist erstens alles, was zur begrifflichen Grundausstattung der Sprecher gehört. Dazu gehören insbesondere die Stoffe (sowohl die materiellen Stoffe wie 'Eisen' als auch die abstrakteren wie 'Wind' und die ganz abstrakten wie 'Glück'), die Gattungen und die Institutionen, die Farben, die Zahlen und andere Grundbegriffe. Hierzu gehören auch die konstitutiven Teile von Gegenständen (z.B. das Dach eines Hauses, der Anfang eines Briefes) und die

Dimensionen, anhand derer die Gegenstände beschrieben werden können (z.B. für Waren die Dimension des Preises, für Berge die Dimension der Höhe usw.).

Ebenfalls auf der Ebene des Gedächtnisses latent präsent sind Gegenstände, die in vorangegangenen Kommunikationen und Wahrnehmungen ein hohes Maß von Aufmerksamkeit auf sich ziehen konnten.

Die zur **Aufnahme in die Diskurswelt präsentierten Gegenstände** sind weder bereits in der Diskurswelt enthalten noch latent für sie präsent. Der Sprecher oder Schreiber nennt sie mit dem Ziel, daß der Hörer oder Leser sie in die Diskurswelt aufnimmt, d.h. der Sprecher führt sie ein.

Das folgende Schema soll diese Begrifflichkeit veranschaulichen:

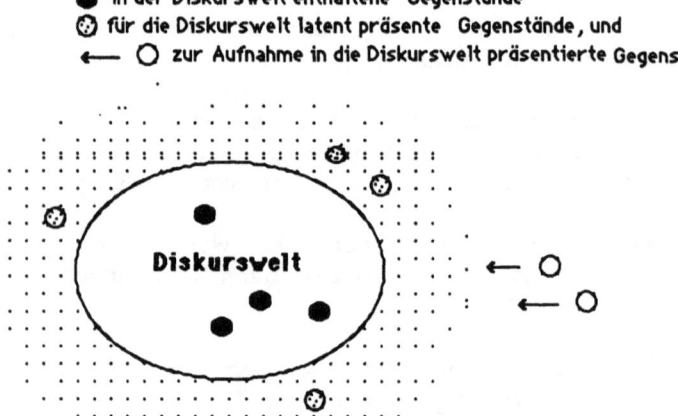

Das grammatische Verfahren, mit dessen Hilfe die Diskurswelt hinsichtlich ihrer Gegenstände kontrolliert wird, ist die **Determination** der Nominalphrase. Die Determination erfolgt durch die Artikelwörter. Diese weisen der Nominalphrase auf der funktionalen Ebene die Werte "definit" bzw. "indefinit" zu.

Der Dreiteilung auf der Ebene der Kommunikationsinhalte entspricht eine Zweiteilung auf der funktionalen Ebene: Die bereits in der Diskurswelt enthaltenen und die latent für sie präsenten Gegenstände werden funktional zusammengefaßt und durch definite Nominalphrasen bezeichnet, die zur Aufnahme in die Diskurswelt präsentierten Gegenstände durch indefinite Nominalphrasen.

Das folgende Schema soll diese Verhältnisse veranschaulichen:

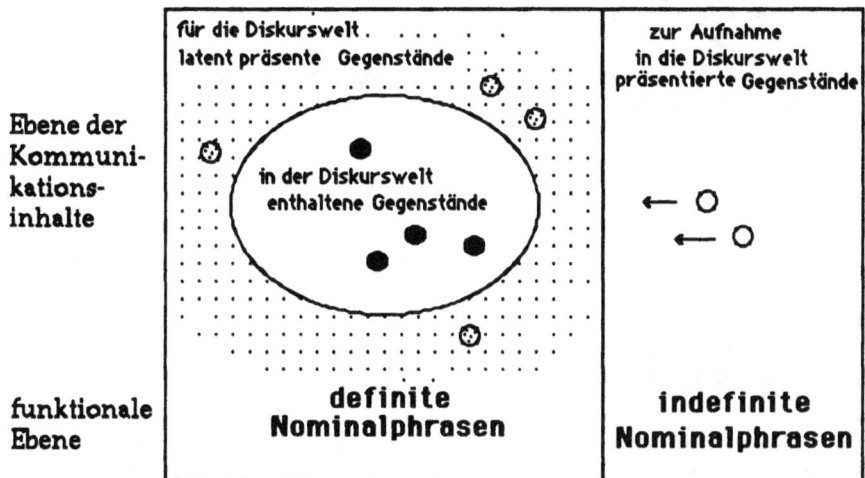

1.3.1. Definite Nominalphrasen

Nominalphrasen sind definit, wenn sie

- mit dem bestimmten Artikel, mit einem Demonstrativum, mit *ogni* 'jeder', mit *ciascuno* 'jeder', oder mit *nessuno* 'kein' determiniert sind
- Personal-, Demonstrativ- oder Relativpronomina sind
- aus einem undeterminierten Eigennamen bestehen

N.B. Anders als im Dt. macht das Possessivum die Nominalphrase nicht definit. Es kann mit den verschiedenen Artikelwörtern stehen, die ihrerseits die Nominalphrase definit oder indefinit machen; vgl. z.B.:

(69) il nostro vino 'unser Wein'
questo nostro vino 'dieser unser Wein'
un nostro vino 'ein Wein von uns'
del vino nostro 'Wein von uns'

N.B. Bei Eigennamen kann oder muß der bestimmte Artikel stehen (s. Kap. I, 1.6.1.1.). Die so gebildeten Eigennamen sind definit. Wird zum Eigennamen der unbestimmte Artikel gesetzt, so bewirkt dies eine Umkategorisierung zum Appellativ; vgl. z.B.:

(70) una nuova Atene 'ein neues Athen'
un altro Nerone 'ein zweiter Nero'

1.3.1.1. Definitheit zum Ausdruck latenter Präsenz

Wie bereits gesagt, kann ein Gegenstand aufgrund der **Wahrnehmung** der Kommunikationssituation für die Diskurswelt latent präsent sein; vgl. z.B.:

(71) Ci penso **io**
'Ich mache das schon'

(Der Referent von *io* 'ich' in (71) ist der Sprecher und somit ein Gegenstand, der in jeder normalen Kommunikation wahrgenommen wird.)

(72) Spegni **il televisore**
'Mach den Fernseher aus'

(Eine Voraussetzung für die Äußerung von (72) ist, daß das Fernsehgerät in der betreffenden Kommunikationssituation ohne weiteres wahrnehmbar ist.)

Ein Gegenstand kann ebenfalls aufgrund der **begrifflichen Grundausstattung** der Sprecher für die Diskurswelt latent präsent sein.

Zu dieser gehören auch die natürlichen Stoffe. Beispiele für Nominalphrasen, die auf Stoffe als solche referieren, sind (73) bis (75). In (73) ist von einem materiellen Stoff die Rede, in (74) und (75) von abstrakteren Stoffen:

(73) **L'acciaio** non ha più l'importanza di una volta
'Stahl hat nicht mehr die Bedeutung wie früher'

(74) Durante il giorno **il vento** viene dal mare
'Tagsüber kommt der Wind vom Meer'

(75) Un rapporto simile non si può basare sulla **sola simpatia**
'Eine solche Beziehung kann nicht nur auf Sympathie beruhen'

N.B. Anders als im Dt. stehen im It. die Benennungen von Stoffen grundsätzlich mit dem bestimmten Artikel. Dies gilt nicht nur für die Fälle, in denen im Dt. der Artikel obligatorisch (z.B. in *der Preis des Stahls*) oder fakultativ ist (vgl. die mögliche Übersetzung von (73) durch *der Stahl hat nicht mehr die Bedeutung wie früher*), sondern auch für diejenigen, wo im Dt. kein Artikel stehen darf, z.B. in Definitionen wie:

(76) **Il rame** è un metallo
'Kupfer ist ein Metall'

Alle **Gattungen** können latent präsent sein. Zu ihnen gehören:

a. die natürlichen Arten

- (77) **L'orso** è scomparso dalle Alpi svizzere sin dal 1904
'Der Bär ist seit 1904 aus den Schweizer Alpen verschwunden'

- (78) **La robinia** tende a soppiantare le specie tipiche della zona
'Die Robinie neigt dazu, die für die Gegend typischen Arten zu verdrängen'

b. die Geschlechter und andere **natürliche Typen**

- (79) l'anno del**la donna**
'das Jahr der Frau'

- (80) la condizione sociale del **bambino**
'die gesellschaftliche Stellung des Kindes'

c. soziale Typen

- (81) **Il napoletano** è più intelligente
'Der Neapolitaner ist intelligenter'

N.B. Die sprachliche Behandlung sozialer Kategorien als Gattungen kann als Ausdruck eines von Vorurteilen geprägten Denkens verstanden werden. Die sprachliche Behandlung menschlicher Typen als Gattungen ist im wesentlichen beschränkt auf einen immer mehr veraltenden Stil der öffentlichen und der wissenschaftlichen Rede.

d. Artefakte

- (82) **La gondola** è un tipo di barca
'Die Gondel ist eine Art Boot'

Auch die **Plurale** von Nominalphrasen, deren Kopf ein Individuenname ist und die mit dem bestimmten Artikel determiniert sind, können die Gattung bezeichnen; vgl.:

- (78') **Le robinie** tendono a soppiantare le specie tipiche della zona
'Die Robinien neigen dazu, die für die Gegend typischen Arten zu verdrängen'

- (80') la condizione sociale dei **bambini**
'die gesellschaftliche Stellung der Kinder'

- (82') **Le gondole** sono un tipo di barca
'Gondeln sind eine Art Boot'

Für soziale Gattungen wird diese Ausdrucksweise eher akzeptiert (obwohl sie sich genausogut zum Ausdruck von Vorurteilen eignet); vgl. z.B.:

(81')   **I napoletani** sono più intelligenti
'(Die) Neapolitaner sind intelligenter'

Beispiele für Gegenstände, die als **konstitutive Teile** eines anderen Gegenstandes latent präsent sind, sind (83) und (84). Die Definitheit der unterstrichenen Nominalphrase in (83) ist dadurch motiviert, daß mit einem Buch auch seine Seiten gegeben sind; ebenso sind in (84) mit der Person auch ihre Körperteile gegeben.

(83)   Di questo romanzo non ho letto che **le prime pagine**
'Von diesem Roman habe ich nur die ersten Seiten gelesen'

(84)   Luigi camminava lento, con **le mani** in tasca
'Luigi ging langsam, die Hände in der Tasche'

Beispiele für die Bezeichnung latent präsenter **Dimensionen** eines Gegenstandes sind:

(85)   Non so quale sia **il peso** della valigia
'Ich weiß nicht, was das Gewicht des Koffers ist'

(86)   Si debbono ancora mettere d'accordo sul **prezzo**
'Sie müssen sich noch über den Preis einigen'

N.B. Der folgende Satz kann als Beispiel für die latente Präsenz eines Gegenstandes aufgrund **vorausgegangener Wahrnehmung** verstanden werden, und zwar unter der Voraussetzung, daß der Referent der unterstrichenen Nominalphrase nicht in der Situation präsent ist und daß zwischen den Beteiligten noch keine Kommunikation über ihn stattgefunden hat:

(87)   **La scossa** mi ha fatto una bella paura
'Der Erdstoß hat mir einen ganz schönen Schreck eingejagt'

Die Wahrnehmung kann auch in der Vorstellung **vorweggenommen** werden. Dies ist typisch für Wegbeschreibungen:

(88)   Quando arriva al **semaforo**, giri a destra
'Wenn Sie an die Ampel kommen, biegen Sie rechts ab'

Die fett gedruckten Nominalphrasen in dem folgenden Anfang eines Zeitungsberichts sind Beispiele für die latente Präsenz aufgrund vorausgehender Kommunikation bzw. gemeinsamer Wahrnehmung:

(89) Fu uno dei blitz antimafia più spettacolari di questi ultimi anni. Trecento ordini di cattura firmati dalla **magistratura torinese** contro il **clan dei catanesi**, accusati di omicidi, traffico di droga, rapimenti, estorsioni. In molti ricordano ancora oggi il **clamoroso ponte aereo tra Catania e Torino, la lunga fila di personaggi in manette imbarcati all'aeroporto di Fontana Rossa**. Davanti alle **telecamere**, quella mattina del 12 dicembre 1984 in mezzo a capi e gregari dell'**organizzazione** sfilarono anche tre magistrati. (L'Espresso, 14. 12.86)
'Es war einer der spektakulärsten Schläge gegen die Mafia der letzten Jahre. Dreihundert von der Staatsanwaltschaft Turin unterzeichnete Haftbefehle gegen den Clan der Catanier wegen Totschlags, Drogenhandels, Entführung und Erpressung. In vielen rufen sie noch heute die Erinnerung wach an die aufsehenerregende Luftbrücke zwischen Catania und Turin, die lange Reihe von Menschen in Handschellen, die auf dem Flugplatz Fontana Rossa an Bord gingen. An jenem Morgen des 12. Dezember 1984 defilierten vor den Fernsehkameras, zwischen den Anführern und den Mitläufern der Organisation, auch drei hohe Justizbeamte.'

1.3.1.2. Definitheit zum Ausdruck des Enthaltenseins in der Diskurswelt

Die Referenz auf bereits in der Diskurswelt enthaltene Gegenstände erfolgt durch **anaphorische Ausdrücke** (s. 1.2.2.). Diese sind entweder Nominalphrasen des Typs "Artikelwort plus Nomen" (zur Auswahl zwischen dem bestimmten Artikel und dem Demonstrativum s. 1.2) oder Pronomina.

Unter diesen ist das **Null-Subjekt** (s. Kap. I, 6.1.1.) für die Kontrolle der Diskurswelt besonders wichtig. Es wird stets dann verwendet, wenn ein bereits in der Diskurswelt enthaltener Gegenstand mehr als einmal nacheinander als Subjekt wiedererwähnt wird. Typisch ist in erzählenden Texten die Abfolge "erste Nennung - Nominalphrase - Null-Subjekt"; vgl. z.B.:

(90) **Giovanni** è stato bocciato. **Questo ragazzo** veramente non ha fortuna. Si è rotto un braccio, ha perso la ragazza, e ora non viene promosso.
'Giovanni ist durchgefallen. Dieser Junge hat wirklich kein Glück. Er hat sich den Arm gebrochen, er hat seine Freundin verloren, und jetzt wird er nicht versetzt.'

Das folgende Schema soll diese anaphorischen Verhältnisse veranschaulichen. An den durch ein Rechteck gekennzeichneten Stellen wird auf 'Giovanni' referiert. Die Pfeile symbolisieren jeweils das Zeigen mit dem anaphorischen Ausdruck auf den Antezedens. ø steht für das Null-Subjekt:

(90')

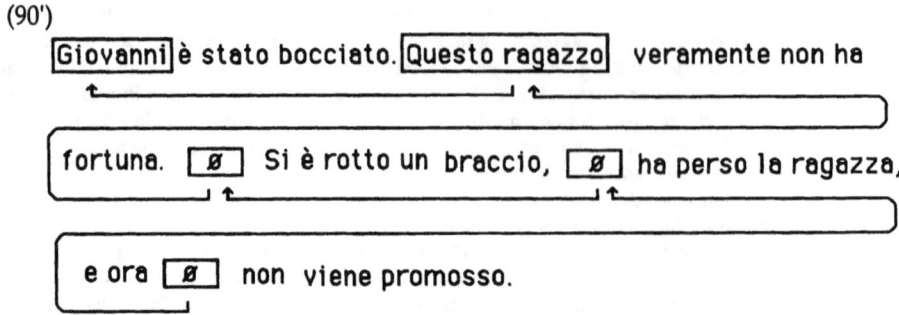

Dem Null-Subjekt entsprechen die **klitischen Pronomina**. Auch sie sind geeignet, die anaphorische Kette fortzusetzen. Sie können das vorausgehende Subjekt als Antezedens haben und ihrerseits wieder Antezedens eines Null-Subjekts sein; vgl. das klitische Pronomen *gli* in:

(91) **Giovanni** è stato bocciato. **Questo ragazzo** veramente non ha fortuna. Si è rotto un braccio, **gli** hanno rubato il motorino, e ora non viene promosso.
'Giovanni ist durchgefallen. Dieser Junge hat wirklich kein Glück. Er hat sich den Arm gebrochen, man hat ihm das Moped gestohlen, und jetzt wird er nicht versetzt.'

Schematisch dargestellt:

(91')

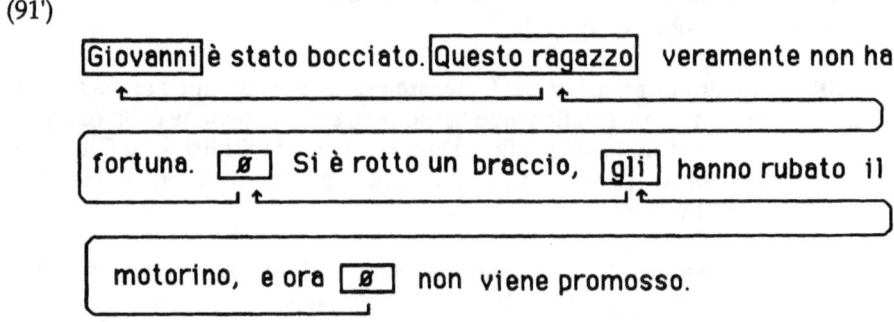

Wenn die anaphorische Beziehung nicht zum vorausgehenden nominalen Subjekt (sondern z.B. zum Objekt) hergestellt werden soll, wird nicht das Null-Subjekt, sondern eine Nominalphrase (z.B. auch ein nicht-klitisches Personalpronomen) verwendet. Ein Satz wie (92) ist deshalb in der durch Übersetzung b. angegebenen Lesart ungrammatisch; nur die durch a. ausgedrückte Lesart ist zulässig:

(92)   Anna ha lasciato Francesco. Ora vive dalla madre.
   a. 'Anna hat Francesco verlassen. Jetzt lebt sie bei ihrer Mutter'
   b. *'Anna hat Francesco verlassen. Jetzt lebt er bei seiner Mutter'

Der durch die (falsche) Übersetzung b. ausgedrückte Inhalt verlangt ein explizites Subjekt:

(93)   Anna ha lasciato Francesco. Ora **lui** vive dalla madre.
   'Anna hat Francesco verlassen. Jetzt lebt er bei seiner Mutter'

N.B. Ein weiteres Kriterium für die Wahl zwischen Null-Subjekt und Nominalphrase ist die Thema-Rhema-Struktur (s. 7.): Das Null-Subjekt kann nicht Rhema sein.

1.3.2. Indefinite Nominalphrasen

Sowohl determinierte als auch nicht determinierte Nominalphrasen können indefinit sein.

Eine **determinierte Nominalphrase** ist indefinit, wenn das Artikelwort der unbestimmte Artikel, der Teilungsartikel, *alcun-* oder *qualche* ist. Beispiele sind enthalten in:

(94)   Arrivarono in **una piccola città**, dove c'erano **dei bei palazzi, alcune chiese**, e anche **qualche bel giardino**
   'Sie kamen in eine kleine Stadt, wo es schöne Paläste und einige Kirchen gab und auch ein paar schöne Gärten'

N.B. *un-* 'ein' bezeichnet auch die Zahl 'eins'. Das Zahlwort *un-* wird aber nur beim Zählen (*uno, due, tre, ...* 'eins, zwei, drei, ...') und in zusammengesetzten Zahlwörtern wie z. B. *trentuno* 'einunddreißig' gebraucht. Bei der Bezeichnung von Gegenständen werden nur die Zahlen, die größer als eins sind, lexikalisch bezeichnet. Die Anzahl 'eins' wird meist aus dem Singular gefolgert.

N.B. In dem Paradigma 'der eine, der andere' steht *un-* in einer anaphorischen Nominalphrase; vgl. z.B.:

(95)   Le ragazze erano ambedue nella macchina. **L'una** guidava, e l'altra si trovava accanto a lei.
   'Die Mädchen waren beide in dem Auto. Die eine steuerte, die andere saß neben ihr.'

Dieses *un-* macht die Nominalphrase folglich nicht indefinit. Aber *un-* ist hier auch nicht einfach definit: Der anaphorische Ausdruck bezeichnet ein noch nicht identifiziertes Element aus einer bereits in der Diskurswelt enthaltenen Menge von Gegenständen.

un- bezeichnet hier übrigens auch nicht die Zahl 'eins'. Diese wird auch in (95) dem Singular entnommen. *un-* kann auch im Plural stehen, und aus dem Plural wird 'eine Zahl größer als eins' gefolgert; s. z.B.:

(96) **Gli uni** affermano che non c'è pericolo, gli altri dicono che bisogna stare attenti
'Die einen behaupten, es bestehe keine Gefahr, die anderen sagen, man müsse aufpassen'

Eine **undeterminierte Nominalphrase** ist indefinit, es sei denn, sie besteht aus einem Eigennamen oder einem Pronomen. Diese Alternative zur Bezeichnung der Indefinitheit durch eine determinierte Nominalphrase ist nicht unbeschränkt wählbar. Sie ist nur möglich,

- wenn vor dem Kopf der Nominalphrase ein quantifizierender Postartikel (97) oder die Bezeichnung einer Kardinalzahl (außer 'eins') steht (98)
- oder wenn der Kopf der Nominalphrase ein quantifizierendes Pronomen (99) oder die Bezeichnung einer Kardinalzahl ist (100)
- oder wenn die Nominalphrase durch *di* regiert als Attribut eines Nomens steht, das ein Kollektiv, eine Quantität oder eine Maßeinheit bezeichnet (101)
- oder wenn es sich um mehrere Nominalphrasen handelt, die in einer aufzählenden Koordination stehen (102)

Beispiele sind:

(97) C'era **molta gente**
'Es waren viele Leute da'

(98) **Cinquanta operai** furono licenziati
'Fünfzig Arbeiter wurden entlassen'

(99) **Molti** ci credono
'Viele glauben daran'

(100) **Due** hanno protestato, gli altri non hanno detto niente
'Zwei haben protestiert, die anderen haben nichts gesagt'

(101) un gruppo di **giovani**   'eine Gruppe von Jugendlichen'
un sacco di **problemi**   'eine Menge Probleme'
due etti di **prosciutto**   'zweihundert Gramm Schinken'

(102) Nel crepuscolo si vedevano **campi, boschi e prati**
'In der Dämmerung sah man Felder, Wälder und Wiesen'

N.B. Zur Undeterminiertheit als Ausdruck der Nicht-Referentialität s. Kap. I, 1.6.1.2.

N.B. Nur als Komplement der Kopula bezeichnet der undeterminierte **Stoffname** den betreffenden Stoff als solchen; s. z.B.:

(103) E' **oro**
'Das ist Gold'

Nicht-prädikativ muß die Bezeichnung des Stoffes als solcher durch den bestimmten Artikel determiniert sein; vgl. z.B.:

(104)   Il colore dell'**oro** è giallo
        'Die Farbe von Gold ist gelb'

Der undeterminierte Stoffname entspricht also dem durch den unbestimmten Artikel determinierten Individuennamen als Komplement der Kopula; vgl. z.B.:

(105)   E' **una trota**
        'Es ist eine Forelle'

(106)   **La trota** appartiene alla stessa famiglia del salmone
        'Die Forelle gehört zur gleichen Familie wie der Lachs'

Stoffnamen können auch mit dem Teilungsartikel als Komplement der Kopula stehen; sie bezeichnen dann eine Portion des betreffenden Stoffes; vgl.:

(107)   questo è **del sale**
        'das ist Salz'

(108)   Questa è **dell'acqua dolce**
        'Das ist Süßwasser'

Undeterminiert und indefinit sind auch Nominalphrasen, die bestimmte quantifizierende Postartikel enthalten. Bei *molt-* 'viel', *poc-* 'wenig' und *parecchi-* 'ziemlich viel' kann die undeterminierte Nominalphrase im Singular und im Plural stehen; s. z.B.:

(109)   {molto, poco, parecchio} grano   '{viel, wenig, ziemlich viel} Getreide'
        {molti, pochi, parecchi} alberi   '{viele, wenige, ziemlich viele} Bäume'

Bei *divers-*, *vari-* 'verschieden' und *cert-* 'bestimmt, gewiß' muß die undeterminierte Nominalphrase im Plural stehen. Die Form *cert-* als quantifizierender Postartikel verlangt im Singular den unbestimmten Artikel (111), *divers-* und *vari-* können im Singular überhaupt nicht als quantifizierende Postartikel auftreten. - Beispiele sind:

(110)   diversi colori   'verschiedene Farben'
        in varie città   'in verschiedenen Städten'
        certi professori   'bestimmte Professoren'

(111)   un certo Rossi   'ein gewisser Rossi'
        un certo imbarazzo   'eine gewisse Verlegenheit'

Gegenstände werden genau an dem Punkt der Rede durch indefinite Nominalphrasen bezeichnet, an dem sie zur Aufnahme in die Diskurswelt präsentiert werden; vgl. z.B. in (112) die durch Fettdruck ihres Anfangs gekennzeichneten Nominalphrasen:

(112) Fu uno dei blitz antimafia più spettacolari di questi ultimi anni. **Tre cento ordini di cattura** firmati dalla magistratura torinese contro il clan dei catanesi, accusati di omicidi, traffico di droga, rapimenti, estorsioni. In **molti** ricordano ancora oggi il clamoroso ponte aereo tra Catania e Torino, la lunga fila di personaggi in manette imbarcati all'aeroporto di Fontana Rossa. Davanti alle telecamere, quella mattina del 12 dicembre 1984 in mezzo a **capi** e **gregari** dell'organizzazione sfilarono anche **tre magistrati**.
'Es war einer der spektakulärsten Schläge gegen die Mafia der letzten Jahre. Dreihundert von der Staatsanwaltschaft Turin unterzeichnete Haftbefehle gegen den Clan der Catanier wegen Totschlags, Drogenhandels, Entführung und Erpressung. In vielen rufen sie noch heute die Erinnerung wach an die aufsehenerregende Luftbrücke zwischen Catania und Turin, die lange Reihe von Menschen in Handschellen, die auf dem Flugplatz Fontana Rossa an Bord gingen. An jenem Morgen des 12. Dezember 1984 defilierten vor den Fernsehkameras, unter Anführern und Mitläufern der Organisation, auch drei hohe Justizbeamte.'

N.B. Der unbestimmte Artikel hat allerdings auch andere Funktionen. Er determiniert Nominalphrasen, die als **Komplement der Kopula** stehen, und er determiniert die Nominalphrase, die als Definiendum in einer **Definition** steht.

Ein Beispiel hierfür ist die erste Nominalphrase in (113). Die anderen durch den unbestimmten Artikel determinierten Nominalphrasen gehören zwar nicht zum Definiendum, aber sie sind ebensowenig referentiell wie das Definiendum: Sie sind bloße, zur Definition herangezogene Prädikate, und sie ähneln hierin funktional den Komplementen der Kopula:

(113) Un buon ristorante vuol dire un'ottima cucina e una grande cantina (e magari una bella scorta di buoni sigari da dare ai clienti a fine pasto). (L'Espresso, 14. 12. 1986)
'Ein gutes Restaurant, das heißt eine hervorragende Küche und ein großer Weinkeller (und möglichst auch ein schöner Vorrat an guten Zigarren für die Gäste am Ende der Mahlzeit).'

2. Referieren auf Quantitäten und Grade

Der Umgang mit Quantitäten kann unter Beteiligung der Sprache ausgeführt werden und Gegenstand sprachlicher Kommunikation sein. Für die Referenz auf Quantitäten bei den Tätigkeiten des Zählens und Rechnens, bei der Angabe der Mächtigkeit von Mengen, bei der Angabe bestimmter Relationen zwischen einer Menge und ihren Teilmengen und bei der Angabe von Maßen stellt die Sprache spezielle grammatische (und natürlich auch lexikalische) Mittel bereit.

Das folgende Schema soll diese Systematik veranschaulichen, die auch dem folgenden Abschnitt 2.1. zugrundeliegt:

(1)

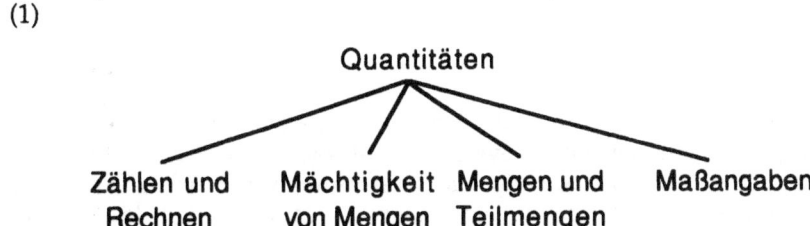

Referenz auf **Grade** kann stattfinden, wenn wir Gegenständen Eigenschaften zuschreiben, die ihrer Natur nach in höherem oder geringerem Maße gegeben sein können.

Grade können in bezug auf eine gedachte Skala angegeben werden. Dies geschieht z.B. mit Hilfe von Gradadverbien (vgl. z.B. *sehr voll, ziemlich zufrieden, völlig falsch*) oder durch Suffixe (z.B. *giustissimo* 'sehr richtig').

Grade können auch durch den Vergleich bestimmt werden. Genauer gesagt: Über den Grad, in dem eine Eigenschaft für einen Gegenstand x besteht, kann etwas gesagt werden, indem man ihn vergleicht mit dem Grad, in dem dieselbe Eigenschaft für einen Gegenstand y besteht. Dies geschieht mit den sprachlichen Mitteln der Komparation, d.h. durch Aussagen der Form 'x ist so P wie y', 'x ist Per als y', 'x ist weniger P als y'.

Zu unterscheiden von dem Grad, zu dem eine **Eigenschaft** besteht, ist der Grad, zu dem ein **Prädikat** auf einen gegebenen Gegenstand zutrifft. Der Grad des Zutreffens eines Prädikats wird ebenfalls mit Hilfe spezieller Adverbien ('wirklich', 'gewissermaßen' usw.) oder durch den Vergleich von Prädikaten (z.B. *sie ist eher schlau als klug*) bezeichnet. Das folgende Schema soll diese Systematik veranschaulichen, die auch dem Abschnitt 2.2. zugrundeliegt:

(2)
```
                    Grade
                   /     \
         Grade des        Grade des
         Bestehens        Zutreffens
         von Eigen-       von Prädi-
         schaften         katen
```

2.1. Referieren auf Quantitäten

2.1.1. Verbales Zählen und Rechnen

Die typischen Mittel des verbalen Zählens und Rechnens sind die **Zahlwörter**. Das It. hat morphologisch ausgebaute Systeme zur Bezeichnung von Kardinal- und Ordinalzahlen; letztere werden auch für die Bezeichnung von Bruchzahlen verwendet. Es hat ferner ein morphologisch weniger ausgebautes System zur Bezeichnung von Kollektivzahlen. Zur Bezeichnung von Mehrfachen besitzt es nur ein rudimentäres Paradigma. Schließlich gibt es für den Wert '2' Zahlwörter des Typs 'beide'.

N.B. Zu Ausdrücken des Typs 'zu zweit', 'zu dritt', usw. s. 2.1.2.1.a.

Die Bezeichnungen für **Kardinalzahlen** werden aus wenigen Grundlexemen durch eine auf der Addition im Zehnersystem beruhenden Kombinatorik gebildet (Einzelheiten s. Kap. I, 1.5.1.4.).

N.B. Anders als z.B. im Frz. spielt im System der Zahlwörter weder das Zwanzigersystem noch die Multiplikation eine Rolle.

Syntaktisch treten die Bezeichnungen für Kardinalzahlen als Postartikel (3), (4) auf, ferner als Komplement der Kopula (5), (6), als Kopf einer anaphorischen (7) oder deiktischen Nominalphrase (8) und regiert von Präpositionen (9), (10):

(3) le **tre** sorelle
'die drei Schwestern'

(4) **tre** sorelle
'drei Schwestern'

(5) Le ragioni **sono tre**
'Die Gründe sind drei' (d.h. 'es gibt drei Gründe')

(6) Oggi **siamo cento**, domani **saremo mille**
'Heute sind wir hundert, morgen werden wir tausend sein'

(7) Ancora Franco e Giovanni! **Quei due** mi danno sui nervi.
'Schon wieder Franco und Giovanni! Die beiden gehen mir auf die Nerven.'

(8) Ma guarda, **quei due**!
'Guck mal, die beiden!'

(9) Prova a dividerlo **per nove**
'Versuche, es durch 9 zu teilen'

(10) Erano partiti **in quattro**
'Sie waren zu viert aufgebrochen'

N.B. Zur Verwendung von Bezeichnungen für Kardinalzahlen als **Nomina** s. Kap. III, 1.4.1.

N.B. Die Bezeichnung für die Zahl '1', *uno* wird nicht als Postartikel gebraucht, da sie formal gleich dem unbestimmten Artikel ist (s. 1.3.2. zu Anfang). Die Angabe '1' kann aus dem Singular der Nominalphrase gefolgert werden, besonders dann, wenn diese die Formen *unic-* 'einzig' oder *sol-* 'nur' enthält; s. z.B.:

(11) la mia **unica** camicia
'mein einziges Hemd'

(12) una **sola** camicia
'ein einziges Hemd'

Zur Angabe von geschätzten oder aus anderen Gründen **unscharf definierten Werten** gibt es die folgenden Verfahren:

a. Die Anfügung eines Adverbs, das 'ungefähr' bedeutet

(13) E' costato **circa** tre milioni
E' costato tre milioni **circa**
'Es hat etwa drei Millionen gekostet'

b. Die Anfügung von invariablem *un* vor das Zahlwort

(14) Erano venute **un** duecento persone
'Es waren so etwa zweihundert Personen gekommen'

c. Die Nennung zweier aufeinander folgender Zahlen

(15) E' tornata **tre quattro** volte
'Sie ist drei, viermal wiedergekommen'

d. Die Angabe einer Unter- oder Obergrenze mit 'mindestens' bzw. 'höchstens'

(16) E' tornata **almeno** tre volte
'Sie ist mindestens dreimal wiedergekommen'

(17) E' tornata tre volte **al massimo**
'Sie ist höchstens dreimal wiedergekommen'

e. Die Angabe einer Unter- oder Obergrenze durch eine Vergleichskonstruktion mit *più* bzw. *meno*

(18) Ci trovammo a più **di** mille metri
'Wir befanden uns in einer Höhe von mehr als tausend Metern'

(19) Ci trovammo a meno **di** mille metri
'Wir befanden uns in einer Höhe von weniger als tausend Metern'

f. Die Verwendung einer Kollektivzahl; vgl. z.B.:

(20) Eravamo **una ventina** di persone
'Wir waren etwa zwanzig Personen'

Dem verbalen Zählen und Rechnen dienen auch die Bezeichnungen für die **Ordinalzahlen**.

Die Bezeichnungen der kleinen Ordinalzahlen sind Grundlexeme; die übrigen werden systematisch aus den Bezeichnungen der Kardinalzahlen abgeleitet (s. Kap. III, 1.11.).

Die Bezeichnungen der **Ordinalzahlen** geben primär die Stellung eines Gegenstandes in einer Abfolge gleichartiger Gegenstände an; vgl. z.B.:

(21) E' arrivato **terzo**
'Er ist als dritter angekommen'

(22) Questo figlio è nato dal**le prime nozze** della contessa
'Dieser Sohn stammt aus der ersten Ehe der Gräfin'

Die Bezeichnungen für Ordinalzahlen geben auch die Nenner von Bruchzahlen an; vgl. z.B.:

(23) I **due terzi** della popolazione non sono coscienti del pericolo
'Zwei Drittel der Bevölkerung sind sich der Gefahr nicht bewußt'

(24) **Due decimi** equivalgono a **un quinto**
'Zwei Zehntel sind gleich einem Fünftel'

2.1.2. Die Angabe der Mächtigkeit von Mengen

Die Mächtigkeit (Kardinalität) einer Menge ist die Anzahl der in der Menge enthaltenen Elemente. Die Mengen als solche werden durch Nomina bezeichnet, ihre Mächtigkeit durch die numerische Quantifikation der Nominalphrasen.

Diese erfolgt erstens durch Zahlwörter: die Kardinalzahlen, die Kollektivzahlen, die quantifizierenden Adjektive (d.h. Adjektive, die 'mehrere', 'viele', 'wenige' usw. bedeuten), die quantifizierenden Nomina (Nomina, die 'Menge', 'Haufen', 'Zahl' u.ä. bedeuten) und zweitens durch den Numerus.

N.B. Die folgende Darstellung fußt in vielen Punkten, nicht aber im Aufbau, auf Manzotti 1985.

2.1.2.1. Zahlwörter

Für die Syntax der numerischen Quantifikation der Nominalphrase ist zu unterscheiden zwischen einerseits den Bezeichnungen für Kardinalzahlen und den quantifizierenden Adjektiven und andererseits den Bezeichnungen für Kollektivzahlen und den quantifizierenden Nomina.

a. Kardinalzahlen und quantifizierende Adjektive

Das Inventar der Bezeichnungen für Kardinalzahlen ist in Kap. I, 1.5.1.4. behandelt.

Die quantifizierenden Adjektive sind vage, kontextabhängig zu deutende Ausdrücke wie *molt-* 'viel', *poc-* 'wenig' usw.

Die Bezeichnungen der Kardinalzahlen und die quantifizierenden Adjektive stehen entweder als Postartikel oder als Komplement der Kopula; vgl. z.B.:

(25) Ho {**tre, molte**} domande
 'Ich habe {drei, viele} Fragen'

(26) Le mie domande sono {**tre, molte**}
 'Meine Fragen sind {drei, viele}'

N.B. Die Verwendung der Bezeichnung einer Kardinalzahl als Komplement der Kopula ist im It. geläufiger als im Dt.; *meine Fragen sind drei* wirkt etwas seltsam, *le mie domande sono tre* nicht.

N.B. In Rechnungen und in kaufmännischer Korrespondenz kann die Angabe der Kardinalzahl nach dem Nomen stehen: *cassette ventisei* 'sechsundzwanzig Kisten', Lire 30.000.

N.B. Auch nach dem betonten Personalpronomen kann die Kardinalzahl stehen: *voi due* 'ihr beiden', *noi cinque* 'wir fünf'. Anders als im Dt. ist diese Konstruktion auch in der dritten Person möglich; vgl. *loro tre* vs. **sie drei* 'die drei'.

Die Bezeichnungen für Kardinalzahlen und die quantifizierenden Adjektive können durch *in* und *a* regiert werden. Diese Konstruktion entspricht den dt. Präpositionalphrasen des Typs "*zu* plus unflektierte Bezeichnung der Ordinalzahl" (*zu zweit, zu dritt, ...*); vgl.:

(27) L'hanno aggredito {**in quattro, in molti**}
'Sie haben ihn {zu viert, zu vielen} angegriffen'

(28) Arrivarono **a due a due**
'Sie kamen jeweils zu zweit an'

(29) Sfilarono **a tre a tre**
'Sie marschierten in Dreierreihen vorbei'

b. Kollektivzahlen und quantifizierende Nomina

Die Bezeichnungen für Kollektivzahlen und die quantifizierenden Nomina stehen als Kopf einer Nominalphrase. Die Menge, deren Mächtigkeit angegeben wird, wird fakultativ durch ein im Plural stehendes, nicht determiniertes Nomen bezeichnet, das durch *di* regiert ist; vgl. z.B.:

(30) C'è posto per NP[{una **decina**, un **certo numero**} di passeggeri]
'Es ist Platz für {etwa zehn Reisende, eine gewisse Zahl von Reisenden}'

Statt "*di* plus Nomen" kann ggfs. auch das klitische Pronomen *ne* stehen:

(31) Di chiese come questa, ne ho viste NP[{alcune **centinaia, un'infinità**}]
'Kirchen wie diese habe ich {ein paar hundert, unendlich viele} gesehen'

N.B. In diesen Konstruktionen ist Kongruenz ad sensum möglich; vgl. z.B.:

(32) **E' arrivato** un sacco di macchine
'Es kam eine Menge Autos'

(33) **Sono arrivate** un sacco di macchine
'Es kamen eine Menge Autos'

N.B. Die Bezeichnungen der Kollektivzahlen können durch *a* regiert werden, wenn sie im Plural stehen; die Konstruktion entspricht der dt. Präpositionalphrase des Typs *zu Hunderten, zu Tausenden*; vgl. z.B.:

(34) Si ammazzavano gli uccelli **a migliaia**
'Man tötete die Vögel zu Tausenden'

c. Pronomina

Auch **Pronomina** können auf die Mächtigkeit einer Menge referieren. Erfragt wird die Mächtigkeit einer Menge mit dem Interrogativpronomen *quant-*; vgl. z.B.:

(35) **Quanti** anni hai?
'Wie alt bist du?'
(wörtl.: 'Wieviele Jahre hast du?')

(36) **Quante** erano le stanze?
'Wieviele Zimmer waren es?'
(wörtl.: 'Wieviele waren die Zimmer?')

Die **deiktische** Referenz auf die Mächtigkeit einer Menge erfolgt in Deklarativsätzen mit *tant-*; vgl. z.B.:

(37) Non mi dovevi fare **tanti** regali!
'Du hättest mir nicht so viele Geschenke machen sollen!'

In Ausrufesätzen wird *tant-* oder *quant-* verwendet; vgl. z.B.:

(38) Tanto sole!
'So viel Sonne!'

(39) Quanti regali!
'Wieviele Geschenke!'

N.B. In der Umgangssprache hört man auch *così tanto*; also z.B.:

(39') Così tanti regali!
'So viele Geschenke!'

Diese Pronomina drücken gleichzeitig den hohen Grad aus.

Für die **anaphorische** Referenz auf die Mächtigkeit einer Menge gibt es kein spezielles Pronomen. Nur in dem Fall, daß der Antezedens das kataphorisch gebrauchte Pronomen *tant-* enthält, wird *quant-* als anaphorischer Ausdruck gebraucht; vgl.:

(40) Tu hai **tanti** libri **quanti** ne ha lei
'Du hast ebenso viele Bücher wie sie hat'

2.1.2.2. Der Numerus

Eine der Funktionen des Numerus ist es, Information über die Mächtigkeit von Mengen zu geben. (Der Numerus dient außerdem der Umkategorisierung von Nomina.)

Wenn ein Nomen eine durch ein Zahlwort quantifizierte Menge benennt und wenn die Mächtigkeit der Menge größer als eins ist, muß das Nomen im **Plural** stehen.

N.B. Der Plural ist eine Anweisung, einen Gegenstand als aus mehreren Elementen zusammengesetzt zu betrachten; vgl. bei Weinrich 1982:55 den Begriff der "Vereinzelung". Insofern ist der Plural die Voraussetzung für die numerische Quantifikation einer Menge, nicht ihre Folge.

Die durch den Plural des Nomens gegebene Information 'die betreffende Menge ist größer als eins' kann durch ein Zahlwort präzisiert werden. Wenn das Nomen durch den **Teilungsartikel** determiniert ist, kann dies jedoch nicht im gleichen einfachen Satz geschehen; vgl. z.B.:

(41) Mi servono **dei** francobolli
'Ich brauche Briefmarken'

(41') *Mi servono **dei tre** francobolli
'Ich brauche drei Briefmarken'

Die Präzisierung kann nur jenseits der Satzgrenze erfolgen; vgl. z.B.:

(41") Mi servono **dei** francobolli. - Quanti? - **Tre**.
'Ich brauche Briefmarken. - Wieviele? - Drei.'

In diesem Sinne ist der Teilungsartikel die Standardform zur Bezeichnung einer nicht weiter spezifizierten Menge, deren Mächtigkeit größer ist als eins.

Der **Singular** eines Nomens, das zählbare Gegenstände bezeichnet, gibt in der Regel die Information, daß die Mächtigkeit der Menge eins ist.

Hiervon gibt es jedoch zwei Ausnahmen, nämlich die **pluralia tantum**, d.h. Lexeme, die morphologisch Plurale, semantisch aber Singulare sind (42) und den Fall, daß der Inhalt 'mehr als eins' nicht durch den Numerus, sondern durch eine Vergleichskonstruktion ausgedrückt wird (43):

(42) **Le forbici** sono sul tavolo
'Die Schere liegt auf dem Tisch'

(43) **Più di uno** se n'era già andato
'Mehr als einer war schon gegangen'

N.B. Pluralia tantum sind typischerweise Bezeichnungen für Gegenstände, die aus deutlich unterscheidbaren Teilen zusammengesetzt sind (oder es früher waren); vgl. z.B. *forbici* 'Schere', *molle* 'mit Federn versehene Zange' (zu *molla* 'Feder'), *tenaglie* 'Zange' (auch der Singular *tenaglia* ist möglich), *occhiali* 'Brille', *redini* 'Zügel', *calzoni* 'Hose', *pantaloni* 'Hose', *mutande* 'Unterhose', *baffi* 'Schnurrbart'; oder für Kollektive; vgl. z.B. *dintorni* 'Umgebung (einer Stadt)', *spiccioli* 'Kleingeld', *stoviglie* 'Geschirr', *viveri* 'Lebensmittel', *visceri* 'Eingeweide', *Paesi Bassi* 'Niederlande'. - Diese Aufstellung beruht weitgehend auf Regula/Jernej 1965:86.

N.B. Bei der Referenz auf Gegenstände, die durch ein plurale tantum bezeichnet werden und die aus zwei Teilen bestehen, kann man das quantifizierende Nomen *paio* 'Paar' benutzen; vgl. z.B.:

(44)   Dammi **un paio** di forbici!
       'Gib mir eine Schere'

(45)   Sul tavolo c'erano **tre paia** di forbici
       'Auf dem Tisch lagen drei Scheren'

N.B. Eine Kongruenz ad sensum ist bei den pluralia tantum nicht möglich. Die Kongruenz ad sensum ist prinzipiell an die Bedingung gebunden, daß nicht das Subjekt als Ganzes, sondern nur ein untergeordneter Teil von ihm Argument des Satzprädikats ist; s. auch unter 2.1.3 b.

2.1.2.3. Quantifikation von Sachverhaltsmengen

Analog zu den Gegenständen können wir auch mehrere Sachverhalte, z.B. Ereignisse, die sich in den wesentlichen Aspekten gleichen, als einen vervielfachten Sachverhalt begreifen. Wir können dies dadurch ausdrücken, daß wir eine solche Mehrheit von Sachverhalten so beschreiben, als ob es sich nur um einen einzigen handelte, und eine numerische Quantifikation hinzufügen. Dem Ausdruck der Quantifikation von Sachverhalten können dienen:

- eine numerisch quantifizierte Nominalphrase, deren Kopf das Nomen *volta* 'Mal' ist (46)
- die Verwendung einer iterativ deutbaren Tempusform (47)

Beispiele sind:

(46)   Cadde **tre volte**
       'Er stürzte dreimal'

(47)   **Chiedeva** l'elemosina a chiunque
       'Er bat jeden Beliebigen um Almosen'

N.B. Die Mächtigkeit einer Menge von Sachverhalten kann durch das Verb allein nicht bezeichnet werden. Es gibt keine spezielle Tempusform für den iterativen Aspekt. Der Numerus des Verbs drückt nicht die Pluralität von Sachverhalten aus; er beruht ausschließlich auf der Kongruenz mit dem Subjekt. Die numerische Quantifikation von Sachverhaltsmengen erfolgt also syntaktisch im wesentlichen mit den Mitteln, die für die numerische Quantifikation von Gegenstandsmengen gebraucht werden. *volta* 'Mal' ist allerdings ein besonderes Nomen. Semantisch bildet es eine Klasse für sich; vgl. auch syntaktisch die unterschiedliche Funktion des Junktors *che* in (48) und (49):

(48)   Fu il primo coccodrillo vivo **che** vidi
       'Das war das erste lebende Krokodil, das ich sah'

(49)   Fu la prima volta **che** vidi un coccodrillo vivo
       'Es war das erste Mal, daß ich ein lebendes Krokodil sah'

In (48) realisiert der Junktor eine syntaktische Funktion im Nebensatz, in (49) tut er dies nicht.

N.B. Zur Quantifikation von Sachverhalten durch *spesso* 'oft', *sempre* 'immer' usw. s. 2.1.3.e.

2.1.3. Mengen und Teilmengen

Mengen können als Teilmengen von anderen Mengen betrachtet werden. Auch sprachlich kann man auf solche Verhältnisse zwischen Mengen Bezug nehmen. Anders als in der Mengenlehre spielt dabei aber die Diskurswelt (s. 1.3.) eine Rolle: Die einschließende Menge muß in der Diskurswelt enthalten sein.

Das grammatische Standardverfahren für die Referenz auf Teilmengen ist das folgende:

Die Benennung der in der Diskurswelt enthaltenen, die Teilmenge einschließenden Menge erfolgt wie zu erwarten durch eine definite Nominalphrase, deren Kopf ein Nomen ist, das im Plural steht. Diese Nominalphrase erscheint entweder, durch *di* regiert, als Modifikator einer komplexen Nominalphrase, deren Kopf aufgrund seiner lexikalischen Bedeutung ein Teilquantor ist oder als solcher fungiert (z.B. *una parte dei ragazzi* 'ein Teil der Jungen'), oder, bei adnominalem *tutt-*, als Kopf der Nominalphrase (z.B. *alcuni ragazzi* 'einige Jungen').

Teilquantoren aufgrund ihrer lexikalischen Bedeutung sind:

- Nomina, deren Bedeutung die Relation 'Teil von' ist oder enthält: *parte* 'Teil', *percentuale* 'Prozentsatz', *maggioranza* 'Mehrheit' usw.
- insbesondere die Bezeichnungen für Bruchteile und Prozentzahlen, z.B. *metà* 'Hälfte', *il dieci per cento* 'zehn Prozent'
- die Artikelwörter *alcun-* 'einige', *cert-* 'gewisse', *divers-* 'verschiedene', *qualche* 'einige', *nessun-* 'kein' und *ogni* 'jeder'
- die Postartikel *var-* 'verschiedene', *svariat-* 'verschiedenste'
- die Formen *tutt-* 'alle', *ambo* (und Varianten) 'beide' und *ciascun-* 'jeder'

Als Teilquantoren fungieren können ferner alle Zahlwörter, die Ordinalzahlen bezeichnen.

Mit diesen Mitteln können Teilmengen folgendermaßen definiert und bezeichnet werden:

a. Eine beliebige Teilmenge kann mit Hilfe der (ohne Adjektiv gebrauchten) Nomina *parte* **'Teil'** und *percentuale* **'Prozentsatz'** bezeichnet werden:

(50) **Una parte dei fogli** era volata via
'Ein Teil der Blätter war weggeflogen'

(51) **La percentuale dei casi mortali** non è indicata
'Der Prozentsatz der tödlichen Fälle ist nicht angegeben'

b. Eine Teilmenge kann mit Hilfe einer ganzen Reihe von Ausdrücken als **'groß'** oder **'klein'** charakterisiert werden. Der Bezugspunkt des Vergleichs ist dabei die Hälfte.

Die wichtigsten Ausdrücke zur Kennzeichnung einer Teilmenge als relativ groß sind: *molt-* 'viel', *parecchi-* 'eine ganze Menge', *gran parte di* 'ein großer Teil von', *la maggior parte di* 'der größte Teil von', *la maggioranza di* 'die Mehrheit von', *un sacco di* 'ein Haufen (wörtl. ein Sack) von'. - Beispiele sind:

(52) **Gran parte** degli ospiti erano ubriachi
'Ein großer Teil der Gäste war betrunken'

(53) Di questi autori, ne conosco **parecchi** di persona
'Von diesen Autoren kenne ich eine ganze Menge persönlich'

Die wichtigsten Ausdrücke zur Kennzeichnung einer Teilmenge als relativ klein sind: *poc-* 'wenig', *alcun-* , *qualche* 'einige', *la minoranza di* 'die Minderheit von'. - Beispiele sind:

(54) **Alcuni di loro** sono molto anziani
'Einige von ihnen sind sehr alt'

(55) Solo **una minoranza delle donne** vive ancora in quelle condizioni
'Nur eine Minderheit der Frauen lebt noch unter diesen Bedingungen'

N.B. Wie die Beispiele (52) und (55) zeigen, kann in Sätzen, in denen Wörter wie *parte, maggioranza, minoranza* Subjekt sind, die Kongruenz des Verbs ad sensum erfolgen. In (52) besteht Kongruenz mit derjenigen Nominalphrase, die das semantische Argument des Verbs, nicht aber der Kopf der Nominalphrase ist. In (55) hingegen besteht die Kongruenz der allgemeinen Regel entsprechend mit dem Kopf der Subjekt-Nominalphrase. In beiden Fällen könnte prinzipiell auch die entgegengesetzte Lösung gewählt werden; vgl.:

(52') **Gran parte** degli ospiti era ubriaca

(55') Solo una minoranza **delle donne** vivono ancora in quelle condizioni

N.B. *poc-* 'wenige' und *alcun-* 'einige' bezeichnen beide eine Teilmenge, die kleiner ist als die Hälfte der Gesamtmenge. Sie sind aber nicht synonym. Der erste semantische Unterschied liegt darin, daß *alcun-* ein Artikelwort ist und *poc-* nicht: *alcun-* macht eine Nominalphrase indefinit, während *poc-* die Definitheit oder Indefinitheit der Nominalphrase offenläßt. Der zweite Unterschied ist ein Unterschied der Meßrichtung: *poc-* ist wenig, von der Hälfte der Gesamtmenge aus betrachtet; *alcun-* ist mehr als eins, von der leeren Teilmenge aus betrachtet. - Das für *alcun-* Gesagte gilt auch für *qualche*.

c. Die Größe einer Teilmenge kann der Gesamtmenge gegenübergestellt werden, so daß eine **Proportion** ersichtlich ist. Die Gesamtmenge wird durch eine Präpositionalphrase mit *di* bzw. *su* genannt; vgl. z.B.:

(56) **Dei 500 000 prigionieri** sarebbero tornati soltanto 90 000
'Von den 500 000 Gefangenen sollten nur 90 000 zurückkehren'

(57) **Su ogni dieci persone** quattro soffrono di un'allergia
'Vier von zehn Personen leiden an einer Allergie'

d. **Eine Teilmenge kann als Bruchteil** der einschließenden Menge charakterisiert und quantifiziert werden. Dies geschieht bei den einfachen Brüchen durch ein quantifizierendes Nomen und bei Prozentzahlen durch das mit dem bestimmten Artikel determinierte *per cento* 'Prozent'. - Beispiele sind:

(58) **La metà dei passeggeri** dovette prendere un altro aereo
'Die Hälfte der Passagiere mußte ein anderes Flugzeug nehmen'

(59) Il partito laburista ottenne **il quaranta virgola otto per cento dei voti**
'Die Labour-Partei erhielt 40,8 Prozent der Stimmen'

e. **Eine unechte Teilmenge** kann durch Ausdrücke bezeichnet werden, deren Bedeutung der Allquantor ('alle') ist oder ihn enthält. Sprachliche Realisierungen des Allquantors sind *tutt-* 'alle', *ogni* 'jeder' und *ciascun-* 'jeder'.

Den Allquantor in Verbindung mit seinem Argument bezeichnen *sempre* 'immer' und *dappertutto* 'überall'. (Analog dazu enthalten die Teilquantoren *spesso* 'oft', *raramente* und *di rado* 'selten' ebenfalls ihr Argument.) Diese Formen quantifizieren Sachverhaltsmengen.

tutt- kann auf eine bereits numerisch quantifizierte Nominalphrase bezogen sein. Erfolgt die numerische Quantifikation durch eine Kardinalzahl, so kann *tutt-* in derselben Nominalphrase stehen.

(60) **Tutti i dodici candidati** si sono presentati alle prove scritte
'Alle zwölf Kandidaten kamen zur schriftlichen Prüfung'

"*tutt-* plus Kardinalzahl" kann auch die übrigen Positionen von *tutt-* einnehmen (s. dazu Kap. I, 1.4.). In diesem Falle steht zwischen *tutt-* und dem Zahlwort statt des Artikels die Form *e*; vgl. z.B.:

(61) I candidati si sono presentati **tutti e dodici** alle prove scritte
'Die Kandidaten kamen alle zwölf zur schriftlichen Prüfung'

(62) I candidati si sono presentati alle prove scritte **tutti e dodici**
'Die Kandidaten kamen alle zwölf zur schriftlichen Prüfung'

(63) **Tutti e dodici** i candidati si sono presentati alle prove scritte
'Alle zwölf Kandidaten kamen zur schriftlichen Prüfung'

Dabei kann die Endung von *tutt-* elidiert werden; also z.B.:

    (63') **Tutt'e dodici** i candidati si sono presentati alle prove scritte

Statt *tutt'e due* kann auch *ambo, ambedue* 'beide' stehen:

    (64) Lo afferrò con **ambo** le mani
           'Er packte es mit beiden Händen'

    (65) Piansero **ambedue**
           'Sie weinten beide'

Ist das Zahlwort ein quantifizierendes Adjektiv, so steht es in der Nominalphrase, und *tutt-* kann in oder außerhalb der Nominalphrase stehen; vgl. z.B.:

    (66) I **pochi** miei amici sono venuti **tutti**
           'Meine wenigen Freunde sind alle gekommen'

    (66') **Tutti** i **pochi** miei amici sono venuti
           'Alle meine wenigen Freunde sind gekommen'

Wird die Teilmenge global betrachtet, so wird sie vorzugsweise durch eine pluralische Nominalphrase mit *tutt-* bzw. durch nominales *tutt-* im Plural bezeichnet; vgl.:

    (67) La vedevo **tutte le sere**
           'Ich sah sie jeden Abend'

    (68) I miei amici erano **tutti** più anziani di me
           'Meine Freunde waren alle älter als ich'

Wird die Teilmenge hingegen so betrachtet, daß ihre Elemente einzeln hervortreten, so wird vorzugsweise *ogni* (in einer singularischen Nominalphrase) und sonst nominales *ciascun-, ognun-* im Singular gebraucht; vgl. z.B.:

    (69) La vedevo **ogni sera**
           'Ich sah sie an jedem Abend'

    (70) **In ogni caso** ci vediamo domani
           'Auf jeden Fall sehen wir uns morgen'

    (71) **Ciascuno** paga 5000 lire
           'Jeder bezahlt 5000 Lire'

    (72) Paghiamo 5000 lire **ciascuno**
           'Wir bezahlen jeder 5000 Lire'

N.B. Ausdrücke des Typs 'jedes zweite Mal', 'jeder zehnte Einwohner' können mit *ogni* gebildet werden; vgl. z.B.:

(73) I carabinieri controllavano sistematicamente **una macchina ogni tre**
'Die Polizisten kontrollierten systematisch jedes dritte Auto'

Möglich ist auch die Angabe der Gesamtmenge nach *su*:

(74) **Un adulto su tre** soffre di carie
'Einer von drei Erwachsenen leidet an Karies'

Die Proportion kann auch durch eine Bruch- oder Prozentzahl bezeichnet werden; vgl. z.B.:

(75) **Un terzo** degli adulti soffre di carie
'Ein Drittel der Erwachsenen leidet an Karies'

(76) **Il trenta per cento** degli adulti soffre di carie
'Dreißig Prozent der Erwachsenen leiden an Karies'

2.1.4. Quantifikation von Portionen

Portionen von Substanzen (und auch Portionen von als Substanzen behandelten Kollektiven, s. 1.1.5. gegen Ende) können in verschiedener Weise quantifiziert werden. Die Verfahren sind:

- die Verwendung eines quantifizierenden Adjektivs
- die Verwendung eines quantifizierenden Nomens
- die Verwendung einer Maßangabe
- die Charakterisierung der Portion als Teil einer anderen Portion

2.1.4.1. Quantifizierende Adjektive

Die quantifizierenden Adjektive (bzw. Postartikel) *molt-* 'viel' und *poc-* 'wenig' können Portionen als relativ groß oder klein quantifizieren. Sie können in der Nominalphrase (77) oder als Komplement der Kopula stehen (78); vgl. z.B.:

(77) Per questo metodo ci vuole **molt'acqua**
'Für dieses Verfahren braucht man viel Wasser'

(78) L'acqua non è **molta**
'Das Wasser ist nicht viel'

Diese Adjektive können im Elativ stehen; vgl. z.B.:

(79) Ci ho messo **pochissima acqua**
'Ich habe sehr wenig Wasser daran getan'

(80) L'acqua rimasta è **pochissima**
'Das übriggebliebene Wasser ist sehr wenig'

Sie können sich auch anaphorisch auf die angebundene (s. Kap. I, 8.2.) Bezeichnung einer Substanz beziehen; vgl. z.B.:

(81) **Acqua**, ce ne vuole **poca**
'Wasser braucht man wenig'

2.1.4.2. Quantifizierende Nomina

Bei der Quantifikation von Portionen spielen quantifizierende Nomina eine geringe Rolle. Benutzt werden vor allem *po'* 'bißchen' und das durch ein Attribut erweiterte *quantità* 'Menge'.

Das quantifizierende Nomen ist der Kopf der Nominalphrase, die Substanz wird durch ein Attribut mit *di* bezeichnet; vgl. z.B.:

(82) Lì c'è ancora **un po' di neve**
'Dort ist noch ein bißchen Schnee'

(83) Può mangiare **una quantità enorme di pasta**
'Sie kann eine Unmenge Nudeln essen'

Die Bezugnahme auf die Substanz kann natürlich auch anaphorisch (pronominal oder elliptisch) sein; vgl. z.B.:

(84) Prendi **del latte**? - Sì grazie, dammene **un po'**.
'Nimmst du Milch? - Ja gern, gib mir ein bißchen.'

(85) C'è **dell'olio**? - Sì, **un po'**.
'Ist Öl da? - Ja, ein bißchen.'

Außer *un po'*, *una ... quantità* werden noch einige weitere Nomina zur Quantifikation von Portionen benutzt. Sie bezeichnen eine Portion als sehr klein oder sehr groß; sie haben diese Funktion nicht primär, sondern erst aufgrund eines uneigentlichen (und meist lexikalisierten) Sprachgebrauchs. - Beispiele sind:

(86) Ciascuno si sognava **una montagna d'oro**
'Jeder erträumte sich Berge von Gold'

(87) Vuoi ancora **del vino**? - Solo **un gocciolo**.
'Willst du noch Wein? - Nur einen Schluck.'

Auch bei abstrakten Substanzen kommt diese Konstruktion vor; vgl. z.B.:

(88)   I magistrati scoprirono **un abisso di corruzione**
'Die Beamten deckten einen Abgrund von Korruption auf'

(89)   Parlò con **un tocco di ironia**
'Er sprach mit einem Anflug von Ironie'

N.B. Von den Nomina, die für Maßbezeichnungen gebraucht werden, unterscheiden sich die quantifizierenden Nomina dadurch, daß sie nicht mit den Bezeichnungen der Kardinalzahlen kombiniert werden.

2.1.4.3. Maßangaben

Maßangaben bestehen aus einem Nomen, das eine Maßeinheit bezeichnet und an das ein Quantor angefügt ist. Der Quantor kann sein:

- ein Artikelwort: *un-* 'ein', *qualche, alcun-* 'einige' *quant-* 'wieviele'
- ein Postartikel: *vari-* 'verschiedene', *tant-* 'soviele'
- ein quantifizierendes Adjektiv: *molt-* 'viel', *poc-* 'wenig', *parecchi-* 'eine ganze Menge'
- eine Kardinalzahl
- eine auch ihrerseits quantifizierte Kollektivzahl
- eine Bruchzahl; gebräuchlich ist nur *mezz-* 'halb'

Die gemessene Portion wird anhand des Namens der Substanz bezeichnet, der als Attribut mit *di* (oder pronominal bzw. elliptisch) erscheint. - Beispiele sind:

(90)   Manca un **pizzico di sale**
'Es fehlt eine Prise Salz'

(91)   Quante **ore di volo** ci vogliono per il brevetto di pilota?
'Wieviele Flugstunden braucht man für den Pilotenschein?'

(92)   Hanno usato varie **tonnellate di sabbia**
'Sie haben mehrere Tonnen Sand verbraucht'

(93)   Mancano pochi **chilometri di autostrada**
'Es fehlen nur noch wenige Kilometer Autobahn'

(94)   Mi dia due **etti di carne** macinata
'Geben Sie mir 200 g Gehacktes'

(95) Dopo alcune centinaia di **metri di sentiero buono** arrivarono a un campo di neve
'Nach einigen hundert Metern guten Weges kamen sie an ein Schneefeld'

(96) Ho comprato **mezzo chilo di funghi**
'Ich habe ein Pfund Pilze gekauft'
(wörtl.: 'ein halbes Kilo')

N.B. Wie aus (96) ersichtlich ist, kann der unbestimmte Artikel vor *mezzo* weggelassen werden; vgl. auch:

(97) Verrà fra mezz'ora
'Er kommt in einer halben Stunde'

(98) Ho ordinato mezzo pollo
'Ich habe ein halbes Hähnchen bestellt'

N.B. Bei den Gewichten wird nicht mehr mit Pfunden gerechnet, also auch nicht mit Viertelpfunden, halben Pfunden usw. Man rechnet in Kilogramm (*chilogrammo, chilogrammi; chilo, chili*), Hektogramm, d.h. Einheiten von 100 g (*etto, etti*) und Gramm (*grammo, grammi*). Es gibt folgerichtig auch kein Maß für das Hundertfache eines Pfundes, sondern nur für das Hundertfache eines Kilos (*quintale* 'Doppelzentner').

Zu Maßangaben in Vergleichen s. 3.2.3.; zu Maßangaben mit Adjektiven s. auch Kap. I, 3.2.3.f.

2.1.4.4. Portionen und Teilportionen

Portionen können als Teile von anderen, bereits in der Diskurswelt vorhandenen Portionen betrachtet werden.

Das grammatische Verfahren für die Referenz auf Teilportionen ist analog zu dem Verfahren für die Referenz auf Teilmengen (s. 2.1.3): Die gesamte Portion wird durch eine definite Nominalphrase bezeichnet, deren Kopf der Name einer Substanz im Singular ist. Die Teilportion wird durch einen Teilquantor definiert. Als Teilquantoren kommen in Frage:

- Nomina wie *parte* 'Teil'
- Bezeichnungen für Bruchteile: *metà* 'Hälfte', *terzo* 'Drittel' usw.
- Maßangaben
- *un po'* 'ein bißchen'
- *tutt-* 'ganz'

Beispiele sind:

(99) **Una piccola parte del liquido** è evaporata
'Ein kleiner Teil der Flüssigkeit ist verdampft'

(100) **Un quinto del guadagno** verrà reinvestito
'Ein Fünftel des Gewinns wird wieder investiert'

(101) Ha comprato **dieci chili di quella roba**
'Er hat zehn Kilo von dem Zeug gekauft'

(102) C'è ancora **un po' del sugo di ieri**
'Es ist noch etwas von der Soße von gestern da'

(103) Questa è **tutta la carta che ho**
'Das ist alles Papier, das ich habe'

2.2. Referieren auf Grade

Eigenschaften von Gegenständen und Substanzen können graduell differenziert werden. Sie können in stärkerer oder schwächerer Ausprägung gegeben sein. So kann ein Gefäß mehr oder weniger voll, eine Farbe mehr oder weniger leuchtend sein. Manche Eigenschaften beruhen auf dem Verhältnis zu einem Bezugswert. Bei ihnen kann der Abstand zum Bezugswert mehr oder weniger groß sein. So ist z.B. ein Löwe sehr viel größer, eine Wildkatze aber nur wenig größer als eine Hauskatze.

Auch Eigenschaften von Prozessen können graduell differenziert werden. So kann Eis mehr oder weniger schnell schmelzen, eine Auseinandersetzung kann mehr oder weniger heftig verlaufen. Wir sagen deshalb, daß es **Grade des Bestehens von Eigenschaften** gibt.

Der Sprecher kann auch auf seine Rede graduierend Bezug nehmen. Er kann zum Ausdruck bringen, daß seine Ausdrucksweise genau oder nur in etwa dem entspricht, was er sagen will. Dies tut er z.B. wenn er sagt, er sei wirklich glücklich, er habe eine echte Überraschung erlebt, er sei ein wahrer Pechvogel. Wir sagen deshalb, daß es **Grade des Zutreffens von Prädikaten** gibt.

2.2.1. Grade des Bestehens von Eigenschaften

Grade des Bestehens von Eigenschaften werden durch den Elativ (s. Kap. III, 1.8.2.2.), durch als Adjunkte verwendete Nominalphrasen (z.B. *un mondo*, s. Kap. I, 1.7.d.), durch lexikalisierte Vergleiche (z.B. *chiaro come il sole* 'sonnenklar') und durch Gradadverbien bezeichnet. Die wichtigsten Gradadverbien sind: *quasi* 'fast, beinahe', *completamente* 'völlig', *assolutamente* 'absolut', *molto* 'sehr' und *poco* 'wenig, nicht sehr'. Diese Gradadverbien können nicht in gleicher Weise bei allen Adjektiven stehen. Dies liegt daran, daß die jeweils für die Graduierung vorausgesetzten impliziten Skalen nicht dieselbe Struktur haben. Wir unterscheiden zwischen Skalen mit telischer, mit prototypischer und mit komparativer Struktur.

2.2.1.1. Skalen mit telischer Struktur

Eine Skala hat eine telische Struktur (von gr. telos 'Ziel'), wenn sie mit einem Maximalwert endet. Auf eine telische Skala werden Zustände bezogen, die Ergebnisse von telischen Prozessen sind, d.h. von Prozessen, die anhand ihres Resultats definiert sind. Eigenschaften wie 'voll', 'leer', 'fertig', 'tot', 'wach' können anhand einer telischen Skala graduiert werden. Die ihnen zugeordneten Prozesse sind die des (sich) Füllens, des (sich) Leerens usw. - Das folgende Schema soll die Struktur einer telischen Skala veranschaulichen:

(104)

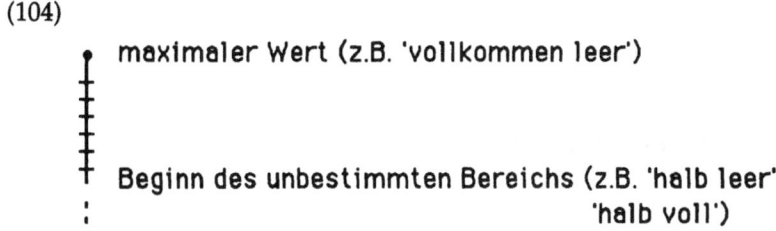

Eigenschaften, die auf einer Skala mit telischer Struktur graduiert werden können, nennen wir telische Eigenschaften. Adjektive, die solche Eigenschaften bezeichnen, nennen wir **telische Adjektive**.

Telische Adjektive können durch die Gradadverbien *quasi* 'fast', *completamente* 'völlig' und *assolutamente* 'absolut' sowie die Adverbiale *a metà* 'zur Hälfte' und *al ... per cento* 'zu ... Prozent' graduiert werden. Die Gradadverbien *molto* 'sehr', *abbastanza* 'ziemlich' und *poco* 'wenig, nicht sehr' sind nicht möglich bzw. untypisch. - Beispiele sind:

(105) La bottiglia era **quasi vuota**
 'Die Flasche war fast leer'

(106) Il campeggio è **pieno zeppo**
 'Der Zeltplatz ist überfüllt'

(107) Ero **sveglio solo a metà**
 'Ich war nur halb wach'

2.2.1.2. Skalen mit prototypischer Struktur

Eine Skala hat eine prototypische Struktur, wenn sie einen maximalen Wert in ihrer Mitte hat, so daß die Werte vom Maximum aus in beiden Richtungen abnehmen.

Auf einer Skala mit prototypischer Struktur werden u.a. Sinnesqualitäten (Farben, taktile Beschaffenheiten usw.), körperliche Zustände (z.B. Gesundheit und Krankheit) und Dispositionen (z.B. 'amüsant', 'jähzornig') bewertet.

Das folgende Schema soll die Struktur einer prototypischen Skala veranschaulichen:

(108)
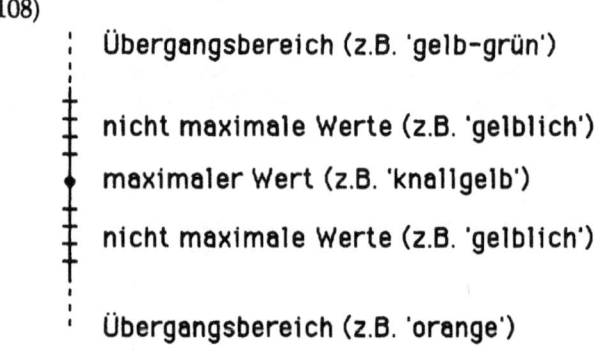

Eigenschaften, die auf einer Skala mit prototypischer Struktur graduiert werden können, nennen wir prototypische Eigenschaften. Adjektive, die solche Eigenschaften bezeichnen, nennen wir **prototypische Adjektive**. Prototypische Adjektive können graduiert werden durch:

- die Gradadverbien *molto* 'sehr', *troppo* 'zu', *abbastanza* 'ziemlich' und *poco* 'wenig, nicht sehr' sowie *più* 'mehr', *meno* 'weniger' und *altrettanto* 'ebenso'
- die adjektivischen Adverbien wie *leggermente* 'leicht';
- den Elativ und,
- für die Bezeichnungen von Sinnesqualitäten, durch die Suffigierung mit *-ástr-* (s. Kap. III, 1.8.2.3.)

Beispiele sind:

(109) Giovanni è **molto malato**
'Giovanni ist sehr krank'

(110) Questo pane è **leggermente dolce**
'Dieses Brot ist leicht süß'

(111) E' un tessuto elastic**issimo**
'Das ist ein höchst elastisches Gewebe'

(112) La liquirizia ha un gusto dolci**astro**
'Lakritze hat einen süßlichen Geschmack'

N.B. Die Gradadverbien der telischen Adjektive sind hier ausgeschlossen. Nur *quasi* ist möglich. Es hat dann jedoch die Bedeutung 'gewissermaßen' und bezieht sich nicht auf das Bestehen der Eigenschaft, sondern auf das Zutreffen des Prädikats.

N.B. *poco* 'wenig, nicht sehr' wird geläufiger als dt. *wenig* als Gradadverb verwendet; vgl. z.B.:

(113) E' **poco distante**
'Es ist nicht sehr weit' (wörtl.: 'es ist wenig weit')

N.B. Wie dt. *wenig*, so wird auch *poco* in euphemistischer Funktion verwendet; vgl. z.B.:

(114) E' un albergo **poco raccomandabile**
'Das ist ein wenig empfehlenswertes Hotel'

N.B. Auch *tutto* 'ganz' kann als Gradadverb bei den prototypischen Adjektiven stehen. Es bezieht sich dann aber nicht auf den Grad des Bestehens der Eigenschaft, sondern auf das Ausmaß, in dem eine nicht essentielle Eigenschaft, ein Zustand für einen Gegenstand in allen seinen Teilen gilt; vgl. z.B.:

(115) Il libro era **tutto sporco**
'Das Buch war ganz schmutzig'

(116) Le ciliege sono ancora **tutte verdi**
'Die Kirschen sind noch ganz grün'

2.2.1.3. Skalen mit komparativer Struktur

Eine Skala hat eine komparative Struktur, wenn sie keinen Maximalwert hat, sondern nach oben offen ist, und wenn sie dazu dient, Werte durch den Vergleich mit variabel festlegbaren anderen Werten zu vergleichen.

Auf einer Skala mit komparativer Struktur werden u.a. Größen, Gewichte, Temperaturen und Preise von Waren bewertet.

Das folgende Schema soll die Struktur einer komparativen Skala veranschaulichen. Der Bezugspunkt für den Vergleich ist in Beispiel a ein Normalwert für eine Kategorie von Gegenständen, in Beispiel b der Wert eines anderen Gegenstandes. In Beispiel a liegt der Wert des Gegenstandes x in einem vage bestimmten Bereich über dem Bezugspunkt; in Beispiel b liegt er, ebenfalls vage bestimmt, unter dem Bezugspunkt und über dem Nullpunkt der Skala:

(117)

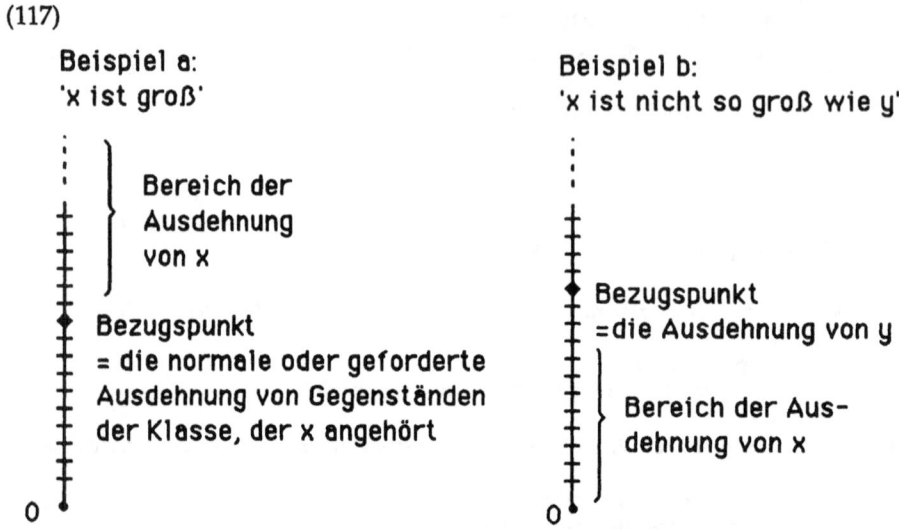

Eigenschaften, die sich anhand einer komparativen Skala angeben lassen, nennen wir komparative Eigenschaften. Die Adjektive, die auf solche Eigenschaften referieren, nennen wir **relative Adjektive**.

Bei relativen Adjektiven können Gradadverbien angeben, ob der innerhalb eines nur vage bestimmten Bereichs liegende Wert weit vom Bezugspunkt entfernt ist oder nicht. Die Beispiele c und d sollen diese Verhältnisse illustrieren:

(118)

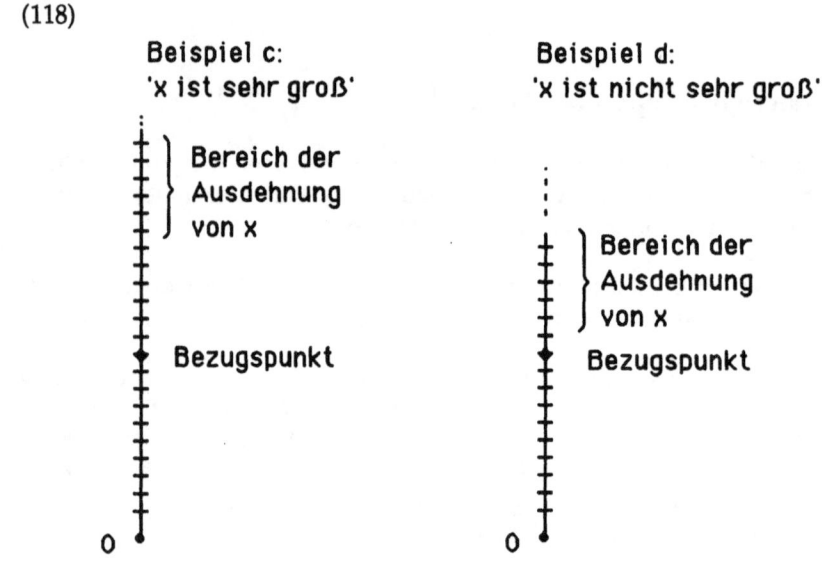

Die Gradadverbien der relativen Adjektive sind: *molto* 'sehr', *poco* 'wenig', *abbastanza* 'ziemlich', *troppo* 'zu', *più* 'mehr', *meno* 'weniger' und *altrettanto* 'ebenso'. Zum Ausdruck des hohen Grades ist der Elativ möglich. Der Grad kann auch durch das Diminutiv -*in*- ausgedrückt werden. - Beispiele sind:

(119) E' una torre **molto alta**
'Das ist ein sehr hoher Turm'

(120) L'acqua qui è **poco profonda**
'Das Wasser ist hier nicht sehr tief'
(wörtl.: 'wenig tief')

(121) Portava dei jeans **strettissimi**
'Er trug eng ansitzende Jeans'

N.B. Die Gradadverbien der telischen Adjektive sind hier nicht möglich. Von den Graduierungsverfahren für prototypische Adjektive sind Adverbien des Typs *leggermente* 'leicht' und die Suffigierung mit -*ástr*- ausgeschlossen.

N.B. Den deutschen elativischen Adverbien oder Präfixen, wie in *brühend heiß, eiskalt, steinhart, uralt, strohdumm, spiegelglatt* usw., entsprechen im It. meist die Elativsuffixe: *caldissimo, freddissimo, durissimo, vecchissimo, stupidissimo, scivolosissimo* usw. Es gibt aber auch elativische Ausdrücke anderer formaler Struktur; z.B. *matto da legare* 'vollkommen verrückt', *bagnato fradicio* 'patschnaß', *pieno zeppo* 'knallvoll'.

2.2.2. Grade des Zutreffens von Prädikaten

Zwischen dem, was man ausdrücken will und den Kategorien und Lexemen, über die man verfügt, kann eine Diskrepanz bestehen. Das Bewußtsein dieser Tatsache kann verbal signalisiert werden. Die Signale können zweierlei ausdrücken:

Sie können erstens den Hörer darauf hinweisen, daß eine Diskrepanz zwischen einem verwendeten Prädikat und dem eigentlich Gemeinten besteht. Solche Signale heißen **Hecken**. Als Hecken verwendet werden :

- eingeschobene Formeln wie *come dire* 'wie soll ich sagen', *per così dire, per dirla così* 'sozusagen'
- nominale Ausdrücke wie *una specie di, un tipo di* 'eine Art'

Beispiele sind:

(122) Lui è, **come dire**, un genio dell'improvvisazione
'Er ist, wie soll ich sagen, er ist ein Genie der Improvisation'

(123) Vive in **una specie di granaio**
'Er lebt in einer Art Scheune'

Signale, die sich auf den Grad des Zutreffens eines Prädikats beziehen, können den Hörer zweitens anweisen, ein Wort in seiner vollen Bedeutung zu verstehen. Als Signale dieser Art werden die adjektivischen Ausdrücke *ver-* 'wahr', *autentic-* 'echt', *ver- e propri-* 'eigentlich' und die Adverbien *veramente* und *proprio* 'wirklich' verwendet. - Beispiele sind:

(124) Fu una **vera** catastrofe
'Es war eine echte Katastrophe'

(125) Il feudalesimo **vero e proprio**, nell'Italia settentrionale, non c'è mai stato
'Das Lehnssystem im eigentlichen Sinne hat es in Norditalien nie gegeben'

(126) E' stata una giornata **veramente** straordinaria
'Es war ein wirklich ungewöhnlicher Tag'

(127) Sei **proprio** matto
'Du bist wirklich verrückt'

N.B. Die Adverbien *veramente* und *proprio* 'wirklich' können bei telischen, prototypischen und relativen Adjektiven stehen. Sie können auch vor einem Gradadverb und vor einem Elativ stehen; vgl. z.B.:

(128) Sono **veramente molto** felice
'Ich bin wirklich sehr glücklich'

(129) E' **proprio leggerissima**
'Sie ist wirklich federleicht'

N.B. In adnominaler Stellung ist *propri-*, außer in der Wendung *vero e proprio*, immer ein Possessivum mit der Bedeutung 'eigen'. Man kann daher einen Ausdruck wie z.B. *der eigentliche Zweck der Operation* nicht mit *il proprio scopo dell'operazione übersetzen. Die richtige Übersetzung lautet: *il vero scopo dell'operazione*.

3. Vergleiche

Vergleiche sind ein wichtiges Mittel zur Erfassung der Erfahrung und zur Präzisierung kommunizierter Inhalte. Sie können sowohl qualitative als auch quantitative Werte betreffen.

Die Sprache stellt grammatische Verfahren zum Ausdruck von Vergleichen zur Verfügung. Diese sind die **Vergleichskonstruktionen**.

N.B. Die Inspiration zum Aufbau der folgenden Darstellung verdanke ich Hall 1971:148.

Die **Grundgestalt einer Vergleichskonstruktion** besteht aus:

- einem Komparator
- einem Vergleichsparameter
- dem Vergleichsterm

In einem Satz wie:

(1) Paolo è più bravo di Luigi
     'Paolo ist besser als Luigi'

ist *più* 'mehr' der Komparator, *bravo* 'gut' der Vergleichsparameter und *Luigi* der Vergleichsterm; vgl. das folgende Schema:

(2)

Komparator	Vergleichsparameter	Vergleichsterm
più 'mehr'	bravo 'gut'	(di) Luigi

3.1. Der Komparator

Die Bedeutung des **Komparators** besteht darin, daß er eine Relation zwischen zwei Werten spezifiziert.

Die Werte der Relation können auf einer Skala liegen oder nicht.

Liegen sie auf einer Skala, so unterscheiden die Komparatoren die Relationen 'x ist gleich y', 'x ist größer als y' und 'x ist kleiner als y'.

Die Komparatoren, die die Relation 'x ist gleich y' ausdrücken, sind *così* 'so', *tanto* 'so' und *altrettanto* 'ebenso'. Die Relation 'x ist größer als y' wird durch *più* 'mehr' bezeichnet und die Relation 'x ist kleiner als y' durch *meno* 'weniger'.

Liegen die Werte der Vergleichsrelation nicht auf einer Skala (wie z.B. in 'schwimmen wie ein Fisch'), so wird nur die Gleichheit (oder Ähnlichkeit) durch einen Komparator ausgedrückt, und zwar durch *come*. Die Ungleichheit wird lexikalisch ausgedrückt, z.B. durch *diverso da* 'verschieden von', *diversamente da* 'anders als', *in un altro modo* 'auf andere Weise' usw.

Die Werte der Vergleichsrelation können qualitativ oder quantitativ sein. Die Komparatoren der Gleichheitsrelation können diesen Unterschied andeuten: *così* bezieht sich eher auf qualitative, *tanto* eher auf quantitative Werte.

Syntaktisch sind die Komparatoren entweder Gradadverbien: *più* 'mehr', *meno* 'weniger' oder Pronomina: *così* 'so', *tanto* 'so', *altrettanto* 'ebenso'. - Beispiele sind:

(3) L'acqua salata è **più** pesante dell'acqua dolce
'Salzwasser ist schwerer als Süßwasser'

(4) L'acqua dolce è **meno** pesante dell'acqua salata
'Süßwasser ist nicht so schwer wie Salzwasser'
(wörtl.: 'weniger schwer als')

(5) Io agisco **così** come mi pare
'Ich handle so, wie es mir richtig scheint'

(6) Lui lavora **tanto** quanto me
'Er arbeitet ebensoviel wie ich'

(7) Sta **altrettanto** bene
'Es geht ihm genau so gut'

N.B. Der Vergleichsterm von *altrettanto* ist syntaktisch immer Null. Semantisch ist er ein Pronomen, dessen Deutung in Kontext oder Situation gesucht werden muß. - Wenn der Vergleichsterm genannt werden soll, muß *come* oder *quanto* als Komparator gewählt werden; s. z.B.: (7').

Wenn der Vergleichsterm ausdrücklich genannt ist, fällt der Komparator der Gleichheit gewöhnlich weg; vgl. z.B.:

(5') Io agisco come mi pare
'Ich handle, wie es mir richtig scheint'

(6') Lui lavora quanto me
'Er arbeitet soviel wie ich'

(7') Sta bene come prima
'Es geht ihm so gut wie früher'

N.B. Die Formulierung mit dem Komparator der Gleichheit wirkt leicht etwas schwerfällig; dies gilt z.B. für (5).

Zu den Verhältnissen beim Superlativ s. 3.3.1.

3.2. Der Vergleichsparameter

Der Vergleichsparameter ist der Gesichtspunkt, unter dem der Vergleich erfolgt. Als Vergleichsparameter können fungieren:

- die Art und Weise von Vorgängen oder Verhaltensarten
- telische und prototypische Eigenschaften von Gegenständen
- komparative Eigenschaften von Gegenständen
- die Mächtigkeiten von Mengen und die Quantitäten von Portionen
- das Ausmaß, in dem Eigenschaften bestehen
- das Ausmaß, in dem Prädikate zutreffen

Die Vergleichsparameter werden am typischsten ausgedrückt durch Adjektive und von ihnen abgeleitete Adverbien.

N.B. In den Fällen, in denen ein morphologischer Komparativ vorliegt, z.B. in *migliore* 'besser' (s. Kap. I, 3.1.c.), sind Komparator und Vergleichsparameter verschmolzen.

3.2.1. Art und Weise von Vorgängen oder Verhaltensarten

Werden Art und Weise von Vorgängen oder Verhaltensarten verglichen, so können die Vergleichsparameter durch Adverbien ausgedrückt werden; vgl. z.B.:

(8) Parla più **forte** di te
'Er spricht lauter als du'

(9) Ha rifiutato ancora più **energicamente** che la prima volta
'Er hat noch energischer abgelehnt als das erste Mal'

Wenn die Vergleichsrelation die der Gleichheit (oder Ähnlichkeit) ist, die Werte nicht auf einer Skala liegen und der Vergleichsterm explizit formuliert ist, dann wird der Vergleichsparameter nicht verbalisiert. Dies gilt insbesondere bei Vergleichen, die pragmatisch die Funktion des Charakterisierens haben (s. 3.5.); vgl. z.B.:

(10) Abbaia come un cane
'Er bellt wie ein Hund'

(11) Nuota come un pesce
'Sie schwimmt wie ein Fisch'

Auch bei deiktisch oder anaphorisch gebrauchtem *così* 'so' erscheint (im selben Satz) kein expliziter Vergleichsparameter; vgl. z.B.:

(12) Se continui così, verrai bocciato
'Wenn du so weitermachst, bleibst du sitzen'

3.2.2. Telische und prototypische Eigenschaften von Gegenständen

Wenn Gegenstände hinsichtlich telischer oder prototypischer Eigenschaften verglichen werden, so wird der Vergleichsparameter mit einem telischen bzw. prototypischen Adjektiv bezeichnet; vgl. z.B.:

(13) Questo bicchiere è più **pieno** di quell'altro
'Dieses Glas ist voller als das andere'

(14) La seta è più **fine** del cotone
'Seide ist feiner als Baumwolle'

Bei diesen Adjektiven kann die Distanz des Wertes zum Bezugspunkt durch die Adverbien *molto* 'viel', *poco* 'wenig' (bei den Komparatoren der Ungleichheit) und *esattamente* 'genau' (bei den Komparatoren der Gleichheit) präzisiert werden.

3.2.3. Maßangaben und komparative Eigenschaften von Gegenständen

Wenn der Parameter des Vergleichs eine komparative Eigenschaft (s. 2.2.1.3.) ist, wird er typischerweise durch ein **relatives Adjektiv** bezeichnet. Relative Adjektive verlangen semantisch immer einen Vergleich. Sie erfordern die Ermittlung eines Bezugspunkts aus dem Kontext. Sie spezifizieren aufgrund ihrer lexikalischen Bedeutung die Art der vorzunehmenden Bewertung. So legt z.B. *alto* 'hoch' in seiner naheliegendsten Bedeutung fest:

- daß der Wert auf einer Skala liegt
- daß diese sich auf die räumliche Ausdehnung konkreter Gegenstände bezieht
- daß der Wert in der Senkrechten und nach oben gemessen wird
- daß der Wert über dem (variablen) Bezugswert liegt

Außerdem gehört es zum Wissen über konkrete Gegenstände, daß ihre Ausdehnung meßbar ist. Die entsprechende Maßangabe kann Teil der Vergleichskonstruktion sein. Wir erweitern demnach das allgemeine Schema der Vergleichskonstruktionen um das Element **Maßangabe**.

Anders als Komparator, Vergleichsparameter und Vergleichsterm ist die Maßangabe **fakultativ**. Wenn der Komparator oder der Vergleichsterm nicht explizit genannt wird, so muß er doch aus dem Kontext erschließbar sein: Er ist semantisch vorhanden. Wenn hingegen keine Maßangabe steht, so ist sie auch semantisch nicht notwendig vorhanden. Wir erhalten damit das folgende erweiterte Schema:

(2')

Komparator	Vergleichsparameter	Vergleichsterm	Maßangabe
più 'mehr'	alto 'groß'	(di) Luigi	(di) 5 cm

Das Schema stellt die Vergleichsstruktur von (15) dar:

(15) Sei più alto di Luigi **di cinque centimetri**
'Du bist fünf Zentimeter größer als Luigi'

Die Maßangabe steht entweder als ein durch *di* regiertes Adjunkt, wie in (15), oder als Modifikation vor dem Adjektiv (16); sie steht dann in der Position eines Gradadverbs (vgl. 17):

(16) Sei **cinque centimetri** più alto di Luigi
'Du bist fünf Zentimeter größer als Luigi'

(17) Sei **molto** più alto di Luigi
'Du bist viel größer als Luigi'

Der Vergleichsparameter kann auch durch ein **Verb des Messens** angegeben werden, d.h. durch Verben, die eine Dimension spezifizieren und die eine Maßangabe als Argument haben, z.B. *pesare* 'wiegen', *costare* 'kosten', *ammontare a* 'sich belaufen auf'; vgl. z.B.:

(18) Franco **pesa due chili** (di) più di Luigi
'Franco wiegt zwei Kilo mehr als Luigi'

avere 'haben' und *misurare* 'messen' können ebenfalls eine Maßangabe als Argument haben. Der Vergleichsparameter bzw. seine Dimension muß aus der verwendeten Maßeinheit (oder sonstwie aus dem Kontext) entnommen werden; vgl. z.B.:

(19) Il cavo **misura 30 centimetri**
'Das Kabel mißt 30 Zentimeter'

(20) Luigi **ha 25 anni**
(wörtl.: 'Luigi hat 25 Jahre')

Wenn die Maßangabe ohne expliziten Komparator bei einem Adjektiv oder bei einem Verb des Messens steht, so ist der Bezugswert (wie im Deutschen) der Nullpunkt der Skala; vgl. das folgende Schaubild; s. auch (117) und (118) in 2.2.1.3:

(21)

Beispiel e:
'x ist 8 kg schwer', 'x wiegt 8 kg'

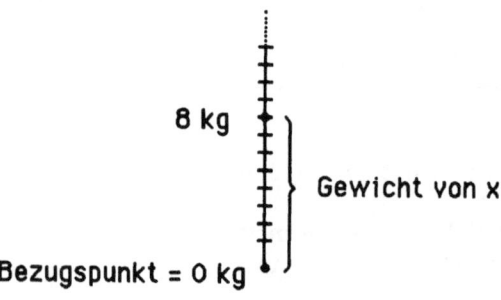

Beispiele für Maßangaben, deren Bezugspunkt der Nullwert der Skala ist, wurden bereits unter (19) und (20) gegeben.

Außer Adjektiven und Verben können auch Nomina wie *altezza* 'Höhe', *peso* 'Gewicht', *cilindrata* 'Hubraum' usw. den Vergleichsparameter angeben. Das entsprechende Nomen wird als Subjekt (22), (23) oder als durch *di* regiertes Adjunkt (24), (25) realisiert; vgl.:

(22) L'**altezza** delle finestre è **di 1,20 m**
'Die Höhe der Fenster ist 1,20 m'

(23) La **durata** totale dell'esperimento è **di venti ore**
'Die Gesamtdauer des Experiments beträgt zwanzig Stunden'

N.B. Bei dieser Konstruktion muß die Maßangabe durch *di* regiert sein. - *1,20 m* lies *un metro e venti*.

(24) Il motore ha 2000 cm^3 **di cilindrata**
'Der Motor hat 2000 cm^3 **Hubraum**'

(25) L'aereo vola a 10.000 m **di altitudine**
'Das Flugzeug fliegt auf 10.000 m Höhe'

N.B. Es können auch Vergleiche formuliert werden, bei denen die eigentlichen Vergleichsparameter verschieden sind und nur ihre Werte verglichen werden; vgl. z.B. (nach Cârstea-Romaşcanu 1980: 343ff.):

(26) La porta è **alta** quanto la tavola è **lunga**
'Die Tür ist so hoch wie der Tisch lang ist'

(27) Questo romanzo è **utile** quanto **piacevole**
'Dieser Roman ist so nützlich wie angenehm'

Weiterhin kann auch das Bestehen einer Eigenschaft eines Gegenstands zu verschiedenen Zeiten oder Orten verglichen werden; vgl. z.B.:

(28) Maria è più bella **adesso** che **dieci anni fa**
'Maria ist jetzt schöner als vor zehn Jahren'

3.2.4. Mächtigkeiten von Mengen und Quantitäten von Portionen

Der Vergleichsparameter kann die Mächtigkeit von Mengen oder die Quantität von Portionen sein. Er findet in diesen Fällen meist keinen eigenen verbalen Ausdruck. Schema (2) erscheint also hier als (2"); (vgl. (31)):

(2")

Komparator	Vergleichsparameter	Vergleichsterm
più	∅	(che) studenti
'mehr'	'Mächtigkeit der Menge'	'(als) Studenten'

Mengen und Portionen werden syntaktisch analog behandelt. - Beispiele sind:

a. für Mengen:

(29) I professori erano più degli studenti
(wörtl.: 'Die Professoren waren mehr als die Studenten')

(30) I professori erano più di quanti fossero gli studenti
(wörtl.: 'Die Professoren waren mehr als die Studenten waren')

(31) C'erano più professori che studenti
'Es gab mehr Professoren als Studenten'

b. für Portionen

(32) Lo zucchero era più del caffè
(wörtl.: 'Der Zucker war mehr als der Kaffee')

(33) Lo zucchero era più di quanto fosse il caffè
(wörtl.: 'Der Zucker war mehr als der Kaffee war')

(34) C'era più zucchero che caffè
'Es gab mehr Zucker als Kaffee'

Die einzige Möglichkeit, beim Vergleich der Mächtigkeit von Mengen oder der Quantität von Portionen den Vergleichsparameter explizit zu machen, ist die Verwendung von **Adjektiven** wie *numeroso* 'zahlreich', *importante* 'bedeutend', *frequente* 'häufig', *raro* 'selten', von **Adverbien** wie *numericamente* 'zahlenmäßig', von **Verben** wie *contare* 'zählen', *comprendere* 'umfassen' und von **Nomina** wie *numero* 'Anzahl', *quantità* 'Quantität', *insieme* 'Menge'; vgl. z.B.:

(35) I cacciatori erano più **numerosi** delle lepri
'Die Jäger waren zahlreicher als die Hasen'

(36) La scorta d'acqua è almeno tanto **importante** quanto quella di combustibile
'Der Wasservorrat ist mindestens ebenso bedeutend wie der an Brennstoff'

(37) La comitiva **contava** più uomini che donne
'Die Reisegesellschaft zählte mehr Männer als Frauen'

(38) Il **numero** dei medici supera quello dei pazienti
'Die Anzahl der Ärzte übersteigt die der Patienten'

(39) Nella marmellata la **quantità** dello zucchero deve essere inferiore a quella della frutta
'In der Marmelade muß die Menge des Zuckers geringer sein als die des Obstes'

Wenn der Vergleichsparameter durch ein Nomen angegeben wird, erscheint der Komparator als Verb oder als prädikatives Adjektiv: *superare* 'übersteigen', *raggiungere* 'erreichen', *superiore* 'höher', *inferiore* 'tiefer', *uguale* 'gleich'; vgl. (38) und (39).

3.2.5. Das Ausmaß, in dem Prädikate zutreffen

Das Zutreffen von Prädikaten auf ein Argument kann mit den gleichen sprachlichen Mitteln verglichen werden wie der Grad des Bestehens von Eigenschaften desselben

Arguments. Sätze wie (40) können also in zwei Weisen gedeutet werden, als Aussagen über einen Gegenstand und als Aussagen über die eigene Wortwahl:

(40)   E' più furbo che intelligente
       (wörtl.: 'Er ist mehr schlau als intelligent')

Will man sich eindeutig auf das Zutreffen der Prädikate beziehen, kann man den Komparator *piuttosto* 'eher' verwenden:

(41)   E' furbo piuttosto che intelligente
       'Er ist eher schlau als intelligent'

3.3. Der Vergleichsterm

Vergleichsterme können syntaktisch intern die Struktur eines Satzes oder die einer nicht satzhaften Konstituente haben.

Die nicht satzhafte Variante wird im Normalfall vorgezogen. Die satzhafte Variante wird nur dann gebraucht, wenn es Gründe dafür gibt, ein Verb zu verwenden. Ein solcher Grund kann sein, daß man eine bestimmte Modalität durch ein Verb ausdrücken möchte (42) oder daß der Vergleichsterm nur indirekt genannt wird (43).

Der satzhafte Vergleichsterm hat die Form eines freien Pronominalsatzes mit *quanto*. Er wird bei einem Komparator der Ungleichheit durch *di* regiert (42) und bei einem Komparator der Gleichheit (43) direkt angefügt.

Beispiele für diese Verhältnisse sind:

(42)   Carlo è più malato di **quanto sembri**
       'Carlo ist kränker als es scheint'
       (wörtl.: '... kränker als wieviel es scheint')

(43)   Carlo è tanto alto **quanto ti ho detto**
       'Carlo ist so groß wie ich dir gesagt habe'
       (wörtl.: '... so groß wieviel ich dir gesagt habe')

N.B. Ein *che*-Satz, wie er dem dt. Komplement mit *als* entspräche, ist nicht möglich; s. z.B.:

(44)   *Carlo è più malato **che sembri**
       'Carlo ist kränker als es scheint'

N.B. Bei einem Komparator der Ungleichheit kann im satzhaften Vergleichsterm das Verb im Konjunktiv stehen; s. z.B.:

(44') Carlo è più malato di **quanto** {**sembra, sembri**}
       'Carlo ist kränker als es scheint'

Außerdem kann bei einem Komparator der Ungleichheit im satzhaften Vergleichsterm **expletives** *non* vor dem Verb stehen. In diesem Fall ist der Konjunktiv obligatorisch; s. z.B.:

(44") Carlo è più malato di **quanto non sembri**
'Carlo ist kränker als es scheint'

N.B. Ist der Vergleichsterm nicht satzhaft, so wird er doch so gedeutet, als ob er ein Satz wäre. Ein Satz wie:

(45) Matilde è meno passionale **di Beatrice**
'Matilde ist weniger leidenschaftlich als Beatrice'

wird verstanden als:

(45') 'Matilde ist weniger leidenschaftlich, als Beatrice leidenschaftlich ist'

Deshalb würde man erwarten, daß es für jeden nicht satzhaften Vergleichsterm eine satzhafte Paraphrase gibt. Dies ist jedoch nicht der Fall. Ein Satz wie (45") ist inakzeptabel:

(45") ??Matilde è meno passionale di **quanto Beatrice sia passionale**

Funktional sind die Vergleichsterme (fakultative) Komplemente.

3.3.1. Die Allquantifikation des Vergleichsterms

Wenn der Vergleichsterm durch eine Nominalphrase bezeichnet wird, so kann diese u.a. durch den **Allquantor** quantifiziert sein, d.h. sie kann die gesamte in die Diskurswelt eingeführte Menge bezeichnen. Für diesen Fall haben manche Sprachen (z.B. Deutsch und Latein) eine besondere Flexionsform des Adjektivs, nämlich den **Superlativ**. Das It. besitzt eine solche Form nicht, ebensowenig wie einen morphologischen Komparativ.

N.B. Die vom Lat. ererbten Formen *ottimo* zu *buono* 'gut', *pessimo* zu *cattivo* 'schlecht', *massimo* zu *grande* 'groß', *minimo* zu *piccolo* 'klein' sind keine Superlative, sondern Elative. Das heißt: *ottimo* heißt nicht 'bester', sondern 'sehr gut', *pessimo* nicht 'schlechtester', sondern 'sehr schlecht' usw.

Die Allquantifikation des Vergleichsterms wird syntaktisch ausgedrückt, und zwar durch die Nominalisierung der ganzen Vergleichskonstruktion. Diese realisiert sich durch die Setzung des bestimmten Artikels; vgl. z.B.:

(46) Franco è il più ragionevole
'Franco ist der vernünftigste'

(47) Questa pizzeria è **la** meno cara
(wörtl.: 'Diese Pizzeria ist die am wenigsten teure')

N.B. Ohne den bestimmten Artikel sind solche Konstruktionen einfache Komparative:

(46') Franco è più ragionevole
'Franco ist vernünftiger'

(47) Questa pizzeria è meno cara
'Diese Pizzeria ist nicht so teuer'

In Positionen, in denen eine Nominalphrase nicht stehen kann, z.B. in der des adjektivischen Attributs oder des Adverbs, ist der Ausdruck des Allquantors durch Nominalisierung der ganzen Vergleichskonstruktion notwendig ausgeschlossen. Es bleibt nur die Möglichkeit, den Vergleichsterm explizit zu benennen, und zwar so, daß die Bedeutung 'alle' ausgedrückt oder erschließbar ist; vgl. z.B.:

(48) Il ragazzo **più ragionevole di tutti** è Franco
'Der vernünftigste Junge von allen ist Franco'

(49) La pizzeria **meno cara di Bologna** è "Da Gigio"
'Die am wenigsten teure Pizzeria in Bologna ist "Da Gigio"'

(50) Franca corre **più velocemente di tutti**
'Franca läuft am schnellsten von allen'

N.B. Wenn der Vergleichsterm nicht ausgedrückt ist, sind solche Sätze mehrdeutig; vgl. z.B.:

(48') Il ragazzo **più ragionevole** è Franco
'Der {vernünftigere, vernünftigste} Junge ist Franco'

(49') La pizzeria **meno cara** è "Da Gigio"
'Die {weniger, am wenigsten teure} Pizzeria ist "Da Gigio"'

(50') Franca corre **più velocemente**
'Franca läuft {schneller, am schnellsten}'

N.B. Eine Verwendung des bestimmten Artikels zum Ausdruck des Superlativs auch in nicht nominalen Vergleichskonstruktionen, wie z.B. im Frz. (vgl. *le garçon le plus raisonnable, elle court le plus vite*), ist im It. nicht möglich.

3.3.2. Die Junktoren des Vergleichsterms

Die Vergleichsterme werden durch Junktoren eingeleitet. Diese sind: *quanto* 'wie', *come* 'wie', *che* 'als' und *di* 'als'.

quanto und *come* sind die Junktoren der Gleichheit, *che* und *di* sind die Junktoren der Verschiedenheit.

N.B. Die Junktoren des Vergleichsterms haben sämtlich auch noch andere Verwendungen. *quanto* und *come* sind auch Interrogativpronomina; *che* ist Interrogativ- und Relativpronomen und Junktor der Komplementsätze; die Präposition *di* wird u.a. auch zur Markierung der grammatischen Funktion (di-Obliquus) verwendet.

3.3.2.1. Die Junktoren der Gleichheit

Wenn der Komparator die Relation 'x ist so groß wie y' ausdrückt, werden die Junktoren der Gleichheit verwendet. Genau wie die Komparatoren *tanto* und *così* stehen *quanto* und *come* in der Opposition Quantität vs. Qualität. Es besteht daher jeweils eine solidarische Beziehung der Form:

(51)

	Komparator	Junktor des Vergleichsterms
Quantität	**tanto**	**quanto**
Qualität	**così**	**come**

Der Vergleichsjunktor *come* kann vor einer Nominalphrase, einer Adjektivphrase oder einer Präpositionalphrase stehen; s. z.B.:

(52) Per me è **come un figlio**
'Für mich ist er wie ein Sohn'

(53) Era **come pazzo**
'Er war wie verrückt'

(54) Mi sentivo **come a casa mia**
'Ich fühlte mich wie zu Hause'

come kann auch vor einem satzhaften Vergleichsterm und somit vor einem anderen Junktor stehen, insbesondere vor *se* 'wenn, ob' und *quando* 'wenn, als'; vgl. z.B.:

(55) Mi ha guardato **come se** avessi detto un'oscenità
'Er sah mich an, als ob ich etwas Unanständiges gesagt hätte'

(56) Fu **come quando** ci provai per la prima volta
'Es war, wie als ich es zum ersten Mal versuchte'

N.B. Eine Alternative zum *se*-Satz ist das Gerundium; s. z.B.:

(57) Mi guardava **come riflettendo**
'Er sah mich an, als ob er nachdächte'

(58) Era seduto **come dormendo**
'Er saß da, als ob er schliefe'

3.3.2.2. Die Junktoren der Ungleichheit

Wenn der Komparator die Relation 'x ist größer als y' oder 'x ist kleiner als y' ausdrückt, werden die Junktoren der Ungleichheit benutzt.

N.B. Auf der Ebene der Junktoren des Vergleichsterms ist also die wichtigste Unterscheidung die zwischen Gleichheit und Ungleichheit. Hierin gleicht das It. dem Dt., das Gleichheit und Ungleichheit durch die Junktoren *wie* vs. *als* markiert. Allerdings hat das It. unterhalb dieser Ebene eine Differenzierung der Junktoren, die das Dt. nicht kennt.

Die Junktoren der Ungleichheit sind *di* und *che*. Die **Auswahl** zwischen beiden erfolgt, anders als die zwischen *come* und *quanto*, nicht nur nach inhaltlichen, sondern auch nach formalen Kriterien. Es gilt folgendes Grundprinzip:

Wenn der Vergleichsterm eine definite Nominalphrase ist, so heißt der Junktor *di*. In allen anderen Fällen heißt der Junktor prinzipiell *che*. In einigen Fällen ist neben *che* auch *di* möglich.

Beispiele für *di* sind:

(59) Lui ha più amici **di** me
'Er hat mehr Freunde als ich'

(60) Le donne erano più numerose **deg**li uomini
(wörtl.: 'Die Frauen waren mehr als die Männer')

(61) Carlo lavora più seriamente **deg**li altri
'Carlo arbeitet ernsthafter als die anderen'

N.B. Möglich ist auch:

(60') Le donne erano più numerose **che** gli uomini
(wörtl.: 'Die Frauen waren mehr als die Männer')

(61') Carlo lavora più seriamente **che** gli altri
'Carlo arbeitet ernsthafter als die anderen'

N.B. Freie Pronominalsätze mit *quanto* verhalten sich, wie auch sonst (s. Kap. II, 1.4.), nicht als Gliedsätze, sondern als Nominalphrasen und haben daher *di*; vgl. z.B.:

(62) C'erano più professori di quanti fossero gli studenti
'Es gab mehr Professoren, als es Studenten gab'

(63) Carlo è robusto più di quanto Paolo sia alto
'Carlo ist kräftiger, als Paolo groß ist'

Oft wird der freie Pronominalsatz mit *di quanto* dem *che*-Satz vorgezogen; vgl. z.B.:

(64) Il vestito è più bello **di quanto** non sembri a prima vista
'Das Kleid ist schöner, als es auf den ersten Blick scheint'

(64') ?Il vestito è più bello **che** non sembri a prima vista

Wenn der Vergleichsterm ein expletives *non* enthält, so ist er ein elliptischer Satz; deshalb ist der Junktor *che*; vgl. z.B. (nach Hall 1971:146):

(65) Giorgio è più affidabile **che** Giovanni
'Giorgio ist vertrauenswürdiger als Giovanni'

N.B. In superlativischen Konstruktionen kann statt *di* auch die Präposition *fra* 'unter' stehen:

(66) Questa camicetta è la meno cara {**di, tra**} quelle che mi piacciono
'Diese Bluse ist die billigste {von, unter} denen, die mir gefallen'

Beispiele für den Junktor *che* sind:

a) Der Vergleichsterm ist eine **undeterminierte** (und deshalb indefinite) **Nominalphrase**:

(67) Erano venuti più professori **che** studenti
'Es waren mehr Professoren als Studenten gekommen'

(68) Spero di avere più amici **che** nemici
'Ich hoffe, daß ich mehr Freunde als Feinde habe'

b) Der Vergleichsterm ist ein **Adjektiv**:

(69) Carlo è più robusto **che** alto
'Carlo ist eher kräftig als groß'

(70) Questa attività è meno commerciale **che** amministrativa
'Diese Tätigkeit ist weniger kaufmännisch als administrativ'

c) Der Vergleichsterm ist ein **Adverb**

(71) Guido meglio in città **che** fuori
'Ich fahre besser in der Stadt als draußen'

(72) Oggi mi sento meglio **che** ieri
'Heute fühle ich mich besser als gestern'

N.B. Bei Adverbien der Art und Weise wird als Komparator eher *piuttosto* als *più* verwendet:

(73) Carlo parla forte **piuttosto che** distintamente
'Carlo spricht eher laut als deutlich'

N.B. Vor *ieri* in (72) kann statt *che* auch *di* stehen.

N.B. Das Adverb *prima* 'früher' bildet insofern eine Ausnahme, als der Junktor sowohl dem Prinzip entsprechend *che* als auch unregelmäßig *di* sein kann. *più di prima* ist phraseologisch fixiert.

(74) Mio figlio pesa adesso più {**che, di**} prima
'Mein Sohn wiegt jetzt mehr als früher'

d) Der Vergleichsterm ist eine **Präpositionalphrase**:

(75) A Londra ci sono più parchi **che** nelle altre città
'In London gibt es mehr Parks als in den anderen Städten'

(76) Il malato sta meglio di giorno **che** di notte
'Dem Kranken geht es tags besser als nachts'

e) Der Vergleichsterm ist eine **Verbalphrase** (erstes Beispiel nach Hall 1971:146):

(77) Mi piace più mangiare **che** bere
'Essen tue ich lieber als trinken'

(78) E' meno difficile fare il critico **che** produrre un'opera d'arte
'Es ist weniger schwierig, Kritiker zu sein als ein Kunstwerk hervorzubringen'

f) Der Vergleichsterm ist ein **Nebensatz**:

(79) La notte fu meno tormentata **che** non avessi temuto
'Die Nacht war weniger unruhig, als ich gefürchtet hatte'

N.B. Für (79) ist allerdings die Ausdrucksweise mit *di quanto* wesentlich geläufiger; also:

(79') La notte fu meno tormentata **di quanto** non avessi temuto

Die Bezeichnungen für **Kardinalzahlen** weichen vom allgemeinen Prinzip für die Wahl zwischen *di* und *che* ab. Ist oder enthält der Vergleichsterm eine Kardinalzahl, so ist der Junktor *di*; vgl. z.B.:

(80) Loro sono più **di** mille
'Sie sind mehr als tausend'

(81) Queste famiglie hanno tutte meno di tre bambini
'Diese Familien haben alle weniger als drei Kinder'

(82) Il presidente pesa più di 100 chili
'Der Präsident wiegt mehr als 100 Kilo'

3.4. Die Außenstruktur der Vergleichskonstruktionen

Das bis jetzt entwickelte Modell der Vergleichskonstruktionen bezieht sich nur auf die Binnenstruktur dieser Konstruktionen. Zur Erfassung ihrer Außenstruktur muß das Modell erweitert werden um das **Argument der Vergleichskonstruktion** und **das zentrale Prädikat**. Das folgende Schema soll das vervollständigte Modell der Vergleichskonstruktionen illustrieren:

(83)

Argument der Vergleichs- konstruktion	zentrales Prädikat	Vergleichskonstruktion			
		Komparator	Vergleichsparameter	Vergleichsterm	Maßangabe
tu	sei	più	alto	di me	di 2 cm

'du bist 2 cm größer als ich'

Diese Erweiterungen werden im folgenden erläutert.

N.B. Die Redeweise vom **Argument der Vergleichskonstruktion** beruht auf der Auffassung, daß die Vergleichskonstruktion ein komplexes **einstelliges Prädikat** ist. Natürlich werden viele Sätze, die Vergleiche ausdrücken, als Prädikationen über **zwei** Argumente verstanden: Es ist z.B. naheliegend, einem Satz wie *Paul ist älter als Fritz* eine semantische Struktur der Form 'älter als (Paul, Fritz)' zuzuweisen. Der hier vertretenen Auffassung zufolge beruht diese semantische Struktur jedoch auf einer Folgerung, nämlich 'älter als Fritz (Paul)' –> älter als (Paul, Fritz)'. Solche Folgerungen sind jedoch an Bedingungen geknüpft; es ist z.B. fraglich, ob man *Paul lacht wie ein Verrückter* im gleichen Sinne als zweistellig verstehen würde wie z.B. *Paul lacht wie Fritz*, und in *Paul lacht wie verrückt* liegt offensichtlich eine komplexe einstellige Prädikation vor, aus der nicht auf eine zweistellige Prädikation gefolgert wird. Die hier vertretene Analyse dürfte also wohl die allgemeinere sein.

Das **Argument der Vergleichskonstruktion** kann verschiedener Art sein: ein individueller Gegenstand (84), ein Ort (85), eine Eigenschaft (86) usw.; vgl. z.B.:

(84) **Paolo** è più alto di me
'Paolo ist größer als ich'

(85) **Qui** fa più buio che fuori
'Hier ist es dunkler als draußen'

(86) **I colori di questa fotografia** sono meno belli
'Die Farben dieser Photographie sind nicht so schön'

Seine typischen **syntaktischen** Realisierungen sind:

- wenn die Vergleichskonstruktion das Komplement eines Kopulaverbs (87) oder ein Adjunkt bei einem intransitiven Verb (88) ist: das Subjekt des Satzes
- wenn die Vergleichskonstruktion Komplement eines transitiven Verbs ist: das Objekt des Satzes (89)
- wenn die Vergleichskonstruktion Adjunkt bei einem transitiven Verb ist: das Subjekt oder das Objekt des Satzes (90), (90')
- wenn die Vergleichskonstruktion Modifikator einer Nominalphrase ist: der Kopf der Nominalphrase (91)

Beispiele sind:

(87) **Il cotone** è meno elegante della seta
'Baumwolle ist weniger elegant als Seide'

(88) **Tu** nuoti meglio di me
'Du schwimmst besser als ich'

(89) Questa notizia **lo** renderà ancora più disperato
'Diese Nachricht wird ihn noch verzweifelter machen'

(90) **Lui** lo ama più di un padre
'Er liebt ihn mehr als ein Vater'

(90') Lui **lo** ama più di un padre
'Er liebt ihn mehr als einen Vater'

(91) Conosco **molte persone** più sfortunate di te
'Ich kenne viele Leute, die mehr Pech hatten als du'

Der zweite der Faktoren der Außenstruktur ist das **zentrale Prädikat**, das die prädikative Beziehung zwischen der Vergleichskonstruktion und ihrem Argument regelt.

Das zentrale Prädikat tritt nur dann auf, wenn die Vergleichskonstruktion ein Komplement oder ein Adjunkt ist. Ist die Vergleichskonstruktion ein Attribut, d.h. tritt sie innerhalb einer Nominalphrase auf, gibt es kein (realisiertes) zentrales Prädikat. Die prädikative Beziehung ist dann die der einfachen Anwendung des Prädikats auf das Argument.

Das zentrale Prädikat spezifiziert die prädikative Beziehung und weist der Vergleichskonstruktion ihre grammatische Funktion zu.

Die **Spezifikation der prädikativen Beziehung** geschieht durch die lexikalische Bedeutung des zentralen Prädikats: *essere* 'sein' bezeichnet die einfache prädikative Beziehung, *rendere* 'machen' und *diventare* 'werden' bezeichnen resultative, *sembrare* 'scheinen', *credere* 'glauben' komplexere prädikative Beziehungen.

Hinsichtlich der **grammatischen Funktionen** gilt folgendes: Ist das zentrale Prädikat eine Kopula, so ist die Vergleichskonstruktion deren Komplement. Auch die transitiven Verben *rendere* 'machen', *considerare come* 'betrachten als', *credere* 'glauben', *immaginare* 'vorstellen' können eine Vergleichskonstruktion als Komplement haben. - Beispiele sind:

(92) Molte persone **sono** più sfortunate di te
'Viele Menschen haben mehr Pech als du'

(93) Maradona è **diventato** più popolare di tutti i calciatori italiani
'Maradona ist beliebter geworden als alle italienischen Fußballer'

(94) Questo trattamento **rende** il cuoio più morbido
'Diese Behandlung macht das Leder weicher'

(95) Lo avevo **immaginato** meno giovane
'Ich hatte ihn mir nicht so jung vorgestellt'

Die Graphik (92') soll die funktionale Struktur dieser Beispiele exemplarisch veranschaulichen:

(92')

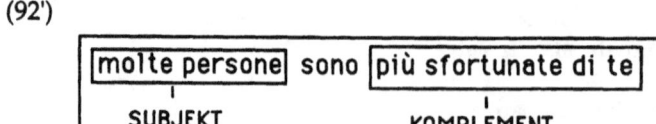

Bei Verben des Maßes ist die Vergleichskonstruktion Objekt; vgl. z.B.:

(96) La petroliera **misura** più di 300 m
'Der Öltanker mißt über 300 m'

(97) La borsa **pesa** meno di 200 grammi
'Die Tasche wiegt weniger als 200 g'

Die Graphik (96') soll die funktionale Struktur dieser Beispiele exemplarisch veranschaulichen:

(96')

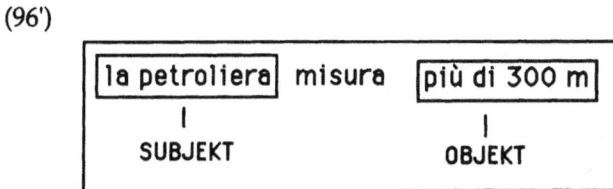

Bei einigen resultativen Verben, die bereits ein Objekt haben, ist die Vergleichskonstruktion ein a-Obliquus:

(98) Cercano di **fissare** il prezzo a più di otto milioni
'Sie versuchen, den Preis auf mehr als acht Millionen festzusetzen'

(99) Dobbiamo **limitare** la spesa a meno della metà
'Wir müssen die Ausgaben auf weniger als die Hälfte begrenzen'

(98')

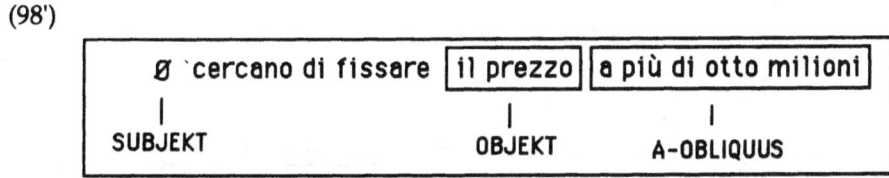

Bei anderen zentralen Prädikaten ist die Vergleichskonstruktion Adjunkt; vgl. z.B.:

(100) **Parla** come un libro stampato
'Er redet wie gedruckt'

(101) **Canta** meglio di Luciano
'Er singt besser als Luciano'

(100')

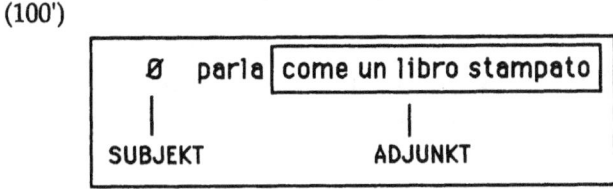

Die Vergleichskonstruktion kann auch, wie eine Adjektivphrase, Modifikator eines Nomens (102) und kontrolliertes Adjunkt (103) sein:

(102) E' un compito **più difficile di quello di ieri**
'Das ist eine schwierigere Aufgabe als die von gestern'

(102')

```
┌─────────────────────────────────────────────────────────────────┐
│  Ø   è  │un compito│ più        difficile    di   │quello di ieri││
│         │          │  │            │          │   │     │        │
│         │          │  │            │         VER- │     │        │
│         │          │KOMPA-    VERGLEICHS- GLEICHS- │ VERGLEICHS-  │
│         │          │RATOR     PARAMETER   JUNKTOR │   TERM       │
│         │          │                              │              │
│         │          │                  │                          │
│         │          │             MODIFIKATOR                     │
│  │      │                      │                                 │
│ SUB-    │                  KOMPLEMENT                            │
│ JEKT    │                                                        │
└─────────────────────────────────────────────────────────────────┘
```

(103) **Più difficile di quello di ieri**, questo compito richiede più tempo
'Da sie schwieriger ist als die von gestern, erfordert diese Aufgabe mehr Zeit'
(wörtl.: 'Schwieriger als die von gestern, erfordert diese Aufgabe mehr Zeit')

(103')

```
┌──────────────────────────────────────────────────────────────────┐
│ più      difficile    di   │quello di ieri││questo   ri-  │ più ││
│  │          │         │    │      │       ││compito chiede│tempo││
│  │          │        VER-  │      │       │                     │
│KOMPA- VERGLEICHS- GLEICHS-  │ VERGLEICHS-  │                     │
│RATOR  PARAMETER   JUNKTOR   │    TERM      │                     │
│              │                                 │            │   │
│          REGIERTES                          SUBJEKT        OBJEKT│
│           ADJUNKT                                                │
│              └──────────────────────────────┘                    │
└──────────────────────────────────────────────────────────────────┘
```

Die superlativische Vergleichskonstruktion (s. 3.3.1.) kann Modifikator des Nomens (104) oder Komplement der Kopula (105) sein. - Beispiele sind:

(104) il sentiero **meno frequentato di tutti**
'der am wenigsten begangene Weg von allen'

(104')

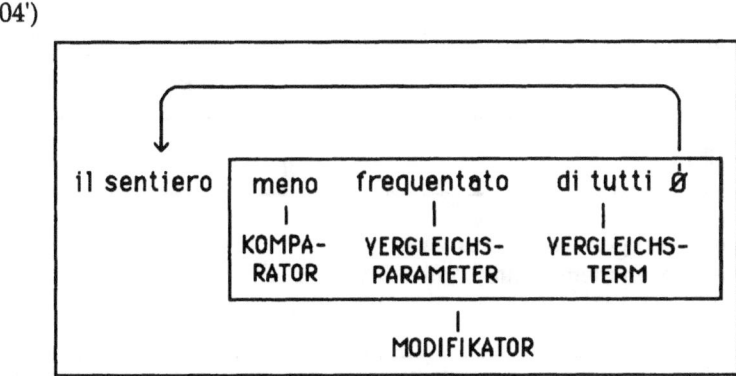

(105) Quel sentiero è **il meno frequentato di tutti**
'Dieser Weg ist der am wenigsten begangene von allen'

(105')

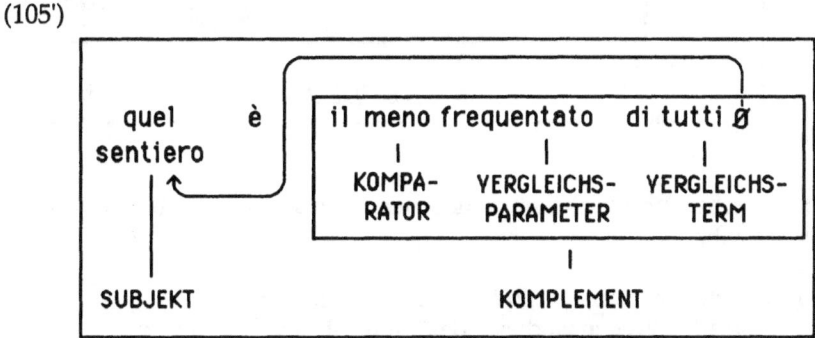

Die Vergleichskonstruktion ist nicht immer eine Konstituente. Sie kann **diskontinuierlich** in einer Nominalphrase stehen, die vom zentralen Prädikat regiert ist. Der Komparator steht dann vor dem Nomen, in der Position eines Artikelworts. Der Vergleichsparameter ist die Mächtigkeit der durch das Nomen bezeichneten Menge. Er ist syntaktisch Null; semantisch ist er eine Variable, die durch den Vergleichsterm belegt wird. Nach dem Nomen stehen der Vergleichsjunktor und der Vergleichsterm; vgl. z.B.:

(106) Ha **più** libri **di me**
'Er hat mehr Bücher als ich'

(106')

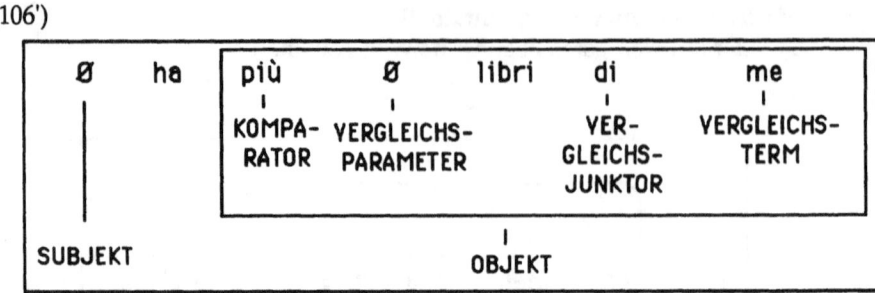

(107) **Verrà più gente dell'altra volta**
'Es werden mehr Leute kommen als neulich'

(107')

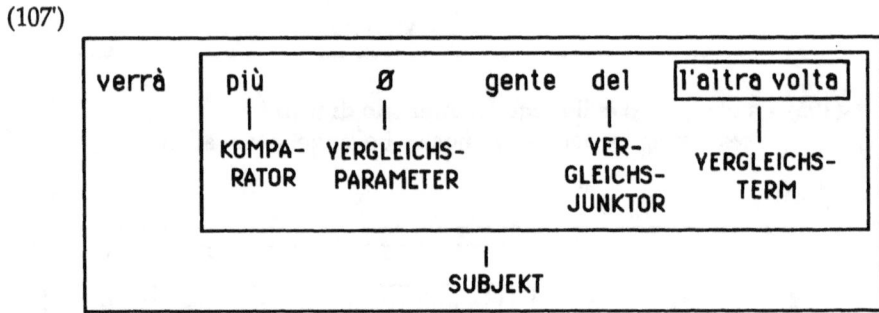

In superlativischen Vergleichskonstruktionen kann der Vergleichsterm als Adjunkt erscheinen; s. z.B.:

(108) **Di tutti i sentieri**, quello è il meno frequentato
'Von allen Wegen ist dieser der am wenigsten begangene'

(108')

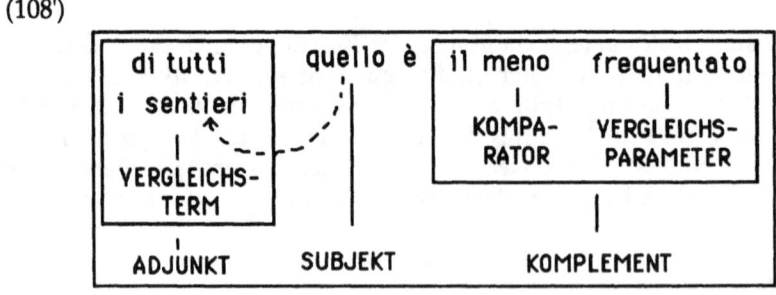

3.5. Die Pragmatik der Vergleichskonstruktionen

Vergleichskonstruktionen können in der Rede dazu dienen,

- einen Wert (eine Größe, ein Gewicht, eine Intensität usw.) auf einer Skala zu definieren
- einen Sachverhalt charakterisierend zu beschreiben
- an einen bekannten und akzeptierten Zusammenhang anzuknüpfen

Dient der Vergleich der **Definition eines Wertes**, so kommt die Gesamtheit der Vergleichskonstruktionen in Frage. Der Komparator kann sowohl die Gleichheit als auch eine Art der Ungleichheit bezeichnen, und der Vergleichsterm kann sowohl numerisch als auch nicht-numerisch sein; vgl. z.B.:

(109) a. Franco ha **20 anni**
'Franco ist 20 Jahre alt'

b. Franco ha **più di 20 anni**
'Franco ist mehr als 20 Jahre alt'

c. Franco ha **meno di 20 anni**
'Franco ist weniger als 20 Jahre alt'

(110) a. Fa freddo **come in Siberia**
'Es ist kalt wie in Sibirien

b. Fa **più freddo che in Siberia**
'Es ist kälter als in Sibirien'

c. Fa **meno freddo che in Siberia**
'Es ist nicht so kalt wie in Sibirien'

Bei den beiden anderen Funktionen ist der Komparator semantisch der der Gleichheit; syntaktisch ist er Null. Der Junktor des Vergleichsterms ist *come*, und der Vergleichsterm ist nicht numerisch.

Dient der Vergleich der **charakterisierenden Beschreibung**, so steht der Vergleichsterm typischerweise am Satzende; er ist meist indefinit oder generisch; vgl. z.B.:

(111) Parla **come uno straniero**
'Er spricht wie ein Ausländer'

(112) E' incolore **come l'acqua**
'Es ist farblos wie Wasser'

(113) Si arrampica **come uno scoiattolo**
'Er klettert wie ein Eichhörnchen'

N.B. Bei charakterisierenden Vergleichen ist die Beziehung zwischen Parameter des Vergleichs und Vergleichsterm oft **phraseologisch** festgelegt; vgl. z.B.:

(114) Piange come un bambino
'Er weint wie ein Kind'

(115) E' bello come un angelo
'Er ist schön wie ein Engel'

Dient der Vergleich der **Anknüpfung** an einen bekannten und akzeptierten Zusammenhang, so steht der Vergleichsterm typischerweise am Satzanfang.

Das, woran angeknüpft wird, kann sowohl ein gleichartiger Sachverhalt sein als auch ein kommunikativer Vorgang oder das Wissen der Angeredeten. Auch Zitate können auf diese Weise eingeführt werden. Das inhaltliche Modell der Vergleichskonstruktionen wird hierbei mehr oder weniger ignoriert. - Beispiele sind:

(116) **Come il cubo e la piramide**, il prisma è un poliedro
'Wie der Würfel und die Pyramide, ist das Prisma ein Polyeder'

(117) **Come vi ho già detto**, l'assemblea è stata rimandata
'Wie ich euch schon gesagt habe, ist die Versammlung verschoben worden'

(118) **Come molti ricorderanno ancora**, l'estate del 1975 fu molto calda
'Wie viele sich noch erinnern werden, war der Sommer 1975 sehr heiß'

(119) **Come dice il Poeta**: Tra male gatte era venuto il sorcio
'Wie der Dichter sagt: Unter böse Katzen war die Maus geraten'

4. Referieren auf zeitliche Verhältnisse

In diesem Abschnitt werden diejenigen grammatischen Verfahren behandelt, die die italienische Sprache zum Referieren auf zeitliche Verhältnisse bereitstellt.

Hierbei wird der Begriff "zeitliche Verhältnisse" in einem sehr weiten Sinne gebraucht. Er umfaßt:

- die Zeitreferenz im engeren Sinne, d.h. die Lokalisierung von Sachverhalten auf der Zeitachse
- die Aspekte, d.h. die Charakterisierung von Vorgängen hinsichtlich ihres inneren Ablaufs in der Zeit
- Signalisierung der Relevanz, die zeitreferentielle Relationen für das in der Sprechsituation zur Debatte Stehende haben
- die Reliefgebung, d.h. die Ausnutzung von Ausdrucksmitteln, die auch der Zeitreferenz im engeren Sinne dienen, zur Strukturierung von Textinformation in Vordergrund und Hintergrund

Die Verwendung von Tempora zum Ausdruck von Modalitäten wird unter 5. im Zusammenhang mit den Modi behandelt.

Die dem Referieren auf zeitliche Verhältnisse dienenden Ausdrucksmittel sind einerseits die Tempora des Verbs als grammatische Kategorien und andererseits bestimmte Konjunktionen, Adverbien und Präpositionalphrasen als eher lexikalische Mittel.

In der folgenden Darstellung wird, dem Ziel einer Grammatik entsprechend, der Gebrauch der Tempora im Vordergrund stehen; es wird aber auch ihre Interaktion mit den mehr lexikalischen Mitteln skizziert.

Das finite Verb hat die folgenden Tempora:

Name des Tempus	**traditioneller Name**	**Beispiel**
Präsens	presente	*canto*
Imperfekt	imperfetto	*cantavo*
einfaches Perfekt	passato remoto	*cantai*
einfaches Futur	futuro	*canterò*
einfaches Konditional	condizionale	*canterei*
zusammengesetztes Perfekt	passato prossimo	*ho cantato*
Plusquamperfekt I	trapassato prossimo	*avevo cantato*
Plusquamperfekt II	trapassato remoto	*ebbi cantato*
zusammengesetztes Futur	futuro anteriore	*avrai cantato*
zusammengesetztes Konditional	condizionale passato	*avrei cantato*

N.B. Das hier dargestellte System der Tempora ist in der gesprochenen Sprache auf Mittel- und Süditalien beschränkt. In Norditalien hat das zusammengesetzte Perfekt die Funktionen des Perfekts übernommen, genau so, wie es im Französischen geschehen ist. In der geschriebenen Sprache ist das Perfekt jedoch lebendig.

Das infinite Verb hat folgende Tempora:

Name des Tempus	traditioneller Name	Beispiel
einfacher Infinitiv	infinito presente	*cantare*
Partizip	participio passato	*cantato*
einfaches Gerundium	gerundio presente	*cantando*
zusammengesetzter Infinitiv	infinito passato	*avere cantato*
zusammengesetztes Gerundium	gerundio passato	*avendo cantato*

N.B. Zu den Formen der Tempora s. Kap. I, 2.1. (einfache Tempusformen) und 2.5. (zusammengesetzte Tempusformen).

N.B. Die hier gewählte deutsche Terminologie entspricht der von Bertinetto 1986: 18f. eingeführten revidierten italienischen Terminologie. (Bertinetto führt jedoch das einfache und das zusammengesetzte Konditional nicht als Tempora.)

N.B. Die Bezeichnungen der Tempora werden im Text gelegentlich abgekürzt: Das Wort "einfach" und die Zahl "I" können weggelassen werden, so daß z.B. "Konditional" zu lesen ist als "einfaches Konditional" und "Plusquamperfekt" als "Plusquamperfekt I".

N.B. Dieses Inventar, und folglich auch die Verwendungsprinzipien, zeigt deutliche Kontraste zum Deutschen; dies gilt insbesondere für die Tempora der Vergangenheit. - Keine nennenswerten Kontraste zeigen die eher lexikalischen Ausdrucksmittel.

Diese lassen sich einteilen in Formen, die Zeitrelationen bezeichnen (Konjunktionen wie *quando* 'als', *mentre* 'während', Präpositionen wie *dopo* 'nach', *durante* 'während', *entro* 'bis zu', Adverbien wie *prima* 'zuvor', *poi* 'dann', *contemporaneamente* 'gleichzeitig'); Formen, die Maße für Zeitintervalle bezeichnen (z.B. *ora* 'Stunde', *periodo* 'Zeit'); Formen, die Namen für Positionen in zyklischen Benennungssystemen für Intervalle bezeichnen (z.B. *sera* 'Abend', *domenica* 'Sonntag', *luglio* 'Juli'); prinzipiell zusammengesetzte Eigennamen für Intervalle (z.B. *il 10 luglio 1984* 'der 10. Juli 1984') und temporaldeiktische Adverbien (wie *ora* 'jetzt', *recentemente* 'kürzlich', *fra poco* 'bald'), von denen einige die Anwendung der Maßeinheit 'Tag' verlangen (*oggi* 'heute', *ieri* 'gestern', *l'altro ieri* 'vorgestern', *domani* 'morgen', *dopodomani* 'übermorgen').

N.B. Ein einfaches temporaldeiktisches Adverb, das auf andere Maßeinheiten als den Tag Bezug nimmt, gibt es nicht; die Lage ist ähnlich wie im Dt., das jedoch regional *heuer* hat. - Die Ausdrücke *oggigiorno* und *oggi come oggi*, die beide 'heutzutage' bedeuten, nehmen trotz ihrer morphologischen Gestalt nicht auf die Einheit 'Tag' Bezug.

Andere temporaldeiktische Adverbien verlangen die Anwendung der Maßeinheit 'Tag' und der auf den Tageszyklus bezogenen Begriffe: *stamattina, stamane* 'heute morgen', *stasera* 'heute abend', *stanotte* 'heute nacht'. Diese Formen sind jedoch, wenn man von der Schreibung absieht, zusammengesetzt aus dem Demonstrativum *sta* und den betreffenden Namen der Tageszeiten.

N.B. Auch primär lokale Ausdrucksmittel dienen der Referenz auf zeitliche Verhältnisse, so die Präposition *in* (vgl. *in questo momento* 'in diesem Augenblick') oder das Verb *passare* 'vorbeigehen' (vgl. *passata la mezzanotte* 'nach Mitternacht').

4.1. Zeitreferenz

Die Behandlung der Zeitreferenz setzt das folgende begriffliche Instrumentarium voraus:

a. die Zeitachse

Die grundlegende Auffassung der Zeit, die der Zeitreferenz durch Tempus zugrundeliegt, ist die einer Geraden, die in Intervalle einteilbar ist und auf der Sachverhalte lokalisiert werden können.

N.B. Die interessante Frage, ob der Ablauf der Zeit so dargestellt wird, daß wir uns entlang der Zeitachse bewegen (*wir nähern uns den Ferien*; vgl. auch *siamo al 10 di luglio*, wörtlich 'wir sind am 10. Juli'), oder ob wir uns als stehend und die Zeit als sich bewegend auffassen (vgl. *die Ferien kommen näher, die Zeit geht vorbei, der Tag wird kommen*) scheint zwar für Lexikon und Phraseologie eine Rolle zu spielen, nicht aber für das grammatische System des Italienischen: Hier genügen die im folgenden angegebe-nen Relationen zwischen Intervallen auf der Zeitachse.

b. Intervalle auf der Zeitachse

Die Zeitreferenz besteht darin, daß Sachverhalten (z.B. Ereignissen, Prozessen, Zuständen) eine Extension auf der Zeitachse zugesprochen wird. Diese Extensionen sind Intervalle.

N.B: Auch sehr kurze Abschnitte auf der Zeitachse (Punkte) sind Intervalle. Wohlgemerkt reden wir auch dann von einem Intervall, wenn einem Abschnitt auf der Zeitachse nichts zugeordnet wird (vgl. etwa die Aussage 'während dieser Zeit geschah gar nichts').

Für die Zwecke der schematischen Darstellung von Zeitreferenz bezeichnen wir Intervalle mit dem Buchstaben "t"; verschiedene Intervalle unterscheiden wir durch einen Zahlindex (t_0, t_1, t_2 usw.), wobei die jeweils kleinere Zahl eine "frühere" Lage auf der Zeitachse symbolisiert.

Für die Grammatik der Zeitreferenz sind bestimmte Typen von Intervallen ausgezeichnet. Diese sind:

- **die Aktzeit**, d.h. diejenige zeitliche Extension, die einem Sachverhalt zugesprochen wird. So bezeichnet z.B. in dem Satz *ich habe von acht bis zehn gewartet* das Syntagma *von acht bis zehn* die Aktzeit, d.h. in diesem Falle die Zeit, in der ich gewartet habe. - In den schematischen

Darstellungen wird die Aktzeit mit dem Index "a" (also t_a) notiert
- **die Sprechzeit**, d.h. dasjenige Intervall, in das die Äußerung fällt. Die Sprechzeit zu kennen, heißt also, die jeweilige Kommunikationssituation zu kennen. Die Sprechzeit ist daher eine deiktische Kategorie. - Sie wird mit dem Index "s" symbolisiert, t_s ist also dasjenige Intervall, das die Sprechzeit ist
- **die sekundäre Bezugszeit**, d.h. ein Intervall, das von Sprechzeit und Aktzeit verschieden ist und mit dessen Hilfe eine Aktzeit definiert wird. (So bezieht sich z.B. das Plusquamperfekt in dem Satz *ich hatte von acht bis zehn gewartet* auf eine sekundäre Bezugszeit, die vor der Aktzeit liegt.) - Die sekundäre Bezugszeit wird mit dem Index "r" (also t_r) symbolisiert

c. Relationen zwischen Intervallen

Die folgenden Relationen zwischen Intervallen spielen eine Rolle für die Zeitreferenz:

- **die Vorzeitigkeit**: Ein Intervall liegt vor einem anderen auf der Zeitachse. Die Vorzeitigkeit wird symbolisiert durch die Schreibung VOR (t_i, t_j). Das Prädikat VOR ist so zu verstehen, daß eine Überlappung von t_i und tj nicht ausgeschlossen ist. Genaugenommen heißt also VOR (t_i, tj): Das Ende des Intervalls t_i liegt vor dem Ende des Intervalls tj. - Das Prädikat NACH ist analog zu verstehen
- **die Nachzeitigkeit**: Ein Intervall liegt nach einem anderen auf der Zeitachse. Die Nachzeitigkeit wird symbolisiert durch die Schreibung NACH (t_j, t_i). Diese logisch überflüssige Verdoppelung der Folgerelation ist deshalb notwendig, weil das grammatische System der Zeitreferenz eine Betrachtung der Intervalle in beiden Richtungen zuläßt; vgl. die beiden Sätze: *nachdem er gezahlt hatte, ging er* vs. *bevor er ging, zahlte er*
- **die Gleichzeitigkeit**: Ein Intervall ist in einem anderen eingeschlossen; im Grenzfall haben beide Intervalle die gleiche Extension auf der Zeitachse. Die Gleichzeitigkeit wird symbolisiert durch das Gleichheitszeichen ($t_i = t_j$) oder durch das Prädikat "IN", also IN (t_i, t_j)

d. Relationen zwischen Intervallen und Sachverhalten

Schließlich bezeichnen die Ausdrucksmittel der Zeitreferenz Relationen zwischen Sachverhalten und Intervallen; dies sind die schon mehrfach erwähnten Zuordnungen von Sachverhalten zu ihren zeitlichen Extensionen. Wir symbolisieren diese Zuordnungen mit der Schreibung ZEIT-VON (t, s), wobei "s" für 'Sachverhalt' steht.

N.B. Dieses vielleicht aufwendig erscheinende begriffliche Instrumentarium ist deshalb notwendig, weil die grammatische Zeitreferenz normalerweise nicht über die Angabe von Werten in einer metrischen Skala erfolgt, sondern über die Relationen zu einem ausgezeichneten Intervall, das durch die Verfahren der Deixis bestimmt wird und somit kontextabhängig ist. Durch dieses Verfahren erhält die grammatische Zeitreferenz ihre Flexibilität und ihre Unabhängigkeit von einer Zeit-Metrik. (Dies ist vielleicht gemeint, wenn manchmal gesagt wird, Tempus habe "nichts mit Zeit zu tun".)

4.1.1. Zeitreferenz durch Tempora ohne sekundäre Bezugszeit

Ein Teil der Tempora referiert auf Aktzeiten nur von der Sprechzeit aus, d.h. ohne Rekurs auf eine sekundäre Bezugszeit. Die einzelnen Tempora unterscheiden sich z.T. danach, welche Relation sie zwischen Sprechzeit und Aktzeit spezifizieren. Zu unterscheiden sind:

a. Vorzeitigkeit

Die Vorzeitigkeit bezeichnen die Tempora der Vergangenheit, nämlich das zusammengesetzte Perfekt, das Perfekt, das Imperfekt und das zusammengesetzte Konditional. - Beispiele sind:

(1) **Ho letto** quel romanzo (zusammengesetztes Perfekt)
    'Ich habe diesen Roman gelesen'

(2) **Lessi** quel romanzo (Perfekt)
    'Ich las diesen Roman'

(3) **Leggevo** quel romanzo (Imperfekt)
    'Ich las diesen Roman'

(4) **Avrei letto** quel romanzo (zusammengesetztes Konditional)
    'Ich hätte diesen Roman gelesen'

Diese vier Tempora, die sich zeitreferentiell nicht unterscheiden, beziehen sich auf zwei Intervalle auf der Zeitachse, t_0 und t_1; graphisch dargestellt:

und es gilt: t_0 ist die Aktzeit, und t_1 ist die Sprechzeit, und das Ende der Aktzeit liegt vor dem Ende der Sprechzeit.

Die folgende graphische Darstellung soll dies veranschaulichen:

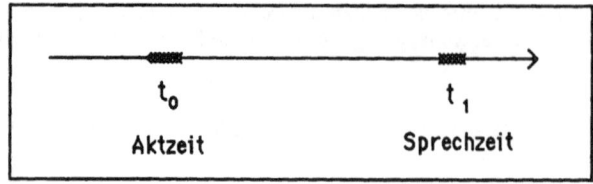

N.B. Das zusammengesetzte Konditional unterscheidet sich durch die ausgedrückte Modalität, nicht aber durch die Zeitreferenz von den anderen Tempora der Vergangenheit.

b. Nachzeitigkeit

Die Nachzeitigkeit ohne sekundäre Bezugszeit wird durch das Futur ausgedrückt. - Beispiel:

(5) **Leggerò** quel romanzo
'Ich werde diesen Roman lesen'

Diese Relation bezieht sich ebenfalls auf zwei Intervalle auf der Zeitachse, t_0 und t_1. Es gilt nun: t_0 ist die Sprechzeit, und t_1 ist die Aktzeit, und die Aktzeit liegt nach der Sprechzeit, graphisch also:

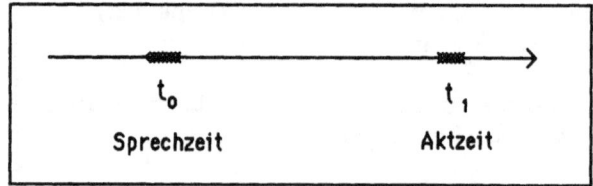

c. Gleichzeitigkeit

Die Gleichzeitigkeit wird durch das Präsens und durch das einfache Konditional ausgedrückt. Die Zeitreferenz beider Tempora ist nur dadurch bestimmt, daß die Relation VOR (t_a, t_s) nicht bestehen, d.h. daß die Aktzeit nicht vor der Sprechzeit liegen darf. Daher sind Verwendungen nicht ausgeschlossen, in denen die Relation IN (t_s, t_a) (die Sprechzeit fällt in die Aktzeit) oder NACH (t_a, t_s) (die Aktzeit liegt nach der Sprechzeit) vorliegt; vgl. die folgenden Beispiele:

(6) *Leggo quel romanzo una settimana fa
'*Ich lese diesen Roman vor einer Woche'

*Leggerei quel romanzo una settimana fa
'*Ich würde diesen Roman vor einer Woche lesen'

(7)   Leggo quel romanzo proprio adesso
      'Ich lese diesen Roman genau jetzt'

      Leggerei quel romanzo proprio adesso
      'Ich würde diesen Roman genau jetzt lesen'

(8)   Leggo quel romanzo domani
      'Ich lese diesen Roman morgen'

      Leggerei quel romanzo domani
      'Ich würde diesen Roman morgen lesen'

Die Bedingung, daß die Aktzeit nicht vor der Sprechzeit liegen darf, schließt nach der oben gegebenen Definition von VOR nicht aus, daß ein Teil der Aktzeit in der Vergangenheit liegt, wie dies z.B. bei den sog. ewigen Wahrheiten und bei Präpositionalphrasen mit *da* 'seit' und verwandten Ausdrücken der Fall ist; vgl. z.B.:

(9)   Due e due **fanno** quattro
      'Zwei und zwei ist vier'

(10) Il garofano è un fiore
      'Die Nelke ist eine Blume'

(11) **Da un paio di giorni** non mi sento tanto bene
      'Seit ein paar Tagen fühle ich mich nicht recht wohl'

(12) **Sono anni che** non mi sento tanto bene
      'Schon seit Jahren fühle ich mich nicht recht wohl'

Da für VOR nur jeweils das Ende der Intervalle wichtig ist (das Ende der Aktzeit muß vor dem Ende der Sprechzeit liegen), ist die Relation VOR (t_i, t_j) für die ewigen Wahrheiten und für 'seit' nicht gegeben. Daher wird auch hier das Präsens in seiner normalen Bedeutung verwendet.

Bei den Ausdrücken mit 'seit' wird die Abgrenzung der Sprechzeit in Richtung Vergangenheit, die ja normalerweise unscharf ist, präzisiert. Es gilt nach wie vor die Relation IN (t_a, t_s) (die Sprechzeit fällt in die Aktzeit), aber die Abgrenzung zwischen Sprechzeit und Aktzeit erfolgt explizit so, daß die Aktzeit in die Vergangenheit hineinreicht.

4.1.1.1. Fiktionale Festsetzung der Sprechzeit

Normalerweise ist die Sprechzeit durch die reale Kommunikationssituation definiert. Sie kann aber fiktional in die Vergangenheit oder in die Zukunft verlegt werden. Auf der fiktionalen Verlegung der Sprechzeit in die Vergangenheit beruhen das

Präsens des Historikers (mit einem entsprechenden Futur) und das Präsens der lebendigen Darstellung; s. z.B.:

(13) Nel 1302 Dante **deve** lasciare Firenze. Non **potrà** mai tornare nella sua città, e **morirà** a Ravenna, nel 1321
'1302 muß Dante Florenz verlassen. Er wird nie mehr in seine Vaterstadt zurückkehren können und 1321 in Ravenna sterben'

(14) Ogni cosa **era** disposta in pari dignità. La macchina, le macchine, le parti e la loro intelligenza **erano** tutte qui, col proprio numero di catalogo: ordinate e disponibili, come un vocabolario. Brahe **apre** uno dopo l'altro i ripiani sottili di una cassettiera di metallo, come quelle per disegni; **cerca** nelle diverse vaschette i connettori multipoli, ...
(Del Giudice)
'Jedes Ding war gleichberechtigt angeordnet. Die Maschine, die Maschinen, die Teile und ihre Intelligenz waren alle hier, mit ihrer Katalognummer: geordnet und verfügbar, wie ein Wörterbuch. Brahe öffnet einen nach dem andern die zierlichen Schübe eines Metallschranks, wie die für Zeichnungen, er sucht in den verschiedenen Schälchen die Vielfachkonnektoren, ...'

Auf der fiktionalen Verlegung der Sprechzeit in die Zukunft beruht die Vergangenheit der Science-fiction, die ja von der realen Kommunikationssituation aus gesehen in der Zukunft liegt; s. z.B.:

(15) Charles Kelvin **scese** le scale per andare a fare colazione. Sua moglie lo **guardò** e impallidí. Si **alzò** di scatto dalla sedia. "Charles! dove hai messo il tuo condizionatore acustico?" (R. E. Banks)
'Charles Kelvin kam die Treppe herunter, um zu frühstücken. Seine Frau sah ihn an und wurde blaß. Sie sprang von ihrem Stuhl auf. "Charles! wo hast du deinen Schallkonditionator?"'

Die Besonderheit dieser Tempusverwendungen besteht ausschließlich in der fiktionalen Verlegung der Sprechzeit; die Bedeutung der Tempora ist dieselbe wie sonst.

Die allgemeine Definition anhand der Relation 'nicht VOR (t_a, t_s)' ist aber für die Interpretation des Präsens nicht ganz ausreichend. Für manche Verwendungen des Präsens gilt die prototypische Bedeutung, derzufolge die Sprechzeit in der Aktzeit und die Aktzeit weder vor noch nach der Sprechzeit liegt, also:

(15') IN (t_s, t_a) & nicht VOR (t_a, t_s) & nicht NACH (t_a, t_s)

Diese prototypische Interpretation des Präsens bezieht sich auf drei Intervalle auf der Zeitachse, graphisch:

Es gilt die textpragmatische Regel, daß diese prototypische Lesart gewählt wird, wenn der Kontext nichts anderes erfordert.

N.B. Offensichtlich liegt diese prototypische Lesart der traditionellen Benennung "Präsens" zugrunde.

4.1.2. Zeitreferenz durch Tempora mit sekundärer Bezugszeit

Vier Tempora realisieren die Zeitreferenz über eine sekundäre Bezugszeit: Plusquamperfekt I und Plusquamperfekt II, zusammengesetztes Futur und zusammengesetztes Konditional.

a. Plusquamperfekt I und Plusquamperfekt II

Beispiele:

(16)   **Avevo letto** quel romanzo
       Ebbi letto quel romanzo
       'Ich hatte diesen Roman gelesen'

Die beiden Tempora unterscheiden sich zeitreferentiell nicht. Sie beziehen sich auf drei Intervalle auf der Zeitachse. Es gilt: t_0 ist die Aktzeit, t_1 ist die sekundäre Bezugszeit, und t_2 ist die Sprechzeit. Die Aktzeit liegt vor der Sprechzeit; die sekundäre Bezugszeit liegt vor der Sprechzeit; die Aktzeit liegt vor der sekundären Bezugszeit, also abgekürzt:

(16')   VOR (t_r, t_s) & VOR (t_a, t_r)

und graphisch dargestellt:

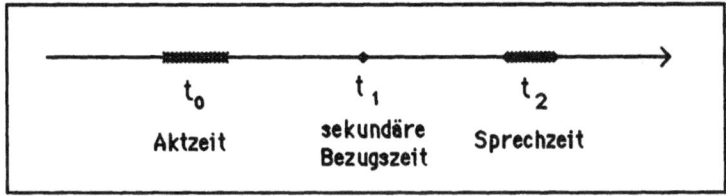

b. Zusammengesetztes Futur

Beispiel:

(17) **Avrò letto** quel romanzo
'Ich werde diesen Roman gelesen haben'

Die Bedeutung des zusammengesetzten Futurs setzt ebenfalls drei Intervalle auf der Zeitachse voraus. Es gilt: t_0 ist die Sprechzeit, t_1 ist die Aktzeit, und t_2 ist die sekundäre Bezugszeit. Die Aktzeit liegt nach der Sprechzeit und vor der sekundären Bezugszeit; die sekundäre Bezugszeit liegt nach der Sprechzeit, abgekürzt:

(17') NACH (t_a, t_s) & VOR (t_a, t_r) & NACH (t_r, t_s)

und graphisch dargestellt:

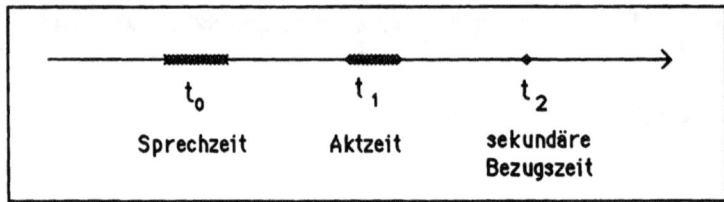

c. Zusammengesetztes Konditional

Das zusammengesetzte Konditional ist hinsichtlich der Zeitreferenz polysem. Es bezeichnet nicht nur die einfache Vorzeitigkeit in Verbindung mit der irrealen Modalität wie in (4), sondern auch die Lokalisierung der Aktzeit (ebenfalls mit modaler Bedeutungskomponente) nach der sekundären Bezugszeit. - Beispiel:

(18) Disse che **sarebbe tornata**
'Sie sagte, sie werde zurückkommen'

Schematisch notiert:

(18') NACH (t_a, t_r) & VOR (t_r, t_s)

und graphisch dargestellt:

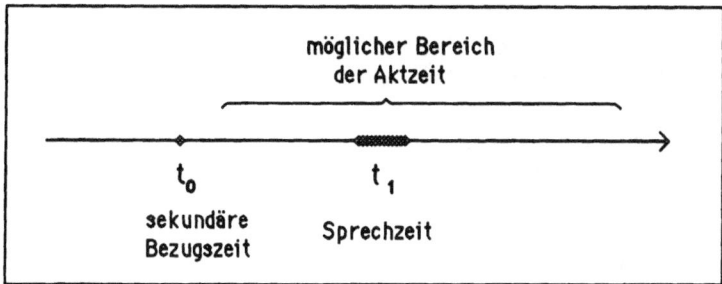

Diese Bedeutung des zusammengesetzten Konditionals kommt nur in Nebensätzen oder in sinngemäß als indirekte Rede zu deutenden Hauptsätzen vor.

N.B. Es ist wohlgemerkt nicht festgelegt, daß auch die Aktzeit vor der Sprechzeit liegt. Ein Satz wie (18) kann auch dann geäußert werden, wenn die Aktzeit nicht vor der Sprechzeit liegt, sondern z.B. mit ihr zusammenfällt.

Die hier behandelten Tempora treten typischerweise in Kontexten auf, die (im gleichen komplexen Satz oder im Text) einen Sachverhalt bezeichnen, dessen Aktzeit gleich der sekundären Bezugszeit ist. - Beispiele:

(19) Avevo già letto il romanzo **quando apparve la critica**
'Ich hatte den Roman schon gelesen, als die Kritik erschien'

(20) Avrò letto il romanzo **quando tornerai**
'Ich werde den Roman gelesen haben, wenn du zurückkommst'

d. Die zeitreferentielle Deutung der infiniten Verbformen

Die zeitreferentielle Deutung der Tempora der infiniten Verbformen ist in hohem Maße vom Kontext abhängig.

Der **einfache Infinitiv** hat nur dann eine grammatisch geregelte Zeitreferenz, wenn er von einem finiten Verb regiert ist. Es gilt, daß die Aktzeit des einfachen Infinitivs nicht vor der Aktzeit des regierenden Verbs liegen darf. Je nach der lexikalischen Bedeutung des regierenden Verbs fallen die Aktzeit des Infinitivs und die des regierenden Verbs zusammen (21), oder die Aktzeit des Infinitivs liegt nach der Aktzeit des regierenden Verbs (22); vgl. z.B.:

(21) Capii allora di essere solo
'Ich begriff nun, daß ich allein war'

(22) Promise di tornare fra poco
'Er versprach, in Kürze wiederzukommen'

Ist der Infinitiv Komplement eines Verbs mit modaler Bedeutung (z.B. *volere* 'wollen', *tentare* 'versuchen', *rifiutare* 'ablehnen'), so wird der durch den Infinitiv bezeichnete Sachverhalt nicht durch das Tempus des regierenden Verbs bestimmt; vgl.:

(23) Volevo rimanere a casa
'Ich wollte zu Hause bleiben'

(24) Tentò di alzarsi
'Er versuchte aufzustehen'

(25) Rifiutò di firmare
'Er weigerte sich zu unterschreiben'

Diese Beispiele enthalten keine Information darüber, wie die durch den Infinitiv bezeichneten Sachverhalte auf der Zeitachse situiert sind. Wird der Infinitiv durch ein Operatorverb regiert, so gilt dessen Tempus für den Infinitiv mit: Operatorverb und Infinitiv werden semantisch sozusagen verschmolzen und als Bezeichnungen eines einzigen Sachverhalts behandelt; vgl. z.B.:

(26) Lo scudiere fece bere i cavalli
'Der Knappe tränkte die Pferde'
(wörtl.: 'Der Knappe machte die Pferde trinken')

Der **zusammengesetzte Infinitiv** drückt die Vorzeitigkeit aus. Die Aktzeit des Infinitivs liegt vor der Aktzeit des regierenden Verbs; s. z.B.:

(27) Capii allora di avere sbagliato
'Da verstand ich, daß ich mich geirrt hatte'

Das **Partizip** hat als solches keine Zeitreferenz. Es kann jedoch in Abhängigkeit von seiner lexikalischen Bedeutung und vom Tempus des finiten Verbs des Gesamtsatzes zeitreferentiell gedeutet werden.

Wenn das Partizip lexikalisch ein Ereignis bezeichnet, so wird es als vorzeitig gegenüber dem finiten Verb des Satzes gedeutet; vgl. z.B.:

(28) a. Arrivato il treno, i passeggeri **scenderanno**
'Wenn der Zug **angekommen sein wird, werden** die Fahrgäste aussteigen'

b. Arrivato il treno, i passeggeri **scendono**
'Wenn der Zug **angekommen ist, steigen** die Fahrgäste aus'

c. Arrivato il treno, i passeggeri **scesero**
'Als der Zug **angekommen war, stiegen** die Fahrgäste aus'

Bezeichnet das Partizip einen Zustand, der Ergebnis einer Veränderung ist, so wird die Relation als eine der Gleichzeitigkeit gedeutet; s. z.B.:

(29) **Sposati da molti anni**, i coniugi cominciarono a assomigliarsi anche fisicamente
'Seit vielen Jahren verheiratet, begannen die Ehegatten, sich auch physisch zu ähneln'

Auch eine iterativ-gleichzeitige Deutung ist möglich:

(30) Il salotto, **usato solo nelle grandi occasioni**, era quasi sempre chiuso
'Der Salon, nur bei großen Anlässen benutzt, war fast immer verschlossen'

Das **einfache Gerundium** bezeichnet die Gleichzeitigkeit, das **zusammengesetzte Gerundium** die Vorzeitigkeit gegenüber der Aktzeit des finiten Verbs; vgl. z.B.:

(31) **Sentendo** il rumore, Alfredo si alzò
'Als er das Geräusch hörte, stand Alfredo auf'

(32) **Avendo sentito** il rumore, Alfredo si alzò
'Als er das Geräusch gehört hatte, stand Alfredo auf'

4.1.3. Die Zeitenfolge

Im komplexen Satz bestehen regelmäßige Beziehungen zwischen dem Tempus des Hauptsatzes und dem des Komplementsatzes. Das Tempus des Hauptsatzes kann das Tempus des Komplementsatzes bestimmen. So steht z.B. in (33) das Tempus Perfekt im Nebensatz, weil das Verb des Hauptsatzes im Imperfekt steht:

(33) Credevo che fosse uno scherzo
'Ich glaubte, daß es ein Scherz ist'

Solche Erscheinungen nennt man Zeitenfolge oder consecutio temporum.

N.B. Die Zeitenfolge wird im folgenden nur grob schematisiert dargestellt. Es herrscht eine beträchtliche Freiheit und auch eine gewisse Unsicherheit im Gebrauch, die auf einen sich vollziehenden Sprachwandel hindeutet.

Hinsichtlich der Zeitenfolge sind zwei Tempusgruppen, A und B, zu unterscheiden. Die Tempusgruppe A umfaßt im wesentlichen die Tempora der Vergangenheit. Zu ihr gehören:

- das Imperfekt
- das einfache Perfekt

- das Plusquamperfekt I
- das einfache Konditional
- das zusammengesetzte Konditional

Die Tempusgruppe B umfaßt das Präsens und das einfache Futur.

N.B. In dieser Klassifikation fehlen drei Tempora, nämlich das zusammengesetzte Perfekt, das Plusquamperfekt II und das zusammengesetzte Futur. Auf diese Tempora wird die Zeitenfolge nicht angewendet.

Die Prinzipien der Zeitenfolge hängen davon ab, ob im Nebensatz (aus von der Zeitenfolge unabhängigen Gründen) der Konjunktiv oder der Indikativ steht.

a. Komplementsätze im Konjunktiv

Wenn zwischen dem durch den Hauptsatz bezeichneten Sachverhalt und dem durch den Komplementsatz bezeichneten Sachverhalt die Relation der Gleichzeitigkeit besteht, also IN (t_{p-1}, t_{p-2}), so gilt folgendes:

Steht das Verb des Hauptsatzes in einem Tempus der Gruppe A, so steht das Verb des Komplementsatzes typischerweise im Konjunktiv des einfachen Perfekts. - Beispiele sind:

(34) Mario {voleva, volle, aveva voluto, vorrebbe, avrebbe voluto} che
Franco lo accompagnasse
'Mario {wollte, hatte gewollt, würde wollen, hätte gewollt}, daß
Franco ihn begleitet'

Steht das Verb des Hauptsatzes in einem Tempus der Gruppe B, so steht das Verb des Komplementsatzes typischerweise im Konjunktiv Präsens. - Beispiele sind:

(35) Mario {vuole, vorrà} che Franco lo accompagni
'Mario {will, wird wollen}, daß Franco ihn begleitet'

N.B. In diesen Beispielen ist auch der Indikativ möglich.

Steht das Verb des Hauptsatzes im zusammengesetzten Perfekt, so findet keine Zeitenfolge statt. Es wird semantisch entschieden, welches Tempus im Nebensatz steht. Der Konjunktiv Perfekt bindet den Komplementsachverhalt stärker an die Vergangenheit; der Konjunktiv Präsens legt eine generische oder eine nachzeitige Interpretation nahe; vgl.:

(36) Mario ha voluto che Franco lo {accompagnasse, accompagni}
'Mario hat gewollt, daß Franco ihn begleitet'

Besteht zwischen den beiden Sachverhalten die Relation der Vorzeitigkeit (der Sachverhalt des Komplementsatzes liegt zeitlich vor dem Sachverhalt des Hauptsatzes), so steht bei den Tempora der Gruppe A im Komplementsatz der Konjunktiv Plusquamperfekt:

(37) Dubitavo che fosse stato a casa
'Ich bezweifelte, daß er zuhause gewesen war'
(Beispiel nach Fogarasi 1969:372)

Bei den Tempora der Gruppe B steht der Konjunktiv des zusammengesetzten Perfekts, und auch der Indikativ ist möglich:

(38) Penserà che {io sia, sono} uscito
'Er wird denken, daß ich ausgegangen bin'

Besteht die Relation der Nachzeitigkeit (der Sachverhalt des Komplementsatzes liegt zeitlich nach dem Sachverhalt des Hauptsatzes), so steht bei Tempora der Gruppe A der zusammengesetzte Konditional:

(39) Dubitavo che sarebbe stato a casa
'Ich zweifelte, ob er zuhause sein würde'
(Beispiel nach Fogarasi, loc.cit.)

Bei Tempora der Gruppe B steht das Futur:

(40) {Pensa, penserà} che partirò
'Er {denkt, wird denken} daß ich abreisen werde'

b. Komplementsätze im Indikativ

Ein Tempus der Vergangenheit im Verb des Hauptsatzes kann zur Folge haben, daß das Verb des Komplementsatzes im Imperfekt steht, obwohl es auf die Sprechzeit referiert (und entsprechend im Dt. auch im Präsens steht):

(41) Non credevo che {tu fossi, eri} così forte
'Ich glaubte nicht, daß du so stark bist'

(42) Perché non mi avete detto che avevate fame?
'Warum habt ihr mir nicht gesagt, daß ihr Hunger habt?'

N.B. Wie bereits gesagt, ist bei Verben des Wissens und Glaubens die Zeitenfolge die Regel, während sie bei den Verben des Sagens fakultativ ist. Daher ist (41') nicht akzeptabel, (42') aber zur Not möglich:

(41') *Non credevo che sei così forte
'Ich glaubte nicht, daß du so stark bist'

(42') Perché non mi avete detto che avete fame?
'Warum habt ihr mir nicht gesagt, daß ihr Hunger habt?'

4.1.4. Die Präzisierung der Zeitreferenz durch Adjunkte und Nebensätze

Die durch das Tempus des Verbs gegebene Zeitreferenz ist als solche äußerst vage. Sie kann durch Adjunkte und Nebensätze präzisiert werden. Hierzu dienen die lexikalischen Mittel der Zeitreferenz. Die Aktzeit kann wie folgt präzisiert werden:

a. Durch Adjunkte

Adjunkte können spezifizieren:

- die Relation (Vor-, Gleich- und Nachzeitigkeit) zu einem im Rahmen einer Zeitmetrik benannten (gekennzeichneten) Intervall oder Datum (43)
- die Relation zur Sprechzeit (44)
- den zeitlichen Abstand gegenüber der Sprechzeit, und zwar vage (45) oder quantitativ bestimmt (46)
- eine sekundäre Bezugszeit, und zwar durch ein Adverb, das die Relation zur Sprechzeit angibt und darüber hinaus die Maßeinheit desjenigen Intervalls nennt, in dem die Aktzeit liegt (47)

Beispiele sind:

(43) Arriverà {prima di, a, dopo} Natale
    'Er wird {vor, zu, nach} Weihnachten ankommen'

(44) Vengo dopo
    'Ich komme später'

(45) Vengo subito
    'Ich komme sofort'

(46) Verrò fra un'ora
    'Ich komme in einer Stunde'

(47) Vengo domani
    'Ich komme morgen'

Weitere Beispiele s. Kap. I, 1.7.d.

Lexikalisch spezialisiert für die Zeitreferenz sind die Adverbien *allora* 'dann, damals', *ora, adesso* 'jetzt', *poi* 'dann, danach', *dopo* 'danach, später', *prima* 'zuvor, zuerst' und *subito* 'sofort'. Im einzelnen gilt:

allora ist das Adverb der einfachen Zeitdeixis; es setzt keine sekundäre Bezugszeit voraus und referiert auf die Aktzeit. - Beispiele sind:

(48) Seppi allora che Matilde era fidanzata
'Ich erfuhr {nun, dann, damals}, daß Matilde verlobt war'

(49) Abitavamo allora a Genova
'Wir wohnten damals in Genua'

N.B. Das Dt. hat für *allora* keine genaue Entsprechung. *dann* setzt zusätzlich eine Abfolge von Zeitintervallen (bzw. von Ereignissen) voraus; *damals* verweist auf ein Intervall, das vor der Sprechzeit liegt.

N.B. Nicht temporal wird *allora* z.B. zur Signalisierung einer Folgerung benutzt; s. z.B.:

(50) A: Ho ancora da fare. - B.: **Allora** non vieni? - A.: No, non posso.
'A.: Ich habe noch zu tun. - B.: Dann kommst du also nicht mit?- A: Nein, ich kann nicht.'

Eine sekundäre Bezugszeit setzen voraus *prima, poi* und *dopo* in einer seiner Lesarten. *prima* referiert auf ein Intervall vor der Bezugszeit, *poi* und *dopo* auf ein Intervall nach der Aktzeit. - Beispiele sind:

(51) Ci trasferimmo allora a Genova. Prima avevamo abitato a Bari.
'Wir zogen damals nach Genua. Vorher hatten wir in Bari gewohnt.'

(52) Abitai prima a Bari, poi a Genova.
'Ich wohnte erst in Bari, dann in Genua.'

(53) L'assemblea sarà finita verso le otto. Dopo sarò libero.
'Die Versammlung ist gegen acht zu Ende. Danach bin ich frei.'

ora und *adesso* referieren auf ein Intervall, das mit der Sprechzeit zusammenfällt oder sie einschließt. Sie entsprechen somit genau dem dt. *jetzt*.

dopo hat eine Lesart, in der es ebenfalls auf die Sprechzeit bezogen ist. Es referiert dann auf ein Intervall, das nach der Sprechzeit liegt; wie z.B. in:

(54) Vengo dopo
'Ich komme später'

subito 'sofort' referiert auf ein Intervall, das unmittelbar an ein anderes Intervall anschließt; es kann mit anschließendem (eigentlich pleonastischen) *dopo* auftreten; vgl. z.B.:

(55) Reagii subito
'Ich reagierte sofort'

(56) Subito dopo arrivarono i corridori
'Sofort danach kamen die Läufer'

(57) Vengo subito
'Ich komme gleich'

N.B. Das It. hat keine genauen lexikalischen Entsprechungen für dt. *früher, damals, eben, gerade.* Dort, wo man im Dt. *früher, damals* gebraucht, benutzt man im It. entweder das unspezifische *allora* oder in anderer Weise spezifizierende Ausdrücke wie *prima* 'vorher', *nel passato* 'in der Vergangenheit', *originariamente* 'ursprünglich' usw.; vgl. z.B.:

(58) Früher war ich schon einmal dort
Vi ero già stato prima

(59) Früher war es noch schlimmer
Nel passato era peggio ancora

(60) Früher war das ein Kloster
Originariamente questo fu un convento

N.B. Dt. *eben* und auf die Vergangenheit bezogenes *gerade* muß durch ein Syntagma des Typs "*xy fa* " 'vor xy' oder durch *appena* 'kaum' wiedergegeben werden; vgl. z.B.:

(61) Er ist gerade vorbeigefahren
E' passato poco fa

(62) Sie ist eben weggegangen
E' appena uscita

Ein auf die Gegenwart bezogenes *gerade* wird durch die Periphrase "*stare* plus Gerundium" wiedergegeben:

(63) Stanno arrivando
'Sie kommen gerade'

b. Durch Nebensätze

Ist der präzisierende Ausdruck ein Nebensatz, so erfolgt die Präzisierung über dasjenige Intervall, das dem durch den Nebensatz bezeichneten Sachverhalt zugeordnet ist, wobei wiederum die Relationen der Vor-, Gleich- und Nachzeitigkeit spezifiziert werden können; s. z.B.:

(64) Il gatto e la volpe partirono **prima che Pinocchio si svegliasse**
'Die Katze und der Fuchs reisten ab, bevor Pinocchio erwachte'

(65) **Quando Pinocchio si svegliò**, si accorse di essere solo
'Als Pinocchio erwachte, merkte er, daß er allein war'

(66) **Dopo che Pinocchio ebbe perso tutto**, la Buona Fata lo salvò
'Nachdem Pinocchio alles verloren hatte, rettete ihn die gute Fee'

Bei den Relationen der Vor- und Nachzeitigkeit kann durch die Hinzufügung von *poco* 'wenig' und *molto* 'viel' (*poco prima* 'kurz bevor', *molto prima* 'lange bevor' usw.) ein relativer zeitlicher Abstand angegeben werden. Ebenso kann bei der Gleichzeitigkeit die Genauigkeit der Relation durch Adverbien wie *esattamente* 'genau' unterstrichen werden.

c. Durch Infinitivkonstruktionen

Wenn die erforderlichen Korreferenzverhältnisse bestehen, so steht statt des Nebensatzes eine Infinitivkonstruktion. Hierbei werden Vor- und Nachzeitigkeit durch *prima di* 'bevor' bzw. *dopo* 'nachdem' ausgedrückt:

(67) Rilesse la lettera **prima di metterla in busta**
'Sie las den Brief noch einmal, bevor sie ihn in den Umschlag steckte'

(68) **Dopo avere introdotto le nozioni fondamentali**, parleremo del metodo impiegato
'Nachdem wir die Grundbegriffe eingeführt haben, werden wir über die angewendete Methode sprechen'

Die Relation der Gleichzeitigkeit kann nicht durch Infinitivkonstruktionen präzisiert werden. Es gibt also keine Infinitivkonstruktion mit *mentre* 'während' oder *quando* 'als'. Diese Formen sind echte Konjunktionen, nicht Präpositionen wie *dopo* und *prima di*. Allerdings wird umgekehrt aufgrund der Relation der Gleichzeitigkeit die Zeitreferenz von Infinitivkonstruktionen in Abhängigkeit vom Tempus des finiten Verbs ermittelt. In einem Satz wie:

(69) Lo vidi arrivare
'Ich sah ihn ankommen'

wird die zeitreferentielle Information VOR (t_a, t_s) von *vidi* auf den Sachverhalt 'sein Ankommen' übertragen, so daß auch dieser Sachverhalt als vor der Sprechzeit liegend charakterisiert ist.

d. Durch Nominalisierung

Derjenige Sachverhalt, in bezug auf dessen Aktzeit die durch das Tempus des finiten Verbs gegebene Zeitreferenz präzisiert wird, kann auch durch eine Nominalphrase bezeichnet werden, deren Kopf ein morphologisch deverbales oder nur semantisch einen Vorgang bezeichnendes Nomen ist:

(70) L'ho incontrata **prima della mia partenza**
'Ich habe sie vor meiner Abreise getroffen'

(71) Lui mi sostituisce **durante la mia assenza**
'Er vertritt mich während meiner Abwesenheit'

(72) **Dopo l'evasione**, gli ex-detenuti raggiunsero la Resistenza
'Nach der Flucht schlossen sich die ehemaligen Häftlinge dem Widerstand an'

e. Durch die Nennung eines Aktanten

Der Sachverhalt, anhand dessen die Präzisierung erfolgt, kann auch durch die bloße Nennung eines seiner Aktanten bezeichnet werden:

(73) Arrivò **prima di me**
'Er kam vor mir an'

(74) Fui ammesso **dopo di lei**
'Ich wurde nach ihr zugelassen'

Dieses Verfahren unterliegt der Beschränkung, daß der betreffende Aktant mit dem Subjekt des Verbs identisch sein muß. Dies zeigt die durch (73') und (73") illustrierte Paraphrasenbeziehung:

(73') Arrivò prima di me
'Er kam vor mir an'

(73") Arrivò prima che arrivassi io
'Er kam an, bevor ich ankam'

Die genannten Verfahren präzisieren die durch das Tempus gegebene Zeitreferenz, indem sie entweder die Aktzeit oder die sekundäre Bezugszeit spezifizieren. Bei den Tempora ohne sekundäre Bezugszeit betrifft die Präzision naturgemäß nur die Aktzeit; bei den Tempora mit sekundärer Bezugszeit kann die Präzisierung nur die sekundäre Bezugszeit betreffen.

4.2. Aspektuelle Werte der Tempora

Während die zeitreferentielle Bedeutung der Tempusformen Relationen zwischen Zeitintervallen auf der Zeitachse festlegt, setzt die aspektuelle Bedeutung der Tempusformen eine Betrachtung von Vorgängen hinsichtlich ihres inneren Verlaufs voraus.

Grundsätzlich kann man einen Vorgang betrachten

- in seinem Ablauf, als sich vollziehend, oder
- hinsichtlich seines Ergebnisses, als abgeschlossen

Diesen beiden Betrachtungsweisen entspricht der **imperfektive** und der **perfektive Aspekt**.

Die beiden Aspekte sind wie folgt auf die Tempora verteilt:

imperfektiver Aspekt	perfektiver Aspekt
Präsens	einfaches Perfekt
Imperfekt	zusammengesetztes Perfekt
Plusquamperfekt I	Plusquamperfekt II
einfaches Gerundium	zusammengesetztes Futur
	zusammengesetztes Konditional
	zusammengesetzter Infinitiv
	zusammengesetztes Gerundium

Der **einfache Infinitiv**, das **einfache Futur** und das **einfache Konditional** sind im Hinblick auf die Aspekte neutral.

Der aspektuelle Wert des **Partizips** ist nicht einheitlich. Eine perfektive Bedeutung des Partizips scheint sich in folgenden Erscheinungen zu zeigen:

Erstens sind die zusammengesetzten Tempora (die ja aus einem Hilfsverb und dem Partizip gebildet werden) bis auf das Plusquamperfekt I alle perfektiv.

Zweitens hat das Partizip in Konstruktionen ohne Hilfsverb typischerweise den aspektuellen Wert der Abgeschlossenheit; vgl. z.B.:

(75) i libri imprestati
'die geliehenen Bücher'

(76) un campione scelto a caso
'eine zufällig gewählte Probe'

Ist das Verb lexikalisch oder aufgrund von Reflexivierung intransitiv, so hat das Partizip immer den aspektuellen Wert der Abgeschlossenheit:

(77) le lettere arrivate ieri
'die gestern angekommenen Briefe'

(78) presentatosi per ultimo, quel candidato potrà sfruttare un effetto di sorpresa
'dieser Kandidat, der sich als letzter gemeldet hat, kann einen Überraschungseffekt nutzen'
(wörtl.: 'sich zuletzt gemeldet habend, wird dieser Bewerber einen Überraschungseffekt nutzen können')

Das Partizip hat aber nicht immer von sich aus eine perfektive Bedeutung. Erstens ist das mit dem Partizip gebildete Passiv als solches aspektuell neutral. Zweitens kann das Partizip transitiver Verben in nicht perfektiver Verwendung vorkommen, und zwar dann, wenn die Aktionsart des Verbs durativ ist; s. z.B.:

(79) una decisione ritenuta sbagliata da molti
'eine von vielen für falsch gehaltene Entscheidung'

(80) una spedizione diretta da lei
'eine von ihr geleitete Expedition'

(81) un diritto garantito dalla Costituzione
'ein durch die Verfassung geschütztes Recht'

N.B. Dem Ausdruck des imperfektiven Aspekts dient auch die Konstruktion mit *stare* als Hilfsverb; s. Kap. I, 2.5.2.

N.B. In der aspektuellen Bedeutung der Verbformen liegt ein wichtiger Kontrast zum Deutschen: Das Dt. hat in den finiten Formen der Vergangenheit nur aspektneutrale Formen.

4.2.1. Das Zusammenspiel der aspektuellen Tempuswerte mit der Aktionsart

Die Verben unterscheiden sich semantisch nach Aktionsarten. Aktionsarten beziehen sich, ebenso wie die Aspekte, auf den inneren Verlauf des Vorgangs. Anders als die an eine grammatische Kategorie (das Tempus) gebundenen Aspekte beruhen die Aktionsarten auf der lexikalischen Bedeutung der einzelnen Verben. Für die vorliegende Darstellung genügt die Unterscheidung zwischen einerseits der durativen Aktionsart und andererseits den nicht-durativen Aktionsarten.

Ein Verb gehört der durativen Aktionsart an, wenn der von ihm bezeichnete Sachverhalt ein Vorgang ist, der während seiner gesamten zeitlichen Extension qualitativ im wesentlichen gleich ist. Typische durative Verben sind 'wissen', 'liegen', 'haben', 'dauern', 'steigen' usw.

Einer nicht-durativen Aktionsart gehört ein Verb an, wenn diese Bedingung nicht erfüllt ist, etwa weil das Verb einen Zustandswechsel bezeichnet (z.B. 'aufwachen', 'schließen') oder einen Vorgang, der zu einem Endzustand oder Ergebnis führt (z.B. 'durchqueren', 'messen').

N.B. Nicht-durative Verben können sekundär eine durative ("iterative") Lesart bekommen, wenn man das Verb entsprechend quantifiziert (*Das Tor wurde immer vom Hausmeister geschlossen*) oder wenn durch den Plural des Subjekts eine Pluralität der Vorgänge signalisiert wird (*Die Flocken schmolzen noch im Fallen*). - Umgekehrt können durative Verben sekundär eine nicht-durative Lesart bekommen, wenn im Kontext eine Information über das Resultat des Vorgangs gegeben wird (*Die Rakete stieg auf 5000 m*).

Die beiden Aspekte können mit den Aktionsarten frei zusammenspielen. So kann ein Vorgang, der durch ein Verb mit durativer Aktionsart bezeichnet wird, sowohl als abgeschlossen wie auch als nicht abgeschlossen betrachtet und entsprechend durch die Wahl des Tempus dargestellt werden; vgl. z.B.:

(82)   La guerra durava già da tre anni
       'Der Krieg dauerte schon drei Jahre'

In (82) ist die Aktionsart durativ, der Aspekt imperfektiv, und die Zeitreferenz legt fest, daß die Aktzeit vor der Sprechzeit liegt.

(83)   La guerra durò tre anni
       'Der Krieg dauerte drei Jahre'

In (83) ist die Aktionsart ebenfalls durativ, und die Aktzeit liegt vor der Sprechzeit, aber der Aspekt ist perfektiv.

Ebenso kann ein Vorgang, der durch ein Verb mit nicht-durativer Aktionsart bezeichnet wird, entweder in seinem Verlauf oder als abgeschlossen betrachtet werden. Der Tempusgebrauch kann dies ausdrücken:

(84)   Gli ebrei attraversavano il Mar Rosso
       'Die Hebräer durchquerten das Rote Meer'

In (84) ist die Aktionsart nicht-durativ, der Aspekt ist imperfektiv, und die Zeitreferenz legt fest, daß die Aktzeit vor der Sprechzeit liegt.

(85)   Gli ebrei attraversarono il Mar Rosso
       'Die Hebräer durchquerten das Rote Meer'

In (85) ist die Aktionsart ebenfalls nicht-durativ, und die Zeitreferenz legt fest, daß die Aktzeit vor der Sprechzeit liegt, aber der Aspekt ist perfektiv.

Dieses freie Zusammenspiel von Aktionsart und Aspekt kann spezielle Wirkungen haben. Es gibt nämlich Verben, die nicht nur der durativen Aktionsart angehören, sondern darüber hinaus auf Sachverhalte oder Relationen referieren, die keine Vorgänge sind und daher typischerweise auch nicht als abgeschlossen aufgefaßt werden. Solche Verben werden unmarkiert eher in Tempora verwendet, die den imperfektiven Aspekt ausdrücken. Solche Verben sind 'haben' und 'wissen'. Stehen diese Verben in einer perfektiven Form, so kann die Relation zu einem Vorgang umgedeutet werden. Dies ist aber wohlgemerkt nicht immer so; vgl. die folgenden Beispiele:

(86)   Ebbi una gran paura
       'Ich hatte/bekam große Angst'

Hier ist die Aktionsart lexikalisch durativ und der Aspekt perfektiv. In einer der beiden Lesarten wird die durative zur nicht-durativen Aktionsart umgedeutet. In (87) hingegen, wo die Aktionsart durativ und der Aspekt imperfektiv ist, gibt es keinen Anlaß zu einer solchen Umdeutung:

(87) Avevo una gran paura
'Ich hatte große Angst'

Ganz analog ist das Verhältnis zwischen den beiden folgenden Beispielen:

(88) Chiesero del conte e **seppero** che era uscito
'Sie fragten nach dem Grafen und **erfuhren**, daß er ausgegangen war'

(89) Chiesero del conte, ma **sapevano** che era uscito
'Sie fragten nach dem Grafen, aber sie **wußten**, daß er ausgegangen war'

N.B. Solche Umdeutungen haben zur Folge, daß bei der deutschen Übersetzung je nach dem Tempus ein anderes Lexem gewählt wird.

4.2.2. Aspektinformation im komplexen Satz und im Text

Werden im komplexen Satz oder im Text zwei oder mehrere Vorgänge bezeichnet, so bewirkt die im Tempus enthaltene aspektuelle Information, daß sekundär bestimmte zeitreferentielle Informationen abgeleitet werden. Im folgenden seien einige hierzu gehörige typische Abfolgemuster dargestellt.

a. Eine Folge von Sätzen im Imperfekt

Stehen mehrere aufeinanderfolgende Sätze im Imperfekt, so werden die beschriebenen Vorgänge typischerweise (aber nicht notwendig) als gleichzeitig verstanden; vgl. das folgende Beispiel:

(90) Il cielo era nerissimo. Lampeggiava e tuonava. La pioggia diventava sempre più forte
'Der Himmel war pechschwarz. Es blitzte und donnerte. Der Regen wurde immer stärker.'

N.B. Es handelt sich hierbei wahrscheinlich um einen sekundären Effekt der aspektuellen Information des Tempus. Das Imperfekt weist den Hörer oder Leser an, die genannten Ereignisse als im Verlauf befindlich zu betrachten. Bezieht sich eine solche Anweisung auf mehrere im Text nacheinander genannte Ereignisse, so ist es für den Hörer oder Leser naheliegend, sie demselben Intervall zuzuordnen, d.h. sie als gleichzeitig aufzufassen.

Die lexikalische Bedeutung der Verben kann es jedoch nahelegen, daß die durch Imperfekte bezeichneten Ereignisse einander folgen; s. z.B.:

(91) Saliva nel solaio. Da una delle casse depositate lì dischiodava il coperchio. Ne frugava il contenuto. Finalmente tirava fuori una pezza di seta.
'Sie stieg auf den Dachboden. Von einer der Kisten, die dort gelagert waren, löste sie den Deckel. Sie durchwühlte den Inhalt. Schließlich zog sie ein seidenes Tuch heraus.'

Solche Imperfekte sind stilistisch markiert. Sie stellen jedes einzelne der aufeinanderfolgenden Ereignisse als im Verlauf befindlich dar und rufen damit einen Effekt hervor, den auch das erzählende Präsens haben kann.

N.B. Das Präsens läßt folgerichtig ebenfalls die Interpretation als Folge als auch die Deutung im Sinne der Gleichzeitigkeit zu. Oft wird das Tempus durch den Gebrauch eines Adverbs (92) oder einer Konjunktion (93) disambiguisiert; manchmal genügt auch die Übereinstimmung mit einem bestimmten inhaltlichen Abfolgeschema (94); vgl. z.B.:

(92) Sorride, poi mi racconta la vicenda   (als Folge disambiguisiert)
'Er lächelt, dann erzählt er mir die Sache'

(93) Sorride, mentre mi racconta la vicenda   (als gleichzeitig disambiguisiert)
'Er lächelt, während er mir die Sache erzählt'

(94) Apre la busta e legge la lettera   (als Folge disambiguisiert)
'Sie öffnet den Umschlag und liest den Brief'

b. Der Wechsel Imperfekt-Perfekt

Wird ein Sachverhalt p oder mehrere (in diesem Falle notwendig gleichzeitige) Sachverhalte p_i - p_j durch das Imperfekt und ein weiterer Sachverhalt q durch das Perfekt bezeichnet (oder umgekehrt), so wird dies wie folgt gedeutet: Die Aktzeit von q ist in der Aktzeit von p enthalten (IN (t_q, t_p)); s. z.B.:

(95) Il cielo era nerissimo. Lampeggiava e tuonava. Incominciò a piovere.
'Der Himmel war pechschwarz. Es blitzte und donnerte. Es begann zu regnen.

(96) Uscii dall'ufficio. Faceva già buio.
'Ich ging aus dem Büro. Es war schon dunkel.'

N.B. Auch diese Deutung ist vermutlich ein sekundärer Effekt der aspektuellen Information des Tempus. Wird ein Ereignis als im Verlauf befindlich und ein anderes im selben Kontext als abgeschlossen behandelt, so ist es naheliegend, die Abgeschlossenheit des einen Ereignisses dadurch zu motivieren, daß es in die zeitliche Extension des anderen Ereignisses fällt und sozusagen von ihm eingerahmt wird.

c. Aufeinanderfolgende Sätze im Perfekt

Stehen im Text mehrere aufeinanderfolgende Sätze im Perfekt, so werden die durch diese Sätze bezeichneten Vorgänge als sich zeitlich folgend verstanden; vgl. z.B.:

(97) Sorrise e cominciò a parlare
'Er lachte und begann zu sprechen'

Dies gilt auch dann, wenn zwischen den Verben im Perfekt andere Verben im Imperfekt stehen; vgl. z.B.:

(98) Allora discernemmo meglio il forestiero. Era un uomo alto, di una trentina d'anni. Sembrava venire verso di noi, ma poi si fermò e tornò indietro.
'Jetzt sahen wir den Fremden deutlicher. Es war ein großer Mann, etwa dreißig Jahre alt. Er schien auf uns zuzukommen, aber dann blieb er stehen und kehrte um.'

Die Verben im Perfekt bezeichnen jeweils eine neue Phase in der Abfolge der Ereignisse. Die Verben im Imperfekt bezeichnen Sachverhalte, die während der Gesamtdauer der Abfolge solange bestehen, bis sie durch ein Ereignis verändert werden: In (98) gilt *Era un uomo alto, di una trentina d'anni* während der ganzen Abfolge *discernemmo - si fermò - tornò indietro.* Der mit *sembrava venire* bezeichnete Sachverhalt hingegen wird durch das mit *si fermò* bezeichnete Ereignis aufgehoben.

N.B. Die Tatsache, daß aufeinanderfolgende Perfekte als Signal für eine Vorgangsabfolge verstanden werden, läßt sich wie folgt erklären: Der perfektive Aspekt hebt die Abgeschlossenheit hervor. Im Text genannte Vorgänge werden aufgrund eines sehr allgemeinen Prinzips der Textkohärenz als zusammenhängend betrachtet. Bei als abgeschlossen betrachteten Vorgängen ist es das naheliegendste Prinzip, diesen Zusammenhang als Abfolge zu verstehen. Hierbei wird die Reihenfolge der Nennung im Text als analog zur Reihenfolge der Vorgänge gedeutet.

Allerdings folgt aus der Verwendung des Perfekts nicht unbedingt die Anordnung der bezeichneten Vorgänge in einer Abfolge; dies ist nur der unmarkierte Fall. Sollen Vorgänge als abgeschlossen und gleichzeitig gekennzeichnet werden, muß dies durch ein explizites Signal ausgedrückt werden, z.B. *nello stesso momento, contemporaneamente* 'zur gleichen Zeit'; s. z.B.:

(99) Mario premette il pulsante. Contemporaneamente staccò la spina.
'Mario drückte auf den Knopf. Gleichzeitig zog er den Stecker heraus.'

4.3. Argumentative Werte der Tempora

Sprachliche Äußerungen und Texte können direkt auf das Handeln der Kommunikationspartner bezogen sein. Sie können das Ziel haben, Handlungen zu veranlassen oder zu verhindern, Positionen zu begründen oder zu schwächen. Diesen Bezug auf die Situation nennen wir argumentativ. Der Bezug zu dem, was verhandelt wird, kann aber auch fehlen oder nur indirekt sein. Letzteres ist der Fall beim Erzählen von Geschichten, von Witzen oder Mythen, beim Darstellen historischer Ereignisse und Gegebenheiten um ihres historischen Interesses willen, bei der Erinnerung an Vergangenes auf Denkmälern und Gedenktafeln. Wir nennen dieses Referieren auf Sachverhalte nicht-argumentativ.

Dem Ausdruck dieser Unterscheidung zwischen argumentativer und nicht-argumentativer Bezugnahme dienen u.a. die Tempora, und zwar genauer die Opposition zwischen einfachem und zusammengesetztem Perfekt, zwei Tempora, die sich nach unserer bisherigen Analyse sonst nicht unterscheiden.

N.B. Die Unterscheidung zwischen argumentativer und nicht-argumentativer Rede beruht auf Weinrichs Opposition zwischen "besprechen" und "erzählen" (Weinrich 1971).

Das Perfekt ist prinzipiell nicht-argumentativ; vgl. die folgenden Beispiele:

(100) Garibaldi nacque a Nizza nel 1807
'Garibaldi wurde 1807 in Nizza geboren'

(101) Alla memoria di Giuseppe Rossi, la cui munificenza a questo Museo diede vita, la città e il popolo di S. Eufemia
'Dem Gedächtnis Giuseppe Rossis, dessen Hochherzigkeit dieses Museum erstehen ließ, die Stadt St. Eufemia und ihr Volk'

(102) Un giorno Pierino incontrò il parroco e gli disse: " ...
'Eines Tages traf Fritzchen den Pfarrer und sagte zu ihm: " ...'

N.B. Wie im Deutschen ist beim Erzählen von Witzen auch das historische Präsens gebräuchlich.

In Kontexten, in denen ein Ereignis der Vergangenheit als Begründung oder Erklärung angeführt wird, ist das einfache Perfekt ausgeschlossen. Es muß das zusammengesetzte Perfekt gewählt werden; vgl. das folgende Beispiel (nach Lepschy 1977: 220):

(103) Perché piangi? - Perché Pierino {mi ha dato, *mi diede} un calcio
'Warum weinst du? - Weil Fritzchen mich getreten hat.'

N.B. Inwieweit auch das Futur einen nicht-argumentativen Wert hat, ist ungeklärt. Die Tatsache, daß das Futur das Tempus der Prophezeiung ist, deutet darauf hin.

4.4. Tempusgebrauch als Mittel der Reliefgebung

Zur Kunst des Erzählens gehört es, für die wichtigen Ereignisse des Geschehens einen Hintergrund zu schaffen, etwa eine Ausgangssituation oder einen Rahmen, in dem das eigentliche Geschehen verankert ist. Die Tempora können für die Strukturierung der Erzählung in Vordergrund und Hintergrund genutzt werden. Typischerweise gibt das Imperfekt den Hintergrund, während das einfache Perfekt, das zusammengesetzte Perfekt oder das historische Präsens den Vordergrund markieren; s. das folgende Beispiel (Pirandello, zit. nach Weinrich 1971:116ff.):

(104) Si **riunivano** all'aperto, ora che la stagione lo permetteva, ... **Venivano** prima i Groa, padre e figlio. (...) **Venivano** alla fine insieme gli altri due: Filippo Romelli e Carlo Spina (...)
'Sie trafen sich im Freien, jetzt wo die Jahreszeit es erlaubte. ... Zuerst kamen die Groas, Vater und Sohn. (...) Schließlich kamen die beiden anderen miteinander: Filippo Romelli und Carlo Spina (...)'

(105) I due amici Spina e Romelli **tardavano** ancora a venire. (...) Alla fine, quegli altri due **arrivarono**.
'Die beiden Freunde Spina und Romelli kamen noch nicht. (...) Endlich kamen diese beiden anderen.'

Der Tempusgebrauch in diesem Beispiel läßt sich mit den bisher eingeführten Kategorien der Zeitreferenz, des Aspekts und des argumentativen Werts nicht voll erklären. Insbesondere hätte man nach diesen Kriterien in (104) für die Formen von *venire* das einfache Perfekt erwartet. Daß derselbe Vorgang in (105) im einfachen Perfekt bezeichnet wird, ist nur durch den reliefgebenden Wert der betreffenden Tempora zu erklären. ("Wir haben die Haupthandlung erreicht und befinden uns nunmehr im Vordergrund der Erzählung", Weinrich 1971:118.)

Umgekehrt kann bei der Darstellung einer zusammenhängenden Abfolge von Ereignissen der Übergang vom Perfekt zum Imperfekt das Zurücktreten in den Hintergrund signalisieren, so wie im folgenden Zitat, das (gekürzt) den Schlußteil einer Novelle bildet:

(106) Il Groa **guardò** il figlio con occhi atroci. - No? - **fremette**. - No? E lo **respinse** da sé, piano, senza aggiungere altro. <...> Lo Spina **voleva** ora convincere il padre del torto del Romelli, che **seguitava** ad asciugarsi il volto in disparte. Il padre **stava** a guardar lo Spina con occhi sbarrati, feroci; all'improvviso lo **afferrava** per il bavero della giacca, gli **dava** un poderoso scrollone e lo **mandava** a schizzar lontano <...>
(Pirandello, zit. nach Weinrich 1971:119)
'Groa betrachtete den Sohn mit fürchterlichem Blick. - Nein? - bebte er. - Nein? Und er schob ihn von sich, langsam, ohne noch etwas hinzuzufügen. <...> Spina wollte jetzt den Vater vom Unrecht Romellis überzeugen, der sich immer noch abseits das Gesicht trocknete. Der Vater starrte Spina wild an; unversehens packte er ihn am Jackenaufschlag, gab ihm einen kräftigen Stoß und wirbelte ihn weit von sich <...>'

N.B. In (106) ist übrigens auch das Prinzip, demzufolge gereihte Imperfekte die Gleichzeitigkeit signalisieren, nicht wirksam. Die mit *afferrava, dava* und *mandava* bezeichneten Sachverhalte folgen aufeinander.

4.5. Zusammenfassung

Die folgende Tabelle faßt das über die Semantik der italienischen Tempora Gesagte schematisch zusammen.

N.B. Nicht genau erfaßt ist die Zeitreferenz derjenigen Tempora, die eine sekundäre Bezugszeit ins Spiel bringen: Hier wird lediglich angegeben, ob das Tempus eine sekundäre Bezugszeit voraussetzt, nicht aber, wie diese bestimmt ist. Ferner wird unter "Zeitreferenz" nur der grammatisch fixierte Rahmen angegeben, nicht aber die (engere) prototypische Zeitreferenz von Präsens und Konditional.

Ebenso unerwähnt bleiben die zeitreferentiellen Deutungen, die Tempusfolgen im Text aufgrund der aspektuellen Tempusbedeutungen sekundär bekommen können. - In den Spalten "argumentativer Wert" und "Reliefwert" wird nur dort ein Wert angegeben, wo eine entsprechende Textfunktion des Tempus klar zu erkennen ist.

Übersichtstafel zur Tempussemantik

Name des Tempus	Zeitreferenz	sekundäre Bezugszeit	Aspektwert	argumentativer Wert	Reliefgebung
Präsens	Sprechzeit IN Aktzeit	-	imperfektiv		Vordergrund
Imperfekt	Aktzeit VOR Sprechzeit	-	imperfektiv		Hintergrund
einfaches Perfekt	Aktzeit VOR Sprechzeit	-	perfektiv	-	Vordergrund
einfaches Futur	Aktzeit NACH Sprechzeit	-	neutral		
zusammengesetztes Perfekt	Aktzeit VOR Sprechzeit	-	perfektiv	+	Vordergrund
Plusquamperfekt I	Aktzeit VOR Sprechzeit	+	imperfektiv	+	
Pluquamperfekt II	Aktzeit VOR Sprechzeit	+	perfektiv		
zusammengesetztes Futur	Aktzeit NACH Sprechzeit	+	perfektiv		
einfaches Konditional	Sprechzeit IN Aktzeit	-	perfektiv		
zusammengesetztes Konditional	Aktzeit VOR Sprechzeit oder Aktzeit NACH Bezugszeit	- / +	perfektiv		

5. Der Ausdruck von Modalitäten

5.0. Einführung

Unsere Rede dient immer einem kommunikativen Ziel. Wir können durch eine Äußerung z.B. erreichen wollen, daß der Hörer einen Sachverhalt als bestehend akzeptiert, daß er uns etwas mitteilt, daß er etwas tut, was wir wünschen usw. Solchen Zielen können konventionell sprachliche Ausdrucksweisen zugeordnet sein.

Inhaltlich erfordern es die meisten kommunikativen Ziele, daß man auf **Sachverhalte** Bezug nimmt. Eine solche Bezugnahme kann entweder nur als Bezeichnung oder auch als Bewertung des Sachverhalts erfolgen.

Die **Bezeichnung** von Sachverhalten erfolgt typischerweise aufgrund einer kategorialen Analyse, deren Ergebnis Prädikat-Argument-Strukturen sind: Als Sprecher gehen wir davon aus, daß Sachverhalte u.a. aus Objekten und ihren Eigenschaften, aus Ereignissen und ihren Mitspielern bestehen. Diese Analyse findet ihren grammatischen Niederschlag z.B. in der Valenz des Verbs.

Die **Bewertung** eines Sachverhalts erfolgt hauptsächlich nach den folgenden Gesichtspunkten:

- die Einstellung gegenüber dem Sachverhalt: Der Sprecher kann seine positive oder negative Einstellung gegenüber einem Sachverhalt ausdrücken
- die Verankerung des Sachverhalts in Wille oder Notwendigkeit: Der Sprecher kann ausdrücken, daß er das Bestehen eines Sachverhalts anstrebt oder als notwendig ansieht
- die Virtualität des Sachverhalts: Der Sprecher kann ausdrücken, daß er das Bestehen des Sachverhalts nicht als sicher betrachtet oder daß er einen Sachverhalt als möglich, aber nicht faktisch ansieht

Wird die Bewertung eines Sachverhalts in enger formaler Verbindung mit seiner Bezeichnung gegeben, so ist sie die **Modalität** dieses Sachverhalts.

Als grammatisch relevante Modalitäten unterscheiden wir, in Anlehnung an die genannten Gesichtspunkte der Bewertung:

- die Modalitäten der Einstellung
- die Modalitäten der Verankerung in Wille oder Notwendigkeit
- die Modalitäten der Virtualität

Die folgenden Beispiele sollen diese Begrifflichkeit illustrieren: (1) bezeichnet einen Sachverhalt ohne Modalität. (2) bis (4) bezeichnen denselben Sachverhalt, aber mit einer Modalität, nämlich der der Einstellung (2), der der Verankerung in Wille oder Notwendigkeit (3) und der der Virtualität (4):

(1) Anna geht weg

(2) **Leider** geht Anna weg

(3) Anna **muß** weggehen

(4) Anna **würde** weggehen

Das folgende Schema soll die bis jetzt eingeführte Konzeption zusammenfassen:

Modalität	Beispiel
∅	Anna geht weg
Einstellung	leider geht Anna weg
Verankerung in Wille oder Notwendigkeit	Anna muß weggehen
Virtualität	Anna würde weggehen

N.B. Die **Negation** als solche ist keine Modalität. Negierte Sätze können genauso modalisiert werden wie nicht negierte; vgl. z.B.:

(1') Anna geht nicht weg

(2') **Leider** geht Anna nicht weg

(3') Anna **soll** nicht weggehen

(4') Anna **würde** nicht weggehen

Allerdings spielt die Negation bei der Definition einzelner Modalitäten durchaus eine Rolle.

N.B. Bewertungen von Gegenständen und Ereignissen können selbst als Sachverhalte aufgefaßt und als Aussagen verbalisiert werden. Sie sind dann keine Modalitäten. Wie andere Sachverhaltsbezeichnungen können sie mit einer Modalität auftreten; vgl. z.B.:

(5) Das Wetter ist scheußlich

(6) **Leider** ist das Wetter scheußlich

(7) Das Wetter **muß** scheußlich sein

(8) Das Wetter **wäre** scheußlich

In den zur Begriffseinführung benutzten Beispielen wird die Modalität teils lexikalisch, teils grammatisch ausgedrückt. Im folgenden werden nur die grammatischen Ausdrucksmittel für Modalitäten behandelt.

Das wichtigste grammatische Verfahren für den Ausdruck der Modalitäten ist der Gebrauch der **Modi**. Die Modi sind der Indikativ, der Konjunktiv und der Imperativ. (Zu den Formen der Modi s. Kap. I, 2.1.3.1.)

Der **Indikativ** ist hinsichtlich der Modalitäten neutral. Er ist der unmarkierte Modus.

N.B. Manche Grammatiker behaupten, der Indikativ sei der Modus der Faktizität. In dieser Allgemeinheit stimmt dies aber nicht; vgl. z.B. den Indikativ in:

(9) Gianni dice che Franco lo **ha** offeso, ma tutti sanno che non è vero
'Gianni sagt, daß Franco ihn beleidigt hat, aber alle wissen, daß das nicht wahr ist'

Wenn der Indikativ der Modus der Faktizität wäre, dann wäre (9) in sich widersprüchlich. Der Eindruck, der Indikativ sei der Modus der Faktizität, kann deshalb entstehen, weil Faktizität ein default-Wert aller Deklarativsätze ist und weil man deshalb eine nicht-faktische Deutung nur dann vornimmt, wenn die sprachliche Form der Äußerung oder ihr Kontext dies verlangt.

Die beiden anderen Modi sind markiert. Der **Konjunktiv** zeigt an, daß eine Modalität vorliegt. Um welche Modalität es sich handelt, ergibt sich immer erst aus dem Zusammenspiel mit dem Kontext innerhalb des Satzes. Der **Imperativ** hat demgegenüber einen präziseren Inhalt: Er drückt eine Modalität aus, die in den Bereich der Modalitäten des Willens und der Notwendigkeit gehört.

Während der Indikativ als unmarkierter Modus keine systematischen morphologischen oder distributionellen Beschränkungen aufweist, sind die beiden anderen Modi sowohl morphologisch als auch syntaktisch **beschränkt**.

Die syntaktischen Beschränkungen der markierten Modi sind: Der Konjunktiv kann nur in Nebensätzen und in nicht-deklarativen Hauptsätzen stehen. Der Imperativ kann nur in Hauptsätzen stehen.

Ihre morphologischen Beschränkungen sind: Nur das Präsens und die Vergangenheitstempora haben einen Konjunktiv. Eigene, d.h. von denen des Konjunktivs verschiedene Formen hat der Imperativ nur für das Präsens und nur für die 2. Person. Außerdem dürfen die Imperative der 2. Person Singular nicht mit der Negation stehen. (Der negierte Imperativ der 2. Person Singular wird mit dem Infinitiv gebildet.)

Der Konjunktiv ist ferner auch in dem Sinne beschränkt, daß sein Auftreten im Nebensatz weitgehend lexikalisch bedingt ist. Im einzelnen sind folgende Fälle zu unterscheiden:

a. Automatisch lexikalisch ausgelöster Konjunktiv

Manche Lexeme lösen in allen Kontexten automatisch einen Konjunktiv aus. Das Auftreten des Konjunktivs ist also die Folge einer nicht vom Kontext abhängigen lexikalischen Eigenschaft. Diese Konjunktive sind redundant. Die Setzung des Indikativs ist manchmal fehlerhaft, manchmal Kennzeichen eines sehr informellen Registers.

Die Lexeme, die automatisch einen Konjunktiv im Nebensatz auslösen, zerfallen in zwei Gruppen: solche, die den Nebensatz regieren, und solche, die selber Teil des Nebensatzes sind.

Die erste Gruppe umfaßt Adjektive in unpersönlichen Konstruktionen, Verben und Nomina, die die Modalitäten der Einstellung (5.1.), der Verankerung in Willen und Notwendigkeit (5.2) und der Ungewißheit (5.3.3.2.) ausdrücken; s. z.B.:

(10) E' **giusto** che sia così
'Es ist gerecht, daß es so ist'

(11) E' **necessario** che tu venga
'Es ist notwendig, daß du kommst'

(12) **Vuole** che lei gli telefoni
'Er will, daß sie ihn anruft'

(13) E' una **necessità** assoluta che tutti siano presenti
'Es ist eine absolute Notwendigkeit, daß alle da sind'

(14) **Sembra** che non ci sia più nessuno
'Es scheint, daß keiner mehr da ist'

Die zweite Gruppe bilden Junktoren wie *qualora* 'wann, wenn', *chiunque* 'wer auch immer', *quanto che* 'wie groß auch immer', *benché, malgrado* 'obwohl', *prima che* 'bevor', *senza che* 'ohne daß', *finché (non)* 'bis'; vgl. z.B.:

(15) Non aprire a nessuno, **chiunque** venga
'Mach' niemandem auf, wer immer auch kommen mag'

(16) Mi ricevettero festosamente, **benché** non mi avessero aspettato
'Sie empfingen mich festlich, obwohl sie mich nicht erwartet hatten'

b. Automatisch lexikalisch-syntaktisch ausgelöster Konjunktiv

Manche Lexeme lösen zusammen mit einer syntaktischen Eigenschaft ihres Kontextes automatisch den Konjunktiv aus. Das Auftreten des Konjunktivs ist also die

Folge einer kontextabhängigen lexikalischen Eigenschaft. Diese Konjunktive sind ebenfalls redundant. Für die Setzung des Indikativs gilt dasselbe wie im ersten Fall.

Die betreffenden Lexeme sind Verben und Adjektive, die Wissen, Glauben und Überzeugung bezeichnen, sowie Adjektive in unpersönlichen Konstruktionen, die 'Wahrheit', 'Gewißheit' u.ä. bezeichnen. Der auslösende nicht-lexikalische Kontext ist die **Negation** der entsprechenden Prädikate; s. z.B.:

(17) **Non sapevo** che **fosse** così
'Ich wußte nicht, daß es so ist'
vgl.
(18) **Sapevo** che **era** così
'Ich wußte, daß es so ist'

(19) **Non sono** convinto che lui **abbia** ragione
'Ich bin nicht überzeugt, daß er recht hat'
vgl.
Sono convinto che lui **ha** ragione
'Ich bin überzeugt, daß er recht hat'

(20) **Non è vero** che Franco **abbia** offeso Gianni
'Es ist nicht wahr, daß Franco Gianni beleidigt hat'
vgl.
(21) **E' vero** che Franco **ha** offeso Gianni
'Es ist wahr, daß Franco Gianni beleidigt hat'

Die Modalität, deren Vorhandensein der Konjunktiv hier redundant signalisiert, ist die der Virtualität (s. 5.3.).

c. Konjunktive, die allein eine Modalität ausdrücken

In bestimmten Kontexten wird allein durch die Wahl zwischen Indikativ und Konjunktiv ein semantischer Unterschied ausgedrückt. Die Verwendung des Konjunktivs ist also nicht redundant.

Die betreffenden Kontexte sind erstens Komplementsätze, die von Verben wie 'glauben', 'verstehen' usw. regiert werden; s. z.B:

(22) **Credo** che lui **abbia** sbagliato
'Ich glaube, daß er sich (vielleicht) geirrt hat'
vgl.
(23) Lui **crede** che tutti lo **odiano**
'Er glaubt, daß alle ihn hassen'

In (22) drückt der Konjunktiv die Modalität der Ungewißheit aus (s. 5.3.3.2.).

(24) **Capisco** che lui si **sia** arrabiato
'Ich kann verstehen, daß er sich geärgert hat'
vgl.
(25) Dalla sua lettera ho **capito** che **stava** male
'Aus seinem Brief habe ich entnommen, daß es ihm schlecht geht'

Die Modalität, die in (24) durch den Konjunktiv ausgedrückt wird, ist die der Einstellung (s. 5.1.1.).

Die betreffenden Kontexte sind zweitens Relativsätze, deren Antezedens von Verben regiert ist, die 'suchen', 'brauchen' oder 'haben wollen' bedeuten (26), oder deren Antezedens von einem Verb regiert wird, das seinerseits von einem Verb wie 'wollen' regiert wird (28):

(26) **Cerco** qualcuno che mi **possa** aiutare
'Ich suche jemand, der mir helfen kann'
vgl.
(27) **Cerco** la strada che **porta** a S. Stefano
'Ich suche den Weg, der nach St. Stefano führt'

(28) **Vorrei** imparare un mestiere che **abbia** un avvenire
'Ich möchte einen Beruf erlernen, der Zukunft hat'
vgl.
(29) **Vorrei** rivedere il ragazzo che **ho** incontrato ieri
'Ich möchte den Jungen wiedersehen, den ich gestern getroffen habe'

In (26) und (28) drückt der Konjunktiv die Modalität des Willens aus (s. 5.2.3).

Weitere Kontexte, in denen der Konjunktiv allein eine Modalität ausdrücken kann, sind Adjunktsätze nach *perché, di modo che, di maniera che* sowie Konditionalsätze mit *se* und Relativsätze, deren Antezedens einen superlativischen Ausdruck enthält; vgl. z.B.:

(30) Lo faccio **perché** tu **sia** contento
'Ich tue es, damit du zufrieden bist'
vgl.
(31) Lo faccio **perché** mi **piace**
'Ich tue es, weil es mir so gefällt'

Der Konjunktiv drückt in (30) die Modalität des Willens aus (s. 5.2.4.).

(32) **Se fosse** vero, sarei contento
'Wenn es wahr wäre, würde ich mich freuen'
vgl.
(33) **Se è** vero, sono contento
'Wenn es wahr ist, freue ich mich'

In (32) drückt der Konjunktiv die Modalität des Kontrafaktischen aus (s. 5.3.1.).

(34) E' la **cosa più bella** che io **abbia** mai visto
'Das ist das Schönste, was ich je gesehen habe'
vgl.
(35) E' la borsa **più bella** di quelle che **sono** esposte in vetrina
'Es ist die schönste Tasche von denen, die im Schaufenster liegen'

In (34) drückt der Konjunktiv die Modalität der Einstellung aus (s. 5.1.2.).

N.B. Der Gebrauch des Konjunktivs unterliegt Schwankungen. Im folgenden wird, wenn nichts anderes gesagt wird, der stärker normativ kontrollierte, eher konservative Sprachgebrauch (Schreiben, öffentliche Rede, gepflegte Umgangssprache) dargestellt. In schwach kontrollierter Rede geht der Konjunktiv zugunsten des Indikativs zurück. Dies ist z.T. eine Auswirkung der Tendenz, die mündliche Alltagskommunikation möglichst weitgehend mit unmarkierten Formen zu bestreiten, z.T. aber auch wohl die Folge eines sich derzeit vollziehenden Sprachwandels. Es kommt hinzu, daß der Konjunktiv in manchen Gebieten nicht durch den Dialekt gestützt ist.

Neben den Modi dienen auch bestimmte **Tempora** dem Ausdruck von Modalitäten. Diese sind das einfache und das zusammengesetzte Konditional, das einfache Futur und das Imperfekt.

5.1. Die Modalitäten der Einstellung

Die Modalitäten der Einstellung setzen voraus, daß der bewertete Sachverhalt als faktisch bestehend zur Diskurswelt gehört. Die syntaktischen Formen, in denen diese Modalitäten ausgedrückt werden, sind der Komplementsatz und der an einen Superlativ angeschlossene Relativsatz.

5.1.1. Die Modalitäten der Einstellung im Komplementsatz

Im Komplementsatz signalisiert der Konjunktiv, daß eine Modalität vorliegt. Das Prädikat des übergeordneten Satzes spezifiziert die Einstellung. Die wichtigsten Modalitäten der Einstellung bestehen darin, daß ein Sachverhalt als erfreulich bzw. unerfreulich, ärgerlich oder traurig oder als überraschend bzw. nicht überraschend bewertet wird.

Träger der Einstellung ist die durch das Subjekt des übergeordneten Satzes bezeichnete Person. Ist der übergeordnete Satz eine unpersönliche Konstruktion, so ist der Sprecher Träger der Einstellung. - Beispiele sind:

(36) E' **bello** che questo ciliegio ci **sia** ancora
'Es ist schön, daß dieser Kirschbaum noch da ist'

(37) E' **peccato** che non **sia** venuta neanche tu
'Es ist schade, daß auch du nicht gekommen bist'

(38) Sono **contento** che ci **sia** questo bel sole
'Ich freue mich, daß so schön die Sonne scheint'

(39) Luisa si è **arrabbiata** che Isabella non le **avesse** detto niente
'Luisa hat sich geärgert, daß Isabella ihr nichts gesagt hat'

(40) Non c'è da **meravigliar**si che tu **abbia** preso un raffreddore
'Es ist kein Wunder, daß du dich erkältet hast'

(41) Per me è stata una **sorpresa** che Lei **avesse** un figlio così grande
'Für mich war es eine Überraschung, daß Sie einen so großen Sohn haben'

(42) **Capisco** che Maria non **sia** d'accordo
'Ich kann verstehen, daß Maria nicht einverstanden ist'

Der Unterschied zwischen den Modalitäten der Einstellung und den im folgenden behandelten Modalitäten der Verankerung in Willen und Notwendigkeit ist im Bereich der Komplementsätze vor allem lexikalisch. Ein grammatischer Unterschied liegt nur darin, daß in der Umgangssprache der Konjunktiv bei den Prädikaten der Einstellung leichter dem Indikativ weicht als bei den Prädikaten des Willens und der Notwendigkeit.

N.B. In (42) ist der Konjunktiv nicht redundant. Die Setzung des Modus ist daher keine Frage des Registers; s. auch oben (24) und (25).

5.1.2. Die Modalitäten der Einstellung im Relativsatz

In Relativsätzen kann der Konjunktiv stehen, wenn der Antezedens des Relativpronomens einen Superlativ oder eines der Wörter *solo, unico* 'einziger', *primo* 'erster', *ultimo* 'letzter' enthält. - Beispiele sind:

(43) E' la soluzione **più semplice** che {io **possa**, **posso**} immaginare
'Das ist die einfachste Lösung, die ich mir vorstellen kann'

(44) E' stato il viaggio **più lungo** che Maria {**abbia**, **ha**} fatto
'Das war die längste Reise, die Maria gemacht hat'

(45) E' la **sola** persona con cui {io **abbia**, **ho**} parlato
'Es ist der einzige Mensch, mit dem ich gesprochen habe'

(46) Quella è stata l'unica volta che {io lo **abbia**, lo **ho**} incontrato
'Das war das einzige Mal, daß ich ihn getroffen habe'

Der Konjunktiv drückt aus, daß eine Modalität der Einstellung vorliegt. Die Modalität ist lexikalisch nur schwach spezifiziert. Es wird lediglich signalisiert, daß der semantische Wert des Superlativs, nämlich 'x hat einen höheren Wert als alle anderen Mitglieder seiner Klasse' (s. 3.3.1.) als bedeutsam hingestellt wird.

Dies kann nun für die Interpretation der Äußerung unterschiedliche Konsequenzen haben. In der indikativischen Variante von (43) z.B. werden verschiedene bereits vorhandene Lösungen betrachtet, und eine von ihnen wird als die einfachste ausgezeichnet. In der konjunktivischen Variante von (43) hingegen wird eine bestimmte Lösung als unzweifelhaft einfach hingestellt, ohne daß Bezug auf eine Menge bereits vorhandener Lösungen genommen werden müßte. In der indikativischen Variante von (44) werden sämtliche Reisen Marias verglichen, und die Aussage ist nur dann sinnvoll, wenn sie mehrere lange Reisen gemacht hat. In der konjunktivischen Variante von (44) hingegen liegt das Gewicht der Aussage nicht auf dem Vergleich aller Reisen Marias, sondern z.B. auf der Verwunderung darüber, daß sie nie eine längere Reise gemacht hat als die, von der die Rede ist.

N.B. Wenn im Relativsatz das Adverb *mai* 'jemals' steht, ist der Konjunktiv obligatorisch:

(44') E' stato il viaggio **più lungo** che Maria {**abbia**, *ha} mai fatto
'Das war die längste Reise, die Maria je gemacht hat'

(45') E' la **sola** persona con cui {io **abbia**, *ho} mai parlato
'Es ist der einzige Mensch, mit dem ich jemals gesprochen habe'

5.1.3. Eine Modalität der Einstellung im Adversativsatz

Syntaktisch sind Adversativsätze Nebensätze in der Funktion des Adjunkts. Semantisch sind sie dadurch definiert, daß sie einen als faktisch behandelten Sachverhalt bezeichnen, aufgrund dessen der durch den übergeordneten Satz bezeichnete Sachverhalt eigentlich nicht zu erwarten gewesen wäre.

N.B. Die Zuordnung der Adversativsätze zu den Modalitäten der Einstellung ist dadurch gerechtfertigt, daß der Erwartungsbruch, den Adversativsätze signalisieren, eng mit der Kategorie der Verwunderung zusammenhängt, die für Sätze wie (40) und (41) angenommen wurde. Andererseits unterscheiden sich Adversativsätze strukturell sehr deutlich von den anderen hier behandelten Verfahren zum Ausdruck von Modalitäten: Bei diesen wird der Inhalt des Nebensatzes bewertet, während der Adversativsatz umgekehrt den Inhalt des übergeordneten Satzes bewertet.

In Adversativsätzen signalisiert der Konjunktiv das bloße Vorliegen einer Modalität. Daß die adversative Modalität vorliegt, wird durch Junktoren ausgedrückt, nämlich *benché* und *malgrado (che)* 'obwohl', *per quanto* 'auch wenn'. Diese Junktoren kommen ausschließlich in Adversativsätzen vor. Der Konjunktiv ist bei ihnen obligatorisch und somit redundant. - Beispiele sind:

(47) **Benché** la neve **sia** poca, si può sciare benissimo
'Obwohl wenig Schnee liegt, kann man sehr gut Ski fahren'

(48) Non ci fermò, **malgrado** ci **vedesse**
'Er hielt uns nicht an, obwohl er uns sah'

(49) Alessandra continuò ad andare da quel medico, **per quanto fosse** scettica
'Alessandra ging weiter zu diesem Arzt, so skeptisch sie auch war'

Zum Ausdruck der adversativen Modalität werden auch die Junktoren *ma* 'aber' und *anche se* 'auch wenn', das Adverbial *lo stesso* 'trotzdem' und die Präposition *malgrado* 'trotz' verwendet; s. z.B.:

(47') La neve è poca, **ma** si può sciare **lo stesso**
'Es liegt wenig Schnee, aber man kann trotzdem Ski fahren'

(47") **Malgrado** la poca neve si può sciare benissimo
'Trotz des wenigen Schnees kann man sehr gut Ski fahren'

(47'") **Anche se** la neve {è, sia} poca, si può sciare benissimo
'Auch wenn wenig Schnee liegt, kann man sehr gut Ski fahren'

Hier liegen keine Adversativsätze im oben definierten Sinne vor. - Was den Modus angeht, so gilt folgendes: Der Gliedsatz, der mit *ma* eingeleitet wird, ist ein Hauptsatz; deshalb kann er keinen Konjunktiv haben. Nach *anche se* kann der Indikativ oder der Konjunktiv stehen; der Unterschied ist nur stilistisch. *malgrado* löst als Junktor den Konjunktiv aus, nicht aber als Präposition.

N.B. Adversativsätze werden in der Alltagssprache konsequent vermieden, und zwar vor allem zugunsten der Konstruktion mit ... *ma* ... *lo stesso*.

5.2. Die Modalitäten der Verankerung in Willen oder Notwendigkeit

Die Modalitäten der Verankerung in Willen oder Notwendigkeit setzen nicht voraus, daß die modalisierten Sachverhalte als faktisch bestehend betrachtet werden. Die grammatischen Strukturen, in denen sich die Modalitäten der Verankerung in Willen oder Notwendigkeit ausdrücken, sind:

- Hauptsätze
- Komplementsätze
- Relativsätze
- Finalsätze

Die beiden Gruppen von Modalitäten werden grammatisch weitgehend gleich behandelt. Allerdings realisieren sich in einigen syntaktischen Strukturen nur die Modalitäten des Willens, nicht aber die der Notwendigkeit. Diese Strukturen sind die Hauptsätze, die Finalsätze und die Relativsätze.

5.2.1. Die Modalität des Willens und der Notwendigkeit in Hauptsätzen

Der Ausdruck der Notwendigkeit ist in Hauptsätzen nur lexikalisch möglich, d.h. durch Adverbien wie *necessariamente* 'notwendigerweise' oder das Modalverb *dovere* 'müssen'. Die Modalität des Willens hingegen kann in Hauptsätzen grammatisch ausgedrückt werden. Dies geschieht entweder durch Aufforderungssätze (zu deren Strukturen s. Kap. I, 9.2.) oder durch konjunktivische Hauptsätze; vgl. z.B.:

(Die Beispiele stammen z.T. von Lepschy/Lepschy 1986:296 und von Spore 1975:316.)

(50) **Possiate** avere tutto il successo che meritate!
'Möget ihr all den Erfolg haben, den ihr verdient!'

(51) Dio vi **benedica**
'Gott segne euch'

Diese Konstruktion ist jedoch beschränkt auf formelhafte Wünsche. Weitere formelhafte Verwendungen dieser Konstruktion liegen vor in *vada per* ... 'meinetwegen' (wörtlich: 'es gehe für ...'), *sia* ... 'meinetwegen', *o* ... *o*... 'sei es, daß ... oder daß ...'. Der modale Sinn ist in diesen Konstruktionen spezialisiert oder ganz verschwunden; vgl. z.B.:

(52) **Vada** per la pizza
'Meinetwegen die Pizza'

(53) **Sia** pure come dici tu, ma io non vengo
'Meinetwegen ist es so, wie du sagst, aber ich komme nicht mit'

N.B. Hier ist auch das modale Futur möglich:

(53') **Sarà** pure come dici tu, ma io non vengo

(54) **Che venga, o non venga,** non me ne importa
'Ob er kommt oder nicht, das ist mir egal'

N.B. In *sia* ... *sia* ... oder *sia* ... *che* ... 'sei es ... oder ...' ist die Verbform *sia* zur Konjunktion geworden; s. z.B.:

(55) Spinsero i navigatori alla ricerca di nuove vie per giungere in Estremo Oriente, **sia** con la circumnavigazione dell'Africa, **sia** navigando verso l'occidente
'Sie trieben die Seefahrer auf die Suche nach neuen Wegen, um in den Fernen Osten zu gelangen, sei es mit der Umfahrung Afrikas, sei es nach Westen segelnd'

(56) la realizzazione di misure di disarmo **sia** nucleare **che** convenzionale
'die Realisierung von Maßnahmen sowohl nuklearer als auch konventioneller Abrüstung'

Ein systematischer Ausdruck der Modalität des Willens ist hingegen in **unechten Hauptsätzen** möglich. Unechte Hauptsätze sind Sätze, die zwar nicht in einen übergeordneten Satz eingebettet sind, aber einen typischen Nebensatzjunktor (*che* 'daß', *purché* 'wenn nur', *se* 'wenn') haben. - Beispiele sind:

(57) Che parta!
'Er soll gehen!'

(58) Che non si ripeta!
'Daß mir das nicht wieder vorkommt!'

(59) Purché arrivi in tempo!
'Wenn er nur rechtzeitig kommt!'

(60) Che si rompa il collo!
'Möge er sich den Hals brechen!'

Pragmatisch drückt diese Konstruktion eine indirekte Aufforderung oder einen Wunsch, eine Verwünschung u.ä. aus. Ihre Besonderheit liegt darin, daß der Adressat der Äußerung nicht die Instanz ist, an die sich die Aufforderung richtet. (Hierin unterscheidet sich diese Konstruktion vom Imperativ.)

Auch **Tempora**, nämlich das Präsens und das einfache Futur, können die Modalität des Willens im Hauptsatz ausdrücken; s. z.B.:

(61) Ora **vai** dalla mamma e le **dici** che non vengo a pranzo
'Du gehst jetzt zur Mutter und sagst ihr, daß ich nicht zum Essen komme'

(62) **Andrai** dalla mamma e le **dirai** che non vengo a pranzo
'Du wirst jetzt zur Mutter gehen und ihr sagen, daß ich nicht zum Essen komme'

N.B. Für die modale Deutung von Präsens und Futur müssen allerdings die Voraussetzungen gegeben sein, die allgemein für Aufforderungen gelten: Es ist notwendig, daß der betreffende Sachverhalt nicht bereits besteht oder nicht ohnehin eintreten wird, und daß seine Realisierung dem Hörer möglich ist.

N.B. Das Futur der Aufforderung hat nicht den barschen Ton, den es im Dt. hat (vgl. z.B. *du wirst jetzt zur Mutter gehen und dich entschuldigen!*)

5.2.2. Die Modalitäten des Willens und der Notwendigkeit in Komplementsätzen

In Komplementsätzen, die von Prädikaten des Wollens oder der Notwendigkeit regiert werden, steht der Konjunktiv als redundantes Signal der Modalisierung. - Beispiele sind:

(63) **Voglio** che tu mi **dica** tutto
'Ich will, daß du mir alles sagst'

(64) Era la **volontà** del padre che anche le figlie **imparassero** un mestiere
'Es war der Wille des Vaters, daß auch die Töchter ein Handwerk lernen'

N.B. Der Konjunktiv des Perfekts steht hier aufgrund der Zeitenfolge; s. 4.1.3.

(65) E' **necessario** che **scendano** tutti?
'Ist es nötig, daß alle aussteigen?'

(66) E' proprio una **necessità** che **scendano** tutti?
'Ist es wirklich eine Notwendigkeit, daß alle aussteigen?'

Auch Prädikate, die Wertbegriffe bezeichnen, können die Modalität der Notwendigkeit spezifizieren. (Hier berührt sich die Modalität der Notwendigkeit mit der der Einstellung.) Die grammatische Realisierung ist vollkommen analog; s. z.B.:

(67) E' **giusto** che lui **abbia** vinto
'Es ist gerecht, daß er gewonnen hat'

(68) Sarà **utile** che **contribuisca** anche lui
'Es wird nützlich sein, daß auch er etwas beisteuert'

N.B. Bei *dire* 'sagen' ist der Konjunktiv im Komplementsatz ein nicht redundantes Signal der Modalität des Willens; vgl. z.B.:

(69) Digli che l'**aspetto**
'Sage ihm, daß ich ihn erwarte'

(70) Digli che aspetti un **attimo**
'Sage ihm, er soll einen Augenblick warten'

In (69) steht das Verb des Komplementsatzes im Indikativ. Der Komplementsatz bezeichnet das, was der Adressat sagen soll; dieser Inhalt ist nicht modalisiert. In (70) hingegen steht das Verb im Konjunktiv. Dies ist ein Signal dafür, daß der Inhalt des Komplementsatzes als modalisiert zu verstehen ist. Die naheliegendste Modalität ist hier die des Willens.

N.B. Die Modalität des Willens kann mit einer der Modalitäten der Virtualität, nämlich der des Nicht-Faktischen verbunden werden. Pragmatisch handelt es sich um auf die Vergangenheit bezogene, nicht erfüllbare Wünsche, durch die ein Bedauern oder ein Vorwurf ausgedrückt wird; s. z.B.:

(71)   Avessi ascoltato te!
       'Hätte ich doch auf dich gehört!'

(72)   M'avessi detto una parola!
       'Hättest du mir doch ein Wort gesagt!'

5.2.3. Die Modalitäten des Willens in Relativsätzen

Prädikate, die sich auf die Tätigkeit des Willens beziehen ('wollen', 'suchen', 'vorziehen' usw.) können referentielle und nicht referentielle Objekte haben. Ein modifizierender ("restriktiver") Relativsatz, dessen Antezedens ein solches Objekt ist, steht im Indikativ, wenn das Objekt referentiell ist, und im Konjunktiv, wenn das Objekt nicht referentiell ist. Im ersteren Falle ist der Relativsatz nicht modalisiert. Er bezeichnet einfach eine Eigenschaft, die der durch das Objekt bezeichnete Gegenstand hat; s. z.B.:

(73)   **Cerco** una bambina che **porta** un cappottino verde
       'Ich suche ein kleines Mädchen, das ein grünes Mäntelchen trägt'

(74)   **Voglio** la chiave che ti **ho** dato
       'Ich will den Schlüssel, den ich dir gegeben habe'

(75)   **Preferisco** la strada che **passa** per il centro
       'Ich ziehe die Straße vor, die durchs Zentrum geht'

Andernfalls, d.h. wenn das Objekt des Antezedens nicht referentiell ist, ist der durch den Relativsatz bezeichnete Sachverhalt modalisiert. Der Relativsatz bezeichnet dann eine Eigenschaft, die der durch das Objekt bezeichnete Gegenstand haben soll. Der Gegenstand selbst darf nicht bereits in der Textwelt sein (deshalb ist der unbestimmte Artikel notwendig), und er wird durch die Nennung auch nicht als existent eingeführt. Daß es sich um die Eigenschaft eines gewünschten Gegenstandes handelt, wird durch den (hier nicht redundanten) Konjunktiv im Relativsatz signalisiert. - Beispiele sind:

(76)   **Cerco** una segretaria che **sappia** il cinese
       'Ich suche eine Sekretärin, die Chinesisch kann'

(77)   **Voglio** una casa da dove si **veda** il mare
       'Ich will ein Haus, von dem aus man das Meer sieht'

(78)   **Preferisco** un posto dove si **possa** lavorare con calma
       'Ich ziehe einen Ort vor, an dem man ruhig arbeiten kann'

N.B. Ob der Antezedens des Relativsatzes einen nur gewünschten Gegenstand bezeichnen kann, hängt nicht allein von der Bedeutung des Prädikats des Matrixsatzes ab, sondern auch von der Satzart; vgl. z.B.:

(79) *Conosco un posto dove si possa lavorare con calma
'Ich kenne einen Ort, an dem man ruhig arbeiten kann'

(79') Conosci un posto dove si possa lavorare con calma?
'Kennst du einen Ort, an dem man ruhig arbeiten kann?'

In Relativsätzen, die Adjunkte sind (in "nicht restriktiven Relativsätzen"), kann der Konjunktiv die Modalität des Willens grundsätzlich unter den gleichen Bedingungen wie im Hauptsatz signalisieren. Allerdings bezeichnet er mehr den guten oder bösen Wunsch als eine ernstgemeinte Aufforderung; vgl. z.B.:

(80) Questo freddo, che **sia** maledetto, ha distrutto i miei mandorli
'Diese Kälte, die verflucht sein möge, hat meine Mandelbäume vernichtet'

5.2.4. Die Modalitäten des Willens in Finalsätzen

Ein Ziel ist ein gewollter Sachverhalt; insofern drücken auch Finalsätze eine Modalität des Willens aus. Syntaktisch sind Finalsätze Nebensätze, die die Funktion von Adjunkten haben. Semantisch sind sie dadurch definiert, daß sie einen Sachverhalt bezeichnen, den sie als Ziel einer Handlung bewerten. Auch in Finalsätzen signalisiert der Konjunktiv das bloße Vorhandensein einer Modalität. Daß eine Modalität des Willens vorliegt, wird entweder im Nebensatz durch einen Junktor (*perché* 'damit', *così che* 'so daß', *di modo che* 'so daß', *di maniera che* 'so daß') oder im übergeordneten Satz durch einen der Ausdrücke *così* 'so', *tanto* 'so' signalisiert. - Beispiele sind:

(81) Osavo appena respirare, perché nessuno si accorgesse della mia presenza
'Ich wagte kaum zu atmen, damit niemand meine Anwesenheit bemerkte'

(82) Ogni anno bisogna tagliare un terzo dei rami vecchi, **così che** l'arbusto man mano **ringiovanisca**
'Jedes Jahr muß man ein Drittel der alten Zweige abschneiden, so daß der Strauch sich nach und nach verjüngt'

(83) Stava attento ad agire con la massima prudenza, **di modo che** nessuno lo **potesse** accusare di una qualsiasi irregolarità
'Er war darauf bedacht, mit der größten Vorsicht vorzugehen, so daß niemand ihn irgendeiner Unregelmäßigkeit bezichtigen könnte'

(84) Sbattè la porta rumorosamente, **in maniera che** lo **sentissero** gli altri inquilini
'Er schlug laut die Tür zu, damit es die anderen Mieter hörten'

(85)   Lo porteremo {**tanto, così**} lontano che non **possa** tornare a piedi
'Wir werden ihn so weit wegbringen, daß er nicht zu Fuß zurückgehen kann'

Die Nebensätze nach *perché* 'damit', *sicché* 'so daß', *di modo che* 'so daß', *in maniera che* 'so daß', *sì* 'so', *così* 'so', *tanto* 'so' können auch im Indikativ stehen. Sie sind dann allerdings keine Finalsätze, sondern Kausal- oder Konsekutivsätze; vgl.:

(81')   Osavo appena respirare, **perché temevo** di essere scoperto
'Ich wagte kaum zu atmen, weil ich fürchtete, entdeckt zu werden'

(82')   Ogni anno un terzo dei rami vecchi veniva tagliato, **sicché** l'arbusto man mano **ringiovaniva**
'Jedes Jahr wurde ein Drittel der alten Zweige abgeschnitten, so daß der Strauch sich nach und nach verjüngte'

(83')   Agì con la massima prudenza, **di modo che** nessuno lo **poteva** accusare di una qualsiasi irregolarità
'Er handelte mit der größten Vorsicht, so daß niemand ihn irgendeiner Unregelmäßigkeit bezichtigen konnte'

(84')   Sbattè la porta rumorosamente, **in maniera che** lo **sentirono** gli altri inquilini
'Er schlug laut die Tür zu, so daß es die anderen Mieter hörten'

(85')   Lo portammo {**tanto, così**} lontano che non **poteva** tornare a piedi
'Wir brachten ihn so weit weg, daß er nicht zu Fuß zurückgehen konnte'

Der Konjunktiv ist also in Finalsätzen nicht redundant.

N.B. Finalsätze sind auch die Komplemente von Nomina wie *intenzione* 'Absicht'. Sie haben keine indikativische Entsprechung; s. z.B.:

(86)   Sbattè la porta, con l'intenzione che lo sentissero tutti
'Er schlug die Tür zu, mit der Absicht, daß es alle hören sollten'

(86')   *Sbattè la porta, con l'intenzione che lo sentirono tutti
'*Er schlug die Tür zu, mit der Absicht, daß es alle hörten'

5.2.5. Die Modalitäten des Willens oder der Notwendigkeit in Temporalsätzen

Temporalsätze mit den Junktoren *finché* 'bis' und *prima che* 'bevor' können durch den (hier ebenfalls nicht redundanten) Konjunktiv modalisiert werden. Wenn diese Temporalsätze eine bloße zeitliche Relation bezeichnen sollen, so steht das Verb nach *finché* im Indikativ; s. z.B.:

(87)   Aspettarono **finché smise** di piovere
        'Sie warteten, bis es aufhörte zu regnen'

Wenn der Sachverhalt, der im Temporalsatz ausgedrückt ist, als gewollt oder als notwendig dargestellt werden soll, so steht das Verb im Konjunktiv; vgl. z.B.:

(88)   Aspettiamo **finché** non **smetta** di piovere
        'Laßt uns warten, bis es aufhört zu regnen'

(89)   E' meglio dirglielo **prima che** lo **sappia** da altri
        'Es ist besser, es ihm zu sagen, bevor er es von anderen erfährt'

N.B. Nach *prima che* ist der Indikativ ungewöhnlich. Will man eine modalisierte Deutung ausschließen, so drückt man den betreffenden Sachverhalt nicht durch einen Nebensatz, sondern durch eine Präpositionalphrase aus; vgl. z.B.:

(90)   Questi fatti accaddero prima che nascesse mio fratello
        'Dies trug sich zu, bevor mein Bruder geboren wurde'

(90')   Questi fatti accaddero prima della nascita di mio fratello
        'Dies trug sich zu, bevor mein Bruder geboren wurde'

N.B. Wie beim Finalsatz, so besteht auch beim Temporalsatz eine Abhängigkeit des Modus vom Tempus des Matrixverbs: Steht dieses Verb im Futur oder im Präsens, so ist nach *finché* der Konjunktiv (und damit die modale Deutung) natürlicher als der Indikativ. Umgekehrt ist bei einem Tempus der Vergangenheit nur der Indikativ akzeptabel; s. z.B.:

(87')   *Aspettarono finché smettesse di piovere

5.3. Die Modalitäten der Virtualität

Wir können Sachverhalte unabhängig davon bezeichnen, ob wir sie als faktisch bestehend betrachten. Für die Kommunikation und für ihre interaktiven Konsequenzen ist es allerdings wichtig, daß die Beteiligten wissen, ob die jeweils bezeichneten Sachverhalte als faktisch unzweifelhaft bestehend, als möglicherweise bestehend, als nur angenommen usw. bewertet werden.

Bewertungen von Sachverhalten im Hinblick auf ihre Zugehörigkeit zum Bereich des Faktischen können von vornherein aufgrund der Situation klar sein. Sie können aber auch aufgrund von Signalen erfolgen, die auf der Textebene gegeben werden (z.B. die Eröffnung eines Märchens mit *C'era una volta...* 'es war einmal...'), und sie können auch grammatisch signalisiert werden.

Die grammatisch signalisierten Modalitäten der Faktizität dienen alle dazu, einen Sachverhalt als virtuell hinzustellen. Die Zugehörigkeit eines Sachverhalts zur als real betrachteten Welt kann nur mit lexikalischen Mitteln hervorgehoben werden.

Die Untertypen der Modalität des Virtuellen, die durch grammatische Ausdrucksmittel signalisiert werden können, sind:

- die kontrafaktische Modalität
- die Modalität der einfachen Annahme
- die Modalität der Ungewißheit

5.3.1. Die Modalität des Kontrafaktischen

Die Modalität des Kontrafaktischen (in der Literatur auch "Irrealis" genannt) besteht darin, daß der betreffende Sachverhalt als nicht faktisch, d.h. als nicht zur als real geltenden Welt gehörig betrachtet wird.

Ihre pragmatische Funktion ist es erstens, das Faktische anhand seiner nicht faktisch gewordenen Alternativen zu verstehen und zu bewerten, und zweitens, Information über noch offenstehende Alternativen zu geben.

Die kontrafaktische Modalität kann sowohl im Hauptsatz als auch im Nebensatz ausgedrückt werden.

5.3.1.1. Die kontrafaktische Modalität im Hauptsatz

Im Hauptsatz kann die kontrafaktische Modalität in zweierlei Weise ausgedrückt werden: in reiner Form und in Verbindung mit der Modalität des Wunsches.

Die **reine Modalität des Kontrafaktischen** wird im Hauptsatz durch Tempora, nämlich die Konditionale ausgedrückt. Bezieht sich der modalisierte Sachverhalt auf eine Alternative, die in der Vergangenheit bestanden hat, so wird das zusammengesetzte Konditional benutzt, andernfalls das einfache Konditional. Der Gebrauch solcher Hauptsätze setzt voraus, daß die Alternative und ihre Bedingungen bekannt sind. - Beispiele sind:

(91) **Sarebbe stato** meglio dirgli tutto
'Es wäre besser gewesen, ihm alles zu sagen'

(92) In una situazione simile non **starei** zitto
'In einer solchen Lage würde ich nicht den Mund halten'

Statt des zusammengesetzten Konditionals kann in der Umgangssprache das Imperfekt gebraucht werden; vgl. z.B.:

(93) **Sarebbe stato** meglio dirgli tutto
Era meglio dirgli tutto
'Es wäre besser gewesen, ihm alles zu sagen'

(94) **Avresti dovuto** dirglielo
      Dovevi dirglielo
      'Du hättest es ihm sagen müssen'

(95) **Avrebbe potuto** andarsene
      Poteva andarsene
      'Er hätte weggehen können'

N.B. Das einfache Konditional wird auch zur **höflichen Abschwächung** einer in Form eines Deklarativsatzes geäußerten Aufforderung benutzt; s. z.B.:

(96) a. **Voglio** un etto di carne tritata
         'Ich will 100 g Gehacktes'

      b. **Vorrei** un etto di carne tritata
         'Ich möchte 100 g Gehacktes'

(97) a. Mi **puoi** prestare 1000 lire?
         'Kannst du mir 1000 Lire leihen?'

      b. Mi **potresti** prestare 1000 lire?
         'Könntest du mir 1000 Lire leihen?'

Die Verbindung der Modalität des Kontrafaktischen mit der des Wunsches wird durch den Konjunktiv des einfachen Perfekts ausgedrückt, wenn die betreffende Alternative auf die Sprechzeit bezogen wird (98). Wenn die Alternative auf ein Intervall bezogen wird, das vor der Sprechzeit liegt, so steht der Konjunktiv des zusammengesetzten Perfekts (99). - Beispiele sind:

(98) **Sapessi** il cinese!
      'Wenn ich doch Chinesisch könnte!'

(99) **M'avessi detto** una parola!
      'Hättest du mir doch ein Wort gesagt!

5.3.1.2. Die kontrafaktische Modalität im Nebensatz

Die kontrafaktische Modalität kommt vor in:

- hypothetischen Satzgefügen
- Komplementsätzen
- Adjunktsätzen und
- Relativsätzen

a. Hypothetische Satzgefüge

Die kontrafaktische Modalität wird durch hypothetische Satzgefüge mit dem Junktor *se* 'wenn' ausgedrückt.

Es gibt zwei Standardformen des kontrafaktischen hypothetischen Satzgefüges. Bei der ersten steht das Verb des Hauptsatzes im einfachen Konditional und das Verb des Nebensatzes im Konjunktiv des einfachen Perfekts. In der zweiten Standardform steht das Verb des Hauptsatzes im zusammengesetzten Konditional und das Verb des Nebensatzes im Konjunktiv des zusammengesetzten Perfekts. - Beispiele sind:

(100)   Verrei se potessi
        'Ich käme, wenn ich könnte'

(101)   Sarei venuto, se avessi potuto
        'Ich wäre gekommen, wenn ich gekonnt hätte'

Die beiden Standardformen unterscheiden sich nur in der Zeitreferenz: Die erste drückt die Gleichzeitigkeit, die zweite die Vorzeitigkeit hinsichtlich der Sprechzeit aus. Das folgende Schema soll dies veranschaulichen:

	Hauptsatz	Nebensatz
gleichzeitig	einfacher Konditional **verrei**	Konjunktiv des einfachen Perfekts **se potessi**
vorzeitig	zusammengesetzter Konditional **sarei venuto**	Konjunktiv des zusammengesetzten Perfekts **se avessi potuto**

Weitere Beispiele sind:

(102)   Se non **avessi dimenticato** la lettera, tutto **sarebbe andato** liscio
        'Wenn du nicht den Brief vergessen hättest, wäre alles glatt gegangen'

(103)   Se ciò **fosse** vero, **sarei** contento
        'Wenn das wahr wäre, würde ich mich freuen'

Der Konjunktiv des zusammengesetzten Perfekts kann in der Umgangssprache durch das Imperfekt ersetzt werden; vgl. z.B.:

(104) Se non **dimenticavi** la lettera, tutto **sarebbe andato** liscio
'Wenn du nicht den Brief vergessen hättest, wäre alles glatt gegangen'

In dieser Konstruktion kann auch das zusammengesetzte Konditional durch das Imperfekt ersetzt werden:

(105) Se non **dimenticavi** la lettera, tutto **andava** liscio
'Wenn du nicht den Brief vergessen hättest, wäre alles glatt gegangen'

N.B. Die Kontrafaktizität des vorzeitigen hypothetischen Satzgefüges kann im Text abgeschwächt werden; s. z.B.:

(106) Se fosse partito alle 5, a quest'ora sarebbe già arrivato a Roma. Allora possiamo già provare a telefonargli.
'Wenn er um 5 abgefahren wäre, dann wäre er jetzt schon in Rom. Da können wir ja schon mal versuchen, ihn anzurufen.'

In einem solchen Kontext dürfen Konditional und Konjunktiv nicht durch das Imperfekt ersetzt werden.

b. Komplementsatz

Die kontrafaktische Modalität kann in Komplementsätzen auftreten, die von negierten Verben des Sagens und Denkens und ähnlichen Prädikaten regiert sind. Steht das Verb des Komplementsatzes im Indikativ, so ist von der sprachlichen Form her offen, ob der Sprecher den Inhalt des Komplementsatzes als faktisch betrachtet. Durch den (hier nicht redundanten) Konjunktiv kann der Sprecher deutlich machen, daß er den betreffenden Sachverhalt als nicht bestehend betrachtet. - Beispiele sind:

(107) **Non dico** che tu **sia** un ladro
'Ich sage nicht, daß du ein Dieb bist'

(108) Il commissario **non pensa** che il colpevole **sia** Lei
'Der Kommissar denkt nicht, daß Sie der Schuldige sind'

(109) **Non è vero** che Paolo ti **abbia** ingannato
'Es ist nicht wahr, daß Paolo dich getäuscht hat'

N.B. Nach Verben des Sagens kann der Komplementsatz entweder den Inhalt oder die Formulierung der wiedergegebenen Rede bezeichnen. Im letzteren Falle referiert der Komplementsatz nicht auf einen Sachverhalt. Er kann daher, in Übereinstimmung mit der oben gegebenen Definition von "Modalität", nicht modalisiert werden. Deswegen muß in solchen Fällen der Indikativ stehen; s. z.B.:

(110) Non ho detto che sei un ladro, ho detto che non hai il rispetto della proprietà altrui
'Ich habe nicht gesagt, du bist ein Dieb, ich habe gesagt, du hast keine Achtung vor fremdem Eigentum'

N.B. Im Dt. kann der Konjunktiv im Komplementsatz nicht die kontrafaktische Modalität ausdrükken; vgl. die obigen Übersetzungen, die alle den Indikativ haben. Manchmal kann der Unterschied lexikalisch angedeutet werden. Dies gilt z.B. für die Verben 'bestreiten' und 'leugnen': 'bestreiten' läßt die Faktizität des Komplementsatzes offen, während 'leugnen' sie voraussetzt; vgl. z.B.:

(111) a. Neghi che siano sorelle
'Du bestreitest, daß sie Schwestern sind'

b. Neghi che sono sorelle
'Du leugnest, daß sie Schwestern sind'

N.B. Anders als im Dt. kann nach einem nicht negierten Prädikat des Sagens oder Denkens im It. der Konjunktiv nicht stehen; vgl. z.B.:

(112) Der Zeuge sagte, der Angeklagte habe ihn mehrmals aufgesucht
Il testimone **disse** che l'accusato era venuto a trovarlo varie volte

c. Adjunktsätze

In Adjunktsätzen mit *senza che* 'ohne daß' steht der Konjunktiv obligatorisch und redundant; s. z.B.:

(113) L'ho fatto tante volte, **senza che** mi **aiutasse** nessuno
'Ich habe es so oft getan, ohne daß mir jemand geholfen hätte'

d. Relativsätze

In Relativsätzen kommt der kontrafaktische Konjunktiv vor, wenn das Prädikat, das die den Relativsatz regierende Nominalphrase regiert, negiert ist; s. z.B.:

(114) **Non** sono parole che si **dicano** molto spesso
'Das sind keine Wörter, die man sehr oft sagt'

N.B. Bei *nessun-* ist der Konjunktiv obligatorisch; vgl. z.B.:

(115) Non conosco nessun collega che {legga, *legge} più di lui
'Ich kenne keinen Kollegen, der mehr liest als er'

5.3.2. Die Modalität der einfachen Annahme

Die Modalität der einfachen Annahme setzt voraus, daß die Faktizität des betreffenden Sachverhalts offen ist. Im Unterschied zur kontrafaktischen Modalität geht es nicht um die Alternative zu etwas Faktischem.

Die hier verwendete Begrifflichkeit setzt ein semantisches Modell voraus, in dem zwischen der Diskurswelt und der als real geltenden Welt (und eventuell noch anderen Welten) unterschieden wird. In diesem Modell wird folgendes angenommen: Die Deutung der Rede führt zum Aufbau einer Diskurswelt. Die Diskurswelt unterliegt dem Kriterium der Kohärenz, nicht jedoch dem der (empirischen) Wahrheit.

Unter bestimmten pragmatischen Bedingungen wird die Diskurswelt auf die als real geltende Welt bezogen, und zwar in der Weise, daß die Sachverhalte der Diskurswelt anhand ihrer Verträglichkeit mit den Sachverhalten der als real geltenden Welt bewertet werden. Das folgende Schema soll diese Verhältnisse illustrieren:

In der Rede kann signalisiert werden, daß ein Sachverhalt in die Diskurswelt aufgenommen, aber nicht im Hinblick auf die als real geltende Welt bewertet werden soll. Ein sprachlicher Ausdruck, der ein solches Signal enthält, hat die Modalität der **einfachen Annahme**.

Es kann auch signalisiert werden, daß ein Sachverhalt bereits in der Diskurswelt als ungesichert gelten soll. Die Bewertung eines solchen Sachverhalts im Hinblick auf die als real geltende Welt ist damit nicht ausgeschlossen. Ist der betreffende Sachverhalt in der als real geltenden Welt vorhanden, so erweist sich der ihn bezeichnende Satz als wahr; andernfalls ist er falsch oder nicht verifizierbar. Ein sprachlicher Ausdruck, der dies signalisiert, hat die Modalität der **Ungewißheit**.

Die Modalität der einfachen Annahme kann sowohl im Hauptsatz als auch im Nebensatz ausgedrückt werden.

Sie ist allerdings im **Hauptsatz** auf den formelhaften Gebrauch Präsens *sia* 'es sei' und *sia dato* 'gegeben sei' (in der mathematischen Argumentation) beschränkt; s. z.B.:

(116) **Sia** (dato) un triangolo rettangolo ...
'Gegeben sei ein rechtwinkliges Dreieck ...'

Was die **Nebensätze** angeht, so kann die Modalität der einfachen Annahme in Komplementsätzen, in Adjunktsätzen und in Relativsätzen auftreten.

a. Komplementsätze

In Komplementsätzen nach imperativisch gebrauchten Verben wie *mettere* 'annehmen', *porre* 'annehmen', *ammettere* 'als Annahme zulassen', und nach Nomina wie *ipotesi* 'Hypothese', *eventualità* 'Eventualität' drückt der Konjunktiv zusammen mit dem regierenden Prädikat die Modalität der einfachen Annahme aus.

Dies geschieht für die einzelnen Prädikate in unterschiedlicher Weise: Während z.B. *ipotesi* bereits aufgrund der lexikalischen Bedeutung eine Annahme bezeichnet, tun *mettere* (Grundbedeutung: 'setzen, stellen, legen'), *porre* (Grundbedeutung: 'legen') und *ammettere* (Grundbedeutung: 'zugeben, zulassen') dies nur, wenn sie einen konjunktivischen Komplementsatz regieren. - Beispiele sind:

(117) **Mettiamo** che non **venga**: cosa faremo allora?
'Nehmen wir an, er kommt nicht. Was machen wir dann?'

(118) Nell'**ipotesi** che questo **sia** lo scopo delle sue manovre, dobbiamo fare del tutto per isolarlo
'Angenommen, dies sei das Ziel seiner Manöver, dann müssen wir alles tun, um ihn zu isolieren'

b. Adjunktsätze

Hypothetische oder temporale Adjunktsätze wie z.B. (119) und (120) haben als solche keine Modalität:

(119) Se piove, restiamo a casa
'Wenn es regnet, bleiben wir zu Hause'

(120) Quando il treno attraversa un ponte, riduce la velocità
'Wenn der Zug über eine Brücke fährt, vermindert er die Geschwindigkeit'

Sie können aber modalisiert werden, und zwar im Hinblick darauf, mit welcher Wahrscheinlichkeit der durch sie bezeichnete Sachverhalt eintreten kann. Die hierfür vorhandenen grammatischen Signale drücken alle die Modalität der Ungewißheit aus, und sie spezifizieren sie in dem Sinne, daß das Eintreten des betreffenden Sachverhalts eine eher nicht zu erwartende Eventualität ist.

Diese Signale sind:

- die Verwendung von *se* 'wenn' oder *caso mai* 'falls' mit dem Konjunktiv des einfachen oder des zusammengesetzten Perfekts
- die Verwendung von *qualora* 'falls' mit dem Konjunktiv des Präsens oder des zusammengesetzten Perfekts (diese Ausdrucksweise gehört einem amtsmäßigen, formalen Stil an)
- die Verwendung von *quando* 'wenn' mit dem Konjunktiv Präsens
- die Verwendung von *a meno che* 'es sei denn, daß' mit dem Konjunktiv des Präsens oder des zusammengesetzten Perfekts

Beispiele sind:

(121) {**Se, caso mai**} **piovesse**, resteremo a casa
'Falls es regnen sollte, bleiben wir zu Hause'

(122) **Qualora** Lei **decida** di venire, avverta, per favore, la segreteria
'Wenn Sie sich entschließen sollten zu kommen, benachrichtigen Sie bitte das Sekretariat'

(123) **Quando** lui **abbia** voglia di venire, che me lo dica
'Wenn er Lust haben sollte zu kommen, soll er es mir sagen'

(124) Arriviamo alle sette, **a meno che** il treno **abbia** ritardo
'Wir kommen um sieben an, es sei denn, daß der Zug Verspätung hat'

c. Relativsätze

In Relativsätzen kann der Konjunktiv signalisieren, daß es sich um eine Annahme handelt, die nicht selbstverständlich ist; s. z.B.:

(125) Uno che **abbia** voglia di lavorare trova subito un posto
'Jemand, der Lust hat zu arbeiten, findet sofort eine Stelle'

Dieser Konjunktiv kann auch im freien Pronominalsatz stehen:

(126) Chi **abbia** voglia di lavorare trova subito un posto
'Wer Lust hat zu arbeiten, findet sofort eine Stelle'

5.3.3. Die Modalität der Ungewißheit

Die Modalität der Ungewißheit besteht darin, daß über die Zugehörigkeit eines Sachverhalts zur als real geltenden Welt ein Zweifel oder eine Unsicherheit besteht.

Die Modalität der Ungewißheit kann in Haupt- und in Nebensätzen grammatisch ausgedrückt werden.

5.3.3.1. Die Modalität der Ungewißheit im Hauptsatz

In Hauptsätzen können zwei verschiedene Untertypen der Modalität der Ungewißheit auftreten: die Modalität der distanzierten Redewiedergabe und die der bloßen Vermutung.

Bei der Modalität der **distanzierten Redewiedergabe** berichtet der Sprecher über einen Sachverhalt, den andere als bestehend behauptet haben; er selbst legt sich aber hinsichtlich der Faktizität nicht fest. Diese Modalität wird grammatisch durch die Konditionale ausgedrückt. Wird der referierte Sachverhalt der Vergangenheit zugeordnet, so wird das zusammengesetzte Konditional verwendet, andernfalls das einfache Konditional. – Beispiele sind:

(127) Craxi **incontrerebbe** Gheddafi
'Craxi soll vorhaben, Gaddafi zu treffen'

(128) Secondo l'A.N.S.A. i carabinieri **avrebbero** fermato due iracheni
'Laut A.N.S.A. sollen die Carabinieri zwei Iraker verhaftet haben'

N.B. Diese Konstruktion ist besonders typisch für die Überschriften von Zeitungsnachrichten.

Die Modalität der **bloßen Vermutung** liegt vor, wenn ein Sachverhalt aus irgendwelchen Gründen als nicht sicher betrachtet wird, z.B. weil er nur auf einer Schätzung beruht, weil er nur aus der allgemeinen Lebenserfahrung gefolgert ist usw.

Sie wird mit einem **Futur** signalisiert, und zwar mit dem zusammengesetzten Futur, wenn der betreffende Sachverhalt der Vergangenheit zugeordnet wird, sonst mit dem einfachen Futur. - Beispiele sind:

(129) E' ancora giovane. **Avrà** trenta, trentacinque anni
'Sie ist noch jung. Sie wird so dreißig, fünfunddreißig sein.'

(130) Non c'è luce. **Saranno** già **andati** a letto.
'Es ist kein Licht. Sie werden schon ins Bett gegangen sein.'

N.B. Das Futur wird auch zur höflichen Abschwächung benutzt. Hier liegt freilich keine Modalität der Ungewißheit vor, aber man kann dieses Futur als aus ihr abgeleitet betrachten. - Beispiele sind:

(131) Ti **confesserò** che non ho capito niente
'Ich muß dir gestehen, daß ich nichts verstanden habe'

(132) Per rispondere alla Sua domanda, Le **dirò** che non condivido l'ottimismo ufficiale
'Um auf Ihre Frage zu antworten, möchte ich sagen, daß ich den offiziellen Optimismus nicht teile'

Außer dem Futur kann auch ein Pseudo-Hauptsatz mit dem Konjunktiv stehen; s. z.B.:

(133) Mi fa male la testa. **Che sia** l'effetto del vino?
'Mir tut der Kopf weh. Ob das die Wirkung des Weins ist?'

5.3.3.2. Die Modalität der Ungewißheit im Nebensatz

Die Modalität der eingeschränkten Gewißheit kann in Komplementsätzen und in indirekten Fragesätzen auftreten.

In **Komplementsätzen**, die von Prädikaten der Möglichkeit oder des Anscheins regiert sind, kann der Konjunktiv redundant die Modalität der Ungewißheit, genauer: der eingeschränkten Gewißheit signalisieren. - Beispiele sind:

(134) **E' possibile** che **torni** solo domani
'Es ist möglich, daß er erst morgen wiederkommt'

(135) **Può darsi** che l'**abbia** dimenticato
'Es kann sein, daß er es vergessen hat'

(136) **Sembra** che non ci **sia** più nessuno
'Es scheint, daß keiner mehr da ist'

(137) Mi **pare** che **abbia** ragione tua sorella
'Mir scheint, daß deine Schwester recht hat'

N.B. Das den Konjunktiv motivierende Prädikat muß den Komplementsatz nicht unmittelbar regieren; vgl. z.B.:

(138) Si potrebbe dire che lei sia stata troppo debole
'Man könnte sagen, daß sie zu schwach gewesen ist'

Auch in Komplementsätzen, die durch Prädikate wie 'glauben', 'denken', 'meinen' regiert sind, kann der Konjunktiv die Modalität der eingeschränkten Gewißheit ausdrücken; s. z.B.:

(139) **Credo** che **sia** meglio così
'Ich glaube, daß es so besser ist'

(140) Ho l'**impressione** che lo **faccia** apposta
'Ich habe den Eindruck, daß er es absichtlich tut'

In **indirekten Fragesätzen**, die durch ein negiertes Prädikat regiert sind, kann die Modalität der eingeschränkten Gewißheit ebenfalls redundant durch den Konjunktiv ausgedrückt werden. - Beispiele sind:

(141) **Non so** se **abbia** ragione lui
'Ich weiß nicht, ob er recht hat'

(142) **Non ho capito** se lui **sia** d'accordo o no
'Ich habe nicht verstanden, ob er einverstanden ist oder nicht'

N.B. Wenn der durch den Komplementsatz bezeichnete Sachverhalt der Zukunft zugeordnet wird, kann statt des Konjunktiv Präsens auch das Futur stehen; vgl. z.B.:

(134') E' possibile che tornerà solo domani
'Es ist möglich, daß er erst morgen kommt'

(139') Credo che sarà meglio così
'Ich glaube, daß es so besser ist'

6. Bestätigen und Zustimmen, Verneinen und Widersprechen

6.0. Positive und negative Bezugnahme

Eine Äußerung findet immer in einer kommunikativen Situation statt. Zu dieser gehört u.a. das, was vor der Äußerung von den an der Situation Beteiligten bereits gesagt, gedacht, geplant oder getan wurde, und auch das, was die Beteiligten nach der Äußerung sagen, denken oder tun könnten. Der Sprecher kann sprachlich auf solche Gegebenheiten der kommunikativen Situation Bezug nehmen. Solche Bezugnahmen können u.a. positiv oder negativ sein.

Die positive oder negative Bezugnahme kann unterschiedliche pragmatische Funktionen haben. Der Sprecher kann z.B. eine Frage negativ oder positiv beantworten, er kann eine eigene oder fremde Aussage bestätigen, einer fremden Aussage zustimmen oder widersprechen, eine eigene Aussage korrigieren, eine fremde Absicht oder Handlung zurückweisen usw. Die Funktion der Negation kann auch rein deskriptiv sein.

Positive und negative Bezugnahme haben jeweils eigene sprachliche Ausdrucksmittel (z.B. die Wörter für 'ja' und 'nein'). Es gibt ferner Ausdrucksmittel zur Vermeidung einer Entscheidung zwischen positiver und negativer Bezugnahme (z.B. die Wörter für 'vielleicht' oder Ausdrücke wie dt. *na ja, wie dem auch sei* u.ä.). Die positive oder negative Bezugnahme kann aber auch ohne spezielle sprachliche Signale erfolgen; s. z.B. die Zurückweisung einer falschen Namensform in (1) oder die Zustimmung zu einer Einschätzung in (2):

(1)   A: Arrivederci, dottor Rossi! - B. Mi chiamo Russi.
      'A: Auf Wiedersehen, Dr. Rossi.- B. Ich heiße Russi.'

(2)   A: Che buono! - B: Squisito!
      'A: Wie lecker! - B. Köstlich!'

6.1. Der Ausdruck der positiven Bezugnahme

Die Ausdrucksmittel der positiven Bezugnahme werden nur dann benötigt, wenn die Positivität problematisch ist. Dies ist vor allem dann der Fall, wenn eine ja-nein-Frage gestellt (3) oder wenn eine Bestätigung verlangt wird wie in (4):

(3)   E' già l'una? - **Sì**.
      'Ist es schon ein Uhr? - Ja.'

(4)   Così è meglio, no? - **Certo**.
      'So ist es besser, nicht? - Sicher.'

Die positive Bezugnahme wird ebenfalls explizit signalisiert, wenn sie in Kontrast zu einer negativen gestellt (5) oder wenn sie bezweifelt wird (6):

(5)　L'ho capito sì, ma non lo credo
　　　'Ich habe es schon verstanden, aber ich glaube es nicht'

(6)　Non è vero. - Sì che è vero!
　　　'Das stimmt nicht. - Doch, das stimmt!'

N.B. Im Unterschied zum Dt. (*doch*) und zum Frz. (*si*) hat das It. keine besondere Bejahungspartikel, die deutlich macht, daß man positiv auf eine negative Aussage oder Frage Bezug nimmt. Außer der in (6) exemplifizierten Konstruktion mit *sì* kann auch normales *sì* 'ja' (7) oder *magari* 'und ob' verwendet werden (8). Diese Ausdrucksmittel sind aber nicht völlig gleichwertig. Beim normalen *sì* wird die spezielle Bedeutungsnuance von dt. *doch* oder frz. *si* nicht bezeichnet; *magari* ist auf solche Sachverhalte eingeschränkt, die als gut, erfreulich u.ä. bewertet werden.

(7)　Non hai visto la Paola? - **Sì**, l'ho vista.
　　　'Hast du nicht die Paola gesehen? - **Doch**, ich habe sie gesehen.'

(8)　Ti piacerebbe essere un milionario? - **Magari!**
　　　'Wärest du gern ein Millionär? - **Und ob!**'

magari kann auch als Adverb vorkommen. So könnte man in (8) auch antworten: *magari lo fossi* 'wäre ich's doch'.

Außer *sì* und *magari* enthält das Inventar der Ausdrucksmittel der positiven Bezugnahme die folgenden spezialisierten Ausdrücke:

a. *già*

già bezeichnet die positive Bezugnahme auf einen Sachverhalt, der als offensichtlich und als bedauerlich bewertet wird; vgl. z.B.:

(9)　E' ora di andare. - **Già.**
　　　'Es ist Zeit zu gehen. - Ja.'

(10)　E' difficile trovare una casa. - **Eh già.**
　　　'Es ist schwer, eine Wohnung zu finden. - Allerdings.'

b. *certo, senz'altro, ovviamente, come no*

Diese Formen bringen zusätzlich zu der positiven Bezugnahme zum Ausdruck, daß die positive Bezugnahme selbstverständlich ist.

Sie können alle als Antwort auf ja-nein-Fragen verwendet werden. Mit *certo* und *senz'altro* kann der Sprecher außerdem ausdrücken, daß er einer Aufforderung, einem Wunsch entsprechen will; s. (12). Ferner können sie alle, außer *come no*, zur Bestätigung von Aussagen des Partners benutzt werden. Allen, außer *come no*, kann *sì* vorangestellt werden, wenn sie zur Beantwortung einer auffordernden Frage benutzt werden; s. (14). - Beispiele sind:

(11) Parla inglese? - **Come no?**
'Sprechen Sie Englisch? - Selbstverständlich.'

(12) Mi puoi prestare mille lire? - **Certo**.
'Kannst du mir 1000 Lire leihen? - Sicher.'

(13) Non potevo fare altro. - **Ovviamente**.
'Ich konnte nichts anderes tun. - Klar.'

(14) Me ne può mandare una copia? - **Sì, senz'altro**.
'Können Sie mir davon eine Kopie schicken? - Ja, natürlich.'

N.B. Entsprechend dem dt. *und wie!* kann auch im It. *e come!* als Ausdruck der Bejahung mit der zusätzlichen Betonung des hohen Grades verwendet werden; s. z.B.:

(15) Ti sei divertito? - E come!
'Hast du dich amüsiert? - Und wie!'

c. *eh*

Diese Form ist eine Interjektion, die die Zustimmung zum Offensichtlichen ausdrückt:

(16) Che tempo stupendo! - **Eh**.
'Was für ein tolles Wetter! - Ja.'

Sie kann mit nachfolgendem *sì, già* oder *no* verbunden sein. - Beispiele sind:

(17) La vita è così. - **Eh sì**.
'So ist das Leben. - Tja.'

(18) La vita non è facile.- **Eh no**.
'Das Leben ist nicht leicht.- Wirklich nicht.'

6.2. Der Ausdruck der negativen Bezugnahme

Die negative Bezugnahme wird im Normalfall sprachlich explizit bezeichnet: Sie ist markiert. Nur in indirekten Sprechakten unterbleibt eine grammatische Signalisierung. In diesen Fällen kann sich die negative Bezugnahme aus den Sinnrelationen zwischen den verwendeten Lexemen (19) oder aus der bloßen praktischen Unvereinbarkeit der gemeinten Sachverhalte ergeben (20):

(19) **Bleibst** du noch etwas? - Ich muß **gehen**.

(20) Bleibst du noch etwas? - Ich habe eine Verabredung.

Die sprachlichen Ausdrucksmittel der Negation können in vielfältiger Weise nuanciert (z.B. *no, mi dispiace* 'nein, leider nicht) oder durch indirekte Formulierungen realisiert werden (*non sono molto convinto* 'ich bin nicht ganz überzeugt').

Die Gesichtspunkte, unter denen sich die grammatischen Negationsformen voneinander unterscheiden, sind:

- ihre Verwendbarkeit für die beiden pragmatischen Grundtypen der Negation (interaktive vs. deskriptive Funktion)
- ihre Verwendbarkeit für die beiden semantischen Grundtypen der Negation (partielle vs. totale Negation)
- ihre Präsuppositionen hinsichtlich des Sachverhalts, auf den der Sprecher Bezug nimmt

6.2.1. Pragmatische Funktionen der Negation

Die pragmatischen Funktionen der Negation zerfallen in zwei Gruppen:

- interaktive Funktionen
- deskriptive Funktionen

a. Die **interaktiven Funktionen** sind diejenigen, die auf eine Frage, eine Aussage, eine Vermutung, auf einen Befehl, eine Absicht usw. Bezug nehmen. Sie dienen der Realisierung u.a. folgender Tätigkeiten:

- eine Frage negativ beantworten
- eine Aufforderung zurückweisen
- eine mögliche oder geplante Handlung verbieten
- einer Behauptung widersprechen
- eine Äußerung korrigieren
- eine Rückmeldung (Bestätigung) anfordern

Diese verschiedenen Arten von negativer Bezugnahme haben im allgemeinen keinen eindeutigen Bezug zu bestimmten grammatischen Ausdrucksmitteln. Welche dieser sprachlichen Handlungen intendiert ist, ist nicht an der verwendeten Negation erkennbar, sondern an Kontext und Intonation. Eine Ausnahme hiervon bildet das Anfordern einer Rückmeldung, deren Ausdruck stark konventionalisiert ist: Im Anschluß an einen Aussagesatz werden die Formeln *non è vero?* 'nicht wahr?', *vero?* 'nicht wahr?' und *no?* 'nicht?' verwendet.

N.B. Im Gegensatz zum Dt. kann das Wort für 'oder' in dieser Funktion nicht verwendet werden; man verwendet *o no?* 'oder nicht? bzw. bloßes *no?*

(21) Das stimmt doch, oder?
      E' vero, (o) no?

Für dt. *hab ich (nicht) recht?* gebraucht man gern *(non) dico bene?*

b. Die **deskriptiven Funktionen** haben ihre Grundlage darin, daß man einen Sachverhalt, einen Gegenstand oder eine Eigenschaft nicht nur direkt, sondern auch durch eine Umschreibung bezeichnen kann und daß eine der wichtigsten Techniken zur Bildung von Umschreibungen die negative Periphrase ist.

Eine negative Periphrase kann benutzt werden:

- um eine lexikalische Lücke zu füllen; z.B. *L'acqua non era profonda* im Sinne von 'das Wasser war flach' (das It. hat kein Adjektiv mit der Bedeutung 'flach')
- als Euphemismus, d.h. um einen als unzutreffend oder als unangemessen empfundenen Ausdruck zu vermeiden; z.B. *non ho più vent'anni* 'ich bin keine zwanzig mehr' statt *sono vecchio* 'ich bin alt'; *non è un'aquila* 'er ist kein großes Licht' (wörtl.: 'kein Adler') statt *è stupido* 'er ist dumm'

Einige Negationsformen haben nur interaktive Funktionen, so die Antwortpartikel *no* 'nein' (im Gegensatz zu *non* 'nicht', das interaktive und deskriptive Funktionen haben kann).

6.2.2. Semantische Funktionen der Negation

Auch semantisch sind zwei Hauptfunktionen der Negation zu unterscheiden: die totale und die partielle Negation.

Die **totale Negation** liegt vor, wenn die negative Bezugnahme sich auf einen (behaupteten, gedachten, beabsichtigten usw.) Sachverhalt in seiner Gesamtheit bezieht wie in den folgenden Beispielen:

(22) Sono già arrivati? - No.
      'Sind sie schon da? - Nein.'

(23) Voglio venire con voi! - No, tu starai qui.
      'Ich will mitkommen! - Nein, du bleibst hier.'

Bei der **partiellen Negation** betrifft die negative Bezugnahme nur einen Teil des Sachverhalts. In diesem Fall wird auf einen Sachverhalt als solchen positiv Bezug genommen, aber eine der ihn definierenden Spezifikationen wird nicht akzeptiert. Die partielle Negation kann z.B. betreffen:

a. die Kategorie, der der Sachverhalt als ganzer angehört; unberührt bleiben u.a. die die Mitspieler betreffenden Relationen; s. z.B.:

(24) Non ha **minacciato** il cassiere; gli ha dato un consiglio.
'Er hat den Kassierer nicht bedroht; er hat ihm einen Rat gegeben'

b. die Identität eines der Mitspieler; unberührt bleibt u.a. die Identität der anderen Mitspieler; s. z.B.:

(25) Non è stato **il sindaco** a riceverci
'Nicht der Bürgermeister hat uns empfangen'

c. eine der für einen Mitspieler geltenden Eigenschaften; unberührt bleiben u.a. die weiteren für ihn geltenden Eigenschaften; s. z.B.:

(26) Quel piccolo cane bianco non è **pericoloso**
'Dieser kleine weiße Hund ist nicht gefährlich'

d. ein für einen Sachverhalt (27) oder für eine Eigenschaft (28) geltender Intensitätsgrad; unberührt bleiben u.a. die Eigenschaft bzw. der Sachverhalt als solche:

(27) Non piove **molto**
'Es regnet nicht sehr'

(28) Non è **molto** alto
'Er ist nicht sehr groß'

e. eine Quantifikation über einen Mitspieler (29) oder über einen ganzen Sachverhalt (30); unberührt bleibt u.a. die kategorielle Zugehörigkeit des Mitspielers bzw. des Sachverhalts:

(29) Non **tutti** i Torinesi sono tifosi della Juve
'Nicht alle Turiner sind Juventusfans'

(30) Non capita **spesso**, ma capita
'Es passiert nicht oft, aber es passiert schon'

f. die Spezifikation eines räumlichen (31) oder zeitlichen (32) Rahmens, eines Grundes (33) usw.; unberührt bleibt u.a. der "Kern" des Sachverhalts:

(31) Non è stato arrestato **a Palermo**
'Er wurde nicht in Palermo verhaftet'

(32) Non è stato arrestato **ieri**
'Er wurde nicht gestern verhaftet'

(33) Non è stato arrestato **per omicidio**
'Er wurde nicht wegen Totschlags verhaftet'

Die partielle Negation hat dasjenige Element, auf das sie sich bezieht, in ihrem **Skopus**. Der Skopus wird signalisiert durch die Stellung rechts von der Negation und durch eine rhematische Betonung.

N.B. Im Dt. gilt das Prinzip, daß das im Skopus liegende Element möglichst unmittelbar nach der Negation steht. Dieses Prinzip gilt im It. nicht; es würde dem allgemeinen Stellungsprinzip "Negation vor dem Verb" widersprechen. Nur wenn das im Skopus liegende Element mit kontrastiver Betonung am Anfang des Satzes steht, folgt es unmittelbar auf die Negation:

(34) Non **per omicidio** è stato arrestato
'Nicht wegen Totschlags wurde er verhaftet'

Die Signalisierung des Skopus der Negation kann auch durch die Konstruktion "*essere ... a* plus Infinitiv" (35) oder durch Satzspaltung (36) erfolgen:

(35) Non è stato **il sindaco** a riceverci
'Nicht der Bürgermeister hat uns empfangen'

(36) Non è **lui** che dovrebbe essere punito
'Nicht er ist es, der bestraft werden sollte'

Außer auf eine Spezifikation kann sich die partielle Negation auch auf das Vorhandensein einer Sachverhaltskomponente beziehen. Diese Art der partiellen Negation wird durch die Präposition *senza* **'ohne'** ausgedrückt. *senza* kann sowohl eine Nominalphrase als auch einen Infinitiv in seinem Skopus haben:

(37) Prendo il caffè senza zucchero
'Ich trinke den Kaffee ohne Zucker'

(38) Entrò senza salutare
'Er trat ein, ohne zu grüßen'

In der von *senza* regierten Präpositionalphrase stehen die **negativen Indefinitpronomina**, ohne daß eine doppelte Negation entstünde. Die negativen Indefinitpronomina verhalten sich also bei *senza* genauso wie bei der Negation *non*. - Beispiele sind:

(39) Entrò **senza** salutare **nessuno**
'Er trat ein, ohne jemanden zu grüßen'

(40) Entrò **senza** dire **niente**
'Er trat ein, ohne etwas zu sagen'

Das gleiche gilt für den negativen indefiniten Artikel:

(41) La città si liberò **senza nessun** aiuto dall'esterno
'Die Stadt befreite sich ohne jede Hilfe von außen'

N.B. Dieser Gebrauch des negativen Artikels ist aber nicht sehr üblich, weniger jedenfalls als der analoge Gebrauch von *aucun* im Frz. Alternative, häufige Formulierungen sind die ohne Artikel (41') und die mit *minimo* 'geringst' und dem bestimmten Artikel (41"):

(41') La città si liberò senza aiuto dall'esterno
'Die Stadt befreite sich ohne Hilfe von außen'

(41") La città si liberò senza il minimo aiuto dall'esterno
'Die Stadt befreite sich ohne die geringste Hilfe von außen'

Ein Satz, der *senza* enthält, kann mit *non* negiert werden; s. z.B.:

(42) **Non** viene mai **senza** la moglie
'Er kommt nie ohne seine Frau'

(43) **Non** venire **senza** telefonarmi prima
'Komm nicht, ohne mich vorher anzurufen'

N.B. *senza* hat also syntaktisch nicht den Status einer Negation. Es gleicht vielmehr denjenigen Formen, die nur semantisch eine Negation enthalten, wie *impossibile* 'unmöglich', *celibe* 'ledig'.

Die Negationsformen verhalten sich unterschiedlich hinsichtlich der beiden semantischen Grundtypen der Negation.

Die Negationen *no* und *non* können sowohl die totale als auch die partielle Negation ausdrücken. Im Falle von *no* muß die Art der Negation aus dem vorausgehenden Kontext entnommen werden (z.B. aus der Art einer gestellten Frage); im Falle von *non* signalisieren die genannten Skopussignale natürlich auch die Tatsache, daß eine partielle Negation vorliegt; fehlen Skopussignale, so wird die Negation als total aufgefaßt.

senza kann nur die partielle Negation ausdrücken.

Auch die einschränkende Negation (s. Kap. I, 7.2.3.) mit *non ... che* kann nur partiell sein.

Umgekehrt können einige Negationsausdrücke **nur die totale Negation** realisieren. Dies gilt für die Indefinitpronomina *nessuno, niente* und *mai*.

N.B. Diese Formen enthalten semantisch außer der Negation auch den Allquantor. Sie besagen, daß die betreffende Sachverhaltskomponente von keinem Element besetzt ist. Während bei der partiellen Negation mit bloßem *non* die Besetzung einer Sachverhaltskomponente mit einem bestimmten Individuum (oder einem anderen Wert) negiert wird, wird durch *nessuno, niente* und *mai* ausgedrückt, daß es kein Individuum (oder keinen anderen Wert) gibt, durch den die Sachverhaltskomponente besetzt wäre. Dies haben *nessuno, niente* und *mai* mit *senza* gemeinsam. Im Unterschied zu *senza* betrifft die Negation durch *nessuno, niente* und *mai* jedoch solche Sachverhaltskomponenten, die für den gesamten Sachverhalt konstitutiv sind. Wenn aber eine für den ganzen Sachverhalt konstitutive Komponente durch kein einziges Individuum besetzt ist, so besteht der Sachverhalt insgesamt nicht. Deswegen ist die Negation bei den Indefinitpronomina *nessuno, niente* und *mai* immer total.

Was den negativen Indefinitartikel *nessuno* angeht, so ist die Negation total oder partiell, je nachdem, ob die Sachverhaltskomponente, auf die diese Form bezogen ist, für den gesamten Sachverhalt konstitutiv ist oder nicht; vgl. z.B.:

(44) Non c'è **nessun obbligo** (totale Negation)
'Es besteht keinerlei Verpflichtung'

(45) Non ne vedo da **nessuna parte** (totale Negation)
'Ich sehe nirgends welche'

(46) Non l'ha fatto **per nessun motivo disonesto** (partielle Negation)
'Er hat es aus keinem unehrenhaften Grunde getan'

In (44) ist die Negation total, weil das Argument des Existenzprädikats für die Existenz konstitutiv ist. In (45) ist die Negation total, weil die lokale Verankerung für einen Sachverhalt des Sehens konstitutiv ist. In (46) ist die Negation partiell, weil das Motiv einer Handlung für die Handlung nicht konstitutiv ist.

6.2.2.1. Spezielle Präsuppositionen einzelner Negationen

In allen interaktiven Funktionen hat die Negation insofern eine Präsupposition, als sie auf etwas Gesagtes, Gedachtes, Geplantes usw. Bezug nimmt. (Wir nennen das, worauf sich die Negation bezieht, den **Bezugsinhalt**.) Einzelne Negationsausdrücke haben darüber hinaus spezielle Präsuppositionen.

Diese Negationsausdrücke sind *non ... che, neanche, nemmeno, neppure, nessuno* (als Artikelwort) und *mica*.

a. Die einschränkende Negation mit *non ... che* gibt an, daß der im Skopus stehende Ausdruck einen Gegenstand bezeichnet, der zum Sachverhalt gehört. Sie präsupponiert außerdem, daß dieser Gegenstand Element eines mehrgliedrigen Paradigmas ist, und sie schließt alle anderen Elemente des Paradigmas aus dem Sachverhalt aus.

Zur Illustration sei der folgende Fall angenommen: A geht in ein Geschäft, von dem er annimmt, daß es die mit dem folgenden Paradigma gegebenen Artikel führt: {Bücher, Zeitschriften, Postkarten, Papier, Bürobedarf}. Er verlangt Postkarten und Briefumschläge. Der Verkäufer B antwortet:

(47) Non ho che libri e riviste
'Ich habe nur Bücher und Zeitschriften'

B weist damit das im Bezugssachverhalt enthaltene Paradigma in seiner Vollständigkeit zurück und gibt an, welche Elemente aus dem Paradigma gelten.

N.B. In derselben Bedeutung kann statt der einschränkenden Negation auch *solo* (und andere Wörter für 'nur') verwendet werden:

(47') Ho **solo** libri e riviste
'Ich habe nur Bücher und Zeitschriften'

In den meisten Fällen ist die Ausdrucksweise mit *solo* die gebräuchlichere. Nur wenn im Skopus eine durch *fare* regierte Infinitivkonstruktion liegt, ist die einschränkende Negation wirklich gebräuchlich:

(48) **Non** ha fatto **che** guardarla
'Er hat sie nur angesehen'

Auch hier kann eins der Wörter für 'nur' verwendet werden:

(49) L'ha **soltanto** guardata
'Er hat sie nur angesehen'

Eine weitere alternative Formulierung beruht auf der Verwendung von *altro* 'etwas anderes', das dann die Konstruktion "*che* plus Infinitiv" regiert:

(50) Non ha fatto **altro** che guardarla
'Er hat nichts anderes getan, als sie anzusehen'

b. *neanche, nemmeno, neppure*

Diese Formen haben zwei verschiedene Bedeutungen. Sie enthalten in jedem Falle die Negation und setzen einen bereits negierten Bezugsinhalt voraus, den sie bestätigen. Zusätzlich enthalten sie entweder die Bedeutung 'auch' oder die Bedeutung 'sogar', so daß sich entweder die Bedeutung 'auch nicht' oder 'nicht einmal' ergibt.

Die Bedeutung **'auch nicht'** kann nur dann gewählt werden, wenn im Skopus die Bezeichnung eines Individuums liegt. Von diesem Individuum wird vorausgesetzt, daß es im Bezugsinhalt nicht enthalten (und daher noch nicht negiert) ist. Die Negation gibt dann die Information, daß es in den Bezugsinhalt eingegliedert (und somit negiert) werden soll. Bedingung hierfür ist, daß die vom Skopus ausgewählte Sachverhaltskomponente bereits im Bezugsinhalt vorhanden und besetzt ist. Ein Beispiel ist:

(51) A: Non vado alla conferenza. B: Nemmeno io
'A: Ich gehe nicht zu dem Vortrag. B: Ich auch nicht'

Der negative Bezugsinhalt für Bs Äußerung ist 'A geht nicht zu dem Vortrag'. *io* referiert auf B. B ist durch *nemmeno* als dasjenige Individuum gekennzeichnet, das in den negativen Bezugsinhalt eingegliedert werden soll, so daß sich ergibt 'A und B gehen nicht in den Vortrag'. Die Bedingung für die Eingliederung von B ist erfüllt:

Die Sachverhaltskomponente 'Agens-Argument von GEHEN', die *io* in Bs Äußerung besetzt, ist auch in As Äußerung vorhanden und durch das Null-Subjekt besetzt.

Nicht nur Mitspieler, wie in (51), sondern auch Zeitintervalle, Orte, Instrumente und sonstige Adjunkte können im Skopus von *neanche, nemmeno* und *neppure* liegen; vgl. z.B.:

(52) Non è venuto **neanche ieri**
'Er ist auch gestern nicht gekommen'

(53) Non c'era **neppure da Mario**
'Sie war auch nicht bei Mario'

(54) Non ci sono riuscito **nemmeno con il cacciavite**
'Ich habe es auch mit dem Schraubenzieher nicht geschafft'

Die Bedeutung **'nicht einmal'** setzt voraus, daß der negierte Bezugsinhalt eine Skala von Werten (Prädikaten oder Quantoren) enthält. Der Ausdruck, der im Skopus von *neanche, nemmeno* und *neppure* steht, gibt einen Wert auf dieser Skala an, der negiert wird. Bedingung ist, daß dieser Wert der niedrigste ist.

Ein Beispiel: A beklagt sich über die Unhöflichkeit von B und sagt über ihn:

(55) Non mi ha **nemmeno guardato**
'Er hat mich noch nicht einmal angesehen'

Der Bezugsinhalt von (55) ist:

(55') 'B hätte gegenüber A etwas tun müssen, das in der Skala S enthalten ist'

Die Skala S enthält die Verhaltensweisen

(55") jemanden ansehen < jemandem zulächeln < jemanden im Vorbeigehen grüßen < jemanden grüßen < mit jemandem ein Gespräch anfangen ...

Die Bedingung des niedrigsten Werts ist für (55) erfüllt, da 'jemanden ansehen' in der Skala (55") den niedrigsten Wert hat.

Die Bedeutung 'nicht einmal' muß gewählt werden, wenn im Skopus von *neanche, nemmeno* und *neppure* ein Prädikat oder ein Quantor steht, wie in (55); vgl. auch:

(56) Non è **nemmeno bello**
'Er ist noch nicht mal schön'

(57) Non ha aspettato **neanche 5 minuti**
'Er hat noch nicht einmal 5 Minuten gewartet'

(58) Non ne sono tornati **neppure il 50 %**
'Noch nicht einmal 50 % sind zurückgekommen'

N.B. Die Beispiele (57) und (58) zeigen, daß die präsupponierten Skalen keine vorgegebenen Systeme sind (wie etwa die Folge der natürlichen Zahlen, deren niedrigster Wert ja Null wäre), sondern kontextabhängig aus dem allgemeinen Wissen abgerufen werden müssen.

c. *nessuno* als Artikelwort

nessuno hat zusätzlich zu seiner Bedeutung als Negation eine partitive Präsupposition. Damit ist folgendes gemeint: *nessuno* enthält die Negation, den Allquantor und die Präsupposition, daß der Bezugsinhalt eine Menge enthält, die aus einer größeren Anzahl von Elementen besteht. Das Nomen, das durch *nessuno* determiniert ist, bezeichnet die Kategorie, der die Menge angehört. Durch *nessuno* wird ausgedrückt, daß kein Element aus dieser Menge herausgezogen werden kann. Die partitive Präsupposition erklärt, warum Sätze wie (59) und (60) seltsam und Sätze wie (61) und (62) normal sind:

(59) ? Non ha **nessun naso**
'?Er hat keine (einzige) Nase'

(60) ? Non ha **nessun braccio**
'?Er hat keinen (einzigen) Arm'

(61) Non ha risolto **nessun problema**
'Er hat kein (einziges) Problem gelöst'

(62) **Nessun allievo** ha fatto il compito
'Kein (einziger) Schüler hat die Aufgabe gemacht'

N.B. Das Artikelwort *nessun-* wird im Dt. mit *kein-* wiedergegeben. Umgekehrt kann man aber *kein-* nicht immer durch *nessun-* wiedergeben. Während *kein-* immer dann verwendet wird, wenn im Skopus der Negation eine indefinite Nominalphrase liegt, hat *nessun-* die genannte partitive Präsupposition. Wenn also z.B. die Negation sich darauf bezieht, daß ein Prädikat nicht zutrifft (63) oder daß eine bestimmte anhand eines einzigen Gegenstandes definierte Eigenschaft nicht besteht (64), (65), so wird die in *kein-* semantisch enthaltene Negation nicht durch *nessun-* wiedergegeben, sondern durch *non*, und es erscheint das auch in anderen Kontexten zu erwartende Artikelwort; s. z.B.:

(63) Er ist **kein** Verbrecher
Non è un criminale

(64) Er hat **keinen** Bart mehr
Non ha più la barba

(65) Er trägt **keine** Krawatte
Non porta la cravatta

(66) Ich habe **kein** Auto
Non ho la macchina

(67) Das sind **keine** Tannen, es sind Lärchen
Non sono abeti, sono larici

(68) Ich trinke **keinen** Wein
Non bevo vino

Non bevo nessun vino ist natürlich dann möglich, wenn eine partitive Präsupposition beabsichtigt ist, z.B. wenn der Sprecher sich auf eine Menge verschiedener Weine bezieht, von denen er keinen zu trinken behauptet, oder wenn bei einem Akt des Widersprechens kategorisch alle möglichen Fälle ausgeschlossen werden sollen (vgl. dt. *keinerlei*):

(69) Er trägt **keinerlei** Hut
Non porta **nessun** cappello

Schließlich ist zu beachten, daß it. Nominalphrasen mit *nessun-*, anders als dt. Nominalphrasen mit *kein-*, keinen Plural haben.

Eine Konkurrenzform zu *nessun-* ist *alcun-*. In literarischer Stillage kann *alcun-* statt *nessun-* stehen; vgl.

(70) Ci è riuscito senza {**nessun, alcun**} aiuto
'Es ist ihm ohne jede Hilfe gelungen'

N.B. Mit *alcun-* können außerdem indefinite pluralische Nominalphrasen gebildet werden. In diesem Falle ist *alcun-* keine Negation; vgl. das folgende Schema:

	Anzahl = 1	Anzahl = mehr als 1
Sg.	un amico	qualche amico
Pl.	–	ø amici degli amici alcuni amici

d. *mica*

Anders als die unter a bis c genannten Negationsformen schränkt *mica* die Bezugsinhalte nicht ein. Es ist aber selbst in seiner Verwendung eingeschränkt, und zwar sowohl semantisch-pragmatisch als auch syntaktisch.

Semantisch-pragmatisch drückt *mica* den Widerspruch aus. Wenn der Sprecher es in einem Deklarativsatz benutzt, so gibt er zu verstehen, daß er eine Aussage zurückweist, die einer der an der Kommunikationssituation Beteiligten vertreten könnte. - Beispiele sind:

(71) Avanti. Non è **mica** pericoloso.
'Los. Es ist überhaupt nicht gefährlich.'

(72) Non sono **mica** matto
'Ich bin doch nicht verrückt'

N.B. *mica* hat im Dt. keinerlei Entsprechung; deswegen sind die hier gegebenen Übersetzungen notwendig ungenau.

Im Interrogativsatz kann naturgemäß kein Widerspruch erfolgen. Trotzdem kann *mica* im Interrogativsatz stehen; s. z.B.:

(73) Non ha **mica** visto una signora alta, con la pelliccia nera?
'Haben Sie nicht zufällig eine hochgewachsene Dame mit einem schwarzen Pelzmantel gesehen?'

Die Bedeutung von *mica* wird im Interrogativsatz neutralisiert, ähnlich, wie es auch mit der Negation *non* geschieht.

N.B. Die Bedeutung von *mica* zeigt sich auch in der Tatsache, daß diese Negationsform fehl am Platze ist, wenn offensichtlich keine widersprechende Bezugnahme vorliegt; vgl. z.B.:

(74) ?Dovetti aspettare un quarto d'ora, perché i negozi non erano **mica** ancora aperti
'Ich mußte eine Viertelstunde warten, weil die Geschäfte noch nicht auf hatten'

(75) ?Scusi, non ho **mica** capito.
'Entschuldigen Sie, ich habe nicht verstanden'

N.B. *mica* kommt in einigen mehr oder weniger lexikalisierten Wendungen auch deskriptiv vor:

(76) Non costa mica tanto.   (statt: *costa poco*)
'Es ist gar nicht so teuer'

(77) Non sta mica bene.   (statt: *sta male*)
'Es geht ihm gar nicht gut'

(78) Mica male!   (statt: *molto bene, molto bello, bravo*)
'Nicht schlecht!'

Syntaktisch ist die Verwendung von *mica* insofern eingeschränkt, als es nicht als satzartige Verneinungspartikel verwendet werden kann. (Diese Eigenschaft teilt es mit *non* 'nicht'.) - Beispiele sind:

(79) Ha freddo? - *Mica.
'Ist Ihnen kalt? - Nein.'
(richtig ist: *No* oder *Per niente*)

(80) Dimmi quello che sai.- *Mica.
'Sag mir, was du weißt.- Nein.'
(richtig: ist: *No* oder *non te lo dirò mica*)

e. *di niente*

di niente (wörtlich: 'von nichts') dient dazu, einen Dank höflich zurückzuweisen:

(81) Grazie mille.- Di niente.
'Vielen Dank! - Keine Ursache.'

N.B. Der Imperativ von *figurarsi* (wörtlich: 'sich vorstellen') kann dieselbe Funktion haben. Diese Ausdrucksweise wird dann vorgezogen, wenn der Dank nicht mit einer der kurzen Standardformeln ausgedrückt worden ist:

(82) Mi hai fatto un grandissimo piacere. - **Figurati!**
'Du hast mir einen großen Gefallen getan. - Also hör' mal!'

f. *macché*

Die Form *macché* 'ach was' wird als selbständige Äußerung verwendet. Bedingung ist, daß der Bezugsinhalt bereits als Aussage (also nicht als Frage oder als Aufforderung) geäußert wurde:

(83) Oramai sono troppo vecchia per quelle cose. - Macché!
'Jetzt bin ich zu alt für solche Sachen. - Ach was!'

N.B. Nach *macché* kann der Ausdruck wiederholt werden, der zurückgewiesen wird. Dieser Ausdruck wird dann unverändert zitiert:

(83') Oramai sono troppo **vecchia** per quelle cose. - Macché **vecchia!**
'Jetzt bin ich zu alt für solche Sachen. - Ach was!'

6.2.3. Abschwächungen der Negation

Die interaktive Negation gefährdet ihrer Natur nach die Voraussetzungen der Kommunikation, wenn der Bezugsinhalt vom Kommunikationspartner vertreten wird. Die Gefährdung ist umso größer, je prägnanter der negierende Ausdruck ist. Deshalb benutzen die Sprecher vor allem in Verbindung mit oder statt *no* Ausdrucksmittel, deren Funktion es ist, die Kraft der Negation abzuschwächen.

Diese werden hier nur insoweit aufgeführt, wie sie standardisiert und für die negative Bezugnahme charakteristisch sind. Es handelt sich um folgende Verfahren:

- die Anfügung einer Entschuldigung
- die Anfügung eines Ausdrucks des Glaubens oder der Wahrscheinlichkeit
- die Verwendung einer ausweichenden Formulierung

a. Die Anfügung einer Entschuldigung

Als Entschuldigungen werden Ausdrücke des Bedauerns verwendet. Die Standardformel ist *mi dispiace* 'es tut mir leid':

(84) No, mi dispiace.
'Leider nicht'

N.B. Die dem dt. *leider* entsprechenden Adverbien *purtroppo* und *sfortunatamente* können ebenfalls zur Abschwächung der Negation verwendet werden. Die Negation muß *no* sein, nicht das dem dt. *nicht* im allgemeinen entsprechende *non*:

(85) Purtroppo no.
Sfortunatamente no.
'Leider nicht'

b. Die Anfügung eines Ausdrucks des Glaubens oder der Wahrscheinlichkeit

Die Negation kann dadurch abgeschwächt (und subjektiviert) werden, daß sie als Komplement von Verben wie *credere* 'glauben', *pensare* 'denken', *sembrare* 'scheinen' erscheint. Sie wird durch die Präposition *di* dem Verb untergeordnet:

(86) Credo **di no**
'Ich glaube nicht'

(87) Mi sembra **di no**
'Anscheinend nicht'

N.B. Diese Konstruktion gilt auch für die Modalisierung von *sì*:

(88) Mi sembra di sì
'Mir scheint ja'

N.B. Bei *può darsi* 'kann sein' steht *di* oder *che*; bei *forse* 'vielleicht' nur *che*:

(89) Può darsi {di,che} no
Forse che no
'Vielleicht nicht'

c. Die Verwendung einer ausweichenden Formulierung

Das It. besitzt die Form *mah*, die selbständig geäußert werden kann und durch die der Sprecher ausdrückt, daß er seine Zustimmung suspendieren bzw. eine Kontroverse offenlassen möchte. Die Verwendung dieser Form beendet naturgemäß auch die Kommunikation über das Thema, auf das sie sich bezieht; vgl. z.B.:

(90) Gianni è tra i linguisti più importanti. - **Mah!**
'Gianni zählt zu den bedeutendsten Linguisten. - Hm.'

In ähnlicher Weise ausweichend kann auch *forse* 'vielleicht' verwendet werden.

6.2.4. Verstärkung der Negation

Die negative Bezugnahme kann, wie andere kommunikative Akte auch, mehr oder weniger ernst genommen werden. Die Tendenz, eine negative Bezugnahme als interpretierbar, relativierbar aufzufassen, entspringt derselben Quelle wie die unter 6.2.3. aufgeführten Verfahren der Abschwächung: Da die negative Bezugnahme prinzipiell eine Gefährdung für die Voraussetzungen der Kommunikation darstellt, kann der Hörer in manchen Fällen annehmen, daß der Sprecher bereit ist, die negative Bezugnahme zu relativieren. Daher gibt es auch solche Ausdrucksmittel, die signalisieren, daß eine solche Möglichkeit der Relativierung nicht gegeben ist. Wir sagen, etwas ungenau, daß solche Ausdrucksmittel die Negation verstärken. Diese Ausdrucksmittel sind syntaktisch Adverbiale oder lexikalisierte Nominalphrasen. Es handelt sich vor allem um *affatto, assolutamente, del tutto, per niente, un accidente, un cavolo, un corno* und *un cazzo*.

N.B. Während *affatto, assolutamente, del tutto* und *per niente* stilistisch unmarkiert sind, sind *un corno, un cavolo* und *un cazzo* stilistisch markiert: *un accidente, un cavolo* und *un corno* sind grob umgangssprachlich, *un cazzo* ist provokativ vulgär. Das Verstärkungsadverbial *punto* ist veraltet.

N.B. Die nicht auf die Negation spezialisierten Verstärkungsadverbiale *davvero* 'wirklich', *sinceramente* 'ehrlich gesagt', *francamente* 'offen gesagt', *sicuramente* 'mit Sicherheit', *certamente, certo* 'sicher', *ovviamente, evidentemente* 'offensichtlich', *senz'altro* 'ohne weiteres', *indubbiamente* 'zweifellos' können selbstverständlich auch zur Verstärkung der Negation benutzt werden; s. (95) bis (98). - *Assolutamente* 'absolut' kann zwar auch in nicht negativen Ausdrücken verwendet werden, hat aber die Besonderheit, daß es zusammen mit einer negierenden Geste allein eine elliptische negative Antwort bilden kann (98).

Es gibt zwei Klassen von **Verstärkungsadverbialen**, die sich syntaktisch unterscheiden. Die einen (**Klasse A**) können nur beim finiten Verb in Verbindung mit *non* stehen (91), (92) und gegebenenfalls als elliptische Antwortäußerung mit oder ohne *non*, aber nicht mit *no* auftreten (93), (94). - Beispiele sind:

(91) **Non** m'interessa **affatto**.
'Das interessiert mich überhaupt nicht'

(92) **Non** è vero **per niente**
'Das ist überhaupt nicht wahr'

(93) Non sapevi che lui aveva preso il posto? - **Niente affatto**.
'Wußtest du, daß er die Stelle bekommen hat? - Überhaupt nicht.'

(94) Ci credi a quanto raccontano su di me?- **Per niente**.
'Glaubst du, was man über mich erzählt? - Überhaupt nicht.'

N.B. Bei *affatto* (93) ist die Negation mit *niente* notwendig.
Die anderen Verstärkungsadverbiale (**Klasse B**) können sowohl mit dem finiten Verb und *non* als auch mit *no* stehen:

(95) **Non** ha **davvero** capito **niente**.
'Er hat wirklich nichts verstanden'

(96) Non è stato un successo. - No, **davvero**.
'Das war kein Erfolg.- Nein, wirklich nicht.'

(97) Non sono **assolutamente** d'accordo.
'Ich bin absolut nicht einverstanden'

(98) Sei d'accordo? - **Assolutamente (no)**.
'Bist du einverstanden? - Absolut nicht.'

Die nominalen Negationsverstärkungen haben syntaktisch zwei alternative Funktionen: Sie sind entweder das Objekt des transitiven Verbs (99) oder Adjunkt bei einem intransitiven Verb (100):

(99) Non ho visto **un corno**.
'Ich habe kein Schwein gesehen'

(100) Non ho dormito **un corno**.
'Ich habe kein Stück geschlafen'

Semantisch funktionieren diese Ausdrucksformen genauso wie die negativen Indefinitpronomina. Die verstärkende Wirkung ist pragmatischer Natur; sie beruht auf der Tatsache, daß es sich um "Kraftausdrücke" handelt. In einer zweiten Lesart hingegen (vgl. Badan 1985:41) fungieren sie nicht wie negative Indefinitpronomina, sondern sie sind Negationen, die sozusagen als Kommentar an den Satzkern angefügt werden und kein *non* beim Verb verlangen (101). Wenn ein *non* steht, so ist dieses eine volle Negation, so daß sich eine doppelte Negation ergibt; s. (102). - Eine Bedingung ist, daß der kommentierte Satzkern Zitat einer gerade realisierten Äußerung ist:

(101) Ma Marco negli ultimi mesi ha lavorato? - Ha lavorato **un corno**!
'Aber in den letzten Monaten hat Marco doch gearbeitet? - Von wegen gearbeitet!'

(102) Ma non ha bevuto tutta la bottiglia. - **Non** ha bevuto tutta la bottiglia **un corno!**
'Aber er hat doch nicht die ganze Flasche ausgetrunken.- Von wegen nicht die ganze Flasche!'

N.B. Wie (102) zeigt, ist die nominal verstärkte Negation in dieser Lesart nicht Objekt des Verbs. (Die Objektstelle von *bevuto* ist bereits durch *tutta la bottiglia* besetzt.)

7. Der Ausdruck der kommunikativen Gewichtung

In 1.3. wurde der Begriff der Diskurswelt eingeführt: Eine Diskurswelt besteht aus den Gegenständen und Sachverhalten, über die geredet wird. Es wurde dargestellt, mit welchen grammatischen Mitteln der Sprecher Gegenstände im Hinblick auf ihr Enthaltensein in der Diskurswelt kontrolliert. In 5.3.2. wurden die Ausdrucksmittel behandelt, mit denen der unterschiedliche Status signalisiert wird, den Sachverhalte in der Diskurswelt haben können. Im vorliegenden Abschnitt werden diejenigen Ausdrucksmittel behandelt, mit denen der Sprecher Sachverhalte im Hinblick auf ihr Enthaltensein in einer Diskurswelt kontrolliert.

Man kann sich eine Diskurswelt als ein mit Figuren besetztes Spielfeld und den Umgang mit ihr als ein Kommunikationsspiel vorstellen. Das Spielfeld durchläuft im Laufe der Kommunikation eine Folge von Zuständen, die Spielstände. Bei jedem Spielstand stehen bestimmte Figuren in bestimmter Konstellation auf dem Spielfeld. Die Figuren dieses Spiels sind die **Gegenstände**, über die wir reden, die Konstellationen der Figuren sind die **Sachverhalte**, der Spielstand ist die jeweils aufgebaute **Diskurswelt**.

Freilich stehen die Figuren beim Kommunikationsspiel nicht wirklich auf einem Spielfeld. Ein Spielstand ist vielmehr dadurch gegeben, daß die am Kommunikationsspiel Beteiligten sich über sein Bestehen einig sind. Eine Diskurswelt ist also ein Konsens, ein Fundus von gemeinsam akzeptierten Gegenständen und Sachverhalten.

Im Bilde des Kommunikationsspiels sind die **Äußerungen** Züge der Spieler. Durch einen Zug versucht ein Spieler, den Spielstand zu verändern. Zu diesem Zweck bietet er Gegenstände oder Sachverhalte zur Aufnahme in die Diskurswelt an. Akzeptieren die anderen Spieler das Angebotene, so verändert sich der Spielstand, und der Zug war erfolgreich.

Für den Erfolg eines Zuges ist es oft zweckmäßig, einerseits einen expliziten Bezug zu dem bestehenden Spielstand herzustellen, andererseits aber die Aufmerksamkeit der anderen Spieler auf das zum Konsens Angebotene zu lenken. Dementsprechend kann der Inhalt einer sprachlichen Äußerung im Hinblick auf das Kommunikationsspiel einen unterschiedlichen Status haben: Ein Teil des Inhalts ist bereits akzeptierte, zur Diskurswelt gehörige Information, ein anderer Teil, der noch nicht akzeptiert ist, wird zur Aufnahme in die Diskurswelt angeboten. Sachverhalte können aber auch als Ganzes zur Aufnahme in die Diskurswelt angeboten werden.

Derjenige Teil einer Äußerung, der zur Aufnahme in die Diskurswelt angeboten wird, ist das **Rhema** der Äußerung. (Wenn die Äußerung Satzform hat, kann man auch vom Rhema dieses Satzes sprechen.) Es gibt bestimmte Eigenschaften der sprachlichen Form, die signalisieren, welches das Rhema ist. Diese Eigenschaften sind die **Rhemasignale**.

Der verbleibende Teil des Äußerungsinhalts, das **Thema** der Äußerung, dient dazu, den Bezug zur bestehenden Diskurswelt zu sichern. Da das Thema bereits anhand des Rhemas definiert ist ("Äußerungsinhalt minus Rhema ist gleich Thema"), braucht es keine besonderen Themasignale zu geben. Und in der Tat gibt es im Italienischen keine Themasignale im strengen Sinne. Es gibt jedoch bestimmte Eigenschaften der sprachlichen Form, die signalisieren, daß bestimmte speziellere Beziehungen des Äußerungsinhalts zum bereits Akzeptierten vorliegen. Diese Eigenschaften sind die **Signale des thematischen Bezugs**.

Das folgende Schema soll die bis jetzt eingeführte Begrifflichkeit veranschaulichen:

	Inhalt der Äußerung bereits in der Diskurswelt enthalten	Inhalt der Äußerung zur Aufnahme in die Diskurswelt angeboten
kommunikative Struktur der Äußerung	Thema	Rhema
Signale der kommunikativen Struktur	Signale des thematischen Bezugs	Rhemasignale

Im folgenden werden zunächst die Rhemasignale behandelt, dann die Signale des thematischen Bezugs.

N.B. Die Darstellung bezieht sich sowohl auf die Ebene der **Äußerung** als auch auf die des **Satzes** und seiner Konstituenten. Die Definition der thematischen Bezüge und des Rhemas bezieht sich auf die Äußerung. Die Rhemasignale und die Signale des thematischen Bezugs hingegen sind Eigenschaften von Sätzen oder von Konstituenten des Satzes.

Das Rhema hat zwei Ausprägungen, das einfache Rhema und den kontrastiven Fokus.

Das **einfache Rhema** entspricht genau der oben gegebenen Definition.

Für den **kontrastiven Fokus** gilt diese Definition ebenfalls, doch kommt noch etwas hinzu: Der kontrastive Fokus setzt einen Spielstand voraus, bei dem ein bereits akzeptierter Sachverhalt an einer Stelle noch offen ist und bei dem feststeht, daß diese Stelle durch die Auswahl eines Elements aus einem **Paradigma**, d.h. aus einer Anzahl sich gegenseitig ausschließender, gleichartiger Elemente, erfolgen muß. Ein Zug im Kommunikationsspiel kann das Ziel haben, ein Element aus dem Paradigma in den Sachverhalt einzusetzen und die anderen auszuschließen. Derjenige Teil des Äußerungsinhalts, der das ausgewählte Element darstellt, ist der kontrastive Fokus der Äußerung. Die pragmatischen Kontexte, in denen der kontrastive Fokus auftritt, sind vor allem: das Widersprechen, Korrigieren und die Entscheidung von Alternativen.

Ein Beispiel möge den Begriff des kontrastiven Fokus veranschaulichen: Angenommen, in einem Kommunikationsspiel bestehe die folgende Diskurswelt:

(1) 'Es gibt einen Gastgeber und drei Gäste, nämlich Anna, Isabella und Pino. Einer der Gäste hat einen Kuchen mitgebracht.'

Diese Diskurswelt enthält noch nichts darüber, welcher von den Gästen den Kuchen mitgebracht hat, aber sie enthält bereits ein Paradigma für die Ausfüllung dieser Leerstelle, nämlich

(2) 'Anna oder Isabella oder Pino'.

Wenn nun einer der am Kommunikationsspiel Beteiligten äußert:

(3) **Anna** hat den Kuchen mitgebracht

so führt er einen Zug aus, dessen Ziel die Ablösung von Diskurswelt (1) durch Diskurswelt (1') ist:

(1') 'Es gibt einen Gastgeber und drei Gäste, nämlich Anna, Isabella und Pino. Anna hat einen Kuchen mitgebracht.'

Die in (3) durch das Wort *Anna* bezeichnete Ausfüllung der Leerstelle ist der kontrastive Fokus der Äußerung.

Das folgende Schema soll die hier eingeführte Begrifflichkeit bildlich veranschaulichen:

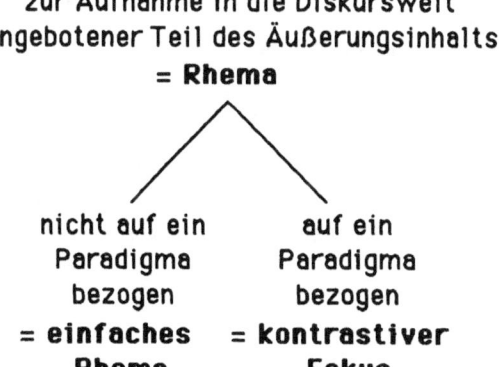

7.1. Das einfache Rhema

Die Signale des einfachen Rhemas fallen auf eine **rhematisierte Konstituente**, d.h. auf diejenige Konstituente des Satzes, die das Rhema der Äußerung ist.

Diese Signale bestehen in einem Zusammenspiel von linearer Abfolge und Intonation. Es gelten die folgenden allgemeinen Prinzipien:

- die rhematisierte Konstituente steht innerhalb des Ausdrucks, dessen Teil sie ist, so weit rechts wie möglich und
- sie trägt innerhalb des Ausdrucks, dessen Teil sie ist, den Hauptakzent

Beispiele sind:

(4) Lavoro do**ma**ni
'Ich arbeite **morgen**'

(5) Do**ma**ni lavoro
'Morgen **arbeite** ich'

(6) Te lo spiegherò quando sarai **grande**
'Ich werde es dir erklären, wenn du **groß** bist'

(7) Quando sarai grande, te lo spieg**he**rò
'Wenn du groß bist, werde ich es dir **erklären**'

Aus diesem Prinzip folgt, daß die klitischen Pronomina nie rhematisiert sind, da sie keinen Akzent tragen können und eine feste Stellung beim Verb haben. Soll ein Pronomen Rhema sein, so muß die nicht-klitische Form gewählt werden, ggfs. zusätzlich zur klitischen; vgl. z.B.:

(8)   Ti **ama**   'Er **liebt** dich'

(9)   Ama **te**   'Er liebt **dich**'

(10) Ti **pia**ce?   '**Gefällt** es dir?'

(11) Ti piace a **te**?   'Gefällt es **dir**?'

N.B. Diese Anbindung gehört der Umgangssprache an. Die formale Entsprechung wäre:

(11') Piace a **te**?

7.1.1. Die lineare Abfolge

Das Prinzip "einfaches Rhema so weit nach rechts wie möglich" setzt voraus, daß eine große **Stellungsfreiheit** besteht. Dies ist tatsächlich der Fall. Eine starre Ordnung besteht nur für wenige (meist klitische) Elemente. Für wichtige Konstituenten des italienischen Satzes gibt es lediglich Grundmuster der unmarkierten Anordnung; s. Kap. I, 8.1.1.; sie können also innerhalb der größeren Einheit, der sie angehören, mehrere Stellungen haben.

Auf der Ebene des **komplexen Satzes** können die Komplement- und Adjunktsätze mehrere Stellungen haben; vgl. z.B.:

(12)   a. E' chiaro che ci sono anche degli svantaggi
'Es ist klar, daß es auch Nachteile gibt'

b. Che ci siano anche degli svantaggi è chiaro
'Daß es auch Nachteile gibt, ist klar'

(13)   a. Lui guidava mentre io riposavo
'Er fuhr, während ich mich ausruhte'

b. Mentre io riposavo, lui guidava
'Während ich mich ausruhte, fuhr er'

Für kausale Adjunktsätze gibt es von den einzelnen Junktoren abhängige Präferenzen für die lineare Anordnung; s. 7.3.2.

Auf der Ebene **des einfachen Satzes** haben **alle Konstituenten** (mit den wenigen in Kap. I, 8.1. genannten Einschränkungen) mehrere Möglichkeiten der Anordnung.

N.B. Die Junktoren stehen immer am Anfang der Konstituente, zu der sie gehören. Dies gilt auch für die **Interrogativpronomina**; vgl.:

(14)   Dove vai?
*Vai dove?
'Wohin gehst du?'

Hierin stimmt das It. mit dem Dt. überein und unterscheidet sich vom Frz., vgl.: *Tu vas où? Tu t'appelles comment?* Nur in Echofragen wird das Interrogativpronomen nachgestellt.

(15)   Vado a Maurilia.- Vai dove? - A Maurilia.
'Ich gehe nach Maurilia. - Du gehst wohin? - Nach Maurilia.'

N.B. Die Stellungsbeschränkungen, die im Dt. für das **Subjekt** und für Adverbien bestehen, gelten für das It. nicht; vgl. z.B.:

(16) Lo ho fatto **io**
*'Das habe getan ich'
'Das habe ich getan'

(17) E' arrivato **bene**
*'Er ist angekommen gut'
'Er ist gut angekommen'

In den wenigen Fällen, in denen die Rhematisierung durch Endstellung durch eine starre Stellungsregel blockiert ist, weicht man auf die Linksanbindung (s. Kap. I, 8.2.) aus; vgl. z.B.:

(18) Ho **venduto** il quadro   (unmarkierte Anordnung)
*Ho il quadro **venduto**   (nicht zulässige Endstellung)
'Ich habe das Bild verkauft'

(18') Il quadro, l'ho **venduto**   (Endstellung nach Linksanbindung)
'Das Bild, das habe ich verkauft'

(19) Credo che sia brava   (unmarkierte Anordnung)
*Che sia brava **credo**   (nicht zulässige Endstellung)
'Ich glaube, daß sie tüchtig ist'

(19') Che sia brava lo **credo**   (Endstellung nach Linksanbindung)
'Daß sie tüchtig ist, das glaube ich'

7.1.1.1. Die Stellung des attributiven Adjektivs

Innerhalb der Nominalphrase besteht Stellungsfreiheit für das attributive Adjektiv. Im Kommunikationsspiel kann ein attributives Adjektiv benutzt werden, um einen Gegenstand zu identifizieren (identifizierende Funktion) oder um ihn zu charakterisieren (charakterisierende Funktion). Da ein Zug im Kommunikationsspiel mißlingen muß, wenn ein gemeinter Gegenstand nicht richtig identifiziert wird, hat die identifizierende Funktion ein größeres kommunikatives Gewicht als die charakterisierende. Insofern besteht eine Analogie zum Rhema. Diese Analogie spiegelt sich in der Signalisierung wider: In der identifizierenden Funktion steht das Adjektiv rechts, in der charakterisierenden Funktion steht es links vom Nomen.

Die folgenden Schemata sollen diese Verhältnisse veranschaulichen:

Stellung des Adjektivs innerhalb der NP	
identifizierende Funktion	charakterisierende Funktion
Endstellung	**Anfangsstellung**

Stellung einer Konstituente im Satz	
Rhema	Thema
Endstellung	**Anfangsstellung**

Ein Beispiel für die funktionale Rolle, die die Stellung des Adjektivs spielt, bilden die folgenden Sätze:

(20) Ho venduto la vecchia macchina
      'Ich habe das alte **Au**to verkauft'

(21) Ho venduto la macchina vecchia
      'Ich habe das **al**te Auto verkauft'

In (20) steht das Adjektiv links vom Nomen. Der Sprecher benutzt es nicht, um das Auto zu identifizieren, sondern mit irgendeiner anderen Absicht; vielleicht, um den Verkauf zu begründen. In (21) hingegen steht das Adjektiv rechts vom Nomen. Es ist vorausgesetzt, daß mehr als ein Auto in der Diskurswelt vorhanden ist, und das Adjektiv identifiziert das gemeinte.

Es gibt Adjektive, die keine Eigenschaften bezeichnen, wie z.B. *eventuale* 'eventuell', *cosiddetto* 'sogenannt'. Solche Adjektive können nicht zum Identifizieren eines Gegenstandes benutzt werden. Sie stehen daher typischerweise links vom Nomen; s. z.B.:

(22) una eventuale sconfitta
      'eine eventuelle Niederlage'

(23) il cosiddetto stile liberty
      'der sogenannte Jugendstil'

Andererseits gibt es Adjektive, die Relationsadjektive (s. Kap. III, 1.9.), die aufgrund ihrer Bedeutung vor allem zum Identifizieren benutzt werden. Sie stehen daher typischerweise rechts vom Nomen; s. z.B.:

(24) il teatro pirandelliano
      'das Theater Pirandellos'

(25) la storia medioevale
      'die mittelalterliche Geschichte'

Allerdings besteht für die Stellung der relationalen Adjektive eine beachtliche Freiheit. Die Relationsadjektive können auch charakterisierend gebraucht werden; vgl. z.B.:

(26) la **millenaria** tradizione del nostro artigianato
'die tausendjährige Tradition unseres Kunsthandwerks'

(27) la **teutonica** rabbia
'die teutonische Wut'

Der Unterschied zwischen der charakterisierenden und der identifizierenden Funktion einer Eigenschaft wird auch bei den satzhaften Attributen gemacht: Die sog. restriktiven Relativsätze (s. Kap. II, 1.3.) sind identifizierend, die nicht-restriktiven sind charakterisierend. Diesen funktionalen Parallelismus soll das folgende Schema veranschaulichen:

	identifizierende Funktion	charakterisierende Funktion
Adjektiv	Endstellung	Anfangsstellung
Relativsatz	restriktiv	nicht restriktiv

N.B. Es ist zu überlegen, ob man aufgrund dieses Parallelismus eine Entsprechung auf der Ebene der grammatischen Funktionen postulieren soll. Der restriktive Relativsatz ist ein Modifikator, der nicht-restriktive ein Adjunkt des Nomens. Das vor dem Nomen stehende Adjektiv wäre dann ein Adjunkt, das dem Nomen folgende ein Modifikator des Nomens.

7.1.2. Konkurrierende Stellungsprinzipien

Der Ausdruck der kommunikativen Gewichtung ist nicht die einzige Funktion der variablen Wortstellung. Es steht in Konkurrenz mit dem Prinzip der wachsenden Glieder, dem Prinzip der größtmöglichen Nähe, dem Prinzip der Reliefgebung und dem Prinzip der ikonischen Deutung.

Das **Prinzip der wachsenden Glieder** ist ein rhythmisches Prinzip. Es besagt, daß Konstituenten möglichst so angeordnet werden sollen, daß die längere der kürzeren folgt. Nach diesem Prinzip ist z.B. (28) besser als (28'), obwohl (28') die normale Abfolge von Objekt und Obliquus aufweist; vgl. (29):

(28') Non riferirò [le bugie che racconta la gente] [al mio amico]
'Ich werde die Lügen, die die Leute erzählen, nicht meinem Freund wiedergeben'

(29) Non riferirò [le bugie] [al mio amico]
'Ich werde meinem Freund die Lügen nicht wiedergeben'

Das **Prinzip der größtmöglichen Nähe** ist ein Prinzip der Verständlichkeit. Es besagt, daß ein Adjunkt möglichst nahe bei der Konstituente stehen soll, über die es etwas aussagt. Nach diesem Prinzip ist z.B. (30) besser als (30'):

(30) [Ridendo e scherzando] **gli amici** s'accinsero a lasciare il ristorante, quando l'oste s'accorse che non avevano pagato
'Scherzend und lachend schicken sich die Freunde an, das Restaurant zu verlassen, als der Wirt merkte, daß sie nicht bezahlt hatten'

(30') **Gli amici** s'accinsero a lasciare il ristorante, quando l'oste s'accorse che non avevano pagato, [ridendo e scherzando]
'Die Freunde schickten sich an, das Restaurant zu verlassen, als der Wirt merkte, daß sie nicht bezahlt hatten, scherzend und lachend'

Das **Prinzip der Reliefgebung** dient der Organisation der Diskurswelt, vor allem von erzählenden Texten, in einen Hintergrund und einen Vordergrund.

Es kann nicht nur durch den Tempusgebrauch realisiert werden (s. 4.4.), sondern auch durch die lineare Anordnung von Gliedsätzen nach dem Grundsatz: "erst der Hintergrund, dann der Vordergrund". In (31) z.B. bildet der Sachverhalt 'die Arbeiter luden den Lastwagen ab' den Hintergrund für den Sachverhalt 'zu diesem Zeitpunkt kam der Chef':

(31) Gli operai stavano scaricando il camion, quando arrivò il capo
'Die Arbeiter waren dabei, den Lastwagen abzuladen, als der Chef kam'

N.B. Die reliefgebende Funktion der linearen Anordnung ist dem Reliefwert des Tempusgebrauchs untergeordnet. In einem Satz wie (31') bildet der erste Gliedsatz keinen Texthintergrund, weil sein Tempus, das einfache Perfekt, ein Vordergrundtempus ist:

(31') Quando arrivò il capo, gli operai stavano scaricando il camion
'Als der Chef kam, waren die Arbeiter dabei, den Lastwagen abzuladen'

Das **Prinzip der ikonischen Deutung** ist ein textsemantisches Prinzip. Es besagt u.a., daß eine Abfolge von Konstituenten (oder anderen Einheiten) als eine Abfolge der durch sie bezeichneten Ereignisse gedeutet werden kann; vgl. z.B.:

b. Guardò l'orologio e uscì dall'ufficio
'Er sah auf die Uhr und verließ das Büro'

Weil es diese konkurrierenden Faktoren für die lineare Abfolge gibt, kann die Kennzeichnung des Rhemas durch das Prinzip "Rhema nach rechts" nicht lückenlos erfolgen.

7.1.3. Der Akzent

Nach dem oben formulierten allgemeinen Prinzip trägt die rhematisierte Konstituente innerhalb des Ausdrucks, dessen Teil sie ist, den Hauptakzent. Wenn sie unmittelbar Teil des Satzes ist, trägt sie daher den Satzakzent. Da die rhematisierte Konstituente am Satzende steht, liegt bei einer in Thema und Rhema gegliederten Äußerung der Satzakzent auf der letzten Konstituente des Satzes; s. z.B.:

(33) In biblioteca ci vado **do**po
    'In die Bibliothek gehe ich später'

Die folgende schematische Darstellung soll diese Verhältnisse veranschaulichen:

(33')

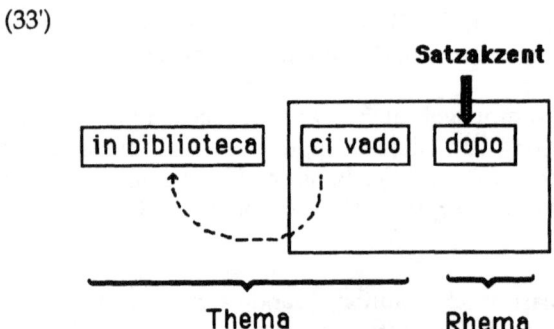

Aber auch bei einer nicht in Thema und Rhema gegliederten Äußerung liegt im unmarkierten Falle der Hauptakzent auf der letzten Konstituente. Wenn die rhematisierte Konstituente bereits unmarkiert am Satzende steht, wird zur Signalisierung des Rhemas ein verstärkter Satzakzent realisiert; vgl. z.B. die beiden graphischen Analysen von:

(34) Vado in biblioteca
    'Ich gehe in die Bibliothek'

(34')

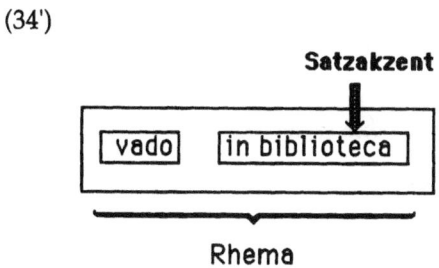

(34")

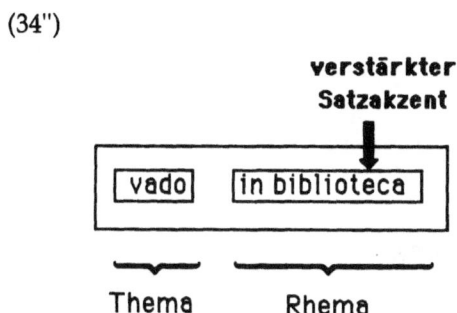

Dies gilt analog auch unter der Satzebene: Ein identifizierendes, also kommunikativ stark gewichtetes Adjektiv steht rechts vom Nomen und bekommt somit den Hauptakzent; s. z.B.:

(35) una persona gentile
'ein netter Mensch'

Der Hauptakzent einer Nominalphrase liegt aber auch unmarkiert an ihrem Ende; s. z.B. (36), wo die Adjektivphrase möglicherweise nur aufgrund des Prinzips der wachsenden Glieder rechts vom Nomen steht:

(36) un tempo leggermente meno **mosso**
'ein etwas weniger bewegter Satz'

Das Prinzip, demzufolge die rhematisierte Konstituente den Hauptakzent des Ausdrucks trägt, dessen Teil sie ist, muß also präzisiert werden zu: Die rhematisierte Konstituente trägt innerhalb des Ausdrucks, dessen Teil sie ist, den (gegebenenfalls verstärkten) Hauptakzent.

N.B. Die Redeweise, daß eine Konstituente den Hauptakzent trägt, ist ungenau: Den Akzent trägt nicht eine Konstituente, sondern eine Silbe, und der Akzent ist definiert als etwas, was eine Silbe aus einer Silbengruppe heraushebt.

Die für den Akzent relevanten Silbengruppen sind aber (zumindest partiell) durch die Konstituentenstruktur bedingt. Unter dieser Voraussetzung läßt sich die **Zuweisung des Hauptakzents** im It. wie folgt skizzieren:

Jedes nicht-klitische Wort hat einen lexikalisch festgelegten **Wortakzent**; z.B.:

    (37)   te, lo, spiegherò, quando, sarai, grande

Treten die Wörter in einer Konstituente auf, so wird der **Wortakzent des letzten Wortes** zum **Hauptakzent der Konstituente**; s. z.B.:

    (38)   te lo sphiegherò
             'ich werde es dir erklären'

    (39)   quando sarai grande
             'wenn du groß sein wirst'

Werden mehrere Konstituenten zum Satz verbunden, so wird im unmarkierten Fall der **Hauptakzent der letzten Konstituente** zum **Hauptakzent des Satzes**; s. z.B.:

    (40)   [[Te lo spiegherò] [quando sarai **grande**]]
             'Ich werde es dir erklären, wenn du groß bist'

7.2. Der kontrastive Fokus

Der kontrastive Fokus wird ebenfalls durch das Zusammenspiel von Syntax und Intonation signalisiert. Es gelten die folgenden allgemeinen Prinzipien:

- die fokussierte Konstituente kann abweichend von der unmarkierten Grundstellung an den Anfang des Satzes gestellt werden, in gespaltenen Sätzen als Komplement von *essere* 'sein' stehen oder im Fokus der einschränkenden Negation mit *non...che* liegen
- sie trägt immer den Hauptakzent des Satzes

7.2.1. Die syntaktischen Signale

Ein Signal des kontrastiven Fokus besteht darin, die betreffende Konstituente abweichend von der unmarkierten Grundstellung an den **Satzanfang** zu stellen. Dieses Signal kann dann verwendet werden, wenn der kontrastive Fokus dem Widerspruch oder der Korrektur dient. - Beispiele sind:

    (41)   L'aereo arriva alle due. - No, alle **tre** arriva.
             'Das Flugzeug kommt um zwei Uhr an. - Nein, um drei kommt es an.'

    (42)   E' stato abbastanza coraggioso. - No, sfa**cci**ato è stato.
             'Er war ziemlich mutig. - Nein, unverschämt war er.'

N.B. Diese Konstruktion wird vor allem im Süditalienischen gebraucht. In den anderen Varietäten ist sie ebenfalls möglich; sie drückt dann Ungeduld oder Erregung aus.

N.B. Die Konstruktion ist nicht eindeutig. Sie kann auch der nicht kontrastiven Hervorhebung dienen; vgl. z.B.:

(43) E' stato un affare d'oro. Solo mille lire ho pagato.
'Es war ein sehr günstiger Kauf. Nur 1000 Lire habe ich bezahlt.'

Gespaltene Sätze (zu ihrer Syntax s. auch Kap. I, 8.3.) stellen ebenfalls die den kontrastiven Fokus darstellende Konstituente an den Satzanfang. Der syntaktische Unterschied zur Signalisierung des kontrastiven Fokus durch bloße Anfangsposition besteht darin, daß die fokussierte Konstituente im gespaltenen Satz nicht in ihrer normalen Argumentposition steht. Sie erscheint vielmehr als Argument (syntaktisch: als Komplement) einer strukturell an oberster Stelle stehenden und ihr linear vorhergehenden Kopula.

Beim gespaltenen Satz mit *che* kann die fokussierte Konstituente eine Nominalphrase (44), eine Präpositionalphrase (45) oder ein Adverb (46) sein. Beim gespaltenen Satz mit *a* (47) muß die fokussierte Konstituente eine Nominalphrase sein, und sie muß das Null-Subjekt des Infinitivs kontrollieren. - Beispiele sind:

(44) E' il mio de**na**ro che voleva, non il mio amore
'Mein **Geld** wollte er, nicht meine Liebe'
(wörtl.: 'Es ist mein Geld, das er wollte, ...')

(45) E' a **lui** che bisogna rivolgersi
'An **ihn** muß man sich wenden'
(wörtl.: 'Es ist an ihn, daß man sich wenden muß')

(46) E' **qui** che Cesare fu ucciso
'**Hier** wurde Cäsar getötet'
(wörtl.: 'Es ist hier, daß Cäsar getötet wurde')

(47) Sei stato **tu** a dirglielo?
'Hast **du** es ihm gesagt?'
(wörtl.: 'Warst es du, es ihm zu sagen?')

Zur kontrastiven Fokussierung durch *non... che* s. 6.2.2.1.

7.2.2. Der Akzent

Beim kontrastiven Fokus trägt, wie beim einfachen Rhema, die hervorgehobene Konstituente den Hauptakzent. Da die fokussierte Konstituente nicht am Satzende steht, ist der kontrastive Akzent markiert.

Der kontrastive Akzent tritt obligatorisch mit den unter 7.1.2. aufgeführten syntaktischen Verfahren auf.

Der markierte Akzent kann auch **allein** den kontrastiven Fokus ausdrücken, und zwar in Sätzen, die eine unmarkierte Anordnung haben. Er betrifft dann besonders:

- das finite Verb
- ein infinites Verb
- eine Präposition
- ein Gradadverb
- ein Artikelwort oder einen Postartikel

Beim **finiten Verb** kann das Paradigma, auf das sich der kontrastive Fokus bezieht, ganz normal aus verschiedenen Prädikaten bestehen. Satz (48) z.B. kann so verstanden werden, daß ein Bezug zu dem Paradigma <'wollen' oder 'müssen'> hergestellt wird:

(48) **Vo**glio lavorare
 'Ich **will** arbeiten'

Der Kontext kann dieses Paradigma explizit machen und den Ausschluß des nicht Ausgewählten durch die Negation bezeichnen:

(48') **Vo**glio lavorare, non ci **so**no costretto
 'Ich **will** arbeiten, ich **muß** nicht'

Das Paradigma kann aber auch einfach aus dem Sachverhalt und seiner **Negation** bestehen. Auch dies kann der Kontext explizit machen; vgl. z.B.:

(48") Loro pensano che non voglio lavorare. Invece sbagliano. **Vo**glio lavorare.
 'Die denken, ich will nicht arbeiten. Aber sie irren sich. Ich **will** arbeiten.'

Diese Variante ist vor allem bei der Fokussierung von **Hilfsverben** naheliegend, weil diese nicht in einem lexikalischen Paradigma stehen; s. z.B.:

(49) **Ho** detto la verità
 'Ich **habe** die Wahrheit gesagt'

(50) **E'** dimagrito
 'Er **hat** abgenommen'

Da das finite Verb immer ein Tempus hat, kann durch den kontrastiven Fokus auch ein **Paradigma des Zeitbezugs** aktiviert werden; s. z.B.:

(51) Fra poco i negozi saranno chiusi. - **Sono** già chiusi.
'Bald werden die Geschäfte zu sein. - Sie **sind** schon zu.'

Die anderen Konstituenten haben nur die Standarddeutung, d.h. sie werden nur auf ein aus verschiedenen Prädikaten bestehendes Paradigma bezogen. - Beispiele sind:

a. infinites Verb

(52) Ti conviene nole**ggia**re una macchina, non comprarla
'Du solltest ein Auto **mieten**, nicht kaufen'

(53) Abbiamo nole**ggia**to una macchina
'Wir haben ein Auto **gemietet**'

b. Präposition

(54) I radicali sono **contro** il progetto di legge
'Die Radikalen sind **gegen** den Gesetzesentwurf'

(55) Ci vedremo **do**po il pranzo
'Wir sehen uns **nach** dem Essen'

c. Gradadverb

(56) E' **mol**to più leggera
'Sie ist **viel** leichter'

(57) Costerà al**me**no centomila lire
'Das wird **mindestens** 100 000 L. kosten'

d. Artikelwort oder Postartikel

(58) E' **que**sta strada, non quell'altra
'Es ist **diese** Straße, nicht die andere'

(59) Il palazzo ha **due** ingressi
'Der Wohnblock hat **zwei** Eingänge'

7.3. Die Signale des thematischen Bezuges

Obwohl das Thema nicht als solches gekennzeichnet werden muß, gibt es Signale dafür, daß ein gegebener Gegenstand oder Sachverhalt bereits zur Diskurswelt gehört. Solche Signale werden im Kommunikationsspiel in zwei Funktionen gebraucht.

Die erste besteht darin, bei der Weiterentwicklung eines Gesprächsgegenstandes zu signalisieren, daß von einem neuen Aspekt eines bereits eingeführten Gegenstandes, nicht aber von einem noch nicht eingeführten Gegenstand, die Rede ist. Die dies ausdrückenden sprachlichen Formen sind die **Signale der thematischen Entwicklung**.

Die zweite Funktion besteht darin, einen Sachverhalt, der in einer Argumentation als Begründung vorkommt, als bereits akzeptiert darzustellen, damit das Argument dadurch eine größere Kraft bekommt. Die entsprechenden sprachlichen Formen sind die **Signale der argumentativen Verankerung in der Diskurswelt**.

Ferner gibt es Signale dafür, daß eine Diskurswelt nicht mehr gebraucht wird oder daß kein Bezug zur gerade bestehenden Diskurswelt hergestellt werden soll, daß also der Gesprächsgegenstand abgeschlossen oder geändert wird. Dies sind die **Signale der thematischen Abgrenzung**.

7.3.1. Die Signale der thematischen Entwicklung

Die Signale der thematischen Entwicklung sind z.T. syntaktisch, z.T. lexikalisch. Das syntaktische Standardsignal der thematischen Entwicklung ist die **Linksanbindung**. Im folgenden Beispiel ist von Gemäldesammlungen die Rede. Dann wird von Bildern gesprochen. Die Tatsache, daß es sich bei der Bezugnahme auf die Bilder um eine Entwicklung dieses Gesprächsthemas handelt, wird durch die Linksanbindung signalisiert:

(60) Genova è la città che 15 anni fa ha rifiutato una delle più importanti collezioni di arte contemporanea italiana, solo perché non fu trovata una giusta collocazione come pretendeva il proprietario, l'ingegner Della Ragione, che insisteva a volerla donare a Genova. Il fatto è che l'ingegner Della Ragione non faceva parte dell'establishment genovese ... Genova, in realtà vuole ospitare solo le collezioni delle grandi famiglie locali, che poi **i quadri** non li fanno vedere a nessuno.
(L'Espresso, 15. 2. 1987)
'Genua ist die Stadt, die vor 15 Jahren eine der wichtigsten Sammlungen moderner italienischer Kunst abgelehnt hat, nur weil keine geeignete Unterbringung gefunden wurde, wie sie der Besitzer, der Diplomingenieur Della Ragione verlangte, der sie unbedingt der Stadt Genua schenken wollte. Tatsache ist, daß Della Ragione nicht zum genueser Establishment gehörte. ... Genua will in Wirklichkeit nur die Sammlungen der großen ortsansässigen Familien beherbergen, die dann die Bilder auch noch niemandem zeigen.'

N.B. Die Linksanbindung ist nicht immer ein Signal der thematischen Entwicklung. Wie schon gesagt, kann sie auch einfach die Funktion haben, ein Element nach vorn zu bringen, damit ein anderes in Endstellung stehen und dadurch als Rhema gekennzeichnet werden kann. Sie kann auch mechanisiert sein; s. Kap. I, 8.2.1.

Die pragmatischen Funktionen der übrigen Anbindungsarten sind die folgenden:
Die **Rechtsanbindung** benutzt man typischerweise, wenn man die Referenz des klitischen Pronomens zunächst als gesichert behandelt hat, sie dann sozusagen nachträglich noch weiter absichern will. Sie kennzeichnet eine Konstituente als thematisch; s. z.B.:

(61) Sono belle, queste scarpe
'Die sind schön, diese Schuhe'

(62) Li capisco, gli indiani
'Ich verstehe sie, die Indianer'

Die **lose Anbindung** benutzt man typischerweise, um durch eine sozusagen zitierende oder echohafte Wiederholung eines bereits geäußerten Ausdrucks die thematische Kohärenz zu sichern.

Als **lexikalisch-grammatische Signale** der thematischen Entwicklung können folgende Ausdrücke verwendet werden, die in zwei Gruppen zerfallen:

Gruppe a:

rispetto a	'bezüglich'
riguardo a	'bezüglich'
quanto a	'bezüglich'
per quanto concerne	'was ... angeht'
per quanto riguarda	'was ... angeht'
per quanto spetta a	'was ... betrifft'

Diese Ausdrücke regieren eine Nominalphrase. Diese bezeichnet einen Gegenstand, der im Kommunikationsspiel noch nicht oder eine Zeitlang nicht erwähnt wurde. Sie bilden Adjunkte, die am Satzanfang stehen. - Ein Beispiel ist:

(63) Questo impianto è modernissimo. E' molto efficace e corrisponde alle più severe norme di sicurezza. E' da escludere qualsiasi danno ambientale. **Quanto ai costi di manutenzione**, sono minimi: il sistema funziona da sé e ed è praticamente indistruttibile.
'Diese Anlage ist hochmodern. Sie ist äußerst wirkungsvoll und genügt den strengsten Sicherheitsnormen. Jede Schädigung der Umwelt ist auszuschließen. Was die Unterhaltungskosten angeht, sind sie sehr gering: Das System funktioniert von selbst und ist praktisch unzerstörbar.'

Gruppe b:

d'altronde	'übrigens'
del resto	'übrigens'

Diese Ausdrücke sind Adjunkte. Sie stehen typischerweise am Anfang des Satzes. Der Rest des Satzes bezeichnet einen Sachverhalt, der noch nicht zur Diskurswelt gehört, der aber in einem sachlichen Zusammenhang mit ihr steht. - Sätze, die diese Signale enthalten, wirken abschließend. Sie kommen deshalb typischerweise entweder am Textende oder als Einschübe vor.

N.B. Der Bezugnahme auf bereits Bekanntes oder Erwähntes kann auch ein Nebensatz mit *come* 'wie' dienen; s. 3.5.

7.3.2. Die Signale der argumentativen Verankerung in der Diskurswelt

Die Junktoren von Kausalsätzen zerfallen unter dem Gesichtspunkt ihrer Funktion im Kommunikationsspiel in zwei Gruppen, nämlich:

Gruppe a:

> *perché*   'weil'
> *ché*   'denn'

Gruppe b:

> *poiché*   'da ja'
> *siccome*   'da'
> *dato che*   'da'
> *visto che*   'da'
> *premesso che*   'in Anbetracht der Tatsache, daß'

Die Junktoren der **Gruppe a** sind im Hinblick auf den thematischen Bezug **neutral**. Die Kausalsätze mit *perché* stehen vorzugsweise, die mit *ché* stehen immer rechts vom Hauptsatz. - Beispiele sind:

(64) Non leggo più quel giornale **perché** è pieno di pettegolezzi e poco affidabile
'Ich lese diese Zeitung nicht mehr, weil sie geschwätzig und unzuverlässig ist'

(65) Devo andare, **ché** è tardi
'Ich muß gehen, denn es ist spät'

Die Junktoren der **Gruppe b** hingegen signalisieren, daß der betreffende Sachverhalt bereits zur Diskurswelt gehört und daß nur die kausale Relation als solche zur Aufnahme in die Diskurswelt angeboten wird.

Die durch sie eingeleiteten Nebensätze stehen vorzugsweise links vom Hauptsatz. Sie können aber auch rechts stehen, vor allem wenn der Junktor *poiché* ist. Sie werden dann relativ schnell und unbetont gesprochen. - Beispiele sind:

(66) **Poiché** Gianni è amico tuo, vallo a trovare
'Da Gianni ein Freund von dir ist, geh du zu ihm'

(67) Vallo a trovare tu, **poiché** è amico tuo
'Geh du zu ihm, da er ein Freund von dir ist'

(68) **Visto** che Lei non ha pagato la quota, non riceverà più la rivista
'Da Sie den Beitrag nicht gezahlt haben, bekommen Sie die Zeitschrift nicht mehr'

7.3.3. Die Signale der thematischen Abgrenzung

Wenn ein Kommunikationsspiel endet, wird die Diskurswelt (bis auf weiteres) abgeschlossen. Deshalb braucht es in diesem Fall keine Signale für den **Abschluß der Diskurswelt** zu geben.

Allerdings kann es wichtig sein, den **Abschluß des Kommunikationsspiels** explizit zu machen. Dies gilt vor allem dann, wenn ein Gespräch auf die Initiative eines der Gesprächspartner zurückgeht und wenn es für diesen einen präzisen inhaltlichen Zweck hatte. In einem solchen Falle kann der Initiant des Gesprächs am Ende sagen:

(69) Tutto qui
'Das ist alles'
(wörtl.: 'Alles hier')

Dieselbe Formulierung kann der andere Gesprächspartner zu einer Frage benutzen:

(70) Tutto qui?
'War's das?'

Im Verlauf eines Kommunikationsspiels können aber auch **mehrere Spielfelder** verwendet werden. Das heißt, die Kommunikationspartner können die Erstellung einer Diskurswelt beenden und mit der Erstellung einer anderen beginnen. Sie können auch die Erstellung einer Diskurswelt unterbrechen, eine andere aktivieren und dann zur ersten zurückkehren. Die folgenden Schemata sollen dies veranschaulichen:

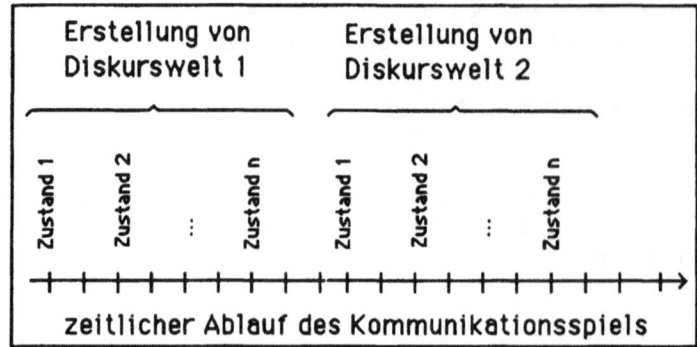

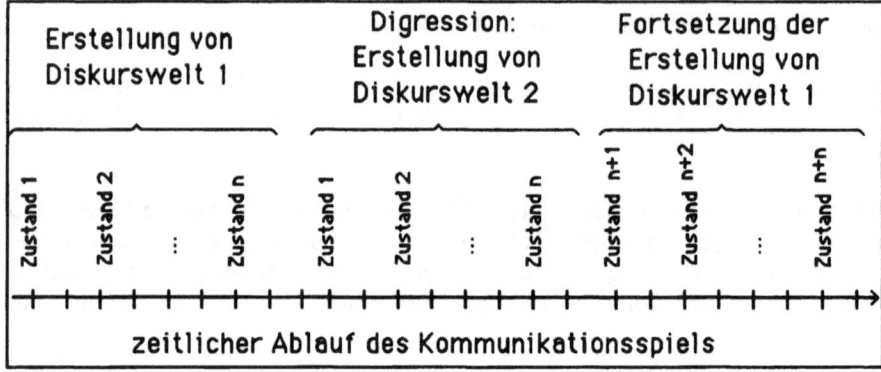

Es kann wichtig sein, solche Übergänge zwischen Diskurswelten zu signalisieren. Dies kann mit nicht-grammatischen Mitteln geschehen, vor allem durch explizite Feststellung ('jetzt möchte ich etwas sagen, was eigentlich nicht hierhin gehört'), und, in der schriftlichen Rede, durch Überschriften und durch das Schriftbild.

Die grammatischen Mittel sind:

Die **Einführung einer neuen Diskurswelt** kann im Dialog durch eine Frage erfolgen. Der Übergang wird durch den Junktor *e* 'und' durch die Nennung eines für die neue Diskurswelt zentralen Gegenstandes signalisiert. Ein Beispiel ist folgendes: Angenommen A und B haben sich getroffen, nachdem sie sich eine Zeitlang nicht gesehen hatten. Sie haben verschiedene Neuigkeiten ausgetauscht und zuletzt über Bs Arbeit gesprochen. Nun äußert A:

    (71)   E la pallavolo? Sei sempre attivo?
              'Und der Volleyball? Bist du weiter aktiv?'

Dieses Verfahren setzt allerdings voraus, daß zwischen den Diskurswelten irgendein Zusammenhang besteht. Im vorliegenden Beispiel ist der Zusammenhang durch den

Wunsch gegeben, das Wissen übereinander auf den neuesten Stand zu bringen. Der Übergang zur thematischen Weiterentwicklung (s. 7.3.1.) ist fließend.

Das **vorübergehende Verlassen der Diskurswelt** kann durch den Ausdruck *a proposito* 'à propos' signalisiert werden. Ein Beispiel ist folgendes: A und B haben ihre Unterhaltung weitergeführt. Sie sind jetzt beim Thema Volleyball, und B hat gerade erzählt, daß er am Tage zuvor an einem Turnier in Courmayeur teilgenommen hat. A fragt nun:

(72) **A proposito**, c'era ancora la neve?
'A propos, lag da noch Schnee?'

Durch den Gebrauch von *a proposito* gibt A zu erkennen, daß er bereit ist, alsbald zum ursprünglichen Gegenstand der Unterhaltung zurückzukehren.

Auch in diesem Beispiel liegt eine gewisse Verbindung zur vorausgehenden Diskurswelt vor. Sie ist aber eher assoziativ.

N.B. Die Verfahren zur thematischen Weiterentwicklung und zur thematischen Abgrenzung sind noch weitgehend unerforscht. Sicher ist allerdings, daß es konventionalisierte Signale zur Kontrolle des thematischen Verlaufs der Rede gibt und daß die hier behandelten Phänomene zu ihnen gehören.

Wort- und Sachindex

a 150; 261; 293
   Modifikatoren mit *a* (s. z.B. *bistecca ai ferri*) 314
a- 499; 555; 563; 568; 575
abbastanza 670; 673
-ábil- 593
Abkürzung
   Buchstaben~ 618
   Graphie der ~en 619
   Silben~ 618
Abstraktion 172
a causa di 297
accanto a 296; 304
-ácchi- 557
-ácci- 516; 517
Accusativus cum Infinitivo (AcI) 416
a confronto di 297
a contare da 298
ad- 563
-ád- 506
addirittura 73
a-Deklination 9; 223
adesso 282; 329; 715
a destra di 304
a differenza di 297
Adjektiv 221
   ~e als selbständige Äußerungen 249
   ~e, die einen *che*-Satz zu sich nehmen 366
   ~e in nominaler Verwendung 248
   aus Nomina abgeleitete echte ~e 580
   Bildung von ~en aus Adjektiven 572
   Bildung von ~en aus Nomina 580
   Bildung von ~en aus Verben 592
   Bildung von ~en aus Zahlwörtern 599
   diminutive ~e 578
   Dispositions~e 593
   elative ~e 579
   Elision beim ~ 224; 225
   ethnische ~e 571; 580; 587
   Flexionsklassen des ~s 223
   Formen des ~s 223
   Genus und Numerus des ~s 223
   Kongruenz des ~s 221
   Kurzformen des ~s 224
   nominale Verwendung des ~s 248
   pejorative ~e 579
   Präfigierung des ~s 576
   prototypische ~e 670
   quantifizierende ~e 655; 664
   relationale ~e 144
   Relations~e 245; 580; 584; 781
   relative ~e 672; 678
   Steigerung des ~s 226
   Stellung des attributiven ~s 244; 780
   synthetische Steigerungsformen 226
   telische ~e 669
   typische ~e 144; 222
   untypische ~e 223
   Valenz des ~s 232
Adjektivphrase 144; 221
   ~ als Adjunkt 222; 246
   ~ als Erweiterung der Nominalphrase 67
   ~ als Komplement der Kopula 221
   ~ als Modifikator 221
   adverbiale ~n 246
   attributiver Gebrauch der ~ 243
   Erweiterung der ~ durch Adjunkte 240
   Erweiterung der ~ durch Adverbien 228
   Erweiterung der ~ durch Obliquen und Komplemente 232
   innere Struktur der ~ 227
   koordinierte ~n 481
   numerisch quantifizierte ~ 243
   prädikativer Gebrauch der ~ 246
   Rollen der ~ im Satz 243
Adjunkt 79; 118; 259; 302
   ~ als Erweiterung der Adjektivphrase 240
   ~ als grammatische Funktion 117
   Stellung der ~e 377
Adjunktsatz 438; 750; 752
   angebundener ~ 446
   Junktoren für Adjunktsätze 438
   koordinierter ~ 476
   lineare Anordnung der Adjunktsätze 445
   Modalität im ~ 750; 756
   Modus im ~ 444
Adverb 251; 263
   adverbiale Verwendung der Wochentagsnamen 253
   Adverbien als Argumente des Verbs 291
   Adverbien als höhere Prädikate 274
   Adverbien als Kommentare 289
   Adverbien als Konnektive 284
   Adverbien als Teil der Präpositionalphrase 260
   Adverbien der Art und Weise 275
   Adverbien des räumlichen Rahmens 279
   Adverbien des zeitlichen Rahmens 282

Angabe von Frequenz und Rhythmus durch Adverbien 283
Bildung von Adverbien aus Adjektiven 600
einfache Gradadverbien 228
Frequenzadverbien 230
Grad~ 275
Grad~ als Erweiterung der Adverbphrase 252
Intensität bezeichnende Adverbien 275
Lokaladverbien 291
Ortsadverbien 259; 260
Pronominaladverbien 329
Rolle des ~s im Satz 253
Skopus des ~s 265
Stellung des ~s in zusammengesetzten Tempora und im Passiv 254
temporaldeiktische Adverbien 700
vergleichende Gradadverbien 229
Zeitadverbien 260
Adverbial
Verstärkungs~e 772
Adverboid 268
Adverbien und ~e als Konnektive 284
Adverbphrase 251
~ als Teil der Verbalphrase 254
~ als Teil einer Adjektivphrase oder einer anderen ~ 268
~n als unmittelbare Konstituenten des Satzes 263
Erweiterungen der ~ 251
grammatische Funktionen der ~ innerhalb der Verbalphrase 258
Kookkurrenz von ~n im Satz 270
koordinierte ~n 481
prosodische Gestalt der ~ 263
Rollen von ~ und Adverb im Satz 254
semantische Rollen der ~ im Satz 274
Stellung der ~ im Satz 254
Adversativsatz
Modalität der Einstellung im ~ 737
affatto 772
affinché 442
Affix 486
Derivations~e 486
Flexions~e 486
a fianco di 297
a forza di 297
Agens 116
Bezeichnung des ~ durch *da parte di* 19
-ággi- 519; 525
-ággin- 541; 542
-ágli- 508
a guisa di 297

-ái- 491; 501; 502; 508; 509; 547
-aiól- 504
Aktionsart 720
Aktzeit 701
Akzent 489; 784
~verhältnisse beim Verb 93
~verhältnisse im Satz 686; 690
kontrastiver ~ 787
Satz~ 784
Wort~ 786
Zuweisung des Haupt~s 786
-ál- 585
alcun- 32; 647; 660; 661; 768
all'esterno (di) 297; 304
al limite 288
all'interno di 297; 304
allora 285; 329; 714
allorché 439
al massimo 288
almeno 73; 269; 288
als vs *wenn* 447
Alternanz 10
altr- 40; 51; 53; 58; 59; 60
altrettant- 32; 670; 673; 676
altro 327; 765
altrove 281
-ám- 508
ambedue 35; 338; 663
ambo 35; 660; 663
a meno che 752
a modo di 297
ammettere 751
ammontare a 679
-án- 504; 589
Anapher 636
anaphorische Ausdrücke 645
Suchumgebung der anaphorischen Ausdrücke 636
Anbindung 378; 380
angebundene Komplementsätze 433
Links~ 780; 790
lose ~ 791
Rechts~ 791
anche 269; 286
anche se 441; 738
ancora 287
ancorché 441
andare 180
andarsene 182
Anrede 52; 330; 400; 544
~ in Briefen 69
~ mit *voi* vs. ~ mit *Lei* 332
~ mit dem bloßen Titel 68
bewertende ~ von Personen 248

Gebrauch des possessiven Postartikels
   in der ~ 52
-ánt- 504; 532; 598
ante- 495
Antezedens 449; 636
anti- 497; 576
-ánz- / -énz- 519; 526
anzi 288; 471
anziché 443
a pagamento 300
a partire da 298
Appellative 61
   Fehlen des Artikels bei ~n 64
appena 288; 716
Apposition 67; 80; 471
   ~ als Erweiterung der Nominalphrase
      68
   artikellose ~ 68
a proposito 795
-ár- 501; 584
arci- 497
Argument 116
Argumenttilgung 171
-ári- 491; 501; 502; 586
Artikel 23
   ~ bei den Eigennamen 641
   bestimmte ~ 641
   bestimmter ~ bei Verwandtschafts-
      bezeichnungen und Bezeichnungen von
      Körperteilen und Gegenständen 38
   Fehlen des ~s bei Appellativen 64
   Fehlen des ~s bei Eigennamen 61
   partitive ~ 53
   Teilungs~ 64; 647; 658
   unbestimmte ~ 24; 647; 650
   verschmolzene ~formen 28
Artikelwörter 23
   ~ bei den verschiedenen Gegenstands-
      klassen 625
   definite ~ 51
   Elision 26
   Flexion der ~ 24
   Formenbestand der ~ 29
   indefinite ~ 51
   Kurzformen der ~ 24
   Plural der ~ 26
   volle Form der ~ 25
a sinistra di 304
Aspekt 220, 718
   ~information im komplexen Satz und
      im Text 722
   ~periphrasen mit *andare* bzw. *venire*
      plus Gerundium 220
   imperfektiver ~ 719

perfektiver ~ 719
periphrastische ~formen 201
Zusammenspiel der aspektuellen
   Tempuswerte mit der Aktionsart 720
assieme a 296
assolutamente 358; 669; 772
-ástr- 516; 517; 579
-át- 505; 506; 509; 583
Aufforderungssatz 395
Augmentativ 516
Ausrufesatz 397
   Ausrufesätze mit Kopulaverb 144
   ~ ohne Verb 335
autentico 674
Auxiliarität 194
avan- 495
avere 196
-ázz- 557
Basis 486
bello 26; 224
   Plural 26
benché 439; 732; 737
bene 278
bere 149
Bewertung
   ~ eines Sachverhalts 729
Bezugnahme
   negative ~ 756; 758
   positive ~ 756
bi- 498
buono 224; 226
caso mai 752
cattivo 226
cert- 42; 54; 58; 59; 649; 660
certamente 290; 772
certo 757; 772
che 33; 336; 389; 390; 393; 429; 430; 740
   ~ als Interrogativpronomen 390
   ~ als Junktor 412
   ~ als Junktor der Ungleichheit 687
   ~ als Relativsatzjunktor 452
   ~ plus Adjektiv oder Nomen im Aus-
      rufesatz 398
   Satzkomplement mit ~ 233; 240; 252
ché 444; 792
checché 442
checchessia 327
che cosa 389; 390; 429
che razza di plus Nomen 393
che tipo di plus Nomen 393
chi 389; 390; 428; 461; 464
chicché 442
chicchessia 327
chilo 667

chiunque 327; 442; 444; 461; 465; 732
ci 281; 322; 329; 353; 354; 632
  ~ als Pronominaladverb 349
  ~ als Personalpronomen 348
ciascun- 32; 327; 338; 660; 662
ciò 74; 334; 335
  ~ als Antezedens eines restriktiven Relativsatzes 335
ciò che 465
cioè 471
circa 653
circum- 576
cis- 576
co- 556
col- 556
-color- 617
colui 324
com- 556
come 293; 391; 431; 439; 461; 676; 686
come dire 673
come mai 392
come no 757
cominciare 153
completamente 669
comprare 149
comprendere 682
comunque 329; 442
con 151; 293
con- 496; 556
concernente 299
consecutio temporum 711 (s. auch Zeitenfolge)
conseguentemente 285
consumare 149
contare 682
contro 151; 293
contro- 497
convincere 155
cosa 390
così 285; 329; 419; 421; 676; 678; 743; 744
  ~ im Ausrufesatz 397
così che 743
cosiddetto 781
così tanto 419; 657
costare 679
costui 324
credere 153; 692
cui 336; 452
da 262; 293; 392
  Modifikatoren mit ~ (s. z.B. *la ragazza dal vestito rosso*) 315
dacché 441; 448
d'altronde 791
da nessuna parte 358

da parte di 19; 136
dappertutto 281; 662
Dativ
  ~ des Betroffenseins 176; 352
  ethischer ~ 190
dato che 439; 792
davanti 293; 329
davanti a 150; 296; 304
davvero 772
de- 553; 566
Definitheit
  ~ zum Ausdruck des Enthaltenseins in der Diskurswelt 645
  ~ zum Ausdruck latenter Präsenz 642
Deixis 636
Deklinationsklassen 9
del resto 791
del tutto 772
Demonstrativa 23
Demonstrativpronomen 324; 632
  nominal verwendete Demonstrativpronomina 335
dentro 305; 329
Derivat
  Betonung der ~e 604
  Genus des ~s 495; 501
Derivation 488; 494
  Akzentregeln in der ~ 489
  Beschränkungen der ~ 602
  ~ durch Präfixe 494
  ~ durch Suffixe 499
  Interaktion der ~sregeln 601
  semantische Relationen zwischen Basis und Derivat in der ~ von Adjektiven 572
  semantische Relationen zwischen Basis und Derivat in der ~ von Nomina 500; 529
  spezifizierende ~ 499
  umkategorisierende ~ 499
d'estate 302
di 151; 260; 293
  ~ als Junktor der Ungleichheit 687
  Modifikatoren mit *di* (s. z.B. *la casa di mia sorella*) 312
di- 562
dietro 150; 293; 329
dietro a 305
dietro ricetta 300
di frequente 283
di fronte a 297; 305
di giorno 302
*di-*Komplemente 18
di maniera che 734; 743

Diminutiv 511
di modo che 439; 734; 743; 744
di niente 770
di notte 302
dipingere 148
di rado 283; 662
dirimpetto 297
dis- 499; 553; 561
Diskurswelt 623; 775
    Einführung einer neuen ~ 794
    Kontrolle der ~ 621; 638
    Signale der argumentativen Verankerung in der ~ 790
    vorübergehendes Verlassen der ~ 795
Dislokation 380 (s. Anbindung)
divenire 138; 142; 146
diventare 138; 142; 146; 692
divers- 43; 54; 58; 59; 649; 660
diversamente 676
diverso 676
domani 282
domani l'altro 282
dopo 293; 305; 329; 715; 717
dopo- 496
dopo che 439
dopodomani 282
dove 281; 389; 391; 430; 438; 442; 461
    ~ als Relativsatzjunktor 452
dovere 201
dovunque 442; 461
dunque 285
durante 299
e 470; 472
    e ... e 472
eccetto 299
ecco 342; 638
Echofrage 337; 390; 437
e come! 758
e-Deklination 9; 223; 454
-éggi- 566; 571
egli 334
eh 758
Eigenname 625
    Artikel bei den ~n 641
    Fehlen des Artikels bei ~n 61
Elativ 44; 226; 673; 674; 684
    elativische Ausdrücke (s. z.B. *pieno zeppo*) 673
Elision 26; 32
    ~sformen des Adjektivs 224
-éll- 511; 514
Ella 331
ella 334
Ellipse 174; 399

Endung 83
    ~en der Verbformen 103
-énn- 599
-éns- 591
-ént- 532; 598
entrambi 35; 338
entro 293; 305
-énz- 519; 526
-(er)éll- 557
-erí- 504; 506; 535; 543
-és- 590
-ésc- 583; 585
-ésim- 543; 599; 600
-éss- 517
essere 138; 142; 145; 150; 151; 180; 195; 197
esso 334
-ét- 507
-étt- 511; 512; 557
etto 667
eventuale 781
eventualità 751
evidentemente 772
-évol- 596
extra- 576
-ézz- 537
fa
    ~ in Ausdrücken des Typs *poco fa* 716
Familienname
    ~ als Erweiterung der Nominalphrase 68
fare 138; 144; 148; 190; 415
fare sì che 415
farsi 138; 144; 147
Figurati! 770
-fil- 617
filo- 576
finalmente 285
Finalsatz
    Modalität des Willens in Finalsätzen 743
fin che, fino a che 443
finché 439; 443; 444; 744
finché (non) 732
fino 304
fino a 262; 296
Flexion
    ~sendungen des Verbs 108
    ~sklassen des Adjektivs 223
Fokus
    kontrastiver ~ 776; 786
-form- 617
forse 269
fortunatamente 290
fra 150; 293; 304

Fragesatz 387
    indirekte Fragesätze 426; 755
francamente 772
fra poco 282
frequente 682
fuori 329
fuori- 497
fuori servizio 300
Futur 111; 704; 713; 754
    einfaches ~ 712; 740
    ~ zur höflichen Abschwächung 754
    zusammengesetztes ~ 708
Gattung 623; 642
    Benennungen für Gattungen 626
Gegenstand 622
    in der Diskurswelt enthaltene und latent präsente Gegenstände 639
    Referieren auf Gegenstände 622
    Typologie der Gegenstände 623
    zur Aufnahme in die Diskurswelt präsentierte Gegenstände 640
Genus 8; 13-16
    ~ der koordinierten Nominalphrasen 479
Gerundialkonstruktion
    adversative Interpretation der ~ 218
    ~ der Art und Weise 217
    kausale Interpretation der ~ 218
    konditionale Interpretation der ~ 218
    konsekutive Interpretation der ~ 218
Gerundium 202; 217; 687
    stare plus Gerundium 716
    absolutes ~ 219
    einfaches ~ 711
    gerundiale Verlaufsform mit *stare* 202
    Gerundialstämme 100
    subjektloses ~ 219
    Valenz des ~s 219
    zusammengesetztes ~ 711
gespaltener Satz 383; 787
già 287; 757
giacché 439; 446
giù 329
Gleichzeitigkeit 416; 702; 704; 712; 748
gli 352
Grad
    ~ des Bestehens von Eigenschaften 651; 668
    ~ des Zutreffens eines Prädikats 651; 668; 673
    Referenz auf ~e 651; 668
Gradadverbien 228; 275
    (s. auch Adverb)
Graduierung s. Skala, Grad

-graf- 617
grammatische Funktionen 6; 117
grammatische Kategorien
    Funktion der ~ bei den Verfahren des Zeigens 634
grammo 667
grande 224; 226
gran parte di 661
Grußformeln 406
Hauptsatz 751
    kontrafaktische Modalität im ~ 746
    Modalität der Ungewißheit im ~ 753
    unechte Hauptsätze 740
    Modalität des Willens und der Notwendigkeit im ~ 739
    semantische Relationen zwischen Haupt- und Nebensatz 440
Hecken 673
Hilfsverb 194; 220
    Fokussierung von Hilfsverben 788
    Selektion zwischen *essere* und *avere* 197
    stare, andare und *venire* als ~en 220
Höflichkeitsformen
    pronominale ~ 330
hypothetische Satzgefüge 748
-í- 519; 527; 538; 543
-ián- 591
-iatr- 617
-íbil- 593
-íc- 588
-ícchi- 557
(i)cín- 512
-iér- 501; 502
ieri 282
ieri l'altro 282
-ific- 565
-ífic- 571; 584
-ifíci- 505
-ígi- 543
-íl- 508; 509; 586
il che 466
Imperativ 106; 115; 731
    negierter ~ der 2. Person Singular 115
Imperfekt 111; 703; 711; 713; 722
importante 682
in 150; 262; 293; 304
in- 498; 556; 562; 566; 569; 574
-ín- 501; 503; 511; 533; 546; 578; 587; 673
in cambio di 297
in cima a 297; 305
in conseguenza di 297
Indefinitpronomen 326; 337; 763
    negative Indefinitpronomina 762

Indikativ 444; 712; 731; 744
Individuum 623
   Benennungen für einfache Individuen 623; 625
   Individuenname 625
indubbiamente 772
in faccia a 297; 305
inferiore 682
infinite Verbformen
   zeitreferentielle Deutung der infiniten Verbformen 709
Infinitiv 20; 202; 204; 206
   bloßer ~ 20
   einfacher ~ 709
   ~ als angebundenes Verb 210
   ~ als Kopf einer Nominalphrase 206; 210
   ~ als negierter Imperativ der 2. Person Singular 210
   ~ als Prädikat allgemein gehaltener Aufforderungssätze 210
   ~ in Definitionen und als Zitierform 210
   ~ mit *di* 167
   ~ Präsens als Zitierform des Verbs 204
   konsekutiver ~ 42
   Rollen des ~s im Satz 207
   zusammengesetzter ~ 710
Infinitivkomplement 20; 152; 208
   Ellipse des ~s 176
   ~ mit *da* 154; 161; 165; 170; 238
   ~ mit *a* 154; 160; 164; 169; 238
   ~ mit *di* 154; 158; 163; 168; 236
   ~ ohne Präposition 154; 156; 162; 166
   interrogative ~e 209
   Kontrolle über das ~ 154 (s. auch Subjekt-, Objekt- und Obliquuskontrolle)
   präpositionsloses ~ 232
Infinitivkonstruktion
   ~ als Erweiterung der Nominalphrase 70
   relative ~en 467
in luogo di 297
in maniera che 439; 744
in merito a 297
in mezzo a 297; 305
inoltre 295
in prestito 300
insieme 352; 682
insieme a 296
inter- 496; 556; 576
Interjektion 401
Interrogation
   partielle ~ 388
   totale ~ 387
Interrogativpronomen 325; 337; 388
   adnominales ~ 393
   adverbiales ~ 391
   nominales ~ 390
Intonation s. Akzent
intorno a 304
intra- 576
invece 269; 288
io 334
iper- 497
ipotesi 751
Irrealis 746 (s. auch Modalität des Kontrafaktischen)
-íssim 226
-ísm- 542
-íst- 501; 503; 591
-ístic- 589
-ít- 527; 617
-ità 538; 603
-itù 539
-itúdin- 540
-ív- 587
-ízi- 538
-ízz- 564; 566; 570
Junktor 21; 409; 450
   Bedeutung einzelner ~en 464
   Distribution der ~en für Relativsätze 455
   Distribution und grammatische Funktionen der ~en der freien Pronominalsätze 463
   Flektierbarkeit der ~en für Relativsätze 453
   funktionale Rolle des ~s innerhalb des Nebensatzes 441
   grammatische Funktionen der ~en 456
   ~en der freien Pronominalsätze 460; 462
   ~en der Gleichheit 686
   ~en der Ungleichheit 687
   ~en für Adjunktsätze 438
   ~en für Relativsätze 451
   ~en von Kausalsätzen 792
   semantische Rolle des ~s im Nebensatz 442
Kardinalzahlen 655; 689
   Bezeichnungen der ~ 45; 53; 58; 652
kataphorischer Bezug 636
Kausalsatz
   Junktoren von Kausalsätzen 792
Kollektiv 624
   Benennungen für ~e 627
   ~name 627

Kollektivzahlen 654; 656
Komparativ 226; 685
    Bildung des ~s 225
    unregelmäßige Komparative 226
Komparator 675
Komplement 118; 119; 260
    ~ des Nomens 17
    ~ des transitiven Verbs 123
    ~ eines Kopulaverbs 78
    Wahl zwischen *che*- und Infinitiv~ 414
Komplementsatz 21; 240; 412; 749; 751
    ~ als Erweiterung der Nominalphrase 70
    angebundene Komplementsätze 433
    deklarative Komplementsätze 21; 412
    deklarative Komplementsätze als Argumente von Adjektiven 417
    deklarative Komplementsätze als Argumente von Adverbien 421
    deklarative Komplementsätze als Argumente von Nomina 419
    deklarative Komplementsätze als Argumente von Verben 414
    interrogative Komplementsätze 21; 426
    Komplementsätze im Indikativ 713
    Komplementsätze im Konjunktiv 712
    koordinierter ~ 476
    Lexeme, die deklarative Komplementsätze regieren 421
    Lexeme, die einen interrogativen ~ regieren können 431
    Modalität der Ungewißheit in Komplementsätzen 754
    Modalität der Einstellung im ~ 735
    Modalitäten des Willens und der Notwendigkeit in Komplementsätzen 741
    Wahl zwischen *che*-Komplement und Infinitivkomplement 415
Komposition 488; 605
    Adjektiv~ 614
    Akzentregeln in der ~ 490
    ~sverfahren 605
    Verschmelzung lexikalischer Syntagmen als ~ 610
Kompositum
    Betonung der Komposita 607
    Komposita des Typs A-A 614
    Komposita des Typs N-A 610
    Komposita des Typs N (Modifikator)-N 608
    Komposita des Typs N-N (Modifikator) 607
    Komposita des Typs V-N 612
    Orthographie der Komposita 607; 610; 613
Konditional 112; 746; 747
    einfaches ~ 704; 712
    ~ zur höflichen Abschwächung 747
    zusammengesetztes ~ 703; 708; 712; 713
Kongruenz 8; 661
    ~ ad sensum 14; 656; 659; 661
    ~ der Nominalphrase mit der Verbalphrase 76
    ~ des Adjektivs 221
    ~ des Partizips 195
    ~regeln der koordinierten Nominalphrasen 479
Konjunktion (s. auch Junktor)
    nebenordnende ~ 469 (s. auch Koordinator)
Konjunktiv 444; 731; 745
    automatisch lexikalisch ausgelöster ~ 732
    automatisch lexikalisch-syntaktisch ausgelöster ~ 732
    ~ des einfachen Perfekts 712
    ~ des zusammengesetzten Perfekts 713
    ~e, die allein eine Modalität ausdrücken 733
    ~ Plusquamperfekt 713
    ~ Präsens 712
Konnektiv 284
    erwartungsbezogene ~e 287
    ~e der Abfolge 285
    ~e der Folgerung 285
Konsekutivsatz 42
konsonantische Erweiterung 83; 95
    ~ beim Infinitivstamm 95
    ~ beim Perfektstamm 97
Konstituente 6
    koordinierte ~n 478
Kontext 635
    ~ der Äußerung 636
    ~ des Ausdrucks 636
Kontrolle 82; 204
    s. auch Subjekt-, Objekt- und Obliquuskontrolle
Konzeptuelle Modelle in der Wortbildung 490
    Ereignismodell 583
    Inhärenzmodell 581
    Körperteilmodell 583
    Modell der Ereignisabfolge 550

Modell der Gegenstandseigenschaften 509
Modell der Gegenstandskonstitution 506
Modell der gerichteten Bewegung 554; 558; 561
Modell der Zustandsveränderung 551; 566
Tätigkeitsmodell 490; 500; 529; 558; 567; 613
Verursachungsmodell 584
Koordinat 469
Koordination 410; 469
~ von Elementen, die keine Konstituenten sind 483
Koordinator 410; 469
Inventar und Anordnung der ~en 472
Kategorien koordinierter Konstituenten 474
Kopf 6
Kopulaverben 138
~ mit A-Komplement 144
~ mit N-Komplement 140
~ mit P-Komplement 150
grammatische Funktionen der ~ 139
l a
~ in idiomatischen Wendungen (s. z.B. *Ce la fai?*) 351
là 329
laggiù 329
l'altro ieri 282
la maggioranza di 661
la maggior parte di 661
la minoranza di 661
Ländernamen
Fehlen des Artikels bei ~ 63
la qual cosa 466
lasciare 190; 415
lassù 329
le 352
lei 334
Lexikalisierung 491
idiosynkratische ~ 491
~sprozesse 493
lì 329
lo 350; 413
-log- 617
loro 334
lo stesso 441; 738
lui 334
lungo 293; 305
ma 360; 441; 470; 472; 738
macché 770
magari 269; 288; 757

mah 771
mai 282; 358; 363; 366; 763
mal- 499; 597
male 278
malgrado 439; 732; 737; 738
man
Übersetzung von *man* 328
manco 365
mangiare 149
Maßangaben 666; 678
massimo 684
Maßnamen 629
mediante 299
Menge
Angabe der Mächtigkeit von ~n 655; 681
~n und Teil~n 660
meno 226; 670; 673; 676
-ménт- 519; 524
mentre 438; 444
metà 577; 660; 667
meta- 577
-metr- 617
mettere 751
mi 352
mica 358; 363; 367; 764; 768
micro- 497
migliore 677
mini- 497
minimo 684
misurare 679
Modalität 729
~ der bloßen Vermutung 754
~ der distanzierten Redewiedergabe 753
~ der einfachen Annahme 750; 751
~ der Einstellung 735
~ der Notwendigkeit beim Passiv mit *andare* 180
~ der Ungewißheit 751; 753
~ des Kontrafaktischen 746
~en der Verankerung in Willen oder Notwendigkeit 738
~en der Virtualität 745
Modus 103; 731
molt- 43; 53; 58; 649; 655; 661; 664
molti 359
molto 669; 670; 673
mono- 498
Morphem 485
amalgamiertes ~ 88
Grund-~ 485
kontextuelle Variation der ~e 489
~ersatz 587; 589

Motion 518
multi- 498
Nachzeitigkeit 417; 702; 704; 713
nascere 138; 143; 146
naturalmente 290
ne 195; 349; 353; 355; 413; 629; 632
né 358; 368; 472
neanche 286; 288; 358; 365; 764; 765
Nebensatz 409
    Typen von Nebensätzen 412
necessariamente 290
Negation 357; 730; 733
    Abschwächungen der ~ 770
    doppelte ~ 364
    einschränkende ~ 763
    einschränkende ~ durch *non ... che* 362; 763; 764
    ~ durch bloßes *non* 358
    ~ durch Indefinitpronomina 363
    ~ durch *mica* 363
    ~ durch *non ... più* 361
    ~ mit *neanche, nemmeno, neppure* 365
    ~ mit *non...che* 763
    ~en als selbständige, nicht satzhafte Äußerungen 366
    partielle ~ 760
    pragmatische Funktionen der ~ 759
    Präsuppositionen einzelner ~en 764
    semantische Funktionen der ~ 760
    Skopus der ~ 762
    syntaktische Klassen von ~sausdrücken 357
    totale ~ 760
    Verstärkung der ~ 772
nel mezzo di 297
nel passato 716
nemmeno 286; 288; 358; 365; 764; 765
né ... né 368; 470; 472
neppure 269; 286; 365; 764; 765
nessun- 32; 358; 363; 366; 660; 750; 763; 764
    ~ als negativer Indefinitartikel 764
    ~ als Artikelwort 767
niente 72; 358; 363; 366; 763
    ~ als Prädikat 364
no 358; 366; 759; 760; 773
noi 334
Nomen 8; 67
    Bildung von Nomina aus Adjektiven 535
    Bildung von Nomina aus Adverbien 549
    Bildung von Nomina aus Nomina 494
    Bildung von Nomina aus Syntagmen 549

    Bildung von Nomina aus Verben 519
    Bildung von Nomina aus Zahlwörtern 546
    Formen des ~s 9
    Genus des ~s 14
    komplementierbare Nomina 21
    Koordination von Nomina 483
    Maskulina auf *-a* 10
    nicht determiniertes ~ als Erweiterung der Nominalphrase 67
    ~ als Nominalphrase 61
    Nomina mit Kollektivplural 10
    Nominalkomposita 607 (s. auch Kompositum)
    Null-Endungen beim ~ 11
    Numerus des ~s 16
    quantifizierende Nomina 656; 665
    synthetische Nomina 617
    Valenz der Nomina 17
    Veränderungen des Stammes beim ~ 12
Nominalisierung
    ~ ohne Derivationssuffix 543
    reine ~ 519
    reine ~en mit Derivationssuffix 522
    reine ~ des Adjektivs 535
    reine ~en ohne Derivationssuffix 527
Nominalphrase 8; 29
    angebundene ~ 80
    definite ~ 641
    Determination der ~ 640
    Erweiterungen der ~ 66
    freie ~ 81
    Funktionen der ~ 75
    indefinite ~ 64; 647
    innere Struktur der ~ 61
    koordinierte ~n 478
    ~ als Komplement eines Kopulaverbs 78; 140
    ~ mit *come* als Erweiterung der Adjektivphrase 242
    ~n mit pronominalem Kopf 71
non 357; 358
    expletives ~ 361; 688
    Assimilation 357
non- 498
non ... ancora 361
non ... che 362; 764
nonché 472
'*non è vero?*' 759
nonostante 299
nonostante che 439
non ... più 361
non solo ... ma anche 470; 472
normalmente 290

nulla 72; 358; 363; 366
Null-Subjekt 9; 320; 645
    ~ beim Gerundium 219
    ~ beim Infinitiv 213
    ~ beim Partizip Perfekt 195; 215
numero 682
numeroso 682
Numerus 8; 16; 106; 657
    ~ der Stoffnamen 16
    Plural der Eigennamen 16
o 470; 472
Objekt 77; 118; 119; 123; 178
    Ellipse des ~s 175
    nicht-pronominale ~e 77
    ~ des inhärenten Aspekts 177
    Reduktion des ~s durch Reflexivierung 184
Objektkontrolle 163-165; 205
Obliquus 118; 119; 124; 259
    a-~ 125; 130; 166; 168; 169; 174; 234
    come-~ 133
    con-~ 132; 236
    da-~ 235
    di-~ 125; 132; 136; 234
    Ellipse eines *a*-~ 175
    Ellipse eines Lokal-~ 175
    Lokal-~ 126; 134; 174
    per-~ 132
    Reduktion des *a*-~ durch Reflexivierung 183
Obliquuskontrolle 167; 169; 170
o-Deklination 9; 223
oggi 282
oggi come oggi 700
oggigiorno 700
ogni 33; 660; 662; 664
ognuno 327; 338
-*olín*- 512
oltre 293
oltre (a) 304
oltre- 497
-*ón*- 518; 533; 583
o ... o 470; 472; 739
-*ór*- 541
ora 282; 329; 715
oramai 282
Ordinalzahlen 49; 50
    ~ nach Nomina 50
    Bezeichnungen für ~ 49; 654
ormai 282
-*ós*- 581; 583
ossia 472
-*ótt*- 511; 515; 557
ottimo 684

ovunque 281; 461
ovviamente 290; 757; 772
-*par*- 617
Paradigma 776
parecchi- 43; 53; 58; 649; 661
parere 138
parte 660; 667
Partizip 710
    aspektueller Wert des ~s 719
    Kongruenz des ~s 195
Partizipialkonstruktion 212
    absolute und nicht-absolute ~en 212
    Vorzeitigkeit bezeichnende ~ (s. z.B. *smesso che fu di nevicare...*) 215
Partizip Perfekt 202; 211
    adjektivische Verwendungen des ~s 211
    Adverbien beim ~ 216
    klitische Pronomina beim ~ 216
    ~ als weibliches Nomen (s. z.B. *passeggiata, difesa*) 528
    Valenz des ~s 212
Partizip Präsens 203
Passiv
    Funktionen des ~s 180
    ~auxiliar 178; 180; 181
    Passivierung 178
    si passivante 187
    Wahl des Hilfsverbs beim ~ 180
Pejorativ 516
pentirsi 182
per 151; 263; 293; 304; 392
per carità 300
per caso 300
per cento 662
percentuale 660
perché 391; 431; 439; 743; 744; 734; 792
perciò 329
per cortesia 300
per così dire 673
per cui 329; 466
per dirla così 673
per favore 300
Perfekt 703; 723
    einfaches ~ 711; 725
    zusammengesetztes ~ 703; 725
Perfekt Indikativ 113
Perfekt Konjunktiv 114
perfino 288
per niente 358; 772
per primo 285
per quanto 737
per quanto concerne 791
per quanto riguarda 791

per quanto spetta a 791
persino 288
Person 106
Personalpronomen 632
    Formen der Personalpronomina 317
    grammatische Funktionen der Personalpronomina 318
    Kasus der klitischen Personalpronomina 320
    klitische Personalpronomina 317
    nicht-klitische Personalpronomina 317
pesare 679
pessimo 684
piccolo 226
più 226; 670; 673; 676
più precisamente 471
piuttosto 683; 689
pluralia tantum 658
pluri- 498
Plusquamperfekt 707; 712
poc- 43; 53; 58; 359; 649; 655; 661; 664; 669; 670; 673
poco fa 282
poi 329; 715
poiché 439; 446; 448; 792
porre 751
Portion 624
    Benennungen für ~en 629
    ~en und Teil~en 667
    Quantifikation von ~en 664
    Quantitäten von ~en 681
Possessivpronomen 328
Possessivum 36; 58; 641
    Distribution des ~s 56
    Fehlen des bestimmten Artikels beim ~ 52
    ~ nach einem Nomen 51
post- 576
Postartikel 35
    Distribution der ~ 51
    ~ als determinierende Formen 40
potere 201
Präartikel 34
Prädikat 116
    komplexes ~ 274
Prädikat-Argument-Struktur 116
Präfigierung
    ~ beim Adjektiv 573
    modifizierende ~ beim Adjektiv 572
    relationale ~ beim Adjektiv 572
Präfix 486
    Nominal~e 495
    Verbal~e 550

Zahl~e 498
Präposition 20; 292
    einfache ~en 293
    Formen der ~en 292
    grammatische ~en 292; 301
    komplexe ~en 297
    koordinierte ~en 483
    lexikalische ~en 292; 301
    lokalisierende ~en 303
    ~en aus Adverbien 294
    ~en aus Partizipien 299
    ~en aus ~en 293
    Rektion der ~en 299
    sekundäre ~en 293
    semantische Klassen von ~en 301
Präpositionalphrase 17; 29; 292
    koordinierte ~n 481
    lokale P-Komplemente der Herkunft 151
    modifizierende ~n 309
    P-Komplemente der Befindlichkeit 150
    ~ als Erweiterung der Adjektivphrase 240
    ~ als Erweiterung der Nominalphrase 70
    ~ als Teil der Nominalphrase 309
    ~ als Teil des Prädikats 151
    Rollen der ~ im Satz 308
Präsens 704; 712; 740
    historisches ~ 706; 725
    ~ der lebendigen Darstellung 706
    reiner ~stamm als männliches Nomen (s. z.B. *arrivo, rimborso*) 529
Präsens Indikativ 109
Präsens Konjunktiv 110
pre- 495; 576
preferire 149
premesso che 792
presso 295; 305
presto 282; 287
prim- 58
prima 305; 329; 689; 715
prima che 439; 444; 732; 744
prima di 717
primo 736
Prinzip der größtmöglichen Nähe 783
Prinzip der ikonischen Deutung 783
Prinzip der Reliefgebung 783
Prinzip der wachsenden Glieder 482; 782
pro- 576
probabilmente 290
Pronomen 317; 656

Anordnung der klitischen Pronomina untereinander 344
Ausdruck der Zugehörigkeitsbeziehung durch den Dativ des klitischen Personal- bzw. Reflexivpronomens 39
deiktische Pronomina 622
di + Personalpronomen 39
Formen und Klassen der Pronomina 317
grammatische Funktionen der klitischen Pronomina 348; 646; 778
klitische Pronomina 340; 778
klitische Pronomina bei den Operatorverben *(fare, lasciare)* 193
klitische Pronomina beim Partizip 216
Kombinationen klitischer Pronomina 347
Kookkurrenz der klitischen Pronomina mit angebundenen Syntagmen 354
polykategoriale Pronomina 338
~ als Antezedens eines Relativsatzes 334
quantifizierende Pronomina 442
Rollen der Pronomina im Satz 332
Stellung der klitischen Pronomina in Infinitivkomplementen 157; 341
Pronominaladverb 329
Pronominalsatz
  freie Pronominalsätze 459
  Junktoren der freien Pronominalsätze 462
  koordinierter freier ~ 477
propri- 39; 51; 58
proprio 73; 269; 674
prossimamente 282
purché 740
pure 269
purtroppo 290
qua 329
qual- 33; 391; 393; 430; 466
  ~ als Relativsatzjunktor 452
  ~ im Ausrufesatz 397
qual ... che 442
qualche 33; 647; 660; 661
qualcosa 72
qualcuno 72
qualora 442; 732; 752
qualsiasi 43; 54; 58; 59
qualunque 43; 54; 58; 59
qualunque cosa 461
quando 389; 391; 430; 438; 444; 447; 461; 752
quant- 32; 393; 657
  ~ im Ausrufesatz 397

quanti
  ~ als Variante zu *chi* 462
Quantifikation
  ~ von Portionen 664
  ~ von Sachverhaltsmengen 659
quantità 665; 682
Quantität
  Referenz auf ~en 651; 652
quanto 430; 461; 465; 683; 686
quanto a 791
quanto che 732
Quantor 666
  All~ 684
  sprachliche Realisierungen des All~s 662
  Teil~ 660; 667
  unbestimmte ~en 43
quantunque 442
quasi 668
quell- 324; 335
quello che 465
quest- 324; 335
qui 291; 329
quindi 285; 329
quintale 667
raggiungere 682
raro 682
re- 550
recentemente 282
Referieren
  Referenz auf Teilmengen 660
  ~ auf Gegenstände 622
  ~ auf Quantitäten und Grade 651
  ~ auf zeitliche Verhältnisse 699
  Verfahren des Benennens 622; 623
  Verfahren des Zeigens 622; 632
Reflexivierung 182
  ~ ohne Reduktion 190
Reflexivpronomen 323; 335; 632
Relativjunktoren 632
Relativpronomen 325; 336
Relativsatz 448; 734; 750; 753
  adjunktive Relativsätze 52; 448
  Binnenstruktur des ~es 450
  freie Relativsätze 459 (s. auch freie Pronominalsätze)
  koordinierte Relativsätze 477
  Modalität der Einstellung im ~ 736
  Modalität des Willens im ~ 742
  modifizierende Relativsätze 52; 448
  nicht-restriktive Relativsätze 253; 335; 448; 782
  ~ als Erweiterung der Nominalphrase 70

Relativsatzjunktoren 452
restriktive Relativsätze 448; 782
rendere 148; 692
retro- 496
Rhema 376; 775
    einfaches ~ 776
    ~signale 775; 778
ri- 498; 550
rifiutare 710
riflettere su q.c. 302
riguardo a 299; 791
rimanere 138; 143; 146; 180
rispetto a 299; 791
risultare 138; 147
ritenere 148
rivedere 149
Routineformeln 144; 401
    appellative ~ 404
    expressive ~ 403
    phatische ~ 406
s- 498; 553; 561; 575; 597
salvo 293
salvo errore 300
santo 224
sapere 201; 415
Satz
    Abweichungen von der unmarkierten Anordnung der Elemente des ~es 376
    Adjunkt~ 438 (s. auch Adjunktsatz)
    Aufforderungs~ 395
    Ausrufe~ 397
    gespaltener ~ 383
    komplexer ~ 409
    koordinierte eingebettete Sätze 476
    koordinierte nicht eingebettete Sätze 474
    lineare Anordnung der Elemente des ~es 370
    selbständige Ausdrücke ohne Satzcharakter 399
scissione s. gespaltener Satz
scusarsi con qu. 302
se 426; 428; 438; 444; 734; 740; 748; 752
    se vs. *quando* 447
    oppositives ~ 447
sebbene 439
secondo 293
sembrare 138; 143; 692
sempre 283; 662
senza 151; 293; 762
senza- 498
senza che 732; 750
senz'altro 757; 772
seppellire 149

sfortunatamente 290
sì 744; 757
si impersonale 328
sia 739; 751
sia ... che ... 739
sia (che) ... sia (che) 472
sia dato 751
sia ... sia ... 739
sicché 421; 439; 445; 744
siccome 439; 446; 448; 792
sicuramente 290; 772
simile 41; 54; 58; 60
sinceramente 772
sinché 443; 444
sino a 262; 296
sino a che 443
Skala
    Skalen mit komparativer Struktur 671
    Skalen mit prototypischer Struktur 670
    Skalen mit telischer Struktur 669
sol- 41; 51; 57; 58; 59; 60
solamente 73; 288
solo 73; 269; 288; 736; 765
soltanto 73; 269; 288
sopra 150; 293; 305
sopra- 496; 556; 576
Sorte 624
    Benennungen für ~n 630
sotto 150; 293; 305
sotto- 496; 556; 577
sotto pressione 300
sperare 153
spesso 283; 662
spettante 299
Spezifikatoren 31
Sprechzeit 702
    fiktionale Festsetzung der ~ 705
Städtenamen
    Artikel bei ~ 63
stamane 700
stamattina 700
stanotte 700
stare 138; 145; 150
    ~ als Hilfsverb 201
stasera 700
Steigerung s. Grad
stess- 40; 51; 53; 58; 60; 334
stesso 73
Stoff 623; 642
    Benennungen für ~e 626
    ~name 626; 629; 630
    undeterminierter ~name 648
stra- 576

stranamente 290
su 150; 293; 304; 329
sub- 556; 576
subito 329; 715
Subjekt 76; 117; 119; 178
   nicht-pronominales ~ 77
   Reduktion des ~s durch Reflexivierung 185
   unmarkierte Grundanordnung von ~ und Verb 371
Subjektkontrolle 20; 154; 158; 159; 164; 169; 205; 237; 418; 468
Suffigierung
   ~ beim Adjektiv 573
Suffix 486
   Augmentativ~ 516
   deadjektivale Nominal~e 537
   deadjektivale Verbal~e 569
   denominale Verbal~e 564
   deverbale Verbal~e 557
   Diminutiv~e 511
   Pejorativ~ 516
   ~ersatz 570; 585
   ~e zur Bildung von Dispositionsadjektiven 593
   ~e zur Bildung von Relationsadjektiven 583
   ~e zur Spezifikation des natürlichen Geschlechts 517
   Vermeidung des Binnenreims bei Diminutiv~en (s. z.B. *lettetto) 512
super- 497; 576
superare 682
superiore 682
Superlativ 226; 684; 736
   unregelmäßiger ~ 579
sur- 556
su richiesta 300
svariato 660
tal- 41; 54; 55; 58; 60
talmente 419; 421
tant- 43; 53; 58; 420; 657
tanto 329; 419; 421; 676; 743; 744
tanto ... come 472
tanto ... quanto 472
tardi 287
Temporalsatz
   Modalitäten des Willens oder der Notwendigkeit in Temporalsätzen 744
Tempus 103
   argumentative Werte der Tempora 724
   aspektuelle Werte der Tempora 718
   Semantik der Tempora 726
   Tempora des finiten Verbs 699

   Tempora des infiniten Verbs 700
   ~gebrauch als Mittel der Reliefgebung 725
   zusammengesetzte ~formen 194
tenere 149
tentare 710
terminologische Kombinatorik 488; 615
Thema 776
   Signale des thematischen Bezugs 776; 789
thematische Rollen 117
   ~ in Infinitivkomplementen mit *da* 162
   Rollenstrukturen 127
Themavokal 83; 89; 486; 522
   regelmässige Veränderung des ~s 89
   Wegfall des unbetonten ~s 87
ti 352
Titel 68
   ~ von Werken 400
-tói- 534
Topikalisierung s. Anbindung
-tór- 518; 530
-tóri- 534
tornare 138; 143
tra 150; 293; 304
tra- 555; 562
tranne 293
trans- 576
tras- 556; 562
tri- 498
-tríc- 518; 531
tropp- 43; 53; 58; 670; 673
trovare 148
trovarsi 138; 150; 151
tu 334
tutt- 34; 72; 338; 660; 662; 667
   tutt- plus Kardinalzahl 662
tutt'e due 663
tutti 359
tutto
   ~ als Gradadverb 671
-úcchi- 557
-úcci- 511; 515
uguale 682
ultimo 736
ultra- 576
-úm- 508; 542
un
   Anfügung von invariablem ~ vor das Zahlwort 653
una specie di 673
un corno 358
unico 41; 51; 57; 58; 59; 60; 736
uno 24; 328

un po' 665; 667
un sacco di 661
un tipo di 673
-*úr*- 519; 525; 540
-*út*- 583
vada per 739
Valenz 82; 116
   einfache Reduktion der ~ 170
   Erhöhung der ~ 176; 190
   Konstituenten im Bereich der ~ des Verbs 119
   Reduktion von ~en 182
   ~änderungen 170
   ~ des Adjektivs 232
   ~ des Infinitivs 205
   ~en des Partizips 212
vario 42; 43; 54; 55; 58; 59; 649; 660
vedere 149
vendere 149
venire 180
veramente 674
Verb 82
   Akzentverhältnisse beim ~ 107
   Bildung von ~en aus Adjektiven 566
   Bildung von ~en aus Nomina 558
   Bildung von ~en aus ~en 549
   Endungen der nicht finiten Formen 85
   Endungen des finiten ~s 83; 84
   Ergänzungen des ~s 122
   Formen des ~s 83
   Funktionsrahmen der ~en 118; 127
   Hilfs~en 194
   infinite Formen des ~s 115; 202
   intransitive ~en 120; 149
   kausativ gebrauchte ~en 148
   Kontrolle über das Infinitivkomplement (s. Kontrolle)
   Kopula~en 138
   lexikalisch variable Rektion des ~s 126
   morphologisches Grundschema des ~s 83
   Operator~en (*fare, lasciare*) 190
   Paradigmen des ~s 109
   Passivierung 178
   primär reflexive ~en 182
   reflexivierte ~en 182
   schwache ~en 101
   Selektion zwischen den Hilfs~en *essere* und *avere* 197
   starke ~en 101
   starre Rektion des ~s 124
   System von Tempus und Modus des finiten ~s 103
   Thema 83
   Themavokal 83
   transitive ~en 122
   Valenztypen des ~s 116
   Veränderungen der Wurzel 90
   ~en des Messens 679
   ~en der Wahrnehmung 149
   ~en des Urteils 148
   ~en mit *a*-Obliquus 129
   ~en mit *da*-Obliquus 130
   ~en mit Infinitivkomplementen 152
   ~en mit Ziel-Obliquus 131
   ~stamm 83; 89
   unmarkierte Grundanordnung von Subjekt und ~ 371
   Wahrnehmungs~ 162
   Witterungs~ 117; 120
   Wurzel 83
Verbalisierung
   reine Verbalisierungen 560
Verbalphrase
   koordinierte ~n 480
Verbstamm 83; 89
   Betonung der Stämme 90
   Gerundialstämme 100
   Infinitivstämme 97
   Perfektstämme 100
   Präsensstämme 91
Vergleich 675 (s. auch Komparator)
   Allquantifikation des ~sterms (s. z.B. *Franco è il più ragionevole*) 684
   Junktoren des ~sterms 685
   ~sparameter 677
   ~sterm 683
Vergleichskonstruktion 675
   Außenstruktur der ~skonstruktionen 690
   Auswahl zwischen *di* und *che* in ~en 687
   expletives *non* in ~en 684; 688
   grammatische Funktionen der ~en 692
   Grundgestalt einer ~ 675
   Pragmatik der ~en 697
vero 759
vero e proprio 674
verso 293; 304
vi 281; 322; 330; 354; 632
vice- 498
vicino a 150
visto che 439; 448; 792
voi 334
volere 201; 710

volta 283
Vorzeitigkeit 103; 416; 702; 703; 712; 748
Wahrnehmungsverben 162
Witterungsverben 117; 120
Wort 485
   Abkürzungen als Wörter 618
   einfaches ~ 485
   idiosynkratische Formen 491
   komplexe Wörter 485
   Lautgestalt der Wörter 485
   lexikalisierte Wörter 491
   morphologisch mögliche Wörter 485
   morphologische Gestalt der Wörter 485
   synthetische Wörter 616
Wortart 488
Wortbildung 485; 486; 488
   konzeptuelle Modelle in der ~ 490
   Semantik der ~ 490
   Blockierung einer ~sregel 492
Wortfamilie 492
   Brüche in der Systematik der ~n 492
Wortschatz 491
   internationaler Wortschatz der europäischen Sprachen 565; 571; 576
   volkstümliche vs. gelehrte Formen 491
Wortstellung 780
Zahlwörter 652; 655
   Akzent 48
   Kollektivzahlen 630
   primäre ~ 45
Zeitenfolge 711
Zeitreferenz 701
   Präzisierung der ~ durch Adjunkte und Nebensätze 714
-zión- 519; 522

www.ingramcontent.com/pod-product-compliance
Lightning Source LLC
Chambersburg PA
CBHW060451300426
44113CB00016B/2554